新公司法实战破局

争议解决与典型案例指引

陈科军 主编

法律出版社
———— 北京 ————

图书在版编目（CIP）数据

新公司法实战破局：争议解决与典型案例指引 / 陈科军主编. -- 北京：法律出版社，2025. -- ISBN 978-7-5244-0187-2

I. D922.291.915

中国国家版本馆CIP数据核字第202516567Y号

新公司法实战破局：争议解决与典型案例指引 XIN GONGSIFA SHIZHAN POJU：ZHENGYI JIEJUE YU DIANXING ANLI ZHIYIN	陈科军 主编	责任编辑 朱轶佳　周恩惠 装帧设计 李　瞻	

出版发行	法律出版社	开本	787毫米×1092毫米　1/16
编辑统筹	司法实务出版分社	印张	58.25　　字数 1284千
责任校对	晁明慧	版本	2025年6月第1版
责任印制	胡晓雅	印次	2025年6月第1次印刷
经　　销	新华书店	印刷	三河市兴达印务有限公司

地址：北京市丰台区莲花池西里7号（100073）
网址：www.lawpress.com.cn　　　　　　　　　销售电话：010-83938349
投稿邮箱：info@lawpress.com.cn　　　　　　　客服电话：010-83938350
举报盗版邮箱：jbwq@lawpress.com.cn　　　　　咨询电话：010-63939796
版权所有·侵权必究

书号：ISBN 978-7-5244-0187-2　　　　　　　　　定价：206.00元

凡购买本社图书，如有印装错误，我社负责退换。电话：010-83938349

本书编委会

主　编：陈科军

副主编：补寒丹　陈　敏　梁智恒　陈　也

编　委：陈科军　补寒丹　陈　敏　梁智恒
　　　　陈　也　罗媛玉　黄　敏　唐婵娟
　　　　王　聃　王　晶

◆ 自　　序

作为一名从事司法实务工作近三十年的律师，一直以来我都有一个梦想——想了解公司法争议解决实务中究竟存在哪些问题、司法实践中应如何解决这些问题、当前尚存在哪些争议。但一直下不了决心来梳理，因为这是一个非常浩大的工程，我没有信心能够坚持把这件事情做下来。

2022年12月3日，是一个特别的日子——深圳放开疫情管控。坦率讲，疫情三年并未让我的心宁静下来，相反不知道什么原因，自放开疫情管控开始，我的心突然宁静下来了，我能全身心地坐在书桌前静心地梳理、写作，这样一坐就是整整两年的时间，周末及节假日基本是整天的时间，平时上班时间则是上午收集和整理资料，梳理书稿内容，下午接待客户和办理案件。其间，我不断地与同为律师的妻子（本书罗媛玉编委）、刚刚考入中国政法大学涉外法治实验班的儿子（本书陈也副主编）进行讨论，问题涉及如何检索收集资料、如何安排本书结构等。从资料收集、整理，到完成本书全部内容，最终于2024年12月31日将书稿交付出版社，并在2023年修订的《公司法》实施一周年之际正式出版。

在本书中，我们试图以涉及《公司法》的主要案由为框架，逐一梳理出各个案由在当前司法实务中遇到的问题及解决路径，其中包括众多当前的热点和难点，处理观点中亦不乏争议观点。我们认为，本书的最大特色有四：一是力求将涉及《公司法》的问题和解决路径体系化，让读者阅读后对当前涉《公司法》实务体系有直观、全面、系统的了解。二是力求每一个观点包括争议观点都有案例实证依据，且案例选择的优先顺序为最高人民法院、高级人民法院、中级人民法院，基本是终审裁判；没有案例实证的则尽量梳理出实务界、理论界对该观点的剖析，力求让读者领悟各种观点背后的逻辑；对有争议的观点，将争议观点如实呈现，让读者自行感悟和理解。三是将2023年修订的《公司法》的最新规定与之前《公司法》的规定结合过往实务观点进行对比分析，预测其对未来司法实践可能带来的影响，努力使之与2023年修订的《公司法》颁行后的司法实务无缝衔接。四是力求对在册的每个案由，均梳理出争议解决的程序流程和应关注的问题，努力使本书成为专业人员随身携带的"办案手册"。

在此，我要特别感谢深圳市中级人民法院原院长张应杰领衔主编的"民商事类案裁判思维"丛书，其中大量的实务观点为本书的编撰奠定了坚实的基础。

本书如此体系化编排的目的有二：一是通过各个案由争议解决过程中呈现的问题及实务观点，让我们在设计《公司法》争议解决方案的过程中能够着眼于从根本上解决问题的最终目的，体系化地设计综合解决方案；二是在读者阅读本书后，能够通过将本书的方法论运用于实践，系统化地推动公司治理解决方案的设计，因为我们认为公司治理是一个系统化的工程，而通过争议解决中的实务观点反推公司治理解决方案是最直接、最有效解决公司治理难题的方法。当然，这只是我们编著本书的良好愿望，最终能否实现这一目的，交由广大读者来评价。

由于本书编撰于新旧《公司法》交替之际，有些观点有待实践验证，欢迎大家批评指正。

最后，我要感谢我的团队为本书的辛勤付出：陈也，作为一个在校本科生，从本书想法的提出和可行性论证，到资料的检索、收集和整理，架构设计、修正，统稿及与出版社的沟通，全程参与，付出了大量的时间和精力；补寒丹、陈敏、梁智恒三位律师，在本书架构设计、修正，统稿过程中付出了极大的精力，特别是补寒丹律师在与出版社的沟通定稿过程中承担了相当多的工作。还有黄敏律师、王聘律师、唐婵娟律师、重庆学院在校本科生王晶同学为本书校对工作的辛勤付出。最后要感谢的是我的妻子罗媛玉律师，除参与本书编撰工作外，还承担了几乎全部家庭责任，让我能够全身心地投入这项工作。谢谢你们！

陈科军
2025 年 5 月 27 日

撰于新旧《公司法》交替之际,有些观点有待实践验证,欢迎大家批评指正。

我要感谢我的团队为本书的辛勤付出:陈也,作为一个在校本科生,从本书想法的提出论证,到资料的检索、收集和整理,架构设计、修正,统稿及与出版社的沟通,全程投入了大量的时间和精力;补寒丹、陈敏、梁智恒三位律师,在本书架构设计、修正,统稿付出了极大的精力,特别是补寒丹律师在与出版社的沟通定稿过程中承担了相当多的工作;黄敏律师、王聃律师、唐婵娟律师、重庆学院在校本科生王晶同学为本书校对工作付出。最后要感谢的是我的妻子罗媛玉律师,除参与本书编撰工作外,还承担了几乎全部家务,让我能够全身心地投入这项工作。谢谢你们!

陈科军

2025 年 5 月 27 日

本书编委会

主　编:陈科军

副主编:补寒丹　陈　敏　梁智恒　陈　也

编　委:陈科军　补寒丹　陈　敏　梁智恒
　　　　陈　也　罗媛玉　黄　敏　唐婵娟
　　　　王　聃　王　晶

◆ 自 序

作为一名从事司法实务工作近三十年的律师，一直以来我都[想梳理公司]法争议解决实务中究竟存在哪些问题、司法实践中应如何解决[这些争]议。但一直下不了决心来梳理，因为这是一个非常浩大的工程，[需要静下心来用]情做下来。

2022年12月3日，是一个特别的日子——深圳放开疫情管[控的日子。但]我的心宁静下来，相反不知道什么原因，自放开疫情管控开始，[周末我都]全身心地坐在书桌前静心地梳理、写作，这样一坐就是整整两年[。周末是]整天的时间，平时上班时间则是上午收集和整理资料，梳理书稿[，处理案]件。其间，我不断地与同为律师的妻子（本书罗媛玉编委）、刚刚[结束法考]验班的儿子（本书陈也副主编）进行讨论，问题涉及如何检索收[集资料。]从资料收集、整理，到完成本书全部内容，最终于2024年12月[完稿，于]2023年修订的《公司法》实施一周年之际正式出版。

在本书中，我们试图以涉及《公司法》的主要案由为框架，[梳理司]法实务中遇到的问题及解决路径，其中包括众多当前的热点和[难]点。我们认为，本书的最大特色有四：一是力求将涉及《公司法[》的案由全覆盖，]读者阅读后对当前涉《公司法》实务体系有直观、全面、系统的[了解。二是]括争议观点都有案例实证依据，且案例选择的优先顺序为最高[人民法院、高级]人民法院，基本是终审裁判；没有案例实证的则尽量梳理出实[务观点，]力求让读者领悟各种观点背后的逻辑；对有争议的观点，将[其展示以让读者去]感悟和理解。三是将2023年修订的《公司法》的最新规定与[现行的司法]实务观点进行对比分析，预测其对未来司法实践可能带来的影[响，力求实现新]《公司法》颁行后的司法实务无缝衔接。四是力求对在册的每[个案由列明其程]序流程和应关注的问题，努力使本书成为专业人员随身携带的[工具书。]

在此，我要特别感谢深圳市中级人民法院原院长张应杰[主编的"万如思]维"丛书，其中大量的实务观点为本书的编撰奠定了坚实的基[础。]

本书如此体系化编排的目的有二：一是通过各个案由争[议解决的实务]观点，让我们在设计《公司法》争议解决方案的过程中能够着[眼于全局]的、体系化地设计综合解决方案；二是在读者阅读本书后，能[够结合公司治理实]践，系统化地推动公司治理解决方案的设计，因为我们认为公[司治理是源，]通过争议解决中的实务观点反推公司治理解决方案是最直接[、最有效的方]法。当然，这只是我们编著本书的良好愿望，最终能否实现[，还有赖于读者的反馈。]

目 录

第一章　股东资格确认纠纷　001
第一节　股东资格确认纠纷概述　001
　　一、股东资格确认纠纷的释义与厘清　001
　　二、股东资格的取得方式和认定要件　002
　　三、股东资格确认纠纷的常见类型　008
第二节　司法实践中股东资格确认纠纷的关注要点　009
　　一、股权归属的认定问题　009
　　二、隐名出资情形下股东资格的认定　013
　　三、名义股东负债时隐名股东资格认定的相关问题　016
　　四、股权代持问题　023
　　五、公司增资情形下的股东资格认定及救济　028
　　六、冒名登记情形下股东资格的认定　031
　　七、股东资格继承中股东资格的认定　035
　　八、夫妻股权所涉股东资格的认定　038
　　九、让与担保所涉股东资格的确认问题　040
　　十、关于外商投资股东资格认定　045
　　十一、催缴失权制度及相关问题　047
　　十二、股东出资认定的其他相关问题　055
第三节　股东资格确认纠纷诉讼程序指引　059
　　一、股东资格确认纠纷的主管与管辖问题　059
　　二、股东资格确认纠纷的诉讼主体问题　061
　　三、股东资格确认纠纷中有关举证责任的相关问题　067

第二章　股东名册记载纠纷　070
第一节　股东名册记载概述　070
　　一、股东名册的定义及效力　070
　　二、股东名册记载纠纷的厘清　071
　　三、法院审理股东名册记载纠纷应遵循的原则　072
第二节　司法实务中股东名册记载纠纷的要点问题　073
　　一、实际出资人要求进行股东名册记载　073
　　二、冒名股东要求涤除股东名册记载　074
　　三、基础关系解除对股东名册记载的影响　075

四、股东名册与股东工商登记的关系问题　　076
           五、公司章程、股东名册、出资证明书与股东登记对于认定股东资格和
               股东权利的作用　　077
       第三节　股东名册记载纠纷的程序相关问题　　078
           一、主管与管辖　　078
           二、股东名册记载纠纷的诉讼主体　　079
           三、股东名册记载纠纷中被告常见的抗辩理由　　081
           四、股东名册记载纠纷中的举证责任　　081
           五、诉讼时效　　086
           六、诉讼费　　086

第三章　请求变更公司登记纠纷　　087
       第一节　请求变更公司登记纠纷概述　　087
           一、公司登记的相关释义　　087
           二、变更公司登记纠纷及其类型　　088
           三、请求变更公司登记纠纷的处理原则　　089
       第二节　司法实务中请求变更公司登记的关注要点　　090
           一、变更法定代表人登记的相关问题　　090
           二、变更董事、监事登记的相关问题　　098
           三、关于变更高级管理人员登记的相关问题　　102
           四、关于股东变更登记的相关问题　　102
           五、请求变更公司登记的其他问题　　114
       第三节　请求公司变更登记纠纷的相关程序问题　　117
           一、请求变更公司登记纠纷的主管　　117
           二、请求变更公司登记纠纷的管辖　　121
           三、请求变更公司登记纠纷的案由确定　　121
           四、请求变更公司登记纠纷的诉讼主体　　122
           五、请求变更公司登记纠纷的诉讼请求　　126
           六、请求变更公司登记纠纷诉讼中常见的被告抗辩思路　　127
           七、请求变更公司登记纠纷诉讼中的举证　　127
           八、诉讼时效和诉讼费标准　　128
           九、请求变更公司登记纠纷中民事诉讼与行政诉讼程序区分与执行衔接　　129

第四章　涉资本纠纷　　131
       第一节　公司涉资本相关纠纷概述　　131
           一、公司资本相关纠纷的分类　　131

二、公司资本相关纠纷案由 ... 132
　　三、公司自治与《公司法》规制的界限问题 ... 132
　第二节　司法实务中股东/公司资本纠纷中的关注要点 ... 138
　　一、股东出资纠纷中的责任承担 ... 138
　　二、股东出资纠纷中的责任构成 ... 147
　　三、抽逃出资的认定与构成 ... 151
　　四、增资过程中公司其他增资股东对瑕疵增资股东的出资责任 ... 157
　　五、公司减资纠纷涉及的相关问题 ... 166
　第三节　新增资本认购纠纷 ... 176
　　一、新增资本认购纠纷概述 ... 176
　　二、股东对新增资本的优先购买权 ... 178
　　三、瑕疵增资的认定及事由 ... 184
　　四、新增资本认购的法律后果 ... 185
　　五、公司增资相关责任 ... 186
　　六、新增资本认购纠纷中常见的抗辩事由 ... 188
　第四节　股东出资、新增资本认购、公司增资、减资纠纷的相关程序问题 ... 189
　　一、股东出资、新增资本认购、公司增资、减资纠纷的主管与管辖 ... 189
　　二、资本纠纷的诉讼请求 ... 191
　　三、股东出资、新增资本认购、公司增资、减资纠纷的诉讼主体 ... 191
　　四、股东出资纠纷中常见的抗辩事由 ... 193

第五章　股东知情权纠纷 ... 211
　第一节　股东知情权纠纷概述 ... 211
　　一、处理股东知情权纠纷的一般原则 ... 211
　　二、股东知情权的客体 ... 213
　第二节　股东知情权纠纷的程序相关问题 ... 233
　　一、管辖问题 ... 233
　　二、案由问题 ... 233
　　三、诉讼主体问题 ... 234
　　四、股东知情权纠纷中常见的被告抗辩事由 ... 252
　　五、举证责任的分配 ... 261
　　六、股东知情权的诉讼时效及相关问题 ... 262
　　七、股东知情权的执行与保全 ... 264

第六章　股权转让纠纷 ... 271
　第一节　有限责任公司股权转让的基本问题概述 ... 271

一、股权的法律含义	271
二、股权转让纠纷的常见类型	272
三、股权转让法律规制体系	274
四、股权转让纠纷案件的实务审判理念	276

第二节 股权转让合同纠纷中的法律关系相关问题 278

一、合同主体	278
二、股权转让合同标的	281
三、股权转让过程中转让的权利义务范围	284
四、股权转让的程序和方式	287

第三节 股权转让合同认定的相关要点问题 288

一、股权转让合同效力的认定基础	288
二、股权转让合同可撤销的情形及相关问题	301
三、股权转让合同未成立、未生效的情形及相关问题	306
四、股权转让合同履行的相关问题	310
五、股权转让合同解除的相关问题	323
六、股权转让合同因效力瑕疵或解除后纠纷处置的相关问题	340

第四节 股权转让纠纷中股东优先购买权的相关问题 352

一、股东优先购买权的立法规范	352
二、关于公司股东优先购买权转让方通知义务的相关问题	353
三、优先购买权权利行使期限的相关问题	355
四、实务中损害其他股东优先购买权的常见情形之"恶意串通"的认定	358
五、损害公司其他股东行使优先购买权的救济	358
六、优先购买权纠纷中股东以外的股权受让人的权利保护	363
七、优先购买权行使过程中转让方的反悔权	364
八、公司股权发生变化时,其他股东行使优先权的例外情形	369
九、优先购买权中"同等条件"问题	369
十、国有股权转让的相关问题	381
十一、损害股东优先购买权的股权转让合同效力问题	386
十二、损害其他股东优先购买权行为的实务认定	393
十三、侵犯股东优先购买权诉讼的地域管辖问题	397
十四、法院执行程序中股东优先购买权的相关问题	399

第五节 瑕疵股权转让 402

一、瑕疵股权的类型	402
二、瑕疵股权转让效力	403
三、司法实践中瑕疵股权转让合同效力认定的裁判观点及典型案例	404
四、瑕疵股权受让方权利救济	405
五、瑕疵股权转让与股东出资责任承担	411

六、转让股东未完整披露标的公司债务的法律责任　　415
　　七、股东出资期限届满前转让股权是否属于"未履行或者未全面履行出资
　　　　义务"的实务认定　　415
第六节　通谋虚伪意思表示的股权转让合同　　418
　　一、通谋虚伪意思表示的定义及股权转让中的常见情形　　418
　　二、实务中对于股权让与担保的判断　　427
　　三、股权转让中的"阴阳合同"　　440
第七节　关于公司章程限制股权转让边界的相关问题　　442
　　一、公司章程是否可以对股权转让作出规定　　442
　　二、股权转让应否遵循公司章程规定　　442
　　三、关于公司章程限制股权转让等相关内容的效力问题　　443
第八节　关于代持股权转让的相关问题　　448
　　一、名义股东即股权代持人能否以自身名义转让股权　　448
　　二、实际出资人即隐名股东能否以自身名义转让股权　　454
　　三、与股权代持相关的其他问题　　458
第九节　股权转让纠纷中特殊类型纠纷及相关问题　　464
　　一、公司股权回购　　464
　　二、股东资格继承　　466
　　三、股权赠与、遗赠　　473
　　四、离婚股权分割　　474
　　五、股权转让纠纷中股权转让预约合同的相关问题　　480
第十节　有关股权强制执行的相关问题　　482
　　一、法院强制执行转让有限公司股权的协助执行问题　　482
　　二、强制执行股份有限公司股份的相关问题　　484
第十一节　司法实务中常见的与股权转让相关的其他问题　　488
　　一、关于债权人能否以控股股东以明显低价转让股权为由请求其连带清偿
　　　　公司债务问题　　488
　　二、关于股权转让纠纷虚假诉讼的认定问题　　490
　　三、关于独立请求权第三人类型界定及上诉权认定的问题　　491
　　四、关于如何区分转让标的是房地产项目开发权还是公司股权的问题　　491
　　五、关于股权转让混淆转让主体损害标的公司利益的问题　　492
　　六、关于股权转让协议缺乏对价或者其他核心条款的问题及实务处理　　495
　　七、关于工商变更登记对股权转让合同效力及履行影响的问题　　496
第十二节　股权转让纠纷中的程序及相关问题　　498
　　一、案件的主管问题　　498
　　二、股权转让纠纷的管辖问题　　499

三、诉讼主体　503
　　四、诉讼请求　504
　　五、股权转让纠纷中常见的被告抗辩思路　507
　　六、股权转让纠纷诉讼常见证据　509

第七章　公司决议纠纷　510

第一节　公司决议纠纷概述　510
　　一、公司决议的定义　510
　　二、公司决议与公司章程的区别　510
　　三、公司决议与会议记录区别　511
　　四、公司决议之股东会决议与股东协议的区别　511
　　五、股东协议等同于公司决议、公司章程的特别情形　511
　　六、公司决议纠纷诉讼的裁判原则　512

第二节　司法实践中公司决议纠纷的关注要点问题　512
　　一、公司决议瑕疵的类型及法律后果　512
　　二、公司决议不成立的认定　517
　　三、公司决议可撤销的认定　524
　　四、公司决议无效的认定　536
　　五、表决行为是否为股东真实意思表示的认定　553
　　六、司法实践中涉及公司债权人利益的决议效力认定　554
　　七、与公司章程有关的股东会决议效力认定的相关问题　555
　　八、与公司决议效力相关的问题　556
　　九、公司决议部分有效、部分无效的实务处理　559
　　十、与公司决议不成立、无效、可撤销的界限和转化有关争议的实务处理　559
　　十一、轻微瑕疵能否对决议产生实质影响的认定　560

第三节　公司决议纠纷的相关程序问题　565
　　一、公司决议纠纷的案由问题　565
　　二、主管与管辖　565
　　三、诉讼主体问题　566
　　四、诉讼请求　573
　　五、举证责任分配　577
　　六、公司决议纠纷的诉讼保全　578
　　七、公司决议纠纷中的诉讼时效或除斥期间　578

第八章　公司证照返还纠纷　586

第一节　公司证照返还纠纷概述　586

一、公司证照返还纠纷的释义　　586
　　二、公司证照返还纠纷的性质　　587
　　三、公司证照的内容　　587
　　四、公司证照返还纠纷常见类型　　588
　　五、证照返还纠纷的审判原则　　588
　第二节　司法实践中公司证照返还纠纷的关注要点　　589
　　一、公司证照返还纠纷涉及的公司决议　　589
　　二、被告就公司决议效力提出反诉时的实务处理　　592
　　三、公司证照管理人及证照管理人去世后其继承人占有公司证照问题的处理　　592
　　四、关于非公司主体提起的证照返还纠纷问题　　594
　第三节　公司证照返还纠纷的相关程序问题　　595
　　一、公司证照返还纠纷的主管与管辖　　595
　　二、公司证照返还纠纷的诉讼主体　　595
　　三、司法实践中公司证照返还纠纷被告常见的抗辩事由及实务处理　　599
　　四、公司证照返还纠纷的举证责任　　605
　　五、公司证照返还纠纷中被告的侵权责任及损失赔偿的范围　　609
　　六、公司证照返还纠纷的诉讼时效问题　　611

第九章　损害股东利益责任纠纷　　612
　第一节　损害股东利益责任纠纷概述　　612
　　一、股东利益的概念　　612
　　二、损害股东利益责任纠纷的构成要件　　612
　　三、损害股东利益责任纠纷的特点　　613
　　四、损害股东利益责任纠纷的类型　　613
　第二节　司法实践中损害股东利益责任纠纷诉讼中常见问题及应对　　614
　　一、股东利益直接受损或公司利益受损的实务认定　　614
　　二、归责原则　　620
　　三、损害赔偿责任范围　　629
　第三节　股东利益损害的诉讼救济程序及相关问题　　635
　　一、案由问题　　635
　　二、损害股东利益责任纠纷的管辖　　635
　　三、股东直接诉讼之诉权的确立　　636
　　四、多个诉讼并存问题及处理　　637
　　五、关于诉讼请求问题　　641
　　六、关于诉讼主体的相关问题　　641
　　七、举证责任相关问题　　646

第十章　损害公司利益责任纠纷　　　　　　　　　　　　　649

第一节　损害公司利益责任纠纷概述　　　　　　　　　　649
　　一、损害公司利益责任纠纷释义　　　　　　　　　　　649
　　二、损害公司利益责任纠纷的常见类型　　　　　　　　650

第二节　损害公司利益责任构成　　　　　　　　　　　　651
　　一、损害公司利益责任构成要件　　　　　　　　　　　651
　　二、不同侵权主体类型责任构成的影响及差异　　　　　655

第三节　司法实践中侵权行为责任构成的关注要点　　　　659
　　一、忠实义务的实务认定　　　　　　　　　　　　　　659
　　二、违反忠实义务的常见类型及相关问题　　　　　　　661
　　三、违反勤勉义务的实务认定　　　　　　　　　　　　686

第四节　损害公司利益责任纠纷诉讼程序及相关问题　　　696
　　一、主管与管辖　　　　　　　　　　　　　　　　　　696
　　二、主体及其相关问题　　　　　　　　　　　　　　　700
　　三、责任形态　　　　　　　　　　　　　　　　　　　726
　　四、举证责任　　　　　　　　　　　　　　　　　　　744
　　五、诉讼时效　　　　　　　　　　　　　　　　　　　746

第十一章　损害公司债权人利益责任纠纷　　　　　　　　749

第一节　损害公司债权人利益责任纠纷概述　　　　　　　749
第二节　实际控制人损害公司债权人利益责任纠纷应关注的问题　　750
　　一、实际控制人的定义　　　　　　　　　　　　　　　750
　　二、实际控制人的法律规制　　　　　　　　　　　　　752
　　三、实际控制人对公司债权人侵权责任的认定　　　　　753

第三节　股东瑕疵出资损害公司债权人利益责任纠纷应关注的问题　　756
　　一、股东瑕疵出资的内部责任和外部责任　　　　　　　756
　　二、股东瑕疵出资侵权责任的构成要件　　　　　　　　758
　　三、股东瑕疵出资的表现形式　　　　　　　　　　　　759
　　四、股东是否已履行出资义务的常见问题及实务认定　　773
　　五、股东与公司资本相关的行为和债权人损害结果因果关系的实务认定　　787

第四节　公司人格否认损害公司债权人利益责任纠纷应关注的问题　　789
　　一、公司人格否认的表现形式　　　　　　　　　　　　789
　　二、公司人格否认侵权责任的构成要件　　　　　　　　808
　　三、实务中公司人格否认的诉讼阻却事由　　　　　　　809
　　四、几种特殊结构的公司法人人格否认　　　　　　　　810
　　五、反向"刺破公司面纱"　　　　　　　　　　　　　811

第五节　损害公司债权人利益纠纷相关程序问题　813
　　一、案由确定的相关问题　813
　　二、主体确定及相关问题　814
　　三、诉讼时效　817
　　四、管辖　817
　　五、执行程序中是否适用公司法人人格否认制度　820
　　六、涉嫌冒名、借名登记的鉴定问题　820
　　七、损害公司债权人利益责任纠纷中举证责任问题　821
　　八、责任的承担方式　829
　　九、债权人要求股东承担损害公司债权人利益责任纠纷在破产程序中的特别规定　831

第十二章　公司关联交易损害责任纠纷　832
第一节　公司关联交易损害责任纠纷概述　832
　　一、关联交易的释义　832
　　二、过错责任的认定　832
　　三、损失结果的认定　833
　　四、因果关系的认定　835
　　五、法定归入责任问题　836
　　六、对关联交易的效力否定　836
　　七、法院针对公司关联交易损害责任纠纷的审理原则　838

第二节　司法实务中公司关联交易损害责任纠纷的相关要点问题　840
　　一、关联关系的实务认定　840
　　二、关联交易行为的相关问题　846
　　三、关联交易程序的相关问题　847
　　四、关联交易价格的相关问题　857

第三节　公司关联交易损害责任纠纷程序相关问题　858
　　一、司法实践中关联交易损害责任纠纷的常见诉讼形态　858
　　二、公司关联交易损害责任纠纷诉讼主体问题　859
　　三、公司关联交易损害责任纠纷诉讼案由的相关问题　861
　　四、原告常见主张及对应举证责任　863
　　五、诉讼时效的相关问题　864

第十三章　公司解散纠纷　865
第一节　公司解散纠纷概述　865
　　一、公司司法解散的定义　865
　　二、公司司法解散的特征　865

三、公司司法解散纠纷的主要类型　　865
　　四、公司司法解散的构成要件　　866
　　五、裁判原则及其适用　　866
　第二节　司法实务中公司解散纠纷的关注要点　　869
　　一、公司解散要件的认定　　869
　　二、公司解散纠纷其他相关问题及实务处理　　888
　第三节　公司司法解散纠纷的相关程序问题　　893
　　一、公司解散纠纷的主管和管辖　　893
　　二、公司解散纠纷中的诉讼主体　　895
　　三、诉讼标的　　899
　　四、公司解散纠纷的诉讼时效的适用问题　　899
　　五、公司解散纠纷的诉讼费用　　899

第十四章　清算责任纠纷　　900
　第一节　清算责任纠纷概述　　900
　　一、清算责任纠纷的类型　　900
　　二、承担清算责任的方式和范围　　901
　　三、无法破产清算的责任承担　　904
　第二节　司法实务中清算纠纷的关注要点　　905
　　一、清算责任纠纷中的侵权责任　　905
　　二、清算责任纠纷中损害结果的认定　　908
　　三、清算责任纠纷中因果关系的认定　　909
　第三节　清算责任纠纷的相关程序问题　　913
　　一、清算责任纠纷案件的主管　　913
　　二、清算责任纠纷案件的管辖　　913
　　三、诉讼主体　　913
　　四、案由的确定　　914
　　五、诉讼时效　　915
　　六、解散清算与破产清算程序的衔接　　916

◆ 第一章　股东资格确认纠纷

第一节　股东资格确认纠纷概述

一、股东资格确认纠纷的释义与厘清

(一)案由释义

股东资格确认纠纷,是指股东与股东之间或者股东与公司之间就股东资格是否存在,或者就股权持有数额、比例等发生争议而引起的纠纷。[1]一种是股东资格积极确认之诉,一般是源于股权权属形式上的记载登记与实质不符,原告请求恢复至实质状态,其诉讼请求通常是确认其享有或不享有股东资格并要求变更登记;另一种是消极的股东资格确认之诉,譬如隐名持股情形,名义股东拒绝继续代隐名股东持有股权,其作为股权代持协议的合同相对人,与股东资格确认之诉有利害关系,具有诉的利益,当隐名股东起诉请求确认其不具有股东资格时也应定性为股东资格确认纠纷。[2]

实务中,通常情形下要求变更登记的诉讼请求还对应另一个案由——请求变更公司登记纠纷。即作为原告,一般会同时提起确认股东资格和变更公司登记两项诉讼请求,司法实践中也存在原告仅请求变更公司登记,在这一情形下,法院审理时首先要对股东资格进行确认。所以除存在股权质押、冻结等特殊情形外,在诉讼目的同时包括确认股东资格和变更公司登记的情况下,原告仅需提起变更公司登记的诉讼请求,即可实现目的。在司法实践中,对于股东资格确认纠纷案件受理费的计取,最高人民法院和大多数高级人民法院都倾向于以财产案件的收费标准计取,而变更公司登记纠纷案件通常以非财产案件的收费标准计取受理费。从节省诉讼费的目的出发,对于原告而言这是一种有益的诉讼策略。当然,在诉讼过程中存在法院在诉前或者诉讼过程中依职权变更或增加案由、增加案件受理费的可能。故能否实现节省诉讼费的目的,需要关注个案的具体情况及受理法院的态度。

(二)股权变更与股权登记的区别

【典型案例】宝利达公司诉浦之威公司、东方汽配城公司股权转让纠纷案。[3]二审法院认为,第一,根据《公司法》及《公司登记管理条例》[4]的有关规定,受让人通过有效的股权转让合同取得股权后,有权要求公司进行股东变更登记,公司须根据《公司法》及公司章程的规定进行审查。经审查,股权的转让符合《公司法》及公司章程的规定,同意将受让人登记在股东名册后,受让人才取得公司股权,成为公司认可的股东,这就是股权变更。但股东名册是公司的内部资料,不具有对世性,不能产生对抗第三人的法律效果,只有在公司将其确认的股东依照

---

[1] 参见景汉朝主编:《民事案件案由新释新解与适用指南》(第2版),中国法制出版社2018年版,第718页。
[2] 参见杨万明主编,郭锋副主编,最高人民法院研究室编著:《最高人民法院新民事案件案由规定理解与适用》,人民法院出版社2021年版,第736页。
[3] 参见谢秋荣:《公司法实务精要》,中国法制出版社2020年版,第119～120页。
[4] 此条例已废止,相关规定现参见《市场主体登记管理条例》。

《公司登记管理条例》的规定到工商管理部门办理完成股东变更登记后，才能取得对抗第三人的法律效果，这就是股权变更登记。因此，股权变更与股权变更登记是两个不同的法定程序。第二，公司股东的工商登记属于宣示性登记，而不是设权性登记。因为公司将其确认的股东在工商管理部门办理登记，公司的确认已经实现，股东的身份已经确定，股东的权利也已经产生，股东的工商登记仅是一种宣示而已。因此，股东权利的获得与行使并不以工商登记程序的完成为条件。股东的工商登记来源于公司的登记或者说股东的工商登记以公司股东名册为基础和根据，公司股东名册的登记内容应作为确认股权归属的根据；在股权转让合同的当事人之间、股东之间、股东与公司之间因为股权归属问题发生纠纷时，当事人不得以工商登记的内容对抗公司股东名册的记录，除非有直接、明确的相反证明。

（三）股东资格争议与其他争议并存的处理

实务中，当事人是否具有股东资格，既可成为原告的独立之诉的依据也可以作为被告的抗辩事由，一般情况下，法院会将股东资格确认争议和其他相关的公司类争议一并审理，而无须要求当事人先行提起独立的股东资格确认之诉，再行处理其他纠纷。但是，如果原告以具体的当事人不具有股东资格为由提起相关民事诉讼，法院应当行使释明权，将股东资格争议作为一项单独的、需先行处理的诉讼请求；如原告坚持不补充提出该项请求，则受理法院可驳回原告的起诉。如果原告所主张的不具有股东资格的人不属于案件当事人，如原告以参加股东会的股东不具有股东资格为由请求撤销股东会决议，而该股东并非案件当事人，法院应驳回起诉，并告知原告先另行提起股东资格确认之诉。①

二、股东资格的取得方式和认定要件

（一）股东资格的取得方式

1. 原始取得

主要包括设立取得股东资格和增资取得股东资格两种情形。

2. 股东资格继受取得

主要包括通过转让方式受让取得、继承取得、接受赠与所得、婚姻关系的变化取得。

3. 股东资格善意取得

这一取得方式须同时满足以下条件：(1)股权具有可处分性，法律禁止处分的股权不能成为善意取得的标的；(2)须为无权处分人处分股权；(3)受让人依法受让并支付合理对价取得股权；(4)受让人取得股权出于善意且无过失；(5)股权取得符合法律规定的转让方式，如通过办理工商变更登记方式取得股权、以背书方式取得记名股票，或实际交付无记名股票等。②

（二）股东资格的认定要件

股东资格的取得行为一般情况下应当包括出资行为和合意行为，二者缺一不可。所以股东资格的认定应该通过证据对出资和合意两种行为进行充分审查后予以认定。

---

① 参见索宏钢：《类型化案件审判指引》，人民法院出版社2019年版，第472～473页。
② 参见张应杰主编：《公司股东纠纷类案裁判思维》，人民法院出版社2023年版，第7页。

1. 实质要件

(1)实际出资行为。出资是指在公司设立或增资时,股东为取得股权而向公司交付货币等财产或履行其他给付义务的行为。[1] 股东的实际出资需要一定的证据证明,以原始取得方式取得的股权表现为付款凭据、出资证明书等;以继受方式取得的股权则表现为股权转让协议、遗嘱、赠与协议等。

(2)实际行使股东权利。实际行使股东权利,是指股东通过股权获得相应的财产利益并实际参与公司的经营管理,具体包括行使股息红利分配请求权、参与重大经营决策权等。

2. 形式要件

(1)公司章程。

(2)出资证明书。

(3)股东名册。依据《公司法》第56条第2款的规定,在司法实务中处理股东与股东之间或者股东与公司之间的股东资格确认纠纷时,一般会以股东名册作为判断股东资格的决定性标准。在无相反证据的情况下,股东名册的记载具有优先证据效力。

(4)工商登记。工商登记,属于行政机关的具体行政行为,工商登记机关通过对市场主体进行资格审查并核准登记,以降低市场交易的风险,该登记行为具有公示公信效力。善意第三人基于商事外观主义的信赖利益,可以依据登记信息要求登记股东按登记内容对外承担责任。因此,实务中,在处理涉及外部第三人的股东资格确认纠纷时,工商登记的股东信息在认定股东资格时具有优先的证明效力。

(三)有限责任公司股权受让人股东资格取得时点的认定

实务中,通常会将股权转让合同的效力认定与股权权属的实际变动进行区分,股权转让协议生效与否依据合同效力的认定规则进行判断。只要股权转让协议本身符合合同的生效要件,该协议即为有效,但是股权转让的意思表示与股权的实际取得属于不同的法律范畴。原则上,在股权转让协议生效时会产生股权变动的效果,但这种效果仅对转让人与受让人产生约束力,只有在具备一定的股权变动形式要件后股权转让的效果才及于公司或第三人,受让人才能顺利行使股东权利。关于股权受让人股东资格取得的时间节点,实务中应当区分以下情形。

1. 股权对外转让不涉及优先购买权时受让人股东资格取得时间节点的认定

《公司法》第86条第2款明确规定了股权转让时股权变动的时点即为受让人记载于股东名册之时。在此之前,学术界和实务界对此存在较大的观点分歧。但最高人民法院民事审判第二庭曾对《最高人民法院关于适用〈中华人民共和国公司法〉若干问题的规定(三)》(以下简称《公司法解释(三)》)第27条作出释义,公司股东名册的变更登记是股权转让产生对抗公司效力的认定标准,受让人依公司股东名册变更登记股权权属发生变更,受让人才能取得股东

---

[1] 参见赵旭东:《公司法学》,高等教育出版社2003年版,第239页。

资格并得以行使股东权利。① 该观点与《公司法》第 86 条第 2 款的规定相一致。

股权转让发生在转让人与受让人之间,当股权转让合同成立生效时,依据合同相对性原理,合同仅在合同当事人即转让人和受让人之间发生效力,并不能直接产生约束公司的法律后果,受让人不能以已经签订股权转让协议并交付股权为由对抗公司。② 只有当公司根据《公司法》及公司章程的规定对股权转让合同进行审查,同意注销转让人原股东的记载,并将受让人作为新股东登载于股东名册之时,对公司而言受让人才能取得公司股权,才能够以公司股东的身份对公司主张权利和履行义务。否则,此种转让效力不能对抗公司,无法对公司产生法律约束力,受让人也不能在公司中行使股东权利。因此,股东名册的变更登记是股权权属发生变更、受让方取得股权的标志。

结合新《公司法》第 34 条、第 86 条、第 87 条的规定,对于有限责任公司的股权变动模式可总结为以下几点:一是在股权转让协议生效后,股权即在转让人与受让人之间发生转移;二是在通知公司且公司变更股东名册后,该转让对公司生效,受让人可向公司主张股权;三是未办理变更工商登记,不得对抗善意第三人;四是如公司章程对股权设置限制转让条款,而股权转让协议违反该条款的,公司有权拒绝承认受让人为股东。③

在此应当注意的是,现实中有些公司的股东名册管理、变更不够规范,有的公司甚至不设股东名册。此时,在实务中往往会对股东名册的变更作扩张性理解。如公司章程、股东会会议纪要等能够证明公司认可新股东存在,应视为公司设权程序已经完成,公司接纳了股权受让人为其新成员。④

裁判观点:在有限责任公司股权对外转让中,股权转让合同生效后,受让人自取得公司认可之日,取得股权。认可可以表现为行使股东权利、参与公司经营管理。

【**典型案例一**】东方武联公司等与万某晖股权转让纠纷案。⑤ 再审法院认为,万某晖签订股权转让合同、签署新的公司章程、支付股权转让款,系履行股权转让合同的义务。当万某晖履行了上述股权转让合同的义务后,有权要求取得东方武联公司的股东资格。但股东资格的取得不是由股权受让方单方面完成的,必须有股权转让方以及目标公司的配合,即股权转让方需要有转让股权的给付行为,目标公司需要有承认新股东的认可行为。本案中,陈某群、东方武联公司没有举证证明,陈某群履行了转让股权的义务使万某晖取得股东资格,或者万某晖实际行使了股东权利而表明其享有股东资格。陈某群、东方武联公司至一审诉讼时尚不认可万某晖拥有股权转让合同中的权利,更不用说认可万某晖的股东资格。基于此,陈某群、东方武联公司所述万某晖已取得股东资格的说法缺乏证据支持不能成立。

---

① 参见最高人民法院民事审判第二庭编著:《最高人民法院关于公司法解释(三)、清算纪要理解与适用》,人民法院出版社 2011 年版,第 424 页。
② 参见张应杰主编:《公司股东纠纷类案裁判思维》,人民法院出版社 2023 年版,第 41 页。
③ 参见李建伟主编:《公司法评注》,法律出版社 2024 年版,第 405 页。
④ 参见杨心忠等:《公司纠纷裁判精要与规则适用》,北京大学出版社 2014 年版,第 6 页。
⑤ 参见北京市高级人民法院民事判决书,(2019)京民再 121 号。

【典型案例二】田某1与田某2股东资格确认纠纷案。① 最高人民法院认为,根据《公司法解释(三)》(2014年)第23条②之规定,在不涉及公司股东之外第三人的情况下,认定公司股东的重要标准为股权转让是否系当事人真实意思表示、股权转让对价是否根据合同约定完成支付。本案中,大都公司受让田某1、田某2在金田公司的股权系当事人真实意思表示,大都公司以向田某1、田某2借款的方式支付全部股权转让价款,并且实际经营管理金田公司,故应当认定其为金田公司的股东。

2.涉及优先购买权的股权对外转让时股权受让人股东资格取得时间节点的认定

从《公司法》第84条第2款的规定来看,其明确了其他股东的优先购买权,但并未明确在涉及其他股东优先购买权的情况下,受让人取得股权的时间节点。同时在这里需要注意的是,根据原《公司法》第71条的规定,有限责任公司股东对外转让股权首先应得到其他股东过半数同意,同意之后其他股东享有优先购买权。但新《公司法》第84条则删除了"经其他股东过半数同意"的规定,仅规定了其他股东的优先购买权。也就是说,根据新《公司法》前述规定,股东向公司股东以外的人转让股权的,其股权变动仅受优先购买权的影响,而不再受到"经其他股东过半数同意"规定的限制。但是,在新老《公司法》的衔接过程中,针对股东向公司股东以外的人转让股权的情况,依然要注意"经其他股东过半数同意"规定在此类纠纷中的适用。

对此,《广西壮族自治区高级人民法院民二庭关于审理公司纠纷案件若干问题的裁判指引》(桂高法民二〔2020〕19号)第21条规定:"有限责任公司股权对外转让的,出让股东须取得其他股东多数同意,此条件为出让股权发生变动的生效要件之一……出让股东在完成相关股权转让变动手续之后才取得其他股东多数同意的,可以自取得同意之时始发生股权变动效力。"第23条第3款规定:"其他股东放弃优先购买权的事实,并非股权发生变动的生效要件,而应将其他股东行使优先购买权视为股权变动效力的法定附解除条件:当其他股东向出让股东发出优先购买要约且得到后者承诺时,股权未向第三人变动时,应优先向该股东发生变动;股权已向第三人变动的,该变动效力被解除。选择该效力类型的理由为,在《公司法解释四》第21条的情形下,可能会出现一个'真空期':当出让股东没有明确通知其他股东或其以欺诈等方式损害其他股东优先购买权时,善意第三人作为受让人可能在订立股权转让合同后较快地参与并融入了公司治理,一方面该第三人的'新股东'身份随时可能因其他股东行使优先购买权而消失,另一方面其可能已开始行使了参会、表决等共益权以及分配股利等自益权,若不处理好这段时间内的股东资格问题,则会出现相关股东权益无处归属或决议效力未决的'真空期'。因此,把行使优先购买权的效力解释为股权变动的附解除条件,并承认这段时间内股权向善意第三人变动的有效性,则可以较好地解决'真空期'问题。"

3.须办理批准手续的股权转让情形下受让人取得股权时间节点的认定

对于这一问题,实务中通常认为,法律、行政法规规定应当办理批准手续才能生效的股权

---

① 参见最高人民法院民事裁定书,(2020)最高法民申4557号。
② 参见2020年《公司法解释(三)》第22条。

转让,在转让后,合同自主管机关批准之日起合同生效。在未经主管机关批准之前,股权转让合同尚未生效,受让人此时必然不能依据未生效的转让合同取得股东资格。因此,在未经主管机关批准之前,即使公司股东名册发生变更,股权转让人仍为公司股东。

【典型案例一】 天迪公司诉信托公司、天王公司股东资格确认纠纷案。① 二审法院认为,根据《公司法》(2004年)第72条第4款②、《信托公司管理办法》第12条以及本案中信托公司的公司章程第25条、第26条之规定,本案中信托公司变更股东需经原银监会的批准。2008年10月10日原银监会陕西监管局批准之日即应为天迪公司取得信托公司股东资格之日。虽然2008年2月29日,天迪公司通过股权转让的方式受让了天王公司所持有的信托公司3.07%的股权,并于同年3月3日付清了股权转让款,但是法律、行政法规规定其股东资格的取得应当经过主管机关批准,当事人不得以其意思自治而超越法律、行政法规的强制性规定。故根据《信托法》的规定,在未经主管机关批准之前,天迪公司不能依据股权转让合同而当然取得信托公司的股东资格。

【典型案例二】 蒲公堂公司诉南山公司、科汇通公司撤销权纠纷案。③ 最高人民法院认为,关于被撤销的债务人行为即南山公司向科汇通公司转让深南石油35.88%股权行为生效时间问题,本案所涉股权转让行为应自办理批准、登记手续时生效。我国公司法并未明确规定股权转让合同是否以工商变更登记为生效条件。尽管《公司法》(2005年)第33条④及《公司登记管理条例》⑤第35条有相关规定,但并不能从上述规定中得出工商登记是股权转让的效力要件。就股权转让行为的性质而言,股权转让实质上是在公司内部产生的一种民事法律关系,股权转让合同签订后,是否办理工商变更登记,属于合同履行问题。就股权转让行为的外部效果而言,股权的工商变更登记仅为行政管理行为,该变更登记并非设权性登记,而是宣示性登记,旨在使公司有关登记事项具有公示效力。因此,是否进行工商变更登记对股权转让合同的效力问题不应产生影响,工商登记并非股权转让合同效力的评价标准。因此,本案所涉深南石油35.88%股权转让行为生效时间应当是2001年3月19日即深圳市南山区国资委批准转让之日。蒲公堂公司关于"债务人行为发生之日"应当是工商变更股权登记之日,即2001年4月6日,于法无据。

4. 约定股权变动时点早于公司认可情形下受让人取得股权时间节点的认定

实务中常见的情况是,股权转让合同明确约定股权变动的时间节点,如约定全部或支付某期股款的时点,或者公司变更股东名册、办理工商变更登记等公司确认该次股权转让的时间。如果合同约定的时间节点早于公司确认该次股权转让的,受让人何时取得股权。对于这一问题,笔者认为:(1)这种约定下的效力认定应当适用《民法典》对民事行为的效力认定原则,即

---

① 参见陕西省高级人民法院民事判决书,(2010)陕民二终字第09号。
② 参见新《公司法》第84条第3款。[特别提示:本书中所提到的新《公司法》、《公司法》均为2023年修订的《公司法》,2023年修订之前的《公司法》,均会在表述中予以说明。]
③ 参见最高人民法院民事裁定书,(2007)民二终字第32号。
④ 参见新《公司法》第34条。
⑤ 《公司登记管理条例》因《市场主体登记管理条例》的施行而废止。

在不违反法律规定,也无证据表明违背当事人自由意志的情况下,应当认定其效力;(2)约定的效力仅限于合同当事人;(3)产生的效力后果包括:一是变更登记的请求权,即向公司请求变更股东名册、签发出资证明以及办理工商变更登记等权利;二是股权收益权,即向股权出让人请求给付该出让人在权益转移时间点之后仍从公司获取的财产性权益。关于该种情形下受让人获得股权的时间节点,实务中通常认为,当事人之间可以根据实际需要约定股权转让的时点。股权转让协议约定,自协议生效之日起受让人享有股权,若协议内容不违反法律规定,应认定有效。在股权发生转让效果的问题上,并不以公司有关文件资料和有形财产的交付等具体的履行行为为前提。

【典型案例】储运公司诉海通公司合同纠纷案。[①]最高人民法院认为,关于储运公司是否履行了《股权及债权转让协议》项下的主要义务,海通公司是否享有先履行抗辩权的问题,股权转让虽然通常需要履行一定的手续,受让方才可行使股权,但并不排除当事人之间根据实际需要另行约定股权转让的时点,转让的时点意味着权益的归属和风险的转移。在合同中有专门约定的情况下,股权转让的实现实际上主要取决于转让时点的约定。按照《股权及债权转让协议》第3条第1项的约定,"协议生效之日起,海通公司享有洲际公司上述80%股权的股东权益,包括但不限于洲际公司的资本公积、滚存利润及以后年度的分红权利,储运公司不再享有上述股权的股东权益"。协议中并未对目标公司有关文件资料和有形财产的交付进行约定。该约定不违反法律规定,也无证据表明违背当事人自由意志,海通公司事后也未提出该约定存在无效或可撤销的情形问题。故该约定合法有效,应以之作为处理双方权利义务关系的依据。其法律效果是,自上述协议生效之日起,海通公司即享有洲际公司的股东权益,在股权发生转让效果的问题上,并不以公司有关文件资料和有形财产的交付等具体的履行行为为前提。

(四)股份有限公司股东资格取得的时点认定

在股份有限公司首次公开发行股份的过程中,现阶段以将上市公司发行股份"相关股份登记至投资者名下"作为相关投资者取得上市公司股东资格的标准。

在上市公司非公开发行股份的过程中,可以将"上市公司和相关投资者的股份认购协议生效之后、投资者缴付相应的股份认购款之日"作为相关投资者取得上市公司股东资格的时点。一般股份有限公司股东转让股票过程中,受让人取得股东资格的时点存在争议,代表性观点如下。

第一种观点认为,以受让人的姓名或名称记载于股份有限公司股东名册时发生转让的效力,受让人在此情况下取得股东资格。

【典型案例一】华夏银行与朝日公司、国泰公司等执行异议之诉案。[②]二审法院认为,华信公司作为股份有限公司,根据《公司法》(2013年)第140条[③]之规定,朝日公司与国泰公司达成股权转让协议后,依约支付了800万元转让款,双方约定余款150万元待办理工商变更登记手续后支付,并由华信公司将变更后的股东情况记载于华信公司股东名册,故依法已经发生股

---

① 参见最高人民法院民事裁定书,(2016)最高法民申953号。
② 参见浙江省温州市中级人民法院民事判决书,(2014)浙温执异终字第17号。
③ 参见新《公司法》第159条。

份转让的效力,朝日公司取得涉案股份。涉案股份尚未办理工商变更登记手续,系因为出让人华信公司根据政府主管部门的规定,向行政部门办理审批手续。华夏银行温州分行主张根据《公司法》(2013年)第33条①规定,涉案股份转让未办理工商变更登记手续,不能对抗包括华夏银行温州分行在内的第三人,但前述条款适用于有限责任公司,不适用于本案。综上,华夏银行温州分行的上诉理由和请求不能成立,法院不予支持。原审判决认定事实清楚,适用法律正确,依法予以维持。

【典型案例二】 洪某诉刘某茜、轩豪公司执行异议之诉案。② 二审法院认为,诉争股权的权属变动登记依照公司法的规定,即为公司将受让人姓名或名称及住所记载于股东名册,故诉争股份在公司将受让人洪某记载于股东名册之前并未发生股份权属的变动的效力,诉争股份仍为轩豪公司所有,一审法院依据轩豪公司债权人的申请冻结其持有的民商公司的股份符合法律规定。

第二种观点认为,受让股份有限公司的股票,应以股票股份转让协议项下的股份变动生效的时间作为股份有限公司股东资格的取得时间。至于股份有限公司将受让人的姓名或名称记载于股份有限公司股东名册,这是股份有限公司在股份转让后应当履行的义务。因为《公司法》第159条第1款规定了股票由股东以背书方式或者法律、行政法规规定的其他方式进行转让;转让后由公司将受让人的姓名或者名称及住所记载于股东名册。

三、股东资格确认纠纷的常见类型

(一)股东资格积极确认纠纷

1. 股东与股东之间因出资产生的股东资格确认纠纷

实务中较为常见的是由隐名出资引发的纠纷,通常具体表现为隐名股东主张股东权益或要求显名登记而引发的争议。

2. 股东与股东之间因股权转让产生的股东资格确认纠纷

根据《公司法》的规定,有限责任公司股东的姓名或名称须记载于股东名册及公司章程,且属于工商登记事项;股份有限公司发起人的姓名或名称须记载于公司章程,而持有股票的股东的姓名或名称应记载于股东名册。故在有限责任公司股东转让股权或股份有限公司股东转让股票时,应作变更登记。但在实务中,常常会出现在股权交易时,交易双方未履行变更登记手续或未交付股票或出资证明书的情形,此种情况可能引发股东资格积极确认纠纷。

3. 股东与公司之间的股东资格确认纠纷

实务中常常会出现一种情形,即股东与他人之间并不存在股权归属争议,但公司却不确认股东享有公司股东资格的。具体表现如下:隐名出资中公司拒绝隐名股东行使股东权利、股权转让后公司拒绝受让人行使股东权利。如此可能引发隐名股东或股权受让人请求确认股东资格的纠纷。

---

① 参见新《公司法》第57条。
② 参见重庆市高级人民法院民事判决书,(2016)渝民终205号。

4. 股权共有产生的股东资格确认纠纷

共有股权,是指两个以上的权利主体共同享有公司股权的情形。共有股权的形成具有多样性,可以是基于夫妻、继承等身份关系而产生,也可因合伙、共同认购等财产性约定而形成。在出现共有股权处分、合伙解散、夫妻离婚、继承等情况时,共有股权的其中一方可能提起股东资格确认之诉。①

(二)股东资格消极确认纠纷

股东资格消极确认,又称股东资格反向确认。实务中常见情形是因冒名出资而引发的纠纷,即被冒名的股东请求确认其不具有公司股东资格,不享有对应的公司股权,且不承担股东义务。对于股东资格消极确认之诉,因其涉及对股东资格的否定,关系到公司、其他股东和债权人的利益,故相较于股东资格积极确认之诉,司法实务中的认定标准会更为严格和谨慎。

裁判观点:当事人请求确认其不具有公司股东资格,不符合法律规定,不予支持。

【典型案例】 李某泽诉金盾公司股东资格确认纠纷案。② 法院认为,金盾公司的工商登记信息系工商行政管理机关审核后作出的,具有较强的公示力。金盾公司的工商登记信息显示,李某泽系金盾公司的股东和法定代表人。根据《公司法解释(三)》(2011年)第22条③之规定,当事人请求确认其股东资格,应当是当事人积极地向法院提起诉讼,请求确认其股东身份,而非请求法院确认其非公司股东。本案中,李某泽请求确认其不具有金盾公司股东资格和法定代表人资格,系消极确认之诉,不符合前述法律的相关规定,不应得到法院的支持。

第二节 司法实践中股东资格确认纠纷的关注要点

一、股权归属的认定问题

(一)股权原始取得的归属认定

1. 是否存在股权性出资或增资合意

实务中主要表现为:(1)股东与股东之间或者股东与公司之间是否存在发起人协议、股东出资协议、增资扩股协议等书面协议;(2)协议内容是否明确、具体,是否为当事人真实意思表示,是否存在瑕疵或无效情形;(3)是否符合法律规定的公司设立或增资扩股条件;(4)对于缺少书面协议的,还需关注公司章程、股东名册、出资证明书、工商登记信息等法定文件,以及出资凭证、收款凭据等是否存在股权出资性质的记载,以判断是否能够推定当事人之间的出资或增资合意。

2. 是否认缴或实缴出资

(1)认缴出资情形。应注意以下两点:

一是该情形下的股权获得过程。一般是发起人在出资协议中约定出资份额并记载于公司

---

① 参见张坤、何建:《股权代持情形下的股东资格确认》,载《人民司法》2020年第23期。
② 参见重庆市江北区人民法院民事判决书,(2012)江法民初字第3987号。
③ 参见2020年《公司法解释(三)》第21条。

章程，在公司成立时即取得公司股权。

二是认缴出资后出资人未实际出资或瑕疵出资是否影响股权的获得。在实务中，根据《公司法》第43条、第49条及《民法典》合同编相关规定，认缴出资后出资人未实际出资或瑕疵出资的应当补足出资额并向其他足额出资股东承担违约责任并对公司承担损害赔偿责任。

据此，我们可以得出结论：未实际出资或瑕疵出资的出资人，并不当然丧失股东资格。

（2）实缴出资情形。认缴出资后实际缴纳出资的，依法取得股权。但应注意以下两点：

一是针对缺乏书面出资协议但实际缴纳出资的情形，实务中一般倾向于认定其享有公司股权。

二是针对股东的出资来源于公司外部第三人的情形，法院一般会结合出资人与付款人之间关系、双方是否存在股权代持协议等进行综合评判，以确定实际投资人及实缴出资的金额。此时主张委托第三人出资的一方对此需要承担举证责任。

司法实践中与股权归属认定相关的裁判观点及典型案例如下。

裁判观点一：实际出资但无成为股东的意思表示且未实际行使股东权利的，不具有股东资格。

【**典型案例**】中旅公司诉朱某、刘某光股东资格确认纠纷案。① 二审法院认为，中旅大华公司曾有受让中旅公司所占游艇公司20%股权的意向，但最终是中直广公司承接了上述股权。朱某、刘某光向中直广公司各注资1000万元源于中旅公司，但中旅公司年度审计报告均未反映中旅公司于2001年度曾对中直广公司股权投资2000万元。中旅公司称其通过朱某、刘某光对中直广公司投资2000万元反映在应收游艇公司往来款5500万元中亦间接说明其未将上述2000万元作为对中直广公司的股权出资。备忘录有关朱某、刘某光向中直广公司共投入2000万元实为游艇公司对中直广公司的出资，与中旅公司相关审计报告将其划入朱某、刘某光共投入2000万元反映为其对游艇公司的应收款，内容相互印证。由中旅公司提供并确认真实性的《信托声明书》，明确中直广公司股东朱某名下的出资额属于香港峻盛公司所有，也不属于中旅公司。该声明书也直接证实了中旅公司不是中直广公司股东朱某名下出资额的实际出资人。

裁判观点二：依据公司章程的签署、实际出资及股东权利的实际行使等事实综合认定股东资格。

【**典型案例**】卢某1诉黄某、卢某2股东资格确认纠纷案。② 二审法院认为，不能以是否实际出资认定股东资格，亦不能简单地以出资财产所有权的归属来确认股东资格，股东未实际出资并不必然否定其所享有的合法股东资格。同时，也不能仅以工商登记中的记载就认定其必然享有股东权益。在认定股东资格时，应当充分考虑各利害关系人之间的利益平衡，结合争议的法律关系性质，按照公司法确定的认定规则及相关原理，结合股东权取得的形式要件和实质要件综合考量，以作出公正、正确的判断。认定股东资格的有无时，首先，应分析双方所争议

---

① 参见张应杰主编：《公司股东纠纷类案裁判思维》，人民法院出版社2023年版，第72页。
② 参见江苏省盐城市中级人民法院民事判决书，(2007)盐民二终字第0042号。

的法律关系性质,是属于个人法调整还是属于团体法调整。因为个人法注重各行为人的真实意思表示,而团体法强调行为的外观特征。属于个人法调整的范围,应当根据当事人之间的约定,探究各方当事人的真实意思表示。在处理因公司交易行为等公司外部行为而引发的债权人等第三人介入的股东资格争议时,由于交易行为与工商登记的公示力有关,应以工商登记文件中对股东的记载来确认股东资格。其次,应当分析当事人是否具有公司股东应有的特征。一个规范运作的有限责任公司的股东应具备下列特征:签署公司章程、履行出资义务、公司登记机关对股东的登记、出资证明书、被载入公司股东名册、实际享有股东的权利等。本案中,黄某股东资格的有无,实际上是挂名股东与实际股东之间的股权确权争议,属于公司内部确认股东资格的问题,当属于个人法调整的范围,处理时应当探究当事人之间的真实意思表示,同时结合各种股东特征,才能予以正确认定。从本案设立的环节以及双方所提供的证据分析,依据优势证据规则,只能推定卢某1与黄某两人是借名关系。既然是借名关系,卢某2也当庭认可其是挂名股东,卢某1请求法院否定黄某、卢某2的股东资格,既不违背国家法律、法规的强制性之规定,又符合当事人的真实意思,法院理应予以支持。

裁判观点三:非基于真实意思表示被登记为公司股东的,不享有股东资格。

【典型案例】 朱某诉健特金属公司股东资格确认纠纷案。[1] 法院认为,公司登记设立应遵守法律规定,不得提交虚假材料或采取其他欺诈手段隐瞒重要事实。本案中,被告在登记设立时,虽然将原告登记为公司股东,但从被告向公司登记机关提交的公司股东会决议、公司章程等资料来看,上面"朱某"的签名,经司法鉴定,并非原告本人所签;且未有证据证明股东"朱某"出资由原告本人出资;亦未有证据证明被告设立时原告知情或同意被登记为公司股东,以及被告成立后原告参与了公司经营管理或利润分配。因此,法院有理由认定,被告在登记设立时将原告登记为公司股东,并非原告的真实意思表示,而是他人冒用原告名义登记所致。该冒用登记行为违背原告意愿,侵害了原告的合法权益,应认定无效。原告提出的要求确认其不是被告股东的诉讼请求,依法应予支持。

裁判观点四:名义股东以未实际出资、未行使股东权利为由请求确认其不具有公司股东资格,不予支持。

【典型案例】 顾某良与卫邦公司股东资格确认纠纷案。[2] 二审法院认为,本案的争议焦点为顾某良是否具有卫邦公司的股东资格。第一,卫邦公司的工商登记、公司章程、股东名册等均记载顾某良为股东,且顾某良在卫邦公司设立过程中自愿提供身份证、在公司章程和股东会决议上签名等事实充分显示了顾某良具有愿意成为卫邦公司股东的真意,顾某良未实际出资只能说明其为卫邦公司的瑕疵股东,股东违反出资义务并不否定其股东资格,实际出资仅系股东享有权利的实际基础。现顾某良并无证据证明在工商机关留存的与卫邦公司有关档案材料上的股东签名非顾某良本人所签。对此,其需承担举证责任的不利后果。第二,虽然是否具有成为股东的真实意思表示是认定股权或股东资格的基本标准,但在公司债权人因股东资格发生

---

[1] 参见江苏省扬中市人民法院民事判决书,(2015)扬商初字第578号。
[2] 参见上海市第一中级人民法院民事判决书,(2016)沪01民终4844号。

争议时,应优先使用形式特征特别是工商部门登记、公司章程记载来认定股东资格,保护公司外部人的权利。为了保护善意第三人利益,维护交易秩序的稳定,公司法特别强调公示主义和外观主义的贯彻。即便顾某良不具有成为卫邦公司股东的真实意思,其作为股东被记载于公司章程、股东名册以及工商登记材料等却是客观事实,在外观上、形式上其完全具备卫邦公司股东的特征,第三人对此有充分的理由予以信赖,法院理应首先保护善意第三人对相关外观的信赖。第三,顾某良诉称其系被冒名登记的股东,顾某良提起本案诉讼的原因就是为了逃避其在(2015)浦民二(商)初字第3909号案件中作为卫邦公司股东而应承担的相应民事责任。股东是否实际出资、是否享受分红、是否参与公司经营管理等事实,并不具有公示性,不具有使第三人信赖的外观特征,公司债权人或者公司、股东以外的第三人并没有法律上的义务去了解,在客观上也无法调查。因此,在本案讼争事项实际已涉及第三人利益的情况下,上述事项不应作为判断顾某良股东身份的依据。从逻辑上讲,享有股东权利是取得股东身份的结果,而不是取得股东身份的条件或原因。股东应当享有股东权利,但不能反过来认为没有实际享有股东权利的人就不是公司股东。顾某良以未参与公司具体的经营管理活动为由否定其股东身份也缺乏充分依据。

(二)股权继受取得的归属认定

1. 股权继受协议是否合法有效

(1)继承所得的股权,应当关注继承方式、继承人及人数、继承人身份、遗嘱效力等。

(2)以股权转让或赠与方式取得股权,应当关注是否存在股权转让或股权赠与的真实意思表示,以排除名为转让实为让与担保等其他法律关系,同时审核继受协议的效力、是否违反股票禁售期等强制性规定等。

2. 股权继受协议是否实际履行

(1)公司章程有无对股权转让、股权继承等作出特殊安排,是否符合法律和章程规定。

(2)对于转让取得公司股权的,转让协议是否约定股权受让标准,有约定的从其约定,无约定的,实务中一般以股权转让协议实际履行作为标准。

3. 股权变更手续是否完成

这里需要关注的是公司是否召开股东会并对公司章程作出修改、变更股东名册等事实。因为,实务中股权继受取得,无论发生于公司内部股东之间还是发生于股东与公司外部非股东之间,股权的转移均不以事先通知公司并取得公司同意为继受前提。但股权转移的法律效果要及于公司,还需按照《公司法》和章程规定的程序经公司作出决议并变更股东名册记载后才对公司产生约束力,股权继受人方才取得公司股权。

(三)股东行权

实际行使股东权利、履行股东义务,是认定股东资格的重要外观表现。因此,在股东资格确认过程中应当关注:

(1)公司章程、股东会决议的签名,以便于查明当事人是否以股东身份行使公司管理决策的权利。

（2）当事人是否领取公司分红，是否参与盈余分配，该分红是否为股权红利，这样可以排除名股实债的固定利益属性。

（3）公司其他股东是否认可当事人股东身份。

这里需要注意的是，当事人是否担任公司高级管理人员的事实，与股东身份并无直接关联。

(四) 是否违反法律行政法规的强制性规定

这里需要特别关注的是国家对于投资主体实施特殊准入管理的负面清单范围，其中外商投资企业股东的确定和变更应经外商投资企业主管部门审批同意，金融机构、证券机构等法人的股东资格应获得金融或证券监管部门核准，国有企业员工持股应符合国资委、财政部等发布的限制性、禁止性规定的要求，会计师事务所、审计事务所、律师事务所和资产评估机构不得作为其他行业公司的股东。

二、隐名出资情形下股东资格的认定

(一) 隐名股东与名义股东关系认定

隐名股东，也称实际出资人，是与名义股东相伴而生的概念，具体指公司中不具备股东资格形式要件的实际投资人。[1]有关公司章程、股东名册、工商登记记载的出资人为名义股东。[2]隐名股东在幕后通过名义股东行使参与公司经营管理的股东权利，并实际享受公司利益分红。

(二) 隐名股东资格的认定

实务中，依据公司法有关个人法规则和团体法规则的不同，需要根据纠纷所涉公司内外部法律关系对实际出资人的股东资格进行区分认定。

对于公司内部股东资格的认定，实务中一般优先考虑适用个人法规则，因为此种情形下股东身份确认、股东权利行使、公司利益分配等均不牵扯外部第三人的利益，仅仅是针对公司内部个体之间的利益调整。同时此类纠纷在实务中通常表现为隐名股东确认股东资格身份和隐名股东要求显名两种类型。

在隐名股东请求确认其股东资格的实务中，应当关注以下问题。

1. 作为基础法律关系的内部协议是否出于双方合意、是否违反效力性强制性规定等，最终确定其效力

根据民法的契约理论，一般只要隐名股东与名义股东之间的协议出于双方合意且合法，即可认定协议的效力。这里需要特别注意的是，此处的合意包括隐名股东有意成为公司股东和委托名义股东代持股权的两种意思表示得一致，缺一不可。同时，由于这类协议在合同属性上加入了商事因素，因此也应将商法规则纳入考量范围，包括协议主体是否适格、代持动机是否

---

[1] 参见杨信：《有限责任公司名义股东身份辨识》，载《新疆大学学报（哲学·人文社会科学版）》2016年第2期。

[2] 参见唐英：《论隐名股东的股东资格认定——兼谈我国公司法司法解释三相关规定的完善》，载《贵州民族大学学报（哲学社会科学版）》2014年第6期。

合法等。[1]如果隐名股东利用股权代持等隐名出资的形式规避法律行政法规的禁止性规定,如代持上市公司或保险公司股份等,损害社会公共利益的,实务中对于该出资行为一般会被认定为无效。

【典型案例】伟杰公司等诉天策公司营业信托纠纷案。[2]最高人民法院认为,天策公司、伟杰公司签订的《信托持股协议》内容,明显违反原中国保险监督管理委员会制定的《保险公司股权管理办法》(2014年)第8条[3]关于"任何单位或者个人不得委托他人或者接受他人委托持有保险公司的股权"的规定,对该《信托持股协议》的效力审查,应从《保险公司股权管理办法》禁止代持保险公司股权规定的规范目的、内容实质,以及实践中允许代持保险公司股权可能出现的危害后果进行综合分析认定。违反原中国保险监督管理委员会制定的《保险公司股权管理办法》有关禁止代持保险公司股权规定的行为,在一定程度上具有与直接违反《保险法》等法律、行政法规一样的法律后果,同时还将出现破坏国家金融管理秩序、损害包括众多保险法律关系主体在内的社会公共利益的危害后果。根据《合同法》第52条[4]之规定,本案天策公司、伟杰公司之间签订的《信托持股协议》应认定为无效。

需要特别注意的是,对于法律、行政法规对公务员、律师事务所等部分特殊主体担任公司股东作了限制性或禁止性规定的,应予遵守,这类隐名股东不能成为公司股东。[5]

2. 隐名股东是否实际出资

法律行为是行为人内心意思表示外化的过程。出资行为则表明隐名股东存在向公司投资以成为公司股东、行使股东权利的意思表示。[6]公司法意义上的出资是隐名股东的主要义务,其分为认缴出资和实缴出资,《公司法解释(三)》第24条所指向的股权代持情形下的出资应当偏重于实际出资。实际出资是确认隐名股东的股东资格不可或缺的核心要件。[7]

隐名股东向公司支付款项的性质,应基于其作为公司股东的出资意思并履行出资义务,而非出于对公司的借贷或赠与等其他法律关系;如果隐名股东出资后,该出资款由股转债,因款项性质发生转变,该付款行为不应认定为出资性质。[8]实务中,常见的认定为有效出资情形的证据形式及类型有:支付凭证与代持协议并存、支付凭证与摘要备注出资性质并存、支付凭证与实际行使股东权利并存。[9]

3. 隐名股东是否实际行使股东权利

主要关注实际股东是否参与股东会、是否获得公司分红、是否行使其他经营管理和决策的

---

[1] 参见荣明潇:《股权代持行为效力的司法认定》,载《法律适用》2019年第2期。
[2] 参见最高人民法院民事裁定书,(2017)最高法民终529号。
[3] 此办法已废止;相关规定参见2021年《保险公司股权管理办法》第31条。
[4] 《合同法》已因《民法典》施行而废止;此条参见《民法典》第146条、第153条、第154条。
[5] 参见曾祥生、苏沂琦:《论隐名股东资格认定法律制度之重构》,载《江西社会科学》2019年第1期。
[6] 参见胡晓静、崔志伟:《有限责任公司隐名出资法律问题研究——对〈公司法解释(三)〉的解读》,载《当代法学》2012年第4期。
[7] 参见张应杰主编:《公司股东纠纷类案裁判思维》,人民法院出版社2023年版,第27页。
[8] 参见朱道谭、杨洋、陈茜茜:《论隐名股东资格确认的司法考量——基于85份裁判文书的实证分析》,载《河北科技师范学院学报(社会科学版)》2021年第1期。
[9] 参见张应杰主编:《公司股东纠纷类案裁判思维》,人民法院出版社2023年版,第27页。

权利、公司其他股东对隐名股东及股权代持协议的态度等。

裁判观点：对公司外部而言，公司的股权应当以对外公示的工商登记为准；而在公司内部，有关隐名股东身份及持股份额之约定等属于公司与实际出资人或名义股东与实际出资人之间形成的债权债务的合意，除隐名股东要求变更为显名股东外，该约定不会引起外界其他法律关系的变化，亦不会破坏有限责任公司的人合性，故一般应当认可其有效性；另外，法律也并未明确规定未经登记的股东不具备股东资格。

【典型案例】 毛某随与焦某成、焦某等股权转让纠纷案。[①] 最高人民法院认为，在公司内部涉及股东之间的纠纷中，法律并未明确规定未经登记的股东不具备股东资格，而是应当结合其他证据综合认定。石圪图煤炭公司以签订《股权认购协议书》的形式，确认了焦某及毛某随股东之身份，并认可该二人享有公司股东的权利及义务，据此，可以确认毛某随系石圪图煤炭公司隐名股东这一身份，其股东资格不因未经工商登记而被否定。对公司外部而言，公司的股权应当以对外公示的工商登记为准；而在公司内部，有关隐名股东身份及持股份额之约定等属于公司与实际出资人或名义股东与实际出资人之间形成的债权债务的合意，除非隐名股东要求变更为显名股东以外，该约定不会引起外界其他法律关系的变化，亦不会破坏有限责任公司的人合性，故一般应当认可其有效性。在案涉的《股权认购协议书》中，石圪图煤炭公司确认了毛某随享有12%的股权，明确了其投资份额，无论此协议的签订是基于其他实际出资人股权之转让抑或其他原因，该协议所确定之内容均不违反法律法规的效力性强制性规定，应当依法确认其合法性。综合上述分析，一审法院作出的《股权认购协议书》合法有效的认定正确，毛某随享有石圪图煤炭公司12%的股权合法有效，其有权转让该股权。

（三）隐名股东请求显名

请求股东资格显名化，是指有限责任公司隐名股东请求变更股东、签发出资证明书、记载于股东名册和公司章程并办理工商登记。在隐名股东请求显名的股东资格确认纠纷中，除关注确认隐名股东资格需考量的内容外，还应当关注原告显名主张是否符合有限责任公司的人合性特征，即显名行为是否获得公司其他股东半数以上同意。

实务中关于"其他股东半数以上同意"的认定依据主要有两点：其一，在诉讼程序里，隐名股东经征询其他股东，成功形成过半数股东同意的意见；其二，隐名股东提供的证据，足以证实在公司经营过程中，其他过半数的股东知道或者应当知道隐名股东的存在，且隐名股东一直参与公司经营管理，实际行使股东权利。[②]

司法实践中与隐名股东请求显名相关的实务裁判观点及典型案例如下。

裁判观点一：股权代持协议有效，隐名股东实际出资，法院支持隐名股东显名请求。

【典型案例】 周某雄、李某股东资格确认纠纷案。[③] 再审法院认为，《公司法解释（三）》第24条第3款中规定的"其他股东"是指名义股东以外的股东，即实际出资人请求公司办理显名

---

① 参见最高人民法院民事判决书，(2016)最高法民终18号。
② 参见吴庆宝主编：《最高人民法院专家法官阐释民商裁判疑难问题（增订版）：公司裁判指导卷》，中国法制出版社2011年版，第41页。
③ 参见广东省高级人民法院民事判决书，(2020)粤民再420号。

登记时无须征得名义股东的同意。本案中,樊某带、樊某添所持健泰公司100%股权中的50%系代周某雄、李某持有,樊某带、樊某添相对周某雄、李某而言属于显名股东,周某雄、李某请求公司办理显名登记时,无须征得樊某带、樊某添的同意。据此,周某雄、李某作为健泰公司的实际出资人,将其变更登记为显名股东,并按实际出资情况明确相应持股比例,该请求符合法律规定。二审适用上述规定驳回周某雄、李某的诉讼请求,属于适用法律错误,法院予以纠正。

裁判观点二:股权代持协议有效,未经其他股东半数以上同意,不支持隐名股东的显名诉求。

【典型案例】奕晶公司诉高某林股东资格确认纠纷案。[1] 二审法院认为,第一,昕泰公司知晓高某林与周某之间的代持关系,但代持关系与隐名股东要求显名系两个不同的法律关系,在一审、二审中,昕泰公司明确反对高某林的主张,高某林亦未提供证明半数以上股东明示同意将其登记为公司股东的证据。第二,高某林应当举证证明自己行使股东权利的状态一直在持续,如正常地从公司分配利润、指派的人员仍在参与经营管理、仍参与公司的重大决策等。法院注意到,奕晶公司召开过董事会,参加人员中有周某和周某丈夫,会议记录上也有周某的签名,虽然高某林辩称周某丈夫系代其参加,周某的签名系假冒,但均未提供相应证据予以证明,故对高某林的辩称,法院难以采信。第三,高某林未举证证明其要求显明的主张已经奕晶公司其他股东半数以上同意,亦未举证证明其以股东身份行使过权利,如以实际出资人的名义担任或指派人员担任公司董事、法定代表人、财务负责人等超过一定的合理期限,因此,现有证据不足以证明高某林的诉讼请求具有事实依据,高某林应承担举证责任的不利后果。

(四)外部股东资格的认定

实务中对外部股东资格的认定一般遵循团体法的原理和规则。依照工商登记文件所记载的股东信息,名义股东已经成了公司章程、股东名册及工商登记中记载的现实股东,此类文件具有公示公信力,进而形成权利外观。基于此,善意第三人有理由相信该名义股东即为真实的股东。为维护交易安全,第三人基于该信赖利益所实施的法律行为应当受到法律的保护,此时应以公司工商登记文件记载的股东信息来认定股东资格。[2] 若名义股东因此向债权人承担了赔偿责任,可以向隐名股东追偿。[3]

三、名义股东负债时隐名股东资格认定的相关问题

(一)隐名股东能否在执行异议之诉中一并提出确权请求并请求排除强制执行

对此,实务中存在不同观点:

有观点认为,隐名股东无法排除强制执行。其一,隐名股东基于股权代持关系,对名义股

---

[1] 参见上海市第一中级人民法院民事判决书,(2019)沪01民终13146号。
[2] 参见徐浩:《公司法股权转让与股东资格取得关系探讨——以(2009)皖民二终字第0011号判决为素材》,载《北方法学》2013年第2期。
[3] 参见《上海市高级人民法院关于审理涉及公司诉讼案件若干问题的处理意见(二)》的规定,债权人向工商登记文件中的公司名义股东主张其承担出资不实的赔偿责任的,法院应予支持。名义股东向公司债权人承担责任后,可按照约定向实际出资人追偿因此遭受的损失。

东享有的请求确认其为实际投资人等权利，在性质上属于请求权范畴，本质上是一种债权，隐名股东的上述债权请求权并不优先于申请执行人的权利。其二，从信赖利益角度分析，在执行程序中，债权人的信赖利益应予以保护。申请执行人对被执行人名下股权存有信赖利益，隐名股东股权代持的风险不应由申请执行人来承担。其三，实际出资人既然选择隐名，固有其商业利益考虑，既然通过代持关系获得了这种商业上的利益，或者在其显名的情形下不能获得的利益，那么就必须承担此种代持所带来的固有风险。

也有观点认为，隐名股东能够排除强制执行。股权善意取得制度的适用主体仅限于与名义股东存在股权交易的第三人，而商事外观主义原则的适用范围不包括非交易第三人，故执行申请人的债权请求权不能获得优于实际投资人隐名股权的保护。

针对这一问题，根据《全国法院民商事审判工作会议纪要》（以下简称《九民纪要》）第124条的规定，若隐名股东在诉争股权被查封、扣押、冻结前已由法院作出生效确权裁判文书，可以排除执行；若案外人提起执行异议之诉所依据的裁判，并非将执行标的物确权给案外人，而是基于不以转移所有权为目的的有效合同，判令向案外人返还股权，因其性质属于物权请求权，同样可以排除执行。同时，从《最高人民法院关于人民法院办理执行异议和复议案件若干问题的规定》第26条第2款的规定来看，在金钱债权执行中，案外人依据执行标的被查封、扣押、冻结后作出的另案生效法律文书提出排除执行异议的，法院不予支持。所以，隐名股东在诉争股权被查封、扣押、冻结之后即便取得确权裁判文书，也不能排除执行。需要注意的是，前述的"执行标的被查封、扣押、冻结"是否涵盖金钱债权执行案在诉讼过程中保全措施里的"查封、扣押、冻结"行为，目前尚不明确，有待进一步明确。

司法实践中相关的裁判观点及典型案例如下。

裁判观点一：隐名股东提起执行异议之诉，同时请求确认股东资格的，法院应当合并审理。

【典型案例】谢某春与卢某生、施某服、邓某珍、刘某兰、郭某生、鑫诚公司、廖某伟、中盛房地产公司、徐某忠、颜某才、滕某明案外人执行异议之诉案。[1] 最高人民法院认为，需要考虑谢某春主张确认其股东资格的诉讼请求是否应当在本案中进行审理。一审法院认为两个不同的法律关系不能在一个案件中合并审理，系审理大多数民事案件的一般性规则，其效力并不及于民事案件审理的所有领域，案外人执行异议之诉的审理程序即为特殊性规则。《民事案件案由规定》将案外人执行异议之诉列入适用特殊程序案件案由，《最高人民法院关于适用〈中华人民共和国民事诉讼法〉的解释》（以下简称《民事诉讼法司法解释》）将案外人执行异议之诉列为专门一章进行规定，均由此类案件特殊性所决定。《民事诉讼法司法解释》（2015年）第312条第2款[2]之规定，无论案外人是否对执行标的提出确权的诉讼请求，审查实体权利的归属和性质，都是判断能否排除执行的前提和基础，如果案外人同时提出确认其权利的诉讼请求，人民法院应当进行审理，且一并作出裁判。此外，《最高人民法院关于执行权合理配置和科学运行的若干意见》《最高人民法院关于人民法院办理执行异议和复议案件若干问题的规定》

---

[1] 参见最高人民法院民事判决书，(2016)最高法民终701号。
[2] 参见2022年《民事诉讼法解释》第310条。

的相关规定,已明确排除了法院查封的其他法院关于该查封物的另案确权,也不支持当事人另案确权。一审法院以确认股东资格之诉与案外人执行异议之诉系两种不同的法律关系不宜合并审理而应另案解决为由,对谢某春主张确认其股东资格的诉讼请求未进行实体性审理,系适用法律不当,法院予以纠正。

裁判观点二:隐名股东主张其为股权的实际权利人并提出执行异议之诉要求停止执行的,法院不予支持。

【典型案例】国粮交易中心与哈尔滨银行科技支行、粮油集团、龙粮公司、中国华粮物流公司执行异议纠纷案。① 最高人民法院认为,关于应否停止对三力期货公司股权的执行问题,根据《公司法》(2005年)第33条第3款②之规定,依法进行登记的股东,具有对外公示效力。即使登记股东与实质股东(隐名股东)不一致,在未经合法登记或变更之前,登记股东不得以自己非实际出资人或实质股东为由对抗公司外部债权人(第三人)。公司的实质股东(隐名股东)也不得以此对抗第三人向登记股东主张其名下的财产。本案中,粮油集团和龙粮公司系三力期货公司经工商登记的合法股东,即使国粮交易中心系三力期货公司的实际出资人,在其未进行股东变更登记之前,三力期货公司的股权仍为登记股东粮油集团和龙粮公司的责任财产。故该院对粮油集团和龙粮公司持有的三力期货公司股权采取的执行行为合法,对该股权应予继续执行。

(二)股东资格确认纠纷中的虚假诉讼问题

名义股东对外负债(与代持股权无直接关联)且资不抵债的情况下,债权人在债权到期后提起诉讼冻结股权时,名义股东的债权人与隐名股东之间往往对股权归属争议很大,隐名股东此时提起股东资格确认之诉的,往往会被怀疑成虚假诉讼,所以在这一情形下提起股东资格确认之诉,应注意以下问题:

一是作为原告举证时应尽量全面提供相关证据:提供代持协议及签订背景的说明,以证明协议的合法性;提供出资凭证(付款备注事项),以证明隐名股东的出资时间、出资金额、资金性质,进而证明出资的客观性;提供股东会记录、股东会决议,以证明实际行使股东权利;提供获取分红时间和金额的证据,以证明享受了股东权益;提供能证明其他股东半数同意的时间的证据,以证明隐名股东在名义股东债权人提起诉讼之前符合显名条件。又有以上证据足以认定实际出资事实并能排除虚假诉讼可能,方可对隐名股东的股东资格予以认定。

二是特别在双方当事人对股权代持关系均无争议,且名义股东完全认可隐名股东所主张事实的情形下,法院会更严格地审查案件的形式证据和实质证据。在审判实务中,北京市第一中级人民法院和上海市第二中级人民法院针对此情形,倾向于以原告起诉缺乏必要性为由,裁定驳回原告的起诉。

裁判观点:当事人请求确认其不具有公司股东资格,存在虚假诉讼可能的,不予支持。

【典型案例】参见前述李某泽诉金盾公司股东资格确认纠纷案(第9页)。

---

① 参见最高人民法院民事判决书,(2013)民二终字第111号。
② 参见新《公司法》第32条、第34条。

(三)缺乏书面代持协议的隐名股东资格确认

当事人之间缺乏书面代持协议并不必然排除对代持关系的认定。隐名股东还可以从其与名义股东之间是否形成股权代持的合意、是否存在股权代持的事实、股东的权利义务实际承载主体等多方面举证综合证明股权代持关系事实的客观存在。隐名股东主张确认股东资格,应尽量提供的具体证据包括以下几种。

(1)用于出资的实物资产或者货币的流转路径证据及提供相关权利凭证、出资财产出资时的备注记载,以证明隐名股东对出资财产享有所有权及出资性质;如果委托他人代为付款,还需提供委托代付款关系的事实客观存在的相关证据。

(2)亲自参与公司设立过程的证据及与名义股东之间授权委托书等授权名义股东签字办理相关手续的证据。

(3)其与名义股东之间就股权代持发生的微信记录、谈话记录。

(4)名义股东配偶、家属和其他利害关系人关于知悉股权代持事实的声明。

(5)实际参与公司的经营管理及实际获取公司分红的证据或者公司其他股东关于知悉股权代持事实的声明,该声明是否载明其他股东关于同意代持安排及根据实际股东的需求配合办理显名手续的承诺等。依据《公司法解释(三)》第24条第3款之规定,实际股东已经出资、股权代持协议成立并非确认股东资格的充分条件,还需要考量其他股东是否同意。同时根据《九民纪要》第28条之规定,实际行使股东权利并非确认股东资格的必要条件,但是实际股东行使股东权利,满足一定条件可视为其他股东默示同意。

司法实践中相关的裁判观点及典型案例如下。

裁判观点一:虽无书面股权代持协议,但公司股权由公司其他股东代持,各方对股权代持事实无争议且其他股东对此知情,隐名股东可显名登记。

【典型案例一】 周某雄、李某股东资格确认纠纷案。[①] 再审法院认为,根据2015年4月2日健泰公司与周某雄、李某签订的协议书,以及健泰公司、樊某带、樊某添在一审、二审庭审中的陈述,周某雄、李某系健泰公司的实际出资人,两人在2018年10月10日前持股比例合计为50%。樊某带、樊某添作为健泰公司的名义股东,对上述事实知情并予以认可。《公司法解释(三)》第24条第3款的规定是为了维护有限责任公司的人合性,避免既有股东与实际出资人显名之后产生冲突,影响公司经营的稳定性。但名义股东并非公司真正投资人,仅为实际出资人的代持股权主体,实际出资人显名时应予以配合,其无权提出异议。因此,上述规定中的"其他股东"是指名义股东以外的股东,即实际出资人请求公司办理显名登记时无需征得名义股东的同意。本案中,樊某带、樊某添所持健泰公司100%股权中的50%系代周某雄、李某持有,樊某带、樊某添相对周某雄、李某而言属于显名股东,周某雄、李某请求公司办理显名登记时,无需征得樊某带、樊某添的同意。据此,周某雄、李某作为健泰公司的实际出资人,请求健泰公司办理显名登记及相应持股比例,符合法律规定,法院予以支持。

---

① 参见广东省高级人民法院民事判决书,(2020)粤民再420号。

【典型案例二】金鼎公司、叶某滨与吴某好等股东资格确认纠纷案。① 二审法院认为，大地公司由丰龙公司设立，叶某滨是丰龙公司当时的全资股东和董事，应当视为其知晓并认可股东会纪要的内容。在全体股东已确认吴某好的实际出资人身份，且约定由叶某滨配合公司进行股东变更工商登记的情形下，叶某滨和大地公司仍提出阻止吴某好显名登记的异议，均不能成立。

<u>裁判观点二：对于隐名股东能够提供有效证据，并形成证据链，能够达到民事诉讼证据的"高度盖然性"认定标准，可以确定实际出资人的股东资格。</u>

【典型案例一】普惠融公司诉齐某等股东资格确认纠纷民事案。② 二审法院认为，关于齐某与普惠融公司之间是否属于代持股关系问题。齐某虽未能提供《公司法解释（三）》第24条规定的其与普惠融公司之间订立的合同，明确由其出资并享有投资权益，以普惠融公司为名义股东，但结合以下几点，可以认定齐某与普惠融公司存在事实上的代持股关系：一是齐某安排并以自己的资金支付了牛犇公司的注册资金，普惠融公司却未与其订立借款合同，或者明确双方就该笔款项存在其他债权债务关系。如果不是代持股关系，而是齐某代为出资，则普惠融公司应当提供证据证明双方之间存在付款的协议，不会对支付情况完全不清楚。二是牛犇公司及其另两名股东张某和刘某平均明确认可齐某的原始股东身份，并说明了公司发起成立时各股东的股份分配情况，与齐某所述基本一致。另外，张某和刘某平还证明齐某在公司登记时提出以普惠融公司的名义持有股份并经其同意。三是牛犇公司召开股东会时，齐某虽未被登记为股东，但同样出席。如果齐某与普惠融公司和牛犇公司之间不存在特定关系，没有理由出现这一情况。四是普惠融公司虽对齐某的出资和行使经营权利等问题提出了诸多质疑，但自始至终未能提供其自身筹备设立牛犇公司的过程以及自该公司2016年2月成立以来行使经营管理决策等股东权利具体情况的证据，未能证明其为实际意义上的股东。因此，法院无法确认其为牛犇公司的真正股东。

【典型案例二】薛某坪诉陆某生、浙皖边界市场公司、明恒房地产公司委托代理合同纠纷案。③ 最高人民法院认为，虽然薛某坪与陆某生之间未签订委托收购股权并代持股权的书面合同，但薛某坪向陆某生汇付款项的事实客观存在。对该笔款项的性质，陆某生虽然主张为借款，但未能提供任何证据证明。一审判决综合全部案件事实，依据优势证据原则认定双方之间存在薛某坪委托陆某生收购股权并且代持股权的关系，理据充分，并无不当。陆某生就此提起上诉，但未能提供证据足以否认一审判决的认定，法院对陆某生的该项上诉主张不予支持。

【典型案例三】亿升公司与杨某武及隆安公司、宋某桂、张某臣、万通公司、赵某恒、赵某昌、魏某刚、第三人瑞兴养殖公司股东资格确认纠纷案。④ 最高人民法院认为，隆安公司先后向杨某武出具七份"收到投资款"的收据，收据内容均为收到杨某武个人投资款，这也与隆安公

---

① 参见江苏省高级人民法院民事判决书，(2019)苏民终1194号。
② 参见广东省深圳市中级人民法院民事判决书，(2021)粤03民终367号。
③ 参见最高人民法院民事判决书，(2013)民一终字第138号。
④ 参见最高人民法院民事裁定书，(2013)民申字第1406号。

司财务收据和财务报告记载的内容相互印证,应当认定杨某武对隆安公司实际出资457万元。虽然隆安公司的企业工商登记中没有杨某武股东身份的记载,但隆安公司向杨某武出具了内容为"收到投资款"的收据,隆安公司的两份财务报告及《各股东的投资情况明细》的内容,均证明杨某武为隆安公司的实际出资人。二审判决根据杨某武的实际出资数额,依据《公司法解释(三)》(2011年)第25条①的规定确认杨某武的股东资格及股权份额,并无不妥。

<u>裁判观点三:在没有代持协议的情形下,仅证明资金往来而无法证明代持合意的,不能认定实际出资人身份。</u>

【典型案例一】王某与珠峰公司股东资格确认纠纷案。②最高人民法院认为,由于在珠峰公司2012年4月增资至5000万元过程中,并无证据证明王某与王某1及海科公司之间达成了合法有效的代持股合意,王某委托王某2和美信公司转款系用于此次增资的意图亦不明确,因此,即便增资资金源于王某,亦不能就此认定王某对记载于王某1及海科公司名下珠峰公司股权享有股东权益,故王某要求确认王某1及海科公司在珠峰公司的相应股权由其享有的诉讼请求,因证据不足,法院不予支持。

【典型案例二】李某诉元弘公司股东资格确认纠纷案。③最高人民法院认为,鉴于股东登记在股东资格认定时,虽不具有决定性的效力,但具有相对优先的效力,李某要否定相关股东登记信息,应当根据《公司法解释(三)》第22条等规定,提供充分证据证明实际出资等事实。一审、二审法院查明,元弘公司的工商登记资料显示,2003年至今,高某某名下登记的出资为47万美元,持股比例为94%。结合出资明细及汇款证明等证据,该47万美元出资来源分为三部分,第一部分系两家日本公司汇入的19.575399万美元款项,第二部分系出资明细未载明付款人,出资币种为日元折合为2.470281万美元的款项,第三部分系肖某、苏某某分别汇入的35,917.4美元、214,062.6美元款项。其中,对于第一部分、第二部分的款项,李某不能提供证据证明系其实际出资以及两家日本公司代其出资的事实。对于第三部分的款项,李某主张苏某某、肖某系其友人,该两人出具的书面证明等可以证明两人是将李某的资金或者应返还给李某的资金汇入元弘公司。考虑到该款项系作为高某某的出资款,经验资等手续后明确登记在其名下,李某虽就上述登记行为作了其与高某某达成代持股权合意的解释,却不能提供证据证实;苏某某、肖某重新出具的个人说明称代李某支付出资款,与上述款项的登记情况不符,该说明的出具时间又是在本案诉争发生后,难以证实汇款当时的款项性质、用途的唯一性。由此,二审法院认定李某提供的证据尚不足以证明其是涉案股权的实际出资人,理据充分。

<u>裁判观点四:名义股东取得的股东身份登记具有公示效力,实际出资人对于确认其股东身份的主张承担举证责任,其举证应具有排他性,达到优势证据的程度。</u>

【典型案例】江苏圣奥公司诉刘某、王某股东资格确认纠纷案。④最高人民法院认为,根据

---
① 参见2020年《公司法解释(三)》第24条。
② 参见最高人民法院民事判决书,(2014)民二终字第21号。
③ 参见最高人民法院民事裁定书,(2020)最高法民申4440号。
④ 参见最高人民法院民事判决书,(2015)民二终字第96号。

现有证据、双方当事人及代理人的诉辩意见,王某也有向刘某的汇款行为,刘某与王某在相当长一段时间内存在特殊关系,其间多笔高额资金往来未以人们通常习惯的方式留下建立法律关系性质的凭证。由于资金往来性质存在多种可能性,委托投资、共同投资、赠与、借款、还款等,他人很难判断当时刘某和王某之间实际发生的事实及其真实意思表示。王某收到刘某汇款资金后已经将货币资金转换为股权财产,财产形态的转换是基于王某的意思表示和行为完成的,刘某没有提供其参与处分将其汇款货币资金转换为股权财产形态的证据,其可以依法向王某主张货币资金债权,但据此主张股权所有权没有法律依据。刘某提交的银行资金划转凭证能够证明存在资金流转关系,但仅凭其汇入王某账户的该两笔资金在数额和时间上与王某向江苏圣奥公司的投资相吻合的事实,难以认定刘某和王某对资金的用途形成了共同意思表示,不能根据资金流转的事实推定刘某委托王某并以王某名义向江苏圣奥公司投资。刘某上诉主张王某未提交证据证明其间存在借款关系,但原审法院却以不能排除王某借款出资为由作出否定委托投资关系的认定是错误的。因刘某向王某汇款未说明用途,故关于该笔资金的用途有多种可能,原审法院仅列举借款的一种可能,并同时作出刘某汇款的性质并不能必然、排他地认定为出资的论证,未进一步落实该笔款项是否为借款关系,并无不妥,原审法院关于仅凭往来资金款项不能推定委托出资关系的观点正确。根据本案现有证据查明的案件事实,王某为江苏圣奥公司登记股东,以股东身份完成出资、增资、分红及股权转让行为等。王某取得的股东身份登记,具有公示效力。刘某在诉讼中主张其与王某之间存在代持股关系,证据不充分。代持股关系应当基于委托关系形成,委托关系为双方法律行为,需双方当事人有建立委托关系的共同意思表示,签订委托合同或者代持股协议,对未签订合同但双方当事人有事实行为的,也可以依法认定存在委托代持股关系,并以此法律关系确定双方当事人的民事权利和义务。单方法律行为不能建立委托代持股关系。本案中,刘某未提交其与王某之间关于建立委托关系或者代持股关系的协议,其提交的其他证据也不能证明其与王某之间对委托关系或者代持股关系形成了共同意思表示或者其间实际形成了事实上的代持股关系。因刘某在本案中未能提供直接证据证明其主张,提交的间接证据未能形成完整的证据链,不具有排他性,举证不具有优势,其在本案中的诉讼主张,法院不予支持。

裁判观点五:有限责任公司实际出资人如能够证明实际出资和代持合意,且经名义股东以外的其他股东过半数认可,请求确认股东资格的,应予支持。即使实际出资人证明了实际出资和代持合意,但未取得名义股东以外的其他股东过半数认可的,不应确认其具有股东资格。

【**典型案例一**】吴某彬诉腾龙公司、网络公司股东资格确认纠纷案。[①]最高人民法院认为,本案的争议焦点在于应否判决确认网络公司持有的腾龙公司股权中的75%归吴某彬所有。根据《公司法解释(三)》(2011年)第25条第3款[②]的规定,实际出资人若要实现隐名股东显名化,须经公司其他股东半数以上同意。因此,即使吴某彬系实际出资人,但在祥瑞公司、杭州投资公司和吴某宏在一审、二审中均不同意吴某彬成为腾龙公司显名股东,网络公司二审亦

---

① 参见最高人民法院民事裁定书,(2013)民申字第2450号。
② 参见2020年《公司法解释(三)》第24条第3款。

答辩要求驳回吴某彬上诉的情形下,吴某彬提出确认以网络公司名义持有的腾龙公司股权中75%股权属吴某彬所有、将隐名出资显名化的诉请不符合法律规定,二审判决对此不予支持,在认定事实和适用法律上均无不当。

【典型案例二】张某兰与淮信公司股东资格确认纠纷案。[①] 二审法院认为,应当确认张某兰具有淮信公司的股东资格。法院认为,本案中,在张某兰向淮信公司实际缴纳了出资400万元的情况下,应当确认张某兰具有淮信公司的股东资格,持股比例为40%。淮信公司、淮信公司的其他股东均认可张某兰的股东身份。第一,上述协议书和补充合同书均证明,淮信公司及其股东均同意张某兰向淮信公司缴纳出资,成为股东。淮信公司的其他股东对张某兰以殷某的名义进行投资均是明知的。第二,张某兰多次以淮信公司股东的身份参加股东会,实际行使股东权利。张某兰参与淮信公司股东会就公司资本变更进行决议,并在会议纪要上签名。张某兰还参与淮信公司就修改公司章程的股东会,并在章程修正案上签字。上述行为均表明,淮信公司的其他股东均认可张某兰是淮信公司的股东。殷某主张是其委托张某兰在上述会议上签名,但未提交证据予以证明,法院不予支持。

四、股权代持问题

股权代持,是指隐名股东与名义股东约定,由隐名股东实际出资,名义股东代为持有股份,由隐名股东实际行使股东权利、履行股东义务的一种股权投资模式。[②] 在隐名股东资格认定中,股权代持情形下引发的股东资格确认纠纷是股东资格确认纠纷案由下最为典型和常见的纠纷。

(一)股权代持类型

实务中,一般以股权代持发生的时间为标准将其分为以下两种类型。

(1)原始取得股东资格时发生的代持关系。此类代持关系包括公司设立时和公司增资扩股时隐名股东出资而成立的股权代持关系。

(2)继受取得股权中发生的股权代持关系。该类代持实务中主要表现为股权转让过程中发生的代持行为,主要模式有:模式一,"实转形不转",即在股权转让过程中,转让方与受让方不办理股权变更手续,由转让人代受让人持有转让标的,双方形成股权转让的同时形成股权代持法律关系的合意。模式二,"形转实不转",即在股权转让过程中,将股东名册和工商登记记载的股东变更登记为受让人,由受让人代转让人持有公司股权,实际股东仍为转让人。

(二)股权代持的法律关系

根据股权代持法律关系中的不同主体,实务中一般将其分为以下法律关系。

(1)实际股东与名义股东之间的法律关系。在此法律关系中,由于仅涉及代持协议内部的两个主体,并不涉及第三方的权利与义务,所以在处理此法律关系时适用个人法规则,即如果二者发生争议,仅需考虑双方代持关系是否客观存在,如果存在,亦只能让隐名股东的出资从

---

① 参见江苏省高级人民法院民事判决书,(2015)苏商外终字第00054号。
② 参见王毓莹:《股权代持的权利架构——股权归属与处分效力的追问》,载《比较法研究》2020年第3期。

债权角度上得到确认,股东资格并不必然能够得到确认。

(2)实际股东、名义股东与公司之间的法律关系。关于这一法律关系实务中又存在两种情形:情形一是公司及其他股东对实际股东、名义股东之间的股权代持关系不知情,同时公司其他半数以上有表决权的股东不同意隐名股东显名的情形下,实务中通常不会确认隐名股东的股东身份。情形二是公司和公司其他股东知悉实际股东、名义股东之间的股权代持关系,且隐名股东已直接出面行使股东权利并承担股东责任的,实务中一般会确认隐名股东的股东身份。当然这仅涉及公司内部股东资格的确认,适用的亦为个人规则。

(3)实际股东、名义股东与公司外第三人之间的法律关系。在这一法律关系中,当保护真正权利人和保护善意第三人发生冲突时,为保护交易安全、提高商事活动效率,实务中一般适用团体法规则进行调整,优先保护善意第三人基于公司外观主义而产生的信赖利益。具体表现为:在名义股东擅自出让股权,善意第三人取得股权时,隐名股东不得以名义股东无权处分为由提出抗辩;同样,当第三人以出资不实或其他原因为由追究名义股东的出资责任时,名义股东也不得以自己不是实际出资人为由而免责。

(三)股权代持行为的法律性质

根据《公司法解释(三)》第 24 条第 1 款的规定,股权代持行为实质是一种合同行为,是隐名股东与名义股东基于双方意思自治,对股权代持的权利义务作出约定的合同行为。至于隐名股东与名义股东二者之间的关系,最高人民法院在《商事法律文件解读》中认为,股权代持关系实质上为民法中的委托合同关系,即名义股东以自己的名义代替隐名股东持有公司股权,由此产生的法律效果间接或直接归属于隐名股东。[①]需要注意的是,在股权代持法律关系中,隐名股东与名义股东之间的代持关系属于内部法律关系。

(四)股权代持协议的效力认定及无效处理

1. 股权代持协议的效力认定

关于股权代持协议效力的认定,本质上是对股权代持这一民事行为效力的判定,故原则上应依据《民法典》总则编第 6 章第 3 节"民事法律行为的效力"的规定进行。但在股东资格确认纠纷的司法实务中,除应注意导致民事法律行为无效或可撤销的一般事由外,针对股权代持的效力认定,还需要特别关注以下四种特殊情形。

(1)上市公司或者非上市公众公司的股权代持行为

由于此行为涉及广大非特定投资者的权益,存在法院以股权代持行为危及市场秩序和社会公共利益,违反《民法典》第 153 条第 2 款中关于公序良俗的规定为由,认定其无效的风险。

【典型案例】杨某国、林某坤股权转让纠纷案。[②]最高人民法院认为,关于诉争协议之法律效力。诉争协议即为上市公司股权代持协议,对于其效力的认定应当根据上市公司监管相关法律法规以及《合同法》等规定综合予以判定。首先,从中国证券监督管理委员会于 2006 年 5

---

① 参见最新法律文件解读丛书编选组:《商事法律文件解读》(总第 172 辑),人民法院出版社 2019 年版,第 85 页。
② 参见最高人民法院民事裁定书,(2017)最高法民申 2454 号。

月17日颁布的《首次公开发行股票并上市管理办法》第13条①、《证券法》(2014年)第12条、第63条②、《上市公司信息披露管理办法》(2007年)第3条③之规定可以看出,公司上市发行人必须股权清晰,且股份不存在重大权属纠纷,且公司上市需遵守如实披露的义务,披露的信息必须真实、准确、完整,这是证券行业监管的基本要求,也是证券行业的基本共识。由此可见,上市公司发行人必须真实,并不允许发行过程中隐匿真实股东,否则公司股票不得上市发行,通俗而言,即上市公司股权不得隐名代持。本案中,在亚玛顿公司上市前,林某坤代杨某国持有股份,以林某坤名义参与公司上市发行,实际隐瞒了真实股东或投资人身份,违反了发行人如实披露义务,为上述规定明令禁止。其次,中国证券监督管理委员会根据《证券法》授权对证券行业进行监督管理,是为保护广大非特定投资者的合法权益。要求拟上市公司股权必须清晰,约束上市公司不得隐名代持股权,系对上市公司监管的基本要求,否则如上市公司真实股东都不清晰,其他对于上市公司系列信息披露要求、关联交易审查、高级管理人员任职回避等监管举措必然落空,必然损害到广大非特定投资者的合法权益,从而损害到资本市场基本交易秩序与基本交易安全,损害到金融安全与社会稳定,从而损害到社会公共利益。据此,根据《合同法》第52条④的规定,本案杨某国和林某坤签订的《委托投资协议书》与《协议书》,违反公司上市系列监管规定,而这些规定有些属于法律明确应予遵循之规定,有些虽属于部门规章性质,但因经法律授权且与法律并不冲突,并属于证券行业监管基本要求与业内共识,并对广大非特定投资人利益构成重要保障,对社会公共利益亦为必要保障所在,故依据《合同法》第52条第4项等规定,本案上述诉争协议应认定为无效。

当然,对于这一问题,司法判例中有法院也持相反观点,认为公司法和其他法律、法规并未明文规定禁止上市股份代持,更未宣告该类代持协议无效,因此上市公司股份代持协议有效。

【典型案例】王某诉陈某明股权转让纠纷案。⑤二审法院认为,至于股份代持协议的效力问题,根据《公司法解释(三)》(2011年)第25条第1款⑥明确规定有限责任公司股权代持协议的法律效力。大康公司虽然是上市股份有限公司,从法理上讲,公司法和其他法律、法规并未明文规定禁止该类公司股份代持,更未宣告该类代持协议无效,故参照前述司法解释的法律精神,本案股份代持协议应为有效协议。

(2)商业银行、保险公司等金融机构的股权代持行为

由于该类金融机构涉及众多不特定客户的利益,同样存在法院以股权代持行为危及金融秩序、损害社会公共利益为由,认定股权代持合同无效的风险。因为根据《九民纪要》第31条的规定,一般情况下违反规章不影响合同效力,但当该规章的内容涉及金融安全、市场秩序、国家宏观政策等公序良俗时,应当认定合同无效。此外,代持保险公司股权的行为,违反《民

---

① 此办法已失效,此条参见《首次公开发行股票注册管理办法》第12条规定。
② 2019年《证券法》已删除该条。
③ 参见2021年《上市公司信息披露管理办法》第4条。
④ 参见《民法典》第146条。
⑤ 参见湖南省高级人民法院民事判决书,(2017)湘民终104号。
⑥ 参见2020年《公司法解释(三)》第24条第1款。

法典》第 153 条第 2 款关于公序良俗的规定，也存在被认定无效的风险。

【典型案例】伟杰公司、天策公司营业信托纠纷案。① 最高人民法院认为，天策公司、伟杰公司签订的《信托持股协议》，内容明显违反原中国保险监督管理委员会制定的《保险公司股权管理办法》(2014 年)第 8 条之规定。对该《信托持股协议》的效力审查，应从《保险公司股权管理办法》禁止代持保险公司股权规定的规范目的、内容实质，以及实践中允许代持保险公司股权可能出现的危害后果进行综合分析认定，《保险公司股权管理办法》关于禁止代持保险公司股权的规定具有实质上的正当性与合法性。从代持保险公司股权的危害后果来看，允许隐名持有保险公司股权，将使真正的保险公司投资人游离于国家有关职能部门的监管之外，如此势必加大保险公司的经营风险，妨害保险行业的健康有序发展。违反原中国保险监督管理委员会制定的《保险公司股权管理办法》有关禁止代持保险公司股权规定的行为，在一定程度上具有与直接违反《保险法》等法律、行政法规一样的法律后果，同时还将出现破坏国家金融管理秩序、损害包括众多保险法律关系主体在内的社会公共利益的危害后果。根据《合同法》第 52 条之规定，本案天策公司、伟杰公司之间签订的《信托持股协议》应认定为无效。天策公司依据该《信托持股协议》要求将讼争 4 亿股股份过户至其名下的诉讼请求依法不能得到支持。

(3) 关于外商投资企业

《外商投资法》于 2020 年 1 月 1 日实施后，我国对外商投资实行准入前国民待遇和负面清单管理制度，对于在外商投资准入负面清单之外领域所形成的投资合同，根据《最高人民法院关于审理外商投资企业纠纷案件若干问题的规定(一)》(以下简称《外商投资企业纠纷司法解释(一)》)第 15 条第 1 款的规定，若该合同不具备法律、行政法规规定的无效情形，法院应认定其有效，一方当事人仅以未经外商投资企业审批机关批准为由，主张该合同无效或者未生效的，法院一般不予支持。针对在外商投资准入负面清单以内领域形成的代持协议，若属于外商禁止投资的领域，此时股权代持协议会被认定无效；若属于外商投资限制的领域且外国投资者不符合条件，此时股权代持协议也会被认定无效。

裁判观点：《外商投资法》于 2020 年 1 月 1 日实施后，我国对外商投资实行准入前国民待遇和负面清单管理制度，对于在外商投资准入负面清单之外领域形成的投资合同，当事人以未经批准、登记为由主张合同无效或未生效的，不予支持。

【典型案例】纽鑫达公司与程某平股东资格确认纠纷案。② 针对国内自然人能否与外国人成立外商投资企业的问题，一审法院认为，《中外合资经营企业法》③规定的中国合营者未包括中国的自然人，但该法已于 2020 年 1 月 1 日废止，新施行的《外商投资法》并没有这方面的限制。同时，根据《最高人民法院关于适用〈中华人民共和国外商投资法〉若干问题的解释》(以下简称《外商投资法解释》)第 2 条之规定，本案中纽鑫达公司及张某要求确认程某平与其他

---

① 参见最高人民法院民事判决书，(2017)最高法民终 529 号。
② 参见上海市浦东新区人民法院民事判决书，(2019)沪 0115 民初 6248 号；上海市第一中级人民法院民事判决书，(2020)沪 01 民终 3024 号。
③ 本法因《外商投资法》的施行而于 2020 年 1 月 1 日废止。

第三人共同成立公司的行为无效，不予支持。二审法院支持了一审法院的上述观点。

(4) 关于公务员签订的股权代持协议的效力问题

实务中有观点认为，《公务员法》第59条第16项关于公务员禁止从事或者参与营利性活动的规定属于管理性强制性规定，而非效力性强制性规定。因此，公务员违反该规定仅可能导致纪律处罚，并不必然致使股权代持协议无效。

【典型案例】 明德公司、卢某先与唐某权、张某股东资格确认纠纷案。[①] 法院认为，《公务员法》中确有禁止公务员从事和参与经营性活动的规定，但该法律的实施是为了对公务员队伍进行管理，如有违反，将受到内部纪律惩处，显然不属于民事法律体系中所定义的"效力性、禁止性"法律规范。因此，根据《最高人民法院关于适用〈中华人民共和国合同法〉若干问题的解释(二)》(以下简称《合同法解释(二)》)[②]第14条"合同法第五十二条第(五)项规定的'强制性规定'，是指效力性强制性规定"的规定，违反《公务员法》相关规定并不影响身为公务员的行为人从事民商事法律的行为效力。再结合现唐某权已经退休离职超过两年，违反管理性法律规定的情形也已消除，故法院认定唐某权具有明德公司股东资格。二审中，贵州省遵义市中级人民法院在(2016)黔03民终3754号民事判决书中亦认为，《公务员法》(2005年)第53条[③]规定的是管理性强制性规定，违反该条规定会受到相关的纪律处罚，但并不影响涉案的入股行为的效力。

2. 股权代持协议无效的处理

股权代持协议无效，原则上依据《民法典》第157条有关民事法律行为无效的处理原则进行处理。实务中对于代持协议无效主要有以下处理措施：

(1) 诉争股权归属及投资款返还处理

因争议股权已经登记在名义股东名下，符合法律规定的"不能返还或者没有必要返还的"情形，故争议股权应归名义股东所有。在此情况下，名义股东应向隐名股东返还与代持股权相对应的投资款。此外，对于名义股东围绕公司运营所实施的一系列行为，在无相反证据证实存在无效情形时，应认定为有效。

(2) 代持股权的收益处理

代持股份的收益，包括股权增值部分与股权分红，这属于合同履行过程中新增的利益，并不适用恢复原状的情形，而应适用公平原则。根据双方对投资收益的贡献程度以及对投资风险的承担大小，按照"谁投资，谁收益"与"收益与风险相一致"的处理原则，在隐名股东和名义股东之间进行合理分配。至于分配比例，通常认为隐名股东为了取得股权收益，承担了投资成本和投资风险，若公司经营亏损，隐名股东可能最终实际遭受投资损失，故应由隐名股东获得大部分的股权投资收益。而名义股东在整个投资过程中起到了提供投资信息、交付分红、配

[①] 参见付本超、孙芳龙、刘永青编著：《"与公司有关的纠纷"十大案由：请求权基础和裁判规则》，法律出版社2022年版，第158~159页。

[②] 此解释已废止。

[③] 参见2018年《公务员法》第59条。

合公司经营等作用，为股票增值作出了一定贡献，可以分得投资收益的小部分。在司法实践中普遍按照主次比例在隐名股东与名义股东之间分配股权增值收益，例如，可以斟酌由隐名股东分得70%，名义股东分得30%。反之，对于亏损的处理，亦可遵照上述比例进行责任划分。以深圳市中级人民法院（2021）粤03民终33355号合同纠纷一案为例，法院在认定名义股东代持上市公司股份行为无效的基础上，判定名义股东除向隐名股东返还投资款外，还需支付代持股份增值收益的70%。

（3）过错后的赔偿处理

隐名股东或名义股东在股权代持过程中，因过错给对方造成损失的，应当予以赔偿，双方都有过错的，应当各自承担相应的责任。

【典型案例】华懋公司诉中小企业公司、民生银行股权纠纷案。① 华懋公司与中小企业公司陆续签订《借款合同》《补充借款协定》《委托书》《补充委托书》，华懋公司委托中小企业公司对民生银行进行股权投资。华懋公司先后将1094万美元汇入中小企业公司账户，中小企业公司分三次入资民生银行1094万美元并成为民生银行第二大股东，约占总股本6.53%。其后双方发生争议，中小企业公司起诉请求确认其与华懋公司为借款合同关系，华懋公司反诉请求认定其委托投资关系。对此，最高人民法院认为，华懋公司与中小企业公司之前为以借款为表现形式的委托投资关系，华懋公司作为外资企业，故意规避法律以借款名义将其资金委托中小企业公司投资入股民生银行，双方的行为违反了金融法规的强制性规定，应当认定无效，并依据合同无效的处理原则，认定中小企业公司向华懋公司返还投资款并向华懋公司支付股份市值及分红总和40%的补偿金。

五、公司增资情形下的股东资格认定及救济

（一）公司增资股东资格的认定

公司的增资行为，是指公司为扩大经营规模、拓宽业务、提高公司的资信程度而依法增加注册资本金的行为。具体来说，就是认股人向公司投资从而增加公司的注册资本金。其过程是：一是股东会依程序作出增资决议；二是公司与认股人订立增资扩股协议；三是认股人依照增资扩股协议向公司缴纳出资；四是公司依据增资决议和增资协议办理公司的变更登记。据此，对增资股东资格的认定，应当重点关注的事项有以下三点。

1. 股东与认股人之间、公司与认股人之间就增资行为达成合意

这里的合意必须包含合法有效的股东会决议和增资扩股协议，两项合意缺一不可。实务中，有时在公司增资扩股过程中，从形式上未形成合法有效的股东会决议和增资扩股协议，但相关的事实行为表明各方对增资意思达成一致，比如认股人实际出资并参与公司经营管理，行使股东权利等，针对这种情形，一般也会认定为实质形成了相应的增资合意。

---

① 参见最高人民法院民事判决书，(2002)民四终字第30号。

2. 认股人认缴的出资是否充实并已组成公司注册资本金

股东会决议和认股协议,仅为当事人之间的意思表示行为,并不直接产生增加公司注册资本金的效果。要实现公司增资不仅需要工商登记机关审查并许可,还需以公司全体股东对全部资本承担资本认缴责任为实质要件。[①]在增资扩股的协议签订后,认股人应按约定向公司认缴出资,以落实股东会增资决议。此外,还需要注意认股人享有的股权份额是以公司注册资本金为基数进行计算的,如果认股人的出资未在注册资本金中体现,其股权和股东资格将因缺乏法理基础而无法得到认可。因此,只有公司完成相应增资的工商变更登记,认股人的出资才从法律意义上转化为公司增加的注册资本金,认股人方享有公司的股权。所以,认购新股股东资格的确认,还应以最终的工商登记作为审查依据。

3. 认股人股东资格需符合法律、行政法规特别规定

对于法律、行政法规对认股人股东资格所作的限制性规定,应遵照执行。例如,上市股份有限公司增加注册资本发行新股,依法需要报经证监会核准、未经核准的,相应股东资格不予确认;上市公司非公开发行新股在定向增资时,应经证监会核准,在未履行该批准手续前,认购新股的合同不发生法律效力。

(二)公司拒不办理工商变更登记时认股人的救济

实务中常出现的一种情形是,有股东会的增资决议,认股人也与公司签订了增资协议且认缴了出资,但公司拒不办理工商变更登记。如前所述,认购新股的股东资格确认,应以最终的工商登记作为审查依据。在此情形下,由于公司拒绝办理工商变更登记,相应股权并未创设,因而无法认定股东资格。那么,这种情形下认股人应该如何救济。针对此种情况,认股人可以:

(1)请求公司履行增资协议,并办理相应的变更手续。

(2)以公司导致合同目的无法实现,构成根本违约为由请求解除增资协议,公司返还出资并承担违约责任。需要注意的是,如果认股人在行使股东权利期间取得了相应利益,在解除协议后,认股人所得的相关利益亦应返还公司。

(三)增资实务中,认股人股东资格确认的相关问题及裁判观点

1. 公司法定代表人超越权限进行增资,认股人股东资格能否认定

关于这一问题,在司法实务中,需在确定认股人履行了出资义务的前提下,区分认股人是否知道该代表行为超越权限,如果认股人不知道该代表行为超越权限,则其股东资格应予以认定,否则,难以认定。

裁判观点:公司法定代表人未经股东会同意进行增资扩股,请求确认股东资格的,不予支持。

【典型案例】冯某明、沙某等诉观音山供销公司、明某等与公司有关的纠纷案。[②]二审法院认为,公司与第三人之间交纳出资的公司外部法律关系效力因公司法有明确的强制性规定,应

---

① 参见张应杰:《公司股东纠纷类案裁判思维》,人民法院出版社2023年版,第29页。
② 参见江苏省南通市中级人民法院民事判决书,(2005)通中民二终字第021号。

当受公司增加注册资本的内部法律关系制约。根据《公司法》(2004年)第43条第2款①之规定,对有限责任公司而言,股东会作为公司决策机构,在涉及公司增加或者减少注册资本等事项时,必须以公司股东会按法定程序作出有效决议为前提,即必须经公司2/3以上且具有表决权的股东并通过股东会决议的方式进行。本案中,观音山供销公司作为有限责任公司,其增资扩股亦应由公司股东会依法作出增资决议。且公司法人行为不能等同于公司股东会行为,因此在无其他证据佐证的情况下,上诉人仅凭2003年6月22日的扩股会议通知主张观音山供销公司股东会已形成同意增资扩股决议的事实,证据显然不充分。事实上,上诉人虽向观音山供销公司缴纳了入股金,但观音山供销公司已于2003年10月10日召开股东会并形成了不同意公司增资扩股的股东会决议,上诉人虽缴纳了8万元/人的入股金,但并未与公司股东签订增资扩股协议,亦未明确其享有的股份比例、权利义务等,生效判决亦已认定上诉人非观音山供销公司的股东,因此上诉人关于其与观音山供销公司之间已成立股权投资合同关系且可参照股东可享收益主张赔偿的理由缺乏法律依据。

2.关于增资协议无效认股人股东资格的认定问题

协议无效,意味着协议自始至终并不存在,基于该协议获得的股东资格自然也应该是自始至终未发生法律效力,所以增资协议无效情形下,认股人的股东资格不应得到认定。

司法实践中相关的裁判观点及典型案例如下。

裁判观点一:增资协议无效,认股人请求确认其股东资格并基于股东身份请求盈余分配,法院不予支持。

【典型案例】余某与泰邦公司、贵阳大林公司、益康制药公司等股权确认、盈余分配纠纷案。②最高人民法院认为,合法有效的股东会决议是增资的前提,增资应当由公司具体实施,由公司与增资人签订协议。如果增资协议严格依照股东会决议签订,且增资协议内容客观真实、没有违反法律规定、没有损害他人利益,增资协议应为有效。余某与黔峰公司签订的本案增资协议,是属于以合法形式掩盖非法目的的无效合同,故余某确认新增资本股东身份的诉讼请求不应获得支持,法院对其已完成出资已取得股东资格的上诉主张不予支持。基于余某不享有新增股东资格,故其也不应享有黔峰公司盈余分配的权利。

裁判观点二:未经公司形成有效的股东会决议,他人向公司虚假增资以稀释公司原有股东股份,即使该出资行为已被工商登记机关备案登记,仍应认定为无效,公司原有股东股权比例应保持不变。

【典型案例】黄某忠与新宝公司、陈某庆、张某、陈某、顾某平、王某英、恩那斯公司股东资格确认纠纷案。③二审法院认为,宏冠公司的章程明确约定公司增资应由股东会作出决议。现经过笔迹鉴定,宏冠公司和新宝公司的股东会决议上均非黄某忠本人签名,不能依据书面的股东会决议来认定黄某忠知道增资的情况。在没有证据证明黄某忠明知宏冠公司增资至1500

---

① 参见新《公司法》第66条第3款。
② 参见最高人民法院民事判决书,(2013)民二终字第19号。
③ 参见上海市第二中级人民法院民事判决书,(2013)沪二中民四(商)终字第188号。

万元的情况下,对宏冠公司设立时的股东内部而言,该增资行为无效,且对于黄某忠没有法律约束力,不应以工商变更登记后的1500万元注册资本金额来降低黄某忠在宏冠公司的持股比例,而仍旧应当依照20%的股权比例在股东内部进行股权分配。

3.关于明股实债投资人的股东资格能否确认的问题

实务中通常认为,投资人以增资扩股的方式成为公司股东,须有股权投资的意思表示,且经公司股东会形成增资扩股决议、公司办理变更登记手续等法定程序,方能享有股东资格、行使股东权利。

裁判观点:未经股东会形成增资扩股决议、办理工商变更登记等程序,明股实债的投资人请求确认其股东资格的,法院不予支持。

【典型案例】张某峰、赵某艳公司增资纠纷案。[①]二审法院认为,关于案涉《增资协议》及《补充协议》的性质和效力问题。上诉人张某峰、赵某艳主张案涉《增资协议》及《补充协议》性质为借款协议,并非股权投资协议。结合协议签订目的、条款内容及交易模式、履行情况等因素综合判断,应当认定科润杰公司与华加公司之间并非借款关系,而是股权投资关系。通过增资入股及回购机制对目标公司进行投资,是符合商业惯例和普遍交易模式的,不属于为规避监管所采取的"名股实债"的借贷情形。

六、冒名登记情形下股东资格的认定

(一)冒名登记情形下股东资格的认定

冒名登记,是指冒名人在他人不知情的情况下,冒用他人名义完成出资及股东身份登记,进而行使股权的行为。需着重区分冒名登记与借名登记,前者系名义股东对被登记事实不知情,后者则对自己被登记事实是知情的。对于冒名股东的责任承担,《公司法解释(三)》第28条对此作出了明确的规定。但该条规定对股东资格的认定并未形成明确意见。

司法实践中相关的裁判观点及典型案例如下。

裁判观点一:登记股东被冒名登记,法院支持确认其不享有股东资格。

【典型案例一】陈某侠与渝光公司股东资格确认纠纷案。[②]二审法院认为,民事主体是否是特定有限公司或股份有限公司的股东,首先要确认该民事主体是否具有成为该特定公司股东的明确真实的意思表示。综合而言,既有证据结合当事人陈述,足以证明:陈某侠对其身份证被冒用或其本人被冒名不知情;陈某侠没有持有渝光公司股份的真实意思表示;陈某侠并未实际出资并且也没有参与公司的管理。因此,陈某侠并非渝光公司的股东。

【典型案例二】钱某平与华源科技公司股东资格确认纠纷案。[③]二审法院认为,冒名登记是指实际出资人自己行使股权,但虚构法律主体或者盗用他人名义并将该主体或他人作为股东在公司登记机关登记的行为。被冒名者因不知情,且从未作出过持有股权的意思表示、实际不

---

① 参见河北省石家庄市中级人民法院民事判决书,(2020)冀01民终1927号。
② 参见重庆市第五中级人民法院民事判决书,(2020)渝05民终4732号。
③ 参见江苏省高级人民法院民事判决书,(2016)苏民终837号。

出资、不参与公司管理,而不应被视为法律上的股东。

裁判观点二:判断冒名还是借名,最主要的法律特征是被冒名者对其名称被冒用是否知情,对此可以从签名、出资主体、经济状况、参与管理情况、与其他股东的关系、公司股东变动情况、身份证情况等多角度进行综合分析。

【**典型案例**】钱某平与华源公司股东资格确认纠纷案。① 二审法院认为,冒名登记是指实际出资人自己行使股权,但虚构法律主体或者盗用他人名义并将该主体或他人作为股东在公司登记机关登记的行为。被冒名者因不知情,且从未作出过持有股权的意思表示、实际不出资、不参与公司管理,而不应被视为法律上的股东。判断冒名还是借名,最主要的法律特征是被冒名者对其名称被冒用是否知情。本案中,虽然工商登记将钱某平记载为华源公司的股东,但从查明的事实分析,法院认定该登记为华源公司冒名操作具有高度的可能性,钱某平不应被认定为华源公司股东。根据该案事实,由于没有证据证明钱某平有出资、分红、管理公司的事实,且认定钱某平借名出资也缺乏客观性、合理性基础,故法院认定钱某平系被冒名登记为华源公司股东,钱某平要求确认其并非华源公司股东的上诉理由成立。

实务中,被冒名人在此类诉讼中主张被冒名的常见理由有:(1)冒名人据以办理工商登记所使用的被冒名人的身份证系伪造或变造的,工商登记机关核验有误;(2)冒名人在工商登记机关出示的身份证系被冒名人遗失的真实身份证;(3)被冒名人委托他人代办其他事宜并提供身份证期间被冒用。但被冒名人无论基于什么情形被冒名,均需对其身份信息被冒名使用承担举证责任,否则在工商登记资料显示其为股东的情形下就应按工商登记资料登记的信息对外承担股东责任。

【**典型案例一**】吕某东、埃宝公司股东资格确认纠纷案。② 法院认为,吕某东请求确认其不是埃宝公司的股东,属于消极确认之诉。否定当事人股东资格,将会牵涉公司债权人、合伙人、投资人等利害关系人的债权保护问题,且埃宝公司现已经进入破产清算程序,吕某东主张其被登记为埃宝公司股东系身份被冒名使用,应承担身份信息被冒用的举证责任。该案中吕某东虽然主张埃宝公司工商登记资料中的吕某东签名不是其本人所签署,但其并未提供充分证据证明其身份证明被谁冒用、如何被冒用等的事实,而工商登记的内容具有对外公示效力。因此,原审判决认为吕某东提供的证据不足以证明其身份被冒用的事实,对其诉讼请求不予支持,并无不当。

【**典型案例二**】屠某钢与汇瑞达公司股东资格确认纠纷案。③ 再审法院认为,因《民事诉讼法司法解释》第90条规定:当事人对自己提出的诉讼请求所依据的事实或者反驳对方诉讼请求所依据的事实,应当提供证据加以证明,但法律另有规定的除外。在作出判决前,当事人未能提供证据或者证据不足以证明其事实主张的,由负有举证证明责任的当事人承担不利的后果。同时依据《最高人民法院关于民事诉讼证据的若干规定》(以下简称《民事诉讼证据规

---

① 参见江苏省高级人民法院民事判决书,(2016)苏民终837号。
② 参见最高人民法院民事裁定书,(2020)最高法民申5589号。
③ 参见北京市第二中级人民法院民事判决书,(2018)京02民终5769号。

定》)(2008年)第74条①之规定,在本案中虽受让汇瑞达公司股权的相关文件中屠某钢签名经鉴定非屠某钢本人所签,但在汇瑞达公司工商登记档案中出现了屠某钢的居民身份证复印件,在一审诉讼中及法院诉讼中屠某钢均未提交其居民身份证在工商登记期间丢失或被他人冒用的相关证据,且屠某钢在一审诉讼中对与汇瑞达公司法定代表人徐某勇是否认识一节的陈述前后不一,因此一审法院判决驳回屠某钢的诉讼请求并无不妥。

在此类纠纷中,还应当重点关注:(1)被冒名人是否存在成为公司股东的动机,以及其身份、职业、财产状态等基本身份信息,严查被冒名人逃避债务的可能性,避免损害公司及公司债权人的利益。(2)被冒名人能否举证证实其本人书写签名与工商登记机关、公司内部有关股东资格文件上的签名不一致,如不一致,应进一步排查授意签名的可能性。(3)被冒名人能否对其身份资料出现在工商登记机关及公司内部作出合理解释,并提供相应证据。比如主张身份证遗失的,应提供遗失报警回执、遗失公告、补办新证等证据;如主张身份证外借办理其他事宜期间被冒用的,还需明确受托人身份、外借事由和经过等,以供法院核实认定冒名行为发生的可能性及合理性。(4)是否存在被冒名人事后同意或默认的情形。包括被冒名人对工商登记事宜是否知情、何时知情、因何事由获悉等。(5)被冒名人是否实际行使股东权利、承担股东义务。

(二)实务中不能认定"被冒名人具有股东资格"的情形

在公司经营过程中,若被冒名人以股东身份实际参与了公司的经营管理,并享受了公司的利益分配,却又请求确认其不享有股东资格,这种请求缺乏事实和法律依据,应予驳回。②

当事人仅以工商内档资料中的公司章程和股东会决议上的签名非其本人亲笔所签为由,要求法院确认其不具有股东资格的,法院不予支持。这是因为在实践中,存在登记代理机构或招商中心代办登记时代股东签名的情况,致使股东设立公司意思表示的真实性难以仅依据签名的真实与否直接判断。

【典型案例一】 王某泽与亿玖麟公司股东资格确认纠纷案。③二审法院认为,被上诉人公司的工商登记信息显示上诉人系公司股东,该登记信息具有公示公信力。现上诉人否认其股东资格,应对其不具备成为公司股东的实质要件进行充分举证,该实质要件即为上诉人从未作出过成为股东的意思表示。现上诉人仅以被上诉人在工商内档资料中的公司章程和股东会决议上的签名非其本人亲笔所签为由要求法院确认其不具有股东资格。对此,法院认为,公司的股东信息毕竟属于商事登记之范畴,如若轻易否定登记股东的身份,则有损于该登记之公示公信效力,冲击公司登记信息之可信赖外观,甚至动摇公司法制度关于有限责任之立法根基。而在实践中,不乏企业登记代理机构或招商中心代办登记时代股东签名的情况,致使股东设立公司意思表示的真实性难以简单以签名的真实与否直接判断。

---

① 参见2019年《民事诉讼证据规定》第3条。
② 参见张晓薇、赖嘉敏:《股东资格消极确认之诉的证明责任分配——以郭献民与天津天雅商贸有限公司股东资格纠纷案为例》,载《东莞理工学院学报》2021年第2期。
③ 参见上海市第二中级人民法院民事判决书,(2019)沪02民终8650号。

【典型案例二】朱某生与周某东等股东资格确认纠纷案。① 二审法院认为，从本案现有证据来看，证明朱某生是虹宇公司股东的证据有公司章程、验资报告以及工商登记。验资报告载明朱某生实物出资 10 万元。周某东未提交任何相反证据。虽然《公司章程》《股东大会关于选举董事会的决议》《股东大会关于选举监事的决议》《公司董事长（执行董事）任职书》上的"朱某生"签名并非其本人所签，但从周某东的陈述来看，结合朱某生将身份证出借给周某东使用的事实，单以周某东代朱某生签名的行为并不能够否定朱某生有成为虹宇公司股东的意思表示。

若股东在知道或应当知道其被冒名登记为股东后，在主观上采取放任态度或对其作为股东的事实予以默许，一般会确认其股东身份。

【典型案例一】海之宏电子公司与陈某华、张某菲股东损害公司债权人利益责任纠纷案。② 二审法院认为，关于是否系被冒名股东的问题，关键还应考虑张某菲对被登记为股东是否知情或者默许或者进行过追认。首先，本案中，张某菲与陈某华是姑嫂关系，与陌生人之间冒名登记的情况并不相同。其次，从该案查明的事实看，即使张某菲所称的系后来涉诉后才知道被登记为股东的情况属实，张某菲在知道后未申请变更工商登记，特别是在姓名权纠纷一案中在明知不利的情况下又主动撤回起诉，主观上放任或默许了其作为欧×公司股东的事实。最后，假设张某菲所称的陈某华未经其同意利用其身份证复印件注册公司属实，那么在张某菲权益受到陈某华侵害的情况下，张某菲还委托曾代理欧×公司及陈某华的律师作为代理人，明显不符合常理。综合上述情况，法院认为，本案不应认定为冒名登记的情形，张某菲系欧×公司的股东。

【典型案例二】朱某明与三弘公司股权确认纠纷案。③ 二审法院认为，朱某明与三弘公司对三弘公司设立登记资料中出现的"朱某明"字样系由他人代签不持异议，仅对他人代签的原因存在争议，朱某明认为系三弘公司假冒其名，三弘公司认为系经朱某明授权委托中介机构办理设立登记手续时代签。因此，本案的争议焦点是，三弘公司以代朱某明签名的方式将朱某明登记为股东，是否经过了朱某明的事前授权或事后追认。综合以上情形，朱某明对三弘公司以代签名字的方式将其登记为股东，是予以授权且认可的。现朱某明上诉称其不是股东，缺乏事实和法律依据，原审判决认定事实清楚、适用法律正确、程序合法，应予维持。

实务中，还有一种情形，即冒名股东将股权转让给第三方，被冒名股东请求确认其股东资格。针对这一情况，如果受让人属于善意取得，那么被冒名股东的主张将难以得到支持。

（三）冒名股东的救济

实务中，对冒名股东的救济途径有以下几种：(1)提起股东资格消极确认之诉，请求确认其不具有股东资格；(2)提起撤销工商登记的行政诉讼，以登记错误请求撤销登记；(3)向侵权人提起侵权责任之诉，请求排除妨害、赔礼道歉、赔偿损失等；(4)在公司类纠纷具体案件中直接

---

① 参见广东省深圳市中级人民法院民事判决书，(2019)粤03民终13802号。
② 参见广东省深圳市中级人民法院民事判决书，(2015)深中法商终字第2926号。
③ 参见江苏省无锡市中级人民法院民事判决书，(2010)锡商终字第189号。

主张免责。

一般建议优先采用提起股东资格消极确认之诉,而在公司债权人起诉股东承担债务等与公司相关诉讼中,提出免责抗辩这种救济方式相对劣后。因为,相较于直接提起股东资格确认之诉,被冒名人在公司类纠纷中主张免责的诉讼里需承担举证责任证明其没有成为公司股东的意思表示、事后对于登记事实未予追认、未以股东身份行使股东权利并承担股东义务。由于举证责任较重,所以风险较高。

七、股东资格继承中股东资格的认定

(一)一般认定原则

依据《公司法》第 90 条的规定,无论是有限责任公司还是股份有限公司,股东资格具有可继承性,但同时《公司法》并未禁止公司章程对股东资格继承问题作出排除性规定。因此,在公司法的司法实践中,若公司章程未对股东资格继承作出排除性规定,继承人起诉请求确认其股东资格并变更公司登记的,法院通常予以支持;反之则不予支持。

司法实践中相关的裁判观点及典型案例如下。

裁判观点一: 公司章程未对股东资格继承作出排除性规定,继承人起诉请求确认其股东资格并变更公司登记,法院予以支持。

【典型案例】 孟洲金粒公司、赵某华股东资格确认纠纷案。[①] 二审法院认为,根据《公司法》(2018 年)第 75 条[②] 之规定,股东资格可以被继承,该股东资格既包括股东的财产权,也包括基于财产产生的身份权。继承人只需证明其是被继承人的合法继承人,而被继承人是公司股东即可。其他股东只有证明公司章程有约定排除或限制继承发生时新股东的加入,继承人才不能取得股东资格。

裁判观点二: 公司章程就股东资格继承作了限制性规定,继承人请求确认其股东资格,法院不予支持。

【典型案例】 潘某、周某与吴某平、扬州建工公司损害股东利益责任纠纷案。[③] 二审法院认为,股权是一种复合性权利,既具有财产权属性,又具有身份权属性,具体包括股东的身份权、经营管理权、股份收益权、股份转让权等权利。依据《公司法》(2018 年)第 75 条[④] 之规定,股东死亡是一种法律事件,股权可以作为遗产由死亡股东的合法继承人继承,股权继承是一个事实行为,是对死亡股东遗产的继承,符合继承法的规定。因此,有限责任公司的自然人股东死亡后,其继承人对股权的继承是全面的、概括的继承,既可以继承股权的财产性权利,也可以继承股权的身份权(股东资格)。当然,基于有限责任公司的人合性,公司章程可以对股东资格的继承作出限制性的规定,但不影响股权财产性权利的继承。

---

① 参见云南省临沧市中级人民法院民事判决书,(2019)云 09 民终 455 号。
② 参见新《公司法》第 90 条。
③ 参见江苏省扬州市中级人民法院民事裁定书,(2018)苏 10 民终 811 号。
④ 参见新《公司法》第 90 条。

裁判观点三：公司章程未对股东资格继承及其他股东优先购买权作出特别规定，确认继承人股东资格并支持办理公司变更登记，其他股东主张行使优先购买权的，不予支持。

【典型案例】韩某波与南兴控股公司股东资格确认纠纷案。① 法院认为，自然人股东死亡后，其合法继承人可以继承股东资格；但是，公司章程另有规定的除外。本案中，鉴于被告公司章程并没有对亡故股东股权继承进行排除约定，故原告作为被告亡故股东张某的配偶，有权依据张某合法遗嘱对张某持有的被告公司的股权予以继承。至于第三人徐某标提出的行使优先购买权的抗辩意见，法院认为，以转让、赠与、继承、公司合并等方式取得公司股份并成为公司股东的均属于股东资格的继受取得，继承作为股东资格继受取得的方式之一，与一般意义上的股权转让并不等同，故不能当然适用有限责任公司关于股东行使优先购买权之规定。在被告公司章程对此未予以特别约定的情形下，第三人徐某标提出的行使优先购买权并无法律及合同依据。

但正是因为《公司法》允许公司章程对股东资格继承问题作出排除性规定，所以在认定股东资格继承中的股东资格时，我们应当注意以下问题：

（1）主体是否为自然人股东的合法继承人。

（2）公司章程是否作出了排除股东资格继承的规定。在继承发生时，如公司章程未就股东资格继承作出限制性规定，合法继承人可依法请求继承公司股东资格，并请求办理相关股东变更登记手续；如公司章程明确禁止股东继承人继承股东资格，继承人则不能成为公司股东，只能继承被继承人在公司所享有的财产权。实务中，有的公司章程未对股东资格继承作出专门安排，这种情况下应认定为未作出限制性规定，继承人可以继承股东资格。而有的章程虽未作出专门排除性规定，但在公司封闭性方面有类似规定，此时则应从文义解释的角度对其进行理解和判断，以确定继承人是否能够继承股东资格。

【典型案例一】张某梅、徐某等与科林公司确认股东资格纠纷案。② 二审法院认为，公司章程作为公司的自治规则，是公司组织与活动最基本与最重要的准则，对全体股东均具有约束力。正确理解章程条款，应在文义解释的基础上，综合考虑章程体系、制定背景以及实施情况等因素加以分析。虽然科林公司的章程中并未明确规定股东死亡后继承人不得继承股东资格，但科林公司的章程中明确规定股东不得向股东以外的法人或自然人转让股份，且退休和调离应在公司内部转让全部股份。科林公司系国有控股企业，自然人股东均为公司人员，科林公司具有高度人合性和封闭性特征，故本案应当认定公司章程已经排除了股东资格的继承。

【典型案例二】建都公司、周某股东资格确认纠纷案。③ 最高人民法院认为，公司章程作为公司的自治规则，是公司组织与活动最基本与最重要的准则，对全体股东均具有约束力。正确理解章程条款，应在文义解释的基础上，综合考虑章程体系、制定背景以及实施情况等因素加以分析。首先，如前所述，建都公司自2007年以来先后经历五次章程修订。自2009年起章程

---

① 参见上海市闸北区人民法院民事判决书，(2015)闸民二(商)初字第574号。
② 参见山西省阳泉市中级人民法院民事判决书，(2021)晋03民终152号。
③ 参见最高人民法院民事判决书，(2018)最高法民终88号。

中删除了继承人可以继承股东资格的条款,且明确规定股东不得向股东以外的人转让股权,可以反映出建都公司具有高度的人合性和封闭性特征。其次,周某新去世前,2015年1月10日的公司章程第7条第3款对死亡股东股权的处理已经作出了规定,虽然未明确死亡股东的股东资格不能继承,但结合该条所反映的建都公司高度人合性和封闭性的特征,以及死亡股东应及时办理股权转让手续的表述,可以认定排除股东资格继承是章程的真实意思表示。最后,周某新去世之前,股东郁某新、曹某华在离职时均将股权进行了转让,不再是建都公司的在册股东,建都公司亦根据章程规定支付了持股期间的股权回报款。该事例亦进一步印证了股东离开公司后按照章程规定不再享有股东资格的实践情况。因此,纵观建都公司章程的演变,并结合建都公司对离职退股的实践处理方式,本案应当认定公司章程已经排除了股东资格的继承。

(3)继承人取得股东资格的时间节点。《公司法》未明确继承人在继承股权过程中取得股东资格的时间节点。实务中一般会区分处理:

首先,原则上按股东名册变更登记后的时点确认继承人的股东资格。这是因为股权是股东对公司享有的权利,股东资格是股东在公司中的身份和地位。股东名册具有推定股东享有股权的效力,股东死亡后,其继承人并不直接享有公司的股东资格,不得直接行使股东权利。继承人应当向公司告知股东死亡的事实,并按照《公司法》和章程规定履行一定的程序后,在公司变更股东名册记载时,继承人才能取得公司股东资格,才能在公司内行使股东权利。

其次,法律、行政法规有特殊规定的,从其规定。法律、行政法规对公司股东资格的取得作了特别规定,继承人股东资格的取得应当从其规定。譬如,信托公司等股东变更须报请行政主管部门审批同意,继承人取得股东资格的时间应从行政主管部门批准之日起计算。

(二)股东资格继承中的相关问题

1. 无民事行为能力人、限制民事行为能力人是否可以继承股东资格

《公司法》未规定股东须具有完全民事行为能力。参照原国家工商行政管理总局于2007年作出的《关于未成年人能否成为公司股东问题的答复》:"《公司法》对未成年人能否成为公司股东没有作出限制性规定。因此,未成年人可以成为公司股东,其股东权利可以由法定代理人代为行使。"因此,能够取得股东身份的人,既可以是完全民事行为能力人,也可以是无民事行为能力人或限制民事行为能力人。继承人如果是无民事行为能力人或者限制民事行为能力人,其股权的行使可以由其法定代理人代理。

2. 继承人身份是否影响股东资格的继承

由于法律、行政法规对某些特殊主体、特殊公司类型的股东资格作了限制性规定,因此如果继承人的身份不符合股东资格要求,该继承人可以依法继承该股东所拥有的相对应的财产权益,而不能继承股东资格。

3. 股东资格继承涉及股东人数问题及处理

(1)继承人范围。继承人包括遗嘱、遗赠扶养协议和法定继承的继承人。关于继承的优先顺序、继承人的顺位、继承份额等相关问题,应当遵循《民法典》的相关规定处理。但应该注意的是,当在股权继承中出现各继承人对所继承的股权份额发生争议的,各继承人间股权份额的

确定一般应在股东资格确认的诉讼之外另行依照法律规定处理,理由是股权份额的确认与公司股东资格的确认分属两个不同的法律关系。

(2)股东人数超过法律规定上限的处理。在现实生活中,如果继承人数众多,按照继承规则,所有继承人均可继承股东资格,但有限责任公司的股东人数限额为50人,如果所有继承人均继承股东资格,则可能导致股东人数超过50人的限额。对于这一情形,实务中一般的处理方式:一是引导各继承人协商选定部分继承人继承股东资格;二是引导公司变更公司形式为股份有限公司,以解决人数超限的问题。如果各继承人协商不成,目标公司不愿变更组织形态,不得同时对各继承人的股东资格进行确认。

八、夫妻股权所涉股东资格的认定

夫妻股权的归属问题及单方处分股权行为所引发的股东资格确认问题涉及家庭财产关系、市场交易秩序和公司治理结构三个维度。

(一)夫妻股权权属认定

夫妻股权,是指在婚姻关系存续期间,以夫妻共同财产出资,登记在夫妻一方或双方名下的股权。[1] 夫妻股权的归属,同时受《民法典》婚姻家庭编和《公司法》等法律规范制度的调整,存在公司组织法架构下股权行使、股东资格确认规则与婚姻家庭法律体系下夫妻共同财产制度的冲突。根据婚姻家庭法的逻辑,股权由双方共同财产出资转化而来,应属于夫妻共同财产;而依照公司组织法的逻辑,股东资格不仅具有财产性,也兼具身份性特征,应当专属于登记股东所有。[2] 而最高人民法院对《最高人民法院关于适用〈中华人民共和国民法典〉婚姻家庭编的解释(一)》(以下简称《民法典婚姻家庭编解释(一)》)第73条所作释义,未就夫妻股权的权属作出明确认定。[3] 实务中,因为股权包含人身权益和财产权益,所以对于夫妻股权的归属和分割处理,一般采取内外有别的方法,区分股权中的人身权益和财产权益。

(二)夫妻股权中财产性权益的认定规则

实务中对于夫妻股权,在夫妻内部适用婚姻家庭法的财产规则,以处理夫妻共同财产相关事宜。夫妻股权产生的财产性权益主要包括股权出资款和股权收益。对于股权出资款权属的认定,应以夫妻共同财产出资为前提,如果仅是以夫妻一方的个人财产出资,则不构成夫妻股权。对股权收益权属的认定,依据《民法典婚姻家庭编解释(一)》第25条的规定,婚姻关系存续期间,无论是夫妻一方以个人财产投资取得的股权收益还是夫妻股权所产生的财产性收益,均应认定为夫妻共同财产,由夫妻双方共同共有。基于以上所述,在认定夫妻股权财产性权益时,应当注意以下两个问题:

---

[1] 参见赵玉:《夫妻股权归属及其单方处分效力的认定》,载《环球法律评论》2022年第3期。
[2] 参见张应杰主编:《公司股东纠纷类案裁判思维》,人民法院出版社2023年版,第51页。
[3] 参见最高人民法院民事审判第一庭编著:《最高人民法院民法典婚姻家庭编司法解释(一)理解与适用》,人民法院出版社2021年版,第627~632页。

1. 夫妻股权的认定应以夫妻共同财产出资为前提

（1）判断出资是否为夫妻共同财产的核心在于股权资金的来源，对此，实务中应当特别关注：其一，出资时间和出资来源；其二，是否存在婚前财产协议或婚内财产分割协议等。（2）婚姻登记时间，因为婚姻登记时间是判断股权收益归属的重要依据。

2. 股东工商登记不应作为判断夫妻股权财产性权益归属的实质要件

根据《民法典》关于夫妻共同财产的规定，以夫妻共同财产出资成立的股权，无论登记在哪一方名下，该股权所包含的股权分红权、公司剩余财产分配权等财产权益，均应由夫妻共同享有和行使。

（三）夫妻股权中身份权益的认定规则

从《公司法》层面来看，公司股东在公司内部要符合公司人合性的要求；在公司外部交易秩序中，公司股东的身份信息等形成了可供交易相对方信赖的权利外观。所以，出于对交易秩序和商事效率的维护，对夫妻股权中身份权益的认定应受公司法规范的调整。基于此，在夫妻离婚诉讼中，对于夫妻股权身份权益归属的认定和分割应考虑公司章程及工商登记等因素，并遵循以下规则：

对于夫妻双方就夫妻股权的分割达成一致，原未登记为有限责任公司股东的一方取得另一方全部或部分股权的，应符合《公司法》规定的股东向公司以外第三人转让出资的规则，即应尊重其他股东的意愿，放弃优先购买权，夫妻一方才能取得股东资格。如果夫妻双方都是同一有限责任公司股东，根据《公司法》第84条的规定，股东之间可以相互转让其全部或者部分股权，此时夫妻之间分割股权则无须经其他股东同意。

如法律、行政法规对公司股东资格作了限制性或禁止性规定，夫妻股权的分割更应遵守该限制性和禁止性规定，不符合股东资格的一方不得取得该股权，当然亦不具有股东资格。此时，在夫妻双方之间应通过折价补偿的方式对该股权进行分割处理。同理，夫妻股权的分割也要符合公司法对公司人数限制的规定，不能与公司法的规则相违背。

（四）夫妻一方对外转让夫妻股权

对于股权同时登记在夫妻双方名下的夫妻股权的转让，其中一方对外转让股权，应当经对方同意，并由双方共同在股权转让协议上签字，并遵循《公司法》第84条规定的股权对外转让规则。

在登记于一方名下的夫妻股权的转让情形下，对于一方对外签订股权转让协议转让夫妻股权的效力，实务中需要区分认定。

1. 股权登记一方对外转让股权情形下受让人股东资格认定

实务中倾向认为，基于商事外观主义原则，股权转让无需配偶同意，未征得配偶同意不影响股权转让。首先，婚姻状态属于隐私范围，法律不能苛责受让人查证股东的婚姻状况，受让人实际也无从确定股权是否属于夫妻共同共有，更无法追溯出资款的来源等私密信息，否则将徒增交易成本。其次，股权有别于一般夫妻共有财产，是一项特殊的权能，股权的财产属性属于夫妻共同财产，但其人身属性应由股东本人行使，不受他人干涉。最后，股权转让是商事交易行为,商事交易追求交易安全和交易效率。股权登记一方对外转让股权时,受让人可以信赖工商登记的股东为真正股东而与其交易,无需查证该股权是否为夫妻共同投资以及是否征得转让人配偶同意,否则有悖于商事外观主义原则,不利于交易安全和交易效率。因此,在对夫妻财产权益和商事交易规则的价值衡量中,商事交易规则应占据更加重要的地位,股权登记一方对外转让股权时无需征得配偶同意。但是,存在受让人与转让人恶意串通以帮助转移夫妻共同财产等法律规定无效情形的,应当认定该转让行为无效,受让人不得取得股权并享有股东资格。[1]

裁判观点: 夫妻一方擅自转让夫妻股权,转让行为有效,受让人取得股权并享有股东资格。

【典型案例】 庄某秋与周某海、卓某坤确认合同无效纠纷案。[2]再审法院认为,关于周某海的主体资格问题。2009年12月2日周某海与卓某坤签订《股权转让协议》时,本案讼争股权登记于周某海名下,其作为讼争股权的合法持有人对该股权进行处分,并未违反相关法律规定。庄某秋称讼争股权系其与周某海及案外人潘某钞所共有,周某海无权进行处分,但如前所述讼争股权登记于周某海名下,庄某秋、潘某钞在荣兴公司并未行使股东权利,而是由周某海行使,由于周某海已将该股权转让给卓某坤,根据《公司法》(2005年)第32条第3款[3]的规定,庄某秋的主张并不能对抗讼争股权受让人卓某坤,其关于周某海对讼争股权无处分权的主张不能成立。庄某秋称周某海2009年11月29日签订《股权整体转让合同书》时,讼争股权尚登记于周某河名下,周某海无权转让讼争股权,但签订该合同书的双方当事人均知晓事实而未提出异议,周某河与荣兴公司对此亦未提出异议,庄某秋关于《股权整体转让合同书》因主体不适格而无效的主张不能成立。

2. 非登记股权一方对外转让股权情形下受让人股东资格的认定

因股权登记在配偶名下,非登记一方若未获得登记股东的授权,不具有对外处分的权限,对外处分应认定为无权处分。具体理由如下:首先,股权完成登记后,在公司内部形成人合性信赖,对公司外部产生公示效力,登记股东成为股权行使者,未经授权其他人不得直接处分股权;其次,夫妻股权中非登记一方的财产权益遵循家庭内部财产规则,不能超越婚姻家庭法规范,以夫妻共有财产权人的身份突破公司独立人格来行使股权;最后,夫妻股权中非登记方需要获得登记股东授权,才能形成有效处分,否则构成无权处分。在未取得股权登记一方认可的情形下,受让人将面临无法取得股权及股东资格的重大风险。[4]

九、让与担保所涉股东资格的确认问题

(一)让与担保与股东资格的关系

根据《九民纪要》第71条、第89条和《最高人民法院关于适用〈中华人民共和国民法典〉

---

[1] 参见江必新、何东宁等:《最高人民法院指导性案例裁判规则理解与适用:公司卷》(第2版),中国法制出版社2015年版,第124页。
[2] 参见福建省高级人民法院民事裁定书,(2014)闽民申字第1205号。
[3] 参见新《公司法》第34条。
[4] 参见张应杰主编:《公司股东纠纷类案裁判思维》,人民法院出版社2023年版,第54页。

有关担保制度的解释》第68条之规定,《九民纪要》第71条明确认可了让与担保约定的效力,第89条确立了明股实债交易中股权让与担保的认定规则,对于已经完成权利变动的公示方式转让至债权人名下的财产,债务人到期没有清偿债务,债权人请求确认财产归其所有的,人民法院不予支持。根据以上规定可知:(1)债务人或者第三人与债权人约定将财产形式上转移至债权人名下,债务人不履行到期债务,债权人有权对财产折价或者以拍卖、变卖该财产所得价款偿还债务的,该约定有效。(2)债务人或者第三人与债权人约定将财产形式上转移至债权人名下,债务人不履行到期债务,财产归债权人所有的,认定该约定无效,但是不影响当事人有关提供担保的意思表示的效力。(3)当事人已经完成财产权利变动的公示,债务人不履行到期债务,债权人请求参见《民法典》关于担保物权的有关规定就该财产优先受偿的,法院应予支持。(4)当事人已经完成财产权利变动的公示,债务人不履行到期债务,债权人请求对该财产享有所有权的,法院不予支持。(5)债务人履行债务后请求返还财产,或者请求对财产折价或者以拍卖、变卖该财产所得的价款清偿债务的,法院应予支持。(6)债务人与债权人约定将财产转移至债权人名下,在一定期间后再由债务人或者其指定的第三人以交易本金加上溢价款回购,债务人到期不履行回购义务,财产归债权人所有的,法院应当参照上述第2~5项处理。回购对象自始不存在的,法院应当依照《民法典》第146条第2款的规定,按照其实际构成的法律关系处理。综上所述,在我国,不承认让与担保中担保权人的股东资格或股东权利,即担保权人不是公司股东,不得行使股东权利。

司法实践中相关的裁判观点及典型案例如下。

裁判观点一:名为股权转让实为股权让与担保,转让人请求确认其享有股东资格的,法院应予支持。

【**典型案例**】西藏信托公司等与胡某奇股东资格确认纠纷案。[1] 二审法院认为,认定涉案股权转让协议是股权让与担保、股权转让或是股权质押,不能仅仅看合同的形式或名称,而要探究当事人的真实意思表示。如果当事人的真实意思是通过转让标的物的形式为主合同提供担保,则此种合同属于让与担保合同,而非其他。从虚伪意思表示的角度来看,本案确实可以将股权让与担保理解为名为股权转让实为让与担保。也就是说,股权转让是假,让与担保是真。根据《民法总则》第146条第2款[2]之规定,虚假的意思表示即股权转让协议因其并非当事人的真实意思表示而无效。而隐藏的行为,即让与担保行为则要根据合同法的相关规定认定其效力。

裁判观点二:在让与担保情形下,受让人可主张担保权利而不得主张股权。

【**典型案例**】王某维、赵某恒与郑某超股东资格确认纠纷案。[3] 最高人民法院认为,根据金建公司、博信智公司、殷某岚、王某维签署的《三方协议》,以及2012年12月1日赵某恒与殷某岚、王某维签订的《协议书》的约定,金建公司股权办理至殷某岚、王某维名下系作为债权的

---

[1] 参见北京市第一中级人民法院民事判决书,(2019)京01民终2736号。
[2] 《民法总则》已因《民法典》施行而废止;此条参见《民法典》第146条第2款。
[3] 参见最高人民法院民事裁定书,(2015)民申字第3620号。

担保,而非真正的股权转让;殷某岚、王某维虽在工商登记中记载为金建公司的股东,但仅为名义股东,而非实际股东。此种通过转让标的物的所有权来担保债权实现的方式属于非典型担保中的让与担保,殷某岚、王某维可以依据约定主张担保权利,但其并未取得股权。

(二)让与担保中的股东资格

当前实务中,在涉及让与担保的股东资格确认纠纷里,最常见的是担保人基于借款债务而提供股权让与担保。在这一类型的股东资格确认纠纷中,确认股东资格的核心在于确认双方行为的法律性质是让与担保还是股权转让。这就需要从以下方面进行判断:

1. 担保人与担保权人是否已达成让与担保的合意

需要从以下证据和事实进行综合考量判断:

(1)有无股权让与担保的书面协议。如果有书面协议,且协议中明确约定:担保人将其名下公司股权变更登记至担保权人名下,债务人不履行到期债务时,担保权人有权对股权折价或者以拍卖、变卖所得价款优先受偿;或者约定债务人清偿债务后,担保权人须返还股权的,那么一般会认定为让与担保关系。

(2)有无股权让与担保的事实。针对未签订让与担保协议,担保人径行将股权变更登记至担保权人名下的情形,需要对双方协商过程、合同履行情况、股东权利的实际行使等具体事实进行综合判断,看是否存在设立让与担保的意思表示。

首先,判断担保权人有无支付股权转让对价。若双方有款项支付,核心在于判断已支付款项的性质是股权转让款还是借款债权。若双方无款项支付,需考量与借款款项是否为同一笔款项及债务人有无定期还款付息。

【典型案例】西藏信托公司等与胡某奇股东资格确认纠纷案。[①] 该案中胡某奇系中嘉公司的法定代表人,同时系博源公司的股东。中嘉公司与西藏信托公司签订借款合同,向西藏信托公司借款1.8亿元。后中嘉公司未按约还款,胡某奇遂与西藏信托公司签订股权转让协议,但未约定转让价款,胡某奇将其名下博源公司80%的股权变更登记至西藏信托公司名下。后双方发生争议,胡某奇诉至法院,请求确认西藏信托公司不是博源公司股东,胡某奇具有博源公司股东资格。对此,二审法院认为,胡某奇与西藏信托公司签订的股权转让协议符合让与担保的认定特征,西藏信托公司虽经工商登记公示为博源公司股东,但应为名义股东性质,胡某奇为实际股东;名义股东与实际股东并存的情形并不违反公共利益及法律、行政法规的强制性规定,也符合常见的商业惯例,因此应尊重当事人的商业判断和权利处分,故作出判决:确认胡某奇系持有博源公司80%股权的实际股东。

(3)担保人是否享有股权赎回权。在一般的股权转让合同关系中,股权转让是终局性的,至少在股权转让发生时股权转让方式以最终持有相应的股权为目的。而在股权让与担保中,担保权人受让股权的目的在于收回相应数额的债权。如果双方协议中约定在债务履行期届满后担保人享有股权赎回权,则通常符合担保制度中有关"还款赎保"的特征。此种情况下,也要注意

[①] 参见北京市第一中级人民法院民事判决书,(2019)京01民终2736号。

与股权对赌协议中股权受让方的赎回权的区别。两者在形式上存在相似性,但在股权购买的启动主体上存在明显差别,股权让与担保赎回权的启动主体是股权转让人即担保人,而股权对赌协议中回购权的启动主体为股权受让人,其可以选择要求转让人回购,也可以放弃回购要求。

2. 主债权是否实际发生

在现实生活中,有时虽然担保人与担保权人就股权让与担保达成合意,但对应股权已转让给担保权人,然而事实上最后双方约定的主债权未成立或者借款未实际出借。这一情形不影响担保人有权提起股东资格确认之诉,但会影响担保人关于变更登记的诉讼请求能否得到支持。换言之,主债权是否成立或者借款是否实际出借,均不影响担保人提起股东资格确认之诉的权利。

【典型案例】 黄某文与张某凝股东资格确认纠纷案。[①] 二审法院认为,对张某兴要求张某凝返还湛港公司37.5%股权问题,因法院已认定张某兴将股权变更至张某凝名下实际是让与担保行为,张某凝名下37.5%股权仍为张某兴所有,现张某兴要求张某凝返还股权、将股权变更登记至自己名下并愿意重新办理股权质押登记手续,其实质是要求将股权让与担保方式变更为正常的股权质押担保方式。该股权是否应返还或用于偿还债务应属借款合同、股权质押合同法律关系处理范围,而本案属股东资格确认纠纷,张某兴要求张某凝返还其已用于质押的股权问题不属本案审查范围,该问题应待各方当事人在借款合同关系中进行处理。故法院对张某兴要求张某凝返还湛港公司37.5%股权并办理股权变更登记、股权质押登记不予支持。一审法院将本案股东资格确认纠纷与借款合同纠纷部分事实合并处理,属适用法律错误,二审法院予以纠正。法院已确认张某兴享有湛港公司37.5%股权,根据《公司法》(2018年)第31条第1款、第32条[②]之规定,张某兴要求湛港公司签发出资证明书,并将其记载于股东名册有事实和法律依据,一审法院对此予以支持正确,法院予以维持。

如前所述,在让与担保情形下,由于债权是否成立或者实际履行会影响股权变更登记的诉求,所以,在实务中,相关主体应当关注债权是否实际发生,在此还需要注意以下两种情形:

第一种情形,原股东作为债务人、担保人,与债权人订立借款合同、股权让与担保合同,但未明确约定借款支付方式,担保权人又收购了公司债权的,此时就需要注意区分收购公司的债权与向原股东出借的资金,两者不能混为一谈。

裁判观点:在债权人与原股东未就借款形成书面协议的情况下,债权人主张通过收购标的公司的债权方式实际出借款项,因为债权人收购标的公司的债权后,理应成为标的公司的债权人,而不应同时成为股东的债权人,所以在未经过股东确认的情况下,应推定款项未实际出借。

【典型案例】 尹某与崇太公司、金某等股东资格确认纠纷案。[③] 二审法院认为,本案需围绕崇太公司股权的实际归属而展开。金某原作为持有崇太公司100%股权的实际股东,崇太公司的股权在形式上虽多次发生变更,但除田益公司基于2017年11月5日《补充协议之三》实际取得

---

① 参见广西壮族自治区防城港市中级人民法院民事判决书,(2020)桂06民终1386号。
② 参见新《公司法》第55条、第56条。
③ 参见上海市第二中级人民法院民事判决书,(2020)沪02民终6571号。

19.29%股权外,赵某、王某强、董某、尹某均基于股权让与担保而非信赖股权登记公示情况而受让股权,因此,其余80.71%股权并未发生权属的实质变更,仍应归属于金某。关于尹某主张的股权让与担保中的借款人问题,金某与尹某、董某于2019年1月17日签订《肉品供应链合作协议》,明确约定尹某通过交付4000万元的肉类产品来履行向金某的出借款项的义务;尹某与黄某俊于2019年5月27日签订《委托书》时,亦确认借款人为金某。据此,一审法院认定股权让与担保的借款人应为金某,并无不当,法院予以确认。关于尹某履行让与担保的债权情况,这直接影响股权让与担保中的主债权是否成立,尹某称其以收购叶某陈、包某臻债权的方式履行了出借义务,在金某与尹某未就9000万元借款形成书面协议的情况下,尹某收购叶某陈、包某臻的债权后,理应成为崇太公司的债权人,而不应同时成为崇太公司与金某的债权人,法院亦难以通过《肉品供应链合作协议》中4000万元肉类产品反推出尹某已出借了5000万元款项。一审法院根据目前崇太公司股权实际所有的现状,确认尹某所持有的崇太公司的70.71%股权归金某所有,王某强所持有的崇太公司10%的股权归金某所有,于法不悖,法院予以认可。

第二种情形,债权人与公司、原股东分别签订借款合同、股权让与担保合同,若债权人与公司之间达成和解协议,并依据该和解协议向原股东主张担保责任,此时需特别注意区分债权人与原股东之间主债权是否实际发生,以避免债权人与公司合谋损害股东利益。

3. 担保权人是否实质处分股权

在让与担保中股东资格"名实分离"的情形下,让与担保的股权存在被担保权人实际处分的风险,实务中主要表现为以下两种情形:

(1)担保人对外转让股权。此种情形下,若第三人基于对股东名册、工商登记等权利外观的信赖签订股权转让协议,符合善意第三人的认定标准,且经公司股东会决议通过,并办理了相应的工商变更登记,则第三人取得股东资格,担保人起诉请求确认其股东资格的,难以得到支持。

裁判观点:<u>如果受让人基于信赖股东名册记载、工商登记的商事外观,从债权人处受让股权,受让人满足善意取得的认定标准,那么原股东在受让人取得股权之时,即丧失股东资格。反之,原股东有权确认股东资格。</u>

【典型案例一】港聚源置业公司与杨某勋股东资格确认纠纷案。[①] 二审法院认为,本案中,申某强认可其与陈某民签订的《股权转让协议》,办理股权变更登记是基于申某强与港聚源置业公司之间的借款合同,目的是为港聚源置业公司欠付申某强的债务提供担保。申某强作为名义股东,将陈某民的股权转让与杨某勋,系无权处分。结合杨某勋在一审中称因申某强在深圳,港聚源置业公司办理很多事务不方便,故申某强将股权转让与杨某勋,未支付对价,至于股权转让费是否支付、支付多少,基于申某强的意思。据此可以认定杨某勋受让股权不能构成善意取得,陈某民仍为案涉股权的实际股东。

【典型案例二】中静实业公司与华润公司、东方拍卖公司等股权转让纠纷案。[②] 再审法院认

---

① 参见河南省濮阳市中级人民法院民事判决书,(2020)豫09民终1836号。
② 参见上海市第二中级人民法院民事判决书,(2018)沪02民再54号。

为,根据《公司法解释(三)》第25条与《物权法》第106条①规定,本案中,首先,不能认定华润公司受让股权时主观上为善意。其次,华润公司尚未支付完对价。再次,争议发生时,系争股权未变更登记至华润公司名下。最后,认定刘某毅无权转让系争股权,华润公司不符合善意取得条件,不能取得系争股权。

【**典型案例三**】崔某龙、余某林与荣耀公司、燕某等股权转让纠纷案。②二审法院认为,根据本案一审、二审查明的事实,荣耀公司、燕某等四人伪造崔某龙、余某林的签名,制作虚假的《股东会决议》《股权转让协议》,并到工商行政管理机关办理了股权变更登记手续,将崔某龙、余某林在世纪公司60%的股权变更到荣耀公司、燕某等四人名下。此后,荣耀公司、燕某等四人通过与孙某源等五人签订《股权转让协议》,将已经在工商行政管理机关登记其名下的世纪公司80%的股权转让给孙某源等五人。该案事实表明,孙某源等五人在与荣耀公司、燕某等四人进行股权受让行为时,尽到了充分的注意义务,并依据协议支付了部分股权转让款,股权变更登记已经经过多年。根据本案现有证据,不能证明孙某源等五人在股权受让过程中存在恶意,以及协议约定的股权受让价格不合理等情况,可以认定孙某源等五人受让股权系善意。虽然孙某源等五人系从无权处分股权的荣耀公司、燕某等四人处受让股权,但孙某源等五人在本案涉及的股权交易中没有过错,为维护社会经济秩序的稳定,应认定其取得世纪公司的相应股权。孙某源等五人在二审中答辩认为本案应当适用善意取得制度的理由成立,法院予以采纳。上诉人崔某龙、余某林主张确认其享有世纪公司股权、恢复其股东身份的请求,法院难以支持。

(2)担保权人对外质押股权。这种情形下一般不影响法院对担保人股东资格的确认。但是,如果担保人基于主债权未成立或已清偿的事实,同时要求变更股东登记的,目前尚无直接对应的法律规定,可参照《民法典》第443条有关股权出质后转让的规定进行处理。即股权出质后,若担保人转让股权经质权人同意,且质权的设立符合相关规定,法院才有可能支持对担保人提出的变更登记请求。

十、关于外商投资股东资格认定

(一)外商投资企业实际投资人股东资格认定

我国对外商投资企业实行准入前国民待遇加负面清单管理制度。实务中的常见问题有外商投资企业实际投资人因自身原因隐名持股,后因股权发生争议,实际投资人起诉请求确认其股东资格。针对这一情形,根据《最高人民法院关于审理外商投资企业纠纷案件若干问题的规定(一)》第14条的规定,我国法院采用有条件地支持隐名股东提出的确认股东资格请求的方式,为隐名股东提供司法救济。在实务中,除应遵循前述规定外,还应注意:

隐名股东是否已经实际投资,这是认定实际投资人隐名股东身份的重要因素。针对这一问题:(1)实务中应重点关注的证据应当包括隐名股东与名义股东之间的隐名投资协议、财务

---

① 《物权法》已因《民法典》施行而废止;此条参见《民法典》第311条。
② 参见最高人民法院民事判决书,(2006)民二终字第1号。

账册、往来传真函件、证人证言等,然后结合这些证据进行综合判断,同时还应该结合商业习惯进行分析,认定隐名股东实际投入资金的时间、出资金额、出资方式等相关事实。(2)隐名股东有无实际参与公司管理经营、收取股权分红、行使股东权利,综合认定隐名股东身份。

此外,除了考虑隐名股东的实际投资情况,名义股东以外的其他股东对隐名股东身份的认可也是认定隐名股东资格的重要因素。关注的证据包括:(1)隐名股东提供的其他股东声明文件、证人证言等;(2)股东会记录、决议等如能够证明隐名股东以自己名义实际行使股东权利、其他股东未提出异议证据。

在诉讼期间,需确定隐名股东变更为股东是否已征得了外商投资企业审批机关的同意。这里需要特别注意的是,变更负面清单中外商投资企业股东,必须经行政主管部门的审批程序并作出同意批复,否则不能确权。

司法实践中相关裁判观点和典型案例:

裁判观点一:根据外籍隐名投资者与公司或股东的协议约定、实际出资和行使股东权利的事实且不在负面清单之内,可认定外籍投资者的股东资格。

【典型案例】 殷某与张某兰、淮信公司股东资格确认纠纷案。① 再审法院认为,关于张某兰是否具有淮信公司股东资格问题。《协议书》和《补充合同书》均可证明,淮信公司及其股东均同意张某兰向淮信公司缴纳出资成为股东,且淮信公司的其他股东对张某兰以殷某的名义进行投资均是明知的。张某兰多次以淮信公司股东的身份参加股东会会议,实际行使股东权利。根据《外商投资产业指导目录(2015年修订)》内容,房地产开发并未列入上述目录限制类或禁止类产业,故不涉及国家规定实施准入特别管理(负面清单)的外商投资企业的设立和变更,不再需要审批。因此,原审判决依据当事人之间的约定以及出资事实确认张某兰为淮信公司的股东,适用法律并无不当。

裁判观点二:外籍隐名股东请求显名,对负面清单外的准入类领域,无需再征得外商投资企业主管机关的同意。

【典型案例】 程某平诉上海纽鑫达公司、第三人张某、程某股东资格确认纠纷案。② 二审法院认为,关于外国人成为公司股东是否需要办理相关审批手续问题。《外商投资法》生效后,我国对外商投资实行准入前国民待遇加负面清单管理制度。所谓准入前国民待遇,是指在投资准入阶段给予外国投资者及其投资不低于本国投资者及其投资的待遇;所谓负面清单,是指国家规定在特定领域对外商投资实施的准入特别管理措施,国家对负面清单之外的外商投资,给予国民待遇。本案中,法院特函上海市商务委员会,就"如确认原告为被告股东,上海市商务委员会是否同意将原告变更为被告股东,并将被告变更为外商投资企业"进行咨询。上海市浦东新区商务委复函称:上海纽鑫达公司所从事领域不属于外商投资准入特别管理措施(负面清单)范围,我委办理程某某变更为上海纽鑫达公司股东,并将上海纽鑫达公司变更为外商投资企业的备案手续不存在法律障碍。因此,原告要求变更为被告股东,无需履行特别审批手

---

① 参见最高人民法院民事裁定书,(2017)最高法民申37号。
② 参见上海市第一中级人民法院民事判决书,(2020)沪01民终3024号。

续，亦不存在法律上的障碍。

(二)境外隐名股东变更为境内公司股东的资格确认

根据《外商投资法》第4条的规定，经认定为境内公司隐名股东的境外自然人或境外公司，仍应判断其投资的行业是否属于国家规定实施准入特别管理的负面清单范围。若不属于负面清单范围，可确认其股东资格；若属于负面清单范围，则其股东资格需要经过行政主管部门的审批同意。

【典型案例】殷某与张某兰、淮信公司股东资格确认纠纷案。① 最高人民法院认为，实际投资人张某兰虽为德国籍，但境内公司淮信公司所在行业未列入《外商投资产业指导目录(2015年修订)》限制类或禁止类产业，故不涉及国家规定实施准入特别管理(负面清单)的外商投资企业的设立和变更，不再需要审批，遂认定张某兰的股东资格。

十一、催缴失权制度及相关问题

(一)股东的法定失权

1. 新《公司法》对催缴失权制度的相关规定

依据新《公司法》第51条、第52条之规定，可知:(1)董事会对股东出资负有核查和催缴的义务。(2)董事会未履行前述义务，负有责任的董事对因此给公司造成的损失承担赔偿责任。(3)董事会有权决议向未按期足额出资的股东发出载明宽限期或者不载明宽限期的催缴书。(4)载明宽限期的催缴书，载明的宽限期不应当少于60日，宽限期满后该股东仍未缴纳出资的，董事会有权决议向该股东发出失权通知，失权通知应当为书面形式，自通知发出之日起，该股东失去未缴纳出资部分的股权。需要注意的是：一是该股东丧失的仅为其瑕疵出资部分的股权，其已经依约缴纳出资部分的股权，不受影响；二是该股东无须再对其丧失的股权承担出资义务。(5)失权股东对失权有异议的，可以自收到失权通知之日起30日内向法院起诉。(6)失权股权收归公司作为库存股管理，公司应当将该股权转让或者注销，公司在6个月内未完成转让或者注销的，由公司其他股东按照其出资比例足额缴纳相应出资。

应该注意前述关于"其他股东"的确定问题，有学者认为，确认"其他股东"应该注意三个时点：(1)失权股东的出资到期日；(2)失权通知生效日，即失权通知发出日；(3)失权通知生效后，公司未能转让或者注销库存股，6个月期限到期日。第二种时点相对合理。理由为：公司可以向瑕疵出资的股东发出失权通知，也可以不发出；在董事会作出向瑕疵出资的股东发出失权通知的决议、公司发出失权通知之前，该股东仍然享有股权。只有当该股东丧失股权后，其他股东才负有对失权股权的附条件出资义务，即若公司在6个月内未能转让或者注销该库存股，则其他股东须依出资比例足额缴纳相应出资。当其他股东负有对失权股权的附条件出资义务且尚未履行，却将股权转让给第三人时，该股权转让，可视为未出资股权转让，应参照适用新《公司法》第88条的规定，可区分两种情形：一是失权股权处置期6个月尚未届满的，其

---

① 参见最高人民法院民事裁定书，(2017)最高法民申37号。

他股东负有的出资义务尚未生效,可视为是一种"未届缴资期限"的股权,参照适用新《公司法》第 88 条第 1 款未届期股权转让规则,原则上由受让人承担缴纳该出资的义务,受让人未按期足额缴纳出资的,转让人对受让人未按期缴纳的出资承担补充责任。二是失权股权处置期 6 个月已届满的,其他股东负有的出资义务生效,可视为是一种"未按期足额缴纳出资"的股权,参照适用新《公司法》第 88 条第 2 款瑕疵股权转让规则,原则上由转让人承担该出资义务,受让人知道或者应当知道存在该情形的,在出资不足的范围内与该股东承担连带责任。①

2. 催缴通知的类型及法律效力

催缴通知的类型包括载明宽限期的催缴通知和未载明宽限期的催缴通知。根据新《公司法》第 52 条第 1 款之规定,公司可以发出载明宽限期的催缴书,也可以发出不载明宽限期的催缴书。且该两种通知的法律效力不同,只有载明不少于 60 日宽限期的催缴书,才构成进一步发出失权通知的适格催缴书,即失权催缴,其可以产生以下两项法律效力:(1)请求被催缴股东履行出资义务的债法上的效力;(2)公司在未来有权向被催缴股东发出失权通知的公司法上的效力。与此相应,若未载明宽限期或者虽载明宽限期但少于 60 日的催缴书,仅具有请求被催缴股东履行出资义务的效力,不是未来公司据以发出失权通知的适格催缴,即非失权催缴。未来,公司若欲向瑕疵出资股东发出失权通知,则需重新发出载明不少于 60 日宽限期的催缴书。②

3. 催缴失权与加速到期

出资义务加速到期的股权应否适用催缴失权制度,对于这一问题,当前有两种不同观点:第一种观点认为,加速到期后,公司章程规定的出资期限也同时发生变更,从而进入新《公司法》第 51 条、第 52 条规定的催缴失权制度的适用范围;第二种观点认为,加速到期是出资义务的提前履行,而不构成对公司章程的直接变更。这两种观点有待实务验证。

4. 催缴失权与除名规则的区别

《公司法解释(三)》第 17 条规定是新《公司法》颁布前,司法解释作出的股东除名规则,相较于新《公司法》第 52 条的规定,二者区别如下:

(1)适用主体及范围不同

第一,适用主体不同。除名规则仅适用于有限公司,而催缴失权规则对有限责任公司和股份有限公司均适用。

第二,适用范围不同。前者适用于两种情形,一是股东未履行出资义务,二是股东抽逃全部出资。而从文义来看,后者仅适用于股东未按期足额缴纳公司章程规定的出资情形;但也有学者认为,应当包括抽逃出资情形,理由为"股东未按照公司章程规定的出资日期缴纳出资",表述的是"瑕疵出资"情形。"瑕疵出资"既包括未出资、未足额出资(部分出资)、出资物存有质量或权利瑕疵(狭义的"瑕疵出资"),也包括出资到位后的抽逃情形。实际上,抽逃出资形同未出资。③

---

① 参见赵旭东主编:《新公司法重点热点问题解读:新旧公司法的比较分析》,法律出版社 2024 年版,第 101 页。
② 参见赵旭东主编:《新公司法重点热点问题解读:新旧公司法的比较分析》,法律出版社 2024 年版,第 111 页。
③ 参见李建伟主编:《新公司法评注》,法律出版社 2024 年版,第 218~219 页。

（2）催缴义务的主体不同

除名规则催缴义务的主体是公司，具体执行公司事务的董事、高级管理人员均可能成为催缴义务人；催缴失权催缴义务的主体是董事会，若董事会怠于履行催缴义务给公司造成损失，负有责任的董事须对公司承担赔偿责任。

（3）失权或者除名决定的主体不同

前者除名决定是由股东会以决议的形式作出，决议后无须再作出额外的通知行为；后者失权决定是由董事会以决议的形式作出，失权通知是由公司发出。

（4）法律后果不同

其一，是否丧失股东资格不同。除名规则，由于其仅适用于股东完全未履行出资义务和股东抽逃全部出资的情形，其丧失的是全部股权，进而也就当然丧失了股东资格。另外，需要注意的是，在除名制度的司法实践中，在瑕疵出资股东仅未缴纳部分出资或者抽逃部分出资的情形下，有的法院采取"比例除名"或称"部分除名"的方式进行判决。在这种方式下，被"比例除名"或者"部分除名"的股东，保有一定股权，亦不丧失股东资格。催缴失效规则，未按期足额缴资的股东，经催缴和公司发送失权通知后，仅丧失其未足额缴纳出资部分的股权，而非全部股权，除非该股东未缴纳全部出资。若未丧失全部股权其仍享有相应的股东资格。

裁判观点：对涉案决议内容是否无效的问题，应当从《公司法》的整体框架考虑，依据权利义务对等原则、公司意思自治原则、诚信原则及兼顾经济效率的价值取向，遵循立法原则及立法目的予以综合判断。

【典型案例】黑龙江完达山公司与王某力等公司决议效力确认纠纷案。[①] 法院认为，虽然《公司法》对未完全出资股东是否可以被部分解除股东资格的问题没有明确规定，但结合《公司法》的权利义务对等原则、公司意思自治原则、诚信原则及兼顾经济效率的价值取向，对涉案决议内容是否无效的问题，应当从《公司法》的整体框架考虑，结合立法原则及立法目的予以综合判断。涉案决议变更持股比例的内容并未侵害黑龙江完达山公司的合法权利，对未完全出资的股东经公司催告后并未补足出资，股东会决议解除其未出资额相对应部分的股东资格不违反法律、行政法规，不属于决议无效的情形。结合《公司法》和完达山北京公司章程，涉案临时股东会决议以实缴出资额计算表决权比例，系对黑龙江完达山公司股东权利的合理限制，未有不妥。

北京市第二中级人民法院在（2018）京02民终12476号民事判决书中支持了一审法院的观点。

其二，法律责任不同。除名规则，依照《公司法解释（三）》第17条第2款的规定，若公司无法完成减资或者受让该股权的股东/第三人在未缴纳相应出资之前，公司债权人仍然有权请求被除名的股东承担相应的责任；催缴失权规则，被失权的股东在丧失股权的同时，也被免除了出资义务，无须再对公司债权人承担任何法律责任。

---

① 参见北京市东城区法院民事判决书，（2017）京0101民初658号。

其三，其他股东的法律责任不同。催缴失权规则，若公司在 6 个月内未能将失权股权转让或者注销，其他股东应当按照出资比例认购该失权股权。除名规则，其他股东并无此义务或者责任。

5. 失权步骤

根据《公司法》第 52 条的规定，股东失权步骤如下：

（1）发现股东存在瑕疵出资情况后→（2）董事会进行书面催缴→（3）股东反馈分为以下两种情形：①宽限期届满前缴纳出资的股东，仅承担对于公司的赔偿责任、守约股东的违约责任；②宽限期满仍未出资的股东，由董事会作出决议，向其发出失权通知，通知发出到达该股东（进入下一步骤）→（4）受通知股东存在以下两种情形：①股东无异议的，当即生效，该股东失权；②股东有异议的，受通知之日起 30 日内起诉，由法院确认失权决议的效力（进入下一步骤）→（5）法院裁决分为以下两种情况：①裁决否定决议效力的，该股东股权维持原状，但出资义务继续履行；②裁决确认失权决议有效的，该股东受通知之日即失权（进入下一步骤）→（6）原股东失权后续的股权处理：6 个月内转让给他人（新老股东均可，老股东享有优先权）或者减资并注销该股权，否则由其他股东按照各自比例完成实缴，认购相应股权。

6. 失权的救济

《公司法》第 52 条第 3 款特别规定，股东对失权有异议的，应当自收到失权通知之日起 30 日内，向法院提起诉讼。即《公司法》明确了失权股东的救济渠道为失权异议之诉，但从法律逻辑上讲，股东对失权有异议的救济途径应该还可通过决议效力制度进行救济。对此，有学者认为，失权异议之诉排除了决议效力制度在失权异议中的适用。理由为：从立法目的上看，《公司法》第 52 条第 3 款为失权股东专设了失权异议之诉，并设置了 30 日的行权除斥期间，根据特别法优先于一般法的法律适用规则，在失权异议问题上，失权异议之诉应当优先于决议效力制度适用；同时，考虑立法者之所以对失权异议之诉设置了 30 日的除斥期间，是为了使公司的股权结构和状态、公司和失权股东、其他股东之间的权利义务关系能够被尽早确定，实现公司资本状态的安定。从目的解释上看，宜使失权异议之诉排除决议效力制度的适用。换言之，对失权有异议的股东，若在收到失权通知之日起 30 日内未向法院提起诉讼，则丧失对失权董事会决议提起决议效力诉讼的权利。但不妨碍股东以其他理由对失权董事会决议提出决议效力瑕疵诉讼。①

（二）股东资格的约定解除

《公司法解释（三）》第 17 条和《公司法》第 52 条仅对有限责任公司股东资格解除的法定事由作了规定，但均未明确公司章程能否对股东除名作出规定。实务中，对公司章程规定股东除名事项持开放态度。虽然如此，实务中对公司章程规定的股东除名事项认定仍持谨慎态度。

公司章程规定的股东除名事由须为重大事由。实务中，对"重大事由"的认定主要考虑：

1. 重大性

除前述法定事由外，约定除名事由须为严重影响公司存续经营或股东共同利益的行为，同

---

① 参见赵旭东主编：《新公司法重点热点问题解读：新旧公司法的比较分析》，法律出版社 2024 年版，第 125 页。

时还需严重危及股东间的信任基础,一般性违约行为不会被认定为构成股东除名的重大事由。

【典型案例】黄某忠诉工程咨询公司决议撤销纠纷案。① 二审法院认为,《公司章程》第35条规定:股东与公司脱离人事关系或将个人执业资格关系转移出公司的,股东资格自动丧失。此后,胡某某与工程咨询公司解除劳动关系。2012年12月1日,工程咨询公司召开临时股东会会议并作出了关于"确认胡某某丧失公司股东资格的股东会决议",该次股东会认为胡某某与讨论的议题有利害关系,故排除其表决权。除股东黄某忠外,工程咨询公司的其余股东对该决议事项表示同意并签字。黄某忠以表决程序和表决方式上存在瑕疵为由起诉要求撤销上述股东会决议。法院审理认为,工程咨询公司章程关于股东资格自动丧失的约定属于公司自治的体现,未违反法律、行政法规的强制性规定,应属有效。关于股东资格的丧失应经股东会作出除名决议并将该决议送达被除名的股东时才发生法律效力,即胡某某的股东资格自公司除名决议送达之时丧失。拟被除名股东要遵守表决权回避制度,而且其所拥有的表决权数也不应计入计算特定多数的总表决权之内。本案所涉两份股东会决议的同意比例已经达其余股东人数和所持股权比例的75%,符合公司章程中确定的表决比例,故表决程序并无不当。因此判决驳回黄某忠的诉讼请求。

所以,司法实践中法院考量章程除名事由的重大性时,会综合考虑章程除名规定是否违反法律、行政法规的强制性规定,是否违背诚实信用和公序良俗,是否严重违反竞业禁止义务、严重侵害公司财产、严重危害公司整体利益或公司股东间信任基础关系等。

2. 可归责性

该除名事由须归责于该特定股东。通常情况下,股东严重违反股东义务,对公司造成严重损害后果,不以存在过错为认定要件,只要该股东客观上严重破坏了股东间信赖基础,进而导致严重危害公司利益的,就可以将其除名。

3. 非除名不得救济

解除股东资格是对股东最为严厉的惩罚,因此在确定章程所规定的股东除名事由是否具有正当性时,仍需考虑如果不除名,依据《公司法》规定的救济措施已经无法阻止或弥补该股东对公司造成的损害,亦即非除名不能得到救济。在公司类争议中,如果可以通过股权转让、异议股东股权回购等制度解决实际问题、弥补实际损失,一般不应纳入股东除名事由。

<u>**裁判观点**:严格遵循章程规定的议事规则和表决程序的,不属于公司对股东除名权的滥用,该行为为合法解除股东资格。</u>

【典型案例】张某才与世纪天鼎公司公司决议纠纷案。② 二审法院认为,世纪天鼎公司因生产经营出现严重困难,董事会于2005年5月对公司的投资方案作出决议,明确各股东投资金额未按期投资视为放弃股东权利的责任。张某才作为公司股东签字确认。后张某才未按约投资。世纪天鼎公司于2012年6月作出股东会决议,解除张某才的股东资格;该决议由工商登记在册的全体股东2/3以上表决权表决通过。针对这一事实,法院认为,世纪天鼎公司出现严

---

① 参见上海市第一中级人民法院民事判决书,(2013)沪一中民四(商)终字第926号。
② 参见北京市第二中级人民法院民事判决书,(2016)京02民终3357号。

重经营困难时,董事会决议明确了全体股东的权利义务,张某才予以签字确认后肆意反悔,严重违反诚信原则,严重破坏有限责任公司股东之间的信任关系,股东会作出除名决议,是公司意思自治的体现,并不违反法律规定,应认定为有效。

(三)公司或股东起诉请求解除股东资格

实务中,有限责任公司或股东起诉请求否定违反出资义务股东的股东资格而引发的纠纷,常见的有以下三种情形。

1. 股东请求否定违反出资义务股东的股东资格的情形

针对这一情形,由于公司是股东除名权的行使主体,无论公司是否形成解除违反出资义务股东资格的决议,该违反出资义务股东的股东资格是否因此丧失,都与其他股东无直接利害关系。基于以上原因,其他股东起诉请求该股东不具备股东资格的,不具有诉的利益,不符合《民事诉讼法》规定的起诉条件,法院一般对此类起诉不予受理或驳回起诉。

裁判观点:在公司未形成解除股东资格决议的情况下,股东资格的确认与否和其他股东之间没有直接的利害关系,故其他股东提起消极的股东资格确认之诉,不属于法院的受案范围。

【**典型案例**】刘某俊、曹某平等与典当公司、恒业公司股东资格确认纠纷案。① 二审法院认为,针对若干股东以另一名股东存在瑕疵出资为由诉请确认该股东无股东资格的问题,公司法及其司法解释规定的股东资格确认之诉是股东对其是否具有股东资格所提起的积极的确认之诉,而本案刘某俊、曹某平、李某、尹某、贾某仪的诉请不是请求确认其对典当公司具有股东资格,而是请求确认恒业公司不具有典当公司的股东资格,属于消极的确认之诉,故刘某俊、曹某平、李某、尹某、贾某仪的起诉缺乏法律依据。分析刘某俊、曹某平、李某、尹某、贾某仪的诉讼请求,其主张与恒业公司之间并无直接的利害关系,即刘某俊、曹某平、李某、尹某、贾某仪与本案没有直接的利害关系。因此,刘某俊、曹某平、李某、尹某、贾某仪的起诉不符合法律规定的起诉条件。

2. 公司未作出失权决议直接起诉的情形

根据《公司法》第52条的规定,有限责任公司股东未按章程约定履行出资义务时,经公司催告在宽限期限内仍未履行义务,公司董事会可决议解除其未缴资本对应股权。由此可见,公司发出失权通知必须经过董事会决议,未经决议径行起诉明显不符合法律规定,针对这种情形,法院一般不会受理或者驳回起诉。

裁判观点:在公司未形成解除股东资格决议的情况下,股东资格的确认与否属于公司自治的范畴,故公司提起消极的确认之诉,不属于法院的受案范围。

【**典型案例**】青晨置业公司与青岛银都公司股东资格确认纠纷案。② 一审法院认为,对于出资瑕疵的股东,公司有权向该股东提出全面履行出资义务的主张,或可提起诉讼。根据《公司法解释(三)》第17条确立的股东资格解除制度,公司可以通过股东会决议解除未履行出资

---

① 参见江苏省扬州市中级人民法院民事裁定书,(2017)苏10民终3408号。
② 参见上海市青浦区人民法院民事裁定书,(2017)沪0118民初13543号;上海市第二中级人民法院民事裁定书,(2018)沪02民终4757号。

义务股东的股东资格。股东对上述股东会决议存有争议的,可诉至法院请求确认股东会决议的效力。换言之,股东出资不实并不必然导致股东资格的丧失,而股东资格丧失与否取决于公司是否决议解除其股东资格,应属公司自治权范围。法院无权以此为由解除股东的股东资格。同理,对于公司已形成的相关股东会决议,法院亦无权根据公司的主张以民事诉讼方式做公司法确认。综上,青晨置业公司提起的青岛银都公司和鼎辉湖畔公司不具备公司股东资格的确认之诉,不属于法院受理的民事诉讼的范围。二审判决对一审法院的观点予以维持。

3. 董事会作出解除股东资格决议后起诉的情形

在这一情形下,应当考虑:(1)被告股东的实际出资事实;(2)公司是否履行了通知的前置程序;(3)董事会决议是否合法有效。

司法实践中相关裁判观点及典型案例如下。

裁判观点一:公司可以以股东会决议解除某股东的股东资格,但是必须符合以下条件:(1)股东未履行出资义务或者抽逃全部出资;(2)公司履行了催告的前置程序,并给予股东弥补的合理期限;(3)公司以股东会决议的形式作出除名决议。

【**典型案例一**】盈之美公司与泛金公司、汇源佳公司公司决议效力确认纠纷案。① 二审法院认为,根据《公司法解释(三)》第17条之规定,公司可以以股东会决议解除某股东的股东资格,但是必须符合以下条件:(1)股东未履行出资义务或者抽逃全部出资;(2)公司履行了催告的前置程序,并给予股东弥补的合理期限;(3)公司以股东会决议的形式作出除名决议。

【**典型案例二**】余某英与坂田肉联厂公司决议效力纠纷案。② 二审法院认为,坂田肉联厂提供的证据无法充分证实余某英存在抽逃全部出资,且坂田肉联厂未在股东会召开前履行法定的催缴程序违反了《公司法解释(三)》第17条的规定,故认定坂田肉联厂股东会股东除名决议无效。

【**典型案例三**】代某蓉、曹某琼等与石柱土家族自治县财政局、石柱土家族自治县农业特色产业发展中心股东出资纠纷案。③ 二审法院认为,公司在对未履行出资义务或者抽逃全部出资的股东除名前,应当催告该股东在合理期间内缴纳或者返还出资,公司解除该股东资格,应当依法召开股东会,作出股东会决议。未有证据证明富民公司催告石柱县辣椒办在合理期间内缴纳出资以及召开股东会决议解除石柱县辣椒办的股东资格。因此,石柱县辣椒办股东资格并未丧失。

裁判观点二:在公司已经形成解除股东资格决议的情况下,公司提起消极的股东资格确认之诉,法院应审查股东实际出资情况并作出判决;即使当事人未提起确认决议效力的请求,法院也可以依职权主动进行审查。

【**典型案例**】云南亿润公司与上海亿润公司股东资格确认纠纷案。④ 二审法院认为,对股东

---

① 参见北京市第三中级人民法院民事判决书,(2018)京03民终468号。
② 参见张应杰主编:《公司股东纠纷类案裁判思维》,人民法院出版社2023年版,第93~95页。
③ 参见重庆市第四中级人民法院民事判决书,(2016)渝04民终393号。
④ 参见上海市第二中级人民法院民事判决书,(2016)沪02民终2714号。

出资问题进行审查后认定股东已经完成出资义务,并认为,云南亿润公司在2012年6月2日形成的股东会决议解除上海亿润公司的股东权益,系该公司其他股东滥用股东权利,损害了上海亿润公司的合法权益,该决议应为无效。上海亿润公司虽未提出确认该股东会决议无效的请求,但对于民事行为是否有效,法院可依职权主动审查而无须当事人请求,故原审法院对此作出认定并无不当。

实务中还存在公司在确认之诉中一并提出变更登记诉求的情况。由于公司作出解除股东资格的决议后该股东原认缴的出资额应按法律规定办理减资手续或由继任者缴纳相应出资,然而,形成继任者决议并变更登记属于公司内部的自治范围,应由公司自行决定和处理,故对该项变更登记的请求,法院不予支持。①

(四)股东资格解除/失权的其他相关问题

关于被除名/失权股东作为董事及其委派的董事是否享有董事会除名失效决议的表决权的问题。对此,《公司法》没有明确的规定。但是,股东未履行出资义务构成根本违约,该股东对于是否失权并无选择权。如果允许被除名股东及其委派的董事享有除名决议的表决权,尤其当该股东及其委派的董事在董事会占多数时,必然会损害公司及其他股东的利益,而排除该失权股东和其委派的董事的表决权,方符合董事表决权排除规则的设计功能。因此,对于股东未履行出资义务而被公司董事会失权的决议,应当可以适用表决权排除。被失权股东及其委派的董事对该董事会决议不享有表决权,且应遵守表决权回避制度,其所代表的表决权数也不应计入总表决权数的范围内。

裁判观点:公司对严重违反出资义务的股东作出除名决议时,可排除该股东的表决权。

【**典型案例一**】万禹公司、宋某祥与豪旭公司公司决议效力确认纠纷案。② 二审法院认为,《公司法解释(三)》第17条中规定的股东除名权是公司为消除不履行义务的股东对公司和其他股东所产生不利影响而享有的一种法定权能,是不以征求被除名股东的意思为前提和基础的。在特定情形下,股东除名决议作出时,会涉及被除名股东可能操纵表决权的情形。故当某一股东与股东会讨论的决议事项有特别利害关系时,该股东不得就其持有的股权行使表决权。

【**典型案例二**】黄某诉工程咨询公司公司决议撤销纠纷案。③ 二审法院认为,工程咨询公司章程关于股东资格自动丧失的约定属于公司自治的体现,未违反法律、行政法规的强制性规定,应属有效。关于股东资格的丧失应经股东会作出除名决议并将该决议送达给被除名的股东时才发生法律效力,即黄某的股东资格自公司除名决议送达之时丧失。拟被除名股东要遵守表决权回避制度,而且其所拥有的表决权数也不应计入计算特定多数的总表决权之内。

此处还需要注意的是,如果公司只有一名执行董事,且该执行董事系拟失权股东或其委派,这一情形下该如何处理,法律并无规定,具体处理方式有待观察。

---

① 参见上海二中院:《2016—2020年股东资格确认类案件审判白皮书》,载微信公众号"至正研究"2021年12月24日,https://mp.weixin.qq.com/S/FIFnHJ2lqpUDtSER7lvWWw。
② 参见上海市第二中级人民法院民事判决书,(2014)沪二中民四(商)终字第1261号。
③ 参见上海市第一中级人民法院民事判决书,(2013)沪一中民四(商)终字第926号。

十二、股东出资认定的其他相关问题

(一)违法所得出资是否影响股东资格认定

依据《最高人民法院关于刑事裁判涉财产部分执行的若干规定》第10条、《公司法解释(三)》第7条之规定,关于货币出资,从货币的属性看,货币是具有高度替代性的种类物,其所有权的权属确定及变动规则具有鲜明的特性,一般认为其所有权与占有权合一,货币的占有人即推定为货币的所有人。货币经出资投入公司后,出资即转化为公司的独立财产,公司作为善意相对人对该笔出资便享有了所有权,并有权对其行使相应的处分权。因此,不论出资人的出资来源如何,即便该出资系通过贪污、侵占等违法犯罪手段所获取的非法所得,也不宜认定构成民法上的无权处分。故该出资行为应当认定为有效,出资人应就该笔出资取得相对应的股权,并享有股东资格。[1]

关于非货币财产出资,实务中有观点认为,基于公司资本充实原则和民法的善意取得制度,出资人的出资亦同样转化为公司财产,不管该出资的来源是否合法,同样不宜影响出资行为的有效性,对出资人据此取得的股东资格亦不构成影响。[2]

综上可以得出:以违法所得出资不影响股东资格认定。

【典型案例一】 李某柱、新世医疗公司、马某其、姜某松股权转让纠纷案。[3] 最高人民法院认为,关于以违法犯罪所得的资金出资是否导致出资无效的问题,由于货币是种类物,货币占有人推定为货币所有人,因此货币出资投入公司后,公司作为善意相对人即对该笔货币出资享有所有权,出资相应转化为公司的独立财产。故出资资金来源非法并不影响出资行为的有效性,亦不影响出资人据此取得的初始股东资格。

【典型案例二】 钱江置业公司、吴某志与王某东、王某股东资格确认纠纷案。[4] 二审法院认为,本案现有证据足以证明王某代持王某东股权、王某东实际享有钱江置业公司20%股权的事实。而王某所涉经济犯罪,根据营口市公安局起诉意见书,涉嫌的是诈骗、职务侵占、挪用资金等,与本案纠纷所涉其代持王某东股权无关。而且,《公司法解释(三)》第7条第2款明确规定:以贪污、受贿、侵占、挪用等违法犯罪所得的货币出资后取得股权的,对违法犯罪行为予以追究、处罚时,应当采取拍卖或者变卖的方式处置其股权。可见,出资人即使以贪污、受贿、侵占、挪用等违法犯罪手段取得货币出资,该出资行为亦有效。

(二)瑕疵出资是否影响股东资格认定

1. 瑕疵出资不影响股东资格的认定

根据《最高人民法院关于胡克诉王卫平、李立、李欣股东权纠纷一案的答复》([2003]民二他字第4号)的规定,瑕疵出资股东被记载于股东名册、公司章程或经工商登记,应当认定其

---

[1] 参见最高人民法院民事审判第二庭编著:《最高人民法院关于公司法解释(三)、清算纪要理解与适用》,人民法院出版社2014年版,第117页。
[2] 参见张应杰主编:《公司股东纠纷类案裁判思维》,人民法院出版社2023年版,第117页。
[3] 参见最高人民法院民事裁定书,(2014)民申字第1705号。
[4] 参见辽宁省高级人民法院民事判决书,(2015)辽民二终字第00414号。

具有股东资格,享有股东权利。据此规定,瑕疵出资不影响股东资格的认定。

【典型案例】恒茂绿色产业公司与吴某德股东资格确认纠纷案。[1]二审法院认为,按照《公司法》的规定,股东有向公司缴纳出资的义务,但是《公司法》并未规定缴纳出资是认定公司股东的唯一依据。股东的瑕疵出资并不必然否定公司的股东资格,只会导致股东相关责任的产生。喻某伟是否抽逃出资不在本案的审查范围内,也不影响对其股东资格的认定。

2. 瑕疵出资可能影响股东权利的行使

依据《公司法》第 210 条第 4 款、第 227 条,瑕疵出资股东的权利行使应受到一定的限制,如仅在其实际出资的金额范围内行使有限的优先权和利益分红权等。

(三)干股股东的资格认定问题

1. 干股股东的定义

我国《公司法》不存在干股股东的概念,《最高人民法院、最高人民检察院关于办理受贿刑事案件适用法律若干问题的意见》规定,干股是指未出资而获得的股份,可分为以下情形:一是无偿赠送所得的股权;二是以信用、商誉、姓名、劳务等不符合《公司法》规定出资形式的要素出资所获得的股权。由此我们可以进一步得出,干股股东,是指未实际出资,但具备股东的形式特征并实际享有股东权利的股东。现实中,公司出于自身发展的需要,期望吸纳和激励有管理经验、能带来经营项目、对公司有特殊贡献的高级人才或掌握特殊技能的特殊人才加入公司,会选择向其配发干股。干股股东之所以能够成为公司股东,通常是以其特殊的知名度、特殊的身份地位、劳务、商誉等要素对公司进行投入。[2]而这些投入突破了《公司法》第 48 条规定的股东出资方式的限制,干股取得的方式一般为:一是受赠所得;二是其他股东代为缴纳了出资。

2. 干股股东资格的认定

实务中倾向于认为干股股东虽然未实际出资,但不影响其股东资格的认定。理由如下:首先,干股股东虽未实际出资,但其干股对应的出资已由他人代为向公司缴纳或者代为交付财产,法律并未要求股东须为直接向公司支付货币或交付财产的人。其次,干股股东为取得公司股权支付了相应对价,虽然干股股东可能以其知名度、姓名权、商誉、劳务等为公司提供商业机会或服务以取得干股,其取得股权的方式存在特殊性,但该股权不会稀释其他股东的权益,也不会损害债权人利益。最后,干股股东在形式上也具备所有股东的特征,在公司章程、股东名册和工商登记文件中均有显名公示和记载。如果否认其股东资格,将有碍于工商登记权利外观的公示效力及对第三人信赖利益的保护。因此,对于干股股东的股东身份应予确认。[3]

裁判观点:干股股东未出资并不等于实际未出资,应认定其具有股东资格。

【典型案例】沈某祥与郝某夫、寿某锋股东资格确认纠纷案。[4]法院认为,为了公司经营顺

---

[1] 参见贵州省高级人民法院民事判决书,(2017)黔民终 67 号。
[2] 参见李泫永:《出资形式多元化趋势下的劳务出资》,载《人民论坛》2011 年第 26 期。
[3] 参见胡田野:《公司法律裁判》,法律出版社 2012 年版,第 320 页。
[4] 参见浙江省杭州市萧山区人民法院民事判决书,(2016)浙 0109 民初 10475 号。

利或获取相关利益,有投资者也会将该部分股份赠送给对公司有重要影响的人员,形成所谓的"干股"股东,即具备股东的形式特征并实际享有股东权利,但自身并未实际出资的股东。本案中,法院认定国庆公司实质上为寿某庆一人的公司,郝某夫为国庆公司设立时的"干股"股东,未实际出资也不参与经营,但享受公司的红利。"干股"股东不同于挂名股东。"干股"股东自身未出资并不等于实际没有出资,只不过其出资是由公司或者他人代为交付。对公司而言,股东用于出资的财产来源于何处,是自有或是借贷,并不产生特别法律问题,只要财产本身没有实物及权利上之瑕疵,其出资即能达到法律要求与目的。如果"干股"股东的股份是基于违法犯罪行为取得,也并不妨碍从民事法律关系上认定其股东资格,对"干股"股东的刑事制裁,通过拍卖转让其股权,收缴其违法所得即可。因此,法院对郝某夫在国庆公司设立时的股东资格予以认定。

3. 干股股东能否对外免除出资责任

一般认为,干股股东除了不承担实际出资义务外,还享有股东的一切权利并承担股东义务。干股在公司股权中占有相应份额,构成一定比例的公司注册资本,除非当事人有特别约定,干股应当与其他股份同股同权,而非仅是红利股。并且,基于工商登记权利外观,干股股东如仅享受公司红利分配,不承担股东义务,将严重损害第三人的信赖利益。如果干股股东名下股权对应的出资未按章程规定缴纳,干股股东不能以受赠为由免除出资责任,其仍应负担补足出资的义务。

4. 职工持股会股东资格认定

公司向员工赠与干股,已经逐渐成为现代公司治理制度中的一项常见的股权激励措施。实践中,受限于有限责任公司股东人数,公司通常通过职工持股会、工会委员会或员工持股平台实现员工持股。其中在职工持股会、工会委员会持股模式下,将前述委员会登记为公司股东,员工为委员会成员,员工按照其在委员会中的份额间接获取公司的股东红利,如华为公司即采用了工会委员会持股模式。员工持股平台则是公司实施股权激励过程当中比较常用的一种操作模式,即以被激励员工为成员搭建有限合伙企业或者特殊目的公司,之后以该有限合伙企业或特殊目的公司去持有目标公司的股权,从而实现被激励对象间接持有目标公司股权的目的。无论上述哪种方式,均可以间接方式实现员工持股的目的。在涉及职工持股会、员工持股平台等的股东资格争议问题上,具备股东资格的应为登记为目标公司股东的职工持股会、工会委员会、有限合伙企业或者特殊目的公司,员工个人因未以其个人名义登记成为股东而不应认定具有股东资格。员工间接持股协议中通常会对员工实际享有的权利进行限制性约定,如员工转让其份额只能在公司内部转让,员工离职则由职工持股会回购其份额等。此种限制有利于维护公司其他股东的利益和公司的运行平稳,具有合理性。

【典型案例】叶某远与通成达公司股东资格确认纠纷案。[1] 二审法院认为,根据已生效判决及其他现有证据,能够认定叶某远系向通成达公司持股会出资,故叶某远是通成达公司持股会

---

[1] 参见北京市第二中级人民法院民事判决书,(2011)二中民终字第19721号。

的会员,其与通成达公司持股会之间的权利义务应依照通成达公司持股会章程确定。现叶某远要求确认其具有通成达公司股东资格,但叶某远未能举证证明其与通成达公司具有直接出资关系;且通成达公司在工商行政管理机关登记的股东为北京市第二水利工程处和通成达公司工会,叶某远未被记载于通成达公司章程中,通成达公司和通成达公司唯一的其他股东北京市第二水利工程处亦不同意叶某远的主张。因此,叶某远的上诉理由缺乏依据,不能成立。对叶某远的上诉请求,法院不予支持。综上,一审法院判决认定事实清楚,适用法律正确,处理并无不当,法院应予维持。

在这里需要特别注意的一种情形是,当出现职工持股会解散,若持股职工要求登记为公司股东时,就会出现两个问题:一是持股职工是否有权要求登记为公司股东;二是如果有权要求登记为公司股东,是否应当按照《公司法解释(三)》第24条规定的股权代持情形下隐名股东显名程序进行。关于这个问题,实务中认为,职工持股会解散的,持股职工有权要求登记为股东,且这种情形与《公司法解释(三)》第24条规定的股权代持情况不同。因公司对持股会的产生、组成是明知且同意的,代表公司认可持股职工身份,故不存在人合性障碍,无须经过其他股东过半数同意。

【典型案例】 张某柱与长江公司股东资格确认纠纷案。[①]二审法院认为,企业内部职工持股会是我国企业产权制度改革过程中出现的特殊产物。本案中,长江公司职工持股会于2004年6月经南京市总工会批准而设立,是企业内部职工持股会。长江公司成立时有77名持股职工,登记时将5名职工登记为股东,其余72名职工成立职工持股会,以职工持股会作为名义股东予以工商登记。长江公司职工持股会没有独立的财产,不具备独立的民事主体资格。本案不同于《公司法解释(三)》第24条第3款规定的登记股东与实际出资人不一致的情形。上述司法解释规定主要考虑到有限责任公司具有人合性,如果公司原有股东不同意其他民事主体成为公司股东,即使该民事主体向公司实际出资,也不应赋予该民事主体股东身份。而本案系改制设立的企业,由77名改制职工组建,除了职工现金出资外还包括原企业对该77名改制职工的激励资产,没有该改制职工,长江公司是无法设立的,故长江公司股东不存在人合性障碍,上述司法解释规定在本案中不应予以适用。长江公司对职工持股会的产生、组成是明知且同意的,长江公司出具给周某明等部分职工的预收认股款收据,也能证实持股职工系向长江公司出资,长江公司对此予以接受,代表长江公司认可持股职工身份。随着我国公司登记制度的完善,职工持股会因不具备民事主体资格,无法再登记为公司股东。现长江公司职工持股会会员(即持股职工)作出决议解散职工持股会,要求持股职工登记为公司股东,未违反法律规定以及长江公司章程规定,法院予以支持。

(四)股权出资与债权债务的区分

实务中,出资事实的确认及对出资性质的甄别将严重影响股东资格的认定。那么实务中如何确定出资性质,即出资属性究竟是股权投资还是债权债务。对于有借款合同等直接证据

---

① 参见江苏省高级人民法院民事判决书,(2016)苏民再314号。

能够证实出资人与使用人之间为借款合同关系的,则可以排除对出资人股东资格的认定;反之亦然。而对于无直接有力的证据对双方之间经济往来的性质作出认定的,则应根据优势证据规则,结合其他间接证据以及当事人的具体行为等探寻双方的真实意思表示。[①] 实务中主要从以下证据所记载的内容及投资人投资后的具体行为来进行判断:一是付款凭证备注事项和收款收据记载内容,如果付款凭证备注和收款收据明确记载该资金性质为股金、股本、投资款等,则可确认公司将该类款项作为股权性出资而予以接受的事实。二是关注出资人投资后有无参与公司经营、有无实际行使股东权利、承担股东义务。如果出资人存在以上行为,则可以认定双方存在股权投资的合意,从而确定其股东资格。

第三节 股东资格确认纠纷诉讼程序指引

一、股东资格确认纠纷的主管与管辖问题

(一)股东资格确认纠纷的主管

股东资格确认纠纷可以向法院起诉,如果存在有效的仲裁协议,也可以仲裁。

但需要特别注意的是,自然人起诉请求确认其享有股份合作公司股东资格的审查处理。股份合作公司,一般有农村和城市两种不同形式的集体经济组织形态。目前深圳市的股份合作公司大多由原农村集体经济组织改制成立,当事人请求确认其为股份合作公司股东,涉及原农村集体经济组织成员资格认定和股东待遇问题,该事项属于股份合作公司的自治范围,股份合作公司应在地方政策指引下依据公司章程规定的程序对其股东身份自行作出决定,此类纠纷不属于人民法院民事诉讼的受理范围。

裁判观点:涉及股份合作公司的股东资格确认之诉,不属于人民法院民事诉讼受理范围,法院应驳回起诉。

【典型案例】张某义股东资格确认纠纷案。[②] 二审法院认为,本案审查的主要问题是张某义的起诉是否属于法院受理民事诉讼的范围。张某义起诉请求确认其具有沙井和一公司股东资格,享有沙井和一公司 0.08% 股权及分红、分配福利的权利,并判令沙井和一公司向张某义颁发股权证、支付股权分红、福利和回迁房屋等。本案涉及农村集体经济组织改制后成立的股份合作公司的股东资格确认和股东待遇问题,涉及原农村集体经济组织成员资格认定等问题,应该由合作经济组织在相关政策指导下按照公司章程规定程序自治完成,不属于法院受理民事诉讼的范围。一审裁定对张某义的起诉不予受理、二审裁定予以维持,处理并无不当。

(二)股东资格确认纠纷的管辖

1.地域管辖

股东资格确认纠纷的地域管辖适用特殊地域管辖,即根据《民事诉讼法》第 27 条、《民事诉讼法司法解释》第 3 条的规定,该类纠纷由公司住所地法院管辖。

---

① 参见杨心忠等:《公司纠纷裁判精要与规则适用》,北京大学出版社 2014 年版,第 21 页。
② 参见广东省高级人民法院民事裁定书,(2021)粤民申 2250 号。

2. 级别管辖

股东资格确认之诉，实质是对特定股权归属的确认之诉。股权是综合性权利，既包括财产权利，又包括非财产权利。因此股东资格确认之诉亦涉及诉讼标的额，应当根据诉讼标的额确定级别管辖。有关诉讼标的额，应按诉争股权的价值确定。至于股权价值，可参考争议股权对应的公司注册资本额计算，也可按当事人提供的能反映股权价值的审计报告确定金额。另外，按照目前诉讼费收费办法，财产性案件应按诉讼标的额的金额大小缴纳诉讼费。故股东资格确认之诉宜按财产性案件收费，即应按照股权价值计算案件受理费。

【典型案例】建都公司与周某股东资格确认纠纷案。① 最高人民法院认为，本案系周某起诉建都公司主张确认股权并办理相关登记手续，依据当事人主张的民事法律关系的性质，本案系股东资格确认纠纷。同时，股东资格的确认是对股权归属的确认，而股权属于综合性权利，既包含财产性权利，又包含非财产性权利，股东资格确认纠纷亦涉及诉讼标的额。

（三）股东资格确认纠纷的时效

实务中一般观点认为，依据《最高人民法院关于审理民事案件适用诉讼时效制度若干问题的规定》（以下简称《诉讼时效规定》）第1条的规定，诉讼时效的适用客体限于债权请求权。而股东资格确认之诉，系当事人请求确认其是否具有股东资格的诉讼，并不包含其他请求给付或变更法律关系的诉求，其诉请对应的实体法上的权利为形成权，并非债权请求权。因此，股东资格确认纠纷，不适用诉讼时效的规定。在股东资格确认之诉中，被告提出诉讼时效抗辩的，该主张不符合法律规定。现行有效的《山东省高级人民法院关于审理公司纠纷案件若干问题的意见（试行）》（鲁高法发〔2007〕3号）第43条"当事人请求人民法院确认股东资格的，不受《民法通则》第一百三十五条诉讼时效的限制"及上海市第一中级人民法院发布的《股东资格确认纠纷案件的审理思路和裁判要点》第三部分第1项审查程序性事项记载"股东资格确认纠纷不适用诉讼时效"，均采此种观点。

【典型案例一】朱某刚等与广顺公司股东资格确认纠纷案。② 再审法院认为，关于广顺公司的诉讼请求是否超过诉讼时效问题。根据《诉讼时效规定》第1条的规定，作为诉讼时效的客体，债权请求权是指请求民事权利的相对方为或者不为一定行为的权利。而本案中，广顺公司系请求法院依法确认其享有股东权利，将原本登记在他人名下的股权变更至其名下，系以权利人的身份依其意思导致其与相对人之间的法律关系发生变更的权利，该请求权不属于债权请求权，故广顺公司的该项请求不应适用诉讼时效的规定。

【典型案例二】周某强、达龙公司股东资格确认纠纷案。③ 法院认为，关于股东资格确认之诉是否适用诉讼时效的问题。在股东资格确认之诉中，当事人提出的诉请非为请求他人为一定行为或不作为的权利，其诉请所对应的实体法上的权利非为请求权，而是形成权。因而，股东资格确认之诉请实质上非为诉讼时效客体的请求权，不受诉讼时效的约束，即股东资格确认

---

① 参见最高人民法院民事裁定书，(2017)最高法民辖终64号。
② 参见北京市高级人民法院民事裁定书，(2021)京民申6787号。
③ 参见广东省东莞市中级人民法院民事判决书，(2014)东中法民四初字第21号。

之诉不适用诉讼时效。该判决得到了广东省高级人民法院作出的(2016)粤民终1897号二审民事判决书的维持。

【典型案例三】田某露与天水大地任公司股东资格确认纠纷案。① 二审法院认为,依据《诉讼时效规定》的精神,田某露在本案的诉讼请求为确认股东资格,其所对应的实体法上的权利是形成权。因此,不适用诉讼时效的规定。故原审判决适用《诉讼时效规定》,认定田某露的起诉超过法定诉讼时效期间错误。

但在司法实务案例中,也有观点认为确认股东资格纠纷适用诉讼时效。现行有效的《北京市高级人民法院关于审理公司纠纷案件若干问题的指导意见(试行)》(京高法发〔2004〕50号)第17条"有限责任公司股东要求确认其股东资格,诉讼时效期间的计算适用《民法通则》第一百三十七条之规定",亦采用此种观点。

【典型案例一】金鼎公司、正达房地产公司等股东资格确认纠纷案。② 最高人民法院认为,2015年8月,被申请人通过案外人吴某萍的邮箱发送联系函,要求叶某滨和金鼎公司依照股东会会议纪要办理案涉股权变更登记,再审申请人有关超出诉讼时效的申请再审理由不能成立。

【典型案例二】孙某科、长兴市政公司股东资格确认纠纷案。③ 最高人民法院认为,关于被申请人提起本案诉讼是否超过诉讼时效期间的问题,南通市中级人民法院于2013年10月23日作出的刑事判决书中认定天星公司属于国有性质,故开发区管理公司、能达公司于2015年4月提起本案诉讼,请求确认其为天星公司的股东,并未超过诉讼时效期间。

【典型案例三】周某华、花园春公司股东资格确认纠纷案。④ 再审法院认为,本案中周某华对其1993年在花园春公司的出资问题未能及时主张自己的权利,至2020年7月7日诉至法院,已超过法律规定的诉讼时效期间,原审法院驳回周某华的诉讼请求并无不当。

鉴于实务中股东资格确认纠纷是否适用诉讼时效存在相反观点,且分别被不同地方法院的指导性文件所采用,所以从防控诉讼风险的角度出发,笔者建议股东应当在知道或者应当知道股东资格被侵犯之日起3年内提起诉讼,以避免产生诉讼时效风险。

二、股东资格确认纠纷的诉讼主体问题

(一)原告主体

1.常见主体

我国《公司法》及相关法律规定,自然人、内资企业、事业单位、社会团体、境外企业或者外籍自然人,均可能成为公司的股东,故前述主体均可以成为股东资格确认纠纷中的原告主体。

---

① 参见甘肃省高级人民法院民事判决书,(2012)甘民二终字第150号。
② 参见最高人民法院民事裁定书,(2021)最高法民申1074号。
③ 参见最高人民法院民事裁定书,(2021)最高法民申1449号。
④ 参见河南省高级人民法院民事裁定书,(2021)豫民申3059号。

法律法规对股东资格有特别规定的,即现行法律法规和相关政策对作为投资主体的股东资格作了必要限制,如公务员、检察官、法官违反禁令对外投资从事营利性活动[1]等,被限制的主体不能主张确认其股东资格,即被限制的主体不能作为股东资格确认纠纷的原告主体。还有依据法律、行政法规的特殊要求,有限责任公司发生股东变更、股权变动等需报请行政审批的,股权受让人应自批准之日起享有股东资格,未获批准前转让人仍系该公司股东。如金融机构、证券机构等法人的股东资格应经过金融或证券监管部门核准,属国务院负面清单特别准入管理的外商投资企业的股东须经外商投资企业行政主管部门审核同意,国有企业员工持股应符合国资委、财政部等发布的特殊规定的要求,会计师事务所、审计事务所、律师事务所不得对外从事其他行业的经营活动并成为其他行业股东。

【典型案例】 天迪公司与信托公司、天王公司股东资格确认纠纷案。[2] 二审法院认为,根据《公司法》(2004 年)第 72 条第 4 款[3]的规定,本案中,信托公司的公司章程第 25 条规定,"公司转让股权、调整股权结构应当事先报请中国银行业监督管理委员会批准",第 26 条也规定"公司股东应当符合中国银行业监督管理委员会规定的向信托投资公司投资入股的条件"。同时,信托公司作为非银行业的金融机构,其经营管理应遵守信托法的规定。《信托法》第 4 条规定:"受托人采取信托机构形式从事信托活动,其组织和管理由国务院制定具体办法。"而原银监会受托制定的《信托公司管理办法》第 12 条明确规定:"信托公司有下列情形之一的,应当经中国银行业监督管理委员会批准:……(七)变更股东或者调整股权结构……;(八)修改公司章程……"故按照信托法的规定,本案信托公司变更股东必须经原银监会的批准。2008 年 10 月 10 日原银监会陕西监管局批准之日即应为天迪公司取得信托公司股东资格之日。虽然 2008 年 2 月 29 日,天迪公司通过股权转让的方式受让了天王公司所持有的信托公司 3.07% 的股权,并于同年 3 月 3 日付清了股权转让款,但是法律、行政法律规定其股东资格的取得应当经过主管机关批准,当事人不得以其意思自治而超越法律、行政法规的强制性规定。故按照信托法的规定,在未经主管机关批准之前,天迪公司不能依据股权转让合同而当然取得信托公司的股东资格。

2. 合伙组织

我国《公司法》未对合伙组织能否成为公司股东作出规定。根据"法无禁止即自由"的私法自治理念和公司法学原理,合伙组织应当具有成为公司股东的资格。但在这一情形下,该权利为合伙组织成员的共同权利,其法律性质应为财产共有,相应的义务也应由合伙组织成员共同承担。

3. 未成年人

未成年人可作为公司发起人参与设立公司。司法实务界多采纳肯定观点,并认为代理制

---

[1] 参见《公务员法》第 59 条。
[2] 参见陕西省高级人民法院民事判决书,(2010)陕民二终字第 09 号。
[3] 参见新《公司法》第 84 条第 3 款。

度可以弥补未成年人在行为能力上的不足。① 同时,原国家工商行政管理总局于2007年对原广东省工商行政管理局作出的《关于未成年人能否成为公司股东问题的答复》就此问题予以明确。该批复文件记载,"经请示全国人大常委会法制工作委员会同意,现答复如下:《公司法》对未成年人能否成为公司股东没有作出限制性规定。因此,未成年人可以成为公司股东,其股东权利可以由法定代理人代为行使。"这就明确了未成年人能成为公司股东的问题。虽然如此,但考虑到公司设立过程中,发起人仍应代表设立中的公司的意志并执行公司事务,该公司意志是全体发起人的意志体现,而基于该集体意志从事的交易行为存在投资风险,为了保护未成年人的利益免受侵害,经济社会不应当鼓励未成年人通过设立公司的形式取得公司的股东资格。②

未成年人可继承取得股东资格。根据《民法典》继承编规定,未成年人可以作为继承人继承遗产。同时根据原国家工商行政管理总局的前述答复内容,未成年人可以继承股东资格,法定代理人有权代表其参与公司的重大经营决策并选任管理人员,以此有效维护未成年人合法的股东权益。

4. 关于股东能否起诉请求否定其他股东的股东资格的问题

根据《公司法解释(三)》第21条的规定,当事人请求确认其股东资格的,应当以公司为被告。这一规定事实上明确了股东资格确认纠纷案的被告应当是公司,而不应该是其他人,包括公司的其他股东。如果公司股东起诉其他股东,要求确认被诉股东不具有股东资格的,该起诉不符合前述司法解释的规定,对于这一起诉,法院一般会不予受理或者驳回起诉。

【典型案例】南塔村委会与市场开发服务中心股东资格确认纠纷案。③ 最高人民法院认为,在南塔村委会两项诉请中,确认市场开发服务中心虚假出资是其诉请市场开发服务中心不享有南塔鞋城公司股东资格的事实基础,并不构成具体的诉讼请求。南塔村委会与市场开发服务中心均是南塔鞋城公司登记的股东,南塔村委会起诉请求确认的是市场开发服务中心不享有南塔鞋城公司的股东资格,而不是请求确认其与南塔鞋城公司之间是否存在股东资格关系。因此,南塔村委会起诉并未主张其与市场开发服务中心之间存在直接的利益关系。据此,南塔村委会与本案并无直接利害关系。一审裁定认定南塔村委会的起诉不符合法律规定的起诉条件正确,二审维持一审法院驳回起诉的裁判结果正确,故裁定驳回南塔村委会的再审申请。

5. 关于公司能否作为原告提起股东资格确认之诉

基于对《公司法解释(三)》第21条规定的理解存在争议。有法院认为,根据前述规定在股东资格确认纠纷中,一方当事人应是认为自己具有公司股东资格的自然人、法人和其他组织,对方当事人应系公司。如果公司作为原告并以他人为被告提起诉讼,请求法院确认他人为公司股东,其原被告的诉讼地位和诉讼请求与上述司法解释制定原意不符。因此,公司提起的股东资格确认纠纷,不符合法律规定的条件,法院应当裁定驳回公司的起诉。也有法院认为,

---

① 参见杨心忠等:《公司纠纷裁判精要与规则适用》,北京大学出版社2014年版,第12页。
② 参见沈贵明:《未成年人取得股东资格路径的正当性分析》,载《法学》2010年第7期。
③ 参见最高人民法院民事裁定书,(2015)民申字第1092号。

公司可以提起股东资格确认之诉。理由为：一是《民事案件案由规定》未明确禁止公司作为股东资格确认之诉的原告主体资格。根据《最高人民法院新民事案件案由规定理解与适用》对股东资格确认纠纷所作的释义，股东资格确认纠纷是股东与股东之间或者股东与公司之间就股东资格是否存在，或者具体的股权持有数额等发生争议而引起的纠纷。① 二是《公司法解释（三）》第 21 条仅规定当事人向法院起诉请求确认其股东资格的，应当以公司为被告，但是并未禁止公司作为原告起诉的情形。三是公司具备诉的利益，因为当公司股权存在争议时，股权关系处于不确定状态，具有影响公司的正常经营活动、侵害公司利益的现实可能，于公司而言存在现实的不安性。

在司法实务中，对于公司能否作为原告提起股东资格确认之诉，一般会分别在积极的股东资格确认之诉和消极的股东资格确认之诉这两种情形下进行考虑。

（1）一般认为在积极的股东资格确认之诉中，公司不是适格原告。

【典型案例一】 圣华公司、任某瑰股东资格确认纠纷案。② 二审法院认为，本案争议的焦点是，圣华公司是否为本案适格原告。依据《公司法解释（三）》第 21 条之规定，圣华公司认为任某瑰没有实际出资，实际出资人系侯某华及其亲属，实际是利害关系人与公司股东之间因出资问题发生争议，因此应由利害关系人向法院提起股东确认之诉。圣华公司以公司名义向法院提起诉讼，要求确认利害关系人侯某华及其亲属与公司股东任某瑰的股东身份无法律依据。原审法院认为圣华公司以自己作为原告主张确认任某瑰不具有该公司的股东资格，裁定驳回其起诉并无不当。

【典型案例二】 祺祥公司与鲁某股东资格确认纠纷案。③ 二审法院认为，股东资格确认纠纷是指股东与股东之间或者股东与公司之间就股东资格是否存在，或者具体的股权持有数额、比例发生争议而引起的纠纷。本案系祺祥公司以股东资格确认纠纷为案由起诉，请求确认鲁某系持有该公司 49% 股权的股东。根据公司法及相关司法解释规定，公司作为原告起诉他人具有股东资格不属于股东资格确认纠纷包含的类型。且股东资格确认之诉本质上是对股权归属的确定，而公司作为独立法人仅对股东出资享有财产权，对股权归属无法律上的利害关系，故祺祥公司不是股东资格确认之诉的适格原告。

（2）在消极的股东资格确认之诉中，对于公司是否为适格原告，基于对《公司法解释（三）》第 21 条规定的理解存有争议，存在截然相反的裁判观点。

第一种观点认为，根据前述规定股东资格确认纠纷中，一方当事人应是认为自己具有公司股东资格的自然人、法人和其他组织，对方当事人应系公司。如果公司作为原告并以他人为被告提起诉讼，请求法院确认他人为公司股东，其原被告的诉讼地位和诉讼请求与上述司法解释制定原意不符。同时该观点还认为，在消极的股东资格确认之诉中，因公司对于股东的股权没

---

① 参见杨万明主编，郭锋副主编，最高人民法院研究室编著：《最高人民法院新民事案件案由规定理解与适用》，人民法院出版社 2021 年版，第 734 页。
② 参见辽宁省抚顺市中级人民法院民事裁定书，(2021)辽 04 民终 813 号。
③ 参见天津市第三中级人民法院民事裁定书，(2019)津 03 民终 1007 号。

有利害关系,公司不是适格原告。因此,公司提起的股东资格确认纠纷,不符合法律规定的条件,法院应当裁定驳回公司的起诉。

【典型案例一】 振鑫富公司与杨某股东资格确认纠纷案。① 二审法院认为,依照《民事诉讼法》(2017 年)第 119 条②之规定,本案系股东资格消极确认之诉主体资格纠纷,在消极的确认之诉中以"无利益即无诉权"为裁判原则,只有当原告的民事权利或者法律地位现实地处于不安的状态时,法律才有认可的确认利益,原告才有提起诉讼的资格。本案中王某钦、季某瑞、杨某作为振鑫富公司的股东享有资产收益权利的多少或份额系根据全体股东之间的具体约定或按照出资比例进行确定,系股东之间的权利义务关系,对于振鑫富公司而言,股东内部占股及收益分配与其无关,其民事权利或法律地位并未处于不明确状态。振鑫富公司无诉之利益,振鑫富公司无权提起股东资格确认之诉。

【典型案例二】 德州博诚公司、张某霞股东资格确认纠纷民事案。③ 二审法院认为,依据《民事诉讼法》(2017 年)第 119 条第 1 项④之规定,本案中,上诉人为独立的法人,本公司股东投资产生的股权并非其财产,公司对此不享有法律上的利害关系,上诉人的主张可依照公司章程自行处理。综上,一审驳回上诉人的起诉并无不当。

第二种观点认为,公司可以提起股东资格确认之诉。理由为:一是《民事案件案由规定》未明确禁止公司作为股东资格确认之诉的原告主体资格。根据《最高人民法院新民事案件案由规定理解与适用》对股东资格确认纠纷所作的释义,股东资格确认纠纷是股东与股东之间或者股东与公司之间就股东资格是否存在,或者具体的股权持有数额等发生争议而引起的纠纷。⑤ 二是《公司法解释(三)》第 21 条仅规定当事人向法院起诉请求确认其股东资格的,应当以公司为被告,但是并未禁止公司作为原告起诉的情形。三是公司具备诉的利益,因为当公司股权存在争议时,股权关系处于不确定状态,具有影响公司的正常经营活动、侵害公司利益的现实可能,于公司而言存在现实的不安性。

【典型案例一】 太白酒业公司与深圳班客资产公司股东资格确认纠纷案。⑥ 法院认为,关于太白酒业公司是否为本案适格原告的问题,根据《公司法解释(三)》第 21 条之规定,该规定仅适用于股东起诉请求确认其股东资格纠纷的案件,并不适用公司起诉请求消极确认股东资格纠纷的案件。故太白酒业公司是本案适格的原告。陕西省宝鸡市中级人民法院在二审(2020)陕 03 民终 485 号中认可了这一观点。

【典型案例二】 江某与祥生公司股东资格确认纠纷案。⑦ 二审法院认为,依据《民事诉讼

---

① 参见重庆市第四中级人民法院民事裁定书,(2021)渝 04 民终 1441 号。
② 参见 2023 年《民事诉讼法》第 122 条。
③ 参见山东省德州市中级人民法院民事裁定书,(2021)鲁 14 民终 1270 号。
④ 参见 2023 年《民事诉讼法》第 122 条。
⑤ 参见杨万明主编,郭锋副主编,最高人民法院研究室编著:《最高人民法院新民事案件案由规定理解与适用》,人民法院出版社 2021 年版,第 734 页。
⑥ 参见陕西省宝鸡市眉县人民法院民事判决书,(2019)陕 0326 民初 1021 号。
⑦ 参见江苏省无锡市中级人民法院民事判决书,(2019)苏 02 民终 1581 号。

法》(2017年)第119条①之规定,本案中,祥生公司向一审法院起诉请求确认江某不具有祥生公司的股东资格,祥生公司系与案件有直接利害关系的公司,案件被告、诉讼请求、事实与理由明确,且属于人民法院管辖范围,故祥生公司起诉符合《民事诉讼法》受理案件的规定。《公司法解释(三)》第21条规定系当事人起诉请求确认股东资格应以公司为被告,并非规定禁止公司作为原告起诉确认当事人不具有公司股东资格。故祥生公司作为本案原告主体资格适格。一审也未遗漏必要的当事人参加诉讼。

司法实践中更倾向于前述第二种观点——公司可以提起股东资格确认之诉。

(二)被告主体

一般情形下,股东资格确认纠纷的被告主体为公司,而非其他。但实务中,在该类纠纷中被告主体的确定还应根据不同情形区分确定。

1. 一般情形下的被告主体

在前面关于原告主体的内容中已阐述,《公司法解释(三)》第21条对确定股东资格确认之诉的当事人作了原则性规定。根据该规定,股东资格确认之诉的被告应当是公司,而非其他。

在这里需要注意的是,股权归属的确认是以公司依法登记成立并存续为前提,所以我们在提起股东资格纠纷诉讼时应当关注:(1)公司的性质和类型。首先要区分是有限责任公司(包括一个股东的有限公司)还是股份有限公司(包括上市公司);其次要甄别并排除事业单位、社团法人、社会服务机构、基金会等非营利法人、股份合作公司等特殊法人,以及合伙企业、个人独资企业等非法人组织。(2)公司的经营状态。公司是否依法设立、何时设立、是否有效存续、有无注销登记、是否实际经营等。

2. 隐名股东起诉情形下的被告主体的确定

对于隐名股东起诉请求确认其股东资格,隐名股东需要举证证明名义股东缺乏出任股东的真实意思表示、并非真正意义上的股东。而名义股东则需要提供证据予以抗辩,因而此时名义股东就成为隐名股东的诉讼利益相对立的一方当事人,符合被告诉讼地位的特征,所以在此种情形下,应当将公司和名义股东列为共同被告。

3. 股权受让人起诉确认其股东资格情形下的被告主体的确定

实务中,这一情形的一般表现形式是,股权受让人与转让人签订股权转让协议,协议双方均确认该股权转让协议内容且已履行协议义务,但由于公司不认可股权受让人的股东资格进而引发股东资格确认纠纷。

在这一情形下,显然股权受让人与股权转让人、公司之间存在利益对立,公司理应成为被告。同时,由于股权转让协议最终未能实现其签订的目标,即受让人获得公司的股权。因而实务中,针对此种情形,股权受让人亦有权将股权出让人与公司列为共同被告。

公司设立阶段发起人起诉情形下的被告主体的确定。根据现行规定,申请公司设立登记,须向工商登记部门提供申请,并载明公司股东和发起人等登记事项,有关公司章程亦应记载发

---

① 参见2023年《民事诉讼法》第122条。

起人股东姓名、名称和出资情况等信息。公司设立阶段,公司尚未经核准注册成立,发起人如果发现其发起人身份未被主要发起人记载和承认,可基于发起人协议约定以主要发起人为被告,请求法院确认其发起人身份。[1]

虚拟股东情形下隐名股东起诉时被告主体的确定。虚拟股东,是指不真实存在的股东,即隐名股东以已死亡或虚构的人的名义出资并在工商登记中将其登记为公司股东。虚拟股东的存在,大多是隐名股东出于规避法律规定设立公司或不愿显名的目的而产生。在涉及虚拟股东的股东资格确认纠纷中,隐名股东起诉请求确认其享有股东资格的,应以公司为被告。[2] 当然,如果虚拟股东有实际的权利指向人,该权利指向人也可作为共同被告参加诉讼。

(三)第三人主体

与讼争股权有利害关系的人。参加方式有:(1)原告起诉时直接列明;(2)法院依职权追加;(3)第三人主动向法院申请参加。如第三人认为争议股权应由其享有,可以作为有独立请求权的第三人提出相应诉讼请求并加入诉讼以主张权利;虽然其对案件争议股权没有独立的请求权,但案件的处理结果与其有法律上的利害关系,其可以以无独立请求权的第三人的身份参加诉讼。

三、股东资格确认纠纷中有关举证责任的相关问题

(一)举证责任分配

根据"谁主张,谁举证"的基本举证原则,原告在此类诉讼中应当举证证明下列事实之一:(1)其已依法向公司出资或认缴出资,且该出资行为不违反法律、行政法规的强制性规定;(2)其已依法受让、继承或者以其他形式继受公司股权,且不违反法律、行政法规的强制性规定。

(二)实务中股东资格确认纠纷诉讼的证据认定规则

1. 证据分类

在股东资格的取得过程中,会产生许多与股东资格相关的过程性资料,包括出资协议、付款凭据、转账流水、出资证明书、公司章程、增资协议、股权转让协议、遗嘱、股东名册、工商登记资料、股东会决议等各类文件。根据民事诉讼法法理对证据所作分类,可将股东资格确认之诉的证据分为源泉证据、效力证据和对抗证据三类。[3]

(1)源泉证据,是指用以证实股东以原始取得或继受取得方式取得股权的基础法律关系文件,如出资证明书、遗嘱、股权转让协议等。

(2)效力证据,如有限责任公司置备的股东名册等《公司法》规定的具有推定股东资格效力的证据,除有相反证据足以推翻以外,可以根据效力证据认定当事人的股东资格。

(3)对抗证据,主要是指工商登记机关的登记文件,因其公示公信效力,可以产生对抗第三

---

[1] 参见吴庆宝主编:《最高人民法院专家法官阐释民商裁判疑难问题(增订版):公司裁判指导卷》,中国法制出版社2011年版,第58页。
[2] 参见宋毅:《虚拟股东资格的司法确认》,载《人民司法》2009年第8期。
[3] 参见最高人民法院民事审判第二庭编:《公司案件审判指导》,法律出版社2014年版,第313页。

人的法律效果。

2. 证据认定

实务中，当出现前述三类证据记载内容不一致时，一般会采取区分内外部法律关系，依据优势证据规则对具体案件作出认定。

（1）针对股东与公司外部第三人之间的外部法律关系，坚持外观主义原则，尊重对抗证据的效力，以保护善意第三人对工商登记记载事项等具有公示效力的证据所产生的合理信赖，以维护交易安全。

（2）针对公司和股东之间发生的此类纠纷，应重点关注公司股东名册等具有权利推定效果的效力证据，除非有相反证据足以推翻股东名册记载事项，一般会认定股东名册的证据优先性，并对股东名册记载股东的资格作出相应认定。

（3）针对内部股东与股东之间因股权归属所引发的争议，一般会尊重源泉证据的效力，法院注重对实际出资主体、出资方式、出资金额、签署公司章程过程、享有并行使股东权利等事实作出实质审查。

裁判观点：隐名出资人具备公司股东实质要件的，即使未进行工商登记，亦应确认其股东资格。

【**典型案例一**】杨某耀等诉西茅岐煤矿公司、第三人巫某平等股东知情权纠纷案。[①] 二审法院认为，杨某耀等6人为实际出资人，是享有相应投资权益却未被记载于公司文件的投资者。本案纠纷系股东行使知情权所引发，对6名上诉人股东资格的认定，属于处理公司内部出资人权益认定纠纷。鉴于西茅岐煤矿公司工商登记的4名股东均与5200万元投资款的全体实际出资人之间具有委托持股关系，因此，对6名上诉人为行使股东知情权而作出的股东资格的认定，并不涉及公司以外的第三人的利益，亦未破坏有限责任公司的人合性特征。故杨某耀等6名隐名出资人以股东身份行使知情权，其主张应得到支持。

【**典型案例二**】环园公司、叶某股东知情权纠纷案。[②] 二审法院认为，虽然叶某在环园公司的工商登记资料中并未被登记为股东，但从叶某、朱某中及其他投资人共同签署《创始股东协议书》及其向朱某中支付投资款的事实看，环园公司、朱某中及其他投资人对叶某作为环园公司投资人及隐名股东的事实是知情的，现也无证据显示环园公司的其他投资人对叶某的身份提出了异议。我国现行法律和行政法规并未禁止隐名股东制度，叶某作为环园公司的实际投资人和隐名股东主张行使股东知情权，一审法院依法予以支持正确，法院依法予以维持。

【**典型案例三**】汪某某与奥普泰公司股东知情权纠纷案。[③] 二审法院认为，汪某某已经向奥普泰公司出资并取得了出资证明书，而且不违反法律法规强制性规定，其股东身份应当得到确认。虽然未经工商登记，但是工商登记并无创设股东资格的效力，其仅仅具有对善意第三人宣股东资格的证权功能，未经登记并不能排除汪某某的股东身份。根据《公司法》(2013年)第

---

① 参见福建省龙岩市中级人民法院民事判决书，(2015)岩民终字第12650号。
② 参见广东省广州市中级人民法院民事判决书，(2020)粤01民终14434号。
③ 参见重庆市第一中级人民法院民事判决书，(2016)渝01民终6272号。

33条第2款、第3款①的规定,也只是强调登记于股东名册的股东可以依据股东名册行使股东权利,但并未排除未登记于股东名册的股东行使其相应的股东权利。《公司法解释(三)》第34条第3款规定的相关事项,也是实际出资人要求变更工商登记事项的程序要求,不涉及股东资格确认的问题。显名股东和隐名股东是通过协议约定的形式约束其权利义务,一般情况下隐名股东只能通过显名股东行使其权利,而本案中工商登记的5名股东只是股东代表,对于其他未登记的股东,其股东身份奥普泰公司是明知的。因此,汪某某等未登记的股东与5名登记股东之间的关系不符合显名股东和隐名股东的法律特征。综上,汪某某的股东身份可以确认。

【典型案例四】冯某某诉顶上大酒店股东知情权纠纷案。②法院认为,冯某某作为顶上大酒店的隐名股东虽未登记在册,但公司及其他股东均对其股东身份予以认可。依照相关法律规定,其应享有股东知情权。

---

① 参见新《公司法》第57条第2款、第3款。
② 参见江苏省高级人民法院民事判决书,(2008)宁民五初字第70号。

◆ 第二章　股东名册记载纠纷

第一节　股东名册记载概述

一、股东名册的定义及效力

（一）股东名册的定义

股东名册，是指有限责任公司和股份有限公司依据《公司法》的规定必须置备的，用以记载股东及其所持股份数量、种类等事宜的簿册，是公司成立后以书面形式记载全体股东信息、供股东和相关利益主体查询、股东可据此向公司行使股东权利的凭证。[①] 根据《公司法》第56条的规定，有限责任公司股东名册的法定记载事项有四项：一是股东的姓名或者名称及住所；二是股东认缴和实缴的出资额、出资方式和出资日期；三是出资证明书编号；四是取得和丧失股东资格的日期。根据《公司法》第102条的规定，股份有限公司股东名册应当记载的事项亦有四项：一是股东的姓名或者名称及住所；二是各股东所认购的股份种类及股份数；三是发行纸面形式的股票的，股票的编号；四是各股东取得股份的日期。

（二）股东名册的效力

1. 推定效力

在公司内部应推定记载于股东名册上的人为公司股东，以股东名册记载的出资额或认缴出资额作为股东在公司享有的股权份额。

换言之，股东可以仅凭股东名册上的登记向公司主张股东身份并行使股东权利，无需其他证据予以证明，股东会、股东和董事会及董事等应当共同遵循股东名册记载的内容，除非有特殊约定。如有股东名册记载有误，权利人应申请公司予以变更或补正，但在此之前，处理公司事务涉及股权确认时，应当以股东名册为准。需要注意的是，股东名册仅仅是确认股东资格的一种方式，其本身并不产生创设股东资格的效力。

2. 对抗效力

股东名册作为公司记载股东信息的簿册，对于认定股东身份具有重要证明意义，产生相应的公司内部公示效力。任何名义上或实质上的权利人未完成股东名册登记或者股东名义变更前，均不能对抗公司和对公司行使股权，股东名册上记载的原股东仍被视为真实股东，除非完成股东名册的登记或者名义变更，前述名义上或实质上的权利人方可认定为法律意义上的股东。

需要注意的是，根据《公司法》第86条的规定，我们可以得出以下结论：一是有限公司的股权转让必须变更股东名册，而公司登记机关的变更登记并非必需事项；二是股东名册变更登记之时即为股权变动的时点，换言之，股东名册的变更是有限公司股权变动的生效要件，这进

[①] 参见张应杰主编：《公司股东纠纷类案裁判思维》，人民法院出版社2023年版，第102页。

一步确定了股东名册的对抗效力。但考虑到现实情况中公司未置备股东名册的情况大量存在的客观事实,在公司股权转让过程中,如果公司未置备规范的股东名册,公司章程、会议纪要等相关公司文件能证明公司认可受让方为新股东的,也能产生相应的效力。[①]

在签订股权转让合同且履行股权转让款支付义务后,至获得公司认可其为新股东前,受让方所获仅为一种期待权。只有获公司认可,才能产生获得股权的效果。若最终未获认可,受让方可向转让方主张解除合同并要求其承担违约责任,或者主张享有投资权益。

3. 免责效力

对公司而言,公司依据股东名册向股东履行义务,可以获得免责。公司可以只将股东名册记载的股东视为股东,如按股东名册的记载分红、通知开会以及记录会议表决结果等,即使股东名册上的股东不是真正的股东,或者记载事项有误,公司按照股东名册履行职责后,也取得了对抗真正股东的权利,权利人追究公司责任的,除有特殊约定外,公司亦可免除其相应法律责任。[②]

二、股东名册记载纠纷的厘清

(一)股东名册记载纠纷的案由

股东名册记载纠纷,指依照《公司法》的规定股东名册必须记载股东的姓名或名称、持股数量等内容,在股东履行出资义务后或股东转让股权等发生应当变更股东名册的记载事项时,由于公司的懈怠或者过失而未变更股东名册所产生的纠纷,是最高人民法院发布的《民事案件案由规定》中"与公司有关的纠纷"项下的三级案由。根据前述定义,可以得知股东名册记载纠纷应当包括以下两个要件:一是存在应当记载股东名册的事项前提;二是存在公司怠于记载或怠于变更股东名册的事实。

(二)股东名册记载纠纷的类型

实践中,股东名册记载纠纷类型主要有两种:一是增加类纠纷,指股东名册应记载而未记载的记载纠纷;二是变更类纠纷,即股东名册不应记载而被记载的情形(涤除记载纠纷)。

需要注意的是,如果是基于基础关系的相对方怠于履行协助变更股东名册记载义务而引发的纠纷,一般应依据基础关系确立相应案由。如在股权转让合同中转让方怠于履行合同约定的协助变更股东名册记载义务,受让方要求其履行合同义务而引发的诉讼,应为股权转让合同纠纷,而非股东名册记载纠纷。

(三)股东名册记载纠纷与股东资格确认纠纷的关系

股东资格确认纠纷,是指股东与股东之间或者股东与公司之间就股东资格是否存在,或者

[①] 参见最高人民法院民事审判第二庭编著:《〈全国法院民商事审判工作会议纪要〉理解与适用》,人民法院出版社2019年版,第135页。

[②] 参见最高人民法院民事审判第二庭编著:《最高人民法院关于公司法解释(三)、清算纪要理解与适用》,人民法院出版社2016年版,第361~362页。

具体的股权持有数量、比例等发生争议而引起的诉讼。①在司法实践中，涉及股东名册记载纠纷，常出现公司对当事人的股东身份提出抗辩，实质是对其股东资格存疑，从而导致股东名册记载纠纷涉及股东资格确认问题。对于此类案件，一般而言，当事人具备股东资格确认的生效文书或有其他证据证明其具有确定的股东身份是提起股东名册记载纠纷的前提。如果权利人在确认为公司股东之前即直接提起股东名册记载纠纷，试图通过该纠纷查明其股东身份，这实际上是将股东资格确认之诉包含至股东名册记载纠纷中，不再单独提出股东资格确认诉求，进而在股东名册纠纷案件中一并审理股东资格确认问题。对此，法院关注的焦点往往是当事人是否在借此规避诉讼费的交纳义务，如果当事人属于明显以提起股东名册记载之名实为请求确认股东资格的，应当适用股东资格确认纠纷而非股东名册记载纠纷的案由。

（四）股东名册记载纠纷与请求变更公司登记纠纷的区分

实务中，当事人诉讼在选择案由的时候容易将股东名册记载纠纷与请求变更公司登记纠纷混淆，请求变更公司登记纠纷是指股东转让股权或者发生其他应当变更股东姓名或名称及其出资额时，依公司法规定，公司应当向公司登记机关申请变更登记而未予办理，进而损害相应股东利益产生的纠纷。请求变更公司登记纠纷仅限于《公司法》第34条、第35条规定的情形，而股东名册记载纠纷则不限于此，还包括《公司法》第87条、第102条规定的情形。此外，请求变更公司登记纠纷适用于对公司在登记机关登记事项存在异议时发生的纠纷，其诉讼目的在于变更公司在登记机关登记的相关事项，而股东名册记载纠纷适用于对置备于公司处的股东名册记载事项存在争议而发生的纠纷，其诉讼目的在于变更股东名册相关记载事项。

（五）股东名册记载纠纷的法律属性

股东名册记载纠纷主要是因为公司不履行法定的记载义务产生的纠纷，即负有置备、保管、维护股东名册事宜义务的公司怠于履行义务而引发的纠纷，其本质应属于公司不作为侵权的责任纠纷。根据《公司法》第56条的规定，公司应当置备公司股东名册及其记载内容；同时根据《公司法》第86条的规定，股权转让后，公司收到变更股东名册的登记的书面通知后，应当变更登记，即当股东依法取得股权后，公司应履行股东名册记载义务。同时注意，在继受取得的情况下，公司应注销原股东的出资证明书，并做相应变更记载，②否则公司可能构成侵权，继而引发股东名册记载纠纷。

三、法院审理股东名册记载纠纷应遵循的原则

（一）公司自治原则

股东名册的记载是以股东身份确认为前提，而股东身份的确认属于公司自治的范围，需尊重公司意思自治。股东名册、出资证明书、工商登记、实际出资、行使股东权利等都是公司意

---

① 参见人民法院出版社编著：《最高人民法院民事案件案由适用要点与请求权规范指引》，人民法院出版社2019年版，第666页。

② 参见最高人民法院民事审判第二庭编著：《最高人民法院关于公司法解释（三）、清算纪要理解与适用》，人民法院出版社2016年版，第364～373页。

思自治的外化表现。如股东名册与上述其他公司自治的表征不一致,应当如何认定公司的真实意思。实践中难以分辨,如何确定优先适用的规则需要法律进行适当干预。①

(二)利益平衡原则

在股东名册记载纠纷中,实际上包含公司股东身份的确认,而股东身份的确认除涉及参与基础关系的各方利益外,还会牵扯到公司利益、与公司有关的其他多方主体利益以及经济社会秩序等方面。不同主体的利益主张不一致,多方利益冲突在所难免,应该统筹兼顾,找到保护各方利益的最佳平衡点,既要维护交易秩序,又要尊重公司治理制度,还要兼顾股东合法权益和善意第三人合法利益。②实务中,首先,需要针对不同的基础法律关系,考虑是否存在阻却性事由,综合认定当事人的股东身份;其次,从探寻当事人的真实意思,维护交易公平角度出发,认定公司内部的股东资格;最后,从强调商事效率、突出维护交易安全的原则出发,认定涉及外部法律关系的股东资格,做到内外部法律关系的区分,以平衡各利益主体的利益。

(三)禁止规避法律原则

此类纠纷需要注意的是,禁止不符合持股资格或不方便持股而委托他人代为持股后要求显名将其记载于股东名册、因逃避股东责任而转让股权要求变更记载的行为。

(四)形式审查原则

针对单独提起的股东名册记载纠纷中对股东资格的审查,实务中,法院一般采取形式审查原则,即对当事人依法履行出资义务或者依法继受取得股权的相关事实和权利义务关系进行形式审查,在基础关系和阻却性事由清晰明确且公司未否认或无相反证据可以否认的情况下,一般会在股东名册记载纠纷中直接要求公司将当事人记载于股东名册。

第二节 司法实务中股东名册记载纠纷的要点问题

一、实际出资人要求进行股东名册记载

根据《公司法解释(三)》第24条第3款的规定,法院不支持未经公司其他股东半数以上同意的实际出资人要求公司将其记载于股东名册的诉请。在实务中,对于"其他股东半数以上"的确定存在问题,司法实践通常以当事人向法院提出记载于股东名册申请之时为准。

司法实践中与实际出资人要求进行股东名册记载相关的裁判观点及典型案例如下。

裁判观点一:未经其他股东半数以上同意,实际出资人请求公司将其记载于股东名册的,法院不予支持。

【典型案例】李某春、刘某义等与广厦公司股东资格确认纠纷、股东名册记载纠纷案。③法院认为,在广厦公司改制时,原告李某申、李某春、刘某义、舒某林、贺某然、韩某志、李某敏等人随郑州片区进行出资,广厦公司出具了股金收据,诸原告的出资由刘某军代表郑州片区统一

---

① 参见赵磊:《公司自治的限度——以有限公司股东资格取得与丧失为视角》,载《法学杂志》2014年第10期。
② 参见李晓霖:《论股东资格确认——以有限责任公司为视角》,吉林大学2008年博士学位论文,第15页。
③ 参见河南省沈丘县人民法院民事判决书,(2016)豫1624民初210号。

向广厦公司入股设立股东会,诸原告是广厦公司的实际出资人,刘某军是出名的股东。依据《公司法解释(三)》第24条第3款的规定,当事人请求确认股东资格及记载于股东名册,除实际出资外,还应当经公司其他股东半数以上同意。原告没有举证证明其要求变更公司股东并记载于股东名册的请求经过公司其他股东过半数的同意,因此,诸原告的请求法院不予支持。

<u>**裁判观点二**:实际出资人在未依据法定程序的要求取得股东身份前,与他人签订股权转让协议,受让人不能依该转让协议直接取得相应股权,故该受让人请求公司将其记载于股东名册,法院不予支持。</u>

【典型案例】马某与鲤鱼山饭店股东名册记载纠纷案。① 二审法院认为,实际出资人在未依据法定程序的要求取得股东身份前,并不能转让股权,只能转让其基于与名义股东之间的合同所取得的合同债权,或者对自己在合同中的权利和义务一并转让。故受让人不能因为与实际出资人签订有所谓的股权转让协议而取得相应的股权。依据《公司法解释(三)》第24条第3款的规定,马某与以上7名不在股东名册中的实际出资人即使发生了真实的转让事实,但在未经鲤鱼山饭店其他股东半数以上同意的情况下,不能直接取得相应的股权,故其要求鲤鱼山饭店变更股东、签发出资证明书、记载于股东名册、记载于公司章程并办理公司登记机关登记的请求依法不能成立,法院不予支持。

二、冒名股东要求涤除股东名册记载

《公司法解释(三)》第28条对冒名登记情形下的被冒名人和冒名人的责任承担作了具体规定,但该条对于股东资格的审查认定尚未形成明确意见。实务中,为了防止出现股东逃避出资、规避清算责任或逃避履行生效判决等情况,以保护债权人的合法利益,在此类纠纷中,一般需要被冒名人就其被冒名事实的存在承担举证证明责任。法院通常会重点审查以下内容:

(1)被冒名人是否存在成为公司股东的动机,以及被冒名人的身份、职业、财产状态等基本身份信息,严查被冒名人逃避债务的可能性,避免损害公司及公司债权人的利益。

(2)被冒名人能否举证证实其本人书写签名与工商登记机关、公司内部有关股东资格文件上的签名不一致。如不一致,还应进一步排查授意签名的可能性。

(3)被冒名人能否对其身份资料出现在工商登记机关及公司内部作出合理解释,并提供相应证据。如主张身份证遗失的,应提供遗失报警回执、遗失公告、补办新证等证据;如主张身份证外借办理其他事宜期间被冒用,还需明确受托人身份、外借事由和经过等,以供法院核实认定冒名行为发生的可能性及合理性。

(4)是否存在被冒名人事后同意或默认的情形。包括被冒名人对工商登记事宜是否知情、何时知情、因何事由获悉等。

(5)被冒名人是否实际行使股东权利、承担股东义务。如果在公司经营过程中,被冒名人以股东身份实际参与了公司的经营管理并享受了公司的利益分配,又请求确认其不享有股东

---

① 参见新疆维吾尔自治区乌鲁木齐市中级人民法院民事判决书,(2020)新01民终1839号。

资格,要求从股东名册中涤除,那么该请求缺乏事实和法律依据,应予驳回。①

实务中,有关被冒名登记的股东的救济方式有:一是提起股东资格消极确认之诉和股东名册记载之诉;二是提起撤销工商登记的行政诉讼;三是向侵权人提起侵权责任之诉,要求排除妨害、赔礼道歉、赔偿损失;四是在具体公司类纠纷案件中直接主张免责。实践中,常见做法是提起股东资格消极确认之诉并要求涤除股东名册记载,而在公司债权人起诉股东承担债务等与公司相关诉讼中提出免责抗辩的救济方式则相对较少采用。

需要注意的是,相较于直接提起股东资格确认之诉,被冒名人在公司类纠纷中主张免责的诉讼风险较高。因为被冒名人提出免责抗辩的,需要就其被冒名登记的事实承担举证责任,不仅需证实其没有成为公司股东的意思表示,还需证明其事后对于登记的事实未予追认,从未以股东身份行使股东权利或承担股东义务等,否则被冒名股东可能面临败诉风险。

三、基础关系解除对股东名册记载的影响

实务中通常认为,股权转让合同等有关股东资格的基础法律关系解除,并不当然具有溯及既往的效力,也不能因此使原股东自动恢复股东身份,如要恢复股东身份,必须重新办理股权变更程序,才能再次成为公司股东。对于外资投资等实施行业准入的特殊性质公司,更是如此。例如,在一些涉及外资准入的金融行业公司中,原股东转让股权后不再符合行政许可条件,即使受让依法解除股权转让合同,原股东亦无法自动恢复股东身份,公司不能直接变更股东名册将其重新记载。因为在股权转让交易中,受让方通过受让股权继受取得股东资格,即依法享有参与重大决策、选择管理者、监督公司经营以及获得分配利润等权利。股东基于身份关系实施的决策、参与公司管理等行为,涉及其他股东的利益以及与公司交易的不特定第三方的交易关系。这是因为为保护善意相对人,维护社会交易安全和交易秩序,即便股权转让合同事后被解除,股权受让方在作为股东期间依法行使的各项权利通常仍应具有法律效力,公司亦应因股东投资及参与公司经营决策而向其分配股息和红利。

裁判观点:股权转让协议解除后,原股东不能自动恢复股东身份并变更股东名册。

【典型案例】 明达意航公司与抚顺银行股东名册记载纠纷案。② 最高人民法院认为,关于明达意航公司主张为抚顺银行股东并要求办理股东名册、章程等变更登记应否支持的问题。明达意航公司为抚顺银行发起人股东,持股占比逾7%,抚顺银行向其颁发的股权证上记载"股权变更和股份转让时必须到本公司办理过户"等字样。(2018)辽民终648号、(2017)辽01民初1173号生效民事判决分别认定明达意航公司与亿丰公司、金信公司签订的《股权转让协议书》有效,明达意航公司同意股权转让并收到全部股权转让款。此后经原辽宁银保监局批复同意变更亿丰公司、金信公司为抚顺银行股东并记载于该行股东名册及章程。据此,亿丰公司、金信公司经履行股权转让协议并经行政机关审批作为股东记载于抚顺银行股东名册之时,即

---

① 参见张晓薇、赖嘉敏:《股东资格消极确认之诉的证明责任分配——以郭献民与天津天雅商贸有限公司股东资格纠纷案为例》,载《东莞理工学院学报》2021年第2期。
② 参见最高人民法院民事判决书,(2020)最高法民终642号。

成为抚顺银行股东,明达意航公司同时丧失抚顺银行股东身份。抚顺银行是否在工商行政部门办理变更登记,不影响案涉股权转让的效力。

股权转让交易中,受让人通过受让股权继受取得股东资格后,即依法享有参与重大决策、选择管理者、监督公司经营以及获得分配等权利。股东基于身份关系实施的决策、参与公司管理等行为,涉及其他股东的利益以及与公司交易的不特定第三方的交易关系,为保护善意相对人,维护社会交易安全和交易秩序,即便股权转让合同嗣后被解除,股权受让人在作为股东期间依法行使的各项权利通常仍应具有法律效力,公司亦应因股东投资以及参与公司经营决策而向其分配股息和红利。股权转让合同的解除通常仅对将来发生效力,并非溯及既往的导致合同根本消灭。因此,案涉《股权转让协议书》解除前,亿丰公司、金信公司的股东身份及基于股东对公司投资而获得的分红收益仍然有效。股权转让合同解除后,基于该解除不具有溯及既往的效力,明达意航公司并不能自然恢复股东资格,而需要通过重新办理股权变更程序才能再次成为抚顺银行的股东。

四、股东名册与股东工商登记的关系问题

依据《公司法》第32条第1款、第34条、第56条、第86条的规定,该系列规定对股东名册的记载事项及公司登记事项、变更登记事宜作出了明确规定。由此可以得出:有限公司的股东认缴和实缴的出资额、出资方式和出资日期,出资证明书编号,取得和丧失股东资格的日期等,属于非公司登记事项。即有限公司股东的认缴和实缴的出资额、出资方式和出资时间发生变更,不适用变更登记程序,不需要办理变更登记。因而在公司股东之间发生股权转让导致各股东的出资数额、持股比例发生变化时,除非转让方股东向其他股东转让其对公司的全部股权,否则无需办理股东变更登记。

有关股东名册与股东工商登记的关系问题,北京高级人民法院认为:[①] 股东的工商登记信息源于公司向登记机关提交的登记材料,或者说股东的工商登记以公司股东名册为基础和依据。这不仅表现为程序上的时间顺序,更是由两种登记的不同性质决定的。公司股东名册的登记确定股权的归属,工商管理部门依据公司提交的股东名册等材料进行工商登记。公司股东名册的登记发生变动,工商登记的内容亦作相应的更改,两者之间的关系决定了,在发生差异的时候,即工商登记的内容与公司股东名册登记内容不一致的时候,作为一般原则,公司股东名册的登记内容应作为确认股权归属的根据;在股权转让合同的当事人之间、股东之间、股东与公司之间因为股权归属问题发生纠纷时,当事人不得以工商登记的内容对抗公司股东名册的记录,除非有直接、明确的相反证明。但由于有限公司的股东名册的置备、出资证明书的签发,都需要以公司章程关于股东认缴的出资的规定和股东实际缴纳出资的情况为依据,股东名册记载的"股东的姓名或名称"是其公司章程所记载的"股东的姓名或名称",因此,有限公司向公司登记机关登记的"股东的姓名或者名称",实际应当是其公司章程所记载的"股东的

[①] 参见北京市高级人民法院民事判决书,(2009)高民终字第1824号。

姓名或者名称"。

五、公司章程、股东名册、出资证明书与股东登记对于认定股东资格和股东权利的作用

在公司内部纠纷中，若登记股东与公司章程、股东名册、出资证明书等所记载的股东不一致，应以公司章程、股东名册的记载作为认定股东资格的主要依据。然而，若通过法院执行程序变更股东登记，则应以登记机关的登记作为认定股东资格的依据。当事人依法履行出资义务或继受取得股权后，公司则应将其记载于股东名册之上。若公司未置备股东名册，仅以公司章程作为记载股东事项的载体，当事人可以要求公司修改公司章程相关内容，公司不得以修改公司章程属公司意思自治、司法不应介入为由进行抗辩。

实务中通常认为，当股东未完全具备股东的实质要件与形式要件时，应区分法律关系系公司内部纠纷，还是股东与公司以外的第三人产生的纠纷，在公司内部确认股东资格，不需要以工商登记为必要，应当优先考虑《民法典》合同编规则的适用，即向公司作出出资行为，并愿意加入公司、行使股东权利并承担股东义务的主体，才是公司的股东，以真实意思表示来认定股东资格。

【典型案例一】凌亭公司、李某某与徐某某股权确认纠纷案。[①] 一审法院认为，在确认股权份额的相关依据中，常见证据有出资证据、股东名册和工商登记资料。其中，工商登记资料系对抗性证据，对外具有公示性和对抗性，公司内部置备的股东名册是效力性证据，对公司内部关系来说，是确定股东公司关系的重要证据。而出资证据则是股东据以证明股东身份并可向公司主张相关权利的源泉证据。在各种证据发生冲突的情况下，应当认定出资源泉证据的效力相对高于股东名册和工商登记资料。对于公司内部而言，股东资格是否存在取决于股东之间的真实意思表示及认缴出资的行为，在公司内部确认股东资格不需要以工商登记为必要，应当优先考虑合同法规则的适用，根据当事人的约定，以其真实意思表示认定股东资格。也就是说，向公司作出出资行为，并愿意加入公司行使公司权利承担公司义务的人才是公司的股东。二审判决支持了该观点。

【典型案例二】捷安公司与黔峰公司、大林公司、益康公司、亿工盛达公司股权确权及公司增资扩股出资份额优先认购权纠纷案。[②] 法院认为，就股东资格而言，根据我国《公司法》第33条第3款[③]规定，公司应当将股东的姓名或者名称及其出资额向公司登记机关登记；登记事项发生变更的，应当办理变更登记。未经登记或者变更登记的，不得对抗第三人。工商登记并非设权性登记，而是宣示性登记，只具有对抗善意第三人的效力。因此，当公司内部发生股东资格争议时，不应仅以工商登记为准，还应对取得股东资格的实质性条件如是否出资、是否有成

---

① 参见上海市嘉定区人民法院民事判决书，(2010)嘉民二(商)初字第1300号；上海市第二中级人民法院民事判决书，(2011)沪二中民四(商)终字第135号。
② 参见贵州省高级人民法院民事判决书，(2007)黔高民二初字第28号。
③ 参见新《公司法》第32条、第34条。

为股东的意思、是否参与公司的经营管理、是否享受股东权益和承担股东义务、其他股东是否明知等事实进行审查，并据实作出认定。

第三节　股东名册记载纠纷的程序相关问题

一、主管与管辖

（一）股东名册记载纠纷案的主管

根据《民事诉讼法》第3条的规定，股东名册记载纠纷属于法院受理民事案件的范围。需要注意的是，自然人起诉请求股份合作公司将其记载于公司股东名册问题的处理。实务中应当区分以下情形进行处理：

（1）存在生效法律文书等证据已确认其具备股东身份，仅因公司怠于履行股东名册记载义务的，该自然人可作为原告起诉请求股份合作公司将其记载于公司股东名册。

（2）如果还需要对其是否具备股东资格进行认定，由于当事人请求将其记载于公司股东名册涵盖了请求确认其为股份合作公司股东的内容，而股份合作公司由原农村集体经济组织改制成立，涉及原农村集体经济组织成员资格认定和股东待遇问题，该事项属于股份合作公司的自治范围，股份合作公司应在地方政策指引下依据公司章程规定的程序对其股东身份自行作出决定，故此类纠纷不属于法院民事诉讼的受理范围。

（二）股东名册记载纠纷案的管辖

1. 地域管辖

根据《民事诉讼法》第27条和《民事诉讼法司法解释》第3条的规定，股东名册记载纠纷通常由公司的主要办事机构所在地法院管辖，主要办事机构不明确的，由其注册地或登记地法院管辖。

2. 级别管辖

由于股东名册记载纠纷主要围绕股东资格及名册记载义务等非财产性争议展开，不涉及直接的财产给付内容，所以在级别管辖上原则上由公司住所地的基层法院负责审理，这样的规定有助于合理分配司法资源并确保案件得到恰当的处理。

（三）案由的选择与确定

一般而言，如果与股东相关的权利义务关系明确，即具备充分明确的基础关系且不存在明显的阻却性事由，则可在股东名册记载纠纷中对股东资格一并加以确认，否则应当另行通过股东资格确认之诉解决。

实务中，单纯提起股东名册记载纠纷的情形较少，因为股东名册记载纠纷常与股东资格确认、股权转让、请求变更公司登记等纠纷有相互交叉或诉求重叠的地方。股东名册记载纠纷主要是对于股东身份的确认，股东名册记载只是手段而非目的，此时实务中一般会以并列案由或仅列明其他主要诉争纠纷案由方式处理。例如，原告在诉求中请求确认股东资格，同时要求签发出资证明书、记载于股东名册、在登记机关进行工商登记，则应以确认股东资格所涉及的纠纷为案由,或吸收或并列股东名册记载纠纷和变更公司登记纠纷等。又如,原告诉求中请求法院判决公司将其应有股份记载于股东名册,并在登记机关登记,则以股东名册记载纠纷作为案由,吸收或并列变更公司登记纠纷。

对于股东身份并不明确且双方存在争议、原告仅请求公司将其记载于股东名册的情况,实务中法院一般会向原告释明要求原告增加确认股东资格作为独立诉讼请求,如原告增加,则案由并列确定为股东资格确认纠纷、股东名册记载纠纷,并应按照股东资格确认所参照的股权价值标的确定级别管辖和诉讼费收取标准。如原告拒不增加,则可能存在因股东身份不明确、双方有争议,不具备记载于股东名册的前提条件而被驳回诉讼请求。

裁判观点:对于是否属于公司股东的事实存在实质争议,在未请求确认股东资格时径直主张变更股东名册,不予以支持。

【典型案例】科发实业公司与金杯泰峰公司等股东名册记载纠纷案。①针对案件争议焦点即科发实业公司要求将其名称记载于股东名册的主张是否应予支持,二审法院认为,该案科发实业公司主张其在2006年7月20日与其他股东出资共同成立目标公司金杯泰峰公司,目标公司股权经历数次变更,但科发实业公司从未被登记为公司股东,其股东身份未得到目标公司认可,其也举证证明其股东身份得到了股东会层面的认可。因此,对于科发实业公司是否属于公司股东这一事实存在实质争议,该争议应当通过股东会决议或诉讼等方式确定后,科发实业公司方具备提起变更公司股东名册的条件,因此科发实业公司直接主张变更股东名册,一审法院未予支持,并无不当。二审中,科发实业公司请求确认其具有金杯泰峰公司股东资格,因该项请求其在一审中并未提出,不属于二审审理范围,法院不予审理。如金杯泰峰公司在确认其享有金杯泰峰公司股东资格后,可另行主张变更股东名册。

二、股东名册记载纠纷的诉讼主体

(一)原告主体

1. 原告主体的确认

股东名册记载纠纷的原告系对股东名册记载事项有异议并主张增加或变更记载事项的当事人。此处的异议有两种情形:一是参照记载于股东名册上的股东情况,对自身未被公司记载或公司未变更应变更记载的事项的异议,并要求公司记载或变更;二是对不应记载于公司名册上的股东被公司记载的异议,并要求公司涤除记载事项。

依据《公司法》第86条的规定,股东在取得公司股权后,通知公司将其记载于股东名册,公司就应当将其记载于股东名册,公司未办理的,股东有权直接起诉要求公司变更记载。应当注意,股东不能作为原告直接起诉请求公司涤除其他股东在股东名册上的记载。根据《公司法解释(三)》第21条的规定,公司股东起诉其他股东,要求确认其他股东不具有股东资格的,不属于请求确认其与公司之间是否存在股东资格关系的纠纷,所以这种起诉不符合该规定,作为

---

① 参见辽宁省沈阳市中级人民法院民事判决书,(2021)辽01民终16994号。

原告起诉的公司股东与此并无直接利害关系,不具有诉的利益。同理,股东亦不得起诉请求公司涤除其他股东在股东名册上的记载。

2. 有限责任公司股权转让情形下适格原告的认定

在有限责任公司股权转让过程中,转让方不履行股权交接义务,因而导致公司未变更股东名册登记,此时受让方必然有权提起股权转让纠纷诉讼,要求履行合同或者解除合同,并追究违约方的违约责任。在此情形下,转让方能否以原告身份请求公司履行股东名册变更记载义务。对此,在新《公司法》颁布前,实务中存在争议:

有观点认为,如转让方履行了通知公司股权转让的事实,请求公司办理变更登记手续,公司怠于履行或拒绝履行义务既造成转让方无法履行自身的合同义务,妨碍转让方转让股权,又造成受让方不能正常取得股东身份,则转让方、受让方均可以公司为被告起诉请求办理股东名册变更。①

也有观点认为,如转让方主张公司将受让方记载于公司股东名册,因该项权利属于受让方享有,故转让方作为原告主体不适格。依据在于《公司法解释(三)》第23条规定的是当事人依法继受取得股权后有权请求公司履行将其记载于股东名册的义务,该条文仅针对依法继受取得股权的当事人享有的权利,对于转让股权的原股东能否请求公司将股东名册记载的其名下的股权变更登记至受让方名下,未作出明确规定,所以转让方无权请求公司将受让方记载于股东名册。

对此,根据新《公司法》第86条的规定,我们可以得出:(1)股权转让后转让股东有通知公司变更股东名册记载内容的义务;(2)公司对前述拒绝或者在合理期限内不予答复的,转让方、受让方均有权向法院提起诉讼。故随着新《公司法》的颁布,前述争议已不复存在。

司法实践中相关的裁判观点及典型案例如下。

裁判观点:股权依法转让后,应由公司将股权受让方及受让股权记载于股东名册。

【典型案例一】同济工程公司与林李公司股东名册记载纠纷案。② 法院认为,原告与同济资产公司之间的股权转让合同关系合法有效。原告通过竞价有偿受让了同济资产公司原持有的林李公司30%股权,并已付清全部股权转让款,已经取代同济资产公司成为林李公司股东。根据法律规定,有限责任公司应当向股东签发出资证明书,出资证明书应当载明公司名称、成立日期、公司注册资本、股东姓名或名称、缴纳的出资额和出资日期、出资证明书的编号和核发日期。公司应当置备股东名册,记载股东的姓名或者名称及住所、股东的出资额、出资证明书编号。公司应当将股东的姓名或者名称向公司登记机关登记,登记事项发生变更的应当办理变更登记。现原告要求林李公司将原告记载于股东名册,并办理变更登记之诉请,符合法律规定,法院予以支持。

---

① 参见最高人民法院民事审判第二庭编著:《〈全国法院民商事审判工作会议纪要〉理解与适用》,人民法院出版社2019年版,第136~137页。

② 参见上海市崇明区人民法院民事判决书,(2017)沪0151民初2351号。

【典型案例二】 宇禧公司诉蒲某梅股东资格确认纠纷案。[①] 二审法院认为，依据公司法规定，股权依法转让后，应由公司将股权受让人及受让股权记载于股东名册，并由公司将股权转让向公司登记机关办理股权变更登记。上述规定确立了股权变更登记之诉的两方主体：未能取得变更登记致权益处于不完满状态的股权受让人为权利人，股权转让所针对的目标公司则系股权变更登记的义务主体。故宇禧公司当然负有履行股权变更登记的法定义务。宇禧公司至今未能将股权受让人蒲某梅及其受让的股权记载于股东名册，蒲某梅据此主张要求宇禧公司履行相应的变更登记义务，有相应的事实及法律依据，予以支持。

(二)被告主体

1. 公司是股东名册记载纠纷的被告

根据《公司法》第86条的规定，公司是变更股东名册的义务人。无论是变更记载还是记载错误，义务人均为公司，故公司是股东名册记载纠纷中的当然被告。

2. 特定情形下，转让方亦可成为股东名册记载纠纷的被告

根据新《公司法》第86条的规定，股权转让过程中，转让方有义务通知公司变更股东名册，如果转让方拒绝履行通知义务，受让方无论是基于协议约定还是前述法律规定，均可将其列为被告提起诉讼。

但在案由确定时，应当区分对待：(1)如果基于股权转让协议要求转让股东履行通知义务而提起的诉讼，案由应为股权转让纠纷，而非股东名册记载纠纷，同时此时公司应当列为第三人；(2)如果基于《公司法》第86条的规定提起诉讼，案由应当为股东名册记载纠纷，请求转让人履行通知义务、公司履行登记义务的，转让人和公司应为共同被告。

(三)第三人主体

根据案件的具体情况，可以将其他股东列为第三人。

三、股东名册记载纠纷中被告常见的抗辩理由

在股东名册记载纠纷中，被告常见的抗辩理由有以下几种：

一是不具备记载、变更股东名册前提条件。具体又分为：(1)基础关系不成立或无效；(2)基础关系虽然合法有效但履行条件不成就，如原告未履行取得股东身份前提条件的合同义务；(3)基础关系虽然合法有效但履行不能，如各方自身原因违反《公司法》、公司章程等规定，导致不能成为公司股东的情形。二是公司经营状态异常。以公司处于注销登记、未实际经营等非正常经营状态为由，主张其未履行股东名册记载存在正当事由。三是公司未置备股东名册。以公司管理不规范，未置备股东名册为由抗辩。

四、股东名册记载纠纷中的举证责任

股东名册记载纠纷中举证责任分配的基本原则是民事诉讼上规定的"谁主张，谁举证"的

[①] 参见上海市第一中级人民法院民事判决书，(2012)沪一中民四(商)终字第801号。

原则。

(一)原告的举证责任及证据类型

1.原告的举证责任

原告需要举证证明符合应当记载或变更股东名册的前提条件、公司怠于履行记载义务的事实。

裁判观点：请求确认具有股东资格并主张变更股东名册，但未能提供证据证明具有股东资格，不予支持。

【典型案例】郭某与西南气体公司、郭某有股东资格确认纠纷、股东名册记载纠纷、请求变更公司登记纠纷、股东出资纠纷案。[1] 法院认为，原告郭某并未提交证据证明其对法定代表人为吴某勇的被告西南气体公司进行了出资，因此原告郭某以其与被告郭某有之间合伙时的投资，要求确认为该案被告西南气体公司的股东没有事实依据和法律依据，法院不予支持。原告郭某的其他诉讼请求是基于确认其为被告西南气体公司的股东的情形下的法律后果，在其请求确认为被告西南气体公司股东的诉讼请求得不到支持的情况下，原告郭某的其余诉讼请求就没有请求权基础，法院不予支持。

2.原告举证证据类型

(1)能确认股东身份且公司未履行记载义务的生效文书

实务中对该类证据应关注的核心要点是：其一，文书是否已生效；其二，该生效文书确定的内容与原告诉请要求公司记载的股东资格相关内容(包括主体、股权比例等)是否一致；其三，生效文书对确定的公司变更记载的内容是否设置了前提条件，如果设置了前提条件，原告是否具备了该前提条件；其四，是否存在其他明显相反的证据或新情况足以推翻生效文书所认定的事实。

裁判观点：股东依据生效判决主张变更股东名册记载事项的，公司应当履行相应的变更义务。

【典型案例】李某鹏与雅东木业公司请求变更公司登记纠纷案。[2] 法院认为，公司股东变更的，应当办理变更登记。民事诉讼遵循诚实信用原则，生效法律文书具有既判力，案涉当事人应当依据法律文书确认事实，行使权利，履行义务。(2018)沪0117民初18621号民事判决书确认，被告雅东木业公司登记为李某勇享有的40%股权中的5%归李某鹏享有。被告雅东木业公司及第三人李某勇应当办理工商变更登记手续，将原告李某鹏登记为公司股东，并按照公司法律规定，将其记录于公司股东名册之上。原告李某鹏的诉讼请求，于法有据，法院予以支持。

(2)已依法获得股东资格基础性文件并履行基础性文件约定的义务或支付对价

其关键证据在于：一是股东之间或者股东与公司之间是否存在基础性书面协议，如发起人协议、出资协议、增资扩股协议等；二是已依法向公司出资或认缴出资，如出资证明书等。但

---

[1] 参见贵州省毕节市大方县人民法院民事判决书，(2019)黔0521民初2660号。
[2] 参见上海市松江区人民法院民事判决书，(2019)沪0117民初8904号。

应该注意的是,股东未足额出资不必然影响其在公司股东名册的记载。

裁判观点:股东未足额出资不影响其在公司股东名册的记载。

【典型案例】刘某与丘北雄丰公司股东名册记载纠纷案。① 法院认为,原告作为被告公司的股东有权要求被告公司将其及其股份记载于被告公司名册,并向公司登记机关申请股东变更登记。至于股东未足额出资及股东应增加的投资,公司可以要求股东补齐及按持股比例增资,并承担相应的责任,并不影响股东在公司股东名册的记载及向公司登记机关登记。

(3)已依法受让、继承或者以其他形式继受公司股权

其关键证据在于:一是以股权转让或赠与方式取得股权,核心在于股权继受协议(包括股权转让协议、赠与协议)的效力。应特别关注:股权转让或股权赠与是否为真实意思表示,能否排除名为转让实为让与担保等其他法律关系,是否违反股票禁售期的规定等。二是以继承方式取得股权,应特别关注:继承方式、继承人及人数、遗嘱效力、遗产分割是否清晰明确等。具体为:首先,查看公司章程,即章程对股权继承有无限制;其次,确认继承是否合法有效、各继承人对该股东的遗产是否进行了分割,合法继承人继承所得的股权份额是否清晰;最后,审查被继承人取得股东资格是否存在身份限制,继承人成为公司股东后股东人数是否会超过法律上限或低于法律下限。

司法实践中相关的裁判观点及典型案例如下:

裁判观点一:合法继承人继承股权的,公司应在股东名册中记载其股东信息。

【典型案例】武江房地产公司与钟某娟股东名册记载纠纷案。② 二审法院认为,武江房地产公司、武江建筑工程公司的公司章程没有对股权继承进行限制,钟某娟作为吴某康的合法继承人,有权继承吴某康在武江房地产公司、武江建筑工程公司的股东资格,故钟某娟有权要求武江房地产公司、武江建筑工程公司确认其股东身份。吴某康的股权份额已全部转入江某裘名下,钟某娟应得的股权份额可从江某裘名下的股权份额中转出。根据《公司法》(2013年)第33条第1款③规定,武江房地产公司、武江建筑工程公司应分别将股东钟某娟的姓名、出资额、出资证明书编号记载于股东名册中。

裁判观点二:因不满足公司章程对股权转让的限制性规定,股权转让未完成,受让方请求公司履行股东名册记载义务的,法院不予支持。

【典型案例】李某英与泰州农商行股东名册记载纠纷案。④ 一审法院认为,泰州农商行相应公司章程及股权办理办法明确规定,泰州农商行的相关股份转让需经董事会同意后方可转让。股权转让的双方均知晓股权转让需经过泰州农商行相应机构的审批流程。现相应的股权转让申请并未得到批准,原告虽与股权出让方签订了股权转让协议,但因股权转让并未完成,原告尚未从股权出让方处取得相应股权,其并非被告公司股东。故原告要求被告为其办理股权证

---

① 参见云南省丘北县人民法院民事判决书,(2019)云2626民初1521号。
② 参见广东省韶关市中级人民法院民事判决书,(2014)韶中法民二终字第9号。
③ 参见新《公司法》第56条第1款。
④ 参见江苏省泰州市海陵区人民法院民事判决书,(2018)苏1202民初3931号。

的诉讼请求,法院不予支持。

裁判观点三:有限责任公司股东名册中股东人数已达到法律规定的上限,实际出资人请求公司办理股东名册登记的,法院不予支持。

【**典型案例**】蒋某云与永州水泥公司股东名册记载纠纷案。① 法院认为,根据《公司法》(2013年)第23条第1项②、第24条③ 的规定,有限责任公司由50个以下股东出资设立。原告蒋某云等120余人以同样的事实与理由同时向法院起诉,在不改变公司性质的情况下,要求判令被告将其入股记载于股东名册,并于登记机关办理登记,该请求没有法律依据;综上,原告蒋某云的请求没有事实依据及法律依据,法院应予驳回。

(4)对于股东身份已经通过其他方式得到公司认可的情况

关键证据在于:虽股东身份已通过多种方式得以体现,但公司却未履行记载义务。这里的其他方式包括:一是能够证明原告以股东身份行使了公司管理决策权利的相关证据,如公司章程、股东会决议的签名等;二是能够证明原告已获得了公司盈余分配权利的证据,如领取分红的相关凭证,但这里需要注意的是该所谓分红的性质,能否排除名股实债的固定利益属性;三是能够证明公司其他股东认可当事人的股东身份的其他证据。

司法实践中相关的裁判观点及典型案例如下:

裁判观点一:公司股东会已形成决议同意转让方将其股权转让给受让方,受让方请求公司将其记载于股东名册的,法院应予支持。

【**典型案例**】王某颖与汇发建筑公司股东名册记载纠纷案。④ 法院认为,2011年1月,王某尧向汇发建筑公司申请将其名下的4.063%的股权赠与王某颖。同年7月,汇发建筑公司股东会也决议予以同意,说明汇发建筑公司相应的4.063%的股权的股东身份已经发生了变化,汇发建筑公司理应办理相关变更登记。王某颖要求汇发建筑公司协助王某颖办理股权变更登记手续,符合法律规定,法院予以支持。

裁判观点二:股东身份的确认,应根据当事人的出资情况以及股东身份是否以一定的形式为公众所认知等因素进行综合判断。

【**典型案例**】万某裕与宏瑞水电公司其他股东权纠纷审判监督案。⑤ 最高人民法院认为,股东身份的确认,应根据当事人的出资情况以及股东身份是否以一定的形式为公众所认知等因素进行综合判断。该案中,最高人民法院以相关股东已经按认缴的出资额向案涉公司实缴了出资、其股东身份已经记载于案涉公司的章程并以股东身份实际参与了案涉公司的经营管理、案涉公司的章程合法有效等为依据,认定相关股东的股东身份及其对案涉公司所持有的股权比例。

(5)被告怠于履行义务的

其核心证据要点在于:原告只需证明其具备应记载、变更股东名册的前提条件即可,是否

---

① 参见湖南省永州市零陵区人民法院民事判决书,(2016)湘1102民初336号。
② 新《公司法》已删除该规定。
③ 参见新《公司法》第42条。
④ 参见上海市浦东新区人民法院民事判决书,(2016)沪0115民初72777号。
⑤ 参见最高人民法院民事判决书,(2014)民提字第00054号。

将其股东身份信息记载于股东名册的责任在公司,公司对此如举证不能,可推定公司怠于履行股东名册记载义务。

(二)被告的举证责任及证据类型

1. 符合抗辩理由的相应举证责任及证据类型

根据前述股东名册记载纠纷中被告常见的抗辩理由,如果被告抗辩其未怠于履行记载义务或否认原告具备应当记载、变更股东名册前提条件,应当举证证明原告所主张的基础关系存在不成立、无效以及不能履行等阻却性事由,双方对股东资格存有争议且已在另案诉讼等证据,被告抗辩的核心问题在于相关权利义务关系是否明确。

2. 阻却性事由

公司章程有对股权转让、继承等作出特殊安排,在章程规定合法的前提下应遵循和满足章程规定,否则可能会形成实质阻碍。换言之,能否获得股东资格并记载于股东名册,需满足公司章程所规定的有关股权变动的限制条件,这也是产生股权变动的基础关系得以履行的保证。虽然股权变动体现的是股权所有者自由处分其财产的自由,只要双方当事人达成一致即可成立有效的基础关系,但是股权具有成员权的内容,股权的变动特别是对外转让关涉公司成员的变化,对公司股东间的关系有一定的影响。因此,股权变动还必须受制于公司章程的规定。只有满足了公司章程关于股权变动的限制条件,股权才能发生变动。①

裁判观点:<u>因不满足公司章程对股权转让的限制性规定,股权转让未完成,受让方请求公司履行股东名册记载义务的,法院不予支持。</u>

【典型案例】李某英与泰州农商行股东名册记载纠纷案。②法院认为,泰州农商行相应公司章程及股权办理办法明确规定,泰州农商行的相关股份转让需经董事会同意后方可转让。股权转让协议中的出让方李某琴、陈某喜作为公司股东,受公司章程约束。股权转让的双方均知晓股权转让需经过泰州农商行相应机构的审批流程。现相应的股权转让申请并未得到批准,原告虽与股权出让方签订了股权转让协议,但因股权转让并未完成,原告尚未从股权出让方处取得相应股权,其并非被告公司股东。故原告要求被告为其办理股权证的诉讼请求,法院不予支持。

公司章程对股东资格及条件的规定属于公司自治范畴,鉴于公司兼具"人合性"与"资合性",通常应认可其效力。然而,公司章程在限制股权转让时需有合理边界。股权转让是股东法定权利,公司章程虽可规范转让方式,但不得过度限制,如严禁转让等情形应避免。

此外,国家有关投资主体实施特殊准入管理的负面清单:(1)外商投资企业股东的确定和变更应经外商投资企业主管部门审批同意;(2)金融机构、证券机构等法人的股东资格应获得金融或证券监管部门核准;(3)国有企业员工持股应符合国资委、财政部等发布的限制性、禁止性规定的要求,这几类群体应当经过相关部门的核准才能成为合格合规的股东;(4)会计师事务所、审计师事务所、律师事务所和资产评估机构则禁止作为其他行业公司的股东。属于负面

---

① 参见胡晓静:《股权转让中的股东资格确认——基于股权权属与股东资格的区分》,载《当代法学》2016年第2期。
② 参见江苏省泰州市海陵区人民法院民事判决书,(2018)苏1202民初3931号。

清单事项的,允许进行股权转让的应当严格遵循法律规定及合规操作流程。

需要特别注意的是,公司章程修正案对异议股东的效力问题。实务中通常认为,章程修正案关于股权转让的限制属于对股东个人权益的处置,其效力应仅限于同意该修正案条款拘束的股东,不能推定其有普遍约束力。但如涉及的是公司整体自治性规范,非股东个人权益处置部分内容,则应具有普遍约束力。

五、诉讼时效

依据《诉讼时效规定》第 1 条的规定,诉讼时效的适用客体限于债权请求权。而股东名册记载纠纷不属于债权请求权之诉,不适用诉讼时效的规定。

六、诉讼费

股东名册记载纠纷涉及的诉讼标的是履行记载义务的行为给付,属非财产型诉讼,根据《诉讼费用交纳办法》第 13 条的规定,应当按其他非财产案件的标准计收案件受理费,每件交纳 50 元至 100 元。

◆ 第三章 请求变更公司登记纠纷

第一节 请求变更公司登记纠纷概述

一、公司登记的相关释义

(一)公司登记的定义

公司登记,是指公司在设立、变更、终止时,由申请人依法向公司注册登记机关提出申请,经登记管理机关审查无误后予以核准并记载法定登记事项的行为。《公司法》规定的登记种类包括设立登记、变更登记、注销登记。此外,2022年3月1日起施行的《市场主体登记管理条例》也对设立登记、变更登记、注销登记三种登记类型予以规定。

(二)公司登记的效力

1. 公信效力

公司登记的公信效力,是指法定应予公司登记事项一经法定机关登记并公示,便推定其真实、合法,任何善意第三人根据登记与登记公司发生的交易,均应受到法律的保护,即使事实证明登记有瑕疵,对于信赖登记而与登记公司发生交易的第三人,法律仍应承认其具有与真实、合法登记相同的法律效果。公司登记的公信效力是商法外观主义原则的体现和要求。法律赋予登记以公信效力的目的是通过推定登记真实、合法且有效,保障交易善意第三人的外观信赖利益,从而保障交易的秩序和交易的安全。在商事交易中,未向公司登记机关办理股权变更登记的,不得对抗善意第三人。

2. 对抗效力

公司登记的对抗效力,是指公司登记事项一经登记,其效力及于公司及第三人,应对第三人形成对抗效力,公司因此而获得免责效力。[1] 主要表现为:

(1)消极的对抗效力。消极的对抗效力是指法定应予登记事项(包括设立登记、变更登记和注销登记的法定应登记事项)未经登记公告,不具有对抗第三人的效力。比如设立公司而未经设立登记的,不得以公司已成立且具有法人资格对抗第三人;公司法定代表人变更但未办理变更登记的,公司不得以变更的法定代表人对抗第三人。在第三人主张原法定代表人为公司代表人时,法律应支持第三人的主张并为其提供保护;公司因各种原因而终止,但在未办理注销登记之前,公司及其股东不得以公司已经终止的事实对抗第三人。

(2)积极的对抗效力。积极的对抗效力是指法定应予登记事项经登记公告即具有对抗第三人的效力。如公司经设立登记公告便可以公司已成立并具有法人资格的事实对抗第三人。积极的对抗效力是公司登记公信力的体现,虽然我国现行有关立法对此尚无明确的规定。但由于我国是采取登记要件主义,因此学界推定我国实际上认同公司登记的积极对抗效力。

---

[1] 参见王远明、唐英:《公司登记效力探讨》,载《中国法学》2003年第2期。

3. 证明效力

公司登记的证明效力，是指公司登记对登记对象的状况（公司主体资格状况、公司营业能力状况、公司经营管理状况等）在法律上的证明效力。公司登记的公示证明效力也是处理请求变更公司登记纠纷所依托的重要原则。根据证明目的不同，可将其分为以下两种证明效力：

（1）公司实体状况证明效力。公司实体状况证明效力是在公司经营管理过程中，公司登记对公司状况的证明效力。如公司与第三人进行交易时，公司可以公司登记证书证明其法人资格及营业范围、营业地址等。

（2）诉讼、仲裁证据证明效力。诉讼、仲裁证据证明效力是在公司涉诉讼或仲裁时，法院或仲裁机构认可公司登记属于证据之一并具有证明公司状况的证据效力。在诉讼或仲裁中，除非有确凿的事实证据证明公司的现实状况与公司登记状况不一致，否则，公司登记通常被视为公司状况的权威证据。

二、变更公司登记纠纷及其类型

（一）相关概念的厘清

1. 公司变更登记／变更公司登记

公司变更登记／变更公司登记，是指公司对名称、住所、法定代表人、经营范围、企业类型、注册资本、营业期限、有限责任公司股东或者股份有限公司发起人等事项进行改变的登记行为。公司变更登记事项应当向原公司登记机关申请。未经核准变更登记，公司不得擅自变更登记事项，否则应承担相应的法律责任。

2. 变更公司登记纠纷

变更公司登记纠纷即《民事案件案由规定》中规定的"请求变更公司登记纠纷"，属于"与公司有关的纠纷"这一、二级案由项下的三级案由。

（二）变更公司登记纠纷常见类型

1. 法定代表人变更纠纷诉讼

实务中的常见情形包括以下三种。

（1）在新《公司法》颁行前，公司作出变更法定代表人的公司决议后，新任法定代表人请求公司变更登记，公司或原法定代表人不配合办理的，新任法定代表人起诉要求公司办理变更登记。

（2）被冒名登记或挂名的法定代表人请求公司变更（涤除）登记，公司不配合办理。冒名登记的法定代表人起诉要求办理涤除法定代表人的登记事项。

（3）法定代表人任期届满且从公司离职后请求公司变更（涤除）登记，公司不配合办理，起诉要求公司办理变更（涤除）登记。这里包括法定代表人并非公司股东时，其无法通过召集股东会等方式就法定代表人变更事项进行协商并作出决议，在当事人无法通过公司自治途径维护自身权益时，应赋予其诉讼的权利。另外，法定代表人任期结束并未连选连任，且与公司劳动关系已经解除，亦非公司股东，在此情况下，已无其他救济途径，起诉要求公司办理变更（涤除)登记。

2. 董事变更纠纷诉讼

实务中的常见情形包括以下两种。

（1）股东会表决通过新的董事人选决议，引起新旧董事之间的变更公司登记纠纷。实践中，执行董事与法定代表人通常为同一人，当事人诉请变更董事登记一般与变更法定代表人登记在同一诉讼中一并提出。

（2）任期届满不再担任董事并请求公司变更（涤除）登记，公司不配合办理而引发的变更公司登记纠纷。对于当事人申请涤除董事登记，因董事具备召开股东会的权利，法院应当审查董事有无先行通过内部救济手段向公司主张涤除董事身份登记。此外，董事任职期限是否届满也是审查能否涤除董事登记的考量因素。

3. 监事变更纠纷诉讼

实务中的常见情形包括以下两种。

（1）股东会表决通过新监事的人选决议，引起新旧监事之间的变更公司登记纠纷。

（2）任期届满不再担任监事并请求公司变更（涤除）登记，公司不配合办理而引发的变更公司登记纠纷。因监事同样具备召开股东会的权利，法院应当审查监事有无先行通过内部救济手段向公司主张涤除监事身份登记。此外，监事任职期限是否届满也是审查能否涤除董事登记的考量因素。

高级管理人员（总经理）变更纠纷诉讼。高级管理人员的纠纷类型与前述法定代表人、董事类似。

4. 股东变更纠纷诉讼

实务中的常见情形包括以下五种。

（1）转让、受让股权的股东请求公司、股东变更登记。此类诉讼中，转让股东、受让股东均有权提起诉讼。且股权受让人可在诉讼中一并确认其受让后的股权比例。

（2）实际出资的股东主张代持有效，要求显名和变更登记。在股权代持协议解除后，经公司其他股东过半数同意，实际出资人或股权代持人有权请求公司变更股东登记。

（3）被冒名登记的股东请求公司变更登记。

（4）继承股权的股东请求公司及其他继承人变更登记。因股东死亡引发的股权继承案件，公司章程未作排除股权继承的规定，股东的继承人有权请求公司办理变更登记。

5. 公司其他事项变更纠纷诉讼

主要是指原股东会决议被生效法律文书撤销后，相关权利人或股东请求恢复公司的原登记事项。

三、请求变更公司登记纠纷的处理原则

在商业活动中，公司登记情况可能会出现需要变更的情形，而与之相关的纠纷处理涉及多方面的考量因素及遵循特定的原则。这些原则对于准确、高效且合理地解决请求变更公司登

记纠纷至关重要,下面简单介绍这些处理原则。

(一)区分请求权基础,准确界定行政与民事审理范围

(1)请求工商登记机关作出或撤销工商登记的,须通过行政诉讼程序处理。

(2)请求公司或股东变更登记的,须通过民事诉讼程序处理。

(二)坚持商事裁判原则,维护商事登记的公信效力

变更公司登记属于变更商事主体的公示公信信息,必须考虑到商事主体存续的稳定,确保任何善意第三人根据公示的登记信息与登记公司发生的交易,均受到法律保护,公信效力是对于交易第三人外部信赖利益的保护。

(三)尊重商事主体意思自治,引导商事主体先行内部救济

尊重商事主体自行处理内部事务的权利,在处理纠纷时优先引导其通过内部途径尝试解决问题。

(四)运用穿透式思维,坚持纠纷处理经济效益性原则

针对实务中出现的"隐名股东"要求显名及"显名股东"要求"隐名股东"显名的新型案件,该类案件系基于一个法律事实产生的两个法律关系,要解决股东变更登记纠纷的前提往往需要确定代持协议的效力。法院在处理此类纠纷时,一般会坚持纠纷处理的经济效益性原则,向当事人释明相关法律关系,正确界定纠纷法律关系属性,运用穿透性审判思维,对于同一法律事实延伸出的两个法律关系在一个案件中一并解决,从而更好地维护当事人的合法权益,实现政治效果、法律效果和社会效果的有机统一。

第二节 司法实务中请求变更公司登记的关注要点

一、变更法定代表人登记的相关问题

(一)基础关系

1.原告主张变更法定代表人的核心:合法有效的股东会决议

根据《公司法》第10条第1款、第32条、第34条、第35条和《市场主体登记管理条例》第24条的规定,公司法定代表人的变更由公司章程规定,因法定代表人由执行公司事务的董事或者经理担任,而公司的董事由股东会选举产生,故法定代表人一般由公司的股东会决议选任。所以需要特别注意相关股东会决议的效力,如表决程序是否合法、作出表决的股东是否有权表决等。对于部分公司将法定代表人的姓名记载在公司章程中,主张依据《公司法》第66条的规定变更法定代表人登记属于修改公司章程,须经股东会2/3以上表决权的股东通过的意见,从立法本意分析,只有对公司经营造成特别重大影响的事项才需要经代表2/3以上表决权的股东通过。法定代表人登记虽属公司章程中载明的事项,但对法定代表人名称的变更在章程中体现的仅是一种记载方面的修改,形式多于实质,且变更法定代表人时是否需要修改章程是工商管理机关基于行政管理目的决定的,而公司内部治理中由谁担任法定代表人应由股东会决定,只要不违反法律法规的禁止性规定就应认定有效。

对于分支机构的负责人，由于分支机构没有独立的法人地位，分支机构的负责人变更参照法定代表人的变更程序处理，是否变更需由总公司股东会决议确定。

司法实践中与法定代表人变更相关的裁判观点及典型案例如下。

裁判观点一：公司未就变更法定代表人事宜形成决议，法院不宜通过国家强制力直接干预，应当裁定驳回当事人的起诉。

【**典型案例一**】孟某锋与良森公司等请求变更公司登记纠纷案。[①] 二审法院认为，孟某锋起诉至法院，请求判令良森公司向上海市奉贤区市场监督管理局涤除孟某锋作为良森公司法定代表人及执行董事的登记事项；判令三箭公司在上述变更登记过程中履行协助配合义务。因良森公司尚未就公司法定代表人及执行董事变更事项形成公司决议，孟某锋提起本案诉讼不符合起诉条件，原审法院裁定驳回起诉，并无不妥。

【**典型案例二**】司某民与盛大公司请求变更公司登记纠纷案。[②] 二审法院认为，本案中，司某民主张盛大公司办理法定代表人变更登记手续，但未明确变更后的替代主体。根据《公司法》(2018年)第13条[③]规定，公司法定代表人依照公司章程的规定，由董事长、执行董事或者经理担任，并依法登记。公司法定代表人变更，应当办理变更登记。法定代表人的任免源于公司章程的规定，公司法定代表人的变更，一般通过股东会、股东大会或者董事会决议确定，属公司自治的内容，产生新的法定代表人后，应当由公司持相关手续材料向公司注册登记机关申请办理变更登记。故如果没有股东就股东会、股东大会或者董事会决议提出异议之诉，法院则不应通过国家强制力直接干预公司自治范畴内的事务。在本案中，司某民未明确法定代表人变更后的替代主体，仅要求涤除其作为盛大公司法定代表人的登记事项，且在法院不能强制盛大公司选任法定代表人的情况下可能造成盛大公司法定登记事项的空缺。故司某民的诉讼请求不明确，其提起本案诉讼不符合起诉条件，依法应予驳回。

裁判观点二：公司未就变更法定代表人事宜形成决议，公司不具备办理变更登记的条件，应判决驳回当事人的诉讼请求。

【**典型案例一**】何某彦、肯迪动漫公司请求变更公司登记纠纷案。[④] 针对案件争议焦点肯迪动漫公司是否应涤除何某彦担任法定代表人的职务并办理相应的变更登记手续，二审法院认为，根据《公司法》(2018年)第32条[⑤]的规定，公司法定代表人变更，应当办理变更登记，公司为变更登记的法定义务履行主体；根据《公司登记管理条例》第30条的规定，公司变更法定代表人的，应当自变更决议或者决定作出之日起30日内申请变更登记。何某彦未能提交肯迪动漫公司同意其辞去法定代表人的相应证据，肯迪动漫公司也未曾就何某彦辞去法定代表人的事宜召开股东会并形成股东会决议。因此，本案尚不具备办理公司变更登记的条件，法院对何某彦提出的上诉请求不予支持，应予驳回。一审判决认定事实清楚，适用法律正确，应予维持。

---

① 参见上海市第一中级人民法院民事裁定书，(2020)沪01民终3213号。
② 参见江苏省宿迁市中级人民法院民事裁定书，(2020)苏13民终435号。
③ 参见新《公司法》第10条。
④ 参见湖南省湘潭市中级人民法院民事判决书，(2020)湘03民终900号。
⑤ 参见新《公司法》第34条。

【典型案例二】崔某明与盛世公司请求变更公司登记纠纷案。① 法院认为,崔某明起诉要求盛世公司将工商登记的法定代表人变更为陈某辰,但其并未向法院提交公司章程、变更决议或决定等证据证明盛世公司曾作出决议或决定将公司法定代表人变更为陈某辰,其应当对此承担不利的法律后果。因此,对崔某明的诉讼请求,法院不予支持。

裁判观点三:原告已不具有担任被告公司法定代表人(分公司负责人)的事实基础,原告有权主张涤除法定代表人的登记事项。

【典型案例】郭某与珂兰公司等请求变更公司登记纠纷案。② 二审法院认为,根据《公司法》(2018年)第14条第1款③,《公司登记管理条例》第45条、第46条第1款的规定,公司可以设立分公司,分公司是指公司在其住所以外设立的从事经营活动的机构,分公司不具有企业法人资格,分公司负责人属于公司登记事项。而分公司负责人负责分公司的经营管理,应当与分公司具有紧密的实质性联系。但本案中,根据查明的事实,2020年3月起,郭某已不再负责珂兰北分公司的日常工作,目前由林某负责珂兰北分公司的日常工作。而且,无论是珂兰公司还是珂兰北分公司,均已不再向郭某发放工资,也不再为郭某缴纳社会保险费,珂兰北分公司、珂兰公司也没有提交证据证明郭某与珂兰北分公司还存在实质性联系,其不具有担任珂兰北分公司负责人的事实基础。在此情况下,郭某关于涤除其作为珂兰北分公司负责人登记事项的主张,法院予以支持。

裁判观点四:公司未就变更法定代表人事宜形成决议,但法定代表人与所代表的公司无实质关联性,基于公平原则,对当事人涤除法定代表人登记的诉讼请求应予支持。

【典型案例一】蜜意公司诉沈某民请求变更公司登记纠纷案。④ 法院认为,法人性质上属于法律拟制人格,其对外开展民事活动主要是通过其法定代表人进行,这就要求法定代表人与其所代表的法人之间存在实质关联性。就公司法人来说,其法定代表人与公司之间的实质关联性,就在于法定代表人要参与公司的经营管理,正如我国《公司法》(2013年)第13条⑤的规定,公司法定代表人依照公司章程的规定,由董事长、执行董事或者经理担任。一个不参与公司经营管理的人,不可能也不应成为公司的法定代表人,因其根本就不具备对外代表法人的基本条件和能力。本案沈某民2013年12月至2016年9月在上海某某有限公司工作,没有参与过蜜意公司的日常经营管理,且蜜意公司实际由股东程某控制,因此这种情况下由沈某民担任蜜意公司名义上的法定代表人显然背离了我国《公司法》(2013年)第13条的立法宗旨。同时,民事主体从事民事活动,应当遵循公平原则,合理确定各方的权利和义务。本案沈某民既非蜜意公司的股东,亦非蜜意公司的员工,且除了在《公司登记(备案)申请书》的"法定代表人签字"栏目签过字外,蜜意公司没有任何证据能够证明沈某民实际参与过蜜意公司的经营管理,沈某民亦未从蜜意公司处领取任何报酬,但是沈某民作为蜜意公司名义上的法定代表人,

---

① 参见北京市海淀区人民法院民事判决书,(2016)京0108民初18832号。
② 参见北京市第二中级人民法院民事判决书,(2021)京02民终14558号。
③ 参见新《公司法》第13条第2款。
④ 参见上海市长宁区人民法院民事判决书,(2017)沪0105民初7522号。
⑤ 参见新《公司法》第32条、第34条。

却要依法承担其作为法定代表人的相应责任,显然有失公允。最后,从法律关系上分析,沈某民与蜜意公司之间构成委托合同关系,内容为沈某民受蜜意公司的委托担任蜜意公司的法定代表人。沈某民在起诉前曾发函蜜意公司,要求辞去蜜意公司的法定代表人、执行董事、经理等与实际身份不符的职务,并要求蜜意公司到工商登记机关办理法定代表人变更登记手续,故依据我国《合同法》第410条①之规定,沈某民有权要求解除其与蜜意公司之间的委托合同关系。合同既然解除,蜜意公司理应涤除其在登记机关登记的法定代表人事项。上海市第一中级人民法院在(2017)沪01民终14339号二审中维持了该一审判决。

【典型案例二】沈某杰与独角仙公司等请求变更公司登记纠纷案。②二审法院认为,公司法定代表人系体现公司意志对外从事民事活动的公司负责人。公司按照公司章程的规定选任或变更法定代表人。同时,公司与法定代表人之间存在特殊的委托代理关系,公司法定代表人的选任或变更亦须征得受托人本人的同意。本案中,根据独角仙公司的公司章程,法定代表人由其股东委派和更换。现独角仙公司的股东已经发生变更,而沈某杰系独角仙公司的原法定代表人。从公司正常经营管理的角度,独角仙公司应当重新选任或委派新的法定代表人。此外,从现有证据来看,并不能证明沈某杰在独角仙公司的股权发生了变更以后仍然对公司进行实际经营或管理。因此,沈某杰要求独角仙公司办理法定代表人的变更手续,将其从公司的"法定代表人"一栏的记载中涤除的理由正当,法院予以支持。

2. 法定代表人登记涤除需考量委托关系及权利外观

原告主张涤除法定代表人登记的,因为法定代表人是基于公司委托担任相应职位,与公司之间存在委托关系,所以在此应重点关注委托关系是否已解除,以及原告是否已不具备代表公司的权利外观。

3. 原告主张涤除法定代表人登记的常见情形及处理

第一种情形下,主张未参与公司经营但被登记为法定代表人或被冒名登记为法定代表人。对于这种情形,常见的处理方式有:(1)提起行政诉讼,以登记机关为被告,诉请行政机关撤销原登记行为。(2)提起民事诉讼,以公司为被告,若知道实际冒名者,则以冒名者为第三人,诉请公司变更或者涤除法定代表人登记。

此时应重点关注原告是否仍然具备代表公司的权利外观,即原告有无实际代表公司履行法定代表人的权利与义务,以及是否参与公司经营活动。

<u>裁判观点</u>:<u>原告并非公司股东,未实际参与公司经营,虽然其在执行案件中已被采取失信、限制高消费措施,但其担任公司法定代表人的任期已经届满,且公司实际股东、控制人失联,可主张涤除法定代表人身份。</u>

【典型案例】鞠某军与常扬公司请求变更公司登记纠纷案。③针对二审争议焦点鞠某军以诉讼方式请求不再担任常扬公司法定代表人有无事实和法律依据,二审法院认为,鞠某军的诉求应当得到支持。具体理由:(1)鞠某军提起本案诉讼具有可诉性。《公司法》(2018年)第13

---

① 参见《民法典》第933条。
② 参见上海市第一中级人民法院民事判决书,(2020)沪01民终9111号。
③ 参见江苏省扬州市中级人民法院民事判决书,(2020)苏10民终1625号。

条①规定，法定代表人依照公司章程的规定，由董事长、执行董事或者经理担任，并依法登记。公司法定代表人变更，应当办理变更登记。鞠某军的请求是不再担任常扬公司法定代表人，公司法定代表人应依法登记，变更法定代表人应当办理变更登记。原则上，变更法定代表人属于公司内部治理事项，一般情况下不会诉至法院要求予以变更。但是本案中，常扬公司无法召开股东会并形成股东会决议，公司大股东和实际控制人已失联，鞠某军通过登报及向工商部门申请变更登记涤除其法定代表人身份均未果，进而寻求司法途径保护其自身合法权益提起本案诉讼不违反民事诉讼规则。(2)变更法定代表人属于内部事务，但是通过股东会决议的方式处理内部事务，需要能够召开股东会决议。现鞠某军的法定代表人的任期已经届满，且常扬公司已歇业并被吊销营业执照，大股东失联、公司治理机构停摆，公司已处于破产清算边缘，要求公司以内部机构运转方式实现内部治理已无现实可能性。(3)现有证据能够证明鞠某军已经不具备继续担任法定代表人的事实和法律基础。最后，对于周某及陈某的陈述，本案第三人石某也予以确认。因此，上述证据能够证实鞠某军仅是应徐某之要求挂名常扬公司法定代表人的事实。(4)综合在案证据及相关事实分析，鞠某军并不实际经营常扬公司，无论常扬公司现状如何，公司法定代表人由不参与实际经营的人员担任，对公司走向无益。法定代表人应能够代表公司对外从事经营活动，且以自身行为对公司负责。虽然在有些常扬公司涉诉的案件中，法院注明鞠某军是法定代表人，但是其本人并未到庭应诉，无法证明鞠某军实际管理公司事务。因此，鞠某军请求涤除其在常扬公司法定代表人身份的诉讼请求应予支持。

第二种情形下，担任公司法定代表人的员工离职后主张涤除法定代表人身份的情形。此种情形应当重点关注：(1)原告是否为公司员工。如果原告已经从公司离职，公司是否出具了相应的离职证明；原告离职后是否在其他单位就职，有无相应的社会保险缴费记录。(2)原告是否为公司股东，有无继续参与公司的管理和经营。(3)在原告提供了初步证据证明未参与公司经营与管理后，如果被告公司没有提供相应的证据反驳，那么可以认定原告已不具备继续担任公司法定代表人的条件。(4)原告是否向公司提出变更或涤除法定代表人身份的申请，即有无做出解除委托关系的意思表示。

裁判观点：不具备股东身份的人员担任公司法定代表人、执行董事、总经理，如其任期已经届满，可主张涤除法定代表人、董事、总经理的身份登记。

【典型案例】周某红、中楷公司请求变更公司登记纠纷案。②关于周某红是否有权主张不再登记为公司的法定代表人、执行董事和总经理，二审法院认为，首先，周某红受中楷公司的委托担任公司的法定代表人、执行董事和总经理，双方之间为委托合同关系。根据《合同法》相关规定，受托人有权要求解除双方之间的委托关系。其次，根据公司章程规定，法定代表人、执行董事和总经理的任期为3年，现在3年期满，公司股东未做出由周某红继续担任上述职务的决定。最后，现在中楷公司属于经营异常状态，唯一的股东颜某锋无法联系，周某红并非公司股东，无法通过行使股东权利而变更法定代表人、执行董事和总经理。故此，周某红通过

---

① 参见新《公司法》第32条、第34条。
② 参见广东省深圳市中级人民法院民事判决书，(2021)粤03民终10299号。

诉讼途径请求中楷公司涤除其在登记机关登记的法定代表人、执行董事、总经理的事项于法有据,法院予以支持。

(二)阻却事由

对于原告主张变更法定代表人的,阻却事由关注的核心在于是否存在履行不能的事实。主要看是否存在对下列规定的违反。

根据《市场主体登记管理条例》第12条及《公司法》第178条的规定,只有在原告不具有前述两个规定情形的前提下,才具备担任公司法定代表人的资格;反之,则不具备担任公司法定代表人的资格。此外,原告起诉后公司注销的,公司客观上已不具备履行的可能,也符合上述阻却性事由的情形。

(三)请求变更登记但无接任主体的实务处理

原告主张变更法定代表人、董事、监事、高级管理人员登记的,需要有确定的变更登记主体,并将变更后的登记主体列为案件第三人。如果无法明确变更登记之后的主体,在公司未作出变更的股东会决议之前,法院直接判令变更公司登记,会造成无法执行的窘境,因此,部分法院会驳回原告的变更登记申请。

司法实践中与不确定变更登记主体相关的裁判观点及典型案例如下。

裁判观点:法定代表人为公司必需登记事项。公司登记具有公示公信之效力,公司法定代表人具有代表公司对外表意的职权,关涉公司正常运营和保障社会经济关系稳定,公司法定代表人的登记不得空缺。

【**典型案例**】沈某华与凯霆公司等请求变更公司登记纠纷案。[①]二审法院认为,首先,依据《公司登记管理条例》第9条和第30条的规定,法定代表人为公司必需登记事项。公司登记具有公示公信之效力,公司法定代表人具有代表公司对外表意的职权,关涉公司正常运营,保障社会经济关系稳定,公司法定代表人的登记不得空缺。其次,我国《公司法》(2018年)第13条[②]规定,公司法定代表人依照公司章程规定由董事长、执行董事或经理担任,并依法登记。按《公司法》有关组织机构的规定,公司法定代表人的任命均须经公司决议或决定。公司相应决议或决定系法律上委任行为,通常还需作为出任法定代表人的个人同意才能生效。法定代表人可以申请登记或变更登记的行为作为同意接受委任的意思表示。最后,在本案中,凯霆公司股东会作出决议由沈某华担任执行董事并出任法定代表人。沈某华未提供有效的公司决议证明其已经被免去法定代表人一职。根据《公司法》规定,法定代表人应当由特定人员担任,作为公司的一部分系公司治理结构中的重要组成部分。现沈某华既未举证证明凯霆公司已经形成有效决议,并免去沈某华法定代表人身份,也未提供相应证据证明其存在不适合担任法定代表人情形,沈某华现仍为公司执行董事,属于担任法定代表人的适格人员。

同样,实务中也有法院针对公司怠于召开股东会选任新的法定代表人,以其行为损害了当事人的合法权益为由判令公司召开股东会改选法定代表人并办理公司变更登记。

---

① 参见上海市第一中级人民法院民事判决书,(2020)沪01民终9099号。
② 参见新《公司法》第32条、第34条。

裁判观点：公司未就变更法定代表人事宜形成决议，系因公司怠于召开股东会选任新的法定代表人，损害了当事人的合法权益，可以判令公司召开股东会改选法定代表人并办理公司变更登记。

【典型案例】卢某伦与贵祥公司、龚某奎请求变更公司登记纠纷案。[1] 针对原告卢某伦提出的"判令卢某伦不再担任贵祥公司法定代表人、执行董事兼总经理的诉讼请求"，法院认为，根据《公司法》的规定，公司法定代表人依据公司章程的规定，由董事长、执行董事或经理担任。公司法定代表人变更，应当办理变更登记。本案原告卢某伦是基于股权转让获得股东资格，并基于转让后的股东身份召开股东会决议，从而成为公司的法定代表人、执行董事、经理，但经法院判决确认该股权转让协议无效，并经强制执行后，股权登记已经变更至龚某奎、李某英名下。股权协议无效后，卢某伦不具备公司股东身份，且贵祥公司也未聘任其担任公司法定代表人、执行董事、经理等职务，实际上卢某伦也没有实际履行法定代表人、执行董事、经理职责，贵祥公司即应重新选任并办理相应变更登记。而贵祥公司未选任新的法定代表人、执行董事、经理，并办理相应变更登记，既使得公司法定代表人等职务流于形式，也使卢某伦的身份因登记备案而无法涤除，权利和义务不对等。现贵祥公司怠于进行该变更登记的行为侵害了原告的权利，贵祥公司应召集股东履行上述法定程序，贵祥公司不作为及工商登记管理障碍不应成为司法介入登记涤除及当事人权利救济的阻却事由。本案中，贵祥公司长期不作为，未召开股东会选任新的法定代表人、执行董事、经理，而工商登记管理障碍可能导致实际无法变更和执行的现实困难。然而从法律所秉承的公平正义的价值取向来看，司法审判作为保护群众利益的最后一道屏障，如仅以上述现实操作障碍为考量依据，轻易关闭当事人的救济途径，则必然导致积极行使权利的无过错当事人无法有效保护自身利益，甚至承担变更登记无法进行而带来的不可预测责任和风险，而怠于履行义务的过错方利用法律规则的空白继续怠懒而无须承担任何不利后果或者接受惩罚，实为破坏了公平、正义的立法价值取向以及法律实施过程中应当维护的秩序。因此，原告于本案主张的职务涤除事项应得到法律保护。龚某奎、李某英系贵祥公司股东，公司有效决议的产生，需要股东积极参与，故龚某奎、李某英具有协助义务。最后判决：被告贵祥公司于本判决生效后30日内召开股东会改选原告卢某伦所任法定代表人、执行董事、经理职务，并到贵阳市工商行政管理局贵阳国家经济技术开发区分局办理法定代表人、执行董事、经理变更登记，被告龚某奎、李某英协助办理。

据此，在司法实务中由于观点不统一，所以在此类案件中，原告提起变更法定代表人、董事、监事、高级管理人员登记诉讼的，当不能明确变更主体的时候，为稳妥起见，可变更诉讼请求为请求公司涤除法定代表人、董事、监事、高级管理人员的登记事项，否则诉求存在被法院驳回的风险。

（四）涤除分公司负责人

分公司负责人的变更与涤除，与法定代表人的变更与涤除处理基本相同。但需要注意的

---

[1] 参见贵州省贵阳市花溪区人民法院民事判决书，(2019) 黔 0111 民初 5666 号。

是，分公司并没有权利直接变更其负责人，原告要求变更分公司负责人的，应当将总公司一并列为被告，要求总公司与分公司一起履行变更义务。

【典型案例】郭某与珂兰商贸公司登记纠纷案。①二审法院认为，根据《公司法》(2018 年)第 14 条第 1 款，②《公司登记管理条例》第 45 条、第 46 条第 1 款的规定，公司可以设立分公司，分公司是指公司在其住所以外设立的从事经营活动的机构，分公司不具有企业法人资格，分公司负责人属于公司登记事项。而分公司负责人负责分公司的经营管理，应当与分公司具有紧密的实质性联系。但本案中，根据查明的事实，2020 年 3 月起，郭某即已不再负责珂兰北分公司，珂兰商贸公司也没有提交证据证明郭某与珂兰北分公司还存在实质性联系，具有担任珂兰北分公司负责人的事实基础，在此情况下，郭某关于涤除其作为珂兰北分公司负责人登记事项的主张，法院予以支持。

（五）变更被冒名登记的法定代表人

冒名登记为法定代表人的当事人为涤除自身法定代表人登记，实务中的救济途径通常有两种：

（1）提起请求变更公司登记的民事诉讼。

（2）根据《市场主体登记管理条例》第 40 条第 1 款、《关于审理公司登记行政案件若干问题的座谈会纪要》第 1 条等规定，请求确认登记行为违法或者撤销登记行为的行政诉讼。

司法实践中与被冒名登记的法定代表人变更有关的裁判观点及典型案例如下。

裁判观点一：当事人能够证明其被冒名登记为法定代表人的，可以通过请求变更登记纠纷这一民事路径涤除自身法定代表人登记。

【典型案例】黄某富与赞伏公司请求变更公司登记纠纷民事案。③法院认为，民事法律行为是民事主体通过意思表示设立、变更、终止民事法律关系的行为，而民事法律行为有效的关键要件之一即意思表示真实。经鉴定，在被告的工商登记材料中，无论是设立公司的授权委托书上"黄某富"的签名，还是股东和法定代表人等多处"黄某富"的签名，均非原告本人所签。而且，被告工商登记材料中留存的原告身份证系其遗失的证件，在被告公司注册时，其已换领新的身份证。依据现有证据，原告虽登记为被告股东和法定代表人，但原告主观上并无出资设立被告公司，并成为股东和法定代表人经营公司的意思表示，客观上既未委托他人设立公司，也无投入高额资本、设立公司的经济实力。原告在不知情的情况下，被冒名登记，故原告并非被告法律意义上的股东和法定代表人。鉴于被告被吊销营业执照后其主体仍然存在，被告进行清算期间，不得开展与清算无关的经营活动，而股权或法定代表人的变更不属于经营活动，现原告请求被告变更股东和法定代表人登记事项，若届时未变更，则请求被告涤除上述登记事项并无不妥，依法可予准许。

---

① 参见北京市第二中级人民法院民事判决书，(2021)京 02 民终 14588 号。
② 参见新《公司法》第 13 条第 2 款。
③ 参见上海市黄浦区人民法院民事判决书，(2021)沪 0101 民初 7944 号。

裁判观点二：当事人能够证明申请材料不是其本人签字或者盖章，可以通过确认登记行为违法或者撤销登记行为的行政路径撤销登记为法定代表人。

【**典型案例**】谢某珍、陈某美与科软公司等行政登记申诉案。① 最高人民法院认为，本案确定的事实是，科软公司向海南省工商局提交的变更科软公司法定代表人的股东会决议上，股东"陈某美"的签名非其本人所签，而工商登记显示陈某美持有科软公司51%股权且一直为法定代表人，事后陈某美表示不认可该股东会决议，且从未委托他人在股东会上签名，而科软公司和谢某珍并未能够证明陈某美只是公司名义股东，对该股东会决议知情并认可。在此情况下，一审、二审法院据此判决认定海南省工商局核准科软公司的法定代表人由"陈某美"变更登记为"谢某珍"的具体行政行为，所依据的事实错误，并撤销该变更登记行为，符合最高人民法院办公厅发布的《关于审理公司登记行政案件若干问题的座谈会纪要》第1条第1款关于"因申请人隐瞒有关情况或者提供虚假材料导致登记错误的……登记机关拒不更正的，人民法院可以根据具体情况判决撤销登记行为、确认登记行为违法或者判决登记机关履行更正职责"以及第2款"公司法定代表人、股东等以申请材料不是其本人签字或者盖章为由，请求确认登记行为违法或者撤销登记行为的，人民法院原则上应按照本条第一款规定处理……"的精神。此类撤销判决只是基于行政登记所依据的事实事后被确认错误情况下的一种司法处理方式，不必以宣告股东会决议无效为前提，也并不涉及登记机关的法律责任问题。

二、变更董事、监事登记的相关问题

（一）基础关系

原告主张变更董事、监事的，核心在于是否具备合法有效地变更董事、监事的股东会决议。《公司法》第59条第1款规定："股东会行使下列职权：（一）选举和更换董事、监事，决定有关董事、监事的报酬事项……"据此，在这一情形下，需重点关注的依然是股东会决议的合法性。

原告主张涤除董事、监事的，同样因为董事、监事是基于公司委托担任上述职位，与公司之间系委托关系。实务中，原告主张涤除董事、监事通常有以下两种情形：

（1）担任公司董事、监事的员工离职后主张涤除董事、监事身份。此时，应关注原告是否向公司提出变更或涤除董事、监事身份的申请，即有无作出解除委托关系的意思表示。

（2）主张未参与公司经营但被登记为董事、监事或被冒名登记为董事、监事，此时，应关注其是否参与公司经营，有无参加股东会或董事会行使权利等。

（二）阻却事由

对于原告主张变更董事、监事登记，重点在于是否存在履行不能的事实，是否存在违反《公司法》第178条的情形。

对于原告主张涤除董事、监事，重点在于董事、监事任职期限是否届满。根据《公司法》第70条、第77条的规定，被告对于主张涤除董事、监事身份的诉求，可以提出董事、监事任期尚

---

① 参见最高人民法院行政裁定书，(2015)行监字第789号。

未届满的履职期限抗辩。在董事、监事任职期限尚未届满前，即便原告提出了解除委托关系的申请，是否准许涤除仍需依据公司章程及相关法律规定等做进一步审查。

司法实践中相关裁判观点及典型案例如下。

裁判观点一：董事任期届满未及时改选，辞职董事仍应按照《公司法》和公司章程的规定继续履职，辞职董事要求变更董事登记的诉讼请求应予驳回。

【**典型案例**】刘某丽与南极海公司请求变更公司登记纠纷案。① 二审法院认为，《公司法》（2018年）第45条② 规定："董事任期由公司章程规定，但每届任期不得超过三年。董事任期届满，连选可以连任。董事任期届满未及时改选，或者董事在任期内辞职导致董事会成员低于法定人数的，在改选出的董事就任前，原董事仍应当依照法律、行政法规和公司章程的规定，履行董事职务。"第147条第1款③ 规定："董事、监事、高级管理人员应当遵守法律、行政法规和公司章程，对公司负有忠实义务和勤勉义务。"任期届满后，南极海公司并未召开股东会改选新的董事，刘某丽仍应按照《公司法》及公司章程的规定，履行董事的职责。

裁判观点二：如因公司股东会的原因导致不能及时选出继任董事，辞任或离任董事则已无继续履行董事职务的必要，法律应当保护其辞任或离任的权利，当事人主张变更董事登记的诉讼请求应予支持。

【**典型案例**】梁某荣、优顺公司请求变更公司登记纠纷案。④ 法院认为，董事辞任和离任应受《公司法》（2018年）第45条⑤ 之约束，但该约束应当有必要的限制。梁某荣已在任期届满后向优顺公司提出改选董事及辞职申请，但直至本案庭审之日长达两年多时间内，优顺公司仍未进行改选，且无延迟改选的合理理由，应当认定优顺公司存在怠于改选的行为。因优顺公司的股东怠于履行改选董事之义务，致梁某荣长期处于无法离任的状态，其作为董事的权利义务严重失衡，前条规定已成为优顺公司及股东"绑定"梁某荣董事身份之借口，故在本案中已无适用之必要。法律要求董事继续履职以维护公司的存续，但作为法律所保护利益获得者的公司股东却消极不作为，此种情形下，若机械遵循《公司法》（2018年）第45条第2款的规定，则辞任或离任董事履行董事职务将遥遥无期，无法达到辞任或离任的目的，董事的权利和义务将严重失衡。因此，准确理解和适用这一规定，必须在保护公司、股东利益与辞任或离任董事权益之间寻求平衡，恰当的方式是为辞任或离任董事继续履行董事职务明确一个前提条件，即公司股东会能够在合理期限内选举并能够选出继任董事。如有可归责于股东会的原因导致不能及时选出继任董事，辞任或离任董事则已无继续履行董事职务之必要，法律应当保护其辞任或离任的权利。本案中，梁某荣任优顺公司董事的任期已届满两年有余，优顺公司在长时间内未就董事选任问题召开股东会形成股东会决议且无延迟改选的合理理由，法律应当保护梁某荣作为董事重新选择或被重新选择的权利。最后判决：被告优顺公司于本判决生效之日起30日

---

① 参见北京市第三中级人民法院民事判决书，(2019)京03民终4710号。
② 参见新《公司法》第70条。
③ 参见新《公司法》第179条、第180条。
④ 参见广东省中山市第一人民法院民事判决书，(2021)粤2071民初16329号。
⑤ 参见新《公司法》第70条。

内至其公司登记机关办理涤除原告梁某荣为被告优顺公司董事的登记备案事项,如被告优顺公司未按期变更,则原告梁某荣自上述期限届满后不再具有被告优顺公司董事身份。

(三)董事、监事少于法定人数是否构成阻却判决涤除董事、监事事由

《公司法》第70条第2款、第77条第2款分别对公司董事会、监事会成员的最低法定人数作出了明确规定。但实务中主流观点认为:上述人数要求主要是基于公司内部治理的需要、组织架构的稳定及相应决议效力的合法性考虑,在不影响公司治理、架构稳定及决议效力的情况下,如果经过审查原告涤除董事或监事的诉请,在其他条件都具备时,不能仅因判决涤除后公司董事、监事少于上述法律要求的最低人数,就直接驳回原告的涤除申请。

裁判观点:原告担任公司董事期限届满,已从公司离职并通知公司解除董事身份的,在公司已长时间不正常经营的情况下,即便涤除原告董事身份后被告公司董事低于法定最低人数,原告仍可主张涤除董事身份。

【典型案例】单某与甲公司请求变更公司登记纠纷案。[①]二审法院认为,甲公司仅3名董事,单某辞职的确会出现公司董事低于法定最低人数的情形,甲公司也有权要求单某在提出辞职后的过渡期间继续履行董事职务。但是,这个过渡期间应当是个合理期间。从单某提出辞职至今已5年多,甲公司未进行新董事的改选,拖延办理单某的董事辞职事项。而且,从一审、二审向甲公司送达诉讼文书无人签收需进行公告送达的情况,也可看出甲公司已经营不正常,不可能再行通过股东会完成董事补选。因此,单某的辞职发生法律效力,甲公司应至工商登记机关涤除单某作为公司董事的登记事项。

(四)涤除后公司董事、监事少于法定最低人数的审查标准

1.董事、监事的任期是否届满

在董事、监事的任期届满前,原告主张涤除其董事、监事身份的,不符合涤除条件,应当予以驳回。此外,如果原告在诉讼中主张涤除的期限自任期届满之日开始,考虑到原告未在任期内辞职以及公司在未涤除原告的董事、监事身份前,原告仍为公司董事、监事身份,仍负有按照法律、行政法规和公司章程的规定履行公司董事、监事的义务,故涤除的时间仍应以判决认定后的时间为准。

2.公司经营是否异常

司法实务中,有部分法院裁判认为,在公司已经经营异常或者公司未到庭参加诉讼的情况下,直接作出涤除董事、监事的判决,是过分干预公司内部自治的行为,且可能会导致执行不能的情况。绝大多数法院裁判认为,公司经营异常并不影响作出涤除少于法定人数的判决。对于公司已经经营异常(如工商登记显示为吊销、连续几年未进行工商登记申报)且公司经法院依法送达仍未到庭参加诉讼,即便公司的董事、监事"达到法定要求",公司的决议机构仍然无法启动,或者说无法通过决议机构作出合法、有效的决议。因此,公司董事、监事少于法定最低人数并不当然成为法院作出涤除董事、监事判决的阻碍。此外,工商登记仅仅是工商管理

[①] 参见江苏省无锡市中级人民法院民事判决书,(2021)苏02民终4231号。

部门的登记事项,在法院作出涤除董事、监事的判决后,工商登记管理部门同样可以在工商登记中对公司涤除董事、监事的事项予以记载公示,上述涤除的判决并不会导致执行不能或者工商登记不能的情况。而对于公司处于正常经营且参加应诉的情况下,正是因为原告通过公司内部救济请求涤除未果,才诉请法院主张涤除。在法院作出涤除董事、监事的判决后,公司可以通过再次召开股东会决议,选任新的董事、监事。即便公司后续未及时选举登记新的董事或监事,工商登记管理部门同样可以通过行政手段对公司怠于履行登记事项的行为予以规制或者处罚。

【典型案例】陈某与普润公司请求变更公司登记纠纷案。① 法院认为,原告陈某的任职期限早已届满,且其于2019年7月向普润公司提出辞职,该辞职并未使普润公司的董事人数低于法定人数,因公司与董事亦为委托与被委托的关系,故自辞呈到达公司之日起委托关系解除,原告主张其不再担任被告普润公司董事职务,具有事实和法律依据,法院依法予以支持。普润公司章程还规定由股东组成清算组,普润公司于2007年12月28日召开股东会,决议公司解散,成立清算组,清算组成员由股东代表组成,包括原告陈某。现高科技公司已不是普润公司股东,陈某也无权作为股东代表成为清算组成员,故原告主张陈某不再担任普润公司清算组成员,有事实和法律依据,法院依法予以支持。公司设立、变更、终止应当依法办理变更登记,普润公司作为申请的主体,对于公司变更事项应当及时申请变更,虽然普润公司同意涤除原告作为董事和清算组成员的登记,但其以无法召开股东会为由未予以变更,与公司章程规定和法律的规定不符,故原告主张被告及时办理工商变更登记,涤除原告作为董事和清算组成员的登记事项,具有事实和法律依据,法院依法予以支持。

3. 原告是否具备继续担任公司董事、监事的基础

关于能否涤除原告董事、监事的身份,实务中应当重点考虑原告是否仍然具备继续担任公司董事、监事的资格。如果原告已经从公司离职,且董事、监事的任期实际已经届满,董事、监事的身份均是基于公司的委托而取得,在原告已经离职并提出辞去董事、监事的申请后,其已不具备继续代表公司的资格,客观上丧失了委托关系的基础,则应当支持原告涤除董事、监事的诉请。关于《公司法》规定的在改选新的董事、监事前,原董事、监事仍应继续履行相应义务,上述过渡期间应当理解为合理期间,如果原告能够证明其提出辞去公司董事、监事的申请后,公司在合理期间未变更或者涤除其董事、监事身份,倾向于支持原告的涤除申请。

【典型案例】蔡某玲、洲汇公司登记纠纷案。② 二审法院认为,《公司法》(2018年)第52条第1款③规定的监事的任期每届为3年。监事任期届满,连选可以连任,蔡某玲自2015年12月14日被五洲公司委派为洲汇公司的监事,至今已超过3年。监事任期届满后,五洲公司已出具情况说明,明确蔡某玲因职务变动不适合继续挂名洲汇公司监事,并要求洲汇公司办理监事变更登记手续。因此,蔡某玲不再具备可以在洲汇公司连选连任的资格。虽然蔡某玲一审

---

① 参见江苏省南京市栖霞区人民法院民事判决书,(2020)苏0113民初767号。
② 参见江苏省无锡市中级人民法院民事判决书,(2021)苏02民终4820号。
③ 参见新《公司法》第77条。

中提供的其向洲汇公司发出的律师函无洲汇公司签收的记录,但从五洲公司出具的情况说明可以明确五洲公司早已向洲汇公司告知过蔡某玲不再继续担任洲汇公司监事的事宜。退一步讲,即使前述证据不能作为认定蔡某玲辞职的依据,蔡某玲提起本案诉讼要求涤除其在洲汇公司的监事身份,法院依法送达给洲汇公司,也应该视为蔡某玲向洲汇公司提出辞去监事职务。因公司与监事之间属于委任关系,在法律和公司章程没有相反规定的情况下,公司监事辞职一般于监事辞职书送达公司时发生法律效力。《公司法》(2018年)第51条第1款[①]规定:"有限责任公司设监事会,其成员不得少于三人。股东人数较少或者规模较小的有限责任公司,可以设一至二名监事,不设监事会。"洲汇公司现有两名监事,并未设监事会,蔡某玲辞去监事职务,并不会导致洲汇公司监事缺失。另外,虽然《公司法》(2018年)第52条第2款规定:"监事任期届满未及时改选,或者监事在任期内辞职导致监事会成员低于法定人数的,在改选出的监事就任前,原监事仍应当依照法律、行政法规和公司章程的规定,履行监事职务。"但是,该规定的过渡期间应当是合理期间。从一审、二审向洲汇公司送达诉讼文书无人签收,并须进行公告送达的情况,可看出洲汇公司已经营不正常,不可能再行通过股东会完成监事补选。故蔡某玲的辞职,发生法律效力。

三、关于变更高级管理人员登记的相关问题

(一)基础关系

对于原告主张变更高级管理人员的,核心在于是否具备合法、有效地变更高级管理人员的董事会决议或股东会决议。实践中,在有限责任公司里,高级管理人员(总经理)常常由执行董事兼任。《公司法》第74条规定:"有限责任公司可以设经理,由董事会决定聘任或者解聘。经理对董事会负责,根据公司章程的规定或者董事会的授权行使职权。经理列席董事会会议。"第75条规定:"规模较小或者股东人数较少的有限责任公司,可以不设董事会,设一名董事,行使本法规定的董事会的职权。该董事可以兼任公司经理。"对于没有设立董事会的公司,高级管理人员(总经理)由董事兼任,变更高级管理人员的基础法律关系参照董事的变更程序处理;对于设有董事会的公司,高级管理人员由董事会表决任命,原告主张变更高级管理人员的,重点应当关注表决程序是否合法,作出表决的董事是否有权表决等。

(二)阻却事由

对于原告主张变更高级管理人员登记,重点在于是否存在履行不能的事实,是否存在违反《公司法》第178条的情形。

四、关于股东变更登记的相关问题

(一)基础关系

对于原始取得股权并请求变更股东登记,应重点关注原告是否具有股权性出资或增资合

[①] 参见新《公司法》第76条。

意,具体包括股东之间或者股东与公司之间是否存在基础性书面协议,如发起人协议、出资协议、增资扩股协议等,以及协议内容是否明确具体、是否为当事人真实意思表示、是否存在效力瑕疵或无效情形、是否符合法律有关公司设立或增资的规定。

对于继受取得股权并请求变更股东登记,应重点关注因股权转让或赠与方式取得股权的基础关系是否合法有效。具体包括是否存在股权转让或股权赠与的真实意思表示,以排除名为转让实为让与担保等其他法律关系,同时关注协议效力、是否违反股票禁售期的规定等,还需要关注股权是否具有变更登记条件;因继承取得股权的,则需关注继承方式、继承人及人数、遗嘱效力、遗产分割是否清晰明确。

司法实践中相关的裁判观点及典型案例如下。

裁判观点一:股权转让协议被生效法律文书认定为合法、有效,原告主张公司办理股东变更登记,但公司怠于办理,原告可向法院主张公司办理股东变更登记。

【**典型案例**】天津金融博物馆与前海智青春公司请求变更公司登记纠纷案。[①] 针对关于天津金融博物馆请求办理股权变更登记的诉讼请求,法院认为,生效仲裁裁决已认定天津金融博物馆与前海数星公司之间的股权转让协议有效,并裁令前海数星公司要求前海智青春公司办理相应的股权变更登记。据此,应认定天津金融博物馆所持有的前海智青春公司30%股权已转让给前海数星公司,前海智青春公司的股权结构实际上已发生变化。《公司法》(2018年)第32条[②] 规定,有限责任公司应当置备股东名册,记载下列事项:(1)股东的姓名或者名称及住所;(2)股东的出资额;(3)出资证明书编号。记载于股东名册的股东,可以依股东名册主张行使股东权利。公司应当将股东的姓名或者名称向公司登记机关登记;登记事项发生变更的,应当办理变更登记。未经登记或者变更登记的,不得对抗第三人。《公司法解释(三)》第23条规定,当事人依法履行出资义务或者依法继受取得股权后,公司未根据《公司法》(2018年)第31条[③]、第32条的规定签发出资证明书、记载于股东名册并办理公司登记机关登记,当事人请求公司履行上述义务的,法院应予支持。根据上述规定,前海智青春公司作为目标公司,在其股东发生变动时,有义务办理相应的股权变更登记。天津金融博物馆请求前海智青春公司办理股权变更登记手续,于法有据,法院予以支持。

裁判观点二:有限责任公司的股东向股东以外的受让方转让股权,股权转让方通过邮寄、登报公示等方式告知其他股东的,原告作为股权受让方,有权向公司主张变更股东登记。

【**典型案例**】北京优百泰公司与上海仟邦公司请求变更公司登记纠纷案。[④] 法院认为,有限责任公司股东向股东以外的人转让股权,应当经其他股东过半数同意;股东应就其股权转让事项书面通知其他股东征求同意,其他股东自接到书面通知之日起满30日未答复的,视为同意转让。本案中,原告与第三人北京融钰公司签订的《股权转让协议》合法有效,第三人北京融

[①] 参见广东省深圳市中级人民法院民事判决书,(2021)粤03民初3729号。
[②] 参见新《公司法》第56条。
[③] 参见新《公司法》第55条。
[④] 参见上海市嘉定区人民法院民事判决书,(2020)沪0114民初16208号。

钰公司依法通过邮寄、登报公示等方式告知第三人上海仟邦公司及其法定代表人叶某（同时亦为被告法定代表人）相关股权转让事宜，第三人上海仟邦公司在第三人北京融钰公司发出通知后超过法定期限未作答复，应当视为其同意第三人北京融钰公司将股权转让给原告。原告已按约向第三人北京融钰公司支付股权转让对价，该股权转让协议已履行完毕。有限责任公司的股东发生变更的，有限责任公司应当向公司登记机关办理变更登记。当事人依法继受取得有限责任公司股权后，有限责任公司应当为其办理登记。因此，在原告依法继受取得被告公司股权后，被告应当及时为其办理登记。原告要求被告办理股权变更登记手续，将第三人北京融钰公司持有的被告51%的股权变更登记至原告名下，合法有据，法院予以支持。

需要注意的是，请求变更登记的股权存在质押时，法院能否判决进行变更股东登记。根据《民法典》第443条第2款有关"基金份额、股权出质后，不得转让，但是出质人与质权人协商同意的除外"的规定，在取得质权人同意的情况下，可以办理股权过户手续，既然如此，法院判决公司办理股东变更登记也不存在障碍。退一步讲，即使质权人不同意，也仅是一个履行不能的问题，不能直接否定原告请求变更公司登记的权利。实务中，亦有法院判决"待股权解押后"再行办理公司变更登记，有效解决了股权质押与变更登记之间的矛盾。

司法实践中相关的裁判观点及典型案例如下。

裁判观点一：请求变更登记所对应股权存在质押，在取得质权人同意时，可以判令变更股东登记。

【**典型案例**】三兴公司、金源新盛公司股权转让纠纷案。[①] 针对股权设定质押时能否办理股东变更登记的问题，最高人民法院认为，《公司登记管理条例》《物权法》对此均无明确的禁止性规定。参照《物权法》第226条第2款[②] 有关"基金份额、股权出质后，不得转让，但经出质人与质权人协商同意的除外。出质人转让基金份额、股权所得的价款，应当向质权人提前清偿债务或者提存"的规定精神，在取得质权人同意的情况下，办理股权过户手续并无障碍。退一步说，即便因为质权人不同意等原因客观上不能办理股权过户手续，也仅是一个履行不能的问题，并不影响杰宝公司履行股权过户义务的存在。最后判决：杰宝公司自本判决生效之日起10日内到工商登记机关办理变更登记手续，将金源新盛公司代三兴公司持有的30%股权过户到三兴公司名下。

裁判观点二：请求变更登记所对应股权存在质押，可判令变更义务人在股权解押后进行变更股东登记。

【**典型案例**】王某胜与俞某宏请求变更公司登记纠纷案。[③] 法院认为，鉴于该代持股权已质押给案外人毛某新，在未取得质权人同意的情况下，办理股权过户手续存在障碍，导致原告的诉讼请求无法实现，因而客观上暂时不能得到支持，待质押权解除后，被告俞某宏、第三人天安置业公司应履行将股权过户至王某胜名下的义务。最后判决：被告俞某宏、第三人天安置业

---

① 参见最高人民法院民事判决书，(2017)最高法民终870号。
② 参见《民法典》第443条第2款。
③ 参见河南省中牟县人民法院民事判决书，(2018)豫0122民初1493号。

公司自被告俞某宏将质押给案外人毛某新的天安置业公司的股权解押后 10 日内,到工商登记机关办理变更登记手续,将俞某宏代持王某胜的天安置业公司的 10% 的股权过户到原告王某胜名下。

在这里还需要注意的是,当标的股权被司法机关冻结,在这一情形下,原告请求对该股权进行变更登记能否得到法院支持。实务中,对于该诉求存在两种观点:第一种观点是驳回诉讼请求;第二种观点是驳回起诉。这就需要我们在提起请求变更股东登记之诉前,提前查询涉案股权的权属及冻结情况,避免起诉或者诉讼请求被驳回的风险。

司法实践中相关的裁判观点及典型案例如下。

裁判观点一: 转让股权被司法机关冻结,股权变更条件未成就的,原告主张股东变更登记的诉讼请求不能得到支持。

【**典型案例一**】新资源公司与京安公司请求变更公司登记纠纷案。① 法院认为,新时代公司未按照约定付款时间履行给付股权转让款的义务,应当按照协议约定,将京安公司 32% 股权返还给新资源公司,但目前新时代公司所持有的京安公司股权已经被法院采取保全措施,在该保全措施解除前,无法办理工商变更登记,故新资源公司的诉讼请求目前不具备履行条件,法院不予支持。

【**典型案例二**】陈某春与黄某、丰瑞公司请求变更公司登记纠纷案。② 二审法院认为,自然人起诉要求其他主体协助其办理股权工商变更登记,首先该股权应处于可变更状态。但是,本案中,陈某春诉请变更登记的股权已被法院查封。另外,2016 年 11 月,陈某春曾基于股权转让事由对浙江省温岭市人民法院(2014)台温执民字第 2037 号之一执行裁定及(2015)台温执民字第 143 号之一执行裁定提出执行异议,该异议已被浙江省温岭市人民法院裁定予以驳回。故陈某春关于变更股权的诉讼请求,法院难以支持。

【**典型案例三**】唐某晴与鑫汇公司小额借款合同纠纷案。③ 针对关于原告请求被告将其作为实际出资人(隐名股东)享有的鑫汇公司 10% 股份记载于公司股东名册、公司章程,并办理工商变更登记的问题,法院认为,现被告公司的股东一致同意原告变更公司登记的请求,法院予以确认。被告应当根据公司决议将原告作为实际出资人(隐名股东)享有的鑫汇公司 10% 股份记载于公司股东名册、公司章程,并办理工商变更登记。现因第三人代为原告在被告公司所持 10% 的股权已被湖北省当阳市人民法院于 2015 年 6 月 9 日予以冻结,根据《民事诉讼法司法解释》第 165 条"人民法院裁定采取保全措施后,除作出保全裁定的人民法院自行解除或者其上级人民法院决定解除外,在保全期限内,任何单位不得解除保全措施"的规定,即被冻结期间,非经法院通知,任何单位与个人均不得对被冻结财产予以处分。此情形即属于《合同法》第 110 条第 1 项④ 规定的"法律上或者事实上不能履行"的情形。故该股权目前不能办理

---

① 参见北京市朝阳区人民法院民事判决书,(2020)京 0105 民初 52554 号。
② 参见江苏省镇江市中级人民法院民事判决书,(2017)苏 11 民终 2765 号。
③ 参见湖北省恩施市人民法院民事判决书,(2015)鄂恩施民初字第 01911 号。
④ 参见《民法典》第 580 条第 1 款第 1 项。

变更公司登记,原告只能待该股权被解除冻结后另行主张权利。最后判决:驳回原告唐某晴的诉讼请求。

裁判观点二:涉案股权被冻结的,因需要确权的财产被冻结,根据《最高人民法院关于人民法院立案、审判与执行工作协调运行的意见》的规定应当驳回起诉。

【典型案例】佳资公司、汇利源通公司请求变更公司登记纠纷案。[1] 针对佳资公司就案涉股权提起确权之诉,请求"确认佳资公司通过增资已经增持飞天大酒店17%的股权",最高人民法院认为,该诉争的飞天工贸公司持有飞天大酒店40%比例的股权已于2001年被甘肃省高级人民法院依法冻结。《最高人民法院关于人民法院立案、审判与执行工作协调运行的意见》(法发〔2018〕9号)第8条规定:"审判部门在审理确权诉讼时,应当查询所要确权的财产权属状况。需要确权的财产已经被人民法院查封、扣押、冻结的,应当裁定驳回起诉,并告知当事人可以依照民事诉讼法第二百二十七条的规定主张权利。"原裁定依据该规定,裁定驳回佳资公司的起诉,适用法律并无不当。

裁判观点三:涉案股权被冻结的,原告要求变更公司登记的实质是请求确认股权归属,与其他法院在执行阶段采取的执行措施所依据的事实相冲突,当事人应当通过执行异议程序处理,故应当驳回起诉。

【典型案例】李某素与宝泰隆公司请求变更公司登记纠纷案。[2] 二审法院认为,本案中,李某素主张其已受让苗某玉享有的宝泰隆公司58%股权,进而请求将该股权变更登记至自己名下,该主张的实质是请求确认该股权归属于李某素,并办理变更登记。但根据已查明的事实,该股权已经被其他法院在执行阶段作为苗某玉的财产冻结。李某素的主张所依据的事实与其他法院在执行阶段采取的执行措施所依据的事实相冲突。在其他法院已将该股权作为执行标的物强制执行过程中,李某素就该股权另行提起诉讼主张,不属于一审法院审理范围。根据《民事诉讼法》第227条的规定,李某素可以依据该规定向相关法院主张权利。故一审法院裁定驳回李某素的起诉并无不当,予以维持。

(二)阻却事由

原始取得股东身份的阻却事由应重点关注:(1)是否认缴或实缴出资;(2)是否违反法律法规强制性规定;(3)当事人之间对出资或增资行为的效力是否存在争议。

继受取得股东身份的阻却事由应重点关注:公司章程有无对股权转让、继承等作出特殊安排,是否符合法律和章程规定等。法律对某些特定类型公司的股东资格以及特定主体成为公司股东有具体限制的应当严格遵照执行,不符合法律规定的主体不能获得相应的股东资格,也不能进行相应的股东变更。

(三)同时提起请求变更公司登记和确认股东资格之诉的实务处理

对此,实务中一般要求根据原告在提起请求变更公司登记诉讼时有无明确将确认股东资格、股权转让等单独作为一项诉请,分别作出处理。

---

[1] 参见最高人民法院民事裁定书,(2020)最高法民申5561号。
[2] 参见北京市第二中级人民法院民事判决书,(2015)二中民(商)终字第04588号。

1. 同时提起请求变更公司登记和确认股东资格之诉

新《公司法》新增加第 86 条规定：股东转让其股权的，应当书面通知公司，请求变更股东名册，需要办理变更登记的并请求公司向公司登记机关办理变更登记，公司无正当理由不得拒绝。公司拒绝或者在合理期限内不予答复的，转让人、受让人可以依法向法院提起诉讼。由于在请求变更公司登记纠纷中往往会包含对股东身份的确认，所以公司登记纠纷通常会与股东资格确认、股权转让、股东名册记载等纠纷结合在一起。司法实践中，大量涉及请求变更公司登记纠纷的案件并列或包含在股东资格确认之诉中，当事人在提起股东资格确认之诉时往往会一并主张公司将其记载于股东名册并进行工商登记。

由于股东名册、工商登记是取得股东身份的外在表现，股东资格确认之诉、股东名册记载纠纷之诉以及请求变更公司登记纠纷之诉具有较强的关联性和一致性。因此，为了便于当事人诉讼，减少诉累，应当一并审理。不能以"原告应先提起股东资格确认之诉，确认股东身份后通过公司内部救济手段实现股东名册记载和变更公司登记，且需穷尽公司内部救济手段后才能另行提起股东名册记载纠纷和请求变更公司登记纠纷之诉"为由，驳回原告的诉讼请求。[①]

裁判观点：实际出资人依据代持协议要求公司变更登记，可同时提起确认股东资格之诉和请求变更公司登记之诉。

【典型案例】 朱某刚等与广顺公司股东资格确认纠纷案。[②] 再审法院认为，广顺公司主张朱某刚持有的北广公司股权系代其持有，涉及隐名股东与名义股东之间的股东资格的确认。同时，广顺公司还请求朱某刚协助将股份变更登记在其名下，涉及变更公司事项。广顺公司的上述请求涉及股东资格确认纠纷和请求变更公司登记纠纷两个法律关系。同一诉讼中涉及两个以上法律关系的，应当依照当事人诉争的法律关系的性质确定案由，均为诉争法律关系的，则按诉争的两个以上法律关系确定并列的两个案由。故一审法院将本案的案由定为股东资格确认纠纷、请求变更公司登记纠纷是正确的。尽管北广公司提交了浙江省杭州市中级人民法院（2009）浙杭民执字第 358 号执行裁定书及协助执行通知书、（2010）浙杭执异字第 2 号及（2009）浙杭民执字第 358-1 号执行裁定书等，用以证明北广公司 85% 股权确系王某、杜某义、王某文所有，但根据 2009 年 8 月 12 日住房投资公司下发的通知，朱某刚被聘为广顺公司的总经理、法定代表人，而（2010）浙杭执异字第 2 号及（2009）浙杭民执字第 358-1 号执行裁定书系在之后作出，广顺公司亦称当时其关于不享有 85% 股权所有权的陈述并非其真实意思表示。而且，朱某刚于 2011 年 11 月 3 日主持召开广顺公司总经理办公会形成的《会议纪要》《关于代持中广公司 85% 股权的情况说明》及杜某义、王某出具的证人证言等均发生在上述裁定作出之后，且裁定本身并非针对股权确认之诉而作出。因此，上述事实不足以推翻原王某、杜某义、王某文名下的 85% 股权为朱某刚代广顺公司持有的结论。后朱某刚向北京市高级人民法院提起再审申请被驳回。

---

① 参见张应杰主编：《公司股东纠纷类案裁判思维》，人民法院出版社 2023 年版，第 512 页。
② 参见北京市高级人民法院民事裁决书，（2021）京民申 6787 号。

2. 确认股东资格之诉包含于请求变更公司登记纠纷之中

实务中，对于股东身份并不明确且双方存在争议，原告起诉要求公司办理变更公司登记的，法院一般会向原告释明告知因其股东身份不明确，需另外增加确认股东资格的诉讼请求。如原告增加该项请求，则按照第一种情形即同时存在请求变更公司登记和确认股东资格之诉的方式处理。如原告不同意增加该项请求，则可能因股东身份不明确、双方有争议不具备记载的前提而被驳回诉讼请求。

经上述释明后，原告仍不增加的，则法院按照请求变更公司登记纠纷继续审理，此时主要围绕原告主张其具备股东身份的证据是否明确、充分进行审查。如证明具有股东身份的证据明确、充分，相对方公司并无异议或未反驳或举出足以推翻的证据，则可直接支持原告的诉讼请求。如不明确，相对方公司提出异议，并提供了足以反驳或推翻的证据，且需通过其他方式才能确定其股东身份，则应以原告是否为公司股东这一事实存在实质争议、原告提起请求变更公司登记事项的前提条件不明确、请求变更公司登记实质上包含了股东资格确认之诉，且经法院释明后原告拒不增加相应诉讼请求为由，驳回原告的诉讼请求。采取上述做法的理由是，如原告的股东身份并不明确且双方存在争议，允许原告仅通过提起请求变更公司登记之诉来实现股东资格确认的诉讼目的，并仅以请求变更公司登记纠纷按件收费计收诉讼费，实际上架空了股东资格确认之诉及对应的诉讼费收取标准，从而产生重大的诉讼漏洞，为当事人规避诉讼费提供了路径，同时变相否定了股东资格确认之诉存在的意义。因此，在审查请求变更公司登记之诉时，为方便原告诉讼，可允许其将股东资格确认之诉作为一项单独诉讼请求并在案件中一并解决。①

司法实践中相关的司法裁判观点及典型案例如下。

裁判观点一：股权转让人及受让人无须提起股权转让纠纷之诉及股东资格确认之诉，可直接提起请求变更公司登记之诉。

【典型案例一】上诉人虹吸公司与被上诉人田某明、王某、原审第三人陈某、刘某请求变更公司登记纠纷案。② 二审法院认为，案涉《股权转让合同》的签约双方为田某明和王某，田某明作为原审原告，并未列王某为原审被告，说明其间就该合同的效力并无争议，故田某明没有必要提起合同有效确认之诉；虹吸公司并非该合同的签约方，而是争议股权的标的公司，故一审法院确立本案案由为股权转让纠纷不当。根据《公司法》（2018年）第32条第3款③的规定，公司应当将股东的姓名或者名称向公司登记机关登记；登记事项发生变更的，应当办理变更登记。田某明作为原审原告，以虹吸公司为原审被告，陈某、刘某、王某为原审第三人提出本案诉讼，系以案涉《股权转让合同》为依据主张其已受让王某所持有的虹吸公司26%股权，请求公司办理股东变更登记，由第三人提供协助，依据当事人争议的民事法律关系，法院确定本案案由为请求变更公司登记纠纷。

---

① 参见张应杰主编：《公司股东纠纷类案裁判思维》，人民法院出版社2023年版，第513页。
② 参见江苏省南京市中级人民法院民事判决书，(2019)苏01民终7546号。
③ 参见新《公司法》第32条、第34条。

【典型案例二】刘某生与荷韵公司请求变更公司登记纠纷案。① 法院认为,黄某兴、黄某花之后与刘某生签订《股权转让协议》,刘某生支付了股权对价,双方股权转让行为合法有效,应当认定刘某生已成为被告荷韵公司的股东。被告荷韵公司作为工商变更的义务主体,有义务为刘某生办理股权转让后的工商变更登记手续。黄某兴、黄某花作为原股东,有义务配合刘某生办理股权转让后的工商变更登记手续。原告的诉讼请求,法院予以支持。

裁判观点二:实际出资人无须提起股东资格确认之诉,可直接提起请求变更公司登记纠纷之诉。

【典型案例】王某东、钞某等请求变更公司登记纠纷案。② 再审法院认为,本案中,钞某的诉讼请求是判令锦和公司、豪迈鼎中公司及王某东协助办理股权变更登记。该诉请的主要依据是钞某与王某东于2020年6月12日签订的《股权代持协议》,及豪迈鼎中公司和住房担保公司向钞某出具的加盖公司印章的回复。因此,二审法院综合全案事实,结合《股权代持协议》内容、两份回复、钞某向王某东发送的解除代持通知及王某东的微信回复等证据,改判支持钞某请求锦和公司、豪迈鼎中公司及王某东协助办理股权变更登记的请求,认定事实及适用法律并无不当。

(四)隐名股东要求显名登记的实务处理

根据《公司法解释(三)》第24条第3款的规定,隐名股东(实际出资人)请求变更公司登记,须经公司其他股东半数以上同意,否则法院不予支持。需要注意的是,这里"其他股东半数以上"中的股东应以当事人请求变更登记时相关工商登记的股东为准。

裁判观点:隐名股东与显名股东之间股权代持协议被确认有效,隐名股东有权主张解除与显名股东之间的代持协议并要求公司办理股东变更登记。

【典型案例】王某与立本公司请求变更公司登记纠纷案。③ 法院认为,对于原告王某诉请解除其与第三人秦某龙之间的《股权代持协议》并要求被告立本公司协助办理变更股东的登记手续,法院综合考虑原告王某提供的证据以及被告立本公司和第三人的自认,原告王某所主张的其代第三人秦某龙实际控制的第三人升纽公司持有被告立本公司50%的股份之待证事实存在高度可能性;而《公司法》(2018年)第32条④规定公司应当将股东的姓名或者名称向公司登记机关登记,当公司股权发生变动时,公司应及时办理变更登记;现在原告王某和第三人秦某龙均确认解除前述股权代持关系,故原告王某已非被告立本公司的股东,与现有登记所记载的内容不一致,现原告王某要求根据第三人升纽公司持有被告立本公司股权的实际情况变更工商登记,具有法律和事实依据,法院予以支持。

(五)冒名股东请求变更公司登记的实务处理

实践中经常出现当事人在不知情的情况下成为公司股东的情况。实务中,被冒名股东请求变更公司股东登记是被冒名股东避免承担可能的出资义务及民事责任的重要救济路径之

---

① 参见上海市嘉定区人民法院民事判决书,(2021)沪0114民初15299号。
② 参见河南省高级人民法院民事裁定书,(2021)豫民申8113号。
③ 参见上海市浦东新区人民法院民事判决书,(2020)沪0115民初5012号。
④ 参见新《公司法》第56条。

一。但被冒名股东在请求变更公司登记诉讼中可能面临以下问题:其一,原被冒名登记的事实;其二,是否属于法院受理范围;其三,能否涤除被冒名股东的股东登记。

司法实践中相关裁判观点及典型案例如下。

裁判观点一: 公司股东登记信息具有较强的公示力,否定当事人的股东资格,涉及诸多权利主体的权利保护问题,不宜以司法裁判方式直接予以认定,被冒名登记股东可以向登记机关申请撤销,对其起诉应予驳回。

【典型案例】张某、平吴公司请求变更公司登记纠纷案。① 二审法院认为,当事人向法院起诉请求确认其股东资格的,应当以公司为被告,与案件争议股权有利害关系的人作为第三人参加诉讼。当事人请求确认其股东资格,应当由当事人积极地向法院提起诉讼,请求确认其股东身份,而非请求法院确认其非公司股东。且工商行政管理机关登记的公司股东信息具有较强的公示力,否定当事人的股东资格,涉及与公司有关的诸多权利主体的权利保护问题,不宜以司法裁判方式直接予以认定。上诉人认为其被冒名进行公司登记的,可以向登记机关申请撤销。因此,一审裁定并无不妥,法院予以维持。

裁判观点二: 公司后续股东变更登记时存在冒名情形,能够认定冒名事实存在的,应当判令撤销关于原告的股东身份登记。

【典型案例】王某军与嘉会公司、逢某相请求变更公司登记纠纷案。② 法院认为,被告嘉会公司变更公司登记事项,将原告王某军作为该公司的法定代表人及股东,但原告主张对此并不知情,且经鉴定,嘉会公司向工商登记部门提交的公司变更登记材料中的"王某军"签名均非其本人所签,故该公司冒用原告名义将其登记为嘉会公司股东、法定代表人的行为无效。被告嘉会公司应在本判决生效后15日内到诸城市工商局申请撤销关于原告的股东及法定代表人身份信息登记。

裁判观点三: 公司股东等事项是基于相应公司决议所涉及的变更情形,公司初次设立登记时股东被冒名登记的,如撤销股东登记会导致公司组织结构不符合法律规定和开业登记条件,应当驳回其诉讼请求。

【典型案例】王某现与祎达公司请求变更公司登记纠纷案。③ 法院认为,王某现为祎达公司设立时的股东、执行董事、经理、法定代表人,如果撤销王某现的执行董事、法定代表人、经理职务,会导致祎达公司的组织结构不符合法律规定,不符合开业登记条件。如果王某现认为其身份被冒名登记,应向公司登记部门申请撤销祎达公司开业设立登记。民事案件中,公司股东、法定代表人等事项是基于相应公司决议所涉及的变更情形,王某现要求撤销的诉讼请求不符合法律规定,其诉讼请求不予支持。故判令驳回原告的诉讼请求。

(六)股东被除名后的变更公司股东登记

根据《公司法解释(三)》第17条的规定和新《公司法》第52条的规定,二者对比,主要区

---

① 参见天津市第三中级人民法院民事裁定书,(2019)津03民终2162号。
② 参见山东省诸城市人民法院民事判决书,(2017)鲁0782民初5460号。
③ 参见北京市朝阳区人民法院民事判决书,(2021)京0105民初77500号。

别有：

（1）适用对象不同，前者的适用对象为未履行出资义务或者抽逃全部出资的股东，后者为未按照公司章程规定的出资日期缴纳出资的股东。

（2）决议主体不同，前者是股东会决议，后者是董事会决议。

（3）催缴后的股东的缴纳期限不同，前者是合理期限内，后者不低于60天。

（4）法律后果不同：首先，前者是股东失去股东资格，后果是股东失去应缴纳而未缴纳出资部分的股权。其次，前者对于被解除股东资格的股东在办理法定减资程序或者其他股东或者第三人缴纳相应的出资之前，还需对其出资义务承担责任；后者自失权通知发出后，被失权股东就无须对其失权部分的出资义务承担责任。

新《公司法》颁行前，司法实践中对于在解除股东资格的情形下，股东被除名后的变更公司股东登记的裁判观点及典型案例如下。

裁判观点一： 公司作出除名决议合法有效的，应当判令被除名股东及公司协助办理变更公司登记。不以公司已经履行减资程序或者第三人缴纳相应出资为前提，可在判决中予以释明。

【典型案例】凤凰城公司与天下吉祥公司请求变更公司登记纠纷案。① 法院认为，股东除名权的目的，在于以剥夺股东资格的方式，惩罚不诚信股东，维护公司和其他股东的利益。《公司法解释（三）》第17条第1款规定："有限责任公司的股东未履行出资义务或者抽逃全部出资，经公司催告缴纳或者返还，其在合理期间内仍未缴纳或者返还出资，公司以股东会决议解除该股东的股东资格，该股东请求确认该解除行为无效的，人民法院不予支持。"本案中，天下吉祥公司以股东会决议形式解除华铁公司股东资格的核心要件均已具备，天下吉祥公司于2018年1月9日作出的除名决议应属有效。此外需要说明的是，华铁公司股东资格被解除后，天下吉祥公司应当及时办理法定减资程序或者由凤凰城公司或者第三人缴纳相应的出资。

裁判观点二： 公司作出除名决议，但该决议中未对被除名股东所涉及的股份作出减资或者由他人代为出资的决议，变更公司登记的条件尚未成就，应当驳回原告的诉讼请求。

【典型案例一】深圳中裕控股与汇聚联盟公司、王某胜请求变更公司登记纠纷案。② 法院认为，原告深圳中裕控股依据2018年11月7日的股东会决议，诉请判令第三人河南中裕公司及被告汇聚联盟公司、被告王某胜协助办理公司股东除名，法定代表人、执行董事及监事的变更登记事宜，但在该决议中未对被除名股东所涉及的股份作出减资或由其他股东、第三人对该股份的承受作出决议，另法定代表人、执行董事及监事的变更涉及案外人刘某、董某辉，而案外人均未参加本案诉讼，故法院认为，原告主张变更公司登记的条件目前尚未成就，其该项诉请缺乏事实依据，法院不予支持。

【典型案例二】科华公司与李某秋请求变更公司登记纠纷案。③ 法院认为，科华公司的诉讼请求为判令李某秋到濉溪县市场监督管理局履行取消李某秋股东资格的变更手续，科华公司

---

① 参见山东省嘉祥县人民法院民事判决书，(2018)鲁0829民初610号。
② 参见河南省郑州市高新技术产业开发区人民法院民事判决书，(2019)豫0191民初2796号。
③ 参见安徽省濉溪县人民法院民事判决书，(2015)濉民一初字第00035号。

在未向法院请求确认关于取消李某秋股东资格的股东会决议是否有效,公司未依法办理减少注册资本或向股东、第三人转让李某秋所持股权份额前,直接请求法院判令李某秋到濉溪县市场监督管理局履行取消李某秋股东资格的变更手续。科华公司在诉讼请求中亦未说明李某秋在办理取消其股东资格的变更手续时所持股份如何处理,变更登记无法完成。

(七)内部救济前置程序

基于公司的变更登记属于公司自治的范畴,所以对于原告诉请变更(涤除)法定代表人、董事、监事或高级管理人员登记的,司法实务中需要原告先行穷尽内部救济手段进行救济,只有在内部救济未果的情况下,方可提起诉讼由法院介入公司内部自治。

1.原告的内部救济手段

对于原告是否穷尽内部救济手段,应针对原告不同的身份区别关注。

对于原告系公司董事、监事或具有 1/10 以上表决权股东的情况,原告有权通过召开股东会请求公司变更或涤除法定代表人、董事、监事或高级管理人员登记。如果原告具备上述其中一种身份,却未提请公司召开股东会进行变更(涤除)就直接起诉,则可能存在被法院认定原告未穷尽内部救济途径而被驳回诉讼请求的风险。

裁判观点：原告主张涤除其监事身份登记,应当穷尽内部救济途径,先行向公司提请召开股东会要求变更或涤除。

【**典型案例**】赵某杰与春晟公司、袁某宇请求变更公司登记纠纷案。① 法院认为,《公司法》对于监事会或监事的设立及人数的规定属强制性规定,而选举和更换监事的权限属于有限责任公司股东会,属于公司自治管理的范围,由公司在符合《公司法》强制规定的基础上自主决定,并在决定作出之后向原公司登记机关进行登记备案。本案中,被告春晟公司设监事一人即原告赵某杰,原告虽曾向被告春晟公司作出变更监事工商登记的单方意思表示,且其任职期限已经届满,但根据《公司法》及被告春晟公司《公司章程》的相关规定,原告作为被告春晟公司的唯一监事,其上述行为并不必然导致公司监事的变动,被告春晟公司承担《公司登记管理条例》第37条规定的变更备案义务,仍应以该公司股东会决定更换监事为前提。原告也未进一步提供证据证明被告春晟公司发生了监事变动,故原告的上述主张缺乏相应的事实根据和法律依据。

对于原告不是公司董事、监事或具有 1/10 表决权股东的情况,因其不具备要求召开股东会的权利,那么是否依然需要原告先向公司提出要求变更或涤除其身份未果后,方可被认定已经穷尽了内部救济途径,进而原告才可以向法院提起诉讼。

裁判观点一：非公司股东,无法通过行使股东权利而变更法定代表人、执行董事和总经理。通过诉讼途径请求公司涤除其在登记机关登记的法定代表人、执行董事和总经理的事项于法有据,法院予以支持。

【**典型案例**】周某红、中楷公司请求变更公司登记纠纷案。② 二审法院认为,首先,周某红

---

① 参见浙江省平湖市人民法院民事判决书,(2020)浙 0482 民初 1290 号。
② 参见广东省深圳市中级人民法院民事判决书,(2021)粤 03 民终 10299 号。

受中楷公司的委托担任公司的法定代表人、执行董事和总经理,双方之间为委托合同关系。根据《合同法》相关规定,受托人有权要求解除双方之间的委托关系。其次,根据公司章程规定,法定代表人、执行董事和总经理的任期为3年,现在3年期满,公司股东未做出由周某红继续担任上述职务的决定。最后,现在中楷公司属于经营异常状态,唯一的股东颜某锋无法联系,周某红并非公司股东,无法通过行使股东权利而变更法定代表人、执行董事和总经理。故此,周某红通过诉讼途径请求中楷公司涤除其在登记机关登记的法定代表人、执行董事和总经理的事项于法有据,法院予以支持。

裁判观点二:原告从公司已经离职,并非公司员工或股东,且其担任监事期限已经届满,可主张涤除监事身份。

【**典型案例**】荣某与异亮世明公司请求变更公司登记纠纷案。① 法院认为,本案中,根据原告提供的证据以及其庭审陈述能够证明,原告未实际履行监事职责,现监事任期届满,原告可以辞任监事职务;且被告股东发生变化,原告亦自被告原股东处离职,在原告既非被告股东,又非被告员工的情况下,由原告继续担任被告名义上的监事一职,会使原告难以发挥监督职能,被告的监事机构形同虚设,显然背离了《公司法》中关于监事规定的立法宗旨,也不利于被告公司的良性发展。因此,法院对于原告诉请要求涤除其监事职务的诉讼请求予以支持。

2. 原告的内部救济形式

关于原告内部救济的形式,需要根据原告在公司担任的不同职务分别认定。

对于原告本身具备董事、监事身份或者持有1/10以上表决权的股东,其具备自行救济的资格。相应的内部救济形式为:向公司发出书面通知,请求公司召开股东会对其申请事项进行表决。根据《公司法》第113条的规定,单独或者合计持有公司10%以上股份的股东请求或者董事会认为必要时以及董事会提议召开时,公司应当在2个月内召开临时股东会。因此,公司在收到原告通知后两个月内未召开股东会的,可以认定原告已经穷尽内部救济的义务,有权直接向法院起诉。

对于原告不具备公司董事、监事身份或者不持有1/10以上表决权,特别是仅为公司一般员工而被公司登记为法定代表人,其内部救济形式为:通过书面形式向公司要求变更(涤除)其法定代表人身份。公司在收到通知30日内仍未变更的,可认定原告已经穷尽了内部救济途径,有权直接向法院起诉要求变更(涤除)法定代表人。需要注意的是,对于从公司离职的员工,无论是离职时还是离职后向公司提出申请,都应当明确提出要求公司变更(涤除)法定代表人的申请,如果仅提出了离职而未提及要求公司变更(涤除)法定代表人,应认定其未履行先行通知的义务,没有穷尽内部救济途径。

【**典型案例**】孙某学与佳福佩公司请求变更公司登记纠纷案。② 二审法院认为,监事与公司间依据选任决议和监事同意任职而形成委任关系,对该关系可参照适用委托合同法律关系

---

① 参见上海市松江区人民法院民事判决书,(2021)沪0117民初12955号。
② 参见上海市第二中级人民法院民事判决书,(2022)沪02民终696号。

的相关法律规范。当监事一方欲终止该法律关系，须在明确意思表示后，按照法律和公司章程的规定，经过公司内部改选程序和外部登记变更程序以实现监事的变更。就孙某学主张的其已经穷尽公司内部程序仍无法实现监事职位涤除，根据相关法律和佳福佩公司的章程，股东会决议改选监事，而监事可行使的职权中包括提议召开股东临时会议。基于孙某学并未提交证据证明其曾就改选监事而提议召开股东临时会议，法院对其穷尽公司自治途径的主张不予支持。鉴于孙某学并未穷尽公司内部涤除监事程序便请求司法干预公司自治，法院不予支持。

关于董事、监事及高级管理人员的通知义务，由于监事和董事本身具备提请召开股东会的权利。因此，在具备上述人员身份的当事人诉请法院要求变更或者涤除登记事项，应当举证证明其已经提请公司召开股东会讨论变更或涤除登记事项。否则，可认定上述人员并未穷尽内部救济途径。关于高级管理人员的通知义务，司法实务中，通常和法定代表人的身份一样，由同一人担任，可以参照法定代表人的救济途径进行处理。

五、请求变更公司登记的其他问题

（一）经营异常状态下的变更登记

根据规定，公司工商登记经营状态一般分为八种：存续、在业、吊销、注销、迁入、迁出、停业、清算。其中，存续与在业表示公司正常经营；迁入是指企业登记主管机关的变更，即迁入某主管机关；迁出同样属于企业登记主管机关的变更，指迁离某主管机关；注销是指公司企业已不复存在，丧失法人资格，自然也不具备变更的条件；吊销、停业、清算则一般被认为是公司处于经营异常的三种状态。实务中，经营异常状态下的变更登记，我们应当注意：

1. 经营异常或者负债情形下的法定代表人或股东请求变更公司登记

实务中，经常出现公司在经营异常或者负债情形下，公司法定代表人或股东请求变更公司登记，通过变更登记变更（涤除）其特定身份。这样就存在公司法定代表人或股东通过请求变更公司登记变更（涤除）其特定身份，从而逃避债务或执行的可能。所以，对于这一情形下的变更登记，法院一般会持审慎态度。所以，我们在公司异常状态下提起变更登记诉讼，应当先行考虑以下可能影响法院对变更诉求支持与否的情况：

（1）公司实际经营情况。应关注公司是否负债，公司是否成为被执行人，公司是否仍继续经营，工商登记的注册地址能否送达，能否正常联系公司的其他股东及法定代表人等。

（2）转让股东是否已经履行了出资义务。在公司已经成为被执行人的情况下，股东未履行出资义务即转让股权的，根据《九民纪要》第6条关于股东出资加速到期的规定，可能会认定转让股东有逃避出资义务的故意。

（3）转让的股权对价是否合理。受让人与转让人之间是否存在恶意，是否以明显低价转让股权。对于公司已经经营异常的，转让股东以明显低价转让股权的，很可能存在股权转让方与股权受让方之间恶意串通，通过股权转让的方式损害第三人或债权人的合法利益，帮助股权转让方逃避股东的出资义务或逃避公司的债务的情形。如前所述，事实上，公司陷入经营异常，特别是吊销后,在当前工商管理部门的工商登记规则下,直接判决变更相应的公司登记事项不具有可行性。

2. 公司营业执照吊销后公司登记事项的变更问题

根据《公司法》第 229 条第 1 款第 4 项和第 232 条的规定,公司应依法解散,并在 15 日内成立清算组进行清算。在此情况下,法律对于是否还存在公司登记事项变更的问题并无明确规定,导致实践中针对公司进入经营异常后(特别是吊销状态),法院能否支持当事人的变更登记请求及其判决执行问题,存在不同观点和做法。

肯定说认为,现行法律并未规定被吊销营业执照的公司不能进行股权变更。否定说则认为,《公司法》对于公司登记机关在吊销公司营业执照的情况下是否能够办理法定代表人变更登记的情形,虽没有明确的规定,但《市场主体登记管理条例》第 28 条规定,市场主体变更登记涉及营业执照记载事项的,登记机关应当及时为市场主体换发营业执照。该法律条文明确企业营业执照中的事项变更的,公司登记机关必须为企业换发营业执照,而企业被吊销营业执照后,法律明确规定不能再换发营业执照,自然就不能为其变更营业执照记载的法定代表人。对此争议,应当兼顾考虑《公司法》的规定及各地工商登记机关的相关规则进行处理。

应当注意的是,对于公司登记为清算状态的,应审查公司是否已经实际进行清算,如果能够认定公司已经进行清算程序,一般观点认为不应当再行判决变更公司上述人员的登记事项。

3. 被限制高消费的法定代表人能否变更(涤除)身份登记

实务中一般分两种情况予以考虑:

(1)对于能够确认原法定代表人属于公司实际控制人或者是影响债务履行的直接责任人员,且其请求变更法定代表人的目的为规避执行,应不支持其变更(涤除)法定代表人登记的申请。

【典型案例】孟某国被法院采取限制消费措施执行监督案。[①] 最高人民法院认为,虽然孟某国在上海三中院采取限制消费措施时已不是斯坦福公司的法定代表人,但其作为发生争议时斯坦福公司、酒井公司的法定代表人及大股东,同时参与了案件调解过程,案件执行过程中仍是本案主债务人斯坦福公司的监事,且根据该公司章程显示,公司仅设有执行董事和监事,综合本案事实,可以认定孟某国对本案债务履行仍负有直接责任。根据《最高人民法院关于限制被执行人高消费及有关消费的若干规定》第 3 条第 2 款的规定,因私消费以个人财产实施该条第 1 款规定行为的,可以向执行法院提出申请。执行法院审查属实的,应予准许。故在斯坦福公司未履行生效法律文书确定的还款义务前提下,上海三中院对孟某国采取限制消费措施并无不当。

(2)与公司解除委托关系的原法定代表人请求涤除其身份登记,对于能够确认原法定代表人不属于实际控制人或影响债务履行的直接责任人员,且有证据证明原法定代表人已经与公司解除委托关系的,可以支持原告涤除法定代表人登记的申请。法定代表人是基于与公司之

---

① 参见最高人民法院执行决定书,(2020)最高法执监 320 号。

间的委托关系成为公司的代表,当公司未能清偿债务时,法院基于法定代表人代表公司的权利外观,对其采取了失信、限制高消费措施。当法定代表人与公司解除委托关系后,其实际上不具备继续代表公司承受权利、义务的资格。如果法院经过审理,认定原法定代表人符合涤除条件,应当判决涤除其法定代表人身份登记。

【典型案例】张某文申请解除限制消费措施案。[1] 法院认为,《最高人民法院关于限制被执行人高消费及有关消费的若干规定》第3条第2款规定:"被执行人为单位的,被采取限制消费措施后,被执行人及其法定代表人、主要负责人、影响债务履行的直接责任人员、实际控制人不得实施前款规定的行为。因私消费以个人财产实施前款规定行为的,可以向执行法院提出申请。执行法院审查属实的,应予准许。"结合《最高人民法院关于在执行工作中进一步强化善意文明执行理念的意见》(法发〔2019〕35号)第17条第2项的规定,单位被执行人被限制消费后,其法定代表人、主要负责人确因经营管理需要发生变更,原法定代表人、主要负责人申请解除对其本人的限制消费措施的,应举证证明其并非单位的实际控制人、影响债务履行的直接责任人员。法院经审查属实的,应予准许,并对变更后的法定代表人、主要负责人依法采取限制消费措施。根据以上规定,本案复议申请人张某文应当提交证据证明其不是居正公司的实际控制人、影响债务履行的直接责任人员。经审查,张某文提交了居正公司的股东决议、兰州市市场监督管理局的《内资公司变更通知书》以及居正公司出具的《证明》,证明其已经不是居正公司的法定代表人、不是实际控制人和影响债务履行的直接责任人员;《劳动合同书》证明张某文的现在用人单位不是居正公司。据此,张某文不是居正公司的法定代表人,也不符合实际控制人和影响债务履行的直接责任人员的条件,故复议申请人张某文符合解除限制消费措施的情形。

(二)法定代表人、董事、监事涤除后的工商登记

司法实务中,针对法定代表人、董事、监事任期届满且明确表示不再继续担任,或提前辞职的情形,法院是否应当判令公司变更(涤除)董事、监事登记事项,也存在两种观点。

一种观点认为,公司变更(涤除)相关登记属于公司内部自治范畴,在没有股东会决议作为变更(涤除)依据的前提下,直接判令公司办理涤除登记,部分地区存在执行衔接不畅通的问题。在法院作出涤除公司法定代表人、董事、监事的判决进入执行程序后,工商登记管理部门往往认为工商登记信息缺失,不配合办理上述人员的涤除登记,导致执行不能。

另一种观点认为,工商登记信息虽属于工商登记部门的行政管理范畴,但法院认定涤除法定代表人、董事、监事属于司法裁判权范畴,二者并不存在冲突。对于执行法院判决公司涤除法定代表人、董事、监事登记所涉及的公司工商登记信息缺失问题,应由工商登记部门对公司进行提醒、限期改正或者处罚。同时,工商登记部门也应配合法院的执行工作,在工商登记信息中对上述涤除信息进行登记备注。

实务中更多地倾向于第二种观点。

---

[1] 参见甘肃省高级人民法院执行裁定书,(2020)甘执复93号。

第三节　请求公司变更登记纠纷的相关程序问题

一、请求变更公司登记纠纷的主管

(一)民事诉讼与行政诉讼范围界定

民事诉讼与行政诉讼范围应当参照《民事诉讼法》第3条及《行政诉讼法》第2条的规定进行界定,同时还应当留意《行政诉讼法》第12条、第13条的规定,这两条规定了行政诉讼具体受案范围。特别要注意其中第12条第1款第3项规定:"申请行政许可,行政机关拒绝或者在法定期限内不予答复,或者对行政机关作出的有关行政许可的其他决定不服的。"

当事人需依据前述规定确定纠纷属于民事诉讼还是行政诉讼。司法实务中,常见问题如下:

(1)当事人主张公司登记机关记载的公司情况与真实权利状态不符,请求办理公司变更登记,由于此类纠纷的实质是确认民事法律关系的内容和状态,故其不属于行政诉讼主管范围,而属于民事诉讼的主管范围。

(2)法院可通过民事判决结果直接或间接地促使有关行政行为作出变更,这些行政行为应仅限于程序性或形式性行为,如备案、登记等行为。涉及行政审批职能行为,如中外合资经营企业的股权变更需经有关部门审批,并应根据审批结果确定股东身份。由于审批行为属实质性行政行为,不能通过民事诉讼程序和民事判决予以变更。

(二)实务中对变更公司登记纠纷主管的争议

1. 变更公司法定代表人登记是否属于法院的受案范围

当事人诉请变更公司法定代表人登记是否属于法院的受案范围,或者是否应当适用"请求变更公司登记纠纷"这一案由,目前在司法实践中有较大争议。例如,《最高人民法院民事案件案由适用要点与请求权规范指引》(第2版)一书将请求变更公司登记纠纷定义为"股东对于公司登记中记载的事项请求予以变更而产生的纠纷",即对股东转让股权或者发生其他应当变更股东姓名或名称及其出资额时,公司未按照《公司法》的规定及时向登记机关申请变更登记的情形,从而将当事人诉请变更公司法定代表人登记等情形排除在受案范围之外。对此,实务中也存在不同观点。

裁判观点一:只有在法律有明文规定的情况下,法院才受理涉公司登记事项的民事案件,原告诉请变更公司法定代表人登记因无法律特别规定,不属于法院的民事案件受理范围。

【典型案例一】志乐公司与陈某金请求变更公司登记纠纷案。[1] 二审法院认为,根据《公司登记管理条例》的规定,有限责任公司和股份有限公司设立、变更、终止,应当依照本条例办理公司登记;工商行政管理机关是公司登记机关;公司变更登记事项,应当向原公司登记机关申请变更登记。因此,公司申请变更登记事项属于行政机关的行政管理范畴。除非是在法有明

---

[1] 参见上海市第二中级人民法院民事裁定书,(2019)沪02民终886号。

文规定时,法院才受理涉公司登记事项的民事案件。现陈某金向法院起诉要求变更志乐公司法定代表人、执行董事的登记,因无法律特别规定,故该变更登记事项不属于人民法院的民事案件受理范围。陈某金可依据志乐公司的有效决议向相应的市场监督管理局提出变更登记申请。一审法院受理本案不当,法院予以纠正。

【典型案例二】韩某波、梁某文请求变更公司登记纠纷案。[1] 二审法院认为,本案系请求变更公司登记纠纷,是指股东转让股权的情形,当公司法定代表人变更时,应当变更登记,变更登记义务人应当协助变更登记。本案上诉人原审诉请涉及的变更登记事项,不属于该类纠纷,不属于民事诉讼受案范围,故原审法院裁定对上诉人的起诉不予受理并无不当。

裁判观点二:当事人诉请变更公司法定代表人登记属于法院的受案范围。

【典型案例一】王某廷诉赛瑞公司、曹某刚请求变更公司登记案。[2] 最高人民法院认为,关于王某廷提出的判令赛瑞公司、曹某刚办理变更公司法定代表人工商登记的诉讼请求应否受理的问题。王某廷该项诉讼请求系基于其已离职之事实,请求终止其与赛瑞公司之间法定代表人的委任关系并办理法定代表人变更登记,属平等主体之间的民事争议。根据王某廷所称其自2011年5月30日即已从赛瑞公司离职,至今已近9年,足见赛瑞公司并无自行办理法定代表人变更登记的意愿。因王某廷并非赛瑞公司股东,其亦无法通过召集股东会等公司自治途径,就法定代表人的变更事项进行协商后作出决议。若法院不予受理王某廷的起诉,则王某廷因此所承受的法律风险将持续存在,而无任何救济途径。故王某廷对赛瑞公司办理法定代表人变更登记的诉讼请求具有诉的利益,该纠纷系平等主体之间的民事争议,属于法院受理民事诉讼的范围。

【典型案例二】余某水、联合园林公司请求变更公司登记纠纷案。[3] 再审法院认为,余某水的起诉属于法院受理民事诉讼的范围。首先,根据《民事诉讼法司法解释》第22条"因股东名册记载、请求变更公司登记、股东知情权、公司决议、公司合并、公司分立、公司减资、公司增资等纠纷提起的诉讼,依照民事诉讼法第二十六条规定确定管辖",及《公司登记管理条例》第9条"公司的登记事项包括:(一)名称;(二)住所;(三)法定代表人姓名;(四)注册资本;(五)公司类型;(六)经营范围;(七)营业期限;(八)有限责任公司股东或者股份有限公司发起人的姓名或者名称"规定,可以认定有关法定代表人姓名变更登记事项属于《民事案件案由规定》规定的"请求变更公司登记纠纷"范畴。本案余某水的起诉请求主要为变更公司法定代表人姓名,依法属于"请求变更公司登记纠纷"范畴。其次,根据《公司登记管理条例》第30条"公司变更法定代表人的,应当自变更决议或者决定作出之日起30日内申请变更登记"以及《企业法人法定代表人登记管理规定》[4] 第6条"企业法人申请办理法定代表人变更登记,应当向原企业登记机关提交下列文件:(一)对企业原法定代表人的免职文件;(二)对企业

---

[1] 参见上海市第二中级人民法院民事裁定书,(2019)沪02民终4957号。
[2] 参见最高人民法院民事裁定书,(2020)最高法民再88号。
[3] 参见江西省高级人民法院民事裁定书,(2020)赣民再73号。
[4] 此规定已失效。

新任法定代表人的任职文件;(三)由原法定代表人或者拟任法定代表人签署的变更登记申请书"的规定,公司在作出法定代表人变更决议后,应向工商管理部门办理变更登记。办理工商变更登记的主要作用在于使公司决议对外产生公信力,逾期未办理,不影响决议的效力,亦不产生消灭权利人诉权的法律后果。本案中,联合园林公司本应在决议作出之日起30日内申请公司法定代表人变更登记,原法定代表人胡某勇已故,胡某华作为公司公章的实际管理人也应予以协助配合,但联合园林公司逾期未办理,导致公司的法定代表人名称未变更,致使公司新的法定代表人对外不能产生公信力。在公司未履行办理法定代表人变更登记义务的情况下,余某水作为公司股东会决议确定的新的法定代表人,有权通过诉讼救济的途径提起请求变更公司登记诉讼。因此,二审法院以余某水的起诉属公司内部治理范畴和工商登记管理部门工作管理范围,不属于法院案件受理范围为由,裁定驳回余某水的起诉,系适用法律错误,应予纠正。

当前实务中主流观点认为,当事人请求变更公司法定代表人登记的,属于请求变更公司登记纠纷的受案范围。

2. 变更公司董事、监事、高级管理人员登记是否属于法院受理范围

董事、监事、高级管理人员登记是否属于法院受案范围,或者是否应适用"请求变更公司登记纠纷"案由的问题在实务中存在不同观点。有法院认为,根据《市场主体登记管理条例》第9条之规定,高级管理人员及董事属于备案而非登记事项,因此不属于变更公司登记纠纷的审理范围;有的法院则认为备案事项也应被囊括在该案由规制的"射程范围"内,并在一定情况下支持当事人变更的诉讼请求。

裁判观点一:经理等高级管理人员备案事项是非公司登记事项,当事人主张变更高级管理人员备案的诉讼请求应予驳回。

【典型案例一】崔某卓与神玛公司请求变更公司登记纠纷案。[①] 法院认为,本案中,崔某卓主张涤除的经理职务,非公司登记事项,不属于本案处理范围。

【典型案例二】杨某等与德华智造公司请求变更公司登记纠纷案。[②] 二审法院认为,关于杨某要求确认免除其经理职务的诉讼请求,属于公司内部治理事项,应当通过公司内部程序解决,故法院对此不予支持。另依据《公司登记管理条例》第9条、第37条的规定,公司经理非登记事项,而属于向登记机关备案的事项,故杨某要求变更德华智造公司经理工商登记的诉讼请求,法院不予支持。

裁判观点二:经理等高级管理人员备案事项如果与实际情况不符,会造成社会公众对公司高级管理人员情况的误导,当事人请求变更高级管理人员备案的诉讼请求应予支持。

【典型案例】火炬公司与高某利请求变更公司登记纠纷案。[③] 二审法院认为,《公司登记管理条例》第37条规定:公司董事、监事、经理发生变动的,应当向原公司登记机关备案。第55

---

① 参见北京市昌平区人民法院民事判决书,(2020)京0114民初748号。
② 参见北京市第二中级人民法院民事判决书,(2021)京02民终4173号。
③ 参见山东省济南市中级人民法院民事判决书,(2020)鲁01民终10344号。

条规定:公司登记机关应当将公司登记、备案信息通过企业信息公示系统向社会公示。本案中,高某利已与火炬公司终止(解除)劳动关系,并办理了交接手续,证实高某利不再担任火炬公司总经理职务,但火炬公司对外公示的备案信息中仍记载高某利为总经理,与实际情况不符,会造成社会公众对火炬公司高级管理人员情况的误导,故高某利有权要求将登记机关备案的其担任总经理的信息清除。

3. 当事人请求变更其他登记事项是否属于法院受案范围

实务中一般认为,只要是登记事项的变更,均应属法院的受案范围。

裁判观点一: 公司章程记载事项被撤销或变更的,当事人诉请变更公司章程登记的,属于法院受案范围,可予支持。

【典型案例】刘某、航源公司请求变更公司登记纠纷案。[1] 法院认为,被告在市场监督管理部门备案的公司章程中将原告记载为公司监事,原告主张要求退出其在被告公司的监事身份,虽有限公司监事不是公司登记事项,但公司监事变动属于应当向公司登记机关备案事项,且公司监事依法应按公司章程承担法律责任,故本案仍应属于请求变更公司登记纠纷。现原告要求退出被告公司监事身份,被告公司应修改公司章程,将公司章程中记载的原告刘某担任监事的记录予以撤销或变更,并向公司登记机关备案。法院最后判决:被告航源公司于本判决生效后7日内修改公司章程,将公司章程中记载的原告刘某担任监事的记录予以撤销或变更,并到市场监督管理部门备案。

裁判观点二: 当事人诉请变更公司的基本存款账户信息中的法定代表人和预留联系人的,属于法院受案范围,可予支持。

【典型案例】吴某君、武某等与嘉盛美公司等请求变更公司登记纠纷案。[2] 法院认为,《合同法》第60条第2款[3] 规定,当事人应当遵循诚实信用原则,根据合同的性质、目的和交易习惯履行通知、协助、保密等义务。该条文规定的是合同的附随义务。附随义务是指不具有独立的意义,仅具有补助义务的功能,其目的在于确保债权人的利益能得到最大满足。本案中,两原告与被告何某焰签订《股权转让协议》,约定两原告将持有被告嘉盛美公司的股权转让给被告何某焰。被告嘉盛美公司作出股东会决议,任命被告何某焰为执行董事、法定代表人。2018年1月9日,被告嘉盛美公司工商登记的股东由两原告变更为被告何某焰,法定代表人由原告吴某君变更为被告何某焰。办理工商变更登记后,说明被告何某焰履行了合同约定的主义务,但根据上述法律规定,被告何某焰应履行办理被告嘉盛美公司基本存款账户信息的变更备案手续等合同附随义务。同时,被告嘉盛美公司作为标的公司以及基本存款账户的所有者应及时办理相应变更手续。综上,两被告应向第三人招商银行泰然金谷支行申请将被告嘉盛美公司的基本存款账户信息中的法定代表人和预留联系人变更为被告何某焰。

---

[1] 参见湖南省长沙市雨花区人民法院民事判决书,(2021)湘0111民初12882号。
[2] 参见广东省深圳市龙岗区人民法院民事判决书,(2019)粤0307民初11348号。
[3] 参见《民法典》第509条第2款。

此外,应当注意有关商事登记的行政诉讼可以合并处理涉股权变更登记的民事纠纷的情况有:第一类,当事人一致同意涉股权变更的民事争议在行政诉讼中一并解决的,经法院准许,由受理行政诉讼的法院管辖;第二类,法院在审理涉股权变更登记的行政诉讼中一并受理、审理股权转让纠纷的,股权转让纠纷应单独立案,由同一合议庭审理。

二、请求变更公司登记纠纷的管辖

根据《民事诉讼法》第27条、《民事诉讼法司法解释》第22条的规定,请求变更公司登记纠纷的案件由公司住所地法院管辖。

三、请求变更公司登记纠纷的案由确定

能否进行变更登记的核心在于原告主张变更的基础关系是否成立,及是否存在无法变更的阻却性事由。实务中一般情形下,请求变更法定代表人、董事、监事或高级管理人员的纠纷不会与其他案由存在竞合。但请求变更股东登记的纠纷,通常会与股东资格确认、股权转让、股东名册记载等纠纷相结合,对于原告诉讼请求涉及上述多个案由的情况,可参照股东名册记载纠纷中关于案由的论述:实践中,股东名册记载纠纷通常会同股东资格确认、股权转让、请求变更公司登记等纠纷结合在一起,单纯提起股东名册记载纠纷的情况较少。因此,在股东名册记载纠纷中,往往包含对股东身份的确认,此时股东名册记载只是手段而非目的,实务中往往是以并列案由或仅列其他主要纠纷案由的方式处理。如原告在诉讼请求中要求确认股东资格,同时要求签发出资证明书、记载于股东名册并在登记机关进行登记,应以确认股东资格所涉纠纷作为案由,吸收或并列股东名册记载纠纷和变更公司登记纠纷;若原告诉求中请求法院判决公司将其股份记载于股东名册并在登记机关登记,则以股东名册记载纠纷作为案由,吸收或并列变更公司登记纠纷。对于仅提起股东名册记载纠纷的案件,如果股东身份并不明确且双方存在争议,原告仅起诉要求公司在股东名册中进行记载,法院应当向原告释明告知其增加确认股东资格作为独立诉讼请求。如原告拒不增加,法院可驳回诉讼请求;如原告增加,则案由应并列确定为股东资格确认纠纷、股东名册记载纠纷,应按照股东资格确认所对应的股权价值标的确定级别管辖和诉讼费收取标准。根据不同情况,具体处理方式如下:

若原告请求确认股东资格并一并诉请办理股东变更登记,应以股东资格确认纠纷为主案由,吸收请求变更公司登记纠纷,在案件中对股东资格纠纷与公司变更登记纠纷一并审理。

若原告诉请变更工商登记但未诉请确认股东资格,法院应当向原告释明,由原告决定是否增加确认股东身份诉讼请求。如原告增加该请求,则应以股东资格确认纠纷为主案由,同时应按照股东资格确认纠纷案由所确定的诉讼股权价值标的确定级别管辖和诉讼费收取标准;如当事人拒不增加确认股东资格请求,仍要求进行审理的,但双方对其股东资格又存在实质争议,法院应驳回原告的诉讼请求。

对于原告诉请法院判决公司将其股权记载于股东名册,并在登记机关登记的,应以股东名册记载纠纷为案由,吸收或并列变更公司登记纠纷。

四、请求变更公司登记纠纷的诉讼主体

(一)原告主体

请求变更公司登记纠纷案件的原告主体包括:法定代表人;董事、监事、高级管理人员;股东。

对于原告请求变更(涤除)公司法定代表人、董事、监事、高级管理人员或股东,首先应注意其是否为公司工商登记在册的上述人员,或者与登记在册的上述人员有利害关系。

对于原告请求变更公司登记事项的,应关注其是否具备公司的法定代表人董事、监事、高级管理人员或股东身份。

公司是否可以作为请求变更公司登记之诉的原告?关于公司能否作为变更公司登记之诉的原告,实务中存在争议。《公司法解释(三)》第23条明确规定公司为变更登记的义务主体身份,如允许其作为原告提起变更登记之诉,则会出现原告、被告相同的冲突情况,不符合上述条款的立法本意。但是在某些特殊情况下,公司作为义务主体实际办理变更登记时,可能面临登记机关要求其他主体(如原股东、原法定代表人)签署某些材料、进行面部识别或者到现场验证等客观障碍,导致公司无法完成变更登记的办理。在此情况下,公司能否作为原告要求相关主体协助配合办理公司变更登记,在实务中存在争议。

裁判观点一:公司可以作为请求变更公司登记之诉的原告。

【典型案例】胡某心与东方百货公司请求变更公司登记纠纷案。[①] 关于本案定性是否准确的问题,二审法院认为,根据《民事案件案由规定》的规定,民事案件案由应当依据当事人主张的民事法律关系的性质来确定。本案一审中,东方百货公司依据2017年12月15日作出的股东会决议解除胡某心的股东资格后,按照《公司法》(2018年)第32条[②]之规定,在胡某心不配合东方百货公司办理公司变更登记时,依法诉至一审法院请求胡某心予以配合,一审法院根据东方百货公司主张的法律关系确定本案案由为请求变更公司登记纠纷并无不当。

裁判观点二:公司不可以作为请求变更公司登记之诉的原告。

【典型案例】东方廊桥公司、刘某才请求变更公司登记纠纷案。[③] 二审法院认为,请求变更公司登记纠纷系股东对于公司登记中记载的事项请求予以变更而产生的纠纷,据此,在请求变更公司登记纠纷案中,行使变更请求权的主体应为公司股东,而非公司本身。公司对于公司登记而言应为义务主体,即应由公司向工商登记机关申请变更相关事项,公司备案登记与公司本身并不具有直接利害关系。因此,东方廊桥公司向刘某才提出诉讼请求,不符合相关法律规定,东方廊桥公司在本案中不具有诉讼主体资格,其并非本案适格原告。故东方廊桥公司关于其起诉符合法律规定的上诉理由不能成立,法院不予支持。

面对此类情形,为避免因原告主体为公司可能出现的争议,实务中可以通过公司其他股东向公司提起请求变更公司登记之诉,获得生效判决并申请执行;或者以公司名义提起股东资格

[①] 参见甘肃省嘉峪关市中级人民法院民事判决书,(2018)甘02民终263号。
[②] 参见新《公司法》第34条、第35条。
[③] 参见四川省成都市中级人民法院民事裁定书,(2017)川01民终10883号。

的消极确认之诉,获得生效判决等途径予以变通解决。

(二)被告及第三人主体

原告请求变更公司法定代表人、董事、监事及高级管理人员,应以承担变更登记的公司作为被告,根据具体情况确定第三人。

第一,原告请求涤除公司法定代表人、董事、监事及高级管理人员登记的,以公司作为被告,公司是承担变更登记的义务主体。

第二,原告请求变更公司法定代表人、董事、监事及高级管理人员的,以公司作为被告,以主张变更的主体作为第三人,公司是承担变更登记的义务主体,第三人有义务协助办理法定代表人、董事、监事及高级管理人员的变更登记。

第三,原告请求变更公司登记股东的,公司是承担变更登记的义务主体,具体应注意以下情形:

(1)原告通过股权受让取得股东资格的,根据其诉请的不同确定股权转让方的主体身份。根据《公司法》第86条第1款的规定,如股权转让方在履行股权转让协议过程中,怠于履行转让协议中约定的通知公司或协助公司办理股东变更登记等法定或合同义务的,股权受让方基于股权转让协议提起变更登记纠纷诉讼,请求公司办理股东变更登记、股权转让方协助办理股东变更登记的,股权受让方与股权转让方和公司之间存在利益对立性,原告有权以公司及股权转让方为共同被告;如股权转让方已经履行了股权转让协议约定的义务,但公司未办理股东变更登记的,可以公司作为被告,以股权转让方为第三人,公司是承担变更登记的义务主体,股权转让方作为第三人,负有协助原告办理股权变更登记的义务。

司法实务中相关的裁判观点及典型案例如下。

裁判观点一:变更公司登记系公司行为,义务主体为公司,股权转让人对受让人变更公司登记没有协助义务,应当驳回原告对股权转让人的诉讼请求。

【典型案例一】 梁某昌与新昌营造厂等请求变更公司登记纠纷案。[①] 法院认为,公司法定代表人应当依法进行登记。根据《公司法》以及《公司登记管理条例》之规定,公司登记包括变更登记,均系公司行为,登记义务主体是公司。作为请求变更公司登记纠纷,本案中梁某昌将新昌营造厂列为共同被告并提出诉讼请求,属于对法律的认识错误,新昌营造厂依法不属于本案适格被告。

【典型案例二】 杨某、飞龙公司与邵某民、何某江、李某请求变更公司登记纠纷案。[②] 二审法院认为,本案中,飞龙公司股权发生变更,飞龙公司应及时向公司登记机关申请变更登记。据此,向公司登记机关申请变更登记的义务主体为飞龙公司,并非飞龙公司的股东,也并非案涉股权受让人或出让人。因此,原审法院对杨某诉求飞龙公司履行股权工商变更手续予以支持,对杨某诉求邵某民、何某江、李某履行办理股权工商变更手续不予支持,并无不当。

---

① 参见北京市第四中级人民法院民事判决书,(2020)京04民初251号。
② 参见广东省东莞市中级人民法院民事判决书,(2014)东中法民二终字第45号。

裁判观点二：股权转让人对股权受让人有协助变更登记的义务，股权受让人可以将其作为共同被告提起请求变更公司登记之诉。

【典型案例一】周某熙、游某斌请求变更公司登记纠纷案。① 法院认为，根据《银龙公司股东大会决议》及分配表，银龙公司全体股东将银龙公司整体（含债权债务）转让给周某熙，并对每个股东股权对应的转让款进行了分配及确认，该决议内容不违反法律规定，对银龙公司、游某斌具有约束力。经习水县人民调解委员会组织调解，周某熙与游某斌协商一致，剩余未支付的980,890元转让款转为游某斌合伙份额入股银龙公司，因此，游某斌实际转让给周某熙800,000元的股权，其对应的股份份额为800,000元/1,780,898元×52.5%＝23.58%。银龙公司、游某斌应当将登记在游某斌名下银龙公司23.58%的股权变更登记到周某熙名下。最后判决：限被告银龙公司、游某斌于判决生效之日起30日内协助原告周某熙将登记在被告游某斌名下被告银龙公司23.58%的股权变更登记到原告周某熙名下。

二审法院亦判决：由银龙公司、游某斌于本判决生效之日起30日内协助周某熙将登记在游某斌名下银龙公司32.88%的股权变更登记到周某熙名下。②

【典型案例二】原告李某与被告甲公司登记纠纷案。③ 法院认为，甲公司确认原告已经履行支付股权转让款的义务，而乙公司在2005年4月26日就确认了原告的股东身份，因此原告有权要求乙公司到工商部门变更股东登记，甲公司作为涉案股权出让方应协助办理相关手续。

裁判观点三：股权转让人依据诚实信用原则对股权受让人有协助变更登记的义务，股权受让人可以将其作为第三人提起变更公司登记之诉。

【典型案例一】杨某全、东海公司股权转让纠纷案。④ 二审法院认为，在股权变更登记手续过程中，作为股权转让人的李某虎、杨某桐应该履行诚实信用的原则，履行相关的配合义务，故杨某全要求杨某桐、李某虎配合完成股权变更登记手续的诉讼请求应予支持，一审未在判项中列明，二审予以改判。最后判决：被告东海公司于本判决生效之日起10日内向公司登记机关申请将登记在杨某桐名下10.86%的公海公司股权、登记在李某虎名下9.30%的东海公司股权变更登记至原告杨某全名下，李某虎、杨某桐应予以协助配合。

【典型案例二】卫某武、朱某亮等请求变更公司登记纠纷案。⑤ 二审法院认为，根据《公司法》（2018年）第32条⑥的规定，公司应当将股东的姓名或者名称向公司登记机关登记；登记事项发生变更的，应当办理变更登记。本案中，向公司登记机关申请变更登记的义务主体为嘉鸿公司，而非公司股东卫某武，作为嘉鸿公司股东的卫某武，仅有依诚实信用原则协助配合的义务，对争议的诉讼标的没有独立的请求权，其身份为无独立请求权的第三人。

---

① 参见贵州省习水县人民法院民事判决书，(2019)黔0330民初3038号。
② 参见贵州省遵义市中级人民法院民事判决书，(2020)黔03民终419号。
③ 参见上海市宝山区人民法院民事判决书，(2012)宝民二（商）初字第996号。
④ 参见云南省大理白族自治州中级人民法院民事判决书，(2020)云29民终357号。
⑤ 参见江苏省泰州市中级人民法院民事裁定书，(2022)苏12民辖终37号。
⑥ 参见新《公司法》第34条。

【典型案例三】魏某豪、中旅公司等请求变更公司登记纠纷案。① 法院认为,第三人巫某维与原告之间的股权转让合同合法有效,且经过其他股东同意,双方亦办理了股权交割手续。被告中旅公司应办理上述股权变更登记手续,第三人巫某维应予以配合。最后判决:被告中旅公司应于本判决生效之日起30日内办理第三人巫某维持有的中旅公司51%股权变更登记至原告魏某豪名下的变更登记手续,第三人巫某维应予以配合和协助。

(2)原告作为隐名股东起诉请求确认其股东资格并要求公司办理变更登记的纠纷。按照民事诉讼证据规则,隐名股东此时应承担证实名义股东缺乏出任股东的真实意思表示,并非真正意义股东的证明责任。此时,名义股东与隐名股东是诉讼利益相对立的两方当事人,名义股东符合被告诉讼地位的特征,故相关纠纷应将公司和名义股东列为共同被告。此外,依据《公司法解释(三)》第24条的规定,需要经公司其他股东过半数同意,故其他股东应当为此类案件的当事人,在实务中有以其在公司变更登记过程中负有协助义务为由将其与公司共同列为被告,亦有将其列为第三人的情况,甚至还有法院认为隐名股东诉请变更股东登记的,虽需查明其是否已征得公司其他股东半数以上同意,但其他股东无须作为案件当事人参与诉讼。

裁判观点一: 实际出资人显名应征得公司其他股东半数以上同意,故法院应当追加公司其他股东参加诉讼,否则属于遗漏案件当事人,程序违法。

【典型案例】利和国泰酒业公司、利和酒业公司请求变更公司登记纠纷案。② 二审法院认为,根据《公司法解释(三)》第24条第3款"实际出资人未经公司其他股东半数以上同意,请求公司变更股东、签发出资证明书、记载于股东名册、记载于公司章程并办理公司登记机关登记的,人民法院不予支持"之规定,本案中,利和国泰酒业公司要求变更登记为利和酒业公司的名义股东,需要征求利和酒业公司的其他股东的意见,故一审法院应当追加利和酒业公司的其他股东为本案当事人而未追加,遗漏当事人,程序违法。

裁判观点二: 显名股东在公司变更登记过程中负有协助义务,其诉讼主体地位应与公司作为共同被告。

【典型案例】宏源公司、王某楼等股东资格确认纠纷案。③ 法院认为,王某楼、韩某稳、吉某明签订的代持股协议书,以及韩某稳、吉某明向王某楼出具的声明,均是王某楼、韩某稳、吉某明之间的相关约定,只在王某楼、韩某稳、吉某明之间产生相关的法律效力,对其他人不产生相应的法律效力,不足以否定宏源公司的工商档案的相关登记内容。所以,按照工商登记档案的记载,目前宏源公司股东是韩某稳和吉某明。股权转让人韩某稳、股权受让人王某楼于2020年8月4日签订了股权转让协议,该协议中约定了韩某稳将其持有的宏源公司的6万元股权转让给王某楼,吉某明也当庭表示对韩某稳将代持股权返还给王某楼没有异议,可见2020年8月4日股权转让协议没有违反法律或行政法规的强制性规定,应当合法有效,故王某楼有权要求宏源公司办理上述股东变更登记手续,王某楼有权要求韩某稳承担上述股东变

---

① 参见广东省深圳市前海合作区人民法院民事判决书,(2021)粤0391民初4268号。
② 参见贵州省遵义市中级人民法院民事裁定书,(2020)黔03民终3320号。
③ 参见江苏省海安市人民法院民事判决书,(2021)苏0621民初700号。

更登记的协助义务,法院予以支持。宏源公司辩称其作为被告主体不适格,法院不予采信。韩某稳辩称其作为被告主体不适格,因为韩某稳应当承担上述股东变更登记的协助义务,所以王某楼将韩某稳列为本案的被告主体,并无不当。韩某稳只考虑到在股东资格确认争议中韩某稳的诉讼身份应当列为第三人,未考虑到在请求变更公司股东登记争议中韩某稳的诉讼身份应当列为被告的情形,所以韩某稳辩称其作为被告不适格,法院不予采信。二审法院①维持了一审判决。

裁判观点三: 显名股东在公司变更登记过程中负有协助义务,其诉讼主体地位应为第三人。

【**典型案例**】美里湖公司与信合小额贷款公司请求变更公司登记纠纷案。② 法院认为,美里湖公司委托第三人光明化工厂代持其在信合小额贷款公司的股权,并签订协议书,其代持协议有效。美里湖公司应为信合小额贷款公司实际出资人。信合小额贷款公司认可并同意光明化工厂持有的股权是代美里湖公司持有。现美里湖公司请求显名登记,符合法律规定,应予支持。美里湖公司要求判令信合小额贷款公司在判决生效之日起 10 日内变更工商登记,将光明化工厂持有被告 5% 的股权变更至美里湖公司名下,同时要求判令光明化工厂履行协助变更工商登记义务,符合合同约定,不违反法律法规规定,法院予以支持。最后判决:被告信合小额贷款公司在判决生效之日起 10 日内变更工商登记,将第三人光明化工厂持有的信合小额贷款公司 5% 的股权变更至原告美里湖公司名下;第三人光明化工厂(显名股东)在将其所持有的信合小额贷款公司 5% 的股权变更至原告美里湖公司名下的过程中履行协助义务。

在此类案件中,笔者认为无论其他股东是否同意隐名股东显名,其均无须承担法律责任,仅对案件事实的查明具有帮助作用,所以其在诉讼中的主体地位应为第三人更为妥当。

(3)原告以其被冒名登记为由请求公司变更登记的,应以公司作为被告。可以将有利害关系的股东作为第三人参加诉讼。此外,被冒名的股东也可以通过提起行政诉讼,申请工商登记部门撤销登记。

(4)原告通过继承取得股权,公司及其他继承人不配合办理股权变更登记的,可根据诉讼请求将公司及其他法定继承人作为共同被告一并起诉。

五、请求变更公司登记纠纷的诉讼请求

核心在于原告诉讼请求是否具有可诉性。对于原告主张变更登记公司法定代表人、董事、监事、高级管理人员或股东登记事项的,通常分为变更类和涤除类两种。对诉请为变更类的,诉请中应当明确变更前及变更后的相关人员。如原告主张变更类诉请但无法明确变更后主体的,法院一般会释明是否将诉请变更为涤除;如果原告坚持变更的,但无法明确变更后的主体,法院不予支持其变更的诉讼请求。对于诉请为涤除类的,核心在于原告主张涤除的事实是否成立,如果经审查原告主张的涤除事实成立,应当判决涤除,否则不支持。在这里我们需要特别注意的是,《公司法》第 34 条规定:"公司登记事项发生变更的,应当依法办理变更登记。公

---

① 参见江苏省南通市中级人民法院民事判决书,(2021)苏 06 民终 2425 号。
② 参见山东省济南市槐荫区人民法院民事判决书,(2020)鲁 0104 民初 760 号。

司登记事项未经登记或者未经变更登记,不得对抗善意相对人。"

六、请求变更公司登记纠纷诉讼中常见的被告抗辩思路

(一)基础关系的抗辩

(1)主张基础关系不成立或无效。

(2)基础关系合法、有效但履行条件不成就。原告未履行基础关系赋予的义务,而该义务的履行是原告变更法定代表人、董事、监事、高级管理人员、股东身份的前提条件。如原告作为法定代表人、董事、监事、高级管理人员有无向公司提出有效的辞职申请;原告作为法定代表人、董事、监事、股东有无先行进行内部救济等。

(二)存在阻却性事由

(1)原告有担任法定代表人的阻却事由,即原告存在《市场主体登记管理条例》第12条规定的情形。

(2)原告有担任董事、监事的阻却事由,即原告存在《公司法》第178条规定的情形。

(3)原告有无变更股东的阻却性事由。如在隐名股东要求显名时,未经过其他股东过半数以上同意。如部分股权转让协议中,受让方有相应的主体限制,即其资格存在以下法律障碍:一是中国公民个人不能作为中外合资(合作)有限公司的股东;二是属于国家禁止或限制外资企业准入行业公司的股权,禁止或限制向外商转让;三是法律法规、政策规定不得从事营利性活动的主体,不得受让公司股权成为公司股东,例如各级国家机关的领导。

七、请求变更公司登记纠纷诉讼中的举证

根据《民事诉讼法》第67~68条,《民事诉讼法司法解释》第90~96条,《民事诉讼证据规定》第1~10条、第51~57条等规定内容,结合请求变更公司登记纠纷诉讼特点,关于请求变更公司登记纠纷诉讼中的举证,应注意以下问题。

(一)举证责任分配原则:"谁主张,谁举证"

原告的举证责任:应举证证明具备确认或变更的实质要件、公司急于履行变更登记等事实。对于公司急于履行变更登记这种不作为侵权行为,公司具备履行变更登记的条件却未履行,即存在侵权行为和过错,未办理公司变更登记即产生损害后果,公司承担的责任是履行公司变更登记的作为义务。

被告的举证责任:应举证证明是否存在阻却性事由。双方如否定对方举证存在的事实,则应当承担相应的举证责任。具体而言,原告应承担举证证明存在合法、有效的基础关系且依据基础关系请求变更的条件已经成就;被告则应承担举证证明基础关系不成立、无效或存在无法履行的事实等阻却性事由。

(二)证明法定代表人、董事、监事、高级管理人员存在基础关系变更的证据

主要包括:

(1)股东会决议、董事会决议;

（2）股东名册、公司的任命书等；

（3）另案生效的裁判文书。

（三）证明法定代表人、董事、监事、高级管理人员解除委托关系的证据

主要包括：

（1）离职证明、离职申请书，变更（涤除）法定代表人、董事、监事、高级管理人员的申请或说明。对于离职的员工，需要提供请求公司解除法定代表人、董事、监事、高级管理人员的申请书或说明。

（2）劳动合同、社保记录、工商登记信息。对于离职的员工，需要提供能证明其与公司并无实际关联，事实上不再具备委托关系的材料。

（3）报警记录、公安机关的受理回执、遗失声明。对于主张被冒名登记的法定代表人、董事、监事、高级管理人员，应当提供身份证遗失后的报警记录、公安机关的受理回执，证明其在遗失身份信息后有积极避免身份信息被冒用的行为。

（4）工商档案材料的签名鉴定结果。对于主张被冒用身份信息进行公司登记的，可以申请对工商档案中的材料进行鉴定，证明其并未签署上述登记材料。

（四）证明股东存在基础关系变更的证据

可参见股东名册记载纠纷的部分，主要包括：

（1）具备确认股东资格的生效文书；

（2）股东之间或者股东与公司之间的书面协议，如发起人协议、出资协议、增资扩股协议；

（3）公司章程、出资证明书、资产评估报告、验资报告；

（4）出让或接收股权（出资）的证据，如给付、接收转让股款，公司出具的出资证明书、股东名册，转让方将公司的管理权转移给受让方的证据等；

（5）对于因赠与或继承方式取得股权的，应出具赠与协议、继承的公证书或者遗产分割协议。

（五）证明公司其他登记事项基础关系变更的证据

主要包括：

（1）股东会决议。原告主张公司办理其他登记事项变更的，同样应当提供有效的股东会决议，公司的股东会决议是法院能否支持变更公司其他登记的前提。

（2）另案生效判决。司法实务中，请求变更公司其他登记事项的纠纷较少，主要类型为原股东会决议被另案判决确认无效后，公司股东诉请公司将公司登记事项恢复到原来状态。

八、诉讼时效和诉讼费标准

（一）诉讼时效

诉讼时效制度适用于债权请求权，而请求变更公司登记纠纷并非债权请求权之诉，故而不受诉讼时效的约束。

(二)诉讼费的标准

诉讼费确定标准以诉讼标的为基础,如在请求变更公司登记纠纷中只主张公司变更法定代表人、董事、监事或高级管理人员,则应按件收费。如果既请求确认股权和股东资格,又请求公司变更股东登记,一般按股权价值标的来收费。

九、请求变更公司登记纠纷中民事诉讼与行政诉讼程序区分与执行衔接

1. 请求变更或者撤销登记的主体不同

(1)民事诉讼中,个人、公司(营商主体)因公司或股东不配合办理公司变更登记引发的纠纷,当事人请求履行变更、撤销的义务主体是公司或股东,以公司、股东作为被告。

(2)行政诉讼中,申请人(工商主体)向工商登记机关(行政主体)申请撤销或变更登记,因工商登记机关不予受理或不予变更,原告对上述作为或不作为的登记行为有异议而引发的纠纷,当事人请求履行变更、撤销的义务主体是工商登记机关,以工商登记机关作为被告。

2. 适用诉讼程序和受理范围不同

民事诉讼适用《民事诉讼法》的相关规定,是两个民商主体之间的纠纷,当事人提起诉讼的前提是公司、股东的不作为或者错误作为。行政诉讼适用《行政诉讼法》的相关规定,是民商主体与行政主体之间的纠纷。当事人提起行政诉讼的前提是行政机关对当事人的申请未予受理或未予处理,是基于行政机关先前作出的行政行为、行政许可或具有普遍约束力的决定、命令而提起的诉讼。

3. 诉讼请求不同

(1)民事诉讼中,当事人的诉请为请求公司变更(涤除)公司法定代表人、董事、监事、高级管理人员或股东的工商登记。在股东身份未经生效裁判文书或仲裁裁决等文书确认的情况下,当事人申请变更股东登记的,需要先行审查能否确认其股东身份。

(2)行政诉讼中,当事人的诉请主要是基于其向工商登记部门申请办理、变更工商登记信息,但工商登记部门未予受理或未予变更、撤销,从而针对工商登记部门的不作为行为或错误作为的行为提起诉讼,上述行政诉讼案件根据诉讼请求不同主要有以下两种类型:

第一种类型为工商登记机关不予受理变更纠纷诉讼。

此纠纷类型主要为工商登记机关在受理阶段即对申请材料提前进行审查,并以不予受理决定代替本应经过实体审查后才能依法作出的不予变更登记决定。当事人对于工商登记机关作出上述不予受理决定不服的,可以提请行政诉讼。通常情况下,当事人的变更登记材料齐备且符合法定形式的,工商登记机关应予以受理。

【典型案例】万千公司诉上海市某区市场监督管理局要求履行法定职责案。[1]法院认为,当公司章程的前后规定存在冲突时,登记机关在审查中是否可以直接作出判断。从该案查明事实来看,万千公司公司章程第21条第2款及第53条关于章程修改的规定明显存在冲突。按

---

[1] 参见上海铁路运输法院行政判决书,(2017)沪7101行初161号。

照私法自治原则以及公司登记审查的上述规定,立法并未赋予登记机关对上述冲突作出判断的职责权限。因此,对公司章程存在冲突的情形,登记机关可向当事人释明自行协调或通过其他途径寻求救济,而不宜直接作出判断。综上所述,原告请求法院判决被告受理其经营期限变更登记申请的诉讼请求于法有据,法院予以支持,被告应在受理后对原告的申请登记事项进行审查,依法决定是否准予变更登记。

第二种类型为工商登记机关不予变更、撤销公司登记纠纷诉讼。

常见问题是工商登记机关在公司设立审查时未尽到审慎义务,致使当事人的身份被冒用,当事人因此要求工商登记机关纠正先前作出的设立登记行为,并据此提起工商行政登记诉讼。

第四章 涉资本纠纷

第一节 公司涉资本相关纠纷概述

一、公司资本相关纠纷的分类[①]

（一）股东出资纠纷

股东出资，是指出资人为取得股权，在公司设立或者增资时，根据法律、章程规定或协议约定向公司履行给付义务的法律行为。股东出资是公司资本最原始的来源，通常涉及四个方面：(1)对公司，是公司开展经营活动和承担市场风险的基础。(2)对股东，是其对公司应履行法定义务及取得股权的对价，承担有限责任的前提和限度，也是一种资本转化为股权的投资方式。(3)对股东之间，是股东履行各方订立的投资协议、章程等合同义务的行为。这里需要注意的是，虽然新《公司法》删除了原《公司法》第28条第2款"股东不按照前款规定缴纳出资的，除应当向公司足额缴纳外，还应当向已按期足额缴纳出资的股东承担违约责任"之规定，但是并未免除瑕疵出资股东对于其他股东的违约责任。（发起人）股东之间存在设立协议（无论有无书面文本的签署，这一契约关系都是客观存在的），以及公司章程作为实质意义上的契约文本，都有关于各个（发起人）股东出资义务的约定，对此约定的违反，自然在缔约人之间产生违约责任，这是毋庸置疑的。由于涉及部门法的规范对象分工问题，这一违约责任属于契约法调整，可直接适用《民法典》合同编的相应规定，《公司法》则无须重复规定。(4)对债权人，是公司承担交易风险、履行债务的信用基础。因此，由股东出资而引发的相关纠纷主要围绕公司、股东及债权人之间权利义务的平衡而展开。

（二）新增资本认购纠纷

新增资本认购，是指公司成立后依法定条件和程序，由认购人认购新增资本，以增加公司资本额的法律行为。新增资本认购人向公司缴纳出资，根据《公司法》第228条的规定，公司增资时，股东认缴新增资本的出资，按照公司设立时的规定执行，即参照第50条、第99条规定的公司设立时的股东出资责任，承担新增资本的出资责任。因此，股东（包括认购新股的原股东和后续加入公司的新股东）对增资部分的出资义务，适用股东出资相关规范调整。此外，公司与新增资本认购人之间的合同权利义务，还应受《民法典》合同编调整。

（三）公司增资纠纷

公司增资，是指公司在存续过程中依法定条件和程序增加公司资本额的法律行为。公司增资根据不同标准，可分为内部增资与外部增资、同比增资与不同比增资、追加性增资及分配性增资等。增资过程中，股东与股东、股东与公司之间就是否增资、增资对象、增资比例、优先认缴权、增资价款等产生的纠纷，均属公司增资纠纷。

---

① 参见张应杰主编：《公司股东纠纷类案裁判思维》，人民法院出版社2023年版，第153～154页。

（四）公司减资纠纷

公司减资，是指公司在存续过程中依照法定条件、程序减少注册资本，将相应注册资本用以弥补亏损，或者返还股东，或者免除股东认缴出资义务的行为。公司减资根据不同的划分标准可分为形式减资与实质减资、同比减资与不同比减资等。公司减资存在导致股东之间发生减资额分配及股权比例变化，不当减资还会涉及股东与公司之间减资额的处理以及对债权人利益的保护与救济等问题。

二、公司资本相关纠纷案由[①]

根据《民事案件案由规定》的规定，与公司资本相关联的案由有股东出资纠纷、新增资本认购纠纷、公司增资纠纷、公司减资纠纷、追收未缴出资纠纷、追收抽逃出资纠纷。前四个案由为"与公司有关的纠纷"项下三级案由，后两个案由为"与破产有关的纠纷"项下三级案由。

股东出资纠纷通常由公司诉股东、股东诉股东构成，针对的是股东违反出资义务的情形，涵盖股东各种瑕疵出资情形，包括未按时出资、未出资或未足额出资、虚假出资、抽逃出资等。

新增资本认购纠纷主要发生在新出资人与公司之间以及原股东与公司之间，针对的是公司新增注册资本的情形。

新增资本认购纠纷与公司增资纠纷属于两个不同的案由。新增资本认购纠纷侧重于因"新增资本认购"行为而引发的相关纠纷，主要涉及增资人与公司之间增资权利义务的调整。公司增资纠纷侧重于股东对公司增资的决议、程序、优先认购权的分配等问题而产生的纠纷，多发生在股东与公司、股东与股东之间。

公司减资纠纷是股东与股东、股东与公司之间就减资决议、程序、减资额的分配及交付等事项引发的纠纷。实务中，债权人追究股东违法减资责任时，有的以公司减资纠纷起诉，有的以股东损害公司债权人利益责任纠纷起诉。此外，由于公司增减资均需以公司特别决议形式通过，实践中对公司增减资纠纷还时常以公司决议纠纷体现，包括公司决议无效、撤销或不成立等纠纷。

"追收未缴出资纠纷、追收抽逃出资纠纷"通常由破产管理人向破产企业的股东提出。债权人追究股东瑕疵出资责任，一般适用于股东损害公司债权人利益责任纠纷，如果是通过追加被执行人程序请求股东承担责任，还可能会被确认为申请执行人执行异议之诉、追加或变更被执行人异议之诉等案由。但股东损害公司债权人利益责任纠纷和执行异议之诉还包括出资瑕疵以外其他的损害情形。

三、公司自治与《公司法》规制的界限问题

（一）公司增资、减资过程中资本绝对多数决适用范围问题

新《公司法》颁布前，原《公司法》仅规定有限责任公司增加、减少注册资本需由股东会以

[①] 参见张应杰主编：《公司股东纠纷类案裁判思维》，人民法院出版社2023年版，第154~155页。

特别决议形式作出，即必须经代表 2/3 以上表决权的股东通过；股份有限公司增资、减资决议必须经出席会议的股东所持表决权的 2/3 以上通过。也就是说，上述比例表决权可决定公司是否增资、减资，此外除全体股东另有约定，有限责任公司股东有权按照实缴的出资比例认缴新增资本。增资对价、减资对象及对价是否同样由上述比例表决权通过即可，未有规定。而新《公司法》第 224 条第 3 款明确了对于不同比减资，有限责任公司需要全体股东一致同意，股份有限公司的不同比减资表决方式应由章程规定，从而解决了司法实践中针对不同比减资的股东会决议的表决方式问题。对此，之前亦有法院认为公司增减资过程中的具体事项，并不当然一概适用法定的表决权比例，涉及股东固有利益减损的情形，应适用资本一致决，理由为：

法律行为合法边界是不损害他人合法权益，《公司法》第 21 条亦规定，股东不得滥用权利，损害公司或者其他股东及债权人的利益。

公司资本总额及股权结构是公司发起人一致约定的结果，具有合同性质，在不同比增资或减资场合，由于涉及股权结构的变更，应考虑是否经过了全体股东的一致同意，如果未经全体股东一致同意，应考察决议作出的背景、各股东的意志、利益等，从而全面审查决议的合法性问题。

公司增资、减资在某种程度上具备公司"分配"的性质，在容易产生股东间利益冲突的盈利增资及亏损减资情形下，增资属于增加股权份额获取对未来利润的分配，减资属于取回出资获取对公司财产的分配，此种情形下应适用公司分配的法律规范。我国《公司法》对有限责任公司分配的规定主要体现在《公司法》第 227 条第 1 款，该款规定："有限责任公司增加注册资本时，股东在同等条件下有权优先按照实缴的出资比例认缴出资。但是，全体股东约定不按照出资比例优先认缴出资的除外。"该规定体现了两个立法主旨：一是法律对增资和分红予以强制干涉，即必须是同比例增资和分红；二是仅在全体股东一致同意的情况下可以差别增资和分红。其所体现的价值导向是同股同权。因此，公司减资过程中如涉及对股东固有权利如资产收益、重大决策等权利的影响，应审慎适用"资本多数决"。

【典型案例】 陈某和与联通公司决议效力确认纠纷案。[①] 二审法院认为，根据《公司法》的规定，股东会的决议内容违反法律、行政法规的无效；股东会的召集程序、表决方式违反法律、行政法规或章程的，或者决议内容违反公司章程的，股东可以自决议作出之日起 60 日内请求法院撤销。本案中，联通公司未通知陈某和参加股东会，而直接作出关于减资的股东会决议，从形式上看，仅仅是召集程序存在瑕疵，但从决议的内容看，联通公司股东会作出的关于减资的决议已经违反法律，陈某和可以请求确认该股东会决议无效。理由如下：（1）《公司法》规定，股东会会议作出减少注册资本的决议，必须经代表 2/3 以上表决权的股东通过。该规定中"减少注册资本"仅指公司减少注册资本，而并非涵括减资在股东之间的分配。由于减资存在同比减资和不同比减资两种情况，不同比减资会直接突破公司设立时的股权分配情况，如果只要经 2/3 以上表决权的股东通过就可以作出不同比减资的决议，实际上是以多数决的形式改变公司设立时经发起人一致决所形成的股权架构，故对于不同比减资，应由全体股东一致同意，

---

① 参见江苏省无锡市中级人民法院民事判决书，(2017) 苏 02 民终 1313 号。

除非全体股东另有约定。(2)在联通公司对部分股东进行减资,而未对陈某和进行减资的情况下,不同比减资导致陈某和持有的联通公司股权从3%增加至9.375%,而从联通公司提供的资产负债表、损益表看,联通公司的经营显示为亏损状态,故陈某和持股比例的增加在实质上增加了陈某和作为股东所承担的风险,损害了陈某和的股东利益。(3)股东应当遵守法律、行政法规和公司章程,依法行使股东权利,不得滥用股东权利损害公司或者其他股东的利益。而联通公司召开的四次股东会均未通知陈某和参加,并且利用大股东的优势地位,以多数决的形式通过了不同比减资的决议,直接剥夺了陈某和作为小股东的知情权、参与重大决策权等程序权利,也在一定程度上损害了陈某和作为股东的实质利益。

(二)未实缴出资即转让股权、延长出资期限、减资程序中债权人范围

实务中,未实缴出资即转让股权、延长出资期限、减资均可能给债权人造成损害,比如转让股东通过将未实缴出资的股权转让而恶意逃废债务;股东通过恶意延长出资期限逃避出资义务;减资程序中不通知债权人而给债权人利益造成损害等,这些问题均涉及债权人和债权人的利益。在解决该等问题时,首先需要解决的是债权人的范围问题,即债权人的范围应该如何确定。

未实缴出资即转让股权对债权人的影响:一是公司的出资义务主体发生变化,二是债权人对公司资本信用发生变化。

延长出资期限对债权人的影响在于,延长出资期限,即延长了股东以期限利益对抗公司及债权人行使权利主张的时间,进而产生以下影响:(1)提高了债权人对尚未足额出资股东追究其履行出资责任的时间成本;(2)延缓了债权人的资金回笼速度,给债权人造成利益损失;(3)出资期限延长,过程中公司债务可能随着时间延长而增大,进而给债权人的债权回收带来减损风险。

减资对债权人的影响在于,对减资时点以后公司的责任财产产生减损,削弱公司的偿债能力,加大了债权人债权回收的风险。

基于以上原因,对未实缴出资即转让股权、延长出资期限、进行减资的相关股东均要求秉承诚实信用原则,对债权人债权的实现履行善意提醒及注意义务,如其恶意行为造成债权人利益损害,则需要承担相应责任。

1. 债权人范围的确定

即合同之债中债权人身份的确定。

首先,前述情形中债权应指未实缴出资即转让股权、延长出资期限及减资行为前发生的债务,而非该情形后发生的债务。所以,此时核心应为未实缴出资即转让股权、延长出资期限及减资行为发生时,债务是否发生。

其次,债务发生时点的认定。一种情形是债权人的债权经生效法律文书确定的时间及之后的所有时间点均可认定为债务发生的时点。在这里应该注意的是,生效法律文书确定前并不必然可以确定债务未发生。司法实践中认为,在合同之债中,合同是债的发生原因,合同签订之日即债权人与债务人的债权债务关系发生之时,至于债权是否到期或者债权数额是否明

确,均不影响债权人身份的确定,且债权人身份的确定无须等待双方一致认可或司法确认。

裁判观点:公司对减资决议作出后至工商变更登记前产生的债权人均负有通知义务;合同之债中,合同是债的发生原因,故合同签订之日即为债权人与债务人的债权债务关系发生之时,至于债权尚未到期或者债权数额尚未明确,均不影响其债权人的身份。

【**典型案例**】博达公司与杨某林、陈某兰买卖合同纠纷案。[①] 针对博达公司是否为梅斯公司的债权人,梅斯公司是否负有通知博达公司的义务,再审法院认为,首先,博达公司与梅斯公司之间的买卖合同分别于 2015 年 10 月 8 日、11 月 11 日,2016 年 1 月 5 日签订,合同是债发生的原因,故上述买卖合同签订之日,即博达公司与梅斯公司的债权债务关系发生之时。博达公司享有要求梅斯公司支付货款的请求权,是梅斯公司的债权人。至于债权尚未到期或者债权数额尚未明确,均不影响博达公司作为债权人的身份。其次,博达公司的债权发生在梅斯公司股东会的减资决议后,工商登记变更前。梅斯公司应否就其减资通知博达公司,《公司法》对此并无明文规定。法院认为,减资是公司内部的重大行为,但同时也会影响外部债权人的利益。《公司法》规定,公司应当自作出减少注册资本决议之日起十日内通知债权人,旨在保护债权人的信赖利益和知情权,以便债权人选择要求清偿或者提供债的担保。因此,认定公司对自股东会的减资决议后至变更登记前产生的债权人均负有通知义务,更符合《公司法》的立法目的。最后,根据《公司法》的规定,对已知的、明确的债权人,公司必须以书面方式通知,对无法找到或通知到的债权人,则可通过报纸公告。本案中,博达公司是明确的债权人,梅斯公司不得以公告方式替代,而应以书面方式通知。

但是,根据前述对合同之债发生时点的认定,又可能引发一个问题,即在债权债务存在争议的情形下,公司减资时通知该债权人,是否构成公司对债权的确认,进而被动地按照减资程序要求对该债权人清偿或提供担保,这是一个无法回避的问题。对此,我们首先应当通过损益比较,然后确定是选择通知债权人,还是延后减资,或者继续减资,最终实现公司、股东利益最大化的目标。

2. 侵权之债中债权人的身份确定

对于侵权之债,侵权行为发生时债务即产生,即股东未实缴出资转让股权、延长出资期限、减资时侵权行为已发生的,应认定该债权已客观存在。

3. 债权人保护的例外

通常的问题是:(1)前述债权人是否包括其他担保措施或债权实现途径的债权人,还是仅限于无担保的普通债权人。(2)前述债权人存在其他共同或连带、补充债务人时,是否还享有前述保护制度。

司法实践中,法院在此类案件的裁判中,并不关注债权人是否存在其他的债权实现途径,而是重点考虑债权人的债权是否受到了损害。也就是说,债权人在股东未实缴出资即转让股权或公司延长出资期限、减资时能否确定其债权人身份,且能否举证证明其债权因前述行为受

[①] 参见上海市高级人民法院民事判决书,(2020)沪民再 28 号。

到了损害。只要损害事实存在,相关责任人员就应承担相应责任。

4. 债权人保护模式

事后救济模式,即债权人在其债权受到损害的情况下通过股东损害公司债权人利益责任纠纷之诉向股东追究相关责任。

过程保护+事后救济模式。如在减资程序中,公司对减资前的债权人负有通知义务,公司必须根据债权人要求提供担保或直接清偿。只有在债权人下落不明,无法直接联系的情况下,才可免除公司的直接通知义务,否则不得以公告通知方式代替直接通知义务。未按规定直接通知该债权人,可能被认定为违法减资,从而导致减资行为无效,恢复原状,股东及相关责任人赔偿因此给公司造成的损失,使债权人能够在公司恢复至减资前的状态中获得受偿。同时,根据新《公司法》第191条的规定请求存在故意或者重大过失的董事、高级管理人员对其损失进行赔偿。

5. 公司自治与司法介入的规则和界限

(1) 规则

《广西壮族自治区高级人民法院民二庭关于审理公司纠纷案件若干问题的裁判指引》(桂高法民二〔2020〕19号)认为,公司章程中含有明确请求权基础的内容可以依据该请求权基础向司法寻求救济,此外关于公司内部治理的机构规则、程序规则、运行规则或其他公司情况说明,原则上无须司法介入,不得直接诉请法院予以执行,而仅提供事后司法救济,即对于内容上或程序上违反公司章程的股东会决议或董事会决议,股东有权在法定期限内请求法院予以撤销或确认不成立;对于股东会对公司经营管理事项作出的决议,原则上不得由股东或公司直接诉请法院予以确认并执行。实务中可以参照处理。

(2) 界限

公司资本相关纠纷领域常见的公司自治事项主要涉及以下两个方面。

一是公司可以通过公司章程自主规定的有:①持股比例与股东出资比例不一致;②分红比例、认缴公司新增资本比例、表决权与股东出资比例不一致;③排除股权转让时其他股东同意权和优先购买权;④对董事、监事、高级管理人员转让本公司股份作出限制性规定。

二是公司可以自主决策的有:①公司注册资本规模、股东如何出资、以何种要素出资、出资期限如何等,均由股东自主决定;②公司对未履行或未全面履行出资股东进行权利限制或失权;③公司决议增资或减资;④公司是否分配盈余等。

(三) 实务中对公司自治事项涉诉问题的处理

1. 驳回起诉

驳回起诉适用于原告提起的诉讼不属于法院受理民事诉讼范围的情形:

一是《民事诉讼法》第127条规定的情形;

二是该事项属于特定组织自治范畴、原告和被告对诉争事项无争议,原告对诉讼不具有诉的利益等情形。

司法实践中相关的裁判观点及典型案例如下。

裁判观点：对违反公司内部规定的行为，只能通过公司内部解决。因此向法院起诉的，因不属于法院受案范围，应当驳回起诉。

【**典型案例**】泰达中欧公司与中欧经济公司公司证照返还纠纷案。[①] 二审法院认为，中欧经济公司以泰达中欧公司违反《关于公司印鉴管理的请示》，要求判令泰达中欧公司将公司印鉴按照《关于公司印鉴管理的请示》的规定交由股东共管。而泰达中欧公司《关于公司印鉴管理的请示》是公司在履行其内部管理规定的行为，属于公司内部治理的事项，对违反公司内部规定的行为，只能通过公司内部解决。故中欧经济公司的起诉不属于法院受案范围，应当驳回中欧经济公司的起诉。

2. 驳回诉讼请求

驳回诉讼请求适用于原告所诉事项属于公司自治范畴，其未经公司内部决议，径行请求司法裁判的情形。

【**典型案例一**】天然橡胶公司、华阳投资公司新增资本认购纠纷、买卖合同纠纷案。[②] 针对投资人主张解除其与公司之间的增资扩股协议、返还已注入公司的财产及请求公司办理减资手续的问题，最高人民法院认为，由于减资属于公司内部自治事项，《公司法》规定了经股东会决议后公司减资应履行的程序，但目前尚无法律规定法院可以强制判决公司减资，强制公司减资亦违背公司自治的立法精神，司法不宜直接干预，故对原告提出的判令公司减资的请求不予支持。

【**典型案例二**】长信公司与沙家浜公司、浦鑫公司股东出资纠纷案。[③] 再审法院认为，长信公司股东以沙家浜公司股东未出资为由诉请确认沙家浜公司不享有公司分红权利并责令公司依法解除沙家浜公司的股东资格，该事项应由公司依照公司章程或股东会决议的方式进行，《公司法》对未出资股东是否必然解除股东资格或限制分红权利，并未作出强制性规定，是否予以除名或限制权利最终应取决于公司内部意思自治。基于此最后法院驳回原告诉讼请求。

【**典型案例三**】风雨桥公司、三聚公司公司盈余分配纠纷案。[④] 二审法院认为，股东对公司作出的部分利润分配方案不服，请求法院判令全额分配利润，该事项属于公司商业判断范畴，是公司一项重要的内部治理权，应遵循公司自治原则，原告无证据证明其他股东存在滥用权利给其造成损失，对其请求予以驳回。

3. 公司自治失灵情形下的实体救济

实务中，当公司的自治行为引起当事人之间实体权利义务关系变动，进而产生平等主体间财产、人身（身份）关系的纠纷时，可以通过司法途径予以实体救济。例如，在增资、减资程序中，司法并不干预增资、减资决议，但当增资、减资引起民事主体间权利义务变动而引发纠纷产生诉讼时，法院应当受理并予以实体处理。又如，针对公司作出的限制股东权利、解除股东资格等决议，一般认为"股东会或董事会决议有效"不能成为确认之诉的标的，对确认股东

[①] 参见四川省成都市中级人民法院民事裁定书，(2012)成民终字第3608号。
[②] 参见最高人民法院民事判决书，(2020)最高法民终223号。
[③] 参见上海市高级人民法院民事裁定书，(2015)沪高民二（商）申字第275号。
[④] 参见广西壮族自治区柳州市中级人民法院民事判决书，(2020)桂02民终2476号。

会或董事会决议有效的诉讼应裁定不予受理,已经受理的应裁定驳回起诉,但是对其提出"无效、撤销、不成立"之诉则应受理。再如,司法实践中常有股东提起诉讼,请求法院代为作出盈余分配决议及方案,这一请求在通常情况下被认为是司法对公司自治事务的僭越,但是如果依据《最高人民法院关于适用〈中华人民共和国公司法〉若干问题的规定(四)》(以下简称《公司法解释(四)》)第15条的规定提起诉讼,法院应当受理并实体处理。

【典型案例】太一热力公司、李某军与居立门业公司盈余分配纠纷案。[①] 最高人民法院认为,公司在经营中存在可分配的税后利润时,有的股东希望将盈余留作公司经营以期待获取更多收益,有的股东则希望及时分配利润实现投资利益,一般而言,即使股东会或股东大会未形成盈余分配的决议,对希望分配利润股东的利益不会发生根本损害,因此,原则上这种冲突的解决属于公司自治范畴,是否进行公司盈余分配及分配多少,应当由股东会作出公司盈余分配的具体方案。但是,当部分股东变相分配利润、隐瞒或转移公司利润时,则会损害其他股东的实体利益,已非公司自治所能解决,此时若司法不加以适度干预则不能制止权利滥用,亦有违司法正义。虽目前有股权回购、公司解散、代位诉讼等法定救济路径,但不同的救济路径对股东的权利保护有实质区别,故需司法解释对股东的盈余分配请求权进一步予以明确。为此,《公司法解释(四)》第15条规定:"股东未提交载明具体分配方案的股东会或者股东大会决议,请求公司分配利润的,人民法院应当驳回其诉讼请求,但违反法律规定滥用股东权利导致公司不分配利润,给其他股东造成损失的除外。"在本案中,首先,太一热力公司的全部资产被整体收购后没有其他经营活动,一审法院委托司法审计的结论显示,太一热力公司清算净收益为75,973,413.08元,即使扣除双方有争议的款项,太一热力公司也有巨额的可分配利润,具备公司进行盈余分配的前提条件。其次,李某军同为太一热力公司及其控股股东太一工贸公司法定代表人,未经公司另一股东居立门业公司同意,没有合理事由将5600万余元公司资产转让款转入兴盛建安公司账户,转移公司利润,给居立门业公司造成损失,属于太一工贸公司滥用股东权利,符合《公司法解释(四)》第15条但书条款规定的应进行强制盈余分配的实质要件。最后,前述司法解释规定的股东盈余分配的救济权利,并未规定需以采取股权回购、公司解散、代位诉讼等其他救济措施为前置程序,居立门业公司对不同的救济路径有自由选择的权利。因此,一审判决关于太一热力公司应当进行盈余分配的认定有事实和法律依据,太一热力公司、李某军关于没有股东会决议不应进行公司盈余分配的上诉主张不能成立。

第二节 司法实务中股东/公司资本纠纷中的关注要点

一、股东出资纠纷中的责任承担

(一)有关股东出资的民事法律责任

一个行为可能引起的法律责任通常包括民事责任、行政责任、刑事责任。有关股东出资行为可能引发的行政责任,具体见《公司法》第250条、第251条的规定;可能引发的刑事责任,

---

① 参见最高人民法院民事判决书,(2016)最高法民终528号。

具体见《刑法》第 158 条、第 159 条。对于这两种法律责任,在此不详细阐述,重点阐述股东出资行为可能引发的民事责任相关问题。

1. 瑕疵出资股东的民事责任范畴

根据违反出资义务程度的不同,瑕疵出资股东应当对不同主体分别承担相应的法律责任:

(1) 对公司承担出资本息补足或返还责任。对于这一责任,根据公司存续阶段的变化,主张主体亦会发生相应变化:一是公司正常运营期间,由公司作为权利主体向相应股东主张权利;二是公司解散后成立清算组的,由清算组作为权利人或诉讼代表人向股东主张权利;三是公司被受理破产清算的,由破产管理人作为权利人或诉讼代表人向股东主张相应权利。

(2) 对其他已按期足额缴纳出资的股东承担违约责任。

(3) 对公司债权人在未出资本息范围内或抽逃出资本息范围内对公司债务不能清偿的部分承担补充赔偿责任。对于此,原依据为《公司法解释(三)》第 13 条第 2 款的规定,但是根据新《公司法》第 49 条第 3 款的规定,参照第 53 条、第 54 条规定的入库规则,为避免个别清偿而损害公司其他债权人利益,《公司法解释(三)》第 13 条第 2 款的规定能否继续适用,有待观望。

2. 其他责任主体和责任范畴

违反出资义务的责任主体除了股东外,还包括公司设立时的发起人,公司成立后未尽忠实勤勉义务的董事、监事、高级管理人员、实际执行公司事务的控股股东、实际控制人,不真实评估、验资或验证的资产评估、验资或验证机构,明知为瑕疵股权而受让的受让人等。前述主体分别根据不同的归责基础对瑕疵出资承担相应责任,见表 4-2-1。

表 4-2-1 不同主体基于不同归责基础对瑕疵出资的担责情况

序号	责任主体	法律依据	责任起源
1	公司设立时的发起人	(1)《公司法》第 50 条; (2)《公司法解释(三)》第 13 条第 3 款	发起人之间的法定担保义务
2	公司成立后未尽忠实勤勉义务的董事、监事、高级管理人员、实际执行公司事务的控股股东、实际控制人	《公司法》第 179 条、第 180 条	董事、监事、高级管理人员、实际执行公司事务的控股股东、实际控制人在公司增资过程中的信义义务
3	对抽逃出资的董事、监事、高级管理人员	《公司法》第 53 条	资本维持原则,董事、监事、高级管理人员在公司经营过程中的信义义务
4	提供虚假评估、验资或验证报告的资产评估、验资或验证机构	(1)《公司法》第 257 条第 2 款; (2)《资产评估法》第 50 条; (3)《注册会计师法》第 42 条	中介机构独立、客观、公正的执业要求
5	为企业提供不实、虚假的验资报告或者资金证明的金融机构	《最高人民法院关于金融机构为企业出具不实或者虚假验资报告资金证明如何承担民事责任问题的通知》第 1 条、第 2 条	金融机构的信义义务
6	明知为瑕疵股权而受让的受让人	《公司法》第 88 条第 2 款(本条吸收了《公司法解释(三)》第 18 条第 1 款内容)	股权转让后相关权利的概括转移
7	转让已认缴出资但未届期的股东	《公司法》第 88 条第 1 款	债务转让原理

(二)瑕疵出资股东责任

瑕疵出资股东责任应当分以下三种情形予以考虑。

1. 瑕疵出资股东对公司的责任

(1)向公司缴纳出资、返还出资

根据《公司法解释(三)》第13条第1款、第14条第1款,新《公司法》第49条第1款、第3款的规定,瑕疵出资股东有向公司缴纳出资、返还出资的法定义务。但需要明确的是,瑕疵出资股东的责任范围在新《公司法》颁布前为"未出资本息",新《公司法》规定为"未出资额+损失",这里的损失应当包括但不限于利息损失。

新《公司法》颁布前的过往实践中,关于"未出资本息"中利息的计算问题主要包括以下两种情况。

①利息起算时间。

章程明确了出资期限,从出资期限届满次日起算。

章程未明确出资期限,适用加速到期规定的,从具备加速到期情形的次日起算。实务中注意以下情形的利息起算日期:

一是终本案件,加速到期的情形为终本裁定的作出,即执行法院作出终本裁定之日为股东具备出资加速到期情形,利息自终本裁定次日起算。

二是公司债务产生后,股东会决议或以其他方式延长出资期限的,该延长出资期限不对债务人发生效力,利息的起算日为原出资期限届满或其债务人债务履行期限届满(二者以时间在后为准)的次日。

三是抽逃出资的利息起算日期为抽逃出资之日。

②利息计算标准。

基于出资具有法定性和约定性的二重性,利息的计算标准应该考虑以下情况:首先,股东间协议或公司章程对此是否存在约定,有约定的从约定;其次,无约定的,由于我国《公司法》对此未作明确规定,实务中一般按照中国人民银行同期同类贷款利率或全国银行间同业拆借中心公布的贷款市场报价利率作为计算利息的标准。

(2)股份有限公司的未按期缴纳股款的认股人可被要求赔偿损失

根据《公司法解释(三)》第6条的规定,针对股份有限公司中未按期缴纳股款的认股人及其认缴而未缴的股份,经公司发起人合理催缴后仍不缴纳的,对该股份,公司发起人可以另行募集,对于认股人,公司发起人可以要求赔偿损失。

(3)限制股东权利

根据《公司法解释(三)》第16条、《九民纪要》第7条的规定,瑕疵出资的股东,可能会因为其出资瑕疵而使其股东权利行使受到限制。

但实务中,因出资瑕疵而限制瑕疵出资的股东的股东权利时,应注意以下问题:

首先,应注意限制股东权利的条件:一是股东存在未履行或者未全面履行出资义务或者抽逃出资的事实;二是公司章程或者股东会决议规定了此情形下可以对股东权利进行限制。这两个条件必须同时具备,缺一不可,否则,该主张将难以得到支持。

裁判观点:享有股东权利的前提是承担股东义务,股东未履行或者未全面履行出资义务或者抽逃出资的,股东会有权决议限制该股权权益。

【**典型案例**】亿中公司与乐生南澳公司股东出资纠纷案。[①] 针对乐生南澳公司在亿湖公司中的股东权利是否应受限制的问题,最高人民法院认为,根据《公司法解释(三)》第16条的规定,股东未履行或者未全面履行出资义务或者抽逃出资,公司根据公司章程或者股东会决议对其利润分配请求权、新股优先认购权、剩余财产分配请求权等股东权利作出相应的合理限制,该股东请求认定该限制无效的,法院不予支持。亿湖公司股东会会议作出了关于限制乐生南澳公司股东权益的有效决议。根据《公司法》(2013年)第35条[②]的规定,股东按照实缴的出资比例分取红利;公司新增资本时,股东有权优先按照实缴的出资比例认缴出资。可见,享有股东权利的前提是承担股东义务,利润分配请求权、新股优先认购权、剩余财产分配请求权等股东权利是与出资义务相对应的,上述股东权利应按实缴的出资比例来行使。本案中,乐生南澳公司没有履行出资义务的事实清楚,其股东权利的行使应当受到限制。亿中公司请求法院确认乐生南澳公司对亿湖公司不享有股东的利润分配请求权、新股优先认购权、剩余财产分配请求权等股东权利合理合法,予以支持。

其次,在这一情形下权利限制的内容区分:一是股权中的自益权(利润分配请求权、新股优先认购权、剩余财产分配请求权等)可以受限;二是股东共益权(如表决权)一般不受限制,以此限制共益权则属例外情形。

再次,限制股东权利的股东会决议的表决方式:一是限制股东表决权的股东会决议的表决方式。参照《九民纪要》第7条【表决权能否受限】的规定,对瑕疵出资股东表决权的限制必须依公司章程的约定或者股东会决议的相关内容行使时,按照修改公司章程的表决方式即2/3以上表决权通过。二是限制股东利润分配请求权、新股优先认购权、剩余财产分配请求权等股东自益权的股东会决议的表决方式,根据前述规定并未要求"必须经代表三分之二以上表决权的股东通过"。对此,实务中有观点认为,通过股东会决议限制股东权利时,虽然股东会决议一般只需要股东表决权的半数以上通过,同时新《公司法》第49条、第98条均删除了股东未尽出资义务时对其他股东承担违约责任的规定,但这些违约责任并不随着这一删除行为而免除,因为(发起人)股东之间存在设立协议(无论有无书面文本的签署,这一契约关系都是客观存在的),以及公司章程作为实质意义上的契约文本,都有关于各个(发起人)股东出资义务的约定,对此约定的违反,自然在缔约人之间产生违约责任,这是毋庸置疑的,可直接适用《民法典》合同编的相应规定,且这种违约责任应是对每一个股东的违约责任。所以,即使仅有半数以上股东同意限制未尽出资义务股东的权利,也不违反法律的规定,即通过股东会决议限制股东权利是合理的。因此,法院不应否定公司作出上述限制的效力,[③] 即半数以上

---

① 参见最高人民法院民事判决书,(2016)最高法民再357号。
② 参见新《公司法》第227条。
③ 参见最高人民法院民事审判第二庭编著:《最高人民法院关于公司法解释(三)、清算纪要理解与适用》,人民法院出版社2011年版,第254页;李建伟主编:《公司法评注》,法律出版社2024年版,第200页。

表决权通过即可。

最后,限制股东权利为公司自治范围,公司可直接依据公司章程规定或依据法律和章程作出股东会决议而实施,不需要请求法院来进行限制。当被限制权利的股东对此产生异议时,才可以通过公司决议效力之诉或股东侵权诉讼向法院请求争议解决。

(4)丧失未出资对应的股权

根据《公司法》第52条第1款的规定,股东失权的条件为以下三点。

第一,股东未按照公司章程规定的出资日期缴纳出资,这里包括部分未履行,但未明确是否包括抽逃出资的行为。对于抽逃出资的股东,即使不能按《公司法》的前述规定使其丧失股东资格,但依然可以考虑参照《公司法解释(三)》第16条的规定,对该股东的利润分配请求权、新股优先认购权、剩余财产分配请求权等权利作出相应的合理限制。

第二,须经公司催告缴纳的前置程序,催缴通知应为书面形式,且给予股东补缴的宽限期不少于60天。

第三,失权通知须经董事会决议通过,此为失权的决定性环节。在这里我们应该注意:一是之前司法解释规定,股东的失权决议应当由股东会作出,而新《公司法》则规定由董事会作出,公司将此决定书面通知失权股东,生效时间为通知发出之日。二是根据新《公司法》第73条第1款、第2款的规定由董事会表决。据此,这里还需进一步注意的是:其一,董事会作出股东失权的决议,应当是根据公司章程的规定,至少全体董事过半数通过,这里不含半数本身;其二,参照《公司法》第185条的规定,被失权股东担任或委派的董事不应当享有表决权,即前述的全体董事应当排除被失权股东担任或委派的董事。

【典型案例】张某萍、臧某存公司决议纠纷案。[①] 最高人民法院认为,公司以股东会决议方式解除股东资格,被除名的股东不享有表决权,主要理由为:一是股权来自出资,在拟被除名股东没有任何出资或者抽逃全部出资的情况下,其不应享有股权,自然也不享有表决权;二是除名权是形成权,在符合一定条件下,公司即享有单方面解除未履行出资义务或抽逃全部出资股东的股东资格的权利。如果认为被除名的大股东仍然享有表决权的话,那么《公司法解释(三)》第17条的规定将会被虚置,失去其意义。故张某萍不享有表决权。

根据《公司法》第52条第2款的规定,一旦对股东作出失权决议并书面通知该股东,应及时办理法定减资手续或者由其他股东或第三人缴纳相应的出资,消除公司资本"空洞"。此时注意:一是失权通知生效日起,被失权的股东无须承担此前由于其未履行出资义务或者抽逃全部出资所导致的补足或返还义务。二是决议公司股东失权属于公司自治事项,公司董事会可直接通过董事会决议行事,无须请求法院裁判确定。被失权股东对失权决议有异议的,可依据《公司法》第52条第3款的规定提起诉讼。

如前所述,失权决议由董事会决定,而在现实中,董事会的董事往往由股东担任或委派,由于无论是《公司法解释(三)》还是《公司法》均未对作出失权决议的董事所对应的股东是否已

[①] 参见最高人民法院民事判决书,(2018)最高法民再328号。

按章程约定出资作出规定,那么如果作出失权决议的董事对应的股东亦未按章程约定履行出资义务时,该董事会决议效力应该如何认定;对此,余某英与农产品田肉联公司在公司决议效力确认纠纷案中,[1]二审法院认为,从事民事活动应当遵循公平、诚信的原则,"公司股东依法缴纳出资是其一项基本的义务,也是其享有相应的股东权利的基础。如果自己都未履行这一基本义务却以同样理由通过表决剥夺其他股东的股东资格,则明显与我国民事法律规定的诚实信用和公平基本原则不符,不应得到司法支持"。同时,该判决还指出,解除股东资格的前提是股东全部未缴出资或全额抽逃出资,如果双方对抽逃出资事实本身存在重大争议,应先通过法定程序固定和认定相应事实后再作出决议。故该案中,被告农产品田肉联公司在原告余某英完全否认其抽逃出资的情况下,未通过会计鉴定、审计或者司法途径等严格程序对其抽逃出资事实进行确认,即作出相应决议,亦不符合法定条件和程序。该观点在实务中可以参考。

2. 瑕疵出资股东对其他股东的责任

瑕疵出资股东对其他股东应承担违约责任。公司股东对公司的出资既基于《公司法》的规定,亦基于股东间的约定,约定形式通常表现为公司章程、股东协议及股东会决议,所以瑕疵出资股东除应对公司承担法定的缴纳义务外,还应对其他股东承担违约责任。

而违约责任的承担方式,适用《民法典》的相关规定予以处理:一是按约定承担违约金;二是赔偿因违约行为给其合同相对方造成的损失,损失金额应按违约损害赔偿的一般规则确定。由于出资违约行为给其他股东造成的损失可能包括公司丧失商业机会、运营困难等带来的股东利益损失,而这种损失实际上又难以量化和证明,所以在实务中我们应该更加强化协议对违约责任的约定功能,以便在发生争议时能明晰责任。

3. 瑕疵出资股东应否对债权人承担责任

虽然根据《公司法解释(三)》第13条第2款、第14条第2款的规定,瑕疵出资股东应在瑕疵出资范围内对公司债务不能清偿的部分承担补充赔偿责任。但是,根据新《公司法》第53条第2款规定,至少在抽逃出资的瑕疵出资情形中,新《公司法》规定的权利主体仅为公司,并不包括公司债权人。同时,如果此时将公司债权人直接纳入权利主体的范围,则会产生股东仅对起诉的异议债权人承担责任而带来的不公平清偿效果,与新《公司法》确立的入库规则相违背。所以,笔者更倾向于认为,在新《公司法》实施后,不应再适用《公司法解释(三)》第13条第2款、第14条第2款的规定,即瑕疵出资股东不应在未缴出资或抽逃出资的本息范围内对债权人承担补充清偿责任。

(三)发起人责任

根据《公司法解释(三)》第1条的规定,公司的发起人包括股份有限公司的发起人和有限责任公司设立时的股东(原始股东)。发起人作为对公司设立行为承担责任的主体,对公司资本负有充实责任。依据新《公司法》第50条、第99条的规定,无论有限责任公司还是股份有限公司的发起人,均应对其他发起人在公司设立时的出资义务承担出资充实担保责任,即对其

---

[1] 参见张应杰主编:《公司股东纠纷类案裁判思维》,人民法院出版社2023年版,第93~95页。

他发起人在成立时应缴而未缴的出资部分承担连带责任。

裁判观点：发起人对其他股东设立时未实缴出资承担连带责任。

【**典型案例**】新马公司、曾某等追收未缴出资纠纷、股东出资纠纷案。[1] 法院认为，关于争议焦点二：被告曾某未履行出资义务，发起人股东程某、程某想是否应当对此承担连带责任。依据《企业破产法》第35条的规定、《公司法解释（三）》第13条第3款"股东在公司设立时未履行或者未全面履行出资义务，依照本条第一款或者第二款提起诉讼的原告，请求公司的发起人与被告股东承担连带责任的，人民法院应予支持；公司的发起人承担责任后，可以向被告股东追偿"的规定，本案中，根据新马公司的工商注册档案。新马公司成立时股东为曾某、程某想、程某，故程某想与程某为新马公司的发起人股东，应当对其他股东未缴纳的注册资金承担连带责任。

《公司法》及相关司法解释有关公司股东出资义务及责任的具体规定见表4-2-2。

表4-2-2 《公司法》及相关司法解释中股东出资义务与责任规定一览

条款	核心问题
第48条	有限责任公司股东的出资义务
第49条	
第50条	有限责任公司发起人未按章程约定缴足出资的补缴义务及其他发起人的责任
第97条	股份有限公司发起人的出资义务
第98条	
第99条	股份有限公司发起人未按章程约定缴足出资的补缴义务及其他发起人的责任
第13条第1~3款	股东未履行出资义务的法律责任；发起人未履行出资义务，其他发起人的责任

（四）其他股东、董事、监事、高级管理人员或实际控制人的责任

《公司法》、相关司法解释关于股东瑕疵出资时，其他股东、董事、监事、高级管理人员或实际控制人应承担的责任具体规定见表4-2-3。

表4-2-3 《公司法》及相关司法解释中股东瑕疵出资时其他主体的责任规定

条款	核心问题
第51条	董事会的催缴义务
第52条	董事会有权根据实际情况单纯催缴还是催缴失权
第53条	抽逃出资的责任主体及责任
第179条	董事、监事、高级管理人员的忠实、勤勉义务
第180条	
第188条	董事、监事、高级管理人员违反忠实、勤勉义务的法律责任
第13条第4款	公司增资时董事、高级管理人员未尽忠实勤勉义务所致赔偿责任及追偿权
第14条	协助抽逃出资的其他股东、董事、高级管理人员或实际控制人对于抽逃出资股东的返还出资本息责任的连带责任

---

[1] 参见广东省深圳市中级人民法院民事判决书，(2020)粤03民初6788号。

【典型案例】神州数码公司等与中国普天公司与公司有关的纠纷案。① 二审法院认为,《公司法解释(三)》第14条第2款规定:"公司债权人请求抽逃出资的股东在抽逃出资本息范围内对公司债务不能清偿的部分承担补充赔偿责任、协助抽逃出资的其他股东、董事、高级管理人员或者实际控制人对此承担连带责任的,人民法院应予支持。"据此,该类赔偿责任的法定实质是连带承担补充赔偿责任。一审法院依据上述规定认定并判决北京新富公司、昆山申昌公司、神州数码公司在抽逃出资本息范围内,对于生物港公司在广东省深圳市中级人民法院(2007)深中法委执字第539号执行案项下对中国普天公司的债务经强制执行不能清偿的部分承担补充赔偿责任,是正确的。

(五)资产评估、验资或验证机构责任

2013年《公司法》修正以后,有限责任公司及以发起方式设立的股份有限公司不再被要求强制验资。虽然新《公司法》第48条第2款②规定了为出资的非货币财产应当评估作价,但未规定必须由具有合法资格的评估机构进行评估,实际上也有股东之间通过议定的方式对非货币出资予以评估作价的。然而,若中介或金融机构对股东出资行为进行了评估验资,且出具评估验资或验证报告有过错的,则该中介或金融机构应对股东虚假出资、增资行为承担补充赔偿责任。对于如何承担责任,《最高人民法院关于金融机构为企业出具不实或者虚假验资报告资金证明如何承担民事责任问题的通知》中有明确答复。在此需要注意:

(1)面对企业财产不足以清偿债务时,首先应当由出资义务人在出资不实或者虚假出资金额本息范围内承担责任;

(2)当企业、出资人财产依法强制执行后仍不能清偿债务的,由中介或金融机构在其验资不实或者虚假资金证明金额范围内,根据过错承担责任;

(3)未经审理,不得将中介或金融机构直接追加为被执行人。

司法实践中与此相关的裁判观点及典型案例如下。

裁判观点:中介机构对股东虚假增资行为出具验资报告有过错的,应对股东虚假增资行为承担补充赔偿责任。

【典型案例】贾某富、新义莹石公司股东出资纠纷案。③ 一审法院认为,关于南方会计师事务所应否对贾某富、陈某玲虚假增资行为承担补充赔偿责任问题。按照独立审计基本准则要求,验资机构应当恪守独立、客观、公正的原则,保持应有的职业谨慎,其中对房屋、建筑物、机器设备等实物资产出资的,应当验证其产权归属及出资者是否如期、足额投入被审验单位,并办理财产权转移手续。本案中,东南评估事务所为新义莹石公司核实资产价值而出具的皖东评〔2010〕23号《资产评估报告书》明确载明评估的资产为新义莹石公司所有,南方会计师事务所在未核实其产权归属的情况下直接验证为贾某富、陈某玲所投入,并出具了皖南变验〔2010〕284号《验资报告》。贾某富、陈某玲依据该虚假的验资报告办理了工商变更登记手

---

① 参见北京市高级人民法院民事判决书,(2020)京民终95号。
② 参见新《公司法》第48条第2款。
③ 参见安徽省高级人民法院民事判决书,(2016)皖民初1号;最高人民法院民事判决书,(2018)最高法民终390号。

续，南方会计师事务所对贾某富、陈某玲虚假增资行为具有重大过错。根据《注册会计师法》第42条和《最高人民法院关于会计师事务所为企业出具虚假验资证明应如何承担责任问题的批复》(已失效)第2条的规定，南方会计师事务所应对贾某富、陈某玲虚假增资行为承担补充赔偿责任。二审最高人民法院维持了前述一审判决。

(六)明知为瑕疵股权而受让的受让人责任

根据《公司法》第88条第2款、《公司法解释(三)》第18条的规定，明知瑕疵股权而受让的，受让人对该瑕疵出资与原股东在本息范围内承担连带责任。

裁判观点：有限责任公司的股东未履行出资义务即转让股权，受让人知道或应当知道的，承担连带责任。

【典型案例一】中联公司与中原公司股东出资纠纷案。[①] 最高人民法院认为，《公司法解释(三)》第19条的字面意思只规定了原股东虚假出资转让股权后，受让股东明知或应知的，对公司承担连带责任，但对于原股东抽逃出资的责任是否也由受让股东承担没有明确。从《公司法解释(三)》规定的前后体例看，涉及虚假出资和抽逃出资的相关规定，并未全部作为同一条文规定，也没有基于互相包含的关系而只列举一种情形规定。因此，严格按照文义理解更符合该规定的精神。抽逃出资和虚假出资从后果看，都导致公司不拥有该部分注册资本，但从内涵上讲是有区别的。虚假出资是公司成立之前的股东单方行为，因公司尚未成立，故公司不能够表达否定意志，责任在于股东。新股东受让后原则上要对公司承担原股东的义务，此时可谓公司没有过错。抽逃出资行为则发生在公司设立之后，任何股东抽逃出资都必须经公司履行相关手续，从形式上看公司作出的是"同意"的意思表示，此时应推定公司具有过错。股权转让后，公司不能在同意原股东抽逃行为的前提下，又向新股东主张责任，否则，有悖诚实信用。

从最高人民法院上述观点来看，《公司法解释(三)》第18条的解释不包括股东抽逃出资的情形，因转让前股东抽逃出资具有隐蔽性，在受让股东证明其已尽到审查义务的情况下，其受让瑕疵股权行为并非"明知而为"，故受让股东不应承担连带责任。

【典型案例二】欣某妍公司与伍某丽、伍某梅追收抽逃出资纠纷、股东出资纠纷案。[②] 针对股权受让人熊某勇应否对转让人未出资部分承担补缴出资承担连带责任的问题，法院认为，《公司法解释(三)》第18条规定，有限责任公司的股东未履行出资义务即转让股权，受让人对此知道或者应当知道，公司请求受让人对此承担连带责任的，法院应予支持。熊某勇在受让唯捷电子全部股权时，应当对股权转让这一交易尽到合理谨慎的注意义务，即其应当对伍某丽、伍某梅是否实际履行出资义务进行核查。其接管公司后，亦应当知道伍某丽、伍某梅未履行出资的情况，并可向原股东伍某丽、伍某梅要求补足出资。但熊某勇未举证证明其以0.3万元受让唯捷电子100%股权具有合理性，既未对伍某丽、伍某梅的实际出资情况进行调查，也未在办理股权变更登记手续时提出疑问。且经法院依法送达，拒不出庭参加诉讼，应当自行承担《民事诉讼法》上举证不能的法律后果。因此，法院认定，熊某勇应当知道伍某丽、伍某梅未实

---

① 参见最高人民法院民事裁定书，(2013)民申字第1795号。
② 参见广东省深圳市中级人民法院民事判决书，(2020)粤03民初4644号。

际缴纳出资,应当在其受让的伍某丽、伍某梅的 50 万元出资本息范围内承担连带清偿责任。

二、股东出资纠纷中的责任构成

(一)瑕疵出资的范围及货币财产的瑕疵出资认定

1. 范围

瑕疵出资主要包括未足额出资、逾期出资、虚假出资、抽逃出资等。实务中增资人向公司履行增资义务是否存在瑕疵,适用股东瑕疵出资的认定规则。

2. 货币财产的瑕疵出资认定

对此,应关注币种、出资额及缴纳期限是否与章程约定一致,如若一致,则可认定该股东已全面履行出资义务,否则反之。应该注意的是,公司章程规定股东以货币出资,股东不能以非货币出资履行货币出资义务。

裁判观点:公司章程规定股东以货币出资,股东主张其已以非货币财产补足出资义务,并请求法院对该财产进行评估,不应支持。

【**典型案例**】华钠公司与郝某华股东出资纠纷案。[1] 最高人民法院认为,在本案中,若郝某华以探矿权出资,在华钠公司设立时应有用探矿权出资的意思表示,即在华钠公司的公司章程和工商部门的注册资料中应载明股东出资方式为以探矿权出资。但郝某华并未提交相关的证据证明其在华钠公司设立时有这样的意思表示。在华钠公司设立时的陕宏设验(2011)第 0012 号《验资报告》和增资时的陕宏变验(2011)第 128 号《验资报告》均载明:"出资方式为货币。"郝某华也认可华钠公司成立和增资时,均由宏达会计师事务所代垫资金,在验资完成当日即转出还给垫资机构。故二审判决认定郝某华未实际履行出资义务,承担补足出资义务于法有据。

(二)非货币财产的瑕疵出资认定

1. 非货币出资的类型

类型一,典型非货币财产出资。《公司法》列明的非货币出资方式称为典型非货币财产出资方式。根据新《公司法》第 48 条第 1 款的规定,可用于非货币出资的财产包括实物、知识产权、土地使用权、股权、债权等。需要注意的是,相较于原《公司法》第 27 条及《公司法解释(三)》第 11 条规定的内容,新《公司法》在原有基础上增加了将债权视作可出资财产这一规定。同时,新旧《公司法》均明确可用于非货币出资的财产必须符合两个条件:一是可用货币估价;二是可依法转让。

类型二,非典型非货币财产出资。实务中非典型非货币出资方式包括非专利技术、商标使用权等以及其他所有当事人议定的、符合上述出资财产要求的财产。[2]

2. 非货币财产瑕疵出资认定应关注的要点

(1)非货币出资瑕疵认定的关注要点

股东以非货币形式出资的,出资财产应评估作价,股东应将出资财产交付公司使用,需办

---

[1] 参见最高人民法院民事裁定书,(2014)民申字第 1448 号。
[2] 参见张应杰主编:《公司股东纠纷类案裁判思维》,人民法院出版社 2023 年版,第 180 页。

理权属登记的,还应办理相应的变更登记手续。否则,可能构成瑕疵出资。具体表现在以下六个方面。

①非货币出资财产与章程规定的出资物是否相符。

②作价额与章程规定的出资额是否相当。

③是否办理了产权转移手续或交付手续,不能办理产权转移登记手续的,是否已实际投入公司使用等。

司法实践中相关的裁判观点及典型案例如下。

裁判观点一:出资人以尚未进行遗产分割的共有不动产出资,属无权处分行为;不动产物权的变更、转让须经依法登记才能发生法律效力,出资人以共有不动产出资未经登记,该出资行为可认定为无效。

【典型案例】郑某波与郑某章股东出资纠纷案。① 法院认为,股东出资是指公司股东在公司设立或增加资本时,按照法律、公司章程的规定以及认股协议的约定,向公司交付财产或履行其他给付义务以取得股权的行为。根据《公司法》(2013年)第27条第1款② 的规定,"股东可以用货币出资,也可以用实物、知识产权、土地使用权等可以用货币估价并可以依法转让的非货币财产作价出资;但是,法律、行政法规规定不得作为出资的财产除外"。本案被告以自建房屋出资,但该自建房屋土地使用者系被告父亲郑某河,郑某河、纪某夫妇过世后,该房屋作为遗产尚未分割,属于郑某河、纪某夫妇的法定继承人共有财产,被告以该房屋出资,应当认定为无权处分。根据《公司法解释(三)》第7条"出资人以不享有处分权的财产出资,当事人之间对于出资行为效力产生争议,人民法院可以参照《物权法》第106条的规定予以认定"的规定和《物权法》第9条第1款③"不动产物权的设立、变更、转让和消灭,经依法登记,发生效力;未经登记,不发生效力,但法律另有规定的除外"的规定,本案被告以共有的房屋出资且未经登记,应当认定被告的出资行为无效。

裁判观点二:股东以划拨土地使用权出资,未能在合理期限内办理土地变更登记手续的,构成瑕疵出资。

【典型案例】珊瑚礁管理处与周某、中海公司股东出资纠纷案。④ 最高人民法院认为,本案中案涉出资土地系国有划拨用地,依据《土地管理法》等相关法律法规,划拨土地使用权只能用于划拨用途,不能直接用于出资。出资人欲以划拨土地使用权作为出资,应由国家收回直接作价出资或者将划拨土地使用权变更为出让土地使用权。《公司法解释(三)》第8条规定的本意就是考虑到在司法实践中如果划拨土地使用权存在的权利瑕疵可以补正,且在法院指定的合理期限内实际补正,可以认定当事人以划拨土地使用权出资的效力。但能否补正瑕疵的决定权在于土地所属地方政府及其土地管理部门,法院判断出资行为的效力应以瑕疵补正的

---

① 参见福建省龙海市人民法院民事判决书,(2016)闽0681民初4137号。
② 参见新《公司法》第48条第1款。
③ 参见《民法典》第208条。
④ 参见最高人民法院民事判决书,(2016)最高法民再87号。

结果作为前提。因而《公司法解释（三）》第 8 条等规定"人民法院应当责令当事人在指定的合理期间内办理土地变更手续"，即法院应当在诉讼过程中给当事人指定合理的期间，由其办理相关的土地变更手续，并视变更手续完成的结果再行作出判决。本案中，最高人民法院在再审审查期间已给予当事人相应的时间办理土地变更手续，再审审理过程中又为当事人指定了 2 个月（2016 年 4 月 23 日～6 月 22 日）的合理期限办理土地变更登记手续，但当事人未能在指定的期间内完成土地变更登记行为，即其无法自行补正划拨土地使用权出资的瑕疵。故珊瑚礁管理处虽将案涉土地交付给中海公司使用，但未将案涉土地过户登记至中海公司名下，因而其以案涉土地使用权出资的承诺并未履行到位。周某、中海公司请求确认珊瑚礁管理处未履行作为中海公司股东的出资义务，有事实和法律依据，予以支持。但因案涉出资土地系划拨用地，当事人未能在最高人民法院指定的合理期间内办理土地变更登记手续，故周某、中海公司请求将案涉土地办理过户登记至中海公司名下，没有法律依据，不予支持。一审、二审法院直接判决珊瑚礁管理处将案涉划拨土地使用权变更登记到中海公司名下，适用法律错误，应予撤销。

④有无经过评估作价。根据《公司法》第 48 条第 2 款的规定，股东以非货币财产出资的，应评估作价。未依法评估作价，在公司、其他股东或公司债权人请求认定出资人未履行出资义务的诉讼中，法院一般会委托有合法资格的评估机构对出资评估作价。评估确定的价额显著低于公司章程所定价额的，则该行为构成瑕疵出资。这里需要注意两点：

一是必须是评估确定的价额"显著低于"公司章程所定价额时，方可认定为出资瑕疵。因为非货币财产可能因市场变化或其他客观因素导致贬值，在利用评估确定的价额作为股东是否足额出资的参考依据时，还需要考虑出资当时的市场环境、股东对于该出资财产的价值期待及其他因素的影响。

二是《公司法》第 48 条第 2 款规定，对非货币出资财产应当评估作价，但未规定须由具有合法资格的评估机构进行评估。实务中亦有股东之间通过议定的方式对非货币出资予以评估作价，即非货币财产出资可不经有合法资质的独立第三方进行评估。

司法实践中与此相关的裁判观点及典型案例如下。

裁判观点：股东以商标使用权作价出资，已依法办理出资的工商登记手续及商标使用权转让的备案登记手续，公司亦已向股东出具股权证书的，公司债权人仅以商标使用权作价出资时未经评估为由主张该股东未履行出资义务，该主张不成立。

【**典型案例**】杭州炳盛、长城铝业公司等合伙企业纠纷案。[①] 最高人民法院认为，长城铝业公司以"雪山牌"商标使用权出资，已经出具准予鑫旺公司生产的重熔用铝锭使用"雪山牌"商标的通知，与鑫旺公司签订商标许可使用合同，并经原国家工商行政管理总局商标局备案。长城铝业公司亦以 881 万元作为计税金额缴纳了相关税费，结合《企业注册资金审验证明书》、股权证书等证据，可以认定长城铝业公司已经履行了以"雪山牌"商标使用权作价

---

① 参见最高人民法院民事裁定书，(2021)最高法民申 7457 号。

881万元的出资义务。案涉"雪山牌"商标使用权作价出资时虽未评估,但不能因此否认该商标使用权的价值,杭州炳盛也未提供证据证明公司章程约定的"雪山牌"商标使用权的作价明显过高。杭州炳盛关于长城铝业公司出资的"雪山牌"商标未经评估,出资未完成的主张不能成立。

⑤有无设定权利负担。股东以设定权利负担的财产出资的,实务处理中,法院一般会责令出资股东在指定的合理期间内解除权利负担或者办理权属变更手续,逾期未解除或者未办理的,一般会认定构成瑕疵出资。

⑥有无处分权。对于无处分权情形下的出资,需要参见《民法典》第311条的规定,认定公司取得出资财产是否构成善意取得,进而认定股东出资是否构成瑕疵出资。公司善意取得该出资财产应具备的条件:一是公司是善意的,即公司受让该财产时不知道也不可能知道出资人不享有处分权;二是出资财产的转让价格合理;三是出资财产依照法律规定应当登记的,已登记在公司名下,不需要登记的,已交付公司占有使用。如果因不符合上述条件导致出资财产被实际权利人取回,应认定为构成出资瑕疵。

裁判观点:股东以不享有处分权的动产出资,公司不构成善意取得,动产的实际权利人有权取回该财产。

【典型案例】工程处、李某良所有权确认纠纷案。① 针对恒源公司是否善意取得案涉摊铺机的问题,再审法院认为,工程处申诉称法院查封的案涉摊铺机归其所有,并提交了相应证据。根据《物权法》第106条②"无处分权人将不动产或者动产转让给受让人的,所有权人有权追回;除法律另有规定外,符合下列情形的,受让人取得该不动产或者动产的所有权:(一)受让人受让该不动产或者动产时是善意的;(二)以合理的价格转让;(三)转让的不动产或者动产依照法律规定应当登记的已经登记,不需要登记的已经交付给受让人。受让人依照前款规定取得不动产或者动产的所有权的,原所有权人有权向无处分权人请求赔偿损失"之规定,结合本案证据可以认定,案涉摊铺机的所有权属于工程处所有,恒源公司在成立时明知苏某林原系工程处员工未支付设备对价也并非案涉摊铺机所有权人情况下,将案涉设备作为苏某林的出资进行工商登记并由会计师事务所出具验资报告,具有明显过错,故恒源公司对案涉摊铺机并非善意取得,原审未核实苏某林是否购买案涉设备、其出资是否属实,即以恒源公司实际占有为由认定恒源公司善意取得案涉设备所有权不当,应予纠正。工程处申诉要求确认案涉摊铺机归其所有之请求成立,法院予以支持。

(2)非货币财产瑕疵出资认定中应当注意的问题

①非货币出资是否必须验资。自2013年修正的《公司法》施行以来,有限责任公司及以发起方式设立的股份有限公司已不再要求强制验资,故股东是否已履行出资义务,应以股东转账、办理权属变更手续、交付财产等原始凭证认定,股东对此负有举证责任。

②非货币出资中验资报告能否足以证明已履行出资义务。一般情况下,验资报告可作为

---

① 参见河南省高级人民法院民事判决书,(2020)豫民再273号。
② 参见《民法典》第311条。

股东出资证明,但在原告对被告股东的验资报告提出合理怀疑时,仍应进一步审查验资事项的真实性。

③股东以知识产权作价出资并办理了相关备案手续,几年后用以出资的知识产权被宣告无效,股东是否应补足出资。

【典型案例】青海威德公司、北京威德公司增资纠纷案。[①]最高人民法院认为,根据《公司法》(2018年)第27条[②]的规定,股东可以用知识产权等可以用货币估价并依法转让的非货币财产作价出资。对作为出资的非货币财产,应当评估作价,核实财产,不得高估或者低估作价。《公司法解释(三)》第15条亦规定,出资人以符合法定条件的非货币财产出资后,因市场变化或者其他客观因素导致出资财产贬值,该出资人不承担补足出资责任,除非当事人另有约定。本案中,北京威德公司于2010年委托北京大正评估公司对其所有的知识产权价值进行了评估,并据此增资认股至青海威德公司,双方未作其他约定。此后,青海威德公司召开股东会会议,决议同意北京威德公司以知识产权作价1300万元入股青海威德公司,并履行了股东变更工商登记手续。上述事实表明,北京威德公司的出资严格遵循了《公司法》对知识产权出资的要求,虽然几年后用以出资的专利和商标被宣告无效,但青海威德公司未能提交证据证明本案评估存在违法情形或者北京威德公司在评估时存在违法情形,现以案涉两项知识产权确认无效为由,要求北京威德公司承担补足出资和赔偿损失的责任,缺乏事实和法律依据。最高人民法院还认为,根据《商标法》第47条和《专利法》第47条的规定,注册商标或者专利被宣布无效,对宣告无效前已经履行的商标或者专利转让不具有追溯力,除非证明权利人存在主观恶意。本案的被投资人青海威德公司向北京大正评估公司提供了资产权属、生产经营管理、财务会计等评估资料。正是在这些资料的基础上,北京大正评估公司将北京威德公司的知识产权估价为1300万元,故青海威德公司对评估具有足够的控制力和识别力。同时,168号评估报告对两项知识产权的价值及其假设条件进行了明确清晰的表述,青海威德公司股东会决议同意北京威德公司以168号评估报告确定的价值增资入股,既表明对168号评估报告的全面认可,亦包含对报告中假设条件的认可。青海威德公司未能提交证据证明北京威德公司在申请专利和商标时,以及向该公司股东会提交168号评估报告时存在故意隐瞒相关情况等主观恶意行为。最高人民法院据此认定青海威德公司未能证明北京威德公司存在明知其知识产权会被宣告无效的恶意情形,故该公司关于北京威德公司存在主观恶意的主张缺乏事实依据,故而认定北京威德公司增资到位,判决驳回青海威德公司的诉讼请求。

三、抽逃出资的认定与构成

(一)抽逃出资的类型

股东出资一旦完成,其资本即转化为公司财产,未经法定程序,不得抽回。而抽逃出资,是指在公司成立后或公司验资完毕后,股东将已经转移到公司名下的出资财产转回,但仍正常保

[①] 参见最高人民法院民事裁定书,(2020)最高法民申4578号。
[②] 参见新《公司法》第48条。

有股东身份及原有出资数额的行为。[①]

根据《公司法解释（三）》第12条的规定，抽逃出资的类型有：（1）制作虚假财务会计报表虚增利润进行分配；（2）通过虚构债权债务关系将其出资转出；（3）利用关联交易将出资转出；（4）其他未经法定程序将出资抽回的行为。

（二）抽逃出资的责任主体与法律后果

《公司法解释（三）》第14条规定："股东抽逃出资，公司或者其他股东请求其向公司返还出资本息、协助抽逃出资的其他股东、董事、高级管理人员或者实际控制人对此承担连带责任的，人民法院应予支持。公司债权人请求抽逃出资的股东在抽逃出资本息范围内对公司债务不能清偿的部分承担补充赔偿责任、协助抽逃出资的其他股东、董事、高级管理人员或者实际控制人对此承担连带责任的，人民法院应予支持；抽逃出资的股东已经承担上述责任，其他债权人提出相同请求的，人民法院不予支持。"新《公司法》第53条第2款规定："违反前款规定的，股东应当返还抽逃的出资；给公司造成损失的，负有责任的董事、监事、高级管理人员应当与该股东承担连带赔偿责任。"

这里需要特别注意二者的差异。对抽逃出资的两类法律责任即返还责任与赔偿责任，二者在责任范围、义务主体与权利主体等方面都存在不同，具体体现在以下两个方面。

1. 关于返还责任

（1）后者新《公司法》规定仅指向出资本身，前者《公司法解释（三）》规定则是包括出资本息；

（2）返还责任的权利主体，后者规定为公司，前者则包括公司或者公司债权人；

（3）返还责任的义务主体，后者仅指向该股东，前者则指向该股东以及"协助抽逃出资的其他股东、董事、高级管理人员或者实际控制人"。

2. 关于损失的赔偿责任

（1）义务主体，后者仅指向该股东以及负有责任的董事、监事、高级管理人员，前者则指向该股东以及"协助抽逃出资的其他股东、董事、高级管理人员或者实际控制人"。

（2）关于赔偿责任的权利主体，后者规定为公司，前者则界定为公司债权人，且将债权人请求的责任范围与性质界定为"请求……在抽逃出资本息范围内对公司债务不能清偿的部分承担补充赔偿责任"。

二者的实质差异在于：前者中"抽逃出资的股东已经承担上述责任，其他债权人提出相同请求的，人民法院不予支持"的规定，明确了抽逃出资股东的一次责任范围，同时认可抽逃出资的股东针对行权的个别公司债权人所作出的个别清偿；后者强调对于公司的入库规则，侧重对公司债权人利益的平等保护。

后者中的"给公司造成损失的"，该损失应该包括：不能返还被抽逃的出资款、资金被抽逃期间的利息、抽逃出资期间因缺少资金而给公司机会利益造成的损失等。

[①] 参见李建伟主编：《公司法评注》，法律出版社2024年版，第227页。

根据以上比较,对《公司法解释(三)》第 14 条规定的"协助抽逃出资的其他股东、董事、高级管理人员或者实际控制人"是否仍应对抽逃出资的返还和损失赔偿承担责任,笔者认为,抽逃出资是一种侵权行为,根据共同侵权理论,前述人员如果存在协助股东抽逃出资的行为,则仍应当对抽逃出资返还和损失赔偿承担连带责任。

裁判观点一:股东抽逃出资,公司请求协助抽逃出资的其他股东、董事、高级管理人员或者实际控制人对此承担连带责任的,应予支持。

【典型案例】益华公司与马某萍、潘某伟股东出资纠纷案。① 关于八名被告是否应当对其他股东返还抽逃出资承担连带责任的问题,法院认为,依据《公司法解释(三)》第 14 条第 1 款的规定,股东抽逃出资,公司请求协助抽逃出资的其他股东、董事、高级管理人员或者实际控制人对此承担连带责任的,法院应予支持。根据本案查明的事实,益华公司设立期间,被告马某萍和陈某为夫妻关系,被告马某萍担任法定代表人、董事长及总经理,被告陈某实际控制公司经营。两次出资均由被告陈某替其他股东以现金方式存入验资账户,马某萍、陈某两被告对抽逃出资款项相互间存在串通、协助行为,应当对其他股东返还抽逃出资承担连带责任。

同样,转让股东抽逃出资,受让股东对此是否需要承担连带责任,对此,司法实践认为受让股东并不当然承担连带责任。

裁判观点二:受让股东对转让股东的抽逃出资行为不当然承担连带责任。

【典型案例】中联公司与中原公司股东出资纠纷案。② 最高人民法院认为,《公司法解释(三)》第 19 条的字面意思只规定了原股东虚假出资转让股权后,受让股东明知或应知的,对公司承担连带责任。对于原股东抽逃的责任是否也由受让股东承担没有明确。从《公司法解释(三)》规定的前后体例看,涉及虚假出资和抽逃出资的相关规定,并未全部作为同一条文规定,也没有基于互相包含的关系而只列举一种情形规定,因此,严格按照文义理解更符合该规定的精神。抽逃出资和虚假出资从后果看,都导致公司不拥有该部分注册资本,但从内涵上讲是有区别的。虚假出资是公司成立之前的股东单方行为,因公司尚未成立,故公司不能表达否定意志,责任在于股东,新股东受让后原则上要对公司承担原股东的义务,此时可谓公司没有过错。抽逃出资行为是发生在公司设立之后,任何股东抽逃出资都必须经公司履行相关手续,从形式上看公司作出的是"同意"的意思表示,此时推定公司具有过错,股权转让后,公司不能在同意原股东抽逃行为的前提下,又向新股东主张责任,否则,有悖诚实信用。因此,二审法院对《公司法解释(三)》第 19 条的解释不包括股东抽逃出资的情形,中原公司不应承担连带责任的结论正确。

(三)抽逃出资行为的认定

1. 合法抽回出资的行为

新《公司法》规则下,股东合法抽回投资,主要有以下四种情形:

(1)利润分配

根据《公司法》第 210 条、第 211 条的规定,公司进行利润分配的前提条件是公司依据前

---

① 参见广东省深圳市中级人民法院民事判决书,(2020)粤 03 民初 3 号。
② 参见最高人民法院民事裁定书,(2013)民申字第 1795 号。

述规定先行弥补亏损和提取公积金,否则就是虚增利润进行分配。这种情况下,股东除应返还违规分配利润外,还构成抽逃出资,依法还应在抽逃出资本息范围内(分红本息范围内)对债权人承担补充赔偿责任。

(2)股份回购

针对有限责任公司,根据《公司法》第89条第1款、第2款的规定,有限责任公司股东在符合前条法律规定的四种情形下,可以在法定的期限内请求公司回购股权,公司回购股权后应当在60天内将股份转让或注销。如公司未及时将股份转让或注销,股东不得以公司收购其股份对抗公司债权人。如股东超出上述除斥期间后又以异议股东请求公司收购股权为由退出公司,根据具体情况,亦有可能在债权人提起的诉讼中被认定为抽逃出资。

针对股份有限公司,公司回购股权应当符合《公司法》第162条的规定,且需特别注意的是,在这一情形下公司回购股份的,亦应在前述法定期限内办理股份的注销或转让手续。违反上述规定公司回购股份的,亦存在被认定为抽逃出资的风险。

(3)减资

根据《公司法》第224条的规定,公司股东可以依照法定程序,以减少注册资本的方式退出公司并取回投资款。同时,根据《公司法》第226条的规定,与前述违法分配利润同理,如果存在违法减资,对内除需退还公司因违法减资取回的资本外,还需要赔偿公司因此而造成的损失。实务中该行为还常被认定为抽逃出资。

(4)清算过程中分配公司剩余财产

根据《公司法》第236条第2款、第3款的规定,在公司清偿对外债务后有剩余财产时,股东享有剩余财产分配权。但公司如在未清偿对外债务情况下向股东分配剩余财产,则构成违法清算,债权人有权依清算责任纠纷或抽回出资规则请求股东承担相应责任。非经上述法定程序,将已注入公司的注册资本抽回,依法构成抽逃出资,股东承担抽逃出资的法律后果。

2. 股东抽逃出资的行为及认定

首先,是否存在抽回出资的事实,即是否存在公司向股东发生资本转移的事实,且这一转移的资本对应的是股东对公司的出资。此时需要注意两个问题:(1)资本转移对象。实务中股东抽回出资行为中的资本转移对象并不仅限于股东本人,一般包括与股东有特定关系的人、受股东控制的人。(2)转移标的。抽回出资行为中被转移的标的应该对应股东对公司的出资,如果从公司向股东方转移的资产不对应该股东的出资,而是将公司的其他任意资产向股东方转出,则不属于抽逃出资行为,应归属于损害公司利益等侵权行为,并按照相应案由处理,而非股东出资纠纷。

其次,资产转移行为是否发生在股东控制下。对此,实务中一般会从股东出资与资产转出的时间间隔、数额、股东持股比例、在公司任职情况、股东是否有合理解释等方面综合判断。如股东无法合理解释说明或者陈述违反常理,则可能被认定为抽逃出资。

最后,甄别该资产转移至股东名下的性质。对此,实务中应当关注资产转移是否存在真实合法的交易基础,主要表现为公司从该资产转出过程中是否实际获得了合理、公正的对价。

针对《公司法解释(三)》第12条规定的四种股东抽逃出资的行为,实务中应该如何界定,下文分别说明。

(1)以利润分配名义抽逃出资。这一情形通常表现为制作虚假财务会计报表虚增利润进行分配。对此抽逃行为的认定,根据《公司法》第210条、第211条的规定,我们应关注:①公司的真实盈利情况;②利润分配是否经过股东会决议并先行弥补了亏损及依法提取了法定公积金。如果出资人否认存在抽逃出资事实,其应负有举证证明公司分配利润合法性的义务。

(2)以虚假债权债务关系名义抽逃出资。通常表现为以下两种情形。

一是股东以向公司借款的名义抽逃。对此,如何判断是真实借款关系还是以借款之名抽逃出资,实务中一般会考虑:①借款金额,是否与出资金额一致或者大致相同;②借款时间,是否与股东出资时间一致或相差不远;③有无约定利息及实际归还利息的事实;④有无约定偿还期限及该约定是否合理;⑤有无设定担保;⑥对此有无股东会会议决议或董事会会议决议;⑦借款主体是否为公司的控制股东或管理股东;⑧公司会计账册有无将该笔借款计入应收账款。

裁判观点一:股东依法定程序向公司借款,未损害公司利益的,不构成抽逃出资;股东依法定程序向公司借款,公司依法定程序减资的,不构成抽逃出资。

【典型案例】爱华电池公司与爱华电子公司股东出资纠纷案。[①] 针对本案的争议焦点,爱华电池公司股东爱华电子公司、百利盛华公司、华通公司是否有抽逃出资的行为,二审法院认为,爱华电池公司向股东爱华电子公司、百利盛华公司、华通公司提供借款,经过股东会会议决议,签署书面的借款协议,并记入财务账册。爱华电池公司的减资作了公示、明示。爱华电池公司减资后,股东爱华电子公司先归还所借款项再收取股东减资款,股东百利盛华公司直接以股东减资款冲抵所借款项,股东华通公司先收取股东减资款再归还所借款项,均是正常的财务往来行为。爱华电池公司向股东提供借款未导致其资产减少,而减资则属于公司正常经营决策行为,原审认定爱华电池公司股东爱华电子公司、百利盛华公司、华通公司没有抽逃出资的行为,对爱华电池公司要求爱华电子公司、百利盛华公司、华通公司返还抽逃出资,中电公司、李某、严某辉承担连带责任的诉讼请求不予支持,并无不当。

二是虚构债权债务关系,常表现为虚构货物买卖合同、代偿公司债务、抵销公司债务。对此,核心在辨别债权债务的真伪,实务中一般参照"关联交易"的认定规则进行综合判断。

(3)以关联交易名义抽逃出资。关联交易是指关联企业或关联方之间的交易行为。关于关联关系,《公司法》第265条第4项规定:"关联关系,是指公司控股股东、实际控制人、董事、监事、高级管理人员与其直接或者间接控制的企业之间的关系,以及可能导致公司利益转移的其他关系。但是,国家控股的企业之间不仅因为同受国家控股而具有关联关系。"我国《公司法》不绝对禁止关联交易,只禁止损害公司、其他股东和债权人的利益的关联交易行为。故在界定这一行为时,应重点关注关联交易的真实性和合法性。

(4)其他未经法定程序将出资抽回。此为兜底条款,实务中常见情形有:垫资资金验资后

[①] 参见广东省高级人民法院民事判决书,(2019)粤民终1609号。

转出、无财务记载的任意转出、转出至指定第三人账户后多道转账等。对该等行为,实务中一般认为,股东对出资转入公司账户后短时间内出现数额相当的资金转出行为负有解释说明义务,如股东未能合理说明并提供证据佐证,应认定为抽逃出资。

裁判观点二:股东未经法定程序将出资抽回,构成抽逃出资。

【典型案例】 信诺公司、李某进等追收抽逃出资纠纷、股东出资纠纷案。① 最高人民法院认为,2011年9月13日信诺公司向水体公司银行账户转账完成增资,思杰会计师事务所出具验资报告后,次日出资款以往来款的形式被转入晨源公司账户,用途摘要载明"往来"。该转出行为未经任何法定程序,亦非基于正常的交易关系。信诺公司在原审庭审中确认其知晓并许可增资以及通过中介公司垫资完成增资登记等事项。《公司法解释(三)》第12条规定:"公司成立后,公司、股东或者公司债权人以相关股东的行为符合下列情形之一且损害公司权益为由,请求认定该股东抽逃出资的,人民法院应予支持:……(四)其他未经法定程序将出资抽回的行为。"信诺公司以获取验资为目的,短暂地将资金转入并转出的行为,构成抽逃出资,应当承担返还义务。

(四)特定身份人员之外的第三人协助股东抽逃出资的责任认定

常见有第三人垫资供股东进行验资、在验资后转回资金,或者第三人出借其账户接收股东抽逃出资款项,甚至虚构债权债务关系掩盖抽逃出资事实等情形。对于该等法律规定的特定身份以外的人员,是否应当对抽逃出资股东依法向公司或债权人承担的债务负连带责任,司法实践中存在不同观点,但一般倾向于将所有协助抽逃出资人员列为被告,要求其为抽逃出资股东承担连带责任。该观点认为,抽逃出资行为本质上是一种侵权行为,损害了公司及债权人的利益,如多人共同实施抽逃行为,则构成《民法典》第1168条规定的共同侵权行为或《民法典》第1169条规定的帮助他人实施侵权行为的情形,两者均应对侵权行为承担连带责任。原《公司法解释(三)》(法释〔2011〕3号)第15条规定:"第三人代垫资金协助发起人设立公司,双方明确约定在公司验资后或者在公司成立后将该发起人的出资抽回以偿还该第三人,发起人依照前述约定抽回出资偿还第三人后又不能补足出资,相关权利人请求第三人连带承担发起人因抽回出资而产生的相应责任的,人民法院应予支持。"据此,原《公司法解释(三)》(法释〔2011〕3号)对以过桥资金验资形式抽逃出资中代垫资金的第三人责任作出了明确规定。虽然自2014年3月1日起施行的《最高人民法院关于修改关于适用〈中华人民共和国公司法〉若干问题的规定的决定》中明确将上述司法解释的规定予以删除,但该条规定被删除是因为从2014年3月1日起新设公司登记时已实行注册资本认缴制,并不意味着在此之前存在上述司法解释规定情形的第三人无须承担相应法律责任。因为公司是依法成立的具有独立民事主体地位的企业法人,股东出资后,出资财产即脱离了原出资股东而归入公司财产范围。如果第三人代垫、提供资金并在登记后抽回出资,或者第三人存在其他协助股东抽回出资行为,该第三人的行为在一定程度上就是协助股东侵害公司财产权,在公司不能对外清偿债务的情形下,即

---

① 参见最高人民法院民事裁定书,(2021)最高法民申4683号。

构成对债权人债权的损害,故该第三人应承担相应的民事责任。

裁判观点:代垫资金的第三人协助股东抽逃出资的,构成共同侵权。

【典型案例】 神州数码公司与北大未名公司、新富公司、德恒公司、申昌公司、平安银行深圳分行、生物港公司与公司有关的纠纷案。① 最高人民法院认为,《公司法》(2013)第35条②规定:"公司成立后,股东不得抽逃出资。"本案中,股东将其资金作为出资投入生物港公司后,该资金即为生物港公司的资产,股东不得随意取回,股东抽回出资的行为侵犯生物港公司的财产权,损害公司债权人的利益,应承担相应民事责任。原《公司法解释(三)》的第15条虽被删除,但并不意味着代垫资金、协助抽逃出资的第三人无须承担民事责任。第三人代垫资金、协助股东抽逃出资,依照《侵权责任法》第8条③规定构成共同侵权的,该第三人仍应承担相应连带责任。因此,原审判决适用法律并无不当。

对于第三人与抽逃出资股东共同侵权的认定,还必须依据共同侵权理论,从双方有无共同故意、是否共同实施了侵害行为、其行为是否对他人构成了损害以及损害与其行为之间是否存在因果关系等侵权责任要件进行判断认定。具体到抽逃出资行为中,应考虑第三人是否对股东抽逃出资的行为明知或应该明知。例如,作为抽逃出资款项接收人对接收款项及将款项转回指定账户是否能够作出合理解释;是否为股东抽逃出资提供了有意识的"协助"等。在这里还需要注意,应当区别公司一般工作人员的行为,判断其是根据公司经营者、管理者指示的职务行为,还是有意协助抽逃出资。若系公司一般工作人员受指示履行职务,因其并不具有操控公司事务的权力与意志,此时不宜判令其承担责任,以免造成责任主体的不当扩大。

(五)抽逃出资中特定身份人员的追偿权问题

根据《公司法解释(三)》第14条、新《公司法》第53条的规定,无论是协助抽逃出资的特定第三人,还是对抽逃出资负有责任的特定第三人,在承担责任后均可以向股东追偿。然而,相较于《公司法解释(三)》第13条第3款、第4款规定的公司发起人或公司的董事、高级管理人员为被告股东承担连带责任后可以向股东追偿而言,《公司法》及其司法解释对抽逃出资负有责任的特定第三人的追偿权规定得并不明晰。那么该等特定第三人是否具有追偿权,笔者认为,首先,从程序上看,法律和司法解释并未明确否定其承担连带责任后对抽逃出资股东享有的诉权,故其应当享有诉权;其次,依据共同侵权规则中有关内部侵权责任人责任分担的规定,应当根据各自在抽逃出资行为中的过错大小来分担应当承担的责任,即在抽逃出资中并非只有股东是抽逃出资责任的最终承担者。

四、增资过程中公司其他增资股东对瑕疵增资股东的出资责任

观点一认为,增资过程中公司其他增资股东对瑕疵增资股东的出资责任承担连带责任。根据新《公司法》第50条的规定:"有限责任公司设立时,股东未按照公司章程规定实际缴纳

---

① 参见最高人民法院民事裁定书,(2017)最高法民申4642号。
② 参见新《公司法》第53条。
③ 《侵权责任法》已因《民法典》施行而废止;此条参见《民法典》第1164条。

出资，或者实际出资的非货币财产的实际价额显著低于所认缴的出资额的，设立时的其他股东与该股东在出资不足的范围内承担连带责任。"第 228 条第 1 款规定："有限责任公司增加注册资本时，股东认缴新增资本的出资，依照本法设立有限责任公司缴纳出资的有关规定执行。"《最高人民法院执行工作办公室关于股东因公司设立后的增资瑕疵应否对公司债权人承担责任问题的复函》（〔2003〕执他字第 33 号）认为："公司增加注册资金是扩张经营规模、增强责任能力的行为，原股东约定按照原出资比例承担增资责任，与公司设立时的初始出资是没有区别的。公司股东若有增资瑕疵，应承担与公司设立时的出资瑕疵相同的责任。"增资过程中公司其他增资股东对瑕疵增资股东的出资责任承担连带责任。但应该注意的是未参与争议增资原股东对瑕疵增资股东的瑕疵增资不承担连带责任。

观点二认为，增资过程中公司其他增资股东对瑕疵增资股东的出资责任无须承担连带责任。该观点认为新《公司法》第 50 条、第 99 条规定的发起人承担资本充实担保责任制度旨在强化公司设立时各个发起人（设立人）之间的出资缴纳担保责任（实为一种连带保证责任），以抑制发起人之间可能的相互勾结、制造骗局、损害公司利益，进而坑害后加入股东以及公司债权人，防止"庞氏骗局"的出现。[①] 基于此，第 50 条、第 99 条规定的发起人股东资本充实担保责任不适用于第 228 条规定的公司增资时认股人出资义务的缴纳情形。

（一）瑕疵增资股东是否对增资前的债权人承担责任

实务中，在股东瑕疵增资案中，被诉股东常提出债权人债权发生于增资前，其与公司发生债权债务关系并不基于对增资部分信赖的抗辩。对此，实务处理中存在不同观点：一种观点认为，瑕疵增资股东应对增资前的债权人承担责任。理由为作为公司股东，足额缴纳出资是其法定义务，并有增资和设立出资之区分。另一种观点认为，瑕疵增资股东不应对增资前的债权人承担责任，理由为增资前的债权人对增资款不具有信赖利益，因为债权人受信赖利益保障范围应限于其与公司发生交易时公司的注册资本公示内容。实务中更多地倾向于第二种观点。

（二）公司章程与股东间协议存在冲突时股东出资责任认定

对此，实务中的一般处理方式是遵循"双重标准，内外有别"的基本原则：

对外优先适用公司章程，理由为：(1)公司外部第三人不能参与公司章程的制定，所以无法知晓股东在章程之外是否存在其他意思表示，公司外部第三人仅能依公司章程判断公司关于股东出资的规定；(2)根据合同相对性原则，如若股东间存在与公司章程不一致的约定，该约定对公司外部第三人没有约束力。

对于公司内部，公司章程形成于股东意思自治，对内效力与股东之间的约定一致，如果股东之间关于出资安排有其他约定，则应考察二者形成时间的先后、是否经全体股东一致同意变更了公司章程规定以及股东间是否约定适用的优先顺序等因素，确定股东间的真实意思表示，进而作为裁判依据。

---

① 参见李建伟主编：《公司法评注》，法律出版社 2024 年版，第 203 页。

裁判观点：股东内部协议与备案章程发生冲突，各股东之间对出资义务产生争议时，应以股东内部协议为准。

【典型案例】 规矩公司与金某水股东出资纠纷案。[1] 法院认为，股东出资义务既是约定义务也是法定义务，而这种义务从约定转换到法定的合理根据则在于注册资本应有的公示效力。股东之间的内部约定与对外登记公示的章程发生冲突，进而产生纠纷时，如何认定两个协议的效力成为关键。认缴制下，强调对外以认缴资本承担责任，暗合了章程对外的法律效力。如涉及公司以外的债权人利益时，应当以章程为准；如涉及股东之间的出资纠纷，应当以股东订立的符合其真实意思的合同为准。

（三）股权已转让股东对公司债务的责任承担

根据新《公司法》第88条第1款的规定，新《公司法》明确了股东在出资期限届满前转让股权的，缴纳该出资的义务主体为受让人，但在受让人未按规定履行出资义务时，转让人对受让人未按期缴纳的出资有补充责任。需要注意的是，如果股东转让股权时认缴期限已届满或已具备加速到期情形，则转让股东应是公司不能清偿的债务补充赔偿责任的义务主体。以此，我们可得出股东在出资期限届满前转让股权，原股东需承担责任的例外情形有以下三种。

第一，股东滥用公司法人独立地位和股东有限责任，存在利用股权转让行为恶意逃避公司债务的情形。实务中，判断转让股东是否滥用公司法人独立地位和股东有限责任，关注的核心点是公司是否为一人有限公司、股东财产与公司财产是否混同。认定转让股东是否存在恶意，一般应综合考虑以下因素：(1)转让股权时债务是否已经产生；(2)公司是否已停止经营；(3)是否在出资期限届满后再延长出资期限；(4)受让股东是否年老或明显不具备偿债能力；(5)转让股东与受让股东之间是否存在亲戚或其他关系；(6)股权对价是否合理；(7)是否存在转让股权后仍由原股东行使股东权利经营公司等情况。

第二，符合股东出资期限加速到期的情形。

第三，受让股东不按规定缴纳出资的情形。

（四）隐名股东与显名股东在股东出资纠纷中的责任区分

股东出资纠纷中隐名股东与显名股东出资责任的认定，实务中遵循"双重标准，内外有别"的原则。

对外纠纷，即股东出资责任涉及公司外部第三人利益时，股东资格认定的依据主要有工商登记、股东名册、公司章程等形式材料，以此确定股东出资责任的商事外观主义原则和公示原则。所以，对于公司债权人，由显名股东承担责任。如果公司债权人知道或应当知道名义股东仅是"显名"时，究竟是由显名股东承担责任还是隐名股东承担责任？在这种情形下，司法实践中依然遵循形式特征优于实质特征的原则，由显名股东承担责任。只不过从诉讼技术角度出发，此时亦可将隐名股东列为共同被告，隐名股东是否在实体上承担责任，应当取决于隐名股东在诉讼过程中的意愿。

---

[1] 参见浙江省杭州市富阳区人民法院民事判决书，(2016)浙0111民初3655号。

对内纠纷,包含股东内部(隐名股东与其他股东之间)、隐名股东与公司之间因出资而引发的纠纷,处理时则需要探究当事人的真实意思,具体应从隐名股东是否有成为公司股东的真实意思表示、是否出资、是否获得公司其他股东过半数同意、是否实际享有资产收益、参与重大决策和选择管理者等股东权利等维度进行综合考虑,然后区分不同情况分别处理:

在显名股东与隐名股东之间的出资纠纷中,一般遵循当事人的意思自治原则。只要当事人之间的"名实协议"系其真实意思表示且不违反法律法规强制性规定,就依据双方的真实意思调整双方的权利义务关系。

在隐名股东与其他股东或者公司就出资发生的纠纷中,隐名股东能否在公司享有股东权益,实务中应考量的因素有:一是公司及公司的其他股东是否知道或者应当知道隐名股东的客观存在;二是隐名股东实际上是否也一直参与公司的经营管理,已实际以股东身份行使股东权利。如果前述问题的答案均是肯定,则应当在名义股东与其他股东或者公司之间的权益纠纷中,认定其他股东或者公司对隐名股东的实际投资人身份是认可的,进而在法律关系中可以确认隐名股东的股东资格及其股东权益。反之,不能认定隐名股东在公司具有股东资格,故其亦不应在公司享有股东权利。在此情形下,在处理隐名股东与显名股东之间的法律关系时,应按照合同等一般民事关系处理。① 此外,有限责任公司的隐名股东要转化为显名股东,须符合《公司法》第84条的规定,经过其他股东过半数同意,才能办理相应变更手续。②

(五)关于虚假出资股东对公司债务承担补充清偿责任后,能否向其他虚假出资股东追偿问题

在新《公司法》颁布前,实务中认为,基于合伙共同实施行为、共同承担责任的原则,在公司内部,就各股东而言,应按查明的虚假出资比例承担损失数额方显公平。但允许虚假出资股东之间进行内部追偿,必须具备以下前提条件:一是公司已无恢复生产经营之可能,比如公司实际已注销登记,或停止经营时间较长;二是其他股东不能证明公司存在除前述债务之外的其他对外债务,也不能证明其他股东对公司的对外债务在各自虚假出资范围内承担了补充赔偿责任。否则,向债权人承担虚假出资补充赔偿责任的股东只能依照《公司法》第49条第3款的规定行使权利,不能直接向其他虚假出资股东追偿。随着新《公司法》的颁布实施,为避免公司个别清偿有损公平,均遵循入库原则(如第54条)。债权人还能否直接请求虚假出资股东对其债权承担补充清偿责任,有待观察。

(六)借名股东与冒名股东的责任区分

1. 关于借名股东

对内,即被借名者与借名者、公司之间的纠纷,若借名协议有效,依照借名协议约定承担责任。对外,即针对公司外部债权人,遵循商事外观主义原则和公示原则,由被借名者承担责任。被借名者承担责任后,再依据与借名者间的法律关系主张权利。

---

① 参见吴庆宝主编:《最高人民法院专家法官阐释民商裁判疑难问题(增订版):公司裁判指导卷》,中国法制出版社2011年版,第41页。

② 参见徐胜强编著:《最高人民法院公司法司法解释精释精解》,中国法制出版社2019年版,第375页。

2. 关于冒名股东

基于冒名股东并无成立公司、参与公司管理的意思表示，其自身合法权益因他人冒名的侵权行为受到侵害，属于受害者，所以其不对公司不能清偿的债务承担责任。

（七）股东出资义务的范围是否及于股权溢价款

在实践中，存在公司股权溢价认购或发行的情形，此时，在会计科目上常将与注册资本等额金额计入公司股本，超出部分计入资本公积金，致使公司增资时，公司净资产与注册资本出现差异。由此引发以下问题：

（1）公司有权根据新增资本认购合同，请求增资股东向公司给付约定的出资价款（增资股权对价）。但由于其他股东并非增资合同当事人，与增资股东无合同关系，那么其他股东能否请求增资股东向公司给付增资认购合同中约定的出资价款？

（2）未计入注册资本的股权溢价款未对外公示，公司债权人能否请求增资股东在出资价款范围内承担责任？

（3）认定增资股东完全履行了其增资义务的标准是什么？

（4）计入资本公积金部分的出资或增资价款在性质上是否属于股东的出资义务？股东可否抽回？

（5）是否适用诉讼时效的规定？

对于上述问题，在公司内部纠纷中，司法实践普遍认为，公司或股东均有权请求增资股东向公司缴付约定的出资价款。在公司外部纠纷中，由于股权溢价未公示，债权人能否请求溢价认购股东在出资价款范围内承担出资责任，存在争议。实务中一般认为，公司债权人获得保护的基础源于信赖利益法理，若支持公司债权人的请求，必然突破信赖利益理论。所以对股东出资义务范围是否应拓展至出资价款，应遵循"内外有别"原则，债权人不可就溢价认购部分请求股东承担补充责任。应当注意的是，依据避免个别清偿的入库原则，股东出资义务的权利主体为公司，而非公司债权人，在此情形下，这一问题将不复存在，因为债权人只能请求出资股东向公司缴付约定的出资价款，而不能请求直接对其自己的债权承担补充清偿责任。计入资本公积金部分的出资或增资价款亦属于公司资产，股东不得抽回。而对于股权溢价是否适用股东出资的一元化法律规制、不受诉讼时效限制的问题，立法界和学术界当前对此均无定论。

（八）股东会决议缺失或效力瑕疵情形下有限责任公司与他人签订的新增资本认购协议的效力认定及履行

1. 股东会决议缺失或效力瑕疵不必然导致有限责任公司与他人签订的新增资本认购协议无效

司法实务中的主流观点认为，对于股东会增资决议的效力、公司与第三人签订的增资合同应采纳二元评价体系，即增资决议属公司内部行为，其效力认定适用《公司法》；而增资合同的效力认定应当适用《民法典》合同编的相关规定。由于作为合同相对方的第三人没有审查公司决议形成过程的法定义务，从保护善意第三人和维护交易安全出发，即使公司决议存在瑕疵，只要对外的表示行为不存在《民法典》规定的无效情形，公司就应受其表示行为的约束，即增资合同有效。所以，增资合同不必然因增资决议无效而无效。

裁判观点：增资认购人与标的公司签署了增资认购合同，标的公司增资决议被认定无效，增资认购合同并不因此当然无效。

【典型案例】 红日公司、蒋某诉科创公司股东会决议效力及公司增资纠纷案。① 最高人民法院认为，2003年12月18日科创公司与陈某高签订的《入股协议书》，系科创公司与该公司以外的第三人签订的合同，应适用一般原则及相关法律规定认定其效力。虽然科创公司2003年12月16日作出的股东会决议部分无效，导致科创公司达成上述协议的意思存在瑕疵，但作为合同相对方的陈某高并无审查科创公司意思形成过程的义务，科创公司对外达成协议应受其表示行为的制约。上述《入股协议书》是科创公司与陈某高作出的一致意思表示，不违反国家禁止性法律规范，且陈某高按照协议约定支付了相应对价，没有证据证明双方恶意串通损害他人利益，因此，该协议不存在《合同法》第52条② 所规定的合同无效的情形，应属有效。《入股协议书》对科创公司新一届董事会的组成及董事长、总经理人选等公司内部事务作出了约定，但上述约定并未排除科创公司内部按照法律和章程规定的表决程序作出决定，不导致合同无效。二审法院根据《民法通则》第58条第1款第5项③ 的规定认定该《入股协议书》无效属于适用法律错误，法院予以纠正。

2. 股东会决议缺失或存在效力瑕疵情形下的新增资本认购协议存在履行障碍

《公司法》规定，公司增资须以公司特别决议形式通过，该规定属于强制性规定，且在实际操作中这是对增资事项进行工商变更登记时必须提交的材料，增资认购人对此应当明知。故在股东会决议缺失或效力瑕疵情形下，认购人请求确认其股东身份并办理工商变更登记存在履行障碍，法院一般不会支持。此时应该注意以下三个问题：

一是认购人可请求解除合同、退还增资款并要求公司承担违约责任。

二是该增资未经工商登记，因而未转化为公司对外公示的注册资本，故该行为不构成未经法定程序减资或抽逃出资行为。

三是如果认购人已实际参与公司管理、行使股东权利，应视为合同目的已经实现，此时，认购人仅以未经工商登记成为股东为由，请求解除合同、返还出资款，将难获支持。当然，认购人已履行增资义务，且已实际行使股东权利，其他全体股东对增资及认购人行使股东权利事实明知且不反对，此时认购人可请求变更登记。

（九）大股东恶意增资扩股行为的认定以及小股东的权利救济

公司原股东增加出资、新股东投资入股及以公司未分配利润、公积金转增注册资本是实务中增资的三种方式。实务中有大股东利用有的增资方式会直接改变公司股权结构的功能，利用自身资本多数决的优势地位决议增资扩股，以此稀释小股东股权，排挤小股东权利，损害小

---

① 参见最高人民法院民事判决书，(2010)民提字第48号。
② 参见《民法典》第146条、第153条、第154条。
③ 《民法通则》已因《民法典》施行而废止；此条参见《民法典》第153条。

股东利益。

1. 大股东恶意增资扩股行为的认定

增资决议是否合法。增资决议是公司实施和完成增资的充分必要条件。

增资行为是否合理,即增资目的以及增资方式是否为公司经营所需要。常理下的增资目的是扩大经营规模、拓宽业务、提高公司资信程度,如若增资并非基于该等目的,一般可以认定为不具有增资的必要性。如前所述,增资方式包括公司原股东增加出资、新股东投资入股及以公司未分配利润、公积金转增注册资本等三种方式,在增资过程中对增资方式的选择应该从公司的实际情况、各股东意愿、增资行为及增资方式是否符合公司经营所需等三个维度去考虑,以此从侧面印证增资决议是否为公司的真实意思,是否存在大股东利用资本多数决的权利覆盖了小股东的意志。

增资行为是否损害股东优先认缴出资的权利,或是否违反章程规定的增资条件。根据《公司法》第227条的规定,对于有限责任公司,除非全体股东一致同意或初始章程另有规定,股东享有优先认缴出资的权利,大股东不得以资本多数决的形式通过增资决议来剥夺小股东对新增资本依法享有的认缴权利。相反,对于股份有限公司,除公司章程或者股东会决议另有规定,原股东不享有优先认购权。

实务中,侵害股东优先认购权行为的常见情形有:一是剥夺股东知情权,进而剥夺其优先认购权。主要表现为控股股东不召开股东会会议,也不通知其他股东,直接决定增资或通知程序存在瑕疵导致股东对增资事宜不知情,也无法行使优先认购权。二是直接剥夺。一般是公司召开股东会作出增资决议时不征询股东对优先认购权的意见,股东会以多数决方式强制剥夺股东的部分或全部优先认购权。三是变相剥夺。实践中也经常出现股东会对行使优先认购权设置不合理的条件,或是增资方案明显不合理,变相影响或剥夺股东优先认购权的情形。四是变相增资。即在没有必要进行吸收合并的情况下,公司股东会决定通过吸收合并方式进行增资,变相侵害股东的优先认购权。①

新增股份认购价格或新增资本占股比例是否公平合理。我国《公司法》及相关司法解释并未规定公司增资前需要对公司净资产进行评估。如果公司设立后盈利状态非常好,对应的公司净资产的股权价值亦应高于设立时的注册资本对应的股权价值,即实现股权溢价,这时新增资本的股东也应该要溢价认购。新增股份认购价格或新增资本占股比例是否公平,看增资时公司净资产对应的每股价格即可。实务中,如果各股东未对增资的股价达成特别约定,一般建议对增资时公司的净资产进行评估、审计,以确定公允、合理的价值。

裁判观点:公司大股东如果为了追求自己的利益,形成的股东会决议影响小股东的个人利益,为小股东增设义务或限制权利,应得到小股东的同意。

【典型案例】 周某生与裕昌公司、吕某涛、吕某玉、张某、刘某华、刘某、李某华、天恒置业

---

① 参见李建伟主编:《公司法评注》,法律出版社2024年版,第901页。

公司及信诚公司公司决议效力确认纠纷案①。一审法院认为，根据《公司法》(2013年)第4条②之规定，公司股东依法享有资产收益、参与重大决策和选择管理者等权利。因此，股东享有股权，主要体现为资产收益权及参与公司重大决策和选择管理者的权利。根据《公司法》(2013年)第42条③之规定，股东会会议由股东按照出资比例行使表决权。因此，股东参与公司重大决策的权利主要表现为通过参加股东会行使表决权。根据《公司法》(2013年)第37条第1款第7项④"对公司增加或者减少注册资本作出决议"和第43条第2款⑤"股东会会议作出修改公司章程、增加或者减少注册资本的决议，以及公司合并、分立、解散或者变更公司形式的决议，必须经代表三分之二以上表决权的股东通过"之规定，裕昌公司关于注册资本增加的六次股东会决议，虽然具有股东会召开的外观存在，满足2/3股东多数决，形成股东会决议，具备股东会决议成立的构成要件，但资本多数决的适用应符合有利于公司发展的整体利益，具有正当的商业目的。《公司法》(2013年)第20条第1款⑥规定："公司股东应当遵守法律、行政法规和公司章程，依法行使股东权利，不得滥用股东权利损害公司或者其他股东的利益。"因此，公司大股东如果为了追求自己的利益，形成的股东会决议影响小股东的个人利益，为小股东增设义务或限制权利，应得到小股东的同意。因本案六次股东会决议是在股东周某生未参加会议，由他人伪造周某生签字作出的，事后周某生亦不予认可，故该六次决议并非周某生真实意思表示，侵犯了周某生的姓名权，损害了周某生依照自己的真实意思对公司事项进行表决的权利，进而侵害了周某生的增资优先认缴权，属于违反法律规定的侵权行为。根据《合同法》(2013年)第52条第2项⑦之规定，恶意串通，损害国家、集体或者第三人利益的，合同无效。被告吕某涛及裕昌公司其他被告股东在本案六次股东会会议分别召开时明知周某生未参加会议，不可能在股东会决议上签字，仍表决通过了相关股东会决议，应视为被告吕某涛及裕昌公司其他被告股东构成恶意串通的行为。根据《公司法》(2013年)第22条第1款⑧之规定，"公司股东会或者股东大会、董事会的决议内容违反法律、行政法规的无效"，因本案六次股东会决议违反了法律强制性规定，故应认定为无效。

2. 小股东的权利保障与救济

实务中，如果基于前述情形认定大股东构成恶意增资，应适用《公司法》第21条第1款的规定。为避免大股东恶意增资，实务中笔者建议：

（1）事前预防：可在公司设立时在章程中明确增资具体事项的表决比例，以此限制大股东的恶意增资给小股东造成的不利后果。

（2）事后救济：一是提起增资决议不成立、无效或撤销之诉。成功后，进行变更登记，即依

---

① 参见山东省高级人民法院民事判决书,(2014)鲁商初字第23号。
② 参见新《公司法》第4条第2款。
③ 参见新《公司法》第65条。
④ 参见新《公司法》第59条第5项。
⑤ 参见新《公司法》第66条第3款。
⑥ 参见新《公司法》第21条。
⑦ 参见《民法典》第154条。
⑧ 参见新《公司法》第25条。

据判决向市场监督管理部门申请将注册资本及股权结构恢复到增资前的状态。二是提起损害赔偿的给付之诉。此时，小股东应当举证证明其作为股东的身份权利及相对应的财产权利已遭受损失，实务中可通过其持股比例减少部分对应的公司净资产确定其损失金额。三是请求公司按照合理的价格回购其股权。新《公司法》第89条第3款规定："公司的控股股东滥用股东权利，严重损害公司或者其他股东利益的，其他股东有权请求公司按照合理的价格收购其股权。"这一规定给小股东针对控股股东滥用股东权利损害公司和股东利益时提供了一种新的救济途径。但利用这一救济途径时应当注意：①注意本条第2款除斥期间的规定："自股东会决议作出之日起六十日内，股东与公司不能达成股权收购协议的，股东可以自股东会决议作出之日起九十日内向人民法院提起诉讼。"②这里滥用股东权利的主体仅为控股股东，不包括实际控制人。

司法实践中相关的裁判观点及典型案例如下。

裁判观点一：公司股东未就公司增资行为以书面形式达成一致意见，且从未依法召开公司股东会就公司增资行为进行审议的，公司的增资决议应归于无效，据此进行的股权变更登记亦应归于无效，对公司原股东持股比例不应产生影响。

【**典型案例**】新宝公司与黄某某与陈某庆等股东资格确认纠纷案①。二审法院认为，宏冠公司的章程明确约定公司增资应由股东会作出决议。现经过笔迹鉴定，宏冠公司和新宝公司的股东会决议上均非黄某某本人签名，不能依据书面的股东会决议来认定黄某某知道增资的情况。因此，在没有证据证明黄某某明知宏冠公司增资至1500万元的情况下，对宏冠公司设立时的股东内部而言，该增资行为无效，且对于黄某某没有法律约束力，不应以工商变更登记后的1500万元注册资本金额来降低黄某某在宏冠公司的持股比例，而仍旧应当依照20%的股权比例在股东内部进行股权分配。综上所述，原审认定事实清楚，判决黄某某自设立后至股权转让前持有宏冠公司20%的股权并无不当。

裁判观点二：法院不能仅以部分股东不知情为由而否定公司股东会增、减决议的效力。

【**典型案例**】雁锦公司、史某股东资格确认纠纷案②。最高人民法院认为，依据《公司法》（2018年）第103条③规定，股东大会作出决议，必须经出席会议的股东所持表决权过半数通过。但是，股东大会作出修改公司章程、增加或者减少注册资本的决议，以及公司合并、分立、解散或者变更公司形式的决议，必须经过出席会议的股东所持表决权2/3以上通过。一审、二审法院仅以部分股东不知情，即否定决议效力，属适用法律不当。

裁判观点三：原股东仅以增资决议侵害其优先认缴权请求确认决议无效涤除新增股东资格，但在合理期间内未主张优先认缴，参照股权转让优先购买权规则不予支持。

【**典型案例**】苏某慈、章某鸣新增资本认购纠纷、买卖合同纠纷案④。二审法院认为，参照

---

① 参见上海市第二中级人民法院民事判决书，(2013)沪二中民四(商)终字第188号。
② 参见最高人民法院民事裁定书，(2019)最高法民再315号。
③ 参见新《公司法》第116条。
④ 参见广东省深圳市中级人民法院民事判决书，(2018)粤03民终18609号。

《公司法解释(四)》第21条关于公司股权优先购买权的损害救济原则对新增资本的优先认购权进行审查，苏某慈作为公司股东仅主张王某认缴新增资本无效及王某股权登记无效，而不主张对新增资本的优先认缴权利时，对王某认缴新增资本效力或股权登记变动的诉讼并无实际价值，反而浪费司法资源。而且自2016年5月16日股权变更登记之日至2018年4月本案起诉之日已接近两年时间，已超过了合理期间，股权变更登记是公司对外公示行为，苏某慈作为公司股东应当知晓股权变更事项，苏某慈未在合理期间内提出异议并主张对1万元新增资本的优先认缴权利，不利后果应当由苏某慈承担。故对于苏某慈关于王某认缴新增资本行为无效及王某不具备百岳泰公司的股东资格的主张，法院不予支持。

五、公司减资纠纷涉及的相关问题

(一)公司减资的法律规制

公司减资的法律规制，见表4-2-4。

表4-2-4 公司减资的法律规制

序号	规制内容	法律规定
1	减资方案的制订主体	《公司法》第67条第2款第5项
2	有限公司减资决议的通过	《公司法》第59条第5项
3	减资的基本程序	《公司法》第224条
4	通过减资弥补亏损	《公司法》第224条
5	违法减资的法律后果	《公司法》第226条

(二)新《公司法》下违法减资股东向债权人的责任承担的实务处理

1.违法减资的含义

所谓的违法减资，就是公司不履行《公司法》规定的减资程序或违反对减资施加的约束条件进行减资的行为。减资又分为普通减资和简易减资。

(1)普通减资的法定程序和方式

新《公司法》第224条规定："公司减少注册资本，应当编制资产负债表及财产清单。公司应当自股东会作出减少注册资本决议之日起十日内通知债权人，并于三十日内在报纸上或者国家企业信用信息公示系统公告。债权人自接到通知之日起三十日内，未接到通知的自公告之日起四十五日内，有权要求公司清偿债务或者提供相应的担保。公司减少注册资本，应当按照股东出资或者持有股份的比例相应减少出资额或者股份，法律另有规定、有限责任公司全体股东另有约定或者股份有限公司章程另有规定的除外。"结合《公司法》的相关规定，普通减资应遵循下列程序和方式：①由有限责任公司股东会会议经代表2/3以上表决权的股东或股份有限公司经出席会议的股东所持表决权的2/3以上(如果章程有更高比例要求，从章程)通过，作出减资决议。关于不同比例减资，需要注意《公司法》第224条第3款规定，有限责任公司需要全体股东一致同意，股份有限公司需要章程规定，否则不允许不同比例减资。②编制资产负债表及财产清单。③自作出减少注册资本决议之日起 10 日内通知债权人,并于 30 日内在报纸上或者国家企业信用信息公示系统公告。以减少注册资本弥补亏损的,应当自股东会作出减少注册资本决议之日起 30 日内在报纸上或者国家企业信用信息公示系统公告。④根据债权人的要求,向债权人清偿债务或者提供相应的担保。⑤修改公司章程。形式减资的,在公司章程中修改股东认缴出资额;实质减资的,还应根据减资时的资产负债表确定应向股东返还的减资额,并向股东返还。⑥向公司登记机关办理减少注册资本的登记。

(2)简易减资的法定程序和方式

新《公司法》第 225 条规定:"公司依照本法第二百一十四条第二款的规定弥补亏损后,仍有亏损的,可以减少注册资本弥补亏损。减少注册资本弥补亏损的,公司不得向股东分配,也不得免除股东缴纳出资或者股款的义务。依照前款规定减少注册资本的,不适用前条第二款的规定,但应当自股东会作出减少注册资本决议之日起三十日内在报纸上或者国家企业信用信息公示系统公告。公司依照前两款的规定减少注册资本后,在法定公积金和任意公积金累计额达到公司注册资本百分之五十前,不得分配利润。"结合新《公司法》的相关规定,简易减资亦应遵循下列程序和方式:①由有限责任公司股东会会议经代表 2/3 以上表决权的股东或股份有限公司经出席会议的股东所持表决权的 2/3 以上(如果章程有更高比例要求,从章程)通过,作出减资决议。需特别注意的是,《公司法》第 224 条第 3 款规定:"公司减少注册资本,应当按照股东出资或者持有股份的比例相应减少出资额或者股份,法律另有规定、有限责任公司全体股东另有约定或者股份有限公司章程另有规定的除外。"对于不同比例减资的,有限责任公司需要全体股东一致同意,股份有限公司需要章程规定,否则不允许不同比例减资。②自作出减少注册资本决议之日起 30 日内在报纸上或者国家企业信用信息公示系统公告。③修改公司章程。形式减资的,在公司章程中修改股东认缴出资额;实质减资的,还应根据减资时的资产负债表确定应向股东返还的减资额,并向股东返还。④向公司登记机关办理减少注册资本的登记。

2. 公司违法减资的认定

(1)减资决议的认定

第一,减资决议形式审查。减资属于公司自治事项,公司有权根据需要决定减资。公司以股东会特别决议形式作出减资决议,一经作出,如不存在无效、可撤销、不成立等情形,一般即具有法律效力,如股东对公司决议效力存有异议,可通过公司决议效力之诉救济。

第二,违法减资实质审查。决议减资事项的表决,《公司法》规定,须经代表 2/3 以上表决权的股东(有限责任公司)或出席会议股东会所持表决权(股份有限公司)2/3 以上通过。但对于减资对象(向谁减资)、减资方式(同比减资还是不同比减资)、减资额的确定(是否以高于公司减资时净资产折算比例向减资股东返还减资款)等事项,则需要以不损害公司或其他股东利益为原则,否则可能被认定无效。如前述《公司法》第 224 条第 3 款对不同比减资的特别规定,即有限责任公司需要全体股东一致同意,股份有限公司需要章程规定。新《公司法》颁布前,司法实践中就有法院持不同比减资应以股东会"资本一致决"的方式表决通过,否则应为无效或不成立的观点。

裁判观点： 对于不同比减资，全体股东或者公司章程另有约定除外，应当由全体股东一致同意。

【**典型案例一**】华某伟与圣甲虫公司公司决议纠纷案。① 二审法院认为，《公司法》（2018年）第43条② 规定股东会会议作出修改公司章程、增加或者减少注册资本的决议，以及公司合并、分立、解散或者变更公司形式的决议，必须经代表全体股东 2/3 以上表决权的股东通过。圣甲虫公司章程第 11 条也作出同样的约定。此处的"减少注册资本"应当仅仅指公司注册资本的减少，而并非涵盖减资后股权在各股东之间的分配。股权是股东享受公司权益、承担义务的基础，由于减资存在同比减资和不同比减资两种情况，不同比减资会直接突破公司设立时的股权分配情况，如只需经 2/3 以上表决权的股东通过即可作出不同比减资决议，实际上是以多数决形式改变公司设立时经发起人一致决所形成的股权架构，故对于不同比减资，全体股东或者公司章程另有约定除外，应当由全体股东一致同意。本案中，圣甲虫公司的股东中仅有××公司进行减资，不同比的减资致华某伟的股权比例从 24.47% 上升到 25.32%，该股权比例的变化并未经华某伟的同意，违反了股权架构系各方合意结果的基本原则。其次，圣甲虫公司的财务报表显示，圣甲虫公司出现严重亏损状况，华某伟持股比例的增加实质上增加了华某伟作为股东所承担的风险，在一定程度上损害了华某伟的股东权益。涉案股东会决议的第 1、3、4 项均涉及减资后股权比例的重新分配以及变更登记，在未经华某伟同意的情形下，视为各股东对股权比例的架构未达成一致意见，该股东会决议第 1、3、4 项符合《公司法解释（四）》第 5 条第 5 项规定的"导致决议不成立的其他情形"。

【**典型案例二**】参见前述陈某和与联通公司决议效力确认纠纷案（第 133～134 页）。

以上两起案件的观点均是一致的，即对于不同比减资，全体股东或者公司章程另有约定的除外，应当由全体股东一致同意。不同之处在于：上海市中级人民法院在华某伟与圣甲虫公司公司决议纠纷案中认定未按实缴出资比例同步减资的决议不成立，无锡市中级人民法院在陈某和与联通公司决议效力确认纠纷案中认定未按实缴出资比例同步减资的决议无效。

(2) 普通减资时应编制资产负债表及财产清单

在普通减资中，《公司法》第 224 条第 1 款规定："公司减少注册资本，应当编制资产负债表及财产清单。"普通减资过程中资产负债表及财产清单的编制，是普通减资过程中的程序性要求。实务中一般不会仅以未编制资产负债表及财产清单而要求公司或股东承担责任。但由于它可以作为判断减资是否合法的辅助性证据，如果公司在减资过程未编制资产负债表及财产清单，一旦发生相关纠纷，公司又会因其无法提供计算减资额的依据证明，进而导致对其不利的事实推定，并产生相应后果。

【**典型案例**】博达数据公司与杨某林、陈某兰买卖合同纠纷案。③ 再审法院认为，梅斯公司 2014 年 7 月设立时，股东认缴注册资本为 2000 万元，至 2014 年 12 月 31 日梅斯公司实缴资

---

① 参见上海市第一中级人民法院民事判决书，(2018) 沪 01 民终 11780 号。
② 参见新《公司法》第 66 条。
③ 参见上海市高级人民法院民事判决书，(2020) 沪民再 28 号。

本为500万元。梅斯公司减少的是股东认缴的尚未实缴的注册资本。且梅斯公司在庭审中表示其无法提供相关的资产负债表。故杨某林等辩称梅斯公司系形式减资,没有任何事实依据,法院不予采信。

关于公司普通减资过程中资产负债表及财产清单的编制,《公司法》及相关规定均未强制要求由第三方专业审计机构进行专项审计及编制,但实务中,为了固定事实,厘清责任,特别是涉及外部关系时,一般建议聘请第三方审计机构进行专项审计,以切实避免因减资发生纠纷时可能存在的自身承担证明责任的情形和法律风险。

3. 履行法定的通知义务和公告义务

根据《公司法》第224条第1款的规定,公司在普通减资过程中对已知债权人负有通知义务,这是公司普通减资过程中保护债权人利益的重要程序性规定。对于潜在债权人的通知,《公司法》亦规定了须在报纸或国家企业信用信息公示系统公告的辅助措施。前述的两个通知义务从程序上保障了债权人在公司普通减资过程中要求公司清偿债务或提供担保的选择性权利的行使。同时根据前述规定,通知的义务主体为公司,虽然如此,但在实务中,公司股东并不因此而免除在公司未通知债权人情况下进行减资所造成的瑕疵减资责任。

【典型案例一】德力西公司与江苏博恩公司、冯某、上海博恩公司买卖合同纠纷案。[①]二审法院认为,对于上诉人德力西公司要求被上诉人冯某、上海博恩公司对江苏博恩公司的上述债务在19,000万元的范围内承担补充赔偿责任的请求,亦应予以支持。理由如下:公司减资本质上属于公司内部行为,理应由公司股东根据公司的经营状况通过内部决议自主决定,以促进资本的有效利用,但应根据《公司法》(2013年)第177条第2项[②]规定,直接通知和公告通知债权人,以避免因公司减资产生损失及债权人债权的结果。根据德力西公司与被上诉人江苏博恩公司在合同中约定的交货、验收、付款条款以及实际履行情况,江苏博恩公司与德力西公司的债权债务在江苏博恩公司减资之前已经形成。德力西公司在订立的合同中已经留下联系地址及电话信息,且就现有证据不存在江苏博恩公司无法联系德力西公司的情形,故应推定德力西公司系江苏博恩公司能够有效联系的已知债权人。虽然江苏博恩公司在《江苏经济报》上发布了减资公告,但并未就减资事项直接通知德力西公司,故该通知方式不符合减资的法定程序,也使得德力西公司丧失了在江苏博恩公司减资前要求其清偿债务或提供担保的权利,根据《公司法》规定,股东负有按照公司章程切实履行全面出资的义务,同时负有维持公司注册资本充实的责任。尽管《公司法》规定公司减资时的通知义务人为公司,但公司是否减资系股东会决议的结果,是否减资以及如何进行减资完全取决于股东的意志,股东对公司减资的法定程序及后果亦属于明知,同时公司办理减资手续需股东配合,对于公司通知义务的履行,股东亦应当尽到合理注意义务。被上诉人江苏博恩公司的股东就公司减资事项先后在2012年8月10日和9月27日形成股东会决议,此时上诉人德力西公司的债权早已形成,作为江苏博恩公司的股东,被上诉人上海博恩公司和冯某应当明知。但是在此情况下,上海博恩公司和冯某

---

① 参见上海市第二中级人民法院民事判决书,(2016)沪02民终10330号。
② 参见新《公司法》第224条第2款。

仍然通过股东会决议同意冯某的减资请求，并且未直接通知德力西公司，既损害江苏博恩公司的清偿能力，又侵害了德力西公司的债权，应当对江苏博恩公司的债务承担相应的法律责任。公司未对已知债权人进行减资通知时，该情形与股东违法抽逃出资的实质以及对债权人利益受损的影响，在本质上并无不同。因此，尽管我国法律未具体规定公司不履行减资法定程序导致债权人利益受损时股东的责任，但可比照《公司法》相关原则和规定来加以认定。由于江苏博恩公司减资行为上存在瑕疵致使减资前形成的公司债权在减资之后清偿不能的，上海博恩公司和冯某为江苏博恩公司股东应在公司减资数额范围内对江苏博恩公司债务不能清偿部分承担补充赔偿责任。

【典型案例二】万丰公司与广力公司、丁某焜等分期付款买卖合同纠纷案。① 二审法院认为，我国《公司法》在明确公司股东的有限责任制的同时，也明确应依法保护公司债权人的合法权益。公司注册资本既是公司股东承担有限责任的基础，也是公司的交易相对方判断公司的财产责任能力的重要依据，公司股东负有诚信出资以保障公司债权人交易安全的责任，公司减资时对其债权人负有根据债权人的要求进行清偿或提供担保的义务。广力公司、丁某焜、丁某在明知广力公司对万丰公司负有债务的情形下，在减资时既未依法通知万丰公司，亦未向万丰公司清偿债务，不仅违反了上述《公司法》（2013年）第177条②的规定，也违反了《公司法》（2013年）第3条"有限责任公司的股东以其认缴的出资额为限对公司承担责任"的规定，损害了万丰公司的合法权利。而基于广力公司的法人资格仍然存续的事实，原审判决广力公司向万丰公司还款，并判决广力公司股东丁某焜、丁某对广力公司债务在其减资范围内承担补充赔偿责任，既符合上述公司法人财产责任制度及减资程序的法律规定，又与《公司法解释（三）》第13条第2款关于"公司债权人请求未履行或未全面履行出资义务的股东在未出资本息范围内对公司债务不能清偿的部分承担补充赔偿责任的，人民法院应予支持"的规定一致，于法有据。

【典型案例三】地质物资公司、船舶工业公司与宝联鑫公司、海运公司、汽贸华东公司、华源公司、一方物产公司、一方庆利公司、东方物产公司公司减资纠纷案。③ 二审法院认为，东方物产公司减资前对宝联鑫公司所负的债务高达520余万元，其两次减资仅仅在上海商报上发布减资公告，均未通知已知债权人宝联鑫公司，导致宝联鑫公司无从得知其减资情况，也无法提前要求其清偿债务或提供担保，违反了《公司法》（2005年）第178条④之规定。在"减资程序存在瑕疵"的基础上，法院认为，尽管《公司法》规定公司减资时的通知义务人是公司，但公司减资系股东会决议的结果，是否减资以及如何进行减资完全取决于股东的意志。本案中，东方物产公司的减资股东在明知公司对外负巨额债务而未清偿的情形下仍旧通过股东会决议减少公司的注册资本并向工商登记部门出具虚假的情况说明，主观上存在过错，客观上损害了东方物产公司的偿债能力，故减资股东的行为构成第三人侵害债权。程序瑕疵的减资，对已知债

---

① 参见江苏省高级人民法院民事判决书，(2015)苏商终字第00140号。
② 参见新《公司法》第224条。
③ 参见上海市第一中级人民法院民事判决书，(2013)沪一中民四（商）终字第1817号。
④ 参见新《公司法》第224条。

权人不发生法律效力,则本质上造成同抽逃出资一样的后果,故在立法未明确规定的情形下原审法院比照抽逃出资的责任认定五名减资股东在各自减资范围内对东方物产公司的债务承担补充赔偿责任并无不当。而其他未减资股东虽未减少出资额,但在明知公司负债的情形下仍同意减资股东的减资请求导致公司现无法以自身的财产偿还所欠宝联鑫公司全部债务的结果,也应当对减资股东的责任承担连带责任。

4. 根据债权人的要求,向债权人清偿债务或者提供相应的担保

公司减资显然会降低公司对外的偿付能力,这可能会损害公司债权人的利益,因此,《公司法》规定,在公司普通减资过程中,债权人有权要求公司对其债权进行清偿或者提供担保,当公司按照债权人的要求清偿债务或提供了相应担保,并且提前清偿或担保不存在任何瑕疵时,方可视公司已消除了减资对外部产生的影响。如果提前清偿或担保存在瑕疵,则表明公司的减资行为存在瑕疵,股东及负有责任的董事、监事、高级管理人员亦应承担瑕疵减资而产生的责任。

5. 违法减资法律后果

在新《公司法》颁布前,立法未明确规定违法减资的法律效力及法律后果。在过往的司法实践中,对违法减资的处理路径主要有以下三种:(1)不否认公司违法减资行为的效力,但公司不得以减资后的注册资本对抗变更登记前的债权人;(2)认定减资决议无效;(3)类推适用抽逃出资与协助抽逃出资规则,判令股东在减资数额范围内对债权人承担补充赔偿责任。一方面,在判断减资效力时,考虑到立法未规定效力要件和公司内外关系的安定性等因素,实务界普遍认为非法减资行为本身有效,判令非法减资无效的案例非常少;另一方面,为救济利益受损的债权人,法院通过侵权责任、类推适用《公司法解释(三)》第13~14条关于瑕疵出资、抽逃出资等规定的方式,判令股东对起诉的债权人承担赔偿责任。这就产生了如下问题:一是股东仅对起诉的异议债权人承担责任可能导致不公平的清偿效果;二是非法减资仅使股东在减资范围内承担责任,而不会导致减资无效,这可能会反向激励股东和公司在减资过程中逃避履行通知债权人的义务。

裁判观点:减资过程中未通知债权人并不当然导致减资行为无效,权益受损的债权人可要求减资股东和相关人员对其债权承担清偿责任。

【**典型案例**】北京趣游公司与天下众创公司等与破产有关的纠纷案。[1]针对本案的争议焦点,即股东会作出的涉案减资决议是否无效,二审法院认为,《民法典》第134条规定,法人、非法人组织依照法律或者章程规定的议事方式和表决程序作出决议的,该决议行为成立。《公司法》(2018年)第22条[2]规定,公司股东会或者股东大会、董事会的决议内容违反法律、行政法规的无效。第177条[3]规定:公司需要减少注册资本时,必须编制资产负债表及财产清单。公司应当自作出减少注册资本决议之日起10日内通知债权人,并于30日内在报纸上公告。债

---

[1] 参见北京市第三中级人民法院民事判决书,(2021)京03民终9223号。
[2] 参见新《公司法》第25条。
[3] 参见新《公司法》第224条。

权人自接到通知书之日起30日内,未接到通知书的自公告之日起45日内,有权要求公司清偿债务或者提供相应的担保。根据上述法律规定可知,首先,决议是公司形成意思表示的法律行为。减资本质上属于公司内部行为,属于公司意思自治的范畴。一般情况下,减资行为按照法律规定和公司章程规定的程序作出即可成立有效。我国相关法律法规并未规定减资中未通知债权人构成减资无效。其次,减资未通知债权人构成瑕疵减资。瑕疵减资损害了对公司减资前的注册资本产生合理信赖利益的债权人权益,并未损害所有债权人的合法利益,并不当然导致减资无效。若瑕疵减资导致减资当然无效,难免影响公司的经营稳定和交易安全,也干涉了公司根据自己的经营需要做出调整注册资本的自治权利。再次,北京趣游公司上诉主张,根据破产法原理,先减资、后破产足以证明涉案决议系为逃避公司债务,但其并未提供相关证据加以证明,故其仅以减资、破产发生的时间顺序主张涉案决议系以逃避债务为目的,依据不足,法院不予采纳。最后,根据法律规定和减资公司及相关人员减资时出具的债务清偿声明,权益受损的债权人可以要求减资股东和相关人员对其债权承担清偿责任,其合法权益并非不可救济。故北京趣游公司以瑕疵减资、逃避债务为由要求确认减资决议无效,法院不予支持。一审法院判决驳回北京趣游公司的诉讼请求正确,法院予以维持。

对此,新《公司法》第226条规定将违法减资的后果分为三种情形:一是已经实缴且已获得出资返还的股东,"退还其收到的资金";二是已经认缴但未实缴的股东,被减免的出资义务恢复原状;三是负有过错的股东及董事、监事、高级管理人员对因此造成的损失承担赔偿责任。其实质呈现出违法减资行为无效的法律后果,即公司注册资本恢复到减资前的状态,相关方根据过错对无效减资行为造成的损失承担赔偿责任。这里需要注意的是,对董事、监事、高级管理人员赔偿责任的请求权基础应为违信责任,法律依据为《公司法》第188条的规定。

6. 违法减资的责任主体及责任

根据《公司法》第226条的规定,违法减资的责任主体应当包括股东及负有责任的董事、监事、高级管理人员。但各责任主体承担责任的方式略有不同。

(1) 违法减资股东对债权人的责任承担

随着新《公司法》的实施,根据该法第226条的规定,债权人面对公司违法减资情形,救济思路应发生重大变化,可以通过提起以下两类诉讼予以救济:一是停止减资之诉。若公司减资尚未完成,债权人可以向公司行使停止减资请求权,要求公司中止减资活动。在向公司请求未果的情况下,债权人可提起诉讼,要求公司停止减资活动,或者依法履行清偿债务或提供担保的义务。二是公司减资无效之诉。当公司减资完成后,债权人有权向法院提起诉讼,请求法院判决公司减资行为无效,从而使公司资产恢复到减资之前的状态。

(2) 违法减资中过错股东对减员股东承担连带责任

违法减资中未减资股东的责任,根据共同侵权理论,对该减资行为存在过错的股东对减资股东的返还及赔偿责任承担共同侵权责任,即连带责任。

(3) 关于董事、监事、高级管理人员的赔偿责任

对于此,应注意以下四个方面的问题:

一是损失范围。这里的损失应当与《公司法》第211条规定的违法分配利润给公司造成的损失一致,其主要指向是,在减资行为因违法而被确定无效后,违法减资后的股东构成不当得利,应返回减资而获得的出资款本息,若股东无力返还,公司必然产生损失。反之,如全体股东能够退还出资款本息,则赔偿责任亦难以谈起。当然,也不排除非法减资导致公司资产减少后,带给公司机会利益的损失等,但原告方难以就此举证。

二是赔偿责任的发生条件。按照股东会、董事会、经理的职权规定,通常的减资程序为:经理为首的管理层提出减资方案→董事会形成议案→股东会通过决议→管理层执行。在这一程序过程中,董事、监事、高级管理人员均可能失职,违反信义义务。换言之,一旦失职,如董事、监事、高级管理人员等具有关联关系(如同时作为股东)则涉及违反忠实义务;反之,则构成违反勤勉义务。

三是赔偿责任的请求权基础。当前述责任构成后,基础规范依据应为违信责任,即适用《公司法》第188条规定的"董事、监事、高级管理人员执行职务违反法律、行政法规或者公司章程的规定,给公司造成损失的,应当承担赔偿责任"。

四是新《公司法》颁布后,赔偿责任主体不包括实际控制人。

(三)减资纠纷中常见的抗辩事由

1. 公司减资应当注意的事项

(1)对于公司通知义务的履行,股东有合理注意义务。因为虽然《公司法》规定公司减资时的通知义务主体为公司,但公司是否减资系股东会决议的结果,是否减资以及如何进行减资完全取决于股东的意志。股东对公司减资的法定程序及后果亦属明知,且公司办理减资手续需股东配合。

(2)股东是公司减资的直接获益者和利害关系人,因为公司减资后股东的出资义务随之免除或获得出资价款的返还。

基于以上原因,在公司减资纠纷中,原告、被告主体通常为公司及股东、有利害关系的其他股东。股东诉公司常见于确认减资决议效力纠纷、要求给付减资款等;公司诉股东情形常见于要求返还减资款等。

2. 公司减资纠纷相关联的股东损害公司债权人利益责任纠纷的抗辩主体常为股东

常见事由包括以下五种。

(1)仅为形式减资,未实际从公司取回财产

形式减资是指股东未实际缴纳减资部分的注册资本,减资后仅仅从形式上将其自身认缴注册资本减少,不涉及出资额的返还;实质减资是指所减少的注册资本已经实际缴纳,减少后由公司向股东返还相应的减资款。在新《公司法》颁布前的司法实践中,一般认为股东提出仅为形式减资的抗辩,因股东认缴出资额记载于公司章程,并登记为公司公示信息,转化为公司注册资本。尽管为形式减资,但其减少了公司将来可以获得的股东出资,从而减少了公司的责任财产。公司在减资时有义务通知债权人,债权人有权利要求公司清偿债务或提供担保,此种权利并不因公司系针对未实际出资或出资期限未届满的出资额进行减资而受到限制。因此,

股东该抗辩理由不能成立。

裁判观点：公司在股东认缴的出资期限届满前，作出减资决议未依法通知债权人，免除了股东认缴但尚未届期的出资义务，损害债权人利益，债权人起诉请求股东对公司债务在减资范围内承担补充赔偿责任的，法院应予支持。

【典型案例】万丰公司与广力公司、丁某焜等分期付款买卖合同纠纷案。[①] 二审法院认为，公司注册资本既是公司股东承担有限责任的基础，也是公司的交易相对方判断公司的财产责任能力的重要依据，公司股东负有诚信出资以保障公司债权人交易安全的责任，公司减资时对其债权人负有根据债权人的要求进行清偿或提供担保的义务。本案中，在广力公司与万丰公司发生硅料买卖关系时，广力公司的注册资本为2500万元，后广力公司注册资本减资为500万元，减少的2000万元是丁某焜、丁某认缴的出资额，如果广力公司在减资时依法通知其债权人万丰公司，则万丰公司依法有权要求广力公司清偿债务或提供相应的担保，万丰公司作为债权人的上述权利并不因广力公司前期出资已缴付到位、实际系针对出资期限未届期的出资额进行减资而受到限制。但广力公司、丁某焜、丁某在明知广力公司对万丰公司负有债务的情形下，在减资时既未依法通知万丰公司，亦未向万丰公司清偿债务，不仅违反了《公司法》（2013年）第177条[②] 的规定，也违反了《公司法》（2013年）第3条[③] "有限责任公司的股东以其认缴的出资额为限对公司承担责任"的规定，损害了万丰公司的合法权利。而基于广力公司的法人资格仍然存续的事实，原审判决广力公司向万丰公司还款，并判决广力公司股东丁某焜、丁某对广力公司债务在其减资范围内承担补充赔偿责任，既符合上述公司法人财产责任制度及减资程序的法律规定，又与《公司法解释（三）》第13条第2款关于"公司债权人请求未履行或者未全面履行出资义务的股东在未出资本息范围内对公司债务不能清偿的部分承担补充赔偿责任的，人民法院应予支持"的规定一致，于法有据。

根据新《公司法》第225条的规定，以减资方式弥补亏损，公司不得向股东分配，也不得免除股东缴纳出资或者股款的义务。同时，从程序上不适用新《公司法》第224条第2款的规定，即：①无须通知债权人；②无须公司清偿债务或者提供相应的担保；③仅需要公司自股东会作出减少注册资本决议之日起30日内在报纸上或者国家企业信用信息公示系统公告即可。故在新《公司法》颁布后适用简易减资程序的形式减资中，这一抗辩理由是成立的。

实际上在此之前，《公司法》没有明文区分形式减资与实质减资，但法官与律师等实务人士已经认识到两者存在区别。部分法院根据是否涉及财产返还，将减资分为"形式减资中的违法减资"与"实质减资中的违法减资"。首先，形式减资下，股东并未实际收回资产，并未对公司偿债能力造成实质损害。其次，形式减资虽然导致利润分配基准线降低，但利润分配的前提仍是资产大于负债、股本和不可分配公积金之和，注册资本的减少在理论上并不影响公司偿债能力。最后，股东抽逃出资本质上是股东侵犯公司财产权的行为，导致公司责任财产减少，形式减

[①] 参见江苏省高级人民法院民事判决书，(2015)苏商终字第00140号。
[②] 参见新《公司法》第224条。
[③] 参见新《公司法》第4条。

资存在程序违法情形,但股东并未利用公司减资程序实际抽回出资,未损害债权人利益,不能因公司减资程序不合法就认定股东构成抽逃出资,而是应由相关管理机关对其实施一定的处罚。①

【典型案例】 农业公司与丰汇世通公司案外人执行异议之诉纠纷案。② 最高人民法院认为,虽然寒地黑土集团在减资过程中先发布减资公告后召开股东会,且在变更登记时提供虚假材料,的确违反了减资程序规定,但作为寒地黑土集团股东的省农资公司并未利用减资抽回出资,省农资公司的登记出资虽减少,但资产总量并未因此减少、偿债能力亦未因此降低,寒地黑土集团的权益并未因省农资公司的行为受到损害。

(2)虽为实质减资,但公司尚未向其返还财产

实质减资情况下,公司需向股东返还其减资款。在债权人起诉股东时,股东提出该抗辩,由于公司减少注册资本一经登记即具有公示效力,股东抗辩实际为内部法律关系抗辩,其可向公司主张返还减资款,不得以此对抗债权人的请求。③

(3)减少的注册资本认缴期限尚未届满

如前所述,公司在普通减资时有义务通知债权人,债权人有权利要求公司清偿债务或提供担保,此种权利,除适用前述新《公司法》第225条简易减资程序进行减资的情形外,不因公司系针对未实际出资或出资期限未届满的出资额进行减资而受到限制,这一点亦与前述第225条规定的在简易减资程序中亦不得免除股东缴纳出资或者股款的义务相印证。同时,参照"不安抗辩权"的法理,尽管股东减少的注册资本认缴期限尚未届满,但其在履行期限未届满之时通过减资方式撤回对注册资本的承诺,以实际行为表明不再履行该部分出资,已足以引起债权人的不安,故该理由不能成立。

(4)减资后公司又进行了增资,公司偿债能力未受影响

对此,应分以下两种情形区分考虑:

一是在公司注册资本实缴制的情况下,公司减资后又增资,确实没有导致公司清偿能力和责任财产的减损。此时,事由成立。

二是在公司注册资本认缴制的情况下,交易相对人对公司清偿能力和注册资本的信赖只能基于对股东的信赖,公司减资后又增资,导致公司股东发生了变化,对股东的信赖也就丧失了基础。此时,如果债权人债权发生于公司决定减资前,经强制执行公司无财产可供执行,债权人的债权未因公司的增资而得到清偿,致债权人利益受损。此时,减资股东仍应对其违法减资行为承担责任,事由不成立。

裁判观点: <u>公司先减资后增资,债权人未因公司增资行为获得清偿,违法减资股东仍应对债权人债权承担补充赔偿责任。</u>

【典型案例】 中储国际控股公司与曲阳煤炭物流公司公司减资纠纷案。④ 最高人民法院认

---

① 参见贺小荣主编:《最高人民法院第二巡回法庭法官会议纪要》(第3辑),人民法院出版社2022年版,第105~106页。
② 参见最高人民法院民事判决书,(2019)最高法民再144号。
③ 参见张应杰主编:《公司股东纠纷类案裁判思维》,人民法院出版社2023年版,第178页。
④ 参见最高人民法院民事判决书,(2017)最高法民终422号。

为，在公司注册资本实缴制的情况下，公司减资后又增资，确实没有导致公司清偿能力和责任财产的减损。但在公司注册资本认缴制的情况下，交易相对人对公司清偿能力和注册资本的信赖只能基于对股东的信赖，公司减资后又增资，导致公司股东发生了变化，对股东的信赖也就丧失了基础。本案系债权人以债务人违反法定程序减资导致债权实现受损为由主张的侵权赔偿之诉，根据上海市崇明区人民法院(2016)沪0230执1124号执行裁定和该院向一审法院发送的(2016)沪0230执1124号函，可以认定，上海昊阁公司名下无财产可供执行，且案涉多项担保均未得到实际履行，曲阳煤炭物流公司的债权未因上海昊阁公司的增资和多个担保人提供担保而得到清偿，上海昊阁公司的增资行为未对曲阳煤炭物流公司的债权实现产生影响，债权不能实现的损害结果已实际发生。故中储国际控股公司提出上海昊阁公司已将注册资本增至37,000万元，未影响公司偿债能力的上诉理由缺乏事实依据不能成立，法院不予支持。作为减资股东，中储国际控股公司的不当减资行为违反了公司资本维持原则，导致上海昊阁公司不能全面清偿其减资前所负债务，损害了债权人曲阳煤炭物流公司的利益。中储国际控股公司主张其减资行为与曲阳煤炭物流公司债权受损没有因果关系的上诉理由亦不能成立，法院亦不予支持。

(5)减资时债权人债权未确定

可以参照股东出资纠纷中原告为债权人时，"股东会延长出资期限决议发生于公司债务产生前"的抗辩情形。减资时债权人范围亦可根据减资时"合同已订立"或"侵权行为已发生"作为债务发生的时间节点来确定。

由于减资是对已有公示信息的变更，在减资过程中应保护的债权人，根据实际情况还可能溯及到依据减资前的注册资本而信赖与公司发生交易的相对人，即减资前与公司发生交易往来的相对人，如果根据双方交易往来情况，交易相对人未来确定会对公司产生债权，且该债权应属于股东在减资时可以预见的债权，那么债权人仍存在对股东提起瑕疵减资之诉的可能。

第三节　新增资本认购纠纷

一、新增资本认购纠纷概述

(一)基本概述

新增资本认购纠纷，是指有限责任公司新增资本认购、股份有限公司发行新股认购产生的纠纷，是对增资行为本身存在异议而引发的纠纷，属于规范公司新增注册资本实施过程中产生的、除股东出资纠纷之外的相关纠纷。此类纠纷主要表现为新增资本认购人与公司之间的合同纠纷，其他各方当事人基于加入合同及设定权利义务而成为案件当事人。该法律关系主要受《民法典》合同编和《公司法》调整。

实务中，由于增资会导致现有股东股权稀释，股权结构发生变化，甚至可能引发公司控制权的转移，进而直接影响现有股东的利益，属于公司的重大事项，《公司法》规定，公司增资须以股东会特别决议形式通过。在无全体股东约定不按照出资比例优先认缴出资的情况下,有限责任公司股东有权优先按照实缴出资比例认缴出资。

在公司增资过程中,相对人须善意审查公司是否作出了增资决议及如何实施、各股东是否行使优先认缴权等情况。因为上述要素将直接影响公司增资决议的效力、新增资本认购人(尤其是外部认购人)与公司之间增资认购合同的效力及有无履行障碍等。

需要注意的是,公司资本规模、结构本质上应由股东通过协议一致决定,而非公司经营管理事项。《公司法》规定,是否增资由股东会以特别决议方式通过,特别决议的内容应当包括确定公司外部认购股份人选、认购股份数额、缴纳认购款程序等增资扩股行为的部分或者全部内容。而且该特别决议方式适用于完整的增资扩股全部过程,而对于如何增资、增资对象、增资对价等事项,即便以资本多数决形式通过,如果剥夺了股东固有权利或涉嫌大股东滥用股东权利损害公司或其他股东的利益,也可能被认定为无效,从而可能导致已进行的增资认购行为必须恢复到增资前的状态。[1]

司法实践中与此相关的裁判观点及典型案例如下。

裁判观点一:《公司法》规定股东会有权对公司增加注册资本作出决议,该决议的内容应当包括"确定公司外部认购股份人选、认购股份数额、缴纳认购款程序等增资扩股行为的部分或者全部内容",而且该特别决议方式适用于完整的增资扩股全部过程。

【典型案例】余某与泰邦生物公司、大林生物公司、益康公司、捷安公司、亿工盛达公司股权确认、盈余分配纠纷案。[2] 最高人民法院再审认为,《公司法》规定股东会有权对公司增加注册资本作出决议,该决议的内容应当包括确定公司外部认购股份人选、认购股份数额、缴纳认购款程序等增资扩股行为的部分或者全部内容。《公司法》规定股东会作出增加注册资本决议应由代表2/3以上表决权的股东通过。此处公司增加注册资本事项应当理解为完整的公司增资扩股行为,《公司法》关于2/3以上表决权的规定应当适用于完整的增资扩股全部过程。一个完整的增资扩股行为,从投资人与目标公司磋商,股东会进行决议开始,一直到公司变更注册资本登记,投资人取得股东资格结束。公司增资扩股行为不仅包括增资额度和作价,也包括公司各股东(或者公司的外部投资人)认缴及认购事宜。

裁判观点二:未经全体股东一致同意的"不按照出资比例优先认缴出资"的章程规定无效。

【典型案例】童某芳等13人诉康达化工公司确认决议无效纠纷案。[3] 二审认为,针对案涉公司章程第25条关于股东"按照出资比例分取红利,公司新增资本时,按照股东会决议可以优先认缴出资"的规定认为,在有的情况下,考虑到有限责任公司的人合因素,可以不按照出资比例优先认缴出资,但必须经过全体股东的约定,涉诉公司章程的相关条款的内容违反了

---

[1] 参见张应杰主编:《公司股东纠纷类案裁判思维》,人民法院出版社2023年版,第157页。
[2] 参见最高人民法院民事裁定书,(2013)民申字第2141号。
[3] 参见上海市第一中级人民法院民事判决书,(2007)沪一中民三(商)终字第172号。

《公司法》(2005年)第34条①的规定,应确认无效。

裁判观点三:没有证据证明股东对增资决议知情并同意的情形下,就设立时的股东内部而言,增资行为无效,且对该股东没有法律约束力,仍应按照原股权比例在股东内部进行分配。

【典型案例】参见前述黄某忠与新宝公司、陈某庆、张某、陈某、顾某平、王某英、恩那斯公司股东资格确认纠纷案(第30~31页)。

(二)《公司法》及《公司法》司法解释对公司增资的法律规制

《公司法》及其司法解释对公司增资的法律规制,具体见表4-3-1。

表4-3-1 《公司法》及《公司法》司法解释对公司增资的法律规制

序号	规制内容	法律规定
1	增资方案的制订主体	《公司法》第67条第2款第5项
2	有限公司增资决议的通过	《公司法》第59条第5项、第66条第3款
3	有限责任公司原股东对新增资本的优先认购权	《公司法》第227条第2款
4	有限责任公司原股东对新增资本优先认购权的限制	《公司法解释(三)》第16条
5	股份有限公司增资决议的通过	《公司法》第116条第3款
6	股份有限公司增资决议的内容	《公司法》第151条
7	股份有限公司董事会依股东会授权表决增资决议	《公司法》第152条、第153条

需要说明的是,前述规制是《公司法》对公司增资作出的一般性规定,如果公司存在个性化需求,可以根据是引入新投资者还是保持股东成员稳定的需要通过股东会决议或章程规定的形式,对增资对象等作出符合自身需求的决定。

二、股东对新增资本的优先购买权

(一)有限责任公司增资的优先购买权的相关问题

1. 有限责任公司股东对其他股东放弃优先认购权的新增资本是否享有优先认购权

《公司法》对有限责任公司增资扩股行为设定优先认购权的强制性规范,是基于保护有限责任公司的人合性要求。实务观点认为,关于优先购买权,《公司法》仅规定了有限责任公司股东有权按照实缴的出资比例,在与外部认购人同等条件下享有优先认缴权,并未赋予其对其他股东放弃部分的优先认购权,其依据在于,优先购买权作为一种排斥第三人竞争效力的权利,对其相对人权利影响重大,必须基于法律明确规定才能享有。

增资扩股不同于股权转让,其核心区别在于公司注册资本是否发生变化。此外,增资资金来源于增资股东、由公司取得,增资须由公司以特别决议方式作出;而股权转让资金来源于股权受让方,且由股权转让方取得,股权对外转让须保证其他股东在同等条件下的优先购买权。我国《公司法》没有明确规定,有限责任公司新增资本过程中,部分股东将其可优先认缴的出资份额让与外来投资者时,其他股东对此享有优先认购权。因此,其他股东不能依据与增资扩

---

① 参见新《公司法》第227条第1款。

股不同的股权转让制度,行使《公司法》第 227 条第 2 款所规定的优先购买权。

裁判观点:对于股东放弃优先认缴范围内的新增出资份额,其他股东无优先认购权。

【典型案例】 捷安公司与黔峰公司等股权确权及公司增资扩股出资份额优先认购权纠纷案。[1] 针对捷安公司关于"其作为黔峰公司合法股东,在黔峰公司增加注册资本的过程中,除应按出资比例优先认缴出资外,还要求对其他股东放弃的认缴份额行使优先认购权"的主张,最高人民法院认为,我国《公司法》(2005 年)第 35 条[2]规定"公司新增资本时,股东有权先按照其实缴的出资比例认缴出资",直接规定股东认缴权范围和方式,并没有直接规定股东对其他股东放弃的认缴出资比例增资份额有无优先认购权,也并非完全等同于该条但书或者除外条款即全体股东可以约定不按照出资比例优先认缴出资的除外所列情形,此款所列情形完全针对股东对新增资本的认缴权而言,这与股东在行使认缴权之外对其他股东放弃认缴的增资份额有无优先认购权并非完全一致。对此,有限责任公司的股东会完全有权决定将此类事情及可能引起争议的决断方式交由公司章程规定,从而依据公司章程规定方式作出决议,当然也可以包括股东对其他股东放弃的认缴出资有无优先认购权问题,该决议不存在违反法律强行规范问题,决议是有效力的,股东必须遵循。只有股东会对此问题没有形成决议或者有歧义理解时,才有依据《公司法》规范适用的问题。即使在此情况下,公司增资扩股行为与股东对外转让股份行为确属不同性质的行为,意志决定主体不同,因此二者对有限责任公司人合性要求不同。在已经充分保护股东认缴权的基础上,捷安公司在黔峰公司此次增资中利益并没有受到损害。当股东个体更大利益与公司整体利益或者有限责任公司人合性与公司发展相冲突时,应当由全体股东按照公司章程规定方式进行决议,从而有一个最终结论以便各股东遵循。

本案经最高人民法院再审认为,[3]增资扩股不同于股权转让,两者最明显的区别在于公司注册资本是否发生变化。此外,增资扩股与股权转让资金的受让方是截然不同的。增资扩股中的资金受让方为标的公司,而非该公司的股东,资金的性质属于标的公司的资本金;而股权转让中的资金由被转让股权公司的股东受领,资金的性质属于股权转让的对价。捷安公司将增资扩股行为混同于股权转让却认为原审判决适用法律错误,法院不予支持。优先购买权作为一种排斥第三人竞争效力的权利,对其相对人权利影响重大,必须基于法律明确规定才能享有。其发生要件及行使范围须以法律的明确规定为根据。《公司法》(2005 年)第 35 条明确规定了在全体股东无约定的情况下,有限责任公司新增资本时股东优先认缴出资的权利以及该权利的行使范围以"实缴的出资比例"为限,超出该法定的范围,则无所谓权利的存在。当然,有限责任公司的股东会完全有权决定将此类事情及可能引起争议的决断方式交由公司章程规定,从而依据公司章程规定方式作出决议,当然也可以包括股东对其他股东放弃的认缴出资有无优先认购权问题。但本案中黔峰公司股东会对优先权问题没有形成决议,故应当依据《公司法》规范来认定。本案捷安公司已根据《公司法》(2005 年)第 35 条之规定按照其实缴的出资比例行使了优先认

---

[1] 参见最高人民法院民事判决书,(2009)民二终字第 3 号。
[2] 参见新《公司法》第 227 条。
[3] 参见贵州省高级人民法院民事裁定书,(2010)民申字第 1275 号。

购权,其对黔峰公司享有的支配权和财产权仍然继续维持在原有状态,不存在受到侵害的事实或危险。在《公司法》无明确规定有限责任公司新增资本时,部分股东欲将其认缴出资份额让与外来投资者其他股东有优先认购权的情况下,捷安公司不能依据与增资扩股不同的股权转让制度行使《公司法》(2005年)第70条① 所规定的股权转让过程中的优先购买权。

2. 有限责任公司原有股东能否以增资合同损害其优先认缴权为由排除增资合同的履行

对于这个问题,实务观点认为,应该针对公司内部和公司外部区分考虑处理。

一是在公司内部,股东优先认缴公司新增资本的权利属于形成权,在公司章程无特殊规定的情况下,同等条件下股东按其实缴的出资比例认缴增资是法定的、固有的权利。若公司未履行法定的通知程序,致使股东未能参加股东会而剥夺其对新增资本的优先认缴权,或通过资本多数决的方式排除股东优先认缴权,那么该增资决议违反《公司法》的强制性规定,应认定为无效。基于该无效决议办理的增加股东、认缴注册资本变更等工商登记行为,亦应予以撤销。

【**典型案例**】胡某梅与晨浩公司公司决议效力确认纠纷案。② 二审法院认为,《公司法》(2013年)第22条第1款③ 规定,公司股东会或者股东大会、董事会的决议内容违反法律、行政法规的无效。《公司法》(2013年)第34条④ 规定,公司新增资本时,股东有权优先按照实缴的出资比例认缴出资,但全体股东约定不按照出资比例优先认缴出资的除外。涉案《股东会决议》就新增的注册资本450万元,同意新股东以认缴增资方式入股,并同时确定了新增加的450万元注册资本由五个股东中的三人张某平、干某宁、周某与新股东认缴的份额,决议内容还确认公司原股东均无异议(未涉及的原股东放弃优先认购权),但一方面晨浩公司未提交证据证明全体股东存在关于不按照出资比例优先认缴出资的约定,另一方面胡某梅因未由晨浩公司通知参加股东会而无法行使优先认缴出资的权利的事实客观存在,胡某梅亦未表示过放弃该次增资的优先认缴权,直至本案二审期间胡某梅仍表示要求行使该次增资的优先认缴权。股东优先认缴公司新增资本的权利属于形成权,股东按其出资比例认缴增资是法定的、固有的权利,晨浩公司2014年11月10日股东会因未履行法定的通知程序致使胡某梅未能参加股东会而剥夺了其对新增资本的优先认缴权。综上,《股东会决议》的内容因违反《公司法》的强制性规定应认定为无效,胡某梅关于确认晨浩公司2014年11月10日增加股东、实收资本变更和认缴注册资本变更的股东会决议无效的上诉请求于法有据,法院予以支持。

二是在公司外部,有限责任公司原有股东以其优先认缴权受到损害为由,若其明确表示行使优先认缴权,则可以排除增资合同的履行,并可在实缴出资比例范围内行使优先认缴权。

3. 有限责任公司原股东的优先认缴权的行使的相关问题

(1)有限责任公司股东所享有的优先认缴出资的权利是否受"同等条件"的限制

在有限责任公司的增资过程中,我国《公司法》及司法解释均未对原股东如何行使优先

---

① 参见新《公司法》第84条。
② 参见广东省深圳市中级人民法院民事判决书,(2015)深中法商终字第2714号。
③ 参见新《公司法》第25条。
④ 参见新《公司法》第227条。

认缴权作出具体规定。不过,《公司法》规定了有限责任公司股权对外转让时股东的优先购买权,《公司法解释(四)》第21条第1款还规定了损害股东优先购买权的救济途径。笔者认为,无论是新增资本的优先认缴权还是股权转让过程中的优先购买权,其目的均是保持有限责任公司的人合性、维持股权结构的稳定性。原《公司法》虽未在新增资本优先认购中明确"同等条件"的概念,但新《公司法》第227条第1款对此作出了明确规定:"有限责任公司增加注册资本时,股东在同等条件下有权优先按照实缴的出资比例认缴出资。但是,全体股东约定不按照出资比例优先认缴出资的除外。"这回应了之前实务中可将增资对价视为对内或对外增资的"同等条件"的观点。所以,公司后续在与新投资者签订增资合同过程中,若改变增资对价,如通过降低增资价格、延长出资期限、改变出资方式等足以影响原股东对是否行使优先认缴权的决策情形,仍可能被认定为损害原股东优先认缴权。值得注意的是,新《公司法》前述条款未明确"同等条件"的具体含义,依据体系解释,可能参照《公司法解释(四)》第18条对股权转让情形下股东优先购买权的规定,综合考虑请求认缴的股权数量、价格、支付方式及期限等因素。

(2) 优先认缴出资的权利是否必须在合理期限内行使

司法实践认为,优先认缴出资的权利必须在合理期限内行使。具体可参照股权转让优先购买权制度,《公司法解释(四)》对股权转让优先购买权规定的失权期间为其他股东知道或应当知道行使优先购买权的同等条件之日起30日后或自股权变更登记之日起超过1年。

裁判观点:优先认缴出资的权利必须在合理期限内行使。

【典型案例】红日公司、蒋某诉科创公司股东会决议效力及公司增资纠纷案。[①] 针对红日公司和蒋某是否能够行使上述新增资本的优先认缴权还需要考虑其是否恰当地主张了权利,最高人民法院认为,股东优先认缴公司新增资本的权利属形成权,虽然现行法律没有明确规定该项权利的行使期限,但为维护交易安全和稳定经济秩序,该权利应当在一定合理期间内行使,并且由于这一权利的行使属于典型的商事行为,对于合理期间的认定应当比通常的民事行为更加严格。本案红日公司和蒋某在科创公司2003年12月16日召开股东会时已经知道其优先认缴权受到侵害,且作出了要求行使优先认缴权的意思表示,但并未及时采取诉讼等方式积极主张权利。在此后科创公司召开股东会、决议通过陈某高将部分股权赠与固生公司提案时,红日公司和蒋某参加了会议,且未表示反对。红日公司和蒋某在股权变动近两年后又提起诉讼,争议的股权价值已经发生了较大变化,此时允许其行使优先认缴出资的权利将导致已趋稳定的法律关系遭到破坏,并极易产生显失公平的后果,故在四川省绵阳市中级人民法院(2006)绵民初字第2号民事判决书中认定红日公司和蒋某主张优先认缴权的合理期间已过并无不妥。故法院对红日公司和蒋某行使对科创公司新增资本优先认缴权的请求不予支持。

(3) 有限责任公司增加注册资本时,股东会作出的增加注册资本决议是否可以对股东缴纳新增资本的期限作出限制

对此,我国《公司法》并无强制性规定,司法实践认为不属于股东会决议内容违反法律、行

---

① 参见最高人民法院民事判决书,(2010)民提字第48号。

政法规的禁止性规定的情形。

裁判观点：股东会决议关于购买资产款项的缴纳时间是否限制过短、未按时缴纳的后果是否合理、增资时是否需要进行资产评估等事项，《公司法》对此均无强制性规定，不宜认定为违反法律、行政法规强制性规定的情形。

【典型案例】黄某、王某芝、尚某华、高某勇、董某建、朱某献、杨某学、肾某民、李某辉、柴某斌、唐某国（以下简称黄某等11人）与安达公司、曹某荣、王某学、王某勇、陈某江、晋某清、谭某根、袁某凤、曾某平公司决议效力确认纠纷案。① 针对安达公司分别于2013年6月26日和2013年9月29日作出的两次股东会决议关于安达公司增加注册资本1500余万元并由18名股东按各自股权比例出资购买以及关于股东的付款时间为3天的规定，最高人民法院认为，两次股东会决议是否有效取决于决议内容是否违反法律、行政法规。第一次股东会形成的决议内容是表决通过《安达公司改制时少评、漏评资产处理问题的解决方案》，由公司现有股东按各自股权比例购买少评漏评资产，股东购买少评漏评资产的出资作为公司新增注册资本处理，并限定了购买款项支付时间以及未付款的后果。第二次股东会决议的内容是根据第一次股东会决议后的股东付款情况，表决通过《安达公司增加注册资本方案》并修改公司章程等。对于上述股东会决议内容，第一，"股东购买少评漏评资产的出资作为新增注册资本处理"的决议内容本身并不违反法律、行政法规的禁止性规定，且属于2005年《公司法》第38条第7项② "对公司增加或者减少注册资本作出决议"的股东会职权范围。第二，第一次股东会决议由公司现有股东按照各自股权比例出资购买，符合2005年《公司法》第35条③ "股东按照实缴的出资比例分取红利；公司新增资本时，股东有权优先按照实缴的出资比例认缴出资。但是，全体股东约定不按照出资比例分取红利或者不按照出资比例优先认缴出资的除外"的规定。第三，增加注册资本、修改公司章程的表决均符合2005年《公司法》第44条第2款④ "股东会会议作出修改公司章程、增加或者减少注册资本的决议，以及公司合并、分立、解散或者变更公司形式的决议，必须经代表2/3以上表决权的股东通过"的规定。黄某等11人称：两次股东会决议违反了《公司法》第34条⑤ "股东按照实缴的出资比例分取红利；公司新增资本时，股东有权优先按照实缴的出资比例认缴出资。但是，全体股东约定不按照出资比例分取红利或者不按照出资比例优先认缴出资的除外"的规定即增资时决定"不按照出资比例优先认缴出资"是需要"人数一致决而非资本多数决"。法院经核实，黄某等11人引用该《公司法》第34条系引自2013年修正的《公司法》条文，2005年《公司法》与之对应一致内容的是第35条。而本案第一次股东会决议内容恰恰是"按照各自的出资比例购买资产"，并非2005年《公司法》第35条规定的"不按照出资比例优先认缴出资"，不属于该条规定的除外情形。黄某等11人依该条规定认为安达公司第一次股东会决议关于公司增资的决议必须采用"人数一致决而非资

---

① 参见最高人民法院民事裁定书，(2017)最高法民申3330号。
② 参见新《公司法》第59条第5项。
③ 参见新《公司法》第227条。
④ 参见新《公司法》第66条第3款。
⑤ 参见新《公司法》第227条。

本多数决"没有依据,亦不属于股东会决议内容违反法律、行政法规的禁止性规定的情形。

在此基础上,最高人民法院认为,至于两次股东会决议对于购买资产款项的缴纳时间是否限制过短、未按时缴纳的后果是否合理、增资时是否需要进行资产评估等事项,《公司法》对此均无强制性规定,不宜认定为违反法律、行政法规强制性规定的情形。

(4)新股认购优先权能否以默示方式放弃

裁判观点:新股认购优先权属于股东的一项权利,此种权利的放弃,应该有权利人明确的意思表示。

【典型案例】中节能公司与实业投资公司及京环公司、宇新公司股东出资纠纷案。[1]最高人民法院认为,根据《公司法》(2013年)第34条[2]的规定,公司新增资本时,股东有权优先按照实缴的出资比例认缴出资,除非全体股东约定不按照出资比例优先认缴出资。新股认购优先权属于股东的一项权利,此种权利的放弃,应该有权利人明确的意思表示。

(二)侵害股东优先认缴权的行为的常见情形及救济

1. 侵害股东优先认缴权的行为的常见情形

一是剥夺股东知情权,进而剥夺其优先认缴权。主要表现为控股股东不召开股东会会议,也不通知股东,直接决定增资或通知程序存在瑕疵导致股东对增资事宜不知情,进而根本无法行使优先认缴权。二是直接剥夺。在公司召开股东会作出增资决议时不征询股东对优先认购权的意见,股东会以多数决方式强制剥夺股东的部分或全部优先认购权。三是变相剥夺。如股东会对行使优先认购权设置不合理的条件,或是增资方案明显不合理,变相影响或剥夺股东优先认购权的情形。四是变相增资。在没有必要进行吸收合并的情况下,公司股东会决定通过吸收合并方式进行增资,变相侵害股东的优先认购权。[3]

2. 侵害股东优先认缴权的行为的救济

对于以上行为,除可直接主张优先认购权之外,还可通过公司决议撤销或确认无效之诉、撤销工商变更登记或行使优先认购权之诉、损害赔偿之诉等方式予以解决。但应该注意的是前述之众多诉讼均应以公司决议之诉为前提,即先确认侵害其优先认购权的股东会决议不成立、无效或予以撤销,并进而撤销工商变更登记,以恢复股东持股比例,或进而诉请行使优先认购权,以维持其持股比例;而损害赔偿之诉则解决股东因其优先认购权被侵害遭受损失的问题。

3. 股份有限公司,原股东对新增股份是否具有优先认购权

原《公司法》对此未作出明确规定,但新《公司法》第227条第2款对此作出了明确规定:"股份有限公司为增加注册资本发行新股时,股东不享有优先认购权,公司章程另有规定或者股东会决议决定股东享有优先认购权的除外。"股份有限公司的股东在公司增资扩股过程中原则上不具有优先认购权。除非公司章程规定或者股东会决议决定股东享有优先认购权。之前

---

[1] 参见最高人民法院民事裁定书,(2016)最高法民再234号。
[2] 参见新《公司法》第227条。
[3] 参见李建伟主编:《公司法评注》,法律出版社2024年版,第901页。

在司法实践中,对股份有限公司的增资扩股行为因系其内部经营决策合意的结果,在不违反相关强制性法律规定的情况下,公司具体的增资方式、增资对象、增资数额、增资价款等均由其股东会决议并遵照执行。

【典型案例】 张某与纺织公司新增资本认购纠纷案。[①]二审法院认为,《公司法》(2013年)第34条[②]规定的股东增资优先认购权,是《公司法》基于保护有限责任公司人合性的经营特征,对有限责任公司增资扩股行为发生时所做的强制性规范,目的在于保护有限责任公司基于人合基础搭建起来的经营运行稳定性,该规定仅适用于有限责任公司。对于股份有限公司,基于其资合性的组织形式与管理运行模式,《公司法》并未对其增资扩股行为设定优先认购权的强制性规范,股份有限公司的增资扩股行为系其内部经营决策合意的结果,在不违反相关强制性法律法规的前提下,公司具体的增资方式、增资对象、增资数额、增资价款等均由其股东会决议并遵照执行。

三、瑕疵增资的认定及事由

瑕疵增资,是指公司在增加公司注册资本过程中,违反法律规定的程序和方式的行为。

(一)公司增资的法定程序和方式

根据《公司法》的规定,公司增资应遵循下列程序和方式:(1)由有限责任公司股东会会议经代表2/3以上表决权的股东或股份有限公司经出席会议的股东所持表决权的2/3以上(如果章程有更高比例规定,从章程)通过,作出增资决议;(2)公司与增资人订立增资合同,增资人根据增资合同约定和章程规定的出资期限缴纳增资款,公司签发出资证明书,将新增股东记载于股东名册;(3)修改公司章程,在公司章程中记载增资后的股东及各股东认缴出资额、出资比例、出资期限;(4)向公司登记机关变更注册资本登记;(5)特别程序,如《公司法》第154条第1款规定:"公司向社会公开募集股份,应当经国务院证券监督管理机构注册,公告招股说明书。"

(二)瑕疵增资的认定

增资人向公司履行增资义务是否存在瑕疵,适用股东瑕疵出资认定规则。由于不同的增资方案产生的控制权变动、资产流向、股权比例等效果截然不同,因此,在实务中,增资行为是否存在瑕疵,更多地体现在公司增资决议是否存在效力瑕疵。所以增资决议的效力认定,在实践中成为瑕疵增资的认定中重点关注的对象,会着重关注是否存在大股东压制小股东、损害小股东或公司利益而影响增资决议的效力的情形。增资决议如果存在效力瑕疵,则据此作出的增资行为存在随之被撤销的可能,进而必然阻碍由此订立的增资认购合同的履行,即使已履行的部分亦应恢复至增资前状态。

新增资本认购合同是否存在效力瑕疵及违约情形,根据《民法典》关于民事行为效力认定的一般规则进行认定。

---

① 参见云南省昆明市中级人民法院民事判决书,(2015)昆民五终字第44号。
② 参见新《公司法》第227条。

(三)常见瑕疵增资诉由

实务中常见的瑕疵增资诉由包括公司实际未召开股东会作出决议、公司未形成增资决议、股东会未通知股东参加、股东会虽通知股东参加但未按股东要求提供公司财务账册以致股东无法表决、大股东利用控股优势形成不同比增资决议、增资决议未保障股东优先认缴权、增资存在掠夺性定价、在小股东放弃优先认缴权情况下强行决议同比增资等。

四、新增资本认购的法律后果

(一)增资合同的撤销

实务中,常见新增资本认购人请求撤销增资合同的理由有目标公司财务数据造假和估值造假构成欺诈两种。焦点在于:(1)是否存在故意告知虚假情况的事实;(2)是否存在故意隐瞒真实情况的事实;(3)前述两种事实与最后签订增资合同是否具有因果关系。合同撤销的法律后果如下:(1)恢复原状,返还财产;(2)不能返还或者没有必要返还的,应当折价补偿;(3)过错方赔偿对方因此所受到的损失,双方都有过错的,根据过错大小各自承担相应的责任。

(二)增资合同无效

增资合同的效力认定,遵循《民法典》关于一般民事法律行为效力的规定。民事行为无效的事实依据通常为:无行为能力、虚假意思表示、违反强制性效力性规定、违背公序良俗、恶意串通等。实务中,还有新增资本认购人或增资公司以增资决议效力瑕疵、损害原股东优先认缴权等为由主张增资合同无效。需要注意的是,该等情形不必然导致增资合同无效,还存在仅构成增资合同履行障碍的可能。增资合同无效的法律后果与处理方式与合同撤销一致。

(三)请求履行合同

请求履行合同的主体包括新增资本认购人或增资公司。新增资本认购人请求履行合同的内容通常包括:公司向其签发出资证明书、将其记载于股东名册、向工商部门进行增资及股权的变更登记、确认其股东资格等。增资公司请求履行合同的内容通常是新增资本认购人向公司缴付出资本息。此类纠纷的关注重点:合同是否成立、生效、是否存在履行障碍、履行先后顺序等。

(四)违约责任

请求承担违约责任的主体包括新增资本认购人或增资公司。违约责任包括一般违约和严重违约。一般违约的责任形式包括继续履行和赔偿损失;严重违约的责任形成包括解除合同和合同解除后的清理工作,即尚未履行的终止履行,已经履行的,根据履行情况和合同性质,恢复原状、采取其他补救措施并赔偿损失等。

(五)其他股东以增资决议效力瑕疵或侵害其优先认缴权为由请求撤销或确认合同无效、撤销工商变更登记等

其他股东提出增资决议效力瑕疵通常包括:一是股东会决议程序瑕疵;二是股东会决议内容瑕疵;三是执行股东会决议过程中侵害新股优先认缴权。该等情形下往往对其他股东构成

侵权,按照《民法典》的一般侵权规则进行处理,请求内容包括停止侵权、重新作出决议、赔偿损失。

五、公司增资相关责任

(一)增资过程中股东的出资责任问题

根据《公司法》第 228 条的规定,公司增资时增资人的出资义务和责任与公司设立时股东出资义务和责任一致,出资责任对应的权利主体包括公司、全体债权人和其他股东。

(二)公司增资过程中,如果存在未出资或未全面出资的情况,是否适用新《公司法》第 50 条[①]规定

对此存在不同观点。有观点认为,发起人承担资本充实担保责任,其制度意旨在于强化公司设立时各个发起人(设立人)之间的出资缴纳担保责任(实为一种连带保证责任),以抑制发起人之间可能的相互勾结制造骗局、损害公司利益进而坑害后加入股东以及公司债权人,防止"庞氏骗局"的出现。[②]但最高人民法院执行工作办公室在〔2003〕执他字第 33 号《关于股东因公司设立后的增资瑕疵应否对公司债权人承担责任问题的复函》中如是回复:"公司股东若有增资瑕疵,应承担与公司设立时的出资瑕疵相同的责任。"据此,司法实践中对此又存在肯定观点。

<u>**裁判观点**:公司增加注册资本是扩大经营规模、增强责任能力的行为,与公司设立时的初始出资没有本质区别,也是缴纳出资的一种方式。公司股东若有增资瑕疵,应承担与公司设立时的出资瑕疵相同的责任。</u>

【典型案例】 十堰市政公司、王某玉与东风汽车公司、十堰千龙公司、乔某敏、侯某明、王某学、时某龙、焦某、王某书、刘某洲合资、合作开发房地产合同纠纷案。[③]最高人民法院认为,《公司法》(2005 年)第 179 条[④]规定:"有限责任公司增加注册资本时,股东认缴新增资本的出资,依照本法设立有限责任公司缴纳出资的有关规定执行。"第 180 条[⑤]第 2 款规定公司增加或者减少注册资本,应当依法向公司登记机关办理变更登记。公司增加注册资本是扩张经营规模、增强责任能力的行为,与公司设立时的初始出资没有本质区别,也是缴纳出资的一种方式。东风汽车公司最终受让了机电公司与十堰千龙公司签订的《联合开发合同》中机电公司的合同权利与义务,成为十堰千龙公司的债权人。2003 年 12 月 25 日,十堰千龙公司经工商登记,虚增注册资本 1014 万元,直至 2007 年 7 月 19 日才撤销虚假工商变更登记,而《联合开发合同》签订于 2004 年 3 月 31 日,发生在虚增注册资本期间。《联合开发合同》签订时,王某玉、刘某洲属于十堰千龙公司未履行增资出资义务的公司股东。根据《公司法解释(三)》第 13 条第 2 款"公司债权人请求未履行或者未全面履行出资义务的股东在未出资本息范围内对公司债务不能清偿的部分承担补充赔偿责任的,人民法院应予

---

① 参见《公司法解释(三)》第 13 条第 3 款。
② 参见李建伟主编:《公司法评注》,法律出版社 2024 年版,第 204 页。
③ 参见最高人民法院民事裁定书,(2013)民申字第 1504 号。
④ 参见新《公司法》第 228 条。
⑤ 新《公司法》已删除该条规定。

支持"的规定,一审法院判决书第 1 项"十堰千龙公司在该判决生效之日起十五日内给付东风汽车公司房屋销售款 11914290.38 元"的判决,二审法院判决书第 3 项"对十堰千龙公司不能清偿部分王某玉在 95 万元、刘某洲在 894 万元范围内承担补充责任"的判决,并无错误,并且,《公司法解释(三)》第 13 条第 3 款规定:"股东在公司设立时未履行或者未全面履行出资义务,依照本条第一款或者第二款提起诉讼的原告,请求公司的发起人与被告股东承担连带责任的,人民法院应予支持。"《公司法》(2005 年)第 31 条[①]规定:"有限责任公司成立后,发现作为设立公司出资的非货币财产的实际价额显著低于公司章程所定价额的,应当由交付该出资的股东补足其差额;公司设立时的其他股东承担连带责任。"由于公司增加注册资本与公司设立时的初始出资并没有区别,按照最高人民法院执行工作办公室在〔2003〕执他字第 33 号《关于股东因公司设立后的增资瑕疵应否对公司债权人承担责任问题的复函》中的精神,"公司股东若有增资瑕疵,应承担与公司设立时的出资瑕疵相同的责任。"十堰市政公司、乔某敏、侯某民、王某学、时某龙、焦某、王某书,是十堰千龙公司设立时的股东,也是 2003 年 12 月 25 日十堰千龙公司申请增加注册资本时的股东,更是 2004 年 3 月 31 日十堰千龙公司与机电公司签订《联合开发合同》时的股东,上述股东应对王某玉、刘某洲增资瑕疵所承担的补充赔偿责任,对外承担连带责任。

为避免诉讼风险,面对此类案件,建议起诉前查询受理法院及其上级法院对此的实务裁判观点。

(三)公司增资时股东出资瑕疵:债权人能否就公司此前债务向该股东主张权利

对此,最高人民法院执行工作办公室在《关于股东因公司设立后的增资瑕疵应否对公司债权人承担责任问题的复函》中提出了比较明确的意见:"公司增加注册资金是扩张经营规模、增强责任能力的行为,原股东约定按照原出资比例承担增资责任,与公司设立时的初始出资是没有区别的。公司股东若有增资瑕疵,应承担与公司设立时的出资瑕疵相同的责任。但是,公司设立后增资与公司设立时出资的不同之处在于,股东履行交付资产的时间不同。正因为这种时间上的差异,导致交易人(公司债权人)对于公司责任能力的预期是不同的。股东按照其承诺履行出资或增资的义务是相对于社会的一种法定的资本充实义务,股东出资或增资的责任应与公司债权人基于公司的注册资金对其责任能力产生的判断相对应。本案中,南通开发区富马物资公司(以下简称富马公司)与深圳龙岗电影城实业有限公司(以下简称龙岗电影城)的交易发生在龙岗电影城变更注册资金之前,富马公司对于龙岗电影城责任能力的判断应以其当时的注册资金 500 万元为依据,而龙岗电影城能否偿还富马公司的债务与此后龙岗电影城股东深圳长城(惠州)实业企业集团(以下简称惠华集团)增加注册资金是否到位并无直接的因果关系。惠华集团的增资瑕疵行为仅对龙岗电影城增资注册之后的交易人(公司债权人)承担相应的责任,富马公司在龙岗电影城增资前与之交易所产生的债权,不能要求此后增资行为瑕疵的惠华集团承担责任。"

---

① 参见新《公司法》第 50 条。

（四）未尽忠实、勤勉义务的董事、监事、高级管理人员应承担对瑕疵出资股东的责任

《公司法解释（三）》第 13 条第 4 款规定了公司增资时董事、高级管理人员未尽忠实勤勉义务所致赔偿责任及追偿权；新《公司法》第 51 条规定了董事会对股东出资的催缴义务及未及时履行催缴义务的赔偿责任；第 52 条规定董事会对未按规定出资股东的催缴失权的权利和义务；第 179 条、第 180 条、第 188 条规定增加了监事作为忠实、勤勉义务的主体。关于董事、监事、高级管理人员的是否违反忠实、勤勉义务的认定，应当遵循法律、行政法规及公司章程的规定确定其义务范围，进而考虑是否存在违反的事实。

（五）新增资本认购纠纷与公司增资纠纷的共同点和区别

二者的共同点：一是增资过程中应承担的责任；二是受到损害的股东均可以增资决议效力瑕疵或侵害其优先认缴权为由请求撤销合同或确认合同无效、撤销工商变更登记等。

二者的区别：新增资本认购纠纷多发生于外部，即新增投资人与公司之间，公司增资纠纷多发生于内部。据此，对于新增资本认购纠纷与公司增资纠纷，我们应当区分关注出资对象的注意义务、明知程度、合理期间等。

六、新增资本认购纠纷中常见的抗辩事由

新增资本认购纠纷中，公司（公司清算组或破产管理人）、股东或债权人向增资股东追索出资时，常见抗辩事由及相关问题与股东出资纠纷一致。

（一）主张或抗辩合同不成立、无效、可撤销

这常见于新增资本认购人或目标公司欲否定增资合同效力，以排除增资合同的履行。对于合同成立与否、是否有效、是否可撤销，与一般合同的认定标准一致。

1. 新增资本认购纠纷中主张合同无效的常见理由

一是公司增资未经股东会合法决议。

二是损害有限责任公司原股东优先认缴权。事实上，前述理由均不当然否定增资合同的效力，而是构成增资合同履行的障碍。履行不能的情况下，违约方依约或依法承担违约责任。

2. 新增资本认购纠纷中主张合同可撤销的常见理由

公司存在财务数据、公司估值、公司资产与负债情况等方面的欺诈，认购人以此请求撤销增资合同。对此，我们应注意以下问题：

一是撤销权的行使是否超过《民法典》第 152 条规定的除斥期间。

二是充分考虑提出撤销的一方当事人身份、对投融资业务的专业化程度、合同订立的背景和过程，及其主张欺诈的事实是否足以构成其订约决策，及其是否尽了应有的审慎义务等。

（二）主张或抗辩合同应解除

常见于新增资本认购人或目标公司欲解除增资合同，以排除增资合同的履行。常见情形有新增资本认购人请求解除合同、返还投资款及赔偿损失等。该情形下，目标公司的抗辩理由通常有：

（1）公司通过增资决议、收取股款、记载于股东名册、签发出资证明书、进行工商股权登记

等程式要件证明增资扩股已履行完毕，即增资认购人合同目的已实现，已实际享有股东权利，不应解除。如果前述程序要件齐备，一般会认定理由成立。

（2）若前述程序要件尚未齐备，公司通常以增资认购人已加入股东微信群、参加公司运营等为由进行抗辩，这就需要特别关注增资认购人是否已实质享有股东权利等，进而认定目标公司的抗辩是否成立。如果目标公司增发股份失败，或在约定期间内未完成增发、未能为新增资本认购人办理股权登记，足以认定合同目的无法实现，同时在新增资本未登记为公司注册资本的情况下，新增资本认购人的投资款并未转化为公司财产、未对第三人产生公示效力，因而不涉及违法减资或抽逃出资问题，所以新增资本认购人返还投资款的请求一般会得到支持。

（3）公司同意办理股权登记，未办理的原因在于增资认购人不配合。这一理由能否成立的核心在于原告方是否存在违约行为、违约行为是否达到严重程度、守约方是否曾进行催告、合同未履行完毕的原因、有无继续履行的可能或必要等。

（三）主张履行合同

常见情形有以下三种。

（1）新增资本认购人请求公司登记股权。对此，关注要点：登记股权是否存在履行障碍，包括公司是否已作出增资决议、有无侵害有限责任公司原股东优先购买权等。

（2）新增资本认购人请求金钱补偿或回购义务人进行补偿或股权回购。对此，关注要点：金钱补偿或股权回购的触发条件是否已成就、补偿或回购的主体、价款等。

（3）公司请求新增资本认购人给付投资款。对于这一情形，应着重考虑合同约定的给付投资款条件是否成就。

增资合同是否继续履行，应当通过双方对增资扩股的安排，探求双方真意和是否诚信履行增资扩股协议，防止将因市场变化及目标公司估值变化等原因造成的商业风险恶意转嫁给合同相对方。

第四节　股东出资、新增资本认购、公司增资、减资纠纷的相关程序问题

一、股东出资、新增资本认购、公司增资、减资纠纷的主管与管辖

（一）股东出资、新增资本认购、公司增资、减资纠纷的主管

对于此类纠纷的主管，应注意以下两个问题：

判断是否属于公司自治事项。如果是公司自治事项，则应该通过公司内部治理制度解决，无须通过诉讼来解决；或者原告对起诉事项没有诉的利益，则不构成《民事诉讼法》上的"诉"。对于原告提起的此类诉讼，法院一般不会受理，已受理的，亦会被驳回起诉。例如，股东和公司一致同意变更股东出资形式，则无须通过司法裁判处理；又如，公司向法院请求限制瑕疵出资股东的新增资本优先认购权，股东向法院请求对公司进行增资或减资，该等事项系公司自治事项，可由公司自主通过股东会决议等方式作出，无须通过法院裁判处理。

对于股东间基于出资协议或公司章程等主张出资违约责任的,仲裁条款可以排除法院主管。

(二)股东出资、新增资本认购、公司增资、减资纠纷的管辖

1. 地域管辖

对于股东出资、新增资本认购、公司增资、减资纠纷的管辖,应根据不同的纠纷类型适用不同的管辖规则,具体如下:

一是股东出资纠纷。不适用专属管辖规则,适用《民事诉讼法》第24条关于合同纠纷案件管辖的一般规定。这里应该注意抽逃出资的问题,《民事案件案由规定》中无"抽逃出资纠纷",针对抽逃出资引发的纠纷所涉及的地域管辖的确定,实务中一般以请求权基础来确定管辖规则的适用。抽逃出资相对于其他股东而言,其行为构成对其他股东的违约,适用合同纠纷案件管辖的一般规定。相对于公司而言,可分两种情形予以考虑:情形一是抽逃出资行为本质是对股东出资义务的违反,应适用"股东出资纠纷"管辖规则。情形二是抽逃出资行为亦可视为对公司合法权利的侵犯,公司可以侵权纠纷提起诉讼,应适用侵权管辖规则。

二是新增资本认购纠纷。该类纠纷一般发生于认购人与公司之间,属于合同纠纷,适用合同纠纷案件管辖的一般规定。

三是公司增资、减资纠纷。根据《民事诉讼法》第27条及《民事诉讼法司法解释》第22条的规定,此类纠纷适用上述规定的特殊地域管辖规则。

这里需要注意的是,前述管辖规定条款规定的特殊地域管辖规则不属于专属管辖条款。其与专属管辖的重大区别在于,特殊地域管辖不排除当事人协议管辖,即当事人对于争议解决方式有约定的,仍从其约定,没有约定或者约定不明确的,则依照该法律规定确定管辖。

裁判观点:《民事诉讼法》中"因公司设立、确认股东资格、分配利润、解散等纠纷提起的诉讼,由公司住所地人法院管辖"的公司诉讼管辖规则系特殊管辖规则,不排除当事人协议管辖,当事人可以协议由公司住所地的法院管辖。

【典型案例】万佳置业等与王某辉等股权转让纠纷管辖权异议案。① 最高人民法院认为,关于《民事诉讼法》规定的有关公司诉讼的管辖条款是否属于专属管辖的问题。《民事诉讼法》(2012年)第26条② 规定:"因公司设立、确认股东资格、分配利润、解散等纠纷提起的诉讼,由公司住所地人民法院管辖。"该条从立法体例上看,位于《民事诉讼法》第二章"管辖"第二节"地域管辖"部分。该节第33条明确规定了专属管辖的情形,但不包括与公司有关的诉讼的情形。因此《民事诉讼法》(2012年)第26条关于公司诉讼的规定应当理解为特殊地域管辖的规定而不是专属管辖。《民事诉讼法》所规定的特殊地域管辖条款并不排除当事人的协议管辖约定,当事人对于争议解决方式有约定的从其约定,无约定或者约定不具有可操作性的依照该法律规定予以确定案件的管辖法院。一审裁定认定《民事诉讼法》(2012年)第26条属于专属地域管辖条款并以此排除当事人有关争议解决方式的约定,属于适用法律错误。从王某辉、刘某的诉讼请求看,其请求判令被告及第三人继续履行股权转让行为,并不属于《民事诉讼法》

---

① 参见最高人民法院民事裁定书,(2014)民二终字第14号。
② 参见2023年《民事诉讼法》第27条。

（2012年）第26条所规定的有关公司的诉讼，一审法院以此确定案件的管辖法院，属于适用法律错误，法院予以纠正。因当事人之间的协议管辖条款约定了发生纠纷应向甲方（刘某牧）、乙方（刘某琳）住所地有管辖权的法院起诉，王某辉、刘某放弃在刘某牧或者刘某琳的住所地选择具体的管辖法院，法院根据当事人住所地的实际情况，确定由上海市高级人民法院作为第一审法院审理本案。

四是关联诉讼的管辖规则。情形一是公司决议纠纷。司法实务中，公司增资、减资纠纷常表现为公司决议纠纷，根据《民事诉讼法司法解释》第22条的规定，公司决议纠纷应适用《民事诉讼法》第27条规定的公司诉讼特殊地域管辖规则，由公司住所地法院管辖。情形二是股东损害公司债权人利益责任纠纷。此类纠纷属于侵权纠纷，应按照侵权纠纷确定案件管辖。情形三是申请执行人执行异议之诉及追加、变更被执行人异议之诉。对于执行异议以及不服执行异议裁定的情况，应向执行法院提起执行异议之诉。

五是例外情形。情形一是协议管辖破除地域管辖。对于适用特殊地域管辖规则和适用合同纠纷的一般管辖规则的情况，案涉双方当事人可以约定管辖，有约定的从其约定。情形二是破产案件集中管辖。根据《企业破产法》第3条的规定，破产案件适用集中管辖规则，如被告已被受理破产，相关案件应由破产受理法院管辖。

2. 级别管辖

关于股东出资、新增资本认购、公司增资、减资纠纷的级别管辖，应注意：

（1）级别管辖的原则性规定，即《民事诉讼法》第18条至第21条的规定。

（2）级别管辖的具体规则应适用最高人民法院相关司法解释及司法性文件，同时还需要注意是否属于《最高人民法院关于完善四级法院审级职能定位改革试点的实施办法》第三部分所规定的需要提级管辖的案件类型，以准确适用级别管辖规则。

二、资本纠纷的诉讼请求

基于诉讼请求的效益性原则，当原告仅就股东出资纠纷、新增资本认购纠纷提出撤资、增资协议无效、可撤销或解除等请求，而未提出效力变更后合同清理的请求时，法院一般会向原告释明变更或者增加诉讼请求。

三、股东出资、新增资本认购、公司增资、减资纠纷的诉讼主体

（一）原告主体

1. 股东出资纠纷的原告主体

股东出资纠纷中的原告一般包括公司、股东、清算组、破产管理人等。但应注意以下三种情形：

第一种是债权人追索股东出资责任情形。此时应适用"股东损害公司债权人利益责任纠纷"案由，原告主体为债权人。

第二种是股东与公司因出资后未确认股东身份、未记载于股东名册、未取得股权等情形。

此时应以股东资格确认纠纷、股东名册记载纠纷、请求变更公司登记纠纷等案由进行处理。

第三种是公司和股东同时起诉要求被告股东承担出资责任的情形。此时，实践中的处理方式如下：

（1）公司和股东的诉讼请求均为被告股东向公司缴纳、返还、补足出资款或对公司承担逾期出资的利息等。基于公司和股东对争议标的均具有直接利害关系且争议请求一致，此时二者为共同原告，一并审理。

（2）公司和股东的诉讼请求既包括被告股东向公司承担出资责任，又包括被告股东向其他股东承担违约责任。基于二者法律关系不同，出资责任的原告是公司，违约责任的原告是其他股东，两种诉求属于两个独立的案件，此时，法院一般会要求原告择一行使诉讼请求，然后根据明确后的诉讼请求确定原告的主体资格，驳回不具有主体资格一方的起诉。不过，被驳回起诉的原告仍可以自己名义及自身诉由另行起诉。

2. 新增资本认购纠纷的原告主体

包括增资认购人、公司。

3. 公司增资纠纷的原告主体

包括公司、股东。

4. 公司减资纠纷的原告主体

一般情形下包括公司、股东。但司法实务中亦存在公司债权人以公司减资纠纷案由对股东提起诉讼，这种纠纷一般会被确定为股东损害公司债权人利益责任纠纷。

（二）被告主体

1. 股东出资纠纷的被告主体

包括违反出资义务的责任主体：股东（包括现任股东和历史股东），公司设立时的发起人，公司增资时未尽忠实勤勉义务的董事、监事、高级管理人员，不实评估、验资或验证的资产评估验资或验证机构，为企业提供不实、虚假验资报告或者资金证明的金融机构，明知为瑕疵股权而受让的受让人等。

2. 新增资本认购纠纷的被告主体

增资认购人与公司之间可互为原被告。估值调整型的新增资本认购纠纷中被告还可能包括吸引投资者而在合同中设定股权回购、金钱补偿或担保的公司大股东、实际控制人等合同主体。

3. 公司增资纠纷的被告主体

股东与公司可互为原被告，同时还包括对争议增资有利害关系的其他股东，可将其列为共同被告或第三人。如股东对其他股东不当获取增资优先认购权或不当获取增资额持有异议，则可将该股东列为共同被告或第三人。

4. 公司减资纠纷的被告主体

公司减资纠纷的原告、被告情况与公司增资纠纷一致。需要注意的是，在减资纠纷中，原告也可能将协助股东不当减资的其他股东、董事、高级管理人员或者实际控制人，乃至其他共同侵权人列为共同被告。

（三）第三人主体

股东出资纠纷及新增资本认购纠纷中其他股东请求未出资股东向公司履行出资义务的，公司应为第三人。

追索瑕疵出资股东的申请执行人执行异议之诉中，一般列被执行人（债务人）为第三人。

四、股东出资纠纷中常见的抗辩事由

（一）原告为公司（包括公司清算组或破产管理人）或股东时的抗辩事由

1. 诉讼时效抗辩

根据《诉讼时效规定》第1条、《公司法解释（三）》第19条的规定，公司或其他股东请求瑕疵出资股东履行出资义务，不受诉讼时效限制。债权人请求瑕疵出资股东对债权承担相应责任的，只要债权人的债权未超过诉讼时效期间，被告基于出资义务提出的时效抗辩不成立。即使有证据证明公司或其他股东知道或应当知道出资瑕疵行为，同样不适用诉讼时效期间限制。

2. 出资期限未届满抗辩

（1）认缴期限设定明显不合理或未设定明确缴纳时间的情形

根据原《公司法》第25条第1款第5项的规定，实践中公司章程记载的出资时间常出现以下情况：A. 有具体的出资缴纳时间，包括即时、短期期限和超长期期限，如公司成立后20年、30年甚至50年内缴清；B. 没有具体的出资缴纳时间，如规定"股东认缴出资额由股东根据公司实际经营需要决定出资计划"。有具体出资期限的情况下，股东出资期限是否到期容易判断，没有具体出资期限的情况下，如何确定"公司经营需要"等，实务中一般会遵循"内外有别"原则区分股东之间争议和股东与债权人之间争议两种情况进行处理：

第一种情况是对内，公司或股东要求其他股东履行出资义务时，如果出资期限未届满，抗辩成立。而是否适用加速出资情形，司法一般遵循不干预原则，由公司内部自治方式，通过股东会决议明确或修改出资期限，以达到出资加速到期目的。与此同时，具体还应分以下情形考虑。

股东之间就股东出资期限发生争议的，章程中除"经全体股东一致约定，股东认缴出资额由股东根据公司实际经营需要决定出资计划"的约定以外，还应关注章程是否还存在其他更具可操作性的规定，如果有，依照具体规则操作执行。公司有无修改公司章程规定的出资期限的股东会决议，同时在考虑该决议效力时，应当关注实际经营公司的股东能否提供必要证据证明公司的实际经营情况，并与其他股东就修改出资期限进行协商。因为这一事实的存在与否关系到是否存在大股东利用控制地位而形成不合理决议，进而形成滥用股东权利损害其他股东的利益的事实，如果存在这种情况，可能影响股东会决议的效力。

司法实践中相关的裁判观点及典型案例如下。

裁判观点一：控股股东滥用控股地位，以多数决方式通过修改章程出资期限的股东会决

议,损害其他股东期限利益的,应认定该项决议无效,其他股东出资期限尚未届至。

【典型案例】 姚某城与鸿大公司、章某等公司决议纠纷案。① 针对修改股东出资期限是否适用资本多数决规则,二审法院认为,根据《公司法》相关规定,修改公司章程须经代表全体股东2/3以上表决权的股东通过。本案临时股东会决议第二项系通过修改公司章程将股东出资时间从2037年7月1日修改为2018年12月1日,其实质系将公司股东的出资期限提前。而修改股东出资期限,涉及公司各股东的出资期限利益,并非一般的修改公司章程事项,不能适用资本多数决规则。理由如下:首先,我国实行公司资本认缴制,除法律另有规定外,根据《公司法》(2018年)第28条②的规定,法律赋予公司股东出资期限利益,允许公司各股东按照章程规定的出资期限缴纳出资。股东的出资期限利益,是公司资本认缴制的核心要义,系公司各股东的法定权利,如允许公司股东会以多数决的方式决议修改出资期限,则占资本多数的股东可随时随意修改出资期限,从而剥夺其他中小股东的合法权益。其次,修改股东出资期限直接影响各股东的根本权利,其性质不同于公司增资、减资、解散等事项。后者决议事项一般与公司直接相关,但并不直接影响公司股东之固有权利。如增资过程中,不同意增资的股东,其已认缴或已实缴部分的权益并未改变,仅可能因增资而被稀释股份比例。而修改股东出资期限直接关系到公司各股东的切身利益。如允许适用资本多数决,不同意提前出资的股东将可能因未提前出资而被剥夺或限制股东权益,直接影响股东根本利益。因此,修改股东出资期限不能简单等同于公司增资、减资、解散等事项,亦不能简单地适用资本多数决规则。最后,股东出资期限系公司设立或股东加入公司成为股东时,公司各股东之间形成的一致合意,股东按期出资虽系各股东对公司的义务,但本质上属于各股东之间的一致约定,而非公司经营管理事项。法律允许公司自治,但需以不侵犯他人合法权益为前提。公司经营过程中,如有法律规定的情形需要各股东提前出资或加速到期,系源于法律规定,而不能以资本多数决的方式,以多数股东意志变更各股东之间形成的一致意思表示。故此,本案修改股东出资期限不应适用资本多数决规则。

裁判观点二: 公司章程规定"股东认缴出资额由股东根据公司实际经营需要决定出资计划",未经全体股东一致决定,公司请求部分股东提前缴纳出资的,不应予以支持。

【典型案例】 森林国际公司、陈某等股东出资纠纷案。③ 针对本案争议焦点陈某、姚某应否提前缴纳出资,二审法院认为,《公司法》(2018年)第28条④规定:"股东应当按期足额缴纳公司章程中规定的各自所认缴的出资额。股东以货币出资的,应当将货币出资足额存入有限责任公司在银行开设的账户;以非货币财产出资的,应当依法办理其财产权的转移手续。股东不按照前款规定缴纳出资的,除应当向公司足额缴纳外,还应当向已按期足额缴纳出资的股东承担违约责任。"《森林国际公司章程》第13条规定,经全体股东一致约定,股东认缴出资额由股

---

① 参见上海市第二中级人民法院民事判决书,(2019)沪02民终8024号。
② 参见新《公司法》第49条。
③ 参见广东省深圳市中级人民法院民事判决书,(2021)粤03民终14161号。
④ 参见新《公司法》第49条。

东根据公司实际经营需要决定出资计划。在公司章程未约定股东出资期限，全体股东未一致约定出资计划的情况下，森林国际公司仅要求陈某和姚某二位股东提前履行出资义务的主张，缺乏事实和法律依据，法院不予支持。

裁判观点三：公司决议要求股东提前出资应说明必要性和合理性，公司账户余额不构成股东提前出资的充分必要条件，其他股东有权请求确认股东提前出资的决议无效。

【**典型案例**】姚某城与鸿大公司、章某等公司决议纠纷案。[①] 针对"鸿大公司是否存在亟需股东提前出资的正当理由"，二审法院认为，一般债权具有平等性，但司法实践中，具有优先性质的公司债权在一定条件下可以要求公司股东提前出资或加速到期。如公司拖欠员工工资而形成的劳动债权，在公司无资产可供执行的情况下，可以要求公司股东提前出资或加速到期以承担相应的法律责任而本案并不属于该种情形。本案当事人对上诉人鸿大公司是否继续经营持不同意见，且双方均确认《合作协议书》的合作目的已无法实现，目前也并无证据证明存在需要公司股东提前出资的必要性及正当理由，因此，一审判决认定本案要求股东提前出资不具有合理性且不符合常理，并无不当。章某、何某松、蓝某球等股东形成的临时股东会决议，剥夺了被上诉人姚某城作为公司股东的出资期限利益，限制了姚某城的合法权益。一审判决确认该项决议无效，于法有据，二审法院予以认可。

由此可见，通过修改公司章程以加速股东出资期限到期，不能简单适用资本多数决，除非公司章程对此有明确规定。

公司债权人就股东出资期限发生争议的，在该种情形下应当关注：①有无加速出资期限届满的法定情形，如有无进入解散、破产程序。②有无新《公司法》第54条规定的出资加速到期的情形。这里需要特别注意的是在新《公司法》颁布前，2019年最高人民法院发布的《九民纪要》对股东出资加速到期制度作出了规定。比较前述两个规定，我们不难发现二者的区别：其一，前者将加速到期的条件仅限定为"公司不能清偿到期债务"，相较于后者规定更宽松，同时还免除了后者的执行程序前置；其二，前者采用了入库规则，实现了与破产标准相衔接，要求股东向公司提前缴纳出资，而非后者第6条规定的"未届出资期限的股东在未出资范围内对公司不能清偿的债务承担补充赔偿责任"，进而避免了与破产程序债权人平等受偿的组织法要求相违背；其三，前者删除了后者的第二种情形。③有无公司注册资本不高，但长期未实缴注册资本，涉嫌恶意逃避出资义务的情形。针对这一问题，应该注意新《公司法》第47条关于有限责任公司一般情形下最长出资期限为五年的规定。根据这一规定，利用原《公司法》规定的公司出资认缴制规则长期不实缴出资的情况将不复存在。④有无相反证据证明公司资产足以清偿债务或具有清偿能力。如是否存在公司资产负债表、审计报告、公司另案生效判决，以此证明公司对外享有确定债权，具备清偿能力。

新《公司法》颁布前，司法实践中对股东出资期限加速到期的相关裁判观点及典型案例如下。

---

① 参见上海市第二中级人民法院民事判决书，(2019)沪02民终8024号。

裁判观点： 公司具备破产原因但不申请破产，公司股东出资加速到期，股东应对公司不能清偿的债务承担补充赔偿责任。

【典型案例一】 李某伟等与海鹰航空公司执行异议之诉案。[①] 二审法院认为，中飞东方公司不能清偿到期债务，明显缺乏清偿能力，已具备《企业破产法》规定的破产原因，但没有证据证明中飞东方公司申请破产，在此情况下，中飞东方公司的股东，不应再享有期限利益，其应当在未缴纳的出资范围内，对中飞东方公司不能清偿的债务承担补充赔偿责任。

【典型案例二】 丁某功、林某汉等股东损害公司债权人利益责任纠纷案，[②] 针对本案是否符合股东出资加速到期的法定情形，二审法院认为，注册资本认缴制下，关于股东出资加速到期的规定，是为了防止股东逃避履行对公司的出资义务，并进而损害公司债权人和其他股东的正当利益而设置。在2019年之前，规定股东出资加速到期的，只有两个法律条文，一个是《企业破产法》第35条规定："人民法院受理破产申请后，债务人的出资人尚未完全履行出资义务的，管理人应当要求该出资人缴纳所认缴的出资，而不受出资期限的限制。"另一个是《最高人民法院关于适用〈中华人民共和国公司法〉若干问题的规定（二）》（以下简称《公司法解释（二）》）（2014年）第22条第1款规定："公司解散时，股东尚未缴纳的出资均应作为清算财产。股东尚未缴纳的出资，包括到期应缴未缴的出资，以及依照公司法第二十六条[③]和第八十条[④]的规定分期缴纳尚未届满缴纳期限的出资。"上述两个法律条文仅是针对公司解散或进入破产程序后，未届出资期限的股东出资应加速到期，且应在未出资范围内对公司不能清偿的对外债务承担相应清偿责任。最高人民法院于2019年11月8日印发的《九民纪要》第二部分"关于公司纠纷案件的审理"（二）"关于股东出资加速到期及表决权"第6条第1款规定：在注册资本认缴制下，股东依法享有期限利益。但是，公司作为被执行人的案件，人民法院穷尽执行措施无财产可供执行，已具备破产原因，但不申请破产的，债权人以公司不能清偿到期债务为由，请求未届出资期限的股东在未出资范围内对公司不能清偿的债务承担补充赔偿责任的，人民法院应予支持。《公司法解释（三）》第13条第2款对此作出了相配套的司法解释规定："公司债权人请求未履行或者未全面履行出资义务的股东在未出资本息范围内对公司债务不能清偿的部分承担补充责任的，人民法院应予支持；……"上述会议纪要内容以及司法解释规定填补了未解散或未进入破产程序的公司中未届出资期限的股东出资是否应加速到期情形的空白。至此，无论公司是否解散清算或进入破产程序，公司的合法债权人均能通过不同的法律途径维护自身合法权益，债务缠身的公司不再有机会钻法律漏洞以逃避债务。本案就属于上述民商事会议纪要内容以及《公司法解释（三）》的上述规定所涉情形，即公司既不自行解散清算，也不申请破产清算，公司的其他债权人也未申请该公司破产清算的，此时公司的单个债权人可提起民事诉讼，要求未届出资期限的股东出资加速到期，并由未届出资

[①] 参见北京市第二中级人民法院民事判决书，(2022)京02民终3336号。
[②] 参见广东省广州市中级人民法院民事判决书，(2021)粤01民终23407号。
[③] 参见新《公司法》第47条。
[④] 参见新《公司法》第96条。

期限的股东在未出资范围内对公司不能清偿的债务承担补充赔偿责任。一审法院混淆了上述两种不同情形的法律规定和处理方式,以林某汉、卓某洪、黄某德三人未缴纳的股东出资额应作为破产财产的一部分在破产案件中予以分配为由,驳回丁某功的诉讼请求属于适用法律错误,法院依法予以纠正。本案是否符合股东出资加速到期的上述法定情形,应从以下四个方面审查:(1)公司对原告债权人是否负有确定的且不能清偿的到期债务,且公司作为被执行人的案件,是否法院穷尽执行措施无财产可供执行;(2)公司是否既有不能清偿的大量到期债务,也明显缺乏清偿能力,已具备破产原因,但却不主动申请破产,且其他债权人也未申请公司破产;(3)公司股东虽未届出资期限,但是否至今未实缴全部出资;(4)加速出资到期的股东是否只在未出资范围内对公司不能清偿的债务承担补充赔偿责任。综观本案可知:第一,丁某功诉松信公司的承揽合同案[(2021)粤0111民初64号]胜诉并生效后,已经广州市白云区人民法院(2021)粤0111执5061号执行裁定书裁定终结本次执行程序,理由是该案在执行中,经该院采取多项执行调查措施,未发现被执行人松信公司有其他可供执行的财产;虽然卓某洪、黄某德称松信公司名下仍有近400,000元的银行存款,但据丁某功反映,该存款处于法院冻结状态无法执行。松信公司对丁某功负有不能清偿的到期债务,但在丁某功作为执行人、松信公司作为被执行人的案件中,法院穷尽执行措施未发现松信公司有可供执行的财产。第二,林某汉、卓某洪、黄某德都声称其他股东侵占松信公司财产,但公司内部股东之间的纠纷不能对抗和损害公司外部的善意债权人丁某功;作为被执行人松信公司的案件已接近百件,债务金额高达千万元,但其法定代表人、董事、监事、高级管理人员及股东至今未向法院申请破产或自主清算破产。松信公司既有不能清偿的大量到期债务,也明显缺乏清偿能力,已具备破产原因,却不主动申请破产,且其他公司债权人也未申请公司破产。第三,根据松信公司的章程、工商登记资料以及转账记录显示,松信公司的三个股东林某汉、卓某洪、黄某德虽未届出资期限,但至今只有黄某德实缴全部出资,卓某洪实缴出资不足其认缴出资的50%,林某汉则根本未实缴出资。第四,丁某功诉松信公司的承揽合同案所涉债务金额为本金104,700元以及滞纳金(滞纳金以104,700元为基数,按照全国银行间同业拆借中心公布的贷款市场报价利率4倍标准自2020年6月15日计付至实际清偿之日止)。上述金额真实存在,且数额小于林某汉、卓某洪未出资金额。综上,因黄某德已经实缴全部出资,故无需对松信公司的上述债务承担补充赔偿责任。林某汉、卓某洪未实缴全部出资,符合股东出资加速到期的条件,该二人应在其上述未足额出资范围内对松信公司尚欠丁某功的上述不能清偿的到期债务承担补充赔偿责任。

第二种情况是对外,即债权人起诉债务人股东履行出资义务时,需判断出资期限是否加速到期:公司不能清偿到期债务的情形下,股东出资加速到期。

这一问题,在前面已详细阐述,这里不再赘述。需要注意的是,根据新《公司法》第47条的规定,在法律、行政法规以及国务院决定对有限责任公司注册资本实缴、注册资本最低限额、股东出资期限没有规定的一般情形下,有限责任公司的认缴出资期限最长不超过五年,从而解决了之前通过章程对认缴出资期限不合理设定的问题。同时,根据新《公司法》第54条的规定，只要公司不能清偿到期债务，无需达到具备破产原因的程度，债权人即可要求加速到期，从而减轻了债权人对公司具备破产原因的举证责任。

关于《九民纪要》第 6 条规定的股东加速出资到期的另一种情形，即在公司债务产生后，公司股东会决议或以其他方式延长股东出资期限，虽然新《公司法》并未汲取此观点，但在实务中是否继续适用，我们不得而知。针对这一规定的适用，实务中我们应当注意以下两点：第一，债权人可申请撤销的延长出资期限的决议是指"在公司债务产生后"形成的，即公司及股东对于该债务的存在应当是知晓的。第二，即便公司章程规定的出资期限未届满，但如股东在公司年报等企业公示信息中表明已实缴注册资本，而实际上未缴纳，股东也可能被认定需要对公司债务承担出资责任。

裁判观点：在注册资本认缴制下，公司债务产生后公司以股东（大）会决议或其他方式延长股东出资期限的，债权人以公司不能清偿到期债务为由请求未届修改后出资期限的股东在未出资范围内对公司不能清偿的债务承担补充赔偿责任的，应予支持。

【典型案例一】 力澄公司、郭某星与王某杰、曲某博民间借贷纠纷二审案。① 二审法院认为，注册资本认缴制下，股东虽依法享有期限利益，然债权人亦享有期待权利。涉案借款发生于 2015 年 12 月，借款到期日为 2016 年 12 月，此时工商载明的力澄公司股东的出资认缴期限为 2018 年 12 月 31 日。也就是说，在力澄公司未按时还款的情况下，王某杰可以期待 2018 年 12 月力澄公司股东出资认缴期限届满时以股东出资获得还款。且目前郭某星并无证据证明其以公司章程、股东会决议或其他合法合规的方式办理了认缴期限变更的手续，即使其确实办理了变更，因该变更系在力澄公司债务产生后，未经债权人同意的情况下所进行，实质损害了债权人的期待利益，故作为力澄公司的股东亦不能据此免责。

【典型案例二】 兴艺数字公司诉张某某等股东瑕疵出资纠纷案。② 股东认缴出资未届期，却允许公司公示其已经实缴出资，则为平衡交易相对人的信赖利益，强化企业信用约束，维护企业信用信息公示制度的公信力，保护并促进交易，再审法院认定应以公示的出资日作为判断股东对债务人的债务承担补充赔偿责任的应缴出资日，相应的利息亦从公示的出资日开始计算。

（2）破产、解散情形下股东出资加速到期

《企业破产法》第 35 条规定："人民法院受理破产申请后，债务人的出资人尚未完全履行出资义务的，管理人应当要求该出资人缴纳所认缴的出资，而不受出资期限的限制。"《公司法解释（二）》第 22 条第 1 款规定："公司解散时，股东尚未缴纳的出资均应作为清算财产。股东尚未缴纳的出资包括到期应缴未缴的出资，以及依照《公司法》第 26 条③ 和第 80 条④ 的规定分期缴纳尚未届满缴纳期限的出资。"据此，在公司破产和公司解散时适用股东出资加速到期。

---

① 参见上海市第二中级人民法院民事判决书，(2019) 沪 02 民终 10503 号。
② 此案例为最高人民法院于 2023 年 1 月 19 日公布的 2022 年全国法院十大商事案件之一。
③ 参见新《公司法》第 47 条。
④ 参见新《公司法》第 96 条。

司法实践中相关的裁判观点及典型案例如下。

裁判观点一：公司进入破产程序后，公司管理人请求股东出资加速到期，股东承担出资义务的，应予支持。

【典型案例】黑骑公司、陈某喜等追收未缴出资纠纷、股东出资纠纷案。① 法院认为，根据我国《企业破产法》的相关规定，法院受理破产申请后，债务人的出资人尚未完全履行出资义务的，管理人应当要求该出资人缴纳所认缴的出资，不受出资期限的限制。法院已经受理对黑骑公司的破产清算申请，黑骑公司的股东应当缴纳全部出资。

根据我国《公司法》的规定，当事人之间对是否已履行出资义务发生争议，原告提供对股东履行出资义务产生合理怀疑证据的，被告股东应当就其已履行出资义务承担举证责任。黑骑公司管理人经调查未发现股东出资的任何证据；根据黑骑公司章程，各股东的出资期限为2025年10月27日，上述事实构成黑骑公司关于各股东未缴纳出资的合理怀疑，各被告应当提交证据证明股东已履行出资义务。池某主张其已缴纳出资30万元，并提交其账户银行流水用以证明。但是，根据黑骑公司提交的黑骑公司银行流水，池某所转入的该笔出资款于转入当日经由黑骑公司账户转至案外人账户。池某作为黑骑公司执行董事、总经理，理应对转账用途知情，应当对上述款项是否属于正常交易予以说明，池某未到庭参与诉讼，属于其对自身诉讼权利的放弃。综上，法院认定，池某提交的证据不能证明其已经缴纳出资。陈某喜、正知公司均未就股东已经出资提交任何证据，依法应由陈某喜、正知公司承担举证责任。综上，法院认定，黑骑公司关于陈某喜、正知公司应当向其缴纳各自的出资额主张，有事实和法律依据，而黑骑公司诉请的标的额为357,218.90元，未超过陈某喜、正知公司的出资额总额100万元（两股东出资额分别为93万元、7万元），法院予以支持。

裁判观点二：非破产及解散情形下股东转让股权的，股东享有出资期限利益、公司进入破产或解散程序后要求股权转让前的股东对公司债务承担连带清偿责任，不应予以支持。

【典型案例】谷藏海公司、陆某杰等追收未缴出资纠纷、股东出资纠纷案。② 二审法院认为，非破产及解散情形下，股东的出资承诺期限利益在认缴制下应当受到法律保护。本案中，虽然谷藏海公司自2018年7月起便存在拖欠职工工资情形，但鉴于张某于2018年9月12日转让涉案股权时职工尚未向相关机构申请劳动仲裁，且陆某杰在此之前已向谷藏海公司投入部分出资款，谷藏海公司未举证证明张某转让股权时该公司已具备破产原因和解散事由，故谷藏海公司应承担不利的法律后果，谷藏海公司要求张某对转让股权后陆某杰、何某娟应负债务承担连带清偿责任，缺乏事实及法律依据，法院对此不予支持。

3. 其他股东未履行抗辩

以其他股东未履行进行抗辩，实务中一般需要分以下两种情形进行考虑。

（1）公司或股东请求其他股东履行出资义务，被告股东以其他股东未缴纳出资为由，辩称其亦无须出资的情形。出资是股东对公司负有的法定义务，不受其他股东是否已出资影响，只

---

① 参见广东省深圳市中级人民法院民事判决书，(2021)粤03民初5474号。
② 参见广东省深圳市中级人民法院民事判决书，(2021)粤03民终20198号。

要出资期限已届满,该抗辩理由即不成立。

裁判观点:公司股东之间不因对方没有履行出资义务而免除自身依法应承担的股东义务和责任。

【**典型案例**】亚通公司与伟升公司股东出资纠纷案。① 最高人民法院认为,伟升公司提起的本诉被告为亚通公司,第三人为澳通公司。本案亚通公司提起的反诉被告为伟升公司,第三人为陈某某。亚通公司提起反诉所涉当事人明显超过了本诉当事人的范围。伟升公司在本诉中提出的诉讼请求系基于其主张亚通公司存在抽逃出资的事实而应向澳通公司返还出资及利息,限制亚通公司在澳通公司的股东权利,并向伟升公司承担违约责任。本案亚通公司在反诉中提出的诉讼请求系基于其主张伟升公司存在抽逃出资的事实而应向澳通公司返还出资及利息,由陈某某对此承担连带责任,并限制伟升公司在澳通公司的股东权利。故亚通公司提起的反诉诉讼请求所依据的事实与伟升公司提起本诉诉讼请求所依据的事实并非同一事实。即使双方诉讼请求成立,根据《公司法》(2013年)第28条②、第36条③、第201条④的规定,双方仍应承担各自应向澳通公司补缴出资的义务,亚通公司并不能因向伟升公司提起了反诉而免除其依法应承担的股东义务和责任,即双方的诉讼请求不能相互抵销,亦不存在因果关系。

(2)股东请求其他股东承担未按期足额出资的违约责任的情形,被告股东辩称原告股东亦未出资,如果原告股东确未出资,抗辩成立,原告股东无权请求被告股东承担瑕疵出资的违约责任。

4. 非义务主体抗辩

非义务主体抗辩,实务中主要包括以下四种情形。

(1)被告股东仅为名义股东,而非实际股东

对此,实务中一般遵循"内外有别"原则处理。

一是在公司及股东请求其他股东履行出资义务时,实务中一般会分以下两种情况区分处理:①名义股东未向公司及其他股东披露股权代持情况,公司及其他股东对被告股东系代他人持股事项不知情,则股权代持关系系名义股东与实际股东之间的内部关系,不得对抗公司及其他股东,名义股东该抗辩理由不成立。②公司及其他股东对股权代持事实明知或者应知,公司运营过程中也由实际股东行使股东权利,此时名义股东的抗辩理由成立,公司或其他股东可直接要求实际股东履行出资义务。

司法实践中相关的裁判观点及典型案例如下。

裁判观点一:股东存在抽逃出资行为,其抗辩仅为名义股东无须承担责任的,理由不成立。

【**典型案例**】吴某艳与永嘉艳阳公司股东出资纠纷案。⑤ 二审法院认为,吴某艳作为工商登记持有艳阳公司60%股份的股东,在艳阳公司未能偿还债权人欠款经破产程序后由艳阳公司

---

① 参见最高人民法院民事裁定书,(2018)最高法民终41号。
② 参见新《公司法》第49条。
③ 参见新《公司法》第58条。
④ 参见新《公司法》第114条。
⑤ 参见浙江省温州市中级人民法院民事判决书,(2017)浙03民终6079号。

破产管理人向吴某艳追收抽逃出资,根据《公司法解释(三)》第27条"公司债权人以登记于公司登记机关的股东未履行出资义务为由,请求其对公司债务不能清偿的部分在未出资本息范围内承担补充赔偿责任,股东以其仅为名义股东而非实际出资人为由进行抗辩的,人民法院不予支持"的规定,不管其在本案中是名义股东还是实际股东均应在未出资本息范围内承担补充赔偿责任,因此,吴某艳抗辩其为名义股东无须承担责任的主张无法律依据,法院不予支持。

二是在债权人起诉债务人股东主张出资责任时,基于公司股东系法定登记事项,未经登记不得对抗第三人,故名义股东该抗辩理由不成立,债权人有权要求名义股东出资,名义股东与实际股东之间的问题,可凭双方签订的股权代持协议另行解决。

裁判观点二:公司债权人要求股东就公司债务承担补充赔偿责任,股东抗辩股权已转让但尚未办理股权变更登记的,抗辩不成立。

【**典型案例**】谢某明、郭某东等追加、变更被执行人异议之诉案。① 法院认为,关于谢某明主张其已向麦某转让26%的股权份额并已实缴出资506,000元。谢某明提供的其与麦某所签订的《股东决议书》即便真实有效,亦仅为谢某明与麦某之间内部达成的股权转让协议,在双方并未就此办理工商变更登记之前,并不对公司外部债权人发生法律效力。故郭某东按照理想公司工商登记载明的各股东出资比例及认缴出资额主张谢某明承担相应法律责任,具有充分事实和法律依据,法院予以支持。

(2)股权已转让,出资义务已向受让股东转移

对此,应对股东转让股权时其认缴期限是否已经届满进行区分考虑:

一是股东转让股权时其认缴期限未届满,也不具有出资加速到期的情形或逃废债等恶意,公司亦为其办理了股权变更登记,在新《公司法》颁布之前,司法实践中一般认为其基于股东身份享有的权利义务已通过股权转让方式概括转移给受让股东,转让股东不再承担出资责任。但根据新《公司法》第88条第1款,对于认缴期限未届满的转让股东,在受让人认缴期限届满未按期足额缴纳出资时,亦承担补充缴纳责任,而非之前的无须承担责任。近期,对于新《公司法》这一规定的适用问题,在司法实务界引起了轩然大波。全国人大常委会法工委针对《最高人民法院关于适用〈中华人民共和国公司法〉时间效力的若干规定》第4条中关于《公司法》第88条第1款对《公司法》施行前的法律事实有溯及力的表述,明确提出反对意见,并认为《公司法》第88条系2023年修订公司法时新增加的规定,不存在《立法法》第104条规定的但书情形,对新修订的《公司法》施行之后发生的有关行为或者法律事实具有法律效力,不溯及之前;并同时表示督促有关司法解释制定机关采取适当措施予以妥善处理。② 这是基于认

---

① 参见广东省广州市中级人民法院民事判决书,(2021)粤01民初1759号。
② 全国人大常委会法工委认为,《立法法》第104条规定:"法律、行政法规、地方性法规、自治条例和单行条例、规章不溯及既往,但为了更好地保护公民、法人和其他组织的权利和利益而作的特别规定除外。"这是一项重要法治原则;《公司法》第88条是2023年修订《公司法》时新增加的规定,新修订的《公司法》自2024年7月1日起施行;《公司法》第88条规定不溯及既往,即对新修订的《公司法》施行之后发生的有关行为或者法律事实具有法律效力,不溯及之前;《公司法》第88条规定的事项不存在《立法法》第104条规定的但书情形。全国人大常委会法工委将督促有关司法解释制定机关采取适当措施予以妥善处理。

缴资本制下，未届出资期限股东不履行的出资义务，为常态且合法，该股权转让之受让方到期后履行出资义务也符合社会合理预期。即便《公司法》修订强调股东出资责任法定性，对转让方出资能力亦有注意义务，也不能漫无边际，过度责任对股权流转的限制是公司制度不能承受之重，特别是还要回溯到没有此规定的旧公司法时代，过分突破社会成员的预期，不可接受。① 具体将来会如何适用该条规定，让我们拭目以待。

新《公司法》颁布前司法实践中的裁判观点及典型案例如下。

裁判观点：出资期限未届满的股东尚未完全缴纳其出资份额即转让股权的，公司债权人请求该股东就公司不能清偿债务承担补充责任，不予支持。

【**典型案例一**】奕煌公司、郭某等股东损害公司债权人利益责任纠纷案。② 二审法院认为，郭某、蔡某金、李某来、王某武作为新合胜勤公司股东期间，公司章程明确载明股东认缴出资期限至 2021 年 3 月 29 日届满等内容，而郭某、蔡某金、李某来、王某武均在 2018 年 3 月 21 日之前即已转让股权，不再担任公司股东。在当时并无债权人主张股东出资加速到期或因公司章程约定不明进而要求股东履行出资义务的情况下，郭某、蔡某金、李某来、王某武系在认缴出资期限届满前转让股权。《公司法》(2018 年)第 28 条③规定，股东应当按期足额缴纳公司章程中规定的各自所认缴的出资额。在公司注册资本认缴制下，股东享有出资的"期限利益"。《公司法解释(三)》第 13 条第 2 款规定的"未履行或者未全面履行出资义务"应当理解为"未缴纳或未足额缴纳出资"，出资期限未届满的股东尚未完全缴纳其出资份额不应认定为"未履行或者未全面履行出资义务"。故在郭某、蔡某金、李某来、王某武转让所持公司股权之时，其所认缴股权的出资期限尚未届满，不构成《公司法解释(三)》第 13 条第 2 款、第 18 条规定的"未履行或者未全面履行出资义务即转让股权"的情形，亦不属于滥用股东权利的情形。奕煌公司主张郭某、蔡某金、李某来、王某武在未出资本息范围内对新合胜勤公司债务不能清偿的部分承担补充赔偿责任的实质是主张郭某、蔡某金、李某来、王某武的出资加速到期，该诉讼请求没有法律依据，法院不予支持。

【**典型案例二**】德矿业公司与化学公司等执行异议之诉案。④ 最高人民法院认为，根据《公司法》(2018 年)第 28 条第 1 款⑤"股东应当按期足额缴纳公司章程中规定的各自所认缴的出资额"之规定，在认缴期限届满前，股东享有期限利益，故股东在认缴期限内未缴纳或未全部缴纳出资不属于未履行或未完全履行出资义务。在认缴期限届满前转让股权的股东无须在未出资本息范围内对公司不能清偿的债务承担连带责任，除非该股东具有转让股权以逃废出资义务的恶意，或存在在注册资本不高的情况下零实缴出资并设定超长认缴期等例外情形。

二是转让股权时认缴期限已经届满或已具备加速到期情形，被告股东的抗辩理由不能成

---

① 陈克：《公司法 88 条第一款立法与司法的理解差异及"再"解释》，载微信公众号"法与思"2024 年 12 月 23 日，https://mp.weixin.qq.com/s/TbFQDr4wQAcOE4NaF2JIVw。
② 参见广东省深圳市中级人民法院民事判决书，(2021)粤 03 民终 7253 号。
③ 参见新《公司法》第 49 条。
④ 参见最高人民法院民事裁定书，(2021)最高法民 6421 号。
⑤ 参见新《公司法》第 49 条第 1 款。

立。根据新《公司法》第 88 条第 2 款的规定,受让股东如对该瑕疵出资情形知情或应当知情,承担连带责任。

关于瑕疵股权受让人对股权瑕疵是否知情,实务中一般可从以下方面判断:①转让协议是否对股权出资状况和出资义务负担进行约定;②转让价格是否明显背离正常价值以及股权数额的大小;③受让人在公司中是否任职及职务高低;④受让人与瑕疵出资股东之间是否有特殊关系等。若股权转让价格明显偏低或者股权数额较大时,基于受让人应当具有审慎审查转让股东出资的义务,存在认定受让人的主观状态为知道或应当知道的风险。

实务中,对于破产管理人追收未缴出资纠纷案件中,在转让股东转让股权时其认缴期限尚未届满的情形下,请求转让股东承担出资义务,受让股东承担连带责任,在新《公司法》颁布前,法院有三种处理方式:方式一,支持转让股东承担出资义务,受让股东承担连带责任;方式二,因出资期限未届满,驳回对转让股东的诉讼请求,同时,基于连带责任,亦驳回对受让股东提出的诉讼请求;方式三,因出资期限未届满,驳回对转让股东的诉讼请求,直接判令受让股东承担出资责任。根据新《公司法》第 88 条第 1 款的规定,对于认缴期限未届满的转让股东,在受让人认缴期限届满未按期足额缴纳出资的,承担补充缴纳责任,但并未明确转让股东是否应当对加速到期的受让股东的出资义务承担补充清偿责任,对此,我们拭目以待。

方式二的处理,为避免受让股东承担连带责任基于没有转让股东承担责任的前提和基础被驳回而需另诉的风险,实务中,原告可以直接以受让股东未履行出资义务或出资加速到期为由单独向其提出诉讼请求。在不能确定转让双方谁应承担出资义务时,以破产出资加速到期为由,原告亦可在诉讼请求中不以连带责任为基础,转而分别对转让和受让股东直接提出诉讼请求。

(3)未实际享有股东权利

这一情形下,实务中应以被告是否已成为公司股东进行区分考虑:

一是被告已完成股东身份登记。此时,该理由不能对抗公司、其他股东或债权人,只能向公司主张股东权利救济,而非抗辩免除出资义务。

二是被告未登记为股东,该抗辩可以对抗第三人,但在公司内部,依然得考虑其是否已享有股东权利,包括是否享有资产收益、参与重大决策和选择管理者等权利。具体表现为该股东是否参加了股东会、是否参与公司运营事项的决策等,然后再考虑股权未登记的原因,是否存在发起人变更、解除投资协议等足以阻却其出资义务的情形,最后确定其是否负有出资义务。

(4)请求失权

股东对公司出资系法定义务,在股东未履行出资义务的情况下,公司有权选择救济方式,即公司可以按法定程序对未出资股东催缴失权,亦可以请求股东继续履行出资义务。

5. 已出资或已补足出资抗辩

对此,核心在于客观上被告股东是否已完成出资,如果完成,理由成立,否则不成立。对出资是否已完成查明,司法实务中的处理方式如下。

(1)针对内部纠纷,可借助审计查明是否已出资或已补足出资。实务中判断股东出资应关注的要点有:①被告股东所指出资是否有真实支付记录;②股东与公司之间是否具有出资及接受出资的合意(交易合同)及其所主张的出资是否真实转化为公司财产,由公司使用并进行了公司财务记载;③公司是否为此签发出资证明书等。对于是否存在瑕疵出资涉及公司与他人经济往来的甄别,实务中法院一般会向负有举证责任的一方当事人释明是否申请审计,通过审计的方式作出结论。

【典型案例】王某与柏伦宝公司股东出资纠纷案。① 最高人民法院认为,关于涉及武进建设公司、小河建筑公司、吴某坚、周某龙、郭某坤及源朝公司 15 笔共计 12,647,141.1 元款项的问题。王某在二审中自认其在柏伦宝公司两次增资过程中存在虚假出资行为,而在涉及西环公司的 11 笔款项的认定过程中,柏伦宝公司的陈述、西环公司负责人言某兴及其子言某的证人证言、王某在另案中提交的调查笔录相互印证,证明王某虚假出资的方式主要为:扩大柏伦宝公司工程款及往来款数额,以支付工程款的名义开出票据后背书转让至苏常公司,再由苏常公司以借款名义将资金汇入柏伦宝公司,虚构苏常公司对柏伦宝公司的债权,最后苏常公司将该债权转让给王某作为其出资款。现有证据表明本案涉及武进建设公司、小河建筑公司、吴某坚、周某龙、郭某坤及源朝公司的 15 笔票据款项流转方式与王某虚假出资方式一致,对王某涉及该部分款项的出资是否属于真实出资产生合理怀疑,王某应对其已真实出资举证证明。柏伦宝公司为虚构出资,导致本公司账目造假严重,因此仅依据公司账目不能证明王某是否出资真实,会计师事务所出具的相关验资报告是在假账册基础上作出,故验资报告亦不能作为王某出资真实的依据。一审法院认为,王某是否虚假出资涉及柏伦宝公司与苏常公司、相关单位的相互经济往来,建议通过审计的方式作出结论。柏伦宝公司同意审计并愿意交纳审计费用,但王某不同意,认为举证责任在柏伦宝公司,柏伦宝公司对公司财务审计不需要法院同意和调解。在法院询问时,王某称,其在二审时提出审计但未获准,与二审卷宗的记载不符。故在未对柏伦宝公司及相关单位及个人账目进行全面审计的情况下,二审判决依据现有证据认定涉及武进建设公司等单位及个人的 15 笔款项亦属于虚假出资并无不当,王某否认上述事实未能提供足以推翻原判的新证据,法院不予支持。

(2)针对外部纠纷,一般需根据出资形式、出资流水、财产转移凭证、评估报告、验资报告、财务记载、财务报表、工商备案等客观证据审核。探究股东向公司转入资金或进行其他财产投入时是否明确为出资用途,严格认定股东已出资情况。股东如在认定的出资之外对公司有其他投入,可另行主张债权。即使公司与股东之间对股东已出资的事实无异议,亦不能就此当然地确定股东已出资的事实。

司法实务中关于货币出资与其他债权债务关系区分的相关裁判观点及典型案例如下。

裁判观点一:股东主张的出资款转账时备注为"借款""往来款"的,并不必然否认出资款的性质,如有优势证据可以证明上述款项为出资款,公司仅以转账备注情况要求股东补足出资,不应予以支持。

【典型案例】诺贝儿公司、黄某等股东出资纠纷案。② 二审法院认为,黄某、吴某玲、郑某容

---

① 参见最高人民法院民事裁定书,(2013)民申字第 8 号。
② 参见广东省深圳市中级人民法院民事判决书,(2021)粤 03 民终 17863 号。

一审、二审期间均认可在2013年12月26日诺贝儿公司的注册资金从200万元增加至1000万元时,其向公司验资账户缴付共计800万元的增资款后又转出,但在2015年12月30日前,又多次累计向诺贝儿公司转入7,076,958元和384万元,远超其应当认缴的注册资本。虽然其中有些未注明是出资款,也没有相关财务记载,但系诺贝儿公司管理不规范所致,双方事实上已认可这些款项均为出资款,且在审计报告中作了统计,2014年至2016年的审计报告以及2014年10月30日深圳银华会计师事务所(普通合伙)为康佳公司尽职调查出具的专项审计报告均充分证实了该项事实。诺贝儿公司则上诉认为黄某、吴某玲、郑某容所述的转入公司款项用途大多注明系借款等名目而非补足出资,不具有出资的意思表示,且将双方所有往来款项进行轧差处理后的净额只有60万元,远不足以补足抽逃的800万元出资,审计报告未审查公司原始凭证,仅根据工商登记资料作出,不能真实反映其出资情况。对于双方该方面的争议,具体分析如下:一是双方往来款项数额的认定问题。根据双方提供的主张及证据材料,对其认定不仅涉及历年来双方款项往来的银行流水统计,还涉及投入款项的用途、黄某两个账户的款项性质及其代收公司货款、代付公司款项、公司代其付款的认定和扣除等问题以及鑫吉顺公司的应收款冲销是否合理等,诺贝儿公司仅根据自己的单方对上述款项的理解得出双方往来款项进行轧差处理后的净额为60万元,理由和依据不足。至于其作为往来款项净额依据补充提交的广州裕邦会计师事务所(普通合伙)所作的审计报告,系依据已有账目出具,不属于新证据,且报告亦明确该净额统计未包括其核算列明的黄某、吴某玲、郑某容已缴纳投资款数额和公司为其代付的款项等三项内容,故法院对诺贝儿公司的该项上诉主张难以采信。二是转入公司款项的性质认定问题。诺贝儿公司认为黄某、吴某玲、郑某容出资款项的转账记录摘要大多备注为借款和转存等名目,公司财务亦没有相应的出资记载,不具有出资的意思表示。但鉴于诺贝儿公司提交的年度审计报告已计为实收资本,且2015年3月康佳集团增资前深圳银华会计师事务所(普通合伙)为其尽职调查出具的《审计报告》亦仅认定黄某、吴某玲、郑某容出资瑕疵为147余万元,说明黄某、吴某玲、郑某容转入诺贝儿公司的上述款项已经年度审计报告和增资股东的认可为出资,结合诺贝儿公司原股东为黄某和吴某玲夫妻两人、嗣后增加郑某容为股东,公司财务和账户管理不规范等实际情况,不宜仅依据当时的转款摘要否认事后已被公司通过年度审计确认为出资的事实。至于诺贝儿公司提出年度审计报告关于实收资本的认定并未审查记账凭证或原始凭证、仅依据工商登记资料作出,且根据《企业会计制度》,实收资本仅在依法定程序增、减资的情况下才会变动,但三个年度审计报告的意见均明确载明其财务报表公允地反映了相关年度的财务状况、经营成果和现金流量,说明其结论并非如诺贝儿公司所述不经审核财务凭证而简单得出,且前述深圳银华会计师事务所(普通合伙)《审计报告》亦发现了黄某、吴某玲、郑某容存在出资瑕疵,可以印证诺贝儿公司上述主张难以成立。三是双方证据的审核与判断问题。黄某、吴某玲、郑某容虽已认可其2013年12月增资后抽逃了出资款项,但其已举证证明通过向诺贝儿公司转账等方式补足了相应款项,且通过年度审计报告和深圳银华会计师事务所(普通合伙)为康佳集团等五位增资方尽职调查出具的《审计报告》对相关往来款项的性质予以固定,其证明效力明显优于诺贝儿公司所提供的转账记录摘要等原始凭证以及专项审计报告的结论,即诺贝儿公司为反驳黄某、吴某玲、郑某容所主张的补足出资的事实而提供的证据不足以推翻黄某、吴某玲、郑某容提供的证据证明力,故一审判决采信黄某、吴某玲、郑某容的主张,并不违反民事诉讼规定的举证责任分配原则,诺贝儿公司此方面的上诉主张亦不成立,法院不予采纳。

裁判观点二:股东以其实际转账金额大于认缴出资额为由主张已履行了出资义务,在股东未能证明其转款在公司进入破产程序前基于双方合意已抵出资款的,其主张不应采纳。

【**典型案例**】凹客公司与荐闻天下公司、远踮中心等追收未缴出资纠纷案。[①] 法院认为,荐闻天下公司主张其已代替其他股东缴纳完毕全部出资,并提交其名下银行账户的转款记录用以证明,但是其提交的上述转账记录均备注相应转款为"打款",而未备注为"投资款",且凹客公司也未向各股东出具任何出资到位相关证明,对此,法院认为,在未实施验资程序的情况下,相较于外部债权人,股东具有收回其转账款项的便利条件,即便其收回转账款项亦不会被视为抽逃出资,因此,股东转入债务人的款项与出资在法律性质上有所不同。遵守资本充实原则按时足额缴纳出资是股东的法定义务,而股东为公司经营转入的款项则应当承担因经营亏损等无法全额归还的风险。如公司未进入破产程序,允许将股东的投入款与其出资额抵消亦无不妥,并不会影响他人利益。但是,当公司因不能清偿到期债务进入破产程序时,应当将追缴的出资归入债务人财产用以向全体债权人清偿,此时如允许将股东转账款视为出资,则一方面造成债务人财产减少,另一方面也是对股东进行了优于其他债权人的个别性清偿,对于其他债权人显然不公,亦有违诚信。基于对全体债权人利益的保护,我国企业破产法司法解释规定,股东欠缴出资不可以与其对破产企业的债权相抵消。综上,法院认为,凹客公司各股东仍然应当缴纳各自未缴出资,不能以向凹客公司支付款项大于出资额为由拒绝缴纳出资。由于荐闻天下公司、黄某美、安某云、韩某记、吴某、远踮中心未缴出资额分别为3,090,850元、107,143元、100,000元、285,714元、142,857元、1,416,286元,凹客公司主张上述股东补缴的出资额分别为258,457.49元、6031.98元、5629.84元、16,085.24元、36,191.82元、79,734.63元,凹客公司的主张均未超出上述股东未缴纳的出资额,属于凹客公司对自身权利的处分,且不违反法律规定,法院予以支持。

这里需要注意的是非货币出资。新《公司法》第48条规定:"股东可以用货币出资,也可以用实物、知识产权、土地使用权、股权、债权等可以用货币估价并可以依法转让的非货币财产作价出资;但是,法律、行政法规规定不得作为出资的财产除外。对作为出资的非货币财产应当评估作价,核实财产,不得高估或者低估作价。法律、行政法规对评估作价有规定的,从其规定。"非货币出资应遵循的原则是"可以用货币估价并可以依法转让"。根据《市场主体登记管理条例》第13条第2款的规定,不得作为出资的财产主要是指劳务、信用、自然人姓名、商誉、特许经营权或者设定担保的财产。

[①] 广东省深圳市中级人民法院民事判决书,(2021)粤03民初1294号。

根据前述规定,非货币出资的财产类型主要有:

①实物出资。如机器设备、房屋、交通工具等,股东应将出资财产交付公司使用,能办理权属登记的还应办理相应的变更登记手续。

②土地使用权。在土地使用权出资中,需要注意的是以出让方式取得的土地使用权可以作价出资,以划拨方式取得的土地使用权不得用于出资。

③知识产权。商标使用权、专利权均可作价出资,但特许经营权不得作价出资。以知识产权出资的,应遵循相关法律规定,签订许可使用合同、办理备案登记手续并缴纳相关税费等。

④股权。股权出资应具备的条件:一是出资人合法持有并依法可以转让;二是无权利瑕疵或者权利负担;三是出资人已履行相关股权转让的法定手续;四是已依法进行了价值评估。还应特别注意,股权出资形成事实上的股权转移,即由原公司股东将其股权转让给投资的公司。从这个角度来看,股权出资须符合股权转让的有关规定,包括股权转让不受原公司章程限制、已获得原公司股东过半数同意(原《公司法》规定,新《公司法》已删除此规定)、在同等条件下原公司股东不行使优先购买权。关于股权转让的相关规定参见《公司法》第84条、第159条、第160条,《证券法》第38条、第45条、第47条。

⑤债权。新《公司法》第48条中明确了股东可以债权进行出资。债权出资包括以对公司的债权出资和以对第三人的债权出资。

第一,对公司的债权出资。又称"债转股",指公司的债权人将其对公司享有的债权转为对公司的股权,从而以代替股东出资的方式实现债权债务的消灭。《最高人民法院关于审理与企业改制相关的民事纠纷案件若干问题的规定》(以下简称《企业改制规定》)第14条规定:"债权人与债务人自愿达成债权转股权协议,且不违反法律和行政法规强制性规定的,人民法院在审理相关的民事纠纷案件中,应当确认债权转股权协议有效。政策性债权转股权,按照国务院有关部门的规定处理。"据此奠定了债转股的合法性基础。

在债转股的过程中应当注意:一是债权应真实、数额应确定。可根据债权人与债务人之间的关系、债权标的往来凭证以及公司账簿等证据进行综合判断和认定。二是债转股是否经过法定程序即股东会决议确认。这时又需要分两种情形考虑:情形一,普通型债转股,首先,对于债权人而言,如果债权人为公司,应当视为公司对外投资行为,需要根据《公司法》第15条关于其他股东表决权过半数的程序规定表决通过。其次,对于债务人公司而言,债权亦需要经债务人公司经法定程序确认,如果其他股东同意债转股,亦应参照《公司法》第15条关于其他股东表决权过半数的程序规定对该债权进行确认。情形二,增资型债转股,由于涉及增加公司注册资本、修改公司章程,应召开股东会决议并经过代表2/3以上表决权的股东通过,且应及时向工商部门办理变更登记手续,从而对外产生法律效力。若债转股行为经认定为真实合法、有效,应认定股东履行了出资义务,债权人不得要求股东承担补充清偿责任。①

---

① 参见张勤、钱茜:《真实的债转股可认定为出资》,载《人民司法》2021年第2期。

裁判观点：债权人以债权出资的，除举证证明债权的真实性、合理性外，还应提交证据证明其与公司就债转股达成了合意。

【**典型案例**】保发公司与颐来达公司等买卖合同纠纷案。[①] 二审认为，从庭审查明的事实来看，被告陈某某、王某某在被告颐来达公司增加注册资本时，已通过债转股方式认缴新增资本，债转股协议书为双方当事人的真实意思表示，应为有效。原告提供的证据已证明被告陈某某、王某某作为公司股东与被告颐来达公司之间存在大额经济往来，二者之间存在债权债务关系。原告认为被告陈某某、王某某大额向被告颐来达公司出借款项，并签订债转股协议书，与常理不符，存在伪造证据的嫌疑，尚未提供相应证据，则应承担举证不能的法律后果。

第二，对第三人的债权出资。为确保公司资本充实，实质核心为出资债权能否为公司实际所用，即应重点考虑股东以及对第三人享有的债权是否真实、第三方债务人有无偿债能力和偿债意愿。

实践中，常见公司部分股东约定以其所谓的"社会资源""独特技术"等非实物、非标准化的方式出资，由于该出资方式不符合《公司法》第48条关于"可以用货币估价并可以依法转让"的非货币出资原则，故不能满足工商部门对公司章程备案的要求，进而不能在备案中体现，只能在股东间协议中对其出资形式和对应股权进行约定。在这一情形下，股东出资虽违反章程，但其符合股东间协议约定，故在实务中，一般应遵循《公司法》"双重标准、内外有别"原则，在区分公司内部关系与外部关系的基础上，分别适用实质要件与形式要件进行认定。当公司内部之间发生争议时，以实质要件为主进行认定，即审查股东出资义务的依据是股东间协议抑或公司章程，若为股东间协议，则进一步审查出资股东是否按照协议约定提供了所谓的"独特技术"等，以此认定其是否履行了出资义务；同理，若为公司章程，则审查出资股东是否按照章程规定履行了出资义务。也就是说，股东间协议真实有效的，处理股东间纠纷时应当以股东间协议约定为准进行认定。当发生公司外部争议时，则以形式要件为主进行认定，即重点关注出资股东是否按照章程规定履行出资义务，股东之间关于实际出资义务的约定不得对抗公司外部第三人。

6. 出资义务人公司对其债务抵销的抗辩

对此，关键在于确定股东对公司是否享有债权、债权是否到期、公司是否确认该债权以及该抵销行为是否损害第三人的利益。股东出资义务具有法定性，一经登记公示，非经法定途径不能消灭，履行债权人保护程序仅是该出资债务消灭的必要条件，举重以明轻，未经债权人保护程序的股东单独意思表示完全无法满足出资债务消灭的要件。股东出资经公示具有对世效力，而股东所享有的对公司的债权则具有隐蔽性，如果允许股东将其对公司享有的债权与出资债务抵销，则有可能滋生股东倒签合同、"制造"债权的道德风险，损害公司债权人利益。[②] 这种情形下，与出资不足相关抗辩一致，此处审查被告抗辩亦应遵循"内外有别"的原则，在债权人请求债务人股东履行出资义务时，法院会严格审慎认定抵销效力。这里需要注意的是，股东的

[①] 参见上海市第一中级人民法院民事判决书，(2020)沪01民终2064号。
[②] 参见朱慈蕴：《股东出资义务的性质与公司资本制度完善》，载《清华法学》2022年第2期。

出资并非新《公司法》第 32 条规定的公司登记事项。

在这还应该注意以下问题：

一是在公司破产情形下股东对公司的出资债务不得与公司对其负有的债务相抵销。法律依据为《最高人民法院关于适用〈中华人民共和国企业破产法〉若干问题的规定（二）》（以下简称《企业破产法解释（二）》）第 46 条的规定："债务人的股东主张以下列债务与债务人对其负有的债务抵销，债务人管理人提出异议的，人民法院应予支持：（一）债务人股东因欠缴债务人的出资或者抽逃出资对债务人所负的债务；（二）债务人股东滥用股东权利或者关联关系损害公司利益对债务人所负的债务。"

二是在股东以过于微小的数额作为注册资本，比如仅将注册资本设定为 1 元，当公司未来不能清偿债务而破产时，股东能否凭其对公司享有的债权而与其他普通债权人一起参与公司财产分配的问题。因为股东以过于微小的资本从事经营，很有可能会将股权投资转化为债权投资，相应地也将有限责任的风险完全外部化。参照《全国法院破产审判工作会议纪要》第 39 条的规定："关联企业成员之间不当利用关联关系形成的债权，应当劣后于其他普通债权顺序清偿，且该劣后债权人不得就其他关联企业成员提供的特定财产优先受偿"，即在特定情形下，法院有权将股东债权清偿顺位降低，位于其他非股东债权人之后获得清偿。

（二）原告为债权人时的抗辩

股东出资纠纷与债权人、公司之间的基础纠纷不属于同一法律关系不应在同一案件中处理的抗辩。

对于该程序问题，实务中的处理原则为按是否有生效法律文书确认公司财产不足以清偿其债务区分处理：（1）在有生效法律文书确认（如其他执行案件的终本裁定）的情况下，法院一般会同意一并处理。（2）在没有生效法律文书确认（如其他执行案件的终本裁定）的情况下，首先确定公司责任，只有经执行确无财产时，才能再请求未履行出资义务的股东承担补充责任。无论采取哪一种处理方式，其核心均是需要债权人执行程序前置。

1. 公司具备清偿能力的抗辩

在股东出资瑕疵的情况下，根据《公司法解释（三）》第 13～14 条的规定，债权人对被告股东的请求仅限于其在未缴出资或抽逃出资本息范围内对公司债务不能清偿的部分承担补充赔偿责任，即公司不能清偿到期债务是债权人向股东追索的必要前提，故被告股东常以公司具备清偿能力进行抗辩。对此，我们需要考虑以下问题：

（1）举证责任问题。新《公司法》颁布前，在出资期限未届满的情况下，债权人一般以加速出资为由请求股东承担补充赔偿责任，如债权经强制执行未能全部受偿并终结本次执行程序。此时股东负有举证证明公司具备清偿能力的举证责任，如向执行部门报告财产、提供财产线索等。这里需要说明的是，新《公司法》颁布后，根据新《公司法》第 54 条的规定，虽然不能直接请求股东对其债权承担补充赔偿责任，但亦有权请求其向公司缴纳出资。故新《公司法》第 54 条的规定并不影响股东的举证责任。

（2）证明标准问题。一般情形下，必须达到证明公司能实际清偿债权人债权的情形，而非理论上可以清偿的情形,如通过督促公司偿债、向执行部门报告财产、提供财产线索等手段能够促使公司实际偿债。如果以上手段未能促使公司实际清偿债务,那么就足以证明公司不能清偿到期债务的事实,股东的该抗辩理由不能成立。

2. 股东会延长出资期限决议发生于公司债务产生之前的抗辩

这是基于《九民纪要》第6条【股东出资应否加速到期】的规定,股东出资加速到期的第二种情形,即"在公司债务产生后,公司股东(大)会决议或以其他方式延长股东出资期限的"情况。针对这一抗辩事由,首先应当确定的是债务发生时间,这就涉及如何认定债务发生时间。一般认为,在合同之债中,合同是债的发生原因,合同签订之日即债权人与债务人的债权债务关系发生之时,至于债权尚未到期或者债权数额尚未明确,均不影响债权人身份的确定,故公司债务发生时间无须等待双方确认或司法确认;在侵权之债中,应以侵权行为发生时作为认定债权发生时间的标准。[①]《九民纪要》第6条的前述规定,从相反方面可以得出,股东会在债务发生后决议延长出资期限的,对债权人不发生效力,债权人有权请求债务人股东按原约定的出资期限履行出资义务。随着新《公司法》的颁布与实施,这一抗辩理由亦将慢慢失去意义,理由为:一是新《公司法》第54条排除了股东出资加速到期的这一法定情形;二是新《公司法》第48条规定了有限责任公司一般情形下最长的认缴出资期限为5年。

[①] 参见张应杰主编:《公司股东纠纷类案裁判思维》,人民法院出版社2023年版,第175页。

◆ 第五章 股东知情权纠纷

第一节 股东知情权纠纷概述

一、处理股东知情权纠纷的一般原则

(一)知情权法定原则

股东知情权法定原则是指股东知情权的权利主体、义务主体、行权客体、行权方式等内容完全由法律规定,且相关法律规定在性质上属于强制性规范,不能被限制或剥夺。

【典型案例】中盛环宇公司与连某红股东知情权纠纷案。[①] 二审法院认为,股东知情权是法律赋予公司股东了解公司信息的权利,该权利是股东享有的一项重要、独立的权利,不依附于其他股东权利而单独存在,也是股东实现其他股东权的基础性权利,公司不得限制或者剥夺股东此项权利,股东是否实际参与公司管理不影响其行使股东知情权。该案中,连某红为中盛环宇公司工商登记股东,依法享有股东权利,其与李某之间是否存在股权代持关系不影响其作为中盛环宇公司的股东行使股东知情权。

但是,当公司章程赋予股东的知情权大于公司法规定的范围时,只要经股东自愿同意,则该约定并未违反法律强制性规定,属于公司自治的范围,该约定应该优于法律规定适用。即使公司利益可能因此受损,也是集体合意的结果,不应以此作为否定公司章程效力的理由。因此,对于股东以公司章程为依据请求行使超过法定范围知情权的主张,法院原则上应予支持。[②] 实践中,股东依据公司章程约定行使知情权主要体现为两个方面:一是公司章程约定股东可查阅或复制法定行权客体之外的文件,例如经营合同、预算审核、项目资料等,以及股东可委托第三方会计师事务所对公司进行审计,该情形属于公司章程扩展股东法定知情权客体范围和行权方式的合理范畴,一般情况下法院可予支持;二是公司章程针对股东行使知情权的具体规则作出程序性细化规定,如查阅、复制公司特定文件的时间和地点,股东应遵循该约定。[③]

知情权权利主体仅限于股东,义务主体仅限于公司。行权客体,原则上仅限于《公司法》第57条、第110条规定的公司特定文件材料。行权方式仅限于查阅、复制,且查阅公司会计账簿、会计凭证应遵循《公司法》第57条规定的前置程序要求。需要强调的是,公司法设定的股东知情权系强制性规范,而非任意性规范,故不能被公司章程、股东之间的协议、股东会决议或董事会决议予以限制或剥夺。《公司法解释(四)》第9条规定:"公司章程、股东之间的协议等实质性剥夺股东依据公司法第三十三条、第九十七条[④]规定查阅或者复制公司文件材料的权利,公司以此为由拒绝股东查阅或者复制的,人民法院不予支持。"

---

① 参见北京市第一中级人民法院民事判决书,(2016)京01民终349号。
② 参见杜万华主编,最高人民法院民事审判第二庭编著:《最高人民法院公司法司法解释(四)理解与适用》,人民法院出版社2017年版,第211~212页。
③ 参见张应杰主编:《公司股东纠纷类案裁判思维》,人民法院出版社2023年版,第297~298页。
④ 参见新《公司法》第57条、第110条。

(二)知情权不得滥用原则

"禁止权利滥用原则"作为民法的基本原则,在此亦应遵循。实践中,知情权不得滥用原则主要表现为以下两个方面:

(1)对知情权的行使目的进行限制。《公司法》第57条第2款明确规定了股东查阅公司会计账簿和会计凭证应当出于正当目的,否则公司有权拒绝提供查阅。

(2)设定对滥用知情权损害公司合法利益的赔偿责任。《公司法解释(四)》第11条明确规定,股东及其辅助查阅人行使知情权后,如泄露公司商业秘密,导致公司合法利益受到损害,应承担赔偿责任。

(三)股东权利与公司利益平衡保护原则

"公平原则"同样作为民法的基本原则,在此亦应遵循。公平原则在诉讼领域的重要体现就是利益平衡保护原则。

裁判观点:司法实践中应以利益衡量原则为导向,合理认定股东行使知情权的目的,维护股东与公司之间的利益平衡。

【典型案例】美赛达公司与车联公司股东知情权纠纷案。[①]二审法院认为,关于应否允许美赛达公司查阅车联公司会计账簿和会计凭证。第一,美赛达公司在出资设立车联公司之前与杨某泽等案外人签订了四方《合作协议书》,该协议明确约定,各股东对同业竞争负有严格的禁止义务。第二,美赛达公司在出资设立车联公司之后,又出资设立前海公司,占股比例均为35%。根据四方《合作协议书》的约定,车联公司的经营范围为美赛达公司研发、生产和采购车载设备、互联网产品等,此范围与前海公司的经营范围高度重合,有理由相信两公司在业务上存在竞争关系,美赛达公司设立前海公司存在占领车联公司开发、销售市场,损害车联公司合法利益的可能。第三,会计账簿包括记账凭证和原始凭证,其中会涉及车联公司以往产品的销售渠道、客户群、销售价格等商业秘密,通过查阅车联公司的会计账簿可了解车联公司的商业秘密。前海公司一旦获悉商业秘密,将在与车联公司的竞争中处于优势地位并可能损害车联公司的利益。第四,美赛达公司可以通过查阅会计报告等资料或者通过中间人审计的方式了解车联公司经营情况,实现其股东知情权。车联公司为保障股东的知情权,已分10次向包括美赛达公司法定代表人庄亮在内的公司全体股东发送2013年12月至2014年12月、2014年度及2015年1月~2月的财务会计报告,每份财务会计报告均包含资产负债表、损益表和现金流量表。此外,还向美赛达公司提供了车联公司《审计报告》及《关于车联公司杨泓泽同志离任经济责任审计报告》,上述材料能在宏观上反映车联公司的总体经营情况,不会过于详细地反映交易细节,既为车联公司股东了解公司的财务经营状况提供了有效途径,同时又不会造成车联公司经济利益及商业秘密受到严重损害。第五,股东知情权应在利益平衡的基础上行使。经过利益衡量,禁止美赛达公司查阅车联公司会计账簿可能对美赛达公司合法利益造成的损害小于允许美赛达公司查阅车联公司会计账簿可能对车联公司合法利益造成的损害。

---

① 参见北京市第三中级人民法院民事判决书,(2016)京03民终3220号。

保障公司权益与股东知情权不受损害互为条件,在保护股东利益的同时也应适当保障公司利益,使双方利益均衡,因此,股东行使知情权应受到一定限制,且该限制不以已实际产生损害为条件。根据本案查明事实、涉案公司成立背景及利益衡量原则,美赛达公司提出的要求查阅车联公司会计账簿的诉请可能损害车联公司合法利益,车联公司有权拒绝美赛达公司查阅会计账簿和会计凭证,故法院对美赛达公司关于查阅车联公司会计账簿的请求不予支持。

(四)公司内部救济优先原则

公司内部救济优先原则,是指公司内部相关主体之间发生权利冲突时,要尽可能地通过公司内部治理结构来解决,即在穷尽公司内部救济后,权利仍然不能得到实现或者保护的,方可通过诉讼程序来主张或者实现自己的权利。[①] 具体表现为《公司法》第57条第2款明确规定了对有限责任公司股东要求查阅公司会计账簿和会计凭证引发的诉讼设定了前置程序,即股东需先向公司提供书面查阅请求,书面请求被拒绝后方可提起诉讼。

二、股东知情权的客体

(一)有限责任公司股东知情权范围

根据新《公司法》第57条第1款、第2款、第5款的规定,有限责任公司股东知情权范围包括:

(1)有权查阅、复制公司章程、股东名册、股东会会议记录、董事会会议决议、监事会会议决议和财务会计报告。

(2)有权查阅公司会计账簿、会计凭证。股东要求查阅公司会计账簿、会计凭证的,应当向公司提出书面请求,说明目的。公司有合理根据认为股东查阅会计账簿、会计凭证有不正当目的,可能损害公司合法利益的,可以拒绝提供查阅,并应当自股东提出书面请求之日起15日内书面答复股东并说明理由。公司拒绝提供查阅的,股东可以向法院提起诉讼。

(3)有权依据新《公司法》第57条第1~4款的规定查阅、复制公司全资子公司相关材料。

这里需要注意的是,相较于原《公司法》规定,新《公司法》扩大了有限责任公司股东的知情权范围,具体表现为:一是股东有权查阅、复制的资料范围在原规定的基础上增加了股东名册;二是股东有权查阅的资料范围由原来的会计账簿扩展到公司会计账簿和会计凭证,从而解决了实务中一直存在争议的股东能否查阅会计凭证的问题;三是义务主体范围由原来只能查阅、复制股东所在的公司扩展到了股东所在的公司及其全资子公司,但并不包括控股子公司。

裁判观点:有限责任公司股东要求查阅《公司法》规定的股东有权查阅范围以外文件资料,不应支持。

【典型案例】曲某阳、何某忠、王某英与霍尼卡姆公司股东知情权纠纷案。[②] 二审法院认为,关于曲某阳、何某忠、王某英要求查阅股权转让协议文件及变更文件、期权协议文件及会计凭

---

① 参见张应杰主编:《公司股东纠纷类案裁判思维》,人民法院出版社2023年版,第298~299页。
② 参见广东省深圳市中级人民法院民事判决书,(2021)粤03民终30794、30796、30797号。

证问题。《公司法》(2018年)第33条① 以明确列举的形式将股东知情权进行限定,系为了兼顾股东知情权及公司正常经营管理秩序之间的利益平衡。由于曲某阳、何某忠、王某英主张的上述文件并非股东知情权的范围,故一审法院对于曲某阳、何某忠、王某英要求查阅上述文件的诉讼请求不予支持,并无不当,法院予以维持。

(二)股份有限公司股东知情权范围

依据《公司法》第110条之规定,我们可以看出,股份有限公司股东知情权范围应当包括:

(1)所有股东均有权查阅、复制公司章程、股东名册、股东会会议记录、董事会会议决议、监事会会议决议、财务会计报告,对公司的经营提出建议或者质询。

(2)连续180日以上单独或者合计持有公司3%以上股份的股东有权依据《公司法》第57条规定的程序查阅公司的会计账簿、会计凭证。这里特别注意的是,公司章程对前述股东持股比例有更低要求的,遵从章程的规定。

(3)根据本条规定查阅、复制公司全资子公司相关材料。

(4)上市公司股东查阅、复制相关材料的,遵循《证券法》等法律、行政法规的规定。

在这里应当注意的是,相较于原《公司法》对股份有限公司股东知情权的规定,有以下变化:一是明确股份有限公司的股东享有复制公司章程、股东名册、股东会会议记录、董事会会议决议、监事会会议决议、财务会计报告的权利,删除了债权存根;② 二是新增股份有限公司股东查阅公司会计账簿、会计凭证的准用规则及其条件;三是新增股份有限公司股东对全资子公司相关材料享有查阅、复制权的规定;四是新增上市公司股东查阅、复制权的引致规定。

根据《公司法》第57条、第110条的前述规定,实践中我们还需要注意,无论是有限责任公司还是股份有限公司,《公司法》均未允许股东查阅或复制股东会会议决议。

(三)知情权客体的期限范围

知情权客体的期限范围,笔者在此将其定义为股东能够查阅公司存续期间哪个期间的相关材料,即股东可以查阅公司存续期间的全部材料,还是只能查阅、复制公司存续期间中某个特定期间的相关材料。实务中普遍认为,《公司法》并未对股东知情权涉及的文件设置期限范围,股东可以查阅文件的时间范围应以满足股东合理目的为限,故理论上股东可以查阅公司自成立至注销期间所有依法可以查阅的文件。对此,在实务中应当注意以下四个问题:

1. 新加入公司的股东对其加入公司前的公司信息是否享有股东知情权问题

肯定观点认为,股东对其成为公司股东之前的公司信息也享有知情权。否定观点认为,股东对其成为公司股东之前的公司信息不享有知情权。实务中一般认为,新加入公司的股东有权申请查阅其获得股权之前的公司信息,理由为:(1)从公司立法角度讲,《公司法》规定股东有权查阅公司财务会计报告、会计账簿、会计凭证等公司特定文件,但未限制该文件的时间范围。无限制,即应为许可。(2)从公司运营实践角度讲,公司运营是个持续的过程,股东加入前后的公司经营状况难以截然分开,如果拒绝公司的新股东查阅加入公司前的公司信息,可能导

---

① 参见新《公司法》第57条。

② 根据新《公司法》第198条规定,将债券存根簿变更成债券持有人名册。

致股东获得的相关信息不完整,从而减损股东知情权的制度价值。① 相对应地,所查阅的会计凭证范围也应以其持股期间产生的记账凭证、原始凭证为限。

裁判观点一:对于获得股东资格之前的公司财会资料,在坚持股东权利保护原则的前提下,只要符合正当目的,应当允许查阅。

【**典型案例一**】乐视影业公司与思伟股权中心股东知情权纠纷案。② 二审法院认为,乐视影业公司主张思伟股权中心在 2015 年 10 月 29 日之前未被登记为乐视影业公司的股东,无权行使此期限之前的股东知情权,然法律设立股东知情权的立法本意是为了让股东充分掌握公司信息、管理活动及风险状况,从而监督公司管理层,保护股东的合法权益,只有股东对公司全部的运营状况充分掌握,对公司的历史全面了解,才能有效行使股东的其他权利并履行股东义务,故思伟股权中心有权了解乐视影业公司在此之前的经营管理情况,乐视影业公司关于思伟股权中心自被登记为股东之后方有权行使股东知情权的抗辩意见,法院不予采纳。

【**典型案例二**】飞驰科技公司、益盟公司股东知情权纠纷案。③ 二审法院认为,关于益盟公司行使知情权是否包括查阅其正式成为股东之前的公司资料问题。由于公司运营是一个整体的、动态的、延续性的过程,无论股东通过何种方式取得公司股份,自其成为股东之日起,其有权继受前手股东的相关权利,知情权亦不例外。如果拒绝公司的继受股东行使对之前公司信息的知情权,将导致股东获得的信息不完整,减损股东知情权的制度价值。因此,益盟公司可以查阅其正式成为股东之前的飞驰科技公司相关资料。

【**典型案例三**】甜心公司与毕某仪股东知情权纠纷案。④ 二审法院认为,公司股东有权了解公司经营状况、财务状况以及其他与股东利益存在密切关系的公司相关情况。由于公司的经营、发展是一个动态、连续的过程,公司现在的情况不可能与之前的经营、财务状况完全脱节或毫无关联。如果不允许股东查阅其成为股东之前的会计账簿等相关材料,则明显不利于对股东权益的保护。同时,《公司法》(2018 年)第 33 条⑤亦没有禁止股东查阅其成为股东之前的公司会计账簿等材料。股东知情权中查阅复制权的对象不仅应包括毕某仪成为公司股东之后的相关材料,还应包括其成为公司股东之前的相关材料。

当然,笔者也关注到,司法实践中之前也有法院认为,股东无权查阅其成为股东之前的公司经营管理情况的相关资料,但从过往大部分裁判案例来看,多数观点均认为股东有权查阅其成为股东之前的公司经营管理情况的相关资料。

裁判观点二:股东无权查阅其成为股东之前的公司经营管理情况的相关资料。

【**典型案例**】褚某虹与双江石化公司股东知情权纠纷案。⑥ 二审法院认为,关于股东知情权行使的起始时间问题。股东知情权是公司法规定的股东所固有的法定权利,股东行使知情权

---

① 参见张应杰主编:《公司股东纠纷类案裁判思维》,人民法院出版社 2023 年版,第 316 页。
② 参见北京市第三中级人民法院民事判决书,(2018)京 03 民终 1465 号。
③ 参见福建省高级人民法院民事判决书,(2019)闽民终 1330 号。
④ 参见广东省广州市中级人民法院民事判决书,(2021)粤 01 民终 18264 号。
⑤ 参见新《公司法》第 57 条。
⑥ 参见江苏省泰州市中级人民法院民事判决书,(2014)泰中商终字第 0046 号。

应从取得股东资格时享有。受让取得股权的,其在受让决策前应当对公司的经营管理等股东知情权的事项进行全面的了解,其在受让股权成为公司股东后无权查阅其成为股东之前的公司经营管理情况的相关资料。

2.诉讼请求的查阅期间是否必须与书面请求所载查阅期间相一致问题

由于《公司法》并未限定股东必须按照书面请求载明的查阅期间行使查阅权,故股东在起诉前向公司提交书面请求后,在起诉时也可以根据实际情况合理调整查阅文件的期间。股东查阅文件的期限截止时间应当以起诉状明确的日期为准,但该期限不应超出书面请求所载查阅期间。同理,股东知情权的诉讼请求范围可以不限于其之前向公司提出的书面申请的范围。

【典型案例】熙城公司、荣威公司股东知情权纠纷案。[1] 最高人民法院认为,原审判令熙城公司提供自2010年起的会计账簿和会计凭证供荣威公司查阅并没有超出荣威公司诉请范围,不存在法律适用错误。荣威公司书面要求查阅熙城公司的会计账簿被拒绝后,以起诉的方式要求查阅熙城公司自2010年起的会计账簿并不违反法律规定。荣威公司虽于本案诉讼前书面要求查阅的是熙城公司自2011年起的会计账簿,但《公司法》(2018年)第33条[2] 规定侧重于股东诉请要求查阅公司账簿应当先提出书面申请,并未限制股东最终要求查阅的范围只能限于第一次书面申请的范围。股东可查阅公司会计账簿的范围关键在于申请查阅范围的合理性等。本案中并没有证据显示荣威公司要求查阅2010年起的会计账簿超出了合理范围,法院判决支持荣威公司查阅自2010年起的会计账簿没有超出诉讼请求范围,不存在法律适用错误。

关于新加入公司的股东对其加入公司前的公司信息是否享有股东知情权的问题,在实务操作中还需要注意新股东于何时开始享有股东知情权。由于新加入公司的股东被公司记载于股东名册往往有一个过程,二者之间存在时间差。以股权转让为例,股权转让合同生效后股权即发生转让,受让股东取得股权,但股东名册具有推定效力,从在股东名册上记载为股东开始,受让人才被公司承认。未在股东名册上记载的受让人,公司可以拒绝承认其股东身份。这是债权变动与物权变动区分原则在股权转让领域的具体体现。股东知情权的权利主体为公司股东,所以解决该问题的核心在于确定受让股东取得公司股东资格的时间,即受让股东于何时取得公司股东资格。由于股东知情权诉讼性质上属于公司内部纠纷,所以从理论上讲,原告是否具有股东资格应采纳实质判断标准,即在股东知情权诉讼中,受让股东在被公司股东名册记载之前,应视为其尚不具有公司股东资格,公司可以提出其不具有股东资格的抗辩。换言之,受让股东在被记载于股东名册后才开始享有知情权,而不能凭股权转让协议向公司主张知情权。继承所得也应同理。[3]

如此,在实务中就会出现存在股权转让纠纷的股东能否行使股东知情权的问题。实务中针对该问题,根据不同的具体情况,司法实践中相关的裁判观点及典型案例如下。

---

[1] 参见最高人民法院民事裁定书,(2019)最高法民申5859号。
[2] 参见新《公司法》第37条。
[3] 参见张应杰主编:《公司股东纠纷类案裁判思维》,人民法院出版社2023年版,第317页。

裁判观点一：原股东在股权转让后又以股权对价不合理为由要求返还股权，原股东与受让人之间的纠纷不影响受让人股东知情权的行使。

【典型案例】今旦公司与夏某股东知情权纠纷案。① 最高人民法院认为，无论夏某曾经向何某提起主张债权的诉讼，还是何某已经向夏某提起返还股权的诉讼的事实，仅是何某与夏某之间的债权债务纠纷，与本案争议无关联性。在夏某的股东身份经合法变更之前，夏某有权向今旦公司主张股东权利。

裁判观点二：在股权转让协议合法有效的前提下，如果股权已经转让且受让人股东资格得以确认的情况下，即使未办理股东身份变更登记，原股东也已经丧失股东资格，不能主张股东知情权，受让人可以主张股东知情权。

【典型案例一】汪某民与中科公司股东知情权纠纷案。② 再审法院认为，股东有权查阅、复制公司章程、股东会会议记录、董事会会议决议、监事会会议决议和财务会计报告。本案中，虽然汪某民以中科公司工商登记信息仍将其列为股东为由主张其仍具有中科公司股东身份，但根据（2016）京01民终6084号生效民事判决书认定事实及本案中汪某民自认事实，汪某民已转让其持有的中科公司全部股权，本案起诉时汪某民已不具备中科公司的股东身份，故原审法院裁定驳回其起诉并无不当。综上，汪某民的再审申请不符合《民事诉讼法》（2012年）第200条③规定的情形。

【典型案例二】胡某民、平安运输公司股东知情权纠纷案。④ 二审法院认为，胡某民持有的股权是否转让是其是否具有股东身份、能否行使股东权利的基础。一般而言，原股东将其持有的股权转让后即不再享有股东权利、承担股东义务，除非当事人之间有特别约定。本案中，胡某民与胡某家之间没有签订书面的股权转让协议，胡某民也没有证据证明双方之间有特别约定。结合胡某家关于胡某民已经将股权转让给自己的陈述、平安运输公司其他股东在原审中对股权已经转让的证言，以及胡某民在二审中关于股权已经转让给胡某家的自认，可以认定胡某民持有的平安运输公司20%的股权已经转让，胡某民不再具有平安运输公司股东身份，其诉请行使股东知情权的诉讼请求不应得到支持。

裁判观点三：如果股权转让未满足法定条件或者尚未达成股权转让合意，受让人股东资格无法得到确认。即使已经支付股权转让价款，因受让人实质上不具备股东身份，不能行使股东知情权。

【典型案例】普斯特公司与曾某初股东知情权纠纷案。⑤ 二审法院认为，根据《最高人民法院关于审理外商投资企业纠纷案件若干问题的规定（一）》第1条第1款、第2条、第22条之规定，普斯特公司为外商投资企业，股东的股权转让系企业的重大变更事项，应经外商投资企业审批机关的批准。曾某初虽然在董事会决议中作出了向普斯特公司的其他股东转让其股权

---

① 参见最高人民法院民事裁定书，(2017)最高法民申2100号。
② 参见北京市高级人民法院民事裁定书，(2017)京民申2038号。
③ 参见2021年《民事诉讼法》第207条。
④ 参见贵州省高级人民法院民事判决书，(2016)黔民终334号。
⑤ 参见四川省高级人民法院民事判决书，(2016)川民终567号。

的意思表示,但并无证据证明该转让内容经过了外商投资企业审批机关的批准,因此即便曾某初与其他股东达成了转让普斯特公司股权的合意,该合意所属的股权转让合同也属于未生效的合同,不产生股权变更的法律后果,曾某初仍属于普斯特公司的股东。故一审法院认定"对曾某初关于其仍为普斯特公司股东的主张予以支持"并无不妥,普斯特公司该项上诉主张不能成立,法院不予支持。

基于前一问题,又必然产生一个新的问题,即继受股东在被记载于股东名册之前相关权益的保护问题。针对这一问题,理论界提出的解决方案:(1)继受股东有权向在册股东发出指令,指示其行使权利并决定行权的方式;(2)继受股东有权要求在册股东授权其行使权利,也即在此情形下,继受股东可以在册股东代理人之身份行使权利;(3)如在册股东拒不接受继受股东的指令、行使权利的方式违反指示,或者在册股东拒绝授权,导致继受股东权利已经或者正在或者可能遭受损失,继受股东可以申请法院授权其直接行使权利。①

3. 有限责任公司变更为股份有限公司,股东对公司变更前后的知情权问题

实务观点通常认为,股东对公司变更前后均具有知情权,但需要注意的是,知情权范围和行权方式应分别根据《公司法》对有限责任公司和股份有限公司的区别确定。

【**典型案例一**】韩某焕与许昌万里公司股东知情权纠纷案。② 许昌万里公司成立于1996年12月11日,于2013年4月5日变更为股份有限公司"许昌万里公司",韩某焕在该公司变更为股份有限公司之前和之后都是该公司的股东。针对韩某焕提出的"判令被告提供1996年11月12日至今历次的股东会会议记录、监事会决议、董事会决议及财务会计报告供原告查阅、复制"的主张,一方面,许昌市魏都区人民法院认为:"我国法律规定,有限责任公司股东有权查阅、复制公司章程、股东会会议记录、董事会、监事会会议决议和财务会计报告;股份有限公司的股东有权查阅公司章程、股东名册、公司债券存根、股东大会会议记录、董事会会议决议、监事会会议决议、财务会计报告。许昌万里运输(集团)有限公司自1996年12月11日成立至2013年4月5日公司变更为许昌万里运输集团股份有限公司前,其公司类型为有限责任公司,故原告要求被告提供1996年12月11日至2013年4月4日期间的历次股东会会议记录,董事会、监事会会议决议和供原告查阅、复制的诉讼请求于法有据,法院予以支持;原告要求被告提供1996年11月12日至12月10日即公司成立前的上述材料没有依据,法院不予支持"。另一方面,许昌市魏都区人民法院也认为:"自2013年4月5日起,许昌万里公司已变更为股份有限公司,故依照相关法律规定,原告可以查阅被告的股东会会议记录,董事会、监事会会议决议和财务会计报告,但无权要求复制。故对原告要求查阅被告2013年4月5日至本判决确定之日的股东会会议记录,董事会、监事会会议决议和财务会计报告的诉讼请求,法院予以支持;对原告要求复制2013年4月5日至本判决确定之日的股东会会议记录,董事会、监事会会议决议和财务会计报告的诉讼请求,法院不予以支持。"河南省许昌市中级人民法院在(2014)许民终字第1252号民事判决书中维持了一审法院的判决。

---

① 参见施天涛:《公司法论》(第2版),法律出版社2006年版,第247页。
② 参见河南省许昌市魏都区人民法院民事判决书,(2014)魏民二初字第00128号。

【典型案例二】肖某玮与青岛传动轴公司股东知情权纠纷案。① 二审法院认为，由于公司法并未限制查阅文件的时间范围，青岛传动轴公司系由1998年7月31日成立的青岛汽车传动轴厂改制而来，公司运营是一个持续性过程，肖某玮对青岛传动轴公司改制前的公司运营状况和财务信息予以掌握和了解属于其正当行使股东知情权的范围，如果拒绝其请求将导致肖某玮获得的相关信息残缺不全，故肖某玮有权查阅1998年7月之后的相关财务资料。

4.公司合同项目资料等文件是否属于知情权的范围

从《公司法》第57条、第110条的规定内容来看，公司合同项目资料等文件不包含于法定的知情权范围内。实务中，一般情形下，法院不支持股东查阅该等资料，但章程有明确规定股东可以查阅该等资料的情形除外。

裁判观点一：股东无权查阅超出股东知情权法定范围的项目资料、公司合同等文件。

【典型案例一】久有企业与矽光公司股东知情权纠纷案。② 一审法院认为，股东知情权行使有法定范围。久有企业要求查阅并复制的LED光电产品项目报表（包括但不限于资产负债表、利润表、现金流量表、财务情况说明、利息分配表及矽光公司自成立以来每个项目的报表）不属于法定知情权范围，矽光公司亦不同意久有企业查阅并复制且表示无相关材料，故对久有企业的该项诉请不予支持。二审法院支持了该观点，认为知情权的行使有其法定范围，一审法院就有关法定范围的认定亦无不当，二审法院也予以认同。

【典型案例二】刘某芳与金宏林公司股东知情权纠纷案。③ 二审法院认为，金宏林公司章程是由出资方刘某元、刘某芳二人本着平等、互利、自愿的原则经过协商订立的。金宏林公司章程第9条第2款规定，股东有查阅股东和职工（代表）大会会议记录、了解企业经营状况和财务状况的权利。金宏林公司为依法设立的股份合作制企业，刘某芳作为金宏林公司的股东之一，其依据公司章程享有的知情权应当受到保护。但刘某芳上诉要求查阅金宏林公司与贵源公司、中泽公司合作开发房地产的相关合同、协议、销售收入、利润分配、财务会计报告、相关原始凭证，刘某芳不能有效证明上述文件存在，金宏林公司对此又予以否认，故刘某芳的上诉主张不能成立，法院对其上诉请求不予支持。

裁判观点二：若公司章程规定了股东可以查阅公司文件的范围，且并未违反法律禁止性规定，股东原则上有权依据公司章程主张知情权。

【典型案例一】蔡某标与真功夫公司股东知情权纠纷案。④ 二审法院认为，关于蔡某标是否有权复制2013年7月19日至真功夫公司提供之日的会计账册/账簿，有权查阅并复制真功夫公司自2013年7月19日至真功夫公司提供之日的会计凭证、记录、票据、合同和文件；查阅、复制的会计账册/账簿应包括：总账、明细账、日记账和其他辅助性账簿。根据真功夫公司章程8.3条的规定，公司股东有权检查和复制任何必要或适当的会计账册、记录、票据、合同和文

---

① 参见山东省青岛市中级人民法院民事判决书，(2021)鲁02民终3496号。
② 参见上海市浦东新区人民法院民事判决书，(2019)沪0115民初50320号；上海市第一中级人民法院民事判决书，(2020)沪01民终3260号。
③ 参见北京市第二中级人民法院民事判决书，(2009)二中民终字第00978号。
④ 参见广东省广州市中级人民法院民事判决书，(2017)粤01民终5896号。

件。故蔡某标除了可以查阅会计账簿（会计账册）外，还可依章程约定复制会计账簿（会计账册）。对于用于作出会计账簿的原始凭证，真功夫公司章程规定了"记录、票据、合同和文件"。故法院支持蔡某标要求查阅、复制会计账簿、记录、票据、合同和文件的诉请。依据《会计法》第15条第1款"会计账簿包括总账、明细账、日记账和其他辅助性账簿"之规定，蔡某标可查阅、复制的会计账簿，包含总账、明细账、日记账和其他辅助性账簿的内容。

【典型案例二】ROONEY LIMITED 公司与雍康公司股东知情权纠纷案。[1] 二审法院认为，ROONEY LIMITED 公司可以依据雍康公司章程第12.2条（b）项和（c）项下的约定行使知情权。公司章程是公司宪章，在不违反法律禁止性规定的情况下，股东原则上有权依据公司章程的规定来主张知情权。因此，对于雍康公司章程中第12.2条（b）项和（c）项规定，其内容是要求在指定时间内向各方股东提供详细的损益表、资产负债表、现金流量表、销售及其他收入的分析、预算审核、相应月份的收入和资本预算的核对结果以及当月的资金来源和应用的报表（董事会需要时）。该规定的内容具体、明确，不违反法律法规禁止性规定，股东间的意思自治与《公司法》的价值取向并不相悖，除了当月的资金来源和应用的报表系供董事会所需以外，一审法院对 ROONEY LIMITED 的主张均予支持，并无不当，法院予以支持。

（四）股东知情权的客体构成

1. 财务会计报告构成

根据《企业财务会计报告条例》第7条的规定，财务会计报告应当包括会计报表、会计报表附注、财务情况说明书。会计报表应当包括资产负债表、利润表、现金流量表及相关附表（损益表、财务状况变动表、利润分配表等）。司法实践中需要注意的是，所有者权益变动表并不在股东知情权的法定客体范围之列。

2. 公司会计账簿构成

根据《会计法》第15条第1款的规定，公司会计账簿包括总账、明细账、日记账和其他辅助性账簿。

3. 公司会计凭证构成

现行《公司法》明确了有限责任公司的股东及股份有限公司符合特定条件的股东查阅会计凭证的权利，从而解决了司法实务中对股东是否具有会计凭证查阅权的长期争议。虽然《公司法》规定股东有权查阅会计凭证，但实务中一般认为，会计凭证范围应局限于与会计账簿记载内容有关的其持股期间的记账凭证、原始凭证。[2]

4. 股东会会议记录构成

会议记录是对股东及其他参会人员在会议中讨论的过程及表决的结果的客观记录。股东会会议记录一般包含以下要素：会议时间、地点、议程、召集人、主持人、出席的董事、监事、高管、出席的股东或股东代理人、参会者所持股份总数及占公司的比例、议程中每一事项的逐项表决结果等。

---

[1] 参见江苏省高级人民法院民事判决书，(2015)苏商外终字第00035号。
[2] 参见张应杰主编：《公司股东纠纷类案裁判思维》，人民法院出版社2023年版，第308页。

5. 董事会会议决议构成

董事会会议决议是董事会根据其职权内容,将相关事项提请董事会表决并通过之后形成的书面文件,一般包含以下要素:会议时间、地点、出席会议董事及决议内容等。在会议程序符合章程规定的情况下,会议中的表决比例亦达到公司章程规定的最低表决比例时,可以形成董事会会议决议。

6. 监事会会议决议构成

监事会会议决议是监事会根据其职权内容,将相关事项提交监事会表决并通过之后形成的书面文件,一般包含以下要素:会议时间、地点、出席会议的监事及决议内容等。决议应当经半数以上监事通过,表决事项实行"一人一票"原则。

(五)公司章程对股东知情权客体的特殊规定

《公司法解释(四)》第 7 条第 1 款规定,股东可以依据公司章程的规定,起诉请求查阅或者复制公司特定文件材料。据此,股东提起知情权诉讼时,应该重点关注公司章程对查阅程序和查阅范围作出的特殊规定,且在主张权利时应当符合章程规定。

1. 公司章程能否约定扩展法定知情权范围

实务中,公司章程所约定的股东知情权范围和知情权行使方式,有时会超越《公司法》第 57 条和第 110 条的规定。比如在股东知情权范围方面,有公司章程规定股东有权要求公司提供审计报告、管理账目资料等。对于公司章程是否可以扩展法定股东知情权范围的问题,在司法实务中有两种截然不同的观点:持否定态度的观点认为,公司具有独立人格,股东约定的超越法律规定的知情权范围,会影响公司的正常经营秩序和合法利益;《公司法》第 57 条和第 110 条规定属于强制性规定,上述条文也并未授权公司章程等可以例外规定。持肯定态度的观点认为,根据《公司法》第 5 条的规定,公司章程规定的股东知情权应当得到尊重和执行;虽然扩大股东知情权范围与公司利益可能会有潜在冲突,但全体股东一致同意即是公司同意,公司对自身利益的自由处分不属于法律强制干预的范围。

实务中一般认为,《公司法》作为规范市场主体的民事法律之一,其立法的精神在于赋予民事主体最低程度的权利和自由,而不是对市场主体的权利和自由横加限制。公司章程作为公司的自治规范,其具体内容体现了股东的共同意志。当公司章程赋予股东的权利小于《公司法》第 33 条和第 97 条[①]设定的股东知情权范围时,上述法律规定应作为强制性法律规范加以适用,该章程约定无效;但是,当公司章程赋予股东的知情权大于公司法规定的范围时,只要经股东自愿同意,则该约定并未违反法律强制性规定,而属于公司自治的范围,该约定应优于法律规定适用;即使公司利益可能因此受损,也是集体合意的结果,不应以此作为否定公司章程效力的理由。因此,对于股东以公司章程为依据请求行使超过法定范围知情权的主张,人民法院原则上应予支持。[②]

[①] 参见新《公司法》第 57 条、第 110 条。
[②] 参见杜万华主编:《最高人民法院公司法司法解释(四)的理解与适用》,人民法院出版社 2017 年版,第 201~211 页。

裁判观点：公司在章程中对股东知情权查询的范围有规定的，法院可依公司章程规定，充分尊重公司的意思自治。

【典型案例一】 ROONEY LIMITED 与雍康公司股东知情权纠纷案。① 二审法院认为，ROONEY LIMITED 可以依据雍康公司章程第12.2条（b）和（c）项下的约定行使知情权。公司章程是公司宪章，在不违反法律禁止性规定的情况下，股东原则上有权依据公司章程的规定来主张知情权。

【典型案例二】 蔡某标与真功夫公司股东知情权纠纷案。② 二审法院认为，根据真功夫公司章程8.3规定，公司股东有权检查和复制任何必要或适当的任何种类的会计账册、记录、票据、合同和文件。故蔡某标除了可以查阅会计账簿（会计账册）外，还可依章程约定复制会计账簿（会计账册）。对于用于作出会计账簿的原始凭证，真功夫公司章程规定了"记录、票据、合同和文件"。故法院支持蔡某标要求查阅、复制会计账簿、记录、票据、合同和文件的诉请。依据《会计法》第15条第1款"会计账簿包括总账、明细账、日记账和其他辅助性账簿"之规定，蔡某标可查阅、复制的会计账簿，包含总账、明细账、日记账和其他辅助性账簿的内容。

【典型案例三】 长信公司与莱克斯坦公司股东知情权纠纷案。③ 法院认为，关于争议焦点四莱克斯坦公司行使知情权的范围，长信公司公司章程约定每一方出于监督公司财务状况的必要或考虑，均有权审查及复制所有账簿、记录、收据、合同及其他类型的文件。每一方在没有不合理干扰公司正常运营的情况下，可以在公司的正常工作时间内作上述的审查与文件复制。长信公司各股东的该约定未违反法律强制性规定，体现了股东的共同意志。《公司法》（2018年）第33条④规定的股东知情权范围是法定股东知情权范围的最低标准，而公司章程作为公司的自治规范，其具体内容体现了股东的共同意志，当公司章程赋予股东的知情权大于公司法规定的范围时，该约定应当优于法律规定适用。

2.公司章程能否扩展股东知情权行权方式

《公司法》明确规定了查阅、复制公司特定文件材料两种知情权行权方式。那么，公司章程可否扩展股东知情权的行使方式，如规定股东可以对公司账目进行审计、可以复制公司会计账簿及会计凭证等。

根据前述理由，笔者认为公司章程亦可扩大股东知情权的行使方式，对于章程的该约定一般情形下亦应当得到支持，但法院亦会审查其涉及的范围、必要性和紧迫性。

裁判观点一：公司章程赋予了股东对于特定财务问题自行委托审计的权利，对股东委托审计公司相关资料的诉讼请求应予支持。

【典型案例】 科朗公司与和丰公司股东知情权纠纷案。⑤ 二审法院认为，关于科朗公司所提

---

① 参见江苏省高级人民法院民事判决书，(2015)苏商外终字第00035号。
② 参见广东省广州市中级人民法院民事判决书，(2017)粤01民终5896号。
③ 参见北京市第四中级人民法院民事判决书，(2018)京04民初611号。
④ 参见新《公司法》第57条。
⑤ 参见上海市第二中级人民法院民事判决书，(2013)沪二中民四(商)终字第S1264号。

审计问题。公司法虽未明确股东可通过审计方式行使知情权,但本案中该方式已通过记载于和丰公司章程的形式予以确定,且审计亦系股东了解公司经营状况的方式之一,该规定对于公司及股东均具有约束力,故科朗公司请求判令和丰公司配合其审计,可予支持。

裁判观点二：公司章程未赋予股东审计权的,股东个人无权要求审计。

【**典型案例一**】ROONEY LIMITED 与雍康公司股东知情权纠纷案。[①] 二审法院认为,ROONEY LIMITED 主张,依据雍康公司章程第 12.2 条(f)项的规定,其行使知情权包括自费聘请审计人员对合资公司进行审计。对此,雍康公司认为,审计不属于 ROONEY LIMITED 股东知情权的范畴。法院认为,审计系指由接受委托的第三方机构对被审计单位的会计报表及其相关资料进行独立审查并发表审计意见。注册会计师审计工作的基础包括:接触与编制财务报表相关的所有信息以及审计所需的其他信息,注册会计师在获取审计证据时可以不受限制地接触其认为必要的内部人员和其他相关人员。但雍康公司章程第 12.2 条(f)项仅载明:"任何一方可以在任何时间,雇用一名审计人员或派其内部审计人员检查合资公司的财务记录和程序,并自行承担相关费用。合资公司和其他方必须尽最大努力予以配合协助审计人员。"因此,该条款并未赋予股东单方委托第三方机构进行审计的权利,而是约定了股东行使知情权的具体方式。且在一审判决中已经明确 ROONEY LIMITED 享有股东委派审计人员检查公司财务记录和程序的权利。而 ROONEY LIMITED 一审中明确其主张的是审计权,其主张没有事实和法律依据,一审法院不予支持并无不当。

【**典型案例二**】黄某与甲公司股东知情权纠纷案。[②] 二审法院认为,知情权是公司法赋予股东的一种基础性权利,应依法得到保护,但股东行使知情权应当受到一定的限制。对于黄某提出申请要求对甲公司的财务状况进行审计,法院认为,司法审计并不属于股东知情权的范围,况且黄某通过行使知情权、查阅、复制甲公司的会议资料、财务报告以及查阅公司的会计账簿,也可以对公司的财务状况进行了解和核实,以保护自己的合法权益,故法院对其提出的要求对甲公司的财务状况进行司法审计的主张依法不予支持。

3. 公司章程实质性剥夺股东知情权的认定

(1)公司章程限制股东知情权行使的审查判断的标准

公司法设定的股东知情权系强制性规范,而非任意性规范,故不能被公司章程、股东之间的协议、股东会决议或董事会决议予以限制或剥夺。《公司法解释(四)》第 9 条规定:"公司章程、股东之间的协议等实质性剥夺股东依据公司法第三十三条、第九十七条[③] 规定查阅或者复制公司文件材料的权利,公司以此为由拒绝股东查阅或者复制的,人民法院不予支持。"但如何认定公司章程规定构成实质性剥夺股东知情权,实务中一般会将公司章程限制股东知情权行使的合理性原则作为审查判断的标准。

一是公司章程对股东法定知情权进行合理限制的,应认定有效。公司法并不禁止公司章

[①] 参见江苏省高级人民法院民事判决书,(2015)苏商外终字第 00035 号。
[②] 参见上海市第一中级人民法院民事判决书,(2013)沪一中民四(商)终字第 1007 号。
[③] 分别参见新《公司法》第 57 条、第 110 条。

程对股东法定知情权予以合理限制，例如，公司章程对股东行使知情权的具体规则作出程序性的细化规定；又如，明确查阅、复制公司特定文件材料的时间、地点和方式等。这些规定虽然也构成了对知情权的限制，但未实质增加股东行使知情权的难度，故应当承认其效力。

二是公司章程对股东法定知情权进行非合理限制的，应认定无效。股东知情权作为股东的固有权利，受法律明文保护，限制法律规定的行权主体、行权对象及行权范围均属于非合理限制，即实质性剥夺了股东该项权利。例如，《公司法》第57条规定股东享有查阅公司会计账簿的权利，而公司章程规定股东只能查阅公司的财务报告，此即对法定知情权客体范围的实质性剥夺，应认定为无效；又如，某有限公司章程规定股东只能查阅10年前的会计账簿，因法律并未限定股东可查阅的会计账簿范围，故该规定也可视为实质性剥夺了股东法定知情权而应认定为无效。

司法实践中相关的裁判观点及典型案例如下。

裁判观点一：公司章程或股东间协议不可对股东知情权予以限制或剥夺。

【典型案例一】 阿格蕾雅公司与金某国股东知情权纠纷案。[1] 二审法院认为，依据《公司法解释（四）》第9条之规定，股东知情权是公司股东基于其出资和股东身份享有的固有权利，是股东参与公司决策、参与经营管理和进行分配利润的基础，除了公司法规定的限制条件外，不应以任何形式剥夺或者以多数决形式对股东的知情权予以限制。阿格蕾雅公司章程规定股东行使知情权需召开临时股东会会议，并经2/3以上表决权股东同意，是以资本多数决的形式对小股东的知情权进行限制，将导致小股东无法行使知情权，无法了解公司的经营、管理情况，一审法院认定公司章程的上述规定在实质上剥夺了股东知情权，对阿格蕾雅公司的主张未予支持，并无不当。

【典型案例二】 林某秋与中苏商品交易公司、城投公司股东知情权纠纷案。[2] 二审法院认为，股东知情权属于股东法定权利，具有固有权属性，既不能被剥夺、限制，也不能由股东通过协议主动放弃，否则无效。

【典型案例三】 黄某益与禾力公司股东知情权纠纷案。[3] 法院认为，股东协议对知情权进行限制能否再行主张的问题。股东知情权属于股东法定权利，具有固有权属性，法定知情权既不能被剥夺、限制，也不能由股东通过协议主动放弃，依据《公司法解释（四）》第9条之规定，前述的《股东会决议》限定了查阅账务的前提条件，增加了股东行使该项权利的难度，尽管该项决议系股东签字确定结果，但按照法律规定，该项决议的约定并不影响股东再行向公司主张权利。二审判决支持了一审法院的观点。

裁判观点二：股东行使知情权以取得董事会同意为条件，相当于实质性剥夺股东法定知情权。

【典型案例】 华益公司与长益公司股东知情权纠纷案。[4] 二审法院认为，华益公司章程第

---

[1] 参见北京市第一中级人民法院民事判决书，(2018)京01民终2778号。
[2] 参见江苏省南京市中级人民法院民事判决书，(2017)苏01民终3737号。
[3] 参见四川省德阳市旌阳区人民法院民事判决书，(2018)川0603民初1646号；四川省德阳市中级人民法院民事判决书，(2018)川06民终1422号。
[4] 参见湖北省高级人民法院民事判决书，(2019)鄂民终403号。

11.08条则规定,"经合作公司董事会同意,合作各方有权自费聘请注册会计师审查合作公司账簿,查阅时合作公司应提供方便。"华益公司董事会成员分别由武汉路桥公司和长益公司两方委派,在各方因汉施公路收费站被撤销发生争议的情况下,要求长益公司取得董事会同意方能查询华益公司会计账簿,无异于实质性剥夺了长益公司作为股东依据《公司法》(2018年)第33条、第97条①规定查阅或者复制公司文件材料的权利,华益公司以此为由拒绝长益公司行使股东知情权的主张,不应予以支持。

(2)司法实践中,关于股东知情权的限制需要注意的问题

一是对股东知情权进行限制的其他情形。公司运营实践中,除了公司章程可能会对股东的知情权进行限制外,还可能存在以股东之间的协议、股东大会决议、董事会决议等形式对股东知情权进行限制的情形。对此,依据《公司法解释(四)》第9条之规定,即通过"公司章程、股东之间的协议等"兜底性文字表述,将股东会决议、董事会决议等限制方式一并纳入规制范围,以此为股东行使知情权提供更加全面的保护。

二是股东知情权能否由股东依据公司章程规定自愿放弃。因知情权系股东的基础性权利,如果受限或者丧失,股东会失去保障其他权利所需的必要信息。此外,知情权亦系股东监督公司经营管理的手段性权利,如果受限或丧失,不利于公司财务制度的建立和健全,股东利益、公司整体利益以及外部债权人利益的保护均会受到重大影响,故不宜由股东选择自愿放弃。

裁判观点: 知情权是股东的固有权利,即使股东曾以明示方式主动放弃,仍然可以行使知情权。

【典型案例】 鑫海公司、凌某荣股东知情权纠纷案。②二审法院认为,案涉《承包经营合同》的实质,是股东凌某荣放弃了参与鑫海公司重大决策和选择管理者等股东权利,而换取了在承包期内无论鑫海公司盈亏,均可获得固定承包金的权利;即凌某荣以收取固定承包金为对价向股东吴某海让渡了鑫海公司的经营权,但是对于股东知情权,凌某荣在《承包经营合同》中没有明示放弃。《公司法解释(四)》第9条规定,公司章程、股东之间协议等实质剥夺股东依据《公司法》(2018年)第33条、第97条③规定查阅或者复制公司文件材料的权利,公司以此为由拒绝股东查阅或者复制的,人民法院不予支持。

(六)股东知情权客体不存在情形的实务处理

股东知情权诉讼中,对于公司能够提交充分证据证明确实无法提供股东要求查阅的公司特定文件材料的情形,实务中一般需要区分不同情况分别处理。

1. 依法不必制备的文件材料

实务中存在有限责任公司仅设执行董事和监事各一名的情形,依法不需要制备董事会会议决议和监事会会议决议。在这种情形下,如董事会会议决议、监事会会议决议等特定资料客

---

① 分别参见新《公司法》第57条、第110条。
② 参见浙江省嘉兴市中级人民法院民事判决书,(2020)浙04民终3189号。
③ 分别参见新《公司法》第57条、第110条。

观自始不存在，股东提出的这一诉求法院会予以驳回。

【典型案例】龙胜堂公司与李某德股东知情权纠纷案。① 二审法院认为，关于公司相关材料是否制备的问题。龙胜堂公司上诉主张其仅制备《现金出纳账》，没有会议纪要及财务资料可提供。对此法院认为，首先，根据《公司法》(2018年)第33条②、《会计法》第9条第1款的规定，有限责任公司有制作和保存公司章程、股东会会议记录、董事会会议决议、监事会会议决议和财务会计报告、会计账簿、会计凭证的法定义务。公司依法履行文件制备义务，是股东知情权得以实现的前提。本案中，龙胜堂公司作为有限责任公司，应当依法规范经营，制作和保存法定的公司文件资料。其次，根据《公司法》(2018年)第50条、第51条③的规定，股东人数较少或者规模较小的有限责任公司，可以设一名执行董事，不设董事会，可以设一至二名监事，不设监事会。经查，龙胜堂公司设执行董事、监事各一名。可见，龙胜堂公司不存在董事会会议决议、监事会会议决议。一审判决龙胜堂公司将董事会会议决议、监事会会议决议提供给李某德查阅、复制，认定事实和实体处理有误，法院予以纠正。最后，关于一审判决龙胜堂公司提供给李某德查阅或复制的其他资料，龙胜堂公司以没有制作和保存相关资料为由否定一审判决结果，理由不能成立，法院不予支持。

2. 依法必须制备的文件材料

公司依法必须制备的文件材料包括公司章程、财务会计报告及会计账簿等，这是公司经营过程中应尽的法定义务，公司不能以未进行制作和保存即知情权客体不存在为由拒绝提供查阅。因此，对原告诉请查阅公司依法必须制备的文件材料，法院原则上一般均会予以支持。

3. 依法必须制备的文件材料灭失

公司特定文件材料原已制作并保存，但因不可抗力或意外事件灭失的，如公司档案库存在失窃、失火并有处置记录，股东并无充分证据反驳该抗辩的，法院往往会驳回股东的该诉讼请求。但在股东能够提交充分证据予以反驳时，法院一般会支持股东的该诉讼请求。

司法实践中需要注意的是，在案件审理过程中，如有证据证明公司存在毁损特定文件材料意图，可支持股东的诉讼保全申请对公司特定文件材料采取行为保全措施，以便于胜诉判决的有效执行。

4. 股东知情权客体缺失时法院能否判令公司重新补充制作公司特定文件材料

司法实务中一般认为，如果有充分证据证明股东知情权客体确实不存在，即使公司有重新制作或补充制作的条件，法院一般都不宜判决其制作并提供给股东查阅，理由有二：一是公司是否具备重新制作或补充制作相关文件材料的条件，根据司法干预必要及有限原则，法院不宜强制介入并作出具体判断；二是股东知情权诉讼案件要解决的是原告能否行使知情权、知情权如何行使、知情权客体如何确定等问题，而知情权的客体是否存在，属于股东知情权诉讼案件的判决履行或强制执行范畴，法院不宜裁定或判决公司限期建立相关文件材料。如果股东因

---

① 参见广东省深圳市中级人民法院民事判决书，(2021)粤03民终6303号。
② 参见新《公司法》第57条。
③ 分别参见新《公司法》第75条、第76条。

知情权客体不存在被法院判决驳回其诉讼请求,导致其知情权不能实现或满足,股东由此造成相关损失,其可依据《公司法解释(四)》第12条的规定追究公司董事、高级管理人员的民事赔偿责任。

(七)股东审计公司账目的实务处理

公司章程规定股东可以委托第三方会计师事务所对公司账目进行审计,该内容属于公司章程扩展股东法定知情权行权方式的情形,理论上可将第三方审计作为股东知情权的行权方式。但司法实践中股东的这一权利的行使并不必然地会得到法院支持,法院一般会综合考虑个案具体情况予以判断:一是股东要求对公司账目进行审计必须有正当且迫切的理由,即股东通过了解公司主动披露的信息,行使公司法规定的查阅权和复制权,以及通过其派往公司任职的董事、监事、高级管理人员仍无法获取公司信息,必须通过审计了解公司真实财务信息;二是股东要限定审计范围,须将审计限定在股东要求查清的具体财务问题和具体时间段内,不能允许股东无限制地对公司账目进行全面审计。

(八)股东请求查阅公司会计账簿和会计凭证的相关问题

1. 前置程序

《公司法》第57条规定了有限责任公司的股东通过诉讼要求查阅公司会计账簿、会计凭证的前置程序:首先,股东向公司提出书面请求并说明目的;其次,公司拒绝提供查阅或自股东提出书面请求之日起15日内未书面回复。在同时满足前述前置程序要件时,有限责任公司的股东方能提起诉讼要求查阅公司会计账簿。

裁判观点一:未履行《公司法》规定的股东查阅公司会计账簿前置条件的,对其行权请求不予支持。

【**典型案例**】刘某与成都均达公司与公司有关的纠纷案。[①] 二审法院认为,本案中,刘某并未在一审起诉之前向成都均达公司提出书面申请。刘某上诉认为,其在一审判决后向成都均达公司与蒋某琴送达了《关于请求公司如实履行相关义务的致函信》,要求查阅公司会计账簿,则刘某查阅公司会计账簿的条件已经具备。法院认为,虽然刘某的上述行为应为通过诉讼程序对股东知情权前置程序进行补救的行为,但刘某的上述行为不应得到支持,理由:首先,从立法目的来看,《公司法》(2013年)第33条第2款[②]所规定的内容,体现了对股东知情权的保护,同时出于对公司利益的保护而对股东权利进行了限制,而股东知情权前置程序即限制的一种。其次,股东向公司提出书面申请的前置程序设置,实际上应为公司在诉讼程序前对股东查阅请求所享有的自行审查和决定的权利,若允许以诉讼形式补救前置程序,实际上是对公司自治的侵犯,将造成股东知情权前置程序形同虚设,亦与《公司法》(2013年)第33条第2款的立法目的相违背。故刘某于一审判决后向成都均达公司提出书面申请要求查阅公司会计账簿,不能视为其已向成都均达公司履行了股东知情权的前置程序。

---

① 参见四川省成都市中级人民法院民事判决书,(2018)川01民终11304号。
② 参见新《公司法》第57条第2款。

裁判观点二：股东向公司提出书面申请并说明目的，公司不予答复的，视为拒绝股东行使知情权，股东可以请求行使股东知情权。

【典型案例】重庆蓝姆公司与广州蓝姆公司股东知情权纠纷案。[①] 再审法院认为，从2014年10月26日广州蓝姆公司向重庆蓝姆公司提出行使股东知情权的书面申请并说明理由，到2014年12月10日广州蓝姆公司提起本案股东知情权诉讼时，重庆蓝姆公司已经超过15日未予答复，故广州蓝姆公司提起本案诉讼符合法律规定的前置程序。

2. 股东查阅会计账簿和凭证前置程序需留意的问题

一是有限责任公司的股东向公司提出书面请求行为的问题。对于经营地址确定的公司，股东向公司住所地寄送书面请求或者向公司常用的电子邮箱发送电子邮件，即使公司未实际签收邮件，因股东对公司未实际签收邮件不存在过错，此种情形应认定股东向公司提出了书面请求。对经营地址不确定的公司，即公司既不在注册登记地办公也没有其他固定办公地址，股东向公司的法定代表人提出书面请求，应视为股东向公司提出了书面请求。实务中需要注意的是，向公司提出书面请求行为不具有人身属性，股东可委托会计师、律师等通过上述方式向公司提出书面请求。

裁判观点：股东以向公司邮寄律师函的方式要求查阅公司会计账簿等资料，可以认定已履行书面请求及说明目的的义务。

【典型案例一】苏某明诉申江公司、李某武、潘某如、林某龙股东知情权纠纷案。[②] 二审法院认为，本案中，原告于2018年7月委托律师向被告申江公司发出律师函，明确了查阅目的与范围，应当视为原告作为股东已正式向公司提出查阅申请。

【典型案例二】鑫鑫金铭公司与张某华股东知情权纠纷案。[③] 二审法院认为，本案中，作为目标公司股东的张某华以寄发2019年3月20日律师函的方式向鑫鑫金铭公司提出查阅公司会计账目的需求后，鑫鑫金铭公司自其收悉该函件之日起直至张某华于2019年4月2日提起诉讼之日，均未就张某华的委托行为提出疑问。在鑫鑫金铭公司完全有能力且有条件通过审查律师函之内容，可向张某华核实委托情况之下，其以默示行为所传达的默认信息，应视为对张某华委托事项的认可，并致使张某华履行股东知情权的前置程序已然成就。

二是公司拒绝提供查阅行为的问题。公司在15日答复期内书面拒绝股东的查阅请求，则完全符合法律所规定的情形，但司法实践中往往会存在这样的情况，股东在起诉前向公司提出了书面查阅申请，但未等公司15日书面答复期满就起诉。对于此种情况，实务中法院一般会作如下处理：方式一是针对法院未立案的，向原告释明待公司明确拒绝或公司15日书面答复期满未予答复的，再向法院起诉；方式二是针对法院已立案的，可在诉讼过程中给公司留足15日的书面答复期，如公司在该期限内书面拒绝并说明理由，法院一般会径行在案件审理中对公司的拒绝理由进行实质性审查。

[①] 参见重庆市高级人民法院民事裁定书，(2016)渝民申1722号。
[②] 参见浙江省丽水市中级人民法院民事判决书，(2019)浙11民终242号。
[③] 参见湖北省武汉市中级人民法院民事判决书，(2019)鄂01民终12138号。

司法实践中需要注意的是,在股东知情权诉讼中,法院经审查如发现股东起诉前并没有向公司提出书面请求,或者不能认定股东已向公司提出书面请求,一般不会允许股东通过补充向公司提出书面请求的方式来弥补前置程序履行瑕疵,而是裁定驳回起诉。该前置程序履行瑕疵特指原告在起诉前未向公司提出书面请求或者经认定不构成向公司提出书面请求的情形,与股东已提出书面请求但因不满 15 日公司未书面答复而可弥补的情形不同。

(九)股东查阅目的正当性的认定

《公司法》第 57 条第 2 款规定的"不正当目的"抗辩系股东知情权诉讼中常见的公司抗辩事由。不过,《公司法》并未就"不正当目的"进行解释,而是由《公司法解释(四)》对股东具有"不正当目的"的情形进行了列举性规定,该司法解释第 8 条规定:"有限责任公司有证据证明股东存在下列情形之一的,人民法院应当认定股东有公司法第三十三条第二款①规定的'不正当目的':(一)股东自营或者为他人经营与公司主营业务有实质性竞争关系业务的,但公司章程另有规定或者全体股东另有约定的除外;(二)股东为了向他人通报有关信息查阅公司会计账簿,可能损害公司合法利益的;(三)股东在向公司提出查阅请求之日前的三年内,曾通过查阅公司会计账簿,向他人通报有关信息损害公司合法利益的;(四)股东有不正当目的的其他情形。"

1. 股东查阅目的正当性的认定

实务中一般会从以下方面进行判断。

一是目的与股东利益须有关联性。实务中判断具有关联性的常见依据有以下三种:(1)股东为确定公司的财务状况、经营状况而查阅;(2)股东为确定公司董事、监事、经理及其他高级管理人员的薪资待遇等信息而查阅;(3)股东为提起股东代表诉讼搜集相关证据而要求查阅等。

二是合理合法。不得无理由地反复要求公司查账,不得违反法律禁止性规定,不得侵犯公司或其他股东的合法利益。例如,不得利用会计账簿等查阅权窃取公司商业秘密,损害公司利益等。

三是股东为维护其自身利益在查阅公司会计账簿时,不应损害其他任何第三方的合法权益。

司法实践中相关的裁判观点及典型案例如下。

裁判观点:股东查阅公司会计账簿、行使对公司知情权,只要是为了维护自身或为了公司及公司其他股东的合法权益,并怀有善意正当的意图,且不违法违规,违反道德标准、公序良俗,其查阅目的属于正当。

【**典型案例**】盛世德公司与红都公司股东知情权纠纷案。② 二审法院认为,依照法律规定,只有当盛世德公司有合理根据认为红都公司查阅会计账簿具有不正当目的,且基于这种不正当目的有可能损害公司合法利益,其拒绝查阅才能成立。否则,股东查阅公司会计账簿、

---

① 参见新《公司法》第 57 条第 2 款。
② 参见北京市第二中级人民法院民事判决书,(2017)京 02 民终 5124 号。

行使公司知情权，只要是为了维护自身或为了公司及公司其他股东的合法权益，并怀有善意正当的意图，且不违法违规、违反道德标准、公序良俗，其查阅目的均属于正当。就本案而言，盛世德公司仅以其与红都公司均有意参与竞买美洁华延公司清算资产，且其与红都公司的业务范围均包括销售服装和房屋出租，双方存在同业竞争关系为由，拒绝提供会计账簿供红都公司查阅没有法律依据，盛世德公司提供的证据既不足以证明红都公司查阅其会计账簿与损害其参与竞买美洁华延公司清算资产时的合法利益之间的必然联系，也不足以证明其因销售服装所面向的市场、出租房屋所处的地理位置及房屋自身的面积、结构等因素与红都公司存在相同之处，而与红都公司在销售服装、出租房屋业务中存在竞争的情况。因此，鉴于现有证据不能表明红都公司查阅盛世德公司会计账簿具有不正当目的，并可能造成盛世德公司合法利益受到损害，盛世德公司关于红都公司查阅其会计账簿可能损害其合法利益的主张不能成立，法院不予支持。

2. 股东查阅行为有不正当目的的认定

《公司法解释（四）》第8条规定了股东查阅行为具有不正当目的的具体情形。实务中，对股东查阅行为有不正当目的的认定还需要注意以下问题。

（1）一是关于同业竞争行为的认定。股东是否存在同业竞争行为，应注意以下三点：其一，应对股东投资行为与经营行为进行正确区分。股东同时向多个公司甚至是关联公司进行投资，属于正常的商业行为。其二，股东的经营行为必须体现为股东对其他公司有经营管理权，即股东必须实际参与其他公司的经营决策或者担任其他公司的相关职务，仅凭其他公司股东的身份或者与其他公司存在关联关系并不必然导致其丧失查阅权。其三，股东的经营行为必须与公司主营业务构成实质性竞争关系。主营业务是指企业为完成其经营目标而从事的日常活动中的主要活动。从形式上看，一般可以根据企业营业执照规定的主要业务即经营范围来确定其主营业务范围。从实质上看，则应当重点考虑该项业务对公司稳定利润的贡献，兼顾在营业收入中的比重。① 所谓实质性竞争关系，是指股东和公司之间存在利益冲突。据此，并非主营业务范围相同或相似，就可以认定两者之间必然存在实质性竞争关系，进而认定股东行使知情权具有不正当目的。经营范围仅作为判断是否构成实质性竞争关系的考量因素之一，法院还应审查经营的时间和区域、商品和服务的可替代性、客户范围、公司市场地位和交易机会等因素，审查标准实质在于避免利益冲突而损害公司合法利益。

裁判观点：实质性竞争关系业务可以从主营业务的业务范围、业务区域以及所针对的客户群等方面通过比较进行认定。

【典型案例一】 陈某江与盛名公司股东知情权纠纷案。② 法院认为，本案中，陈某江的妻子陈某英系盛信公司的股东，担任该公司的法定代表人，该公司的经营范围制造、销售纺织机械设备、电脑绣花机、机械配件与盛名公司的经营范围制造、销售缝制设备、机械配件、五金、电脑绣花重合，主营业务、业务区域以及所针对的客户群基本一致，主营业务存在实质上的竞争

---

① 参见张应杰主编：《公司股东纠纷类案裁判思维》，人民法院出版社2023年版，第311页。
② 参见浙江省诸暨市人民法院民事判决书，(2019)浙0681民初9711号。

关系。陈某江通过查阅该公司的会计账簿、会计凭证,可以获得该公司的客户资料和合同底价等商业信息,有可能使盛名公司在业务竞争中处于不利地位。综上,应当认定陈某江查阅会计账簿、会计凭证具有"不正当目的",陈某江的该诉请法院不予支持。

二审法院支持了上述观点,认为陈某江的妻子系盛信公司的股东和法定代表人,该公司的经营范围与盛名公司的经营范围基本一致,主营业务存在实质上的竞争关系,一审法院认定陈某江查阅会计账簿、会计凭证具有"不正当目的"正确。[1]

【典型案例二】张某俊与智邦公司股东知情权纠纷案。[2] 二审法院认为,张某俊同时担任智邦公司及创业酵母公司的股东,智邦公司和创业酵母公司从事的业务均是为企业提供人力资源服务和金融投资服务,其中人力资源服务专注的均是猎头业务,所针对的客户大部分为互联网企业,二者的主营业务、业务区域以及所针对的客户群基本一致,主营业务存在实质上的竞争关系。张某俊通过查阅智邦公司的会计账簿,可以获知智邦公司的客户资料和合同底价等商业信息,有可能使得智邦公司在业务竞争中处于不利地位。因此,智邦公司认为张某俊查阅会计账簿和原始凭证存在不正当目的的主张成立,张某俊无权查阅会计账簿和原始凭证。

【典型案例三】美优公司与微丸医药公司股东知情权纠纷案。[3] 再审法院认为,依据现有证据无法判断双方当事人是否均开展了科技咨询服务业务,也无法认定科技咨询服务是美优公司的主营业务,仅凭当事人之间经营范围的部分重合,尚不足以证明微丸医药公司从事了与美优公司主营业务有实质性竞争关系的业务。

【典型案例四】邓某雄诉博岩公司股东知情权纠纷案。[4] 法院认为,股东知情权是股东基本的法定权利,公司主张股东行使知情权具有不正当目的,应当由公司承担举证责任。本案中,虽然邓某雄担任法定代表人、股东的华融公司、雄堃公司与博岩公司的经营范围存在部分重合,但邓某雄称上述二公司成立后从未实际经营,该二公司与博岩公司不存在任何业务竞争关系。博岩公司既未能举证证明华融公司、雄堃公司的经营业务与博岩公司的主营业务存在实质性竞争关系,又未能证明邓某雄请求查阅公司会计账簿有其他不正当目的且可能损害公司合法利益,应承担举证不能的不利后果,故对博岩公司拒绝邓某雄查阅公司会计账簿的抗辩意见不予采纳。

(2)股东有不正当目的的其他情形的认定。实务中,公司如有证据证明股东存在如下情形,也可认定股东有不正当目的:为公司的竞争对手攫取有关信息;索取公司股东名单后出售;为自己兼职的其他公司获取商业信息或秘密;为满足好奇心或者不必要干预公司商业经营;股东的配偶或直系亲属等与该公司业务有竞争关系;股东在特定期间内行使知情权次数过于频繁且不能说明合理原因等。总之,不正当的目的判断的核心在于股东查阅行为是否构成或者是否极有可能构成对公司合法利益的侵害,如果有即可认定其有不正当目的。

---

[1] 参见浙江省绍兴市中级人民法院民事判决书,(2019)浙06民终5134号。
[2] 参见北京市第三中级人民法院民事判决书,(2018)京03民终380号。
[3] 参见上海市高级人民法院民事裁定书,(2019)沪民申374号。
[4] 参见江苏省无锡市锡山区人民法院民事判决书,(2018)苏0205民初998号。

【典型案例】姜某勋与多元公司股东知情权纠纷案。① 二审法院认为,根据《公司法》(2013年)第34条第2款②的规定,公司有合理根据认为股东查阅会计账簿有不正当目的,可能损害公司合法利益的,可以拒绝提供查阅。多元公司拒绝提供会计账簿供姜某勋查阅的理由是,在姜某勋申请查阅多元公司会计账簿之前,存在损害多元公司利益的行为,并提交了相关证据予以证明。多元公司提交的证据反映了多元公司生产经营过程中发生的矛盾和纠纷,并不能证明姜某勋查阅公司会计账簿存在不正当目的,可能损害公司合法利益。一审中,姜某勋对查阅公司会计账簿的目的作出了合理解释,不仅为了了解公司的经营状况,也为了处理与吴某美离婚后的财产分割事务。故原审法院判定多元公司提供会计账簿供姜某勋查阅并无不当。

(3)能否仅以股东履行职务中存在瑕疵行为为由,认定股东行使知情权具有不正当目的。

裁判观点:仅以股东履行职务中存在瑕疵行为为由,不能认定股东行使知情权具有不正当目的。

【典型案例】拾忆公司、汪某一股东知情权纠纷案。③ 二审法院认为,拾忆公司仅有两名股东,如禁止汪某一行使股东知情权,将导致拾忆公司实质上陷于由计某虹独自经营并失去监督的境地。且汪某一就行使股东知情权一事向原审法院出具了保密承诺函。鉴于拾忆公司的股东构成情况,汪某一在履行职务中的瑕疵行为尚不能成为阻碍其行使股东知情权的理由。故对拾忆公司的该上诉理由,法院不予支持。

(4)能否以为公司其他案件提供对公司不利证据而认定为构成不正当目的。

裁判观点:股东行使知情权为公司涉及的其他案件提供对公司不利证据的,不构成不正当目的。

【典型案例一】李某君、吴某、孙某、王某兴诉佳德公司股东知情权纠纷案。④ 法院认为,被上诉人佳德公司认为四上诉人查阅会计账簿的目的是收集并向广厦公司提供工程款纠纷仲裁一案中对佳德公司不利的证据,损害佳德公司及其他股东的合法利益。《公司法》(2005年)第34条⑤规定的公司拒绝查阅权所保护的是公司的合法利益而不是一切利益。基于诚实信用原则,案件当事人理应对法庭或仲裁庭如实陈述,并按法庭或仲裁庭要求提供自己掌握的真实证据,以拒不出示不利于己的证据为手段而获得不当利益为法律所禁止。如佳德公司持有在仲裁一案中应当提供而未提供的相关证据,则不能认定股东查阅公司账簿可能损害其合法利益。综上,股东知情权是股东固有的、法定的基础性权利,无合理根据证明股东具有不正当目的,则不应限制其行使。

【典型案例二】源德公司、化学发光香港公司股东知情权纠纷案。⑥ 再审法院认为,化学发

---

① 参见山东省高级人民法院民事判决书,(2014)鲁民四终字第63号。
② 参见新《公司法》第57条第2款。
③ 参见浙江省杭州市中级人民法院民事判决书,(2019)浙01民终10192号。
④ 参见李某君、吴某、孙某、王某兴诉江苏佳德置业发展有限公司股东知情权纠纷案,载《最高人民法院公报》2011年第8期。
⑤ 参见新《公司法》第57条。
⑥ 参见最高人民法院民事裁定书,(2019)最高法民申1713号。

光香港公司的代表人保某武,被开曼群岛大法院任命为中国医疗公司的共同清盘人。化学发光香港公司在本案一审、二审期间认可其行使股东知情权的目的之一是了解源德公司最上层母公司中国医疗公司所募集的4.26亿美元的流向以及是否用于源德公司。故本案并不排除化学发光香港公司为了向中国医疗公司通报有关资金流向信息而查阅源德公司会计账簿的情形。但公司拒绝查阅所保护的是公司的合法利益,而不是一切利益,目的正当与否的判断也受此限制。考虑到保某武作为中国医疗公司的共同清盘人在中国境外及香港特别行政区进行的诉讼,均系按所在地法律依法定程序进行,即使其通过本案股东知情权诉讼所获取的信息运用到境外诉讼当中,亦不应认定为损害或可能损害源德公司合法利益。此外,源德公司亦自称其并未收到中国医疗公司相关募集资金,故即使化学发光香港公司查阅源德公司账簿,其获取相关资金流向的主观意愿也无法实现,不存在损害源德公司合法利益的可能。综上,二审判决对源德公司关于化学发光香港公司行使知情权具有不正当目的的主张不予支持,适用法律并无不当。

(十)辅助人辅助查阅会计账簿和会计凭证

辅助人辅助查阅公司会计账簿应当出于正当目的,公司有证据证明辅助人辅助查阅会计账簿有不正当目的,可能损害公司合法利益的,公司可以拒绝辅助人辅助查阅。对于辅助人是否具有不正当目的的认定,可参照前述股东有不正当目的的认定标准予以判断和认定。

第二节　股东知情权纠纷的程序相关问题

一、管辖问题

依据《民事诉讼法》第27条的规定,股东知情权纠纷属于实行特殊地域管辖规定的与公司有关的纠纷,应当由公司住所地法院管辖。

二、案由问题

《民事案件案由规定》在"与公司有关的纠纷"下规定了"股东知情权纠纷"。实务中,往往会因行使股东知情权而引发其他关联纠纷,常见的有损害公司利益责任纠纷及损害股东利益责任纠纷。

(一)由知情权纠纷引发的损害公司利益责任纠纷

损害公司利益责任纠纷,是指公司股东滥用股东权利或者董事、监事、高级管理人员违反法定义务,损害公司利益而引发的纠纷。依据《公司法解释(四)》第11条的规定,股东行使知情权后泄露公司商业秘密导致公司合法利益受到损害,公司请求该股东赔偿相关损失的,法院应当予以支持。根据该司法解释第10条的规定,辅助股东查阅公司文件材料的会计师、律师等泄露公司商业秘密导致公司合法利益受到损害,公司请求其赔偿相关损失的,法院应当予以支持。据此,股东行使知情权后泄露公司商业秘密的行为属于公司股东滥用股东权利的情形,请求因此造成的损害赔偿而引发的诉讼应定性为损害公司利益责任纠纷。

（二）由知情权纠纷引发的损害股东利益责任纠纷

损害股东利益责任纠纷，是指公司董事、高级管理人员违反法律、行政法规或者公司章程的规定，损害股东利益，应当对股东承担损害赔偿责任而与股东发生的纠纷。而《公司法解释（四）》第12条规定，公司董事、高级管理人员等未依法履行职责，导致公司未依法制作或保存《公司法》（2013年）第33条、第97条[①]规定的公司文件材料，给股东造成损失，股东依法请求负有相应责任的公司董事、高级管理人员承担民事赔偿责任的，法院应当予以支持。故以此引发赔偿纠纷，应为损害股东利益责任纠纷。这里需要注意的是，若董事和相关高级管理人员能证明其已经履行相应职责，公司不能提供相关文件材料供股东查阅、复制并非其责任造成，则应当不适用本规定。

三、诉讼主体问题

（一）原告主体

有权提起股东知情权纠纷的原告主体包括以下两种：一是起诉时具有股东资格的公司股东；二是有初步证据证明在持股期间其合法权益受到损害的公司前股东。

裁判观点：股东知情权是股东享有的了解和掌握公司经营管理等重要信息的固有权利，不能与股东身份相分离。

【典型案例】 普斯特公司与曾某初股东知情权纠纷案。[②] 二审法院认为，根据《公司法》（2013年）第34条[③]的规定，股东有权查阅、复制公司章程、股东会会议记录、董事会会议决议、监事会会议决议和财务会计报告。股东可以要求查阅公司会计账簿。股东要求查阅公司会计账簿的，应当向公司提出书面请求，说明目的。公司有合理根据认为股东查阅会计账簿有不正当目的，可能损害公司合法利益的，可以拒绝提供查阅，并应当自股东提出书面请求之日起15日内书面答复股东并说明理由。公司拒绝提供查阅的，股东可以请求法院要求公司提供查阅。由此可见，公司股东依法享有股东知情权，了解和掌握公司经营管理等重要信息。且普斯特公司章程亦明确记载"合营各方有权自费聘请审计师查阅公司账簿，查阅时，合营公司应提供方便"。因此，曾某初作为普斯特公司的股东，有权要求行使股东的知情权，普斯特公司应提供方便，一审判决认定"曾某初作为普斯特公司的股东，有权查阅、复制股东会会议记录、董事会会议决议、监事会会议决议和财务会计报告"以及"对曾某初关于要求查阅普斯特公司会计账簿"并无不妥，普斯特公司上诉主张一审判决将导致国有资产流失，因缺乏事实及法律依据而不能成立，法院不予支持。

司法实践中，股东知情权纠纷中原告主体确定的常见问题有以下几种。

1. 隐名股东能否行使股东知情权

司法实践中主流观点认为，公司的实际出资人在其股东身份未显名化之前，不具备股东知

[①] 分别参见新《公司法》第57条、第110条。
[②] 参见四川省高级人民法院民事判决书，(2016) 川民终567号。
[③] 参见新《公司法》第57条。

情权诉讼的原告主体资格,其已诉至法院的,应裁定不予受理或驳回起诉。但是,隐名股东已经或正在履行相应的显名手续,且公司和其他股东均认可其股东身份的,应当允许其行使股东知情权。

裁判观点一:在一般情形下,隐名股东(实际出资人)不直接享有股东知情权。

【典型案例一】航天卫星公司等诉胡某成等股东知情权纠纷案。① 再审法院认为,股东知情权是股东身份权的派生权利,股东的身份权是基础权利。从本案事实看,9名被申请人主张股东知情权的诉讼请求没有事实和法律依据,理由是:第一,9名被申请人未在湖南省工商行政管理局登记备案公司名册以及企业注册登记资料中记载为公司股东,也不具备公司股东应有的外观特征。第二,公司法规定,有限责任公司应当由50个以下的股东出资设立,9名被申请人因企业改制进入公司时,作为公司的自然人投资人已达89人,超过公司法规定法定人数,9名被申请人于2004年10月18日签订两份委托书已委托郑某岗、刘某龙代表其9人股东。在其股权证"注意事项"第5项也已明确"公司只承认已登记股东为本证绝对所有者",故9名被申请人持有公司发放股权证只能证明出资,并非证明股东身份,本案9名被申请人的身份应为实际出资人。第三,《公司法解释(三)》第24条第3款规定:"实际出资人未经公司其他股东半数以上同意,请求公司变更股东、签发出资证明书、记载于股东名册、记载于公司章程并办理公司登记机关登记的,人民法院不予支持。"9名被申请人作为实际出资人,其要变更并成为公司股东,可向公司主张权利,但需要经公司其他股东半数以上同意,否则不能作为公司的股东。综上,9名被申请人并非航天卫星公司法律意义上的股东。

【典型案例二】刘某东、宝达公司股东知情权纠纷案。② 再审法院认为,首先,根据原审查明事实,宝达公司章程及工商登记均未显示刘某东为发起人。其次,刘某东提交的《关于确认股权和自愿入股的证明》载明,宝达公司设立前,其与宝达公司发起人之一青岛市李沧区河南工贸总公司工会委员会之间拟就其将要持有的宝达公司股份形成委托持股关系。现宝达公司对于该委托持股关系提出异议,青岛市李沧区河南工贸总公司工会委员会因未参与原审诉讼,故对委托持股关系是否实际存在也未发表意见。故刘某东与青岛市李沧区河南工贸总公司工会委员会之间是否存在委托持股关系事实不明。退一步讲,即使委托持股关系成立,本案中刘某东并未显名,其系宝达公司股东的主张亦没有充分证据予以证明。根据《公司法》(2013年)第97条③的规定,刘某东不具备行使知情权的身份条件,故其也不具备提起股东知情权之诉的原告主体资格。

【典型案例三】许某茂与炭黑厂股东知情权纠纷案。④ 再审法院认为,许某茂诉至姑苏区法院,请求判令炭黑厂将许某茂作为公司股东的姓名及出资额4万元向江苏省苏州工商行政管理局办理变更公司登记。姑苏区法院(2015)姑苏商初字第00139号民事判决、苏州中级人民

---

① 参见湖南省高级人民法院民事判决书,(2017)湘民再234号。
② 参见山东省高级人民法院民事裁定书,(2018)鲁民申2738号。
③ 参见新《公司法》第57条。
④ 参见江苏省高级人民法院民事裁定书,(2018)苏民申2014号。

法院(2015)苏中商终字第00679号民事判决及江苏省高级人民法院(2016)苏民申264号民事裁定均对许某茂的诉讼请求不予支持。许某茂提起本案诉讼的请求权基础系股东知情权,但苏州炭黑厂工商登记的全部股东中并不包含许某茂,许某茂以公司隐名股东的身份要求对公司行使股东知情权,缺乏依据,一审、二审裁定驳回许某茂的起诉,并无不当。

裁判观点二:特殊情形下,判断隐名股东的知情权应着眼于公司及其股东的认可度、行使权利的正当性及不动摇公司人合性、不损害第三人利益。

【**典型案例一**】杨某耀等诉西茅岐煤矿公司、第三人巫某平等股东知情权纠纷案。① 二审法院认为,杨某耀等6人为实际出资人,是享有相应投资权益却未被记载于公司文件的投资者。本案纠纷系股东行使知情权所引发,对6名上诉人股东资格的认定,属于处理公司内部出资人权益认定纠纷。鉴于西茅岐煤矿公司工商登记的4名股东均与5200万元投资款的全体实际出资人之间具有委托持股关系,因此,对6名上诉人为行使股东知情权而作出的股东资格的认定,并不涉及公司以外的第三人的利益,亦未破坏有限责任公司的人合性特征。故杨某耀等6名隐名出资人以股东身份行使知情权,其主张应得到支持。

【**典型案例二**】环园公司、叶某股东知情权纠纷案。② 二审法院认为,虽然叶某在环园公司的工商登记资料中并未被登记为股东,但从叶某、朱某中及其他投资人共同签署《创始股东协议书》及其向朱某中支付投资款的事实看,环园公司、朱某中及其他投资人对叶某作为环园公司投资人及隐名股东的事实是知情的,现也无证据显示环园公司的其他投资人对叶某的身份提出了异议。我国现行法律和行政法规并未禁止隐名股东制度,叶某作为环园公司的实际投资人和隐名股东主张行使股东知情权,一审法院依法予以支持正确,二审法院依法予以维持。

【**典型案例三**】汪某松与奥普泰公司股东知情权纠纷案。③ 法院认为,汪某松已经向奥普泰公司出资并取得了出资证明书,而且不违反法律法规强制性规定,其股东身份应当得到确认。虽然未经工商登记,但是工商登记并无创设股东资格的效力,其仅具有对善意第三人宣示股东资格的证权功能,未经登记并不能排除汪某松的股东身份。《公司法》(2013年)第33条第2款、第3款④的规定,也只是强调登记于股东名册的股东可以依据股东名册行使股东权利,并未排除未登记于股东名册的股东行使其相应的股东权利。《公司法解释(三)》第24条第3款规定的相关事项,也是实际出资人要求变更工商登记事项的程序要求,不涉及股东资格确认的问题。显名股东和隐名股东是通过协议约定的形式约束其权利义务,一般情况下隐名股东只能通过显名股东行使其权利,而本案中工商登记的五名股东只是股东代表,对于其他未登记的股东,其股东身份奥普泰公司是明知的。因此,汪某松等未登记的股东与五名登记股东之间的关系不符合显名股东和隐名股东的法律特征。综上,汪某松的股东身份可以确认,根据《公司法》(2013年)第33条的规定,汪某松具有股东知情权。

---

① 参见福建省龙岩市中级人民法院民事判决书,(2015)岩民终字第12650号。
② 参见广东省广州市中级人民法院民事判决书,(2020)粤01民终14434号。
③ 参见重庆市第一中级人民法院民事判决书,(2016)渝01民终6272号。
④ 参见新《公司法》第57条第2款、第3款。

裁判观点三：向公司作出出资行为，并愿意加入公司行使股东权利承担股东义务的股东享有知情权。

【典型案例】刘某明、张某军诉永大公司、尤某青股东知情权纠纷案。[1] 法院认为，股东资格的确认分为形式要件和实质要件，形式要件为公司章程、股东名册及工商登记材料的记载；实质要件系出资并实际享有股东权利。当股东未完全具备股东的实质要件与形式要件时，应区分法律关系系公司内部的纠纷还是股东与公司以外的第三人产生的纠纷。在公司内部确认股东资格不需要以工商登记为必要，应当优先考虑合同法规则的适用，根据当事人的约定，以其真实意思表示认定股东资格。也就是说，向公司作出出资行为，并愿意加入公司行使公司权利承担公司义务的人才是公司的股东。本案中，刘某明、张某军、尤某青、王某英四人形成《投资清单》时，便明确了各自的股份及投资情况，且刘某明和张某军参与了公司的经营，应认定其具备永大公司股东的资格。永大公司认为刘某明、张某军不是工商登记备案的股东，不能行使股东知情权，该抗辩意见，法院不予采纳。

2. 名义股东是否享有股东知情权

名义股东只要被记载于股东名册，符合公司股东的条件，就应享有包括股东知情权在内的各项权利，并可以依据股东名册主张这些权利。

裁判观点一：股东代案外人持有公司的股权，不影响代持人作为公司股东的身份，其有权行使股东知情权。

【典型案例一】津田公司、韦某股东知情权纠纷案。[2] 二审法院认为，关于被上诉人在原审中是否为适格原告的问题。工商登记信息显示津田公司股东为陈某才、韦某、郭某钢，上述公示信息足以认定韦某的股东身份。即使韦某系代案外人熊某华持有津田公司的股权，但相关法律并未对显名股东享有股东知情权作出限制性规定，韦某与熊某华之间是否存在代持关系并不影响韦某作为公司股东的身份，韦某有权行使股东知情权。

【典型案例二】嘉田峪公司、张某雷股东知情权纠纷案。[3] 二审法院认为，工商登记信息显示嘉田峪公司股东为张某雷、李某和李某某，张某雷于2016年6月12日实缴出资额781.95万元，上述公示信息足以认定张某雷的股东身份。嘉田峪公司未能提交《股权转让协议》附件2《甲方与张某松之间的股权代持协议》原件以证明张某雷与张某松之间的代持关系，亦未能举证证明该代持关系已经向公司其他股东披露。且相关法律并未对显名股东享有股东知情权作出限制性规定，张某雷与张某松之间是否存在代持关系并不影响张某雷作为公司股东的身份，张某雷有权行使股东知情权，在嘉田峪公司未能对代持关系的存在进行初步举证的前提下，一审法院没有追加当事人并无不当，法院予以维持。

【典型案例三】慕尚公司、陈某华股东知情权纠纷案。[4] 二审法院认为，本案为股东知情权

---

[1] 参见河北省邯郸市永年区人民法院民事判决书，(2018) 冀0408民初1117号。
[2] 参见广东省深圳市中级人民法院民事判决书，(2021) 粤03民终17640号。
[3] 参见广东省深圳市中级人民法院民事判决书，(2021) 粤03民终882号。
[4] 参见广东省深圳市中级人民法院民事判决书，(2019) 粤03民终6417号。

纠纷。股东享有知情权是股东的一项重要和法定的权利。陈某华系慕尚公司现行登记在册的股东，有权依据《公司法》(2018年)第33条①的规定行使股东知情权。至于慕尚公司上诉主张陈某华实际系代案件人陈某峰持股，并非涉案股权的所有权人，但慕尚公司未能提交相应证据予以证明，且即使陈某华为慕尚公司的名义股东，系代案外人持有慕尚公司的股份，在股权代持的情况下，实际投资人享有的是股权，但并不能享有股东权利，这是股权和股东权利的分离，股东权利应由代持人行使。故此，慕尚公司的上诉理由缺乏依据，法院不予支持。

从以上典型案例可以得出以下观点：只要是公司股东名册或公司登记机关获得登记的股东均依法享有知情权，不论是代持还是未履行出资义务，均不影响其知情权的行使。但在实务中，以下裁判观点也需要引起我们注意。

裁判观点二：纯粹的借名登记股东不享有股东知情权。

【**典型案例**】李某娥、开阳公司股东知情权纠纷案。②再审法院认为，实践中，有些股东为了成立公司，借用他人名义作为股东共同成立公司，但被借名股东只是在公司挂名，并不出资，亦不参与公司管理和分配利润，成为挂名股东。因为对公司履行出资义务是享有股东权利的法定基础，而并未实际出资的挂名股东，则不会享有基于出资而享有的公司知情权、表决权、选举权和被选举权、转让出资权、收益权等股东权利。相反，在公司资不抵债时，因为其股东身份已经注册登记并向社会公示，实际出资人与挂名股东之间的这种私下借名行为不能对抗善意第三人，所以挂名股东不但不会享有股东的权利，还存在在其出资范围内对公司债务承担连带责任的法律风险。本案中，据原审查明，孙某源为了成立公司，借用李某娥身份信息成立公司。

裁判观点三：代持协议限制股东权利的情况下挂名股东不可行使知情权。

【**典型案例**】谢某健、道博公司股东知情权纠纷案。③二审法院认为，本案是股东知情权纠纷，行使股东知情权的前提为要求权利主体必须是股东。根据谢某健与吴某坚签订的《授权委托书》，由谢某健代为保管吴某坚在道博公司的35%股权，谢某健仅享有经股东会决议通过后办理股权变更时签名或提供证件的义务，不在公司中占有任何的职务及权利、无权参与公司的任何经营事项等。可见，谢某健为吴某坚代持道博公司的股权，仅为挂名股东，道博公司对此安排亦予认可。谢某健作为道博公司的挂名股东，并不享有实际的股东权利，其以系工商登记公示的股东为由，主张行使股东知情权，于法无据，法院不予支持。股东知情权应由实际股东吴某坚遵循法定程序、法律途径行使。

裁判观点四：代持协议未限制知情权的情况下显名股东可行使知情权。

【**典型案例**】欧立欧公司与张某勇股东知情权纠纷案。④二审法院认为，根据一审法院查明的事实，张某勇与李某1之间就欧立欧公司股权形成的股权代持关系合法有效，张某勇的显名

---

① 参见新《公司法》第57条、第110条。
② 参见河南省高级人民法院民事裁定书，(2020)豫民申6882号。
③ 参见广东省广州市中级人民法院民事判决书，(2021)粤01民终14727号。
④ 参见上海市第二中级人民法院民事判决书，(2022)沪02民终1511号。

股东身份亦通过欧立欧公司的公司章程与工商登记信息得以体现。针对欧立欧公司的上诉意见，首先，李某1作为公司唯一的实际出资人，其与张某勇订立股权代持协议时并未限制张某勇行使其股东知情权，李某1过世后，其继承人继承该协议项下的权利，亦无法基于股权代持协议来限制和排除张某勇的股东知情权。因此，本案因继承可能导致的欧立欧公司股权的实际持有人变动并不影响张某勇作为在册股东行使其股东知情权。其次，股东资格确认纠纷与股东知情权纠纷并非同一法律关系，未来欧立欧公司可能发生的股权变动事项并不影响当下张某勇行使其股东知情权。张某勇自一审起诉至本案二审审理期间，其作为欧立欧公司股东的事实始终记载于欧立欧公司章程与工商登记信息，允许其行使股东知情权当属章程记载情况与工商登记情况所应当推导出的应有之义。

从以上典型案例可以得出如下观点：其一，在司法实践中，并非所有法院都认定登记股东绝对享有股东知情权；其二，当存在股权代持情形时，可以通过股权代持协议约定限制显名股东的知情权行使。因此，在具体案件中，应当根据当事人所能提供的证据，结合是否存在代持协议以及代持协议中对显名股东权利的限制来确定诉讼主体。

3. 继受股东享有股东知情权

继受股东对其加入公司前的公司信息也享有股东知情权。关于继受股东于何时享有股东知情权的问题，在股东知情权诉讼中，继受股东在被公司股东名册记载之前，应视为其尚不具有公司股东资格，公司一般会提出其不具有股东资格的抗辩，实务中这一抗辩理由也是成立的。也就是说，继受股东必须在被记载于股东名册后才开始享有知情权，而不能凭股权转让协议向公司主张知情权。

裁判观点：合法继承人继承股东资格，须在其正式成为公司股东后才能提起股东知情权诉讼。

【**典型案例**】陈某英与铁西公司股东知情权纠纷案。① 再审法院认为，莫某勇作为铁西公司股东，有权提起股东知情权诉讼，但由于莫某勇在二审期间死亡，陈某英不是铁西公司股东，无权提起股东知情权诉讼，二审法院裁定终结本案诉讼并无不当。根据《公司法》（2013年）第75条②之规定，陈某英作为莫某勇的法定继承人，待其成为铁西公司股东后，如认为铁西公司侵犯其股东知情权，可依照《公司法》（2013年）第33条③的规定另行提起股东知情权诉讼。

4. 股东出资瑕疵是否影响其行使股东知情权

实际出资仅是股东对公司的义务而非其取得股东身份的条件，从逻辑上是先有股东身份后有出资义务而非相反。④ 就股权权能性质而言，股东出资瑕疵影响的仅是股东收益权，而股东知情权则属于股东参与公司经营管理之前知悉公司具体信息的权利，两者不存在必然联系；就瑕疵出资的法律后果而言，根据《公司法》第28条的规定，违反出资义务的股东依法承担的是

---

① 参见广西壮族自治区高级人民法院民事裁定书，(2016)桂民申335号。
② 参见新《公司法》第90条。
③ 参见新《公司法》第57条规定。
④ 参见李建伟：《瑕疵出资股东的股东权利及其限制的分类研究：规范、解释与实证》，载《求是学刊》2012年第1期。

资本补足责任和对已出资股东的违约责任,而不直接导致其丧失股东资格。从这个角度看,股东是否完成出资与其能否行使股东知情权之间也没有必然联系,瑕疵出资股东在其未丧失公司股东身份之前,仍可行使其股东权利。因此,即使股东出资不到位,只要其已完全具有股东资格,公司就不得以股东存在瑕疵出资为由,拒绝其行使股东法定知情权。[①] 在过往部分地方法院的指导意见中,均支持这一观点,如《北京市高级人民法院关于审理公司纠纷案件若干问题的指导意见》第 14 条规定:"股东知情权案件中,被告公司以原告股东出资瑕疵为由抗辩的,人民法院不予支持。"又如上海市高级人民法院发布的《关于审理股东请求对公司行使知情权纠纷若干问题的问答》规定:"知情权是股东权的一项重要权利……股东虽然存在出资瑕疵,但在未丧失公司股东身份之前,其仍可按照公司法或章程的规定,行使相应的股东权。在股东出资存在瑕疵的情况下,除非章程或股东与公司之间另有约定,一般不能以股东存在出资瑕疵为由否定其享有知情权。"特别是在 2016 年 4 月 12 日公布的《最高人民法院关于适用〈中华人民共和国公司法〉若干问题的规定(四)》(征求意见稿)(以下简称《公司法解释(四)(征求意见稿)》)第 14 条曾规定:"公司以存在下列情形之一为由进行抗辩,拒绝股东依据公司法第三十三条、第九十七条或者司法解释规定查阅、复制公司文件材料的,不予支持:(一)股东出资存在瑕疵;(二)公司章程限制股东查阅、复制公司文件材料;(三)股东间协议约定限制股东查阅、复制公司文件材料。"虽然最后在正式文稿中并未如此规定,但至少表明了最高人民法院的这一基本态度。

【典型案例一】泰铭公司、曹某某股东知情权纠纷案。[②] 再审法院认为,二审判决认定泰铭公司解除曹某某股东资格的决议无效,曹某某仍为泰铭公司股东,处理正确。关于曹某某查阅、复制泰铭公司财务资料的请求应否予以支持的问题。依据《公司法》(2013 年)第 33 条[③]之规定,曹某某作为泰铭公司的股东,已依法向泰铭公司提交了要求查阅公司相关资料的书面申请并说明了理由,而泰铭公司未在法定期限内予以答复,亦未举证证明曹某某申请查阅具有不正当目的,且由于曹某某未参与泰铭公司管理事务,其有合理理由请求查阅原始凭证。故二审判决认定曹某某对泰铭公司的会计账簿、会计凭证和财务会计报告有查阅权,并无不妥。

【典型案例二】国源公司、国贸城股东知情权纠纷案。[④] 二审法院认为,(2013)黑涉港商终字第 5 号民事判决书、最高人民法院(2017)最高法民 3469 号民事裁定书均已确认,尽管国源公司虚假出资且至今未予补缴,但在公司未以股东会决议解除其股东资格的情况下,国源公司股东资格并不因此而丧失。因国源公司与地建公司签订的合作合同和双方合意订立的公司章程均经主管机关批准,其港方合作者身份明确记载于股东名册,国贸城股东会亦未对其作出除名决定,故在此种情形下,国源公司仍为国贸城的港方合作者。一审裁定以国源公司并非国贸城股东为由,裁定驳回起诉有误,二审法院予以纠正。

---

① 参见杜万华主编,最高人民法院民事审判第二庭编著:《最高人民法院公司法司法解释(四)理解与适用》,人民法院出版社 2017 年版,第 211~212 页。
② 参见广东省高级人民法院民事裁定书,(2018)粤民申 5288 号。
③ 参见新《公司法》第 57 条。
④ 参见黑龙江省高级人民法院民事裁定书,(2018)黑民终 642 号。

但是，如果有限责任公司的股东完全未履行出资义务，依据《公司法》第 52 条第 1 款之规定，失权股东自失权之日起不具有公司股东资格。这里还需要注意的是，如果原告起诉时已具有股东资格，即使在诉讼中因完全失权而丧失股东资格，该股东知情权诉讼仍可继续进行而不受影响。

【典型案例三】 泰铭公司、杨某蓉股东知情权纠纷案。① 再审法院认为，关于泰铭公司解除曹某娥股东资格决议的效力。曹某娥、杨某蓉均确认未履行出资义务，且于认缴期限届满后泰铭公司亦未予以催缴。但泰铭公司及其法定代表人杨某蓉却在收到本案起诉状副本后才向曹某娥发出催缴函，并在一审第一次开庭后通知曹某娥召开临时股东会且在曹某娥缺席的情况下由杨某蓉一人作出股东会决议解除曹某娥的股东资格。二审判决认定杨某蓉的上述行为目的在于通过剥夺曹某娥的股东资格以阻止其依法主张股东知情权，违反了诚实信用原则和配合法院查明事实、甄别责任的诉讼义务，不应得到法院认可和支持，并无不当。

5. 退出公司的原股东是否享有股东知情权

依据《公司法解释（四）》第 7 条之规定，对退出公司的原股东是否享有股东知情权进行了明确规定，有条件地赋予退出公司的原股东以股东知情权，即原告起诉时虽不具有股东资格，但有初步证据证明在持股期间其合法权益受到损害，也可提起股东知情权诉讼，以防范公司管理层或者控股股东通过隐瞒利益、排挤中小股东等形式攫取其他股东本应享有的利益。如有证据表明公司隐瞒利润，原股东应有权查阅其作为股东期间公司的财务状况。

这一问题在实务中的具体表现通常为：原股东在转让股权后的合理期限内怀疑其股权转让价格可能受控股股东和公司经营管理层操纵公司财务活动影响，导致明显过低，或者股权转让以后发现公司隐瞒应该分配的利润侵犯其盈余分配权，因而申请查阅其持股期间的公司会计账簿，进而决定是否对股权转让合同行使撤销权或者就盈余分配问题提起赔偿之诉。

司法实践中相关的裁判观点及典型案例如下。

裁判观点一：原股东丧失股东身份后，其请求对公司行使知情权的权利也随之丧失。

【典型案例一】 徐某明、美合源公司股东知情权纠纷案。② 二审法院认为，本案为股东知情权纠纷。根据二审查明的事实，关于徐某明是否为美合源公司股东的问题，已有生效判决及裁定认定。徐某明主张其仍是股东，法院不予采信。徐某明不具有美合源公司股东身份，其提起股东知情权之诉，主体不适格，原审法院予以驳回，符合法律规定，法院予以确认。

【典型案例二】 宜昶公司与亚东小贷公司股东知情权纠纷案。③ 法院认为，股东作为公司的投资管理者，有权了解公司的运行状况，具备股东资格是行使股东知情权的前提。根据《公司法》的规定，股东有权查阅、复制公司章程、股东会会议记录、董事会会议决议、监事会会议决议和财务会计报告，股东可以要求查阅公司会计账簿，股东要求查阅公司会计账簿的，应当向公司提出书面请求，说明目的。在另案涉及宜昶公司股东资格认定的（2015）沪二中民四（商）

---

① 参见广东省高级人民法院民事裁定书，(2018) 粤民申 5288 号。
② 参见广东省深圳市中级人民法院民事裁定书，(2021) 粤 03 民终 6980 号。
③ 参见上海市第二中级人民法院民事判决书，(2015) 沪二中民四（商）终字第 1446 号。

终字第 1167 号案件生效判决中,法院认定亚东小贷公司的 10% 股本金系由冠煌公司支付,宜昶公司未能表述其作为股东之一与其他股东设立亚东小贷公司的过程,也未能提供其参加亚东小贷公司的股东大会以及参与亚东小贷公司经营管理的相关依据,除宜昶公司以外的 8 位股东中有 6 位确认冠煌公司系亚东小贷公司的实际股东,已占其他股东的半数以上,符合《公司法》相关司法解释中关于隐名股东显名的条件。因此,法院认定宜昶公司名下亚东小贷公司 10% 股权的实际持有人为冠煌公司。因公司股东的权利不能与其股东身份相分离,上述生效判决已导致宜昶公司丧失股东身份,其请求对公司行使知情权的权利也随之丧失,故对宜昶公司要求亚东小贷公司提供财务会计报告、公司章程、股东会会议记录、董事会会议决议、监事会会议决议等以供宜昶公司查阅、复制,以及要求提供会计账簿及其会计凭证(含原始凭证)以供宜昶公司查阅等诉请均应不予支持。

【典型案例三】封某红与天鑫公司股东知情权纠纷案。① 再审法院认为,封某红在 2012 年将股权转让给封某鸥并办理工商登记后,已非公司股东,其亦未提供任何证据证明其相关主张具备正当性和合理性。故其在丧失股东身份后起诉要求行使股东知情权没有法律依据,不予支持。

裁判观点二:公司原股东要求查阅或复制其持股期间的公司特定文件,应证明其持股期间合法权益受到损害。

【典型案例一】王某与中天公司股东知情权纠纷案。② 二审法院认为,首先,王某系中天公司原股东,其要求查阅或复制的是否为其持股期间的文件材料。其次,王某是否提供了在其持股期间合法权益受到损害的初步证据。知情权是股东的固有权利,当股东在行使知情权受阻时,有权获得司法救济。股东行使知情权,应当以具备股东资格为前提条件。《公司法解释(四)》第 7 条第 2 款规定:"公司有证据证明前款规定的原告在起诉时不具有公司股东资格的,人民法院应当驳回起诉,但原告有初步证据证明在持股期间其合法权益受到损害,请求依法查阅或者复制其持股期间的公司特定文件材料的除外。"上述规定系对起诉时已经丧失股东资格的公司原股东提起股东知情权纠纷诉讼的起诉条件的特别规定。现王某已不具有中天公司的股东资格,其向法院提起诉讼,要求查阅公司特定文件材料,需要符合上述司法解释中规定的两个条件。法院认为,在王某丧失中天公司股东身份的情况下,其在本案中提交的证据可以认定为其持股期间合法权益受到损害的初步证据。综上所述,王某的起诉符合《民事诉讼法》第 119 条、《公司法解释(四)》第 7 条第 2 款规定的起诉条件,对王某提出的诉讼请求应当予以审理。

【典型案例二】许某与新疆轻工业设计研究院股东知情权纠纷案。③ 再审法院认为,许某丧失相应的股东身份后,虽未在公司登记机关办理变更登记,但这并不影响其已丧失股东身份的事实,只是产生能否对抗善意第三人的问题。许某不能举证证明其持股期间合法权益受到损害的事实,其没有取得分红款不属于持股期间权益受到损害的情形。综上,许某的再审申请不

---

① 参见江苏省高级人民法院民事裁定书,(2014)苏审三商申字第 00395 号。
② 参见内蒙古自治区呼伦贝尔市中级人民法院民事裁定书,(2019)内 07 民终 532 号。
③ 参见新疆维吾尔自治区高级人民法院民事裁定书,(2018)新民申 731 号。

符合《民事诉讼法》第 200 条①规定的情形,法院对其再审申请不予支持。

裁判观点三:原股东主张以股权转让价格明显低于实际股权价值为由主张查阅持股期间特定材料,这就需要原股东提供相应证据证明股权转让价格明显低于实际股权价值,进而涉及原股东提供证据证明在持股期间其合法权益受到损害的证明标准问题。

【**典型案例一**】王某与中天公司股东知情权纠纷案。②二审法院认为,首先,王某要求查阅或复制的是否为其持股期间的文件材料。本案中,王某提交的证据足以证明其在 1999 年至 2011 年持有中天公司股权,系中天公司原股东。其次,王某是否提供了在其持股期间合法权益受到损害的初步证据。本案中王某提交的额尔古纳市华诚联合会计师事务所出具的额华诚阅(2017)第 1 号审阅报告载明:截至 2011 年 12 月 31 日,王某 5.4% 的股权价值 367.18 万元与王某实际转让股权价值 67.68 万元相差巨大,且中天公司尚存有未分配利润。在一审法院对该审阅报告真实性予以确认的前提下,该审阅报告的证明程度虽然低于审计,但亦可以说明中天公司截至 2011 年 12 月 31 日的大致经营状况,且中天公司未提供足以反驳该审阅报告的证据。根据上述审阅报告,可以证明本案中可能存在中天公司向王某隐瞒关键信息或向王某提供了错误的信息导致王某低价转让股权丧失中天公司股东资格且未获得公司利润分配的情形。知情权是股东的固有权利,当股东在行使知情权受阻时,有权获得司法救济。

【**典型案例二**】鸿钢公司与章某股东知情权纠纷案。③二审法院认为,依据《公司法》(2013 年)第 33 条④规定,股东有权查阅、复制财务会计报告,股东可以要求查阅公司会计账簿。股东要求查阅公司会计账簿的,应当向公司提出书面请求,说明目的。公司有合理根据认为股东查阅会计账簿有不正当目的,可能损害公司合法利益的,可以拒绝提供查阅,并应当自股东提出书面请求之日起 15 日内书面答复股东并说明理由。本案中,章某自鸿钢公司成立即成为股东,依法享有股东知情权。鸿钢公司认为,章某已于 2017 年 8 月 18 日转让其持有的鸿钢公司的股权,章某已失去股东身份,故不再享有股东知情权。依据《公司法解释(四)》第 7 条之规定,章某作为鸿钢公司的原股东行使股东知情权,需要提供初步证据证明其在持股期间的合法权益受到损害。该初步证据并非证明其利益受损的充分证据,只要能够初步证明其利益受损或存在重大风险即可。

在这里还需要注意以下两方面的问题。

(1)对于仅完成财产性转让的股东是否还能行使知情权。

裁判观点:股东权利包含具有身份性质的权利与财产性质的权利,将股权中与财产有关的权利转让,比如分红权、剩余财产分配权、新股优先认购权,不影响与股东身份有关的股东知情权。

【**典型案例**】武汉东升公司与香港盛达公司股东知情权纠纷案。⑤再审法院认为,武汉东

---

① 参见 2021 年《民事诉讼法》第 122 条、第 207 条。
② 参见内蒙古自治区呼伦贝尔市中级人民法院民事裁定书,(2019)内 07 民终 532 号。
③ 参见广东省佛山市中级人民法院民事判决书,(2018)粤 06 民终 5366 号。
④ 参见新《公司法》第 57 条。
⑤ 参见最高人民法院民事裁定书,(2019)最高法民申 3021 号。

升公司的公司章程、工商登记的记载均显示香港盛达公司系武汉东升公司股东。(2005)武仲裁字第1041号裁决书解决的是武汉交发公司与香港盛达公司之间的投资收益权纠纷。虽然投资收益权是由武汉交发公司享有，但该仲裁并未对香港盛达公司享有的整体股权进行处理。所以该仲裁裁决并不导致香港盛达公司丧失股权和股东资格。在香港盛达公司拟注销武汉东升公司的情况下，其与注销事项存在利害关系，香港盛达公司作为股东向武汉东升公司要求查阅、复印相关资料，具有法律依据。

(2)通过协议约定放弃经营管理权的股东是否仍然享有知情权。

裁判观点：放弃经营管理权的股东仍然享有股东知情权。

【典型案例一】 杨某林与大地利公司及原审第三人杨某标、杨某国股东知情权纠纷案。① 二审法院认为，关于杨某林是否为大地利公司股东。杨某林为大地利公司登记股东，其虽然与其他股东签署了《协议书》，分割了财产，不再参与公司的一切生产经营活动决策，但大地利公司位于深圳市龙岗区平湖街道山厦社区平龙西路105号的五层楼房及铁皮厂房未予分割，杨某林在大地利公司仍享有部分财产，其并未退出公司，仍是大地利公司的股东。故其有权根据上述规定查阅、复制公司章程、股东会会议记录、董事会会议决议、监事会会议决议和财务会计报告。

【典型案例二】 陕西圆宁与湖北圆润股东知情权纠纷案。② 针对陕西圆宁是否自愿放弃股东知情权，其诉请能否支持问题，法院认为，湖北圆润以其提交的证据二来间接证明陕西圆宁放弃了股东知情权的抗辩主张不能成立。理由：一是经营管理权与股东知情权非性质与内涵相同的法律概念，二者不能等同；二是陕西圆宁授权湖北圆润实施对工矿废弃地合作整理合同的经营管理，自己不再参与其中，但对外其仍要依约与湖北圆润一并承担合作整理合同规定的权利和义务；三是陕西圆宁以授权湖北圆润实施合同的方式入股并分享开采收益的30%，陕西圆宁若不了解掌握湖北圆润的财务情况、不履行股东知情权而自愿放弃于情理不符；四是湖北圆润未有陕西圆宁口头或书面声明放弃履行股东知情权的直接证据。故陕西圆宁向湖北圆润履行完股东知情权书面请求前置程序后湖北圆润一直不予回复，陕西圆宁提起股东知情权诉讼，请求依法保护其股东权益，符合《公司法》第33条③的规定，应予支持。二审法院④支持了前述一审判决。

6. 原告在诉讼中丧失股东资格对股东知情权诉讼的影响

实务中一般认为，若原告在起诉时具有公司股东资格，即使后续因某种原因丧失股东资格，也不影响股东知情权诉讼，即在股东知情权诉讼期间原告并不需要持续保持股东资格。但如果原告对其丧失股东身份之后的相关材料主张股东知情权，可能会引发争议。

7. 多个股东形成共同诉讼能否适用代表人诉讼制度

实务中一般认为该共同诉讼为普通的共同诉讼，且由于有限责任公司的股东人数上限为

---

① 参见广东省深圳市中级人民法院民事判决书，(2019)粤03民终1355号。
② 参见湖北省黄石市铁山区人民法院民事判决书，(2016)鄂0205民初154号。
③ 参见新《公司法》第57条。
④ 参见湖北省黄石市中级人民法院民事判决书，(2017)鄂02民终26号。

50人,再加上其具有封闭性及股东间的信任关系,因此该共同诉讼可适用人数确定的代表人诉讼制度。

8. 公司监事/监事会是否有权提起知情权诉讼

有限责任公司的监事会或不设监事会的公司监事,是代表公司股东和职工依照法律规定和章程规定,对公司董事会、执行董事和经理依法履行职务情况进行监督的机构。然而,在实务中一般认为,虽然监事会或监事依照《公司法》第4条的规定对公司经营异常进行调查,必要时可聘请会计师事务所等予以协助。但这属于履行相关职务行为,系公司内部治理的范畴。该权利的行使与否并不涉及监事个人的民事权益,且《公司法》并未对监事会或监事行使权利受阻规定相应的民事救济程序。因此,司法不宜介入,应当由公司自治解决。以其知情权受到侵害为由,监事会与公司发生纠纷同样不具有可诉性,法院应不受理;已经受理的,应当裁定驳回起诉。同时,监事的职务、职权及职责决定了他们可以因工作需要而直接查阅公司的特定文件材料,无须进行知情权诉讼。即使监事无法行使职权,也不导致监事自身利益的损失,根据权利义务相一致的原则,其不应具有诉权。[1]

9. 股东持股比例是否对股东知情权的行使产生影响

我国《公司法》对于有限责任公司股东行使知情权,未作股权比例方面的限制性规定,但依据《公司法》第110条第2款之规定,股份有限公司股东要求查阅公司会计账簿、会计凭证的,需对持股期间和持股比例作出规定,即只有连续180日以上单独或者合计持有公司3%以上股份的股东方可请求查阅。当然,若公司章程对持股比例有更低要求,从其章程规定。

裁判观点一: <u>有限责任公司股东依据《公司法》规定行使查阅、复制公司章程、股东会会议记录、董事会会议决议、监事会会议决议和财务会计报告等特定材料的权利时,不必书面说明目的,亦不受持股比例、是否为公司实际控制人等因素影响。</u>

【**典型案例**】医疗诊断香港公司与金菩嘉公司股东知情权纠纷案。[2] 二审法院认为,依据《公司法》(2013年)第33条[3]规定,第一,知情权是股东的法定权利、固有权利,是行使其他权利的前提。第二,公司章程、股东会会议记录、董事会会议决议、监事会会议决议和财务会计报告等是公司应当置备的文件,在公司内部也属于需要公开的资料,应当允许股东不受限制地查阅、复制。本案中,医疗诊断香港公司是持有金菩嘉公司40%股权的股东,其要求行使知情权,查阅、复制自公司设立以来的公司章程、股东会会议记录、董事会会议决议、监事会会议决议和财务会计报告,符合公司法规定,且行使该权利时不必书面说明目的,亦不受持股比例、是否为公司实际控制人等因素影响。

10. 股份合作制企业股东是否当然地享有《公司法》意义上的股东知情权

司法实务中一般认为,股份合作制企业股东不必然享有《公司法》意义上的股东知情权。

---

[1] 参见张应杰主编:《公司股东纠纷类案裁判思维》,人民法院出版社2023年版,第301~302页。
[2] 参见北京市高级人民法院民事判决书,(2015)高民(商)终字第2408号。金菩嘉公司后来提出的再审申请,被最高人民法院作出的(2019)最高法民申1755号民事裁定书驳回。
[3] 参见新《公司法》第57条。

股份合作制企业股东行使知情权,应当符合企业章程中对股东知情权范围、行使方式的规定。

【典型案例一】 龚某天与长途运输公司股东知情权纠纷案。① 二审法院认为,股份合作制兼有合作制和股份制两种经济形态的特点,是实行劳动合作和资本合作相结合的新型共有经济组织形式。由于股份合作制是我国特定历史条件下的一种过渡性企业形式,其在设立机制、治理结构、分配方式、股东身份及人数限制等方面与有限责任公司、股份有限公司存在较大的差异,股东享有的股东权利属性及范围也有所不同。股东知情权作为股东通过查阅公司经营、管理、决策的相关资料,了解公司的经营状况和监督高级管理人员活动的一项法定权利,其行使方式和权利范围均由法律规范明确规定,而迄今为止我国立法机关尚未制定规范股份合作制企业的组织和行为的法律、法规,《公司法》也未将股份合作制企业纳入调整范畴,在现有法律法规没有明确规定股份合作制企业股东享有知情权范围的情况下,长途运输公司章程第13条第2款明确规定了股东知情权的范围仅限于股东大会会议记录以及财务会计报告,该章程作为全体发起人就企业的设立与经营管理达成的协议,对全体发起人、股东、董事会、监事会以及高级管理人员具有法律效力,龚某天本人也应受该章程的约束,因此原审判决判令长途运输公司向龚某天提供从2005年起至2009年已产生的股东大会会议记录以及财务会计报告以供查阅,符合长途运输公司章程的相关约定,且不违反法律法规的禁止性规定。

【典型案例二】 朱某明与沧海商贸中心股东知情权纠纷案。② 再审法院认为,沧海商贸中心是股份合作制企业,对于股份合作制企业股东和企业发生内部矛盾,应依据合作协议和合作章程进行处理,而不适用《公司法》进行处理。《公司法》中规定的股东享有的知情权,仅适用于在中国境内设立的有限责任公司和股份有限公司。

股份合作制企业若企业章程未对此作出约定,实务中亦有观点认为,可以参照《公司法》或者《合伙企业法》的相关规定,支持股东行使知情权。

【典型案例】 王某松与铸管厂股东知情权纠纷案。③ 二审法院认为,铸管厂系股份合作制企业,股份合作制企业兼具公司制企业和合伙制企业组织的部分特征,但其既不是公司制企业,也不是合伙制企业。我国立法机关尚未制定规范股份合作制企业的法律、法规。因此,有关股份合作制企业纠纷的处理,应首先尊重企业内部的规定、决定或者约定等,在企业内部没有约定的情况下,可以参照《公司法》或者《合伙企业法》的相关规定处理。

11. 股东知情权纠纷中股东身份存在争议情形下的实务处理

实务中,如果股东身份存在争议,应当先行通过股东资格确认程序,由具有股东资格的股东再行使股东知情权。在股东资格确认前直接提起知情权诉讼的,法院一般会直接驳回原告的起诉。

裁判观点:隐名股东与显名股东共同提起知情权诉讼,应当予以驳回。

【典型案例】 杨某等与易谱公司股东知情权纠纷案。④ 再审法院认为,杨某友为易谱公司登

---

① 参见四川省成都市中级人民法院民事判决书,(2010)成民终字第217号。
② 参见陕西省高级人民法院民事裁定书,(2015)陕民二申字第00222号。
③ 参见山东省济南市中级人民法院民事判决书,(2018)鲁01民终565号。
④ 参见北京市高级人民法院民事裁定书,(2019)京民申5805号。

记股东。杨某与杨某友签署《股权代持协议》。杨某友、杨某一并提起本案股东知情权之诉。名义股东没有履行出资义务,隐名股东不是法律意义上的股东。在此情况下,二审法院认为在杨某友与杨某股东身份存在争议的情况下提起本案股东知情权诉讼,不符合提起股东知情权诉讼的原告身份条件,故裁定驳回其起诉并无不当。杨某友、杨某的现有证据不足以证明其再审主张。杨某友、杨某的再审申请不符合《民事诉讼法》第200条规定的情形。

(二)被告主体

股东知情权纠纷应当以公司为被告,因为股东知情权诉讼系与公司有关的侵权之诉,公司为股东知情权客体的制作方与保存方,即公司是提供相关资料供股东查阅或复制的义务人。这里我们需要特别注意的是,《公司法》第57条第5款规定:"股东要求查阅、复制公司全资子公司相关材料的,适用前四款的规定。"股东的知情权义务主体范围从原《公司法》规定的原告所在的公司扩展到了原告所在的公司及其全资子公司。据此,所在公司全资子公司亦是股东知情权纠纷适格的被告主体。

裁判观点:股东知情权的义务人系公司而非其他主体,具有特殊性和不可替代性。

【**典型案例**】宁源公司与中原公司股东知情权纠纷案。① 最高人民法院认为,根据《公司法》第34条② 的规定,股东知情权的义务人系公司而非其他主体,知情权的主要内容除了可以查阅、复制公司章程、股东会会议记录、董事会会议决议、监事会会议决议外,还包括查阅会计账簿、了解公司财务情况的权利;为防止股东损害公司利益,对于查阅会计账簿的,还设置了提前书面通知并说明合理理由的前提条件。据此,股东知情权纠纷所指向的诉讼标的系公司应当履行而未履行的配合行为,该行为的履行主体和履行内容具有特殊性和不可替代性。

实务中,关于被告主体我们还应当注意以下问题:

1.控股股东、实际控制人和公司董事、高级管理人员能否作为股东知情权诉讼中的共同被告

在实务中,存在控股股东、实际控制人和公司董事、高级管理人员能否作为股东知情权诉讼中义务主体的争议。公司具有独立人格,虽然公司行为体现了控股股东、实际控制人和公司董事、高级管理人员的意志,但从法律层面看,这仍属于公司行为。并且,在执行事务中,董事、高级管理人员与公司间属于委托代理关系,其代理后果自应由公司承担。即使是公司其他股东、董事、监事或高级管理人员拒绝履行相关义务,导致股东知情权受到侵害也应当由公司承担责任。③ 因此,股东知情权的义务主体仅限于公司,控股股东、实际控制人和公司董事、高级管理人员均不宜作为知情权的义务主体,不能在股东知情权诉讼中被列为共同被告。同时,还应当注意的是,《公司法解释(四)》第12条规定的公司董事、高级管理人员的赔偿责任问题,这属于损害股东利益责任诉讼的范畴而非股东知情权诉讼的范畴,不应当在股东知情权纠纷中解决处理。

---

① 参见最高人民法院民事裁定书,(2016)最高法民申3785号。
② 参见新《公司法》第57条。
③ 参见张海棠主编:《公司法适用与审判实务》,中国法制出版社2009年版,第81页。

2. 其他经营主体是否可作为知情权的义务主体

司法实践中,存在多种非公司类型的经营主体,如民办非企业单位、营利型民办学校、联营企业、合伙企业及个人合伙等,因该类经营主体皆以营利为目的,亦具有人合性,组织架构与公司相类似,所以一般认为,这些经营主体的投资人如提出知情权请求,应以上述经营主体的法律、法规及其章程规定为基础,参照公司法中关于股东知情权的规定进行处理,故该类经营主体可作为知情权的义务主体。

司法实践中相关的裁判观点及典型案例如下。

裁判观点一: 营利性民办学校举办者主张行使知情权的,类推适用《公司法》相关规定。

【典型案例】 佳华公司诉佳华学院股东知情权纠纷案。① 二审法院认为,关于民办学校举办者享有知情权的法律依据问题。举办者享有知情权,符合对法的价值判断。理由如下:首先,"没有无义务的权利,也没有无权利的义务"。根据《民办教育促进法实施条例》第8条第1款的规定,举办者在履行出资义务,让渡其财产所有权的同时,应当享有对应的权利,知情权则是举办者行使其他权利的基础。《民办教育促进法》第51条、《民办教育促进法实施条例》第44条第1款、佳华学院章程第25条规定,举办者作为出资人的合理回报的实现离不开知情权的保障。其次,举办者享有知情权,有助于参与举办民办学校的公办学校履行国有资产监管职责。根据《民办教育促进法实施条例》第6条第2款的规定,参与举办民办学校的公办学校依法享有举办者权益,依法履行国有资产的管理义务,防止国有资产流失。换言之,公办学校亦可以是民办学校的举办者,其享有的权益应当无异于其他举办者,知情权亦是公办学校履行国有资产监管职责的重要保障。最后,举办者享有知情权,符合民办教育促进法的立法宗旨。《民办教育促进法》总则第3条第2款规定,国家对民办教育实行积极鼓励、大力支持、正确引导、依法管理的方针;第5条第1款规定,国家保障民办学校举办者、校长、教职工和受教育者的合法权益。总则是概括的表述,贯穿于法律始终的立法思想、价值取向、基本原则等一般性、原则性与抽象性的内容,《民办教育促进法》总则部分的立法规定对解释民办学校举办者的合法权益具有指导性作用。因此,保障举办者的基本知情权,准许举办者了解民办学校的教育和管理活动、查阅财务会计报告或会计账簿,是鼓励举办者进入民办教育领域,促进民办教育健康发展的应有之义。关于民办学校举办者知情权的行使问题,民办教育促进法对于举办者知情权的行使未直接加以规定,但鉴于本案的主要特征与公司法规定的股东知情权类似,可类推适用公司法的相关规定。

裁判观点二: 个人合伙知情权,可参照适用《合伙企业法》《公司法》的相关规定进行处理。

【典型案例】 陈某丰、佳兴旅店股东知情权纠纷案。② 二审法院认为,本案争议的焦点问题为:陈某丰是否有权查阅、复制佳兴旅店财务会计报告、审计报告、会计账簿。关于上述争议,法院认为,首先,根据一审查明的事实,案涉合伙人之间属于以个人独资企业佳兴旅店为合伙

---

① 参见上海市第一中级人民法院民事判决书,(2016)沪01民终4642号。
② 参见广东省广州市中级人民法院民事判决书,(2020)粤01民终17730号。

实体的个人合伙。针对个人合伙，依据《民法通则》第 34 条之规定，合伙经营是一种以营利为目的的经济活动，合伙人之间的财产共有关系、共同经营关系、连带责任关系决定了全体合伙人形成了以实现合伙目的为目标的利益共同体，每个合伙人都有权利关心了解合伙实体的全部经营活动。从《民法通则》《个人独资企业法》《最高人民法院关于贯彻执行〈中华人民共和国民法通则〉若干问题的意见（试行）》（已失效）的相关条款看，无论关系到合伙组织利润分配还是退伙清算等事务，设置明确的会计账簿是个人合伙必不可少的。查阅合伙实体会计账簿等财务资料是了解合伙实体经营状况和财务状况的有效手段，也是合伙人行使执行和监督权利的具体表现。因此，合伙人要求查阅会计账簿等财务资料的权利应当予以保护。其次，个人合伙是一种人合性的经营模式，现有法律没有非常详细的制度予以规范。对于本案这种个人合伙的知情权，其法律特征与合伙企业、有限责任公司的股东知情权类似，故可参照适用《合伙企业法》《公司法》的相关规定。

裁判观点三：有限合伙人行使知情权的范围包括会计账簿、会计凭证和会计报表，但合伙人无权复制相关财务资料。

【**典型案例**】宋某川与灏漫咨询合伙企业纠纷案。[①] 二审法院认为，有限合伙人应在法律规定的范围内合理行使自己的权利。我国《合伙企业法》第 28 条对合伙人的知情权作出了明确规定，合伙人为了解合伙企业的经营状况和财务状况，有权查阅合伙企业会计账簿等财务资料。由此可见，法律赋予合伙人的知情权仅限于查阅，而无复制权。我国公司法尚且对股东知情权范围中的复制权作出了相关限制，何况是合伙企业中的有限合伙人可能存在与合伙企业进行交易或产生同业竞争的情况。如任由有限合伙人复制合伙企业财务资料，可能将损害合伙企业的正当利益。故在目前法律无明确规定合伙人可以复制相关财务资料的情况下，不应对法律规定随意进行扩大理解，宋某川要求复制灏漫咨询合伙企业财务资料，缺乏法律依据，法院不予支持。

对于这个典型案例需要特别说明的是，有限合伙人的知情权行使需要受《合伙企业法》《公司法》共同限制。

裁判观点四：联营企业的组建单位要求对联营企业行使知情权，可参照适用《公司法》的相关规定进行处理。

【**典型案例**】周浦商城公司与汇康公司股东知情权纠纷案。[②] 二审法院认为，周浦商城公司是集体联营企业，在组建时的公司章程中约定了组建方有权查阅公司有关财务报告，汇康公司作为周浦商城公司的组建方，现提出查阅复制财务会计报告、查阅会计账簿等请求可以得到支持。虽然周浦商城公司不受我国《公司法》调整，但根据其公司章程的约定，原审参照公司法关于股东知情权的相关规定支持汇康公司的诉请并无不当。

3. 被吊销营业执照的公司是否可以作为知情权义务主体

在司法实践中认为，公司被吊销营业执照后，股东提出知情权诉讼的，因查阅通知无法到

---

① 参见上海市第二中级人民法院民事判决书，(2016)沪 02 民终 7051 号。
② 参见上海市第一中级人民法院民事判决书，(2014)沪一中民四（商）终字第 1218 号。

达公司,继续审理的条件客观上已经不具备,所以实务中法院会驳回起诉,股东需在公司成立清算组之后另行主张权利。

【典型案例】宁源公司与中原公司股东知情权纠纷案。① 最高人民法院认为,根据《公司法》(2013年)第34条②的规定,股东知情权的义务人系公司而非其他主体,知情权的主要内容除了可以查阅、复制公司章程、股东会会议记录、董事会会议决议、监事会会议决议外,还包括查阅会计账簿、了解公司财务情况的权利;为防止股东损害公司利益,对于查阅会计账簿的,还设置了提前书面通知并说明合理理由的前提条件。据此,股东知情权纠纷所指向的诉讼标的系公司应当履行而未履行的配合行为,该行为的履行主体和履行内容具有特殊性和不可替代性。本案中,负有配合股东行使知情权的协助义务人中原公司的经营期届满、实际歇业多年且已经被行政主管部门吊销营业执照,符合《公司法》(2013年)第180条③规定的法定解散条件。因此,二审法院认定中原公司意思自治的正常治理结构已经解体、宁源公司查阅会计账簿的通知无法送达,故本案继续审理的条件客观上已不具备,并据此驳回宁源公司的起诉并无不当。

4. 股东能否向破产后的公司行使股东知情权

实践中有法院认为,公司破产后股东不享有参与重大决策等权利,但仍享有监督知情权,可以请求查阅公司会计账簿及原始凭证,也有权请求查阅、复制债权申报材料、债权审核结果等资料。但也有法院认为,股东对破产企业的账册、文书等卷宗材料不享有知情权。具体如下:

裁判观点一: 股东对破产企业的账册、文书等卷宗材料享有知情权。

【典型案例】大蔚置业公司、汪某卫股东知情权纠纷案。④ 二审法院认为,关于大蔚置业公司的债权申报材料、债权审核结果等资料。首先,大蔚置业公司在管理人管理期间仍然会产生清算目的范围之内的相关资料,如债权申报材料、债权审核依据资料、债权人会议表决记录等,由此,汪某卫在大蔚置业公司破产期间有行使知情权的可能。其次,股东作为公司的投资人,其对公司的破产清算更加关注。股东知情权是股东的固有权利,在公司破产程序中的体现就是股东对管理人基于清算目的形成的相关资料享有知悉的权利。所以,汪某卫在大蔚置业公司破产期间有行使知情权的必要。最后,根据《最高人民法院关于审理企业破产案件若干问题的规定》第99条的规定,大蔚置业公司在破产程序期间形成的相关账册、文书等资料,在破产程序终结后将移交该公司的股东保存。也就是说,汪某卫作为大蔚置业公司的股东,其最终对上述相关资料享有知悉的权利。只是该条规定的是股东在破产程序终结后的保管职责,而股东在破产程序中行使股东知情权,有利于在破产程序中平衡保护公司股东与债权人的合法权益,从而最大程度发挥破产程序的功能与价值。因此,一审判决对汪某卫要求查阅、复制大蔚

---

① 参见最高人民法院民事裁定书,(2016)最高法民申3785号。
② 参见新《公司法》第57条。
③ 参见新《公司法》第229条。
④ 参见安徽省高级人民法院民事判决书,(2019)皖民终291号。

置业公司的破产债权申报材料、债权审核结果及依据资料、四次债权人会议表决记录的诉讼请求予以支持,亦无不当。

裁判观点二:股东对破产企业的账册、文书等卷宗材料不享有知情权。

【**典型案例**】宏亿隆公司、海洋公司股东知情权纠纷案。[①] 二审法院认为,本案讼争的2016年9月22日出资人组会议,其性质系在特定的破产重整程序中,法院依据《企业破产法》第85条的相关规定组织召开的债权人会议出资人组会议,对《厦门海洋实业(集团)股份有限公司重整计划草案之出资人权益调整方案》进行审议表决,并非海洋公司依据《公司法》的相关规定自行召开的股东大会。且宏亿隆公司的委托代理人亦出席了该出资人组会议,知悉会议的情况。故《公司法》关于股东查阅、复制股东会会议记录股东名册的规定,不适用于本案。宏亿隆公司主张依据《公司法》、公司章程的规定查阅、复制出资人组会议记录以及投赞成票的股东名册的诉讼请求缺乏相应事实和法律依据,一审对宏亿隆公司的诉请不予支持,并无不当。

一般认为,股东作为公司的投资人,其对公司的破产清算更加关注。根据《最高人民法院关于审理企业破产案件若干问题的规定》第99条的规定:"破产程序终结后,破产企业的帐册、文书等卷宗材料由清算组移交破产企业上级主管机关保存;无上级主管机关的,由破产企业的开办人或者股东保存。"而股东知情权是股东的固有权利,在公司破产程序中的体现就是股东对管理人基于清算目的形成的相关资料享有知悉的权利。故一般认为前述安徽省高级人民法院的观点更符合《公司法》股东知情权规定的立法本意和制度设计的理念。

5. 公司注销对股东知情权的影响

司法实务中一般认为,公司被依法注销后,公司的法人资格即消亡,股东对公司享有的股东权利也因公司的消亡而消灭,故实践中股东如果要求对已被注销的公司行使知情权没有法律依据。因此,在公司被依法注销的情况下,原公司股东以公司或其他股东、原法定代表人或高级管理人员为被告主张知情权诉讼的,法院会裁定不予受理或驳回起诉。

(三)第三人主体

实务中,在股东知情权诉讼中,若存在股权转让、代持股权等情形或需要其他股东参与诉讼以查明案件事实,可列利害关系人为第三人参加诉讼。

对于能否将会计师事务所列为第三人的问题。司法实践中,一些股东在提起知情权诉讼时,将会计师事务所作为第三人,请求法院判决公司向会计师事务所提供财务会计报告。一般认为,公司财务会计报告应依法经会计师事务所审计,但该审计行为系公司与相关会计师事务所之间依据委托合同关系而产生,与股东对公司行使知情权属于不同的法律关系,法院在股东与公司之间的知情权诉讼中,只需判决公司向股东提供公司财务会计报告即可。[②]

---

① 参见福建省高级人民法院民事判决书,(2017)闽民终795号。
② 参见张海棠主编:《公司法适用与审判实务》,中国法制出版社2009年版,第82页。

四、股东知情权纠纷中常见的被告抗辩事由

(一) 主体不适格

经股东名册记载或公司登记机关登记的股东,提交公司章程、股东会决议、出资证明、股权转让合同、公司其他文件或合同等用以证明其股东身份。若该身份证明与公司工商登记不一致,且公司不予认可,那么股东身份存在争议,公司的该项抗辩理由往往会得到法院支持。在这一情形下,原告应先解决其股东身份问题,通过公司确认或司法确认其股东资格后,在其股东身份不存在争议的情况下再行使股东知情权。

裁判观点:公司不能以已经退资为由拒绝股东行使知情权。

【**典型案例**】齐胜公司与叶某锋股东知情权纠纷案。① 二审法院认为,齐胜公司主张其已将叶某锋的出资款尽数退回,叶某锋已不具备股东资格,但齐胜公司在本案中并未提交有效证据证明齐胜公司或他人与叶某锋之间达成某种足以导致叶某锋股东资格丧失的合意;叶某锋之妻谢某燕账户收到17.5万元,虽数额与叶某锋设立齐胜公司的出资额一致,但因缺乏双方明确合意表示的证据,叶某锋对齐胜公司的主张亦不认可,故该事实尚不能证明叶某锋已经收回了出资款进而导致其股东资格丧失。齐胜公司否认叶某锋的股东身份,但没有提出确切证据,并不足以否认叶某锋在本案股东知情权诉讼中的股东身份。同时,股东知情权纠纷与股东资格确认纠纷、股东出资纠纷均非同一法律关系,就股东资格是否存在,或股东对公司是否存在收回出资的情形,均可通过其他的纠纷解决方式予以救济,但该类争议并不必然影响法院在现有证据的情况下对股东知情权进行审理,即在股东未丧失公司股东身份之前仍可按照公司法或章程的规定行使相应的股东权,除非章程或股东与公司之间另有约定。故齐胜公司关于一审判决认定事实错误的上诉理由,证据不足,法院不予支持。

(二) 对象不适格

如前所述,原告如以被吊销营业执照的公司作为被告,或将公司的管理层、控股股东、实际控制人列为共同被告,这些被告常常会根据《公司法》第229条"公司依法被吊销营业执照后应当解散"的规定,以该情形下的公司不能再开展经营活动,无法提供特定文件材料供股东查阅或复制,或者公司具有独立人格,管理层与公司之间属于委托代理关系,其代理后果由公司承担,故该等人员作为知情权行权的对象主体不适格为由进行抗辩。

(三) 查阅文件超出法定/章程范围

《公司法》第57条、第110条明确规定了股东的查阅范围。当前司法实践并不否定公司章程对法定查阅范围进行扩张,然而,若股东查阅文件超出法定范围或者章程规定的范围,法院一般不会支持。因此,在这种情形下,被告通常会以查阅文件超出法定或章程约定范围为由进行抗辩。在这里需要注意的是,由于《公司法》作为规范市场主体的民事法律之一,其立法的精神在于赋予民事主体最低程度的权利和自由,而不是对市场主体的权利和自由横加限制。公司章程作为公司的自治规范,其具体内容体现了股东的共同意志。当公司章程赋予股东的

---

① 参见北京市第一中级人民法院民事判决书,(2018)京01民终1627号。

权利小于《公司法》第 57 条、第 110 条规定设定的股东知情权范围时,上述法律规定应作为强制性法律规范加以适用,该章程约定无效。①

(四)原告未履行前置程序或者具有不正当目的

《公司法》第 57 条第 2 款规定明确了:(1)股东要求查阅公司会计账簿、会计凭证的应当先向公司申请,公司拒绝后方可提起诉讼;(2)如果公司有合理根据认为股东查阅会计账簿、会计凭证有不正当目的,可能损害公司合法利益,有权拒绝提供查阅。而《公司法解释(四)》进一步明确规定了股东具有不正当目的的四种情形:同业竞争、利用会计账簿信息损害公司利益、三年内曾利用会计账簿信息损害公司利益、其他不正当目的。

司法实践中相关的裁判观点及典型案例如下。

裁判观点一:违反《公司法》规定的股东查阅公司会计账簿前置条件的,对其行权请求不予支持。

【典型案例】刘某、成都均达公司与公司有关的纠纷案。② 二审法院认为,根据《公司法》(2013 年)第 33 条第 2 款③之规定,股东要求查阅公司会计账簿的,应在一定期限内向公司提出书面申请,说明目的。本案中,刘某并未在一审起诉之前向成都均达公司提出书面申请,故刘某未履行股东知情权的前置程序,其要求查阅公司会计账簿的上诉请求不能成立,法院不予支持。

裁判观点二:股东提出查阅会计账簿申请 15 日内公司不予答复,视为公司拒绝股东行使知情权,股东可以就此提起股东知情权之诉。

【典型案例】重庆蓝姆公司诉广州蓝姆公司股东知情权纠纷案。④ 再审法院认为,从 2014 年 10 月 26 日广州蓝姆公司向重庆蓝姆公司提出行使股东知情权的书面申请并说明理由,到 2014 年 12 月 10 日广州蓝姆公司提起本案股东知情权诉讼时,重庆蓝姆公司已经超过 15 日未予答复,故广州蓝姆公司提起本案诉讼符合前述法律规定的前置程序。

裁判观点三:前置程序中存在轻微形式瑕疵的,不影响股东知情权的行使。

【典型案例】灵谷公司与汤某伟股东知情权纠纷案。⑤ 二审法院认为,虽然该书面申请以律师函形式制作而现有证据未显示加盖律师事务所印章,但灵谷公司也未能提供其收到的律师函原件供法院审核是否确未盖章,且从谈某锋的回函中可知,律师函附有汤某伟出具的授权委托书,内容上能够反映请求事项代表了汤某伟本人意愿,至于真实性问题通过致电汤某伟即能快速核对,没有附身份证复印件并不导致该书面申请无法处理。尤其在本案诉讼中,汤某伟向灵谷公司提出的请求明确具体,主体适格,身份证明齐全,灵谷公司仍然拒绝向汤某伟提供会计账簿查阅,可见汤某伟的请求根本无法通过私力救济得到实现,故其寻求司法救济途径,符

---

① 参见杜万华主编,最高人民法院民事审判第二庭编著:《最高人民法院公司法司法解释(四)理解与适用》,人民法院出版社 2017 年版,第 210~211 页。
② 参见四川省成都市中级人民法院民事判决书,(2018)川 01 民终 11304 号。
③ 参见新《公司法》第 57 条第 2 款。
④ 参见重庆市高级人民法院民事裁定书,(2016)渝民申 1722 号。
⑤ 参见江苏省无锡市中级人民法院民事判决书,(2020)苏 02 民终 566 号。

合法律规定,应予准许。

裁判观点四:查阅会计账簿的股东在前置程序中没有说明目的,公司无法审核其查阅目的之正当性,影响股东知情权的行使。

【典型案例】王某琳与新华服务公司股东知情权纠纷案。[1] 二审法院认为,股东就行使会计账簿查阅权提起知情权诉讼需经过前置程序,即股东应先向公司提出书面申请并说明查阅目的,王某琳虽主张已向新华服务公司寄送《行使股东知情权的函》,但其并未在该函中明确说明其查阅范围系会计账簿,而该函中载明的"与客户签订的全部合同及收付款票据"之概念、所指范围均不同于会计账簿。此外,王某琳亦未在该函中明确说明其查阅会计账簿的目的,新华服务公司亦无法审核其查阅目的之正当性。王某琳作为新华服务公司的股东,在行使会计账簿查阅权的前置程序中存在瑕疵,故法院对其要求查阅新华服务公司会计账簿的上诉请求不予支持。一审法院处理并无不当,二审法院予以维持。

裁判观点五:当股东近亲属经营的公司与股东所在公司存在竞争关系时股东要求查阅公司会计账簿,可认定构成有不正当目的的情形。

【典型案例】张某禄与颖兰釉公司股东知情权纠纷案。[2] 二审法院认为,对于调查公司经营情况的查阅目的而言,我们并不否认其具有一定的正当性,但本案的特殊之处在于,张某禄的近亲属成立了与被告公司经营项目近似的公司,并且两个公司的主营产品均由张某禄设计,两公司之间具有相互竞争的可能,如果允许查阅,将可能导致公司的商业秘密为竞争方所知悉,进而可能损害公司的合法利益。

裁判观点六:股东行使股东知情权是否损害公司权益的审查标准应当界定为可能性审查而非现实性审查,在公司有合理理由相信股东查阅公司会计账簿会对公司利益造成损害时,公司可以拒绝其进行查阅。

【典型案例一】罗某文、金牛公司股东知情权纠纷案。[3] 本案的争议焦点在于罗某文查阅金牛公司会计账簿的上诉请求能否得到支持。对此,二审法院认为,股东知情权是法律赋予股东通过查阅公司包括会计账簿在内的有关公司经营、管理、决策的相关资料,实现了解公司的经营状况和监督公司高级管理人员活动的权利。股东知情权是法律规定的股东享有的一项重要的、独立的权利。但是为了对公司商业秘密进行保护和避免恶意干扰公司经营的行为,对于公司知情权的行使同样应当给予适当的限制。会计账簿记载公司经营管理活动,为了平衡股东与公司之间的利益,避免股东知情权的滥用,股东在查阅公司会计账簿时,应当以正当目的为限制,亦应当遵循诚实信用原则,合理地行使查阅权。在衡量"股东可以要求查阅"与"公司有合理根据可以拒绝查阅"之权利冲突时,核心标准在于股东一旦行使上述权利是否可能损害公司的权益。法院对股东行使股东知情权是否损害公司权益的审查为可能性之审查,一旦公司向法院提交证据的证明作用占据优势地位,法院即应当支持公司的拒绝查阅之决定。在公司有合理理由

---

[1] 参见北京市第三中级人民法院民事判决书,(2019)京03民终13927号。
[2] 参见北京市第一中级人民法院民事判决书,(2012)一中民终字第2247号。
[3] 参见湖北省武汉市中级人民法院民事判决书,(2016)鄂01民终7824号。

相信股东查阅公司会计账簿会对公司利益造成损害时，公司可以拒绝其进行查阅。需要说明的是，在《公司法》(2013 年) 第 33 条第 2 款①的规定中，并未要求公司证明股东的查阅已实际产生了损害的后果，公司只需证明股东一旦行使上述权利可能会产生损害公司利益的情形即可拒绝查阅。

【典型案例二】王某与仁创机械公司股东知情权纠纷案。②二审法院认为，根据我国《公司法》第 33 条第 2 款的规定，公司有合理根据认为股东查阅会计账簿有不正当目的，可能损害公司合法利益的，可以拒绝提供查阅。本案中，王某在担任仁创机械公司山东分公司期间，即设立了与仁创机械公司及其山东分公司同类经营范围的一人有限责任公司，且带走了山东分公司五名员工。之后的业务往来及竞标情况显示，王某所设公司与仁创机械公司实际上存在同业竞争情形。上述事实表明，王某的行为已实际损害了仁创机械公司的利益。仁创机械公司认为王某查阅其会计账簿有不正当目的，有合理根据，应予采纳。王某要求行使查阅公司会计账簿的股东权利，应不予支持。

裁判观点七：公司抗辩股东查阅会计账簿具有不正当目的，该"不正当目的"的内涵不宜过分扩大解释。

【典型案例】五星公司与赵某红股东知情权纠纷案。③再审法院认为，五星公司称赵某红存在擅自以公司名义发布召开股东会的虚假信息，强行撬开公司和财务室门锁意图取走公司公章、财务章等印章，撕毁公司张贴的财务报告等行为，故其查询请求具有不正当目的。五星公司所称赵某红的上述行为均可认定为违反公司规章制度的行为，但这些行为不符合我国《公司法》(2013 年) 第 33 条第 2 款④所规定的"不正当目的"的构成要件，不能成为五星公司阻却赵某红行使股东知情权的合理抗辩，二审法院对该主张不予支持亦无不当。

裁判观点八：股东要求查阅公司会计账簿，但公司怀疑股东查阅会计账簿是为公司其他案件的相对方收集证据，并以此为由拒绝提供查阅的，不属于上述规定中股东具有不正当目的、可能损害公司合法利益的情形。

【典型案例】李某君、吴某、孙某、王某兴与佳德公司股东知情权纠纷案。⑤二审法院认为，基于诚实信用原则，案件当事人理应对法庭或仲裁庭如实陈述，并按法庭或仲裁庭要求提供自己掌握的真实证据，以拒不出示不利于己的证据为手段而获得不当利益为法律所禁止。如佳德公司持有在仲裁一案中应当提供而未提供相关证据，则不能认定股东查阅公司账簿可能损害其合法利益。综上，股东知情权是股东固有的、法定的基础性权利，无合理根据证明股东具有不正当目的，则不应限制其行使。佳德公司拒绝四上诉人对公司会计账簿行使查阅权的理由和依据不足，不予采信。

---

① 参见新《公司法》第 57 条第 2 款。
② 参见上海市第一中级人民法院民事判决书，(2017)沪 01 民终 9268 号。
③ 参见陕西省高级人民法院民事裁定书，(2017)陕民申 286 号。
④ 参见新《公司法》第 57 条第 2 款。
⑤ 参见江苏省宿迁市中级人民法院民事判决书，(2009)宿中民二终字第 319 号。

裁判观点九：当股东行使会计账簿查阅权的目的兼具正当性和不正当性时，股东的查阅范围应限制在正当目的之内，以不损害公司利益为限。

【典型案例】刘某与华瑞腾公司股东知情权纠纷案。[①] 二审法院认为，依据《公司法》(2005年)第 34 条第 2 款[②]之规定，公司有合理根据认为股东查阅会计账簿有不正当目的，可能损害公司合法利益的，可以拒绝提供查阅，并应当自股东提出书面请求之日起 15 日内书面答复股东并说明理由。公司拒绝提供查阅的，股东可以请求法院要求公司提供查阅。可见，股东查阅会计账簿的请求是否具有正当性是判定股东是否有权查阅公司会计账簿的基础之一。而所谓正当性目的是指股东查阅公司会计账簿时应当首先是善意的，以其所要查阅的资料和他的意图有直接联系。本案中，刘某行使知情权的主要目的在于调查华瑞腾公司与 AFI、ETC 公司间的关联交易是否损害华瑞腾公司的利益，并提交了相应的证据证明华瑞腾公司与上述两公司间持续存在数额较大的关联交易，故在此基础上，一审法院判令华瑞腾公司将其与该两公司交易的会计账簿和原始凭证供刘某查阅属于依法保障了刘某作为股东应当享有的正当权益，同时亦不会损害华瑞腾公司的合法利益，一审法院该项认定具有事实和法律的依据，法院对此亦予以肯定。而除此之外公司其他会计账簿和原始凭证刘某无权查阅，理由在于：(1) 会计账簿是指由一定格式账页组成的，以经过审核的会计凭证为依据，全面、系统、连续地记录各项经济业务的簿籍，它反映了公司在生产经营活动中的资金、财产的使用情况及公司的收支情况。从社会的基本常识和商业惯例来看，公司会计账簿和原始凭证必然会反映公司的重大经营信息，如销售渠道、客户群、营销网络、价格政策等，该类信息一旦泄露势必对公司的竞争产生不利影响。(2) 刘某在辞任华瑞腾公司董事、总经理职务后又另行出资设立了经营范围与华瑞腾公司重合度较高的鹭翔公司，尽管刘某声称其迄今为止并未利用过华瑞腾公司的信息为鹭翔公司争夺客户并进行竞争，但是这并不能改变鹭翔公司与华瑞腾公司之间属于竞争关系的事实，亦不能排除刘某一旦获知华瑞腾公司的相关经营信息后，在后续经营中不会主动或者过失利用该信息为鹭翔公司服务，从而取得不应有的竞争优势，进而损害华瑞腾公司的利益。(3)《公司法》(2005年)第 34 条第 2 款设定的目的即在于平衡保护股东正当权益和维护公司合法利益间的关系，从该条款规定的文义来看，公司只要有合理根据认为股东查阅会计账簿有不正当目的，可能损害公司合法利益的，即可以拒绝提供查阅，但前提是公司应当对是否存在不正当目的进行举证。本案中，华瑞腾公司已举证证明刘某另行设立并经营与其有直接竞争关系的鹭翔公司，在此情况下，再允许刘某查阅含有公司重大经营信息的会计账簿和原始凭证显然会有可能损害华瑞腾公司利益，其行使拒绝权亦符合法律规定。尽管刘某诉称即使其今后利用知情权侵犯了华瑞腾公司的权益，华瑞腾公司仍然可以向法院主张赔偿责任，但是从保障经济主体健康发展的角度而言，对于上述知情权以一定程度的限制显然更符合现代立法赋予司法的理性要求。

（五）客体不存在

公司主张股东要求查阅或复制的特定文件材料客观不存在，且能够提供充分证据予以证

[①] 参见江苏省苏州市中级人民法院民事判决书，(2013)苏中商外终字第 0007 号。
[②] 参见新《公司法》第 57 条第 2 款。

明的,如公司存在失窃、失火并有处置记录,或者相关材料根据法律规定不需要制备,股东并无有效证据反驳公司的前述抗辩理由,法院一般会认为公司的抗辩理由成立。

裁判观点一:公司有证据证明其自始并未制备相关资料且不具备制备相关资料客观条件的,应依法不予支持股东的查阅、辅助请求。

【典型案例】龙胜堂公司、李某德股东知情权纠纷案。① 二审法院认为,关于公司相关材料是否制备的问题。龙胜堂公司上诉主张其仅制备《现金出纳账》,没有会议纪要及财务资料可提供。对此法院认为,首先,根据《公司法》(2018年)第33条②、《会计法》第9条第1款的规定,有限责任公司有制作和保存公司章程、股东会会议记录、董事会会议决议、监事会会议决议和财务会计报告、会计账簿、会计凭证的法定义务。公司依法履行文件制备义务,是股东知情权得以实现的前提。本案中,龙胜堂公司作为有限责任公司,应当依法规范经营,制作和保存法定的公司文件资料。其次,根据《公司法》(2018年)第50条、第51条③的规定,股东人数较少或者规模较小的有限责任公司,可以设一名执行董事,不设董事会,可以设一至二名监事,不设监事会。经查,龙胜堂公司设执行董事、监事各一名。可见,龙胜堂公司不存在董事会会议决议、监事会会议决议。一审判决龙胜堂公司将董事会会议决议、监事会会议决议提供给李某德查阅、复制,认定事实和实体处理有误,二审法院予以纠正。最后,关于一审判决龙胜堂公司提供给李某德查阅或复制的其他资料,龙胜堂公司以没有制作和保存相关资料为由否定一审判决结果,理由不能成立,法院不予支持。

裁判观点二:公司不得以资料遗失为由,拒绝股东行使股东知情权。

【典型案例一】天信公司与陈某股东知情权纠纷案。④ 二审法院认为,有限责任公司的财务会计报告、股东会会议记录、董事会会议决议、财务会计报告、会计账簿、各类凭证等资料是公司经营管理的重要组成部分,公司应当保证其真实、完整。天信公司作为依法存续的有限责任公司,应当置备完整的公司资料,其上述材料是否完整,并非对抗股东行使查阅、复制权的法定事由。

【典型案例二】康健公司与陆某股东知情权纠纷案。⑤ 二审法院认为,我国公司法明确规定,股东有权查阅、复制公司的章程、股东会会议纪要和财务会计报告等文件及资料。股东向公司提出上述要求时,公司应当予以配合。对于公司而言,妥善地留存、保管上述材料,亦是公司依法应尽的义务。康健公司现以资料遗失为由,拒绝陆某行使部分知情权,有违其法定义务,亦缺乏相应的法律依据,法院不予支持。

裁判观点三:公司不得以资料被案外人扣留为由,对抗股东行使知情权。

【典型案例】恒熠公司与张某凝股东知情权纠纷案。⑥ 二审法院认为,张某凝与恒熠公司之

---

① 参见广东省深圳市中级人民法院民事判决书,(2021)粤03民终6303号。
② 参见新《公司法》第57条。
③ 分别参见新《公司法》第75条、第76条。
④ 参见北京市第一中级人民法院民事判决书,(2018)京01民终1366号。
⑤ 参见上海市第二中级人民法院民事判决书,(2017)沪02民终8602号。
⑥ 参见上海市第一中级人民法院民事判决书,(2017)沪01民终3874号。

间是否存在未了结的债权债务，恒熠公司财务账簿等资料是否被案外人扣留的事实，均不能影响本案的处理结果。恒熠公司是相关财务账簿的保管义务人，不能以相关财物并非实际由其占有为由免除其法定义务。即便相关财务账簿客观上确实在他人实际占有之下，恒熠公司作为该物品的所有权人，与物品的实际占有人之间亦具备予以协调和主张权利的条件。

在这里需要注意的是，依据《公司法解释（四）》第12条的规定，当公司以未制作或不存在相关资料为由拒绝股东行使知情权时，给股东造成损失的，公司的董事、高级管理人员将会因违反勤勉义务而承担责任，该责任范围主体可能扩大至公司的实际控制人、控股股东等。但该纠纷应属于损害股东利益纠纷案由。

【典型案例一】吴某胜、潘某娜损害股东利益责任纠纷案。① 二审法院认为，上诉人在经营管理过程中没有建立健全的公司财务、会计制度，没有按照财政部《会计基础工作规范》的要求填写、记录会计账簿，现金支出业务无原始凭证或原始凭证不完整，存在大量未审批的费用报销单、未盖章的送货单及收款收据，涉及金额超出1000万元，违反了财务制度。由于上诉人存在违反财政部《会计基础工作规范》及有关公司财务制度的行为，现金支出经济业务无原始凭证，导致不能准确反映公司收入、支出，司法鉴定机构无法作出审计结论。依据《公司法》（2013年）第163条及第164条② 之规定，上诉人依法应承担审计不能的民事责任。

【典型案例二】叶某与周某损害股东利益责任纠纷案。③ 二审法院认为，因被上诉人周某没有建立和保存A公司的财务会计报告、会计账簿和会计凭证，该行为导致叶某作为A公司的股东无法通过行使股东知情权查阅、复制前述文件材料，并致其遭受了包括难以证明公司具备可分配利润并请求公司分配利润、难以证明公司具有可分配剩余财产并请求相应分配，以及因无法组织公司清算而依法应承担赔偿责任等带来的损失。对于上述"难以证明"的损失，一审法院要求叶某承担举证责任，系举证责任分配不当。法院认为，周某因其未依法履行职责，应当对A公司有无可分配利润或剩余财产等承担举证证明的责任。现周某未能对此予以举证证明，应承担举证不能的后果。

【典型案例三】孙某与程某瑞损害股东利益责任纠纷案。④ 法院认为，在案的执行裁定书、复议决定书均已表明赛迩福公司不能提供有关文件资料，且赛迩福公司不能提供资料非基于不可抗力的原因，故该情形在客观上导致原告无法查询、复制，进而对原告知情权造成损害，造成原告的损失。虽然在2010~2016年的大部分时间，被告未担任法定代表人及执行董事仅任监事，但被告表示原告仅是偶尔参与管理，公司主要经营一直由被告负责，故在此期间被告仍属于高级管理人员，应对制作或者保存财务会计报告和公司会计账簿负有相应责任……原告在2010~2016年的大部分时间担任公司法定代表人及执行董事，后又任监事，其对该期间财务会计报告和公司会计账簿亦负有制作或者保存的职责，导致上述材料缺失，原告亦应承担相应责任。

---

① 参见广东省惠州市中级人民法院民事判决书，(2016)粤13民终1617号。
② 分别参见新《公司法》第207条、第208条。
③ 参见上海市第一中级人民法院民事判决书，(2020)沪01民终3550号。
④ 参见上海市嘉定区人民法院民事判决书，(2020)沪0114民初23441号。

(六)股东已知情

实务中,公司主张股东已知情的常见理由一般会是:(1)股东具有公司高级管理人员职务,在其履职过程中能够获取特定资料,知悉公司相关情况;(2)股东已通过其他方式获取资料及相关信息;(3)公司在股东提起知情权诉讼之前已向股东提供过相关资料,并有交付记录。针对被告主张的上述股东已知情的常见理由,在司法实务中一般认为,股东知情权为股东的法定固有权利,股东已知悉相关资料的事实并不妨碍股东再次主张知情权。故股东知情权纠纷中,被告的前述主张在实务中一般难以得到法院支持。

裁判观点一:公司以股东任职期间已获悉相应的财务会计报告为由拒绝提供的,该抗辩不应采纳。

【典型案例】云间房地产公司与陈某人股东知情权纠纷案。[1] 二审法院认为,根据我国公司法之相关规定,股东有权查阅、复制公司的财务会计报告,股东在此之前是否已经掌握该等材料在所不问,故公司以股东任职期间已获悉相应时间段的会计报告为由拒绝提供,理由不成立,法院不予支持。

裁判观点二:股东此前曾经查阅、复制经营资料的行为,并不必然导致之后对同一事项知情权的丧失。

【典型案例】盈辉公司诉朴某珠股东知情权纠纷案。[2] 二审法院认为,对于盈辉公司自成立起到2014年3月的财务会计报告等资料,盈辉公司上诉称,朴某珠在成为股东前已查阅、复制公司所有经营资料,但对此并未提供任何证据予以证明,况且,即便盈辉公司所言属实,由于所隔时间较长,朴某珠此前曾经查阅、复制经营资料的行为,也并不必然导致其之后对同一事项知情权的丧失。故对盈辉公司该项主张,法院不予采信。

裁判观点三:知情权是股东的固有权利,不因某段时间内股东行使过而归于消灭。

【典型案例】山路公司与中航公司股东知情权纠纷案。[3] 二审法院认为,知情权是股东的固有权利,是一种与股东资格相联系的基础性权利,该权利贯穿于股东资格存续期间始终,并不因某段时间内股东曾经行使过而归于消灭,故中航公司所称山路公司已经行使过2014年12月31日之前的股东知情权,该时间段内山路公司的请求权已经消灭的主张不能成立。

裁判观点四:股东同时担任公司行政职务,公司不得以其职务行为与行使股东知情权相重合为由拒绝。

【典型案例一】五星公司与赵某红股东知情权纠纷案。[4] 再审法院认为,五星公司认为赵某红在2014年9月之前担任公司副经理并协助处理公司财务工作,其对公司财务状况、会计报告、会计账簿是清楚的。赵某红具有股东与公司职务双重身份,该双重身份所具有的权利义务各不相同,行使权利、承担义务的条件亦不相同。股东知情权是股东的基本权利,只要赵某红具有股东身份,并符合行使股东知情权的条件,其就应当有权行使相应权利,不能因为赵某红

---

[1] 参见上海市第一中级人民法院民事判决书,(2020)沪01民终9470号。
[2] 参见上海市第一中级人民法院民事判决书,(2017)沪01民终7924号。
[3] 参见上海市第一中级人民法院民事判决书,(2017)沪01民终13198号。
[4] 参见陕西省高级人民法院民事裁定书,(2017)陕民申286号。

基于职务身份知晓公司财务状况而阻却其作为股东应享有的股东知情权。

【典型案例二】吴某贵与嘉好房地产公司股东知情权纠纷案。①二审法院认为,吴某贵在2014年10月之前担任嘉好房地产公司法定代表人,虽然在此期间对公司的经营状况较为了解,但是会计账簿等资料反映的是公司持续经营的具体盈亏情况,在对公司经营状况作全面了解时,应允许其通过查阅会计账簿等资料对公司经营作出综合评判。综上,吴某贵请求查阅公司自成立以来各年度的财务会计报告和会计账簿的理由成立,法院予以支持。

【典型案例三】国祥公司、邹某娜股东知情权纠纷案。②再审法院认为,本案中,国祥公司于2010年3月29日召开股东会,同意邹某娜基于合法继承许某华34%的股权而成为公司股东。同日,国祥公司对公司章程进行修正并办理工商变更登记,将股东姓名变更为贾某超、黄某仕、邹某娜。截至2016年3月工商登记显示,国祥公司的股东再无变更。综上,邹某娜有权向国祥公司依法主张知情权。至于邹某娜还具有公司监事和清算组成员等身份,并不影响其对公司主张股东知情权。

裁判观点五:股东委派到合资公司的董事对公司财务状况是否知情并不妨碍股东对合资公司行使知情权,公司不得以此为由拒绝股东行使知情权。

【典型案例】蓝大地公司与业生公司股东知情权纠纷案。③法院认为,业生公司向蓝大地公司委派董事的行为是其依据章程规定所享有的权利,滕某山作为业生公司委派至蓝大地公司的董事,其履行的是作为蓝大地公司董事之义务,董事对公司财务状况是否知情并不妨碍公司股东行使查阅账目的权利,蓝大地公司关于业生公司委派的董事滕某山在蓝大地公司已履行了董事职责,应已知晓蓝大地公司财务状况,业生公司不再享有查阅财务资料的权利的抗辩理由依法不能成立。江苏省高级人民法院在(2010)苏商外终字第0054号二审民事判决书中也维持前述判决。

但是针对股份有限公司的股东确认其收取了相关材料仍提出重复查阅请求,实践中存在诉讼请求被驳回的情形。

裁判观点:股份有限公司的股东要求公司重复提供财务会计报告查阅的,增加了公司负担,不应支持。

【典型案例】邓某明、赛瓦特公司股东知情权纠纷案。④二审法院认为,本案中,双方当事人均认可邓某明已收到赛瓦特公司聘请的会计师事务所就2018年度公司经营及财务情况出具的《深高华会内审字(2019)第087号审计报告》,该审计报告包含邓某明所主张的包括资产负债表、利润表、现金流量表、附注等在内的财务会计报告的相关内容,邓某明仍要求赛瓦特公司继续提交,缺乏事实和法律依据。

(七)其他抗辩事由

公司未实际经营,系"僵尸公司"。

---

① 参见湖南省高级人民法院民事判决书,(2017)湘民终542号。
② 参见广西壮族自治区高级人民法院民事判决书,(2018)桂民再76号。
③ 参见江苏省南京市中级人民法院民事判决书,(2009)宁民五初字第244号。
④ 参见广东省深圳市中级人民法院民事判决书,(2021)粤03民终25306号。

裁判观点：公司不得以其未实际经营，系"僵尸公司"为由拒绝股东行使股东知情权。

【典型案例】 瀚帝公司与李某等股东知情权纠纷案。[①] 二审法院认为，瀚帝公司上诉认为公司是没有实际经营的空壳公司、"僵尸公司"，同时李某没有履行股东参与公司经营管理的职责，因此公司有权拒绝李某行使股东知情权的请求，缺乏法律依据，法院不予支持。

五、举证责任的分配

实务中，由于有限责任公司与股份有限公司两种公司类型的股东可查阅的公司特定文件材料范围不尽相同，对股东行使查阅权的限制也存在区别，而这些因素又会直接影响双方当事人在股东知情权诉讼中的举证责任分配与承担。故在此类纠纷中，通常不会以单一的标准来分配当事人的举证责任，一般会根据个案的具体情况作如下区分。

（一）原告对其起诉时具有公司股东资格或者公司原股东资格负举证责任

公司抗辩原告在起诉时不具有公司股东资格的，应当举证证明，且证明标准应高于原告对其股东身份的举证，即公司反驳性证据的证明力应当高于原告的起诉证据，如股东名册的日期晚于原告所提供的股东名册，或原告以股权转让协议及其他股东的证言来证明股东身份时，公司以晚于股权转让协议签订日期的股东会决议及股东名册予以反驳等。

（二）请求查阅、复制财务会计报告的举证责任分配

由于《公司法》规定有限责任公司负有向股东主动送交财务会计报告的义务、股份有限公司负有置备或公告财务会计报告的义务，所以该等公司文件的提供属于公司的法定义务，根据消极事实无须举证证明的一般原则，此种情形下，原告股东主张其未收到或者未了解财务会计报告即可。

（三）请求查阅、复制章程、记录和决议的举证责任分配

原告只需证明其系被告公司的股东即可，因为该等公司文件是公司正常运营过程中必须形成的，任何股东无须证明其目的正当性均可以查阅、复制。

（四）请求查阅公司会计账簿、财务凭证的举证责任分配

一般情形下，原告需承担的举证责任：(1)证明自己是公司股东；(2)证明已向公司提出书面请求并说明目的；(3)证明公司拒绝提供查阅或者公司未在股东提出请求之日起15日内给予书面答复。原告提交的证据能够证明其已同时满足前述条件的，可以认定原告履行了法定前置程序。需要注意的是，股东在主张查阅会计账簿、会计凭证时，只要对目的加以说明即已尽到法律义务，就目的的正当性来说，股东并不需要承担举证责任，因为立法仅要求股东说明查阅的目的并未要求股东对其目的正当性进行举证。

公司应对其拒绝查阅的理由负举证责任，即对股东查阅会计账簿有不正当目的进行举证，这里同样需要注意的是，公司的证明标准仅需要达到"可能损害公司合法利益"的情形即可，而无须达到"已对公司合法利益造成损害"的程度。

---

① 参见广东省深圳市中级人民法院民事判决书，(2021)粤03民终32559号。

裁判观点：在股东查阅会计账簿存在不正当目的、可能损害公司合法利益时，公司可以拒绝股东查阅。从举证责任的角度看，公司应对股东查阅会计账簿有不正当目的负举证责任。

【典型案例一】 北教授公司与北大附中、依林公司股东知情权纠纷案。① 二审法院认为，公司有合理根据认为股东查阅会计账簿有不正当目的，可能损害公司合法利益的，可以拒绝提供查阅。关于查阅会计账簿的请求，北教授公司在本案中未能提供有效的证据证明北大附中、依林公司具有不正当目的，因此应当支持原告的诉讼请求。

【典型案例二】 阿特拉斯公司与河北阿特拉斯公司股东知情权纠纷案。② 最高人民法院认为，在中外股东持股比例相同且合资合同约定合资一方有权自行指定审计师审计合资公司账目的情况下，因审计账目必然涉及原始凭证和记账凭证，股东知情权的范围不应加以限缩，否则将与设置股东知情权制度的目的背道而驰，且公司未能举证证明股东查阅会计账簿具有不正当目的，故应当允许合资一方查阅包括原始凭证在内的会计账簿。

六、股东知情权的诉讼时效及相关问题

（一）股东知情权是否适用诉讼时效制度争议

实务中，因对股东知情权权利属性认识存在分歧，产生了股东知情权是否适用诉讼时效制度的观点分歧。肯定观点认为，股东知情权具有类似债权属性，股东需要请求公司履行披露、呈递相关资料的义务，所以知情权应当适用诉讼时效制度。否定观点则认为，股东知情权具有身份权属性，基于股东特定身份而产生，与债权请求权差异显著，不应当适用诉讼时效制度。

司法实践中与股东知情权诉讼时效相关的裁判观点及实务典型案例如下。

裁判观点一：股东知情权纠纷不适用诉讼时效。

【典型案例一】 海之林公司、高某星股东知情权纠纷案。③ 二审法院认为，《诉讼时效规定》第1条规定，"当事人可以对债权请求权提出诉讼时效抗辩"。由此可见，诉讼时效原则上只适用于债权请求权，而股东知情权系基于股东身份而享有的权利，并非债权请求权，故股东行使知情权不应受到诉讼时效制度的调整。

【典型案例二】 中山汽车公司与薛某股东知情权纠纷案。④ 二审法院认为，关于股东知情权诉讼是否适用诉讼时效制度的问题，《民法总则》第196条⑤及《诉讼时效规定》第1条之规定，法律并未规定所有的诉讼请求均适用诉讼时效制度，如上述法条明确规定的物权请求权、特殊的债权请求权等即不适用诉讼时效制度。股东知情权系股东基于其股东资格所享有的一种法定权利，具有明显的身份属性，原则上只要股东身份存续，股东知情权并不因此归于消灭或罹于时效。

---

① 参见北京市第一中级人民法院民事判决书，(2012)一中民终字第5887号。
② 参见最高人民法院民事判决书，(2020)最高法民再170号。
③ 参见江苏省连云港市中级人民法院民事判决书，(2022)苏07民终1097号。
④ 参见上海市第二中级人民法院民事判决书，(2019)沪02民终1660号。
⑤ 参见《民法典》第196条。

【典型案例三】李某、罗某军等股东知情权纠纷案。① 二审法院认为,股东行使知情权系股东固有的权利,不受诉讼时效限制。

裁判观点二:股东知情权纠纷适用诉讼时效。

【典型案例一】范某新、孙某森等与润勃水产公司股东知情权纠纷案。② 二审法院认为,股东知情权纠纷的本质是侵权纠纷,应当适用《民法通则》关于诉讼时效两年的规定,从知道或者应当知道权利被侵害时起计算。该诉讼时效的起算点,应当以股东申请后公司明确拒绝之日或公司不予答复至答复期间届满之日起计算,而不应从公司章程规定的财务会计报告应提供而未提供之日起算。《公司法》(2013年)第33条③并未规定股东查阅或复制具有时间限制,应可追溯到公司成立之时。且财务会计报告及会计账簿本身在记载上具有连续性,如果只允许股东查阅近两年的资料显然无法全面保护股东的知情权。

【典型案例二】王某广与王朝大酒店股东知情权纠纷案。④ 二审法院认为,诉讼时效的起算点,应自权利人知道或者应当知道其权利受到侵害之日起计算。综观本案证据,上诉人未能提供证据证明被上诉人早于2016年2月18日就知道或应当知道其权利受到侵害,相反,上诉人还在原审中提供了邮件发送截屏复印件一份,以证明其定期向被上诉人发送或邮寄公司年度财务报表的事实,虽然该证据因缺乏其他佐证证据而未被认定,但不可否认上诉人是认为未曾侵害过被上诉人权利的,故被上诉人知道或应当知道其权利受侵害之日应认定为2016年2月18日,即上诉人以保护公司秘密为由中断被上诉人查阅之日,故本案未过诉讼时效。

正是由于股东知情权是否适用诉讼时效制度在司法实践中存在争议,所以在具体案件中,无论是从保护股东权利的角度出发,还是从适用诉讼时效的角度出发,均建议在《民法典》第188条规定的时效范围内提起诉讼,从而避免因错过诉讼时效而使权利受损。

(二)股东知情权的诉讼时效及起算时间

如果股东知情权的诉讼时效适用于《民法典》第188条规定的一般诉讼时效的规定,即诉讼时效为3年。但关于诉讼时效期间的起算,则应区分原告诉请行使股东知情权的不同客体类型分别计算:

请求公司提供查阅公司章程、股东名册、股东会会议记录、董事会会议决议、监事会会议决议的,因法律没有规定其具体行使方式,股东有权随时要求公司提供查阅,诉讼时效期间应当从股东请求公司提供查阅拒绝之日起计算。

对于财务会计报告,有限责任公司有义务向各股东送交财务会计报告,交送时间由公司章程规定,此类案件的诉讼时效从有限责任公司章程规定的递交期限届满之日起计算。股份有限公司方面,非公开募集股份的公司为股东年会召开前第20日;公开发行股票的股份有限公司为法定的财务会计报告公告截止日,诉讼时效自该日期起算。

---

① 参见四川省成都市中级人民法院民事判决书,(2021)川01民终23659号。
② 参见山东省青岛市中级人民法院民事判决书,(2014)青民二商终字第105号。
③ 参见新《公司法》第57条。
④ 参见浙江省绍兴市中级人民法院民事判决书,(2016)浙06民终2111号。

股东请求查阅公司会计账簿和会计凭证的，因法律规定股东提出书面请求并说明目的，诉讼时效期间应当从公司拒绝股东请求或者自收到书面请求之日起15日内没有给予答复之日起计算。

（三）股东知情权诉讼时效期间与股东知情权客体期限范围的区分

实务中经常出现股东知情权诉讼时效期间限制与股东知情权客体期限范围限制混淆的情况。实际上二者区别有三：

一是权属性质不同。前者关乎股东知情权能否得到司法保护的胜诉权问题；后者涉及原告可享有知情权客体的具体范围，即股东知情权的实体权利内容。

二是针对对象不同。前者针对的是原告行使股东知情权能否得到司法保护的问题；后者针对的是股东知情权的行使对象问题。

三是法律后果不同。起诉超过诉讼时效，其后果是诉讼请求被法院全部驳回；而股东知情权客体期限范围受限的后果是实体权利受限。

七、股东知情权的执行与保全

（一）公司会计账簿和会计凭证查阅行为的界定

实务中争议焦点在于，《公司法》第57条第2款规定的"查阅"行为，是否仅指对公司会计账簿、会计凭证的查看和阅读，还是也包括摘抄和复印。对于这一争议，实务中一般认为，《公司法解释（四）》就公司会计账簿能否摘抄的问题持有的观点是，"对于民事判决主文所述的'查阅'，执行时应准许权利人将之落实到包括'查看、摘抄'"。此外，《公司法》明确区分了"查阅"与"复制"，规定股东对公司会计账簿不享有复制权，故前述的摘抄应与"复制"相区别。在执行实践中，若对公司会计账簿、会计凭证进行复印、扫描、拍照、摄像等操作，则属于变相的"复制"，违反《公司法》的相关规定。基于此，建议公司在股东摘抄会计账簿时，安排专门人员全程监督。笔者认为，既然之前对会计账簿可以摘抄，那么对现行《公司法》规定的股东会计凭证的查阅也应当包括摘抄行为。

裁判观点一： 摘抄应属于查阅的范围，股权知情权的查阅方式包括摘抄。

【典型案例】 东峰公司与倍爱康公司股东知情权纠纷案。[①] 复议法院认为，本案的争议焦点在于强制执行股东知情权过程中，股东查阅会计账簿时能否进行摘抄，即查阅是否包含摘抄。鉴于会计账簿包含大量的数据信息，特别是对于本案长达近十年的会计账簿，允许股东采取摘抄的方式辅助进行查阅，方能保障其知情权得到实现。如果仅允许股东查看会计账簿而不允许其进行摘抄，那么胜诉判决确认的股东查阅权可能落空。北京市第二中级人民法院在2019年6月19日与东峰公司、倍爱康公司的谈话笔录中作出"摘抄应属于查阅的范围，我们决定按照查阅权利包括摘抄来执行"的决定，符合法律、司法解释的规定。北京市第二中级人民法院（2019）京02执异929号执行裁定适用法律错误，应予撤销。

[①] 参见北京市高级人民法院民事裁定书，（2019）京执复239号。

裁判观点二：请求复制公司会计账簿的诉讼请求没有法律依据，不予支持。

【典型案例一】 夏某与今旦公司股东知情权纠纷案。① 二审法院认为，根据《公司法》（2013年）第33条②之规定，股东对于公司的财务会计报告可以查阅、复制，但对于公司的会计账簿仅限于查阅，故夏某请求复制公司会计账簿的诉讼请求没有法律依据，不予支持。

【典型案例二】 今页公司与何某武、梁某成、张某红股东知情权纠纷案。③ 二审法院认为，根据《公司法》（2013年）第33条④的规定，公司章程、股东会会议记录、董事会会议决议、监事会会议决议和财务会计报告，何某武有权查阅并且复制。至于公司的会计账簿，何某武依法享有查阅的权利，其要求复制则缺乏法律依据，法院不予支持。

【典型案例三】 李某君、吴某、孙某、王某兴诉佳德公司股东知情权纠纷案。⑤ 二审法院认为，公司法赋予了股东获知公司运营状况、经营信息的权利，但同时也规定了股东行使知情权的范围。《公司法》（2005年）第34条⑥第1款将股东有权复制的文件限定于公司章程、股东会会议记录、董事会会议决议、监事会会议决议和财务会计报告。第2款仅规定股东可以要求查阅公司财务会计账簿，但并未规定可以复制，而佳德公司章程亦无相关规定，因此四上诉人要求复制佳德公司会计账簿及其他公司资料的诉讼请求既无法律上的规定，又超出了公司章程的约定，不予支持。

（二）辅助人辅助行使知情权的执行

1.股东知情权能否委托他人辅助行使

依据《公司法解释（四）》第10条，《公司法》第57条第3款、第4款、第110条第2款之规定，股东聘请辅助人行使知情权时，应当注意：(1)应在诉讼请求中明确提出聘请辅助人查阅；(2)股东与辅助人之间应当签订委托合同，明确委托目的、辅助人的执业资格及其他相关内容；(3)辅助人应提交授权委托书，明确权限范围；(4)如果法院要求签订保密协议，建议予以签订，以免辅助股东行使知情权被法院拒绝，需要说明的是，从前述规定来看，保密义务是辅助人的法定职责，理论上无须再签订保密协议；(5)若辅助人不当行使权利，泄露公司商业秘密，需承担侵权赔偿责任；(6)一般情况下，股东须在现场全程陪同辅助人行使知情权。

这里需要注意的是，法人股东委托法定的中介机构行权时，是否需要证明公司内部无专业查阅能力。鉴于前述司法解释未对中介机构执业人员辅助查阅创设前提条件，实务中法人股东并不需要证明公司内部无专业查阅能力即可委托中介机构行权，这本身亦是股东自由行使其知情权的方式之一。

裁判观点：股东可以委托律师、会计师辅助其行使股东知情权。

【典型案例】 郭某梅与富居网络科技公司股东知情权纠纷案。⑦ 二审法院认为，知情权是公

---

① 参见贵州省高级人民法院民事判决书，(2015)黔高民商终字第123号。
② 参见新《公司法》第57条。
③ 参见广东省广州市中级人民法院民事判决书，(2014)穗中法民二终字第1775号。
④ 参见新《公司法》第57条。
⑤ 参见江苏省宿迁市中级人民法院民事判决书，(2009)宿中民二终字第319号。
⑥ 参见新《公司法》第57条。
⑦ 参见上海市第二中级人民法院民事判决书，(2016)沪02民终3392号。

司法赋予股东基于其股东身份而享有的专属性权利,该权利只能由股东享有,股东不得在股权转让前将该项权利单独让与非股东。股东作为知情权的享有主体,可以委托代理人代为行使该权利。原审法院对此认定有误,法院予以更正。

2. 辅助人辅助行使知情权应否受限制

辅助人辅助行使知情权应当受到一定限制,具体如下:

(1)应当受正当目的的限制,不应妨碍公司的合法权利;如果公司有证据证明辅助人辅助查阅会计账簿有不正当目的,可能损害公司合法利益,公司可拒绝辅助人辅助查阅。司法实践中的辅助人有不正当目的认定与举证责任问题,可参照前述关于股东查阅公司会计账簿有不正当目的的认定内容予以解决。

(2)应当遵守保密义务。《公司法》第57条第4款规定了会计师事务所、律师事务所的保密义务。然而,这里需要注意的是股东签署的保密协议与其聘请第三方机构参与查阅是否冲突的问题。

裁判观点:股东签署的保密协议与其聘请第三方机构参与查阅并不冲突。

【**典型案例一**】李某岸、绘锦恒公司股东知情权纠纷案。[1] 二审法院认为,关于李某岸签署的保密协议能否排除其聘请第三方机构参与查阅的问题。绘锦恒公司上诉主张,李某岸已签署保密协议,故本案不应支持中介机构执业人员参与辅助查阅。对此,根据法律规定,股东依据法院生效判决查阅公司文件材料的,在该股东在场的情况下,可以由会计师、律师等依法或者依据执业行为规范负有保密义务的中介机构执业人员辅助进行。据此,李某岸关于查阅时有会计师、律师予以协助的诉请,合理合法,一审对此已作出充分的分析论证,法院对此予以确认。因法律规定将辅助查阅的第三人限定为负有法定保密义务的中介机构执业人员,且同时还特别规定了辅助股东查阅的第三人对公司的侵权赔偿责任,绘锦恒公司的权益可以依法得到保障。李某岸签署的保密协议,与其行使股东知情权的方式并不冲突。对该项上诉理由,法院不予支持。

股东委托他人辅助行使知情权可否在判项中明确。实务中有法院在判决中予以明确。

【**典型案例二**】繁兴公司、陈某生股东知情权纠纷案。[2] 二审法院认为,繁兴公司提供上述资料给陈某生查阅、复制的时间应不少于10个工作日(含第10个工作日)。在陈某生在场的情况下,陈某生可委托会计师、律师等依法或者依据执业行为规范负有保密义务的中介机构执业人员辅助进行。

【**典型案例三**】龙胜堂公司、李某德股东知情权纠纷案。[3] 二审法院变更广东省深圳市龙华区人民法院(2020)粤0309民初6561号民事判决第1项为:上诉人龙胜堂公司应于本判决生效之日起10日内在其办公场所将其自成立之日起至实际查阅、复制之日的股东会会议记录和财务会计报告(含会计报表、会计报表附注和财务情况说明书)提供给被上诉人李某德查阅、复制,查

---

[1] 参见广东省深圳市中级人民法院民事判决书,(2021)粤03民终16708号。
[2] 参见广东省深圳市中级人民法院民事判决书,(2020)粤03民终22438号。
[3] 参见广东省深圳市中级人民法院民事判决书,(2021)粤03民终6303号。

阅、复制时间不超过 10 个工作日;在被上诉人李某德在场的情况下,可以由会计师、律师等依法或者依据执业行为规范负有保密义务的中介机构执业人员辅助进行。

(三)查阅地点的确定

我国《公司法》及司法解释均未明确规定查阅地点,但在实务中,对于查阅地点,法院原则上会确定为公司住所地或股东与公司协商确定的其他地点。

【典型案例】繁兴公司、陈某生股东知情权纠纷案。[①] 二审法院认为:繁兴公司应于判决生效之日起 10 日内在繁兴公司的住所地将其自 2011 年 1 月 1 日至 2015 年 8 月 4 日的公司章程、股东会及股东大会决议、股东会及股东大会会议记录、董事会会议决议、监事会会议决议、财务会计报告提供给陈某生查阅、复制;繁兴公司应于判决生效之日起 10 日内在繁兴公司的住所地将其自 2015 年 8 月 5 日至判决生效之日的公司章程、股东大会会议记录、董事会会议决议、监事会会议决议、财务会计报告提供给陈某生查阅。

(四)公司迟延履行判决义务的民事责任

依据《民事诉讼法》第 260 条、《民事诉讼法司法解释》第 505 条之规定,当公司迟延履行判决义务时,应当向原告支付迟延履行金。执行实践中,执行法官可根据执行知情权的资料多寡、期限范围长短、公司是否故意拖延等具体情况决定迟延履行金的支付数额,切实提高该类纠纷判决的自动履行比例。

(五)拒不履行判决的民事强制措施

依据《民事诉讼法司法解释》第 494 条、《民事诉讼法》第 114 条第 1 款第 6 项的规定,在执行程序中,如公司拒不履行生效判决确定的义务,法院可根据公司对抗执行、拒不执行的相应情形采取对应的民事强制措施,切实保障申请执行人股东知情权的真正实现。

(六)公司未设置会计账簿的法律责任

《会计法》第 42 条规定,不依法设置会计账簿,未按照规定填制、取得原始凭证或者填制、取得的原始凭证不符合规定,或者未按照规定保管会计资料,致使会计资料毁损、灭失等,由县级以上人民政府财政部门责令限期改正,可以对单位并处 3000 元以上 5 万元以下的罚款;对其直接负责的主管人员和其他直接责任人员,可以处 2000 元以上 2 万元以下的罚款;第 43 条规定,伪造、变造会计凭证、会计账簿,编制虚假财务会计报告,尚不构成犯罪的,由县级以上人民政府财政部门予以通报,可以对单位并处 5000 元以上 10 万元以下的罚款。执行实践中,法院如发现公司存在前述未设置会计账簿的情形,可以向财政部门发出司法建议,建议相关部门对公司违反规定的行为给予罚款的行政处罚。此外,法院可以告知申请执行人根据《公司法解释(四)》第 12 条的规定,对未依法履行制作或者保存公司特定文件材料职责的公司董事、高级管理人员提起民事赔偿诉讼。

(七)股东知情权的穿透行使

股东知情权的义务主体为公司,但该权利能否对公司的子公司或其他关联公司穿透行使,

---

① 参见广东省深圳市中级人民法院民事判决书,(2020)粤 03 民终 22438 号。

比如母公司的股东要求查阅其子公司的账簿记录时，是否应该同意母公司股东的请求。在新《公司法》修订前实务中存在争议。依据新《公司法》第57条第5款、第110条第3款之规定，无论是有限责任公司还是股份有限公司，母公司的股东对合资子公司享有对母公司一样的知情权。但需要注意的是:(1)穿透后的义务主体范围仅限于公司的全资子公司，不包括非全资子公司和关联公司。(2)在新《公司法》颁行之前，根据规定母公司股东查阅子公司会计账簿、会计凭证的权利对象即义务主体不是子公司，而是母公司。所以一般不直接判令子公司向母公司股东提供有关资料，而是由母公司查阅子公司相关资料后，再提交给母公司股东。

【典型案例】准兴公司、杜某某等诉星珏投资公司、星衡企业股东知情权纠纷案。① 二审法院认为，根据《合伙企业法》第68条的规定，有限合伙人不执行合伙事务，不得对外代表有限合伙企业，同时又规定有限合伙人的下列行为不视为执行合伙事务，其中包括在执行事务合伙人怠于行使权利时，有限合伙人督促其行使权利或者为了本企业的利益以自己的名义提起诉讼的行为。该条赋予有限合伙人在执行事务合伙人怠于行使权利时，有限合伙人为了企业的利益以自己的名义提起派生诉讼的权利。杜某某、张某某、陆某某及准兴公司在提起本案诉讼前在已知范围内尽到了督促义务，星衡企业也未在本案诉讼中知悉有限合伙人的要求后表示愿意行使股东知情权。因此，在执行事务合伙人怠于行使权利的情况下，有限合伙人以自己名义提起知情权诉讼既未违反上述的法律规定，也有利于合伙企业权利的行使及利益的保护。因此杜某某、张某某、陆某某及准兴公司提起本案诉讼的原告主体资格适格，法院应当对本案进行实体审理。

《公司法》修订后，母公司股东依法对全资子公司直接享有知情权，子公司成为该类纠纷的直接义务主体，母公司股东直接查阅子公司相关资料，无须母公司先查阅再提交。具体处理方式我们拭目以待。

（八）股东知情权诉讼保全

1. 股东知情权诉讼保全的性质

在知情权诉讼中，经常出现公司高级管理层或控股股东隐匿、转移、销毁涉案会计账簿、原始凭证等公司重要文件的情形。为确保生效裁判得以执行，需要对公司的相关资料进行保全。依据《民事诉讼法》第103条的规定，实务中一般认为股东知情权诉讼保全应当采取行为保全更为妥当。同时该保全措施还可以细分为一定行为的履行性行为保全和不得为一定行为的禁止性行为保全。

【典型案例】刘某波、刘某新、纪某岱、刘某华、周某顺与被申请人渤海物资公司股东知情权纠纷案。② 法院认为，申请人于2019年3月19日向法院提出保全申请，要求对渤海物资公司的会计账簿进行保全。法院认为，申请人刘某波、刘某新、纪某岱、刘某华、周某顺的申请符合法律规定，依照《民事诉讼法》（2017年）第100条、第102条③之规定，裁定如下：禁止渤海物

---

① 参见上海市第二中级人民法院民事判决书，(2013)沪二中民四(商)终字第S1264号。
② 参见山东省东营市东营区人民法院民事裁定书，(2019)鲁0502民初1355号。
③ 分别参见2023年《民事诉讼法》第103条、第105条。

资公司隐匿、转移、毁损、篡改渤海物资公司的会计账簿。

实务中,关于股东在知情权诉讼中是否可以申请证据保全,各个法院在司法实践中存在不同观点。

裁判观点一:股东在股东知情权诉讼中可申请证据保全。

【**典型案例一**】湖至企业合伙企业与中暨科技公司股东知情权纠纷案。① 法院认为,在证据可能灭失或者以后难以取得的情况下,当事人可以在诉讼过程中向法院申请证据保全。申请人的申请符合法律规定。

【**典型案例二**】董某与中祥房地产公司股东知情权纠纷案。② 法院认为,法院受理申请人董某诉被申请人中祥房地产公司股东知情权纠纷一案。申请人于2019年7月31日向法院提出保全申请,请求依法查封被申请人中祥房地产公司名下会计账簿。申请人以名下位于新城辖区房产为其提供担保。法院经审查认为,申请人的请求符合有关法律规定,符合财产保全的条件。据此,依照《民事诉讼法》(2017年)第100条、第103条③ 之规定,裁定如下:依法查封被申请人中祥房地产公司名下会计账簿。

【**典型案例三**】申请人潘某与被申请人融发矿山公司、融发矿山公司柞水分公司知情权纠纷案。④ 法院认为,陕西省西安市莲湖区人民法院作出的(2018)陕0104民初3291号之一民事裁定书已发生法律效力,申请人潘某于2018年5月30日向法院申请诉讼中财产保全,请求对被申请人融发矿山公司、融发矿山公司柞水分公司自公司成立以来至起诉之日(2018年4月16日)的财务会计报告、会计账簿(总账、明细账、日记账)、财务原始凭证采取保全措施,并提供相应担保。法院于当日立案执行。

裁判观点二:股东知情权诉讼中不可申请证据保全。

【**典型案例**】杨某霞、博勋地产公司股东知情权纠纷案。⑤ 一审法院认为,证据是法院用以认定案件待证事实的资料。本案中,杨某霞申请保全的上述资料实为履行的标的,不属于本案证据,且杨某霞没有充分理由说明上述资料、文件可能灭失或以后难以取得,不符合证据保全的条件。裁定如下:驳回申请人杨某霞要求复制被申请人博勋地产公司自2008年1月16日起至今的公司章程、股东会会议记录、股东会会议决议、董事会会议决议、财务会计报告(包含但不限于会计报表、会计报表附注、财务情况说明书、资产负债表、损益表、财务状况变动表、财务情况说明书、利润分配表、现金流量表、工资发放表等)、会计账簿(包括总账、明细账、日记账和其他辅助性账簿)、会计凭证(含记账凭证、相关原始凭证及作为原始凭证附件入账备查的有关资料、银行账户交易明细)和公司财产权权利证书的申请。二审法院对一审判决予以维持。

---

① 参见上海市青浦区人民法院民事裁定书,(2019)沪0118民初6250号之一。
② 参见新疆维吾尔自治区库尔勒市人民法院民事裁定书,(2019)新2801财保52号。
③ 分别参见2023年《民事诉讼法》第103条、第106条。
④ 参见陕西省西安市莲湖区人民法院民事裁定书,(2018)陕0104执保263号之一。
⑤ 参见河南省洛阳市老城区人民法院民事判决书,(2020)豫0302民初1054号;河南省洛阳市中级人民法院民事判决书,(2020)豫03民终7480号。

在实务中，从股东的角度出发，证据保全或财产保全措施最为有利，如直接查封、扣押公司的财务账簿、财务报告等，但法院往往会基于考虑证据保全、财产保全对公司生产经营的负面影响而不予准许。此时，可考虑申请行为保全，并申请法院责令被告将需要保全的材料交至法院或者交专人保管，以实现各方利益的平衡。

2. 股东知情权诉讼行为保全应注意的问题

司法实践中，法院在决定对公司决议、会计账簿、会计凭证等知情权客体范围的文件采取行为保全时，一般会非常注意比例原则的适用，即通常会运用利益衡量的方法实现手段与目的之间的均衡，在是否采取行为保全以及采取何种行为保全措施的考量上，会从适当性、必要性、均衡性三个方面进行考量：

（1）适当性，又称目的契合性，即所采取的手段或措施能够实现预定的目的。只有在能够实现该目的的情况下，才有必要进行行为保全，否则并无行为保全之必要。

（2）必要性，又称最小侵害原则，即所采取的行为保全措施在满足适当性要求的情况下，如存在多种措施可供选择，应采取对公司正常生产经营影响最小的措施。

（3）均衡性，又称狭义比例原则，不受所欲达到之目的限制，是对采取的手段及其所追求的目的与因此而产生的弊害后果之间进行比较，唯有利大于弊时，方可采取此项手段以实现目的。

第六章　股权转让纠纷

第一节　有限责任公司股权转让的基本问题概述

一、股权的法律含义

（一）股权的内涵

股权是股东权利的简称。广义的股权泛指股东可以向公司主张的各种权利；狭义的股权则仅指股东基于股东资格而享有的从公司获取经济利益并参与公司经营管理的权利。[1]我国《公司法》第4条第2款规定："公司股东对公司依法享有资产收益、参与重大决策和选择管理者等权利。"

获得股权通常包括以下四个步骤：第一步，公司的初始财产源于股东的出资；第二步，股东结合构建起公司的组织架构；第三步，公司的初始财产与组织架构集合股东的"比例权益"，进而产生股份；第四步，股份承载着公司权利，形成兼具人格属性与财产属性的股权。

股权的形成路径：（出资行为→公司财产）+（股东加入→公司组织）=公司法人→股东整体权益→分割为股份→股权。股东获得股权遵循以下路径：出资行为+公司认可=股东资格→股东权利（股权）。对股权层次化解构有利于确定股权诉讼审理范围和裁判先验判断。[2]

（二）股权的性质

关于股权性质，理论界存在股东所有权说、股权债权说、股权社员权说、独立权利说等多种观点，股权社员权说为大陆法系的通说，此学说最初由德国学者瑞纳德于1875年首倡，该观点认为公司是社团法人的一种，股东是其成员，故股权是股东基于其营利性社团的社员身份而享有的权利，包括若干类财产性质的请求权和共同管理公司的若干种权利。社员向社团法人出资并取得社员资格后，即对其出资丧失了所有权，而作为独立民事主体的社团法人则对社员的全部出资及其孳息享有民法上的所有权。社员权既与物权有别，亦不同于债权，而是一种独立的民事权利。

（三）股权的内容

股权按行使的目的可区分为自益权与共益权。

自益权，指股东获取经济性、财产性利益的权利，是股东为自身利益，可单独主张，其权利和义务相对方为股东与公司，主要包括：利润分配请求权、剩余财产分配请求权、新股认购优先权、退股权、股权转让权、股东名册变更请求权、股票交付请求权等财产请求权，其中以股东收益权最为典型。依照《公司法》第4条第2款的规定，股东收益权内涵与会计学上所有者权益一致，主要包括公司利润分配权和公司剩余财产的分配权。

共益权，指股东作为公司投资者成员参与公司管理事务的权利，主要包括表决权、代表诉讼提起权、临时股东会召集请求权、临时股东会自行召集权与主持权、提案权、质询权、股东会

---

[1] 参见陈立斌主编：《股权转让纠纷》（第3版），法律出版社2015年版，第3页。
[2] 参见陈克：《股权转让纠纷审理中的体系思维》，载微信公众号"法律出版社"2019年7月10日，https://mp.weixin.qq.com/s/OIOP6YHlgYiqk6hghh6rEA。

和董事会会议决议无效确认请求权和撤销请求权、公司合并无效诉讼提起权、累积投票权、会计账簿查阅权、公司解散请求权等。

二、股权转让纠纷的常见类型

股权转让,是指股东依法通过法定方式转让其全部出资或者部分出资对应的股权,转让内容包括股东身份或资格以及该身份或资格所决定的依法可享有的权利和应承担的义务。

(一)股权转让纠纷表征类型区分

1. 股权转让合同纠纷

(1)依照诉讼请求的不同区分

① 继续履行股权转让合同之诉。如因请求支付股权转让款、办理股东名册、章程、工商登记变更手续等产生的诉讼。

② 解除股权转让合同之诉。主要是以对方当事人构成根本违约为由而依法或者依约主张解除股权转让合同的诉讼。

③ 股权转让合同违约赔偿诉讼。主要是因违约方的行为造成了合同无法履行或继续履行已无意义,守约方主张对方因违约给自己造成的损失。

④ 股权转让合同效力之诉。主要是公司或公司其他股东就股权转让合同存在违法、违反公司章程或损害公司或其他股东利益的情形,提起的请求确认合同无效、不成立和撤销诉讼。

(2)依照纠纷产生的原因区分

① 因股权转让和义务履行或者权利实现产生的纠纷,如因支付转让款、办理变更登记发生的纠纷;

② 股权转让协议未约定或约定不明、约定内容矛盾或存在瑕疵发生的纠纷;

③ 标的股权瑕疵产生的纠纷,如因股权转让方处分权欠缺、转让的股权存在股东未出资、出资不实或出资后抽逃资金、股权评估瑕疵、一股二卖、部分权能转让等产生的纠纷;

④ 标的公司资产状况披露瑕疵产生的纠纷,如转让方故意隐瞒、虚假陈述、遗漏陈述标的公司资产状况等产生的纠纷;

⑤ 股权转让前后因公司债务承担产生的纠纷;

⑥ 因法律、法规、公司章程对股权转让进行限制产生的纠纷;

⑦ 受让股权后合作经营事项争议、出让股权不规范等产生的纠纷。

2. 股权转让侵权纠纷

(1)公司其他股东行使优先购买权产生的纠纷;

(2)股份有限公司公开发行股份前已发行的股份,自公司股票在证券交易所上市交易之日起不满一年转让引发的纠纷;

(3)冒名转让股权产生的纠纷。

3. 代持股权转让纠纷

(1)隐名出资人向第三人转让股权而名义出资人拒绝履行变更义务并主张股东权利而产生

的纠纷；

(2)名义出资人未经隐名出资人同意向第三人转让股权而产生的纠纷；

(3)名义出资人将股权转让给隐名出资人引发其他股东异议而产生的纠纷。

4. 股权善意取得纠纷

公司股权未按法定程序或者被无权转让引发的纠纷中涉及受让方善意取得公司股权的纠纷。

5. 公司增资扩股纠纷

公司在引进外部资本时，控制公司的股东或管理层会以公司名义，与公司部分股东或公司股东以外的第三人签署出资或投资协议，这一行为继而引发公司股权结构的改变，从而产生纠纷。由于此类业务在操作上常以股权转让形式进行（公司在原有股东范围内增资扩股时一般不涉及股权转让），故由此产生的纠纷也常被归为股权转让纠纷。该类纠纷可能引发的诉讼：一是对增资扩股异议股东提出的诉讼；二是履行增资扩股协议引发的诉讼。

6. 涉公司决议股权转让纠纷

股权转让纠纷中涉及公司决议无效、不成立或撤销，当事人起诉请求确认股东会、董事会会议决议无效、不成立或请求撤销上述决议，此类纠纷虽不以股权转让纠纷为案由，但涉及股权转让规范的适用。

7. 名为股权转让实为其他法律关系的纠纷

此类纠纷往往是以股权转让为名，实为借款、投资、资产转让等其他性质合同关系纠纷，如受让方要求转让方返还借款、投资本金，交付转让资产等诉讼纠纷。

8. 涉继承等特殊类型股权转让纠纷

如因赠与、继承、夫妻分割财产、股权质押、股权强制执行等公司股权主体变动引发的纠纷，现行《公司法》除规定有偿转让外，还增加了对继承股权、强制执行这两种情形的规定，但未规定其他特殊情形的股权转让规范。

(二)股权转让纠纷实质类型区分

1. 普通股权转让合同纠纷

常见争议有"阴阳合同"、不完全履行、瑕疵股权转让、合同目的不能实现等。

2. 涉转让限制审查股权转让纠纷

主要涉及股权转让限制违反问题，通常包括公司章程转让限制、《公司法》转让限制、特殊股权转让管制限制等。

3. 涉公司控制权股权转让纠纷

受让股东是以获得公司控制权为目的，实务中常涉及的难点问题：一是账册或公章的移交、法定代表人变更、董事会改选或名额分配等公司治理权力分配请求的处理；二是上述义务属于主合同义务、从义务还是附随义务的判断；三是公司作为独立主体，股东更替往往导致公司权力让渡改变，股权转让应否以公司认可为前提；四是公司控制权发生转移后，如果合同无效、撤销或解除时，如何解决相互返还或者违约损失赔偿；等等。

4. 涉公司特殊资产或资质股权转让纠纷

受让方支付转让对价获得股权的主要目的是获得标的公司拥有的资产、资质，如矿业公司、房地产项目公司等公司股权转让引发的纠纷。

5. 股权部分权能转让纠纷

转让标的仅涉及股权部分权能，如以表决权为转让标的所涉及的股东行为一致协议问题，以收益权为转让标的所引发资产证券化"基础资产"确定问题，股权代持和善意取得问题等。①

6. 类股权转让纠纷

涉及类似于公司股权的类组织性权利，如设立中的公司、未登记的事实公司权利等"类股权"转让纠纷，此类纠纷可参照《公司法》相关规定予以解决。②

7. 名实不一致的股权转让纠纷

此类纠纷与表征类型中的实为借款、投资、资产转让等股权转让纠纷基本一致。股权转让仅是交易表象，实质多以融资为目的，且附有股权回购、股权债权转换等条件，如对赌协议、名股实债协议等。

三、股权转让法律规制体系

（一）股权转让的横向规范

股权转让属于兼具债权和准物权变动性质的民事法律行为。从债权变动角度，表现为交易双方就股权转让数量、价款、付款期限等财产性权利变动达成一致的意思表示。从准物权变动角度，股权转让协议签订后，受让方并非必然取得股东地位，须经过登记方履行相关变更登记义务，才可整体完成股权财产权和身份权的转让。股权变更登记包括公司股东名册的内部登记变更和工商管理机关的外部登记变更，其中外部登记具有对抗善意第三人效力，但需要注意，股权变更登记是否完成并不影响股权转让行为效力。我国《公司法》规定了有限责任公司和股份有限公司两种公司形式。股份有限公司作为典型资合公司，股权以自由转让为基本特征，但强调遵循形式主义原则和公示原则。有限责任公司兼具人合和资合特性，其存续既依赖各股东资本投入，也取决于股东之间的信任和合作。当股权对外转让时，必然使公司外部主体进入公司内部，冲击公司人合性。《公司法》第84条对有限责任公司的股东对外转让股权作了限制性规定。基于股权兼具财产属性与人身属性，在股权转让纠纷法律适用方面，参照适用《公司法》《民法典》及相关民商事法律规范。现行立法围绕股权转让轴线形成以《公司法》与《民法典》为主体的两大横向法律调整渊源。③

1. 股权转让财产性权利纠纷适用以《民法典》合同编和物权编为主体的财产法律规范调整

《民法典》合同编关于合同效力、履行、变更、违约责任认定等合同法律规则，以及物权编

---

① 参见陈克：《股权转让纠纷审理中的体系思维》，载微信公众号"法律出版社"2019年7月10日，https://mp.weixin.qq.com/s/OIOP6YHlgYiqk6hghh6rEA。

② 参见张应杰主编：《公司股权纠纷类案裁判思维》，人民法院出版社2023年版，第12页。

③ 参见陈克：《股权转让纠纷审理中的体系思维》，载微信公众号"法律出版社"2019年7月10日，https://mp.weixin.qq.com/s/OIOP6YHlgYiqk6hghh6rEA。

关于物权变动、担保等物权法律规则，基本可以适用于股权转让纠纷。故股权财产权益转让所产生的纠纷，基本由以《民法典》合同编、物权编为核心的财产法律制度调整。涉及继承、夫妻分割财产等的，受《民法典》婚姻家庭编法律规范调整。

2. 股权转让身份性权利纠纷适用以《公司法》为核心的团体法规范调整

股权与合同法上买卖合同标的物的差别：股权身后对应公司全部财产（含债务），股权转让法律后果表现为转让方与受让方对标的公司控制关系的变化。《公司法》及其司法解释关于股权转让的规定属于特别规定，而《民法典》合同编、物权编的规定属于一般性规定，按照特别法优先一般法适用原则，当二者规定冲突时，股权转让纠纷应优先适用前者规定。

针对股权转让中财产权与身份权存在交叉的纠纷，应当区别适用《民法典》和《公司法》。实务中，最为典型的是因配偶一方转让股权引发的纠纷。如夫妻一方擅自转让登记在其名下股权，或者夫妻之间通过股权转让方式履行离婚协议，其他股东是否享有优先购买权。针对此类纠纷中财产权问题，应当适用《民法典》婚姻家庭编及物权编相关规范进行认定，而对于身份权问题，应适用《公司法》规定。《民法典婚姻家庭编司法解释（一）》第73条的规定就很好地体现了股权转让中财产权与身份权交叉纠纷的法律适用规则。

（二）股权转让的纵向规范

1. 外商投资股权转让特殊规范

现行立法针对内外投资实行区分管制原则，在具体法律适用方面，应注意2020年1月1日起施行的《外商投资法》已取代了之前颁布的《中外合资经营企业法》《外资企业法》《中外合作经营企业法》。

2. 国有股权转让特殊规范

国资委及财政部于2016年6月出台《企业国有资产交易监督管理办法》，2018年7月，为规范上市公司国有股权变动行为，推动国有资源优化配置，平等保护各类投资者合法权益，防止国有资产流失，国资委、财政部、证监会联合发布实施了《上市公司国有股权监督管理办法》。前述两个办法共同构成我国企业国有资产交易监管制度体系。未遵照决策、审批程序的合同可能不生效，未依法进场交易的国有股权转让合同可能被认定为无效合同。

3. 资本运作类型股权转让监管特殊规范

《证券法》及证监会规章针对股权转让资本市场运作交易出台了众多监管措施，这些监管规范成为规制相关类型股权转让的法律渊源。在相关类型股权转让纠纷案件审理过程中，法院会将相关金融领域法律、行政法规、规章制度、交易规则等作为裁判依据及考量因素。

4. 涉土地或矿业股权转让特殊规范

司法实践中，经常遇见通过股权转让方式取得土地使用权或矿业权的交易，此类交易目的是获得目标公司的资产或资质，客观上产生了与土地使用权或矿业权转让类似的实际效果。按照现行裁判规则，此类交易因并不违反法律、行政法规强制性规定故而确认其合同有效，但此类案件往往涉及矿业、土地、房屋等专门性法律规定。

四、股权转让纠纷案件的实务审判理念[①]

(一)坚持商事审判思维,维护股权交易安全稳定

公平是民法基本的价值取向,民法强调公平优先,兼顾效益与其他;效益是商法的基本价值取向,商法强调效益优先,兼顾公平与其他。因此,商法和商事审判应遵循鼓励交易积极性和维护交易安全的基本原则。

1. 坚持股权自由转让原则

股权转让以自由为原则,限制为例外,故在司法实践中应注重把握股权转让自由与转让限制的主次关系。公司章程可以限制股权转让,但不得禁止或者变相禁止股权或股份流通。在股权转让中,又必须关注章程、《公司法》对股权转让的限制和特殊股权管制性规定。

2. 遵循合同自由原则

商事主体进行商事行为一般以营利为目的,秉持追求效率优先的基本价值取向。在司法实践中,通常将商事主体视为"经济人""理性人",推定其对市场交易规则和市场风险具备理性判断能力,善于通过比较风险与收益、计算成本与获利,作出最有利于自身利益、趋利避害的抉择,并以此作为其应尽的审慎义务。基于此,对于股权转让合同,只要不违反法律、行政法规强制性规定,应尽量维护其有效性和合法性。

3. 遵循商事外观主义原则

商事外观主义通常是指根据商事法律关系中的外观事实要件判断商事行为效力并决定责任归属,一旦符合交易行为外观的法律行为完成,原则上不得撤销。这一原则实质是民法信赖保护原则在商法中的运用。其中商事外观包括主体外观、权利外观、法律关系外观、法律事实外观。在商法实务中,为保护对外观的信赖,商事立法和商事审判强调外观事实可以优先于法律事实。

4. 维持公司经营稳定原则

股权转让交易涉及交易双方对价的对等给付,现实中还可能产生受让方参与公司实际经营管理的后果。因此,在商法实务中,应依法维护合同稳定和标的公司经营稳定。因为股权转让合同效力被否、被解除或者被撤销,将会对转让双方及其公司利益相关者权益、公司存续稳定等产生影响。基于此,法院在司法实践中,对待股权转让合同应否撤销及合同应否解除,一般会从严把握,尽量秉持维护交易稳定和现状原则。

(二)优先适用商法规则,补充适用民法和行政法律规范

在股权纠纷处理中,遵循特别法即《公司法》优先一般法即《民法典》合同编、物权编规定的原则。对于涉及其他部门法规定的,应优先遵循特殊规范。例如,国有股权转让应适用国有资产转让的特殊规定;外资企业股权转让应优先适用《外商投资法》及有关准入和负面清单管理等规定;涉及资本领域的股权转让应优先适用证券、信托、资管新规等金融法律规范;涉及特殊资产或资质的股权转让应优先适用矿业、房屋、土地等专门法律规范;等等。

[①] 参见张应杰主编:《公司股权纠纷类案裁判思维》,人民法院出版社2023年版,第17~24页。

（三）坚持穿透式审判思维，正确界定股权转让与其他相关法律关系

近年来的司法实践中，除传统、典型的股权转让外，还常出现附条件股权转让以及估值调整即"对赌协议"、到期还本付息的所谓"名股实债"等纠纷。这些纠纷的内在法律关系并非外在显现的股权转让法律关系。合同双方基于某种原因，通过虚假的股权转让意思表示，隐藏双方真实意思表示；或者通过非真实意思表示的其他法律关系掩盖真实的股权转让行为。对此，在对股权转让与其他民事法律行为进行区分时，一般会结合合同性质、目的、主体、客体、内容、履行过程、转让程序等方面进行综合考量，以判断合同真实交易意思表示。

（四）坚持要式审查理念，严格遵循程序和条件限定

《公司法》对于股权转让规定了严格的法定程序，当事人不能通过约定方式变更和规避股权转让法定程序和条件限制。基于此，法院在审理股权转让纠纷案件的司法实践中，不局限于合同约定，还会关注以下方面：

第一，股权对外转让应保护其他股东优先购买权并受章程约束。

第二，股权转让后需办理内部和外部股东变更程序。股权转让后，公司应当注销原股东出资证明书，向新股东签发出资证明书，并相应修改公司章程和股东名册中有关股东及其出资额的记载，同时负责办理股权变更登记手续。如果标的公司不履行上述程序，受让方不产生对外公示和对抗效力。

第三，不同性质的股权转让，转让场所和转让方式存在区别。股东转让股份有限公司的股份，应当在依法设立的证券交易场所进行或者按照国务院规定的其他方式进行；对于非上市且未挂牌的股份有限公司的股份，可以在依法设立的区域性股权交易市场或者产权交易所进行交易，需交付股票并记载于股东名册；对于上市公司以及新三板挂牌公司，则需在上海证券交易所、深圳证券交易所、北京证券交易所以及全国中小企业股份转让系统进行交易。公司向发起人、法人发行的股票，应当为记名股票，并应当记载该发起人、法人名称或姓名，不得另立户名或者以代表人姓名记名。对于记名股票的转让，由股东以背书方式或者法律、行政法规规定的其他方式转让，转让后由公司将受让人姓名或者名称及住所记载于股东名册，股东大会召开前20日内或者公司决定分配股利的基准日前5日内，不得进行前述股东名册的变更登记。但是，法律对上市公司股东名册变更登记另有规定的，从其规定；对于无记名股票的转让，由股东将该股票交付给受让人后即发生法律效力。

第四，股份有限公司发起人、公司董事、监事、高级管理人员转让本公司股权应遵守持股时间限制原则。公司公开发行股份前已发行的股份，自公司股票在证券交易所上市交易之日起一年内不得转让。公司董事、监事、高级管理人员应当向公司申报所持有的本公司的股份及其变动情况，在任职期间每年转让的股份不得超过其所持有本公司股份总数的25%，所持本公司股份自公司股票上市交易之日起1年内不得转让。

第五，国有股权转让的报批、进场交易及评估程序以及外资企业股权转让存在特殊规定。股权转让上述法定程序和限制性规定，可能对股权转让合同效力、履行及违约责任认定产生重大影响。法院在审理股权转让纠纷时，会注重考量转让方与受让方在主观心态上的善意与恶

意,来界定合同效力及责任承担。

(五)坚持利益平衡原则,兼顾多元利益保护

利益多元化是公司最为明显的特征之一。对于公司股权对外概括转让纠纷案件,法院不仅会考虑合同当事人之间的利益平衡,还会注重兼顾与标的公司相关的其他主体之间的利益平衡。

1. 平衡双方主体利益

股权转让合同双方均须按约履行义务,否则按合同约定和法律规定承担违约责任。

2. 关注标的公司利益

股东转让股权过程中不得处分和损害公司财产。同时,原股东如果在出让时未履行或者未全面履行到期出资义务,标的公司可以请求该股东履行出资义务,受让方对此知道或者应当知道的,受让人对原股东出资义务承担连带责任。

3. 关注公司其他股东利益

股东对外转让股权时,其他股东享有优先购买权。未履行法定程序义务,股权转让合同即使生效也难以顺利履行。

4. 关注公司外部利益关系

要保护公司债权人利益,公司的外部债权人并非股权转让合同当事人,对其利益保护,最有效的途径就是保护标的公司资产不受非法侵害,保全标的公司对外偿债能力不受影响。如果股权转让协议履行会导致标的公司资产减损,进而影响公司偿债能力,法院可能会对股权转让合同相关条款的内容及效力予以否定性评价。例如,对实务中常见的约定标的公司为股权转让价款支付主体的条款应予以否定。又如,对于对赌条款中约定由公司承担回购义务等。

第二节 股权转让合同纠纷中的法律关系相关问题

一、合同主体

(一)对于特殊主体转让股权的限制

1. 上市公司股东转让股权的限制

根据《公司法》第 160 条第 1 款的规定,公司公开发行股份前已发行的股份,自公司股票在证券交易所上市交易之日起 1 年内不得转让。

2. 上市公司股东、实际控制人转让股权的限制

根据《公司法》第 160 条第 1 款的规定,法律、行政法规或者国务院证券监督管理机构对上市公司的股东、实际控制人转让其所持有的本公司股份另有规定的,从其起规定。

3. 董事、监事、高级管理人员转让股权的限制

根据《公司法》第 160 条第 2 款的规定,公司董事、监事、高级管理人员应当向公司申报所持有的本公司的股份及其变动情况,在就任时确定的任职期间每年转让的股份不得超过其

所持有本公司股份总数的25%；所持本公司股份自公司股票上市交易之日起一年内不得转让。上述人员离职后半年内，不得转让其所持有的本公司股份。公司章程可以对公司董事、监事、高级管理人员转让其所持有的本公司股份作出其他限制性规定。

4. 持有5%股份股东转让股权的限制

根据《证券法》第44条的规定，在股票上市后，禁止持有5%股份的股东在买入后6个月内又卖出或者在卖出后6个月内又买入。否则，由此所得收益归公司所有。

5. 上市公司股份收购人转让受让股权的限制

根据《证券法》第88条的规定，采取要约式收购的，收购人在收购期限内，不得卖出被收购公司的股票，也不得采取要约规定以外的形式和超出要约的条件买入被收购公司的股票。同时，收购人持有的股票，在收购行为完成后12个月内不得转让。

6. 首次公开发行股票上市时，其控股股东和实际控制人股票转让的限制

我们应当注意《上海证券交易所股票上市规则（2024年4月修订）》第3.1.10条与《深圳证券交易所股票上市规则（2024年修订）》第3.1.10条的规定。

7. 证券机构人员和其他有关人员转让限制

根据《证券法》第40条的规定，证券交易所、证券公司和证券登记结算机构的从业人员、证券监督管理机构的工作人员以及法律禁止参与证券交易的其他人员，在任职期间和法定期限内，不得直接或以化名、借他人名义持有、买卖股票，也不得收受他人赠送的股票。在成为上述人员前，其所有的股票必须依法转让。上述特殊人员不得买入股票。

8. 证券中介服务机构及其人员转让限制

根据《证券法》第42条的规定，为证券发行出具审计报告、资产评估报告或者法律意见书等文件的证券服务机构和人员，在该证券承销期内和期满后6个月内，不得买卖该种证券。为上市公司进行上述服务的中介机构和人员，自接受委托之日起至上述文件公开后5日内，不得买卖该种证券。

9. 受让方资格瑕疵限制[①]

受让方资格存在以下法律障碍，这同样会导致转让行为效力瑕疵：一是中国公民个人不能成为中外合资（合作）有限公司的股东；二是属于国家禁止或限制外资企业准入行业公司的股权，禁止或限制向外商转让；三是法律、法规、政策规定不得从事营利性活动的主体，不得受让公司股权成为公司股东，如各级国家机关的领导。

10. 有限责任公司章程限制

有限责任公司可以通过公司章程限制股权内外转让，只要章程限制不违背相关法律禁止性规定，章程相关限制具有效力。

此外，我国《民法典》对此的相关限制性规定可见第145条，第153条，第171条第1款、第2款，第172条。

[①] 参见《九民纪要》第31条、第37条。

（二）境外投资者受让股权限制

1.境外投资者受让国有股权受限

国有资产向境外投资者转让的，应当遵守国家有关规定，不得危害国家安全和社会公共利益。

2.外商投资领域负面清单审查

需审查外商投资领域是否列入负面清单，负面清单以外的领域按内资、外资一致原则对待。对于负面清单内的领域需区分是禁止投资领域还是限制投资领域：涉及禁止投资领域的合同无效；涉及限制投资领域的合同，因违反限制性准入特别管理措施无效，但在生效裁判作出前满足准入特别管理措施的，合同有效；在生效裁判作出前，禁止投资或限制投资项目移出负面清单的，合同有效。相关合同在《外商投资法》施行前签订，且合同争议尚在一审、二审诉讼程序中的适用新的规定。

3.我国港澳台地区投资者及定居国外中国公民投资相关规定

我国港澳台地区投资者、定居在国外的中国公民在内地投资的相关股权转让纠纷，参照适用前述规定。

此外，相关规定参见《民法典》第153条，《企业国有资产法》第57条，《外商投资法》第2条、第28条、第29条、第30条、第31条，《外商投资法解释》第1条、第2条、第3条、第4条、第5条、第6条，《九民纪要》第31条，《外商投资法实施条例》第33条。

（三）瑕疵出资股东转让股权限制

瑕疵出资股东包括未出资、出资不足或抽逃出资的公司股东。根据《公司法》第49条的规定，对于出资不到位的股东，应责令其补足出资，并承担因注册资本未到位而产生的民事责任，而不应直接否定其股东资格。对于出资瑕疵股东签订的股权转让合同的效力问题，应当根据《公司法》《民法典》相关规定进行处理，并不必然否定其效力。

（四）实际出资人转让股权限制

实际出资人签订的股权转让合同依法成立后，对合同当事人具有法律约束力，当事人应当按照约定履行各自的义务。若当事人知晓公司实际出资人情况，则不得以股权转让合同主体身份未记载于公司股东名册、公司章程或未在登记机关登记备案为由，拒绝履行自己义务。

实际出资人可以自身名义转让股权，但其转让的仅是作为实际出资人的隐名投资权益。

实际出资人转让股份，受让方从实际出资人处受让隐名股权，受让方将承继转让方与名义股东形成的股权代持关系，受让方欲取代名义股东成为显名股东时，需要经过公司其他股东过半数同意。

具体详见本书中"关于代持股权转让的相关问题"相关内容。

（五）名义股东转让股权限制

名义股东将登记于其名下的股权转让属于无权处分。

名义股东擅自签订股权转让合同，作为受让方的第三人构成善意取得时，即符合善意受让、以合理的价格转让、转让的股权已经变更登记的善意取得条件，可取得名义股东转让的股权,实际出资人可以请求名义股东承担损害赔偿责任。

第三人不构成善意取得,实际出资人可以解除合同并向名义股东主张违约责任,第三人因此受到的损失可以请求名义股东承担过错赔偿责任。

如果实际出资人有相反证据证明第三人签订股权转让合同时存在恶意,知道或者应当知道名义股东不是实际出资人,则应确认股权转让合同无效,或者以存在法定事由为由撤销股权转让合同,第三人无法依据《民法典》规定的善意取得要件获得股权。

具体详见本书中"关于代持股权转让的相关问题"相关内容。

二、股权转让合同标的

基于股权转让中某些股权转让标的的特殊性,在股权转让过程中及股权转让纠纷的处理过程中,需关注目标公司类型、是否上市、公司股东结构、股东持股类型、控股权是否转移等因素。在实务中,以下几种股权的转让需要特别注意。

(一)国有股权转让的要求及程序

1. 国有股权转让受到"一法两办法"规范体系的限制

现行《企业国有资产法》《上市公司国有股权监督管理办法》《企业国有资产交易监督管理办法》共同构成了我国企业国有资产交易监管制度体系,应当严格遵守。

2. 国有股东定义

从《企业国有资产法》第 2 条、《上市公司国有股权监督管理办法》第 3 条、《企业国有资产交易监督管理办法》第 4 条的规定可知,《上市公司国有股权监督管理办法》国有股东要求具有绝对控股权,《企业国有资产交易监督管理办法》对国有股东的认定拓宽更具有相对控股权,《企业国有资产法》规定的国有资产范围,涵盖国家对企业各种形式出资所形成的权益。

3. 国有股权转让报批要求

上市公司国有股权变动,实行分级监管原则。其中,国有资产的监管原则上由省级以上国资监管机构负责,但是,省级国资监管机构经省级人民政府同意,可以将地市级以下有关上市公司国有股权变动的监督管理,交由本级国资监管机构负责。

(1)《企业国有资产交易监督管理办法》第 7 条规定,国有资产监督管理机构负责审核国家出资企业的产权转让事项,其中,因产权转让致使国家不再拥有所出资企业控股权的,须由国资监管机构报本级人民政府批准。

(2)根据《企业国有资产法》第 53 条的规定:第一,国有资产监督管理机构决定其所出资企业的国有股权转让。其中转让全部国有股权或者转让部分国有股权致使国家不再拥有控股地位的,报本级人民政府批准。第二,国有资产转让由履行出资人职责的机构决定。履行出资人职责的机构决定转让全部国有资产的,或者转让部分国有资产致使国家对该企业不再具有控股地位的,应当报本级人民政府批准。

(3)同时应该注意的是,根据《企业国有资产交易监督管理办法》第 23 条的规定,受让方确定后,转让方与受让方应当签订产权交易合同,交易双方不得以交易期间企业经营性损益等理由对已达成的交易条件和交易价格进行调整。

4. 国有股权转让程序[①]

国有股权转让需要具备程序合法、合规性,除应遵循股权变动流程外,还需遵循国资流转报批及评估审核程序。再有,股东向股东以外的主体转让股权,除应遵循《公司法》第84条的规定外,对于国有股权转让决议的规定,应遵循更为严格的程序。否则,根据《民法典》第153条第1款的规定,可能导致转让行为无效。

(1)产权转让应当由转让方按照企业章程和企业内部管理制度进行决策,形成书面决议。国有控股和国有实际控制企业中国有股东委派的股东代表,应当按照法律规定和委派单位的指示发表意见、行使表决权,并将履职情况和结果及时报告委派单位。

(2)转让方应当按照企业发展战略做好产权转让可行性研究和方案论证。产权转让涉及职工安置事项的,安置方案应当经职工代表大会或职工大会审议通过;涉及债权债务处置事项的,应当符合国家相关法律法规规定。

(3)产权转让事项经批准后,由转让方委托会计师事务所对转让标的企业进行审计。涉及股权转让不宜单独进行专项审计的,转让方应当取得转让标的企业最近一期年度审计报告。

(4)对按照有关法律法规要求必须进行资产评估的产权转让事项,转让方应当委托具有相应资质的评估机构对转让标的进行资产评估,产权转让价格应以经核准或备案的评估结果为基础确定。

(5)产权转让原则上通过产权市场公开进行。转让方可以根据企业实际情况和工作进度安排,采取信息预披露和正式披露相结合的方式,通过产权交易机构网站分阶段对外披露产权转让信息,公开征集受让方。

(6)受让方确定后,转让方与受让方应当签订产权交易合同,交易双方不得以交易期间企业经营性损益等理由对已达成的交易条件和交易价格进行调整。产权交易合同生效后,产权交易机构应当将交易结果通过交易机构网站对外公告,公告内容包括交易标的名称、转让标的评估结果、转让底价、交易价格,公告期不少于5个工作日。

(7)产权交易合同生效,并且受让方按照合同约定支付交易价款后,产权交易机构应当及时为交易双方出具交易凭证。公司应当注销原股东的出资证明书、向新股东签发出资证明书,并相应修改公司章程和股东名册中有关股东及其出资额的记载。对公司章程的该项修改不需再由股东会表决。

(8)涉及国家安全、国民经济命脉重要行业和关键领域企业的重组整合,对受让方有特殊要求:企业产权需要在国有及国有控股企业之间转让的,经国资监管机构批准,可以采取非公开协议转让方式,同一国家出资企业及其各级控股企业或实际控制企业之间因实施内部重组整合进行产权转让的,经该国家出资企业审议决策,可以采取非公开协议转让方式。

[①] 参照规定:《民法典》第153条;《公司法》第71条、第73条;《企业国有资产法》第52~57条;《九民纪要》第31条;《企业国有资产交易监督管理办法》第9~13条、第23条、第29~31条。

5. 上市公司国有股权转让限制

上市公司国有股权变动涉及的股份应当权属清晰，公开、公平、公正原则下国有股权转让须经相关部门审批。具体而言，国有股权的转让应当遵循：

(1)国有独资企业、国有独资公司、国有资本控股公司买卖上市交易的股票，依据《证券法》第60条的规定，必须遵守国家有关规定。

(2)股东转让其股份，根据《公司法》第158条的规定，应当在依法设立的证券交易场所进行或者按照国务院规定的其他方式进行。

(3)上市公司国有股权变动行为，是指上市公司国有股权持股主体、数量或比例等发生变化的行为，具体内容参见《上市公司国有股权监督管理办法》第2条。

(4)上市公司国有股权变动行为应坚持公开、公平、公正原则，遵守国家有关法律、行政法规和规章制度规定，符合国家产业政策和国有经济布局结构调整方向，有利于国有资本保值增值，提高企业核心竞争力。①

(5)上市公司国有股权变动涉及的股份应当权属清晰，不存在受法律法规限制的情形。即国有股权的转让，不仅要满足依法、公开、公平、公正，平等互利、等价有偿等一般原则，还应当满足调整投资结构、促进国有资产优化配置的目的。具体参见《上市公司国有股权监督管理办法》第5条的规定。

(二)外资股权转让限制审查

根据《外商投资企业纠纷司法解释(一)》第11条的规定，合资企业股权对外转让不但要取得公司其他股东的一致同意还要得到法定审批机构的核准，现有规定对合资企业股权的对外转让限制比一般股权转让限制更为严格。

(三)股份有限公司股份转让要求

股份有限公司股份的发行、筹办事项需符合法律规定。银行保险等金融机构的股权转让需满足法律法规及监管机构对其所作的特别要求。

(四)涉金融企业股权转让要求

《商业银行法》第28条规定，任何单位和个人购买商业银行股份总额5%以上的，应当事先经过国务院银行业监督管理机构批准。2009年5月1日起施行的《金融企业国有资产转让管理办法》，对非上市企业国有产权转让、上市公司国有股份转让、国有资产直接协议转让进行了详细规制。2018年1月5日，原银监会出台《商业银行股权管理暂行办法》对商业银行股权管理特别是股权转让问题作出进一步规范。

(五)上市公司股票转让要求

上市公司的股票，依照有关法律、行政法规及证券交易所交易规则上市交易。公司公开发行股份前已发行的股份，自公司股票在证券交易所上市交易之日起1年内不得转让，因司法强制执行、继承、遗赠、依法分割财产等导致股份变动的除外。

---

① 参见《上市公司国有股权监督管理办法》第4条。

(六)有限责任公司股权对外转让限制

公司章程未对股东对外转让股权作出限制性规定的情形。《公司法》第84条第2款规定,"股东向股东以外的人转让股权的,应当将股权转让的数量、价格、支付方式和期限等事项书面通知其他股东,其他股东在同等条件下有优先购买权。股东自接到书面通知之日起三十日内未答复的,视为放弃优先购买权。两个以上股东行使优先购买权的,协商确定各自的购买比例;协商不成的,按照转让时各自的出资比例行使优先购买权"。据此,在公司章程未对股东对外转让股权作出限制性规定的情形下,有限责任公司股东对外转让股权时,应通知其他股东股权转让的数量、价格、支付方式和期限等事项,以从程序上确保其他股东的优先购买权即可。

公司章程对股权转让另有规定的,从其规定。公司章程内部规则对于股权转让的限制性规定,在不违反法律法规强制性规定和损害公司及债权人利益的前提下,股权对外转让应当符合公司章程中上述特别规定的要求。

三、股权转让过程中转让的权利义务范围

(一)一般以"与标的股权相关的权利和义务一并转让"为原则

【典型案例一】双鹤药业公司与益佰制药公司、双鹤医药公司、湖北省医药公司买卖合同货款纠纷案。① 最高人民法院认为,股权的本质是股东和公司之间的法律关系,既包括股东对公司享有的权利,也包括股东对公司的出资义务,因此,股权的转让导致股东权利义务的概括转移。受让人所受让的并不是股东的出资,而是股东的资格权利,受让人受让他人的股权而成为公司的股东。同时,股东的出资义务与其获得股权属于不同的法律关系,民事主体获得股权的前提是其取得相应的股东资格,而取得股东资格主要依据在于公司章程、股东名册和工商登记的确认,并不以履行出资义务为必要条件。鉴于股东的瑕疵出资民事责任是公司股东的特有民事责任,除法律法规有特别规定和当事人有特别约定外,该责任应当由公司的股东承担,而不是由公司股东以外的人承担。由于出资瑕疵的股东将其股权转让给其他民事主体后,便产生了该瑕疵股权出资责任的承担主体问题,因此,在处理上要遵循股权转让双方当事人的真实意思表示和过错责任相当的基本原则。就股权转让的受让人而言,核实转让股权是否存在瑕疵出资是受让人应尽的基本义务,如果其明知或应当知道受让的股权存在瑕疵而仍接受转让,应当推定其知道该股权转让的法律后果,即受让人明知其可能会因受让瑕疵股权而承担相应的民事责任,但其愿意承受,这并不超出其可预见的范围,司法没有必要对其加以特别保护而免除其承担出资瑕疵的民事责任。

【典型案例二】呼市城发公司与鄂市国投公司等与公司有关的纠纷案。② 二审法院认为,股权转让是指股东将蕴含股东权利、股东地位或资格的股份转移于他人的民事行为。股东的股利分配请求权是股东的一项权能,是指股东基于其公司股东的资格和地位所享有的请求公司向自己分配股利的权利。股权转让遵循概括转让原则,股权转让后,转让人基于股东地位对公

---

① 参见最高人民法院民事判决书,(2008)民抗字第59号。
② 参见内蒙古自治区鄂尔多斯市中级人民法院民事判决书,(2016)内06民终286号。

司所发生的全部权利义务一并转让给受让人,受让人成为公司股东,取得股东权。当转让人将股权转让给受让人时,股利分配请求权与其他权能一同转让给受让人,不得独立于股权而存在,更不得割裂开来留给转让人继续享有。

【**典型案例三**】宁兰食品公司与宁兰物流公司盈余分配纠纷案。① 二审法院认为,股权是指股东基于股东资格而享有从公司获取经济利益并参与公司经营管理的权利。根据《公司法》的规定,公司盈余分配请求权是作为公司股东基于其股东资格而对公司享有的一项股东权利,因此能够请求公司盈余分配的须具有公司股东资格。宁兰食品公司在提起该案诉讼时已不具有宁兰物流公司股东资格,其股权已在2015年8月转让给苏某均和张某功。根据股权的概括转让原则,公司盈余分配权与其他股东权利一并转让给受让人,不得独立于股份或股权而存在,更不能割裂开来留给转让人继续享有。

(二)"股权转让与股权相关的权利和义务一并转让原则"的例外情形

相较于原《公司法》第30条的规定,新《公司法》第50条规定的不同之处在于:第一,将股东未履行出资义务或未全面履行出资义务即转让股权这一情形发生的时间由"有限责任公司成立后"修改为"有限责任公司设立时",吸收了《公司法解释(三)》第13条第3款的相关规定;第二,原《公司法》仅规定非货币出资不实的情形下才发生资本充实担保责任,即其他股东的连带责任,但新《公司法》规定为"未实际缴纳出资"的情形,即有限公司发起人股东之间的资本充实担保责任不仅适用于非货币出资的出资不实情形,还适用于货币出资不能的情形。依据《公司法解释(三)》第13条的规定,公司设立时的股东未全面切实履行章程约定的出资义务时,作为公司设立时的股东的出资义务并不随该股东所持有的股权转让而转移。

裁判观点:发起人的出资义务并不随股权的转让一并转让。

【**典型案例**】胡某勇、胡某良与忠县菜篮子公司、韩某消抽逃出资纠纷案。② 二审法院认为,虽然胡某良、韩某消分别将其持有的忠县菜篮子公司30%、21%的股权转让给了俞某,胡某勇也将其持有的忠县菜篮子公司49%的股权转让给了浙江菜篮子公司,但是发起人的出资义务并不随股权的转让一并转让。而且胡某良、胡某勇、韩某消在股权转让之前就已抽逃出资,故胡某良、胡某勇、韩某消应当承担补足出资的责任。俞某或浙江菜篮子公司是否支付股权转让价款系另一法律关系,不影响胡某良、胡某勇、韩某消承担补足出资的责任。

(三)针对有限公司股东未履行出资义务或未全面履行出资义务或未届出资期限即转让股权的情形

根据新《公司法》第88条和《公司法解释(三)》第18条的规定可以得出:第一,未届出资期限的股权转让后的出资责任分配,即责任主体虽然规定为受让人,但如果受让人未按期足额缴纳出资的,转让人对受让人未按期缴纳的出资仍应承担补充责任;第二,在有限公司股东履行其对公司的出资义务的期限已经届至的情况下,股东未履行出资义务或未全面履行出资义务就转让股权,其出资义务不因其将股权转让给他人而免除;并且,在受让人知道或应当知道

---

① 参见重庆市第二中级人民法院民事判决书,(2016)渝02民终2087号。
② 参见重庆市高级人民法院民事判决书,(2014)渝高法民终字第00008号。

转让人未履行出资义务或未全面履行出资义务就转让股权的情况下,受让人还因其受让该股权而应当与转让人就其出资义务承担连带责任。

裁判观点:鉴于股东的瑕疵出资民事责任是公司股东的特有民事责任,除法律法规有特别规定和当事人有特别约定外,该责任应当由公司的股东承担,而不是由公司股东以外的人承担。在处理上要遵循股权转让双方当事人的真实意思表示和过错责任相当的基本原则。

【典型案例】双鹤药业公司与益佰制药公司、双鹤医药公司、湖北医药公司买卖合同货款纠纷案。[①]最高人民法院认为,鉴于股东的瑕疵出资民事责任是公司股东的特有民事责任,除法律法规有特别规定和当事人有特别约定外,该责任应当由公司的股东承担,而不是由公司股东以外的人承担。由于出资瑕疵的股东将其股权转让给其他民事主体后,便产生了该瑕疵股权出资责任的承担主体问题,因此,在处理上要遵循股权转让双方当事人的真实意思表示和过错责任相当的基本原则。就股权转让的受让人而言,核实转让股权是否存在瑕疵出资是受让人应尽的基本义务,如果其明知或应当知道受让的股权存在瑕疵而仍接受转让,应当推定其知道该股权转让的法律后果,即受让人明知其可能会因受让瑕疵股权而承担相应的民事责任,但其愿意承受,这并不超出其可预见的范围,司法没有必要对其加以特别保护而免除其承担出资瑕疵的民事责任。

尽管最高人民法院上述意见是针对股份有限公司的股东未全面履行出资义务即转让股份作出的,但是,这一思路应当同样适用于有限公司的股东未全面履行出资义务即转让股权的情形。股权转让双方与公司及其股东就股权转让涉及的相关权利、义务作出了特别的约定的,一般而言,只要相关约定未违反法律、行政法规的强制性规定,就应当按当事人双方的约定处理。

裁判观点:在股东会形成分配决议后,股利分配请求权就具体化为股利给付请求权,即转为股东对公司的债权,该债权不随股权转移而转移,仍由原股东享有。

【典型案例】戴某林与三益公司、双远商贸部等债权纠纷案。[②]针对戴某林在转让三益公司股权之后要求三益公司向其支付三益公司股东会在其转让股权之前已经作出的决议确定的利润的主张,再审法院认为,首先,股利分配请求权是股东具有按其出资或者所持股份取得股利,向公司要求分配公司盈余的权利。股利分配请求权是股东的自益权,股东能否实际分配到利润则要看公司是否盈利以及股东会是否作出分配决议。股利分配请求权是股东基于其股东资格和地位而固有的一项权利,是与股东身份不可分的。但一旦股东会通过了利润分配方案。股东的股利分配请求权就具体化为股利给付请求权,该股利给付请求权性质为股东对公司享有的债权。该债权可以与股权分离而独立存在,不当然随同股权而转移。因此,如果股权转让前股东会已经决定分配的利润,转让股东虽然丧失股东资格,但仍然可以要求公司给付。

这里需特别指出,如果转让双方对标的股权在转让之前所享有的利润的归属作出了特别的约定,即股权转让价款已经包括了转让股东此前应得的利润,则利润与股权一并转让。换言之,在处理此类纠纷时,应当关注转让双方是否对标的股权在转让之前所享有的利润的归属作

---

① 参见最高人民法院民事判决书,(2008)民抗字第59号。
② 参见成都市中级人民法院民事判决书,(2010)成民再终字第32号。

出了特别的约定、股权转让价款是否已经包括了转让股东此前应得的利润这一情况。

实务操作中可以借鉴以下非诉案例：江苏舜天与广电创投于 2015 年 8 月 4 日签署了《股权转让协议》，约定由江苏舜天将其持有的南京国际租赁有限公司 25.96% 的股权（675 万美元出资额）以 13,030 万元人民币转让给广电创投，双方还对该转让股权参见享有的南京国际租赁有限公司未分配利润部分的归属作出了特别约定，即交割日前实现的未分配利润归甲方享有，交割日后实现的未分配利润归乙方享有。①

有地方法院对此专门作出规定，如《山东省高级人民法院关于审理公司纠纷案件若干问题的意见（试行）》第 71 条规定："股权转让前，公司股东会、股东大会已经形成利润分配决议的，转让人在转让股权后有权向公司要求给付相应利润。转让人因股权转让丧失股权后，股东会、股东大会就转让前的公司利润形成分配决议，转让人要求公司给付相应利润的，人民法院不予支持。转让人或受让人不得以其相互之间的约定对抗公司。"

四、股权转让的程序和方式

（一）有限责任公司股权转让程序和方式

1. 内部转让

有限责任公司的股东之间可以相互转让其全部或者部分股权，无须经过其他股东同意。

2. 外部转让

根据《公司法》第 84 条规定的程序进行。

3. 股权转让内部手续

股东依照《公司法》第 84 条、第 85 条的规定转让股权后，应当根据《公司法》第 86 条的规定，书面通知公司变更股东名册；对于需要变更登记的情形，请求公司向公司登记机关办理变更登记。同时依据《公司法》第 87 条规定，公司应当注销原股东的出资证明书，向新股东签发出资证明书，并相应修改公司章程和股东名册中有关股东及其出资额的记载。对公司章程的该项修改不需再由股东会表决。

（二）股份有限公司股权转让程序和方式

股份有限公司的股权转让场所遵照《公司法》第 158 条的规定。

股票转让的程序和方式遵照《公司法》第 159 条的规定。需要注意的是，相较于原《公司法》第 139 条、第 140 条的规定，新《公司法》有两点变化：其一，统一了记名股票和不记名股票的转让方式，不再对二者的转让方式加以区分；其二，将上市公司股东名册变更的例外依据，从"法律"对上市公司股东名册变更的特别规定，扩大到"法律、行政法规或者国务院证券监督管理机构"对上市公司股东名册变更的特别规定。

（三）股权转让涉及的股东变更事宜

《公司法》第 87 条规定，依照《公司法》第 84 条、第 85 条的规定转让股权后，公司应当注

---

① 参见江苏舜天：《江苏舜天股份有限公司关于转让南京国际租赁有限公司 25.96% 股权的公告》，载上海证券交易所，https://www.sse.com.cn/disclosure/listedinfo/announcement/c/2015-08-06/600287_20150806_2-pdf。

销原股东的出资证明书,向新股东签发出资证明书,并相应修改公司章程和股东名册中有关股东及其出资额的记载。对公司章程的该项修改不需再由股东会表决。第32条规定,公司应当将股东的姓名或者名称向公司登记机关登记。第34条规定,登记事项发生变更的,应当办理变更登记。未经登记或者变更登记的,不得对抗善意相对人。依据前述规定,股权依法转让后应当及时进行股权变更登记。但值得注意的是,股东身份工商变更登记程序,并非股权受让方依据股权转让合同取得股东资格的必要条件。

裁判观点: 工商变更登记手续仅是对外公示方式,股权受让人的股东身份是否经过工商变更登记,是否已经完全支付股权转让款,不是受让人成为公司股东的必要条件。

【典型案例】徐甲与国佳公司等股东名册变更纠纷案。[1] 二审法院认为,该案的关键点是徐甲与徐乙签订股权转让协议后,徐乙是否已经成为国佳公司股东?事实上,徐甲与徐乙于2010年2月3日签订的股权转让书经过徐甲向国佳公司以及全体股东发出书面通知、国佳公司召开股东会并形成决议,同意徐甲对外转让股权、国佳公司股东与新股东徐乙于2010年8月4日签署修订后的公司章程等程序,虽然徐乙的股东身份尚未经过工商变更登记,但工商变更登记手续仅是对外公示方式,其股东身份是否经过工商变更登记,是否已经完全支付股权转让款,不是徐乙成为国佳公司股东的必要条件。对国佳公司内部而言,国佳公司其他股东已经以股东会决议的方式同意徐甲与徐乙之间的股权转让,徐乙也已通过签署公司章程的行为表明其已成为国佳公司股东。因此,徐乙已是国佳公司股东的事实应予确认。

第三节 股权转让合同认定的相关要点问题

一、股权转让合同效力的认定基础

(一)股权转让合同的定义及法律规范

股权转让合同是当事人以转让股权为目的达成的有关转让方交付股权并收取价金,受让方支付价金并获得股权的协议。

股权转让合同适用的法律规范主要包括《民法典》《公司法》《证券法》,以及工商管理、证券管理主管部门的行政规章。这些规范中,既有效力性强制性规定,亦有管理性强制性规定。在司法实务中,关于股权转让合同效力的认定,应当关注规范性质,并结合案件证据,综合评估其效力。

股权转让合同法律规范内容主要涵盖以下三个方面:一是对特定投资主体持有的股权的规范,如对国家股、法人股、个人股、外资股和内部职工股等股权的可转让性、受让人和转让方式作了不同规制;二是对某些特定主体持有的股权在一定期间内禁止或限制其转让的规范;三是对股份有限公司、有限责任公司、中外合资公司等不同形式公司股权转让程序的分别规范。

---

[1] 参见上海市第二中级人民法院民事判决书,(2011)沪二中民四(商)终字第307号。

(二)影响股权转让合同效力认定的因素

《民法典》中规定的合同无效的五种情形分别为:(1)无民事行为能力人订立的合同;[①] (2)行为人与相对人以虚假的意思表示(通谋虚伪意思表示)达成的合同;[②] (3)违反法律、行政法规强制性规定的合同;[③] (4)违背公序良俗的合同;[④] (5)行为人与相对人恶意串通、损害他人合法权益的合同。[⑤]

(三)司法实践中影响合同效力认定的因素

1.股权转让主体对股权转让合同效力的影响

转让交易主体是否符合法律规定的交易主体资格,会对股权转让合同效力产生影响。股权转让交易双方的主体资格不符合法律规定,往往会导致股权转让合同无效或者合同不发生法律效力。

对此,司法实践中的常见问题、可供参照的裁判观点及典型案例如下。

(1)股权转让交易双方的主体资格不符合法律规定,是否影响股权转让合同效力?

实务中一般认为,股权转让交易双方的主体资格不符合法律规定,会导致股权转让合同无效或者合同不发生法律效力。

裁判观点:我国普通高中教育机构属于限制外商投资项目,外商投资主体通过股权转让方式受让开设义务教育或普通高中教育学校主体股权属于主体不适格,应确认为无效。

【典型案例】李某某、洪某与汇某公司及陈某某股权转让纠纷案。[⑥] 最高人民法院认为,根据我国法律和行政法规,普通高中教育机构属于限制外商投资项目,义务教育机构属于禁止外商投资项目。经查:某州科技中学民办非企业单位登记证书载明,某州科技中学办学范围为全日制初中、高中教育;该校民办学校办学许可证载明,学校类型为普通完全教育,办学内容为初中、高中普通教育。因此,根据上述事实,一审判决认定某州科技中学的办学内容包括全日制义务教育,汇某公司受让案涉股权主体不适格其合同目的不能实现,双方签订的《某州科技中学收购协议书》《补充协议书》违反了国家法律法规的强制性规定,应确认为无效,具有事实和法律依据。

(2)夫妻一方未经配偶同意,独自对外转让登记在其名下股权的行为效力。

裁判观点:夫妻一方未经配偶同意,独自对外转让登记在其名下股权不影响股权转让合同效力。

【典型案例】[⑦] 婚姻关系存续期间投资股权的财产权益属于夫妻共同财产。依据《民法典》第1062条第1款第2项、《民法典婚姻家庭编司法解释(一)》第25条第1项、第73条第1款

---

① 参见《民法典》第144条。
② 参见《民法典》第146条第1款。
③ 参见《民法典》第153条第1款。
④ 参见《民法典》第153条第2款。
⑤ 参见《民法典》第154条。
⑥ 参见最高人民法院民事判决书,(2021)最高法民终332号。
⑦ 参见张应杰主编:《公司股权纠纷类案裁判思维》,人民法院出版社2023年版,第144~145页。

等的规定和夫妻共同财产制的基本原理,股权作为一种含有财产利益的权利在婚姻关系存续期间投资获得的股权中的财产权益部分应当属于夫妻共同财产。股权作为一项特殊的权利,有别于一般的夫妻共同财产。依据《公司法》第4条的规定,公司股东作为出资者按投入公司的资本额享有所有者的资产收益、重大决策和选择管理者的权利。股权是股东因出资而取得的权利,股东依法定或公司章程规定的规则和程序,参与公司事务,并在公司中享受财产利益。因此,股权除作为一项具有财产收益的权利外,还具有依附于股东人身的诸如选举、表决、经营等决定公司事务的权利内容,股权的财产属性属于夫妻共同财产,但其人身属性应由股东本人独立行使,不受他人干涉。股权转让主体是股东本人。根据《公司法》第84条第2款的规定,《公司法》确认的股权转让主体是股东本人。如章程无特别约定,对于自然人股东而言,股权的各项具体权能应由股东本人独立行使,而非由其配偶或家庭成员行使,股权转让无须经配偶同意。股权转让是商事交易行为,商事交易注重效率和交易安全。股权转让使生产经营性财产参与到社会经济活动中,认定持股一方享有独立管理部分权能,有利于最大限度保障交易安全与效率。若股权转让需经配偶同意,这样的规则设计显然欠缺效率,也不利于交易安全。综上所述,在股权流转方面,我国《公司法》确认的合法转让主体是股东本人,而不是其所在的家庭,法律亦未规定股东转让股权需经配偶同意。该案中,转让方作为标的公司股东对外转让股权的行为已获得标的公司其他股东同意,符合《公司法》规定股东对外转让股权的程序条件。其与受让方签订股权转让协议,双方从事该项民事交易活动,其主体适格,意思表示真实、明确,且协议内容不违反《民法典》《公司法》相关强制性规定,因此该股权转让协议应认定有效。

此外,关于转让主体的民事行为能力对股权转让合同效力的影响,具体体现为转让主体是否具备合同订立能力以及是否作出真实意思表示对股权转让合同效力的影响。根据《民法典》规定,无民事行为能力人实施的民事法律行为无效;行为人与相对人以虚假的意思表示实施的民事法律行为无效,以虚假的意思表示隐藏的民事法律行为效力,依照有关法律规定处理;行为人与相对人恶意串通损害他人合法权益的民事法律行为无效。

2. 转让标的、转让方式、转让手续、转让条件、转让场所对股权转让合同效力的影响

转让标的、转让方式、转让手续、转让条件是否符合法律规定,会对股权转让合同效力认定的影响。实务中通常认为:

首先,若标的股份或者股权是法律禁止转让的情形,则该股权转让行为无效。其次,未按规定的转让方式、转让手续、转让条件以及在规定的转让场所对外转让股权的,则可能导致股权转让合同无效。例如,根据《企业国有资产交易监督管理办法》第2条、第13条、第14条及《企业国有资产法》第30条、第47~50条相关规定,国有资产转让应当遵循等价有偿和公开、公平、公正的原则,按照国家规定可以直接协议转让的以外,国有资产转让应当在依法设立的产权交易场所公开进行。产权转让采取信息预披露和正式披露相结合的方式,通过产权交易机构网站分阶段对外披露产权转让信息,公开征集受让方。因产权转让导致转让标的企业的实际控制权发生转移的,转让方应当通过产权交易机构进行信息预披露。产权转让原则上不

得针对受让方设置资格条件,确需设置的,不得有明确指向性或违反公平竞争原则,所涉资格条件相关内容应当在信息披露前报同级国资监管机构备案。国有独资企业、国有独资公司和国有资本控股公司转让重大财产,应当按照规定委托依法设立的符合条件的资产评估机构进行资产评估。国有独资企业、国有独资公司、国有资本控股公司及其董事、监事、高级管理人员应当向资产评估机构如实提供有关情况和资料,不得与资产评估机构串通评估作价。资产评估机构及其工作人员受托评估有关资产,应当遵守法律、行政法规以及评估执业准则,独立、客观、公正地对受托评估的资产进行评估。征集产生的受让方为两个以上的,转让应当采用公开竞价的交易方式等。如果未按照上述规定进行企业国有产权转让,交易行为违反公开、公平、公正交易原则,损害社会公共利益,会产生相关交易行为无效的法律后果。

司法实践中与转让标的、方式、手续、条件、场所等对股权转让合同效力的影响的常见问题、相关的裁判观点及典型案例如下。

(1)将质押股权转让,是否影响股权合同效力?

裁判观点:涉案股权被质押的情况下,不影响公司过户义务的存在,即便因为质权人不同意等原因客观上不能办理股权过户手续,也仅属于履行不能的问题。

【**典型案例**】三兴实业公司与金源公司股权转让纠纷案。[①] 最高人民法院认为,杰某公司辩称,三兴实业公司的股权已经质押给他人,其要求办理股权过户手续的诉讼请求客观上无法实现,进而请求驳回三兴实业公司的该项诉讼请求,这就涉及股权设定质押后能否办理股东变更登记的问题。参照《物权法》第226条第2款[②]有关"基金份额、股权出质后,不得转让,但经出质人与质权人协商同意的除外。出质人转让基金份额、股权所得的价款,应当向质权人提前清偿债务或者提存"的规定精神,在取得质权人同意的情况下,办理股权过户手续并无障碍。退一步说,即便因为质权人不同意等原因客观上不能办理股权过户手续,也仅属于履行不能的问题,并不影响杰某公司履行股权过户义务的存在。如果确因股权过户手续问题导致杰某公司不能履行过户义务,但金源公司将代持的股权质押给他人,属于侵害他人财产权的行为,依法应当承担恢复原状或损害赔偿的责任。一审判决在三兴实业公司提出明确的股权过户请求,并且认为该项诉讼请求于法有据的情况下,却驳回该项诉讼请求,要求另行处理,有违"一事不再理"原则,法院予以纠正。

(2)通过股权转让方式规避法律对矿业权、房地产项目等特别标的转让限制的股权转让行为是否有效?

裁判观点一:以转让公司股权的方式实现企业资产转让,不违反国家强制性规定应认定股权转让行为合法有效。

【**典型案例一**】艾某、张某某诉刘某某股权转让纠纷案。[③] 最高人民法院认为,依据双方约定及履行情况表明,双方就转让某工贸公司的股权达成了一致的意思表示,受让方依约定向转

---

① 参见最高人民法院民事判决书,(2017)最高法民终870号。
② 参见《民法典》第443条。
③ 参见最高人民法院民事判决书,(2014)民二终字第48号。

让方支付了部分股权转让款,双方亦在工商管理部门进行了股东变更登记。协议中虽有受让方进入某市某煤矿、受让方变更为常某堡矿业公司董事等内容,但该约定属双方为履行股权转让协议而设定的条件,并不改变受让方受让某工贸公司股权的交易性质及事实。某工贸公司为常某堡矿业公司的股东,采矿权也始终登记在常某堡矿业公司的名下,因此,该案的股权转让协议不存在转让采矿权的内容,实际履行中亦没有实施转让采矿权的行为,转让方的该项上诉理由没有事实和法律依据,法院不予支持。

【典型案例二】 大同中建公司与李某、张某、西安安盛公司、大同市益同公司、段某某股权转让纠纷案。① 最高人民法院认为,虽然《探矿权采矿权转让管理办法》第10条和《城市房地产管理法》第38条、第39条对矿业权、土地使用权的转让作了限制性规定,但矿业权、土地使用权与股权是两种不同的民事权利,其性质、内容及适用的法律应有所区别。如果仅转让公司股权而不导致权利主体的变更,不属于法律、行政法规规定的须办理批准、登记等手续才生效的合同。至于转让后公司股东的变更,属公司的内部事务,并未为法律所禁止,公司作为独立的法人主体是持续存在的,其内部股权发生变化,对其名下土地使用权矿业权的归属不会造成影响,不构成以合法的股权转让形式,逃避行政监管实现实质上非法的权利转让的目的。从该案双方当事人签订的整体收购标的公司协议和股权转让协议及相关补充协议内容看,双方当事人的真实意思是转让标的公司的全部股权,股权受让方因此取得标的公司及其全部资产的控制权,包括属于公司资产的矿业权、土地使用权等。股权转让均会伴随资产控制权主体的变化,目前尚无对此类变化应办理相关审批手续的规定。

裁判观点二:通过股权转让方式实现房地产项目转让的交易行为有效。

【典型案例】 祥和公司、盛鸿公司、张某与林某某等3人股权转让合同纠纷案。② 最高人民法院认为,林某某等三人于2002年11月12日期间先后与祥和公司华某某和盛鸿公司签订了《股权转让协议》《项目转让协议》《协议书》,约定采取盛鸿公司股东向祥和公司转让该公司全部股权的方式转让"紫茵山庄"项目,通过股权转让的方式实现对房地产项目的转让并不违反法律和行政法规的禁止性规定,涉案协议应认定为有效。股权作为股东的一项固有权利,股东可以通过转让股权的形式对公司施加强有力的股权约束,使公司营运符合股东资本增值的意愿。案中,盛鸿公司股东只有林某某等三人,他们在对外转让股权时不存在需要经过其他股东同意的问题,更不存在侵犯其他股东优先购买权的问题,股权转让符合法律规定。该案各方当事人均没有回避以转让股权方式转让房地产开发项目的事实,不存在以合法手段掩盖非法目的的问题。现行法律并不禁止房地产开发项目的转让,只是对开发资质、转让条件等进行了规定。案中,祥和公司虽通过受让盛鸿公司全部股权的方式取得盛鸿公司的"紫茵山庄"项目控制权,但祥和公司持有盛鸿公司100%股权后与盛鸿公司仍属两个相互独立的民事主体,"紫茵山庄"项目仍属于盛鸿公司的资产,并未因股权转让而发生流转,盛鸿公司的法人资格和开发资质均没有发生改变。因此,该案不存在以转让公司股权的方式转让房地产项目以规避房

---

① 参见最高人民法院民事判决书,(2018)最高法民终199号。
② 参见最高人民法院民事判决书,(2015)民抗字第14号。

地产业法律监管的问题。

裁判观点三：股权受让人通过股权转让协议受让公司股权，实现对公司财产的控制，因公司财产并不直接属于公司股东，相关协议不违反法律法规规定，合法有效。

【**典型案例**】朱某彬、林某亮与林某、司某生、中环矿业公司股权转让纠纷案。① 最高人民法院认为，公司是企业法人，有独立的法人财产，享有法人财产权，公司的财产并不直接属于公司股东，该案探矿权的权利主体是中环矿业公司。朱某彬、林某亮、司某生作为中环矿业公司的股东签订2728协议，约定将中环矿业公司一号矿山矿权及铁选矿厂所属权转让，但朱某彬、林某亮、司某生并非上述财产的权利人。该协议约定了所转让的财产参见的股权比例，协议依据各自的股权份额对公司经营权进行了分割，约定了办理股权变更手续。根据该协议的具体内容，应认定为股权转让协议。该协议不违反法律法规规定，合法有效。双方当事人应当按照该协议约定履行合同约定的义务。

(3) 国有股权转让未依法进行评估，是否影响股权转让合同的效力？

裁判观点一：全民所有制企业所持有的其他公司的股权属于国有资产，该股权转让时应当进行资产评估，未经资产评估转让股权的行为违反了国有资产应当评估的强制性规定，应认定无效。

【**典型案例**】澄阳公司、骏豪公司、永昌公司与旅游公司、观澜湖公司、丘某某、王某某股权转让纠纷案。② 最高人民法院认为，该案争议焦点为旅游公司未经评估将其持有的老某地公司23.8%的股权以1万元价格转让给澄阳公司，是否违反了法律法规的强制性规定，《备忘录》第6条以及旅游公司与澄阳公司签订的《股权转让协议书》是否因此无效。不经资产评估转让旅游公司股权的行为违反了国有资产应当评估的强制性规定。依据国务院《国有资产评估管理办法》第3条的规定，旅游公司为全民所有制企业，其所持有的老某地公司23.8%的股权属于国有资产，根据上述行政法规的规定，股权转让时应当进行资产评估。即使《备忘录》和《股权转让协议书》是解决老某地公司股权的整体并购方案。也不能因此而改变旅游公司的股权属于国有资产的事实，更不能认为对旅游公司的股权转让和受让时无须进行资产评估。骏豪公司、永昌公司、澄阳公司作为关联公司，在对老某地公司股权进行整体并购的过程中，与某江县人民政府的经办人之间恶意串通，不经评估以极低价格受让旅游公司持有的股权，造成国有资产流失，是《合同法》第52条第2项③ 规定的损害国家、集体或第三人利益的行为。骏豪公司及其关联公司的行为构成恶意串通，其民事行为无效。

裁判观点二：企业国有资产转让未经评估，违反了《国有资产评估管理办法施行细则》的规定，但该细则系部门规章，股权转让合同并不因此无效。

【**典型案例**】华电财务公司与国恒公司股权转让纠纷案。④ 最高人民法院认为，案涉《股权

---

① 参见最高人民法院民事判决书，(2020)最高法民再225号。
② 参见最高人民法院民事判决书，(2019)最高法民终1815号。
③ 参见《民法典》第154条。
④ 参见最高人民法院民事判决书，(2015)民申字第715号。

转让及保证协议》第4条声明与保证4.1(2)载明,甲方(华电财务公司)已经获得签署本协议以及履行本协议项下责任所必需的授权和批准;华电财务公司即使作为国有控股企业,向华商基金公司投资3400万元取得华商基金公司34%的股权涉及国有资产,但《企业国有产权转让管理暂行办法》《国有资产评估管理办法》等法律、法规并未作出企业国有资产转让未经评估则行为无效的强制性规定。《国有资产评估管理办法施行细则》第10条规定:"对于应当进行资产评估的情形没有进行评估,或者没有按照《办法》及本细则的规定立项、确认,该经济行为无效。"但该细则系部门规章。依照《合同法》第52条第5项[①]的规定,违反法律、行政法规的强制性规定的合同无效,案涉股权转让未经评估并未违反法律、行政法规的强制性规定。华电财务公司主张其向国恒公司转让华商基金公司34%股权的行为违反行政法规及部门规章,双方签订的《股权转让及保证协议》无效的再审申请理由不能成立。

就这一问题而言,仅从最高人民法院的司法实践来看,存在不同观点。因此,在实务中,我们应当关注当地法院对此问题的裁判观点。

(4)在场外进行国有股权转让,是否影响股权转让合同的效力?

裁判观点: 企业未按规定在依法设立的产权交易机构中公开进行企业国有产权转让,而是进行场外交易的,其交易行为违反公开、公平、公正的交易原则,损害社会公共利益,应依法认定其交易行为无效。

【典型案例】 巴菲特公司诉自来水公司股权转让纠纷案。[②] 二审法院认为,第三人上海水务公司虽然取得被告自来水公司的授权,可以代理自来水公司转让讼争股权,但在实施转让行为时,应当按照国家法律法规和行政规章所规定的程序和方式进行。讼争股权的性质为国有法人股,其无疑是属于企业国有资产的范畴。对于企业国有资产的转让程序和方式,国务院、省级地方政府及国有资产监管机构均有相应的规定。《企业国有产权转让管理暂行办法》《上海市产权交易市场管理办法》的上述规定,符合上位法的精神,不违背上位法的具体规定,应当在企业国有资产转让过程中贯彻实施。该案中,上海水务公司在接受自来水公司委托转让讼争股权时,未依照国家的上述规定处置,擅自委托第三人金槌拍卖公司拍卖,并在拍卖后与原告巴菲特公司订立股权转让协议,其行为不具合法性。上海水务公司认为讼争股权属于金融类企业的国有产权,该类国有产权的转让不适用《企业国有产权转让管理暂行办法》的规定,其观点显然与法相悖。自来水公司认为上海水务公司违法实施讼争股权的拍卖,并依拍卖结果与巴菲特公司订立的股权转让协议无效的观点成立,法院予以支持。

3. 转让行为符合公司章程与否对股权转让合同效力的影响

根据《公司法》规定,如果公司章程对股权转让有特别规定,应优先适用章程的规定。因此,如果转让行为违反公司章程规定,可能影响股权转让合同效力的认定。应当注意,公司章程对股权转让的限制性条款不能与法律和行政法规的强制性规定相抵触,公司章程的限制性条款不能绝对禁止股东转让股权,否则违反法律规定的股权自由转让基本原则,剥夺股东基本

---

① 参见《民法典》第153条。
② 参见上海市高级人民法院民事判决书,(2009)沪高民二(商)终字第22号。

权利,可能被认定为无效条款。

4. 转让合同内容违反法律、行政法规效力强制性规定或违背公序良俗对合同效力的影响

根据前述《民法典》规定,违反法律、行政法规强制性规定的民事法律行为无效,但是,该强制性规定不导致该民事法律行为无效的除外。例如,金融企业作为特殊企业,涉及政府公共管理和金融行业监管事项,该类企业的股权转让行为应结合企业管理规范来确定是否需要经批准生效,同时需要注意该规范中关于批准的规定是否属于效力性强制性规定,如《商业银行法》第 28 条规定:"任何单位和个人购买商业银行股份总额百分之五以上的,应当事先经国务院银行业监督管理机构批准。"

司法实践中相关的常见问题、裁判观点及典型案例如下。

(1)房地产企业股权转让时土地增值税的征收与否,是否影响股权转让合同的效力?

裁判观点: 房地产企业股权转让时土地增值税是否征收不影响合同效力。

【**典型案例**】马某1、马某2与瑞尚公司股权转让纠纷案。[①] 最高人民法院认为,依照《土地增值税暂行条例》第 2 条的规定:"转让国有土地使用权、地上的建筑物及其附着物(以下简称转让房地产)并取得收入的单位和个人,为土地增值税的纳税义务人(以下简称纳税人),应当依照本条例缴纳土地增值税。"但对于以股权转让方式转让房地产的行为是否属于该规定的应税行为问题,由于转让股权和转让土地使用权是完全不同的行为,当股权发生转让时,目标公司并未发生国有土地使用权转让的应税行为,目标公司并不需要缴纳营业税和土地增值税(有些地方税收政策规定房地产企业股权转让需要征收土地增值税)。如双方在履行合同中有规避纳税的行为,应向税务部门反映,由相关部门进行查处。

(2)股份有限公司发起人就禁售期股权提前签订约定禁售期后转让的股权转让合同,该行为是否应因违反法律法规的强制性规定而影响合同效力?

裁判观点: 股份有限公司发起人为在公司成立三年后转让股份而与他人提前签订股份转让合同,该合同合法有效。

【**典型案例**】张某某诉王某股权转让合同纠纷案。[②] 法院认为,为了防范发起人利用公司设立谋取不当利益,并通过转让股份逃避发起人可能承担的法律责任,《公司法》(2004年)第 147 条[③]对发起人持有的公司股份规定了禁售期,即发起人持有的本公司股份,自公司成立之日起 3 年内不得转让。涉案合同不违反《公司法》(2004年)第 147 条的禁止性规定,应认定合法有效。

从该案可以看出,协议双方约定在《公司法》所规定的股份禁售期内,只要不出现实际交付股份和办理股权登记的情况,就不会改变原股东身份并引起股权关系实际变更的法律后果,原股东仍然是公司的股东,其法律责任和股东责任并不因签订股份转让合同而免除,即使其将股权委托给未来的股权受让方行使,也不违反法律的强制性规定。因此,股权转让合同应认定

---

① 参见最高人民法院民事判决书,(2014)民二终字第 264 号。
② 参见江苏省高级人民法院民事判决书,(2005)苏民二初字第 0009 号。
③ 参见新《公司法》第 160 条第 1 款。

为合法有效。

（3）新老股东对标的公司转让前后债权债务的分配处理是否构成抽逃出资；若构成抽逃出资，是否影响股权转让合同效力？

裁判观点：新老股东对标的公司转让前后债权债务分配处理不影响股权转让合同的效力，构成抽逃出资行为的并不必然导致股权转让合同无效。

【典型案例】祥和公司、盛鸿公司、张某与林某某等三人股权转让合同纠纷案。① 最高人民法院认为，林某某等三人于2002年11月12日先后与祥和公司华某某和盛鸿公司签订了《股权转让协议》《项目转让协议》《协议书》，约定在协议签订前盛鸿公司所发生的债权债务均由林某某等三人享有并负责处理，同时明确盛鸿公司的部分资产剥离给林某某等三人。结合案情及法律规定该案关于将"紫茵山庄"外的全部债权债务剥离给林某某等三人的约定，在没有证据证明损害债权人利益的情况下，应认定为有效。

股东不得抽逃出资的规定属于管理性规定还是效力性规定，这是一个关键问题。管理性规定旨在管理和处罚违反规定的行为，以禁止其行为为目的，但并不否定该行为在民商法上的效力；效力性规定以否定法律效力为目的，不仅要对违反者加以制裁，禁止其行为，而且意在否定该行为在民商法上的效力。股东抽逃出资，应依法承担相应的民事、行政甚至刑事责任，但并不必然导致民事合同无效。《合同法》第52条② 关于"违反法律、行政法规的强制性规定"规定中的"强制性规定"是指效力性规定。法律禁止股东抽逃出资是因为抽逃出资不仅损害了公司、其他股东的合法权益，也会导致债权人利益的损害。在该案中，盛鸿公司的新股东不仅未对公司资产减少提出异议，反而要求认定涉案协议有效。而从协议的实际履行情况看，也未损害公司债权人的利益，更没有债权人对盛鸿公司的债务转移提出异议或主张行使撤销权。综上，再审法院认为原审判决依据《合同法》第52条认定该案的股权转让协议无效不当，涉案协议在双方当事人间应认定为有效。而且，认定涉案三份协议有效更符合涉案房地产项目的实际状况。该案中，林某某等三人与祥和公司在平等自愿的基础上签订合同，合同体现了双方的真实意思表示。而且自双方2002年签订合同以来，涉案合同已经履行十余年，合同大部分内容均已履行完毕，"紫茵山庄"项目也已全部建成并销售。本着对交易安全和交易秩序的维护，涉案协议不应被认定为无效。

（4）工商登记变更是否影响股权转让合同效力？

裁判观点：工商变更登记不影响股权转让合同效力，工商变更登记仅是股权变动的宣示性登记，未经登记不代表未取得股权，只是不能对抗善意第三人。

【典型案例】浦公堂公司与南山投资公司撤销权纠纷案。③ 最高人民法院认为，是否进行工商变更登记，对股权转让合同的效力问题不应产生影响，工商登记并非股权转让合同效力的评价标准。质言之，股权转让合同签订后，是否办理工商变更登记，不应影响股权转让行为是否

---

① 参见最高人民法院民事判决书，(2015)民抗字第14号。
② 参见《民法典》第146条、第153条、第154条。
③ 参见最高人民法院民事裁定书，(2007)民二终字第32号。

生效或有无效力,仅影响当事人是否违约以及股权转让是否具备对抗第三人的效力。

(5)一股多卖是否影响股权转让合同效力?

裁判观点:"一股二卖"不影响股权转让合同效力。

【**典型案例**】龚某1、赵某某与龚某2合同纠纷案。① 最高人民法院认可了宁波市中级人民法院对该案的判决,由于具有股权转让内容的《还款协议书》是龚某1与龚某2的真实意思表示,内容不违反法律、行政法规的强制性规定,其不能仅因"一股二卖"而确认无效。

5.恶意串通损害他人合法权益的行为② 对股权转让合同效力的影响

(1)恶意串通行为的认定

根据《民法典》规定,恶意串通一般是指行为人与相对人互相勾结,为谋取私利而实施的损害他人合法权益的民事法律行为。其构成要件包括:一是双方当事人都出于恶意,此处"恶意"指明知且具有损害他人的意图,即行为人不仅明知其行为客观上会损害他人利益,而且主观上有损害他人的故意;二是双方当事人之间互相串通,即双方存在意思联络或沟通,并共同配合或共同实施了非法的民事法律行为;三是损害的必须是特定的第三人合法权益。

关于恶意串通的证明标准,根据《民事诉讼法司法解释》第109条的规定,对恶意串通事实,采取高于民事诉讼证据通常适用的高度盖然性证明标准,只有达到排除合理怀疑程度,方可认定恶意串通行为存在。

【**典型案例**】裴某安、张某海与王某股权转让纠纷案。③ 二审法院认为审查重点在于裴某安和张某海之间是否就股权转让和损害王某合法权益两方面存在恶意串通行为,从而确认两人之间转让××汽车公司股权的行为无效。

法院从恶意串通行为的构成要件及其证明标准、王某提供的证据所达到的证明程度以及股东配偶财产权的保护与公司经营稳定性之间的利益平衡三个方面进行分析认定。第一,从恶意串通的构成要件及其证明标准看。司法解释对恶意串通事实采取了较高的证明标准,即必须高于民事诉讼证据通常适用的高度盖然性证明标准,只有达到排除合理怀疑程度,才能认定恶意串通的行为存在。根据上述分析,该案王某主张裴某安和张某海恶意串通转让股权、损害其合法权益,则必须证明两人不仅明知股权转让行为会损害其合法权益且主观上有此故意,同时实施了串通行为,并达到排除其他合理怀疑的证明标准。第二,从王某现有证据的证明程度看。综观王某提交的证据材料,王某提交的证据材料中并无直接证明裴某安和张某海之间存在恶意串通损害其合法权益的证据,其结论源自双方股权转让价格不合理和所付价款来源存疑等事实的推论。在没有证据证明张某海与××汽车公司另有投资或其他交易的情况下,不能排除张某海支付给××汽车公司共计480万元投资款为股权转让款的可能性。第三,从维护公司安定性和债权人利益角度看。公司股权转让不仅涉及股权转让和受让双方的利益,还关系到公司自身治理的稳定性及其他股东和债权人等多方利益平衡。该案同属恶意串通损

---

① 参见最高人民法院民事裁定书,(2020)最高法民申3498号。
② 参见《民法典》第132条、第153条、第154条、第164条;《民事诉讼法司法解释》第109条。
③ 参见广东省深圳市中级人民法院民事判决书,(2020)粤03民终18566号。

害他人合法权益情形,其对象虽非其他股东的优先购买权,而是股东配偶的财产权益,但股东家庭之间的矛盾和纠纷同样应以不影响公司及其债权的合法权益为前提,两者保护的限度在法理上是相同的。综上所述,裴某安和张某海未按原审法院要求举证,不符合民事诉讼法的要求,应予批评。但是,王某作为原告,应当首先对其主张的"恶意串通"事实承担证明责任,并达到排除合理怀疑的证明标准,不能因为裴某安和张某海未按要求提供其掌握的证据或者相关陈述出现前后不一即推定两人之间存在恶意串通的行为,鉴于王某主张裴某安和张某海恶意串通损害其合法权益证据不足,对其主张法院难以采信。王某与裴某安之间婚姻纠纷属家庭内部关系,裴某安对外转让××汽车公司股权如果确属私自转移夫妻共同财产的行为,王某可以依照《婚姻法》第47条①关于离婚时隐藏财产或伪造债务的规定依法处理,以保护自己的合法权益。原审判决认定事实不清,适用法律不当,予以纠正。

(2)恶意串通损害他人合法权益的股权转让合同无效

依据《民法典》第154条的规定,行为人与相对人恶意串通,损害他人合法权益的民事法律行为无效。例如,有限公司股东与股东以外的人恶意串通,先以高价向该股东以外的人转让少量股权,待其取得股东身份之后,再基于《公司法》第84条第1款的规定,再以不合理低价转让剩余股权,从而实现该股东以外的人取得相应股权的目的。在股权转让纠纷实务中,常见的恶意串通行为有债务人与第三人通过低价转让股权、以抵押、质押股权等方式转移财产、逃避债务或逃避强制执行,以及代理人与第三人恶意串通损害被代理人的利益等。

司法实践中相关的裁判观点及典型案例如下。

裁判观点一:有证据证明夫妻一方与第三人恶意串通,签订股权转让合同以转移夫妻共同财产,损害配偶一方财产共有权,相关股权转让合同无效,股权应恢复至原登记状态。

【**典型案例**】张某某、鑫某祥公司与邱某某、兰德玛克公司确认合同无效纠纷案。② 最高人民法院认为,虽然案涉股权原登记于张某某名下,张某某作为股东有权决定转让该股权,但因张某某与鑫某祥公司之间并不存在真实交易关系,双方签订的以货款折抵股权转让价款的抵债协议缺乏事实基础,同时上述抵债及转让股权行为正好发生于邱某某与张某某离婚诉讼期间,案涉股权转让后应得的对价为夫妻双方共同财产,故法院有理由相信涉案《股权转让协议》为张某某与鑫某祥公司恶意串通签订,损害了邱某某的合法权益,《股权转让协议》应认定为无效。在案涉股权转让协议被确认无效的情况下,股权受让方名下的股权应当重新变更登记至股权转让方名下,因此,对邱某某请求将案涉股权恢复登记至张某某名下,法院予以支持。

裁判观点二:民事活动应当遵循诚实信用的原则,民事主体依法行使权利,不得恶意规避法律,侵犯第三人利益。

【**典型案例**】吴某崎与吴某民、吴某磊确认合同无效纠纷案。③ 再审法院认为,吴某民和吴某磊在7个月的时间内以极其悬殊的价格前后两次转让股权严重损害吴某崎的利益。吴某民

---

① 《婚姻法》已因《民法典》施行而废止;此条参见《民法典》第1092条。
② 参见最高人民法院民事判决书,(2018)最高法民终851号。
③ 参见江苏省高人民法院案二审民事判决书,(2015)苏商再提字第00068号。

和吴某磊第一次转让1%的股权价格为15万元,第二次转让59%的股权实际价格62万元(以此测算第二次股权转让价格约为每1%价格1.05万元),在公司资产没有发生显著变化的情形下,价格相差达14倍以上,其目的在于规避公司法关于其他股东优先购买权的规定,从而导致吴某崎无法实际享有在同等条件下的优先购买权,即首次转让抬高价格,排除法律赋予其他股东同等条件下的优先购买权,受让人取得股东资格后,第二次完成剩余股权转让。吴某民在一审庭审中亦明确表示"第一次股权转让吴某磊不是公司股东,吴某民必须考虑同等条件的优先权","(第一次)比后面的要价要高,目的是取得股东身份"。这表明吴某民对其与吴某磊串通损害吴某崎利益的意图是认可的。如果认可上述行为的合法性,公司法关于股东优先购买权的立法目的将会落空。综上,民事活动应当遵循诚实信用的原则,民事主体依法行使权利,不得恶意规避法律,侵犯第三人利益。吴某民与吴某磊之间的两份股权转让协议,目的在于规避公司法关于股东优先购买权制度的规定,剥夺吴某崎在同等条件下的优先购买权,当属无效。

(3)名义股东擅自转让股权且受让人不构成善意导致股权转让合同无效后的实务处理

裁判观点:在名义股东擅自转让股权后,实际出资人可以受让人不构成善意取得股权的转让行为无效来主张返还股权,如名义股东造成实际出资人损失,实际出资人还可以要求名义股东赔偿损失,但不得据此请求名义股东退还投资款。

【典型案例】谢某与孔某某股权转让纠纷案。[①] 二审法院认为,《公司法解释(三)》第25条规定规范了实际出资人在名义股东擅自转让股权时的司法救济路径,即在名义股东擅自转让股权后,实际出资人可以受让人不构成善意取得股权的转让行为无效来主张返还股权,如名义股东造成实际出资人损失,实际出资人还可以要求名义股东赔偿损失。该案中,孔某某并未以谢某无权处分而主张享有股权实际权利,也未主张谢某赔偿因处分代持股权造成其作为实际出资人的损失,而是以谢某违约要求返还6万元投资款,隐含了解除代持协议意思。但依据《股份合作协议》,孔某某将该款转入谢某账户并通过谢某转给中某公司是履行协议约定的出资义务,该款项已经成为中某公司的财产,未经法定减资程序以及符合法定条件的返还均有违公司资本维持原则,有可能损害公司债权人的利益,据此,谢某请求不予返还于法有据,予以支持。如孔某某作为中某公司2%股份的实际出资人,因名义股东谢某处分代持股份损害其权益,可依据《公司法》及相关司法解释的规定另循途径寻求救济。

6. 如何认定未经行政机关批准、规避强制性规定或损害其他股东优先购买权的股权转让合同效力

实务中,在股权转让合同领域,当事人对股权转让合同效力的争议主要来自合同未经行政机关批准情形下的效力认定、为规避法律法规的强制性规定而订立的合同的效力认定,以及损害其他股东优先购买权的合同(关于损害其他股东优先购买权的合同效力的认定,因为将在其他章节详细阐述,在此不再赘述)的合同效力的认定。

对此,司法实践中相关的裁判观点及典型案例如下。

---

① 参见广东省深圳市中级人民法院民事判决书,(2021)粤03民终30103号。

裁判观点一：未经行政机关批准的股权转让协议属于成立但未生效的合同，协议中的真实意思表示对协议各方具有法律约束力。

【典型案例】巨晖电脑公司、香港巨晖公司股权转让纠纷案。① 最高人民法院认为，民事法律行为是民事主体通过意思表示设立、变更、终止民事法律关系的行为，意思表示真实是民事法律行为有效的必备条件。该案中，鉴于福建巨晖公司系中外合作企业，我国台湾巨晖公司与曾某强、赖某隆签订"6·23"协议后，已特别授权曾某强、赖某隆办理案涉股权的相关事宜，因此，为依照法律规定完成案涉股权的变更登记，曾某强、赖某隆成立香港巨晖公司，赖某隆代理台湾巨晖公司与香港巨晖公司签订"8·30"协议，实际上是为履行"6·23"协议而签订，"6·23"协议是台湾巨晖公司与曾某强、赖某隆的真实意思表示，虽未经行政机关批准生效，但已依法成立，属于成立但未生效合同，该协议中的真实意思表示对双方仍具有法律约束力。因此，"8·30"协议中关于股权转让价格的条款并不是双方当事人的真实意思表示，双方应以"6·23"协议中约定的股权转让款作为真实的股权转让价款，原审法院综合两份协议形成的时间和背景、协议之间的关系、当事人实际履行情况等事实以及当事人陈述，确定"6·23"协议中的股权转让价款为双方真实意思表示，并无不当。

裁判观点二：为规避《外商投资法》中"外商投资准入负面清单规定禁止投资的领域"规定而签订的股权转让协议，因违反法律、行政法规的强制性规定而无效。

【典型案例】永杏公司、海某清等股权转让纠纷案。② 最高人民法院认为，永杏公司在2020年1月16日之前属于台港澳法人独资企业，其受让云峰公司股权行为属于外商投资企业在我国境内进行二级再投资的行为，云峰公司经营生产范围包括负面清单禁止投资的领域。因此，原审法院根据《外商投资法解释》第3条关于"外国投资者投资外商投资准入负面清单规定禁止投资的领域，当事人主张投资合同无效的，人民法院应予支持"的规定，以及第5条"在生效裁判作出前，因外商投资准入负面清单调整，外国投资者投资不再属于禁止或者限制投资的领域，当事人主张投资合同有效的，人民法院应予支持"的规定认为，永杏公司于2020年1月16日将其企业类型由台港澳法人独资变更为自然人投资或控股，不属涉案合同效力瑕疵的补正法律事由，故涉案《股权转让协议书》自始无效，事实和法律依据充分，法院予以认可。

裁判观点三：双方恶意串通，损害国家利益，或以合法形式掩盖规避更严格审批要求的非法目的的股权转让协议无效。

【典型案例】王某群、天九公司与农产品公司股权转让纠纷案。③ 最高人民法院认为，由于协议在王某群、天九公司和农产品公司三方之间成立，也就不存在天九公司和农产品公司恶意串通损害王某群利益的情形。该案股权转让系外国投资者并购境内企业，农产品公司以发行可换股票据方式支付部分转让价款，实质上是外国投资者以股权作为支付手段并购境内公司，即"股权并购"。商务部等部门联合发布的《关于外国投资者并购境内企业的规定》（2006年）

---

① 参见最高人民法院民事裁定书，(2019)最高法民申4143号。
② 参见最高人民法院民事裁定书，(2021)最高法民申6561号。
③ 参见最高人民法院民事判决书，(2014)民四终字第33号。

对"股权并购"的文件申报与程序有更严格的要求。当事人串通签订《0.89亿股权转让协议》，目的是规避必要的较为严格的行政审批要求，破坏了国家对外商投资、对外投资的监管秩序和外汇管理秩序，属于双方恶意串通，损害国家利益，也属于以合法形式掩盖规避更严格审批要求的非法目的，应依照《合同法》第52条第2项、第3项①的规定，认定该协议无效。

7. 意思表示瑕疵——通谋虚伪意思表示对合同效力影响

在股权转让纠纷司法实务中，常见的通谋虚伪意思表示有股权让与担保和"阴阳合同"两种情形。这两种情形，笔者将在后文予以介绍，在此不详细阐述。

二、股权转让合同可撤销的情形及相关问题

《民法典》规定的合同可撤销的事由主要有：（1）重大误解（第147条）；（2）欺诈（第148条、第149条）；（3）胁迫（第150条）；（4）显失公平（第151条）。具体到股权转让领域，当事人主张撤销的主要情形包括：（1）转让方是否隐瞒了公司财产情况、是否存在转让人欺诈或者受让人重大误解的情形；（2）股权转让价格过低，特别是在未经评估的情况下，是否构成显失公平；（3）违反瑕疵担保义务的股权转让合同是否应予撤销等。

（一）重大误解情形

根据《民法典》第147条的规定，实务中，可支持撤销股权转让的情形包括受让人对标的物性质产生重大误解，对标的物质量、标的公司经营状况、公司状态等事实发生重大误解等。对于实务中常见的标的公司存在重大债务产生误解的，一般不会导致股权转让行为撤销。但应注意，在股权转让纠纷中，通常会以受让方应负更高注意义务为由认定股权受让方尽职调查不充分而对其撤销请求不予支持。②特别强调的是，确定有限公司的股东向其他股东或股东以外的人转让股权时的股权转让价格方式：一是由转让股东与受让人直接协商确定；二是以转让双方均认可的第三方机构对公司当时的资产负债情况进行审计、评估或估值后出具的报告载明的净资产值为参考，在此基础上由转让双方协商确定。

司法实践中相关的裁判观点及典型案例如下。

裁判观点一：股权受让方对标的公司资产应承担尽职调查的注意义务，以欺诈、重大误解、显失公平为由撤销股权转让合同需承担证明责任。

【典型案例】③ 股权受让方对标的公司资产应承担尽职调查的注意义务，以欺诈、重大误解、显失公平为由撤销股权转让合同需承担证明责任，分述如下：

第一，股权受让方以其实际接手经营标的公司后单方委托的中介机构所作资产评估报告及经营状况的专项审计报告为依据主张涉案股权转让协议构成欺诈及显失公平应予以撤销。由于评估审计目的及评估基准不同，股权受让方所提交的评估与审计资料是否充分全面会对结论产生影响。其所提交的资产评估报告及经营状况专项审计报告并不能充分证明涉案股权

---

① 参见《民法典》第156条。
② 参见张应杰主编：《公司股权纠纷类案裁判思维》，人民法院出版社2023年版，第47页。
③ 参见张应杰主编：《公司股权纠纷类案裁判思维》，人民法院出版社2023年版，第164～165页。

转让时标的公司的实际资产数额及账目状况。而且，涉案标的股权转让是整体转让，包括资产、负债、有形资产、无形资产以及对该股权未来升值空间的期待利益，标的公司实际财产情况并不能完全等同于公司股权实际价值，公司经营状况与股权转让价格之间不能是绝对的对应关系。股权受让方如要参照标的公司的实际财产状况商定转让价格，其完全可以并应该在双方转让股权之前通过委托审计部门进行审计或其他方式考察标的公司的资产情况。

第二，涉案股权转让价款由交易双方协商达成。交易价格关乎签约双方基本利益和权益，是双方所重点关注的合同核心内容和主要条款。涉案股权转让协议内容可以反映出双方在充分协商基础上最终确定相关股权的转让价格。股权受让方作为市场商事主体，对标的公司股权实际价值以及转让价值是否合理，应当具有专业知识及判断能力。

第三，《公司法》作为商事立法，其最基本价值取向是效益，即效益优先。涉案股权转让协议签订后，股权受让方不仅多次承诺付款，并办理了股权转让的变更手续，且已实际经营标的公司。从维护现有法律关系稳定角度出发，应通过工商登记的变更认定交易主体变更，以维护交易相对人及第三人的合理信赖利益。

第四，该案股权受让方未能提交充分证据证明对方当事人在订立协议时隐瞒真相，致使双方权利和义务明显违反公平、等价有偿原则，从而导致合同内容显失公平，其所提交的现有证据不足以证明对方在签订协议时存在欺诈行为。

裁判观点二：股权转让并不必然要求对公司资产和股权价值进行评估，亦未必须使股权转让价格与其实际价值相匹配。

【典型案例】 李某与长发公司、美盛公司股权转让合同纠纷案。[①] 最高人民法院认为，《公司法》并未将对公司资产和股权价值进行评估或拍卖作为股权转让的必经程序，也未对股权转让价格是否必须与其实际价值相匹配作出强制性规定。

裁判观点三：股权受让人通过股权转让方式获得目标公司土地使用权，并以此作为股权转让价款的判断标准，但土地不属于目标公司的，属于"重大误解"，股权转让合同应予撤销。

【典型案例】 瀚洋公司等与叶某柏等股权转让纠纷案。[②] 二审法院认为，从已查明的情况来看，没有证据显示瀚洋公司、肖某红在签订合同时就知道涉案土地的使用权不属于东贸公司，并且在叶某柏、成某坚向瀚洋公司、肖某红移交的挂名在东贸公司名下但不属于东贸公司所有的资产清单中没有包含涉案三幅地，又没有证据显示瀚洋公司、肖某红知道涉案三幅地没有列入改制范围的情况下，瀚洋公司、肖某红有合理的理由相信涉案三幅地的使用权属于东贸公司，从而对股权价值作出不同判断。因此，瀚洋公司、肖某红主张误以为涉案三幅地的使用权属东贸公司，基于重大误解而订立合同，涉案合同应予撤销的诉讼请求依法有据，应予支持。

裁判观点四：目标公司存在股权转让协议未明确的债务，但未超出受让人注意义务和风险防控范围的，不构成重大误解，股权转让协议不应撤销。

[①] 参见最高人民法院民事裁定书，(2016)最高法民申 2720 号。
[②] 参见广东省东莞市中级人民法院民事判决书，(2013)东中法民二终字第 853 号。

【典型案例】 王某兵诉冯某祥等股权转让纠纷案。① 最高人民法院认为，从双方签订的《股东转让协议》《补充协议》来看，双方对于股权转让之前侗乡木业的债务情况做了明确约定，王某兵在受让侗乡木业股权时已经对投资风险进行了充分评估和防范，即便侗乡木业存在上述协议当中未予明确的其他债务，亦应认为双方已对债务承担问题作了相应安排。对于侗乡木业向信元公司的借款700万元，确未在双方协议中予以明确，但该笔借款已经办理了抵押登记，王某兵完全可以通过查询抵押登记而得知，该注意义务并不超出其风险防控的合理范围，基于此，王某兵申请再审称其基于侗乡木业仅有协议中约定的1400万元债务的重大误解而签订《股东转让协议》，该协议应予撤销的主张，与合同约定及该案事实均不符，不能成立。

(二) 欺诈、胁迫情形

根据《民法典》第148条、第149条、第150条的规定，实务中针对欺诈的认定，往往会对股权标的、转让合同相对人的身份及其履约能力等赋予更高的审慎注意义务。针对胁迫，对于具有团体法性质的股权转让合同来说，尤其是具有人合性、必须得到公司全体股东一致同意的有限责任公司股权转让，其行为是集体决议的产物、股东能否成为被胁迫的适格主体也存在争议。此外，相对于民事合同中典型的身体与精神胁迫，股权转让更为典型的是经济性胁迫，即具有优势竞争地位的对手利用自身优势迫使相对方转让股权，但该情形能否构成胁迫实务中亦存在争议。

对于隐藏标的公司的债权债务和实际经营情况行为的认定，法院具有较大自由裁量权。但自由裁量权的行使，一般会以受欺诈人为应负较高注意义务的商事主体为起点，其负有对转让方所隐藏的事实进行尽职调查的审慎义务，所以股权转让合同一般不会轻易撤销。对于股权转让经济性胁迫行为与危害结果间的因果关系，法院通常会严格把握，商事交易主体一般应被认定为在相关领域具有平等的专业知识和谈判地位，只有在对合同签署具有决策权的相关人员受到胁迫时才考虑予以适用。

司法实践中相关的裁判观点及典型案例如下。

裁判观点一：只有达到排除合理怀疑程度，才能认定欺诈行为的存在。

【典型案例】 义德康公司与王某某、海日升公司股权转让纠纷案。② 二审法院认为，义德康公司主张其受欺诈而签订《股权转让协议》，案涉协议应予撤销。司法解释对欺诈事实采取了较高的证明标准，即必须高于民事诉讼证据通常适用的高度盖然性的证明标准。只有达到排除合理怀疑程度，才能认定欺诈行为的存在。义德康公司主张其受欺诈而签订《股权转让协议》，则必须证明存在欺诈的事实，且应达到排除其他合理怀疑的证明标准。王某某与义德康公司作为平等商事主体，依据各自商业判断签订案涉《股权转让协议》，确定转让股权份额和转让对价，应认定案涉协议为双方真实意思表示，内容合法有效。义德康公司主张王某某存在欺诈情形，并要求撤销《股权转让协议》，王某某向其返还股权转让款75万元，但义德康公司提供的证据未达到排除其他合理怀疑的证明标准，法院对此不予采纳。

---

① 参见最高人民法院民事裁定书,(2015)民申字第868号。
② 参见广东省深圳市中级人民法院民事判决书,(2020)粤03民终1161号。

裁判观点二：股权受让人具备了解转让股权信息的条件但未尽到相应注意义务的，不构成欺诈，股权转让合同不应撤销。

【典型案例】武某敬与朱某合股权转让纠纷案。[①] 二审法院认为，该案中，一审法院作出执行通知并出具拍卖天昊公司土地相关裁定的时间分别为 2012 年 10 月 24 日和 2013 年 3 月 29 日，均早于涉案《股权转让协议》的签订时间，即 2013 年 4 月 7 日。以上土地进入执行和被拍卖等信息均能够查询，上诉人武某敬称其对此不知情不符合常理。基于安某是天昊公司的实际控制人，完全了解天昊公司土地的实际情况，且其与武某敬是同学关系，涉案股权转让协议也是安某向武某敬介绍的，应认定武某敬在签订涉案股权转让协议前具备了解天昊公司经营及土地状况的条件。天昊公司的工商登记材料中记载武某敬 2008 年是天昊公司的副经理，可以佐证武某敬对于天昊公司的土地状态是明知的。基于以上理由，可以推定武某敬对天昊公司土地拍卖的情形是知道或应当知道的，即使武某敬确实不知，也应认定主要责任在于武某敬未尽到相应的注意义务。

裁判观点三：转让方在担任法定代表人期间以公司名义擅自对外提供巨额担保，但在转让股权时未披露该事实，构成欺诈。

【典型案例】李某某诉张某某股权转让纠纷案。[②] 二审法院认为，信息披露义务属合同订立过程中的法定先合同义务。具体到股权转让中，股权转让标的虽为标的公司股权，但股权作为一种具有财产价值的权利，其交易价格主要取决于标的公司的经营状况，转让方依法负有相应信息披露义务。转让方在转让股权时，应披露与股权直接相关的信息，如股权份额、登记状况、有无抵押、实缴出资情况等。此外，转让方是否负有标的公司对外担保诉争信息的披露义务，应根据其股权份额、任职情形等具体案情判断。对于中小股东，一般不参与公司的经营管理，缺乏对公司重要信息的了解途径，无义务向受让方提供相关信息。如果转让方为标的公司大股东或实际控制公司的股东，因其参与公司经营管理，了解公司相关信息，应认定负有相关披露义务。该案中，转让方担任标的公司法定代表人期间，擅自以公司名义对外作出巨额担保，故其在转让其股权时，应当向受让方披露该对外担保的情况。由于标的公司对外担保情况对受让方作出股权受让决定具有重要影响，转让方有能力、有义务披露该担保情况，却未向受让方告知该事实，属于故意隐瞒真实情况。受让方基于标的公司不存在巨额对外担保的认知签订涉案股权转让协议，该后果与转让方不履行披露义务之间存在因果关系，构成欺诈，涉案股权转让合同应予以撤销。

（三）乘人之危、显失公平情形

根据《民法典》第 151 条，《合同法解释（二）》第 19 条的规定，"明显不合理的低价""明显不合理的高价"的显失公平标准，在司法实务中仍被继续作为处理合同纠纷的参考标准。但是在股权转让合同领域中，对于显失公平的认定一般不会亦不应机械套用。因为股权的价值受市场影响较大，最为典型的就是"壳资源"，虽然公司净资产已经为负值，但仍可以被卖出高

[①] 参见山东省高级人民法院民事判决书，(2017)鲁民终 141 号。
[②] 参见北京市第二中级人民法院民事判决书，(2017)京 02 民终 10153 号。

价。由此可以说明在股权转让中,对于乘人之危、显失公平的认定,往往会被科以更高的认定标准。

司法实践中相关的裁判观点及典型案例如下。

裁判观点一:股权受让人有能力对目标公司的资产和经营状况进行充分考察与了解,但未尽到审慎的注意义务的,不构成显失公平,股权转让合同不应撤销。

【典型案例】刘某临、冯某平股权转让纠纷案。[①] 二审法院认为,案涉《合作协议书》不符合《民法总则》第151条[②]所规定的因显失公平可予撤销的情形。第一,刘某临并未提交证据证明其在签订案涉《合作协议书》时存在危困或弱势情形。第二,刘某临认为冯某平与其存在信息不对称的问题,但刘某临在签订案涉《合作协议书》之前,完全有条件和能力对大龙山公司的资产与经营状况进行充分的考察与了解。案涉股权转让款金额巨大,刘某临作为一名完全民事行为能力人,对其如此重大的商业决策行为应当负有审慎注意义务。第三,吉林长城资产评估有限责任公司于2014年12月28日对大龙山公司的资产价值作出的评估报告并非受冯某平委托,刘某临购买案涉股权也并非基于该评估结论。刘某临亦未能举证证明冯某平在与其商谈案涉股权转让的过程中存在提供虚假文件等欺诈行为。第四,股权投资不同于一般的货物买卖。股权投资者购买目标公司的股权,除了着眼于目标公司现有资产的价值,更看重目标公司预期可获得的利益。因此,不能仅以目标公司现有资产的价值来衡量股权转让款的数额是否公平。

裁判观点二:出让条件构成显失公平的,股权转让合同应予撤销。

【典型案例】梅兰化工公司股权转让合同纠纷案。[③] 最高人民法院认为,2011年6月23日,计某林在与梅兰化工公司签订的《合作协议书》第12条中约定,计某林将其拥有的颖兴萤石矿50%的权益以8000万元的价款转让给梅兰化工公司,该8000万元价款包括颖兴萤石矿采矿许可证矿区范围1.6214平方千米、10个矿脉、980万吨萤石储量和协议生效之日双方盘点的颖兴萤石矿所有无形资产与有形资产。计某林虽提交中川公司出具的《远景评价地质报告》,欲证明该报告预测的涉案矿石远景资源量为813.5万吨,与合同约定基本相符。但该储量为预测量,计某林委托的有专门知识的人出庭陈述意见时亦认为,《远景评价地质报告》是颖兴萤石矿的远景资源量,是对储量的预测。双方在《合作协议书》中载明的980万吨萤石储量并未说明是预测储量,而梅兰化工公司支付4000万元股权转让款的对价亦是建立在980万吨确定的萤石储量基础上。据此,二审法院认定梅兰化工公司以4000万元价款购买名为980万吨、实际为14.638万吨萤石储量的颖兴萤石矿50%股权显失公平,双方签订的《合作协议书》应予撤销并无不当。

---

① 参见广东省高级人民法院民事判决书,(2017)粤民终2215号。
② 参见《民法典》第151条。
③ 参见最高人民法院民事裁定书,(2016)最高法民申1648号。

三、股权转让合同未成立、未生效的情形及相关问题

（一）合同未成立与合同未生效的区别

合同未成立，是指合同在签订时存在一些问题，如合同内容不合乎规范，或者双方并没有达成合意；合同未生效，则是指合同已经依法成立，但生效时间处于待定状态。根据《民法典》第502条第1款的规定，合同成立与生效属于合同不同的法律形态，二者既可以同时发生，也可以不同时发生，即合同成立、生效可以存在于不同的时点。

（二）未生效合同法律效力

1. 未生效合同的法律效力

未生效合同已具备合同的有效要件，对双方具有一定的拘束力，任何一方不得擅自撤回、解除、变更。但因欠缺法律、行政法规规定或当事人约定的特别生效条件，在该生效条件成就前，不能产生请求对方履行合同主要权利义务的法律效力。

2. 关于未生效合同和无效合同的区别

无效合同从本质上来说是确定欠缺合同的有效要件，或者具有合同无效的法定事由。未生效合同与无效合同的责任依据不同，未生效合同作为已依法成立的合同，对当事人具有约束力，并受法律保护，其欠缺的是合同的程序要件，体现的主要是国家对于合同不能生效时当事人权益的平衡和保护；而无效合同自始没有约束力，体现的是国家对于内容违法或违反公共利益合同的否定，强调的是对违法民事行为的制裁。在责任形式上，未生效合同主要处理合同当事人之间财产利益的弥补和相关损失的分担，一般不对当事人实施制裁，而且允许当事人通过补正而使合同生效，从而获取合同约定的权益；而合同无效的后果是返还财产和赔偿损失。

（三）报批义务及相关违约条款独立生效

根据《九民纪要》第38条的规定可知：根据行政机关对须经行政机关批准生效合同的报批义务及未履行报批义务的违约责任等相关内容作出专门约定的，该约定独立生效。

合同约定生效要件为报批并获得批准，承担报批义务方不履行报批义务的，应当承担违约责任。守约方请求解除合同并请求违约方承担合同约定的相应违约责任和赔偿损失的，法院应予支持。除直接损失外，缔约过失人对善意相对人的交易机会损失等间接损失，应予赔偿。间接损失数额一般应考虑缔约过失人过错程度及获得利益情况、善意相对人成本支出及预期利益等，然后综合衡量确定。

1. 报批义务的释明

根据《外商投资企业纠纷司法解释（一）》第6条的规定，因转让方的过错不能履行报批手续，不影响股权转让合同的生效，即股权转让合同成立并生效。故此时发生纠纷，一方应当请求另一方履行报批义务，而非履行未生效合同主要权利义务。根据《九民纪要》第39条的规定，一方请求另一方履行未生效合同主要权利义务的，法院应当向其释明，将诉讼请求变更为请求履行报批义务。经释明后当事人拒绝变更的，应当驳回其诉讼请求，但不影响其另行提起诉讼。

2. 判决履行报批义务后纠纷处理

根据《民法典》第 500 条、第 502 条,《企业国有资产法》第 53 条,《外商投资企业纠纷司法解释(一)》第 5 条,《九民纪要》第 38 条、第 40 条,《企业国有资产监督管理暂行条例》第 23 条、第 24 条等的规定,司法实务中判决履行报批义务后纠纷处理的一般方式为:一方当事人依据判决履行报批义务,行政机关予以批准,合同发生完全的法律效力,其请求对方履行合同的,法院会予以支持。行政机关没有批准,合同不具有法律上的可履行性,一方请求解除合同的,法院通常予以支持。法院判决一方履行报批义务后,该当事人拒绝履行,经法院强制执行仍未履行,对方请求其承担合同违约责任的,法院予以支持。

(四)司法实践中相关的裁判观点及案例

司法实践中关于股权转让合同未生效及其实务处理的司法裁判观点及典型案例如下。

裁判观点一: 国有股权转让协议未经审批为未生效合同,经确定不具有法律上的可履行性,股权受让人可以请求解除股权转让协议,并要求违约方承担违约责任。

【典型案例】[①] 根据《民法典》第 502 条第 1 款、第 2 款、《九民纪要》第 38 条的规定,涉案《股份转让协议》依法属于应当办理批准手续的合同,因未能得到有权机关批准,故应依法认定为未生效合同。由于股权转让方的上级主管部门已经明确表示不同意本次股权转让相关报批程序已经结束,涉案《股份转让协议》已确定无法得到有权机关批准,故应依法认定为不具有法律上可履行性的未生效合同,股权受让方请求解除合同并请求股权转让方按照协议约定承担违约责任理由成立。

裁判观点二: 国有股权转让应报请有关行政部门批准,未经有权机关批准的属于未生效合同,且该种批准手续属于法律的强制性规定,不允许当事人通过约定方式予以变更。

【典型案例】 陈某树与红塔公司股权转让纠纷案。[②] 最高人民法院认为,关于陈某树是否有权要求红塔公司继续履行《股份转让协议》的问题,该案所涉《股份转让协议》依法属于应当办理批准手续的合同,但未能得到有权机关批准,故应依法认定为未生效合同。案中尽管当事人对合同生效约定"本协议自签订之日起生效",仍应依据相关法律规定来判断合同效力。既然《股份转让协议》不生效,其关于协议解除的约定也不产生效力,红塔公司提出的《股份转让协议》应按约定解除的主张亦不能成立。因《股份转让协议》不生效,陈某树要求某塔公司继续履行《股份转让协议》并承担违约责任的主张缺乏合同依据,应不予支持。《股份转让协议》不生效后,当事人应比照《合同法》第 58 条[③] 关于合同无效或者被撤销后,因该合同取得的财产,应当予以返还的规定向对方承担返还取得财产的义务,故红塔公司应将已经收取的款项返还给陈某树,并给付相应利息,其利息标准根据公平原则应按照银行同期贷款利率计算。

[①] 参见张应杰主编:《公司股权纠纷类案裁判思维》,人民法院出版社 2023 年版,第 126 页。
[②] 参见最高人民法院民事判决书,(2013)民二终字第 42 号。
[③] 参见《民法典》第 157 条、《九民纪要》第 38 条。

裁判观点三：购买商业银行股份总额 5% 以上的，应当事先经国务院银行业监督管理机构批准，股份转让合同未经银行业监督管理机构批准的，该合同成立未生效，受让方不能依据股份转让合同取得拟转让股份。

【典型案例】国轩公司与北京巨浪公司及蚌埠某商行股权转让纠纷案。① 最高人民法院认为，北京巨浪公司与国轩公司虽均主张案涉《股份转让合同》成立并未生效，但对合同效力的认定属于法院依职权审查的范围，应结合合同内容及法律规定予以认定。根据《商业银行法》第 28 条、《商业银行股权管理暂行办法》第 4 条的规定，巨浪公司受让国轩公司名下蚌埠某商行 6.95% 股份行为应经监管部门批准后，双方于 2016 年 6 月 29 日签订的《股份转让合同》才生效。且根据该合同中有关双方及时向蚌埠某商行董事会、监管机关提交股份转让所需的申报材料、办理股份转让审批手续以及监管机构批准后办理股权转让变更登记的约定，以及蚌埠某商行公司章程第 14 条、第 19 条的约定，双方对于此类合同需要经蚌埠某商行董事会同意、监管部门审批亦明知，现双方均认可该合同未完成审批手续，故该《股份转让合同》属于成立未生效的合同。

司法实践中关于股权转让合同是否成立的认定及其实务处理的司法裁判观点及典型案例如下。

裁判观点一：各方之间缺乏股权转让的合意，亦未能就股权转让价款的数额、价款的支付主体、价款的支付时间达成一致意见的，应认定股权转让关系不成立。

【典型案例】刘某与言某兵、子母河公司股权转让纠纷案。② 二审法院认为，刘某主张其与言某兵之间存在股权转让关系所主张的事实及法律依据并不充分。根据《公司法》的相关规定，股东退出公司方式包括股权转让、公司减资、要求公司回购、解散公司、破产清算等。该案中，2017 年 5 月 26 日《股东会议》对股东刘某退出公司作出了安排，并约定由公司返还股本金，且以审计为准，并未约定由言某兵、任某贤受让其股权并支付对价。另 2017 年 6 月 22 日《退股申明》亦再次明确由公司退还股本金，而非言某兵、任某贤两人支付对价。各方在《股东会议》中所作出的上述安排应系各方真实意思表示，但并无股权转让的意思表示，如确系股权转让，各方约定由公司支付股权转让对价，涉嫌股东抽逃出资，显属无效。从《股东会议》及《退股申明》的字面意思来看，该退股行为更类似于股东退出方式中公司回购股权，刘某退出公司后，由言某兵、任某贤两人认缴了相应股权资本额，实际是两人对于公司的增持股权行为，而非受让刘某的股权。由此，刘某主张双方之间构成股权转让关系，但各方之间缺乏股权转让的合意，亦未能就股权转让价款的数额、价款的支付主体、价款的支付时间进一步达成一致意见。故刘某主张双方之间存在股权转让合意依据不足，法院不予支持。

裁判观点二：为了 IPO 或其他承包经营操作需要而变更股权，双方并未真正达成股权转让的合意的，不应认定为股权转让。

【典型案例】李某煌等与沈某策股权转让纠纷案。③ 二审法院认为，从前述查明事实看，

---

① 参见最高人民法院民事判决书，(2020) 最高法民终 1081 号。
② 参见江苏省南京市中级人民法院民事判决书，(2018) 苏 01 民终 4138 号。
③ 参见福建省高级人民法院民事判决书，(2014) 闽民终字第 713 号。

2009年以来一六八公司生产经营状况是持续盈利,2010年度一六八公司净利润3802.24万元,2011年度全年净利润1983.14万元。因此,该时期相对应的25%股权对价显然不止25万元。再结合《补充协议》中约定了每月12万元的资金占用费,并约定资金占用费支付期间一六八公司的盈亏与李某煌无关,由此可看出该资金占用费是双方对《股权转让协议》签订后至股权变更或李某煌行使回购权这一期间,相应股东权益承担的约定,性质应属于股权承包费,并非上诉人中金通达公司所主张的股权转让费或其他。双方签订《股权转让协议》《补充协议》是为了由李某煌让渡一六八公司部分股东权利予中金通达公司,由此中金通达公司可以获得一六八公司承包经营权。此时的股权让与并非真正法律意义上的股权转让。而且,涉案李某煌所持有的一六八公司股权于2011年4月25日进行了工商变更登记,双方对此是知晓的,也清楚变更后李某煌在法律意义上不再持有一六八公司股权,但在变更后中金通达公司或沈某策仍继续向李某煌支付资金占用费,直至《一六八公司股权转让协议补充协议》签订时才约定终止支付。若是真正的股权转让,就无须再行支付《补充协议》所约定的该项资金占用费,这也从另一侧面印证了一六八公司股权的变更是为了IPO或其他承包经营操作需要,而非双方真正达成股权转让的合意。

裁判观点三: 双方基于合作开发的背景,为了推进合作开发而签订、履行股权转让协议的,结合协议具体履行情况,可认定双方之间并无股权转让的真实意思表示。

【**典型案例**】骆某好、邓某明等股权转让纠纷案。① 二审法院认为,关键在于双方是否有真实的股权转让意思表示,而从该案双方的陈述及举证情况综合分析,双方并不存在真实的股权转让意思表示,双方签订、履行股权转让协议是基于双方合作开发的背景,为了推进合作开发而进行的,因此骆某好基于《股权转让合同》要求杨某昌履行支付股权转让款的义务依据并不充分。因双方并无真实的股权转让意思表示,故无论从双方的协议约定,邓某明和骆某好出具的《承诺书》,还是从具体的履行过程看,双方的真实意思表示均是杨某昌无须实际支付涉案3500万元股权转让款。邓某明、骆某好虽然共同向杨某昌转让了昂玛公司70%的股权,但仍然保留和享有合作开发土地项目以外昂玛公司的经营管理权及资产,故其的签约目的也并非转让其在昂玛公司的股东权利。

裁判观点四: 为了办理工商变更登记手续而单方制作股权转让合同,受让人没有购买股权的真实意思表示,应认定是双方没有形成真实的股权转让合意。

【**典型案例**】许某军与石某东等股权转让合同纠纷案。② 二审法院认为,关于石某东在双龙养殖公司是否有投资问题:工商部门的登记资料,对第三人来说具有公示作用,足以使他人产生信赖,是重要的证据材料。但对公司内部股东来说,当事人对公司是否有投资及投资多少,应有直接证据证明。该案许某军主张之所以将石某东记载为工商登记中的股东,是因为当时注册公司需要两个人以上,石某东实际并没有300万元投资。结合双龙养殖公司工商注册登记、签订《占地补偿协议书》和《股权转让协议书》以及股东会决议等均是许某军一人办理的

---

① 参见广东省广州市中级人民法院民事判决书,(2021)粤01民终25394号。
② 参见河北省高级人民法院民事判决书,(2011)冀民二终字第16号。

事实,能够证明石某东从开始既没有签字也没有其愿意投资入股的其他证据,到最终的股权转让仍然没有石某东的意思表示。经过审理,双方没有投资的书面协议,石某东提供不出自己有300万元投资的直接证据,且石某东没有《股权转让协议书》的原件。由此证明了许某军所说的《股权转让协议书》是许某军为了办理工商变更登记手续而单方制作的,不是许某军购买股权的真实意思表示,许某军与石某东并没有形成真实的股权转让合意。故石某东根据《股权转让协议书》主张其对公司投资300万元,要求许某军和宋某军支付股权转让金300万元,法院不予支持。

裁判观点五:合同虽名为《退股协议书》且未明确约定受让人,但从合同签订主体及内容能够推定由部分股东受让公司股权的,可以认定成立股权转让关系。

【典型案例】滕某霞与姚某、董某宽股权转让纠纷案。[①] 二审法院认为,《退股协议书》是三方对被上诉人出让其持有的股权并获得对价达成的合意,所谓"退出股份"应当理解为股权持有人将其持有的股权转让给他人,"退出"只是股权转让后的结果,该协议应为股权转让协议。虽然在协议中仅约定由两上诉人协商处理该部分股份而没有明确受让人,但从合同签订的主体及内容来看,上诉人与被上诉人系合同相对方,签订合同的主要目的就是由两上诉人受让被上诉人的股权而非公司减资,故两上诉人作为受让人应当承担支付股权转让款的义务。上诉人主张系公司回购,并称按协议约定应由公司付款,对此法院认为,青岛新天地能源科技有限公司并非一方当事人,且协议中并未约定公司回购股权及减资的内容,两上诉人作为股东亦无权为公司设定收购及付款的义务,协议关于付款主体的约定内容无论效力如何,均不能证明上诉人关于公司回购的主张,同时也不能免除两上诉人作为合同相对方的付款义务。

(五)股权转让合同是否达成股权转让合意的判断要点

根据以上的裁判观点及案例,我们可以得出以下结论:股权转让合同成立的前提条件是股权转让方与受让方就股权转让达成了合意,否则股权转让合同不成立。合同双方就是否达成股权转让合意存在争议时,应根据双方提交的证据进行综合判定。

四、股权转让合同履行的相关问题

(一)股权转让合同生效[②] 的相关问题

当事人双方就股权转让合同主要条款达成一致,除以下两种情形外,合同成立即生效:(1)附条件或附期限的合同,自条件成就或期限届至时生效;(2)法律、行政法规规定应当经过批准、登记等手续生效的,自批准、登记时生效。

《公司法》第87条规定,股权转让应当将股东记载于股东名册。《市场主体登记管理条例》第24条规定,市场主体变更登记事项,应当自作出变更决议、决定或者法定变更事项发生之日起30日内向登记机关申请变更登记。市场主体变更登记事项属于依法须经批准的,申请人应当在批准文件有效期内向登记机关申请变更登记。

---

① 参见山东省青岛市中级人民法院民事判决书,(2015)青民二商终字第1134号。
② 规范依据:《民法典》第502条。

未办理公司变更登记或已办理公司变更登记而未办理工商变更登记的不影响股权转让合同的效力。现行法律法规并无规定，股权转让须经登记才生效，所以，股权转让合同应自成立即生效。而股东变更登记是对已经发生股权转让事实的确认，且要在股权转让合同生效并履行后才可进行。办理股东变更登记主要是出于行政管理的需要，其功能是使股权的变动产生公示的效力。股权转让合同的生效与股东变更登记是两个层面的问题，两者在顺序上有先后之分，故不应以顺序在后的股东变更登记否认顺序在前的股权转让合同的效力。

（二）合同履行状况的相关问题

1. 合同履行约定情况

合同在履行过程中应当关注的要素有以下五点：

（1）合同关于履行主体、履行标的、履行期限、履行方式等约定内容。

（2）转让方与受让方双方主体情况。

（3）合同标的。①

（4）履行期限，主要关注股权转让合同关于合同债务人履行合同义务的期限约定，进而确定是否违反约定；违反则可能构成迟延履行而应当承担违约责任。

（5）履行方式，主要关注合同约定以何种形式履行合同义务。股权转让合同的履行方式主要涵盖转让款支付、标的股权交付、股权变更登记等。履行义务人需按照合同约定方式履行，如果约定不明确，当事人可以协议补充；协议不成时，可以根据合同有关条款和交易习惯确定；如果仍无法确定，则按照有利于实现合同目的的原则确定履行方式。

司法实践中相关的司法裁判观点及典型案例如下。

裁判观点一：当事人对合同条款的理解有争议的，依照合同所使用的词句、合同的有关条款、合同的目的、交易习惯以及诚信原则，确定该条款的真实意思。

【**典型案例一**】甘某某与蔡某某股权转让纠纷案。②二审法院认为，甘某某、蔡某某对《欠款协议》是否约定了股权转让余款 120 万元的付款条件存在争议。甘某某自认《欠款协议》是其本人起草的。在《欠款协议》签订前的磋商过程中，甘某某提出了"在努某尔公司盈利的情况下，120 万按照你个人在努某尔公司的利润收入的 50% 逐笔还我"的协议框架，蔡某某亦回应"我个人获得的努某尔收益一定阶段分给你作为创业补偿"，该磋商记录可以认定《欠款协议》约定的"分配利润的 50%""破产清算的资产""股权转让所获得资金"均是付款条件而非优先付款条件。甘某某在催款时提出的蔡某某未向其出示努某尔公司年度财务资料和反馈持股比例变化情况的言辞，也可以印证蔡某某还款是与努某尔公司盈利与否和蔡某某持股比例变化情况相关联的。甘某某并未主张在一定期限内蔡某某必须支付多少款项、多长时间必须付清。因此，法院采纳蔡某某对该条款的理解，蔡某某应付股权转让余款的条件为上述三种情形。但上述三种情形未成就、蔡某某未支付股权转让金款时，蔡某某应当按照约定向甘某某支

---

① 合同标的，是指合同债务人（义务人）必须实施的特定行为，是股权转让合同的核心内容，是合同当事人订立股权转让合同的目的所在。

② 参见广东省深圳市中级人民法院民事判决书，(2019) 粤 03 民终 33874 号。

付该欠款的利息。蔡某某提交的努某尔公司年度财务报表、努某尔公司商事登记信息可以证明努某尔公司未向蔡某某分配股权收益，未进入破产清算程序，蔡某某并未减持持股比例，《欠款协议》约定的付款条件尚未成就。甘某某请求蔡某某清偿股权转让余款，不符合协议约定，一审法院不予支持是正确的。

【典型案例二】冯某与廖某、徐某股权转让纠纷案。① 二审法院认为，案涉《汽修厂转让合同补充协议》第2条约定："2019年3月31日前，若陈某某收到国家有关部门的征用或拆迁通知，则徐某需在陈某某收到国家有关部门的征用或拆迁通知之日起10日内再退还转让款4.7万元。"从该条款的用词看，徐某退还陈某某4.7万元的条件是有关部门发出了征用或拆迁的通知，所用词语表达的意思清晰，不存在歧义；同时该补充协议第3条约定的事项依然是以"收到征用或拆迁通知"为条件，用词表意并不存在前后矛盾。因此，根据文义解释，双方约定的条款含义明确，没有多种解释的余地。从双方先后签订的两份合同的完整内容看，该补充协议是对当事人签订的《汽修厂转让合同》的补充，约定的事项是在汽修厂发生被征用或拆迁时，徐某减少收取特定数额的转让款。至于被征用或拆迁的具体情形，无论是以通知为要件，还是以实际交付为要件，均是符合常理的。合同解释的过程是一个探寻当事人真实意思的过程，探寻当事人真意，当然不应拘泥于文字；当以合同目的解释规则来探究当事人真意时，该合同目的应当是可以确定的当事人在合同中通过合意而达成的共同的目的，当双方对共同的目的发生争议且无法判断时，应当从双方均已知或应知的表示于外部的目的来作出认定。综上，冯某上诉主张补充协议约定的退回4.7万元转让款是以通知为条件，依据充分。

裁判观点二：双方当事人既不能依法就合同分期履行达成补充协议，也无法按照合同有关条款或者交易习惯进行确定，则依照相关法律规定，根据公平合理和有利于合同目的实现的原则予以确定。

【典型案例】胡某诉陈某股权转让纠纷案。② 二审法院认为，现双方当事人既不能依法就250万元股权转让款的20年分期履行达成补充协议，也无法按照合同有关条款或者交易习惯进行确定，则只能依照《合同法》第62条第4项和第5项③的规定，根据公平合理和有利于合同目的实现的原则予以确定。

裁判观点三：依照股权转让协议，转让方应向股权受让方履行股权转让以及配合办理股权工商变更登记义务，转让方是公司的，转让方公司股东并非股权转让协议中转让义务以及相应违约责任承担主体，股权受让方起诉请求转让方公司股东履行股权工商变更登记义务以及承担未及时完成股权工商变更登记的违约责任，缺乏事实与法律依据。

【典型案例】金某某与物资公司、国投公司及中恒香港公司、中恒江苏公司股权转让纠纷案。④ 最高人民法院认为，关于金某某是否构成违约，应否承担违约责任的问题。从案件基本事

---

① 参见广东省深圳市中级人民法院民事判决书，(2020)粤03民终17184号。
② 参见深圳市中级人民法院民事判决书，(2020)粤03民终24563号。
③ 参见《民法典》第511条第4项和第5项。
④ 参见最高人民法院民事判决书，(2021)最高法民再245号。

实看,就金某某而言,该案诉讼程序中其虽为中恒香港公司的唯一股东,但在该案《股权转让协议》中并未约定关于其变更中恒江苏公司40%股权的具体合同义务以及相应违约责任。现物资公司、国投公司起诉请求金某某履行上述股权工商变更登记义务以及承担因未及时完成股权工商变更登记的违约责任,缺乏合同与法律依据,因此,难以认定金某某在中恒江苏公司40%股权的变更登记中存在违约行为。一审、二审判决判令金某某就此承担违约责任向国投公司支付违约金属于认定事实不清、适用法律错误,应依法予以纠正。

裁判观点四:实际投资人在受让人未依约支付股权转让款情况下可以直接以自己的名义提起诉讼。

【**典型案例**】某银公司、沈某1与江苏盛祥公司、江苏某耀公司、沈某、黄某股权转让纠纷案。[1] 最高人民法院认为,根据隐名出资人某银公司与显名出资人黄某签订的《隐名出资协议》和黄某作为转让方与受让方沈某签订的《股权转让协议》,以及某银公司与沈某1等人签订的《公司股权重组、增资协议》中关于各股东出资比例、出资金额及股权实际控制人的约定,结合新生焦化公司在工商部门登记的企业信息,可以证实某银公司将其实际控制、由黄某代持的新生焦化公司5400万元占公司注册资本27%的股权,以黄某名义转让给沈某,而沈某为名义出资人,受让股权的实际控制人为沈某1。故某银公司与沈某1之间形成了股权转让法律关系,该案为股权转让纠纷,沈某1应向某银公司支付股权转让款。虽然某银公司沈某1在股权转让过程中均不是新生焦化公司的股东,但黄某对其代某银公司持有新生焦化公司股份的事实认可,江苏盛祥公司、江苏某耀公司对沈某代沈某1持有案涉受让的股权也无异议,且各方分别签订了《隐名出资协议》《股权转让协议》《公司股权重组、增资协议》,对持有和转让股权事宜进行了约定,其中沈某1签字确认的《公司股权重组、增资协议》中明确载明,其持有新生焦化公司67%股权,为股权实际控制人,并对各出资人相应权利义务作出了相应约定。虽转让人为黄某,但对于黄某与某银公司之间的代持股关系,各方均无异议,某银公司作为案涉股权的实际权利人,在沈某1未依约支付股权转让款的情况下,直接以自己的名义提起该案诉讼主体资格并无不妥。同时,虽股权变更登记之后的持股人为沈某并非沈某1,但《公司股权重组、增资协议》载明,该股权的实际控制人为沈某1,对此沈某1签字确认,故某银公司直接起诉案涉股权的实际控制人沈某1,要求其支付相应股权转让款,亦无不妥。

2. 合同实际履行情况

根据《民法典》第509条的规定,对于股权转让合同的履行情况,我们应当关注的几个要点:一是合同当事人(债务人/义务人)是否按照合同约定或法律规定全面、适当地履行合同义务;二是各方当事人是完全履行、部分履行、不适当履行或者不履行;三是履行或不履行的是主给付义务还是从给付义务及附随义务。

司法实践中相关司法裁判观点及典型案例如下。

---

[1] 参见最高人民法院民事判决书,(2020)最高法民终346号。

裁判观点一：在合同未明确债务履行期限时，如债务人不愿继续履行债务，应留存好向债权人明确表示不履行义务的证据，诉讼时效从该时起算，否则，诉讼时效将从债权人指定的宽限期届满之日起算，债权人若未指定宽限期的，则不会被认定为超出诉讼时效。

【典型案例】陈某某、荆某某股权转让纠纷案。① 最高人民法院认为，根据《合同法》第62条第4项②"履行期限不明确的，债务人可以随时履行，债权人也可以随时要求履行，但应当给对方必要的准备时间"的规定，荆某某有权随时要求陈某某履行股权变更或交付相关财产权的义务。根据《诉讼时效规定》(2008年)第6条③"未约定履行期限的合同，依照合同法第六十一条、第六十二条④的规定，可以确定履行期限的，诉讼时效期间从履行期限届满之日起计算；不能确定履行期限的，诉讼时效期间从债权人要求债务人履行义务的宽限期届满之日起计算，但债务人在债权人第一次向其主张权利之时明确表示不履行义务的，诉讼时效期间从债务人明确表示不履行义务之日起计算"的规定，该案的诉讼时效应从荆某某向陈某某要求履行义务的宽限期届满之日起计算，或者从陈某某表示不履行义务之日起计算因该案并无证据证明陈某某在荆某某提起该案诉讼之前表示过不履行义务且陈某某并未提出诉讼时效的抗辩，故荆某某提起该案诉讼要求陈某某履行股权转让协议，并未超过诉讼时效。

裁判观点二：股权受让方故意阻却股权转让协议约定的付款条件成就，应视为条件已成就。

【典型案例】绿洲花园公司与锐鸿投资公司、海港城公司、海口绿创公司股权转让纠纷案⑤，最高人民法院认为，对于锐鸿投资公司支付1.5亿元股权转让款给绿洲花园公司的条件于2015年11月9日是否已经成就，应根据双方具体约定进行分析判断。《合同法》第45条第2款⑥规定："当事人为自己的利益不正当地阻止条件成就的，视为条件已成就；不正当地促成条件成就的，视为条件不成就。"因此，锐鸿投资公司怠于对威某汀酒店在建工程造价进行审核，为其自己的利益不正当地阻止1.5亿元支付条件的成就，应视为"对威某汀酒店在建工程造价完成审核"这一条件已成就，锐鸿投资公司支付1.5亿元股权转让款的条件已经成就。

3. 合同主要义务履行情况

股权转让合同的主要合同义务包括股权转让价款支付义务、股权转让交割义务、标的公司交接义务、股权转让变更登记配合义务等。据此，在合同主要义务履行情况的审查中，我们应当关注：股权转让价款支付情况、股权转让交割情况、实际交接手续完成情况、股权转让变更登记情况等。值得注意的是，如果合同对双方履行顺序没有明确约定，对受让方股权转让款支付义务和转让方交付股权或者股票义务的履行顺序不宜直接相互推定。

司法实践中相关的司法裁判观点及典型案例如下。

---

① 参见最高人民法院民事判决书，(2018)最高法民终60号。
② 参见《民法典》第511条第4项。
③ 参见2020年《诉讼时效规定》第4条。
④ 分别参见《民法典》第510条、第511条。
⑤ 参见最高人民法院民事判决书，(2017)最高法民终919号。
⑥ 参见《民法典》第159条。

裁判观点一：合同付款义务的认定——应当依据协议双方明示的意思表示确定股权转让协议是否属于无偿转让。

【**典型案例**】① 案涉《股权转让协议书》未约定股权转让款，股权转让方起诉主张涉案协议书虽名为转让，但未约定转让价款，双方实际属于股权代持法律关系，并非无偿性转让合同。从法律规定和常理来看，民事主体在实施一项具体民事行为时，其真实意思表示应当确定且恒定，不因时间推移或场景改变而发生变更。涉案股权转让协议约定股权转让方愿意将标的公司股权转让给受让方，但未约定股权转让款，转让方在受让方未实际支付转让价款情况下，已及时履行股权转让协议约定义务，并就标的股权办理了工商变更登记。由于股权转让方在股权转让协议签订后较长时间内均未向受让方主张股权转让对价，亦未能提交证据证明双方之间实际属于股权代持法律关系，故应当依据涉案股权转让协议明示的意思表示确定双方法律关系性质，即股权转让合同关系，而且涉案股权转让协议属于无偿转让协议。

裁判观点二：当事人已经履行合同主要义务，或依照约定后履行义务的，不应视为怠于履行股权转让合同义务的行为。

【**典型案例**】嘉德机电公司诉段某等股权转让纠纷案。② 二审法院认为，判断段某是否怠于履行协议约定的义务，必须首先明确嘉德机电公司与段某双方签订《股份转让协议书》约定转让的某航电子公司股份未过户登记至嘉德机电公司名下是否因段某拖延履行办理股权变更登记的协助义务所致。对此，段某已明确股权未依约办理变更登记的主要原因是嘉德机电公司未取得某航电子公司全部股东同意转让的股东会决议和其他股东放弃优先购买权的声明。因此，该案审查重点在于嘉德机电公司是否负有该项约定义务及其是否已完成该义务，至于嘉德机电公司提出中某机载公司优先购买权是否成立，对于其与段某之间的股权转让纠纷而言属于第二层次的问题，即《股权转让协议书》在法律上或事实上能否履行仅需考察涉案股权未办理变更登记是否由法律障碍所致，进而排除段某怠于履行协助义务的一个方面因素，但不是唯一因素，不能将二者完全等同。

段某配合办理股权过户登记的前提是嘉德机电公司取得标的公司股东同意转让股权的股东会决议和其他四位股东放弃优先购买权的声明，从该案事实看，双方当事人对于嘉德机电公司至今未取得上述股东会决议和股东放弃优先购买权的声明这一事实并无争议，嘉德机电公司自始至终亦未提供该方面材料。故双方约定的办理股权变更登记的条件和期限尚未具备，段某尚无配合办理的前提。股权变更登记何时启动、如何启动以及提供哪些协助或材料均应由嘉德机电公司提出，但从嘉德机电公司提交的证据及其反映的事实看，并无证据证明其曾向段某发出了协助通知并安排了具体协助事项，其主张段某怠于履行协助义务，没有事实前提。因此，嘉德机电公司上诉主张段某怠于履行协助办理股权过户登记义务并要求其办理变更登记，没有事实和法律依据，也不符合双方约定。

---

① 参见张应杰主编：《公司股权纠纷类案裁判思维》，人民法院出版社2023年版，第192页。
② 参见广东省深圳市中级人民法院民事判决书，(2021)粤03民终24456号。

4. 有限责任公司股权交付的相关问题

（1）股权转让合同对股权交付的标准

新《公司法》颁行前，关于股权转让合同对股权交付的标准问题，实务中通常认为有约定的，从其约定；没有约定的，原则上以股权变动，主要是股东名册记载变更即标的公司内部公示方式完成为判断标准。① 随着新《公司法》的颁行，根据新《公司法》第 86 条第 2 款的规定，明确确立了"股东名册变更"是有限公司股权变动的生效要件，即在股权转让合同中股权变动的时间点为股东名册的变更时，股东名册变更后受让方才能取得股东资格。至于股权工商变更登记仅属于外部公示方式，受让方所受让的股权，未完成向公司登记机关办理股权变更登记手续的，其法律后果是不得对抗善意相对人。

（2）股权变更与股权变更登记的区分

根据《公司法》及《市场主体登记管理条例》相关规定，股权变更与股权变更登记的区分如下。

股权变更，受让人通过有效的股权转让合同取得股权后，有权要求公司进行股东变更登记，公司应当根据《公司法》及公司章程的规定进行审查，经审查股权转让符合《公司法》及章程规定，同意将受让人登记于股东名册后，受让人才取得公司股权，成为公司认可的股东，此为股权变更。

股权变更登记，股东名册是公司的内部资料，不具有对世性，不能产生对抗第三人的法律效果，只有在公司将其确认的股东依照《市场主体登记管理条例》的规定到公司登记机关办理完成股东变更登记后，才取得对抗第三人的法律效果，此为股权变更登记。

（3）股权转让涉及公司控制权发生转移的，认定股权转让还应关注：一是公司证照、印鉴、账簿及重要业务合同的移交；二是公司董事、监事、高级管理人员的变更。

司法实践中有关股权交付问题的裁判观点及典型案例如下。

裁判观点一：<u>因股权转让违反标的公司章程规定，标的公司对股权转让行为不予认可，受让方并非《公司法》意义上的股东，其主张公司直接向其支付分红款理由不成立。</u>

【典型案例】② 根据《公司法解释（四）》第 13 条第 1 款、《公司法》（2018 年）第 32 条③规定，股东向公司行使利润分配请求权的前提，应是其属于记载于股东名册的股东。案中股权受让方虽与转让方签订了案涉股权转让协议，转让方认可其将标的公司部分股权转让给受让方，但由于案涉股权转让违反标的公司章程规定，标的公司对案涉股权转让不予认可。受让方未能提交工商登记、股东名册等能够证明其属于标的公司股东身份的证明文件，其并非《公司法》意义上的股东，不具有直接向标的公司请求分红款的资格。

裁判观点二：<u>股权转让协议未约定办理变更登记手续时间，受让方可在诉讼时效内随时要求办理。</u>

【典型案例】太平洋石油公司诉陈某某、黄某某、港口仓储公司股权转让纠纷案。④ 二审法

---

① 参见张应杰主编：《公司股权纠纷类案裁判思维》，人民法院出版社 2023 年版，第 52 页。
② 参见张应杰主编：《公司股权纠纷类案裁判思维》，人民法院出版社 2023 年版，第 192～193 页。
③ 参见新《公司法》第 56 条。
④ 参见浙江省温州市中级人民法院民事判决书，(2013)浙温商终字第 881 号。

院认为,太平洋石油公司与陈某某、黄某某于 2000 年 9 月 20 日所签《股权转让合同书》未违反法律、行政法规的强制性规定,属有效合同,各方当事人均应按约全面履行合同。该案二审期间各方当事人的争议焦点是太平洋石油公司请求陈某某、黄某某协助办理港口仓储公司的 18%股权变更手续并请求陈某某、黄某某、港口仓储公司共同支付 1998 年至 2010 年港口仓储公司的红利 165.6 万元是否已超过诉讼时效的问题。在各方当事人没有明确约定办理股权变更手续时间的情况下,根据《合同法》第 62 条第 4 项①的规定,太平洋石油公司有权随时要求陈某某、黄某某、港口仓储公司履行协助办理股权变更手续的合同义务。根据各方当事人的陈述可以认定,太平洋石油公司于向原审法院提起诉讼的前一个月曾要求陈某某协助办理股权变更手续,根据《诉讼时效规定》(2008 年)第 6 条②的规定,该案太平洋石油公司主张陈某某、黄某某、港口仓储公司协助办理股权变更手续的诉讼请求并未超过诉讼时效期间,故太平洋石油公司以《股权转让合同书》未约定股权变更时间为由主张其请求协助办理港口仓储公司的 18%股权变更手续未超过诉讼时效期间的上诉理由有事实与法律依据,法院予以支持。陈某某、黄某某、港口仓储公司应按照《股权转让合同书》的约定协助太平洋石油公司办理股权变更手续。

5. 规范依据

可以参照《民法典》第 509 条;《公司法》第 46 条、第 55 条、第 56 条、第 86 条、第 87 条、第 88 条;《九民纪要》第 8 条。

(三)违约情形及责任

1. 违约行为形态

(1)违约行为形态,是指按照违约行为性质和特点区分的合同义务不履行形态。实务中准确确定违约责任有赖于对违约行为形态的关注。

(2)违约形态分类。根据履行期限是否到来,违约形态分为预期违约和实际违约。实际违约又可区分为迟延履行、不完全履行(或不适当履行),其中,迟延履行还可分为转让方迟延和受让方迟延,不完全履行可分为瑕疵给付、加害给付、违反附随义务。

2. 违约责任构成

违约责任构成要件,是指违约当事人承担违约责任时需要满足的条件。实务中违约责任的构成要件有:

(1)合同有效存在。这是区分违约责任与侵权责任、缔约过失责任的主要依据,违约责任承担的前提是存在有效的合同义务,而侵权责任、缔约过失责任均不以合同义务的存在为前提。

(2)合同义务人存在不履行合同义务或者履行合同义务不符合约定要求的行为,具体包括履行不能、履行迟延和履行不完全等,同时还应当包括与合同不履行可能发生关联的瑕疵担保、附随义务违反、合同权利人受领迟延等情形。

---

① 参见《民法典》第 511 条第 4 项规定。
② 参见 2020 年《诉讼时效规定》第 4 条。

(3)非法定或约定免责情形。免责情形包括法定免责情形和约定免责情形。《民法典》第180条有关不可抗力等法定免责情形;合同当事人可在合同中约定免责事由。

(4)影响违约责任的情形:一是《民法典》第592条规定的双方当事人违约情形;二是《民法典》第533条规定的情势变更情形;三是《民法典》第593条规定的因第三人原因导致的违约,应当注意因第三方原因导致违约方违约并不影响违约方违约责任构成或程度。

(5)除前述规定外的其他规范依据参见《民法典》第186条、第577条、第590条。

司法实践中与违约情形相关问题的裁判观点及典型案例如下。

裁判观点一: 受让人依约支付股权转让款后,转让人未按照协议约定履行移交相关财务、财产手续等义务的,构成违约。

【典型案例】 吴某、吴某媚与梁某业、宋某之等股权转让纠纷案。[1] 最高人民法院认为,公司的公章及相关证照资料等属于公司的财产,通常情况下,转让公司股权的原股东不得处分该财产,受让公司股权的股东在股权变更之后应以公司的名义请求控制该财产的原股东交付。但是,根据案涉协议的约定受让方的目的是取得金汛公司的全部股权并进行经营管理。在股权转让之前,金汛公司的全部股东和实际控制人为吴某、吴某媚,且吴某媚是法定代表人,金汛公司的公章及相关证照资料实际也由两人控制。案涉交易履行完毕的结果也是由受让方成为持有金汛公司全部股权的股东。在此背景下,根据案涉股权转让合同及其补充协议的交易目的,将交付金汛公司公章及相关证照资料的义务解释为转让方的义务,即具有合理性。因此,尽管双方签订的系列协议中并无转让方交付公司公章及相关证照资料的约定,但根据《合同法》第60条[2]的规定,转让方依据诚实信用原则和合同目的及金汛公司股权转让前后的实际情况,转让方应将公司的公章及相关证照资料交付受让方。虽然受让方在公司股权变更后已经重新办理了新的公司公章、企业法人营业执照、税务登记证等证照,但这些证照及财务资料的交付仍具有避免转让方滥用权利,进而保护受让方以及金汛公司权益的作用,属于《合同法》第60条规定的基于诚实信用原则所派生的附随义务。所以,一审判令转让方向受让方交付公章及相关证照资料并无不当,法院予以维持。

裁判观点二: 股权转让双方在签约时面对合同履行过程中可能出现的商业风险如来自案外债权人、代持股主体及有关部门等不确定因素对双方交易的影响应有预见。若因为合同涉及的金融、股权代持、转让的股权被查封、政府监管介入等非股权转让方可以控制的事宜影响合同履行,不宜直接认定转让方有违约故意。

【典型案例】 北京盛世中心等与大连实德集团等股权转让纠纷案。[3] 最高人民法院认为,北京盛世中心与大连实德集团签订的《合作框架协议》及《债务重组框架协议》是双方的真实意思表示,内容不违反法律法规的禁止性规定,合法有效。双方在《合作框架协议》中对拟收购的金融股权及收购价格、合作模式等作出了意向性约定,并明确在北京盛世中心支付诚意金后

---

[1] 参见最高人民法院民事判决书,(2016)最高法民终51号。
[2] 参见《民法典》第509条。
[3] 参见最高人民法院民事判决书,(2017)最高法民终11号。

对拟收购的目标公司进行尽职调查,在尽职调查完成后决定合作,双方及双方指定的相关方将签订正式协议,并依据尽职调查结果制订出详细可行的重组方案和资金支付方式。根据协议内容表明,在案涉《债务重组框架协议》确立的交易原则基础上,双方能否按照约定的交易步骤全面实际履行,还涉及与案外债权人能否达成《债权重组协议》,以及与人某投资等合同约定的代持股主体能否协调解决代持股份转让以及解除查封等事宜。因此,案涉《债务重组框架协议》的内容尚不完备,存在诸多有待进一步协商确定的内容及协调解决的事项,该合同的履行也因此存在一定的不确定性。合同中对上述相关事项无法按期解决时,约定采取终止合同履行或双方协商或签订补充协议等方式解决,表明合同双方在签约时对《债务重组框架协议》存在履约风险有充分预见。

大连实德集团和北京盛世中心在签约时对合同履行过程中可能出现的来自案外债权人、代持股主体及有关部门干预等不确定因素对双方交易的影响,也即双方交易面临的商业风险应有预见。实际履行中,案涉《债务重组框架协议》签订后,双方均积极有序履行合同,北京盛世中心支付了大部分首期收购款,大连实德集团也办理了三家目标公司的股权过户手续。导致双方合同履行停滞的起因是目标公司大连某股权过户未能及时完成。影响案涉《债务重组框架协议》履行的根本原因应在于大连实德集团无法履行合同义务,但非由其自身可以控制的原因造成,而是与案涉合同双方交易涉及的金融股权代持及转让的股权被查封等事宜没有能够顺利解决有关,也与当时有关部门对大连实德集团债务重组加大监管力度有关。因双方在签约时对可能来自案外债权人、代持股主体及有关部门等不确定因素对双方交易的影响应有预见,因此,对于该案实际履行过程中出现的影响合同履行的情形,双方在签约时均应有预见,故不应因此认定大连实德集团构成根本违约。

裁判观点三:合同约定或法定生效要件为报批允准,承担报批义务方不履行报批义务的,合同未生效,承担报批义务方应当承担缔约过失责任,而非违约责任。

【典型案例一】 沈某与国信公司股权转让纠纷案。[1] 最高人民法院认为,《企业国有产权转让管理暂行办法》中关于转让企业国有产权致使国家不再拥有控股地位的应报本级人民政府批准、重要子企业的重大国有产权转让事项应报同级国有资产监督管理机构会签财政部门后批准的规定,体现了对于国有资产转让程序的统一管理。原审判决认定在涉及国有资产转让的股权转让中应当依照上述规范性文件的要求办理正确。案涉《股权转让合同》项下转让的标的是国资公司持有的正泰公司70%股权,而正泰公司资产中包含的990万股白云山A股属于国有法人股。故根据上述规范性文件规定,《股权转让合同》属于应当办理批准手续的合同。该案中,江苏省人民政府国有资产监督管理委员会经核查发现正泰公司的资产中含有上市公司国有法人股后,下发了《关于规范转让正泰公司股权的函》,明确要求正泰公司股权转让应当经江苏省人民政府同意后报国务院国有资产监督管理委员会审批,而沈某亦同意完善相关审批手续。但因此后上述审批手续并未办理,故原审判决认定《股权转让合同》未生效,符合

---

[1] 参见最高人民法院民事裁定书,(2020)最高法民申1680号。

法律规定。该案中，沈某在请求解除《股权转让合同》的前提下，提出国信公司应赔偿的损失应属可得利益损失，系违约后应承担的责任。但原审法院经审理后认定《股权转让合同》属未生效合同，在此情形下国信公司承担的责任属缔约过失责任，而非违约责任，原审判决基于此对沈某关于国信公司应承担违约责任的诉请未予支持，不违反法律规定，并无不当。

【典型案例二】标榜公司与鞍山财政局股权转让纠纷案。① 最高人民法院认为，鞍山财政局未将涉案合同报送批准存在缔约过失，鞍山财政局未履行报批义务违反合同约定。《合同法》第8条② 规定，依法成立的合同，对当事人具有法律约束力。当事人应当按照约定履行自己的义务，不得擅自变更或者解除合同。依法成立的合同，受法律保护。依照法律、行政法规的规定经批准或者登记才能生效的合同成立后，有义务办理申请批准或者申请登记等手续的一方当事人未按照法律规定或者合同约定办理申请批准或者未申请登记的，属于《合同法》第42条第3项③ 规定的"其他违背诚实信用原则的行为"，法院可以根据案件的具体情况和相对人的请求，判决相对人自己办理有关手续；对方当事人对由此产生的费用和给相对人造成的实际损失，应当承担损害赔偿责任。根据上述法律和司法解释规定，如果合同已成立，合同中关于股权转让的相关约定虽然须经有权机关批准方产生法律效力，但合同中关于报批义务的约定自合同成立后即对当事人具有法律约束力。当事人应按约履行报批义务，积极促成合同生效。依据该案中《股份转让合同书》约定，标榜公司的主要义务是提供相关证明文件、资料，主要是协助报批。据此，应认定涉案合同报批义务由鞍山财政局承担。但鞍山财政局违反合同约定，未履行报批义务，亦未按照有权机关要求补充报送相关材料，依据上述司法解释规定，其行为属于《合同法》第42条第3项规定的"其他违背诚实信用原则的行为"，应认定鞍山财政局存在缔约过失。

3. 违约责任的内容

（1）金钱债务继续履行

关于金钱债务继续履行，一般应依据《民法典》第577条、第579条的规定进行处理。

（2）非金钱债务继续履行或履行客观不能

股权转让合同中的非金钱履行债务主要包括：股权变更及公司证照、印鉴、账簿等文件交付等。若当事人一方不履行非金钱债务或者履行非金钱债务不符合约定，对方可以请求继续履行。但并非所有的合同义务都能够要求对方继续履行，对于非金钱债务，如果存在法律上或者事实上不能履行、债务的标的不适于强制履行或者履行费用过高、债权人在合理期限内未请求履行等情形致使合同目的不能实现，守约方不能请求继续履行合同，但可以请求终止合同权利义务关系，并请求违约方承担违约责任。

4. 规范依据

可以参照《民法典》第577条、第580条、第584条、第585条。

---

① 参见最高人民法院民事判决书，(2016)最高法民终802号。
② 参见《民法典》第119条。
③ 参见《民法典》第500条。

司法实践中与违约责任相关问题的裁判观点及典型案例如下。

裁判观点一：股权受让方违约逾期支付股权转让款，应承担支付剩余股权转让款及逾期付款违约金的法律责任。

【**典型案例**】曾某与华慧能公司、冯某、冯某1股权转让合同纠纷案。[①] 最高人民法院认为，关于华慧能公司应否支付剩余股权转让款及逾期违约金的问题，曾某已依约将所持目标公司70%的股权变更登记在华慧能公司名下，履行了股权转让的合同义务。华慧能公司通过股权受让业已取得目标公司的股东资格，曾某的瑕疵出资并未影响其股东权利的行使。此外，股权转让关系与瑕疵出资股东补缴出资义务分属不同的法律关系。该案中，华慧能公司以股权转让之外的法律关系为由拒付股权转让价款，没有法律依据。对于华慧能公司因受让瑕疵出资股权而可能承担的相应责任，其可另寻法律途径解决。曾某已依约转让股权，华慧能公司未按约支付对价，构成违约，应依照《合同法》第60条、第107条[②]的规定向曾某支付股权转让款。对于曾某主张的逾期支付违约金，虽然《股权转让协议》未就华慧能公司逾期支付股权转让款的违约责任作出约定，但曾某一审诉请中要求按照银行同期贷款利率计算上述"违约金"，鉴于华慧能公司逾期支付剩余股权转让款实际上造成曾某资金被占用期间的利息损失，根据《合同法》第107条的规定上述利息损失应由华慧能公司负担。

裁判观点二：股权转让双方均存在违约行为时不能适用定金罚。

【**典型案例**】鑫达有色公司与弘毅投资公司股权转让纠纷案。[③] 最高人民法院认为，该案中，股权转让方与股权受让方签订的《股权转让协议》《补充协议》等协议是各方当事人的真实意思表示，合法有效，各方均应按照协议约定履行各自义务。鉴于双方在履行《股权转让协议》中均存在违约行为，根据《合同法》第120条[④]有关"当事人双方都违反合同的，应当各自承担相应的责任"的规定，该案股权转让双方当事人应各自承担责任，且不适用定金罚则，具有事实和法律依据，应予以认可，故对于双方互相要求对方根据定金罚则承担相应的违约责任，以及股权转让方要求股权受让方支付迟延付款违约金的主张，均不予支持。

裁判观点三：股权转让定金数额原则上不予调整，应当遵照合同协议原意。

【**典型案例**】王某某、刘某与刘某1、刘某2股权转让纠纷案。[⑤] 最高人民法院认为，定金作为一种担保方式，其所担保的对象就是合同双方当事人的履约合意，并适用定金罚则实现担保的目的，因此，其本质特征是惩罚性。定金与违约金不同，违约金的性质以补偿性为主、惩罚性为辅，违约方为其违约行为付出的代价应与给对方造成的实际损失大致相当，在违约金约定过高的情况下允许违约一方提出调减的请求。而在适用定金罚则时，从目前法律规定来看，违约方承受的丧失定金的责任仅取决于违约行为本身，并未考虑是否给对方造成损失，因此，法律亦未规定可对定金数额进行调整。但是，对违约行为进行惩罚并非定金制度的根本目的，以惩

---

① 参见最高人民法院民事判决书，(2019)最高法民终230号。
② 分别参见《民法典》第509条、第577条。
③ 参见最高人民法院民事判决书，(2016)最高法民终10号。
④ 参见《民法典》第592条第1款。
⑤ 参见最高人民法院民事判决书，(2015)民二终字第423号。

罚为手段实现合同目的才是制度的价值取向。这种约定仅存在于当事人双方之间,是当事人自由意志的体现,是双方对风险和不公平的容忍,不触犯公共利益和第三人利益,不应作过多干预。

裁判观点四:违约金条款是合同主体契约自由的体现,除具有对违约行为的惩罚性和对守约方的补偿性功能之外,还应体现预先确定性和效率原则。约定违约金降低了发生纠纷时合同主体的举证成本,使合同主体在订立合同时即明确违约后果,从而做到慎重订约、适当履约,法院对约定违约金进行调整时应依法、审慎、适当。

【典型案例】凯达实业公司与陈某1股权转让纠纷案。① 最高人民法院认为,违约金条款是合同主体契约自由的体现,除具有对违约行为的惩罚性和对守约方的补偿性功能之外,还应体现预先确定性和效率原则。约定违约金降低了发生纠纷时合同主体的举证成本,使合同主体在订立合同时即明确违约后果,从而做到慎重订约、适当履约,人民法院对约定违约金进行调整应依法、审慎、适当。从本案履约情况来看陈某、陈某1分别三次发函要求凯达实业公司履行合同义务,凯达实业公司作出书面承诺后,仍未履行相应义务,直至二审开庭期间交付土地使用权证已逾期,有失诚信。凯达实业公司已经在约定期限内交付了涉案房屋产权证,部分履行了合同义务,且陈某1、陈某除发出函件主张权利之外,确未采取有效措施主张权利,同时考虑到三层房屋租金收益由陈某1、陈某收取,法院根据合同实际履行情况及双方过错程度,按照年利率24%计算违约金。

裁判观点五:股权交易双方均存在违约情况下应根据公平原则确定违约责任;股权交易一方存在多主体的,应整体承担违约责任。

【典型案例】擎田公司与大唐置业公司股权转让纠纷案。② 最高人民法院认为:

第一,关于大唐置业公司与擎田公司的股权转让款是否需要多退的问题。从双方合同条款文义来看,《合作协议》已经进一步明确待转土地的地理位置、地块大小、容积率、可建设总面积、单价以及总价,因此双方对于待转土地权益的确定非常清楚。综合词句文义、上下条款以及合同目的等解释,根据实际可建设面积的变化对股权转让对价进行相应调整,符合双方当事人的真实意思表示。事实上,最终政府审批置换给勤某公司的土地与《合作协议》约定的待转土地属于同一地块,但是置换土地面积和实际可建设面积均显著减少,明显不符合双方签订合同的初衷和本意,并且对擎田公司可期待利益影响较大,既违反了合同约定,也不符合诚信和公平原则,大唐置业公司理应对擎田公司的股权转让款多收部分予以退还。

第二,关于大唐置业公司是否需要向擎田公司支付违约金的问题。根据合同履行情况变化,双方在《合作协议》基础上陆续签订了两份补充协议,并且在《补充协议(二)》中明确将土地证办理交付期限延长到××。虽然之后大唐置业公司未能按照新期限交付土地证,双方也未能进行有效协商,但有关权利义务应以《合作协议》为主,双方应继续履行。大唐置业公司因迟延履行合同义务,导致勤某公司迟延取得相应地证。按照《合作协议》约定大唐置业公司

---

① 参见最高人民法院民事判决书,(2016)最高法民终20号。
② 参见最高人民法院民事判决书,(2018)最高法民再169号。

理应支付相应违约金。

第三,关于大唐置业公司是否仅需要承担部分责任的问题。该案中,股权转让的目标公司勤某公司的股东在《合作协议》签订时为新公司和王某某,但一审原告擎田公司并未将王某某列为被告,一审、二审法院也未将王某某追加为被告或第三人,依据查明事实以及全案证据,足以确认大唐置业公司的行为可以视为同时代表了王某某,二审法院认定大唐置业公司仅承担部分责任的处理不当。其一,《合作协议》由大唐置业公司、王某某共同作为甲方与擎田公司作为乙方签署,双方之间的权利义务安排并未涉及甲方内部之间的关系,此后就同一股权转让事宜,大唐置业公司和擎田公司又分别代甲方和乙方签署了《补充协议》和《补充协议(二)》,两份协议皆无王某某的签署,王某某也从未提出过异议;其二,擎田公司按照前述协议的约定或根据大唐置业公司的指示,向相关主体支付股权转让款,但并未单独向王某某支付任何一笔款项,大唐置业公司和王某某对此也从未提出任何异议;其三,在该案一审过程中,大唐置业公司和王某某从未就王某某未被列为被告和王某某未参与庭审提出过任何异议;其四,王某某为大唐置业公司的法定代表人,其应知股权转让合同的实际履行情况以及该案的诉讼情况,但从未提出异议。综上,在该案股权转让事宜中,大唐置业公司与王某某实为一个"整体",大唐置业公司的行为可以视为同时代表了王某某。

五、股权转让合同解除的相关问题

(一)合同解除情形

合同解除分为双方合意解除和单方解除;其中合同单方解除又可分为约定解除和法定解除两种,实务中,该两种情形可以并存适用。在司法实务中,在单方解除合同过程中,应重点关注和确定合同解除的实际理由。

1. 合意解除

《民法典》第562条第1款规定:"当事人协商一致,可以解除合同。"

2. 约定解除

约定解除,是指合同当事人通过合意约定一方解除合同的事由,只要该约定不违反法律、行政法规的强制性规范,当解除合同事由发生时,解除权人即可依据合同约定行使解除权。

3. 法定解除

法定解除,是指法律规定了解除合同的条件,无须当事人在合同中约定,当条件成就时,解除权人可直接援引法律规定行使解除权。依据《民法典》第563条的规定,法定解除情形包括:(1)因不可抗力致使不能实现合同目的;(2)在履行期限届满前,当事人一方明确表示或者以自己的行为表明不履行主要债务;(3)当事人一方迟延履行主要债务,经催告后在合理期限内仍未履行;(4)当事人一方迟延履行债务或者有其他违约行为致使不能实现合同目的;(5)法律规定的其他情形。

4. 约定解除和法定解除并存

法定解除权与约定解除权可以并存:当事人可以通过约定的方式对法定解除权适用情形

作具体补充，如对不可抗力事件作出解释和细化；可以约定不管违约是否严重，只要违反某一项义务，相对方即可行使解除权。根据合同自由约定原则和相应法律规范内容任意性属性，当事人上述约定一般均会被认定有效。当然，基于股权转让合同特殊性，法院一般会谨慎支持解除权行使。

司法实务中关于股权转让合同解除类型和效力的认定的裁判观点及典型案例如下。

裁判观点：对于在法律没有规定或者当事人没有约定且没有催告的情形下，对解除权人行使解除权应当设定合理的期限，至于该合理期限的确定，在没有直接适用的法律规定的情况下，应当结合具体案件的实际情况综合作出判断。

【典型案例】席某某与康护之家公司股权转让纠纷案。① 二审法院认为，康护之家公司于2017年12月4日付清全部股权转让款后，于2018年6月10日向席某某催促过办理股权变更手续，基于对席某某的信任，该公司对引进光某控股投资目标公司抱有期待而没有提出解除合同，实属合理，不能认定其是故意拖延行使解除权而谋求不正当的利益。席某某在该案中主张其收取600万元股权转让款后，目标公司股东会作出了同意股权转让的决议。但是，没有证据表明席某某将该决议告知并提供给了康护之家公司，也没有通知或者提示康护之家公司配合其办理股权变更登记手续。在其代持股权期间，没有证据反映其协助康护之家公司作为实际股东参与目标公司的经营决策管理等事务。如果康护之家公司没有在合理期限内行使解除权而将席某某陷于合同履行的不安状态，席某某可以依照法律的规定行使催告权。席某某辩论时认为《股权转让协议》约定在席某某违约情况下康护之家公司有三种处理方式的选择，这导致其无法准确判断对方的意思表示而进行催告，因而该案解除权的行使不当然适用《合同法》第95条第2款②的规定。对此，法院认为，康护之家公司的三种选择权，对席某某行使催告权，并不构成法律上的障碍，也不存在具体行使时的客观障碍。另外，从席某某的履行情况看，康护之家公司何时行使合同解除权，并不存在对席某某基于合同履行的合理信赖而造成对其不公的问题。同时，《股权转让协议》对协议解除的后果有具体约定，对双方而言都是可以预见的，一方主张解除合同后约定范围内的权利，也不存在对另一方不公允的问题。综上，法院认为，康护之家公司于2019年5月14日行使约定解除权属于在合理的期限内，不应认定其约定解除权的丧失，席某某于2019年5月15日收到该函件，并接受协议解除的结果，故《股权转让协议》于2019年5月15日解除。康护之家公司在席某某逾期没有办理股权转让变更登记手续的情况下发出《律师函》，行使约定解除权，符合《股权转让协议》有关协议解除的约定，该函件送后即产生协议解除的后果。

（二）合同解除权行使期限

根据《民法典》第564条的规定，法律规定或者当事人约定解除权行使期限，期限届满当事人不行使的，该权利消灭。法律没有规定或者当事人没有约定解除权行使期限，自解除权人知道或者应当知道解除事由之日起1年内不行使，或者经对方催告后在合理期限内不行使的，

---

① 参见广东省深圳市中级人民法院民事判决书，(2020)粤03民终13869号。
② 参见《民法典》第564条第2款。

该权利消灭。另根据《民法典》第 199 条的规定,法律规定或者当事人约定的解除权存续期间,除法律另有规定外,自权利人知道或者应当知道权利产生之日起计算,不适用有关诉讼时效中止、中断和延长的规定,存续期间届满,解除权消灭。

(三)合同解除通知义务

根据《民法典》第 565 条、《九民纪要》第 46 条的规定,我们可以得出:一是合同约定解除或法定解除条件成就时,合同并不当然解除,主张方可以不与对方协商,将解除合同主张通知对方当事人,通过通知方式行使合同解除权;二是只有享有法定或者约定解除权的当事人才能以通知方式解除合同;三是不享有解除权的一方向另一方发出解除通知,另一方即便未在异议期限内提起诉讼,也不发生合同解除的效果。

当事人是否依法履行了合同解除通知义务,可从以下方面判断:其一,主张行使解除权的当事人是否已经通知对方当事人;其二,解除通知是否以明示方式作出,一般而言解除通知应当以积极明示的方式作出;其三,当事人是否通过提起诉讼/仲裁、反诉/仲裁反请求、答辩方式解除合同,只要意思表示真实明确,符合明示通知要求,此行为即可视为已经履行行使解除权的通知义务;其四,是否以享有法定或者约定解除权的当事人发的通知方式解除合同。

(四)合同解除的时点

根据《民法典》第 565 条、《九民纪要》第 46 条的规定,及前述论述,享有法定或者约定解除权的当事人通知解除合同时合同解除的时点为:

(1)当事人将解除合同的主张通知对方当事人,合同自通知到达对方时解除。

(2)通知载明债务人在一定期限内不履行债务则合同自动解除,债务人在该期限内未履行债务的,合同自通知载明的期限届满时解除。

(3)对方对解除合同有异议的,任何一方当事人均可以请求法院或者仲裁机构确认解除行为的效力。

(4)当事人一方未通知对方,直接以提起诉讼或者申请仲裁的方式依法主张解除合同。若法院或者仲裁机构确认该主张,合同自起诉状副本或者仲裁申请书副本送达对方时解除。

司法实践中,当股权转让双方均存在违约情形时,与股权转让合同解除时间的认定相关的裁判观点及典型案例如下。

【典型案例】 鑫达有色公司与弘毅投资公司股权转让纠纷案。[①] 最高人民法院认为,该案在股权转让双方均存在违约行为的情况下,转让方弘毅投资公司于 2013 年 9 月 27 日向受让方鑫达有色公司发函称,若在 2013 年 9 月 29 日 15 时前未收到鑫达有色公司应付的对价款及违约金,则其单方解除《股权转让协议》。其后,鑫达有色公司未按照上述要求的时间支付对价款及违约金,并于 2013 年 10 月 18 日向弘毅投资公司发了《股权转让协议解除通知书》,该通知书第 8 条载明,鑫达有色公司分别于 9 月 26 日和 9 月 30 日两次致函,督促转让方履行协议义务。另外,弘毅投资公司提交了其于 9 月 30 日向鑫达有色公司出具的回函,虽然鑫达有色公司不认

---

① 参见最高人民法院民事判决书,(2016)最高法民终 10 号。

可收到了该回函,但综合上述情况可以认定,双方于合同生效同年9月26日开始产生争议,鑫达有色公司于10月18日向转让方正式送达了《股权转让协议解除知书》,表示其于2013年10月21日起解除协议。虽然在本身存在违约行为的情况下,以对方违约为由提出解除合同的主张,并不符合《股权转让协议》所约定的任意一方单方解除合同的条件,但双方均不愿意继续履行合同的意思表示明确。弘毅投资公司对于鑫达有色公司的解除通知没有提出异议,并在2014年4月16日通过股东会决议确认《股权转让协议》已终止。据此,应当认定案涉《股权转让协议》已于《股权转让协议解除通知书》中载明的2013年10月21日起解除。

(五)股权转让合同解除成就条件

股权转让合同解除的应当符合以下条件:第一,股权转让合同的效力状态;第二,当事人行使约定解除权的,解除请求是否符合合同约定,约定内容是否违反法律、行政法规强制性规定或公序良俗;第三,当事人行使法定解除权的,当事人主张的情形是否符合法律规定解除条件;第四,当事人解除权的行使方式是否符合《民法典》第564条、第565条等的法律规定。

(六)实务中股权转让合同的审慎解除原则

基于股权转让合同的特殊性,为了保持公司稳定和维持既成交易关系,实务中法院一般都会从严把握解除事由,对合同解除请求的支持一般持审慎态度。根据《九民纪要》第47条的规定可知,对于股权转让合同的解除,当合同约定的解除条件成就时,守约方以此为由请求解除合同的,应重点关注违约方的违约程度是否显著轻微,是否影响守约方合同目的实现,根据诚信原则,确定合同应否解除。

一方行使法定解除权的,法院一般会对照法律规定的解除条件进行审查,特别是《民法典》第563条规定的法定解除构成要件,可以通过合同目的、主要债务、迟延履行情况等来谨慎认定解除条件是否已经成就,如果违约方的违约程度显著轻微,不影响守约方合同目的实现,守约方请求解除合同,通常难以得到法院支持。

(七)合同解除责任承担

根据《民法典》第566条、《九民纪要》第49条的规定可知:在合同解除时,一方可以依据合同中有关违约金、约定损害赔偿的计算方法、定金责任等违约责任条款的约定,请求另一方承担违约责任的。针对股权转让合同,合同解除后守约方可以诉请恢复原状、赔偿损失。在确定合同解除责任时,应重点关注以下问题:第一,双方当事人依股权转让合同所取得的股权、转让价款等情况;第二,当事人请求恢复原状时,是否具备返还的可能性;第三,当事人请求赔偿损失时,损失是否发生、损失数额大小以及损失与违约过错之间的因果关系。

【典型案例】瑞西商贸公司、荣恩科技公司股权转让纠纷案。[①]最高人民法院认为,关于荣恩科技公司是否应当返还股权、赔偿损失问题。《合同法》第97条[②]规定:"合同解除后,尚未履行的,终止履行;已经履行的,根据履行情况和合同性质,当事人可以要求恢复原状、采取其

---

① 参见最高人民法院民事判决书,(2016)最高法民终276号。
② 参见《民法典》第566条。

他补救措施,并有权要求赔偿损失。"荣恩科技公司依据《合作协议》从瑞西商贸公司取得了目标公司70%的股权,《合作协议》解除后,荣恩科技公司应向瑞西商贸公司返还所取得的股权,办理股权变更登记手续,同时返还已取得的目标公司的相关证照、印鉴、账册及证件类文书等;瑞西商贸公司亦应将取得的股权转让款、分红款共计6783万元及利息返还荣恩科技公司。鉴于荣恩科技公司并未就上述款项返还提出请求,该案对此不予审理。荣恩科技公司基于案涉合同解除享有的权益,可另寻法律途径解决。瑞西商贸公司原审中即提出由荣恩科技公司赔偿销售损失、预期收益损失等2600万元的主张,原审法院通过详尽分析、充分论证,认为瑞西商贸公司的主张证据不足,未予支持,并无不当。二审中,瑞西商贸公司没有提供足以推翻原审判决的新证据,进一步证明其主张,故对瑞西商贸公司关于荣恩科技公司应赔偿2600万元损失的上诉请求亦不予支持。

(八)司法实务中股权转让合同解除纠纷中常见争议及裁判观点

股权转让合同与一般合同的单方解除规则具有一致性,分为约定解除及法定解除的情形。在约定解除的情形下,需首先确认约定解除条件是否成就,当约定解除条件成就,还应结合《九民纪要》第47条的规定审查违约方的违约程度是否显著轻微、是否影响守约方合同目的的实现,并最终根据诚实信用原则判定合同应否解除。

应当注意,在法定解除的情形下,守约方通常以"合同目的"不能实现为由主张解除合同,故股权转让合同的"合同目的"不能实现的情形,特别是在特定的项目公司股权的转让中,受让方受让股权的目的实际是获得目标公司名下的特定项目或特定资质,如果股权转让不能让受让方获得特定项目或特定资质,是否属于转让合同的"合同目的"不能实现的情形?这是当前司法实务中最常见的争议焦点,也是司法实务处理中的难点。

涉及转让特定项目或者特定资质的公司股权转让中,对于"合同目的"不能实现情形认定的裁判观点及典型案例如下。

<u>**裁判观点一:**受让人在股权转让合同项下的合同目的是取得公司股权,双方未将项目公司土地用于特定工业建设约定为股权转让前提的,不应认定为股权转让合同目的无法实现。</u>

【典型案例】 刘某东与成某锋、刘某萍股权转让纠纷案。[①] 最高人民法院认为,该案的审理对象为《股权转让协议》,双方之间的法律关系为股权转让法律关系。刘某东主张解除协议的主要理由是成某锋、刘某萍隐瞒同欣科技公司土地不能用于特定工业建设经营致合同目的无法实现。对于股权转让合同来讲,受让人的合同目的系取得公司股权,刘某东所称利用同欣科技公司土地用于特定工业建设并非《合同法》第94条第4项[②]所称的"合同目的"。双方亦未将利用同欣科技公司土地进行特定工业项目建设作为案涉股权转让的前提,刘某东关于案涉合同目的不能实现,案涉《股权转让协议》应解除的主张,缺乏事实和法律依据。二审判决驳回其反诉请求,并无不当。

---

① 参见最高人民法院民事裁定书,(2018)最高法民申3154号。
② 参见《民法典》第563条。

裁判观点二：项目公司的主要资产是特定土地使用权，股权转让协议主要内容涉及该土地的开发建设，可以认定合同目的是以受让股权的方式取得案涉土地使用权并进行开发建设，土地不能进行开发建设应认定为合同目的无法实现。

【**典型案例**】万鑫公司与林某和等股权转让纠纷案。① 最高人民法院认为，《股权转让协议》名为转让股权，实为转让土地使用权。案涉《股权转让协议》约定，中视公司受让万鑫公司100%股权，包括股权项下的土地使用权。由于万鑫公司的主要资产系案涉土地使用权，协议内容也主要涉及对案涉土地进行开发建设，故中视公司的合同目的是以受让股权的方式取得案涉土地使用权并进行开发建设，案涉土地能否使用开发影响《股权转让协议》的履行。由于案涉土地因万宁市总体规划确定属于生态红线保护范围，不再规划保留为建设用地，该土地已不可能再进行开发建设。中视公司已向万鑫公司支付了1000万元定金及500万元投资款，但万鑫公司仍未依约将其90%的股权变更至中视公司名下。据此，原判决在中视公司已无法实现《股权转让协议》目的的情况下，支持其单方解除案涉合同，并无不当。

裁判观点三：股权转让协议签订目的为项目开发经营权的，合同目的能否实现的判断需要以项目开发经营权最终能否实现为前提。无证据证明项目已被取缔或者政府不予认可的，或者项目已经具备一定开发条件，当事人未对此提出异议的，不应认定合同目的无法实现。

【**典型案例**】百京腾公司与深圳朗钜公司、天津朗钜公司股权转让纠纷案。② 二审法院认为，根据双方签订的《股权转让合同书》等事实，可认定百京腾公司与深圳朗钜公司签订上述合同的目的是以转让股权为形式实现对"明大山水园"项目的开发、经营权的转让。根据约定，合同目的的实现，与合同第2条第3款第1~8项列明的开发条件有密切关系。经查，《股权转让合同书》第2条第3款第4~6项所列条件未完全具备。相关文件显示涉案土地已完成征用的各项前期工作、呼市土地收购储备拍卖中心已准备对一期工程所涉300亩土地实施挂牌出让。因此，合同目的的实现已具备一定条件。另根据合同约定，内蒙古明大公司转让时的现状及相关附件深圳朗钜公司知晓和认可，且深圳朗钜公司接管内蒙古明大公司将近一年后又与百京腾公司签订《股权转让补充合同》，至百京腾公司提起诉讼前，深圳朗钜公司一直未对内蒙古明大公司及项目的状况提出过异议。因此，应认定深圳朗钜公司对股权转让时内蒙古明大公司及"明大山水园"项目的状态是清楚的或即使当时不清楚事后也是默认的。故深圳朗钜公司以百京腾公司违约致合同目的不能实现请求解除合同的主张法院不予支持。

基于司法实践中前述裁判观点及案例，在股权转让合同中的受让方系以取得项目公司的特定项目或特定资质作为股权转让的合同签订的前提条件及重要目的的，笔者建议：一是应当在股权转让合同中明确约定前述目的；二是还需明确约定如果未能实现获得特定项目和特定资质的合同目的时的后续处理方式及责任承担方式。该系列约定的最终目标是明确"合同目的"，排除在各方发生争议后由法院或仲裁机构来自主认定"合同目的"，从而通过合同约定使"合同目的"认定结果具有确定性，最终有效避免因为"合同目的"的不确定性，而使股权受让

---

① 参见最高人民法院民事裁定书，(2021)最高法民申6074号。
② 参见广东省高级人民法院民事判决书，(2012)粤高法民二终字第17号。

方在无法达到前述合同目的时无法行使合同解除权,进而导致权利受损的可能。

司法实践中,与无法实现合同目的亦不得解除合同的问题相关的裁判观点及典型案例如下。

裁判观点一:解除股权转让合同除应依据法律的明确规定外,还应考虑股权转让合同的特点。尤其在股权已经变更登记,受让方已经支付大部分款项,且已经实际控制目标公司的情况下,解除股权转让合同应结合合同的履行情况、违约方的过错程度以及股权转让合同目的能否实现等因素予以综合判断。

【典型案例】 绿洲花园公司与锐鸿投资公司、海港城公司、海口绿创公司股权转让纠纷案。① 最高人民法院认为,绿洲花园公司依据《合同法》第 94 条第 4 项② 规定主张解除《股权转让协议》,即该案是否存在锐鸿投资公司迟延履行债务或者其他违约行为致使不能实现合同目的。锐鸿投资公司已支付股权转让款 2.25 亿元,占全部股权转让款的 60%,尚未支付剩余 1.5 亿元股权转让款,虽然构成违约,但并未致使《股权转让协议》的目的不能实现。迟延履行不能实现合同目的,指迟延的时间对于债权的实现至关重要,超过了合同约定的期限履行合同,合同目的就将落空。虽然锐鸿投资公司存在尚未支付剩余 1.5 亿元股权转让款的违约行为,但《股权转让协议》并未约定若锐鸿投资公司迟延支付该部分款项,绿洲花园公司将不接受《股权转让协议》的履行。绿洲公司作为股权的出让方,其转让股权的目的在于收取股权转让款,迟延交付 1.5 亿元股权转让款虽使其遭受损失,但是通过股权买受人继续履行股权转让款支付义务并承担违约责任等,合同目的仍能实现。现法院认定剩余 1.5 亿元股权转让款的支付条件已经成就,绿洲花园公司主张迟延履行支付 1.5 亿元股权转让款致使《股权转让协议》合同目的不能实现的理由不成立。该案中,绿洲花园公司已将海港城公司 80% 的股权变更登记至锐鸿投资公司名下,锐鸿投资公司已经实际接管海港城公司达两年多,占海港城公司 20% 股权的股东,国升公司明确反对绿洲花园公司再次进入海港城公司,威斯汀酒店也开业在即,海港城公司在中国银行海口海甸支行的贷款本息已经还清。与 2015 年 11 月 19 日案涉股权过户时相比,锐鸿投资公司持有的海港城公司股权的价值及股权结构均已发生较大变化,案涉股权客观上已经无法返还。综上,锐鸿投资公司虽然存在迟延支付股权转让款的违约行为,但是依据该案事实和法律规定,《股权转让协议》并不符合法定解除条件应予以解除,绿洲花园公司该项上诉请求不成立,法院不予支持。

对于受让方未付清股权转让款的,且涉案股权已经完成变更登记的,受让方未付清股权转让款不属于根本违约,转让方主张解除股权转让合同不予支持。

【典型案例一】③ 涉案股权转让合同约定如到期受让方未付清全部款项,转让方有权追讨相关款项。该案股权转让已完成工商变更登记手续,标的公司股东已由转让方变更为受让方,股权结构已经发生重大改变,受让方已实际接手经营标的公司。根据双方实际履行情况,应认

---

① 参见最高人民法院民事判决书,(2017)最高法民终 919 号。
② 参见《民法典》第 563 条第 4 项。
③ 参见张应杰主编:《公司股权纠纷类案裁判思维》,人民法院出版社 2023 年版,第 168 页。

定股权转让合同目的已基本实现。转让方以受让方未付清转让款为由起诉请求解除股权转让合同并请求受让方返还标的股权,因受让方欠付股权转让余款行为并未构成根本违约,并不符合股权转让合同约定的解除条件,亦不属于法律规定的法定解除情形,故双方应当继续履行股权转让合同。

【典型案例二】 朱某某、斯某某股权转让纠纷案。① 最高人民法院认为,由于转让方与受让方签订的股权转让合同仅约定受让方未按约定支付股权转让价款时应支付违约金,并未约定转让方可据此解除协议。故受让方未支付剩余股权转让价款,转让方并不享有约定解除权。转让方报交的最高人民法院失信被执行人信息公示,显示受让方作为失信被执行人的具体情形是"有履行能力而拒不履行生效法律文书确定义务",不足以证明受让方无履行能力,且受让方名下股权已质押用于保障股权价款的支付,而受让方也一直表示愿意继续履行股权转让的付款义务。案涉股权已经办理过户手续,股权转让协议未履行部分仅是剩余部分股权价款的支付,受让方有履约意愿并用股权质押提供了履约保证,且因双方股权转让协议履行存在一定争议,受让方未及时支付剩余价款的违约行为尚不足以构成根本违约,故对转让方要求解除与受让方的股权转让法律关系的请求不予支持。

司法实践中,与不能实现合同目的的股权转让合同应予以解除问题相关的裁判观点及典型案例如下。

裁判观点一: 经批准才生效的股权转让合同,在未经批准前已经成立但未生效,该合同对双方当事人具有一定的约束力,即当事人具有履行报批手续的义务,但在批准机构不再具备批准可能性情况下,该股权转让合同应当解除。

【典型案例】 国轩公司与北京巨浪公司及蚌埠某商行股权转让纠纷案。② 最高人民法院认为,案涉《股份转让合同》签订后,双方均未按照合同约定报经蚌埠某商行董事会同意、行业监管部门批准,且在北京巨浪公司超比例受让蚌埠某商行股权的行为未纠正的情况下,根据《中国银监会农村中小金融机构行政许可事项实施办法》③《商业银行股权管理暂行办法》规定,北京巨浪公司就全部受让股权通过审批在事实上已无法完成。据此,双方签订的《股份转让合同》已无通过批准趋于有效的可能,双方继续受此拘束亦无必要,北京巨浪公司选择解除与国轩公司签订的《股份转让合同》应予支持。因《股份代持协议》基于《股份转让合同》而签订,且案涉股权亦未实际转让,故也应一并解除。

裁判观点二: 股权转让建立在双方之间相互信任、相互配合的基础上,在双方当事人均有违约,且经过调解无法妥善解决纠纷的情况下,双方合作的信任基础已经不复存在,合同事实上已经无法继续履行,此时应判决解除合同。

【典型案例】 瑞西商贸公司、荣恩科技公司股权转让纠纷案。④ 最高人民法院认为,关于《合作协议》应否解除问题。瑞西商贸公司与荣恩科技公司签订的《合作协议》为双方的真实

---

① 参见最高人民法院民事判决书,(2019)最高法民终1833号。
② 参见最高人民法院民事判决书,(2020)最高法民终1081号。
③ 此办法已失效。
④ 参见最高人民法院民事判决书,(2016)最高法民终276号。

意思表示，不违反法律行政法规的强制性规定，协议合法有效，双方均应全面履行约定义务。在案涉《合作协议》未约定解除条件且双方也未协商一致解除合同的情况下，瑞西商贸公司主张解除《合作协议》，应符合法定解除事由。《合作协议》为双务合同，瑞西商贸公司和荣恩科技公司均负有一定的合同义务，由于荣恩科技公司未依约向目标公司开放销售网络，同时瑞西商贸公司也未向荣恩科技公司移交目标公司的财务账册、行政公章等，影响了荣恩科技公司经营管理权的正常行使，导致目标公司的生产经营一直处于停滞状态，双方约定的提升目标公司水产品的知名度、重塑和建立目标公司矿泉水销售渠道、实现目标公司整体资产大幅度增值、三年内累计销售收入不低于 3 亿元、向双方分红款不低于 7000 万元等合作目标已经完全落空，合同目的无法实现。在此情况下，瑞西商贸公司主张解除合同，符合《合同法》第 94 条第 4 项①规定，《合作协议》应予解除。瑞西商贸公司和荣恩科技公司之间的合作是建立在双方之间相互信任、相互配合的基础上的，《合作协议》第 12 条亦明确约定"本协议议定和履约的基础是双方之间的高度信任"。但从现实情况看，因双方均存在违约行为，导致合同无法履行，最终酿成该案诉讼虽经多方反复调停，至今仍无法妥善解决，双方合作的信任基础已经不复在，《合作协议》事实上已经无法继续履行。在此情形下，解除合同无疑是双方摆脱困局、减少损失、重寻商机的最佳选择。

裁判观点三：当事人针对股权转让交易签订包含两种不同法律关系性质的协议，股权转让交易需以前一性质协议履行为条件，一方在履行前一性质协议中存在根本违约行为的，对方有权解除股权转让协议（因履行不能解除股权转让合同）。

【典型案例】② 根据《民法典》第 563 条第 1 款第 4 项的规定，当事人一方迟延履行债务或者有其他违约行为致使不能实现合同目的，对方当事人可以解除合同。本案中，股权转让方与受让方为了涉案项目股权交易签订了租赁协议和股权转让协议两份协议，租赁协议是双方为履行股权转让协议而签订的，是涉案股权交易的前期履行部分，亦是股权转让协议履行的前提。由于受让方经多次催告后转让方仍拒绝履行租赁协议约定的合同义务，使受让方签订合同的交易目的无法实现，受让方请求解除租赁协议及股权转让协议理由成立。

裁判观点四：股权转让合同一方当事人经催告仍不履行约定义务，相对方可以行使合同解除权。

【典型案例】③ 根据《民法典》第 563 条第 1 款第 3 项的规定，当事人一方迟延履行主要债务，经催告后在合理期限内仍未履行，对方当事人可以解除合同。第 566 条第 1 款、第 2 款规定，合同解除后，尚未履行的，终止履行；已经履行的，根据履行情况和合同性质，当事人可以请求恢复原状或者采取其他补救措施，并有权请求赔偿损失。合同因违约解除的，解除权人可以请求违约方承担违约责任。涉案股权转让合同签订后，受让方已经按照合同约定向转让方支付股权转让价款，但转让方经合理催告仍未履行合同约定义务，未向受让方交付标的股权，

---

① 参见《民法典》第 563 条第 4 项。
② 参见张应杰主编：《公司股权纠纷类案裁判思维》，人民法院出版社 2023 年版，第 181 页。
③ 参见张应杰主编：《公司股权纠纷类案裁判思维》，人民法院出版社 2023 年版，第 181～182 页。

已构成根本性违约。对于受让方解除合同及承担违约责任的诉求,应予以支持。

裁判观点五:股权转让人未办理股权变更登记手续,应当认定构成根本违约,股权受让方有权解除股权转让合同。

【典型案例】华仁国贸公司与苏某益股权转让纠纷案。① 最高人民法院认为,苏某益与华仁国贸公司签订的《股权转让协议》系双方真实意思表示,且不违反法律法规强制性规定,应为有效,双方均应依约履行各自义务。根据华仁国贸公司的再审申请及苏某益的答辩意见,该案的争议焦点问题为涉案股权转让协议是否已经解除以及华仁国贸公司是否应当返还股权转让款。涉案《股权转让协议》签订后,苏某益依约支付了股权转让款。根据《公司法》(2013年)第32条第3款、第73条②的规定,应由华仁矿业公司向苏某益签发出资证明书,并向公司登记机关办理变更登记。但根据该案查明的事实,华仁国贸公司于股权转让前持有华仁矿业公司80%的股份,是华仁矿业公司控股股东,华仁国贸公司法定代表人吴某燕同时担任华仁矿业公司董事长,华仁国贸公司实际控制了华仁矿业公司。在2012年3月31日协议生效后1年多时间里,经苏某益催促,华仁国贸公司控制下的华仁矿业公司仍未办理股权变更登记手续,二审判决认定苏某益享有合同解除权,涉案合同已经解除,并无不当。

需要注意的是,对于股权转让人未办理股权变更登记手续是否构成不能实现"合同目的"的根本违约,最高人民法院在后来又有相反裁判观点及案例,具体如下。

裁判观点:未办理股权工商变更登记并不影响股权转让的效力,不能认定合同目的不能实现并解除股权转让合同。

【典型案例一】杨某友、杨某华、胡某忠、胡某群与中豪物流公司股权转让纠纷案。③ 最高人民法院认为,根据《合同法》第94条第4项④的规定,该项法定解除的条件系相对方存在根本违约情形以致合同目的的不能实现。该案中,杨某友、杨某华与胡某忠签订的《股权转让协议》系双方当事人以转让中豪物流公司2%股权为目的而达成的由胡某忠转让股权并收取价金,杨某友和杨某华受让股权并支付股权转让款的意思表示。《股权转让协议》约定协议经双方签字盖章后生效,且生效之日即为股权转让之日,故在杨某友、杨某华支付股权转让款后即已取得股权,其应享有中豪物流公司股东权利。未办理股权工商变更登记并不影响股权转让的生效,同时胡某忠愿意配合杨某友、杨某华办理工商变更登记,故杨某友、杨某华以合同目的不能实现为由请求解除《股权转让协议》的理由不能成立。

【典型案例二】益硕公司与中汇公司股权转让纠纷案。⑤ 最高人民法院认为,益硕公司主张因中汇公司未按约定进行酒交所章程和股份工商变更登记,影响益硕公司受让股份的公示效力,导致合同目的的难以实现,故有权解除合同。法院认为,根据《公司登记管理条例》第9条、第34条的规定,股份有限公司因股份转让发生股东和章程变更,不属于依法必须申请变更登

---

① 参见最高人民法院民事裁定书,(2016)最高法民再167号。
② 参见新《公司法》第55条、第87条。
③ 参见最高人民法院民事裁定书,(2017)最高法民申2316号。
④ 参见《民法典》第563条第4项。
⑤ 参见最高人民法院民事裁定书,(2019)最高法民申6719号。

记的情形。现行法律法规亦未规定股份有限公司股份转让以登记为公示方式。益硕公司的合同目的是受让案涉股份，成为酒交所股东并行使股东权利，益硕公司未举证证明其股东身份及权利因未办理变更登记而受到不利影响。相反，其股东身份及持股情况已在酒交所股东名册载明，且以股东身份参加了酒交所股东大会。故中汇公司虽尚未协调酒交所办理公司章程及股份转让变更登记，但并未导致益硕公司合同目的不能实现。益硕公司以中汇公司未办理变更登记构成违约为由要求解除合同的主张无法律依据，不予支持。

当然，这里应当注意的是，这两个案例与前文的华仁国贸公司与苏某益股权转让纠纷案还是存在一些区别：一是典型案例一的判决不解除合同的理由除"未办理股权工商变更登记并不影响股权转让的生效"，还存在被告愿意配合原告办理工商变更登记；二是典型案例二系股份有限公司的股权转让，非有限公司的股权转让。

裁判观点：在未约定股权转让价款支付具体时间情况下，转让人应当积极要求受让人履行支付股权转让款的义务，并给予必要的准备时间；受让人仍未能履行的，应视为合同目的不能实现，转让人享有合同法定解除权。

【**典型案例**】远洲集团公司与华泽公司等股权转让纠纷案。① 最高人民法院认为，案涉《协议书》约定剩余的 3.7 亿元股权转让款的支付，由远洲集团公司、华泽公司、满琪公司、臻峰公司与荣资公司另行协商，但双方经多次协商未果，未能明确该款项的履行期限，依据《合同法》第 62 条② 第 4 项规定，远洲集团公司、华泽公司、满琪公司、臻峰公司可以随时要求荣资公司履行支付剩余股权转让款的义务，但应当给荣资公司必要的准备时间。远洲集团公司、华泽公司、满琪公司、臻峰公司转让案涉股权的目的是获得股权转让款，故在双方认可就案涉股权转让事宜每年进行数次磋商的情形下，结合荣资公司在长达 4 年多时间里仍未支付过股权转让款的事实，应当认定远洲集团公司、华泽公司、满琪公司、臻峰公司已积极要求荣资公司履行支付剩余股权转让款的义务，并给予荣资公司履行付款义务必要的准备时间。因此，荣资公司未支付剩余股权转让款，构成违约。一审法院综合以上情况，根据《合同法》第 94 条③ 第 4 项关于当事人一方迟延履行债务或者有其他违约行为致使不能实现合同目的的，当事人可以解除合同的规定，判决解除案涉股权转让合同，并无不当。

其他情形下不能认定合同目的无法实现且股权转让合同不得解除的情形的相关裁判观点和典型案例如下。

裁判观点一：继续履行是违约方承担责任的首选方式，在受让人迟延支付股权转让款时，转让人应当积极要求其支付对价，在其仍有意愿继续履行合同、支付股权转让价款情况下，应认定合同目的不会落空。

【**典型案例**】百金海公司与王某辉等股权转让纠纷案。④ 二审法院认为，百金海公司没有支

---

① 参见最高人民法院民事判决书，(2018)最高法民终 120 号。
② 参见《民法典》第 511 条。
③ 参见《民法典》第 563 条。
④ 参见广东省惠州市中级人民法院民事判决书，(2019)粤 13 民终 383 号。

付剩余股权转让款的行为，不构成根本性违约，王某辉、王某秋不能据此作为解除涉案《股权转让协议》的依据。第一，百金海公司未能支付第二期股权转让款1000万元，不可全部归责于百金海公司。第二，当违约情况发生时，继续履行是违约方承担责任的首选方式，这也是为了更有利于合同目的实现，确保交易的安全性和稳定性。该案中，王某辉、王某秋认为百金海公司拒不支付第二期股权转让款1000万元，其并未向法院起诉要求百金海公司履行付款义务，并追究百金海公司的违约责任，在百金海公司向一审法院起诉要求继续履行涉案《股权转让协议》后，王某辉、王某秋才向一审法院提起反诉请求解除涉案《股权转让协议》明显不妥。第三，王某辉、王某秋签订涉案《股权转让协议》的目的是转让股权取得股权转让款，百金海公司在双方发生争议以及该案一审、二审审理期间，多次明确表示愿意继续履行合同，支付剩余的股权转让款，即王某辉、王某秋签订涉案《股权转让协议》的合同目的并不会落空。综上，王某辉、王某秋关于解除涉案《股权转让协议》的反诉请求，缺乏事实和法律依据，也不利于社会经济秩序的稳定和商事交易的安全，法院不予支持。

裁判观点二：受让隐名股东持有股权的目的是享有股权投资收益，受让人明知转让人系隐名股东的事实仍受让股权，在此情况下无法办理工商变更登记，不应认定合同目的无法实现并解除股权转让合同。

【典型案例】周某宝、周某虎等股权转让纠纷案。① 针对周某虎提出的主张因上诉人周某宝未交付股权、变更工商登记，无法实现合同目的，应当解除合同的主张。二审法院认为，周某虎对周某宝系隐名股东这一事实是明知的。而受让隐名股权的目的是享有股权投资收益，周某虎可径行向苏山公司主张相关股权权益。综上，涉案股权转让合同不符合法定的解除条件，周某虎不享有合同解除权。

裁判观点三：股权转让合同仍然具备履行条件，转让方要求解除协议，不予支持。

【典型案例】② 实践中存在一个突出问题，把未生效合同认定为无效合同，或者虽认定为未生效，却按无效合同处理。无效合同从本质上来说是欠缺合同的有效要件，或者具有合同无效的法定事由，自始不发生法律效力。而未生效合同已具备合同的有效要件，对双方具有一定的拘束力，任何一方不得擅自撤回、解除、变更，但因欠缺法律、行政法规规定或当事人约定的特别生效条件，在该生效条件成就前，不能产生请求对方履行合同主要权利义务的法律效力。本案中，案涉股权转让合同涉及国有股权转让，而国有股权转让属于国家行政审批范围双方当事人在签订涉案合同时应当是明知的。按一般交易习惯，应当由股权转让方向国家相关行政主管部门提出权利变动申请。根据该案查明的事实涉案股权仍然在转让方名下，涉案股权转让合同仍然具备履行条件。该案受让方已经依据股权转让合同约定支付相关款项，但转让方并未向国家相关行政主管部门提交股权转让申请，消极抵制合同目的的实现的意图明显。根据上述法律和纪要相关规定，股权转让方请求解除合同主张不成立，依法不应当获得支持。

---

① 参见江苏省连云港市中级人民法院民事判决书，(2021)苏07民终4018号。
② 参见张应杰主编：《公司股权纠纷类案裁判思维》，人民法院出版社2023年版，第130页。

裁判观点四：具有相对独立性的股权转让补充协议被解除，并不必然导致股权转让合同整体解除（股权转让合同补充协议解除并不必然导致合同整体解除）。

【典型案例】① 鉴于涉案补充协议约定的权利义务关系失衡，且补充协议所约定履行条件未能成就，股权转让方请求解除补充协议应予以支持。由于涉案补充协议与此前双方签订的股权转让合同具有相对独立性，从二者内容来看，解除补充协议并不影响股权转让合同的履行，因此，转让方一并请求解除股权转让合同不予支持。

裁判观点五：标的公司部分资产未能办理权属登记手续并非股权转让合同解除的法定事由。

【典型案例】② 鉴于该案双方当事人签订股权转让合同的主要目的是转让标的股权，标的公司部分资产使用权证办理与股权转让具有独立性。股权受让方已经履行转让价款支付义务，涉案股权转让合同约定的办理股权过户条件已经成就，而且转让方在庭审中明确表示可随时无条件将其名下的股权过户至受让方名下，该案双方当事人应当继续履行股权转让合同。受让方在接管标的公司经营管理权后，可以标的公司名义依法解决公司部分资产权属登记问题。

裁判观点六：股权转让合同一方构成根本违约，守约方能否解除合同，应结合合同履行情况等综合认定。

【典型案例】刘某某与郭某、陈某股权转让纠纷案。③ 最高人民法院认为，股权是一种综合性的财产权利，不仅包括财产收益权，还包括公司经营决策权等多种权利。股权转让合同的签订与履行不仅直接影响合同当事人的权利义务，还会影响标的公司、公司债权人及其他相关第三人的利益。因此，解除股权转让合同除应根据法律的明确规定外，还应考虑股权转让合同的特点，尤其是在相关股权已登记变更，受让方已经支付部分款项且已实际控制标的公司的情况下，更应结合合同的履行情况、违约方的过错程度以及合同目的能否实现等因素综合判断是否解除股权转让合同。该案中，根据案涉股权转让协议的约定，股权受让方已经构成违约，股权转让方因此享有合同解除权。但在股权受让方已经支付全部股权转让价款且没有证据证明股权转让方存在经济损失的情况下，结合标的公司已由股权受让方实际经营、部分股权被质押且标的公司资产价值发生较大变化等实际情况，对股权转让方请求解除股权转让合同不予支持。

裁判观点七：股权受让方以与其他股东存在经营分歧等为由请求解除股权转让协议不予支持。

【典型案例】④ 公司股东之间关于经营理念的冲突，往往涉及公司控制权和经营方向决策等问题，上述事项与公司资本多数决有关。根据《公司法》的有关规定，公司经营决策问题需经过公司决议，公司决议具有严格的法定表决程序和条件，如果股权受让方认为公司决议损害其股东利益，可以通过适当的救济途径寻求救济。案涉股权转让协议已生效并履行完毕，股权

---

① 参见张应杰主编：《公司股权纠纷类案裁判思维》，人民法院出版社2023年版，第167页。
② 参见张应杰主编：《公司股权纠纷类案裁判思维》，人民法院出版社2023年版，第167页。
③ 参见最高人民法院民事裁定书，(2019)最高法民申966号。
④ 参见张应杰主编：《公司股权纠纷类案裁判思维》，人民法院出版社2023年版，第169页。

受让方请求解除涉案股权转让协议,并不符合协议约定的解除条件,亦不符合法定解除条件,不应予以支持。

裁判观点八:股权被司法查封并非必然导致股权转让协议不能履行。

【典型案例】章某某、大烨扬资产管理公司股权转让纠纷案。[①] 最高人民法院认为,案涉股权被司法查封并非《股权转让协议》继续履行的根本障碍。从形式上看,转让方的股权因民间借贷案件被司法查封的确是继续履行股权转让协议的障碍,但根据《股权转让协议》第3条关于"股权变更手续"部分的约定,转让方配合完成股权变更手续的义务是在收到受让方全部股权转让款之后,即如果受让方按照约定支付转让款,相关借款就可能被偿还,股权查封就可能被解除。且根据转让方的主张,正是因为受让方逾期支付转让款其才对外举债。另外,案涉股权仅被保全冻结,无证据证实转让方须以其所持标的公司股权承担责任。综上,股权查封产生与解除都与受让方是否支付转让款密切相关,并非股权转让协议继续履行的根本障碍,受让方据此要求解除《股权转让协议》的主张不能成立。

裁判观点九:受让方已经取得公司经营权,标的股权亦已变更登记,其受让股权的合同目的已经实现,再以目标公司经济效益未达到预期主张解除合同不能成立。

【典型案例】裕秀物流公司、新生活公司股权转让纠纷案。[②] 最高人民法院认为,关于以目标公司经济效益未达到预期为由主张解除股权转让合同能否成立的问题。《合同法》第94条第4项[③]规定,当事人一方迟延履行债务或者有其他违约行为致使不能实现合同目的,当事人可以解除合同。案涉股权的转让不仅是股权受让方购买股权转让方持有的标的公司的股份,亦是股权受让方以购买股份的方式实现其对新设立公司即标的公司的投资控制和经营,股权受让方受让股权转让方持有的标的公司51%股份的目的是完成合作投资,获取标的公司的经营权。根据该案查明的事实,股权转让方按约将其持有的标的公司51%股权变更登记到股权受让方名下,股权受让方取得了标的公司51%的股份,亦取得了标的公司的经营权,实现了《合作投资协议书》和《股权转让及转移经营权协议书》中约定的合同目的。至于标的公司的经济效益未达到股权受让方的预期,原因复杂,股权受让方主张是股权转让方违约导致合同目的不能实现,理由不能成立。

裁判观点十:房地产企业股权转让合同转让方对地上建筑物拆迁进度不确定性风险应有所预见,不得以"政府不作为、案外人争议"等原因主张发生情势变更,进而要求解除协议有关拆迁期限的约定。

【典型案例】咸如公司与宝士力公司、天士力公司股权转让纠纷案。[④] 最高人民法院认为,关于该案股权转让协议成立后是否发生情势变更的问题,根据《合同法解释(二)》第26条[⑤]规定,案中股权转让方在签订《股权转让协议》时,明知诉争地块上的建筑物、物资等并不归其所

[①] 参见最高人民法院民事判决书,(2019)最高法民终686号。
[②] 参见最高人民法院民事判决书,(2020)最高法民终564号。
[③] 参见《民法典》第563条第4项。
[④] 参见最高人民法院民事判决书,(2015)民二终字第231号。
[⑤] 参见《民法典》第533条。

有,其自身亦非有权决定拆迁的拆迁单位,应当预见到其无法控制拆迁进度、诉争地块能否在约定期限内拆迁完毕具有不确定性,故合同成立以后客观情况并未发生当事人在订立合同时无法预见的重大变化,不构成情势变更事由。股权转让方以此为由主张解除双方合同关于拆迁期限的约定,缺乏法律依据,应不予采纳。

裁判观点十一：虽然股权变更登记手续的申请主体是标的公司,但股权受让方仍有协助变更的义务,股权受让方实际取得股东权利后未积极要求变更登记不得以合同目的不能实现为由主张解除合同。

【**典型案例**】兆佳业公司与衡阳石化公司、衡阳市国资委股权转让纠纷案。[①] 最高人民法院认为,根据双方合同的约定,转让方衡阳石化公司的主要义务是向受让方移交股权,而受让方佳兆业公司的主要义务则是支付股权转让款。当上述交易行为完成后,即产生股权转让的法律后果,合同目的得以实现。本案中,双方签订合同后,佳兆业公司依约向衡阳石化公司支付了全部股权转让款,而衡阳石化公司则将其持有的标的公司的全部股权让渡给佳兆业公司,佳兆业公司已实际以标的公司第一大股东的身份派驻人员对标的公司进行了经营、管理,依法行使了参与重大决策、选择管理者等股东权利,且以标的公司最大股东的身份参与了相关诉讼。该案股权权能已实际发生转移,佳兆业公司取得标的公司股权的合同目的业已实现。双方签订的《股权转让协议》与《补充协议》所约定的主要权利义务均已履行完毕,不存在根本违约的问题。虽然佳兆业公司在受让标的公司股权后未办理股权变更手续,未修改公司章程和股东名册,但并不影响佳兆业公司实际取得了标的公司的股东身份并行使股东权利,其合同目的已经实现。

裁判观点十二：应根据诚信原则结合合同履行情况、违约方过错程度以及股权合同目的能否实现等因素综合判定股权转让合同能否解除。

【**典型案例一**】绿洲花园公司与锐鸿投资公司、海港城公司、海口绿创公司股权转让纠纷案。[②] 最高人民法院认为,锐鸿投资公司已支付股权转让款2.25亿元,占全部股权转让款的60%,未支付剩余1.5亿元股权转让款,虽然构成违约,但并未造成《股权转让协议》的目的不能实现。迟延履行不能实现合同目的,指迟延的时间对于债权的实现至关重要,超过了合同约定的期限履行合同,合同目的就将落空。虽然锐鸿投资公司存在尚未支付剩余1.5亿元股权转让款的违约行为,但《股权转让协议》并未约定锐鸿投资公司迟延支付该部分款项,绿洲花园公司即可拒绝《股权转让协议》的履行。绿洲花园公司作为股权的转让方,其转让股权的目的在于收取股权转让款,迟延交付1.5亿元股权转让款虽使其遭受损失,但是通过股权买受人继续履行股权转让款支付义务并承担违约责任等,合同目的仍能实现。现法院认定剩余1.5亿元股权转让款的支付条件已经成就,绿洲花园公司主张迟延履行支付1.5亿元股权转让款致其合同目的不能实现的理由不成立。

股权是一种综合性的财产权利,不仅包括财产收益权,还包括公司经营决策权等多种权利。股权转让合同的签订与履行不仅直接影响合同当事人利益,还会影响目标公司的员工、债

[①] 参见最高人民法院民事判决书,(2015)民二终字第225号。
[②] 参见最高人民法院民事判决书,(2017)最高法民终919号。

权人及其他相关第三人的利益。因此，解除股权转让合同除应依据法律的明确规定外，还应考虑股权转让合同的特点。尤其在股权已经变更登记，受让方已经支付大部分款项且已经实际控制目标公司的情况下，解除股权转让合同应结合合同的履行情况、违约方的过错程度以及股权转让合同目的能否实现等因素予以综合判断。法院在认定约定解除条件时，不能完全根据合同文本机械地确定合同是否解除，而应根据诚信原则，综合考量违约方的过错程度和违约行为形态以及违约行为的后果来进行认定，如果一方已履行了合同的主要义务，其过错或违约程度较轻，也不影响合同目的实现的，则不宜根据合同约定认定解除合同的条件已经成就。本案中，绿洲花园公司已将海港城公司80%的股权变更登记至锐鸿投资公司名下，锐鸿投资公司已实际接管海港城公司达两年多，占海港城公司20%股权的股东国升公司明确反对绿洲花园公司再次进入海港城公司，威斯汀酒店也开业在即，海港城公司在中国银行海口海甸支行的贷款本息已经还清，该公司也于2016年2月19分立为海港城公司和绿创公司。与2015年11月19日案涉股权过户时相比，锐鸿投资公司现持有的海港城公司股权的价值及股权结构均已发生较大变化，案涉股权客观上已经无法返还。综上，锐鸿投资公司虽然存在迟延支付股权转让金的违约行为，但是依据该案事实和法律规定，《股权转让协议》并不符合法定解除条件。绿洲花园公司关于返还股权及协助变更登记的诉讼请求，因绿洲花园公司关于解除《股权转让协议》的诉讼请求不成立，故对绿洲花园公司该请求均不予支持。

【典型案例二】李某某、胡某某诉万景华公司股权转让纠纷案。①二审法院认为，关于约定解除条件的成就问题。法院在认定约定解除条件时，不能完全根据合同文本机械地确定合同是否解除。而应根据诚信原则，综合考量违约方的过错程度和违约行为形态以及违约行为的后果来进行认定，如果一方已履行了合同的主要义务，其过错或违约程度较轻，也不影响合同目的实现，则不宜根据合同约定认定解除合同的条件已经成就。

裁判观点十三：解除权需诚信行使。股权转让方享有解除权情况下未提出解除且继续收取股权转让款，直至受让方起诉请求继续履行合同时才主张行使解除权，应不予支持。

【典型案例】京龙公司等与合众公司等股权确认纠纷案。②最高人民法院认为，因股权受让方未按合同约定付清全部股权转让款，已构成违约，故根据《股权转让协议》约定，股权转让方享有合同解除权。但股权转让方此后接受了股权受让方逾期支付的股权转让价款，且截至该案一审受理前，股权转让方并未对股权受让方的逾期付款行为提出异议，也未向股权受让方发出过解除合同的通知，故在股权受让方向一审法院提起诉讼之时，《股权转让协议》仍处于履行状态，对股权转让方及股权受让方仍具有法律约束力。股权转让方在享有合同解除权的情况下，未行使合同解除权，并接受股权受让方逾期支付的价款而未提出异议，以行为表示其仍接受《股权转让协议》的约束但股权转让方在《股权转让协议》的履行期间，既接受股权受让方逾期支付的价款，又同时将已经约定转让给股权受让方的案涉股权再次转让给关联公司并办理工商登记，阻碍既有合同的继续履行，已构成违约。股权转让方在股权受让方提起该案

---

① 参见张应杰主编：《公司股东纠纷类案裁判思维》，人民法院出版社2023年版，第174~175页。
② 参见最高人民法院民事判决书，(2013)民二终字第29号。

诉讼过程中行使合同解除权,以对抗股权受让方要求其继续履行合同的诉讼请求,有违诚信原则,应不予支持。综上,《股权转让协议》未解除,对合同当事人均有法律约束力。

裁判观点十四:隐名股东以无证据证明其已成为标的公司股东为由主张退还委托投资款的依据不足,不予支持,可按照委托隐名投资纠纷处理。

【**典型案例**】姚某某与翁某某、幸福世家公司股权转让纠纷案。[①] 二审法院认为,关于姚某某应否向翁某某返还40万元投资款,根据姚某某与翁某某于2015年3月31日签订《委托隐名股东代理投资协议书》约定的内容,翁某某同意姚某某作为隐名股东代表,委托公司显名股东徐某某向公司以显名股东身份代持翁某某股份,并同意徐某某作为姚某某显名股东登记于公司的章程、股东名册或其他工商登记材料中从上述约定内容来看,姚某某与翁某某形成委托合同关系,翁某某委托姚某某以隐名股东身份受让幸福世家公司指定的显名股东徐某某股份。姚某某在与翁某某签订协议后确实以隐名股东身份受让了幸福世家公司显名股东徐某某(由幸福世家公司安排指定)52万股股权,从姚某某收受翁某某投资款及向幸福世家公司转账支付投资款时间节点以及姚某某以260万元购进52万股股权情况来看,姚某某主张以260万元购进的52万股股权包括翁某某出资的主张具有高度盖然性。由于姚某某提交的《股权证书》是幸福世家公司出具的内部认可及证明姚某某持有其公司股权的证明,并非幸福世家公司对外公示的股权持有资料,翁某某主张姚某某提交的《股权证书》与其提交《增资扩股隐名股东投资协议书》相矛盾不能成立。翁某某委托姚某某以隐名股东身份受让幸福世家公司的显名股东徐某某股份,因此,翁某某未收到幸福世家公司出具的股权证书或其他股份证据,符合情理,不能据此否定姚某某委托事务的完成。综上分析,姚某某主张其已经完成《委托隐名股东代理投资协议书》项下受托事务理由成立,法院予以认可。翁某某请求解除《委托隐名股东代理投资协议书》法院不予支持。从姚某某以260万元购进52万股股权单价情况来看,其并未从其接受翁某某委托事项中收取差价,仅约定幸福世家公司上市与翁某某分享增值收益。据此,翁某某在幸福世家公司不能如期上市时请求姚某某退还其40万元投资款缺乏事实依据,法院不予支持。

裁判观点十五:股权转让合同不适用《民法典》第634条关于"分期付款的买受人未支付到期价款的数额达到全部价款的五分之一,经催告后在合理期限内仍未支付到期价款的,出卖人可以请求买受人支付全部价款或者解除合同"的规定。

【**典型案例**】汤某龙诉周某海股权转让纠纷案。[②] 最高人民法院认为,原告汤某龙与被告周某海于2013年4月3日签订《股权转让协议》及《股权转让资金分期付款协议》后,汤某龙于2013年4月3日依约向周某海支付第一期股权转让款150万元。因汤某龙逾期未支付约定的第二期股权转让款,周某海于同年10月11日,以公证方式向汤某龙送达了《关于解除协议的通知》,以汤某龙根本违约为由,提出解除双方签订的《股权转让资金分期付款协议》。次日汤某龙即向周某海转账支付了第二期150万元股权转让款,并按照约定的时间和数额履行了后

[①] 参见广东省深圳市中级人民法院民事判决书,(2021)粤03民终29702号。
[②] 参见最高人民法院民事裁定书,(2015)民申字第2532号。

续第三期、第四期股权转让款的支付义务。周某海以其已经解除合同为由,如数退回汤某龙支付的4笔股权转让款。汤某龙遂向法院提起诉讼,要求确认周某海发出的解除协议通知无效,并责令其继续履行合同。

最高人民法院认为:(1)《合同法》第167条①共分两款。第一款的规定是分期付款的买受人未支付到期价款的金额达到全部价款的1/5的,出卖人可以要求买受人支付全部价款或者解除合同。第二款的规定是出卖人解除合同的,可以向买受人要求支付该标的物的使用费。(2)从上述规定内容上看,该条规定一般适用于经营者和消费者之间,标的物交付与价款实现在时间上相互分离,买受人以较小的成本取得标的物,以分次方式支付余款,因此出卖人在价款回收上存在一定的风险。(3)该案买卖的标的物是股权,在双方没有在当地的工商登记部门进行股权变更登记之前,买受人购买的股权不具有对抗第三人的权利。如目标公司没有在股东名册上登记汤某龙的股权,在工商部门变更登记之前,汤某龙就没有获得周某海转让的股权。(4)一般的消费者如果到期应支付的价款超过了总价款的1/5,可能存在价款收回的风险。该案中买卖的股权即使在工商部门办理了股权过户变更登记手续,股权的价值仍然存在于目标公司。周某海不存在价款收回的风险。(5)从诚实信用的角度看,由于双方在股权转让合同上确载明"此协议一式两份,双方签字生效,永不反悔",周某海即使依据《合同法》第167条的规定,也应当首先选择要求汤某龙支付全部价款,而不是解除合同。(6)案涉股权已经过户给了汤某龙,且汤某龙愿意支付价款,周某海的合同目的能够实现。因此,二审法院认为该案不适用《合同法》第167条的规定,周某海无权依据该条规定解除合同的理由并无不当。

前述表明,最高人民法院在上述民事裁定书中是没有提出"《合同法》第167条第1款有关解除合同的规定不适用于股权转让协议"这一一般性的意见。然而,最高人民法院在2016年9月19日发布的67号指导案例中的"裁判要点"却提出了:"有限责任公司的股权分期支付转让款中发生股权受让人延迟或者拒付等违约情形,股权转让人要求解除双方签订的股权转让合同的,不适用《合同法》第一百六十七条关于分期付款买卖中出卖人在买受人未支付到期价款的金额达到合同全部价款的五分之一时即可解除合同的规定。"

裁判观点十六:办理股权工商变更登记并不影响股权转让的效力,不能认定合同目的不能实现并解除股权转让合同。

【典型案例】 参见前述杨某友、杨某华、胡某忠、胡某群与中豪物流公司股权转让纠纷案(第332页)、益硕公司与中汇公司股权转让纠纷案(第332~333页),相应观点在前面已详细阐述,在此不再赘述。

六、股权转让合同因效力瑕疵或解除后纠纷处置的相关问题

根据《民法典》第157条、第566条的规定,在否定合同效力或解除合同后,需要根据纠纷实际的具体情况,对纠纷采取不同的处理方式。

---

① 参见《民法典》第634条。

(一)返还财产

1. 股权转让合同被确认无效、不发生效力或撤销后的法律后果

(1)因本合同取得的财产应当予以返还;

(2)有过错的一方应当赔偿对方因此所受到的损失,双方都有过错的,应当各自承担相应的责任。

2. 司法实务中一般情况下的处理原则

(1)根据诚信原则的要求,在当事人之间合理确定责任,不能使不诚信的当事人因合同不成立、无效或者被撤销而获益。

(2)合同不成立、无效或者被撤销情况下,当事人所承担的违约责任或者缔约过失责任不应超过合同履行利益。

股权转让合同被依法解除时,若合同尚未履行,应终止履行,产生合同终止履行的法律效果;如受让方已支付转让价款,但股权尚未交付,应终止股权转让行为,由转让方将已收取的转让价款退回受让方;如果股权已经完成交付,合同解除后,一般情况下股权受让方应当返还股权,使标的股权恢复至股权转让前的状态(同时返还公司证照、印章、公司资料等)。然而,若合同解除时,合同所涉标的股权已无法返还,合同解除也不必然判令返还股权,使股权恢复至转让前的状态。依据《民法典》第157条"不能返还或者没有必要返还的,应当折价补偿"的规定,当股权转让合同被确认无效、未生效或撤销,且股权无法返还时,也可以适用折价补偿处理原则。

3. 司法实践中的代表性问题

(1)股权转让合同解除后应否返还股权

首先,对于股权转让合同而言,合同解除后的恢复原状主要是出让人返还股权转让款,受让人返还股权,返还股权相应的还需办理股权变更登记。因返还转让款只涉及金钱,还较为简单,但是股权的返还则不同,因为股权不仅包含财产利益,还包含非财产性利益。股东通过享有股权获得股东身份,不仅可以获得股利,还可以参与公司的经营管理,取得其他的权利和利益。若在合同解除前股权已经发生了变动,或者还未办理股权变更登记但受让股东已实际获取股权并参与了公司的经营,在此期间受让股东得到的股利等其他权利和利益的处理会较为复杂。因此,股权转让合同解除后的恢复原状,尤其是股权的恢复原状远比一般的合同恢复原状问题复杂,仅根据原《合同法》第97条①的规定实难处理。

其次,股权转让合同解除后恢复原状意味着公司股东和股权的重新变动,尤其是对于已经部分履行的合同,若是受让人在解除前已经实际控制股权并参与了公司的管理和经营,此时恢复原状对于公司来说无异于股权的又一次转让和经营管理权的又一次更迭。在商事合同中,往往牵涉较多利益关联方,一宗交易的解除会对与其相关的多宗交易产生连锁影响。上述变化不仅影响合同当事人的权利义务关系,还会对公司、股东、案外第三人的权利义务产生重大

---

① 参见《民法典》第566条。

影响。因此,在考量股权转让合同应否解除及恢复原状时,需要考虑公司的状况,顾及公司的稳定性和人合性特征,不能仅因符合原《合同法》的解除条件就解除合同,且即使合同解除,也并非必须恢复原状。

最后,作为股权转让合同的标的,股权的性质决定其以财产权为基本内容,但还包含有公司内部事务管理权等非财产权内容,是否能恢复原状取决于合同履行情况,根据合同的履行部分对整个合同义务的影响,如果当事人的利益不是必须通过恢复原状才能得到保护,不一定采用恢复原状。不应当仅以表面形式判断,而应当综合合同性质、履行情况、当事人主观意图等案件整体情况,若通过其他方式补救更为适宜,就不应当轻易判决恢复原状。

裁判观点一: <u>股权转让合同解除后需要从维护市场交易秩序与促进交易达成的角度考虑,维护效率价值和公司稳定。是否能恢复原状应当综合合同性质、合同履行情况,当事人主观意图等因素加以周全考虑,若通过其他的方式进行补救更适宜,不应当轻易地判决恢复原状,所以合同解除后也并非必须恢复原状。</u>

【典型案例】 龚某、韩某股权转让纠纷案。[①]再审法院认为,关于股权转让合同解除后应否恢复原状的问题,与传统民事交易不同,股权转让作为一种典型的商事交易,需要从维护市场交易秩序与促进交易的角度考虑,维护效率价值和公司稳定。关于股权转让合同解除后应否恢复原状,应当从商事交易的特殊性角度出发,从严把握解除权和恢复原状的适用条件。

本案中,首先,从股权转让合同的特征及双方约定的内容看,龚某签订《股权转让协议书》的目的是取得股权转让的对价。韩某在支付了部分股权转让款后,龚某已经配合韩某完成了60%股权变更登记及交接手续。此后,韩某亦继续向龚某支付了部分股权转让款。双方签订的股权转让合同的目的已基本实现。其次,受让人迟延支付转让款的行为,除受让人有丧失或有可能丧失履行债务能力之极端情形,仅会影响出让人回收资金的期限利益,不至于使合同无法履行或其整体的履行利益落空。从龚某的再审主张看,60%股权的价值已明显高于双方合同约定的股权转让款,该股权价值仍存在于利济商场,龚某不存在无法收回股权转让款的风险,龚某实现该案合同的目的不是必须通过返还股权才能得到保护。龚某关于二审认定其实现合同目的不是必须通过返还股权才能得到保护不符合客观事实的主张,缺乏事实和法律依据,法院不予支持。最后,至二审时,韩某成为公司的大股东后行使股东权利,已经实际控制公司达三年之久,龚某关于原审认定韩某实际控制利济商场达3年之久错误的主张,缺乏事实依据,法院不予支持。自案涉股权办理变更登记之日起至韩某实际控制公司的期间,社会成本和社会影响已倾注其中,该案纠纷涉及公司的稳定性和相关交易的稳定性,为避免公司内部新的不平衡、产生新的利益冲突和纠纷,维护社会经济秩序,保护合法的交易安全,维护公司稳定,在案涉60%股权变更登记及交接手续已经履行的情况下,宜维持韩某的股东地位,不宜判决返还股权。对于2011年1月11日双方已经办理了变更登记手续的60%股权,龚某要求恢复原状,返还股权的诉讼请求,原审不予支持并无不当。

---

① 参见湖北省高级人民法院民事判决书,(2016)鄂民再154号。

裁判观点二：双方当事人之间纠纷产生的时间与股权转让协议签订的时间仅相隔月余，项目公司生产经营、股权价值未发生重大变化，股权转让合同解除后可以恢复原状。

【**典型案例**】朱某辉等与薛某等解除合作合同纠纷案。① 二审法院认为，在有证据证明具有违背案涉协议约定的重大违约行为致协议目的不能实现的情形下，案涉协议应予解除。依据《合同法》第97条②的规定，该案中，双方签订协议及办理变更登记后，因协议约定的主要义务未能履行而致原定的合同目的不能实现，进而产生纠纷，双方当事人之间纠纷产生的时间与协议签订的时间仅相隔月余，朱某辉、胡某红所称因生产经营、股权价值发生重大变化而致客观上无法回转的主张，欠缺证据证明，不能成立。对薛某、潘某华、金某华提出股权回转的主张，应予支持。

裁判观点三：股权转让后，无论其他股东是否转让股权、公司管理人员是否调整还是公司经营方向是否发生改变，均不构成股权不能返还的法定理由，对返还股权亦不构成障碍。

【**典型案例**】恽某驳等与佳得利公司等股权转让纠纷案。③ 二审法院认为，第一，《框架协议》解除后，佳得利公司继续占有股权已缺乏合同依据，应将股权返还给恽某驳。佳得利公司受让凤凰集团及其关联公司股权后，不论其他股东是否转让股权、公司管理人员是否调整还是公司经营方向是否发生改变，均不构成该案股权不能返还的法定理由，对返还股权亦不构成障碍。且该案中因佳得利公司根本违约导致合同解除，即使返还股权对公司经营带来负面影响，其责任也不应归咎于恽某驳，故佳得利公司应将案涉凤凰集团及关联公司的股权返还恽某驳。第二，该案所涉股权返还在事实上和法律上亦不存在障碍，股权能够返还。案中佳得利公司受让股权后未将股权再行转让给第三方，股权也没有负载担保物权等其他权利，所以案涉股权的返还并不牵涉第三方利益，原审法院在该案审理期间已将案涉股权予以保全，返还股权也没有障碍。

根据以上案例及相应的裁判观点，在股权转让合同解除后，判决是否返还股权需考虑的因素有：①股权返还是否存在现实障碍，即是否具有可执行性，若存在现实障碍，不具有可执行性，一般不会判决返还；②违约方的行为是否使合同无法履行或使其整体的履行利益落空；③是否会严重影响合同当事人之外的众多利益导致其不稳定。基于此，司法实务中判决是否解除股权转让合同，需要从维护市场交易秩序与促进交易的角度考虑，维护效率价值和公司稳定。是否能恢复原状应当综合合同性质、合同的履行情况，当事人的主观意图等因素加以通盘考虑，若通过其他的方式进行补救更适宜，不应当轻易地判决恢复原状，即使合同解除后也并非必须恢复原状。

（2）股权转让合同解除后已支付的股权转让款返还处理

裁判观点：（1）合同解除后股权转让款应予以返还；（2）因此造成的损失根据过错责任分摊。

【**典型案例**】国轩公司与北京巨浪公司及蚌埠某商行股权转让纠纷案。④ 最高人民法院认

---

① 参见江苏省高级人民法院民事判决书，(2016)苏民终899号。
② 参见《民法典》第566条。
③ 参见江苏省高级人民法院民事判决书，(2013)苏商终字第0206号。
④ 参见最高人民法院民事判决书，(2020)最高法民终1081号。

为,案涉《股份转让合同》、《债权转让协议书》及《股权转让协议书》解除后,国轩公司依据上述合同取得的股权转让款及债权转让款应予返还。因国轩公司、北京巨浪公司在签订《股份转让合同》后,双方均未按照合同约定及蚌埠某商行公司章程约定,报经董事会同意、监管部门审批,且存在签订《股份代持协议》规避监管的行为,致使上述违规行为长期存在。此后,从双方往来的邮件,也可反映国轩公司对于北京巨浪公司除受让其股份外,还对受让蚌埠某商行股东股份的事实知晓,双方又未按照监管部门要求及时予以纠正,故北京巨浪公司、国轩公司对此均具有过错。综合该案事实及双方当事人的过错程度,于北京巨浪公司主张的转让款占用期间利息损失,酌定按中国人民银行同贷款基准利率的标准计付。北京巨浪公司关于国轩公司应自转让款实际支付之日起按年利率10%的标准计算的资金占用费的请求,缺乏事实和法律依据,不予支持。

(二)手续的办理

如果判令股权受让方返还股权,受让方有义务将股权返还给转让方,公司则有义务协助转让方办理股权回转的相关手续,如变更股东名册、办理股东变更登记等事宜。

(三)股利归属

根据《外商投资企业纠纷司法解释(一)》第10条及《民法典》关于效力否定处理的相关规定,股权转让合同被确认无效、不发生效力或撤销后,受让方基于该无效、未生效或被撤销的股权转让合同所取得的股利应当返还。如果受让方分红时符合分红条件和程序,应当将红利返还给转让方;若不符合分红条件与程序,则应将红利返还给标的公司。

股权转让合同被依法解除时,就合同生效期内股利处理问题,《公司法解释(四)》(2009年10月专家论证会征求意见稿)第43条规定:"股权转让合同解除后,出让方起诉主张受让方在返还股权时一并返还其持有该股份在公司所获得的红利、配送新股及因该股份而认购的新股等股东权益的,人民法院应予以支持。受让方因前款股东权益支付对价的,可以同时请求出让方予以补偿。"第44条规定:"股权转让合同生效后、公司变更股东名册记载之前,出让人以股东名义在公司获得利润分配、配送股份及新股认购等股东利益,受让人主张出让人返还的,人民法院应予以支持。但双方当事人关于上述权益的归属有特殊约定的,从其约定。"上述两条对股权转让合同解除时股利归属作出了规定。《公司法解释(四)》正式稿删除了上述规定内容。

针对股利归属问题,本质上是合同解除是否具有溯及力的问题。如果具有溯及力,则合同解除后应恢复至合同未订立时状态,受让方应将获得的股利返还给转让方;如果不具有溯及力,则无须返还。[1] 最高人民法院民事审判第一庭编的《民事审判实务问答》认为:"合同解除原则上有溯及力,继续性合同的解除无溯及力。虽然对于合同的解除有无溯及力这一问题存在争议,但我们认为,合同的解除原则上有溯及力。"[2]

股权转让合同并非继续性合同,按照该观点应具有溯及力,这正是上述《公司法解释

---

[1] 参见张应杰主编:《公司股权纠纷类案裁判思维》,人民法院出版社2023年版,第59页。
[2] 最高人民法院民事审判第一庭编:《民事审判实务问答》,法律出版社2021年版,第32页。

（四）》(2009 年 10 月专家论证会征求意见稿)所采纳的意见。但股权转让合同作为特殊标的物转让合同，对其合同性质实务亦存在分歧。

【典型案例】明达意航公司、抚顺银行股东名册记载纠纷案。[①] 最高人民法院认为，股权转让合同的解除通常仅对将来发生效力，并非溯及既往导致合同根本消灭，股权转让合同也类似于继续性合同，受让方获得股东资格后，也同时享有了参与重大决策、选择管理者、监督公司经营以及获得分配等股东权利。即使股权转让合同嗣后解除，受让方在其合法持有股权期间依法行使的各项权利通常仍应具有法律效力。故受让方作为原股东持股期间的依法获得的分红收益仍然有效，也无须在解除并恢复原状后予以返还。

当然，该判决基于受让方实际参与标的公司重大决策、监督公司经营等情形，将股权转让合同界定为类似于继续性合同的合同类型。然而，由于股权转让合同并非典型的继续性合同，在处理股权转让解除纠纷时，主流观点仍认为股权转让合同解除后，原则上股利应返还转让方。

(四) 赔偿损失

1. 赔偿损失应注意的问题

根据《民法典》第 157 条及第 566 条的规定，不管是股权转让合同被确认无效、不发生效力或撤销，还是被依法解除时，过错方(违约方)因自身过错导致对方财产受到直接或者间接损失，应承担赔偿责任。但应注意以下几点：

(1) 赔偿范围仅限于返还财产之后仍无法消除的财产损失。

(2) 如果过错方为受让方，受让方向转让方赔偿损失的范围不应包括公司利益直接受损部分以及转让方作为股东利益间接受损部分。

(3) 如果受让方并未损害公司利益，其对公司亏损无须承担损害赔偿责任；如果存在损害公司利益责任行为，则转让方只能通过公司对受让方提起损失赔偿之诉。

(4) 受让方实际参与公司经营管理期间，其有权对公司提起报酬给付诉讼，要求公司支付合理的报酬。

2. 规范依据

可以参照《民法典》第 157 条，《外商投资企业纠纷司法解释(一)》第 10 条，《九民纪要》第 32 条、第 33 条、第 34 条、第 35 条。

3. 司法实践中的代表性问题

(1) 违约金是否过高的判定及调整标准

裁判观点一：认定违约金约定是否过高，应当以违约行为造成的损失为基础进行判断，兼顾合同的履行情况、当事人的过错程度以及预期利益等综合因素，根据公平原则和诚实信用原则等因素综合确定。主张违约金过高的违约方应当对违约金是否过高承担举证责任。

【典型案例】永威公司、恒大公司股权转让纠纷案。[②] 关于违约金计算标准应否调整问题，

---

① 参见最高人民法院民事判决书，(2020)最高法民终 642 号。
② 参见最高人民法院民事判决书，(2020)最高法民终 839 号。

最高人民法院认为，认定违约金约定是否过高，应当以违约行为造成的损失为基础进行判断，兼顾合同的履行情况、当事人的过错程度以及预期利益等综合因素，根据公平原则和诚实信用原则等因素综合确定。主张违约金过高的违约方应当对违约金是否过高承担举证责任。该案中恒大公司并未举证证明双方约定每日4‰的违约金过高，故对恒大公司要求调低违约金的上诉请求不予支持。

裁判观点二：股权受让方未按时支付转让款，双方约定的逾期付款违约金过高的，结合当事人过错和案件具体情况，可按年利率24%的标准对违约金和滞纳金予以调整。

【典型案例】周某贤、何某玲等与金州公司股权转让纠纷案。① 最高人民法院认为，根据《五方协议》第10条"违约责任"条款的约定，迟延付款的违约金按日1‰利率计付。金州公司以约定违约金过高为由，请求调减。原审法院按照《合同法》第114条第2款② 及《合同法解释（二）》第29条第1款的规定，以合理融资成本为据，将合同约定的违约金酌减为按年利率24%计付，符合法律规定。金州公司主张原审认定按照年利率24%的比例确定违约金金额仍然过高，但其并未提供证据证明按照年利率24%的比例确定的违约金仍过分高于实际损失，其主张应按照中国人民银行同期贷款利率标准确定违约金计付标准，无法律依据。

裁判观点三：股权受让方未按时支付转让款，双方约定投资溢价率与违约金标准合计为年利率28.25%，但股权转让纠纷无须按照民间借贷纠纷案件年利率不得超过上限24%的标准进行调整。

【典型案例】森工集团与蓝海济世合伙企业股权转让纠纷案。③ 最高人民法院认为，本案为股权投资纠纷，并非民间借贷纠纷，股权投资收益与民间借贷的利息等收益存在本质差别。案涉双方均系成熟、专业的商事交易主体，对交易模式、风险及其法律后果应有明确认知。双方所签《股权转让合同》合法有效，其中第5条第12款对于违约责任有明确约定，即森工集团自逾期支付股权转让价款之日起至清偿之日止，每日应按未付款项万分之五的标准支付违约金。对于该项自愿达成且合法有效之约定，双方应当遵守。虽然该案投资溢价率与违约金标准合计为年利率28.25%，相对于《最高人民法院关于审理民间借贷案件适用法律若干问题的规定》（以下简称《民间借贷解释》）规定的利率保护上限24%稍高，但考虑该案并非民间借贷纠纷，一审法院未按此进行调整，不属于适用法律错误的情形。

裁判观点四：股权受让方未按时支付转让款，双方约定按照年利率36%支付逾期付款违约金的，违约金约定过高，可按照中国人民银行规定的同期贷款基准贷款利率4倍确定违约金的计付标准。

【典型案例】杨某朝、杨某生与马某虎、马某锁股权转让纠纷案。④ 最高人民法院认为，当事人双方在《矿井整合股权转让协议》中明确约定："逾期按月3%偿付滞纳金。"该滞纳金实

---

① 参见最高人民法院民事判决书，(2016)最高法民终12号。
② 参见《民法典》第585条第2款。
③ 参见最高人民法院民事判决书，(2019)最高法民终1642号。
④ 参见最高人民法院民事判决书，(2015)民提字第177号。

质为逾期履行的违约金。按照当事人的约定，其年息为36%。案中，被申请人申请调低违约金。二审法院适用《最高人民法院关于审理买卖合同纠纷案件适用法律问题的解释》(以下简称《买卖合同司法解释》)第24条第4款的规定将违约金调整为按照中国人民银行同期同类贷款基准利率1.5倍计付。《买卖合同司法解释》第24条第4款规定："买卖合同没有约定逾期付款违约金或者该违约金的计算方法，出卖人以买受人违约为由主张赔偿逾期付款损失的，人民法院可以中国人民银行同期同类人民币贷款基准利率为基础，参照逾期罚息利率标准计算。"由上述规定可见，《买卖合同司法解释》第24条第4款的规定适用的情形是买卖合同的当事人没有约定逾期付款违约金或该违约金的计算方法的情形，而该案当事人约定了违约金的计算方法，因此，二审法院适用法律不当，应予纠正。被申请人逾期给付股权转让款，导致申请人未能按约取得款项并进行使用收益，其损失可以认定为资金在逾期给付期间的利息损失。鉴于该案申请人与被申请人均为自然人，考虑到申请人长期不偿还款项的过错状态，结合民间资金使用的成本等因素，法院认为，按照中国人民银行规定的同期贷款基准贷款利率4倍确定该案违约金的计付标准较为适宜。

裁判观点五：股权受让方未按时支付转让款，双方约定按照同期贷款利率的4倍计算支付违约金，受让方在通常情况下的损失即资金占用损失，故酌情确定按照中国人民银行同期同类贷款基准利率的1.5倍标准向守约方支付逾期付款违约金。

【**典型案例**】于甲、汪某丽股权转让纠纷案。① 二审法院认为，根据《项目合作协议的补充协议》的约定，股权转让款应于签订本协议后的365天内支付完毕，于甲、于乙、汪某丽尚欠邹某10.460万元未支付，其行为构成违约，应承担相应的违约责任。双方在《项目合作协议的补充协议》中约定，股权受让方未按照本协议第3.2条的约定支付股权转让款的，每逾期1天，以当期应付转让款按中国人民银行同期贷款利率的4倍计算向股权转让方支付违约金。我国立法对于违约金制度的设置采取"补偿为主，惩罚为辅"的原则，当约定的违约金低于造成的损失的情况下，违约金属于赔偿性质；当违约金高于造成损失的情况下，违约金兼有赔偿与惩罚的双重功能。该案中，邹某并未举证证明因于甲、于乙、汪某丽未及时支付股权转让款给其造成的实际损失，而通常情况下其损失即资金占用损失，故结合该案合同履行情况、当事人的过错程度以及预期利益等综合因素，法院酌情确定于甲、于乙、汪某丽按中国人民银行同期同类贷款基准利率的1.5倍标准向邹某支付逾期付款违约金。

裁判观点六：股权受让方未按时支付转让款，转让方在通常情况下的损失即利息损失，故酌情确定按照中国人民银行同期同类人民币贷款基准利率上浮50%的基础上，再上浮30%的标准向守约方支付逾期付款违约金。

【**典型案例**】郑某书与林某安、薛某钦股权转让纠纷案。② 二审法院认为，关于违约金标准如何确定问题。双方在《转让协议书》中对付款期限及逾期付款的违约责任均作出约定。林某安、薛某钦未按照协议约定期限给付郑某书股份转让款，构成违约，应当承担违约责任。《转

---

① 参见四川省高级人民法院民事判决书，(2017)川民终1037号。
② 参见黑龙江省高级人民法院民事判决书，(2016)黑民终176号。

让协议书》中约定,抓阄中出的一方如果不能按期付款,按每日0.5%给付对方违约金。林某安、薛某钦在一审诉讼中主张《转让协议书》中打印的违约金数字不是真实意思表示并认为违约金过高请求调整。一般情况下,逾期付款的实际损失为利息损失。由于郑某书未举示证据证明其存在其他实际损失,故法院以案涉款项的利息损失为基础对违约金标准予以调整。一审判决对逾期期间利息按照双方在合同中约定的投资利息计算标准1.2%/月利率及中国人民银行同期贷款利率的4倍计算不当,法院予以纠正。判决:林某安、薛某钦于本判决送达后10日内给付郑某书违约金(以3264万元为基数并根据付款情况自2015年3月31日起至款项付清之日止,按照中国人民银行同期同类人民币贷款基准利率上浮50%的基础上,再上浮30%的标准计)。

裁判观点七:股权受让人迟延支付股权转让价款,双方约定按照30%的比例计算违约金,违约金过高,酌情调整为按照中国人民银行的同期同类贷款利率上浮30%的标准向守约方支付逾期付款违约金。

【典型案例】何某基、何某德与麦某忠、阮某雯股权转让纠纷案。[①] 二审法院认为,关于该案违约金如何计算。因麦某忠、阮某雯明确提出何某基、何某德依据《股权转让合同》第29条约定的30%的比例计算违约金过高,请求法院予以调整何某基、何某德也没有提供充分证据证明其损失的具体数额,故一审法院认定其损失为中国人民银行同期同类贷款利息的损失,并根据《合同法解释(二)》第29条的规定将违约金计算方式调整为按照中国人民银行的同期同类贷款利率上浮30%并无不当,法院予以维持。

裁判观点八:股权受让人迟延支付股权转让价款,双方约定违约金过高的,酌情调整为每日按未支付股权转让款金额的万分之四的标准向守约方支付逾期付款违约金。

【典型案例】蓉垚公司、黄某良股权转让纠纷案。[②] 二审法院认为,案涉《股权收购框架协议书》第7条第3项约定,如黄某良未按约定时间向蓉垚公司转款,蓉连公司有权要求黄某良每天按逾期付款总额1‰支付违约金。该案一审中,黄某良抗辩双方约定的违约金过高,请求调整为根据对方的损失进行确定或者按人民银行同期贷款利率即年利率4.6%～4.7%计算,而蓉公司则主张如果调减应按年利率24%计算。一审法院结合协议双方履行情况及该案争议情况,将违约金酌情调减为每日按未支付股权转让款金额的4‰的标准,自2017年11月13日起计算,并无不当,法院予以确认。

裁判观点九:复利的适用对象仅限于金融机构,企业之间并不具有收取复息的权利,有关复利不应予以支持。

【典型案例】中静投资公司与铭源实业公司股权转让纠纷案。[③] 最高人民法院认为,复息计算之规定源于中国人民银行《人民币利率管理规定》,而该规定适用对象仅限于金融机构,故中静投资公司并不具有向铭源实业公司收取复息的权利。对于中静投资公司的要求自2012

---

① 参见广东省高级人民法院民事判决书,(2014)粤高法民二终字第7号。
② 参见四川省高级人民法院民事判决书,(2019)川民终1156号。
③ 参见最高人民法院民事判决书,(2015)民二终字第204号。

年1月1日起以7061.92万元为基数按照年利率15%计算复利的该项上诉主张,法院不予支持。

裁判观点十:股权受让人违约的情况下,在适用定金罚则时,如双方约定的定金未超过法律规定限额,系因违约方的违约行为导致股权转让合同未能签订,定金数额与违约造成的实际损失大体平衡的情况下,守约方无须退还相应定金。

【**典型案例**】王某辉、刘某与刘某牧、刘某琳股权转让纠纷案。① 最高人民法院认为,考虑定金的法律性质以及双方合同的约定,该案不存在显失公平的情形。定金作为一种担保方式,其所担保的对象就是合同双方当事人的履约合意,并以适用定金罚则为手段实现担保之目的,因此其本质特征是惩罚性的。定金与违约金不同,违约金的性质以补偿性为主、惩罚性为辅,违约方为其违约行为付出的代价应与给对方造成的实际损失大致相当,在违约金约定过高的情况下允许违约一方提出调减的请求。在适用定金罚则时,从目前法律规定看,违约方承受的丧失定金的责任仅取决于违约行为本身,并未考虑是否给对方造成损失,因此法律亦未规定可对定金数额进行调整。但对违约行为进行惩罚并非定金制度的根本目的,以惩罚为手段来实现合同目的才是制度的价值取向。基于此,《担保法》第91条②规定:定金的数额由当事人约定,但不得超过主合同标的额的20%。该条规定通过对当事人约定的定金数额进行限制,将定金的惩罚性限制在一定范围内,就是为了保证双方的公平。该案中,主合同标的系1.4亿元,双方约定2000万元的定金并不超过上述法律规定的限额。该种约定仅存在于当事人双方之间,是当事人自由意志的体现,是双方对风险和不公平的容忍,不触犯公共利益和第三人利益,因此不应作过多干预。此外,即便考量定金数额与违约造成的实际损失是否大体平衡的问题,原判决亦不存在损害实质公平的情形。双方当事人约定的股权转让交易是在2011年,股权转让对价为1.4亿元该对价与双方交易当时的目标公司资产状况、双方的权利义务是相匹配的。刘某牧、刘某琳将股权转让他人系在王某辉、刘某未按约履行《补充协议》导致股权转让协议未签订的情况下对自己权利的处置,不构成违约。

从以上的案例及裁判观点来看,我国法院对股权转让合同履行过程中的违约金标准的认定和裁判并未形成统一标准,但基本遵循以下原则:一是认定违约金约定是否过高,应当以违约行为造成的损失为基础进行判断,兼顾合同的履行情况、当事人的过错程度以及预期利益等综合因素,根据公平原则和诚实信用原则等因素综合确定;二是主张违约金过高的违约方应当对违约金是否过高承担举证责任;三是定金罚则的适用与损失无关。

(2)股权转让合同违约赔偿规则

裁判观点一:在股权转让合同被撤销,但股权无法返还时,可以根据评估机构的评估结果认定其给原股东造成的股权损失。

【**典型案例**】李某平、李某辉股权转让纠纷案。③ 最高人民法院认为,李某军原持有股权在

---

① 参见最高人民法院民事判决书,(2015)民二终字第423号。
② 《担保法》已因《民法典》施行而废止;此条参见《民法典》第586条。
③ 参见最高人民法院民事判决书,(2020)最高法民申1231号。

案涉《股权转让协议》签订后,已实际变更登记为李某平、李某辉所有,且上述股权也已按《代偿及担保协议》质押给邵阳农发行营业部并办理了相应的质押登记。按二审查明的事实,李某军被羁押后,李某平、李某辉另投资新建成滨江时代城1、8、9、10、13、14号栋并可发售。上述房屋系属于伟业公司资产,如判决返还股权,意味着李某军对未投资的上述房屋享有40%的股权权益,也可能对邵阳农发行实现债权产生影响,因此原审法院认定案涉股权属于"合同被撤销后不能返还或者没有必要返还"的情形,不支持返还涉案股权,理据充足,应予维持。在案涉股权无法返还李某军的情况下,依法应当折价补偿。对于折价补偿标准,案涉股权在原审中经专业评估机构鉴定,按不同计算方式,评估价有8种不同评估结论,但评估机构对于8种评估结论倾向于第一种评估结论,即按照股东投资款以年回报率26%为依据所计算得出的结论,与伟业公司2014年5月15日形成的股东会会议纪要记载的"任何一位股东投入公司的项目资金,从到账之日起按26%(复利)的年回报率计算"的决定相符。李某平、李某辉未提交充分证据反驳和推翻评估结论,二审法院采信评估机构的倾向性意见并无不当,法院予以维持。

裁判观点二:在股权转让合同被确认无效,但股权无法返还时,可以根据股权受让人转让股权的价款认定其给原股东造成的股权损失。

【典型案例一】 中交运泽公司与国际商品交易所等股权转让纠纷案。① 最高人民法院认为,中交运泽公司与国际商品交易所签订的《产权交易合同》解除,国际商品交易所应将其持有的中金海岸公司100%股权予以返还。但国际商品交易所已将该案涉股权转让给了城发集团,并办理了股权变更登记手续,即城发集团已善意取得中金海岸公司100%股权,故国际商品交易所已不具备返还案涉股权的现实基础。国际商品交易所不能返还案涉中金海岸公司100%股权的,应赔偿中交运泽公司股权折价款。该案中,国际商品交易所与城发集团签订《股权转让协议》,将中金海岸公司100%股权转让给城发集团,约定的股权转让价款为908,194,735.48元,故中金海岸公司100%股权的实际折价款应为908,194,735.48元。另外,在《产权交易合同》签订后,国际商品交易所已向中交运泽公司支付了2.74亿元股权转让款。同时,国际商品交易所为完全占有中金海岸公司名下的项目权益,依据沃航公司与中金海岸公司签订的《协议书》约定,代中金海岸公司向沃航公司实际支付了7000万元合同解除经济补偿款。根据合同的公平原则,上述股权转让款和经济补偿款均应从股权折价赔偿款中予以扣除。对于国际商品交易所主张的7000万元经济补偿款的利息问题,因签订《协议书》及支付补偿款系国际商品交易所为收购沃航公司在合作项目中的权益而支付的对价,系国际商品交易所自愿为其控股公司处理债权债务关系的行为,故国际商品交易所无权要求支付该部分对价的利息。综上,国际商品交易所因无法返还中金海岸公司100%股权应向中交运泽公司赔偿股权折价款592,194,735.48元(908,194,735.48元-2.46亿元-7000万元)。

【典型案例二】 广东宗宗公司、李某兴股权转让纠纷案。② 再审法院认为,广东宗宗公司与

---

① 参见最高人民法院民事判决书,(2020)最高法民终608号。
② 参见湖南省高级人民法院民事裁定书,(2018)湘民申1518号。

李某兴之间的股权转让协议被确认无效以后，双方因该无效合同取得的财产应当予以返还，不能返还或者没有必要返还的，应当折价补偿。因李某兴已将其持有的郴州市国达有色金属有限责任公司55%的股权于2010年2月5日作价3400万元转让给广东宗宗公司，广东宗宗公司受让后又将该55%的股权转让给胡某达等人，股权已无法返还为客观事实，故李某兴要求广东宗宗公司支付股权转让款符合法律规定。广东宗宗公司以尚某华的名义转让股权，实际收款2805万元，加上胡某达要求尚某华抵扣原借款1100万元中的55%的承担份额即605万元，股权转让款应为3410万元，故法院以3400万元作为折价补偿的计算依据和考量，减去双方均认可的已经支付的2700万元，判决广东宗宗公司向李某兴支付股权转让款700万元并无不妥。广东宗宗公司承担的受让股权公司的还款义务在股权转让协议被认定无效后，广东宗宗公司可向相关受益方另行主张。

裁判观点三： 股权转让人未全面履行披露义务，违反瑕疵担保责任，导致股权转让合同被解除的，如无其他证据证明经营期间所发生的损失数额，则其损失应以股权转让价款自合同无法履行之日至实际支付之日的利息为限。

【典型案例】 褚某春、李某颖、褚某旭、梁某全、张某东、李某波与吕某丽、吕某学、赵某军、谭某东、吉林恒金药业股份有限公司股权转让纠纷案。[①] 再审法院认为，双方在股权转让协议第12条第4项中约定，"甲方未尽目标公司债务全面披露义务，因此而给乙方或目标公司造成损失的，甲方承担全部赔偿责任"。吕某丽、吕某学所应履行的披露义务，系对转让标的不存在瑕疵的保证，而并不以其必然知晓相关债务的存在为前提，因此，其应对褚某春等六人因该股权转让协议解除而产生的损失承担赔偿责任。鉴于国家税务总局长春市税务局第三稽查局于2017年1月19日向目标公司下发了《税务行政处罚决定书》[长国税稽三局〔2017〕5号]，在此之前，吕某丽、吕某学未履行披露义务的行为并未给褚某春等六人正常经营企业造成阻碍，且褚某春等六人亦并未能证明其经营期间所实际发生的损失数额，因此，吕某丽、吕某学的赔偿责任应以本合同无法继续履行之日起至实际支付之日止，褚某春等六人所支付的股权转让价款所产生的利息为限。判决：吕某丽、吕某学于本判决生效后，立即按照本判决第4项确定的返还数额为基数，赔偿褚某春、李某颖、褚某旭、梁某全、张某东、李某波自2017年1月19日起至给付之日止的利息损失。

根据以上裁判观点与案例分析，对于股权转让合同解除、撤销、无效后，股权不能返还的，笔者认为，通常的赔偿规则如下：一是将双方约定的股权转让价格作为股权转让方计算损失的依据；二是以第三方评估机构的评估结果作为计算损失的依据；三是以股权转让价款自合同无法履行之日至实际支付之日的利息作为计算损失的依据，这一规则适用的前提是股权转让人未全面履行披露义务，违反瑕疵担保责任，导致股权转让合同被解除的，且无其他证据证明经营期间所发生的损失数额。

[①] 参见吉林省高级人民法院民事判决书，(2020)吉民再91号。

第四节　股权转让纠纷中股东优先购买权的相关问题

一、股东优先购买权的立法规范

（一）立法规范依据

与股东优先购买权有关的立法规范依据主要有：《公司法》第84条、第85条、第227条；《公司法解释（四）》第16条、第17条、第18条、第19条、第20条、第21条；《九民纪要》第9条关于"侵犯优先购买权的股权转让合同的效力"的规定。

综观新《公司法》前述关于股东优先购买权的规定，主要涉及以下三个方面的内容：一是《公司法》第84条第2款规定的公司其他股东对拟转让的股权在同等条件下享有优先购买权，该同等条件包括股权转让的数量、价格、支付方式和期限等事项；二是《公司法》第85条规定的公司其他股东对法院强制执行程序中的执行标的股权享有优先购买权；三是《公司法》第227条规定的股东对公司增资扩股享有优先认购权。

在这里需要注意两点：一是根据《公司法》的前述规定，股东优先购买权或者优先认购权并非强制性规定，公司章程或者其他体现全体股东意志的协议可以改变上述规定。二是相较于原《公司法》第71条规定，新《公司法》第86条删除了原《公司法》第71条第2款内容，即删除了公司其他股东对拟转让的股权对外转让的同意权，仅保留了优先购买权。

需要指出的是，《公司法解释（四）》是基于原《公司法》规定作出的司法解释，由于新《公司法》的颁行，针对新《公司法》对原《公司法》规定的修改及新增规定，该司法解释的相关规定已作出相应调整。

《九民纪要》是针对《公司法解释（四）》第21条关于股东行使优先购买权造成股权交易双方合同目的无法实现的情形作出的相应规定。在司法实践中适用时，最为突出的分歧即为损害股东优先购买权的股权转让合同的效力问题。为了统一裁判标准，前述规定专门明确相关规范，即不得仅从保护其他股东的优先购买权角度而否定股权转让合同的效力。

（二）股东优先购买权制的立法宗旨

关于股东优先购买权制的立法宗旨，最高人民法院认为：其在于维护公司股东的人合性利益，而非保障其他股东取得转让股权，其他股东不具有强制缔约的权利。[①] 因此，转让股东在其他股东同意同等条件下购买转让股权后取消转让股权的处理，不能简单地适用《民法典》第134条第1款和第136条的规定，即转让股东具有"反悔权"。

（三）有限公司股东之间是否涉及其他股东优先购买权问题

根据《公司法》第84条的规定，该规定第1款明确规定了有限公司股东之间可以自由转让股权；第2款规定了公司其他股东对公司股东拟对外转让的股权有优先购买权；第3款明确前两款规定的适用前提是公司章程对股权转让无另外规定。简言之，当公司章程对前述规定中的第1～2款的情形没有特别规定时，适用前两款规定；反之则应适用章程规定。

[①] 参见最高人民法院审判委员会时任专职委员杜万华2017年8月28日在最高人民法院发布关于《公司法司法解释（四）》的新闻发布会上答记者问时的发言。

裁判观点：股东之间转让股权，无须经过股东会决议程序，不涉及其他股东的优先购买权问题。

【**典型案例一**】林某、鑫海公司与林某灼、蒋某股权转让合同纠纷案。[①] 最高人民法院认为，根据《公司法》(2013年)第71条第1款[②] "有限责任公司的股东之间可以相互转让其全部或者部分股权"的规定，股东之间转让股权，无须经过股东会决议程序，不涉及其他股东的优先购买权问题。因案涉股权转让合同签订时，林某灼及林某儒均为鑫海公司的股东，系股东之间互相转让股权，而非对外转让股权，故林某儒、鑫海公司以案涉股权转让因侵害其他股东优先购买权而无效的主张，无法律依据，法院不予支持。

【**典型案例二**】罗某与黄某军、毛某明、孔某霞、荣胜房地产公司、孔某辉股权转让合同纠纷案。[③] 二审法院认为，因该案股权转让发生于股东之间，根据《公司法》(2005年)第72条[④]第1款有限责任公司的股东之间可以相互转让其全部或者部分股权之规定，股东之间转让股权并不存在优先购买之情形。《公司法》(2005年)第72条第2款所规定的股权优先购买权系针对公司股东向股东以外的人转让股权，其他股东享有优先购买的权利，并不适用于股东之间转让股权。《公司法》(2005年)第72条第3款所规定的股东按"各自出资比例行使优先购买权"仅适用于股东向股东以外的人转让股权。《公司法》(2005年)第72条第4款规定"公司章程对股权转让另有规定的，从其规定"。该案荣胜房地产公司章程第20条规定，"股东之间可以相互转让其出资"，并未对股权转让作出另外规定。故毛某明、黄某军将其股权转让给罗某并不违反公司法和公司章程的规定，亦并不存在侵犯孔某霞的有关权利。

值得注意是，前述情况的例外情形，即有限公司章程对股东之间的股权转让规定的例外情形。

二、关于公司股东优先购买权转让方通知义务的相关问题

（一）"通知"系股权转让方的法定义务

根据《公司法》第84条第2款、第85条和《公司法解释（四）》第17条、第21条的规定，公司股东向股东以外的人转让股权，负有就其股权转让事项以书面或者其他能够确认收悉的合理方式通知其他股东的义务。在同等条件下，转让股东以外的其他股东主张优先购买的，依法可行使优先购买权。除非公司章程或者其他体现全体股东意志的协议改变了上述规定。故如果转让股东违反通知义务，不同场景下可能会产生不同的法律后果。

（二）实务中优先购买权转让方通知义务的常见问题

1. 转让股东在股权转让过程中是否只要通知一次即可

转让股东的通知通常以一次为准即可。根据新《公司法》前述规定，转让股东对外转让股

---

① 参见最高人民法院民事判决书，(2015)民二终字第176号。
② 参见新《公司法》第84条第1款。
③ 参见安徽省高级人民法院民事判决书，(2010)皖民二终字第0032号。
④ 参见新《公司法》第84条。

权,只应将股权转让的数量、价格、支付方式和期限等事项书面通知其他股东即可,由其他股东决定是否行使优先购买权。

2. 转让股东是否必须且只能采取书面通知的方式履行通知义务

转让股东通知其他股东可以采取其他能够确认收悉的合理方式。根据《公司法》第84条的规定,转让股东具有书面通知其他股东的法定义务,但《公司法解释(四)》第17条规定转让股东应以书面或者其他能够确认收悉的合理方式通知其他股东。实践中,所谓"其他能够确认收悉的合理方式通知其他股东",通常包含:一是向其他股东发出了公告,并且为其他股东所知晓。有的公司股东常年未在公司出现,转让股东并不清楚该股东的实际住所和通信地址,要求转让股东逐一书面通知可能勉为其难。此时,转让股东如果采取发布公告的形式告知有关内容,并且有证据证明其他股东知晓了该公告内容(如其他股东在公告后就公告内容向转让股东或他人提出了异议或意见),则应当等同于书面通知之效果。二是在诉讼、仲裁等法律程序中转让股东陈述股权对外转让事项或者优先购买权相关事项,并且为其他股东所知晓。因诉讼、仲裁等法律程序具有正式性、规范性、严肃性等特点,所以转让股东在这类法律程序中作出的陈述,只要为其他股东所知晓就应当推定履行了通知义务,当然也就可以发生相应后果。三是转让股东虽以口头方式通知其他股东,但有证据证明其他股东已经知晓。该种情形下,因通知的功能是完成信息传递,所以在信息传递已经准确完成的情况下,也应当视为转让股东已尽到通知义务。

司法实践中与转让股权通知方式相关的裁判观点及典型案例如下。

裁判观点一:股东向股东以外的人转让股权,应就股权转让事宜以书面或其他一切能够确认收悉的合理方式通知其他股东,通知的内容应包含股权转让的"同等条件"即股权转让的数量、价格、支付方式及期限等内容。

【典型案例】杨某宇与金某股权转让纠纷案。[①]再审法院认为,股东优先购买权应当在股东知道或应当知道行使优先购买权的"同等条件"之日起30日内或自股权变更登记之日起一年内行使。优先购买权的行使期限不适用中止、中断、延长的规定。该案中,杨某宇行使股权优先购买权应自其知道行使优先购买权的同等条件之日起30日内或自股权变更登记之日起一年内主张。关于杨某宇知道股权转让"同等条件"的时间点。首先,杨某宇并没有在案涉股权转让的股东会决议上签字,该案不能通过股东会决议的形成时间判断杨某宇知道股权转让的具体时间。其次,李某作为股权转让人,其对通知时间和通知内容的陈述应作为该案认定事实的重要依据。法院认为,杨某宇需在得到包括股权转让的数量、价格、履行期限及方式等内容的有效通知后,方能计算其主张优先购买权的起算点。缺乏上述任意一项内容的通知都不能视为有效通知。即使杨某宇有上述自认,但上述内容并不足以证明杨某宇知道了股权转让"同等条件"的全部内容。仅知晓股权转让的数量和价格并不能视为知晓股权转让的"同等条件"。

---

① 参见辽宁省大连市中级人民法院民事判决书,(2021)辽02民再99号。

裁判观点二：股东为法定代表人时，即使未被书面通知股权转让事宜，推定该股东对于股权转让事项知情。

【**典型案例**】国强公司、冯某股权转让纠纷案。[①] 最高人民法院认为，主张优先购买权的股东作为目标公司的法定代表人，对于转让股东自合同签订后即退出公司经营、由目标公司办理土地使用权抵押贷款手续，并向转让股东汇款等事项是明知的，可以认定该股东对转让股权事宜知道或应当知道。

裁判观点三：发布报纸公告并能够证明其他股东收悉的，属于"能够确认收悉的合理方式"。

【**典型案例**】鑫汇科技公司与阳光基业公司股权转让纠纷案。[②] 法院认为，该案原告、被告之间签订了股权转让协议，原告认可被告已给付了股权转让的费用。在该案中，诉争股权是转让给公司股东以外的被告，作为第三人享有同等条件下优先购买的权利，原告已于2017年8月29日通过公告的形式告知第三人行使购买权，并在之后2017年9月25日庭审中再次通知了第三人股权转让的事实。第三人仅是在2018年1月14日接到原告书面通知后要求原告披露财务资料或股权审计，然而，其并未采取任何措施行使其股东知情权。因此，法院认为，第三人怠于行使权利，未在原告多次通知的合理期限内行使优先购买权。

裁判观点四：虽仅为口头通知，但能够确认其他股东收悉的，属于"能够确认收悉的合理方式"。

【**典型案例**】谢某军与龙海公司、陈某撑股东资格确认纠纷案件，[③] 法院认为，股权转让人陈某撑已通过召开股东大会的方式就股权转让事宜履行了通知其他三位股东并征求意见的义务，同时就该股权转让的同等条件以口头方式通知了其他三位股东。对此，金某妹、何某玖表示同意并放弃优先购买权，叶某群表示主张优先购买权。叶某群已于股东大会召开当日知悉案涉股权转让的事宜以及该10%股权转让的同等条件（转让价格为50万元，付款时间为3日内）。但截至原告起诉之日，叶某群未按照上述同等条件支付股权转让款。依据相关法律规定，应视为叶某群已同意案涉股权的转让并放弃优先购买权。

综合上述司法案例，笔者认为，在认定转让股东通知义务有效性时应充分考虑：(1)通知方式，转让股东通知方式应以其他股东收悉或能够确认其他股东收悉方式进行通知，最终能否确定对方已悉通知内容；(2)通知内容应当包括股权的数量、价格、支付方式及期限等；(3)通知时间，在不影响其他股东行使优先购买权情形下，转让股东发出通知的时间不影响通知的效力；(4)依据公司章程规定或股东一致协议约定的内容、方式履行通知义务。

三、优先购买权权利行使期限的相关问题

（一）优先购买权的权利行使期限起算以有效通知为前提

根据《公司法》第84条的规定，行使优先购买权的重要前提是在"同等条件"下购买，即

[①] 参见最高人民法院民事判决书，(2017)最高法民再266号。
[②] 参见云南省昆明市呈贡区人民法院民事判决书，(2018)云0114民初46号。
[③] 参见江西省吉安市吉州区人民法院民事判决书，(2019)赣0802民初4607号。

公司内部其他股东需依照外部交易达成的条件进行交易。通常认为,"同等条件"是转让股东与受让人之间所约定的股权转让条件。根据前述规定,同等条件主要包括股权转让数量、价格、支付期限及方式等。如果其他股东未按照外部交易同等条件受让股权,则其优先购买的主张不能得到实现。因此,知悉转让股东与受让人之间的交易条件,系其他股东决定是否行使优先购买权的重要前提和判断基础。为确保其他股东合理决策,转让股东应将转让条件、受让人有关情况等信息事先通知其他股东,并以此为起算点计算其他股东优先购买权行使期限视为合理。如果上述通知缺少"同等条件"相关内容,应视为未构成有效通知,无法产生开始计算权利行使期限的效力,其他股东亦可以此作为未及时行使优先购买权的抗辩理由。至于通知方式,结合《公司法解释(四)》第17条第2款的规定来看,应理解为不限于书面形式,还包括其他能够确认收悉的合理方式。此外,结合《公司法》第84条和第85条有关期限的规定,优先购买权行使期限的起算点,应从收到或确认收悉上述通知之日开始计算。①

(二)优先购买权的行使应明确提出购买请求并在特定期限内行使

其他股东行使优先购买权时,应明确作出"提出购买请求"的意思表示,即要有明确的优先购买意愿。权利人意思表示不明确的,不宜推定行使了优先购买权。②同时,优先购买权应在特定期限内行使,股东主张优先购买权的,应当在收到通知后及时且明确地提出购买请求,主张优先购买权的期限应从收到转让股东发出的包含"同等条件"告知的通知之日起算。根据《公司法解释(四)》第19条的规定,在公司章程无规定或者规定不明确的且通知确定的期间短于30日或者未明确行使期间的,其他股东最迟应在30日内作出明确答复。

(三)优先购买权行使期间的确定

股东优先购买权的行使期间交由当事人决定,法律仅对最短期限作出硬性规定。具体而言,如果公司股东事先在章程中进行了约定,则以章程约定期间为准。一方面,章程的约定是股东之间的合意,应优先尊重;另一方面,既然股东事先在章程中已经约定,则股东对行使期间长短带来的商业风险已有预估和分配,这样处理亦公平合理。如果章程对此未作约定,则由转让股东在通知中自行确定。原因在于,优先购买权是对转让股东股权处分权的限制,在所涉各方中,转让股东的利益与股权转让事宜的实现有着最为直接、密切的关系,基于利益的关切程度,由转让股东确定优先购买权的行使期间,更具商业合理性。当然,当事人的决定权并非不受限制。为避免转让股东通过设定过短的行使期间而使其他股东的优先购买权事实上落空,并考虑到可能存在当事人未作出决定需要通过法律规定进行填补的情况,《公司法解释(四)》第19条规定确定了法律干预的最低限度,即章程约定或转让股东指定的行使期间不得低于30日,短于30日视为30日,当事人未作决定或决定的行使期间不明的,直接拟制为30日。

---

① 参见杜万华主编,最高人民法院民事审判第二庭编著:《最高人民法院公司法司法解释(四)理解与适用》,人民法院出版社2017年版,第429页。

② 参见杜万华主编,最高人民法院民事审判第二庭编著:《最高人民法院公司法司法解释(四)理解与适用》,人民法院出版社2017年版,第429~412页。

裁判观点：股东优先购买权的行使期限起算点应当以有效通知为前提，即转让股东应将转让条件、受让人有关情况等信息事先通知其他股东，并以此作为计算其他股东优先购买权行使期限的起算点。

【典型案例】小马飞腾公司、阮某珂请求变更公司登记纠纷案。[①] 二审法院认为，根据《公司法》(2018年)第71条第3款、[②]《公司法解释(四)》第17条第2款的规定，股东优先购买权的行使期限起算点应当以有效通知为前提，即转让股东应将转让条件、受让人有关情况等信息事先通知其他股东，并以此作为计算其他股东优先购买权行使期限的起算点。该案中，虽然阮某珂向马某骁、雷某艺发出《关于转让股权的通知书》，但该通知书并未载明转让股权的对价、受让人等股权转让主要事项，故该通知未能构成有效通知，进而不能作为马某骁、雷某艺行使优先购买权的期限起算点。但在一审庭审中，阮某珂及股权受让人曾某伟告知了股权转让对价等股权对外转让的事项，马某骁对此已知晓，故马某骁行使优先购买权的起算时间点应当从一审庭审之日，即2020年6月9日开始计算。根据《公司法解释(四)》第19条的规定，股东行使优先购买权应当在规定期间内行使并且应明确提出购买请求。该案中，马某骁在一审庭审中知晓对外转让股权条件后并未在30日内明确提出购买请求，故马某骁已丧失优先购买权，曾某伟依据《股权转让协议》合法取得小马飞腾公司8%的股权。小马飞腾公司有义务配合曾某伟办理工商变更登记。

(四) 优先购买权的行使期间不适用中止、中断或延长

最高人民法院认为，《公司法解释(四)》第19条规定的其他股东优先购买权行使期间，属于不可变期间，不适用中止、中断或延长的相关规定。[③] 这种理解与公司法的宗旨相符，即禁止抽逃出资作为公司法的基本原则，有限责任公司的股东欲退出公司，终止风险，一般只能通过转让股权的方式实现。因此，在公司法价值评判的序列里，对转让股东股权处分权的保护，终究要高于对其他股东优先购买权的保护。[④] 如果优先购买权的行使期间属于可变期间，允许其中止、中断或延长，则转让股东可能需要无休止地等待其他股东的意思表示，这对股权出让方显然不公平。

(五) 优先购买权的行使期间起算之日不应早于通知到达其他股东之日

《公司法解释(四)》第19条规定优先购买权的行使期限从通知到达其他股东之日开始起算，权利人的意思表示应当自到达相对方之时发生法律效力。因此，如果公司章程或转让股东发出的征询通知确定了优先购买权行使期间的起算时间，但前述确定的起算时间，早于该通知到达其他股东的时间，则行使期间的起算之日应当相应顺延至通知到达其他股东之日。例如，章程约定或转让股东在通知中载明，行使优先购买权的期间为30日，自通知发出之日开始计算。

(六) 主张优先购买权期限中"30日"和"1年"的关系

当转让股东未就其股权转让事项征求其他股东意见，或者通过欺诈、恶意串通等手段损害

---

① 参见四川省成都市中级人民法院民事判决书，(2021)川01民终8963号。
② 参见新《公司法》第86条。
③ 参见杜万华主编，最高人民法院民事审判第二庭编著：《最高人民法院公司法司法解释(四)理解与适用》，人民法院出版社2017年版，第432页。
④ 参见胡晓静：《论股东优先购买权的效力》，载《环球法律评论》2015年第4期。

其他股东优先购买权时,其他股东应当自知道或者应当知道行使优先购买权的同等条件之日起 30 日内主张权利,或者自股权变更登记之日起超过 1 年内主张。这里的"30 日",是从其他股东自知道或者应当知道行使优先购买权的同等条件之日起计算。但是,如果股权变更登记之日起超过 1 年,无适用"30 日"的余地。也就是说,适用"30 日"的前提条件是股权没有办理变更登记,或者虽然办理了变更登记,但没有超过 1 年。

四、实务中损害其他股东优先购买权的常见情形之"恶意串通"的认定

在股权转让合同优先购买权纠案中,对于如何认定《公司法解释(四)》第 21 条规定"恶意串通",最高人民法院认为,应主要看转让股东与第三人签订的合同是否真正履行,特别是合同的价格条款。因此,审判实践中只能根据双方当事人的实际履行情况,特别是价款支付情况,来认定转让股东与第三人是否构成恶意串通。如果没有按照签订的合同履行,特别是按照其中的价格条款履行,则可以认定转让股东与第三人构成恶意串通。若其他股东能举出转让股东与第三人签订的另外一份"阴"合同,且该合同价款低于"阳"合同,这将是证明转让股东与第三人存在恶意串通的有力证据。当然,最终还是要依照第三人实际履行合同的情况,特别是实际价款支付情况来判定。[①]

五、损害公司其他股东行使优先购买权的救济

(一)首要救济方式:主张按照同等条件购买转让股权

《公司法解释(四)》第 21 条第 2 款规定,如果其他股东仅主张否定对外转让合同的效力及股权登记效力,而不主张优先购买转让股权,则转让股东履行通知义务后仍可对外转让股权。因此,其他股东因优先购买权受到损害,其首要的救济方式应当是主张按照同等条件购买转让股权。只有提出该项主张后,其才能同时提出确认股权转让合同及股权变动效力等请求。如果其没有提出这个主张,而仅提出确认股权转让合同及股权变动效力等请求,那么对其主张法院不予支持。这时法院一般会释明,如果原告坚持不改变诉讼请求,对其诉讼请求只能驳回。例外情况是,在非因自身原因导致无法行使优先购买权的情况下,其可以提出损害赔偿,同时也可以提出确认股权转让合同及股权变动效力等请求。

司法实践中与主张同等条件购买转让股权相关的裁判观点及典型案例如下。

裁判观点一:有限责任公司的股东向股东以外的人转让股权,未就其股权转让事项征求其股东意见,或者以欺诈、恶意串通等手段,损害其他股东优先购买权,其他股东张按照同等条件购买该转让股权的,法院应当予以支持,但其他股东仅提出确认股权转让合同及股权变动效力等请求,未同时主张按照同等条件购买转让股权的,法院不予支持。

【典型案例一】 周某平、陈某菊与欧阳某翔、阳某元等股权转让纠纷案。[②] 二审法院认为,

[①] 参见杜万华主编,最高人民法院民事审判第二庭编著:《最高人民法院公司法司法解释(四)理解与适用》,人民法院出版社 2017 年版,第 465~466 页。

[②] 参见湖南省岳阳市中级人民法院民事判决书,(2017)湘 06 民终 1094 号。

依照《公司法解释（四）》第 21 条的规定，周某平、陈某菊在得知王某平、易某民将股权转让给阳某元、欧阳某翔后仅提出确认双方签订的股权转让协议无效，至今都没有主张自己按同等条件购买转让的股权。《公司法》所以规定股东享有优先购买权，主要目的是保证有限公司的原股东可以通过行使优先购买权实现对公司的控制权，该规定体现了对有限责任公司"人合性"的维护对原股东对公司贡献的承认。该案中，王某平、易某民转让出的股权本身就来自周某平、陈某菊出让的股权，周某平、陈某菊仅是今田公司 1% 的名义股东，周某平、陈某菊本来不再愿意经营该公司而将公司 100% 的股权转让。如果此时，周某平陈某菊在仅是公司 1% 名义股东的情况下，仍然行使股东的优先购买权，不符合《公司法》关于股东优先购买权的立法本意。故周某平、陈某菊以王某平、易某民转让股权时侵犯其优先受让权来主张王某平、易某民与欧阳某翔、阳某元签订的股权转让协议无效的上诉理由，于法无据，法院不予支持。

【典型案例二】 沈某君、万世酒造株式会社等股权转让纠纷案。[1] 二审法院认为，沈某君作为鑫安公司的股东在该案中未主张按照同等条件购买转让股权，仅要求法院判决其优先购买涉案股权，其该项诉讼请求不符合法律规定，并且沈某君已于 2019 年 4 月 7 日出具《声明》，放弃优先购买权，故其关于判其可以优先购买涉案股权的诉讼请求不成立，法院不予支持。

【典型案例三】 云南省交通厅、通达翔公司合同纠纷案。[2] 最高人民法院支持了一审法院的观点。一审法院认为，省交通厅向华能信托出具《函》，关于该事宜，石锁公司的各股东亦召开了股东会会议，并形成了股东会会议决议，对于省交通厅要回购九策公司持有的石锁公司 70% 股权的事实，各股东均知情，且奥盛公司、通达翔公司已明确表示了放弃优先购买权。省公路局陈述该局虽持有 10% 的股权，但该局系因石锁高速公路修建过程中需对政府拨款等事宜进行监管，该局在股东会会议上知晓股权优先购买权的事实，但未作出明确放弃优先购买权的意思表示，直至该案审理中，经一审法院询问，亦未作出明确的意思表示。根据《公司法解释（四）》第 21 条的规定，省交通运输厅的关于损害其他股东股权优先购买权的主张，与法律规定不符，一审法院不予支持。

裁判观点二：为防止股东优先购买权的滥用，即确权后不行权，导致保护优先购买权成空文或对股权转让人和受让人的利益造成损害，因此需要确定股东的优先购买权的行权期限、行权方式。

【典型案例一】 中静实业公司诉上海电力公司等股权转让纠纷案。[3] 一审法院认为，由于对优先购买权的行使除《公司法》规定的"同等条件"外，法律尚无具体规定，司法实践中亦无参考先例。考虑到第三人某能源公司目前的实际状况，同时为防止股东优先购买权的滥用，即确权后不行权，导致保护优先购买权成空文或对股权转让人和受让人的利益造成损害，因此需要确定股东的优先购买权的行权期限、行权方式。比照《公司法》（2013 年）第 72 条[4]的规定，

---

[1] 参见山东省高级人民法院民事判决书，（2021）鲁民终 1608 号。
[2] 参见最高人民法院民事判决书，（2019）最高法民终 937 号。
[3] 参见上海市第二中级人民法院民事判决书，（2014）沪二中民四（商）终字第 1566 号。
[4] 参见新《公司法》第 85 条。

可以要求中某公司在确权生效后20日内行权，否则视为放弃行权。只有中静实业公司放弃行权，上海电力公司与某利公司的股权转让合同才生效。关于行权方式，中静实业公司应按照国有资产转让的规定办理。综上所述，中静实业公司主张其对上海电力公司与某利公司转让的某能源公司的股权享有优先购买权并要求行权的诉讼请求，于法有据，予以支持，其行权内容、条件应与上海电力公司某利公司之间签订的产权交易合同相同。二审法院维持了一审判决。

【典型案例二】王某俊、袁某铭股权转让纠纷案。① 二审法院认为，根据《公司法解释（四）》第21条的规定，袁某铭不能取得股权。此外，袁某铭以非自然人股东的身份，在未就股权转让事项征求其他股东意见的情况下后续受让12万元龙都公司股权，亦侵犯了王某俊的优先购买权。一审法院仅判决其享有优先购买权错误，依照公司法及相关司法解释的规定，王某俊有权要求按同等条件行使优先购买权，对王某俊的该项上诉请求，法院予以支持。依照《公司法》(2018年)第71条、②《公司法解释（四）》第21条、《民事诉讼法》第170条第1款第1项、第2项的规定，认定王某俊对荣成市龙都水产科技有限公司工会委员会转让给袁某铭的荣成市龙都水产科技有限公司13万元的股权享有优先购买权，王某俊应当在本判决生效之日起20日内行使优先购买权，否则视为放弃，王某俊优先购买权的行使内容、条件与荣成市龙都水产科技有限公司工会委员会与袁某铭于2019年6月10日签订的股权转让协议相同。

【典型案例三】赵某、王某法股权转让纠纷案。③ 二审法院认为，《公司法解释（四）》的实施（2017年9月1日），必然会对当事人应如何行使诉讼权利产生影响，而王某法在该案一审庭审后及二审期间，均主张行使优先购买权，在该案审理过程中，双方所提交的证据及辩论意见的内容亦实际涉及王某法是否享有优先购买权，故探究王某法诉求之本意，结合该案审理的实际情况，为减少当事人诉累、节约司法资源、避免无实质意义的程序空转、解决双方当事人之间的纠纷，法院认为对王某法行使优先购买权的主张一并审理为宜。综上，赵某的上诉请求部分成立，法院部分予以支持。一审法院认定事实清楚，但判决结果错误，依法予以纠正。依据《公司法》第71条、《公司法解释（四）》第21条、《民事诉讼法》第170条第1款第2项之规定，判决：(1)撤销河南省长垣县人民法院(2017)豫0728民初3326号民事判决。(2)王某法对黄某元、王某山、侯某印向赵某转让的奔宇电机集团有限公司的股权享有优先购买权；王某法应当在本判决生效之日起30日内行使优先购买权否则视为放弃；王某法优先购买权的行使内容、条件，与黄某元、王某山、侯某印与赵某签订的股权转让协议相同。(3)驳回王某法要求确认黄某元、王某山、侯某印与赵某签订的股权转让协议无效的诉讼请求。

根据前述案例，笔者建议，在提起救济诉讼的过程中，诉讼请求应当包括：(1)×××对转让股权的股东向受让股权的股东转让的目标公司的股权享有优先购买权；(2)×××优先购买权的行使内容、条件，与转让股权的股东和受让股权的股东于具体日期签订的股权转让协议名称相同。

---

① 参见山东省威海市中级人民法院民事判决书，(2020)鲁10民终2865号。
② 参见新《公司法》第84条。
③ 参见河南省新乡市中级人民法院民事判决书，(2018)豫07民终116号。

裁判观点三：股东应在知道或者应当知道行使优先购买权的同等条件之日起 30 日内行使优先购买权，且不得超过股权变更登记之日起 1 年。

【**典型案例**】金星公司、刘某股权转让纠纷案。① 二审法院认为，该案中，刘某、神蝶公司已于 2015 年 6 月 11 日通过易能公司董事会秘书熊某平的电子邮箱将上述《股权转让协议》及《股权转让通知》发送给方某霞等人。关于方某霞的身份，易能公司的董事会秘书熊某平同时向易能公司股东的相关人员发送《股权转让协议》及《股权转让通知》的行为，说明易能公司认可方某霞是金星公司的联络人。且方某霞是金星公司的股东合肥金星房地产开发有限公司的员工，方某霞应是易能公司股东金星公司推选的监事。故金星公司理应于方某霞收到上述《股权转让协议》及《股权转让通知》时，即知晓刘某、神蝶公司转让股权的同等条件。另通知的方式不限于书面，还包括其他一切能够确认收悉的合理方式，通过电子邮件统一发送的通知方式亦属于合理方式。其后在凌梅公司于 2015 年 12 月 1 日向金星公司发函时，金星公司也知晓刘某、神蝶公司与凌梅公司签订了股权转让协议，金星公司仍然没有明确表示主张优先购买权，直至 2017 年 12 月 4 日金星公司才通过诉讼方式主张优先购买权，显然怠于主张权利，金星公司并未在《公司法解释（四）》第 21 条规定的 30 日内进行主张，该权利归于消灭。

（二）次要救济方式：请求损害赔偿

1. 请求损害赔偿的前提

在优先购买权受到损害且无法行权时，受损股东可以向转让股东及受让人主张损害赔偿。根据《公司法解释（四）》第 20 条、第 21 条第 1～2 款的规定，在优先购买权相关纠纷中，公司其他股东提起损害赔偿的有两种情形：一是转让股东行使反悔权，导致其他股东丧失优先购买权的基础而无法行使优先购买时可请求损害赔偿；二是非因其他股东自身原因导致无法行使优先购买权的情况下，其他股东可以提出损害赔偿，即前提是股东优先购买权已无法行使且无法行使非因股东自身原因所导致。如优先权受损的股东在知道或者应当知道其行使优先权的同等条件之日起 30 日内怠于行权，则无法行使优先权应归责于其自身，其应自负不利后果，无权寻求损害赔偿救济。若优先权受损股东一直未能知晓其行使优先权的同等条件且转让股东已办理股权变更登记超过 1 年，此时优先权受损股东仍然可以向转让股东或者受让人主张相应的民事权利。

2. 请求损害赔偿的被告主体范围

损害股东优先权的行为属于侵权行为，转让股东为侵权行为人，通常应为被告。若转让股东与受让人存在恶意串通的情形，则受让人构成共同侵权人，应当依据《民法典》第 1168 条之规定，与转让股东承担连带赔偿责任。

3. 请求损害赔偿的范围和数额的确定

就此问题，目前尚无明确法律规定，笔者亦未检索到此类案例，所以到目前为止对该问题

---

① 参见安徽省合肥市中级人民法院民事判决书，(2018) 皖 01 民终 7652 号。

既无法律规定亦无裁判规则可供借鉴。

有学者认为,优先权受损股东的直接损失主要包括因优先权未得实现所受损害以及额外支出的费用,如调查取证的费用、股权价值的评估费用及其他必要费用等。间接损失则表现为另行购买股权的差价损失,即其他股东通过其他途径购买股权产生的费用与转让股东和外部受让人实际交易价格之间的差价。该差价产生的情形,既包括转让股东与外部受让人之间的实际转让价格明显低于转让时股权的公允价值,也包括因公司经营状况和市场行情等因素导致转让股权价值增长而产生的差价。由于有限公司的股权缺乏一个公开交易市场,未形成可供价值评估参考的市场价格,宜采用"净资产值法"确定股权价格,即以转让股权在公司净资产中所占比例对应的净资产值作为转让股权的价格。因该方法不仅反映公司当前经济状况,且财务报表和会计凭证往往能在短期之内更新,从而较好地兼顾了时间因素,确定股权公允价值更为合理。当其他股东知道或应当知道其权利受到侵害时,便客观上已具备行使损害赔偿请求权条件,因此股权公允价值的评估时点应当以其知道或者应当知道权利受侵害之日为准。关于损害赔偿数额的确定问题,由于个案实际情况的复杂性,优先权受侵害导致的机会利益损失难以应用概率进行评估,客观上不具有可行性,归于法官自由裁量范畴则更为合理可行。

司法实践中相关的裁判观点及典型案例如下。

裁判观点： 在第三人侵犯公司股东优先购买权的情况下,受侵害股东无法提供证据证明侵害优先购买权的行为与公司产生亏损的事实之间存在因果关系,且不能证明第三人通过侵权行为恶意对公司经营实施影响从而导致公司亏损,股东仅以其优先购买权受到侵害主张侵权损害赔偿的,法院不予支持。

【典型案例】 兰驼公司与西北车辆公司等侵害企业出资人权益纠纷案。[1] 最高人民法院认为,第一,在诉讼进程中共同商讨对策,包括决策聘请律师等,都是正常的行为。不能将2013年西北车辆公司、常柴银川公司以及万通公司的协商,倒推出2010年股权转让时就存在恶意串通。尽管刘某存在犯罪事实,也只是其个人从中牟取非法利益,而不能证明系西北车辆公司、常柴银川公司以及万通公司共谋不法行为。因此,兰驼公司要求西北车辆公司承担侵犯其优先购买权责任的理由,没有事实和法律依据,该院不予支持。第二,在市场经济社会中,造成公司经营亏损的原因很多,既包括公司经营决策层面,如产业投向错误、管理成本过大,也包括外界因素的影响,如行业政策调整、整体经济下行、信贷规模受限等。兰驼公司仅凭西北车辆公司的会计报告,并不能证明西北车辆公司亏损的原因系常柴银川公司出让股权或万通公司持股所造成,更不能证明与其优先购买权受到侵害有何关联;同理不能说明假如兰驼公司控股西北车辆公司,该公司就一定不会亏损,且优先购买权并非实质控股权,在优先购买权得以实现之前,主张优先购买权的股东对所主张股份享有的只是一种期待权,并不能直接转化为对应股东权利。第三,即便西北车辆公司的亏损系万通公司作为控股股东经营不善导致,兰驼

---

[1] 参见最高人民法院民事判决书,(2018)最高法民终82号。

公司作为股东,所受到的损失也只是公司盈余,而并非承担公司亏损。因此,兰驼公司以西北车辆公司亏损计算其优先购买权受侵害而遭受损失数额,无事实和法律依据。虽然(2016)最高法民终295号民事判决确认常柴银川公司和万通公司股权转让行为侵犯了兰驼公司的优先购买权,但兰驼公司无证据证明其因该侵权行为受到损失的原因或数额,故对其该项诉讼请求,该院不予支持。

六、优先购买权纠纷中股东以外的股权受让人的权利保护

根据《九民纪要》第9条的规定,股东以外的股权受让人因其他股东行使优先购买权导致股权转让合同无法履行的,可以请求转让股东承担违约责任。

司法实践中与非优先购买权的股权受让人的权利保护相关的裁判观点及典型案例如下。

裁判观点一:对于因优先购买权导致股东与第三方签订的股权转让合同无法履行法律后果及责任承担:(1)股权转让合同没有其他影响合同效力的事由,则合同有效;(2)股权转让方应当承担赔偿责任;(3)赔偿比例按过错比例确定;(4)损失范围为可以预见的合理损失及已经支付出的合理费用。

【典型案例一】新奥特集团诉华融公司股权转让合同纠纷案。[①] 最高人民法院认为:第一,华融公司和新奥特集团在签订股权转让协议时,均知悉公司法规定的其他股东在同等条件下享有优先购买权,也知悉电子公司不放弃优先权的态度。第二,华融公司认为其履行生效的仲裁裁决而无法继续履行与新奥特集团的股权转让协议,没有过错不应承担新奥特集团的损失,其理由与事实不符,法院不予支持。华融公司以协议约定股权不能过户的风险由新奥特集团承担为由,要求不承担协议终止履行造成的损失,因华融公司与新奥特集团在协议中,只约定了股权迟延过户的风险,并没有约定不能过户风险的承担问题,故华融公司的该上诉理由也不能成立,法院不予支持。优先购买权是法律规定股东在同等条件下对其他股东拟对外转让的股份享有的优先购买的权利,是一种为保证有限责任公司的人合性而赋予股东的权利。优先权的规定并不是对拟转让股份的股东股权的限制或其自由转让股份的限制。电子公司依法行使优先权,并不能证明华融公司对其持有的股权不享有完全的、排他的权利。新奥特集团以华融公司违反协议约定为由,要求其承担全部赔偿责任的上诉请求,没有事实和法律依据,法院不予支持。第三,双方《有关股权转让相关问题的协议书(二)》明确约定,如华融公司在仲裁案件中败诉,造成转让的股权不能过户,股权转让协议不能继续履行时,新奥特集团不得追究华融公司应当或可能负有的对2亿元的资金所产生的利息、融资成本、可预期利益、赔偿等相关责任。该约定是双方当事人的真实意思表示,不违反相关法律、行政法规,应为有效。该约定免责的前提是华融公司在仲裁中败诉,而非新奥特集团主张的在华融公司败诉的情况下,还应让新奥特集团及电子公司再行竞价。新奥特集团在华融公司仲裁败诉后即收回2亿元资金的行为也说明其不存在再行竞价的意愿。新奥特集团自愿放弃与2亿元相关的赔偿,系其处

[①] 参见最高人民法院民事判决书,(2003)民二终字第143号。

分权利的行为。故新奥特集团上诉提出华融公司应赔偿其因支付2亿元股权转让款而造成的6,435,750元损失的请求,法院不予支持。

【典型案例二】邵某庄、阮某君等股权转让纠纷案。① 二审法院认为,阮某君于2020年8月19日与邵某庄签订的《股权转让及代持协议书》是双方真实意思表示,虽然阮某君签订转让其持有股权前未征得其他股东同意,但股权转让合同没有其他影响合同效力的事由,故为有效合同。在履行合同过程中,因股东行使优先购买权不能实现合同目的,一审判决解除合同恰当,且双方当事人对解除合同服判,法院予维持。另外,阮某君与邵某庄签订《股权转让及代持协议书》时未取得其他股东同意,邵某庄也知道股权转让事宜须在取得目标公司半数股东同意并放弃优先购买权情况下,股权转让协议才能履行。邵某庄与阮某君均知道在签订协议时未取得其他股东同意,股权转让协议不能履行的原因是其他股东行使优先购买权,双方对股权转让协议终止履行均有过错,双方对不能履行合同各承担50%责任。

裁判观点二:其他股东行使优先购买权致使股权转让合同解除,股权转让方应退还股权受让方的股权转让款,股权转让方为多个股东时,每一个转让股东应当根据其持有的拟转让的目标公司股权比例,确定各自应当返还的款项数额,法院并不考虑每个股东实际获得的股权转让款。

【典型案例】朱某某、斯某股权转让纠纷案。② 最高人民法院认为,根据另案生效判决,目标公司其他股东对股权转让合同项下的股权享有优先购买权,其已依据该生效判决支付部分股权转让款,股权转让合同客观上已无法履行,双方亦均认可解除该合同。根据《合同法》第97条③规定,转让股东应当返还相应的股权转让款。在存在多个转让股东时,股东以外的股权受让人通常根据受让股权的总数将股权转让款汇入目标公司账户,由多个转让股东按照出让股权的比例进行分配。但如果多个转让股东并未按照转让股权的比例分配股权转让款,在股权转让合同解除后,受让人是否有权要求各个股东按照转让股权比例予以返还,存在争议。该案中,受让人主张股东之间关于股权转让价款的实分配数额,属于股东内部的分配问题。在股权转让合同解除后,当事人请求恢复原状时,即双方关系应当恢复至合同订立前的状态,每一个转让股东应当根据其持有的拟转让的目标公司股权比例,确定各自应当返还的款项数额,法院并不考虑每个股东实际获得的股权转让款。

七、优先购买权行使过程中转让方的反悔权

(一)优先购买权行使过程中转让方的反悔权的法律规范及理解

根据《公司法解释(四)》第20条的规定可以得出:

第一,在有限责任公司的其他股东主张优先购买后,转让股东又不同意转让的,对其他股东优先购买的主张,不支持。换言之,除了本条规定的两种例外情况,转让股东对股权转让行

---

① 参见广东省茂名市中级人民法院民事判决书,(2021)粤09民终2829号。
② 参见最高人民法院民事判决书,(2019)最高法民再309号。
③ 参见《民法典》第566条第1款。

为享有反悔的权利。

第二,在有限责任公司的其他股东主张优先购买后,转让股东又不同意转让的,如果公司章程规定转让股东不允许"反悔",即不享有"又不同意转让股权"的权利,那么对其他股东优先购买的主张,应当予以支持。此为例外一。

第三,在有限责任公司的其他股东主张优先购买后,转让股东又不同意转让的,如果全体股东约定转让股东不允许"反悔",不享有"又不同意转让股权"的权利,则对其他股东优先购买的主张,应当予以支持。此为例外二。

第四,在有限责任公司的其他股东主张优先购买后,转让股东又不同意转让的,在支持转让股东"又不同意转让股权"的情况下,如果转让股东该行为给其他股东造成了损失,其他股东主张转让股东赔偿其损失合理,应当予以支持。

设定这一规则的理由[1]在于:

首先,《公司法》第 84 条第 2 款规定优先购买权的立法目的在于保护有限责任公司的人合性。在应对转让股东是否可以"又不同意转让股权"时应该看"又不同意转让股权"是否达到了阻止外部人进入公司的目的,如果达到了这一目的,那么就应允许转让股东"又不同意转让股权"。实际上,在其他股东主张优先购买权的情况下,已经达到了保护有限责任公司人合性的目的,因为其他股东一旦主张优先购买权,外部第三人就不能进入公司成为公司股东。当然,在新《公司法》实施之后,已经不存在股东转让股权需经过其他股东同意,而仅需履行告知义务即可。

其次,在其他股东提出优先购买后,如果转让股东不同意与其他股东签订书面合同,最高人民法院认为,此时股权转让合同未成立。理由在于,股权转让合同比较重要,根据原《合同法》关于合同形式的规定精神,该类合同不应当采用口头形式,而应当采用书面形式。没有书面合同,在合同都没有成立的情况下,转让股东不应受到合同约束。

(二)司法实践中转让股东行使反悔权的裁判观点及典型案例

裁判观点一:如果公司章程和全体股东无禁止约定,股东可以在其他股东主张优先购买权后行使"反悔权"。

【**典型案例一**】商业大厦公司与王某某、张某某股权转让纠纷案。[2]二审法院认为,关于股东能否在其他股东主张优先购买权后行使"反悔权"问题。根据《公司法解释(四)》第 20 条的规定,公司其他股东所主张的"股权转让申请提交公司后不得撤回"提议内容没有形成全体股东会决议,也未纳入公司章程,该内容不能约束股东转让股行为。股权转让方在转让股权时通知了公司其他股东,公司其他股东主张使优先购买权,股权转让方决定撤回其股权转让行为符合法律规定。

---

[1] 参见杜万华主编,最高人民法院民事审判第二庭编著:《最高人民法院公司法司法解释(四)理解与适用》,人民法院出版社 2017 年版,第 444~445 页。

[2] 参见江苏省淮安市中级人民法院民事判决书,(2020)苏 08 民终 3555 号。

【典型案例二】冯某国、沈某林等与张某和损害股东利益责任纠纷案。① 二审法院认为，上诉人所主张 2002 年关于案外人郁某祥转让股权的会议中提及的"股权申请提交了公司，就不得撤回"的内容没有形成全体股东会决议，也未纳入公司章程中，该内容不能约束被上诉人转让股权的行为。被上诉人第二次转让股权时通知了全体股东，股东未行使优先购买权，其将股权转让给股东以外的人员符合法律规定。

裁判观点二：股东向股东以外的人转让股权是其他股东行使优先购买权的前提。在转让股东与第三人解除转让合同的情况下，其他主张优先购买权的前提不复存在，不应予以支持。

【典型案例】周某与张某行使股东优先购买权纠纷案。② 针对周某提出的优先购买权作为形成权，只要股东将其股权转让给第三人，公司的其他股东就可以行使优先购买权，股权转让协议是否解除，对优先购买权并无影响的主张，二审法院认为，该案中，周某不同意张某向第三人转让公司股权，并主张在同等条件下的优先购买权，其行为符合法律规定。但此后张某与周某协商解除了《股权转让协议》，张某仍系股权持有人，其他股东行使优先购买权的前提是股东同意转让股权，如果转让股东解除与第三人的股权转让协议，其他股东行使优先购买权的基础便不存在。鉴于张某明确表示放弃转让股权，周某主张优先购买权的前提已经丧失，因此，原审判决认定周某的诉讼主张缺乏事实和法律依据并无不当。

该案为 2013 年审理的案件，结果上采纳了司法解释规定的转让股东在其他股东提出优先购买的情况下，仍然可以反悔的观点。但应当注意，该案的特殊之处在于，转让股东先解除与第三人签订的股权转让合同，使优先购买权失去"优先"的基础。但从司法解释的规定来看，无论转让股东是否解除与第三人签订的股权转让合同，转让股东都有反悔的权利，除非公司章程另有规定或者全体股东另有约定。

（三）司法实践中优先购买权涉及的其他问题及其处理

1. 公司章程规定转让股东不允许"反悔"的实务处理

有限责任公司的转让股东，在其他股东主张优先购买后反悔而不予以转让，若公司章程禁止转让股东"反悔"，法院原则上应当支持其他股东的优先购买主张。但实务中存在如下问题。

在此情形下，由于立案时其他股东没有股权转让书面合同，法院立案人员在审查起诉材料时，需判断该情况是否符合其他立案条件，若符合则应予立案。换言之，根据该规定，在其他股东提出按照同等条件优先购买转让股权时，即使转让股东反悔，若公司章程禁止转让股东反悔，那么当其他股东举出其提出过优先购买的证据时，其起诉就符合《民事诉讼法》第 122 条第 1 项和第 3 项规定的起诉条件即原告与本案有直接利害关系；存在双方订立了股权转让合同的事实。如果同时符合第 2 项和第 4 项条件，法院应予立案。③

---

① 参见江苏省淮安市中级人民法院民事判决书，(2020)苏 08 民终 1909 号。
② 参见杜万华主编，最高人民法院民事审判第二庭编著：《最高人民法院公司法司法解释（四）理解与适用》，人民法院出版社 2017 年版，第 458 页。
③ 参见杜万华主编，最高人民法院民事审判第二庭编著：《最高人民法院公司法司法解释（四）理解与适用》，人民法院出版社 2017 年版，第 446 页。

审理案件时,根据该规定,若其他股东提出按照同等条件优先购买转让股权,即使转让股东反悔,又要公司章程禁止转让股东反悔,且其他股东能提供曾提出优先购买的证据,就应当认定股权转让合同已经依法成立。不过,需要注意的是,如果出现两个以上股东主张行使优先购买权,则应按照《公司法》第 84 条第 2 款的规定,协商确定各自的购买比例;协商不成的,按照转让时各自的出资比例行使优先购买权。①

2. 如果公司全体股东约定转让股东不允许"反悔"的问题及处理

有限责任公司的转让股东,在其他股东主张优先购买后又不同意转让,如果公司全体股东约定禁止转让股东反悔,那么法院应予支持其他股东的优先购买主张。这里的全体股东约定,究竟是需要全体股东一致同意,还是章程规定的重大事项需要的多数决?如果章程对此未作规定,最高人民法院的倾向性意见是需要全体股东一致同意。②

3. 如果其他股东"反悔"的问题及处理

最高人民法院认为,对此问题,根据《民法典》合同编关于书面合同的一般规则处理即可,即在没有签订书面股权转让合同之前,即使其他股东主张了优先购买权,也有权"反悔"。当然,若其他股东的反悔行为给转让股东造成损失,对其中的合理损失应予赔偿。③

如果转让股东放弃转让给其他股东造成损失,如何确定损失"合理"?

最高人民法院认为,主要考察其他股东在没有签订书面股权转让合同前,其为准备履行合同所实施行为的正当性、合理性。④ 例如,转让股东书面通知其他股东,拟转让 20 万股股份,交易条件是在股权转让合同签订后 1 个月内支付转让价款 1000 万元。公司某股东有意购买该股份,为了履行合同提前筹款 500 万元,并和出借人签订了支付相应利息的合同。然而,转让股东随后反悔。对于该准备购买股份的股东所遭受的利息损失,是否属于本条规定的"合理"损失?笔者认为,只要该利息约定符合法律规定,就应当认定其损失为"合理"损失。因为该股东基于对转让股东真实转让意愿的合理信赖,为履行合同签订了借款合同。如果转让股东没有提出转让 20 万股股份,该股东就不会借款 500 万元,因此该利息损失与转让股东的转让行为存在因果关系,加之利息约定合法,故而应当认定其损失"合理"。

4. 股东的优先购买权不得滥用

裁判观点一: <u>股东对外转让股权,其他股东在同等条件下享有优先购买权。转让股东虽然合法持有股权,但其不能滥用权利,转让股东撤销对外转让股权时,不得损害享有优先购买权的其他股东的合法权益。</u>

【典型案例】楼某某与方某某、毛某某、王某某、陈某某、王某、张某某、徐某某、吴某某股

---

① 参见杜万华主编,最高人民法院民事审判第二庭编著:《最高人民法院公司法司法解释(四)理解与适用》,人民法院出版社 2017 年版,第 446 页。
② 参见杜万华主编,最高人民法院民事审判第二庭编著:《最高人民法院公司法司法解释(四)理解与适用》,人民法院出版社 2017 年版,第 446~447 页。
③ 参见杜万华主编,最高人民法院民事审判第二庭编著:《最高人民法院公司法司法解释(四)理解与适用》,人民法院出版社 2017 年版,第 447 页。
④ 参见杜万华主编,最高人民法院民事审判第二庭编著:《最高人民法院公司法司法解释(四)理解与适用》,人民法院出版社 2017 年版,第 447 页。

权转让与优先购买权纠纷案。① 最高人民法院认为，方某某等 8 名股东在履行征求其他股东是否同意转让及是否行使优先购买权时，隐瞒了对外转让的条件，仅保留了转让价格，对合同约定的履行方式及转让股权后公司债务的承担等予以变更。《公司法》第 71 条（2013 年）② 规定，股东对外转让股权时应当书面通知股权转让事项，在同等条件下，其他股东有优先购买权。方某某等 8 名股东在签订对外转让股权合同后，在公司股东会中公布转让股权事项时有所隐瞒，将其转让股权款的支付方式进行变更，对伍某某等 3 人转让合同中约定的债务由转让股东方某某等 8 名股东承担等内容不再涉及。方某某等 8 名股东在股东会中提出的股权转让条件与其对伍某某等 3 人签订股权转让合同约定的条件相比，虽然价格一致但增加了股权受让方的合同义务和责任。方某某等 8 名股东的该行为未如实向公司其他股东通报股权转让真实条件，采取内外有别的方式提高股权转让条件，不符合《公司法》相关规定，有违诚实信用原则。楼某某在自己获悉方某某等 8 名股东对伍某某等 3 人的股权转让合同后，坚持明确主张按方某某等 8 名股东对伍某某等 3 人转让合同的条件行使优先购买权，系合理主张共有权益人的权利，符合《公司法》的规定，楼某某的主张应获得支持。

需要注意的是，该案判决在考量"同等条件"时不仅涉及价格条款，还综合考虑了支付方式以及其他交易条件，从而充分保障了优先购买权人的利益。

需要强调的是，在个案中，如果转让股东与第三人约定的分期付款方式，是转让股东对第三人的资信状况、履约意愿进行充分考察并基于对第三人的信赖而确定的条款，且转让股东证明了优先购买权人的资信状况和履约能力存在明显瑕疵，将来很可能无法付款的情况下，不宜机械地认定优先购买权人也应按照第三人的支付方式行使优先购买权。法院在认定股权优先购买权行使的"同等条件"时，应当在考虑解释规定的主要因素基础上，结合案件具体情形进行裁量。

实务中常见转让股东滥用反悔权的情形，表现为多次反悔，该行为本身就属于对反悔权的滥用，明显不合理且不正当。多次反悔的结果是损害了其他股东的优先购买权及相关利益。在转让股东滥用反悔权的情况下，法律倾向于保护其他股东的权利。

裁判观点二： 转让股东以行使"反悔权"的名义，将股权转让价款提高至原协议约定价款的 15 倍继续对外转让股权，以此来阻止其他股东行使优先购买权违背诚实信用原则，该"反悔权"的请求法院不予支持。

【典型案例】 钟某全、杨某淮股权转让纠纷案。③ 二审法院认为，《公司法解释（四）》第 20 条的规定，是适用于转让股东放弃转让股权的情形，目的是保护有限责任公司的人合性。因为在转让股东"又不同意转让股权"时，可以达到阻止外部人进入公司的目的，故允许转让股东反悔不再赋予其他股东过多的权利。该案中，从钟某全上诉状所附《通知书》内容可知，虽然钟某全解除了与谢某的股权转让协议，但钟某全并没有放弃转让股权的意思表示，而是在一审

---

① 参见杜万华主编，最高人民法院民事审判第二庭编著：《最高人民法院公司法司法解释（四）理解与适用》，人民法院出版社 2017 年版，第 422~427 页。
② 参见新《公司法》第 84 条。
③ 参见四川省成都市中级人民法院民事判决书，（2018）川 01 民终 10504 号。

法院判决支持杨某淮按同等条件行使优先购买权的情况下,以行使"反悔权"的名义,将股权转让价款提高至原协议约定价款的15倍继续对外转让股权,以此来阻止杨某淮等其他股东行使优先购买权。钟某全的行为既不符合《公司法解释(四)》第20条规定的情形也有违诚实信用原则,其所谓行使"反悔权"的主张,不应得到支持。

结合以上案例及《公司法解释(四)》第20条的规定,在实务中处理股权转让的优先购买权问题时,笔者认为应当注意:第一,有限责任公司的转让股东具有"后悔权",这是基本原则。第二,公司章程另有规定或者全体股东另有约定的除外,这是例外情况。第三,在不支持其他股东优先购买主张的情况下,如果其他股东主张转让股东赔偿其损失合理,法院应予支持。第四,"后悔权"不得滥用。

八、公司股权发生变化时,其他股东行使优先权的例外情形

(一)有限责任公司自然人股东因继承致股权变化时其他股东优先购买权的限制

根据《公司法解释(四)》第16条的规定,在公司章程及全体股东未有一致其他意见的情形下,因继承而导致公司股权变动,其他股东无权行使优先购买权。

(二)公司章程或者全体股东一致同意情形下其他股东优先购买权的排除

根据《公司法》第84条第3款的规定,如果公司章程或全体股东达成一致意见确定股权对外转让时其他股东不具有优先购买权,依据该规定,其他股东自然就不具有优先购买权。

(三)股权让与担保情形下其他股东不得要求行使优先购买权

裁判观点:因《股东转让出资协议》属股权让与担保性质协议,股权转让并非协议各方当事人真实意思表示,因而不产生股权实质转让效力,不存在侵犯优先购买权的问题。

【**典型案例**】陈某与宏润实业公司股权转让纠纷案。[①] 最高人民法院认为,宏润实业公司向王某无偿转让其持有的宏某地产公司75%股权是对其所借款项的质押担保,双方之间不存在真实的股权转让行为,即宏某地产公司75%股权虽变更登记至王某名下,但是以变更股权持有人的方式进行质押担保。虽然宏某地产公司75%股权继续登记在王某名下,但不能以此确认王某基于股权受让取得了宏某地产公司75%股权。因该股东转让出资协议属股权让与担保性质协议,股权转让并非协议各方当事人真实意思表示,因而不产生股权实质转让效力,不存在侵犯陈某优先购买权的问题,故陈某认为侵犯其优先购买权的申请再审理由不能成立。

九、优先购买权中"同等条件"问题

(一)"同等条件"的理解

对"同等"的理解,审判实践中主要有两种不同的观点:一是"绝对同等说",认为优先权股东的购买条件需与非股东第三人绝对相同或完全一致,才达到"同等条件";二是"相对同等说",认为优先权股东的购买条件与非股东第三人的条件大致相等便达到"同等条件"。新《公

[①] 参见最高人民法院民事判决书,(2017)最高法民再171号。

司法》颁行前,最高人民法院认为,总体而言,确定股东行使优先购买权时的同等条件标准应采用相对同等说。① 因此,在《公司法解释(四)》中主张采相对同等说,以便充分保障其他股东优先购买权的行使。新《公司法》在第 84 条第 2 款中亦采纳了这一观点。

(二)司法实务中"同等条件"的相关问题

1. 一般情形下优先购买权"同等条件"的认定

"同等条件"制度规定具有两面性:一方面在保护公司人合性的同时,保护转让股东交易自由与经济利益;另一方面对转让股东形成约束,若转让股东故意以不平等条件规避股东的优先购买权,法律亦赋予股东对其优先购买权受到侵犯的救济权利。②

《公司法解释(四)》第 18 条规定,判断"同等条件"应当考虑转让股权的数量、价格、支付方式及期限等因素。如前所述,新《公司法》第 84 条第 2 款吸收了该内容,明确了"同等条件"所涵括的内容。一般应将转让股东与第三人订立的股权转让协议中约定的完整对价作为判断同等条件的标准。如果转让股东在征求其他股东是否同意转让及是否行使优先购买权意见时,隐瞒对外转让部分条件,如合同约定的履行方式及转让股权后公司债务的承担等非价格条件,致使其通知的转让条件与其对第三人转让合同约定的条件相比,虽然价格一致,但增加了合同义务和责任,则该通知行为不符合《公司法》规定,不属于有效通知。③

为保障转让股东的实质权益,在实务中对"同等条件"的判断,还应关注其他因素,如不能以金钱作价的从给付义务、优先购买权主张股东的资信状况和履约能力等。通常,法院在审理时还会对"同等条件"的真实性进行审查,即审查转让股东与外部受让人是否恶意串通,通过虚高价格、严苛支付方式和期限等手段,恶意阻却其他股东行使优先购买权。转让股东若采用签订"阴阳合同"的形式,表面上以高价向股东以外的第三人转让股权,并以该价格通知其他股东,征询其他股东是否同意转让或行使优先购买权,而实际上以另一较低的价格向第三人转让股权,这种情形通常认定为无效。最高人民法院有司法案例认为该种情形属于侵犯其他股东优先购买权的行为,相关股权转让协议无效。此外,采用"对内严苛、对外宽松"的支付条件、"高价先买少,低价再买多"的转让方式的,均属于不诚信的转让行为。

司法实践中,股东优先购买权的前提条件及"同等条件"的裁判观点及典型案例如下。

裁判观点一:股东行使优先购买权的前提是,拟出让股东与股东以外的人已经就股权转让达成合意,该合意不仅包括对外转让的意思表示,还应包括价款数额、付款时间、付款方式等在内的完整对价。

【**典型案例一**】丁某明、李某、冯某琴与瞿某建优先认购权纠纷案。④ 最高人民法院认为,股东优先购买权是相比于股东以外的买受人而享有的优先权,因此,股东行使优先购买权的前提是,拟出让股东与股东以外的人已经就股权转让达成合意,该合意不仅包括对外转让的意思

---

① 参见杜万华主编,最高人民法院民事审判第二庭编著:《最高人民法院公司法司法解释(四)理解与适用》,人民法院出版社 2017 年版,第 397 页。
② 参见张应杰主编:《公司股权纠纷类案裁判思维》,人民法院出版社 2023 年版,第 62 页。
③ 参见张应杰主编:《公司股权纠纷类案裁判思维》,人民法院出版社 2023 年版,第 62 页。
④ 参见最高人民法院民事判决书,(2012)民抗字第 32 号。

表示,还应包括价款数额、付款时间、付款方式等在内的完整对价。在该案中,虽然在股东会前全体股东均被通知,将于下午与股东以外的受让人签约,但在股东会上,受让人并未到场,也没有披露他们的身份或者与他们签订的合同。因此,直至股东会结束签署决议时,对外转让的受让方仍未确定,股东行使优先购买权的前提也未成就。

【典型案例二】章某兰、徐某东股权转让纠纷案。① 二审法院认为,股东行使优先购买权的前提是,拟出让股东与股东以外的人已经就股权转让达成合意,该合意不仅包括对外转让的意思表示,还应包括《公司法解释(四)》第18条所规定的转让股权的数量、价格、支付方式及期限等因素在内的完整对价。在该案中,虽然上诉人向两被上诉人发送的《股权转让通知书》确有拟转让股权的数量、价格、支付方式及拟受让的主体等内容,但从上诉人得知两被上诉人主张优先购买权后即通知拟受让人是否愿意参与竞价,而拟受让人则以发布竞价通知的方式作出欲以较高价格受让股权的意思表示这一过程来看,说明上诉人在向两被上诉人发送《股权转让通知书》时,其与案涉股权拟受人就股权转让的价款并未最终达成合意。同时,在该案中,亦无证据能够证实上诉人与案涉股权拟受让人之间存在以欺诈、恶意串通等手段,损害其他股东优先购买权的情形。因此,可以认定两被上诉人行使股东优先购买权的前提条件,并未成就。另外,从两被上诉人同意受让案涉股权的书面回复内容来看,其也仅是明确表示同意以650万元价格受让股权,而未涉及价款支付方式、期限等判断其所确认的股权受让对价是否为"同等条件"的其他因素。故在现有证据下,原判认定两被上诉人与上诉人之间业已通过要约、承诺的方式而形成了案涉合法有效的股权转让合同关系,依据不足,不应支持。

【典型案例三】刘某琳与李某等与公司有关的纠纷案。② 法院认为,由于苏某博否认其与李某达成股权转让之合意,故在论述李某与苏某博之间的交易条件为何时,应当首先确定李某与苏某博之间是否成立股权转让的法律关系。法院认为,《承诺书》载明,苏某博自2018年1月12日起代表李某与他人磋商李某拟转让的股权及其价格。由于苏某博在《承诺书》中手写添加了"包括苏州、南京公司"的字样,李某和苏某博也一致认可李某拟转让包括写字派公司、云翰公司和朗途公司的股权。据此可以确定,《承诺书》中约定的交易标的为李某持有的写字派公司、云翰公司和朗途公司的股权,明确了股权转让的价格底线,可以由此确定股权转让价格。且在截止日期之前,并未有第三人受让股权,故应当由苏某博受让李某持有的股权。由于股权转让当事人、标的和数量、价格均已经确定,故根据《合同法解释(二)》第1条第1款的规定,应当认定李某与苏某博之间股权转让合同已经成立。苏某博的答辩意见与事实不符,法院不予采纳。

裁判观点二:股权转让人仅作出股权对外转让的意思表示,未形成包含转让价款、付款时间、付款方式等在内的完整对价,且对外转让的受让方也未确定,则其他股东享有优先权的"同等条件"可视为未成就。

【典型案例】丁某某等诉瞿某某优先认购权纠纷案。③ 一审法院认为,股东行使优先购买权

---

① 参见浙江省丽水市中级人民法院民事判决书,(2019)浙11民终1627号。
② 参见北京市朝阳区人民法院民事判决书,(2019)京0105民初84794号。
③ 参见杜万华主编,最高人民法院民事审判第二庭编著:《最高人民法院公司法司法解释(四)理解与适用》,人民法院出版社2017年版,第417~421页。

应具备三个条件：一是股东欲对外转让股权；二是优先购买股东与其他购买人购买股权的条件相同；三是必须在规定的期限内行使。优先购买权的前提和基础为"同等条件"。"同等条件"不仅包含转让价格，还包括付款期限、违约条款等其他对出让方有利的条款。优先购买权建立在"同等条件"之上，就李某、冯某某的股权转让而言，在股权转让的交易条件形成之前，瞿某某的优先购买权尚无实现的基础，在交易条件形成后，优先购买权必须在"同等条件"下行使；就丁某某与曹某某的股权转让而言，虽然瞿某某主张的转让价格等同于丁某某与曹某某约定的转让价格，但付款期限、违约条款等交易条件明显低于丁某某与曹某某约定的条件，不能视为其在"同等条件"下行使优先购买权。在2006年9月10日股东会后，丁某某、李某、冯某某将其分别与第三人签订的股权转让合同及要求瞿某某决定是否行使优先购买权的通知寄发给瞿某某，瞿某某虽然复函主张行使优先购买权，但其主张的交易条件低于丁某某、李某、冯某某与第三人商定的条件，并不构成"同等条件"，不符合行使优先购买权的法定条件，其优先购买权也未能形成。一审法院据此裁判瞿某某要求丁某某、李某、冯某某将股权转让给瞿某某并办理相关手续的诉讼请求缺乏事实和法律依据，不予支持。

二审法院认为，在股东会召开之前，丁某某已经有了具体转让股权的方案并已签订合同，但丁某某没有说明，也未在2006年9月10日的股东会上出示2006年9月8日与曹某某签订的股权转让合同；而从丁某某、李某、冯某某提供的几份股权转让合同内容看，其股权转让的条件超出了股东会决议中所附的股权转让合同所约定的条件，丁某某、李某、冯某某于股东会决议之后重新提出的股权转让的条件，实际上已经变更了股东会决议中已经确定的股权转让条件，有失诚信。瞿某某作为Y贸易公司的股东，依照《公司法》的规定，有权依据股东会决议确定的条件行使优先购买权。二审法院据此撤销一审判决，确认瞿某某对丁某某、李某、冯某某持有的Y贸易公司的股权享有优先购买权并判决丁某某、李某、冯某某将持有的Y贸易公司的股权按照2006年9月10日瞿某某与陈某某等5人签订的股权转让合同约定的条件全部转让给瞿某某。

最高人民法院再审认为，公司股东依法享有的优先购买权应受保护，但是股东优先购买权是对其他股东自由转让股权这一权利的限制。因此，股东行使优先购买权亦应严格按照法律规定进行。股东行使优先购买权的前提是，拟出让股东与股东以外的人已经就股权转让达成合意，该合意不应仅包括对外转让的意思表示，还应包括价款数额、付款时间、付款方式等在内的完整对价。在该案中，虽然在股东会前全体股东均被通知将于下午与股东以外的受让人签约，但在股东会上，受让人并未到场，也没有披露他们的身份或者与他们签订的合同，因此，直至股东会结束签署决议时，对外转让的受让方仍未确定，股东行使优先购买权的前提也未成就。瞿某某认为，其在股东会决议上签署要求行使优先购买权的意见，即为实际行使优先购买权，与法律规定不符。此后陈某某等5名股东自愿将股权转让给瞿某某，属于在股东之间互相转让股权的行为，并不是瞿某某行使优先购买权的结果。最高人民法院据此裁判认为瞿某某主张其行使优先购买权的条件已经成就，并以其与陈某某等5名股东签订的股权转让协议作为向丁某某等3人行使优先购买权的同等条件，缺乏事实和法律依据，不予支持。二审判决认定事实和适用法律均有不当,应予纠正。一审判决驳回瞿某某诉讼请求的结果正确,应予维持。

该案涉及确定优先购买权"同等条件"的时间。"同等条件"的确定只能以转让股东与第三人之间的交易条件为参照,只有在转让股东与第三人之间的完整交易条件确定下来之后,其他股东的优先购买权才有行使的依据。该案中,Y贸易公司2006年9月10日形成的股东会决议仅仅包括转让股东的转让意向,尚未形成与第三人的完整、确定的交易条件,故此时不能确定股权优先购买权行使的"同等条件",瞿某某主张的优先购买权自然无法行使。据此,最高人民法院在再审判决中明确,股东行使优先购买权的前提是拟出让股东与股东以外的人已经就股权转让达成合意,该合意不仅包括对外转让的意思表示,还应包括价款数额、付款时间、付款方式等在内的完整对价。

该案强调了《公司法》第84条规定的"同等条件"不仅仅包括价格条款、付款期限,还包括违约条款等其他交易条件。即使优先购买权人主张的转让价格等同于转让股东与第三人约定的转让价格,但付款期限、违约条款等交易条件明显低于转让股东与第三人约定的条件时,也不能视为其在"同等条件"下行使优先购买权。

裁判观点三:行使股东优先购买权的前提是具备股东资格。

【**典型案例**】黎明公司与医药公司等合同纠纷案。① 二审法院认为,有限责任公司的股东向股东以外的人转让股权,在同等条件下,其他股东有优先购买权。股东优先购买权是有限责任公司股东基于股东资格而享有的一项请求权,具备股东资格是行使股东优先购买权的法定条件。该案中,黎明公司并非医药公司股东,依法并无主张股东优先购买权之资格,故其关于医药公司擅自转让股权侵犯其股东优先购买权的上诉理由,缺乏事实与法律依据,法院不予支持。

2."同等条件"披露标准问题

根据新《公司法》第84条第2款及《公司法解释(四)》第18条的规定,优先购买权中"同等条件"涵盖股权转让的数量、价格、支付方式和期限等条件(实务中通常将价格和数量视为最主要标准),在实践中,还需披露拟受让人的有关情况,这构成了司法实践中优先购买权"同等条件"的披露标准。换言之,股东向股东以外的人转让股权的,只要出让股东向股权受让方和向其他股东提出的前述购买条件相同,即可认定已履行"同等条件"披露。

司法实践中的相关裁判观点及典型案例如下。

裁判观点一:"同等条件"是指同等的购买条件,其内容应当包括价格、数量、支付方式、交易时间等合同主要条款,其中价格和数量是考量的最主要标准。出让股东与股权受让方签订的转让股份协议及细则是否存在,其本身并非行使优先购买权的必要条件。只要标的公司出让股东向股权受让方和向其他股东提出的购买条件同等,即可认定"同等条件"披露业已履行。

【**典型案例**】张某与狮龙公司等股东优先购买权纠纷案。② 二审法院认为,以"同等条件"

---

① 参见江苏省南京市中级人民法院民事判决书,(2012)宁商终字第278号。
② 参见重庆市高级人民法院民事判决书,(2011)渝高法民终字第266号。

优先购买,是股东优先购买权的核心内容也是权利行使的实质要件。"同等条件"是指同等的购买条件,其内容应当包括价格、数量、支付方式、交易时间等合同主要条款,其中价格和数量是最主要的考量标准。结合双方之前的往来函件,可以确认通过要约和承诺,双方已经就股权转让达成了框架性协议,该协议涵盖了转让的数量、价款、付款方式。之后,某股东虽提出了其他条件,但标的公司其他股东并未予以认可,因而未形成合意。考量股权受让方出具的《报价承诺书》、所付款额及其与标的公司19名股东所签的股权转让协议的相关内容,应认定标的公司19名股东向某股东披露的购买条件与股权受让方的购买条件相同。某股东要求提供标的公司19名股东与股权受让方签订的转让股份协议及细则,无论该协议是否存在,其本身并非行使优先购买权的必要条件。只要标的公司19名股东向股权受让方和向其他股东提出的购买条件同等,即可认定"同等条件"披露业已履行。

裁判观点二:通知的内容,应当包括拟转让的股权数量、价格、履行方式,拟受让人的有关情况等多项主要的转让条件。

【**典型案例**】上海电力实业有限公司、中国水利电力物资有限公司与中静实业公司、上海新能源环保工程有限公司、上海联合产权交易所股权转让纠纷案。[①] 二审法院认为,考虑到有限公司的人合性特征,我国《公司法》等相关法律法规规定了股东向股东以外的人转让股权的,应当向其他股东充分履行通知义务。其他股东在同等条件下享有优先购买权。此处所涉通知的内容,应当包括拟转让的股权数量、价格、履行方式,拟受让人的有关情况等多项主要的转让条件。

3. 优先购买价格的确定与判断

裁判观点一:股东提起股权转让优先购买权之诉,应明确是否行使优先购买权,且优先购买价格只能以被诉股权转让协议为准。

【**典型案例**】邢某某诉肖某等股权转让纠纷案。[②] 法院认为,"同等条件"是原有股东行使优先购买权的前提,同等条件包括诸多要素,其中股权转让价格是同等条件中最为重要的一项内容,而公司其他股东邢某某在主张优先购买权的同时,却不认同股权转让方与股权受让方已协商一致的股权转让价格,公司其他股东邢某某在该案中行使优先购买权的前提条件并不成就。

裁判观点二:行使优先购买权的价格应当高于或者等于股权转让人与拟受让人约定的价格。

【**典型案例**】黄某慈与张某华、李某豪、高某文等公司决议撤销纠纷案。[③] 二审法院认为,当事人对于转让的股权数量没有异议,争议在于转让的股权价格是多少。虽然在2018年4月16日签订的《高州市鼎盛气体有限公司股权转让合同》中,约定李某豪受让股权的总价是48万元,但在同日,股权转让双方还签订了《〈高州市鼎盛气体有限公司股权转让合同〉之补充协

[①] 参见上海市第二中级人民法院民事判决书,(2014)沪二中民四(商)终字第1566号。
[②] 参见四川省成都市高新技术产业开发区民事判决书,(2013)高新民初字第2213号。
[③] 参见广东省茂名市中级人民法院民事判决书,(2019)粤09民终340号。

议》,该补充协议详细列明了鼎盛公司的资产负债情况,并约定李某豪除了应支付48万元股权转让款外还需承担鼎盛公司所欠的410万元债务才能取得鼎盛公司的股权。签订协议之后,至2018年6月3日时,李某豪已经按上述补充协议支付了共262万元。因此,从实际履行的股权转让价款来判断,458万元转让价格才是股权转让双方的真实意思表示。该案实际履行的股权价款远高于转让合同所约定的48万元,而非低于合同约定,由此说明转让双方并未采用相反的方式,即故意抬高合同约定的价格而实际另以低价履行,来达到使其他股东放弃优先购买权的目的,所以不能认定被上诉人存在恶意串通来损害上诉人优先购买权的情形。综上,该案转让股权的"同等条件"是指以458万元的股权价格作为转让价款,故黄某慈主张以48万元股权转让价格作为"同等条件"行使优先购买权,不能成立。

根据以上案例可知,优先购买权"同等条件"中的价格应为转让股东与其他股东之外的受让方约定的股权转让价格,同时这一价格应当是双方就该股权转让所有约定综合起来的最终实际交易价格。当然法律并不排除其他股东提出比第三方更高的价格受让。

4. 对股权数量相同的判断

关于其他股东行使优先购买权时能否部分行使,学理上存在争议。

肯定说认为,首先,《公司法》并未禁止优先购买权的部分行使,法无禁止即为可行;其次,优先购买权旨在保护有限责任公司的人合性,允许部分行使有助于原股东维持对公司的控制权,契合立法目的;最后,有限责任公司的股权是可分配的,部分行使不存在技术上的障碍。[1]

否定说认为,除非获得转让股东的同意,否则股东的优先购买权不得部分行使。首先,"同等条件"应当包含数量因素,第三人以特定价格在购买特定比例的股权时,是将该比例的股权视作一个整体作为标的,其价格蕴含了对该比例之下股权所能实现的控制权的估值,股东部分行使优先购买权,视为对标的进行的重大变更,[2] 标的不相同,"同等条件"就无从谈起;其次,允许其他股东部分行使优先购买权违反民法中的平等自愿原则,转让股东转让其股权是一种要约,受让方只有同意全部买受才构成承诺,而优先购买权人只同意购买部分出资并不构成承诺,而是一种新的要约,如果允许部分优先购买,则这种转让不符合民法中关于要约与承诺的最基本的构成要件;[3] 最后,允许部分行使优先购买权将损害转让股东的实质利益,股东转让的股份中蕴含着控制权的附加价值,如果允许部分行使优先购买权,转让股东将因股权被分化而使转让条件中的控制权被解构,剩余部分的股权价值将因此大大降低,这剥夺了股东出售控制权的溢价利益,损害了股东既有和应得的利益。[4]

对于优先购买权能否部分行使,最高人民法院采用了否定说。最高人民法院认为,若转让股权的比例是确定、可量化的,原则上其他股东行使优先购买权时应当购买全部转让股权,部

---

[1] 参见赵旭东:《公司法学》(第3版),高等教育出版社2012年版,第321页。
[2] 参见王欣新、赵芬萍:《再谈有限责任公司股权转让法律问题》,载《人大复印报刊资料·经济法学、劳动法学》2002年第10期。
[3] 参见赖淑春:《特定情形下优先购买权有无之判断》,载《山东审判》2008年第6期。
[4] 参见陈立斌主编:《股权转让纠纷》(第3版),法律出版社2015年版,第122页。

分行使视为未达到"同等条件"。① 因为：第一，股权转让数量作为股权转让合同中的核心条款自然应当是"同等条件"的最重要因素之一，优先购买权不能部分行使是同等数量条件下的应有之义。第二，从维护转让股东和第三人利益的角度看，第三人以特定价格在购买特定比例的股权时，是将该比例的股权视作一个整体标的，转让股东同样是将股权作为整体进行出售，如果分割开来，就破坏了交易的同一性，改变了转让股东与第三人之间约定的条件。作为整体转让的股权比例越高，第三人购买股权后控制公司决策的可能性越大，期待利益越高。若部分股权被其他股东购买，第三人可能不愿意购买剩余股权或者不愿按照约定的价格购买股权。因此，若允许部分行使优先购买权将严重损害转让股东与第三人的利益。

同时，有限责任公司股权流动性较弱，股东想退出公司，找到第三方购买并不容易。因为交易股权的数量往往影响交易价款，甚至可能左右股权交易目的的达成以及交易的成败。为了平衡保护各方利益，除公司章程规定或者全体股东约定允许部分行使优先购买权，且外部拟受让人表示同意的情形外，其他股东不得主张部分行使或部分放弃优先购买权。

司法实践中与转让股权数量相关的裁判观点及典型案例如下。

裁判观点一：数名股东整体对外转让股权且转让价格是以整体转让为条件时，其他股东的优先购买权针对的是整体股权，而非单个股东的股权，即优先购买权不得部分行使。

【**典型案例一**】环益公司诉陈某股权转让纠纷案。② 二审法院认为，该案中，包括陈某在内的标的公司8名自然人股东与高能公司达成的股权转让意向，是高能公司以×万元价格受让陈某等股东51%标的公司的股权。双方达成的转让条件中，陈某的股权转让与标的公司其他7名自然人股东的股权转让是不可分割的状态，是整体转让给高能公司双方协商的转让价格是以整体转让为条件。陈某与标的公司其他7名自然人股东已依法将整体转让事宜通知其他股东并征求其意见，其他股东如若行使优先购买权，应按×万元的价格优先受让包括陈某在内的标的公司8名自然人股东51%的股权。其他股东仅要求对陈某持有的1.5%的股权行使优先购买权与高能公司拟以×万元的价格整体受让标的公司8名自然人股东51%的股权不属于同等条件。故其他股东要求优先购买陈某持有的1.5%的股权，不符合法律规定。

【**典型案例二**】环益公司与谢某林股权转让纠纷案。③ 二审法院认为，在谢某林和其他股东就其各自所有的股权合并整体定价欲转让给股东以外的人的情况下，环益公司能否单独就谢某林的股权行使优先购买权。根据《公司法》(2013年)第71条第3款④的规定，经股东同意转让的股权，在同等条件下，其他股东有优先购买权。该案中，谢某林和其他股东就其股权转让和高能公司达成的转让意向为包括谢某林股权在内的合计51%的股权以9588万元的价格一并转让给高能公司。故在该转让条件下，谢某林个人的股权转让和其他股东的股权转让不可分割，其个人的股权转让系以和其他股东的股权一并转让为条件的，该定价也是针对合计

---

① 参见杜万华主编，最高人民法院民事审判第二庭编著：《最高人民法院公司法司法解释（四）理解与适用》，人民法院出版社2017年版，第48页。
② 参见浙江省宁波市中级人民法院民事判决书，(2017)浙02民终1283号。
③ 参见浙江省杭州市中级人民法院民事判决书，(2016)浙01民终5128号。
④ 参见新《公司法》第84条第2款。

51%股权的整体定价,无法确定每个股东的股权在该整体定价中对应的价格。鉴于谢某林和其他股东也依法将该转让事宜通知给环益公司并征求意见,因此,环益公司的优先购买权是得到保障的,如果其愿意以9588万元的价格受让谢某林等股东的51%的股权,其就优先于高能公司受让上述股权。环益公司现在仅要求就部分股东的股权行使优先购买权,与谢某林等股东和高能公司商谈的51%的股权转让条件不属"同等条件"。

事实上在司法实践中,存在优先购买权可以部分行使案例,但其前提条件是其他股东部分行使优先购买权时未对转让股东的利益造成实质损害。

裁判观点二:其他股东部分行使优先购买权不损害股权出让方与第三人约定的预期利益的情形下,优先购买权可以部分行使。

【典型案例】杨某欢诉杨某仪股权转让纠纷案。① 对于原告能否对创晔公司2%的股权行使优先购买权的问题。法院认为,原告已于30天内对被告转让的创晔公司2%股权作出行使优先购买权的答复,且黄某某表示同意原告对创晔公司2%股权行使优先购买权,其对剩余的创晔公司48%股权继续收购。因原告部分行使优先购买权并未造成被告的权益受损,故原告主张以121,840元的价格对创晔公司2%的股权行使优先购买权的请求,理据成立,法院予以支持。

综上,在司法实践中,优先购买权原则上不允许部分行使,即股东行使优先购买权时,必须与第三人受让转让股权的数量一致,除前述理由外,第三人购买特定比例股权时将其视为整体,转让股东同样整体出售股权,这是交易双方就转让股权达成的整体合意。如果允许其他股东部分行使优先购买权,不仅违背转让股东的意思、改变了原合同中的实质条款,同时"解构"了公司股权数量中可能隐含的公司控制权这一重要因素,可能导致股权价值降低,从而损害转让人的合法权益,却使其他股东利用优先购买权从中获益。这与优先购买权的本意,即"优先购买权人仅能得到交易机会的保护,不能因优先购买权而得到交易中的优惠;转让股东仅受交易对象选择的限制,而不因存在优先购买权使其拟转让股权变现实际价值受损"② 严重不相符。

但值得注意的是,优先购买权不允许部分行使的根本目的在于保护股权转让方的合法利益不受损害,如果其他股东部分行使优先购买权不损害股权出让方与第三人约定的预期利益,优先购买权部分行使也并无不妥。前述(2016)粤0606民初2656号案件的核心前提是:(1)第三人黄某某表示同意原告对创晔公司2%股权行使优先购买权;(2)第三人黄某某同意对剩余的创晔公司48%股权继续收购。从而实质上避免了股权转让方交易预期利益的损害,进而得到了法院支持。故优先购买权能否部分行使的核心要义在于是否损害股权转让方与第三方约定交易预期利益。

5.支付方式相同的判断与确定

裁判观点:付款方式、债务承担方式不一致的不属于"同等条件"。

【典型案例】董某东、杨某英股权转让纠纷案。③ 二审法院认为,董某东的上诉请求是对杨

---

① 参见广东省佛山市顺德区人民法院民事判决书,(2016)粤0606民初2656号。
② 薛瑞英:《股东优先购买权制度若干问题探析》,载《北京邮电大学学报(社会科学版)》2009年第3期。
③ 参见河北省石家庄市中级人民法院民事判决书,(2020)冀01民终216号。

某英向赵某出售的育英中学93.33%股份按16,053,332元的同等条件购买,根据杨某英与赵某签订的《晋州市育英中学股权转让意向书》的约定内容,除第3条约定涉案股权转让价款为16,053,332元外,第4条还对付款方式进行了约定,尤其是第5条约定,本意向自甲方收到乙方首期转让款之日起生效。生效之日起前推至2016年6月20日在此期间的学校债务归甲方负责承担,2016年6月20日以前的债务由双方共同协商解决。也就是说,杨某英向赵某转让的育英中学93.33%的股份,除约定了股份转让款16,053,332元外,还就付款方式以及育英中学的相关债务承担进行了约定。二审庭审中,关于意向书中第5条涉及的相关债务,董某东庭后一直未向法庭回复其意见。二审中,赵某提交的证据虽然不足以证实其实际履行的债务数额是1800万元,但结合其与杨某英签订的《晋州市育英中学股权转让意向书》第5条约定内容,能够证明涉案转让的股权附带有受让方偿还相关债务的约定。现董某东仅以16,053,332元的价格对涉案股份主张行使股东优先购买权,董某东的该购买条件与赵某、杨某英签订的《晋州市育英中学股权转让意向书》所约定的股份转让条件,不属于"同等条件",不符合《公司法解释(四)》第18条法律规定,故董某东要求对涉案股份行使优先购买权的主张,依法不能成立,法院依法不予支持。

这一案例也印证了前文所述,优先购买权"同等条件"中的价格,应确定为转让股东与其他股东之外的受让方约定的股权转让价格,同时这一价格应当是双方就该股权转让所有约定综合起来的最终实际交易价格,其中应当包括可能存在的债务等其他可能影响交易价格的因素。

6. 履行期限相同的判断

裁判观点:履行期限不一致的,认定不属于"同等条件"。

【典型案例】杰某与润之康医院、周某洪股权转让纠纷案。[①] 法院认为,根据《公司法解释(四)》第18条的规定,杰某的优先购买权是否成立取决于杰某与周某洪签订的股权转让协议和润之康医院与周某洪签订的股权转让协议是否满足"同等条件"。另从支付方式和期限来看,周某洪与润之康医院约定的支付方式为合同双方签字之日向甲方支付280万元,完成支付280万元后15日内办理完工商变更登记,办理完工商变更登记后,支付剩余的价款32.5万元,且润之康医院在协议签订的次日就将280万元支付至周某洪的账户。周某洪与杰某分别于2018年7月29日、8月7日、10月20日三次签订股权转让协议,双方最后一次约定的支付方式为协议生效之日起4个月内以银行转账方式分期付清,杰某于2018年12月18日才将280万元支付给周某洪,余款至今未支付。所以,从支付方式和期限来看,润之康医院的支付方式和期限条件明显优于杰某的支付方式和期限,所以,不符合"同等条件"。最后,从违约条款来看,周某洪与润之康医院约定的逾期付款违约金为每迟延一天,应按迟延部分价款5‰支付滞纳金,周某洪与杰某约定的违约金为零。显然,周某洪与润之康医院约定逾期付款的条件优于与杰某的约定,亦不符合"同等条件"。综上,法院确认杰某与周某洪签订的股权转让协议不

---

① 参见重庆市铜梁区人民法院民事判决书,(2019)渝0151民初4462号。

符合上述法律关于股东优先购买权"同等条件"的规定,杰某的优先购买权不成立。

7. 身份关系是否构成"同等条件"的判断因素

根据《民法典》第726条的规定,对于承租人的房屋优先购买权而言,出租人若将房屋出卖给其近亲属,承租人不得行使优先购买权。那么,承租人优先购买权中的这种规定在股东优先购买权中是否同样适用,即人身关系是否构成判断股权优先购买权行使"同等条件"的因素之一,存在一定争议。

对此最高人民法院认为,股东优先购买权制度与承租人优先购买权制度的制度设置目的、制度价值不同,股东优先购买权制度不能简单比照承租人优先购买权制度适用。承租人优先购买权制度设置目的在于维护房屋使用关系的稳定性。而房屋承载着"家"的属性,因此,在房屋的所有权流转中亲属关系的稳定性比房屋使用关系的稳定性更值得保护。同时,根据"买卖不破租赁"原则,即使租赁房屋所有权发生变更,承租人在租赁期限内仍有权使用房屋。而股东优先购买权制度,其重要目的之一在于维持有限责任公司的封闭性、维护股东之间的彼此信任关系。股权转让不仅仅涉及转让股东对自己所有产权的处分,更涉及公司这一组织体的未来命运,进而关系其他股东的利益。因此,在继受转让股东的股权及股东身份这一点上,其他股东相比转让股东的近亲属更值得保护。①

8. 司法实践中,其他可以作为"同等条件"因素相同的判断

裁判观点一:附条件、附有服务对价可作为"同等条件"的考量因素。

【典型案例一】潘某志、郑某股权转让纠纷案。② 二审法院认为,"同等条件"作为对优先购买权人行使优先购买权的限制,是平衡转让人与优先购买权利益的关键。"同等条件"要求优先购买权人提出的受让条件与第三人之间的交易对价相同,因此,转让人与第三人之间的交易对价应当是能被替代或复制的,不应包含无法替代履行的给付。从涉案股权转让协议约定的内容看,聚烽公司为一家"互联网+"战略落地一站式服务机构,为传统企业提供互联网模式和市值管理的企业,该协议第1条约定了转让的股权及返还条件。虽然该协议第1条第1款约定了"甲方将其持有的挚联投资公司4%股权以人民币零元的价格转让给乙方",但结合第2~4款中挚联报关公司要在两年内在全国中小企业股份转让系统挂牌交易、聚烽公司对挚联报关公司要进行市值管理、新三板做市后保证一定的市盈率等股权返还条件约定,可见郑某以零元价格将4%的挚联投资公司股权转让给聚烽公司,是附条件、附有服务对价的。如果约定返还条件成就,聚烽公司零元受让的目标股权就要予以返还。该作价既有对于聚烽公司为传统企业提供互联网模式和市值管理能力的信任,又存在通过股权转让获得商业利益的预期。潘某志提交的《关于同意广州昊链信息科技股份有限公司股票终止在全国中小企业股份转让系统挂牌的函》及交易情况截图、聚烽公司提供的《关务—互联网转型合作框架协议》亦能佐证聚烽公司存在的服务义务。零元的转让价格并非本次转让的"同等条件",潘某志主张以零

---

① 参见杜万华主编,最高人民法院民事审判第二庭编著:《最高人民法院公司法司法解释(四)理解与适用》,人民法院出版社2017年版,第410页。

② 参见广东省广州市中级人民法院民事判决书,(2020)粤01民终24122号。

元价格,按照与其他股东协商确定的购买比例优先购买挚联投资公司2%的股权,不符合优先购买权行使的"同等条件"。股东优先购买权的行使目的在于通过保障其他股东优先获得拟转让股份而维护公司内部信赖关系,因此,法律所要否定的是股东以外的股权受让人在同等条件下优先于公司其他股东取得公司股份的行为,而不是否定转让股东与股东以外的股权受让人之间订立的股权转让合同的效力。事实上,合同的效力亦是可以与权利变动的结果相区分的。因此,在股权转让协议本身不存在其他影响合同效力的事由且转让股东和股东以外的股权受让人亦不存在恶意串通以损害其他股东优先购买权的情况下,股东向公司以外的受让方转让股份的协议效力应当得到肯定。

【典型案例二】刘某琳与李某等与公司有关的股权转让纠纷案。[1] 法院认为,李某与苏某博之间的转让标的系李某持有的写字派公司、云翰公司和朗途公司的股权。虽然该三家公司的股权系以写字派公司的估值确定转让价格,但并不意味着云翰公司和朗途公司的股权价值就是零。李某和苏某博也多次陈述,在该次转让中,应当是三家公司的股权一并转让,不能进行拆分。刘某琳主张以零对价的方式只受让云翰公司的股权,不同意同时受让写字派公司和朗途公司的股权,故刘某琳主张的交易条件显然与李某和苏某博协商的交易条件不同,不能视为"同等条件"。因此,刘某琳无权以构成同等条件为由主张优先购买权,故法院对刘某琳提出的诉讼请求全部不予支持。

裁判观点二:如股东对拟转让股东提出原转让条件之外的其他要求,则不构成"同等条件"。

【典型案例】娄某共、郑某庆股权转让纠纷案。[2] 二审法院认为,对"同等条件"的确认,依据《公司法解释(四)》第18条的规定,法院在判断是否符合《公司法》(2018年)第71条第3款[3]及本规定所称的"同等条件"时,应当考虑转让股权的数量、价格、支付方式及期限等因素。章某仁在已书面告知娄某共对外转让股权的数量(57%股权)、价格、支付方式和期限等条件后,娄某共回函中提出"你应告知拟受让股权人的详细情况,并列清转让的详细清单(债权、债务),以便本股东最后作出决定"及"如你必欲整体转让该股权,则鉴于你所提出的57%股权转让价格为1526.68万元所涵盖的资产不清晰,尽管本人也是股东,但大部分时间不在公司,且公司日常具体经营管理均由你负责,如本人受让,你无论作为出让方抑或作为公司经营管理者,亦应清晰转让前公司资产状况及转让股权所涉资产状况",娄某共提出的上述要求系与公司管理有关的事项,已超出了"同等条件"的范围,证明娄某共在行使优先购买权时,向章某仁提出了更高的要求,不符合"同等条件"的因素。

综上,虽然《公司法解释(四)》第18条及新《公司法》第84条以列举方式明确了"同等条件"的相关内容,但根据之前的司法实践,并不完全以此为限,还应结合交易的实际情况予以考虑。客观上讲,"同等条件"基本功能在于平衡转让股东、第三人和有优先购买权的其他股

---

[1] 参见北京市朝阳区人民法院民事判决书,(2019)京0105民初84794号。
[2] 参见湖北省咸宁市中级人民法院民事判决书,(2019)鄂12民终293号。
[3] 参见新《公司法》第84条第2款。

东之间的利益,在保护其他股东的优先购买权的同时亦不损害转让股东的利益、不剥夺第三人购买股权的机会。我们应在对其功能充分理解的基础上,准确把握"同等条件"的因素范围。

十、国有股权转让的相关问题

(一)国有股权转让中股东优先购买权的"通知"程序

《公司法》第84条并未区分国有股和非国有股,也未针对国有股和非国有股设置不同的转让程序,因此,该条款作为一般性条款,应适用于所有类型的有限责任公司。《企业国有资产法》明确国有股权转让应公开进场交易。鉴于新《公司法》第84条删除了原《公司法》第71条第2款中关于股东对外转让股权需经公司其他股东过半数同意的规定,所以当有限责任公司对外转让国有股权时,一般情况下无须召开股东会或者以书面形式通知其他股东征求同意(公司章程另有规定除外),可由转让股东与拟受让股东协商,直接选择进场公开转让或进场协议转让方式。若选择进场公开转让,转让股东应递交产权转让信息发布申请,公开征求意向受让方,受让股东在同等条件下享有优先购买权;若选择进场协议转让,则由转让股东与受让股东依照国有股权转让基本原则,以不低于国有股权评估价格为基准,双方协商确定转让价格,签订《产权交易协议》并报产权交易机构审核。《企业国有产权交易操作规则》(现已失效)规定,转让方在挂牌公告时,应将"有限责任公司的其他股东或者中外合资企业的合营他方是否放弃优先购买权"这一事项予以公告。

易引发争议的问题是:其一其他股东或合营他方作出不放弃优先购买权的"意思表示"是否意味着股东必定行使优先购买权?其二转让股东是否应承担"反悔"所导致的损害赔偿责任。最高人民法院认为,优先购买权作为股东享有的法定权利,其行使是在"同等条件"确定的情形下,而此时国有股权尚未通过公开竞价程序形成确定的"同等条件",故即使此时优先购买权人未放弃优先购买权,亦具有是否进一步行使权利的选择权,而无须承担责任。[①]

《公司法解释(四)》第19条规定了优先购买权的行使期间,该行使期间的起算点系"同等条件"确定之日,在未进场交易前的通知不具有优先购买权行使期间起算的效力。

(二)国有股权转让中股东优先购买权"同等条件"的确定

1. 股东行使优先购买权是否必须进场参与交易

根据《企业国有产权交易操作规则》的规定,国有股权转让方应当通过产权交易机构的平台发布产权转让信息公告,就转让标的基本情况、交易条件、受让方资格条件、对产权交易有重大影响的相关信息、竞价方式的选择、交易保证金的设置等内容予以披露,意向受让方在信息公告期限内,向产权交易机构提出产权受让申请并提交相关材料,由产权交易机构对意向受让方进行登记。

但争议在于:(1)该规定中的意向受让方是否包括"未放弃优先购买权的其他股东"?(2)股东行使优先购买权是否必须进场交易?

[①] 参见杜万华主编,最高人民法院民事审判第二庭编著:《最高人民法院公司法司法解释(四)理解与适用》,人民法院出版社2017年版,第491~501页。

观点一认为，股东行使优先购买权必须进场交易。主要理由为：(1)"同等条件"必然应当包括程序的同等，《企业国有资产法》第54条第2款确立的国有产权进场公开交易制度本意即为交易须在场内进行。(2)优先购买权股东进场交易，能够保证其充分知晓价格形成机制也是对其权利行使的保障。

观点二认为，股东行使优先购买权不以进场交易为必要。主要理由为：若规定强制进场系对优先购买权的限制，而优先购买权系有限责任公司股东的法定权利，在法律未对权利行使程序进行限制情况下，不应对权利行使设置障碍。

在实践中，关于优先权股东是否必须进场参与交易，各地产权交易机构的做法也不统一。

2. 股东行使优先购买权是否参与竞价

肯定观点认为，股东参与场内竞价可达到充分竞争，实现国有股权转让价值最大化，保障转让方利益实现的目的。在国有股权转让过程中，除应当保障其他股东优先购买权外，还应考虑股权转让方、第三人受让方权益的保护。因此，优先权股东必须参与场内竞价，通过进场竞价机制形成真正合理的市场价格，使国有产权价值实现最大化，避免因过度保护股东优先购买权而损害转让方的权益，对于第三人受让方来说也较为公平。①

否定观点则认为，若优先权人参与了竞价程序，即使成功受让国有股权，也是根据竞买而买受，不是根据优先购买权买受。②

从竞价机制来看，法律并不排斥优先权人以更高价格或更优方案行使购买权，但优先权人本身并不负有积极增加对价来争取受让机会的义务。此外，转让股东在转让公告中已将其他股东是否行使优先购买权的信息予以公布，因此，其他竞买者在受让申请登记前知晓优先权股东存在与否，竞价主要表现为普通竞买者之间的竞争，而不是优先权股东和普通竞买者之间的竞争。③

虽然如此，但《公司法解释（四）》第22条第2款中明确"同等条件"可以参照产权交易场所的交易规则，在无法律强制性规定的情形下，将行权细则交由市场决定。

上海某产权交易所规定，为保障其他股东更便捷、更高效地行权，联交所提供多种行权方式供其他股东选择适用。其他股东与转让方协商之后可选择以下方式之一行权：(1)由普通竞买人首先进行一次报价、多次报价、网络动态报价或其他公开竞价方式，并将该竞价中的最后报价作为行权价格；(2)以普通竞买人的竞买方式参与多次报价，以此行权；(3)参与多次报价或拍卖，并按照《最高人民法院关于人民法院民事执行中拍卖、变卖财产的规定》（以下简称《执行拍卖变卖规定》）关于在拍卖中行权的规定行权。

（三）国有股权转让中优先购买权人是否受转让方关于"受让方资格条件"的限制

根据《企业国有产权交易操作规则》第12条等的规定，若转让方在转让公告中应对受让

---

① 参见李志强：《国资法对优先权制度的影响》，载《产权导刊》2009年第10期。
② 参见孙立武、傅博：《企业国有产权交易中股东优先购买权的保护》，载《产权导刊》2008年第3期。
③ 参见杜万华主编，最高人民法院民事审判第二庭编著：《最高人民法院公司法司法解释（四）理解与适用》，人民法院出版社2017年版，第498页。

方主体资格、管理能力、资产规模等条件作出限制,该限制是否约束优先购买权人?

股东优先购买权系法定权利,不应以资质条件进行限制。[①]目前,法律法规上对此问题无明确规定。上海某产权交易所已率先对此作出规定:转让方可按照交易规则的要求在产权转让公告中设置"受让方资格条件",但应同时披露"在不违反法律法规等的强制性规定的前提下,标的公司其他股东的受让资格不受该'受让方资格条件'的限制"。《公司法解释(四)》第22条第2款规定确认了"同等条件"可以参照产权交易场所的交易规则。

司法实践中的相关裁判观点及典型案例如下。

裁判观点一:虽然国有产权转让应当在产权交易所公开进行交易,但是因产权交易所并不具有判断交易一方是否丧失优先购买权这类法律事项的权利,在法律无明文规定且股东未明示放弃优先购买权的情况下,享有优先购买权的股东对进场交易提出异议,并不能根据交易所自行制定的"未进场则视为放弃优先购买权"的交易规则,得出其优先购买权已经丧失的结论。某产权交易所在异议未处理的情形下就将股权进行拍卖,其行为侵犯了优先购买权人的合法权益,据此签订的股权转让协议未生效。

【**典型案例**】电力公司、水利公司与中静公司、新能源公司、联交所股权转让纠纷案。[②]二审法院认为,"中静公司并未丧失涉案股权的股东优先购买权",裁判理由如下:

第一,考虑有限公司的人合性特征,我国《公司法》等相关法律法规规定了股东向股东以外的人转让股权的,应当向其他股东充分履行通知义务,其他股东在同等条件下享有优先购买权。此处所涉通知的内容,应当包括拟转让的股权数量、价格、履行方式、拟受让人的有关情况等多项主要的转让条件。结合该案。首先,在电力公司与新能源公司股东会会议中表示了股权转让的意愿后,中静公司已明确表示不放弃优先购买权。其次,电力公司确定将股权转让给水利公司后,也并未将明确的拟受让人的情况告知中静公司。故而对于中静公司及时、合法地行权造成了障碍。而权利的放弃需要明示,故不能当然地认定中静公司已经放弃或者丧失了该股东优先购买权。

第二,中静公司在联交所的挂牌公告期内向联交所提出了异议,并明确提出了股东优先购买权的问题,要求联交所暂停挂牌交易。但联交所未予及时反馈,而仍然促成电力公司与水利公司达成交易。并在交易完成之后,方通知中静公司不予暂停交易,该做法明显欠妥。需要说明的是,联交所的性质为经市政府批准设立,不以营利为目的,仅为产权交易提供场所设施和市场服务,并按照规定收取服务费的事业法人。基于此,联交所并非司法机构,并不具有处置法律纠纷的职能,其无权对中静公司是否享有优先购买权等做出法律意义上的认定。故当中静公司作为新能源公司的股东在挂牌公告期内向联交所提出异议时,联交所即应当暂停挂牌交易,待新能源公司股东之间的纠纷依法解决后方恢复交易才更为合理、妥当。故其不应擅自判断标的公司其余股东提出的异议成立与否,其设定的交易规则也不应与法律规定相矛盾和冲突。

[①] 参见杜万华主编,最高人民法院民事审判第二庭编著:《最高人民法院公司法司法解释(四)理解与适用》,人民法院出版社2017年版,第501页。

[②] 参见上海市第二中级人民法院民事判决书,(2014)沪二中民四(商)终字第1566号。

第三，虽然电力公司已经与水利公司完成股权转让的交接手续，水利公司也已经登记入新能源公司的股东名册。但若作为新能源公司股东的中静公司在法律规定的期限内依法行权，则前述登记状态并不能与法律相对抗，即股权转让并不存在不可逆的情形，而仍然有回旋余地。此外，原审酌情给予中静公司20日的行权期限具有合理依据，并无不妥。电力公司、水利公司的上诉理由均不能成立，原审判决于法不悖，可予维持。

该案为最高人民法院发布的十起依法平等保护非公有制经济典型案例之一，是保护民营企业在有限责任公司股权转让时享有优先购买权的典型案例。而该案对于股东优先购买权案件的主要参考意义在于：产权交易所并不具有判断交易一方是否丧失优先购买权这类法律事项的权利，在法律无明文规定且股东未明示放弃优先购买权的情况下，享有优先购买权的股东对进场交易提出异议，交易所不能仅依据自行制定的"未进场则视为放弃优先购买权"的交易规则，认定股东优先购买权已经丧失。某电力公司作为国有企业，转让其股权时必须进场交易，但进场交易不能侵害其他股东的权利。某产权交易所在某实业公司提出异议却未告知是否如期交易的情况下，将某电力公司的股权转让给某水利公司，侵害了某实业公司的优先购买权，相关股权转让协议无效。法院审理该案时，平等对待不同所有制股东，依法保护非公有制企业某实业公司的优先购买权。混合所有制经济中，应当平等保护公有制经济主体与非公有制经济主体。由于混合所有制企业中，不同所有制经济主体的权利体现为对混合所有制企业的股权，故保护非公有制经济主体的权利就体现为对其股东权利的保障。在有限责任公司中，股东对外转让股权时，其他股东的优先购买权是股权的重要内容之一，应依法予以保护。法院支持某实业公司要求行使优先购买权的主张，体现了对混合所有制企业中非公有制股东的平等保护。

裁判观点二： 国有股权在产权交易机构公开转让时，优先购买权中"同等条件"的认定标准应当兼顾进场交易权、合理准备时间、付款期限等程序性内容，保障优先购买权人与其他竞买人同等的权利。

【典型案例】 A公司诉B公司侵害股东优先购买权纠纷案。[①]A公司与B公司均系C公司的股东，各出资6000万元，分别持有50%股权。A公司系中外合资的有限责任公司。2010年11月5日，C公司作出股东会决议：全体股东一致同意B公司根据国有资产管理的相关法律法规，将其所持本公司6000万元出资额（占本公司注册资本的50%）通过产权交易机构公开挂牌转让，作为原股东的A公司在同等条件下有优先受让的权利。B公司与A公司在决议上盖章。A公司认为B公司的行为侵害了其优先购买权，故起诉至法院，要求确认B公司在某产权交易所挂牌交易转让股权的行为无效并予以撤销。

一审法院认为，C公司系依法成立的有限责任公司，A公司作为C公司的股东，在其他股东对外转让股权时享有优先购买权。对此，B公司与某产权交易所均不持异议，此权利不需要法院判决给予。B公司将受让方资格条件限制为国有企、事业法人或法定机构，A公司有合理

[①] 参见杜万华主编，最高人民法院民事审判第二庭编著：《最高人民法院公司法司法解释（四）理解与适用》，人民法院出版社2017年版，第516页。

理由认为自己的优先购买权被排除，B公司及某产权交易所有义务予以澄清，并在A公司有意进场的情况下给予合理的期间。该院确认股权转让公告的表述存在瑕疵，且在该案受理前并未采取合理措施补救。在庭审过程中，A公司已报名进场，被某产权交易所确认受让资格，股权转让公告的瑕疵已经得到补救。A公司参加挂牌交易，其仅享有在同等条件下的优先购买权，并不在股权转让金支付期限上享有优于其他竞拍人的权利。故A公司第5项诉讼请求B公司在某产权交易所重新公告中明示给予A公司合理支付股权转让金时间为3个月，缺乏法律依据，该院不予支持。对于A公司要求B公司赔偿其所支付评估费用的诉讼请求，因该支出与B公司的行为没有因果关系，该院不予支持；对于A公司要求B公司赔偿其他损失的诉讼请求，A公司并未提交充分证据予以证明，该院不予支持。依照《民事诉讼证据规定》第2条之规定，判决驳回原告A公司的诉讼请求。A公司不服一审法院判决，提出上诉。二审法院经审理后，判决驳回上诉，维持原判。

最高人民法院对该案进行评价时认为：第一，优先购买权人应有进场交易的权利。该案诉争股权的性质为国有法人股，对于企业国有资产的转让程序和方式，根据《企业国有资产法》的相关规定，企业国有产权的转让应当通过某产权交易所公开进行。现B公司通过某产权交易所发布的股权转让公告，虽然在"老股东是否放弃行使优先购买权"一栏中声明为"否"，但将受让方资格条件限制为国有企事业法人或法定机构，虽然A公司系法律规定的有优先购买权的股东，但因B公司在公告表述中的瑕疵，A公司有足够理由认为自己的优先购买权被排除。因此，B公司及某产权交易所有义务对受让方的条件予以澄清，并在A公司有意进场的情况下给予合理的期间以保证A公司进场交易的权利。

第二，应当书面通知优先购买权人，并给予合理的进场时间。根据《公司法》之规定，股东应就其股权转让事项书面通知其他股东征求同意。关于国有股权的转让，并未超过《公司法》调整范畴，且国有产权转让的法律法规并无相反规定，故该案中国有产权的转让方以及某产权交易所应当通过书面形式通知优先购买权人。B公司与某产权交易所向A公司工商登记注册地址送达回函，并通过手机短信方式向A公司相关人员解释，履行了合理的送达义务。B公司根据某产权交易所发布的意向受让方须在受让资格确认后3个工作日内的交易条件，将保证金2400万元支付至某产权交易所指定账户。但与其他潜在竞买者相比，某产权交易所并未给予A公司同等的合理准备期间。

第三，挂牌交易过程中的瑕疵应当可以补救。如挂牌交易中存在瑕疵，有两种处理方式，一种是重新启动挂牌交易程序，另一种是允许采取补救方式。该案最终采取了允许采取补救方式，指定合理期间以便A公司进场报名。B公司同意A公司进场，某产权交易所对此予以配合，现A公司已报名进场，经某产权交易所确认受让资格，股权转让公告的瑕疵已经得到补救。但进场后，在款项支付等方面A公司并不享有优于其他竞拍人的权利。

综上，对于国有股权在产权交易机构公开转让时，优先购买权中"同等条件"的认定标准要兼顾进场交易权、合理准备时间、付款期限等程序性内容，保障优先购买权人与其他竞买人同等的权利，并结合实际情况，在法律的框架内适当允许对程序瑕疵进行补救，以维护交易效率,稳定交易预期,减少交易风险。

十一、损害股东优先购买权的股权转让合同效力问题

根据《公司法解释(四)》第 21 条第 1 款、第 2 款的规定,该解释条款明确了股东仅以侵害股东优先购买权为由确认合同效力的,不能得到支持,事实上从另一角度否定了侵犯股东优先购买权的股权转让合同无效的意见。另结合《九民纪要》第 9 条,我们可以得出:关于损害股东优先购买权的股权转让合同,如果没有其他影响效力的事由,主要是《民法典》规定的无效事由,应当确认其效力;股东以外的股权受让人因合同目的无法实现,可以请求转让股东承担违约责任。如果股权转让合同属于双方恶意串通损害其他股东优先购买权,应当认定股权转让合同无效。

实务中,应当注意股权受让方如果因转让方原因导致"法律上不能履行",合同目的落空而拒绝解除股权转让合同时的"合同僵局"问题,为防止"合同僵局"出现,转让股东可以作为违约方请求终止合同权利义务,但应当向股东以外的股权受让人承担违约责任。

司法实践中相关的裁判观点及典型案例如下。

裁判观点一:侵犯股东优先购买权的股权转让合同仍然有效。

【典型案例一】陈某、许某文股权转让纠纷案。[①]二审法院认为,首先,《公司法》(2018 年)第 71 条第 2 款、第 3 款[②]的规定并非法律强制性规定,而是选择适用和推定适用的任意性规范。退一步说,即便将其认定为强制性规范,该规定也属于强制性规定中的赋权性规定,而非禁止性规定。股东违反上述法定规则对外转让股权,其他股东的优先购买权并未丧失,仍可以行使。而且,其他股东是否行使优先购买权,具有不确定性,如果认定相应的股权转让协议无效,当事人选择放弃优先购买权,股权转让双方则须重新缔结合同明显违反商事经济、效率原则。其次,基于负担行为[③]与处分行为[④]的区分,处分行为无效不影响负担行为效力,股权转让合同并不必然导致股权变动,即使认定股权转让协议有效,也并不必然对优先购买权产生实质性侵害,如果当事人主张行使优先购买权,则该股权转让合同难以实际履行。也就是说,股权转让的限制仅仅构成对股权物权性的限制,不会对股权转让合同的效力产生影响。最后,优先购买权仅具有债权效力,不具有对抗第三人的效力,仅产生内部效力。即便优先购买权具有物权效力,也只具有外部效力,从而影响出卖人与第三人之间的法律关系,但该外部效力并不影响出卖人与第三人间买卖合同的效力,仅对标的物所有权的变动产生作用。

【典型案例二】邓某生、京港公司与马某青等股权转让合同纠纷案。[⑤]二审法院认为,股东

---

① 参见贵州省高级人民法院民事判决书,(2018)黔民终 1025 号。
② 参见新《公司法》第 84 条第 2 款。
③ 负担行为,是指使一个人相对于另一个人(或若干人)承担为或不为一定行为义务的法律行为。负担行为的首要义务是确立某种给付义务,即产生某种债务关系,负担行为又可称为债权、债务行为。
④ 处分行为,是直接使某种权利发生、变更或消灭的法律行为。处分行为包括物权行为和准物权行为,物权行为,是指发生物权法上效果的行为,有单独行为,如所有权的抛弃,有契约行为,如所有权的转移、抵押权的设定等。准物权行为指以债权或者无体财产权作为标的处分行为,如债权的转让、债务的免除等。
⑤ 参见北京市高级人民法院民事判决书,(2017)京民终 796 号。

向股东以外的人转让股权应经过其他股东过半数同意，其他股东在同等条件下享有优先购买权，是《公司法》为维护有限责任公司人合性而赋予股东的权利，但该规定是对公司内部行为的约束，不影响股东与第三人之间股权转让合同的效力。股东对外签订股权转让合同，只要合同当事人意思表示真实，不违反法律法规效力性强制性规定，在转让人与受让人之间即应自成立时起生效，其他股东如认为股权转让合同未经其过半数同意或侵害其优先购买权，可依法向法院申请撤销股权转让合同。

【典型案例三】 中州铁路公司、海盾公司等股权转让纠纷案。[①] 最高人民法院认为，关于《产权交易合同》是否合法有效问题，一审判决认定《产权交易合同》合法有效并无不当。

第一，关于轨道公司对外转让股权是否未经过半数股东同意、是否未尽通知义务的问题。轨道公司于 2018 年 10 月 25 日就向中州铁路公司送达了拟转让案涉股权的《转让通知》，虽然中州铁路公司在 2018 年 11 月 7 日中州铁路公司股东会决议中表示不同意股权转让并保留依法行使优先购买权的权利，在 2019 年 2 月 21 日中州铁路公司股东会上反对轨道公司将案涉股权转让给海盾公司，但并未主张股东优先购买权，直至该案诉讼时亦未明确主张行使股东优先购买权。按照《公司法解释（四）》第 17 条第 1 款的规定，应当认定视为中州铁路公司同意轨道公司转让案涉股权，其再以行使期间为由主张《产权交易合同》损害其股东优先购买权明显不能成立。

第二，关于海盾公司与轨道公司是否私下更改了股权交易对价支付方式和结算方式问题。《公司法解释（四）》第 18 条规定："人民法院在判断是否符合公司法第七十一条第三款及本规定所称的'同等条件'时，应当考虑转让股权的数量、价格、支付方式及期限等因素。" 2018 年 12 月 18 日《产权交易合同》约定，海盾公司自合同签订之日起 5 个工作日内，将股权转让价款 30925.08 万元汇入山东产权交易中心在银行开立的交易资金结算专户，海盾公司出具的从网银汇票服务系统下载的以轨道公司为被背书人的流水明细表格，与轨道公司出具的接受汇票背书支付的明细表格信息完全吻合，票据号码、票据金额、授权日期等一一对应，轨道公司出具了关于承兑汇票指定收款账户的说明，认可通过承诺汇票背书方式收到 26925.08 万元。除 4000 万元是海盾公司直接汇至山东产权交易中心交易直接结算专户外，其余 26925.08 万元是海盾公司按照轨道公司意见以汇票背书方式支付，虽在形式上与《产权交易合同》约定的支付方式不符，但并非支付方式的实质性变更，不属于《公司法解释（四）》第 18 条所指"同等条件"判断因素中支付方式不同的情形，不足以影响中州铁路公司优先购买权的行使。

第三，关于轨道公司与海盾公司是否隐瞒股权交易真实价款的问题。即使中州铁路公司所述《补充协议》约定以中建公司中标大莱龙项目为合同终止条件，该约定亦因违反《招标投标法》关于公平竞争的规定而无效，该案中不能依据该无效约定来评判是否损害中州铁路公司的股东优先购买权，亦不能依据该无效约定来否定公开挂牌转让而签订的《产权交易合同》的合同效力。

---

① 参见最高人民法院民事判决书，(2020)最高法民终 1253 号。

准确理解《公司法解释(四)》第21条第1款、第2款的规定,既要注意保护其他股东的优先购买权,要注意保护股东以外的股权受让人的合法权益,正确认定有限责任公司的股东与股东以外的股权受让人订立的股权转让合同的效力。一方面,其他股依法享有优先购买权,在其主张按照股权转让合同约定的同等条件购买股权的情况下,应当支持其诉讼请求,除非出现该条第1款规定的超期行权情形。另一方面,为保护股东以外的股权受让人的合法权益,股权转让合同如无该条第1款规定的欺诈、恶意串通等影响合同效力的事由,应当认定有效。其他股东行使优先购买权的,虽然股东以外的股权受让人关于继续履行股权转让合同的请求不能得到支持,但不影响其依约请求转让股东承担相应的违约责任,即股东优先购买权的行使与股权转让合同效力的认定并无必然关系。该案中,因不存在欺诈、恶意串通等影响《产权交易合同》效力的情形,一审判决关于中州铁路公司股东优先购买权的法律救济并非以确认《产权交易合同》无效为前提的认定并无不当。

【典型案例四】刘某海与季某珊股权转让纠纷案。[①]再审法院认为,首先,《公司法》(2013年)第71条[②]规定赋予其他股东相关权利的目的是要维系有限责任公司的人合性,以免未经其他股东同意的新股东加入后破坏股东之间的信任与合作。而要实现这一目的,只要阻止股东以外的股权受让人成为新股东即可,亦即只要股权权利不予变动,无须否定股东与股东以外的人之间的股权转让合同的效力。其次,该条并未规定如转让股东违反上述规定则股权转让合同无效。最后,如果因转让股东违反上述规定即股权转让未经上述程序而认定股权转让合同无效,那么在其他股东放弃优先购买权后,转让股东需与受让人重新订立股权转让合同,否则任何一方均可不受已订立的股权转让合同的约束,显然不合理。综上,股东未经上述程序向股东以外的人转让股权与股权转让协议的效力无涉。该案中,刘某海与季某珊签订的协议系双方的真实意思表示,不违反法律、行政法规的强制性规定,合法有效。

【典型案例五】唐某祥、林某丰股权转让纠纷案。[③]二审法院认定该案的股权转让协议有效。理由如下:《公司法》(2018年)第71条[④]有关赋予其他股东优先购买权的规定,是为了维系有限公司的人合性,以避免未经其他股东同意的新股东加入公司后破坏股东之间的信任与合作。但实现该目的,只要股权权利不予变动,阻止股东以外的股权受让人成为新股东即可,而无须否定股东与股东以外的人之间的股权转让合同效力,并且公司法亦无因转让股东违反公司法有关转让股权的规定而使股权转让合同无效的规定,如果股权转让合同因转让股东违反了公司法有关对外转让股权的规定而被认定无效,那么在其他股东放弃优先购买权后,转让股东还需与受让人重新订立股权转让合同,否则任何一方均可不受已订立的股权转让合同的约定的限制,这显然不合理。因此,审查该案的股权转让协议是否有效,仍应根据《合同法》第52条[⑤]的规定来认定,而该案的股权转让协议系双方当事人的真实意思表示,亦不存在《合同

[①] 参见江苏省高级人民法院民事判决书,(2015)苏商再提字第00042号。
[②] 参见新《公司法》第84条。
[③] 参见福建省漳州市中级人民法院民事判决书,(2019)闽06民终1800号。
[④] 参见新《公司法》第84条。
[⑤] 参见《民法典》第146条、第153条、第154条。

法》第 52 条关于"合同无效"规定的情形。

综上所述,不管公司股东对外转让股权是否损害公司其他股东的优先购买权,股权转让合同本身若不存在《民法典》规定的无效情形,均应认定合法有效。

裁判观点二:侵犯股东优先购买权的合同未生效。

【**典型案例一**】电力公司、水利公司与中静公司、新能源公司、联交所股权转让纠纷案。[①] 二审法院维持了一审判决,并针对"中静公司对电力公司与水利公司转让的新能源公司的股权享有优先购买权""电力公司与水利公司的股权转让合同不发生效力"等观点提出如下理由:

第一,考虑到有限公司的人合性特征,我国《公司法》等相关法律法规规定了股东向股东以外的人转让股权的,应当向其他股东充分履行通知义务,其他股东在同等条件下享有优先购买权。此处所涉通知的内容,应当包括拟转让的股权数量、价格、履行方式,拟受让人的有关情况等多项主要的转让条件。结合该案。首先,在电力公司于新能源公司股东会会议中表示了股权转让的意愿后,中静公司已明确表示不放弃优先购买权。其次,电力公司确定将股权转让给水利公司后,也并未将明确的拟受让人的情况告知中静公司。故而对于中静公司及时、合法地行权造成了障碍。而权利的放弃需要明示,故不能当然地认定中静公司已经放弃或者丧失了该股东优先购买权。

第二,中静公司在联交所的挂牌公告期内向联交所提出了异议,并明确提出了股东优先购买权的问题,要求联交所暂停挂牌交易。但联交所未予及时反馈,而仍然促成电力公司与水利公司达成交易。并在交易完成之后,方通知中静公司不予暂停交易,该做法明显欠妥。需要说明的是,联交所的性质为经市政府批准设立,不以营利为目的,仅为产权交易提供场所设施和市场服务,并按照规定收取服务费的事业法人。基于此,联交所并非司法机构,并不具有处置法律纠纷的职能,其无权对于中静公司是否享有优先购买权等做出法律意义上的认定。故当中静公司作为新能源公司的股东在挂牌公告期内向联交所提出异议时,联交所即应当暂停挂牌交易,待新能源公司股东之间的纠纷依法解决后方恢复交易才更为合理、妥当。故其不应擅自判断标的公司其余股东提出的异议成立与否,其设定的交易规则也不应与法律规定相矛盾和冲突。

第三,虽然电力公司已经与水利公司完成股权转让的交接手续,水利公司也已经登记入新能源公司的股东名册。但若作为新能源公司股东的中静公司在法律规定的期限内依法行权,则前述登记状态并不能与法律相对抗,即股权转让并不存在不可逆的情形,而仍然有回旋余地。此外,原审酌情给予中静公司 20 日的行权期限具有合理依据,并无不妥。电力公司、水利公司的上诉理由均不能成立,原审判决于法不悖,可予维持。

【**典型案例二**】恩瑞集团与送变电公司、李某岗、创高公司及第三人新华盛公司股权转让纠纷案。[②] 法院认为,侵害股东优先购买权的股权转让合同不发生效力。股东优先购买权是公司法赋予股东的法定权利。基于有限责任公司的人合性和封闭性,股东优先购买权制度在于通过保障其他股东优先获得拟转让股权而维护公司内部信赖关系,法律所否定的是非股东第

---

① 参见上海市第二中级人民法院民事判决书,(2014)沪二中民四(商)终字第 1566 号。
② 参见湖南省长沙市天心区人民法院民事判决书,(2015)天民初字第 5077 号。

三人优于公司其他股东取得公司股权的行为,而不是转让股东与非股东第三人之间转让协议。同时,股权是股东基于股东资格而享有的,从公司获取经济利益并参与公司经营管理的权利。为保障股东优先购买权而直接否定转让股东与非股东第三人之间股权转让协议效力,已超越了优先的界限,过度限制了股东转让权的处分权。该案中,被告送变电公司向股东以外的人转让股权,其没有证据证明就转让事项履行了《公司法》(2013年)第72条第1款[1]规定的法定程序,书面征求原告恩瑞集团意见,侵害了原告恩瑞集团的优先购买权。在原告恩瑞集团未明确放弃优先购买权的情况下,被告送变电公司与被告创高公司签订的《股权转让合同》中关于股权转让的约定不发生效力。第三人新华盛公司股东名册、工商登记的股东仍为原告恩瑞集团和被告送变电公司,《股权转让合同》标的即被告送变电公司持有的第三人新华盛公司的股权尚未发生变动,原告恩瑞集团诉至法院主张优先购买权直接产生阻断股权转让的效力。

【典型案例三】大汉集团与吕某智股权转让纠纷案。[2] 二审法院认为,大汉集团与吕某智约定的合同生效条件应包括经大汉起重公司股东大会同意并由全体股东签字确认。大汉集团(当时为汉风集团)是大汉起重公司的股东但吕某智不是。因此,大汉集团向吕某智转让大汉起重公司的股份,系股东向股东以外的人转让股权,应按上述规定的程序办理,即应经其他股东过半数同意,这是强制性规定,不允许章程及合同放宽条件。由于合同中已约定"本股份转让合同经大汉起重公司股东大会同意并由各方签字,报公司登记机关办理股东股份变更登记生效",而且该约定严于公司法的规定,应认可其效力,所以在无大汉起重公司股东大会同意并由各方签字的情况下,该合同未生效。

【典型案例四】赵某红与孙某亮、李某等股权转纠纷案。[3] 二审法院认为,赵某红对李某25%的股权在对外转让同等条件下享有优先购买权。我国公司法之所以规定有限责任公司股东享有优先购买权,其立法本意一方面在于保证有限责任公司原股东可以通过行使优先购买权增持股权份额,从而实现对公司的控制权;另一方面在于保障有限责任公司的人合性,以确保原股东有权根据自己的实际情况和需要决定是否接纳新股东加入公司或自行退出公司等。该案中,股东李某向股东以外的第三人孙某亮转让股权的行为实上侵犯了赵某红的股东优先购买权,故李某与孙某亮之间的股权转让协议依法不发生法律效力。根据《合同法》第58条[4]的规定,合同依法无效或被撤销后应当恢复至合同订立前的原状,因此,李某与孙某亮之间的股权转让协议依法应当恢复至股权转让合同缔约前的原状,且若此时李某将其持有的股权向公司以外的第三人转让,在同等条件下,赵某红依法当然享有优先购买权。

裁判观点三:侵犯优先购买权的合同可撤销。

【典型案例一】莫某与宏岳润丰公司、宏岳公司、蒋某民、红柳塘公司股权确认纠纷案。[5]

---

[1] 参见新《公司法》第84条第2款。
[2] 参见湖南省常德市中级人民法院民事判决书,(2014)常民二终字第82号。
[3] 参见江苏省徐州市中级人民法院民事判决书,(2014)徐商终字第0327号。
[4] 参见《民法典》第157条。
[5] 参见新疆维吾尔自治区高级人民法院民事判决书,(2013)新民二终字第32号。

二审法院认为,依照《公司法》(2013年)第72条[1]第2款、第3款的规定,股东不同意转让或行使优先购买权,是一种为保证有限责任公司人合性而赋予股东的权利,该权利并不是对拟转让股份的股东股权的限制,其与股东以外的受让人签订股权转让合同,只要该合同意思表示真实,不违反相关的法律、行政法规的禁止性规定就应认定为有效,侵犯股东优先购买权签订的股权转让合同的性质为可撤销合同。

【典型案例二】 瓮安世强公司与夏某股东资格确认纠纷案。[2] 再审法院认为,《公司法》(2013年)第72条[3]规定只是程序上的限制,并非实体上的限制,不属于法律、行政法规的强制性规定,股东对自己的股权享有完全的处分权。如果转让人未履行上述程序,侵害的是其他内部股东的利益即优先购买权而非社会公共利益和国家利益,其他股东认为侵害其优先购买权可以行使撤销权。如果其他股东未在法定的期限内行使撤销权,也不反对股权转让,也不准备行使优先购买权,则股权转让程序的瑕疵并不影响其实体权利,不应否定转让合同的效力。

【典型案例三】 孙某伏等与马某青等股权转让纠纷案。[4] 二审法院认为,股东向股东以外的人转让股权应经过其他股东过半数同意,其他股东在同等条件下享有优先购买权,是公司法为维护有限责任公司人合性而赋予股东的权利,但该规定是对公司内部行为的约束,不影响与股东外第三人之间股权转让合同的效力。股东对外签订股权转让合同,只要合同当事人意思表示真实,不违反法律法规效力性强制性规定,在转让人与受让人之间即应自合同成立时起生效。其他股东如认为股权转让合同未经其过半数同意或侵害其优先购买权,可依法向法院申请撤销股权转让合同。故该案《1101股权转让协议》及《补充协议》对于签订方孙某伏、马某青、余某合法有效,孙某伏负有依约支付股权转让款的合同义务。

裁判观点四: 侵犯股东优先购买权的合同效力待定。

【典型案例一】 解某势与泰达公司股东资格确认纠纷案。[5] 二审法院认为,该案系2004年4月27日被上诉人与第三人刘某签订的股权转让协议,经双方协商一致签字即告成立。但该合同并不随即发生法律上的效力而成为有效的合同。根据《公司法》(2013年)第71条[6]的规定,为了保障有限公司的人合性,股东在对外转让股权时赋予了其他股东两项权利,即同意权和优先购买权。据此,有限公司股东向股东以外的人转让股权时要受到双重限制,必须既满足其他股东过半数同意的条件,又尊重其他股东的优先购买权。因此,对于股权转让合同,未经同意程序和优先购买权程序的股权转让合同不立即发生法律效力,未通知其他股东或者未征得同意侵犯股东同意权的股权转让合同应为效力待定合同。在没有其他股东同意或者能推定同意股权对外转让时,侵犯其他股东优先购买权的股权转让协议虽成立但并不生效。该案的股权转让协议在签订时,未向原审第三人朱某美征求同意意见,在第三人朱某美得知此情况

---

[1] 参见新《公司法》第84条。
[2] 参见贵州省高级人民法院民事判决书,(2013)黔高民申字第540号。
[3] 参见新《公司法》第84条。
[4] 参见北京市高级人民法院民事判决书,(2017)京民终796号。
[5] 参见山东省烟台市中级人民法院民事判决书,(2014)烟商二终字第294号。
[6] 参见新《公司法》第84条。

下,已提议召开股东会,并对于刘某股权转让的行为提出反对意见,股东会决议也明确刘某不再对外转让股权。因此,被上诉人与原审第三人刘某股权转让协议不发生效力。

【典型案例二】 武汉桥都公司与陈某股权转让合同纠纷案。① 二审法院认为,根据《公司法》(2013年)第72条②第2款、第3款的规定,《公司法》赋予了公司股东在同等条件下享有优先购买的权利。武汉桥都公司原本非恒鸿盛公司的股东,陈某向其转让股份时,公司股东依法享有优先购买权,且对于违反《公司法》规定进行转让的合同有权提起诉讼,予以撤销。陈某与武汉桥都公司之间签订的《股东股权转让协议书》的效力可能因此而待定。

裁判观点五:侵犯股东优先购买权的合同无效。

【典型案例】 王某玲与魏某武、市政养护处股权转让纠纷案。③ 二审法院认为,应认定被告市政养护处书面告知原告王某玲后王某玲明确在同等条件下,要行使优先购买权。优先权的行使应优先适用《公司法》的规则,其次才是《合同法》上的规则及民事法上的善意第三人制度。擅自向股东以外的人转让股权的行为,按照《公司法》的规定,涉嫌侵犯了股东的上述法定权利,不应予以保护。违反《公司法》关于股东优先购买权的股权转让行为,一是构成其他股东的侵权,二是转让股权的行为本身不应当受到保护,故股东擅自向第三人转让股权的合同应该是无效的,对原告的诉请,法院予以支持。

虽然在司法实践中,前述判例表达了对侵犯股东优先购买权的股权让合同效力的不同认定,但最高人民法院在不同场合均认为,除转让股东和第三人恶意串通损害其他股东优先购买权订立的合同无效外,一般情况下,转让股东与第三人之间订立的股权转让合同是有效的,主要理由如下:股东优先购买权的行使目的在于通过保障其他股东优先获得拟转让股份而维护公司内部信赖关系,因此,法律所要否定的是非股东第三人优先于公司其他股东取得公司股份的行为,而不是转让股东与第三人之间成立转让协议的行为。并不是只有撤销股权转让合同或否定股权转让合同的效力才能保护其他股东的优先购买权。事实上,合同的效力是可以与权利变动的结果相区分的,法律可通过在权利变动领域施以控制以保护相关利害关系人的权益,而不必在合同效力领域加以干涉,而且在否定合同效力情况下,第三人只能通过缔约过失的责任机制获得救济,在肯定合同效力情况下,第三人则可以凭借违约为由追究责任,其赔偿范围限于当事人实际遭受的损失。总之,转让股东和第三人之间订立的股权转让合同,与转让股东和其他股东之间订立的股权转让合同,二者可以相互独立。④ "对此类合同的效力,公司法并无特别规定,不应仅仅因为损害股东优先购买权认定合同无效、撤销合同,而应当严格依照合同法规定进行认定,此类合同原则上有效。"⑤ 之后《九民纪要》更加强化了这一观点。所以

---

① 参见湖北省高级人民法院民事判决书,(2015)鄂民二终字第00042号。
② 参见新《公司法》第84条。
③ 参见新疆维吾尔自治区石河子市人民法院民事判决书,(2013)石民初1231号。
④ 参见杜万华主编,最高人民法院民事审判第二庭编著:《最高人民法院公司法司法解释(四)理解与适用》,人民法院出版社2017年版,第461~462页。
⑤ 最高人民法院审判委员会时任专职委员杜万华2017年8月28日在最高人民法院关于《公司法解释(四)》的新闻发布会上答记者问时的发言。

笔者认为：侵犯股东优先购买权的股权转让合同在无《民法典》规定的无效情形时，应当认定为有效的观点是当前司法实践中的主流观点。

特别需要注意的是，对于违反《公司法》第84条但已经完成变更登记的股权转让合同，由于在已经办理相应的公司变更登记手续的情况下，无论是宣告股权转让协议或股权转让行为无效，还是撤销股权转让协议或股权转让行为，都将不可避免地涉及多方当事人（不仅涉及公司、公司的各个股东，甚至可能涉及第三人）的利益，甚至可能使公司登记机关也成为利害关系人。宣告股权转让协议或股权转让行为无效或撤销股权转让协议或股权转让行为可能损害相关主体的利益、影响交易秩序的稳定甚至损害社会公共利益，不仅可能引发民事诉讼，也可能引发行政诉讼，因此，法院往往会非常慎重，在其他股东的个人权益与交易秩序发生冲突时，可能会倾向于选择不宣告股权转让协议或股权转让行为无效。

十二、损害其他股东优先购买权行为的实务认定

裁判观点一： 首次转让抬高价格，排除法律赋予其他股东同等条件下的优先购买权，受让人取得股东资格后，第二次完成剩余股权转让，属于恶意串通、损害其他股东优先购买权的行为。

【典型案例一】吴某崎等诉吴某民确认合同无效纠纷案。① 再审法院认为，吴某民与吴某磊之间的涉案两份股权转让协议存在《合同法》第52条第2项② 规定的恶意串通损害第三人利益的情形，属于无效协议。吴某民和吴某磊在7个月的时间内以极其悬殊的价格前后两次转让股权，严重损害吴某崎的利益。吴某民和吴某磊第一次转让1%的股权价格为15万元，第二次转让59%的股权实际价格为62万元（以此测算第二次股权转让价格约为每1%价格1.05万元），在公司资产没有发生显著变化的情形下，价格相差达14倍以上，其目的在于规避公司法关于其他股东优先购买权的规定，从而导致吴某崎无法实际享有在同等条件下的优先购买权，即首次转让抬高价格，排除法律赋予其他股东同等条件下的优先购买权，受让人取得股东资格后，第二次完成剩余股权转让。吴某民在一审庭审中亦明确表示"第一次股权转让吴某磊不是公司股东，吴某民必须考虑同等条件的优先权""（第一次）比后面的要价要高，目的是取得股东身份"。这表明吴某民对其与吴某磊串通损害吴某崎利益的意图是认可的。如果认可上述行为的合法性，公司法关于股东优先购买权的立法目的将会落空。综上，民事活动应当遵循诚实信用的原则，民事主体依法行使权利，不得恶意规避法律，侵犯第三人利益。吴某民与吴某磊之间的两份股权转让协议，目的在于规避公司法关于股东优先购买权制度的规定，剥夺吴某崎在同等条件下的优先购买权，当属无效。吴某崎要求确认该两份股权转让协议无效，于法有据，应予支持。

【典型案例二】康桥公司与马某雄、万银公司等股权转让纠纷案。③ 二审法院认为，经审查

---

① 参见江苏省高级人民法院民事判决书，(2015)苏商再提字第00068号。
② 参见《民法典》第154条。
③ 参见浙江省杭州市中级人民法院民事判决书，(2015)浙杭商终1247号。

马某雄与万银公司前后两次转让股权的行为可以确认,马某雄先以畸高的价格转让了少量万国公司的股权给万银公司,在万银公司成为万国公司的股东之后,短期之内又以远远低于前次交易的价格转让了其余大量万国公司的股权给万银公司,前后两次股权转让价格、数量存在显著差异。综观该案事实,法院认为,该案前后两次股权转让存有密切关联,系完整的交易行为,不应因马某雄分割出售股权的方式而简单割裂。该两次交易均发生在相同主体之间,转让时间相近,且转让标的均系马某雄持有的万国公司的股权,股权转让人与受让人事先对于拟转让的股权总数量以及总价格应当知晓。马某雄在签订2013年4月26日第一次的股权转让协议前,虽向康桥公司告知了拟对外转让股权的事宜,但隐瞒了股权转让的真实数量及价格,存在不完全披露相关信息的情形,造成了以溢价达30倍(与万国公司注册资本相比)的价格购买万国公司0.09%的股权,显然有违合理投资价值的表现。故法院认为,该股权转让人实际是以阻碍其他股东行使优先购买权条件之"同等条件"的实现,来达到其排除其他股东行使优先购买权之目的,系恶意侵害其他股东优先购买权的行为。康桥公司据此要求撤销马某雄与万银公司之间的股权转让协议,应予支持。

裁判观点二:为规避股东优先购买权的相关规定,通过实施间接出让的交易模式达到与直接出让相同的交易目的,属于侵害股东优先购买权的行为。

【典型案例】 复星公司与长烨公司财产损害赔偿纠纷案。① 法院认为,被告绿城公司、被告证大五道口公司系海之门公司的直接股东,被告嘉和公司、被告证大置业公司又系被告绿城公司、被告证大五道口公司的唯一出资人,被告嘉和公司、被告证大置业公司与被告长昇公司之间实际实施的关于被告嘉和公司、被告证大置业公司持有的被告绿城公司、被告证大五道口公司股权的转让行为,旨在实现一个直接的、共同的商业目的,即由被告长烨公司、被告长昇公司所归属的同一利益方,通过上述股权收购的模式,完成了对被告绿城公司、被告证大五道口公司的间接控股,从而实现对海之门公司享有50%的权益,最终实现对项目公司享有50%的权益。被告之间关于股权交易的实质,属于明显规避了《公司法》(2005年)第72条②之规定,符合《合同法》第52条第3项规定之无效情形,应当依法确认为无效,相应的《框架协议》及《框架协议之补充协议》中关于被告嘉和公司、被告证大置业公司向被告长烨公司转让被告绿城公司、被告证大五道口公司100%股权的约定为无效,被告嘉和公司与被告长昇公司、被告证大置业公司与被告长昇公司分别签署的《股权转让协议》亦为无效。

二审法院认为,③ 股东优先购买权具有法定性、专属性,是一种附条件的形成权和期待权。六被告对于上述法律规定应当是明知的。该案中,被告绿城公司、被告证大五道口公司共同出让其合计持有的海之门公司50%股权的意思表示是清晰完整的,并由被告证大置业公司代表被告绿城公司、被告证大五道口公司作为联合方发函询问原告是否决定购买之一节事实,亦充分证明了被告绿城公司、被告证大五道口公司明知法律赋予股东优先购买权的履行条件和法

---

① 参见上海市第一中级人民法院民事判决书,(2012)沪一中民四(商)初字第23号。
② 参见新《公司法》第84条。
③ 参见上海市高级人民法院民事判决书,(2013)沪高民二(商)终字第27号。

律地位。但嗣后被告绿城公司和被告证大五道口公司并未据此继续执行相关股东优先购买的法定程序，而是有悖于海之门公司的章程、合作协议等有关股权转让和股东优先购买的特别约定，完全规避了法律赋予原告享有股东优先购买权的设定要件，通过实施间接出让的交易模式，达到了与直接出让相同的交易目的。据此，法院认为被告绿城公司和被告证大五道口公司实施上述交易行为具有主观恶意，应当承担主要的过错责任。上述交易模式的最终结果，虽然形式上没有直接损害原告对于海之门公司目前维系的50%权益，但是经过交易后，海之门公司另50%的权益已经归于被告长烨公司、被告长昇公司所属的同一利益方，客观上确实剥夺了原告对于海之门公司另50%股权的优先购买权。

通过以上案例可知，在实务中我们应当注意：首先，作为有限公司的股东转让股权，应充分注意并尊重其他股东的优先购买权，及时依法向具有优先购买权的其他股东发出有效通知。其次，公司股东为了确保公司的人合性，从保护公司控制权角度出发，建议在制定公司章程或制作股东协议时作出相应约定，即公司股东的优先购买权可以穿透至上层股东层面，如此约定，可以通过上层股东股权变动中的优先购买权，有效地限制第三方通过控制上层股权间接控制目标公司的情形，从而更有利于保障目标公司原股东对目标公司的控制权。

裁判观点三：股东代替其他非股东收购公司其他股东股权、恶意规避其他股东行使优先购买权的，属于损害股东优先购买权的行为。

【典型案例一】 鑫福矿业公司与葛某文等股权转让纠纷案。① 再审法院认为，鑫福矿业公司委托刘某安以其内江南光有限责任公司股东的身份收购该公司其他股东股权的行为，其用意为规避《公司法》(2005年)第72条② 第2款、第3款的规定，鑫福矿业公司的规避行为损害内江南光有限责任公司其他股东的合法权益，为恶意规避。刘某安受鑫福矿业公司委托收购股权的行为为名义上的股东间股权转让行为，实为隐瞒王某玉等62人对外转让股权行为，刘某安与王某玉等62人间的股权转让行为违反了《公司法》(2005年)第72条的强制性规定，应属无效。

【典型案例二】 桂某金与陈某真、陈某华、第三人百大集团股权转让纠纷案。③ 二审法院认为，上诉人桂某金与原审被告陈某华签订的《股权转让协议》，从形式上看系公司股东之间相互转让股份，但实质上上诉人桂某金是代股东之外的人以股东名义收购股权，对该事实有被上诉人陈某真在一审提交的录音资料、证人证言等证据予以证实；且百大集团也陈述公司上下均知道上诉人系代非股东收购股权，曲靖市麒麟区商务局在《信访告知书》中也对非股东委托上诉人收购股权的事实作出表述，告知被上诉人依法维权；上诉人桂某金收购股权的资金亦来自委托其收购股权的不具有公司股东身份的案外人。故上诉人桂某金与原审被告陈某华签订的《股权转让协议》违反了法律的强制性规定及公司章程的相关规定，该《股权转让协议》无效。

---

① 参见四川省高级人民法院民事裁定书，(2013)川民申字第1771号。
② 参见新《公司法》第84条。
③ 参见云南省曲靖市中级人民法院民事判决书，(2016)云03民终362号。

【典型案例三】蒋某衡与山宝公司、林某华、傅某威、黄某财股权转让纠纷案。[①] 法院认为，被告林某华在向股东外的黄某财、傅某威转让股权时，既未按照《公司法》规定书面通知原告蒋某衡亦违反公司章程，未召开股东会就股权转让事宜进行讨论，即与被告黄某财、傅某威签订《股份转让协议》，鉴于有限责任公司兼具人合性和资合性，被告违法转股权时，必然改变公司股东的成分和公司的封闭性，动摇有限责任公司存在的基础，严重侵害了原告蒋某衡的同意权和优先购买权。被告林某华与黄某财、傅某威签订股权转让协议后，还委托傅某威全权管理公司，并签订授权委托书，以委托之名行转让之实，未将转让事宜告知原告，三被告的行为构成恶意串通。我国《合同法》第52条第2项[②]规定，恶意串通，损害第三人利益的，合同无效。原告蒋某衡请求法院确认三被告签订的股权转让协议无效，符合法律规定，法院予以支持。原告主张行使优先购买权，于法有据，法院亦予以支持。

从以上案例及裁判观点，我们可以得出：(1)任何转让方与受让方试图规避其他股东优先购买权的股权转让合同都存在可能被认定为无效的风险；(2)通过内部股东代为收购股权的行为，除前述风险之外，还可能因难以显名从而无法真正取得股东资格；(3)对于公司内部的其他股东，当出现股东与他人恶意串通损害其优先购买权时，首要任务是收集和固定恶意串通的证据，然后寻求维权路径。

裁判观点四："同等条件"是行使优先购买权的实质性要求，是指转让方对其他股东和对第三人转让的条件相同，不区别对待。在条件相同的前提下，其他股东处于优先于股东之外的第三人购买的地位。若对外转让通知及股东会决议中载明的价格远高于股权实际转让的价格，实质上背离了同等条件，侵犯股东优先购买权，转让无效。

【典型案例一】招某枝与招某泉解散及清算公司纠纷案。[③] 法院认为，依照《公司法》(2005年)第72条[④]第3款的规定，当股东转让股权时，在同等条件下，其他股东对该股权享有优先购买权。"同等条件"是行使优先购买权的实质性要求，是指转让方对其他股东和对第三人转让条件的相同，不区别对待。在条件相同的前提下，其他股东处于优先于股东之外的第三人购买的地位。该案中，被告招某泉在2004年11月以特快专递方式向股东招某枝送达的股东会召开通知书中，载明招某泉是以1350万元价格把其股份转让给冯某妹。其后金利达公司在召开股东会会议作出的股东会会议决议中，亦决定招某泉以1350万元价格转其股份。但招某泉在股权转让合同中约定以27.5万元的价格转让其股份，冯某妹实际支付股权转让款27.5万元。由此可见，招某泉转让股权给冯某妹的价格远低于其告知招某枝的价格。该行为直接剥夺了招某枝在同等条件下的股东优先购买权，违反了公司法的上述强制性规定，故该股权转让合同应认定为无效，不发出股权转让的效力。

【典型案例二】周某某与姚某某股权转让纠纷案。[⑤] 二审法院认为，股东优先购买权是形成

[①] 参见湖南省衡阳县人民法院民事判决书，(2015)蒸民二初字第225号。
[②] 参见《民法典》第154条。
[③] 参见广州市中级人民法院民事判决书，(2004)穗中法民三初字第270号。
[④] 参见新《公司法》第84条。
[⑤] 参见上海市第一中级人民法院民事判决书，(2011)沪一中民四(商)终字第883号。

权,股东要求行使优先购买权时,无须转让股东再作承诺,即在享有优先购买权股东与转让股东间成立拟转让股权的股权转让合同,且该合同是以转让股东与第三人间约定"同等条件"为内容。因此,该案中,姚某向周某某发函及登报公告仅能起到通知周某某有关姚某欲行使股东优先购买权法律后果,而不能要求周某某再一次进行转让股权的竞价。也就是说,姚某一旦行使优先购买权,其与姚某某间的股权转让合同,是以姚某某与周某某间约定的"同等条件"为内容。法院注意到,2006年协议书中周某某、周某受让甲公司全部股权的价格为1440万元,而2007年12月1日姚某某将其95%股权以95万元转让给姚某,很显然,姚某并不是以"同等条件"受让姚某某所持的股份。鉴于姚某某与姚某间的兄弟关系、姚某某的代签行为以及姚某受让股权的价格与2006年协议书所约定价格的悬殊程度等情况,法院认为,姚某某与姚某在签订2007年12月12日的股权转让协议书时有恶意串通损害周某某利益的行为,故2007年12月12日的股权转让协议书应认定为无效。

十三、侵犯股东优先购买权诉讼的地域管辖问题

裁判观点一:损害股东优先购买权的诉讼为侵权之诉,此类诉讼不具有公司组织法纠纷的性质,故不属于《民事诉讼法》规定的有关公司组织法纠纷的特殊管辖情形,应适用一般地域管辖规定确定管辖法院,即由侵权行为地或者被告住所地法院管辖。

【典型案例一】 赤天化公司诉阳光佳润公司等股权转让纠纷案。[①] 最高人民法院认为,《民事诉讼法》(2012年)第26条[②]、《民事诉讼法司法解释》第22条等条款系针对公司诉讼案件的管辖所作出的特别规定。公司诉讼主要是关涉公司的组织法性质的诉讼,存在与公司组织相关的多数利害关系人,涉及多数利害关系人的多项法律关系的变动,且胜诉判决往往产生对世效力。该案纠纷源于赤天化公司将其拥有的高特佳公司的股权转让给京道凯翔企业,阳光佳润公司、佳兴和润公司、鹏瑞公司、速速达公司作为高特佳公司的股东,认为该股权转让行为损害其优先购买权,请求撤销上述《股权转让合同》,并判令其以同等条件行使优先购买权。该案纠纷系高特佳公司的股东与股东以及第三人因股权转让行为而产生。该诉讼虽与公司有关,但不具有公司组织法上纠纷的性质,也不涉及多项法律关系,该案判决仅对股权转让方、受让方及高特佳公司其他股东发生法律效力。因此,该案诉讼应适用一般地域管辖规定确定管辖法院。一审法院认为该案诉讼系与公司有关的诉讼,应适用公司诉讼的特殊地域管辖的规定,并据此裁定其享有该案管辖权不当,法院予以纠正。

该案系阳光佳润公司等以其股权优先购买权受到侵害而提起,即认为其民事权益受到侵害,故该案应适用《民事诉讼法》(2012年)第28条[③]"因侵权行为提起的诉讼,由侵权行为地或者被告住所地人民法院管辖"的规定确定管辖法院。根据阳光佳润公司等提起的诉讼请求以及事实和理由,阳光佳润公司等认为赤天化公司与京道凯翔企业签订《股权转让合同》、转

[①] 参见最高人民法院民事裁定书,(2016)最高法民辖终216号。
[②] 参见2023年《民事诉讼法》第27条。
[③] 参见2023年《民事诉讼法》第29条。

让股权的行为侵害其优先购买权，故上述《股权转让合同》签订地即为侵权行为地。经审查，案涉《股权转让合同》载明该合同在贵阳市观山湖区赤天化大厦17楼签订。该案诉讼所直接指向的对象应当是阳光佳润公司等所认为的股权转让方赤天化公司及股权受让方京道凯翔企业，高特佳公司仅为股权转让目标公司，与案涉股权转让行为各方均无实质性争议，其与该案没有法律上的直接利害关系。阳光佳润公司等称可依高特佳公司住所地确定管辖法院，法院不予支持。案涉侵权行为地及赤天化公司的住所地均为贵州省贵阳市，京道凯翔企业的住所地在福建省厦门市，依据侵权行为地或被告住所地确定管辖法院的规定，结合案涉争议标的金额的实际情况，贵州省高级人民法院和福建省高级人民法院对该案有管辖权。

【典型案例二】金谷公司诉曾某平等股权转让纠纷案。① 二审法院认为，该案系原审原告曾某平诉原审被告温某坚、金谷公司侵害其股东优先购买权而提起的诉讼，属侵权纠纷案件。根据《民事诉讼法》（2017年）第28条② "因侵权行为提起的诉讼，由侵权行为地或者被告住所地人民法院管辖"及《民事诉讼法司法解释》第24条"民事诉讼法第二十八条规定的侵权行为地，包括侵权行为实施地、侵权结果发生地"的规定，侵权结果发生地法院对该案具有管辖权。该案中，被侵权人为原审原告曾某平，即该案侵权结果发生地位于广东省惠州市惠城区，属原审法院管辖范围，故原审法院对该案具有管辖权。

裁判观点二：股权转让侵犯股东优先购买权，股东提起诉讼要求行使优先购买权的，应由公司住所地法院管辖。

【典型案例】杨某元、向某与张某奎、齐某海、第三人果洛州祥羚汽车运输有限责任公司管辖权异议案。③ 法院认为，该案属股权转让纠纷，原告杨某元、向某的诉讼请求为被告侵犯其二人作为股东的优先购买权，请求判令撤销二被告间签订的《股权转让协议》。《民事诉讼法司法解释》第22条规定："因股东名册记载、请求变更公司登记、股东知情权、公司决议、公司合并、公司分立、公司减资、公司增资等纠纷提起的诉讼，依照民事诉讼法第二十六条规定确定管辖。"《民事诉讼法》（2012年）第26条④规定："因公司设立、确认股东资格、分配利润、解散等纠纷提起的诉讼，由公司住所地人民法院管辖。"该案中，果洛州祥羚汽车运输有限责任公司住所地为青海省果洛州玛沁县。该案诉讼标的为520万元，根据2015年5月1日实施的《最高人民法院关于调整高级人民法院和中级人民法院管辖第一审民商事案件标准的通知》，青海省高级人民法院所辖中级人民法院管辖诉讼标的额500万元以上一审民商事案件的规定，果洛州中级人民法院依法对该案具有管辖权。

裁判观点三：损害股东优先购买权的诉讼由公司住所地法院管辖。

【典型案例】张某厚与徐某股权转让纠纷案。⑤ 经审查，法院认为，根据《民事诉讼法》（2012年）第26条⑥的规定："因公司设立、确认股东资格、分配利润、解散等纠纷提起的诉讼，

---

① 参见广东省惠州市中级人民法院民事裁定书，(2017)粤13民辖终652号。
② 参见2023年《民事诉讼法》第29条。
③ 参见青海省高级人民法院民事裁定书，(2016)青民辖终7号。
④ 参见2023年《民事诉讼法》第27条。
⑤ 参见北京市通州区人民法院民事裁定书，(2013)通民初字第12124号。
⑥ 参见2023年《民事诉讼法》第27条。

由公司住所地人民法院管辖。"该案中,原告张某厚与被告徐某均为东山玉公司股东。原告张某厚为主张股东优先购买权而提起诉讼,其优先购买权系基于其作为东山玉公司股东而取得,争议标的亦系东山玉公司股权,故该案应以东山玉公司住所地确定管辖。

以上案例和裁判观点表明,因损害股东优先购买权而引发的诉讼的地域管辖,实践中存在不同观点,实务界暂时尚未有统一观点,这就需要我们在提起诉讼前关注当地法院对此的裁判观点,以确定管辖法院,从而避免因管辖法院的不确定性给诉讼带来不确定的麻烦。

十四、法院执行程序中股东优先购买权的相关问题

(一)法院执行拍卖程序中股东优先购买权的"通知"程序

《公司法》第85条规定,司法拍卖有限责任公司股权时,应通知公司及全体股东;股东自法院通知之日起满20日不行使优先购买权的,视为放弃优先购买权。而《执行拍卖变卖规定》第14条规定的法院在拍卖前5日通知优先购买权人到场,不到场视为放弃优先购买权。因此,首先应该要厘清《公司法》第85条规定的"20日",与《执行拍卖变卖规定》第14条规定的"5日"的适用情形。

第一,前者规定的"20日",是对股东优先购买权行使的时间限制,以自法院通知之日起计算,逾期不行使视为放弃优先购买权;而后者规定的"5日"并非优先购买权行使时间的限制,仅为提前通知的时间规定。

第二,前者规定的通知,其通知内容系行使优先购买权;而后者规定的通知系到场参与拍卖。鉴于《执行拍卖变卖规定》第16条规定的优先购买权的行使方式是"询价式",拍卖程序兼具一定的价格发现机制,故在拍卖程序开始前对优先购买权人的通知内容无法包括具体的股权价格。所以,此时提前20日通知优先购买权人,优先购买权人如作出肯定的意思表示,实质为不放弃优先购买权而非基于特定条件的优先购买。根据《公司法》第85条的规定,最迟在拍卖程序开始之前20日通知公司其他股东,并询问其是否行使优先购买权,使其有合理的时间思考是否行使该权利。自通知之日起20日内表示行使优先购买权的股东,可以根据《执行拍卖变卖规定》在拍卖程序中行使优先购买权。[①]

《最高人民法院关于人民法院网络司法拍卖若干问题的规定》(以下简称《网络司法拍卖规定》)指出,应就网络司法拍卖的事项在拍卖公告发布3日前以书面或者其他能够确认收悉的合理方式,通知已知优先购买权人。此条源于《执行拍卖变卖规定》,[②]最高人民法院认为,通知内容为"网络司法拍卖的事项",至少包括:第一,网络司法拍卖行为本身,即执行法院依法通过互联网平台,以网络电子竞价方式公开处置财产;第二,拍卖公告包括的事项;第三,《网络司法拍卖规定》第13条规定的信息公示的内容。此通知的效力,一方面保障了优先权购买

[①] 参见杜万华主编,最高人民法院民事审判第二庭编著:《最高人民法院公司法司法解释(四)理解与适用》,人民法院出版社2017年版,第493页。

[②] 参见江必新、刘贵祥主编:《最高人民法院关于人民法院网络司法拍卖若干问题的规定理解与适用》,中国法制出版社2017年版,第222页。

人的知情权;另一方面具有催告意义,即经通知未参与竞买,视为放弃优先购买权。[①]

前文所述系执行程序中的司法拍卖中的"通知"程序,值得注意任意拍卖中优先购买权人的通知程序。《拍卖法》中没有就优先购买权作出专门规定。对于采取任意拍卖形式优先购买权行使中关于"同意"程序的书面通知,其内容和效力如何确定? 在对外拍卖前,如出让股东拟对外转让股权通知其他股东,其他股东股权明确表示放弃受让,此可视为放弃优先购买权。如收到拟对外转让股权的通知,但未明确表示拒绝受让,鉴于此时未经拍卖程序,股权价格未确定且缺乏股权转让主要条款,未在限定期限内对该通知表示同意不发生阻却优先购买权行使的效力。[②]

(二)法院民事执行程序中"同等条件"的确定

最高人民法院认为,优先购买权在民事执行中仍然得以行使,且执行中的优先购买权行使也应当以同等条件为基础。[③] 依我国现行法律的规定,法院民事执行财产主要有拍卖、变卖和以物抵债三种方式。在以物抵债和变卖程序中,股权转让价格均系协议确定,与当事人协议转让股权的情形没有不同,其他股东行使优先购买权的方式也大体相同,实践中存有争议的主要是拍卖程序中的优先购买权行使和"同等条件"的确定,学界存在以下分歧:

观点一认为,应当在拍卖前询问优先购买权人的最高出价,并以最高出价为起拍价,如无更高出价则由优先购买权人取得该股权;

观点二认为,应当在拍卖过程中由优先购买权人以最高应价买受标的物;

观点三认为,应当在拍卖后征询优先购买权人是否以拍卖时他人提出的最高应价买受标的物。

实际上,《执行拍卖变卖规定》第 11 条规定拍卖中其他股东要行使优先购买权需要到场;第 13 条第 1 款明确优先购买权行使的方式:"拍卖过程中,有最高应价时,优先购买权人可以表示以该最高价买受,如无更高应价,则拍归优先购买权人;如有更高应价,而优先购买权人不作表示的,则拍归该应价最高的竞买人。"由上述规定可知,在股权优先购买权情形下,其他股东仍可于拍卖过程中行使优先购买权,行使的方式是到场参与竞拍。但是,竞拍中其他股东并不需要提出比其他竞拍人更高的价格,可以依据其他竞拍人提出的最高价格的同等价格优先取得股权。不过,若其他竞拍人愿在此情况下提出更高价格,优先购买权人需要依据新的最高价表示是否行使优先购买权,直至没有更高应价或优先购买权人不再表示在最高应价的条件下行使优先购买权。因此,拍卖过程中其他股东行使优先购买权的基础仍然是"同等条件",只是此时的"同等条件"主要体现为价格上的同等。

(三)股权拍卖中多个股东主张优先购买权的处理

《网络司法拍卖规定》第 21 条第 3 款规定:"顺序相同的优先购买权人以相同价格出价的,

[①] 参见杜万华主编,最高人民法院民事审判第二庭编著:《最高人民法院公司法司法解释(四)理解与适用》,人民法院出版社 2017 年版,第 493 页。

[②] 参见杜万华主编,最高人民法院民事审判第二庭编著:《最高人民法院公司法司法解释(四)理解与适用》,人民法院出版社 2017 年版,第 492 页。

[③] 参见杜万华主编,最高人民法院民事审判第二庭编著:《最高人民法院公司法司法解释(四)理解与适用》,人民法院出版社 2017 年版,第 410 页。

拍卖财产由出价在先的优先购买权人竞得。"此种内部竞合关系的处理系基于网络司法拍卖竞价机制的特殊性,网络拍卖中,优先购买权人均实际参与竞价,相同顺位的优先购买权人参加竞拍,一方作出报价后,另一方无法作出相同报价,只能高于原报价出价,实则在相同顺位的优先购买权人之间产生了竞价关系。[1]

(四)股权拍卖中股东主张部分行使优先购买权的处理

执行程序中面对股东能否部分行使优先购买权的问题,存在不同的争议观点。

肯定观点认为:第一,允许股东部分行使优先购买权可以维持老股东对公司的控制权,维护其既得利益。第二,我国《公司法》并没有明确禁止股东优先购买权的部分行使,民商法领域"法无禁止即自由"。第三,公司股权本身是可分物,法律既然允许对其分割并部分转让,执行程序中亦不宜禁止股东优先购买权的部分行使。

否定观点认为:第一,现实中不乏第三人为了取得公司的控制权而受让股权的情形,这时,股东转让的标的物已经变为随特定比例股权而存在的公司控制权。从这个意义上讲,作为转让标的股权具有不可分的性质。第二,从转让股权的可得利益角度讲,多数股权因含有较大的控制权,其价格往往高于少数股权。执行程序中如若允许部分行使优先购买权,将降低股权的价格,不利于对申请执行人债权的清偿。第三,如部分行使优先购买权,第三人很可能因无法取得控制权而拒绝受让,这将导致剩余股权无法转让,无法实现执行目的。

最高人民法院对股东优先购买权的部分行使持反对态度。最高人民法院认为,除上述否定的理由外,还应考虑以下原因:其一,肯定说维持老股东的控制权与允许股东部分行使优先购买权间没有必然联系。相反,完全行使优先购买权才能够更大程度上实现公司控制权。其二,"法无禁止即自由"及股权是"可分物",仅仅是股权优先购买权部分行使的必要条件,而不是充分条件。同时,《公司法》属于带有公法色彩的私法,其调整对象关乎交易安全而带有"公共因素",对于其规定的事项不能一律采用"法无禁止即自由"的解释规则。其三,如前所述,执行程序中股东优先购买权行使的前提是通过拍卖形成合同,并据以确定"同等条件",该"同等条件"中股权的数量也是当然的应有内容。而部分行使优先购买权则不具备和第三人同等的条件。其四,如果允许优先购买权部分行使,而竞买人又因股权数量的缩减而不再购买剩余股权,那只能就剩余股权重新开始新一轮的执行程序。若在下一轮执行程序中出现同样问题,那执行程序将陷于无限循环。[2]

(五)股权被法院强制执行予以抵债的情形之下,股东是否享有优先购买权

裁判观点:股权被法院强制执行予以抵债的情形之下,股东依然享有优先购买权。

【**典型案例**】 兰驼公司与常柴银川公司等股权转让纠纷案。[3] 最高人民法院认为,关于常柴银川公司与万某公司转让57%股权的行为属于恶意串通、虚假交易,损害国有权益和股东

---

[1] 参见江必新、刘贵祥主编:《最高人民法院关于人民法院网络司法拍卖若干问题的规定理解与适用》,中国法制出版社2017年版,第297页。

[2] 参见杜万华主编,最高人民法院民事审判第二庭编著:《最高人民法院公司法司法解释(四)理解与适用》,人民法院出版社2017年版,第491~501页。

[3] 参见最高人民法院民事判决书,(2016)最高法民终295号。

的优先购买权的行为,是否应认定无效。第一,折价、拍卖、变卖,均关涉股权转让问题。根据《公司法》(2013年)第72条[①]规定,案涉该公司57%的股权在执行程序中以拍卖方式进行转让,应根据上述法律规定,保护作为西某车辆公司股东的兰驼公司等股东的优先购买权。由于万某公司与常柴银川公司签订的《执行和解协议书》明确载明0.5%的股权抵债50万元的事实,且该事实被法院裁定书认定,故该0.5%股权的对价款应为50万元而非500万元。第二,由于万某公司未合法取得西某车辆公司0.5%的股权,故其以股东身份受让剩余56.5%股权抵债,未通知西某车辆公司股东行使优先购买权的行为也侵害了西某车辆公司其他股东的优先购买权,亦不发生有效转让股权的效力。综上所述,不能认定万某公司合法取得案涉57%的股权。该案中,尽管以股抵债事实已被法院生效裁定确定,但由于兰驼公司有相反证据足以推翻,故法院对相关事实另行作出认定。万某公司应将案涉57%的股权返还给常柴银川公司。万某公司若对设定质押的案涉57%的股权行使质押权,应根据《公司法》第72条的规定,保障兰驼公司等西某车辆公司股东的优先购买权。股权转让方与股权受让方没有有效转让标的公司案涉股权,股权受让方未合法取得标的公司股权,其并不具有标的公司的股东资格。在此情况下,股权受让方以股东身份受让股权转让方剩余标的公司股权用于抵销债务,但未通知标的公司其他股东行使优先购买权,该股权抵债行为侵犯了标的公司其他股东的优先购买权,因此,不能认定股权受让方已经合法取得案涉57%的股权。

第五节 瑕疵股权转让

一、瑕疵股权的类型

(一)瑕疵股权的常见类型

瑕疵股权,是指股权存在权利缺陷,从而导致股东权利不能充分实现或者实现权利需要承担额外负担。在股权转让纠纷实务中,瑕疵股权主要是指股东的出资瑕疵,当然也包括其他情形,如转让公司的财产或者构成要素出现瑕疵等。

股东出资瑕疵有狭义和广义之分。狭义上的出资瑕疵,是指出资人(股东)没有按公司设立时签订的协议、章程规定缴纳出资,即违反《公司法》和章程规定,未足额出资或者其出资的财产权利有瑕疵。广义上的出资瑕疵还包括股东抽逃出资、以赃款出资等情形。与此相对应,瑕疵股权分为狭义瑕疵股权和广义瑕疵股权。《公司法解释(三)》第18条第1款界定瑕疵出资为"股东未履行或者未全面履行出资义务",即采纳狭义说。新《公司法》第88条第2款沿袭了对瑕疵出资的这一界定,将其表述为"未按照公司章程规定的出资日期缴纳出资或者作为出资的非货币财产的实际价额显著低于所认缴的出资额"。

司法实践中,瑕疵出资实际上还包括因股东抽逃出资、赃款出资,或者股权受限而形成的瑕疵股权。实务中,股权受限包括股权被设置担保、被查封,或者公司处于破产、关闭、清算程

[①] 参见新《公司法》第85条。

序等非正常经营状态,导致股权的存在受到威胁。① 常见的情况有公司设立时股东未出资、出资不实,或者公司设立后股东抽逃出资等形成出资瑕疵股权,致使股权受限。

(二)各类型的法律性质差异

股东未依法履行出资义务或未全面履行出资义务,对于公司其他股东而言是违约行为;对公司以及公司债权人则是侵权行为。

股东抽逃出资则属于侵权行为,侵害公司财产权益,公司是直接受害者,公司其他股东、公司债权人是间接受害者。

赃款出资,②《公司法解释(三)》第7条③认定其为"无权处分"行为,其实质也是一种侵权行为。

实务中还存在股权本身并无瑕疵,但由于转让公司的财产或者构成要素,如经营资质、机器设备、无形资产等出现瑕疵,导致转让股权商业价值发生减损而产生纠纷的情况。从广义来说,这类情况亦归入瑕疵股权范畴。④

二、瑕疵股权转让效力

根据《公司法》第49条、第52条第1款的规定,股东瑕疵出资情形不影响股权设立和股东对股权的享有。特别要注意,股东被载入公司章程、股东名册或者经过工商注册登记,非经合法除权程序,即享有股东资格及权利,理论上理应包括处分股权的权利。过往公司法实务界的普遍观点亦认为:股东出资瑕疵不影响股权设立和享有,进而瑕疵股权具有可转让性。新《公司法》第88条第2款的规定使这一观点更明确。事实上,在此之前《公司法解释(三)》第18条第1款已对此作出了明确规定,新《公司法》的前述规定只是吸收了该条司法解释的内容。

由于股权转让涉及公司内部以及公司外部的双重法律关系,所以瑕疵股权转让的效力相对应地亦会产生对内和对外效力。

(一)对内效力

受让方"不知道且不应当知道股权瑕疵"(善意)的,若受让方在此种情形下善意受让,即在签订合同时存在重大误解、欺诈、违背真实意思、胁迫、乘人之危并导致显失公平等情形,受损害的受让方有权请求法院或者仲裁机构撤销转让协议。

受让方"知道或应当知道股权存在瑕疵"(恶意)的,若受让方明知或者应知转让股东出资瑕疵事实仍受让,股权转让合同应当认定为有效合同。

根据新《公司法》第88条第2款的规定,《公司法》以股权受让方善意与非善意来区分转让合同效力及受让方责任。

---

① 参见张应杰主编:《公司股权纠纷类案裁判思维》,人民法院出版社2023年版,第69页。
② 赃款出资,从赃款来源划分,可以区分为利用职务身份侵害国家利益所得的赃款出资和不利用职务身份侵害他人利益所得的赃款出资。利用职务身份取得的赃款用于出资,侵害的是不特定第三人的利益,即国家利益、社会公共利益。不利用职务身份取得贷款用于出资,侵害的是特定第三人的利益。
③ 参见张应杰主编:《公司股权纠纷类案裁判思维》,人民法院出版社2023年版,第70页。
④ 参见张应杰主编:《公司股权纠纷类案裁判思维》,人民法院出版社2023年版,第70页。

(二)对外效力

新《公司法》颁行前,瑕疵出资股权转让,受让方不能简单据此对抗公司债权人。根据《公司法解释(三)》第18条的规定,受让人对"有限责任公司的股东未履行或者未全面履行出资义务即转让股权"知道或者应当知道的,则应与转让股东向公司债权人承担连带补充出资责任。对此,司法实务中,最高人民法院在(2017)最高法民申1433号民事裁定书中归纳的裁判要旨提出"有限责任公司的股东未履行或者未全面履行出资义务即转让股权,股权受让人是否与未全面出资的股东对公司的债务承担连带责任,取决于其在受让股权时是否知道或者应当知道股权转让人未出资或者未全面出资的事实"。在此,关于非善意的认定,在实务操作中通常认为,如果公司债权人能够举证证明根据商事外观,① 公司股东没有实际出资到位,则可以说明瑕疵股权受让方应当知道股权转让人在转让股权时未出资或者未全面出资的事实,即属于非善意受让人。同时,受让方向公司债权人承担清偿责任后,可以:(1)向转让人追偿;(2)向法院提起股权转让合同变更或者撤销之诉。

特别需要注意的是,根据新《公司法》第51条的规定,向未按期足额缴纳公司章程规定的出资的股东追缴主体即请求权主体为公司,以保障"入库规则"的落实,而避免发生个别债务清偿,违反债权平等原则。这就与《公司法解释(三)》第13条第4款规定的有权追究该类责任的是公司债权人的规定完全不同,在新《公司法》颁行后,该规定是否还继续适用,我们将持续关注。

三、司法实践中瑕疵股权转让合同效力认定的裁判观点及典型案例

裁判观点:受让人明知或者应当知道转让股东出资瑕疵事实的,股权转让合同应认定为有效。

【**典型案例一**】祁某红与史某栋股权转让纠纷案。② 再审法院认为,该案双方当事人因股权转让合同的履行问题发生争议。股权转让是指公司的股东将自己所持有的出资额或股份转让给他人,使他人取得公司股东地位,转让股东自己获得对价。按照公司法和相关司法解释的规定,转让股东即使存在诸如虚假出资、抽逃出资等瑕疵出资的情形,也不必然导致转让合同无效。仅就转让人和受让人来讲,当转让人隐瞒出资瑕疵事实,受让人对此不知亦不应当知道时,则股权转让合同据受让人的意志可能产生变更、撤销或者继续履行合同的后果;如果受让人明知或者应知转让股东出资瑕疵事实,则表明其是基于权利瑕疵的基础事实而与转让人签订合同,那么股权转让合同应当认定为有效合同。鉴于股权转让通常是以合同行为完成,对于成立并生效的股权转让合同,双方当事人均应全面、适当履行义务,如果一方的行为导致出现合同目的不能实现的情形,另一方当事人依法享有主张解除合同的权利。

【**典型案例二**】叶某与本草康公司、干某能股权转让纠纷案。③ 法院认为,根据《公司法解

---

① 商事外观主义,是指"以交易当事人行为的外观为准,而认定其行为所生的效果"。
② 参见甘肃省高级人民法院民事裁定书,(2018)甘民申342号。
③ 参见贵州省贵阳市乌当区人民法院民事判决书,(2018)黔0112民初1219号。

释(三)》第18条的规定,有限责任公司的股东在未履行或者未全面履行出资义务的情况下,仍然可以转让股权。结合该案本草康公司与叶某的交易过程来看,本草康公司作为依法登记设立的有限公司,具备相应的商业常识,其在与叶某交易时应尽到自己的谨慎、注意义务,其应当审查叶某在公司登记机关登记的材料,查阅万卉园公司章程,查看公司相应会计账簿等,作出合理判断,并作出是否受让股权的决定。其在2017年9月25日列席了万卉园公司的股东大会,而该次股东大会一致同意其受让郭某荣、叶某的股权,故其应当知道叶某存在出资瑕疵的事实,而其仍然受让叶某转让的股权,其受让行为是其自愿的行为表示,且至本次诉讼前本草康公司一直未向叶某提出异议,故本草康公司不能因为叶某存在出资瑕疵而否定《股权转让协议》有效的事实。综上,本草康公司的反诉请求,法院均不予支持。

四、瑕疵股权受让方权利救济

(一)股权瑕疵担保责任法律适用

关于股权瑕疵担保责任法律适用的基本原则,我国《民法典》第646条关于"法律对其他有偿合同有规定的,依照其规定;没有规定的,参照适用买卖合同的有关规定"的规定,以及《最高人民法院关于审理买卖合同纠纷案件适用法律问题的解释》(以下简称《买卖合同司法解释》)第32条"法律或者行政法规对债权转让、股权转让等权利转让合同有规定的,依照其规定;没有规定的,人民法院可以根据民法典第四百六十七条和第六百四十六条的规定,参照适用买卖合同的有关规定"的规定,为股权瑕疵担保责任提供了规范依据。

(二)股权瑕疵担保责任

股权转让合同中,股权转让人应承担的瑕疵担保责任是指,因股权转让人未履行或者未全面履行出资义务而造成的股权瑕疵,使受让人遭受损害时,转让人应当承担的责任。实务中,相关争议主要包括:(1)受让人知道或者应当知道股权存在瑕疵的认定;(2)瑕疵股权转让合同是否有效;(3)受让人能否以股权存在瑕疵为由主张撤销合同;(4)受让人能否以股权存在瑕疵为由主张解除合同;(5)受让人能否以股权存在瑕疵为由拒绝支付股权转让价款。

1. 瑕疵担保责任分类

(1)物的瑕疵担保,物的瑕疵更加关注标的物价值是否符合约定或者通常品质;

(2)权利瑕疵担保,权利瑕疵更加关注标的物所有权是否存在行使障碍。

股权转让纠纷中,最常见的瑕疵担保责任主要是权利瑕疵担保。

2. 权利瑕疵担保责任

转让方保障标的权利不被第三人追索;转让方应保证标的权利可以完全不受限制地移转给受让方。

3. 股权瑕疵担保责任构成要件

(1)标的股权存在具体的权利瑕疵,且股权转让时即存在,合同成立后仍未消除。例如,股权存在出资未履行或未完履行的瑕疵、股权存在权利限制瑕疵、股权上存在质权、转让人不是实质权利人等情况。

(2)受让方应当为善意,即不知道权利存在瑕疵。

(3)当事人之间未就股权权利瑕疵责任的承担进行约定。权利瑕疵担保责任理论上属于法定责任,并非必须以当事人意思表示为前提。不过民法意义上的瑕疵担保责任并非强制性规定,当事人可以通过特殊约定予以免除、限制或加重。权利瑕疵担保责任在性质上属于一种无过失责任,只要标的权利有瑕疵,转让方即须负责,出卖人有无过失则在所不问。

4.股权转让合同能否直接适用买卖合同的相关规定

(1)股权转让与一般的财产转让的区别

其一,在商事交易实践中,股权转让行为会牵涉众多股权交易当事人之外的第三方利益。例如,《公司法》第84条对股东对外转让股权的限制,就是《公司法》基于保证有限公司"人合性"而作出的特殊制度设计。此外,股权对外转让行为使新加入公司的股东获得参与制定新的经营计划以及管理制度的权利,这对于公司高级管理人员及公司内部的员工均会产生影响。

其二,股权变动流转规则与《民法典》规范下物的变动流转规则不一致。《民法典》规定,所有权移转中,动产需要交付,不动产需要登记。而新《公司法》第56条第2款规定:"记载于股东名册的股东,可以依股东名册主张行使股东权利。"第86条第2款的规定:"股权转让的,受让人自记载于股东名册时起可以向公司主张行使股东权利。"第34条规定:"公司登记事项发生变更的,应当依法办理变更登记。公司登记事项未经登记或者未经变更登记,不得对抗善意相对人。"据此,新《公司法》明确了股权变动以股东名册变更登记为生效要件、商事变更登记为对抗要件。

其三,买卖合同转让的是标的物的所有权,即财产所有权,而股权属于兼具人身和财产两项权利的社员权。

(2)股权转让合同对买卖合同规定的适用

就性质而言,股权并不属于我国买卖合同意义上"有体物"的范围,由于股权转让合同标的物为股权,所以不能直接适用买卖合同的相关规定,只能参照适用。

实务中,最典型的是最高人民法院在第67号指导案例裁判要点中所提出的,股权转让合同采用分期付款形式的,不同于以消费为目的的分期付款买卖合同,因此,不能适用《民法典》第634条关于分期付款转让人在买受人未支付价款达1/5时可以解除合同的规定。

该指导案例即属于参照适用买卖合同有关规定处理股权转让合同纠纷的实例,表明并非所有买卖合同的规定都能被股权转让合同参照适用,其参照适用《民法典》合同编中买卖合同相关规定应当根据案件的实际情况及商事合同的独有特点,有一定的范围限制。

(三)股权瑕疵担保责任内容

关于权利瑕疵担保的法律后果,《民法典》第615条、第617条的规定属于物的瑕疵担保的规定。实务中,股权受让方可以参见《民法典》第618条出卖人违反担保义务上述规定以及合同效力瑕疵规定,选择其中一种或多种请求权进行损失救济。

根据法律规定、相关学说及司法实践,瑕疵股权善意受让方享有的救济权利涉及以下四方面。

1. 撤销权

股权受让方可以基于欺诈要求撤销股权转让合同,从而使股权受让合同不成立。根据《民法典》第152条的规定,受让方行使撤销权应当自知道或者应当知道撤销事由之日起一年内行使。受让方主张行使撤销权,应当举证证明受让之股权存在瑕疵情形以及自己属于善意。

司法实践中,为维护商事交易安全和交易关系稳定等,法院一般会为维持既存法律关系和公司秩序,尽量采取给予受让方合理补偿的方式予以救济,从严适用撤销权救济方式。

司法实践中相关的裁判观点及典型案例如下。

裁判观点一:转让人隐瞒出资瑕疵事实,受让人对此不知情也不应当知情时,股权转让人构成欺诈,股权转让合同可撤销。

【**典型案例**】田某、聂某贺与尹某容、李某平、吴某股权转让纠纷案。[①] 法院认为,三被告在签订《股权转让协议书》时,未如实告知二原告实际出资数额,隐瞒出资瑕疵的事实,根据《合同法》第54条[②] 的规定,属于三被告以欺诈的手段,使二原告在违背真实意思的情况下订立合同的情形,二原告在撤销权行使期间以欺诈为由请求撤销《股权转让协议书》的,有事实和法律依据,法院予以支持。

裁判观点二:受让人基于其对公司发展前景的商业判断而受让股权,是否隐瞒出资并非受让股权的诱因,不构成欺诈,合同不应予以撤销。

【**典型案例**】毕某兵与魏某华股权转让纠纷案。[③] 二审法院认为:首先,我国的法律和行政法规并未禁止瑕疵股权的转让。尽管《公司法》(2013年)第28条[④] 有股东应当足额缴纳所认缴的出资额等股东应当适当履行出资义务的规定,但该规定属于管理性规范,不具有效力性的强制效果。因此,仅以出资瑕疵为由不能当然否定股权转让合同的效力。其次,虽然在签订股权转让协议时,毕某兵做出过保证其出资真实的承诺,但魏某华作为商事主体,在股权转让协议签订之时,应当对其拟受让的股权状况进行审查,对股权转让方持有的股权是否出资到位、是否存在出资瑕疵,负有审慎的注意义务,从而确认股权转让的对价。在双方已经基本上履行股权转让协议相关权利义务后,魏某华才提出其受欺诈而应撤销股权转让合同明显不符合客观实际,也不利于维护交易稳定。最后,毕某兵转让的股权是其合法拥有的股权,即使其出资认缴未到位,但并不影响其出让股权的权利,该案中魏某华受让毕某兵40%的股权,不单纯是公司股东之外第三人受让股东股权的问题,更重要的是基于商业判断,包括对企业管理权的控制、发展前景的预期等。商业判断的正确与否属于商业风险,不属于意思表示错误的情形。魏某华称与毕某兵商谈股权转让事宜时未对智兴达公司章程及公司出资情况进行了解。也就是说,其在没有实际了解毕某兵出资情况下仍然受让了毕某兵的股权,那么毕某兵是否存在隐瞒实际出资的情况就不是魏某华作出受让股权意思表示的诱因,即魏某华作出有偿受让股权的

[①] 参见海南省万宁市人民法院民事判决书,(2020)琼9006民初2599号。
[②] 参见《民法典》第147条。
[③] 参见广东省江门市中级人民法院民事判决书,(2017)粤07民终1681号。
[④] 参见新《公司法》第49条。

意思表示并不是基于毕某兵的欺诈行为而做出的错误意思表示,不构成合同法上规定的"欺诈"。综上,现有证据不足以证实毕某兵系以欺诈的手段,使魏某华在违背其真实意思的情况下签订的股权转让协议。在双方基本已行使股权转让的权利并履行义务的情况下,魏某华主张因受欺诈而签订协议请求变更已履行的协议,明显不符合客观实际,也不利于维护交易的稳定性,故主张不能成立。

根据以上案例,我们可以得出,转让人隐瞒出资瑕疵事实是否构成欺诈,主要考虑的因素有:(1)出资瑕疵事实是否会实质影响交易合意的达成,即出资瑕疵事实是否是影响交易合意达成与否的核心事项;(2)受让方是否应尽到了应有的谨慎义务,是否应该知道瑕疵出资事实的存在。如果前述两个要素同时存在,则可能被认定构成欺诈,否则存在不构成欺诈的风险。

2. 请求除去股权瑕疵

(1)因股东没有足额出资或者其出资的财产权利有瑕疵而形成的瑕疵股权,受让方可当然适用《民法典》中瑕疵担保责任相关规定,要求除去股权瑕疵,即请求转让方全面履行自己的出资义务。

(2)如果股权转让方构成抽逃出资,善意受让方可以转让合同受让方身份要求其补足出资,也可以基于标的公司股东身份寻求除去股权瑕疵的救济。

3. 同时履行抗辩权和拒付股权转让款

对于目标公司股权已经实际变更,在转让方未全面履行出资义务而除去股权瑕疵之前,受让方能否以股权瑕疵为由行使双务合同的同时履行抗辩权或者拒付转让款,实务中存在分歧。对此,《上海市第二中级人民法院2014—2018年股权转让纠纷案件审判白皮书》提出:"(2)出资瑕疵原则上不能作为减少支付股权转让款的正当理由。股东是否履行对标的公司的出资义务,并不影响其与他人之间所订立的股权转让协议的效力,受让方仍应按协议约定履行付款义务。(3)自力救济可能构成违约。实践中,受让方发现转让方出资瑕疵,往往以扣留部分股权转让款的方式进行补救,但此类行为通常被判决认定构成迟延履行,反而应承担违约责任。"①

司法实践中相关的裁判观点及典型案例如下。

裁判观点一: 股东是否足额履行出资义务不是股东资格取得的前提条件,股权的取得具有相对独立性。股东出资不实或者抽逃资金等瑕疵出资情形不影响股权的设立和享有。股权转让关系与瑕疵出资股东补缴出资义务分属不同法律关系。受让方以股权转让之外的法律关系为由拒付股权转让价款,没有法律依据,对于受让方因受让瑕疵出资股权可能承担的相应责任,可另寻法律途径解决。

【典型案例一】 曾某诉华慧能公司、冯某、冯某坤股权转让合同纠纷案。② 最高人民法院认为,在《财务尽职调查报告》作出后,股权受让方若认定目标公司资产不实、股东瑕疵出资,可通过终止合同来保护自己的权利,但其并未实际行使该项合同权利,其在《财务尽职调查报

---

① 参见《上海二中院:股权转让中有哪些法律风险》,载微信公众号"上海二中院"2020年3月19日,https://mp.weixin.qq.com/s/MGlHx2OKjyY3PIqNelO-yQ。
② 参见最高人民法院民事判决书,(2019)最高法民终230号。

告》作出后,明知目标公司实收资本与注册资本不符,仍选择继续支付股权转让款,应视为其对合同权利的处分。受让方虽然认为在股权转让方出资不实的情况下,其有权选择何时终止合同,其拒付剩余股权转让款是以实际行动终止合同,但鉴于该案目标公司股权已经实际变更,受让方虽然以终止合同提出抗辩,但并不符合法定合同解除条件,对其主张不予支持。现行《公司法》确立了认缴资本制,股东是否足额履行出资义务不是股东资格取得的前提条件,股权的取得具有相对独立性。股东出资不实或者抽逃资金等瑕疵出资情形不影响股权的设立和享有。该案中,转让方已依约将所持目标公司70%的股权变更登记在受让方下,履行了股权转让的合同义务。受让方通过股权受让业已取得目标公司的股东资格,转让方的瑕疵出资并未影响其股东权利的行使。此外,股权转让关系与瑕疵出资股东补缴出资义务分属不同法律关系。该案中,受让方以股权转让之外的法律关系为由拒付股权转让价款,没有法律依据。对于受让方因受让瑕疵出资股权可能承担的相应责任,可另寻法律途径解决。

【典型案例二】恒益公司等诉深圳湾游艇会股权转让合同纠纷案。[1] 最高人民法院认为,关于林达置业公司、中和融公司主张的"延缓履行抗辩权"的问题。《合同法》并没有规定所谓的"延缓履行抗辩权",林达置业公司、中和融公司在此主张的转让方的违约问题,并不是转让方违反了涉案合同约定的义务,而是指转让方的出资瑕疵问题。从股权转让合同的角度来看,涉案股权已经依照约定转让至受让方名下,转让方已经履行了合同约定的义务,受让方的合同目的已经达到。因此,林达置业公司、中和融公司主张"延缓"支付转让款缺乏法律依据,法院不予支持。

【典型案例三】包某超与包某敏股权转让纠纷案。[2] 二审法院认为,包某敏对敏睿公司的出资义务并非案涉《股权转让协议书》中约定的合同义务。换言之,在有限责任公司的股权转让关系中,原股东是否构成抽逃出资是不同于股权转让的其他法律关系,出资瑕疵的股东应向公司承担补足出资的民事责任,也不影响股权转让合同的效力。且在该案中,包某超在受让股权前就实际隐名持有敏睿公司30%的股权,应当知悉也有条件知悉标的公司的各股东出资义务履行情况。退一步说,即使包某超对标的股权存在瑕疵确不知情,也应当以合同存在欺诈或显失公平为由请求撤销《股权转让协议书》。自该案纠纷发生已超过一年,包某超并未在法定除斥期间内行使撤销权,又以受让股权存在瑕疵为由拒绝履行合同,无相应的事实和法律依据。综上,包某敏是否已履行90万元出资义务,并不影响该案实体处理。

【典型案例四】邱某、李某富与冉某庆股权转让纠纷案。[3] 二审法院认为:该案中邱某主张李某富没有完成实际出资的情况下转让股权违背公平和诚实信用原则。但依照《公司法》(2013年)第137条的规定:"股东持有的股份可以依法转让。"据此,未出资到位的股权,虽有瑕疵,但仍可转让。当事人以股权未出资到位、存有瑕疵为由而拒绝支付股权转让款是不能成立的。李某富作为和田县中恒西部砂石料有限公司的股东虽未实际出资,但其股东身份已置

---

[1] 参见最高人民法院民事判决书,(2015)民提字第54号。
[2] 参见浙江省高级人民法院民事裁定书,(2017)浙民申2650号。
[3] 参见新疆维吾尔自治区和田地区(市)中级人民法院民事判决书,(2021)新32民终531号。

于工商行政管理机关登记之下,其作为公司股东的资格是合法有效的。李某富未对和田县中恒西部砂石料有限公司实际出资,和田县中恒西部砂石料有限公司可以依法要求李某富补缴出资,但这与该案股权转让关系是不同的法律关系,不能据此而否定邱某、冉某庆支付股权转让款义务,协议各方均应依约履行各自的义务。

裁判观点二: 股权受让人有权以转让股权存在瑕疵为由主张拒绝支付股权转让价款。

【典型案例一】孙某君与张某山、富宝公司股权转让纠纷案。① 二审法院认为,于某未经法定程序将其缴纳的出资款全部抽回,属于《公司法解释(三)》第12条中有关股东抽逃出资认定的情形。现有证据表明于某将富宝公司40%的股权转让给孙某君后,其与孙某君亦均未补足出资,即孙某君向张某山转让股权时,所转让的股权系股东尚未履行出资义务的"瑕疵股权"。从协议约定以及工商档案的记载看,双方约定转让的股权应是已由股东完成出资义务的股权。孙某君主张张某山购买股权时明知富宝公司无资产,自愿按公司现状购买股权,应承担举证证明责任。但其并未举示证据证实张某山受让该股权时,知道或者应当知道于某及孙某君未履行出资义务的事实,即张某山所要购买的系"瑕疵股权",故孙某君将"瑕疵股权"转让给张某山,并不符合案涉《股权转让协议书》的约定。虽然张某山向于某出具了一份注明"欠注册资金款600万元"的欠据,但该欠据是张某山在与孙某君签订案涉《股权转让协议书》之后向于某出具的,不足以证明孙某君作为股东已经足额缴纳其认缴的400万元出资款,亦不足以证明张某山认可孙某君无须再向富宝公司缴纳出资。故在此种情况下,张某山拒绝向孙某君支付股权转让款,符合《合同法》第68条②关于合同当事人行使不安履行抗辩权的规定。孙某君关于张某山、富宝公司共同给付案涉400万元股权转让款的诉讼主张没有事实根据及法律依据,应予驳回。

【典型案例二】汤某义诉李某煜等股权转让纠纷案。③ 法院认为,原告汤某义与被告李某煜在股权转让协议中明确约定:甲方(汤某义)保证其股权真实、未质押、无争议、出资已全部到位,即甲方对其股权享有完全的处分权,股权无瑕疵。被告据此提出抗辩,拒绝支付剩余股权转让金。法院认为,股权转让人确保其所转让股权权利不存在瑕疵,本身即为合同固定附随义务,该案合同当事人又以合同条款予以明确。如上所述,原告汤某义所转让股权存在重大瑕疵,在此情形下,原告汤某义作为股权转让人,负有依法补缴出资的先合同义务,在其未履行义务前,被告有权行使先履行抗辩权,拒绝履行支付股权转让金。

对此,虽然司法实务中存在不同观点,但从整体来看,前述的裁判观点一得到了更多法院的支持。

4.请求承担违约责任

股权受让方可循的瑕疵担保权利救济方式包括以下三种:第一种,请求承担违约责任。如果交易双方存在约定,则依据合同约定要求股权转让方承担违约责任。第二种,请求解除合

---

① 参见黑龙江省高级人民法院民事判决书,(2015)黑高商终字第126号。
② 参见《民法典》第527条。
③ 参见新疆维吾尔自治区阜康市人民法院民事判决书,(2016)新2302民初2425号。

同。若没有约定违约责任或约定的违约责任模糊不清,可参见《民法典》第582条规定的合同解除条件,只有因未披露股权瑕疵导致股权受让方合同目的无法实现时,才可适用。第三种,请求减少股权价款。即赔偿股权瑕疵给受让人造成的损失。减少股权价款责任方式可在股权瑕疵未影响受让人合同目的实现时选择适用。股权价格基于目标公司所有者权益而确定,股权转让完成后若出现未披露债务,使所有者权益降低,股权受让方可依据质量瑕疵担保责任要求减少双方约定的股权价格与实际股权价值之间的价差。

实务中,有裁判案例使用以下简化的计算公式:可减少股权价款 = 未披露债务 × 标的股权比例 × 股权价格 ÷ 标的股权对应的注册资本。法律依据为《民法典》第583条关于"当事人一方不履行合同义务或者履行合同义务不符合约定的,在履行义务或者采取补救措施后,对方还有其他损失的,应当赔偿损失"的规定。基于权利义务对等原则,转让方因为股权转让获取的最高收益为股权转让价款,扣减金额和赔偿损失不应超过股权转让价款,这也符合股东有限责任原则。股权转让价款类似于转让时出资额对应的权益,股东对公司对外负债的责任不应该高于股权转让价款。但应当注意,由于公司经营的复杂性,股权转让标的公司的验收期间不宜直接适用《民法典》第621条的规定。

五、瑕疵股权转让与股东出资责任承担

(一)瑕疵股权出让方责任

根据新《公司法》第88条第2款及《公司法解释(三)》第18条第1款的规定,受让方与转让方并非共同对瑕疵股权相关权利主体承担义务或者连带责任。对于瑕疵股权的转让方而言,无论受让方是否为善意,转让方均需对公司、公司其他股东承担相应的义务,至于转让方是否还需直接对公司部分债权人承担责任,随着新《公司法》的颁行,实际操作还有待观察;而受让方只有在非善意时才对公司、公司其他股东承担责任。

公司财产是公司债务的一般担保财产,股东瑕疵出资侵害了公司财产,对公司构成侵权,应当承担侵权责任;如果因此导致公司债务不能清偿,则应当对公司债权人承担补充赔偿责任,这里所指的债权人是公司的全体债权人。从法律性质上分析,瑕疵出资股东对债权人的责任是债权人行使代位权的体现。公司董事、高级管理人员对公司财产负有保障义务,如果公司董事(高级管理人员)怠于履行监管公司财产、追讨被抽逃出资的义务,公司其他股东有权提起股东代表诉讼,请求抽逃出资的股东向公司承担赔偿责任。

瑕疵股权转让方需要向公司其他股东、公司和公司债权人承担义务(责任),这属于"不真正连带责任"。向瑕疵股权转让方主张权利的第一顺位权利人应当是公司,第二顺位权利人是公司其他股东,公司债权人属于第三顺位权利人。公司债权人只有在公司不能清偿债务,且公司或者公司其他股东均不主张权利时,才能向瑕疵股权转让方主张权利。根据法理上的反面解释,公司、公司其他股东以及公司债权人对瑕疵出资人所享有的权利顺位关系,对瑕疵股权善意和非善意受让方均存在影响。

对于瑕疵股权转让方,公司可基于出资关系追究其出资瑕疵责任,这种资本充实责任不受

诉讼时效限制，而且不以其是否仍是股东为前提，股东的法定出资义务不因股权转让而免除。

对于股东未届出资期限即转让股权，转让股东是否还需要对公司承担出资义务。在新《公司法》颁行前，还存在争议。有观点认为，股东出资义务为法定义务，不因股权转让而转移或免除，公司股东在认缴出资期限未届至即转让股权，应视为其以自身行为明确表示不再履行未届出资义务，故属于未依法履行出资义务即转让股权的情形。还有观点认为，根据《公司法》第28条的规定，股东享有出资的"期限利益"。债权人在与公司进行交易时，有审查公司股东出资期限等信用信息的注意义务，并由此作出是否进行交易的决定。因此，《公司法解释（三）》第13条第2款规定的"未履行或者未全面履行出资义务"应当理解为"未缴纳或未足额缴纳出资"，出资期限未届满的股东尚未完全缴纳其出资份额不应认定为"未履行或者未全面履行出资义务"，不能适用《公司法解释（三）》第13条第2款、第18条规定的"未履行或者未全面履行出资义务即转让股权"情形。

但随着新《公司法》的颁行实施，这一争议迎刃而解，根据新《公司法》第88条第1款的规定，如受让人未按期缴纳，出让人还需承担补充责任。理由为，在股权转让中，就转让人而言，股东转让股权往往牵涉公司组织的重大调整与资本维持，转让人有合理选择受让人的责任，亦存在受让人受欺诈或胁迫、转让人与受让人恶意串通的情形，仅由受让人一方承担出资义务并不适当。依照债务移转理论，债务移转要征得债权人同意后原债务人方免责；未届期出资义务虽未到期，然其本质上是股东对公司承担的债务移转，由于针对此类股权转让法律并未规定需经公司同意的程序，现实中难以存在公司同意转让人（原债务人）脱离债务的可能，因而基于债务加入规则，受让人、转让人作为新老债务人，理应承担连带责任。需要注意的是，该条款与当前司法实践中尚存在重大争议。

（二）瑕疵股权受让方责任

瑕疵股权受让方责任应按照善意和非善意两种情形进行区分。

1. 非善意受让的情况

根据新《公司法》第88条第2款的规定，受让方是否对出资义务承担连带责任，以其是否属于"非善意"为标准，即如果受让方非善意，也就是明确知道瑕疵或者可推定其知道瑕疵，仍受让股权，则其应当承担相应法律后果，与转让方连带承担出资瑕疵责任。在非善意受让的股权转让中，争议最大的是"非善意"的认定。司法实践中，对非善意的认定的法院一般遵循实质审查原则。

司法实践中相关的裁判观点及典型案例如下。

裁判观点一：股权受让人作为公司股东、监事，了解公司财务状况及受让股权的实际价值，应当知道转让方未履行或者未全面履行出资义务。

【典型案例】张某与纪某和股权转让纠纷案。[1]二审法院认为，张某与纪某和均已取得大漠保洁公司股东资格，二人依法有权处分各自所持有的公司股权。审理中，双方均认可公司

---

[1] 参见甘肃省酒泉地区（市）中级人民法院民事判决书，(2019)甘09民终598号。

设立过程中,各自的出资款均是直接打入冯某萍个人账户,依公司法之规定,股东之间约定将出资款交付于公司的一部分股东用于公司经营并不被禁止。同时,股权转让协议约定的股权转让价款与纪某和的实际出资数额完全一致,且张某在二审中认可欠条所载 396,000 元由 360,000 元及一年的利息 36,000 元构成。由此可知,张某在签订股权转让协议时,对纪某和的实际出资数额及方式是明知且认可的。纪某和在股权转让过程中不存在虚假陈述和故意隐瞒的行为,张某作为公司股东并任职监事,应当知道公司财务状况及受让股权的实际价值。在此情况下,受让股权符合双方约定,股权转让协议合法有效,双方均应按照协议的约定行使权利并履行义务。因此,张某以受让股权存在瑕疵为由主张解除协议,于法无据,法院不予支持。

裁判观点二:股权受让人与转让人之间具有特殊的身份关系,可以推定受让人知道或者应当知道转让方未履行或者未全面履行出资义务。

【**典型案例一**】赖某与张某莲、赵某玲及金钜公司案外人执行异议之诉案。① 最高人民法院认为,该案中,金钜公司原股东林某贤与林某宏系姐弟关系,作为金钜公司现股东的赖某与林某贤系夫妻关系,股权转让方与受让方之间存在亲属关系。赖某主张其以 475 万元对价受让金钜公司股权,却未提供转款凭证、资金往来等相关证据,其在一审庭审时述称以现金方式支付上述款项,但未举示款项交付凭证等证据。综上,原判决认定赖某知道或者应当知道金钜公司的原股东未全面履行出资义务即转让股权,并无不当。

【**典型案例二**】张某正、原某华与济南市历下区财政投资评审中心、大润公司执行异议之诉案。② 最高人民法院认为,张某正在将大润公司财产混同于个人财产,造成大润公司资不抵债的情形下,为逃避公司债务和股东责任,让其八十多岁老母原某华挂名一人公司大润公司的股东,有违道德伦理。根据《公司法解释(三)》第 18 条第 1 款、第 26 条第 1 款的规定,一方面原某华并未提交证据证明其财产独立于大润公司财产,另一方面按照前述规定法理,原某华接替张某正成为大润公司股东,对于张某正与大润公司财产混同的事实系知道或应当知道,亦应与张某正共同对大润公司的债权人承担连带责任。

裁判观点三:股权转让价款不公允或者未实际支付的,可以推定受让人知道或应当知道转让方未履行或者未全面履行出资义务。

【**典型案例一**】山东杨嘉汽车制造有限公司、张某等与甘肃诚荣会计师事务所侵权责任纠纷案。③ 二审法院认为,根据《公司法解释(三)》第 18 条第 1 款的规定,首先应确定马某从张某处转让股权时,对于张某的出资情况其是否知晓或应当知晓。从法院查明情况看,天水炜恒汽车销售有限公司登记设立的过程,马某是作为委托代理人全程参与的,注册登记手续中多有马某的签名,且马某作为天水炜恒汽车销售有限公司会计,对于公司的财务状况和股东出资情况应该是知晓的。而且马某从张某处转让股份时并未支付对价,转让价值 90 万元的股份而未收取对价明显有悖常理,故应认定马某对张某并未出资的事实是知晓的,现原告请求受让人马

---

① 参见最高人民法院民事裁定书,(2019)最高法民申 1768 号。
② 参见最高人民法院民事裁定书,(2020)最高法民申 2827 号。
③ 参见甘肃省天水市中级人民法院民事判决书,(2020)甘 05 民终 429 号。

某承担连带责任,符合以上司法解释的规定,法院予以支持。

【典型案例二】欣鸿妍公司与伍某丽、伍某梅追收抽逃出资纠纷、股东出资纠纷案。① 法院认为,根据《公司法解释(三)》第18条的规定,原告主张熊某勇受让股权应以合适的价格进行交易,如果在未对股权进行评估的情况下就以极低的价格或者显著低于市场价的价格受让股权,可以推定转让方与受让方存在恶意串通的可能性。

【典型案例三】王某与郑某、中新房集团股东损害公司债权人利益责任纠纷案。② 法院认为,双方争议的主要焦点是:受让人中新房集团是否应当知道郑某未履行出资义务即转让股权。股权变更登记在中新房集团名下,但至今近六年中新房集团未支付股权转让款,也未按股权转让协议签订转让价款及付款方式的协议,结合该案实际,从郑某增资后次日即抽回出资的事实、中新房集团与郑某签订的股权转让协议未支付对价的情况以及事后双方就郑某抽回出资签订协议的内容,可以推定中新房集团在郑某转让博凯创意公司的股权时应当知道郑某抽逃出资的事实。

2. 善意受让的情况

针对股权的内部转让,受让股东显然应知道所受让的股权是否存在瑕疵,因此,瑕疵股权的善意受让方只可能存在于瑕疵股权的外部转让情形中。

依据新《公司法》第88条第2款对"非善意"的认定,按照文义解释规则,股权受让方的"善意"即"不知道且不应当知道"。对于受让方善意的认定,根据商事外观主义原则,审查公司章程应是受让方必须履行的注意义务。虽然有限责任公司作为封闭公司,不负有对外公示公司章程的义务,但是一般而言,受让方在股权转让前均应对目标公司和拟受让股权作尽职调查,公司章程应为必要审查对象。如果受让方在股权转让时未审查目标公司章程,可以认为受让方存在重大过失,不宜认定受让方为善意。特别是根据新《公司法》第40条的规定,股东出资是否实缴应当通过国家企业信用信息公示系统公示,这样更方便受让人查询,如果受让方怠于查询,自然不构成此处的善意。

3. 因赠与、继承而获得的瑕疵股权的善意认定

实务中存在一些模糊认识,如受赠人或者继承人不能享有瑕疵股权善意受让方的权利,或者说均推定为非善意,从而适用《公司法》第88条第2款的规定,要求受赠人或者继承人承担瑕疵股权转让方(被继承人)同样的义务(责任)。实务中有观点认为,对此问题应按照《民法典》第1161条关于"继承人以所得遗产实际价值为限清偿被继承人依法应当缴纳的税款和债务"的规定进行处理较为妥当。瑕疵股权无偿受让方,基于该瑕疵股权获得的利润,应当先行用于清偿转让方所应当清偿的相关债务,瑕疵股权除去瑕疵后,无偿受让方才能依法获得股权利润分配。③

---

① 参见广东省深圳市中级人民法院民事判决书,(2020)粤03民初4644号。
② 参见四川省成都市中级人民法院民事判决书,(2019)川01民初81号。
③ 参见张应杰主编:《公司股权纠纷类案裁判思维》,人民法院出版社2023年版,第80页。

六、转让股东未完整披露标的公司债务的法律责任

《民法典》第615条规定了出卖人对标的物的品质应承担的瑕疵担保义务。就股权转让而言，有限责任公司股权对外转让时，受让方通常要求对公司现有资产价值进行评估，以确定股权转让对价。而对公司现有资产价值进行评估，必须建立在转让方据实向受让方告知公司现有资产及负债情况的基础上。标的公司的债务信息是决定股权交易价格的重要因素，受让方由于信息获取受限，只能根据转让方的披露来了解公司财务状况。如果转让方故意隐瞒公司债务，则会导致公司现有资产价值被虚增，使转让对价偏离公司股权的实际价值，导致受让方利益受损。因此，转让方负有向受让方如实披露公司债务的保证义务，并且此项义务属法定义务。在实践中，由于转让方故意隐瞒公司债务，会导致受让方接收标的公司后，发现其所受让的股权实际价值缩水。对此情形，考虑到维护交易稳定及公司既有秩序，受让方行使撤销权或解除权将很难获得支持，受让方一般应当选择提起股权价值贬损赔偿诉讼。对于此类赔偿诉讼，可以参照前述股权瑕疵担保责任内容中的违约责任处理原则进行处理。

七、股东出资期限届满前转让股权是否属于"未履行或者未全面履行出资义务"的实务认定

裁判观点：(1)出资期限未届满的股东未完全缴纳其出资份额，不应认定为《公司法解释（三）》第13条第2款规定的"未履行或者未全面履行出资义务"的股东；(2)股东在出资期限届满前转让股权对转让前公司债务不承担出资加速到期的补充清偿责任。

【典型案例一】曾某诉华慧能公司、冯某、冯某坤股权转让合同纠纷案。[①] 二审法院认为，关于冯某、冯某坤应否承担补充责任问题。该案中，华慧能公司原股东冯某、冯某坤的认缴出资期限截至2025年12月31日。《公司法》(2018年)第28条[②] 规定，股东应当按期足额缴纳公司章程中规定的各自所认缴的出资额。股东享有出资的"期限利益"，公司债权人在与公司进行交易时，有机会在审查公司股东出资时间等信用信息的基础上综合考察是否与公司进行交易，债权人决定交易即应受股东出资时间的约束。《公司法解释（三）》第13条第2款规定的"未履行或者未全面履行出资义务"应当理解为"未缴纳或未足额缴纳出资"，出资期限未届满的股东尚未完全缴纳其出资份额不应认定为"未履行或者未全面履行出资义务"。该案中，冯某、冯某坤二人转让全部股权时，所认缴股权的出资期限尚未届满，不构成《公司法解释（三）》第13条第2款、第18条规定的"未履行或者未全面履行出资义务即转让股权"的情形，且曾某并未举证证明其基于冯某、冯某坤的意思表示或行为并对上述股东的特定出资期限产生确认或信赖，又基于上述确认或信赖与华慧能公司产生债权债务关系。曾某主张冯某、冯某坤二人在未出资的范围内对华慧能公司债务不能清偿的部分承担补充赔偿责任的实质是主张冯某、冯某坤的出资加速到期，该请求没有法律依据。

---

① 参见最高人民法院民事判决书，(2019)最高法民终230号。
② 参见新《公司法》第49条。

股权转让后的新债务,是指原股东转让股权后公司对外新发生的债务。在"实缴制"条件下,如果股东出资不实、抽逃出资,即使原股东转让了股权,原股东也应承担补足认缴出资的责任。但是,在认缴制条件下,按《九民纪要》第 6 条的规定,"未履行或者未全面履行出资义务"应当理解为"未缴纳或未足额缴纳出资",按照此理解,出资期限未届满的股东尚未完全缴纳其出资份额,不应认定为"未履行或者未全面履行出资义务"。对于《九民纪要》第 6 条的这一规定,在该司法判例中得到体现。

这里应该注意的是,新《公司法》第 54 条规定:"公司不能清偿到期债务的,公司或者已到期债权的债权人有权要求已认缴出资但未届出资期限的股东提前缴纳出资。"与《九民纪要》第 6 条对比,有以下几个方面的变化需要关注:(1)内容上,一是将加速到期的条件简单限定为"公司不能清偿到期债务",比《九民纪要》的规定更为宽松,摆脱了执行程序的前置要求;二是与破产标准脱钩,避免了与破产程序中债权人平等受偿的组织法要求相冲突;三是删去了《九民纪要》中的上述第二种情形。(2)请求主体上,《九民纪要》仅限于公司债权人可以提出相关请求,新《公司法》规定为公司和已到期债权的公司债权人。(3)法律效力上,根据《九民纪要》公司债权人请求未届期股东加速到期的,未届期股东需直接对公司不能清偿的债务承担补充赔偿责任。这样可能产生个别债权清偿的问题,有违债权平等原则。新《公司法》规定的是入库规则,即无论公司债权人还是公司自身请求该股东加速出资,该股东都需将出资交付给公司,以增加公司的责任财产,从而有助于公司清偿债务(不一定仅限于该债权人的债权)。关于新《公司法》第 54 条规定的不同清偿能力的规则适用详见表 6-5-1。

表 6-5-1　新《公司法》关于不同清偿能力的规则适用

公司清偿能力	适用规则	清偿形态
公司清偿能力 > 加速到期标准	不加速到期 + 不破产	个别清偿
加速到期标准 > 公司清偿能力 > 破产标准	加速到期 + 不破产	个别清偿
破产标准 > 公司清偿能力	加速到期 + 破产程序	公平清偿
破产标准 > 公司清偿能力	加速到期	个别清偿

【**典型案例二**】边某某与高某申请执行人执行异议之诉案。[①] 法院认为:第一,关于执行异议之诉的起诉条件。根据《最高人民法院关于民事执行中变更、追加当事人若干问题的规定》(以下简称《执行中变更追加当事人规定》)第 32 条的规定,法院于 2017 年 10 月 20 日作出(2017)京 03 执异 141 号执行裁定书,裁定驳回边某某申请追加高某为被执行人的请求,现边某某以高某为被告于 2017 年 11 月 7 日提起申请执行人执行异议之诉,符合上述法律及司法解释的规定。第二,关于原股东应否担责问题。根据《公司法解释(三)》第 13 条第 13 款、第 18 条第 1 款,《执行中变更、追加当事人规定》第 19 条的规定可以看出,有限责任公司的股东在未出资本息范围对公司债务不能清偿的部分承担责任的前提是该股东未履行或者未全面

---

① 参见北京市第三中级人民法院民事判决书,(2017)京 03 民初 378 号。

履行出资义务。对于在认缴出资期限未届满前已经转让股权的未出资股东,是否亦应当承担上述责任,应从公司法规定的公司注册资本制度予以考虑。根据《公司法》(2013年)第26条、第28条①的规定,有限责任公司的注册资本为在公司登记机关登记的全体股东认缴的出资额,股东应当按期足额缴纳公司章程中规定的各自所认缴的出资额。由此可知,股东出资认缴制是现行《公司法》的规定,股东依法分期缴纳出资的期限利益受法律保护,股东在认缴出资期限未届满前转让股权,不属于"未履行或者未全面履行出资义务"。该案中股权转让时高某的认缴出资期限尚未届满,其转让行为并不属于"未履行或者未全面履行出资义务"。第三,高某与智某中心签订的《出资转让协议书》约定自转让之日起,高某作为转方对已转让的出资不再享有出资人的权利,亦不承担出资人的义务,受让人智某中心以其出资额为限对正润能源公司享有出资人的权利、承担出资人的义务,根据该约定,高某已经将其对正润能源公司的出资义务转让给智某中心,并于2015年6月12日办理了相应的工商备案变更登记。正润能源公司就相关债务人对边某某的相关债务提供担保发生于2016年4月,此时高某经退出正润能源公司,并办理了股权变更登记,边某某作为债权人对此亦应有所认知。该案为申请执行人执行异议之诉,在执行过程中,变更或追加执行当事人的,应当严格按照执行方面法律、司法解释的规定进行;没有明确规定可以变更或追加执行当事人的,不得变更或追加。根据该案查明情况,边某某以高某对正润能源公司未履行或者未全面履行出资义务为由请求追加高某为被执行人,缺乏事实和法律依据,不属于《执行中变更、追加当事人规定》规定的应追加为被执行人的情形。

【**典型案例三**】边某某与谷某某执行异议之诉案。② 二审法院维持了一审法院的判决,二审的民事判决书中提到,一审法院认为,第一,谷某某转让出资的行为不构成瑕疵出资转让。适用《公司法解释(三)》第18条的前提应在于股东即该案谷某某向国信润能中心转让出资的行为构成瑕疵转让,而该案中正润科技公司的注册资本均采用认缴制,谷某某依法无须即时缴纳注册资金,而是结合其特定出资承诺,享有一定的履行期限,在履行期限届满前谷某某并无实际的出资义务。谷某某的认缴截止日期为2017年3月27日,其转让出资的行为发生在2015年3月29日,转让时谷某某的认缴出资期限尚未届满,不属于未履行或未完全履行出资义务,因此,不构成瑕疵转让。第二,关于正润科技公司无财产偿还边某某的债务,谷某某应否提前承担出资加速到期的责任,应当综合考虑资本认缴制的背景、立法目的及该案的具体案情。资本认缴制的目的在于激活市场经济,促进公司健康有序发展,由此,资本认缴制赋予了股东自由权及出资宽展期,有利于激发公司的最大效能。同时,资本认缴制意味着股东对出资期限存在特定的期待利益,要求未届期满的股东承担出资义务,会导致其丧失法律赋予的期待利益。该案中,谷某某按照协议向国信润能中心转让其持有的出资股权未违反法律、行政法规的强制性规定,符合公司章程的要求,并在工商行政管理部门登记备案。应为合法有效的转让。谷某某对外转让股权,受让人国信润能中心取得其持有的股权,成为正润科技公司新股东,即应全

---

① 分别参见新《公司法》第47条、第49条。
② 参见北京市高级人民法院民事判决书,(2019)京民终193号。

面继受原股东谷某某的权利义务。即使是在正润科技公司负债的情况下,如果不能证明股权转让过程中存在双方恶意串通,或者存在一方欺诈、故意隐瞒事实等特定情形,要求谷某某承担责任,亦缺乏法律依据。

第六节 通谋虚伪意思表示的股权转让合同

一、通谋虚伪意思表示的定义及股权转让中的常见情形

通谋虚伪意思表示,系表意人作出需要相对人受领的意思表示,而相对人作出受领的意思表示,双方达成合意。表意人与相对人主观上须有共同故意或有意思联络且双方均须明知该意思表示是不真实的。虚假通谋的隐藏行为是当事人欲真正从事的法律行为。对于这种通谋虚伪意思表示的行为,《九民纪要》强调,民商事审判工作要树立正确的审判理念,注意处理好民商事审判与行政监管的关系,通过穿透式审判思维,查明当事人的真实意思,探求真实法律关系。《民法典》第132条亦规定,民事主体不得滥用民事权利损害国家利益、社会公共利益或者他人合法权益。同时,《民法典》第146条还规定行为人与相对人以虚假的意思表示实施的民事法律行为无效。以虚假的意思表示隐藏的民事法律行为的效力,依照有关法律规定处理。实务中,法院通常会穿透审查虚伪意思表示背后所隐藏的真实意思表示所形成的实际法律关系并对其进行处理,具体一般通过对合同目的、合同权利义务安排、履行行为特征等方面的内容来进行审查确认和判断。

在股权转让纠纷司法实务中,常见的通谋虚伪意思表示有股权让与担保和"阴阳合同"两种情形。

(一)股权让与担保合同的定义

股权让与担保,是指债务人或者第三人为担保债务人债务的履行,将股权过户至债权人名下,在债务人履行完毕债务后,再将股权返还债务人或者第三人,而在债务人不履行债务时,债权人可就该股权受偿的一种非典型担保形式。该类合同名为股权转让,实为以转让股权的形式提供担保。其中,将标的物转移给他人的债务人或第三人形式上是转让人,实质上是担保人;受领标的物的一方形式上是受让人,实质上是担保权人。[①]其特征是债务人或第三人与债权人订立合同,约定将股权形式上转让至债权人名下,并实际办理了公司变更登记。

实务中对于股权让与担保,一般会约定债务人到期清偿债务的,债权人将股权返还债务人、第三人;债务人到期没有清偿债务的,债权人对股权拍卖、变卖、折价偿还债务,甚至有的还会约定股权归债权人所有。但是,债务人到期未清偿债务,债权人起诉要求确认股权归其所有的,这一诉求通常不会得到支持。司法实践中,法院可能会向债权人释明参照法律关于担保物权的规定,变更诉请为要求对股权进行拍卖、变卖、折价,优先偿还其债权。这里我们需要特别注意是,法院只是可能向债权人释明参照法律关于担保物权的规定变更诉讼请求,由于释

[①] 参见高圣平:《动产让与担保的立法论》,载《中外法学》2017年第5期。

明并非法院的法定义务，所以在实际操作过程中有些法院不一定释明，即我们在代理债权人起诉时，对诉讼请求的确定需要慎重，因为诉请确认股权归其所有，可能存在诉讼请求被法院驳回的风险，进而给当事人带来一系列不必要的麻烦和损失。

(二)股权让与担保的类型

根据担保设定时担保物所有权是否进行转移，可以分为先让与担保与后让与担保。《九民纪要》明确的是前者，即在担保设定之初将担保物的所有权转移于担保权人；而后者是指在债务人与债权人签订买卖合同，约定将买卖合同的标的物作为担保标的物，但权利转让并不实际履行，待债务人未依约履行债务后才转移担保物所有权给担保权人。[①]

根据是否约定担保物清算估价程序，让与担保又可以分为流质型让与担保和清算型让与担保。前者是指当债务人不能履行债务时，在合同中约定无须进行清算，担保物所有权直接归属债权人用于偿债；后者是指在债务人不能履行债务时，合同中约定对担保物进行清算，如处置担保物清偿债务后剩余部分返还给担保人。最高人民法院在(2016)最高法民申1689号民事裁定书中认为，案涉股权设立了清算条款，根据《股权及债权重组协议书》约定，各方意思表示为以标的股权优先受偿，而非由债权人获得所有权，属于清算型让与担保。若合同中未约定清算条款，而是约定在债务人不能清偿债务时担保物不予返还，则容易被认定为"流质"条款。

(三)司法实务中股权让与担保的效力认定

股权让与担保作为让与担保的一种类型，其效力近年来逐渐被司法实践认定。在司法实务中，让与担保合同效力认定的变迁如下：

(1)最高人民法院(2013)民提字第135号判决首次肯定了签订房屋买卖合同并办理备案登记为债权进行"非典型担保"的效力，认定买受人不能直接取得案涉不动产的所有权，只能在无法实现债权的情况下，以适当方式(如拍卖、变卖)实现债权。

(2)同年，《江苏省高级人民法院关于民间借贷纠纷案件审理若干问题的会议纪要》第3条第3项规定"当事人之间以借贷为目的签订房屋买卖合同作为担保的，人民法院应当认定双方名为房屋买卖实为民间借贷关系。出借人以房屋买卖关系提起诉讼，请求履行房屋买卖合同并办理房屋过户登记手续的，人民法院应当向其释明按照民间借贷关系变更诉讼请求；出借人坚持不予变更的，人民法院应当判决驳回其诉讼请求"。

(3)2015年8月，《民间借贷解释》进一步确定了让与担保具有担保物权优先受偿性等物权效力。

(4)2019年11月，最高人民法院发布的《九民纪要》第71条第1款正式明确了让与担保的概念和效力。第89条第2款规定，采用信托公司受让目标公司股权、向目标公司增资方式并以相应股权担保债权实现的，应当认定在当事人之间成立让与担保法律关系。

(5)《民法典》第388条第1款规定是为设立担保物权而订立担保合同的相关规定，其在保留《物权法》第172条规定的基础上，新增规定担保合同不仅包括抵押合同、质押合同，也

---

① 参见杨立新：《后让与担保：一个正在形成的习惯法担保物权》，载《中国法学》2013年第3期。

可以包括其他具有担保功能的合同。该条款将"其他具有担保功能的合同"划入担保合同的范围，使实务中一些存在争议的担保方式如让与担保等能够适用《民法典》担保物权的相关规定。这一规定与《九民纪要》第66条的规定相互呼应。《民法典》第401条、第428条对于流押、流质规定与《担保法》《物权法》相关规定有所不同，均明确担保物权人在债务履行期限届满前，与担保人约定债务人不履行到期债务时担保财产归债权人所有的，只能依法就担保财产优先受偿，即不径直认定无效，而转化为以折价、拍卖或者变卖的方式实现担保物权。

(6)《最高人民法院关于适用〈中华人民共和国民法典〉有关担保制度的解释》（以下简称《民法典担保制度司法解释》）第4条规定了让与担保标的物登记于债权人或受托人名下的，债权人可以主张优先受偿权。虽然《民法典》并未明确规定让与担保，但该条司法解释沿袭了《九民纪要》第71条关于让与担保的规定，为让与担保的效力提供了依据。同时第68条沿袭了《九民纪要》关于让与担保效力的规定，第69条明确规定了股权让与担保的担保权人法律地位问题。

司法实践中有关股权让与担保纠纷的裁判观点及典型案例如下。

裁判观点一："以让渡股权的方式设定担保"作为一种新型的担保方式，并没有违反法律的禁止性规定，且该种让与型担保灵活便捷，可以方便当事人融资、有利于市场经济的繁荣，应视为当事人在商业实践中的创新活动，属于商业活力的体现，不应以担保法未规定该担保方式来否定其存在的价值。

【典型案例】亿仁集团、深圳亿仁公司等与安鼎公司、曹某某股权转让纠纷案。[1] 二审法院认为，双方争议的焦点是两份股权转让合同的目的及效力。从该案股权转让合同形成的过程来看，安鼎公司与无锡亿仁公司在2009年9月28日签订委托贷款合同，珠海亿仁公司作为担保方最初的意思表示是提供公司土地抵押以作为债权履行的保障，但因其他因素导致土地抵押无法设立，双方遂以便函方式协商新的担保方式，即变通为以股权转让的方式来担保债的履行。故该案双方当事人签订的《股权转让合同》是在特定情形下为担保债权履行而签订的，并非当事人最初形成的以买卖股权为直接目的的意思表示。虽然双方当事人本意为债权设立担保，但并不等于订立该合同的目的就是设立股权质押。在签订股权转让合同之前，深圳亿仁公司已经签署过济南亿仁公司股权质押合同并成功办理质押登记，表明双方明确知晓股权质押的操作方式，被上诉人声称不了解股权质押与股权转让的区别并不可信。而便函上深圳亿仁公司同意以股权转让的方式外加回购方式来担保债的履行，意思表达清楚，且在合同签订后珠海亿仁公司的印鉴、证照等资料移交给安鼎公司，这完全不同于股权质押合同，表明双方并非要设定质押担保。涉案合同名称为股权转让，但当事人本意在于担保，因此该案双方当事人是以让渡股权的方式来设定担保，该担保形式不同于普通典型担保，属于一种新型的担保方式。当事人这一真实意思表示并没有违反法律的禁止性规定，且该种让与型担保灵活便捷可以方便当事人融资、有利于市场经济的繁荣，应视为当事人在商业实践中的创新活动，属于商业活

---

[1] 参见珠海市中级人民法院民事判决书，(2013)珠中法民二终字第400号。

力的体现,不应以担保法未规定该担保方式来否定其存在的价值。法院对该《股权转让合同》效力予以认可。原审法院错误判断股权转让合同的性质为股权质押合同进而宣告合同无效,属于认定事实和适用法律错误,法院予以纠正。

法院认为,无论何种担保,其本意在于实现担保债权受偿的经济目的,法律基于公平原则禁止双方当事人直接约定债权无法受偿而直接获取担保标的所有权。同理,让与担保也并非为了帮助债权人因无法受偿而直接获得所有权从而变相获取暴利。因此,该案双方当事人应在理顺债务的前提下再行协商回购或变价清算受偿事宜。安鼎公司否认该案股权转让合同的担保真实意图,单方将股权转让其关联公司,已超出担保权利的目的范围。浙江禾盛公司与安鼎公司的法定代表人为同一人,曹某某与安鼎公司及浙江禾盛公司皆属于关联方,各方对珠海亿仁公司适用于担保债权的用途不可能不知晓,曹某某超出担保目的直接转让股权的行为,属于当事人恶意串通损害亿仁集团公司利益的行为,该转让行为无效。原审法院判决曹某某与浙江禾盛公司签订的《股权转让协议书》无效,实体处理并无不当,法院予以维持。

裁判观点二:事前约定"以股抵债"的股权质押条款违法无效。

【典型案例一】吴某与信用担保公司民事纠纷案。[①] 二审法院认为,以协议人所收购的新公司 60% 股权作为向乙萍、林甲借款的偿还担保,若到期未能足额偿还,则新公司 60% 股权以该借款的价格转让归吴某、林甲所有;第 7 条约定,杜某某以新公司 30% 股权作为向乙萍的借款抵押,该股权杜某某可在约定期间内回购,具体回购事宜另行约定。上述条款中关于以股权作为借款抵押的约定其性质属于股权质押,而其中关于在借款不能归还时吴某、林甲直接取得相应股权的约定,因违反《物权法》第 211 条[②]之规定,依法应确认无效。

【典型案例二】商社公司与云南高深公司、昆明高深公司、赵某某股权转让纠纷案。[③] 法院认为,该案中,原告已于 2015 年 5 月 13 日对被告昆明高深公司 35% 的股权享有了担保物权,后又于 2015 年 7 月 1 日与被告云南高深公司签订《股权转让协议》受让其已经享有担保物权的该 35% 的股权,转让价款的支付方式系以原告对被告云南高深公司享有的债权进行冲抵,担保物权法律关系及股权转让法律关系均发生在原告与被告云南高深公司之间,原告以获取其已享有担保物权的股权所有权来冲抵被告云南高深公司对原告所负的债务,属于法律明确禁止的流质、流押情形。法院认为,虽然双方的行为并不是在同一份协议中既约定设立担保物权,又约定以获取担保物所有权来冲抵双方之前的债权债务的形式,但原告与被告云南高深公司签订的两份协议履行的实质就是以获取担保物所有权来冲抵双方之前形成的债权债务关系,原告对于双方以不同步骤、不同形式签订协议的抗辩并不能改变合同履行结果上的流质、流押性质,故法院对原告的该项抗辩主张不予支持,原告与被告云南高深公司在《股权转让协议》对转让昆明高深公司 35% 股权的约定当属无效。

---

① 参见浙江省高级人民法院民事判决书,(2010)浙商终字第 74 号。
② 参见《民法典》第 428 条。
③ 参见云南省昆明市中级人民法院民事判决书,(2016)云 01 民初 107 号。

【**典型案例三**】席某某与丁某某股权转让纠纷案。① 二审法院认为,席某某与丁某某于2013年8月16日签订的《股权抵押借款协议书》第5条、第6条关于席某某以其在鑫唐公司40%股权为借款提供质押,如到期未还将该40%股权转让给丁某某的约定,是以股权出质担保条款。根据《物权法》第226条之规定,应当到工商行政管理部门办理出质登记方才设立,而该协议并未到工商部门办理出质登记,故该案质权并未设立。基于权利质押这一法定担保形式的法律特征,质权人只能在债权不能得到清偿时主张质权而非直接变动物权。五方协议在未约定3500万元借款的具体偿还期限的情形下,即在不考虑该3500万元借款届期是否能够得到清偿的情形下事先直接约定将该30%股权变更登记至吴某某名下,同样违反了《物权法》第211条有关禁止流质的规定,五方协议中涉及该30%股权变更登记的条款亦应无效。

【**典型案例四**】白某某与泰发矿业公司、鑫利矿业公司、李某某、赵某某、韩某某公司决议纠纷案。② 法院认为,根据《物权法》第211条③"质权人在债务履行期限届满前,不得与出质人约定债务人不履行到期债务时质押财产归债权人所有"之规定,原告白某某与第三人鑫利矿业公司所签订的借款担保合同虽未约定债务人不履行到期债务时,质押财产归债权人所有,却约定债权人单方面处分质押财产,行使了所有权人的权利,是变相约定债务人不履行到期债务时,质押财产归债权人所有,因其约定违反《物权法》的上述原则而无效。

相较于原《物权法》第211条规定的以流质条款的约定否定整个质押合同的效力不同的是,《民法典》第428条规定了质权人在债务履行期限届满前,与出质人约定债务人不履行到期债务时,质押财产归债权人所有的,只有依法就质押财产优先受偿,再结合《民法典担保制度司法解释》第4条、第68条及《九民纪要》第71条的规定,流质担保约定只将导致流质担保条款无效,但并不完全否定担保合同的效力。对此,之前的司法实践中亦有此类观点。如下述裁判观点三。

裁判观点三:股权投资中约定"股权流质"条款无效——在履行期限届满前已约定由质权人以固定价款处分质物(股权),相当于未届清偿期即已固定了对质物(股权)的处分方式和处分价格,此种事先约定实质上违反了我国法律关于禁止流质的强制性规定,应属无效。

【**典型案例**】中静公司与铭源公司、桂客公司股权转让纠纷案。④ 该案经安徽省高级人民法院一审、最高人民法院二审,最终判定:借款协议中指定第三人以固定价格受让股权的条款无效,股权转让协议无效,驳回中静公司的诉讼请求。

最高人民法院针对该案。在二审判决书中论述中认为,该案双方的争议焦点为中静公司能否取得案涉铭源公司在桂客公司32.1510%股权的问题。中静公司提出受让股权的依据为铭源公司与朱某某签订的《融资借款协议》及其项下的《股权质押合同》及《股权转让协议》,据协议相关条款内容来看,双方约定在铭源公司未能及时清偿债务时,朱某某有权要求铭源公

---

① 参见江西省宜春市中级人民法院民事判决书,(2014)宜中民二终字第244号。
② 参见河北省承德县人民法院民事判决书,(2014)承民初字第1702号。
③ 参见《民法典》第428条。
④ 参见最高人民法院民事判决书,(2015)民二终字第384号。

司将其持有的桂客公司32.1510%（对应出资额9785万元）股权以7000万元价格转让给朱某某指定的任意第三人，铭源公司不得拒绝，且该第三人亦无需向铭源公司支付股权转让款，而是直接支付给朱某某以偿还欠款。其实质为在铭源公司不能如约偿还朱某某借款时，朱某某可将铭源公司质押的股权以事先约定的固定价格转让给第三方以偿铭源公司所负债务，即在履行期限届满前已约定由质权人朱某某以固定价款处分质物，相当于未届清偿期即已固定了对质物的处分方式和处分价格，显然与法律规定的质权实现方式不符。此种事先约定质物的归属和价款之情形实质上违反了《物权法》第211条①禁止流质的强制性规定，故该约定条款应属无效。

在铭源公司未按期还款的情况下，朱某某将《融资借款协议》中的第三人确定为中静公司，并填补了铭源公司事先出具的空白《股权转让协议》的部分内容。因该《股权转让协议》是基于《融资借款协议》《股权质押合同》中质权人朱某某在债务人铭源公司不能清偿到期债务时，有权单方以固定方式处置质物，将案涉股权转给其指定的第三人的约定所形成，除股权受让人及签署时间外的其他内容的形成时间与上述两份协议的形成时间一致，并非铭源公司与中静公司在债务到期后自愿协商达成。故从实质上而言，尽管受让主体是在不能如期还款时明确的，但受让方式和价款均为事先约定。在上述两份协议中涉及股权处置的内容已被确认无效的情况下，该《股权转让协议》亦为无效。在此情况下，中静公司要求据此受让铭源公司持有的桂客公司32.1510%股权即失去了事实基础，法院不予支持。

经安徽省高级人民法院释明后，中静公司提出按照评估价值确定的公允价格受让股权。法院认为，该诉请仍系建立在质权人在履行期限届满前以固有方式决定质物归属之基础上，因朱某某的该处分行为于法无据，中静公司的诉请也就失去了基础法律关系支撑。在该案债务履行期限届满后，质权人朱某某可依据《物权法》第219条②实现质权，可以与出质人协议以质押财产折价，也可以就拍卖、变卖质押财产所得的价款优先受偿，但此时并非为直接履行案涉《股权转让协议》，而是质权人在债务履行期限届满后的质权实现方式。中静公司并非为该案质权人，其依据事先约定的《股权转让协议》要求以公允价格受让铭源公司持有的股权于法无据，法院不予支持。

裁判观点四："先让与担保"被认定为股权质押条款的，被判无效。

【典型案例】通城公司与吴某、胡某某等股权转让纠纷案。③二审法院认为，通城公司与吴某签订的协议虽名为股权转让协议，但该协议的主要条款对双方间借款金额、借款利息、借款期限等进行了约定，符合借款合同的构成要件。协议虽约定通城公司将其持有的令天下公司99%的股权过户至吴某名下，但同时约定了当通城公司偿还70万元借款后，吴某应将该股权返还予通城公司，应当认定双方的真实意思表示系通城公司以其持有的令天下公司的股权出质于吴某，从而担保上述借款的履行，双方不存在股权转让的合意。因此，通城公司与吴某间

---

① 参见《民法典》第428条。
② 参见《民法典》第436条。
③ 参见江苏省徐州市中级人民法院民事判决书，(2016)苏03民终6281号。

涉案法律关系性质系民间借贷法律关系，而非股权转让法律关系。《物权法》第211条①规定，"质权人在债务履行期届满前，不得与出质人约定债务人不履行到期债务时质押财产归债权人所有"，双方间协议关于股权过户的约定违反了上述法律规定，应属无效，吴某仅享受该部分股权的质权，不享有所有权。

裁判观点五："先让与担保"被认定为股权回购的，应认定有效。

【典型案例一】联大集团与高速公路公司股权转让纠纷案。②最高人民法院认为，关于《股权转让协议书》是否名为股权转让，实为企业间借贷的协议问题。股权协议转让、股权回购等作为企业之间资本运作形式，已成为企业之间常见的融资方式。如果并非以长期谋利为目的，而是出于短期融资的需要产生的融资，其合法性应予承认。

【典型案例二】中静公司与铭源公司股权转让纠纷案。③最高人民法院认为，该案系股权转让及回购纠纷，股东一旦注资成为公司股东，即应承担相应的投资风险，即便此类由股东予以回购的协议并不违反法律禁止性规定，但回购实质上是在双赢目标不能达成之后对投资方权益的一种补足，而非获利，故其回购条件亦应遵循公平原则，在合理的股权市场价值及资金损失范围之内，不能因此鼓励投资方促成融资方违约从而获取高额赔偿。

裁判观点六：借款协议的无效不必然会导致股权转让协议无效，股权转让协议的效力应当依据其本身的效力要素进行审查和认定。

【典型案例】张某某与赵某某、托管公司股权转让纠纷案。④该案历经济南市中级人民法院一审、山东省高级人民法院二审认定该案股权转让协议无效缺乏事实和法律依据，最高人民法院再审推翻了一审、二审判决，判决该股权转让协议有效。

最高人民法院在该案再审判决中认为，该案股权转让协议的合法性、有效性涉及诸多方面，包括赵某某对托管公司的授权是否合法存在、股权转让程序是否合法、借款协议无效是否必然导致股权转让协议无效以及股权转让协议本身的效力问题：(1)关于赵某某的授权。根据该案查明的事实，赵某某在借款协议中明确授权托管公司在含章公司不能按时归还借款时转让其公司股份并优先用于归还借款，相关各方还事先签订了股权转让协议以便执行。至托管公司实际办理转让股份时，赵某某不仅未承担担保责任，而且从未撤回对托管公司的上述授权，托管公司在办理该案股权转让事宜时，赵某某的授权依然合法存在。(2)关于股权转让程序。托管公司的章程规定了公司股东转让公司股份时其他股东享有的优先购买权，托管公司在办理转让赵某某股份事宜时，事先向公司其他所有股东发出了购买股份的通知，同时也办理了解除股份质押手续，因此，托管公司在办理转让赵某某股份事宜时履行了公司内部程序，符合公司章程及相关法律的规定，该案股权转让在程序上没有瑕疵。(3)关于借款协议与股权转让协议的关联性。该案借款协议属于企业之间的借贷，已被生效判决确认为无效。该案股权

---

① 参见《民法典》第428条。
② 参见最高人民法院民事判决书，(2013)民二终字第33号。
③ 参见最高人民法院民事判决书，(2015)民二终字第204号。
④ 参见最高人民法院民事判决书，(2012)民提字第117号。

转让协议系因借款协议而派生,两者之间存在一定的关联性,但股权转让协议显然属于另一法律关系,其目的与宗旨不同于借款协议,其内容亦不为我国法律法规所禁止。因此,借款协议的无效不能必然地导致股权转让协议无效,股权转让协议的效力应当依据其本身的效力要素进行审查和认定。(4)关于股权转让协议的效力。股权转让协议的效力涉及协议主体、协议客体及协议内容三个方面。从协议主体看,赵某某合法拥有托管公司股份,有权依照法律和公司章程的规定以特定价格转让其股份;托管公司作为目标公司和受托方,有权同时亦有义务依据公司章程和委托人的委托办理股权转让事宜;张某某作为受托人,在公司其他股东未行使优先购买权时,有权依照公司章程的规定购买转让方拟转让的股份。该案并无证据证明其受让股份存在恶意,张某某受让股份的资金来源于公司其他股东本身并不为法律法规或者公司章程所禁止。从协议客体看,该案股权转让方所转让的股份并非为法律所禁止的转让物。从协议内容看,赵某某在股权转让协议中事先填好了转让方、拟转让的股份数额、转让价格、违约责任、争议解决方式,承诺拟转让的股份未设定任何抵押、质押等担保物权,并在转让方处签字、盖章,构成了确定的要约,一旦受让人承诺股权转让协议即告成立。该案股权转让协议之内容,正是因受让方张某某的合法有效承诺而确定的。由于协议内容系转让方和受让方的真实意思表示,亦不为我国法律法规所禁止,股权转让协议第8条还明确约定本协议自三方签字盖章之日起发生法律效力,故该案股权转让协议已于2007年6月22日发生法律效力。一审、二审判决认定该案股权转让协议无效缺乏事实和法律依据,依法应予纠正。

此外,股权转让的价格是否合理也是衡量股权转让协议效力的因素之一。但因无评估机构对股权转让时的股份价值进行评估,法院目前尚难以认定该案股权转让价格是否合理。何况,价格是否合理,是否存在差价损失的争议不是该案审理范围,法院对此事实不予审理。双方对此存在争议,可另循法律途径解决。

(四)股权转让与担保的实现方式

《九民纪要》第71条明确认可的实现方式为:在债务人不能清偿债务时,债权人可以请求参照法律关于担保物权的规定,对财产拍卖、变卖、折价优先偿还其债权,即清算型让与担保;但对于债权人请求直接确认担保财产归其所有的诉求明确不支持。

《民法典》第401条和第428条规定了当事人之间约定流押、流质的,担保权人仅能就担保财产优先受偿。《民法典》对"流押、流质"并非一律按无效处理的规定与《九民纪要》相关精神一致。从上述规范可知,流质型让与担保因违反《民法典》的禁止流质条款,只能依法就质押财产优先受偿,其实此处理方式与清算型让与担保类似。上述流质禁止条款的目的在于避免债务人届期未履行债务时,债权人不经过任何清算程序取得股权而获取暴利。《民法典担保制度司法解释》亦否认了债权人直接取得财产所有权这一约定的效力,即否定了这类流质型让与担保的效力。

与此相对应的,对于约定将质押股权折价,或以拍卖、变卖股权所得的价款优先受偿的清算型让与担保条款,因不存在违反《民法典》的流质禁止条款的问题,可以依其约定实现担保物权。

司法实践中相关的裁判观点及典型案例如下。

裁判观点一：清算型让与担保又可分为归属清算型让与担保和处分清算型让与担保两种形式。担保财产优先受偿的方式包括协议以质押财产折价，或拍卖变卖质押财产取得价款，分别对应归属清算型让与担保和处分清算型让与担保。

【**典型案例**】巨通公司、稀有稀土公司合同纠纷案。① 最高人民法院认为，清算型让与担保又可分为归属清算型让与担保和处分清算型让与担保两种不同形式。归属清算型让与担保，是指让与担保权人将标的物予以公正估价，标的物估价如果超过担保债权数额，超过部分的价款应交还给让与担保设定人，标的物所有权由让与担保权人取得；处分清算型让与担保，是指让与担保权人将标的物予以拍卖、变卖，以所得价款用于清偿债务，如有余额则返还给债务人，具体采取何种实现方式，可由当事人依意思表示一致选择。根据《民法典》第436条第2款、第3款关于"债务人不履行到期债务或者发生当事人约定的实现质权的情形，质权人可以与出质人协议以质押财产折价，也可以就拍卖、变卖质押财产所得的价款优先受偿。质押财产折价或者变卖的，应当参照市场价格"的规定，担保财产优先受偿的方式包括协议以质押财产折价，或拍卖变卖质押财产取得价款，分别对应归属清算型让与担保和处分清算型让与担保。对于当事人约定债务不能履行时股权经一定清算程序后归债权人所有的条款，虽有流质可能，但基于流质禁止的目的，在未损害债务人或其他债权人利益情况下亦应确认其效力。

裁判观点二：让与担保权利的实现应对当事人科以清算义务。双方当事人就让与担保标的物价值达成的合意，可认定为确定标的物价值的有效方式。

【**典型案例**】奕之帆公司、侯某宾与兆邦基公司、康诺富公司、鲤鱼门公司、第三人立兆公司合同纠纷案。② 最高人民法院认定，为防止出现债权人取得标的物价值与债权额之间差额等类似于流质、流押的情形，让与担保权利的实现应对当事人科以清算义务。双方当事人就让与担保标的物价值达成的合意，可认定为确定标的物价值的有效方式。在让与担保标的物价值已经确定，但双方均预见债权数额有可能发生变化的情况下，当事人仍应在最终据实结算的债务数额基础上履行相应清算义务。

通过以上案例观点可以看出，在我国现行法律框架下，司法实务中允许当事人自主安排股权让与担保的清算形式。

(五)股权让与担保的物权效力

实务中，判断股权让与担保是否具有物权效力，一般以是否已按照物权公示原则进行公示作为核心判断标准。股权经变更登记即具有公示公信效力，类比股权让与担保，举轻以明重，其当然应享有优先受偿权利。在股权让与担保中，担保权人形式上已经是作为担保标的物的股份的持有者，其就作为担保的股权享有优先受偿的权利，原则上具有对抗第三人的物权效力，这也正是股权让与担保的核心价值所在。

---

① 参见最高人民法院民事判决书，(2018)最高法民终119号。
② 参见最高人民法院民事判决书，(2018)最高法民终751号。

【典型案例】龙江公司与西林公司、第三人刘某某民间借贷纠纷案。[1] 最高人民法院认为，对于股权让与担保是否具有物权效力，应以是否已按照物权公示原则进行公示，作为核心判断标准。股权经变更登记即具有公示公信效力，类比股权让与担保，举轻以明重，当然应享有优先受偿权利。该判决主张，龙江公司股权抵债行为发生在伊春市中级人民法院受理西林公司破产重整申请一年之前，龙江公司股权已不属于西林公司财产，以龙江公司股权抵债并非《企业破产法》第16条所指的人民法院受理破产申请后债务人对个别债权人的清偿行为，亦不属《企业破产法》第31条、第32条规定的可撤销行为。

上述案例认定，对于股权让与担保是否具有物权效力，应以是否已按照物权公示原则进行公示作为核心判断标准。在股权质押中，质权人可就已办理出质登记的股权优先受偿。举轻以明重，在股权让与担保中，担保权人形式上已经是作为担保标的物的股份的持有者，其就作为担保的股权享有优先受偿的权利，原则上具有对抗第三人的物权效力，这也正是股权让与担保的核心价值所在。因而，当借款人进入重整程序时，确认股权让与担保权人享有优先受偿的权利，不构成《企业破产法》第16条规定所指的个别清偿行为。

二、实务中对于股权让与担保的判断

（一）司法实践中，一般情形下对是否属于股权让与担保的判断维度

第一，存在合法有效的主债权。股权让与担保是为主债务提供担保，存在主债权合同是区别股权转让与担保的重要标准。[2]

第二，具有以股权为主债权提供担保的意思表示。在确认存在客观真实的主债权，以及股权取得真实有效的情况下，相对方有转让其股权为债权提供担保的真实意思表示。

第三，股权转让价款约定和支付情况。在股权让与担保中，由于转让股权目的是提供担保，因此，通常情况下，受让方无须支付或者以低于合理价格取得股权。如果支付的股权转让对价具有合理性，且该交易不具有担保性质，一般不宜认定为股权让与担保。

第四，股权让与担保成立及公示的时间节点情况。根据《九民纪要》第45条的规定，当事人在债务履行期届满前达成以物抵债协议，抵债物尚未交付债权人，债权人请求债务人交付的，不属于《九民纪要》第71条规定的让与担保。其核心在于区分协议双方是否有抛弃期限利益的意思表示，如果双方有此意思表示，则应按《九民纪要》第44条有关履行期限届满后达成的以物抵债协议规则处理；反之，只要双方无此意思表示，则应将其解释为一种担保。如果已完成股权变更登记，则按照让与担保处理；如果未办理股权变更等公示手续，则仅具有担保性质，但不具有物权效力，债权人不享有优先受偿权。

第五，股权受让人是否实际行使股东权利。股权让与担保具有信托属性，担保权人仅是名义上的股东，担保权人一般不会实际参与公司经营管理或控制公司，标的公司股权仍由实际股

---

[1] 参见最高人民法院民事判决书，(2019)最高法民终133号。
[2] 参见最高人民法院民事审判第二庭编著：《〈全国法院民商事审判工作会议纪要〉理解与适用》，人民法院出版社2019年版，第403页。

东行使。

(二)司法中关于股权让与担保认定的裁判观点及典型案例

裁判观点一：受让人具有成为目标公司股东的意愿，目标公司办理了股东变更登记、受让人支付了股权转让价款，且合同约定受让人享有重大决策权、选择管理者以及每年可按投资额取得固定分红的权利，应当认定成立股权转让关系。

【典型案例】城建公司与兆富公司等股权转让纠纷案。[①] 二审法院认为，《转让及增资协议》性质应认定为股权投资关系而非借款关系：第一，从涉案《转让及增资协议》形式和内容分析，《转让及增资协议》标题即载明是股权转让和公司增资，协议内容亦明确约定了各股东转让股权的份额、转让价格、认购增资资本数及价格、股权变更登记手续、其他股东优先购买权的放弃等，可以看出城建公司具有通过购买兆富公司各股东所持兆富公司的股权而成为兆富公司股东，并对兆富公司进行增资的意愿，兆富公司及各股东均同意。第二，从《转让及增资协议》履行情况看，协议签订后，双方共同完成了工商变更登记，城建公司成为持有兆富公司31.3%股份的股东，3004.8万元股权转让及增资款亦支付完毕，双方按约履行了股权转让和增资的义务。第三，一般来说，名股实债投资人并不追求对目标公司的股权进行管理和支配亦不追求对目标公司进行控制。该案中，案涉《转让及增资协议》约定城建公司为兆富公司第一大股东，享有财务并表权。且兆富公司所有经营性项目和资本运作类项目应无条件向城建公司开放，由城建公司独立决策决定是否参与项目合作并派出监事担任兆富公司监事长，还可通过董事会审定兆富公司的年度工作目标并进行日常监督和年度考核。可见，城建公司成为兆富公司股东后，城建公司对兆富公司享有重大决策权和选择管理者等股东权利。城建公司的投资目的并非仅是取得固定回报，而是取得兆富公司股权，并通过保留在股东会、董事会层面对重大事项的表决权以及派驻董事、监事人员等来实际参与兆富公司的经营管理上述约定已超出常规借款合同的内容，也不符合借款法律关系的特征。第四，《转让及增资协议》约定了城建公司每年可按投资额取得固定分红，顾名思义，公司分红系按照公司章程约定在公司有盈余时对股东投资的回报，是基于城建公司所持兆富公司股权而取得的收益，并非利息。综上，根据《转让及增资协议》内容、交易模式、履行情况等因素综合判断，应当认定城建公司与兆富公司之间签订的《转让及增资协议》的性质并非借款协议而是股权投资协议。

裁判观点二：《投资协议》的性质应结合合同签订时的背景、目的、条款内容及交易模式、履行情况综合判断——基金通过增资入股、逐年退出及回购机制等方式对目标公司进行投资，是其作为财务投资者的普遍交易模式，符合商业惯例，不属于"名股实债"，应当认定成立股权转让关系。

【典型案例】通联公司与农发公司股权转让纠纷案。[②] 最高人民法院认为，关于案涉《投资协议》性质，结合协议签订背景、目的、条款内容及交易模式、履行情况综合判断，农发公司与汉川公司之间并非借款关系，而是股权投资关系。理由如下：(1)农发公司按照国家发改委等

[①] 参见湖南省高级人民法院民事判决书，(2021)湘民终960号。
[②] 参见最高人民法院民事判决书，(2019)最高法民终355号。

四部委联合印发的《专项建设基金监督管理办法》的规定通过增资方式向汉川公司提供资金，该投资方式符合国家政策，不违反《公司法》及行业监管规定。事实上，基金通过增资入股、逐年退出及回购机制对目标公司进行投资，是符合商业惯例和普遍交易模式的，不属于为规避监管所采取的"名股实债"的借贷情形。(2)农发公司增资入股后，汉川公司修改了公司章程，农发公司取得了股东资格并享有表决权，虽然不直接参与汉川公司日常经营，但仍通过审查、审批、通知等方式在一定程度上参与管理，这也是基金投资模式中作为投资者的正常操作，显然不能以此否定其股东身份。(3)虽然案涉协议有固定收益、逐年退出及股权回购等条款，但这仅是股东之间及股东与目标公司之间就投资收益和风险分担所作的内部约定，并不影响交易目的和投资模式。并且在投资期限内，农发公司作为实际股东之一，其对外仍是承担相应责任和风险的。(4)农发公司根据协议约定获得了固定收益，但该固定收益仅为1.2%/年，远低于一般借款利息，明显不属于通过借贷获取利息收益的情形。其本质仍是农发公司以股权投资方式注入资金帮助企业脱困的投资行为。综上所述，案涉《投资协议》为股权投资协议。关于案涉《投资协议》效力，该协议是当事人的真实意思表示，且不违反法律、行政法规的禁止性规定。案涉协议的签订及履行经过了充分、完整的公司程序，汉川公司及其股东对协议签订背景、交易目的、条款内容均知悉。并且，汉川公司实际在该案交易中通过《投资协议》获得了经营发展所需资金，公司及包括通某公司在内的全体股东均从中获益。因此，《投资协议》应属有效。

裁判观点三：股权投资关系——受让人已经实际取得目标公司的经营管理权，并对目标公司工程项目进行投资开发，应当认定成立股权转让关系。

【典型案例】 泰丰公司与新泰丰公司等股权转让纠纷案。[①] 最高人民法院认为，该案需根据2015年10月21日《协议书》的约定内容，并结合实际履行情况，确定案涉《协议书》中各方当事人的权利义务关系及合同目的。原审法院结合《协议书》第3~5条的约定及履行情况以及鑫鼎公司、华贸公司不仅取得金泰公司股权而且实际控制、经营管理公司多年等全部案件事实后认为，《协议书》签订后，案涉股权已经登记在华贸公司名下，鑫鼎公司、华贸公司已经实际取得金泰公司经营管理权，且对金泰公司的工程项目进行投资开发，这与股权让与担保中股权系"形式转让"且该转让以担保债权实现为目的有所不同。遂在认定双方为股权转让的前提下，将案涉《协议书》第5条的约定理解为股权抵债权中对股权价值的进一步明确，而非股权质押担保中的流质条款，理据充分，符合该案实际情况，处理意见亦较为公允。

裁判观点四：投资人通过增资入股及回购机制对目标公司进行投资，取得股东资格并行使参与重大决策和选择管理者等股东权利，虽然协议约定有固定收益及股权回购等条款，但这仅是股东之间及股东与目标公司之间就投资收益和风险分担所作的内部约定，并不影响交易目的和投资模式，应认定投资人与目标公司之间为股权投资关系。

【典型案例】 张某峰、赵某艳公司增资纠纷案件，[②] 二审法院认为：关于案涉《增资协议》及

---

① 参见最高人民法院民事裁定书，(2021)最高法民申3592号。
② 参见河北省石家庄市中级人民法院民事判决书，(2020)冀01民终1927号。

《补充协议》的性质和效力问题，结合协议签订目的、条款内容及交易模式、履行情况等因素综合判断，应当认定科润杰公司与华加公司之间并非借款关系，而是股权投资关系。理由如下：首先，通过增资入股及回购机制对目标公司进行投资，是符合商业惯例和普遍交易模式的，不属于为规避监管所采取的"名股实债"的借贷情形。其次，科润杰公司增资入股后，华加公司修改了公司章程、变更了工商登记信息、科润杰公司取得了股东资格并享有表决权，在华加公司经营过程中依法参与股东会、就公司重大决策和选择管理者等行使了股东权利。最后，虽然案涉《补充协议》有固定收益及股权回购等条款，但这仅是股东之间及股东与目标公司之间就投资收益和风险分担所作的内部约定，并不影响交易目的和投资模式。并且在投资期限内，科润杰公司作为实际股东之一，其对外仍是承担相应责任和风险的。综上，《增资协议》约定的科润杰公司的增资行为不属于出借借款的行为，该案不属于借款合同法律关系。

案涉《增资协议》及《补充协议》实质上是投资人为保护资金安全和降低风险、目标公司和其他股东为引入资金和促成交易，约定对投资人的投资收益和投资款安全提供保障，以回购方式自愿承担未来可能发生的潜在亏损。因此，该协议合法有效。

裁判观点五：股权转让价格明显背离目标公司股份的实际价值，结合合同是为主债务履行提供担保的合同目的，应当认定案涉合同成立让与担保关系。

【**典型案例**】永隆公司、银清龙公司等股权转让纠纷案。① 最高人民法院认为，原审关于《621协议》的实质是通过让与股权的形式，解决融资需求，并担保了债务的履行，具有股权让与担保的性质的认定，并非缺乏证据证明，而恰恰是综合认定了全案的在案证据，没有局限于《621协议》股权转让的表面形式。《621协议》约定银清龙公司和鑫茂公司分别以1元的价格将持有的新崇基公司70%和30%的股权及对应的全部权益转让给永隆公司和国兴公司，该共计2元的股权转让价格明显与2011年5月14日银清龙公司与鑫茂公司签订股权转让合同约定银清龙公司以18,900万元受让新崇基公司70%股份相悖，没有证据表明1年时间新崇基公司的股权价值就发生了巨大的贬损，《621协议》的实质就是要实现2012年9月28日前完成还款的融资从而解除新崇基公司所持土地资产上的抵押负担，故《621协议》系以象征性价格转让股权的让与担保。《621协议》第4条第2款和第6条第4款共同设计了银清龙公司与鑫茂公司以象征性价格转让股权，同时超过了2012年9月28日即不得再向永隆公司、国兴公司要求回购股权，其实质就是以全部股权直接抵债，所以构成流质原审认定相应条款无效，该认定正确。

裁判观点六：信托公司受让目标公司股权的股权转让价格为零对价，目标公司的日常经营管理实际仍由原股东负责，结合目标公司与股权受让人之间的债权债务关系，应当认定成立让与担保关系。

【**典型案例**】胡某奇与博源公司、第三人西藏信托公司股东资格确认纠纷案。② 二审法院认为，在让与担保关系中，通常存在主从两份合同，股权让与担保作为从合同，是为了担保主合

---

① 参见最高人民法院民事裁定书，(2021)最高法民申7209号。
② 参见北京市第一中级人民法院民事判决书，(2019)京01民终2736号。

同项下的债务而订立的,这也是判断一个协议是股权转让担保还是股权让与担保的重要标准。该案中,当事人均认可博源公司与西藏信托公司之间存在3笔债权债务关系,涉及本金约3亿元,故上述3份借款合同应为主合同,胡某奇与西藏信托公司之间的股权转让协议即应当属于为了担保上述主合同的履行而签订的从合同。否则,博源公司名下房产及土地价值几亿元,而胡某奇与西藏信托公司之间的股权转让协议未约定任何对价,这显然与理性的商事主体的交易行为相悖,无法让人信服。同时,让与担保亦包括便于债权人实现债权的功能,这与西藏信托公司关于涉案股权转让协议是为了防范胡某奇和博源公司处置八大处不动产,保障西藏信托公司抵押权的实现,方便西藏信托公司处置八大处不动产的主张完全相符。

裁判观点七:协议约定受让人有权要求回购股权,收取固定回报且不取决于目标公司经营业绩,且受让人不实际行使股东权利、参与目标公司的经营管理、无须承担经营风险,不符合利益共享、风险共担的股权投资法律关系的特征,应当认定成立债权担保关系。

【**典型案例**】汪某涌等与中冀公司股权转让纠纷案。[①] 二审法院认为,股权投资法律关系中,投资人意欲取得公司股权,往往会在相关合同中约定其对公司的经营管理权,在登记为股东后也往往会实际参与公司的经营管理。如保留在股东会、董事会层面对重大事项的表决权,向公司派驻董事和财务人员,控制项目公司公章或财务章等,同时承担公司经营风险。在此情况下,应当认定投资人取得的是股权。民间借贷法律关系中,债权人的目的仅是取得固定回报,协议中并未详细约定投资人参与公司管理的权利,投资人实际上也未行使股东管理权,即便登记为股东,也应认定其仅享有债权。该案中,中冀公司受让哆可梦公司股权满24个月后,由惠程公司或信中利公司、汪某涌按照年利率20%的标准收购中冀公司持有的股权,即中冀公司在股权回购后,可以获得固定的回报,而且该回报金额并不取决于哆可梦公司的经营业绩。法院审理过程中,中冀公司亦未提交证据证明该公司实际行使股东权利或参与哆可梦公司的经营管理。由此可见,中冀公司无须承担经营风险,不符合利益共享、风险共担的股权投资法律关系的特征,该案所涉法律关系的性质应为民间借贷法律关系。上述约定内容系各方当事人通过契约方式设定让与担保,形成的债权担保关系。

裁判观点八:信托公司以募集的信托资金专项用于受让目标公司股权并向目标公司增资,约定目标公司的原股东在回购期限内以固定价格回购股权,且目标公司的日常经营管理实际由原股东负责,应认定为金融借款关系。

【**典型案例**】盛业海港公司诉国民信托公司营业信托纠纷案。[②] 法院认为,国民信托公司以募集的信托资金专项用于受让目标公司即盛业海港公司股权及向目标公司增资,目标公司的股东盛业房地产公司在回购期限内以投资本金加年利率18%收益的固定价格回购股权,且盛业海港公司的日常经营管理实际由盛业房地产公司负责。就内部关系而言,各方关于股权回购之约定及股权变更登记的履行,并非旨在通过股权合作共同经营盛业海港公司,而是旨在通过股权让与担保的方式保证国民信托公司回收本金加固定债权收益的实现,案涉交易的本质

---

① 参见北京市高级人民法院民事判决书,(2021)京民终896号。
② 参见北京市东城区人民法院民事判决书,(2019)京0101民初4729号。

应为债权融资。双方之间并非营业信托合同抑或股权投资关系,应认定为成立金融借款合同关系。盛业海港公司从监管资金中支付案涉款项系根据《合作协议》的相关约定,履行合同项下支付利息的义务。

裁判观点九:基金企业作为股权受让人将股权转让款交给目标公司,所获收益与目标公司的实际经营状态、分红情况均无联系,系固定收益,且固定收益由目标公司或股东补足;目标公司仍由原股东进行经营管理,基金企业作为投资人仅享有知情权以及监督权利,并未参与公司的日常经营管理等,应当认定成立让与担保关系。

【典型案例】鞍山激光产业股权投资基金合伙企业中心(有限合伙)与王某波、航天云网公司股权转让纠纷案。① 法院认为:案涉各方签订的《沈阳中之杰流体控制系统有限公司股权转让协议》《分红协议》《协议书》均系以虚假意思表示行为作出的民事法律行为,其隐藏的民事法律关系应为民间借贷法律关系。第一,就案涉《沈阳中之杰流体控制系统有限公司股权转让协议》而言,鞍山激光产业股权投资基金合伙企业中心(有限合伙)作为股权受让人,案外人宦某勇作为股权出让人,鞍山激光产业股权投资基金合伙企业中心(有限合伙)理应将案涉股权转让款给付案外人宦某勇而非沈阳中之杰流体控制系统有限公司,该交易行为与股权转让合同的一般交易模式不符。第二,固定性收益系债权性投资的最为重要的特征。投资人是否从原股东或者目标公司处获得固定收益,该项固定收益是否已经实际履行,是界定双方之间是否是明股实债的重要因素。该案中,鞍山激光产业股权投资基金合伙企业中心(有限合伙)所获收益与目标公司的实际经营状态、分红情况均无联系,系固定收益,且固定收益均由王某波或沈阳中之杰流体控制系统有限公司向鞍山激光产业股权投资基金合伙企业中心(有限合伙)支付或补足,符合借贷合同的法律特征。第三,正常的股权转让中,投资人通常都会参与目标公司日常经营的管理,而该案中,目标公司沈阳中之杰流体控制系统有限公司仍由原股东进行经营管理,投资人仅享有知情权以及监督权利,并未参与公司的日常经营管理,足以表明投资方鞍山激光产业股权投资基金合伙企业中心(有限合伙)不具有实际获取目标公司沈阳中之杰流体控制系统有限公司股权的意图。第四,该案《协议书》明确约定了原股东航天云网公司对案涉股权的无条件回购,此事实亦反映出案涉法律关系应为借贷关系,鞍山激光产业股权投资基金合伙企业中心(有限合伙)并无股权投资的意图。

裁判观点十:名为股权转让实为让与担保协议的,应通过约定内容判断是否真正具有担保意思表示具体考量因素包括:(1)股权转让价格约定不明确;(2)未参与日常经营管理;(3)约定期限届满后回购。

【典型案例】丁某灿、吴某与福建渝某公司、丁某辉民间借贷纠纷案。② 二审法院认为,该案股权转让方与股权受让方之间的股权转让,除限定不得超过×万元,具体股权转让价格并未明确,而约定以股权转让方的通知为准,与通常股权转让约定明显不同;股权受让方除对标的公司增资、减资等重大事项有否决权外,标的公司的日常经营管理仍由股权转让方负责;双

---

① 参见辽宁省沈阳市中级人民法院民事判决书,(2021)辽01民初217号。
② 参见福建省高级人民法院民事判决书,(2014)闽民终字第360号。

方当事人约定将诉争股权变更登记到受让方名下,期限届满后,诉争股权由股权转让方回购,在股权转让方支付股权回购款后,诉争股权变更登记至股权转让方名下。因此,从该案《股权转让协议书》内容看,股权受让方受让股权的目的不是长期持有诉争股权,而是收回股权回购款,该诉争股权实质是作为股权转让方支付股权回购款的担保,即让与担保。

裁判观点十一:名为股权转让,实为让与担保协议——(1)以约定内容判断是否具有担保意思表示;(2)《民法典》第388条将"其他具有担保功能的合同"划入担保合同的范围,使实务中一些具有争议的担保方式如"让与担保"等能够适用《民法典》担保物权相关规定;(3)存在真实的债权债务关系情况且对于股权代持关系并无争议的情况下,以让与担保方式优先受偿的,应予支持。

【典型案例】龙江公司与西林公司、刘某某民间借贷纠纷案。① 关于当事人以签订股权转让协议方式为民间借贷债权进行担保,此种非典型担保方式即让与担保是否有效,是否具有物权效力问题,最高人民法院认为:

第一,涉案股权转让协议约定,尽管龙江公司100%股权已经过户至刘某某名下,但原股东西林公司仍有权出售龙江公司项下不动产,用以抵偿约定的欠付刘某某的特定债务。上述约定本质上是通过以龙江公司100%股权过户至刘某某名下的方式担保前述债权的实现。西林公司仍保留对龙江公司的重大决策等股东权利;待债务履行完毕后,龙江公司100%股权复归于西林公司;如债务不能依约清偿,债权人可就龙江公司经评估后的资产价值抵偿债务。因此,双方之间的股权变更行为符合让与担保法律特征,此种担保形式作为民商事活动中广泛运用的非典型担保,并不违反法律、行政法规效力性强制性规定,应当认定合法有效。从合同内容看,该案双方在以该股权设定让与担保的《协议书》《补充协议书》中均未约定刘某某享有优先受偿权。龙江公司与西林公司争议焦点在于以翠宏山公司64%股权设定的让与担保是否具有物权效力,让与担保权人是否可因此取得就该股权价值优先受偿的权利。对于前述股权让与担保是否具有物权效力,应以是否已按照物权公示原则进行公示作为核判断标准。该案诉争的让与担保中,担保标的物为翠宏山公司64%股权,《公司法》(2018年)第32条第3款②规定"公司应当将股东的姓名或者名称向公司登记机关登记;登记事项发生变更的,应当办理变更登记。未经登记或者变更登记的,不得对抗第三人。"可见,公司登记机关变更登记为公司股权变更的公示方式。《物权法》第208条第1款、第226条第1款及第229条③规定在股权质押中,质权人可就已办理出质登记的股权优先受偿。举轻以明重,在已将作为担保财产的股权变更登记到担保权人名下的股权让与担保中,担保权人形式上已成为担保标的物的股份持有者,其就担保的股权享有优先受偿的权利,更应受到保护,原则上具有对抗第三人的物权效力,这也正是股权让与担保的核心价值所在。该案中,西林公司与刘某某于2014年6月就签订《协议书》以翠宏山公司64%股权设定让与担保,并由各方协调配合已依约办妥公司股东

---

① 参见最高人民法院民事判决书,(2019)最高法民终133号。
② 参见新《公司法》第34条。
③ 分别参见《民法典》第425条第1款、第433条、第446条。

变更登记,刘某某形式上成为该股权的受让人。因此,刘某某依约享有的担保物权优于一般债权,具有对抗西林公司其他一般债权人的物权效力,故龙江公司主张刘某某享有就翠宏山公司64%股权优先受偿的权利,应予以支持。西林公司以让与担保非法定物权且合同当事人未约定刘某某有优先受偿权为由,否定其优先受偿主张,不应予以支持。

第二,西林公司主张其已进入破产重整程序,以龙江公司股权作价抵销西林公司对龙江公司所负债务,损害了其他债权人权益,在伊春市中级人民法院受理西林公司破产重整申请一年之前,龙江公司股权已不属于西林公司财产,西林公司以龙江公司股权抵债并非《企业破产法》第16条所指的人民法院受理破产申请后,债务人对个别债权人清偿行为,亦不属《企业破产法》第31条、第32条规定的可撤销行为。西林公司提出的前述主张与事实不符,于法无据。《企业破产法》第16条之所以规定法院受理破产申请后的个别清偿行为无效,一是此种个别清偿行为减少破产财产总额,二是此类个别清偿行为违反公平清偿原则。在当事人以股权设定让与担保并办理相应股权变更登记,且让与担保人进入破产程序时,认定让与担保权人就已设定让与担保的股权享有优先受偿权利,是让与担保法律制度的既有功能,是设立让与担保合同的目的,现翠宏山公司64%股权已经变更登记至刘某某名下,刘某某就该股权享有优先受偿权利。因此,刘某某对诉争股权享有优先受偿权,不构成《企业破产法》第16条规定的个别清偿行为。根据在案证据,尽管案涉一系列借款合同、转账协议、以翠宏山公司股权设分让与担保的协议及补充协议均以刘某某名义与西林公司等签订,但银行转账记录等相关证据显示,涉案借款均由龙江公司或其关联公司账户汇出,刘某某本人亦承认真正的权利人为龙江公司,其名下翠宏山公司的股份只是为公司代持。

第三,龙江公司是否有权就翠宏山公司64%股权优先受偿?债权人、债务人的真实意思是以向债权人转让翠宏山公司股权的形式为债权实现提供担保,"显现的"是转让股权,"隐藏的"是为借款提供担保而非股权转让,均为让与担保既有法律特征的有机组成部分,均是债权人、债务人的真实意思,该意思表示不存在不真实或不一致的瑕疵,也未违反法律、行政法规的效力性强制性规定。首先,根据物权和债权区分原则,物权法定原则并不能否定上述合同的效力,即使股权让与担保不具有物权效力,股权让与担保合同也不必然无效。其次,让与担保虽非《物权法》等法律规定的有名担保,但属在法理及司法实践中得到广泛确认的非典型担保。《民法典》第388条第1款规定:"设立担保物权,应当依照本法和其他法律的规定订立担保合同。担保合同包括抵押合同、质押合同和其他具有担保功能的合同。担保合同是主债权债务合同的从合同。主债权债务合同无效的,担保合同无效,但是法律另有规定的除外。"该条款是为设立担保物权而订立担保合同的相关规定,其在保留《物权法》第172条[1]规定的基础上,新增了担保合同不仅包括抵押合同、质押合同,也可以包括其他具有担保功能的合同的规定。该条将"其他具有担保功能的合同"划入担保合同的范围,使实务中一些具有争议的担保方式如"让与担保"等能够适用《民法典》担保物权相关规定。这一规定与《九民纪要》第

---

[1] 参见《民法典》第388条。

66条"当事人订立的具有担保功能的合同,不存在法定无效情形的,应当认定有效。虽然合同约定的权利义务关系不属于物权法规定的典型担保类型,但是其担保功能应予肯定"规定相互呼应。《物权法》第186条[①]规定:"抵押权人在债务履行期届满前,不得与抵押人约定债务人不履行到期债务时抵押财产归债权人所有。"第211条[②]规定:"质权人在债务履行期届满前,不得与出质人约定债务人不履行到期债务时质押财产归债权人所有。"前述《物权法》禁止流押、流质的规定,旨在避免债权人乘债务人之危而滥用其优势地位,压低担保物价值,谋取不当利益。如约定担保权人负有清算义务,当债务人不履行债务时,担保权人并非当然取得担保物所有权,即不存在流押流质问题。该案中,西林公司与刘某某于2015年8月13日签订的《补充协议书》约定,如西林公司不能还清债务,"乙方有权对外出售翠宏山公司股权,出售价格以评估价格为基础下浮不超过10%;出售股权比例变现的额不得超过未清偿借款本息"。可见,西林公司与刘某某就以翠宏山公司64%股权设定的让与担保,股权出售价格应以评估价格为基础下浮不超过10%的清算方式变现,上述约定不违反禁止流质、流押的法律规定,应当认定上述约定有效。鉴于此,在龙江公司与西林公司之间存在真实的债权债务关系、龙江公司与刘某某之间对于股权代持关系并无争议的情况下,龙江公司主张就翠宏山公司64%股权优先受偿,应予支持。

(三)股权让与担保中名义股东对于实际股东出资不实应否承担补充赔偿责任

股权基于让与担保变更到名义股东名下后,名义股东对于实际股东出资不实的行为是否承担补充赔偿责任,司法实践存在不同观点。

支持意见认为,基于股权让与担保法律关系的确认,如果名义股东对于实际股东出资不实承担补充赔偿责任,则会造成名义股东利益失衡。但根据股权代持内外有别的处理规则,在处理实际出资人、名义股东与公司债权人的关系上,应遵循商事外观主义和公示主义原则,坚持以"保护善意第三人"为价值取向,故应当支持股权让与担保名义股东对实际股东出资不实的行为承担补充赔偿责任,亦即,在股权让与担保中,转让方将股权转移给受让方并完成登记,为受让方的债权提供担保,该以担保为目的的转让行为产生的法律效果,体现了双方真实意思表示。股权工商登记相较于公司内部的股东名册和公司章程,对公司内部股东具备更高的公信力。债权人基于股权工商登记公示效力而产生的"信赖利益"理应受到保护。因此,应当根据《公司法解释(三)》第18条的规定,要求股权让与担保中的名义股东对实际股东出资不实的行为承担补充赔偿责任。

反对意见认为,在股权让与担保中,虽然发生了股权转让行为,但仅是形式上的股权转让,股权转让的实质目的是提供担保,并非股权这一综合性权利实质意义上的转让,并不会产生股东资格的转移,作为股权受让方,其仅仅取得了股权的优先受偿权,而非股权本身,故不应产

---

① 参见《民法典》第401条。
② 参见《民法典》第428条。要说明的是,《民法典》上述对于流押、流质规定与《担保法》和《物权法》相关规定有所不同,均明确物权人在债务履行期限届满前,与担保人约定债务人不履行到期债务时担保财产归债权人所有的,只能依法就担保财产优先受偿,即不径直认定无效,而转化为以折价、拍卖或者变卖的方式实现担保物权。

生名义股东因转让股东未实缴出资而需承担补充赔偿责任的法律效果。

对此争议,主流观点认为反对意见更契合《公司法解释(三)》规定精神。根据《公司法解释(三)》第14条、第18条第1款、第26条的规定,公司债权人有权要求名义股东承担补充责任或者连带责任的情形,包括名义股东存在协助抽逃出资,名义股东与实际出资人之间存在隐名投资协议、名义股东明知股东抽逃出资仍受让股权等情形。但在股权让与担保交易模式下,债权人受让股权成为名义股东,其实际地位为债权人,并没有对标的公司履行出资的义务,该股权名义受让人与前述应当承担责任的名义股东之间存在本质区别。而且,根据《民法典担保制度司法解释》第69条关于"股东以将其股权转移至债权人名下的方式为债务履行提供担保,公司或者公司的债权人以股东未履行或者未全面履行出资义务、抽逃出资等为由,请求作为名义股东的债权人与股东承担连带责任的,人民法院不予支持"的规定,公司债权人以股东未履行或者未全面履行出资义务或抽逃出资等情形为由,要求让与担保名义股东承担补充赔偿责任,法院不予支持,更符合司法解释的规定。

司法实践中相关的裁判观点及典型案例如下。

裁判观点一:让与担保中,名义股东不应承担股东出资不实的补充赔偿责任。

【**典型案例**】新疆投资发展集团、金石财富公司合同纠纷案。① 最高人民法院认为,为保证案涉《加工协议》的顺利履约,叶某、朱某将二人持有的金石财富公司的全部股份转让给海某公司,在《加工协议》履行终结后,海某公司又将其持有金石财富公司的全部股份退还叶某、朱某。双方明确约定,金石财富公司股权相互转让的目的实质是对案涉《加工协议》进行股权担保,并不作其他用途,且转让已经过股东会决议,符合《公司法》的相关规定。新疆投资发展集团以海某公司曾经受让金石财富公司的股份而成为该公司股东为由,认为海某公司应承担股东出资不实的补充赔偿责任的上诉理由,没有事实和法律依据,不能成立。

裁判观点二:债务人到期未清偿债务,在双方约定债权人对案涉股权享有完全、直接的处置权时,债权人有权处置股权用于偿还其债权。

【**典型案例**】刘某兵、刘某文等小额借款合同纠纷案。② 最高人民法院认为,关于刘某文转让案涉股权的行为是否有效的问题。案涉《协议书》约定债权人对案涉股权享有处置权,并非约定股权所有权直接归债权人所有,符合让与担保的法律特征。根据《九民纪要》第71条的规定,刘某兵到期未清偿债务,在双方约定刘某文对案涉股权享有完全、直接的处置权的情况下,刘某文有权处置案涉股权用于偿还其债权。因此,原判决认定刘某文转让案涉股权的行为有效,并无不当。

上述案件中的规范依据在于《民法典》第436~438条、《九民纪要》第71条,综合前述案例,我们可以得出债务人到期未清偿债务,在双方约定债权人对案涉股权享有完全、直接的处置权时,债权人有权处置案涉股权用于偿还其债权的结论。

---

① 参见最高人民法院民事判决书,(2018)最高法民终54号。
② 参见最高人民法院民事裁定书,(2021)最高法民申6563号。

（四）名股实债

1. 名股实债的定义及常见情形

最高人民法院认为，"名股实债"并非严格的法律概念，而是对实务中存在的某种创新型投资模式的统称。它指投资人将资金以股权投资的方式投入目标公司，并约定在一定期限届满或者一定条件下收回投资本金和获得固定的利益回报的投资模式。在一些法律文件中，监管部门往往将其称为"带回购条款的股权性融资"。"名股实债"广泛运用于实体企业之间，是企业常见的融资方式。[1] 在金融领域，"名股实债"常见情形如下。

常见情形一：信托公司发行信托计划筹集资金，以信托资金对目标公司进行股权投资，并约定固定的收益回报。

常见情形二：信托公司股权投资加债权投资模式。信托计划用少量资金去受让项目公司股权，剩余信托计划资金则以股东贷款的名义发放给项目公司，或者以委托贷款的方式发放给目标公司。

常见情形三：证券公司或者基金公司设立专项资管计划，向目标公司进行股权投资，或者采用股权投资加发放委托贷款模式。在退出方式上，债权部分还本付息退出，股权部分可通过目标公司项目分红、股权回购、股权转让等方式获得固定投资回报。

常见情形四：多层嵌套模式。出资方通过信托公司通道，或者证券公司、基金公司通道进行股权投资，约定固定收益回报。[2]

同时，最高人民法院认为，[3] "名股实债"类交易通常包括认购（或委托代理）、投资入股、退出这三个主要环节。其中，认购环节可以通过私募基金、股权投资、设立资管计划或信托计划等多种方式进行，使资金以股权的形式外观进入项目公司。但对该项交易的实质起决定作用的，是各方当事人事前签订的协议中关于固定收益率、固定利息支付期间、到期无条件回购或溢价回购等的约定，以及投资人在项目公司并无完全的股东权益的实质。"名股实债"交易模式的具体特征主要表现为以下四点。

第一，"名股实债"虽具有股权投资的外观，但同时具有债权投资的内涵，即兼具股权投资与债权投资的双重属性。投资人为提高交易增信，确保其债权到期后能够得到充分有效的实现，同意以股权形式向项目公司进行投资，同时约定固定利息收益以及资本金远期退出，完全符合到期还本付息的债权投资形式。

第二，"名股实债"投资人的投资收益往往不与所投资公司的经营业绩挂钩。交易方事前约定的固定收益或者回购价格，既不取决于目标公司上市后公司股票二级市场的交易价格，也不取决于公司的实际盈利情况。与完全的股权投资不同，投资人对其投入的资本金尚未丧失管理权，并不承担目标公司经营失败的风险。

---

[1] 参见贺小荣主编：《最高人民法院民事审判第二庭法官会议纪要：追寻裁判背后的法理》，人民法院出版社2018年版，第64~65页。

[2] 参见贺小荣主编：《最高人民法院民事审判第二庭法官会议纪要：追寻裁判背后的法理》，人民法院出版社2018年版，第64~65页。

[3] 参见最高人民法院民事审判第二庭编：《商事审判指导》（2019年卷），人民法院出版社2019年版，第221~222页。

第三,"名股实债"投资人并不追求对目标公司的股权进行管理和支配,亦不追求对目标公司进行控制。投融资双方的真实目的亦不在于股权标的物的所有权移转。我国《公司法》规定,股东享有收益权、分红权、参与重大决策、投票权等权益。在"名股实债"交易中,为维持融资方原有管理体系,投资人仅对某些事项具有发言权、决策权,甚至只享有限的知情权。

第四,在"名股实债"交易结构中,投资方的退出也具有显著特点。因公司法对公司股权回购进行了严格限制,投资方资金退出方式通常是以股东或实际控制人事前承诺的远期回购为主,同时设置由目标公司或目标公司股东、实际控制人或第三方对回购事项进行连带责任担保,包括股权质押、不动产抵押等增信措施。这一安排导致融资主体与偿债主体的不一致,融资主体为目标公司,而偿债主体一般为目标公司的股东或实际控制人。这一交易事项的设计很好地解决了在目标公司经营存在风险时,投资人收回其投资款的问题。

从最高人民法院民二庭的上述观点分析可以看出,关于股权转让(包括增资形式)与股权让与担保的区别认定,金融产品投资与一般实体企业投资相比,似乎没有明显不同。《人民司法·案例》2020年第35期刊载的(2019)京0101民初4729号案件,法院仅以案涉合同约定目标公司的原股东在回购期限内以固定价格回购股权,且目标公司的日常经营管理实际由原股东负责为由,认定案涉交易名为股权投资,实为金融借款。

2. 与名股实债相关的典型司法案例

【典型案例一】 西藏信托公司等与胡某奇股东资格确认纠纷案。① 再审法院认为,胡某奇、曹某和西藏信托公司均称,博源公司与西藏信托公司存在3笔债权债务关系,借款本金约3亿元,该债务已经以博源公司所有的房屋(坐落位置为北京市石景山区八大处路×号)及土地使用权设定了抵押。在此情况下,胡某奇作为长期从事商业活动的商事主体,仍以无偿方式全部转让自己持有的博源公司股权有违常理。原审庭审中,西藏信托公司曾表示其取得涉案股权的目的旨在防范债务人通过行使股东权利对资产进行不当处置,最终保障抵押权的实现。西藏信托公司亦认可其持有胡某奇单方签署的出资转让协议书的补充协议,表明胡某奇曾经做出过在债务清偿完毕后零对价回购相应股权的意思表示,但认为双方未实际签署,因此无合同约束力。西藏信托公司与胡某奇亦均否认双方之间的协议是股权买卖或股权质押关系。博源公司名下房产及土地价值几亿元,而胡某奇与西藏信托公司之间的股权转让协议未约定任何对价,显然不符合常理。综合全案情况,原审判决认定胡某奇通过转让股权并办理变更登记,使西藏信托公司取得名义股东地位,在债务不能清偿时,西藏信托公司可依其股东身份取得资产处置权,双方之间的股权转让行为系以涉案股权为标的的让与担保性质,并无不当。西藏信托公司的再审申请不符合《民事诉讼法》(2017年)第200条第2项、第6项②规定的情形。

【典型案例二】 鞍山激光产业股权投资基金合伙企业中心(有限合伙)与王某波、航天云网公司股权转让纠纷案。③ 法院认为,案涉各方签订的《沈阳中之杰流体控制系统有限公司股权

---

① 参见北京高级人民法院民事裁定书,(2019)京民申3169号。
② 参见2023年《民事诉讼法》第211条第2项、第6项。
③ 参见辽宁省沈阳市中级人民法院民事判决书,(2021)辽01民初217号。

转让协议》《分红协议》《协议书》均系以虚假意思表示行为作出的民事法律行为，其隐藏的民事法律关系应为民间借贷法律关系。但需要明确，针对该案当事人间法律关系的认定，根据商事外观主义的原则，应当采取"内外有别"的认定标准，即对于投资方、融资方之间的内部关系而言，是真正的股权投资还是明股实债模式，应当根据双方的真实意思表示确定借贷关系。但对于目标公司与任意外部第三人之间的外部关系而言，为保护第三人对于工商登记信息中股权投资关系的信赖，维护交易安全，无论投融资双方之间是真实股权投资还是明股实债，均应当认定投资方对于目标公司是真实的股权投资。

【典型案例三】通联公司与农发公司股权转让纠纷案。[①] 最高人民法院认为，关于协议性质，通联公司主张案涉《投资协议》性质为借款协议，并非股权投资协议。结合协议签订背景、目的、条款内容及交易模式、履行情况综合判断，农发公司与汉川公司之间并非借款关系，而是股权投资关系。第一，该案系农发公司按照国家发改委等四部委联合印发《专项建设基金监督管理办法》（发改投资〔2016〕1199号）的规定通过增资方式向汉川公司提供资金，该投资方式符合国家政策，不违反《公司法》及行业监管规定。事实上，基金通过增资入股、逐年退出及回购机制对目标公司进行投资，是符合商业惯例和普遍交易模式的，不属于为规避监管所采取的"名股实债"的借贷情形。第二，农发公司增资入股后，汉川公司修改了公司章程、农发公司取得了股东资格并享有表决权，虽然不直接参与汉川公司日常经营，但仍通过审查、审批、通知等方式在一定程度上参与管理，这也是基金投资模式中作为投资者的正常操作，显然不能以此否定其股东身份。第三，虽然案涉协议有固定收益、逐年退出及股权回购等条款，但这仅是股东之间及股东与目标公司之间就投资收益和风险分担所作的内部约定，并不影响交易目的和投资模式。并且在投资期限内，农发公司作为实际股东之一，其对外仍是承担相应责任和风险的。第四，农发公司根据协议约定获得了固定收益，但该固定收益仅为每年1.2%，远低于一般借款利息，明显不属于通过借贷获取利息收益的情形。其本质仍是农发公司以股权投资方式注入资金帮助企业脱困的投资行为，只有这样汉川公司及其股东通联公司才能以极低的成本获取巨额资金。综上，案涉《投资协议》系股权投资协议，一审认定其性质并非借款协议是正确的。关于协议效力，该协议是当事人的真实意思表示，且不违反法律、行政法规的禁止性规定；案涉协议的签订及履行经过了充分、完整的公司程序，汉川公司及其股东对协议签订背景、交易目的、条款内容均知悉；并且，汉川公司实际在该案交易中通过《投资协议》获得了经营发展所需资金，汉川公司及包括通联公司在内的全体股东均从中获益。因此，《投资协议》应属有效。

从以上案例可知，实务中对于名股实债的判断维度应当"对公司融资合同性质的认定，应结合交易背景、目的、模式以及合同条款、履行情况"综合判断。

[①] 参见最高人民法院民事判决书，(2019)最高法民终355号。

三、股权转让中的"阴阳合同"

股权转让阴阳合同又称"黑白合同",是指转让方和受让方在股权转让交易中,基于避税、防止其他股东行使优先购买权、易于取得审批机关批准等原因,就同一标的股权转让事宜,签订两份或以上且部分或者全部实质内容存在抵触的股权转让协议。股权转让"阴阳合同"现象十分普遍,基于《民法典》关于通谋虚伪意思表示的规定,"阴合同"体现当事人真实意思表示,属于实际履行合同,"阴合同"的效力应根据《民法典》等有关规定处理。

（一）"阴阳合同"纠纷的常见形式

实务中,股权转让"阴阳合同"纠纷的常见形式主要有以下三种：

(1) 受让方要求以"阳合同"抗辩已支付转让对价,或者主张根据"阳合同"的约定支付转让款。

(2) 案外利害关系人起诉指控交易双方为了转移资产,逃避债务,以明显不合理低价转让财产或者明显不合理高价购买财产,损害债权人利益,而主张行使撤销权,或者主张实际履行的转让合同因恶意串通、损害第三人利益而无效。

(3) 标的公司其他股东根据《公司法解释（四）》第 21 条的规定,主张按照"阴合同"约定的同等条件购买该转让股权。实务中对于恶意串通的举证标准要求较为严格,当事人往往由于举证能力局限,很难得到支持。

【典型案例】李某柱与姜某、殳某民等股权转让纠纷案。[①] 二审法院认为,根据一审判决查明的事实,姜某、殳某民已于 2009 年 7 月 25 日商定以 1∶1.8 的价格转让股权,即殳某民以 180 万元的价格将其持有的新世纪公司股份转让给姜某,但殳某民在同日给李某柱的通知中,却告知转让价格为 300 万元（转让比例为 1∶3）。殳某民、姜某还商量按照 1∶3 的比例通知其他股东,避免其他股东按照实际转让价格行使优先购买权。为了制造按照 300 万元转让股权的假象,2009 年 8 月 25 日,殳某民、姜某签订了转让价格为 300 万元的协议,但殳某民、姜某在公安机关询问笔录中承认实际转让价格为 180 万元,殳某民多收的 120 万元只是在账面上走一下。上述事实有殳某民、姜某、肖某在公安机关中的笔录及相关汇款凭证加以证明。姜某上诉认为宝应县公安局在刑事案件中收集的证据不应被采纳,对此,法院认为,上述证据已为生效刑事判决确认,姜某未提交证据予以推翻,一审法院予以采信并无不当。姜某、殳某民恶意串通,签订虚假转让股权合同,隐瞒真实的股权转让价格,损害了新世纪公司股东李某柱的优先购买权,应认定殳某民、姜某于 2009 年 8 月 25 日签订的股权转让协议无效。

（二）"阴阳合同"纠纷的处理规则

对于股权转让"阴阳合同"纠纷,应以探寻交易双方真实意思为出发点,结合磋商过程、协议缔结时点的股权估值、实际履行情况等进行综合认定。根据《民法典》第 146 条的规定："行为人与相对人以虚假的意思表示实施的民事法律行为无效。以虚假的意思表示隐藏的民事法律行为的效力,依照有关法律规定处理。"因此,判断"阴阳合同"的效力不能简单依据合同公

[①] 参见江苏省高级人民法院民事判决书,（2014）苏商外终字第 0010 号。

证等表现形式或订立时间先后确定其效力,而应结合个案的具体情况、金额差异、交易双方的真实目的等因素,综合确定当事人的真实意思,并以当事人真实意思表示作为认定合同效力基础,即虚假的意思表示的合同为无效合同,而真实意思表示的合同为有效合同。

【典型案例一】朱某杰、高某股权转让纠纷案。[1]最高人民法院认为,朱某杰与高某、唐某馀分别签订的用于工商登记机关备案登记的《股权转让协议》中,分别将股权转让价款约定为66万元和33万元,掩盖了双方股权交易价格实际为2800万元的真实情况,该用于备案登记的《股权转让协议》与双方签订的《股权转让补充合同》构成"阴阳合同"关系,依法应当认定该用于备案登记的《股权转让协议》是双方通谋实施的虚伪意思表示,为无效合同。

【典型案例二】谈某某诉西硕公司、王某某股权转让纠纷案。[2]二审法院认为,2016年12月18日签订的《股权转让协议》虽在市场监督管理局进行备案。但根据现有证据法院有合理理由相信该协议应是双方为工商备案登记所需而签订,双方于2016年12月2日签订的《合作协议》更能反映当事人的真实意思表示,涉案股权转让价款应按《合作协议》的约定履行。因此,谈某某根据《股权转让协议》诉请西硕公司向其支付股权转让款75万元及相应利息损失,缺乏事实和法律依据。

【典型案例三】傅某松与张某建股权转让纠纷案。[3]二审法院认为,就案涉《协议》和《股权转让协议书》的文本内容及相互之间的关系来看,2018年8月1日签订的《股权转让协议书》及当日的股东会决议应是双方为履行《协议》的约定到工商部门办理股权变更登记手续而签订,而双方将股权转让价款确定为1元,实际系为掩盖双方股权交易的真实价格,2018年7月13日签订的《协议》与2018年8月1日签订的《股权转让协议书》构成"阴阳合同"关系。可以认定2018年7月13日的《协议》更能反映双方当事人的真实意思表示,《协议》对傅某松、张某建有法律约束力,案涉股权转让价款应按2018年7月13日签订的《协议》的约定履行。

实务中对"阴阳合同"所涉及的相关行政责任问题,如补缴税款问题,法院通常的处理规则为通过向相关行政机关发出司法建议或者在判决文书中明示应由行政机关予以追究。

【典型案例】永昌公司与博峰公司、林某、程某开、恒达公司企业出售合同纠纷案。[4]最高人民法院认为,关于当事人所签协议的性质和效力问题,从案涉股权转让协议内容看,双方当事人的真实意思为转让标的公司的全部股权,受让方因此取得标的公司及其全部资产的控制权,包括属于无形资产的探矿权。由于股权转让均会随着资产控制权主体发生变化,目前尚无对此类变化应办理相关审批手续的规定,故以转让公司及股权的方式实现企业资产转让的,不违反国家强制性规定。关于逃避税收问题,该案双方当事人的偷税行为属于应受行政处罚手段调整的问题,构成犯罪的,应依法追究刑事责任,并不会导致转让协议无效。

---

[1] 参见最高人民法院民事判决书,(2016)最高法民终字7号。
[2] 参见广东省深圳市中级人民法院民事判决书,(2021)粤03民终8124号。
[3] 参见广东省深圳市中级人民法院民事判决书,(2019)粤03民终31197号。
[4] 参见最高人民法院民事判决书,(2012)民一终字第98号。

对于"阴阳合同"涉及外商投资问题，根据相关规定，股权转让合同须经审批机关审批才能生效，"阴合同"因未经审批，则应认定为未生效合同。

实务中还有因"隐名股东"或股权代持而引发的"阴阳合同"纠纷，股权受让人出于各种因素考量，不愿意登记为显名股东。为了保障其利益，交易双方可能会采取由名义股东作为受让人签署"阳合同"并登记为股东，实际受让人签署"阴合同"的方式。细究该种交易模式，并不违反法律法规的强制性规定，"阴合同"只要属于双方真实意思表示，可认定为有效合同。

第七节　关于公司章程限制股权转让边界的相关问题

一、公司章程是否可以对股权转让作出规定

根据《公司法》第84条的规定可知，公司章程可以对股权转让作出规定。但对前述第84条第3款规定的"公司章程对股权转让另有规定的，从其规定"应该如何理解？司法实务中一般认为：

首先，股权转让应当属于私益权，关于《公司法》在此规定公司章程对股权转让的相关规定，应该取得全体股东的一致同意，而非多数决决定。否则，章程中的此类规定可能会因损害相关股东利益而无效，至少对不同意这些规定的股东不具有约束力。

其次，有限公司的公司章程不得作出其效果是让股东实际上无法转让其持有的公司的股权的规定。否则，就违反了《民法典》第130条"民事主体按照自己的意愿依法行使民事权利，不受干涉"及第113条"民事主体的财产权利受法律平等保护"的规定。

应该注意的是，根据《民法典》第130条的规定，如果全体股东一致同意不得转让其持有的公司股权即绝对限制股权转让，是否可以视为各股东对法律赋予其权利的自由处分，这种处分的效力是否应该予以肯定，当前没有统一观点。

二、股权转让应否遵循公司章程规定

司法实务中认为，股权转让不但应符合公司章程规定的条件，还应对其他股东履行达到实质通知标准的通知义务。

【典型案例】千某公司、梦某公司股东资格确认纠纷案。[①] 最高人民法院认为，关于案涉股份转让行为是否符合公司章程规定的各项条件问题。修改后的标的公司章程第24条共有4款，第1款规定了股份可以转让前提为"依法"；第2款规定了股东对外转让股份，应取得其他股东同意，为"事先""一致"；第3款规定了其他股东享有"优先受让权"，即《公司法》规定的"优先购买权"；第4款规定了其他股东享有"同售权"。根据以上章程规定，股权转让方对外转让股份，应保障其他股东"优先购买权""同售权"的行使，且应无法定限制或其他股东有正当事由否定。结合本案查明事实，股权转让方股份转让条件尚未成就。具体理由如下：

---

① 参见最高人民法院民事判决书，(2020)最高法民终1224号。

首先，现无证据显示股权转让方在对外转让股份前曾事先与其他股东充分协商，股权转让方在发出《股权转让通知》时直接确定了对外转让价格，其他股东在收到通知后明确回函，考虑到股权转让方曾向某公司借款且可能产生抽逃公司注册资本的实质后果，不符合《公司法》关于资本维持原则的基本精神，其转让股权行为存在法定障碍，要求股权转让方清除该障碍并召开股东大会表决。该理由合理、正当，股权转让方当时并未解决该问题并及时提请股东大会讨论。

其次，《股权转让通知》所称股份受让对象为"涉某集团"，与实际受让主体千某公司不一致，虽然千某公司主张股权转让方分别向其他股东寄出《股份转让通知》，明确主体问题，但该通知内容属于告知股份转让，并非其他股东商讨行使优先购买权或同售权，形式并不完备。

最后，本案中，梦某公司的股东包括股权转让方和其他股东，但无证据显示股权转让方同样对小股东孙某履行了通知义务，明显不符合章程规定的"一致"要求。因此，千某公司虽主张其与股权转让方签订的《股权转让协议》已对标的公司及该公司其他股东发生法律效力，但在现有情况下，其履行情况尚不符合公司章程的规定，故其可待充分履行章程规定的条件后再行主张权利。

三、关于公司章程限制股权转让等相关内容的效力问题

(一)公司章程修正案对异议股东的效力

公司章程系公司自治的"宪法"，《公司法》赋予了公司章程极大的自治空间，在收益、表决和处分等股东基本权利上享有"公司章程另行规定从其规定"的自治权利。《公司法》第5条、第45条规定，初始章程由全体股东或发起人制定，并采取全体一致同意原则，故初始章程不存在异议股东的问题，对所有股东均具有约束力。公司章程修正案属于公司创设后，根据发展需要通过股东会决议的形式对初始章程进行修改后的章程文本，其实质是公司股东会针对公司章程的修改内容而出具的书面决议。公司章程经制定生效后应保持其稳定性，如需修改须按《公司法》第66条、第116条的规定和原章程规定的规则进行，并由股东会作出决议。公司章程修改后，涉及登记事项的，应在法定期间内向原登记机关办理变更登记。公司章程修正案是以股东会决议方式作出，采取资本多数决的原则，并非需要经过全体股东一致同意，故司法实务中经常产生以股东会决议方式作出的公司章程修正案，对反对决议或不参与决议的股东即异议股东是否具有约束力的问题。司实务中存在肯定和否定的两种相反的观点。

肯定观点认为，公司章程是公司设立和存在的基础，具有公司自治"宪章"的作用，是公司的基本行为准则。当持有公司2/3以上表决权的股东作出修改公司章程的决议，该决议应具有相应的法律效力。即便部分股东弃权或反对，但由于公司章程的修改符合法律和公司章程规定，修改后的内容本身不违反法律规定，应为有效，故对投出弃权或反对票的股东亦具有约束力。

【典型案例】戴某艺与扬子信息公司与公司有关的纠纷案。[①] 二审法院认为，根据扬子信息

---

① 参见江苏省南京市中级人民法院民事判决书，(2016)苏01民终1070号。

公司股东会决议通过的公司章程规定，股东因故（辞职、辞退、退休、死亡等）离开公司，其全部出资必须转让。该公司股东会决议通过的股权管理办法亦作出相同规定。虽然转让股东主张股东会决议中的签名并非其所签，但公司章程经过股东会决议通过，其不仅约束对该章程投赞成票的股东，亦同时约束对该章程投弃权票或反对票的股东。如果公司依照法定程序通过的章程条款只约束投赞成票的股东，而不能约束异议股东，则不仅违背了股东平等原则也动摇了资本多数决的公司法基本原则，因此，案涉公司章程及股权管理办法的相应规定，体现了全体股东的共同意志，是公司和股东的行为准则，对全体股东具有普遍约束力。

否定观点认为，公司章程本质上属于各股东之间达成的合意，具有契约性质。由于限制股权转让涉及股东个人权益的基本处置权利，因异议股东已经明确投出反对票或持保留意见，公司章程关于股权转让限制的修改内容不应对其产生约束力。公司资本多数决应当仅限于公司整体自治性规范部分，而不应当涉及股东个人权益处置部分，不应该强制股东放弃其个人权益。这亦是当前实务中的主流观点。

章程修正案是公司根据发展需要通过股东会决议的形式对初始章程进行修改后的章程文本，其实质是公司股东会针对公司章程的修改内容而出具的书面决议。公司章程经制定生效后应保持其稳定性，如需修改须按《公司法》规定和原章程规定的规则进行，并由股东会作出决议。《公司法》第66条第3款规定，有限责任公司修改公司章程的决议，必须经代表2/3以上表决权的股东通过；第116条第3款规定，股份有限公司修改公司章程必须经出席股东大会的股东所持表决权的2/3以上通过。章程修正案是以股东会决议方式作出，采取资本多数决原则，并非需要经过全体股东一致同意，故存在以股东会决议方式作出的章程修正案，对反对决议或不参与决议的股东即异议股东是否具有约束力的问题。由于公司章程本质上属于各股东之间达成的合意，具有契约性质，而限制股东优先购买权涉及股东个人权益处置，因异议股东已经明确投出反对票或持保留意见，公司章程相关修改内容不应对其产生约束力。公司资本多数决应当仅限于公司整体自治性规范部分，而不应当涉及股东个人权益处置部分，不应该强制股东放弃其个人权益。具体到本案，根据标的公司年度股东会决议载明，标的公司的公司章程新增"公司股东对外出让股权，其余股东放弃优先购买权"内容。该决议注明：部分股东同意，部分股东不同意。因此，章程该修改内容对异议股东不发生效力，异议股东可以依法行使优先购买权。

（二）关于公司章程绝对限制股权转让的效力

根据《公司法》第84条第3款的规定，股东之间内部转让公司股权及对外向股东以外的第三方转让股权，均可以通过公司章程作出特别约定。但是，对于有限责任公司的章程限制股权转让的边界，包括能否约定排除股东之间股权自由转让的权利以及股东的优先购买权等问题，司法实践中存在争议。

1. 关于公司章程排除股东之间股权自由转让的效力

有地方法院认为，从《公司法》第84条第3款的文义来看，其并未规定公司章程对股权转让限制的边界。如果公司章程规定绝对禁止或限制股东转让股权。换言之，公司的股东之间既不能自行转让其全部或者部分股权,也不能向股东以外的人转让股权,这种规定并不违反法律强制性规定。相关公司章程规定合法,应当认定为有效,对公司股东具有约束力。

但主流裁判观点认为,股权转让是法律赋予股东的法定权利,公司章程对股东转让股权的限制应有合理边界。过度限制、剥夺股东自由转让股权,导致股东失去退出公司的机会,不符合《公司法》股权转让自由的基本原则,也有悖商业常识。

部分省高级人民法院此前出台的裁判规则持类似观点:

《江苏省高级人民法院关于审理适用公司法案件若干问题的意见(试行)》第60条规定:"公司股东违反章程规定与他人签订股权转让合同的,应认定合同无效,但存在下列情形之一的除外:(1)章程的该规定与法律规定相抵触的;(2)章程的该规定禁止股权转让的;(3)经股东会三分之二以上有表决权的股东同意的。"

《山东省高级人民法院民事审判第二庭关于审理公司纠纷案件若干问题的解答》提出,公司章程是一种具有契约属性的公司自治规则,公司章程不得与《公司法》的强制性规范及《公司法》的基本精神、原则相冲突,如有冲突,所制定的条款无效。

2. 关于公司章程限制股东优先购买权的效力

我国《公司法》确定了章程可对公司股权转让另行作出规定的基本原则。对于这一原则的理解,首先,公司章程可以就优先购买权限制作出区别于《公司法》的规定;其次,与前述公司章程对股权转让限制效力确定的原则相符,公司初始章程约束全体股东,公司章程修订时对股权优先购买权进行限制,则仅约束同意股东,而不约束异议股东。有限责任公司以公司章程规定形式限制股东优先购买权,符合《公司法》第84条第3款的规定,效力仅及于同意该条款的股东,持反对票或未明示同意该条款的股东,仍旧享有法定的优先购买权。在股权对外转让过程中,其他股东可依据《公司法》第84条的规定及《公司法解释(四)》第17条的规定,行使股权优先购买权。若其他股东认为公司章程修正案强制排除其优先购买权,可向法院提起股权转让纠纷或损害股东利益责任纠纷的诉讼,主张行使优先购买权。其他股东行使优先购买权导致原股权转让合同无法继续履行的,转让方股东应对原股权受让方承担违约责任。

(三)公司章程规定"人走股留"的效力

强制退股规定可以通过多种形式表现,有的是在公司出资协议或股权转让协议条款中进行约定,有的是在股东会决议中规定,最为常见的是在公司章程中规定。此类条款的具体约定大致可分为由公司收回,或将股权转让给特定股东或指定第三人。对于此类条款的效力,实务界存在争议:

肯定观点认为,首先,公司章程是规定公司组织和行为基本规则的重要文件,订立公司章程是股东自治行为,除《公司法》禁止性规定外,股东可以自主约定公司章程内容。在公司章程中约定股东离开公司时必须退出公司投资,该内容属公司意思自治范畴,并不违反《公司法》强制性规定。《公司法》明确规定,公司章程对股权转让另有规定的,从其规定,所以公司章程中"人走股留"条款内容合法。其次,基于有限责任公司的封闭性和人合性,公司章程对公司股东转让股权作出某些限制性规定,是公司自治的体现,该类规定具有正当性。最后,从股东个人角度分析,在公司章程中约定离开公司时须退股,实为附条件的民事法律行为,在员工入职或者股东加入公司投资时约定附条件解除或终止投资关系,该条件的设定并不违反法律、行政法规的强制性规定。

否定观点认为:对于"人走股留"条款法律效力的分析,应建立在对股权法律属性认识和了解的基础上。股权是股东因出资而取得,依法定或者公司章程规定参与公司经营管理事务,并对公司享受财产利益和人身权利,具有可转让性的综合性权利。《公司法》第84条第3款规定针对的是股东转让股权行为,即股东作出股权转让意思表示后,其转让行为必须遵守公司章程规定,但不能理解为公司章程有权代替股东作出转让股权的意思表示。公司章程体现公司的集体意志,而非股东个人意志。公司章程规定不能必然体现股东个人意思表示。如果认可其效力,则意味着章程可以随意开除某股东的身份资格,或者随意强迫某股东向股东会决议指定的其他股东出让股权,这样无疑会侵害股东合法权益,股东权益尤其是小股东权益将无保障可言。因此,公司章程只能规范股东转让股权行为,而不能强制或代替股东个人作出转让股权的决定。公司章程并不属于民事契约,并不能强制或替代股东个人意思表示。公司章程中的"人走股留"条款因侵犯股东个人合法权益,不应具有法律效力。

前述不同观点源于二者的立足点不同,实际上可以将对股东权利的限制或负担建立在法定或约定的情形下,基于权利法定或民事权利自由处分的原则,就能顺利解决两种观点的矛盾,达成法律效力一致的结论。换言之,当股东在公司出资协议、股权转让协议或者公司章程中认可"人走股留"条款时,就符合附条件民事法律行为的要件,应视为权利人对其权利负担的认可,这一认可行为系自己对自己权利的处分行为,其效力应当得到肯定。所以,初始公司章程或全体股东一致同意的章程修正案,其中的"人走股留"条款约定并不违反法律禁止性规定,具有法律效力,对全体股东均有约束力。

【典型案例】宋某某诉大华公司股东资格确认纠纷案。[①] 再审法院认为,一是关于初始章程约定"人走股留"是否有效问题。首先,标的公司章程第14条规定:"公司股权不向公司以外的任何团体和个人出售转让。公司改制一年后,经董事会批准后可以在公司内部进行赠与、转让或继承。持股人若死亡或退休,经董事会批准后方可继承、转让或由企业收购,持股人若辞职、调离或被辞退、解除劳动合同,人走股留,所持股份由企业收购。"依照《公司法》(2013年)第25条第2款[②] 关于"股东应当在公司章程上签名、盖章"的规定,有限公司章程是公司设立时全体股东一致同意并对公司及全体股东产生约束力的规则性文件,宋某某在公司章程上签名的行为,应视为其对前述规定的认可和同意,该章程对标的公司及宋某某均产生约束力。其次,基于有限责任公司封闭性和人合性的特点,由公司章程对公司股东转让股权作出某些限制性规定,是公司自治的体现。在本案中,标的公司进行改制时,宋某某之所以成为标的公司的股东,其原因在于宋某某与标的公司存在劳动合同关系,如果宋某某与标的公司没有建立劳动关系,则宋某某没有成为标的公司股东的可能性。同理,标的公司章程将是否与公司具有劳动

---

① 参见陕西省高级人民法院民事裁定书,(2014)陕民二申字第00215号。
② 参见新《公司法》第64条第2款。

合同关系作为取得股东身份的依据继而作出"人走股留"的规定,符合有限责任公司封闭性和人合性的特点,亦是公司自治原则的体现,不违反《公司法》的禁止性规定。最后,标的公司章程第14条关于股权转让的规定,属于对股东转让股权的限制性规定而非禁止性规定,宋某某依法转让股权的权利没有被公司章程所禁止,标的公司章程不存在侵害宋某某股权转让权利的情形。综上,本案一审、二审法院均认定标的公司章程不违反《公司法》的禁止性规定,应为有效的结论正确,宋某某的这一再审申请理由不能成立。二是章程规定"人走股留"由公司回购是否违反《公司法》(2013年)第74条[①]所规定的异议股东回购请求权法定行使条件限制。《公司法》(2013年)第74条规定了异议股东回购请求权具有的法定行使条件,即只有在"(一)公司连续五年不向股东分配利润,而公司该五年连续盈利,并且符合本法规定的分配利润条件的;(二)公司合并、分立、转让主要财产的;(三)公司章程规定的营业期限届满或者章程规定的其他解散事由出现,股东会会议通过决议修改章程使公司存续的"三种情形下,异议股东有权要求公司回购其股权,对应的是公司是否应当履行回购异议股东股权的法定义务。而本案属于标的公司是否有权基于公司章程的规定及其与宋某某的合意而回购宋某某的股权,对应的是标的公司是否具有回购宋某某股权的权利,二者性质不同,《公司法》(2013年)第74条不能适用于本案。在本案中,宋某某向标的公司提出解除劳动合同申请并于同日手书《退股申请》,提出"本人要求全额退股,年终盈利与亏损与我无关"该《退股申请》应视为其真实意思表示。标的公司退还其全额股价款并召开股东大会审议通过了宋某某等三位股东的退股申请,标的公司基于宋某某的退股申请,依照公司章程的规定回购宋某某的股权,程序并无不当。另外,《公司法》所规定的抽逃出资专指公司股东抽逃其对公司出资的行为,公司不能构成抽逃出资的主体,宋某某的这一再审申请理由不能成立。

实务中,与前述公司章程对于股权转让、优先购买权的限制效力同理,初始公司章程中"人走股留"的规定对所有股东具有约束力;公司章程修正案新增的"人走股留"规定,对反对决议或不参与决议的股东不产生约束力,仅对赞成股东具有约束力。

在此应当注意的是,虽然经股东同意,公司章程规定"人走股留"条款具有效力,但是股东对其股权仍享有议价权和股权转让方式的决定权,除双方事前已经约定回购价格。实务中常见的有由股东会决议确定股权转让的价格,司法实践中,一般认为仅对赞成该决议的股东有约束力,对其他股东则不产生法律效力。实务中,减少此类纠纷的较好解决办法是通过提前约定来实现,比如公司章程通过约定按照上一年财务报告的股权净额回购,或者由转让公司指定的受让人受让,以此来减少纠纷。

(四)公司章程规定股权转让须经董事会会议决议通过及限制股权价格的效力

实务中,公司章程对股权转让限制的常见方式,主要表现为对转让价格、转让对象、增加股权转让程序和环节等进行限制。

---

① 参见新《公司法》第89条。

1. 公司章程规定股权转让须经董事会会议决议通过的效力

实务中，公司章程增加股权转让程序的常见方式，是在章程中规定股权对外转让须经董事会会议决议通过。对此类的规定效力认定，司法实践中一般认为，与前述关于公司章程限制股权转让应具有合理边界的观点是一样的，即公司章程对于股东转让股权的限制，不能实质上构成禁止股东自由转让股权的效果，如构成则应无效。上海市第一中级人民法院在（2012）沪一中民四（商）终字第 S1806 号案二审判决书中就指出，股权转让需经董事会会议决议的程序，客观上限制了《公司法》赋予有限责任公司股东依法转让股权的法定权利，因此，该规定不但与《公司法》相悖，而且不具有合理性，亦不属于当事人可自由约定的内容范畴。

2. 公司章程限制股权价格的效力

对于公司章程对股东转让股权时的交易价格进行限制的相关内容，司法实务中一般认为，初始章程或者全体股东一致同意通过的修正案对此的相关规定，应当有效。

【典型案例】边某栋与丁某忠股权转让纠纷案。① 二审法院认为，根据该公司公司章程第16条关于"股权转让，其转让价格自公司设立之日起至该股东与成都美迪不再具有劳动关系为止，按转让方股东原始出资额每年10%的单利计算"的规定可以看出，股权转让价格仅为单利，不包含原始出资额。公司章程包含股东共同一致的意思表示，公司章程中对于股权转让款价格的约定合法有效，无论公司目前经营状况是盈利还是亏损，如无相反约定，股权转让价格均应按公司章程规定的方式计算。

（五）章程未进行工商登记的效力认定

司法实务中一般认为，公司章程未进行工商登记不影响其效力。

【典型案例】信某投资公司与信某置业公司合同纠纷再审案。② 最高人民法院认为，关于确定股东享有优先购买权资格的公司章程未进行工商登记会否影响其效力问题。章程是信某投资公司与庄某公司双方的真实意思表示，章程关于股权转让的约定依法适用于双方当事人，庄某公司不仅签署了章程，而且作为事实上的股东，应当遵守章程的约定，受章程的约束。从章程适用的时间看，章程明确规定章程自双方签字盖章之日起生效，即意味着章程不仅适用于工商变更登记后，也适用于工商变更登记前。信某投资公司对外转让股权时提前1个月通知庄某公司，庄某公司虽然表示反对，并没有提出购买，按照章程规定，应视为同意转让。二审认为庄某公司不是股东，因而不适用章程规定，与事实不符，也与章程规定不符，再审予以纠正。

第八节 关于代持股权转让的相关问题

一、名义股东即股权代持人能否以自身名义转让股权

（一）司法实践中名义股东擅自处分代持股权的处理原则

名义股东与实际出资人谁有权转让股权，学术界和实务界存在"实质说"和"形式说"两

---

① 参见四川省成都市中级人民法院民事判决书，（2015）成民终字第 5778 号。
② 参见最高人民法院民事判决书，（2020）最高法民再 15 号。

种观点。前者根据"谁投资,谁收益"原则,认为实际出资人属公司股东,对其实际投资的股权应享有处分权;后者认为,为了维护交易安全,应坚持"谁登记谁收益"原则,名义股东符合法律规范意义的形式特征,应确认为公司股东,享有股权处分权。《公司法解释(三)》第25条规定:"名义股东将登记于其名下的股权转让、质押或者以其他方式处分,实际出资人以其对于股权享有实际权利为由,请求认定处分股权行为无效的,人民法院可以参照民法典第三百一十一条的规定处理。名义股东处分股权造成实际出资人损失,实际出资人请求名义股东承担赔偿责任的,人民法院应予支持。"可见,该司法解释规定采纳了"实质说"观点。

关于名义股东擅自处分股权协议的效力问题,对比原《合同法》第51条、原《买卖合同司法解释》第3条①及《民法典》第597条、第311条第1~2款②的规定,我们不难发现,《民法典》的前述规定,针对无权处分的问题,对此前的立法规范进行了修改与完善:一是根据负担行为和处分行为相区分原则,明确了无权处分合同不因未取得处分权而无效;二是所有权人有权追回无权处分标的物,但第三人善意取得除外;三是若第三人构成善意取得,原所有权人可向无处分权人请求损害赔偿;四是若第三人不构成善意取得,第三人可以解除合同并向出卖人主张违约责任;五是若无权处分合同因其他法定理由被认定无效或被撤销,第三人无法依据《民法典》中的善意取得要件获得标的物的所有权。《民法典》以此来实现对所有权人的物权利益与第三人权益之间的平衡保护。

名义股东擅自转让股权的,应当根据《民法典》的上述规定,处理实际出资人、名义股东以及作为受让方的第三人之间由此引发的纠纷。可能产生的处理结果有:一是名义股东擅自签订股权转让合同,当作为受让方的第三人构成善意取得时,可取得名义股东转让的股权,实际出资人可以请求名义股东承担损害赔偿责任;二是第三人不构成善意取得,实际出资人可以解除合同并向名义股东主张违约责任,第三人因此受到的损失,可以请求名义股东承担过错赔偿责任;三是如果实际出资人有相反证据证明第三人签订股权转让合同时存在恶意,知道或者应当知道名义股东不是实际出资人,则应确认股权转让合同无效,或者以存在法定事由撤销股权转让合同,第三人无法依据《民法典》规定的善意取得要件获得股权。

(二)司法实践中关于股权善意取得的裁判观点及典型案例

裁判观点一:<u>股权既非动产也非不动产,但可类推适用民法中的善意取得制度,以维护善意第三人对权利公示之信赖,保证交易秩序的稳定与安全。</u>

【典型案例】京龙公司与三岔湖公司等及合众公司等股权确认纠纷案。③最高人民法院认为,本案涉及两个问题,一是关于鼎泰公司、合众公司能否取得案涉目标公司股权的问题。

鼎泰公司与三岔湖公司签订的《锦荣和星展公司股权转让协议》,合众公司与三岔湖公司、刘某某签订的《锦云公司和思珩公司股权转让协议》,此两份合同均系当事人之间的真实意思表示。因刘某甲系鼎泰公司的股东及法定代表人、合众公司股东,同时也是受让目标公司

---

① 2020年修正的《买卖合同司法解释》已将该条删除。
② 参见原《物权法》第106条。
③ 参见最高人民法院民事判决书,(2013)民二终字第29号。

星展公司监事、锦荣公司总经理、思珩公司执行董事和法定代表人；刘某乙系合众公司的股东及法定代表人、鼎泰公司股东；刘某乙、刘某甲共同持有鼎泰公司、合众公司100%的股权，且三岔湖公司、刘某某系将天骋公司、星展公司、锦荣公司、锦云公司、思珩公司的股权整体转让给京龙公司，一审判决根据《公司法》（2005年）第50条、第51条、第54条①的规定及星展公司、锦荣公司、思珩公司的公司章程所载明的执行董事、总经理、监事的职权的规定，认定刘某甲作为目标公司的高级管理人员，知道或应当知道三岔湖公司、刘某某已将案涉5家目标公司的股权转让给京龙公司，鼎泰公司、合众公司在作出受让案涉转让股权决议之时，刘某甲应当参与了鼎泰公司、合众公司的股东会会议及对决议的表决，故认定鼎泰公司和合众公司在受让案涉股权时，就已经知道或应当知道股权在其受让前已由京龙公司受让的事实，并无不当。

鼎泰公司受让星展公司、锦荣公司各10%股权的价格1000万元显著低于京龙公司受让同比股权的价格24,713,145元；合众公司受让锦云公司、思珩公司全部股权的价格14,190,112元显著低于京龙公司受让全部股权的价格170,281,350元。鼎泰公司和合众公司在知道三岔湖公司、刘某某与京龙公司的股权转让合同尚未解除的情况下，分别就星展公司和锦荣公司、锦云公司和思珩公司与三岔湖公司、刘某某达成股权转让协议，且受让价格均显著低于京龙公司的受让价格，并将受让公司过户到鼎泰公司、合众公司名下，而三岔湖公司、刘某某在未解除与京龙公司之的合同的情形下将目标公司股权低价转让给关联公司，损害了京龙公司根据《股权转让协议》及其《补充协议》可以获取的利益，根据《合同法》第52条第2项②有关"恶意串通，损害国家、集体或者第三人利益"的合同属于无效合同之规定，鼎泰公司与三岔湖公司签订的《锦荣和星展公司股权转让协议》，合众公司与三岔湖公司、刘某某签订的《锦云公司和思珩公司股权转让协议》属于无效合同。三岔湖公司、刘某某以低价转让目标公司股权系为解决资金紧缺问题为由，主张鼎泰公司、合众公司受让目标公司股权不构成恶意，但三岔湖公司、刘某某在接受京龙公司逾期支付的股权转让款后，既未催促京龙公司交纳合同所涉全部价款也未行使合同解除权，而在其与鼎泰公司的股权交易中，在2010年11月24日为鼎泰公司办理了工商变更登记，但直至本案一审诉讼开始后的2011年4月20日才支付股权转让价款，与三岔湖公司、刘某某所主张的系为解决资金紧缺问题而提供的低价转让优惠的主张相矛盾，故对鼎泰公司、合众公司低价受让目标公司股权系为解决资金紧缺问题而提供的优惠，不构成恶意的主张，法院不予支持。

根据《合同法》第58条③"合同无效或者被撤销后，因该合同取得的财产应当予以返还"之规定，鼎泰公司应当将受让的星展公司、锦荣公司各10%的股权返还给三岔湖公司，合众公司亦应将受让的锦云公司、思珩公司的股权分别返还给三岔湖公司、刘某某。鼎泰公司、合众公司明知京龙公司受让目标公司股权在先，且未支付合理对价，故亦不能依据有关善意取得的法律规定取得目标公司股权。

---

① 分别参见新《公司法》第75条、第76条、第79条。
② 参见《民法典》第154条。
③ 参见《民法典》第157条。

二是关于华仁公司能否善意取得案涉目标公司股权的问题。

合众公司与华仁公司于 2010 年 9 月 8 日签订的《锦云和思珩公司股权转让协议 1》,主体合格、意思表示真实,亦不违反法律、行政法规的强制性规定,属合法有效的合同。京龙公司主张该合同因恶意串通损害其利益而无效,但华仁公司受让目标公司的股权价格高于京龙公司受让价格、华仁公司的付款方式及付款凭证、目标公司股权变更的时间及次数的事实并不能证明华仁公司有与合众公司串通、损害京龙公司利益的恶意,京龙公司亦未能提供其他证据证明华仁公司存在此恶意,故对京龙公司有关合众公司与华仁公司于 2010 年 9 月 8 日签订的《锦云和思珩公司股权转让协议 1》因恶意串通损害第三人利益而无效的主张,法院不予支持。

因合众公司与三岔湖公司、刘某某所签订的《锦云公司和思珩公司股权转让协议》无效,合众公司不能依法取得锦云公司、思珩公司的股权,其受让的锦云公司、思珩公司的股权应当返还给三岔湖公司、刘某某。故合众公司将锦云公司、思珩公司的股权转让给华仁公司的行为属于无权处分行为。对华仁公司能否依据善意取得制度取得锦云公司、思珩公司的全部股权问题,根据《公司法解释(三)》第 28 条第 1 款有关"股权转让后尚未向公司登记机关办理变更登记,原股东将仍登记于其名下的股权转让、质押或者以其他方式处分,受让股东以其对于股权享有实际权利为由,请求认定处分股权行为无效的,人民法院可以参照物权法第一百零六条的规定处理"的规定,受让股东主张原股东处分股权的行为无效应当以支付股权转让价款并享有实际股东权利为前提。但本案中,京龙公司既未向三岔湖公司、刘某某支付锦云公司、思珩公司的股权转让价款,也未对锦云公司、思珩公司享有实际股东权利,且合众公司系在京龙公司之后的股权受让人,而非原股东,故本案情形并不适用该条规定。我国《公司法》并未就股权的善意取得制度作出明确的法律规定,但《物权法》第 106 条①规定了动产及不动产的善意取得制度,其立法意旨在于维护善意第三人对权利公示之信赖,以保障交易秩序的稳定及安全。股权既非动产也非不动产,故股权的善意取得并不能直接适用《物权法》第 106 条之规定。股权的变动与动产的交付公示及不动产的登记公示均有不同。根据《公司法》(2005 年)第 33 条第 3 款②有关"公司应当将股东的姓名或者名称及其出资额向公司登记机关登记;登记事项发生变更的,应当办理变更登记。未经登记或者变更登记的,不得对抗第三人"之规定,股权在登记机关的登记具有公示公信的效力。本案中锦云公司及思珩公司的股权已变更登记在合众公司名下,华仁公司基于公司股权登记的公示方式而产生对合众公司合法持有锦云公司及思珩公司股权之信赖,符合《物权法》第 106 条所规定的维护善意第三人对权利公示之信赖,以保障交易秩序的稳定及安全之意旨。故本案可类推适用《物权法》第 106 条有关善意取得之规定。因华仁公司与合众公司进行股权交易时,锦云公司、思珩公司均登记在合众公司名下,且华仁公司已委托会计师事务所、律师事务所对锦云公司、思珩公司的财务状况、资产状况、负债情况、所有者权益情况、银行查询情况等事项进行尽职调查并提供尽职调查报告,京龙公司亦无证据证明华仁公司在交易时明知其与三岔湖公司、刘某某之间的股权交易关系

---

① 参见《民法典》第 311 条。
② 参见新《公司法》第 3 条。

的存在，故可以认定华仁公司在受让锦云公司、思珩公司股权时系善意。京龙公司以目标公司股权在一个月内两次转手、华仁公司对股权交易项下所涉土地缺乏指标的事实属于明知、华仁公司在明知目标公司的债权人无合法票据证明的情况下仍为目标公司偿还59,480,830.42元债务、华仁公司委托的会计师事务所及律师事务所所作的尽职调查存在明显虚假和瑕疵为由，主张华仁公司不构成善意。但股权转让的次数与频率、目标公司财产权益存在的瑕疵、华仁公司为目标公司代偿债务的行为，均不能证明华仁公司明知京龙公司与三岔湖公司、刘某某的交易情况。京龙公司虽主张此两份尽职调查报告存在明显虚假和瑕疵，但亦未提供证据证明，故对京龙公司有关华仁公司受让目标公司股权不构成善意的主张，法院不予支持。

京龙公司认为，华仁公司受让目标公司股权的价格既高于京龙公司的受让价格也远高于同期同一地域位置的地价，且交易仅有手写的普通收据，开具时间是2010年9月13日，而银行付款时间是9月14日，内容为业务往来款而非股权转让款，无有效的付款凭证，故不符合以合理价格受让的条件。但对善意取得受让价格是否合理的认定，系为防止受让人以显著低价受让，而高于前手的交易价格，则常为出卖人一物再卖之动因，并不因此而当然构成受让人的恶意。华仁公司的付款时间与付款形式并不影响对华仁公司支付股权转让价款的事实认定，故对京龙公司有关华仁公司未以合理价格受让目标公司股权的主张，法院不予支持。

因京龙公司无证据证明华仁公司在受让目标公司股权时系恶意，且华仁公司已支付了合理对价，锦云公司、思珩公司的股权也已由合众公司实际过户到华仁公司名下，华仁公司实际行使了对锦云公司、思珩公司的股东权利，符合《物权法》第106条有关善意取得的条件，故应当认定华仁公司已经合法取得了锦云公司、思珩公司的股权。对京龙公司有关确认合众公司转让锦云公司、思珩公司股权的行为无效，并判决将锦云公司、思珩公司股权恢复至三岔湖公司、刘某某名下的诉讼请求，法院不予支持。

综上，一审判决三岔湖公司将其持有的星展公司、锦荣公司各10%的股权转让给鼎泰公司的处分行为无效，鼎泰公司应将受让股权返还给三岔湖公司，驳回京龙公司将锦云公司、思珩公司100%的股权恢复至三岔湖公司、刘某某持有的请求并无不当，但判决认定鼎泰公司与三岔湖公司签订的《锦荣和星展公司股权转让协议》合法有效、合众公司与三岔湖公司及刘某某签订的《锦云公司和思珩公司股权转让协议》合法有效有误，法院予以纠正。

裁判观点二：他人伪造签名转让股权，属于无权处分，受让人尽到合理的审查义务，支付股权转让款并办理工商变更登记的，受让人可善意取得该部分股权。

【典型案例】崔某某、俞某某与荣耀公司、燕某等股权转让纠纷案。[1]最高人民法院认为，根据本案一审、二审查明的事实，荣耀公司、燕某等4人伪造崔某某、俞某某的签名，制作虚假的《股东会决议》《股权转让协议》，并到工商行政管理机关办理了股权变更登记手续，将崔某某、俞某某在世纪公司60%的股权变更到荣耀公司、燕某等4人名下。此后，荣耀公司、燕某等4人通过与孙某某等5人签订《股权转让协议》，将已经在工商行政管理机关登记其名下的

---

[1] 参见最高人民法院民事判决书，(2006)民二终字第1号。

世纪公司 60% 的股权转让给孙某某等 5 人。根据本案现有证据,不能证明孙某某等 5 人在股权受让过程中存在恶意,以及协议约定的股权受让价格不合理等情况,可以认定孙某某等 5 人受让股权系善意。虽然孙某某等 5 人系从无权处分股权的荣耀公司、燕某等 4 人处受让股权,但孙某某等 5 人在本案涉及的股权交易中没有过错,为维护社会经济秩序的稳定,应认定其取得世纪公司的相应股权。孙某某等 5 人在二审中答辩认为本案应当适用善意取得制度的理由成立,法院予以采纳。

(三)司法实践中关于名义股东转让股权行为认定的裁判观点及典型案例

裁判观点一:名义股东转让股权属于无权处分行为。

【典型案例】[①]《公司法解释(三)》第 25 条规定:"名义股东将登记于其名下的股权转让、质押或者以其他方式处分,实际出资人以其对于股权享有实际权利为由,请求认定处分股权行为无效的,人民法院可以参照民法典第三百一十一条的规定处理。名义股东处分股权造成实际出资人损失,实际出资人请求名义股东承担赔偿责任的,人民法院应予支持。"《民法典》第 311 条第 1 款、第 2 款规定:"无处分权人将不动产或者动产转让给受让人的,所有权人有权追回;除法律另有规定外,符合下列情形的,受让人取得该不动产或者动产的所有权:(一)受让人受让该不动产或者动产时是善意;(二)以合理的价格转让;(三)转让的不动产或者动产依照法律规定应当登记的已经登记,不需要登记的已经交付给受让人。受让人依据前款规定取得不动产或者动产的所有权的,原所有权人有权向无处分权人请求损害赔偿。"根据上述规定,名义股东擅自处分股权应当按照无权处分处理。

裁判观点二:针对无权处分人签订的股权转让合同效力,根据负担行为和处分行为区分原则,该合同不因未取得处分权而无效。

【典型案例】[②]《民法典》第 597 条规定:"因出卖人未取得处分权致使标的物所有权不能转移的,买受人可以解除合同并请求出卖人承担违约责任。法律、行政法规禁止或者限制转让的标的物,依照其规定。"第 311 条第 1 款、第 2 款规定:"无处分权人将不动产或者动产转让给受让人的,所有权人有权追回;除法律另有规定外,符合下列情形的,受让人取得该不动产或者动产的所有权:(一)受让人受让该不动产或者动产时是善意;(二)以合理的价格转让;(三)转让的不动产或者动产依照法律规定应当登记的已经登记,不需要登记的已经交付给受让人。受让人依据前款规定取得不动产或者动产的所有权的,原所有权人有权向无处分权人请求损害赔偿。"根据上述规定,针对无权处分人签订的股权转让合同效力,根据负担行为和处分行为区分原则,该合同不因未取得处分权而无效,只要合同体现双方真实意思,且未违反法律、行政法规强制性规定,该合同的债权行为即具有效力,但标的股权所有权转移的物权行为处于效力待定状态。经权利人追认或事后取得处分权后,标的股权转让物权行为亦发生效力。如果所有权人不同意该股权转让行为,其有权将无权处分标的股权追回,但第三人善意取得的除外;若第三人构成善意取得,标的股权原所有权人可向无权处分人请求损害赔偿;第三

---

① 参见张应杰主编:《公司股权纠纷类案裁判思维》,人民法院出版社 2023 年版,第 134 页。
② 参见张应杰主编:《公司股权纠纷类案裁判思维》,人民法院出版社 2023 年版,第 139~140 页。

人不构成善意取得,其可以请求解除股权转让合同并向无处分权人即转让方主张违约责任。

<u>**裁判观点三**:股权被无处分权人转让的,受让人可依据《民法典》第 311 条的规定善意取得,以维护善意第三人对权利公示的信赖,保障交易安全,原所有权人可另循法律途径,向无处分权人主张赔偿责任。</u>

【**典型案例**】高某某与张某某、百里杜鹃公司、袁某1、袁某2股权转让合同纠纷案。[①]二审法院认为,经查,张某某与袁某1、袁某2签订的《股权转让协议》是当事人的真实意思表示,不违反法律、行政法规的强制性规定,且无权处分不构成认定股权转让协议无效的事由,应当认定为有效合同。根据《民法典》第311条的规定,具体到本案:其一,袁某1、袁某2受让诉争股权时是善意的。张某某在转让金某商砼公司股权时,并未告知其未经高某某同意处分高某某享有股权的事实,且袁某1、袁某2也无法知悉张某某未经高某某授权处分高某某股权的事实,在案证据也无法证实张某某与袁某1、袁某2之间有恶意串通的情形,故可以认定袁某1、袁某2受让高某某的股权是善意的。其二,诉争股权以合理的价格转让。从协议签订看,袁某1、袁某2实际支付了股权转让款。故可以认定袁某1、袁某2受让金某商砼公司的股权支付了相应的股权转让款。其三,诉争股权依照法律规定已进行了登记。工商管理部门已经变更了工商登记,袁某1、袁某2已取得本案诉争的股权,成为金某商砼公司的股东。因此,袁某1、袁某2依据《民法典》第311条关于"善意取得"的规定已取得本案诉争的股权。高某某作为原权利人要求确认其为标的公司的股东,没有事实和法律依据,依法不予支持。高某某的具体损失可另循法律途径解决。

二、实际出资人即隐名股东能否以自身名义转让股权

实际出资人即隐名股东,是指基于规避法律或其他原因,借用他人名义对公司进行出资并享有投资权益,但在公司章程、股东名册和工商登记中却未记载其为出资人的实际出资人[②]。对于股权代持协议,根据《公司法解释(三)》第24条的规定,实际出资人与名义股东对该合同效力发生争议的,如无法律规定的无效情形,法院应当认定该合同有效;实际出资人与名义股东因投资权益归属发生争议,实际出资人以其实际履行了出资义务为由向名义股东主张权利的,法院应予支持;实际出资人未经公司其他股东半数以上同意,请求公司变更股东、签发出资证明书、记载于股东名册、记载于公司章程并办理公司登记机关登记的,法院不予支持。该规定对股权代持情况下隐名股东与名义股东之间的代持协议效力、隐名股东享有的投资收益权以及显名条件进行了原则性规定。在实务中,因隐名股东以自身名义转让股权,受让方反悔或者名义股东不予配合而引发的纠纷较为常见。对于隐名股东转让股权行为的效力,司法实务中存在不同观点。

否定观点认为,《公司法》第32条第1款、第34条规定,名义股东与隐名股东之间的代持协议属于其双方内部法律关系,仅在双方之间发生内部效力,对第三方不具有拘束力。隐名股

[①] 参见贵州省高级人民法院民事判决书,(2018)黔民终1119号。
[②] 参见张应杰主编:《公司股权纠纷类案裁判思维》,人民法院出版社2023年版,第106页。

东对外不具有公司股东的法律地位,其不得以具有内部股权代持关系为由对标的公司股权予以处分。

肯定观点认为,根据《公司法解释(三)》第 25 条第 1 款的规定,名义股东将登记于其名下的股权转让、质押或者以其他方式处分,实际出资人以其对于股权享有实际权利为由,请求认定处分股权行为无效的,法院可以参照《民法典》第 311 条的规定处理,即名义股东处分其名下股权按无权处分原则进行处理。换言之,隐名股东(实际投资人)是真正有权处分股权的主体,其有权转让被代持的股权,特别是在受让方明知其隐名股东身份的情况下。

对此,司法实践中普遍认为前述肯定观点更符合《公司法解释(三)》第 25 条规定的精神。隐名股东作为实际出资人,其所处置的并非完整意义上的股权,其转让的仅仅是作为实际出资人的隐名投资地位,相当于一种普通债权债务的移转。隐名股东作为股权隐名投资人,其具有处分其所享有的隐名投资人权益的权利,该行为应属于有权处分行为。对于隐名股东转让股份,受让方从实际出资人处受让隐名股权,受让方将承继转让方与名义股东形成的股权代持关系;受让方欲取代名义股东成为显名股东时,需要经过公司其他股东过半数同意。

对此还需要注意的是,在《最高人民法院关于公司法解释(三)、清算纪要理解与适用》中,针对实际出资人转让股权的实务处理,分为两种情况进行讨论。

第一种情况,第三人明知实际出资人的存在,并从实际出资人处受让股权时,如果名义股东并没有提出反对,则可以认定该转让有效。此时在实际出资人和第三人之间转让的不是股权,因为此时股权仍然归名义股东享有,其转让的仅仅是实际出资人的隐名投资地位,相当于一种债权债务的移转,而新的受让人欲取代名义股东显名化时亦需要经过公司其他股东过半数同意。

裁判观点一:对公司外部而言,公司的股权应当以对外公示的工商登记为准;而在公司内部,有关隐名股东身份及持股份额之约定等属于公司与实际出资人或名义股东与实际出资人之间形成的债权债务的合意,除非隐名股东要求变更为显名股东,该约定不会引起外界其他法律关系的变化,亦不会破坏有限责任公司的人合性,故隐名股东转让股权,在股权转让的受让人明知其系隐名股东,且公司及其他登记股东均未对股权转让提出异议的情况下,隐名股东签订的《股权转让合同》合法有效。

【典型案例一】 焦某成等与毛某随股权转让纠纷案。① 针对《股权认购协议书》中确定毛某随持有 12%的股权是否有效的问题,最高人民法院认为,对公司外部而言,公司的股权应当以对外公示的工商登记为准;而在公司内部,有关隐名股东身份及持股份额之约定等属于公司与实际出资人或名义股东与实际出资人之间形成的债权债务的合意,除隐名股东要求变更为显名股东外,该约定不会引起外界其他法律关系的变化,亦不会破坏有限责任公司的人合性,故一般应当认可其有效性。

【典型案例二】② 股权转让方虽然在标的公司章程、股东名册和工商登记中未被记载为出

---

① 参见最高人民法院民事判决书,(2016)最高法民终 18 号。
② 参见张应杰主编:《公司股权纠纷类案裁判思维》,人民法院出版社 2023 年版,第 134 页。

资人,但根据其提交的证据显示其为标的公司部分股权的实际出资人。法院在审理时,主要基于以下考量因素进行裁判:一是在公司内部,有关隐名股东身份及持股份额的约定等,属于公司与实际出资人或名义股东与实际出资人之间形成的债权债务合意,除隐名股东要求变更为显名股东外,该约定不会引起对外其他法律关系变化,亦不会破坏有限责任公司人合性。二是隐名股东作为实际出资人,其所转让的仅仅是隐名投资地位和权利,相当于普通债权债务的移转。隐名股东作为股权隐名投资人具有处分其所享有的隐名投资人权益的权利。三是根据《公司法解释(三)》第25条第1款的规定,名义股东处分其名下股权按无权处分原则进行处理。换言之,实际投资人是有权处分代持股权的主体,而且,本案受让方是在明知转让方隐名股东身份情况下受让涉案股权。因此,涉案实际出资人转让股权应当发生法律效力。

【典型案例三】陈某羽、胡某俊股权转让纠纷案。[①] 二审法院认为,对公司外部而言,公司的股权应当以对外公示的工商登记为准;而在公司内部,有关隐名股东身份及持股份额之约定等属于公司与实际出资人或名义股东与实际出资人之间形成的债权债务的合意,除非隐名股东要求变更为显名股东,否则该约定不会引起外界其他法律关系的变化,亦不会破坏有限责任公司的人合性,故隐名股东转让股权在股权转让的受让人明知其系隐名股东,且公司及其他登记股东均未对股权转让提出异议的情况下,隐名股东签订的《股权转让合同》合法有效。就公司内部而言,经对外公示的工商登记的股东崔某香、廖某瑛、童某春的确认,胡某俊、苏某、杨某国、高某辉为公司的实际出资人,并对胡某俊、苏某、杨某国、高某辉与陈某羽签订的《股权出售协议》予以追认,承诺愿意配合办理股权变更登记手续。综上,法院认为,陈某羽与胡某俊、苏某、杨某国、高某辉签订的《股权出售协议》合法有效。

裁判观点二:实际出资人转让股权,但名义股东明确表示反对的,实际出资人与受让人签订的股权转让合同无效。

【典型案例】王某容与黄某娥股权转让纠纷一审案。[②] 法院认为,原告、被告签订《股权转让合同书》,其合同目的是获取股权转让金以及取得股东相关权益。但被告系昌隆商贸公司隐名股东,在其没有进行登记公示前,对外一般不能行使股东权利,对公司内部却享有实际的股东权利。从被告与昌隆商贸公司显名股东之间的法律关系看,双方之间形成一种合同关系,此种合同关系内容是隐名股东的实际投资地位与显名股东的名义持股地位。在此前提下,只要显名股东没有提出异议,隐名股东可以将其拥有的实际投资地位转让给第三人,由第三人代替为新的隐名股东,隐名股东与第三人之间形成合同法所规定的债权债务的概括转让。因此,隐名股东转让其股权发生效力应当具备如下几个条件:(1)第三人明确知晓隐名股东身份之存在;(2)显名股东知道该转让的事实;(3)显名股东对转让事宜没有提出异议。本案中,被告将股权转让给原告,原告对被告作为昌隆商贸公司隐名股东即实际投资人的地位是明知的,昌隆商贸公司对被告转让股权给原告的事实也是明知的,但昌隆商贸公司的显名股东对该转让事宜提出反对意见,不认可原告作为该公司的股东资格。因此,基于被告与昌隆商贸公司显

---

① 参见云南省大理白族自治州中级人民法院民事判决书,(2019)云29民终686号。
② 参见广西壮族自治区阳朔县人民法院民事判决书,(2019)桂0321民初1273号。

名股东的合同关系,昌隆商贸公司显名股东已经拒绝与原告形成新的合同关系,自然无法保持双方之间的特殊状态。否则,昌隆商贸公司与外部的法律关系会随之改变;就昌隆商贸公司内部而言,公司的人合性将遭受重大影响,不利于公司的健康有序发展。因而,原告、被告签订的《股权转让合同书》并非公司法意义上的股权转让的权利和义务关系,不受公司法法律规范的调整,而是基于合同法律关系即合同权利和义务的概括转让。昌隆商贸公司显名股东对该转让事宜明确表示反对,故原告、被告签订的《股权转让合同书》无效,被告依据该合同获取的40,000元股权转让费应当予以退还给原告。

第二种情况,第三人明知实际出资人的存在并从实际出资人处受让股权时,如果名义股东以工商登记为由提出反对,则应当进入确权程序,即实际出资人必须要先向公司申请确认股东资格,得到公司的确认后,股权转让方能进行。在确权的过程中,公司及其股东应当禁止名义股东转让股权。如果公司反对确认实际出资人的股东资格,其可以向法院诉请确认。一旦认定实际出资人为股东的判决确定后,股权转让行为即可发生效力,名义股东不得再主张股权转让无效。

所以在实务中,在公司及名义股东明确反对隐名股东转让股权时,因名义股东明确拒绝与受让人达成代持法律关系,不应认定发生隐名股东所持股权转让的效力,应由公司确认隐名股东的权利并办理相应的变更登记程序,或由隐名股东依据《公司法解释(三)》第24条之规定确认其股东身份后,方可对其所持股权进行转让。[①]在隐名股东未能完成确权前,隐名股东与股权受让人的合同也应认定为有效合同,受让人可以依约向隐名股东主张行使取得投资权益等相应权利。

裁判观点:实际出资人转让股权,但名义股东明确表示反对的,实际出资人应当进入确权程序,在实际出资人的股东资格得到确认之前,股权转让协议不成立。

【**典型案例**】台某华等诉李某景股权转让纠纷案。[②]法院认为,如果台某华与李某之间是股权代持关系,李某是俊峰公司49%股权的实际权利人,台某华只是名义股东,那么无论是取消台某华名义股东的身份,并将实际权利转让与李某景,还是取消台某华名义股东的身份,转由李某景作为李某股权的名义股东,都要经过台某华的行为予以认可,理由如下:第一,实际出资人和名义股东之间的法律关系不是简单的委托代理关系,双方的权利义务应当为一般合同关系,具体权利义务的内容以双方协议约定为准。如果一方要解除股权代持关系必须经过双方协商一致或者依照法律规定单方解除,即或者双方达成意思表示一致,或者在意思表示不一致的情况下,单方通过行使法定解除权,并通过法院的确认,方可解除股权代持关系。同时,在股权代持关系中,名义股东并不是无独立意思表示的个人,要取消其名义股东的身份必须通过一定的程序方可实现。本案中,如果台某华是名义股东,在未征得其任何意思表示的情况下,即通过伪造其签名而取消其名义股东的身份,并不符合法律规定,且《重庆俊峰实业发展集团有限公司

[①] 参见刘绍斐、裴跃:《隐名股东资格以及隐名股东转让股权的效力认定》,载《山东法官培训学院学报》2018年第1期。

[②] 参见重庆市第一中级人民法院民事判决书,(2015)渝一中法民初字第00983号。

股权转让协议》也不成立。第二，实际出资人转让股权时，如果名义股东以工商登记为由提出反对，实际出资人应当进入确权程序，即实际出资人必须要先向公司申请确认其股东资格，得到公司的确认后，股权转让方能进行。如果公司反对确认实际出资人的股东资格，其可以向法院诉请确认。只有认定实际出资人为股东的判决确定后，股权转让行为方可发生效力。

三、与股权代持相关的其他问题

既然提到了股权代持，笔者就顺便梳理了与股权代持相关的一些法律问题，并将司法实践中针对这些问题的相关裁判观点及典型案例一并在此分享。

（一）股权代持被认定无效后系争股份及相关投资收益归属问题

裁判观点：股权代持被认定无效后系争股份及相关投资收益归属原则：一是双方当事人协商一致的原则；二是协商不成的适用公平原则合理分配，此时，应遵循："谁投资，谁收益"和"收益与风险相一致"原则。

【典型案例】杉某与龚某股权转让纠纷案。[①] 法院认为，首先，系争格某软件公司股份应归龚某所有，龚某作为格某软件公司股东，围绕公司上市及其运营所实施的一系列行为有效；其次，本案中不存在投资亏损使股份价值相当的投资款贬损而应适用过错赔偿的情形，故杉某向龚某支付的投资款应予返还；最后，系争格某软件公司股份的收益，包括因分红以及上市而发生的大幅增值，并非合同订立前的原有利益，而是合同履行之后新增的利益，显然不属于适用恢复原状的情形，如何分配应由双方当事人协商确定，协商不成的应当适用公平原则合理分配。鉴于双方无法就具体分配方案达成一致，应依照公平原则酌情处理。本案中处理的系争股份收益具体包括两类：(1)系争格某软件公司股票因股价上涨而发生的增值收益，即上述股票市值扣除变现成本后的现金价值减去投资成本；(2)格某软件公司2017年度的分红，按照每10股派发现金红利4元（含税）乘以股数计算。股份投资是以获得股份收益为目的并伴随投资风险的行为，在适用公平原则时应当着重考虑以下两方面的因素：一是对投资收益的贡献程度，即考虑谁实际承担了投资期间的机会成本和资金成本，按照"谁投资，谁收益"原则，将收益主要分配给承担了投资成本的一方；二是对投资风险的交易安排，即考虑谁将实际承担投资亏损的不利后果，按照"收益与风险相一致"原则，将收益主要分配给承担了投资风险的一方。本案中，从双方之间支付资金、订立协议和股份过户的时间顺序来看，法院有理由相信龚某从案外人张某处购买系争股份的目的在于向杉某立身转让，以赚取差价，龚某并无出资以最终获得股份所有权的投资意图。反之，杉某的投资意图则明显体现于系争《股份认购与托管协议》中，即通过支付投资款以换取系争股份的长期回报。龚某向案外人张某转账之前，已先从杉某处收到款项，从中获得差价，因此，本案投资系争股份的资金最初来自杉某，亦是杉某实际承担了长期以来股份投资的机会成本与资金成本。虽然系争《股份认购与托管协议》无效，但无效的原因为违反公序良俗而非意思表示瑕疵，因此，该协议中关于收益与风险承担的内容仍体

[①] 参见上海金融法院民事判决书，(2018)沪74民初585号。

现了双方的真实意思。根据约定,龚某须根据杉某的指示处分系争股份,并向其及时全部交付收益。庭审过程中,双方亦确认龚某在代持期间未收取报酬。可见在双方的交易安排中,龚某仅为名义持有人,实际作出投资决策和承担投资后果的为杉某,若发生格某软件公司上市失败或经营亏损情形,最终可能遭受投资损失的亦是杉某。根据上述两方面考虑应由杉某获得系争股份投资收益大部分。同时,龚某在整个投资过程中起到了提供投资信息、交付往期分红、配合公司上市等作用,为投资增值作出了一定贡献,可以适当分得投资收益小部分。综合上述情况,杉某应当获得投资收益的70%,龚某应当获得投资收益的30%。

(二)隐名股东以无证据证明其已成为标的公司股东为由主张退还委托投资款问题的处理

裁判观点:隐名股东以无证据证明其已成为标的公司股东为由主张退还委托投资款依据不足(委托隐名投资纠纷处理)。

【典型案例】 姚某某与翁某某、幸福世家公司股权转让纠纷案。[①] 关于姚某某应否向翁某某返还40万元投资款,法院从以下层面进行分析认定:其一,姚某某与翁某某建立的法律关系性质。根据姚某某与翁某某于2015年3月31日签订《委托隐名股东代理投资协议书》约定的内容,翁某某自愿加入且委托姚某某以隐名股东身份参与公司原股东的增资扩股计划,翁某某委托姚某某以其隐名股东身份向公司投资40万元,委托显名股东徐某某以显名股东身份投资40万元,以每股5元的价格向公司购买8万股,翁某某首先将投资款汇入姚某某名下账户,姚某某在收款后1日内将注资款转入显名股东公司账号,翁某某同意姚某某作为隐名股东代表,委托公司显名股东徐某某向公司以显名股东身份代持翁某某股份,并同意徐某某作为姚某某显名股东登记于公司的章程、股东名册或其他工商登记材料中。从上述约定内容来看,姚某某与翁某某形成委托合同关系,翁某某委托姚某某以隐名股东身份受让幸福世家公司指定的显名股东徐某某股份。其二,根据姚某某二审提交银行交易明细和2015年4月9日签订的《增资扩股隐名股东投资协议书》以及股权证书,姚某某在与翁某某签订《委托隐名股东代理投资协议书》后确实以隐名股东身份受让了幸福世家公司显名股东徐某其(由幸福世家公司安排指定)52万股股权,从姚某某收受翁某某投资款及向幸福世家公司转账支付投资款时间节点以及姚某某以260万元购进52万股股权情况来看,姚某某主张其以260万元购进的52万股股权包括翁某某出资的主张具有高度盖然性。由于姚某某提交的股权证书是幸福世家公司出具的内部认可及证明姚某某持有其公司股权的证明,并非幸福世家公司对外公示的股权持有资料,翁某某主张姚某某提交的股权证书与其提交《增资扩股隐名股东投资协议书》相矛盾不能成立。翁某某委托姚某某以隐名股东身份受让幸福世家公司的显名股东徐某某股份,因此,翁某某未收到幸福世家公司出具的股权证书或其他股份证据符合情理,不能据此否定姚某某委托事务的完成。综上分析,姚某某主张其已经完成《委托隐名股东代理投资协议书》项下受托事务理由成立,法院予以认可。翁某某请求解除《委托隐名股东代理投资协议书》,法院不

---

① 参见广东省深圳市中级人民法院民事判决书,(2021)粤03民终29702号。

予支持。其三，姚某某与翁某某签订的《委托隐名股东代理投资协议书》并未约定如果幸福世家公司不能如期上市时的风险承担内容，翁某某亦未提交证据证明姚某某曾经向其承诺如果幸福世家公司不能如期上市其将承担向翁某某退还投资款责任。从姚某某以260万元购进52万股股权单价情况来看，其并未从其接受翁某某委托事项中收取差价，仅约定幸福世家公司上市与翁某某分享增值收益。据此，翁某某在幸福世家公司不能如期上市时请求姚某某退还其40万元投资款缺乏事实依据，法院不予支持。但姚某某基于其接受翁某某委托进行隐名股东代理投资事务，故其有义务配合翁某某向相关主体追讨投资款。

（三）名义股东擅自转让股权的处理

裁判观点：在名义股东擅自转让股权后，实际出资人可以受让人不构成善意、取得股权的转让行为无效来主张返还股权，如名义股东造成实际出资人损失，实际出资人还可以要求名义股东赔偿损失，但不得据此请求名义股东退还投资款。

【典型案例】谢某与孔某某股权转让纠纷案。[①] 二审法院认为，《公司法解释（三）》第25条规定规范了实际出资人在名义股东擅自转让股权时的司法救济路径，即在名义股东擅自转让股权后，实际出资人可以受让人不构成善意、取得股权的转让行为无效来主张返还股权，如名义股东造成实际出资人损失，实际出资人还可以要求名义股东赔偿损失。本案中孔某某并未以谢某无权处分而主张享有股权实际权利，也未主张谢某赔偿因处分代持股权造成其作为实际出资人的损失，而是以谢某违约要求返还6万元投资款，隐含了解除代持协议意思。但依据《股份合作协议》，孔某某将该款转入谢某账户并通过谢某转给中某公司是履行协议约定的出资义务，该款项已经成为中某公司的财产，未经法定减资程序以及符合法定条件的返还均有违公司资本维持原则，有可能损害公司债权人的利益，据此，谢某请求不予返还于法有据，予以支持。如孔某某作为中某公司2%股份的实际出资人，因名义股东谢某处分代持股份损害其权益，可依据《公司法》及相关司法解释的规定另循途径寻求救济。

（四）股权代持的还原

裁判观点：争议股权虽应为原告张某中所有，但原告并不当然成为绿洲公司的股东，被告杨某春在代为持股期限届满后，为原告办理相应的股权变更登记手续，形同股东向股东以外的人转让股权。

【典型案例】张某中与杨某春股权确认纠纷案。[②] 针对张某中以杨某春代张某中持有绿洲公司股权的期限已经届满为由要求确认争议股权为原告所有的主张，二审法院认为，争议股权虽应为原告张某中所有，但原告并不当然成为绿洲公司的股东，被告杨某春在代为持股期限届满后，为原告办理相应的股权变更登记手续，形同股东向股东以外的人转让股权。按照《公司法》(2005年)第72条[③] 第2款的规定，股东向股东以外的人转让股权，应当经其他股东过半数同意。股东应就其股权转让事项书面通知其他股东征求同意，其他股东自接到书面通知之日

---

① 参见广东省深圳市中级人民法院民事判决书，(2021)粤03民终30103号。
② 参见《最高人民法院公报》2011年第5期。
③ 参见新《公司法》第84条。

起满30日未答复的,视为同意转让。其他股东半数以上不同意转让的,不同意的股东应当购买该转让的股权;不购买的,视为同意转让。因此,被告为原告办理相应的股权变更登记手续,应当由绿洲公司其他股东过半数表示同意。该案一审宣判后均未上诉。

(五)股权转让关系与股权代持关系的区别

股权转让,是指公司股东依法将自己的股东权益有偿转让给他人,使他人取得股权的民事法律行为。相对应地,股权转让协议是出让人与受让人就股权归属达成的合意,通常以书面形式对转让价格、转让款支付时间、支付方式、违约责任等内容作出明确约定,其中,支付转让对价是受让方的主要义务。而股权代持是指实际出资人与他人约定,以他人名义代实际出资人履行股东权利义务的一种股权或股份处置方式。相对应地,股权代持协议是实际出资人与名义出资人协商,由实际出资人出资并享有投资权益,由名义出资人为名义股东履行相应股东权利义务的约定。其中,股权代持关系的参考因素包括由实际出资人支付股权价款、双方约定将来办理过户手续、由实际出资人享有股东权利和义务等。

【典型案例一】 陈某、刘某隆股权转让纠纷案。[1] 二审法院认为,股权转让是指公司股东依法将自己的股东权益有偿转让给他人,使他人取得股权的民事法律行为,而股权代持是指实际出资人与他人约定,以他人名义代实际出资人履行股东权利义务的一种股权或股份处置方式。本案,根据双方当事人的陈述以及原审第三人辰欣药业股份有限公司出具的"证明",能够认定上诉人系于2000年鲁抗辰欣药业有限公司(原审第三人的前身)发行内部股票时购买的鲁抗辰欣药业有限公司5万股原始股以及按入职时间赠送0.5万股合计5.5万股的事实。同时,上诉人购买原审第三人原始股的时间、单价与涉案《股权受让协议》签订时间、单价基本吻合,故应认定三被上诉人系涉案协议项下股权的实际出资人,结合协议中约定的"暂记于陈某名下,待允许正式过户时办理过户手续"等内容以及上诉人在协议签订后直至2018年均按时向三被上诉人支付股息分红的事实,亦进一步印证上诉人系名义出资人,其代三被上诉人履行股东权利义务,由三被上诉人实际享有股东收益权利。故涉案《股权受让协议》符合股权代持的基本特征,一审法院认定上诉人与三被上诉人之间系股权代持关系,有事实和法律依据,并无不当。

【典型案例二】 李甲与李乙、温馨鸟公司股权转让纠纷案。[2] 二审法院认为,股权转让协议是出让人与受让人就股权归属达成的合意,通常以书面形式对转让价格、转让款支付时间、支付方式、违约责任等内容作出明确约定。其中,支付转让对价是受让方的主要义务。股权代持协议是实际出资人与名义出资人协商,由实际出资人出资并享有投资权益,由名义出资人为名义股东履行相应股东权利义务的约定。

【典型案例三】 申银万国与上海银行股份有限公司福民支行财产权属纠纷案。[3] 二审法院认为,申银万国与国宏公司之间系股权转让关系,而非股权代持关系,系争股权不应归申银万

---

[1] 参见山东省济宁市中级人民法院民事判决书,(2020)鲁08民终344号。
[2] 参见吉林省长春市中级人民法院民事判决书,(2019)吉01民终5526号。
[3] 参见上海市高级人民法院民事判决书,(2008)沪高民二(商)终字第106号。

国所有,理由如下:第一,申银万国与国宏公司所签订的系争法人股权转让协议书,"转让"的意思表示明确并约定了转让对价,协议内容并没有"代持"的意思存在。第二,申银万国与国宏公司在股权转让后又两次签订了还款质押协议,协议明确国宏公司对申银万国负有640万元股权转让对价未履行的债务,且将国宏公司名下的系争法人股设定为质押,并办理了质押登记手续。该前后两份还款质押协议对双方债务关系的确认,说明了申银万国与国宏公司签订系争股权转让协议之时的真实意思应是"股权转让",而不是"股权代持"。

(六)上市公司上市之前为吸收投资签订的股权转让及代持协议效力认定

根据上海证券交易所和深圳证券交易所的相关规定,上市公司股本总额不低于5000万元,创业板公司发行前净资产不少于2000万元,发行后股本总额不少于3000万元。所以,实践中企业在谋求上市之前,发起人股东往往会通过转让股权并签订股权代持协议的形式对外吸收投资,由此引发不少纠纷,同时股权代持法律效力一直以来饱受争议和质疑。最高人民法院结合司法实践在《公司法解释(三)》中明确肯定了有限责任公司股权代持的效力,确定了以有效为原则、无效为例外的实务处理思路。而对于普通股份有限公司,特别是上市公司的"股权代持"问题,未有明确的法律规范。《九民纪要》第31条对违反涉及公共秩序的规章的合同效力问题作了相关规定。

1. 司法实践中对上市公司股权代持效力的认定

由于中国证监会要求上市公司股权应当清晰,对于上市公司股权代持效力近年来不少司法案例持否定态度。

【典型案例一】涂某钦与华隆公司、华隆吉安分公司等民间借贷纠纷案。[1] 最高人民法院认为,该类案件诉争协议的法律性质,从形式上看为股权转让协议,但实质上构成上市公司股权隐名代持协议,并非一般股权转让协议;诉争上市公司股权代持协议,根据上市公司监管相关法律法规的规定,公司上市发行人必须股权清晰,股份不存在重大权属纠纷,且公司上市需遵守如实披露的义务,披露的信息必须真实、准确、完整。上市公司发行人必须真实,并不允许发行过程中隐匿真实股东,否则公司股票不得上市发行,即上市公司股权不得隐名代持。相关规范要求拟上市公司股权必须清晰,不得隐名代持股权,这是对上市公司监管的基本要求,否则会损害广大非特定投资者的合法权益,从而损害资本市场基本交易秩序与基本交易安全,损害金融安全与社会稳定,故而无效。

需要注意的是,该典型案例生效后成为上市公司股权代持效力认定的重要参考典型案例。

【典型案例二】杉某与龚某股权转让纠纷案。[2] 法院认为,系争《股份认购与托管协议》交易安排实质上构成了系争股份隐名代持,杉某是实际出资人,龚某是名义持有人。系争股份隐名代持涉及公司发行上市过程中的股份权属,其效力如何应当根据现行民事法律关于民事法律行为效力的规定,以及证券市场、上市公司相关法律规定综合判断。根据《民法总则》第8

---

[1] 参见最高人民法院民事裁定书,(2017)最高法民申245号。
[2] 参见上海金融法院民事判决书,(2018)沪74民初585号。

条、第 143 条、第 153 条第 2 款①的规定，违背公序良俗的民事法律行为无效。由于公序良俗的概念本身具有较大弹性，故在具体案件裁判中应当审慎适用，避免其被滥用而过度克减民事主体的意思自治。公序良俗包括公共秩序和善良风俗，公共秩序，是指政治、经济、文化等领域的基本秩序和根本理念，是与国家和社会整体利益相关的基础性原则、价值和秩序。在该领域的法律和行政法规没有明确规定的情况下，判断某一下位规则是否构成公共秩序时，应当从实体正义和程序正当两个方面考察。就实体层面而言，中国证监会于 2006 年 5 月 17 日颁布的《首次公开发行股票并上市管理办法》第 13 条规定："发行人的股权清晰，控股股东和受控股股东、实际控制人支配的股东持有的发行人股份不存在重大权属纠纷。"上市公司披露的信息是影响股票价格的基本因素，要求上市公司在股票发行上市的过程中保证信息的真实、准确、完整，是维护证券市场有效运行的基本准则，也是广大投资者合法利益的基本保障。发行人的股权结构是影响公司经营状况的重要因素，属于发行人应当披露的重要信息。上述规则属于证券市场基本交易规范，关系到以信息披露为基础的证券市场整体法治秩序和广大投资者合法权益，在实体层面符合证券市场公共秩序的构成要件。就程序层面而言，中国证监会在制定《首次公开发行股票并上市管理办法》的过程中向社会发布了征求意见稿，公开征求意见，制定后也向社会公众予以公布，符合规则制定的正当程序要求，而且上述办法中关于发行人股权清晰不得有重大权属纠纷的规定契合《证券法》的基本原则。发行人应当如实披露股份权属情况，禁止发行人的股份存在隐名代持情形，从程序层面亦符合证券市场公共秩序的构成要件。结合上述两点分析，发行人应当如实披露股份权属情况，禁止发行人的股份存在隐名代持情形，这属于证券市场中应当遵守、不得违反的公共秩序。本案中，格某软件公司上市前，龚某代杉某持有股份，以自身名义参与公司上市发行，隐瞒了实际投资人的真实身份，在格某软件公司对外披露事项中，龚某名列其前十大流通股股东，杉某和龚某双方的行为构成了发行人股份隐名代持，违反了证券市场的公共秩序，损害了证券市场的公共利益，故依据《民法总则》第 8 条、第 143 条、第 153 条第 2 款和《合同法》第 52 条第 4 项②的规定，应认定为无效。

　　上述两案共同裁判观点为，上市公司的股权代持使法律及监管政策对上市公司的系列信息披露要求、关联交易审查、高级管理人员任职回避等监管举措落空，破坏证券市场交易秩序和交易安全，损害广大不特定投资者的合法权益，因而无效。不过从上海金融法院（2018）沪74 民初 585 号判决裁判说理来看，上市公司股权代持协议不应一概认定无效，上市公司股份代持协议的效力需要考量代持股份数是否会对公众投资者构成影响。如果不能对上市公司公众投资者产生影响，达不到触发涉及金融安全、市场秩序、国家宏观政策等公序良俗条件的强制性规定，如代持比例很小（如不足 1%）、不在披露大股东之列、与实际控制人没有关联关系等，则代持协议的效力没有必要一律认定无效。最高人民法院亦有认定上市公司股权代持协议有效的判例。实务中认为，不宜简单把上述情形作为效力认定标准，应结合个案坚持代持会

---

① 分别参见《民法典》第 8 条、第 143 条、第 153 条第 2 款。
② 参见《民法典》第 146 条。

否影响监管的实质审查标准,认定相应民事行为的效力。①

2.关于商业银行和保险公司等金融机构的股权代持的效力认定问题

对于股权代持的效力,除上述《公司法解释(三)》、上市公司监管相关法律法规的规定等规范外,还有:

(1)《商业银行股权管理暂行办法》第12条规定:"商业银行股东不得委托他人或接受他人委托持有商业银行股权。商业银行主要股东应当逐层说明其股权结构直至实际控制人、最终受益人,以及其与其他股东的关联关系或者一致行动关系。"

(2)《保险公司股权管理办法》(保监会令2014年第4号)第8条规定:"任何单位或者个人不得委托他人或者接受他人委托持有保险公司的股权,中国保监会另有规定的除外。"②

如果违反前述规定,司法实践中,法院一般会以相关股权代持协议将会损害社会公众利益为由而认定无效。

【典型案例】伟杰公司、天策公司营业信托纠纷案。③ 最高人民法院认为,当事人签订信托持股协议的行为违反原中国保险监督管理委员会《保险公司股权管理办法》有关禁止代持保险公司股权的规定,对该持股协议的效力审查从上述部门规章的规范目的、内容实质,以及实践中允许代持保险公司股权可能出现的危害后果进行综合分析,相关股权代持协议将会损害社会公众利益应认定为无效。

(七)外商投资企业为规避审批机关批准而委托代持股权行为效力的实务认定

《外商投资企业纠纷司法解释(一)》第15条第1款规定,外商投资企业为规避审批机关批准而委托代持股权,不影响代持协议的效力。

第九节　股权转让纠纷中特殊类型纠纷及相关问题

一、公司股权回购

(一)有限责任公司的股权回购

关于有限责任公司的股权回购,只有符合《公司法》第89条第1款规定的三种情形及第3款规定的情形下,有限责任公司方可回购本公司的股权。这里需要注意的是,相较原《公司法》第74条规定,新《公司法》第89条增加了两个方面的内容:

第一个方面是增加了控股股东压迫情形下中小股东股权回购救济的一般规定。

在此之前,对于股东压迫的救济规范除原《公司法》第74条之外,还有原《公司法》第20条第2款④规定:"公司股东滥用股东权利给公司或者其他股东造成损失的,应当依法承担赔偿责任。"该条一般认为是对股东压迫的原则性规定。但是股东压迫只是股东权利滥用的一个

---

① 参见张应杰主编:《公司股权纠纷类案裁判思维》,人民法院出版社2023年版,第112页。
② 该条款已被《保险公司股权管理办法》(保监会令〔2018〕5号)修改为第31条:"投资人不得委托他人或者接受他人委托持有保险公司股权。"
③ 参见最高人民法院民事裁定书,(2017)最高法民终529号。
④ 参见新《公司法》第21条第2款。

类型，其应当具有与一般性的权利滥用不同的法律后果。同时原《公司法》第74条虽然规定了异议股东回购请求权以保证小股东的退出，亦可适用于部分股东压迫的情形，但是该规定存在适用范围过窄的问题，只规定了利润分配和公司转让主要财产时的股东压迫情形，其他压迫情形下的受压迫股东无法根据该条规定得到救济，比如不合理的增资与减资等。所以新《公司法》增加的这一规定，在我国正式确立了有限责任公司股东压迫情形下的回购救济制度，明确了股东压迫的判断标准和回购救济手段。在新《公司法》颁行之前，司法实践中对受压迫的股东救济问题，一般都是用抽象的理论原则或借助其他条款来提供救济，例如，在面对股东压迫导致少数股东投资目的落空时，法院通过解释原《公司法》第74条的规定判决解散公司，以此为小股东提供救济。

【典型案例一】弘正公司、玮琪公司与弘健公司的公司解散纠纷案。① 针对公司股东围绕追加出资、股权收购、董事会重组等一系列问题存在严重的分歧和矛盾，法院认为，该案中被告弘健公司的财产权和经营权均由股份占多数的股东生健公司控制，公司会议形同虚设，股东之间的沟通、协商其实不能阻碍生健公司实现其意志，导致增资过程中股东之间出现严重冲突，其他股东遭受了"事实上的压制"和"严重的不公平"。作为被告弘健公司的股东，原告基于其出资享有的经营管理权名存实亡，投资时的出资目的已彻底落空，因而法院认定被告经营管理出现了严重困难。为了使被告公司股东利益免于进一步的损失，适用司法解散。

在这一案例中股东的矛盾是典型的股东压迫情形，但是因为立法中缺少关于股东压迫的认定标准和救济手段的全面规定，法院只得借助关于公司僵局的相关规定适用司法解散而无法适用回购救济。

【典型案例二】裕和公司与汪某公司解散纠纷案。② 针对股份多数股东骆某持股60%，担任公司高级管理人员，实际上控制着公司，在公司经营亏损的情况下通过股东会批准个人年薪100万元并赋予自己3000万元额度的对外投资权限；股东汪某持股40%，不在公司工作，代表其处理事务的朱某被无故解聘了总工程师职务，汪某实际上已无法行使知情权等股东权利，二审法院认为，公司股东双方发生实质分歧并丧失了信任和合作基础，少数股东汪某不愿意与股份多数股东骆某共同参与公司经营，冲突无法调和，公司已经丧失了人合基础，无法实现预期的经营目的；如公司继续存续，少数股东的权益将会在僵持中逐渐耗竭；相比较而言，解散公司能为双方提供退出机制，避免股东利益受到不可挽回的重大损失。

该案例与前一个案例类似，由于股东压迫立法的缺失，法官同样试图通过将案件事实涵摄到关于公司僵局的规定中，试图论证被告公司存在经营管理上的障碍并为小股东提供救济。但是公司被股份多数股东实际控制，从股东会决议的通过到内部管理运行，都不曾出现困难。二审法院以股东会特殊多数决事项不能通过为由，认为公司存在僵局，然而公司两年内未发生过该等事项，二审法院描述的场景并没有真实地发生过。但为了解决股东压迫问题，二审法院作出了如上阐述。

---

① 参见马燕、刘尚雷：《公司经营管理发生严重困难的司法判断》，载《人民司法》2017年第32期。
② 参见上海市第二中级人民法院民事判决书，(2014)沪二中民四(商)终字第459号。

新《公司法》第89条规定虽然给中小股东因股东压迫退出公司提供了法律依据,但不能任意适用,实务中应当满足公司"控股股东滥用股东权利"这一条件。这里需要注意是:(1)滥用权利的主体应当是符合《公司法》第265条规定的控股股东。(2)我国《公司法》并未对控股股东滥用权利的具体情形进行明确,可结合本法第21条禁止滥用股东权利条款加以判断。实践中控股股东滥用权利主要表现形式一般认为是控股股东滥用表决权,严重损害公司或者其他股东利益。

请求公司按照合理的价格收购股权。实践中回购价格的方式有:(1)双方协商确定的价格,且这一价格方式应当优先适用。(2)在当事人无法协商确定回购价格时,合理价格的确定有赖于评估报告和审计报告。

从整体来看,新《公司法》第89条与第21条第2款、第22条、第180条第3款以及《公司法解释(四)》第15条等已然构成了中国法上的不公平损害救济规则体系。

第二个方面是增加了回购后的股权处置,弥补了之前的立法漏洞。

(二)股份有限公司股份回购

《公司法》第162条规定:"公司不得收购本公司股份。但是,有下列情形之一的除外:(一)减少公司注册资本;(二)与持有本公司股份的其他公司合并;(三)将股份用于员工持股计划或者股权激励;(四)股东因对股东会作出的公司合并、分立决议持异议,要求公司收购其股份;(五)将股份用于转换公司发行的可转换为股票的公司债券;(六)上市公司为维护公司价值及股东权益所必需。公司因前款第一项、第二项规定的情形收购本公司股份的,应当经股东会决议;公司因前款第三项、第五项、第六项规定的情形收购本公司股份的,可以按照公司章程或者股东会的授权,经三分之二以上董事出席的董事会会议决议。公司依照本条第一款规定收购本公司股份后,属于第一项情形的,应当自收购之日起十日内注销;属于第二项、第四项情形的,应当在六个月内转让或者注销;属于第三项、第五项、第六项情形的,公司合计持有的本公司股份数不得超过本公司已发行股份总数的百分之十,并应当在三年内转让或者注销。上市公司收购本公司股份的,应当依照《中华人民共和国证券法》的规定履行信息披露义务。上市公司因本条第一款第三项、第五项、第六项规定的情形收购本公司股份的,应当通过公开的集中交易方式进行。公司不得接受本公司的股份作为质权的标的。"该条对股份有限公司股份回购的情形、决定权限、回购后处置、上市公司股份回购的信息披露义务、交易方式等均进行了明确的规定。

二、股东资格继承

(一)法律规制

股东资格继承的法律规制包括:《公司法》第90条;《公司法解释(四)》第16条;《公司法解释(三)》第24条;原国家工商行政管理总局2007年在对广东省原工商行政管理局作出的《关于未成年人能否成为公司股东问题的答复》中载明,"经请示全国人大常委会法制工作委员会同意,现答复如下:《公司法》对未成年人能否成为公司股东没有作出限制性规定。因此,未成年人可以成为公司股东,其股东权利可以由法定代理人代为行使";以及《民法典》第1130~1132条。

(二)有限责任公司的股东资格继承过程中能否排除其他股东的优先购买权

实务中,对此问题根据不同情形区分处理:

第一种情形,公司章程没有特别规定的情形。对此情形,根据前述规定,司法实务中认为,首先,有限责任公司自然人股东死亡后,其合法继承人可以主张继承股东资格,且股东资格继承为当然继承。其次,股东资格继承无须像股权对外转让一样,先行征得其他股东同意,其他股东也不享有优先购买权。关于这一点,最高人民法院曾认为,因原《公司法》第75条[1]规定自然人股东死亡后其合法继承人可以继承股东资格,那么在理解上就应当认为股东资格系当然继承。换言之,有关股权的身份权内容,由于上述法律条文有明确规定,所以在死亡的股东和其继承人之间发生当然继承,而不受其他股东同意权或优先购买权的影响。同时还应该注意的是,本条虽然在字面上仅规定其他股东不得行使优先购买权,但实际上也当然包含其他股东不得行使(或不享有)同意权的意思。[2] 在处理这类问题时,不能参照前述《公司法解释(三)》第24条第3款来处理。[3]

司法实践中相关的裁判观点及典型案例如下。

裁判观点:公司章程未对股东资格继承及其他股东优先购买权作出特别规定,确认继承人股东资格并支持办理公司变更登记,其他股东主张行使优先购买权的,不予支持。

【**典型案例**】乙与A公司股东资格确认纠纷案。[4] 法院认为,自然人股东死亡后,其合法继承人可以继承股东资格;但是公司章程另有规定的除外。本案中,A公司的章程对死亡股东的股东资格继承未作排除性规定,故乙作为A公司原股东甲的配偶,有权依据甲的遗嘱继承其在A公司享有的股权及对应的股东资格。至于第三人丙提出行使股东优先购买权的主张,法院认为,按照通常理解,继承是股东资格继受取得的一种方式,其与一般意义上的股权转让并不等同。《公司法》(2013年)第75条[5] 所规定的股东资格的继承应认定为当然继承,并不受制于其他股东的同意权和优先购买权。在A公司章程未特别规定其他股东对继承引发的股东资格或股权变动享有优先购买权的情形下,丙主张优先购买权缺乏事实和法律依据。

第二种情形,公司章程对自然人股东资格继承另有规定的情形。在此情形下,应从其规定,但是该章程规定应当经自然人股东生前同意,否则对其合法继承人不具有约束力。

第三种情形,继承人不愿意取得股东资格的情形。在此情形下,可通过协商或者评估确定该股东享有的股权价格,由其他股东受让该股权或由公司依法收购该股权,继承人可取得股权转让款。

---

[1] 参见新《公司法》第90条。
[2] 新《公司法》已删除同意权。
[3] 参见杜万华主编,最高人民法院民事审判第二庭编著:《最高人民法院公司法司法解释(四)理解与适用》,人民法院出版社2017年版,第355页。
[4] 参见上海市闸北区人民法院民事判决书,(2015)闸民二(商)初字第574号。
[5] 参见新《公司法》第90条。

第四种情形,该股东有数个合法继承人,且都愿意继承股东资格的情形。在此情形下,应由这数个继承人通过协商确定各自继承股权的份额。各继承人就股权份额产生争议,可以由各继承人之间通过诉讼等方式解决,因与股东资格继承不属同一法律关系,应当另行起诉。

(三)股东资格如何继承

对此,最高人民法院认为,既然公司法已经明确了股东资格可以当然继承,那么在各继承人如何继承的问题上,应当按照《民法典》继承编的一般原则进行,即各继承人均可以享有股东资格。在每个继承人的股权份额上,则应当按照《民法典》第1130~1132条的规定来确认,但是在诉讼程序上,因股权份额的确认(其发生在各继承人之间)与公司股东资格的确认(其发生在继承人与公司或其他股东之间)不属于同一法律关系,所以各继承人间股权份额的确定一般应在股东资格确认的诉讼之外另行处理。①

根据最高人民法院的前述观点,对股东资格继承的一般处理原则有二:一是按照《民法典》继承编规定的一般原则继承;二是继承过程中的股权份额的确认与股东资格的确认应分开诉讼。

裁判观点:公司章程未对股东资格继承作出排除性规定,继承人起诉请求确认其股东资格并变更公司登记,法院予以支持。

【典型案例】 A公司、乙股东资格确认纠纷案。② 二审法院认为,对于股东死亡后其股东资格的继承问题,《公司法》(2018年)第75条③作出了具体规定,"自然人股东死亡后,其合法继承人可以继承股东资格;但是,公司章程另有规定的除外"。本案中,A公司的章程并未对股东资格的继承作出排除性规定,故甲死亡后,乙作为其第一顺位的合法继承人,有权继承其在A公司的股东资格,并享有相应的股东权利。故乙请求确认其股东资格并变更公司登记,符合法律规定,应予支持。

(四)股东资格继承过程中的几种特别情形及处理

1. 各继承人均取得股东资格后,有限责任公司的人数超过50人时的情形及处理

对此,最高人民法院认为,我国目前的立法上尚未对此作出类似规定,所以仍应当遵循《公司法》第42条不超过50人的规定,在股东资格继承时不得使有限责任公司股东人数超过50人。如果因继承将导致股东人数超过50人,实务中,应当先引导各继承人协商由部分继承人继承股东资格,未继承股东资格的其他继承人的其他股权(投资)收益不受影响;各继承人协商后未达成协议的,应当引导公司将公司形态变更为股份有限公司,从而避免受有限责任公司股东50名股东人数上限的限制;各继承人协商不成且公司不愿变更组织形态的,不得同时确认各继承人的股东资格。④

---

① 参见杜万华主编,最高人民法院民事审判第二庭编著:《最高人民法院公司法司法解释(四)理解与适用》,人民法院出版社2017年版,第355~356页。
② 参见云南省临沧市中级人民法院民事判决书,(2019)云09民终455号。
③ 参见新《公司法》第90条。
④ 参见杜万华主编,最高人民法院民事审判第二庭编著:《最高人民法院公司法司法解释(四)理解与适用》,人民法院出版社2017年版,第356页。

根据最高人民法院的前述观点,关于各继承人均取得股东资格后,如果将导致有限责任公司的人数超过50人时,实务中一般的处理方式是:

(1)应当引导各继承人协商由部分继承人继承股东资格,未继承股东资格的其他继承人的其他股权(投资)收益不受影响;

(2)各继承人协商后未达成协议的,应当引导公司将公司形态变更为股份有限公司,从而避免受有限责任公司股东50名股东人数上限的限制;

(3)各继承人协商不成且公司不愿变更组织形态的,不得同时确认各继承人的股东资格。

2. 公司章程另有规定的情形及处理

《公司法解释(四)》第16条规定:"有限责任公司的自然人股东因继承发生变化时,其他股东主张依据公司法第七十一条第三款[①]规定行使优先购买权的,人民法院不予支持,但公司章程另有规定或者全体股东另有约定的除外。"在司法实践中,我们应该理解其中的"但公司章程另有规定或者全体股东另有约定的除外"的规定。对此,最高人民法院在《最高人民法院公司法司法解释(四)理解与适用》中认为:[②]欲排除公司法的适用,"另有规定"授权下所制定的章程内容应获得法律上或一般社会观念上的肯定性评价,即公司章程所作出的不同于公司法的规定,并非均被当然认可,其有效性还有进一步探讨的余地。

在股东资格继承上如果公司章程作出不同于《公司法》第90条的规定,则应注意:一是该章程规定的形成时间。如果该章程修正案是在股东死亡后才形成,即在作出修正案时死亡的股东已无机会表达意见,在公司或其他股东未提出充足理由的情况下,对这种突击式修改形成的章程内容,不宜认定。二是该章程规定是否平等对待所有股东。如果章程系针对一部分股东甚至某位股东在继承方面作出限制,那么原则上,除非被限制的股东同意,否则不能轻易认为章程内容发生效力。

司法实践中相关的裁判观点及典型案例如下。

裁判观点一:《公司法》赋予了自然人股东的继承人继承股东资格的权利,但是同时亦允许公司章程对死亡股东的股权处理方式另行作出安排。因此,判断继承人是否有权继承被继承人的股东资格,关键在于解读公司章程有无对股东资格继承问题作出例外规定。

【**典型案例一**】建都公司、周某股东资格确认纠纷案。[③]最高人民法院认为,首先,如前所述,建都公司自2007年以来先后经历五次章程修订。自2009年起章程中删除了继承人可以继承股东资格的条款,且明确规定股东不得向股东以外的人转让股权,可以反映出建都公司具有高度的人合性和封闭性特征。其次,周某新去世前,2015年1月10日的公司章程第7条第3款对死亡股东股权的处理已经作出了规定,虽然未明确死亡股东的股东资格不能继承,但结合该条所反映的建都公司高度人合性和封闭性的特征,以及死亡股东应及时办理股权转让手续的表述,可以认定排除股东资格继承是章程的真实意思表示。最后,周某新去世之前,股东

---

① 参见新《公司法》第84条第2款。
② 参见杜万华主编,最高人民法院民事审判第二庭编著:《最高人民法院公司法司法解释(四)理解与适用》,人民法院出版社2017年版,第358页。
③ 参见最高人民法院民事判决书,(2018)最高法民终88号。

郁某新、曹某华在离职时均将股权进行了转让，不再是建都公司的在册股东，建都公司亦根据章程规定支付了持股期间的股权回报款。该事例亦进一步印证了股东离开公司后按照章程规定不再享有股东资格的实践情况。因此，纵观建都公司章程的演变，并结合建都公司对离职退股的实践处理方式，本案应当认定公司章程已经排除了股东资格的继承。

【典型案例二】西湖港公司等诉晋某银等请求变更公司登记纠纷案。① 二审法院认为，鉴于晋某伶系西湖港公司持有60%股权的股东，因晋某伶已死亡，由于晋某银、董某兰、隐某环、晋某飞、晋某系晋某伶的法定第一顺序继承人，且2001年西湖港公司章程中并未对继承人取得股东资格设置条件，晋某飞持有的继承人决议已被生效民事判决书确认为无效，晋某银、董某兰、隐某环、晋某飞、晋某因晋某伶死亡而应继承的西湖港公司股权份额已经有生效民事判决书予以确定，为此西湖港公司应当确认晋某银、董某兰、隐某环、晋某飞、晋某股东身份并进行工商变更登记同时在股东名册和公司章程上记载晋某银、董某兰、隐某环、晋某飞、晋某享有的股权份额。

裁判观点二：公司章程就股东资格继承作了限制性规定，继承人请求确认其股东资格，法院不予支持。

【典型案例】潘某文、周某宇与吴某平、建工集团损害股东利益责任纠纷案。② 二审法院认为，建工集团公司章程系由周某兵生前参与制定，该章程对股东死亡后其股东资格的继承问题作了排除性的规定。该规定是公司内部组织经营的自主性规范，不涉及对公司以外他人或社会利益的影响，属于公司内部自治范畴，同时该规定也未违反法律、行政法规的强制性规定，且一直为公司及其他股东所遵守，因此法律应尊重建工集团公司章程对股东资格继承所作的特殊规定和预先安排。故周某宇以其作为周某兵的合法继承人请求确认其股东资格，缺乏事实和法律依据，应予驳回。

裁判观点三：章程限制自然人死亡后，合法继承人只能继承部分股东权利而需承担所有股东义务的无效。

【典型案例】童某某等13人与康达公司公司决议效力确认纠纷案。③ 二审法院认为，涉诉公司章程规定的"自然人死亡后，合法继承人只继承部分股东权利和所有义务，合法继承人可以出席股东会，但必须同意由股东会作出的各项有效决议"违反了《公司法》（2005年）第76条和第43条④的规定，最终确认涉诉公司章程的该条款无效。

裁判观点四：通常情况下，股东资格可以继承。继承人只需要证明其为被继承人的合法继承人，而被继承人是公司股东即可。其他股东只有证明公司章程有排除或限制继承发生时新股东的加入，继承人方不能自动取得股东资格。

【典型案例】徐某等与宣武炊机公司股东资格确认纠纷案。⑤ 法院认为，《公司法》（2013

---

① 参见北京市第二中级人民法院民事判决书，(2014)二中民（商）终字第10554号。
② 参见江苏省扬州市中级人民法院民事判决书，(2018)苏10民终811号。
③ 参见上海市第一中级人民法院民事判决书，(2007)沪一中民三（商）终字第172号。
④ 分别参见新《公司法》第90条、第66条。
⑤ 参见北京市西城区人民法院民事判决书，(2015)西民（商）初字第621号；北京市第二中级人民法院民事判决书，(2005)二中民（商）终字第04210号。

年)第 76 条①规定自然人股东死亡后其合法继承人可以继承股东资格;但是,公司章程另有规定的除外。据此,通常情况下,股东资格可以继承。继承人只需要证明其为被继承人的合法继承人,而被继承人是公司股东即可。其他股东只有证明公司章程有排除或限制继承发生时新股东的加入,继承人方不能自动取得股东资格。本案中,宣武炊机公司并未就公司章程另有规定作出抗辩,法院对公司章程审查后,该公司章程不存在排除或限制股权继承的相关规定。因此,其股东资格可以由其合法继承人继承。二审维持了该一审判决。

3. 全体股东另有约定的情形及处理

股东间采取约定并全体同意的方式就股东资格继承作出不同规定的,相当于股东全体一致同意通过了关于该项事务的章程。即使其在形式上并未通过章程形式表现出来,也不因此影响该内容对全体股东的约束力。

相应地,股东间采取约定并全体同意的方式就股东资格继承作出不同规定的,相当于股东全体一致同意通过了关于该项事务的章程。即使其在形式上并未以章程形式呈现,也不因此影响该内容对全体股东的约束力。当然,如同对前一问题的分析理由,一般认为,该"全体约定"应是死亡股东在死亡前股东间作出的约定,死亡后其他股东的一致约定并不代表全体股东,应不足以排除股东资格可以继承。

4. 继承人为无民事(限制民事)行为能力人的情形及处理

对此,最高人民法院认为,有限责任公司设立后,股东不必再承担发起职责,也可以不实际参与公司管理,所以对股东的行为能力要求可以降低。同时,原国家工商行政管理总局 2007 年在对广东省原工商行政管理局作出的《关于未成年人能否成为公司股东问题的答复》中载明:"经请示全国人大常委会法制工作委员会同意,现答复如下:《公司法》对未成年人能否成为公司股东没有作出限制性规定。因此,未成年人可以成为公司股东,其股东权利可以由法定代理人代为行使。"据此,因立法机关已认为公司股东可以是未成年人,所以自然人是否具有完全民事行为能力应不影响其成为股东。在股东资格继承问题上,最终最高人民法院认为,无民事行为能力人或限制民事行为能力人可以直接继承股东资格。②

(五)合法继承人不能继承股东资格的法定情形

1. 法律规范

合法继承人不能继承股东资格的相关法律规制有:《公司法》第 42 条;《公务员法》第 59 条、第 107 条;《中共中央、国务院关于严禁党政机关和党政干部经商、办企业的决定》《中共中央纪委关于印发〈关于"不准在领导干部管辖的业务范围内个人从事可能与公共利益发生冲突的经商办企业活动"的解释〉和〈省(部)级领导干部配偶、子女个人经商办企业或在外商独资企业、中外合资企业任职情况登记表〉的通知》。

---

① 参见新《公司法》第 90 条。
② 参见杜万华主编,最高人民法院民事审判第二庭编著:《最高人民法院公司法司法解释(四)理解与适用》,人民法院出版社 2017 年版,第 359 页。

2.司法实践中相关的裁判观点及典型案例

裁判观点:继承人继承股东资格后,其股东身份与《公务员法》和《法官法》的相关规定冲突,其成为股东诉求不得支持。但可通过其他途径实现其财产权。

【**典型案例**】李甲、伍某某与吴甲、李乙、恒盈公司股东资格确认纠纷案。① 二审法院认为,吴甲、李乙和李甲、伍某某均系恒盈公司工商登记股东李丙的合法继承人,可以按法律规定的程序成为恒盈公司的股东。吴甲通过继承行为获得了继承股东资格的权利,本应可按《公司法》(2005年)第38条② 的规定对恒盈公司的经营享有决定权、选举权、审议权、作出决议权及其他相关职权。但其现为公务员及法官身份,吴甲以公务员身份参与恒盈公司经营为《公务员法》和《法官法》所禁止,吴甲诉请欲成为有公示效力的工商登记股东,与《公务员法》和《法官法》的相关规定冲突,其诉请法院难以支持。吴甲可通过其他途径实现其财产权。综上,李甲、伍某某关于吴甲不能成为工商登记载明的股东的上诉理由法院予以采纳。但李甲、伍某某及恒盈公司仍应配合完成李乙名下股权份额及比例的工商变更登记。

(六)继承人取得股东资格的时间节点问题

1.当前司法实践中的观点

《公司法》第90条就有限责任公司股东资格继承作了原则性规定,但未明确继承人取得股东资格的时间。司法实践中,主要存在两种不同观点:

第一种观点认为,被继承人死亡时继承人取得股东资格。按照我国《民法典》第1121条第1款的规定,继承从被继承人死亡时开始。《公司法》仅规定了公司章程可对股东资格继承作出限制性规定,并未规定因继承取得股东资格应以办理股东变更登记为前提,且股东登记的目的为公司股东信息的外部公示,不涉及因继承导致的公司内部股东身份变动,故继承人从被继承人死亡之日起取得股东资格。

第二种观点认为,股东死亡后,其继承人并不当然享有公司股东资格,仍应按照《公司法》的规定履行特定程序,即记载于公司股东名册、公司章程后方可取得股东资格。

2.司法实践中的倾向性意见应区分情形处理

首先,原则上按股东名册变更登记后的时点确认继承人的股东资格。《公司法》第90条仅对股东死亡后,其股东资格可继承性作了规定,并非规定被继承人死亡后其继承人即直接取得股东资格。认为被继承人死亡时继承人取得股东资格的观点,与《公司法》有关股东资格取得的法理不符。股权是股东对公司享有的权利,股东资格是股东在公司中的身份和地位。股东名册具有股权的设权性质,股东死亡后,其继承人并不直接享有公司的股东资格,不得径行行使股东权利。继承人应当向公司告知股东死亡的事实,并按《公司法》和章程规定履行一定的程序后,在公司变更股东名册记载时,继承人才能取得公司股东资格,才能在公司内行使股东权利。

其次,法律、行政法规有特殊规定的,从其规定。法律、行政法规对公司股东资格的取得作

---

① 参见上海市第二中级人民法院民事判决书,(2011)沪二中民四(商)终字第781号。
② 参见新《公司法》第59条。

了特别规定,继承人股东资格的取得应当从其规定。例如,信托公司等股东变更须报请行政主管部门审批同意,则继承人取得股东资格的时间应从行政主管部门批准之日起计算。

三、股权赠与、遗赠

(一)股权能否赠与和遗赠

由于股权本身蕴含财产性权利的性质,且我国法律并未禁止股权赠与和遗赠,所以一般认为股权持有人应当可依据我国《民法典》第660条、第1158条的规定赠与第三人。但我国《公司法》并未对遗赠、赠与情形下的股权转让作出明确规定。

由于遗赠、赠与标的物为公司股权,所以在实施时应当符合商事组织法规定。股东将股权遗赠给法定继承人以外主体,或者将股权赠与公司股东以外的人,应当符合公司章程规定。公司章程没有规定的,应当按照《公司法》规定的股权转让程序履行相应手续,特别应当注意《公司法》第84条规定的相关程序。股东遗赠股权给法定继承人以外主体以及赠与股权给公司股东以外的主体,视为股权对外转让,在同等条件下,其他股东享有优先购买权。

实务中,有些持股股东认为在无偿赠与的情况下,受赠人没有支付对价,不存在"同等条件",因此不存在其他股东优先购买权的问题,因而通过遗赠、赠与的方式逃避其他股东的优先购买权。基于有限责任公司的人合性特征,为避免股东恶意规避其他股东的同意权和优先购买权的行使,不应以赠与股权不存在"同等条件"为由排除其他股东行使优先购买权。在公司章程对股权遗赠、赠与没有相应规定的情况下,如果无法对股权价款协商一致,原则上应以委托评估的股权价值为依据,由行使优先购买权的股东向受赠人支付对价,以兼顾其他股东优先购买权及受赠人物质利益的保护。此外,股东将股权赠与他人时,不得以无偿或者未支付对价为由反悔。

(二)《公司法解释(四)》第16条是否适用于赠与和遗赠

首先,实践中无偿股权变动的四种情形有:隐名股东显名、赠与、继承和遗赠。其次,关于《公司法解释(四)》第16条是否适用于隐名股东显名的问题,根据《公司法解释(三)》第24条第1款、第3款的规定,在名义股东和实际出资人间无偿变动股权和股东资格时,必须履行其他股东过半数同意之程序。再次,对于《公司法解释(四)》第16条是否适用于赠与的问题,最高人民法院认为,股东对外赠与股权,不应轻易排除其他股东的优先购买权。但此时股权转让的对价应当由当事人协商确定。[1] 最后,关于《公司法解释(四)》第16条是否适用于遗赠的问题,由于股权遗赠后新进入公司的股东不是被继承人的法定继承人,而《公司法》第90条是适当保障法定继承人在股权上的利益,所以一般认为第90条的规定不宜拓宽到遗赠的情形,进而《公司法解释(四)》第16条是不适用于遗赠的,但价格应当进行评估。

---

[1] 参见杜万华主编,最高人民法院民事审判第二庭编著:《最高人民法院公司法司法解释(四)理解与适用》,人民法院出版社2017年版,第370页。

四、离婚股权分割

（一）夫妻股权权属认定

夫妻股权，是指在婚姻关系存续期间，以夫妻共同财产出资，登记在夫妻一方或双方名下的股权。[1] 夫妻股权的归属，同时受婚姻家庭法律制度和公司法的调整，存在公司组织法架构下股权行使、股东资格确认规则与婚姻家庭法律体系下夫妻共同财产制度的冲突。根据婚姻家庭法的逻辑，股权由双方共同财产出资转化而来，应属于夫妻共同财产；而依照公司组织法的逻辑，股东资格不仅具有财产性，也兼具身份性特征，应当专属于登记股东所有。因此，夫妻股权的归属问题，学术界和实务界存在较大争论：

否定意见认为，股权除具有财产权益内容外，还具有与股东个人的身份权、人格权等内容相关的身份权益，属于商法规范内的私权范畴，不宜认定为夫妻共同财产。

肯定意见认为，夫妻股权属于夫妻双方共同共有，无论股权登记在哪一方名下，股权所包含的财产权益和身份权益均属夫妻共有。

【典型案例】 李某祥与罗某芳、廖某声申请执行人执行异议之诉纠纷案。[2] 再审法院认为，"考虑到股权除具有财产权属性，还包括一定的身份权、人格权等内容，对于以夫妻共同财产认缴有限责任公司出资但登记在夫或妻一方名下的股权，是否属于夫妻共同财产，存在一定争议"；当然，"对于该股权转让后所得价款为夫妻共同财产是无争议的"。

最高人民法院对《民法典婚姻家庭编解释（一）》第73条所作释义，未就夫妻股权的权属作出明确认定，[3] 但明确了股东的配偶对于股权的共有仅体现在股权所代表的财产价值方面。基于此，实务中，鉴于股权与一般意义上的财产相比，具有特殊性，故在对夫妻股权的归属和分割处理上，一般会区分股权中的人身权益和财产权益，采取内外有别的方法处理。

（二）夫妻股权中财产性权益认定规则

以夫妻共同财产出资形成的夫妻股权，在夫妻内部适用婚姻家庭法的财产规则，维护夫妻共同财产。司法实务中围绕夫妻股权产生的财产性权益有两个层面，一是股权出资款归属的认定。认定夫妻股权，出资财产必须是夫妻共同财产，并以此为前提进行认定，否则不构成夫妻股权。二是股权收益归属的认定。依据《民法典婚姻家庭编解释（一）》第25条的规定，婚姻关系存续期间，无论是夫妻一方以个人财产投资取得的股权收益还是夫妻股权所产生的财产性收益，均应认定为夫妻共同财产，由夫妻双方共同共有。

基于此，在实务处理中应当注意以下两个方面的问题：

一是夫妻股权的认定须以夫妻共同财产出资为前提。审查要点为出资财产的来源，审查路径为出资时间和出资来源，属一方以婚前个人财产出资的，股权归属个人，但夫妻关系存续期间取得的股权财产性收益应属夫妻共同财产；以婚后夫妻共同财产出资的，归属夫妻共同共

---

[1] 参见赵玉：《夫妻股权归属及其单方处分效力的认定》，载《环球法律评论》2022年第3期。
[2] 参见最高人民法院民事裁定书，(2018)最高法民申6275号。
[3] 参见最高人民法院民事审判第一庭编著：《最高人民法院民法典婚姻家庭编司法解释（一）理解与适用》，人民法院出版社2021年版，第627~632页。

有。婚姻登记时间则是股权收益归属的判断要素和时间节点。

二是股东工商登记不应作为判断夫妻股权财产性权益归属的实质要件。以夫妻共同财产出资成立的股权，无论登记在哪一方名下，该股权所包含的股权分红权、公司剩余财产分配权等财产权益，均应由夫妻共同享有和行使。

（三）夫妻股权中身份权益认定规则

在公司组织法层面，夫妻股权进入商业经营领域，应该与公司法规则中股东的身份权益相衔接，在公司内部需符合公司人合性的要求，而在公司的外部交易秩序中则形成了作为信赖基础的权利形式外观。因此，出于对交易秩序和商事效率的维护，对夫妻股权身份权益的认定应受公司法规范的调整。

在夫妻离婚诉讼中，有关夫妻股权身份权益归属的认定和分割应当全面考虑公司章程及工商登记等因素，所以实务中，一般遵循以下处理原则：

对于夫妻双方就夫妻股权的分割达成一致，原未登记为有限责任公司股东的一方取得另一方全部或部分公司股权的，应符合《公司法》规定的股东向公司以外第三人转让出资的规则，即应尊重其他股东优先购买权，夫妻一方才能取得股东资格。如果夫妻双方都是同一有限责任公司股东，根据《公司法》第84条的规定，股东之间可以相互转让其全部或者部分股权，此时夫妻之间分割股权则无须经过其他股东同意。

裁判观点：<u>夫妻一方不能以其离婚时双方已经分割一方所持股权为由要求办理股权变更登记。</u>

【典型案例】[①] 股权作为一项特殊的财产权，除具有财产权益内容外，还具有与股东个人的社会属性及其特质、品格密不可分的人格权、身份权等内容。如无特别约定，对于自然人股东而言，股权仍属于商法规范内的私权范畴，其各项具体权能应由股东本人独立行使，不受他人干涉。《公司法》确认的合法转让主体是股东本人，而不是其所在的家庭。本案中，无论被告是否履行出资义务，其已被标的公司登记为股东，因此，被告享有相应股权。原告与被告虽然在协商离婚时将涉案股权作为夫妻共同财产通过内部协议予以分割，约定归原告所有。但根据《公司法》（2018年）第71条[②]的规定，原告并未提交证据证明其根据离婚协议分割被告名下的标的公司股权符合上述《公司法》规定，故对其要求将标的公司股权变更登记至其名下的主张不予支持。

法律、行政法规对公司股东资格作了限制性或禁止性规定的，夫妻股权的分割更应遵守该限制性和禁止性规定，不符合股东资格的一方不得取得该股权，继而享有股东资格。此时，在夫妻双方之间应通过折价补偿的方式对该股权进行分割处理。同理，夫妻股权的分割也要符合公司法对公司人数限制的规定，不能与公司法的规则相违背。

（四）夫妻一方对外转让夫妻股权的认定

如果股权同时登记在夫妻双方名下，其中一方对外转让股权，应当经得对方同意、并由双

[①] 参见张应杰主编：《公司股权纠纷类案裁判思维》，人民法院出版社2023年版，第145页。
[②] 参见新《公司法》第84条。

方共同在股权转让协议上签字、共同取得股东会决议,使之符合《公司法》和《民法典》有关夫妻股权转让的规定。

如果夫妻股权仅登记在一方名下,一方对外签订股权转让协议转让夫妻股权的,对于该转让行为的效力以及受让人能否取得公司股东资格。实务中又分以下两种情形分别认定:

情形一,股权登记一方单方对外转让股权情形下受让人的股东资格认定。

有观点认为,此种情形下,登记一方转让行为构成无权处分,受让人能否取得股东资格须考察受让人是否构成善意取得。理由为,依据夫妻共同财产制的处理规则,夫妻一方在夫妻关系存续期间处分股权,是对夫妻财产作出的重大处置,除符合家事代理权范围情形外,须经夫妻双方共同决定,否则超出家庭日常生活需要的,转让人构成无权处分,此时需考察受让人是否出于善意而受让取得股权。如果受让人出于善意并已查证工商登记信息以确认转让人的主体身份符合权利外观,且交易价格合理,又办理了股权变更登记,即应认定其履行了审慎审查义务,符合交易规则。在受让人构成善意取得夫妻股权的情形下,应当对转让行为的效力予以认定,并确认受让人的股东资格。①

也有观点认为,基于商事外观主义原则,此种情形下股权转让无须配偶同意,未征得配偶同意不影响股权转让。首先,婚姻状态属于隐私范围,法律不能苛责受让人查证股东的婚姻状况,受让人实际也无从确定股权是否属于夫妻共同共有,更无法追溯出资款的来源等私密信息,否则将徒增交易成本。其次,股权有别于一般夫妻共有财产,是一项特殊的权能,股权的财产属性属于夫妻共同财产,但其人身属性应由股东本人行使,不受他人干涉。最后,股权转让是商事交易行为,商事交易追求交易安全和交易效率。股权登记一方对外转让股权时,受让人可以信赖工商登记的股东为真正股东而与其交易,无须查证该股权是否为夫妻共同投资以及是否征得转让人配偶同意,否则有悖于商事外观主义原则,对交易安全和交易效率不利。因此,在对夫妻财产权益和商事交易规则的价值衡量中,商事交易规则应占据更加重要的地位,股权登记一方对外转让股权时无须征得配偶同意。但是,受让人与转让人存在恶意串通以帮助转移夫妻共同财产等法律规定无效情形的,应当认定该转让行为无效,受让人不得取得股权并享有股东资格。②

司法实践中,多倾向于采纳第二种观点。理由为依据《公司法》第 84 条的规定,股权具有特殊性,股东是股权转让的主体,股权对应的各项权利,尤其是涉及人身属性的权利应由股东本人行使,而非其配偶或其他家庭成员代为行使,股权转让无须配偶同意。只要股权转让行为符合《公司法》和公司章程规定的股东对外转让股权的程序性条件,协议为合同双方真实意思表示且不违反法律的强制性规定,该股权转让行为即应认定为有效,受让人可依法取得公司股权,成为公司股东。

---

① 参见茆荣华主编:《上海法院类案办案要件指南》(第 1 册),人民法院出版社 2020 年版,第 136 页。
② 参见江必新、何东宁等:《最高人民法院指导性案例裁判规则理解与适用:公司卷》(第 2 版),中国法制出版社 2015 年版,第 124 页。

情形二,非登记股权一方对外转让股权情形下受让人股东资格的认定。

此种情形下,因股权登记在配偶名下,非登记一方若未获得登记股东的授权,不具有对外处分的权限,对外处分应认定为无权处分。理由为:(1)股权完成登记后,在公司内部形成人合性信赖,对公司外部产生公示效力,登记股东成为股权行使者,未经授权其他人不得直接处分股权;(2)夫妻股权中非登记一方的财产权益属于家庭内部财产规则,不能超越婚姻家庭法规范,突破公司独立人格,以夫妻共有财产权人的身份行使股权;(3)夫妻股权中非登记方需要获得登记股东授权,才形成有效处分,否则构成无权处分。在未取得股权登记一方认可的情形下,受让人将面临无法取得股权及股东资格的重大风险。

司法实践中相关的裁判观点及典型案例如下。

裁判观点一:夫妻一方擅自转让夫妻股权,转让行为有效,受让人取得股权并享有股东资格。

【典型案例一】 艾某、张某田与刘某平、王某、武某雄、张某珍、折某刚股权转让纠纷案。[①] 针对艾某、张某田夫妇提出的张某田未经其配偶艾某同意签订的将登记在张某田名下的工贸公司的股权转让给刘某平的股权转让协议无效的上诉理由,最高人民法院认为,股权作为一项特殊的财产权,除其具有的财产权益内容外,还具有与股东个人的社会属性及其特质、品格密不可分的人格权、身份权等内容。如无特别约定,对于自然人股东而言,股权仍属于商法规范内的私权范畴,其各项具体权能应由股东本人独立行使,不受他人干涉。在股权流转方面,我国《公司法》确认的合法转让主体也是股东本人,而不是其所在的家庭。本案中,张某田因转让其持有的工贸公司的股权事宜,与刘某平签订了股权转让协议,双方从事该项民事交易活动,其民事主体适格,意思表示真实、明确,协议内容不违反我国《合同法》《公司法》的强制性规定,该股权转让协议应认定有效,艾某、张某田的该项上诉理由没有法律依据,法院不予支持。

【典型案例二】 张某杰与李某忠、李某华、中城建公司确认合同无效纠纷案。[②] 二审法院认为,股权是项特殊的财产权,不仅具有财产权益内容,还具有和股东个人密不可分的人格权、身份权等内容。对于自然人股东而言,其各项权能由股东本人独立行使,不受他人干涉。在股权流转方面,我国《公司法》确认的合同转让主体也是股东本人,而不是其所在的家庭。本案所涉股权原登记在李某忠、李某华的名下,虽然二人同张某杰之间存在夫妻、母子关系,但基于本案所涉的股权转让法律关系,合同的相对方只是李某忠、李某华,与张某杰无关。正是基于此,张某杰另案提起的撤销案涉股权转让合同纠纷之诉才被依法驳回。原审依据《婚姻法》第 17 条[③]、《最高人民法院关于适用〈中华人民共和国婚姻法〉若干问题的解释(二)》(以下简称《婚姻法解释(二)》)[④] 第 11 条和第 16 条第 1 款的规定认定未登记方配偶不是法定的股权共

---

① 参见最高人民法院民事判决书,(2014)民二终字第 48 号。
② 参见辽宁省高级人民法院民事判决书,(2017)辽民终 1170 号。
③ 参见《民法典》第 1062 条。
④ 此解释已因《民法典》施行而废止。

有人是正确的。张某杰有关案涉股权属其与李某忠的家庭共同财产，李某忠、李某华转让股权的行为，属于部分共同共有人擅自处分共有财产的上诉主张不能成立，法院不予支持。

【典型案例三】谢某华与黄某松、任某、珈悦公司确认合同无效纠纷案。[1]针对谢某华提出的案涉股权属于其与黄某松婚姻关系存续期间的夫妻共有财产，黄某松未经其同意擅自处分股权，案涉《股权转让合同》应属无效的主张。二审法院认为，首先，《婚姻法》第17条[2]及《婚姻法解释（二）》第11条规定，在我国现行法律体系下，属于夫妻共同财产的应当是股权所代表的财产价值，而非股权本身。其次，股权作为公司股东所享有的综合性权利，既包括分配利润等财产权利，还包括参与公司决策和选择管理者等身份权利，故股权在性质上更多的是一种社员权，而非单纯的财产权，其身份性质的权利独立于夫妻关系，不属于婚姻法夫妻财产所调整的对象。因此如无特别约定，自然人股东所享有的股权的各项具体权能应由其本人独立行使，不受其配偶干涉。本案中，黄某松作为珈悦公司合法登记在册的股东，有权依照公司法的规定转让其所持有的股权。最后，《公司法》（2013年）第71条第1款、第2款[3]规定："有限责任公司的股东之间可以相互转让其全部或者部分股权。股东向股东以外的人转让股权，应当经其他股东过半数同意。股东应就其股权转让事项书面通知其他股东征求同意，其他股东自接到书面通知之日起满三十日未答复的，视为同意转让。其他股东半数以上不同意转让的，不同意的股东应当购买该转让的股权；不购买的，视为同意转让。"据此，现行法律并未规定自然人股东转让股权需要经过配偶的同意。

裁判观点二：以夫妻共同共有财产出资设立公司，在夫妻关系存续期间，丈夫或者妻子的公司股份是双方共同共有的财产，夫妻作为共同共有人，对共有财产享有平等的占有、使用、收益和处分的权利。

【典型案例一】彭某静与梁某平、王某山、金海岸公司股权转让侵权纠纷案。[4]最高人民法院认为，本案的上诉人彭某静与被上诉人梁某平系夫妻关系，金海岸公司是其夫妻二人共同开办的，夫妻二人共同出资设立公司，应当以各自所有的财产作为注册资本，并各自承担相应的责任。因此，夫妻二人登记注册公司时应当提交财产分割证明。但是，本案当事人夫妻二人在设立公司时并未进行财产分割，应当认定是以夫妻共同共有财产出资设立公司。彭某静和梁某平用夫妻共同共有财产出资成立公司，在夫妻关系存续期间，丈夫或者妻子的公司股份是双方共同共有的财产，夫妻作为共同共有人，对共有财产享有平等的占有、使用、收益和处分的权利。

【典型案例二】何某与陈某国股权转让纠纷案。[5]再审法院认为，根据《婚姻法》第17条[6]规定，何某在夫妻关系存续期间，以其个人名义出资取得的股权应属夫妻双方共同所有财产，

---

[1] 参见广州市中级人民法院民事判决书，(2017)粤01民终10843号。
[2] 参见《民法典》第1062条。
[3] 参见新《公司法》第84条。
[4] 参见最高人民法院民事判决书，(2007)民二终字第219号。
[5] 参见四川省高级人民法院民事判决书，(2013)川民提字第357号。
[6] 参见《民法典》第1062条。

邱某军作为共同共有人,对共有财产享有平等的占有、使用、收益和处分的权利。至于对前述条文规定的"夫妻对共同所有的财产,有平等的处理权"的理解,《最高人民法院关于适用〈中华人民共和国婚姻法〉若干问题的解释(一)》[①]第17条规定:"婚姻法第17条关于'夫或妻对夫妻共同所有的财产,有平等的处理权'的规定,应当理解为:(一)夫或妻在处理夫妻共同财产上的权利是平等的。因日常生活需要而处理夫妻共同财产的,任何一方均有权决定。(二)夫或妻非因日常生活需要对夫妻共同财产做重要处理决定,夫妻双方应当平等协商,取得一致意见。他人有理由相信其为夫妻双方共同意思表示的,另一方不得以不同意或不知道为由对抗善意第三人。"本案中,邱某军对登记于何某名下的股权出让,属于对夫妻共同财产的重要处理,应当与何某协商,取得一致意见。

【典型案例三】 曹某与张某、杨某模案外人执行异议之诉案。[②] 针对杨某模持有的兴茂地产公司24%的股权是否为夫妻共同财产的问题,二审法院认为,"杨某模持有的兴茂地产公司24%的股权属于杨某模、曹某夫妻共同财产",裁判理由如下:

第一,《婚姻法》第17条[③]第1款规定:"夫妻在婚姻关系存续期间所得的下列财产,归夫妻共同所有:(一)工资、奖金;(二)生产经营的收益;(三)知识产权的收益;(四)继承或赠与所得的财产,但本法第十八条第三项规定的除外;(五)其他应当归共同所有的财产。"本案中,因无证据证明杨某模享有的兴茂地产公司24%的股权的出资系杨某模一方的婚前个人财产,也无证据证明杨某模与曹某在夫妻关系存续期间有财产归属的约定,故该股权系以夫妻共同财产出资形成。因股权能够带来收益,且公司解散、破产后的剩余财产归属于股东所有,故股权的财产属性符合"其他应当归共同所有的财产"的规定,属于夫妻共同财产。

第二,虽然在《婚姻法》第17条中没有明确列举夫妻在婚姻关系存续期间取得的股权归夫妻共同所有,但是根据《婚姻法解释(二)》第16条关于法院审理离婚案件,涉及分割夫妻共同财产中以一方名义在有限责任公司的出资额另一方不是该公司股东的,按以下情形分别处理之规定,可以认定在夫妻关系存续期间以一方名义在有限责任公司的出资额是夫妻共同财产的一部分,而非持有公司股权一方的个人财产。虽然该规定适用的情形是夫妻离婚时的财产分割,但是该情形不影响婚姻关系存续期间取得的股权属于夫妻共同财产性质的认定。

第三,未显名的夫妻一方是否享有公司股权与股权是否属于夫妻共同财产是两个不同性质的问题。在公司法层面,只有具备股东资格的人才能享有和行使股东权利,而是否具备股东资格应当根据法律规定和公司文件来认定。不具备公司股东身份的人不能享有和行使表决权、知情权、利润分配权、转让出资等股东权利。本案中,杨某模系兴茂地产公司的显名股东,而曹某并非该公司登记的股东,故其不能与杨某模共同共有股权。在婚姻法层面,用夫妻共同财产出资获得的股权是夫妻共同财产的一种形式,在夫妻没有对婚姻关系存续期间财产分配进行约定的前提下,除法律另有规定外,均属夫妻共同财产。因此未显名的股东与名义股东能

[①] 此解释已因《民法典》施行而废止。
[②] 参见重庆市高级人民法院民事判决书,(2019)渝民终335号。
[③] 参见《民法典》第1062条。

否共同共有股权的问题与股权是否为夫妻共同财产的问题并无关联。综上,杨某模持有的兴茂地产公司24%的股权属于夫妻共同财产。

五、股权转让纠纷中股权转让预约合同的相关问题

根据《民法典》第495条的规定,如果当事人提前确定双方股权转让意愿而签订协议,构成预约合同,对双方当事人具有法律拘束力。

(一)预约合同构成要件[①]

预约合同应同时具备以下两个基本要素:一是预约订立本合同的意思表示;二是构成本合同要约的要求。预约合同的内容是约定将来订立一定内容的合同,在性质上是诺成契约,而非要物契约。预约合同与本约合同的界定,应依照当事人约定的实质内容来判断。不同阶段签订的预约合同具有不同的法律效力:

对于接洽初期签订的预约合同,双方尚需对部分或全部的实质性条款进行磋商,对于此类预约合同,双方承担的义务仅仅是针对订立正式合同进一步磋商。如果由于协商不一致最终没有按照预约合同的约定达成正式的协议,双方也不承担违约责任。但是,若一方有证据证明另一方拒绝磋商或怠于磋商,则拒绝磋商或怠于磋商的一方应当承担违约责任。

对于接洽成熟阶段签订的预约合同,双方已经对全部的实质性条款达成了共识,已无进一步磋商的必要,预约合同的目的只是为正式合同成立作出准备。对于此类预约合同,双方承担的义务是缔结正式合同。如果一方无正当理由拒绝订立合同,则需承担违约责任。例如,买卖预约合同的一方当事人不履行订立买卖合同本约的义务,则构成根本性违约,对方当事人可按照违约责任的规定,追究其违约责任;也可依据《民法典》第563条的规定,行使法定解除权,解除预约合同并主张损害赔偿。

司法实践中有关预约合同构成要件的裁判观点及典型案例如下。

裁判观点:股东会决议关于股权转让意向性内容是否构成预约,应从该内容是否具有预约合同的确定性、约束力特征来考察。

【典型案例一】郑某某诉徐某某等股权转让预约合同纠纷案。[②]二审法院认为,本案中,郑某某与徐某某、赵某某在召开的公司股东会上达成意向协议,由徐某某、赵某某将所持公司股权作价转让给郑某某,但徐某某、赵某某拒绝当场签署股权转让协议,并在股东会决议上明确"股权转让具体事宜以转让协议为准,四位股东签字后生效"等内容。郑某某起诉请求徐某某、赵某某按照股东会决议内容与其签订转股协议,对此分析如下:一是案涉股东会决议中有关股权转让内容确实含有股东之间转让股权的意思表示,是各方在磋商过程中达成的意向性协议,但并非所有磋商过程中达成的意向性协议均构成预约,能否构成预约应从意向性协议内容是否具有预约合同的特征来考察;二是股东会会议对股权转让有关事项进行了商议,但徐某某、赵某某在股权转让协议已制作完毕的情况下,拒绝当场签署股权转让协议,说明该次股东会会

[①] 参见张应杰主编:《公司股权纠纷类案裁判思维》,人民法院出版社2023年版,第67~68页。
[②] 参见江苏省无锡市中级人民法院民事判决书,(2013)锡商终字第0166号。

议对股权转让有关事项商议的内容仅能作为股权转让的初步方案。股权转让事宜仍需在四位股东进一步考虑、协商之后,通过签订股权转让协议方式予以确立。嗣后郑某某表示对股权转让价格可再协商,亦表明股东会决议内容不具有确定性、约束性,故不构成预约。

【典型案例二】[1] 股权转让合同明确约定了转让方、受让方、标的股权的名称及份额、股权转让对价等内容,且无协议约定双方在一定期限内再签订本约合同,虽然该协议未明确标的股权价值,但仍属于本约合同。《合同法解释(二)》第1条第1款规定:"当事人对合同是否成立存在争议,人民法院能够确定当事人名称或者姓名、标的和数量的,一般应当认定合同成立。但法律另有规定或者当事人另有约定的除外。"《民法典》第495条规定:"当事人约定在将来一定期限内订立合同的认购书、订购书、预订书等,构成预约合同。当事人一方不履行预约合同约定的订立合同义务的,对方可以请求其承担预约合同的违约责任。"依据上述规定,是否约定在将来一定期限签订本约合同是预约合同与本约合同的主要区别。如果合同能够确定当事人名称(姓名)、标的和数量,应认定合同成立,属于本约合同。至于合同条款是否完整,合同履行过程中是否需要签订补充协议不影响本约合同性质认定。涉案股权转让协议明确约定股权转让方、受让方标的股权名称及份额、股权转让对价等合同必备条款,且在协议中各方并无在一定期限内再签订本约合同的意思表示,虽然涉案协议未对转让股权价值予以明确,但此事实仅涉及涉案合同履行的具体问题,不能据此认定涉案协议为预约合同。

(二)预约合同效力

股权并购前,双方先行签订的意向性协议属于预约合同,对双方有法律约束力。

1. 预约合同不能产生强制缔结本约的效力

预约合同的特殊法律属性决定不能适用强制履行问题,实际履行不能作为承担违约责任的方式。违反预约合同的后果主要是一方过错而致使本约不能成立,按照实际履行的要求,当事人必须按照预约合同约定成立本约。但如果这样,预约最终将会产生与本约相同的结果,强制履行有违合同意思自治原则。

2. 当事人即使在预约中明确了主要条款,也不能认为法院有权裁判本约合同内容

本约合同的签订不仅是预约合同履行的法律问题,还有商业判断问题,由于法院并不承担商业风险,故不能替代当事人双方作出商业判断。

3. 预约合同的违约责任

预约合同一方不履行订立本约合同义务的情况下,守约方可以:(1)请求对方承担预约合同约定的违约责任;(2)要求解除预约合同并主张损害赔偿。

损害赔偿范围仅限于请求赔偿因此而遭受的损害,不能按照预定的本约合同内容请求赔偿预期利益。不过,当预约债务人对于订立本约合同应负迟延责任时,预约债权人仍可依一般债权规定请求损害赔偿。但是,受预约合同本质决定,无论是追究违约责任的损害赔偿,还是解除预约合同后的损害赔偿,均仅限于赔偿机会损失(信赖利益损失),而不包括可得利益(履

---

[1] 参见张应杰主编:《公司股权纠纷类案裁判思维》,人民法院出版社2023年版,第124~125页。

行利益)损失。[1]

司法实践中相关的裁判观点及典型案例如下。

裁判观点:具有预约合同性质的意向协议部分内容虽有明确的权利和义务,但本约签订条件未成就的,意向协议无拘束力,违约方应当承担违约责任。

【典型案例】[2] 具有预约合同性质的意向协议部分内容虽有明确的权利和义务,但本约签订条件未成就的,意向协议无拘束力,违约方应当承担违约责任。其一,关于意向协议是否属于预约合同问题。预约合同,是指约定将来订立一定合同的合同。《民法典》第495条规定:"当事人约定在将来一定期限内订立合同的认购书、订购书、预订书等,构成预约合同。当事人一方不履行预约合同约定的订立合同义务的,对方可以请求其承担预约合同的违约责任。"本案中,涉案意向协议已经双方签字盖章生效,且不违反法律、行政法规效力性、强制性规定,应认定为合法有效协议。但涉案意向协议并未明确约定股权转让具体时间、价格和支付方式,双方还需通过签订和履行协议以实现意向协议所约定的股权转让目的,故其仅具有预约合同性质,涉案意向协议不能直接发生股权转让的法律后果。其二,关于意向协议的违约责任。涉案意向协议约定受让方交纳保证金数额、时间及违约责任,此部分属于预约合同实质性内容,具备合同要素相关权利义务内容明确,具有合同约束力,违约方应当承担相应违约责任。《民法典》第577条规定:"当事人一方不履行合同义务或者履行合同义务不符合约定的,应当承担继续履行、采取补救措施或者赔偿损失等违约责任。"第584条规定,"当事人一方不履行合同义务或者履行合同义务不符合约定,造成对方损失的,损失赔偿额应当相当于因违约所造成的损失,包括合同履行后可以获得的利益"。因受让方拒不履行意向协议义务,转让方要求受让方支付违约金理由成立。

第十节 有关股权强制执行的相关问题

一、法院强制执行转让有限公司股权的协助执行问题

(一)协助执行规范

1. 公司协助执行规范

公司协助执行范围可参照:《民事诉讼法》第116条、第117条;《民事诉讼法司法解释》第192条、第458条;《最高人民法院关于人民法院执行工作若干问题的规定(试行)》第36~40条。

2. 公司登记机关的协助执行规范

公司登记机关的协助执行规范可参照:《民事诉讼法司法解释》第483条;最高人民法院、原国家工商行政管理总局等19部委印发的《关于建立和完善执行联动机制若干问题的意见》(法发〔2010〕15号)第17条、第19条、第20条、第24条;《最高人民法院、国家工商总局关于

---

[1] 参见张应杰主编:《公司股权纠纷类案裁判思维》,人民法院出版社2023年版,第68页。
[2] 参见张应杰主编:《公司股权纠纷类案裁判思维》,人民法院出版社2023年版,第125页。

加强信息合作规范执行与协助执行的通知》。

(二)股权执行前的冻结程序

1. 程序规范

程序规范可参照:《民事诉讼法司法解释》第484条、第485条、第550条;《最高人民法院关于人民法院执行工作若干问题的规定(试行)》第38条;《最高人民法院、国家工商总局关于加强信息合作规范执行与协助执行的通知》第10条、第14条。此外,2008年修正的《最高人民法院关于人民法院民事执行中查封、扣押、冻结财产的规定》(以下简称《查封、扣押、冻结财产规定》)第29条第1款虽在后续修改中被删除,但对实务操作仍有参考意义。

2. 冻结效力

股权冻结效力的相关规范可参照:《最高人民法院、国家工商总局关于加强信息合作规范执行与协助执行的通知》第12条;《国家工商行政管理总局关于未被冻结股权的股东能否增加出资额、公司增加注册资本的答复意见》(根据2017年11月8日公布的《工商总局关于公布规范性文件清理结果的公告》);《最高人民法院关于济南讯华传媒广告有限公司与威海海澄水务有限公司股权确认纠纷一案中涉及法律问题的请示答复》认为:"在人民法院对股权予以冻结的情况下,公司登记机关不得为公司或其他股东办理增资扩股变更登记。"

根据以上规定,关于被冻结股权的股东能否向工商机关申请增加出资额、公司增加注册资本的变更登记,最高人民法院的意见与原国家工商总局的意见存在冲突。司法实践中更倾向于最高人民法院的观点,适用《最高人民法院、国家工商总局关于加强信息合作规范执行与协助执行的通知》及《最高人民法院关于济南讯华传媒广告有限公司与威海海澄水务有限公司股权确认纠纷一案中涉及法律问题的请示答复》。

司法实践中有关股权执行前的冻结程序的裁判观点及典型案例如下。

裁判观点:对于在股权冻结期间,工商机关能否办理增资扩股,工商机关可以参照《最高人民法院、国家工商总局关于加强信息合作规范执行与协助执行的通知》及《最高人民法院关于济南讯华传媒广告有限公司与威海海澄水务有限公司股权确认纠纷一案中涉及法律问题的请示答复》中意见执行。

【典型案例一】 淳安县工商局与久大置业公司工商行政许可案。[1] 针对淳安县工商局在2015年2月9日就久大置业公司提交的增资变更登记申请,以该公司的股东朱某、董某、李某、章某甲的股权已被冻结,董某等3人股权回购案件正在法院审理为由,作出对久大置业公司申请的增加注册资本变更登记不予许可的决定的问题,二审法院认为,《民事诉讼法》(2012年)第242条第2款[2]规定,"人民法院决定扣押、冻结、划拨、变价财产,应当作出裁定,并发出协助执行通知书,有关单位必须办理。"因此,对于法院发出的协助执行通知书,有关单位负有遵照执行的法定义务。本案中,安徽省黄山市中级人民法院已冻结久大置业公司股东朱某所持股权,并在协助执行通知书中明确不得以任何形式减少、变更朱某的出资比例和股权份

---

[1] 参见浙江省杭州市中级人民法院行政判决书,(2015)浙杭行终字第318号。
[2] 参见2023年《民事诉讼法》第253条。

额；杭州市拱墅区人民法院也已冻结董某等 3 股东所持股权，并在协助执行通知书中明确限制其转让、抵押、质押及变更股权比例等处置行为。若淳安县工商局按照久大置业公司的申请作出予以许可的决定，势必将变更案涉股东的股权比例，将直接与法院的协助执行通知书相违背，因此淳安县工商局在查明事实的基础上，作出被诉不予许可决定，认定事实清楚。法律适用上，对于在股权冻结期间，工商机关能否办理增资扩股并无明确的法律规定，但《最高人民法院、国家工商总局关于加强信息合作规范执行与协助执行的通知》及《最高人民法院关于济南讯华传媒广告有限公司与威海海澄水务有限公司股权确认纠纷案中涉及法律问题的请示答复》对此问题有明确意见，淳安县工商局遵循上述意见，作出不予许可决定并无不当。

【典型案例二】声威建材公司与焦某丁、铜川市工商行政管理局、许某上工商登记行政纠纷案。[1] 针对铜川市工商行政管理局在法院已经裁定对声威建材公司的股东许某上持有的声威建材公司 5% 股权予以冻结的情况下为该公司办理注册资本变更登记是否违法的问题，二审法院认为，在本案中，铜川市工商局因声威建材公司的申请，分别于 2015 年 12 月 2 日和 2016 年 3 月 28 日对该公司注册资本变更登记。虽然 2018 年修正的《公司法》将股东出资由实缴制改为认缴制，公司股东可自主约定认缴出资额、出资方式和出资期限，申请注册资本的变更登记。但鉴于法院已裁定对许某上持有的声威建材公司 5% 股权予以冻结，其目的在于限制对被冻结股权的处分、保持被冻结股权的财产价值和权利状态不受变动，使诉前保全被申请人的偿付债务能力不被减弱，防止该部分股权价值被人为灭失或减损，确保诉前保全申请人胜诉后裁判文书的顺利执行。铜川市工商局在明知法院冻结许某上持有的声威建材公司 5% 股权的情况下，未按照声威建材公司提交的公司章程修正案中约定的出资额、出资方式和出资期限履行审查义务，两次核准该公司增资扩股对该公司注册资本变更登记，导致被冻结股权从 5% 变为 0.9679%。铜川市工商局在一审中提交的证据不能证明其已按规定履行了审查职责，也违反了其协助法院冻结许某上在声威建材公司持有 5% 股权的义务，该变更登记行为明显不当，符合《行政诉讼法》第 70 条规定的情形，应予撤销。

二、强制执行股份有限公司股份的相关问题

（一）强制执行上市公司股份的特别规范

强制执行上市公司股份的特别规范，可参照:《最高人民法院关于冻结、拍卖上市公司国有股和社会法人股若干问题的规定》第 1～17 条。其内容可归纳为：

（1）法院对上市公司国有股或社会法人股采取冻结、拍卖措施时，被保全人和被执行人均应当是相关股份的持有人或者所有权人；被冻结、拍卖股份的上市公司非依据法定程序确认为案件当事人或者被执行人，法院不得对其采取保全或执行措施。

（2）法院裁定冻结或者解除冻结上市公司国有股或社会法人股，除应当将法律文书送达负有协助执行义务的单位以外，还应当在作出冻结或者解除冻结裁定后 7 日内，将法律文书送达

---

[1] 参见陕西省铜川市中级人民法院行政判决书，(2018)陕 02 行再 1 号。

股权持有人或者所有权人并书面通知上市公司。其中,被冻结上市公司国有股的当事人是国有股份持有人的,法院在向该国有股份持有人送达冻结裁定时,应当告知其于5日内报主管国有资产监督管理机构备案。

(3)法院裁定拍卖上市公司股权,应当于委托拍卖之前将法律文书送达股权持有人或者所有权人并书面通知上市公司。其中,被拍卖上市公司国有股的当事人是国有股份持有人的,法院在向该国有股份持有人送达拍卖裁定时,应当告知其于5日内报主管国有资产监督管理机构备案。

(4)冻结的效力及于上市公司国有股或社会法人股产生的股息以及红利、红股等孳息,但上市公司国有股或社会法人股持有人或者所有权人仍可享有因上市公司增发、配售新股而产生的权利。

(5)法院执行上市公司国有股或社会法人股,必须进行拍卖;上市公司国有股或社会法人股的持有人或者所有权人以相关股份向债权人质押的,法院执行时也应当通过拍卖方式进行,不得直接将上市公司国有股或社会法人股执行给债权人。

(6)拍卖成交后,法院应当向证券交易市场和证券登记结算公司出具协助执行通知书,由买受人持拍卖机构出具的成交证明和国有资产监督管理机构对相关股份性质的界定等有关文件,向证券交易市场和证券登记结算公司办理股份变更登记。

《最高人民法院关于冻结、拍卖上市公司国有股和社会法人股若干问题的规定》是针对冻结、拍卖上市公司股份中的国有股和社会法人股作出的规定。

(二)强制执行非上市股份有限公司股份的特别规范

强制执行非上市股份有限公司股份的特别规范可参照:《最高人民法院关于人民法院执行工作若干问题的规定(试行)》第37条;这是区别于《最高人民法院关于冻结、拍卖上市公司国有股和社会法人股若干问题的规定》第8条规定的内容。

需要注意的是,《最高人民法院关于人民法院执行工作若干问题的规定(试行)》并没有对法院在强制执行非上市股份有限公司的股份的过程中是否需要向该非上市股份有限公司或该非上市股份有限公司的主管公司登记机关发出协助执行通知书作出规定。笔者认为,此时,应当适用最高人民法院关于执行的一般规定。

(三)强制执行非上市股份有限公司股份的协助执行

1. 非上市公司的协助执行义务的规范

非上市公司的协助执行义务的规范,可参照《民事诉讼法》第117条、第249条;《查封、扣押、冻结财产规定》第1条;《公司法》第159条;《民事诉讼法司法解释》第192条。

2. 司法实践中关于非上市公司的主管公司登记机关是否具有协助执行义务的裁判观点与典型案例

对于非上市公司的主管公司登记机关是否具有协助执行义务,《公司法》《民事诉讼法》均未直接作出明确的规定,最高人民法院的司法解释也只是略有涉及,司法实践中存在争议,较有代表性的有以下三种观点。

观点一：非上市公司的主管公司登记机关负有协助义务。

【典型案例一】 亿丰公司与李某、明达公司、抚顺银行案外人执行异议之诉案。① 针对亿丰公司在再审中提出的抚顺市工商局不是案涉股权变更登记机构的问题，最高人民法院认为，《公司登记管理条例》(2005年)第2条第1款"有限责任公司和股份公司（以下统称公司）设立、变更、终止，应当依照本条例办理公司登记"，第4条第1款"工商行政管理机关是公司登记机关"，第35条第3款"有限责任公司的股东或者股份有限公司的发起人改变姓名或者名称的，应当自改变姓名或者名称之日起30日内申请变更登记"等相关规定，均明确工商行政管理机关是公司登记机构，并未明确将非上市股份有限公司的股权登记事宜排除在工商行政管理机关职权范畴之外。现行法律法规对非上市股份有限公司股权登记机构也并未另行作出其他规定。法院审查期间，各方当事人均认可案涉股权被查封时，辽宁省当地并没有另行设立负责非上市股份有限公司股权变更登记的部门。且在一审法院两次裁定查封冻结案涉股权时，抚顺市工商局并未对其负有协助履行查封冻结案涉股权义务提出异议。虽然抚顺市工商局曾拒绝就2014年12月26日的查封裁定继续履行协助义务，但之后亦出具了协助执行的回执，履行了协助义务。据此，亿丰公司主张抚顺市工商局不是非上市股份有限公司股权变更登记机构，不具有协助执行案涉股权查封事宜的权限，缺乏充分的事实和法律依据。

【典型案例二】 赵某不服廊坊市中级人民法院执行裁定复议案。② 河北省高级人民法院认为，2012年12月10日，最高人民法院在(2012)执协字第15号《〈关于廊坊中院与江苏省常州市中级人民法院执行同一被执行人股权发生争议请求协调的报告〉的答复意见》中指出："《公司登记管理条例》第4条第1款规定工商行政管理机关是公司登记机关"；《查封、扣押、冻结财产规定》第1条第2款规定"采取查封、扣押、冻结措施需要有关单位或者个人协助的，人民法院应当制作协助执行通知书，连同裁定书副本一并送达协助执行人。查封、扣押、冻结裁定书和协助执行通知书送达时发生法律效力"；第9条第2款规定"查封、扣押、冻结已登记的不动产、特定动产及其他财产权，应当通知有关登记机关办理登记手续"。根据最高人民法院的答复意见精神，冻结股份有限公司的股权仍须向工商行政管理机关送达冻结裁定及协助执行通知书。

基于上述理解，有的法院认为，在公司登记机关不予协助时，法院可对其予以罚款。例如，在上述亿丰公司与李某、明达公司、抚顺银行案外人执行异议之诉案中，大连市中级人民法院2015年4月8日作出的(2015)大执审字第75号执行裁定书提及，在大连市中级人民法院于2014年12月26日作出(2014)大执二字第122号民事裁定，继续冻结明达公司持有的抚顺银行股份有限公司7.3332%的股权直至2015年12月25日止的情况下，针对抚顺银行的公司登记机关抚顺市工商局无合法理由告知大连市中级人民法院其不能履行协助义务的情形，大连市中级人民法院在2014年12月30日作出(2014)大执二字第122号罚款决定书，对抚顺工商局罚款100万元，限在2015年1月9日前缴纳[见大连市中级人民法院于2015年4月8日作

---

① 参见最高人民法院民事裁定书，(2017)最高法民申3150号。
② 参见河北省高级人民法院民事裁定书，(2015)冀执复字第28号。

出的(2015)大执审字第75号执行裁定书,后因抚顺工商局履行了协助冻结股份义务,该罚款决定书没有实际执行]。

【典型案例】王某玉申请国家赔偿案。① 宁夏回族自治区高级人民法院2016年4月7日作出的决定书提及,陕西省定边县人民法院于2012年4月6日因执行案件分别冻结了张某国在宁夏国龙医院的股份(对应于94.19万元的注册资本,持股比例为3.2%),申请执行人是王某玉,陕西省定边县人民法院向宁夏国龙医院和宁夏回族自治区工商行政管理局送达了执行裁定书和协助执行通知书;在执行程序中,陕西省定边县人民法院要求宁夏回族自治区工商行政管理局将该院冻结的股份94.19万元(3.2%)给王某办理过户手续,但宁夏回族自治区工商行政管理局以无协助义务为由拒绝办理,陕西省定边县人民法院遂对宁夏回族自治区工商行政管理局予以罚款50万元;2013年6月14日,宁夏回族自治区工商行政管理局从工商注册登记的股东名册中给陕西省定边县人民法院协助办理了股权变更登记手续,将张某国在宁夏国龙医院3.2%的股份划转到王某玉名下。

观点二:在法院依照法律规定的强制执行程序转让非上市股份有限公司的股东在该股份有限公司的股份的过程中,无须要求公司登记机关予以协助执行。

【典型案例】惠民农村小额贷款公司不服南通市中级人民法院执行裁定复议案。② 针对"对非上市股份有限公司股权的冻结,是否需要到工商行政管理机关办理协助冻结手续才发生法律效力"的问题,江苏省高级人民法院认为,《查封、扣押、冻结财产规定》(2008年)第9条第2款③ 规定,查封、扣押、冻结已登记的不动产、特定动产及其他财产权应当通知有关登记机关办理登记手续。未办理登记手续的,不得对抗其他已经办理了登记手续的查封、扣押、冻结行为。该条款中所列需要到登记机关办理冻结登记手续的其他财产权的类别,需要由具体的法律法规、司法解释以及其他行政规范性文件予以明确。目前关于本案所涉股权冻结的行政法规、规范性文件的相关规定为:(1)《公司登记管理条例》第9条规定,公司的登记事项包括有限责任公司股东或者股份有限公司发起人的姓名或者名称。该条例第34条第3款规定,有限责任公司的股东或者股份有限公司的发起人改变姓名或者名称的,应当自改变姓名或者名称之日起30日内申请变更登记。依据上述规定,除股份有限公司的发起人以外,股份有限公司的股东不在工商行政管理机关的登记范围内。(2)中央纪律检查委员会、中央组织部、中央宣传部、中央社会治安综合治理委员会办公室、最高人民法院、最高人民检察院、国家发展和改革委员会、公安部、原监察部、民政部、司法部、原国土资源部、住房和城乡建设部、中国人民银行、国家税务总局、原国家工商行政管理总局、国务院原法制办公室、原中国银监会、中国证监会《关于建立和完善执行联动机制若干问题的意见》通知第17条规定,工商行政管理部门应当协助法院查询有关企业的设立、变更、注销登记等情况;依照有关规定,协助法院办理被执行人持有的有限责任公司股权的冻结、转让登记手续。依据该意见,工商行政管理部门只协

---

① 参见宁夏回族自治区高级人民法院国家赔偿决定书,(2016)宁法赔1号。
② 参见江苏省高级人民法院民事裁定书,(2016)苏执复14号。
③ 参见2020年《查封、扣押、冻结财产规定》第7条第2款。

助办理被执行人持有的有限责任公司股权的冻结。(3)江苏省工商局苏工商注〔2008〕266号文件第6条载明:因股份有限公司的股东及其认购股份不属于法定登记事项,股东转让股份并无义务向公司登记机关办理变更登记,因此,工商行政管理机关在收到法院要求协助执行冻结股份有限公司股东的股份的法律文件后应函告法院无法协助执行并表述理由。(4)《最高人民法院、国家工商总局关于加强信息合作规范执行与协助执行的通知》第11条规定,法院冻结股权、其他投资权益时,应当向被执行人及其股权、其他投资权益所在市场主体送达冻结裁定,并要求工商行政管理机关协助公示。依据上述规定,法院冻结股权时,应要求工商行政管理机关协助公示,该通知未规定对股份有限公司股权的冻结,需到工商行政管理机关办理协助冻结手续。且该通知的发布时间2014年10月10日在南通市中级人民法院案涉冻结之后。综上,股份有限公司的股东(发起人除外)及其所持有股份不属于工商行政管理机关的法定登记事项,依据现有法律法规及相关部门规范性文件的规定,法院冻结股份有限公司的股权无须要求工商行政管理机关办理协助冻结手续,故法院对非上市股份有限公司股权的冻结,不适用《查封、扣押、冻结财产规定》第9条第2款的规定。

观点三:应视法院需要协助执行的事项的具体内容是否为法律规定的需要市场监管部门登记的内容,确定是否具有协助义务。

上述案例惠民农村小额贷款公司不服南通市中级人民法院执行裁定复议案中江苏省高级人民法院的意见,是符合《公司法》和《公司登记管理条例》有关股份有限公司股份转让的规定的。在法院依照法律规定的强制执行程序转让非上市股份有限公司的股东在该股份有限公司的股份的过程中,公司登记机关是否负有协助执行的义务,应看法院需要协助执行的事项的具体内容是否为法律规定的需要市场监管部门登记的内容。

与之相关的《公司法》规范有:第37条、第81条、第83条、第92条、第99条、第103第2款、第179条。

(四)登记机关对法院就查封或冻结有关股东对股份有限公司的持股情况协助义务

《公司法》和《公司登记管理条例》没有规定公司登记机关负有对股份有限公司的股东(包括发起人)的持股情况进行登记(包括办理股份有限公司股份转让变更登记)的法定职责。但根据《最高人民法院、国家工商总局关于加强信息合作规范执行与协助执行的通知》第6条第1款、第2款,第7条,第11条的规定,在实务中一般认为,公司登记机关不负有协助查封或冻结的法定义务,但有协助执行对查封、冻结有关股东持有的股份有限公司的股份的情况进行公示的义务。

第十一节 司法实务中常见的与股权转让相关的其他问题

一、关于债权人能否以控股股东以明显低价转让股权为由请求其连带清偿公司债务问题

对此,我们首先应厘清以下问题:一是股权转让行为与滥用公司人格、滥用股东人格之间

的区分;二是股权与公司财产之间的区分;三是股权转让与股东虚假出资、抽逃出资之间的区分。

明显低价转让股权行为本身并不等同于滥用公司人格、损害债权人利益的行为。因此,对此的考虑维度应当是公司人格与股东人格是否混同,以及股权转让行为是否造成公司财产不当减少,导致公司对外偿债能力降低等。如若不存在前述情形,由于股权系股东享有的自有财产并非公司财产,股权与公司财产相互分离,股东低价转让股权属于股东对自有权利的处分,对公司财产不会产生直接影响,由此不难得出结论:控股股东单纯低价转让股权的行为并不违反《公司法》规定,亦不会据此导致股东对公司债务承担连带责任。

【典型案例】亿达信公司、现代钢铁公司买卖合同纠纷案。① 最高人民法院认为,其一,公司人格独立与股东有限责任作为公司制度得以确立的两大基石,公司具有独立财产并独立承担民事责任,股东仅以出资额为限对公司债务承担责任。为了防止股东利用其优势地位从事滥用法人人格、损害债权人利益的行为,《公司法》(2013 年)第 20 条第 3 款② 规定,公司股东滥用公司法独立地位和股东有限责任,逃避债务,严重损害公司债权人利益的,应当对公司债务承担连带责任,即股东如果存在上述规定行为,公司债权人可请求股东连带偿还公司债务。针对公司人格是否混同可从以下方面分析:一是公司是否贯彻财产、利益、业务、组织机构等方面的分离。根据标的公司现代钢铁公司的工商登记资料,控股股东红嘴集团已以货币和实物出资方式实缴完毕出资。工商登记资料具有推定效力,在无相反证据推翻的情况下,依据证据能够认定红嘴集团已履行出资义务,股东出资后其出资即与股东相分成为公司财产。从现代钢铁公司与红嘴集团的企业法人营业执照、公司章程证据来看,两公司的住所地、法定代表人及组织机构等并不相同,亦无证据证明二者存在业务和利益分配上的混同,故不能认定现代钢铁公司与其控股股东红嘴集团之间存在人格混同的情形。二是股权与公司财产相分离,股东转让股权是股东对自有权利的处分,对公司财产并不产生直接影响。股权转让价格高低一定程度上反映标的公司经营状况,从转让后不久现代钢铁公司即被债权人申请破产的事实来看,红嘴集团低价转让股权并无异常。本案并无证据证明红嘴集团通过低价转让股权的方式处分标的公司财产,导致该公司偿债能力降低,损害了亿达信公司的利益。因此,红嘴集团、李某某低价转让股权行为不属于《公司法》第 20 条第 3 款规定的情形,亿达信公司主张红嘴集团、李某某应对现代钢铁公司的欠债承担连带责任的理据不足。其二,红嘴集团是否存在虚假出资、抽逃出资行为。根据《公司法解释(三)》第 12 条、第 13 条第 2 款、第 14 条第 2 款的规定,公司股东存在假出资、抽逃出资情形时,需在未出资或抽逃出资本息范围内对公司债务承担补充赔偿责任,该补充连带责任有别于《公司法》第 20 条第 3 款公司人格否认所致的连带责任。本案并无证据证明红嘴集团存在虚假出资、出资不实、抽逃出资的问题。其三,控股股东与标的公司是否存在损害债权人利益的关联交易。《公司法》(2013 年)第 21 条③ 规定:

---

① 参见最高人民法院民事判决书,(2017)最高法民终 87 号。
② 参见新《公司法》第 23 条第 1 款,下同。
③ 参见新《公司法》第 53 条。

"公司的控股股东、实际控制人、董事、监事、高级管理人员不得利用其关联关系损害公司利益。违反前款规定,给公司造成损失的,应当承担赔偿责任。"第216条第4项[①]规定:"关联关系,是指公司控股股东、实际控制人、董事、监事、高级管理人员与其直接或者间接控制的企业之间的关系,以及可能导致公司利益转移的其他关系。但是,国家控股的企业之间不仅因为同受国家控股而具有关联关系。"依据上述规定,控股股东及公司董事、监事、高级管理人员与公司进行损害公司利益关联交易,关联交易所产生的责任受偿主体是公司,而不是公司债权人。亿达信公司作为债权人无权要求红嘴集团对现代钢铁公司的债务承担连带清偿责任。

在处理此类案件(亦包括公司其他股东指控控股股东损害公司和公司股东利益案件)过程中,主张方应当提供基本证据证明其他股东存在损害公司利益的行为和事实,而非全部依赖起诉后申请法院调查取证,调取标的公司经营交易明细及财务收支明细并申请审计。因为银行账号交易情况及财务收支情况属于涉及公司财产利益和商业秘密的交易信息,公司除特定情形外并无对外披露的义务。并且,司法机关依职权调取证据应符合法定条件,不可能对没有任何证据指向的问题随意调查取证,特别是在民商事审判中,法院一般会秉持尊重和维护商事主体财产信息的审判理念。

二、关于股权转让纠纷虚假诉讼的认定问题

《最高人民法院关于防范和制裁虚假诉讼的指导意见》第1条规定:"虚假诉讼一般包含以下要素:(1)以规避法律、法规或国家政策谋取非法利益为目的;(2)双方当事人存在恶意串通;(3)虚构事实;(4)借用合法的民事程序;(5)侵害国家利益、社会公共利益或者案外人的合法权益。"虚假诉讼应同时符合前述五个要素,缺一不可。

司法实践中与股权转让纠纷虚假诉讼相关的裁判观点及典型案例如下。

裁判观点:存在真实交易的股权转让诉讼不是虚假诉讼。

【典型案例】某州控股公司、某盾公司等股权转让纠纷案。[②]针对本案是否为虚假诉讼及一审程序是否严重违法的问题,最高人民法院认为,某州控股公司关于本案为虚假诉讼的主张均不能成立。《最高人民法院关于防范和制裁虚假诉讼的指导意见》第1条规定:"虚假诉讼一般包含以下要素:(1)以规避法律、法规或国家政策谋取非法利益为目的;(2)双方当事人存在恶意串通;(3)虚构事实;(4)借用合法的民事程序;(5)侵害国家利益、社会公共利益或者案外人的合法权益。"根据查明的事实及上述分析,本案原告某盾公司与被告轨道公司之间存在真实的股权转让交易关系,因《产权交易合同》存在履行障碍而诉请主张合同有效和股权变更登记,是利用法定程序对其民事权益进行保护的正当民事诉讼行为,不存在恶意串通以规避法律、法规或国家政策谋取非法利益或侵害国家利益、社会公共利益或者案外人合法权益情形,显然不具备前述规定的虚假民事诉讼的基本要素。

---

① 参见新《公司法》第47条。
② 参见最高人民法院民事判决书,(2020)最高法民终1253号。

三、关于独立请求权第三人类型界定及上诉权认定的问题

关于有独立请求权第三人和无独立请求权第三人的区分以及是否具有上诉权问题的认定和处理,实务中的裁判观点是:(1)对诉讼标的有无独立请求权是判断有独立请求权第三人和无独立请求权第三人的基础;(2)无独立请求权的第三人被判决承担民事责任才有权提起上诉;(3)有独立请求权的第三人无论是否被判处承担责任,均有权提起上诉。

【典型案例】某州控股公司、某盾公司等股权转让纠纷案。① 最高人民法院认为:

第一,关于某州控股公司是无独立请求权第三人还是有独立请求权第三人的问题。《民事诉讼法》(2017年)第56条第1款② 规定:"对当事人双方的诉讼标的,第三人认为有独立请求权的,有权提起诉讼。"在本案一审中某州控股公司要求参加诉讼并主张《产权交易合同》因恶意串通损害其股东优先购买权而无效,是对某盾公司、轨道公司双方的诉讼标的《产权交易合同》是否合法有效提出的独立请求权,某州控股公司参加本案诉讼属于《民事诉讼法》(2017年)第56条第1款规定的有独立请求权的第三人。

第二,关于某州控股公司是否有上诉利益的问题。《公司法》(2018年)第71条第3款③ 规定:"经股东同意转让的股权,在同等条件下,其他股东有优先购买权。两个以上股东主张行使优先购买权的,协商确定各自的购买比例;协商不成的,按照转让时各自的出资比例行使优先购买权。"该款规定的股东优先购买权是一项实体性的权利,某州控股公司上诉主张《产权交易合同》因恶意串通损害其股东优先购买权而无效,对其有直接的上诉利益。

第三,关于法律适用问题。《民事诉讼法司法解释》第82条规定:"在一审诉讼中,无独立请求权的第三人无权提出管辖异议,无权放弃、变更诉讼请求或者申请撤诉,被判决承担民事责任的,有权提起上诉。"该款规定的被判决承担民事责任才有权提起上诉的情形是针对无独立请求权的第三人,而《民事诉讼法》(2017年)第56条第1款规定的有独立请求权的第三人无论是否判处其承担责任,均有权提起上诉,某盾公司、轨道公司依据该款规定以一审未判处某州控股公司承担民事责任为由主张其无上诉权,是对该款规定的错误理解和适用。

四、关于如何区分转让标的是房地产项目开发权还是公司股权的问题

对此,实务中法院一般会运用穿透式思维,判断涉案协议转让标的是相关房地产项目开发权还是公司股权。

【典型案例】正某公司与万某企业等股权转让纠纷案。④ 二审法院认为,首先,正某公司与万某企业、某靓物业经协商于2016年11月30日签订《合作协议》,约定双方采取股权转让的方式合作实施城市更新项目。此后,三方于2017年2月26日又通过《补充协议》约定将上述两公司的股权变更登记至世某实业、张某某和郭某某名下并实际办理了变更登记,其中,《合作

---

① 参见最高人民法院民事判决书,(2020)最高法民终1253号。
② 参见2023年《民事诉讼法》第59条第1款。
③ 参见新《公司法》第84条第2款。
④ 参见广东省深圳市中级人民法院民事裁定书,(2021)粤03民终12346号。

协议》由翟某某、吴某某作为万某企业和某靓物业的委托代理人签名、加盖了上述两公司的公章和万某某的个人印鉴,并附有两公司的董事会会议决议和股东会会议决议,且经律师事务所律师见证,对上述协议的真实性及双方合作开发的合同目的应予肯定。但是,从上述协议签订的主体来看,分别是正某公司与万某企业、某靓物业,转让股权主体即万某企业、某靓物业的股东并未参与,不符合法律有关股权转让合同主体的规定。虽然《合作协议》的附件《董事会决议》、《股东会决议》以及翟某某所签的《协议书》能够证明万某企业、某靓物业已特别授权翟某某代表其实施相关合作行为,亦同意将其股东的股权质押或转让给翟某某或其指定的第三人,但有关股权转让的法律效力已经法院(2018)粤3民终20671号民事判决认定,该判决的分析与认定已发生法律效力,应作为本案的审理依据。其次,从上述协议的内容来看,三方已明确以股权转让的方式实施合作开发某靓物业的城市更新项目即合作开发房地产项目才是双方签订合同的目的,股权转让只是手段,三方只是将万某企业和某靓物业作为项目合作的平台,或者说双方的真实意思表示实质是转让上述项目而非股权。最后,从合同对三方权利义务的安排来看,正某公司的权利义务主要是取得项目开发的权利和便利,同时承担全部开发的责任和风险,并依约向对方支付对价,万某企业和某靓物业的主要权利义务则是让渡其名下对某靓物业所享有的土地使用权、开发权、城市更新权和物业房产等固定资产、无形资产,收取转让对价,协议并未约定该对价由其股东收取。由此可见,三方转让的标的实质上是相关房地产的使用开发权,而非两公司的股权,故本案实质上属于房地产开发经营过程中的项目转让合同纠纷,而非股权转让纠纷。

五、关于股权转让混淆转让主体损害标的公司利益的问题

(一)司法实践中,混淆股权转让主体损害标的公司利益的常见情形

第一,将股权转让方列为标的公司。公司股东之间或公司与部分股东之间签订退还投资款协议,约定由标的公司向退出股东承担投资款退还义务。由于其行为实质更似于标的公司减资,但标的公司并未履行法定减资程序,由此引发行为性质的争议进而引发纠纷。

第二,把标的公司作为支付股权转让款的义务主体。股权交易双方签订零对价的股权转让协议的同时,另行签订协议约定将转让方投资款转化为对标的公司享有的债权。此时,将股权转让法律关系中的支付对价和变更登记两项主要合同义务分置于两份协议中,且将转让价款支付义务主体由受让方变为标的公司,这种交易模式实质上构成帮助股东抽逃出资。

第三,约定标的公司为股权转让款支付义务承担担保责任。股权交易双方签订的股权转让协议,却由标的公司对受让方在协议中的股权转让对价支付义务承担担保责任。

对于前述问题,我们应该注意的是:

(1)关于公司回购本公司的股权问题。《公司法》第89条、第162条规定,对公司回购本公司股份均有较为严格的限定,即严格限定了公司收购本公司股份的情形、程序、转让及注销时间,即使回购亦应严格遵循法律规定。

(2)关于股权转让合同的主体问题。在股权转让法律关系中,除标的公司员工股权激励计

划、处置回购的本公司股份等特殊情况外,股权转让主体应为标的公司股东,而非标的公司本身。换言之,标的公司最多只能是合同利害关系方,而不能作为股权转让相对方,标的公司更不应承担受让方股权转让款支付义务。

(3)关于公司为受让人提供担保的问题。应根据《公司法》第15条严格审查担保程序。

对于此类问题,实践中一般认为,股权交易双方约定由标的公司履行支付股权转让款义务或约定标的公司为股权转让款支付义务提供担保,上述行为会使标的公司资产直接减损,从性质上属于一种变相抽逃出资的行为,违反了公司资本维持原则,损害了标的公司独立财产权益以及标的公司债权人利益。

(二)不当地将股权转让方列为标的公司而引发的股权转让协议的实务处理

对此,在司法实务中:(1)原则上合同无效,理由为标的公司本身并非股权享受主体,以标的公司名义与受让人签订的股权转让协议违反《公司法》规定,理应无效;(2)实践中亦有判决依照股权转让实际履行主体,将标的公司股东认定为法律关系主体。

【典型案例】陈某明、荆某国股权转让纠纷案。[①] 最高人民法院认为,标的公司不对转让方承担的股利返还义务或违约责任承担连带清偿责任,标的公司并非股权转让协议相对方,其在股权转让协议中既不享有权利,也不负有相关义务。虽然标的公司为受让方颁发股权证,但其义务仅限于将受让方登记于公司股东名册,办理相关的股权变更手续,而非为股东转让股权的行为承担责任,故对受让方要求标的公司承担连带责任的诉讼请求不予支持。

对于在股权转让交易中,约定标的公司为受让股东向转让股东支付股权转让款承担连带担保责任情形的实务处理规则,实务中存在不同观点,第一种观点认为,标的公司为股东之间的股权转让提供连带责任担保无效,理由为担保行为会导致转让股东抽回出资,损害公司资本维持原则,《公司法》第53条规定公司成立后,股东不得抽逃出资。标的公司为股东之间的股权转让提供连带担保责任将导致公司利益及公司其他债权人的利益受损,形成股东以股权转让方式变相抽回出资的事实,有违《公司法》关于不得抽逃出资的规定,故应认定相关担保无效。第二种观点认为,标的公司为股东之间的股权转让提供担保为公司内部意思自治范畴,《公司法》第15条并不禁止公司为其股东或实际控制人提供担保,只要担保符合法定程序应确认其效力。

一般认为,第二种观点更与《公司法》立法规定精神相符,理由为:(1)此类纠纷并非公司回购本公司股权的情形,因为股权受让方并非公司。(2)《公司法》第53条第1款"公司成立后,股东不得抽逃出资"的规定,在此种情形下不能适用,因为转让股东已将其名下所有的标的公司股权经工商变更登记手续变更至受让股东名下,转让股东已丧失标的公司股东的法律地位,不具有抽逃出资的主体资格。(3)公司在承担担保责任后有权向受让股东追偿,并不必然造成标的公司资本不当减少的结果。所以,标的公司如果按照《公司法》第15条的规定履行了为股东提供担保的相应程序,且没有其他明显损害标的公司债权人利益的情形,则不应认定为无效。

---

① 参见最高人民法院民事判决书,(2018)最高法民终60号。

裁判观点：股权转让合同的权利义务主体应是转让股东与受让方，虽然标的公司并非合同相对方，但公司股东之间相互转让股权时约定公司为受让方的股权转让款支付承担连带义务，虽然协议未使用"担保"一词，但条款的性质与担保无异，当事人约定同样不能违反公司治理的基本原则。同时可能会导致股东以股权转让的方式从公司抽回出资的后果，构成实质意义上的抽逃出资，因此该约定无效。

【**典型案例一**】彭某诉陈某某、湖南嘉茂房地产开发有限公司股权转让纠纷案。① 二审法院认为，其一，该条约定不符合《公司法》关于公司为其股东提供担保必须经股东会或股东大会决议的规定。本案《股权转让协议》是彭某、陈某某与标的公司签订，约定标的公司自愿对陈某某应支付给彭某的股权转让款承担连带给付责任。虽然协议未使用"担保"一词，但条款的性质与担保无异，当事人约定同样不能违反公司治理的基本原则。陈某某签订《股权转让协议》时为标的公司的股东和法定代表人，其未经标的公司股东会决议即以公司名义为其个人债务承担连带给付责任，违反了《公司法》（2018年）第16条②规定，其行为依法属于越权代表行为。且彭某不属于善意相对人，因此，陈某某的越权代表行为不符合《民法典》第504条规定的有效情形。其二，该条约定不符合《公司法》关于股东缴纳出资后不得抽回的规定。《公司法》（2018年）第35条③规定："公司成立后，股东不得抽逃出资。"涉案股东彭某与陈某某均为标的公司股东，两人之间发生股权转让，约定由标的公司对受让方欠付的股权转让款本息承担连带给付责任，即意味着在陈某某不能支付股权转让款的情况下，标的公司应向转让股东支付股权转让款，从而导致股东以股权转让的方式从公司抽回出资的后果。公司资产为公司所有债权人债权的一般担保，《公司法》规定股东必须向公司缴纳其认缴的注册资本金数额，公司必须在公司登记机关将公司注册资本金及股东认缴情况公示，在未经公司注册资本金变动及公示程序的情况下，股东不得以任何形式用公司资产清偿其债务，否则构成实质意义上的抽逃出资。综上所述，涉案《股权转让协议》中关于标的公司对陈某某欠付彭某的股权转让款本息承担连带给付责任的约定应认定为无效。

【**典型案例二**】④ 根据《公司法》（2018年）第3条第1款、第53条、第244条的规定，股东出资形成有限责任公司全部法人财产，是公司对外承担债务的责任保证，非经法定程序。股东不得撤回对公司的出资，减少公司财产。为了防止因公司减资导致债权人的利益受损，《公司法》规定公司减资必须公告，债权人知悉后可以要求公司清偿债务或提供相应担保。本案中，受让方与转让方均为标的公司内部人员，在无相反证据情况下，应推定双方对于公司财产状况均充分知晓，受让方将自身应承担的向转让方支付股权转让款的义务转嫁给标的公司，却未给予标的公司对等利益，该转嫁债务行为必然导致标的公司财产减损，从而降低标的公司对外承担债务的保证能力。由于本案股权转让双方均属于标的公司内部人员，本案不存在基于保护公司外部善意债权人利益而由标的公司先行对外承担责任再对内追责的情形，故标的公司为

---

① 参见湖南省高级人民法院民事判决书，（2019）湘民终290号。
② 参见新《公司法》第15条。
③ 参见新《公司法》第53条第1款。
④ 参见张应杰主编：《公司股权纠纷类案裁判思维》，人民法院出版社2023年版，第148页。

内部人员之间进行的股权转让行为支付价款,侵犯了公司财产权,属于《公司法解释(三)》第12条规定的"利用关联交易将出资转出"或"其他未经法定程序将出资抽回的行为",应认定为股东抽逃出资行为,不具有法律效力。不过,该条款属双方对股权转让协议履行方式约定,并不影响股权转让协议效力,本案股权转让交易双方应当继续履行协议。

【典型案例三】[①] 其一,股权转让方通过签订股权转让协议将标的公司股权转让给股权受让方,标的公司在股权转让协议上盖章,同意对股权转让款进行担保,依照《公司法》(2018年)第15条的规定,股权受让方作为公司变更后的法定代表人及公司唯一股东,对该担保事项无表决权,故本案公司为股权受让方支付股权转让款提供担保事项的决议实际上不存在有表决权的股东。其二,从资本维持原则出发,根据《公司法》第244条的规定,非经法定程序,禁止公司回购本公司股份。公司存续期间应维持与其注册资本相当的资本,以保护债权人利益和社会交易安全。本案股权转让方主张标的公司为股权受让方支付股权转让剩余款项承担担保责任,则无异于以公司资产为股权转让买单,违反资本维持原则的基本要求。《公司法》规定股东须向公司缴纳其认缴的注册资本金数额,公司须在登记机关将注册资本金及股东认缴的情况公示,在未经注册资本金变动及公示程序的情况下,公司股东不得以任何形式用公司资产清偿其债务,否则构成实质上抽逃投资。标的公司在本案中的保证行为虽非直接抽逃出资,但会实际造成公司资本不当减少,会损害公司及债权人合法权益,应予否定评价。

六、关于股权转让协议缺乏对价或者其他核心条款的问题及实务处理

股权转让价格条款是股权转让合同的重要内容之一。由于股权与有形财产不同,其价值由多种因素构成。从影响因素角度分析,股权价值与标的公司管理和所处产业有关,具体可将其分为内部因素和外部因素。其中,内部因素主要包括标的公司的利润和剩余财产分配、标的公司的管理(涵盖战略管理、市场营销、经营管理等方面)、标的公司重大资产处分、标的公司履行业务合同情况以及面临重大诉讼情况等;外部因素主要包括原材料以及劳动力等成本涨跌情况、行业利润形势、国家产业政策等。

基于股权的特殊性,若股权转让合同未约定股权转让价格条款,且当事人提出的证据无法证明双方就股权转让价格达成一致,法院一般不会仅依据股东出资额、审计报告、公司净资产额以及《民法典》第510条、第511条的规定确定股权转让价格。股权转让合同未明确约定股权转让价格,因欠缺必备条款不具有可履行性,应认定为合同未成立。

司法实践中关于股权转让协议缺乏对价或者其他核心条款情形下的裁判观点及典型案例如下。

裁判观点一:未约定股权转让价格的股权转让合同因欠缺必备条款而不具有可履行性,应认定该类合同未成立。

【典型案例】[②] 法院认为,股权转让价格的确定是股权转让的重要内容之一,而股权的价值

---

① 参见张应杰主编:《公司股权纠纷类案裁判思维》,人民法院出版社2023年版,第148~149页。
② 参见北京市海淀区人民法院民事判决书,(2006)海民初字第16583号。

与有形财产不同,其价值由多种因素构成。在当事人提举的证据无法证明双方就股权转让价格达成一致时,法院不应依据股东出资额、审计报告、公司净资产额以及相关法律规定确定股权转让价格。同时,未约定股权转让价格的股权转让合同因欠缺必备条款而不具有可履行性,应认定该类合同未成立。

裁判观点二:在股权转让纠纷中,对于真实股权转让价款的争议,应当注重穿透式审判思维的运用,不能仅凭形式上的股权转让协议认定股权转让对价。

【典型案例】罗某诉袁某股权转让纠纷案。[①] 法院认为,在股权转让纠纷中,对于真实股权转让价款的争议,应当注重穿透式审判思维的运用,在出让方仅能举证工商备案股权转让协议情况下,应结合股权转让当事人关系、股权转让背景、受让人是否实际参与公司经营、出让方是否主张过股权转让款等事实,准确判定当事人在股权转让项下的权利义务关系,不能仅凭形式上的股权转让协议认定股权转让对价。

裁判观点三:股权转让价格不同于股权对应的出资额,在股权转让协议均未约定股权转让价款、亦未提供证据证明股权转让价款的情况下无法认定,不予支持。

【典型案例】黑河鑫瑞达公司、谭某刚等债权人代位权纠纷案。[②] 针对黑河鑫瑞达公司提出的应按照谭某刚在上述两家公司的出资额确定股权转让对价的主张。最高人民法院认为,因股权转让价格不同于股权对应的出资额,在涉案两份股权转让协议均未约定股权转让价款、黑河鑫瑞达公司亦未提供证据证明以上股权转让应当支付价款的情况下,无法认定谭某刚基于该两份协议对鸿某投资公司享有到期债权及具体数额,故黑河鑫瑞达公司代位权诉讼请求不能成立。黑河鑫瑞达公司可基于前述股权转让及赠与情况,通过申请执行相关股权或行使撤销权等有关规定寻求救济。

七、关于工商变更登记对股权转让合同效力及履行影响的问题

(一)工商变更登记是否影响转让合同的效力

股权转让协议作为一般债权合同,一般应自成立时发生法律效力。无须审批的股权转让协议,只要是双方当事人的真实意思表示,并符合相应程序规定,就应认定合法成立并生效。工商登记是否变更,既不影响股权转让合同的效力,也不影响股权的取得。

《民法典》第502条规定,依法成立的合同,自成立时生效。股权转让法律关系是转让方将其对标的公司享有的股东权益转让给受让方,双方所签订的股权转让合同法律性质上属于债权合同。现行公司法律规范并未规定股权转让协议须经登记生效。《公司法》第34条第2款仅规定未经登记或者变更登记的,不得对抗第三人。《九民纪要》第8条亦仅规定未向公司登记机关办理股权变更登记的,不得对抗善意相对人。上述规定表明股权工商登记是一种对外发生对抗效力的公示行为,具有证权性质,而不是设权性质,该事项未经登记本身不具有对抗

[①] 参见苏州市中级人民法院:《护航企业发展优化营商环境:苏州中院发布公司类纠纷案件审判白皮书和典型案例》,载微信公众号"苏州市中级人民法院"2022年6月30日,https://mp.weixin.qq.com/s/fAQSMhcBtLZEypGCT_hskA。

[②] 参见最高人民法院民事判决书,(2021)最高法民再50号。

第三人的效果。工商变更登记主要是基于行政管理需要，其功能是使股权变动产生公示效力。

对此，司法实践中的裁判观点是，是否进行工商变更登记对股权转让合同的效力不应产生影响，工商登记并非股权转让合同效力的评价标准。换言之，股权转让合同签订后，是否办理工商变更登记，不会决定股权转让行为是否生效或有效，仅会引发当事人是否违约以及是否具备对抗第三人效力的问题。

【典型案例一】 蒲公堂公司与南山公司、科汇通公司撤销权纠纷案。[①] 最高人民法院认为，股权转让实质上是在公司内部产生的一种民事法律关系，股权转让合同签订后，是否办理工商变更登记，属于合同履行问题。就股权转让行为的外部效果而言，股权的工商变更登记仅为行政管理行为，该变更登记并非设权性登记，而是宣示性登记，旨在使公司有关登记事项具有公示效力。因此，是否进行工商变更登记对股权转让合同的效力问题不应产生影响，工商登记并非股权转让合同效力的评价标准。质言之，股权转让合同签订后，是否办理工商变更登记，不应导致股权转让行为是否生效或有效的问题，仅应产生当事人是否违约以及是否具备对抗第三人效力的问题。

【典型案例二】 普提金香桂公司与张某富合同纠纷案。[②] 最高人民法院认为，根据《公司法》第32条、第71条[③]的规定，有限责任公司的股东之间可以相互转让其全部或者部分股权，公司登记事项发生变更的，应当办理变更登记，未经登记或者变更登记的，不得对抗第三人。工商行政管理部门对股权的变更登记只是公示要件，不影响股权转让行为的生效。

（二）未能办理工商变更登记是否为股权转让合同的法定解除事由

根本违约致使无法实现合同目的，是实践中当事人主张解除合同的常用理由之一。对于"无法实现合同目的"这一法律事实的判断，法院一般会根据合同性质、内容以及合同各方当事人订立合同的需求等作出判断。

股权变更，是指受让人通过有效的股权转让合同取得股权后，公司根据《公司法》及公司章程的规定审查同意，将受让人登记于股东名册，受让人取得公司股权，成为公司股东。而股权变更登记，是指根据《公司法》及《市场主体登记管理条例》的规定，将新股东姓名或者名称及其出资额登记于公司工商登记信息中。就股权交割和变动而言，主流观点为采取公司内部登记生效主义，新《公司法》在第86条第2款中明确规定，在股权交易中，股权的变更时点为受让人自记载于股东名册的时间，这也表明在公司内部关系方面，采纳了该观点。

股东名册变更登记完成，视为股权交付和变动、股东身份和资格完成转移。而股权工商变更登记作为公司外部登记公示方式，是对已经发生的股权转让事实的确认，使股权变动具有对抗第三人的效力，一般在股权转让协议生效并履行后才进行。

股权转让协议的履行，是指支付股权转让款和进行股东名册变更登记。股东登记于公司股东名册、参与公司经营是获得股权的实质要件，工商登记仅为形式要件，产生对抗效力。如

[①] 参见最高人民法院民事裁定书，(2007)民二终字第32号。
[②] 参见最高人民法院民事判决书，(2015)民一终字第388号。
[③] 分别参见新《公司法》第56条、第84条。

果股权转让双方未就合同目的、变更事项要求等进行明确约定,则配合办理工商登记仅为股权转让合同的附随义务,而且《公司法》明确规定,进行工商变更登记是标的公司义务,而非股东义务,受让方主张因出让方不配合办理工商登记,而导致合同目的不能实现,这一观点很难成立。

裁判观点:工商登记中股东股权变更登记仅具有对外公示效力,不影响公司内部股东权利行使,也不是合同解除法定条件。

【**典型案例一**】杨某友、杨某华股权转让纠纷案。[①] 最高人民法院认为,工商登记中股东股权变更登记仅具有对外公示效力,不影响公司内部股东权利行使,也不是合同解除法定条件。

【**典型案例二**】陈某和与强某宽股权转让纠纷案。[②] 二审法院认为,公司的工商登记信息体现的仅为对外的公示效力,通过当事人参与公司经营管理、享受分红利益等行为,亦可确认其具有公司的股东身份。虽然陈某和股东身份并未体现在予某公司工商信息上,但其实际已享有股东权利,陈某和以强某宽迟迟不予办理工商变更登记,不让陈某和参与公司经营、分红,导致陈某和合同目的不能实现,要求行使法定解除权并返还股权转让款及利息的主张不能成立。

由此可见,股权转让合同目的在于取得股权。如果受让股东已经完成公司股东名册记载,那么实质上已取得股权,股权工商登记并不影响股东权利的行使,至多仅构成一般违约或轻微违约,股权受让人不能仅以股权未办理工商变更登记为由行使合同法定解除权。

第十二节　股权转让纠纷中的程序及相关问题

一、案件的主管问题

(一)规范依据

涉及股权转让纠纷案件主管的规范依据包括:《民事诉讼法》第55条、第122条;《九民纪要》第36条。

(二)民事诉讼与行政诉讼范围界定

关于民事诉讼与行政诉讼的范围界定,参考法条有《民事诉讼法》第3条及《行政诉讼法》第2条。

(三)商事登记行政诉讼可合并处理股权变更登记民事纠纷

当事人一致同意涉股权变更的民事争议在行政诉讼中一并解决的,经法院准许,由受理行政诉讼的法院管辖。法院在审理涉股权变更登记的行政诉讼中一并受理股权转让案件的,股权转让案件应当单独立案,由同一合议庭审理。[③]

[①] 参见最高人民法院民事裁定书,(2017)最高法民申2316号。
[②] 参见上海市第二中级人民法院民事判决书,(2021)沪02民终2425号。
[③] 参见《最高人民法院关于适用〈中华人民共和国行政诉讼法〉的解释》第138条第1款、第140条第1款。

(四)仲裁协议

依照《民事诉讼法》第127条第2项的规定,双方当事人达成书面仲裁协议,不得向法院起诉的,法院应告知原告向仲裁机构申请仲裁。股权转让双方当事人达成书面仲裁协议,相关纠纷应由仲裁机构主管。

依照《民事诉讼法司法解释》第215条的规定,当事人在书面合同中订有仲裁条款,或者在发生纠纷后达成书面仲裁协议,一方向法院起诉的,法院应当告知原告向仲裁机构申请仲裁,其坚持起诉的,裁定不予受理,但仲裁条款或者仲裁协议不成立、无效、失效、内容不明确无法执行的除外。依照《民事诉讼法司法解释》第216条的规定,在法院首次开庭前,被告以有书面仲裁协议为由对受理民事案件提出异议的,法院应当进行审查。经审查符合下列情形之一的,法院应当裁定驳回起诉:(1)仲裁机构或者法院已经确认仲裁协议有效的;(2)当事人没有在仲裁庭首次开庭前对仲裁协议的效力提出异议的;(3)仲裁协议符合《仲裁法》第16条的规定且不具有《仲裁法》第17条规定的情形的。

二、股权转让纠纷的管辖问题

(一)地域管辖

1.公司组织行为诉讼管辖的确定

根据《民事诉讼法》第27条、《民事诉讼法司法解释》第22条的规定,涉及与公司组织行为有关的诉讼,如因"股东资格确认纠纷""股东名册记载纠纷""请求变更公司登记纠纷""公司证照返还纠纷""股东知情权纠纷""公司决议纠纷""公司合并纠纷""公司分立纠纷""公司减资纠纷""公司增资纠纷"等股权转让纠纷提起的诉讼,适用特殊地域管辖规则,由公司住所地法院进行管辖。其他不涉及公司组织行为的股权转让诉讼,不属于上述特殊地域管辖条款规制对象,应该依据《民事诉讼法》关于地域管辖的一般规定确定管辖法院。

司法实践中与公司组织行为相关的诉讼管辖的裁判观点及典型案例如下。

裁判观点一:股权转让纠纷应根据《民事诉讼法》关于公司组织法纠纷的特殊地域管辖的规定确定地域管辖。

【**典型案例一**】安某宇与吴某伟股权转让纠纷管辖异议案。[①] 法院认为,本案系因股东与非股东之间进行股权转让产生纠纷,案由为股权转让纠纷,按地域管辖一般原则并结合《民事诉讼法》(2017)第26条[②]确定管辖。九金公司住所地在旺苍县黎家坝新镇,登记机关为旺苍县食品药品和工商质监局,同时,原告安某宇的诉讼请求为解除《股权转让协议书》,本案的诉讼标的额应以其具体的诉讼请求额来确定,并以此确定级别管辖法院。四川省旺苍县人民法院对本案具有管辖权,四川省广元市中级人民法院将本案移送至四川省成都市中级人民法院不当,予以纠正。

【**典型案例二**】陈某洪、鸿嘉公司、润华公司、润兴公司与郭某民及陈某国股权转让纠纷

---

① 参见四川省高级人民法院民事裁定书,(2020)川民辖34号。
② 参见陕西省高级人民法院民事裁定书,(2019)陕民辖终75号。

案。① 二审法院认为，本案系股权转让纠纷，属于与公司有关的纠纷项下的案由，其管辖应以《民事诉讼法》中关于地域管辖的一般原则为基础，并结合《民事诉讼法》(2017)第26条② 的规定综合考虑确定管辖法院。《民事诉讼法》(2017)第26条规定："因公司设立、确认股东资格、分配利润、解散等纠纷提起的诉讼，由公司住所地人民法院管辖。"因本案一审被告住所地及转让股权所涉的公司住所地均在广西南宁市辖区，结合本案的诉讼标的额，本案宜由广西壮族自治区南宁市中级人民法院管辖。

裁判观点二：股权转让纠纷系因股权转让合同履行引发的纠纷，应根据《民事诉讼法》关于合同纠纷的管辖规定确定地域管辖。

【典型案例一】 李某峻、朱某叶股权转让纠纷管辖异议案。③ 最高人民法院认为，根据《民事诉讼法司法解释》第22条的规定，《民事诉讼法》(2017)第26条④ 规范的公司诉讼，主要是指有关公司的设立、确认股东资格、分配利润、公司解散等公司组织行为的诉讼。本案朱某叶与李某峻之间的股权转让纠纷不涉及公司组织行为的诉讼，仍属于合同性质的民事纠纷，故本案系根据《民事诉讼法》(2017)第23条⑤ 关于"因合同纠纷"的规定提起的诉讼。一审适用《民事诉讼法》(2017)第26条确定本案管辖，属适用法律错误，应予纠正。

【典型案例二】 长城资产上海分公司、王某平股权转让纠纷案。⑥ 最高人民法院认为，本案系股权转让纠纷，依据《民事诉讼法》(2017)第23条⑦ 的规定，因合同纠纷提起的诉讼，本案应由被告住所地或者合同履行地法院管辖。本案中，经审理查明，金海公司已受让天邑公司100%的股权且已经办理股权变更登记等相关手续。王某平等三人的一审诉请仅为主张金海公司、长城资产上海分公司按照合同约定支付相应的股权转让款，根据《民事诉讼法司法解释》第18条第2款，案涉股权转让合同中合同履行地应为接受货币一方所在地。

【典型案例三】 管某旺等诉银丰公司等股权转让纠纷管辖权异议案。⑧ 最高人民法院认为，从银丰公司的起诉主张来看，银丰公司请求判令解除其与冀中公司、管振德、马某强签订的《关于山西灵石红杏鑫东煤业有限公司之转让协议》及相关补充协议，冀中公司、管某德、马某强退还银丰公司股权转让款、双倍返还定金等。双方系因股权转让发生的争议，属股权转让合同纠纷，不是因公司设立、确认股东资格、分配利润、解散等纠纷提起的诉讼，不适用《民事诉讼法》第26条⑨ 关于公司纠纷的特别地域管辖规定。

2. 股权转让侵权诉讼管辖的确定

根据《民事诉讼法》第29条的规定，因股东违反《公司法》第84条的规定对外转让股权，

---

① 参见2023年《民事诉讼法》第27条。
② 参见2023年《民事诉讼法》第27条。
③ 参见最高人民法院民事裁定书，(2018)最高法民辖终265号。
④ 参见2023年《民事诉讼法》第27条。
⑤ 参见2023年《民事诉讼法》第24条。
⑥ 参见最高人民法院民事裁定书，(2019)最高法民辖终18号。
⑦ 参见2023年《民事诉讼法》第24条。
⑧ 参见最高人民法院民事裁定书，(2016)最高法民辖终116号。
⑨ 参见2023年《民事诉讼法》第27条。

侵犯其他股东优先购买权和其他利益而引发的股权转让案件,属于侵权案件,其他股东可以向侵权行为地或被告住所地法院起诉。

裁判观点:股东对外转让股权侵害公司其他股东优先购买权引发的诉讼,不适用公司诉讼特殊地域管辖规定,应按一般侵权纠纷确定管辖法院。

【**典型案例**】① 股东对外转让股权侵害公司其他股东优先购买权引发的诉讼,不适用公司诉讼特殊地域管辖规定,应按一般侵权纠纷确定管辖法院。其一,侵害优先购买权纠纷不适用特殊地域管辖规定。《民事诉讼法》第27条、《民事诉讼法司法解释》第22条规定系针对特殊类型公司诉讼作出的特殊地域管辖规定。适用特殊地域管辖的公司诉讼主要是关涉公司组织性质的诉讼,存在与公司组织相关的多数利害关系人,涉及多数利害关系人的多项法律关系的变动,且胜诉判决往往产生对世效力。《公司法》第84条第2款、第3款规定本为被告(股权转让方)违反该规定对外转让股权行为侵犯原告(标的公司其他股东)优先购买权而产生的纠纷,虽与标的公司有关,但不具有公司的组织纠纷性质,也不涉及多项法律关系,该案判决仅对被告(股权转让方)、第三人或被告(股权受让方)及原告(标的公司其他股东)发生法律效力,故本案不属于上述民事诉讼规范规定的适用特殊地域管辖的公司诉讼类型。其二,侵害优先购买权纠纷属于侵权纠纷,应按照侵权纠纷管辖规定确定管辖法院。本案所涉的股权转让合同由被告(股权转让方)与第三人或被告(股权受让方)签订,原告(标的公司其他股东)并非合同当事人,原告并不受其约束,故本案不宜以股权转让合同履行地确定管辖法院。本案因股东优先购买权受侵害而提起,属于侵权之诉。根据《民事诉讼法》第29条的规定,原告(标的公司其他股东)认为股权转让行为侵害其优先购买权,故涉案股权转让协议签订地属于侵权行为地。此外,本案诉讼所直接指向的对象是两被告(股权转让方和股权受让方)。因此,涉案股权转让协议签订地、两被告(股权转让方和股权受让方)住所地法院均有管辖权。

3. 股权转让合同诉讼管辖的确定

对于合同类股权转让诉讼,双方当事人对管辖法院有约定且约定有效的,应适用其约定,没有约定或约定不明的,按照《民事诉讼法》第24条及最高人民法院司法解释的相关规定,由被告住所地或合同履行地法院管辖。

(1)协议管辖。合同的双方当事人可以在书面合同中协议选择被告住所地、合同履行地、合同签订地、原告住所地、标的物所在地法院管辖,但不得违反《民事诉讼法》对级别管辖和专属管辖的规定。此外,当出现约定的合同签订地与实际签订地不一致;约定了合同履行地,但合同并未实际履行,或履行地发生变更;原告、被告住所地诉讼时与签约时不一致;标的公司注册地迁移,从A区到B区等情形时,司法实践中一般倾向于依照《民事诉讼法司法解释》第18条确定管辖法院。

(2)股权转让合同履行地的确定。股权转让目标公司的注册地为合同履行地。但是,股权转让诉讼中,转让方诉请支付股权转让款,在确定合同履行地时,可以接受货币一方所在地(以诉请义务说为例)为合同履行地。合同履行地的确定,实务中存在争议:

---

① 参见张应杰主编:《公司股权纠纷类案裁判思维》,人民法院出版社2023年版,第122~123页。

有观点认为,以反映合同本质特征的合同义务即特征义务履行地作为确定合同履行地的依据。股权转让纠纷涉及标的公司股权变动,影响股东权益,且须在标的公司注册地办理相关手续,故其特征义务履行地应为标的公司住所地。

也有观点认为,股权转让纠纷是股东之间的纠纷,属于民事合同性质纠纷,应当根据《民事诉讼法》规定的合同纠纷规则确定管辖:对支付转让价款、股权回购款等合同价款给付义务相关争议标的,依据《民事诉讼法司法解释》第18条关于给付货币条款予以确定;对不涉及合同义务款项支付、不动产争议标的的,依据该条解释关于其他标的的条款予以确定。

对于上述实务分歧,实务界倾向于根据原告诉讼请求内容确定管辖:

如果原告的诉讼请求涉及股东资格确认、股东名册记载、请求变更公司登记、公司证照返还、股东知情权、公司决议、公司合并、公司分立、公司减资、公司增资等股权转让纠纷,根据《民事诉讼法》第27条、《民事诉讼法司法解释》第22条的规定,应由标的公司住所地法院管辖。上述规定属于法律规定的特殊地域管辖内容,其立法考量主要是涉及企业组织行为的履行,需要向公司注册地的登记机关履行相应手续方可完成(如果是外资企业,在工商变更之前还需要商务主管部门的批复),因此,应以公司注册地作为此类纠纷管辖地。

如果转让方(原告)仅基于股权转让纠纷诉请股权转让款,并不涉及上述特殊地域管辖规定范围内的诉讼请求,在确定管辖时,可以接受货币一方所在地(以诉请义务说为例)为合同履行地,而不进行穿透式考量将标的公司住所地作为合同履行地进行管辖。①

司法实践中与股权转让合同履行地相关的裁判观点及典型案例如下。

裁判观点一:未约定合同履行地、争议标的为给付股权转让款的股权转让合同履行地为接收货币一方所在地。

【典型案例】② 关于本案地域管辖问题。本案属于股权转让纠纷,各方当事人未约定合同履行地,且争议标的为给付股权转让款。根据《民事诉讼法》第24条、《民事诉讼法司法解释》第18条的规定,应当以接收货币一方所在地为合同履行地。本案原告起诉请求被告履行给付股权转让价款义务,原告为接收货币一方,故本案合同履行地应为原告住所地。

裁判观点二:隐名股东并非股权转让协议主体,其诉请支付股权转让款不属于股权转让协议"接受货币一方",其住所地并非合同履行地。

【典型案例】 杨某某、申银公司与盛祥公司、九耀公司及沈某、黄某股权转让纠纷案。③ 最高人民法院认为,《民事诉讼法》(2017年)第23条④、《民事诉讼法司法解释》第18条规定明确了因合同纠纷提起诉讼的地域管辖规则。其中,该司法解释所规定的合同对履行地点没有约定或者约定不明确,争议标的为给付货币的,接收货币一方所在地为合同履行地的"一方"应当是指合同一方当事人,而不包括其他依据合同主张权利的非合同当事人。否则,如果允

---

① 参见张应杰主编:《公司股权纠纷类案裁判思维》,人民法院出版社2023年版,第66~67页。
② 参见张应杰主编:《公司股权纠纷类案裁判思维》,人民法院出版社2023年版,第120页。
③ 参见最高人民法院民事裁定书,(2019)最高法民辖终195号。
④ 参见2023年《民事诉讼法》第24条。

许非合同当事人适用上述规则,以合同履行地确定管辖制度显然陷入随时变动的不确定状态。本案原审原告隐名股东申某公司并非案涉股权转让协议的相对人,其依据股权转让协议主张股权受让方给付股权转让款,按照其诉讼请求,其为接收货币一方,其作为非合同当事人主张给付货币,若另有第三人也主张该合同权利,合同履行地将出现多个和无法确定的情况,这显然不符合逻辑。此外,由于债权可以不经债务人同意而转让,也极易出现债权人随意变更,从而规避管辖、滥用诉讼权利的情况。因此,本案不应以原审原告隐名股东申银公司所在地作为合同履行地并据此确定地域管辖。

此种情况下,应当如何确定地域管辖?《最高人民法院关于适用〈中华人民共和国合同法〉若干问题的解释(一)》[①]第14条规定:"债权人依照合同法第七十三条的规定提起代位权诉讼的,由被告住所地人民法院管辖。"《最高人民法院关于审理涉及金融资产管理公司收购、管理、处置国有银行不良贷款形成的资产的案件适用法律若干问题的规定》第3条规定:"金融资产管理公司向债务人提起诉讼的,应当由被告人住所地人民法院管辖。原债权银行与债务人有协议管辖约定的,如不违反法律规定,该约定继续有效。"此两个解释虽然都已失效,但尚未有相关新规定出台,实务中可参考适用。根据前述规定,代位权诉讼、债权受让人向债务人提起的诉讼,与上述案例中实际出资人直接起诉股权受让人支付股权转让款的情形相似,均为非合同当事人诉请合同当事人给付货币。据此,依据《民事诉讼法》第24条的规定,一般由被告住所地法院管辖更为适当。

(3)被告住所地。如果合同没有实际履行,当事人双方住所地又都不在合同约定的履行地,应由被告住所地法院管辖。

(4)例外情形管辖确定。若债务人已经进入了破产程序,则由受理破产的法院集中管辖。规范依据为《企业破产法》第21条。

(二)级别管辖

股权转让诉讼大多属于财产型给付之诉,应当根据原告诉讼请求的金额或者价额确定诉讼标的额并据此确定级别管辖。

三、诉讼主体

(一)原告主体

原告是对股权转让有直接利害关系的民事主体,主要是具有诉的利益的标的公司的新股东、老股东。

(二)被告主体

股权转让纠纷的被告可以是新股东、老股东及标的公司。但被告必须明确,原告应根据其诉讼请求准确界定被告主体。

1. 交易双方股权转让合同效力或履行诉讼被告主体界定

股权转让交易方请求确认转让合同无效或者解除转让合同,请求履行转让合同、支付股权

---

① 此解释已废止。

转让款并赔偿损失、支付违约金等，此类诉讼主要适用合同法律规范处理，原则上只列相对方为被告，涉及标的公司利益的应列标的公司为第三人。

2. 侵犯股东优先购买权股权转让诉讼被告主体界定

此类案件包括股东向股东以外的人转让股权，不同意股东请求优先购买该转让的股权；股权对外转让合同已履行完毕，公司其他股东主张合同无效可撤销并请求行使优先购买权；等等。此类诉讼需结合公司法律与合同法律相关规定进行处理，一般将股权转让方和受让方列为共同被告，标的公司为第三人，涉及其他股东利益的，一并列为第三人。

3. 股东名册记载和请求变更公司登记诉讼被告主体界定

如果仅是标的公司未履行变更义务，可以公司为被告提起诉讼；如转让人未完全履行转让合同，受让人可以标的公司和转让人为共同被告提起诉讼。

4. 公司限制或强制股东转让股权诉讼被告主体界定

如果公司违反法律或公司章程规定限制股东转让股权或者强制转让股权，权利受到侵犯的股东可以公司为被告提起诉讼。

5. 侵犯股东新增资本优先购买权诉讼被告主体界定

股份有限公司在新增资本时侵犯股东优先购买权引发的纠纷，股东可以公司为被告提起诉讼。

6. 瑕疵出资股权转让纠纷被告主体界定

股权受让方知道或应当知道股东未履行或者未全面履行出资义务仍受让的，对未按期足额缴交的欠缴出资部分，债权人或者公司有权将股权转让方和受让方列为共同被告，要求受让方承担连带补充责任。

7. 名义股东无权处分股权诉讼被告主体界定

实际出资人以名义股东无权处分为由提起诉讼，可仅列名义股东为被告；如有必要，可将受让方列为共同被告或第三人。

8. 股权善意取得诉讼被告主体界定

公司股权被无权转让后，实际权利人提起诉讼，受让方主张善意取得公司股权，该类案件既要考虑公司法律关系具有外观公示特点，又要注意遵循善意取得制度的基本原理，可根据诉讼请求将股权转让方列为被告，将主张善意取得股权的第三人、标的公司列为被告或第三人。

9. 涉公司决议股权转让诉讼被告主体界定

股权转让纠纷中涉及公司决议效力的纠纷诉讼，当事人起诉请求确认股东会或者股东大会、董事会会议决议无效或者请求撤销上述决议的，应当列公司为被告，对决议涉及的相对利害关系人，列为共同被告或者第三人。

四、诉讼请求

（一）有明确的诉讼请求

原告在诉讼请求中必须明确、细化其要求被告承担的责任形式及责任内容，具体分为以下三种情况。

1. 确认之诉

指起诉请求确认股权转让法律关系效力（未成立、未生效、无效），或者依据股权转让法律关系确认股东资格，应达到明确请求法院确认民事法律关系存在与否的法律效果。

2. 形成之诉

又称变更之诉，指起诉请求撤销股权转让合同或解除股权转让合同，变更或者消灭股权转让法律关系，应明确诉争民事法律关系产生撤销还是变更的效果。

3. 给付之诉

是指起诉请求交付某项财物或者为一定行为，如请求继续履行合同或者请求承担违约责任。股权转让纠纷中的给付之诉的常见类型：转让方请求受让方支付股权转让价款，或者以受让方延期支付转让款为由要求赔偿损失；受让方请求履行变更股东名册记载、变更公司登记、公司证照移交等义务，或是以股权转让有瑕疵为由要求赔偿损失等。给付责任包括给付财产责任和给付行为责任。

（1）给付财产责任。财产责任可以细分为非金钱类责任和金钱类责任。对于非金钱类责任，如交付股权、返还股权等，应当明确目标公司及股权比例。对于金钱类责任形式，如赔偿损失，应当明确具体损失的种类以及具体损失金额或计算方法。

（2）给付行为责任。应当从履行或强制执行的角度审查所选择的责任形式，是否需要进一步具体化，只有明确了继续履行的具体义务，才符合诉讼请求具体、明确的要求。由于给付之诉的具体标准相对比较抽象，且责任形式不同、具体案情不同，判断诉讼请求具体化的标准也不尽相同。可按下列方法判断：假如原告所提出的诉讼请求（责任形式）能得到法院支持，义务人能否准确无误地履行义务，或者在进入强制执行后法院是否可以顺利地强制执行。[①]

（二）诉讼请求效益性审查

原告就股权转让合同争议仅提出部分请求，不利于纠纷一次性解决的，法院应向原告释明变更或者追加诉讼请求。原告请求确认股权转让合同无效，但并未提出返还股权、转让款项或者折价补偿、赔偿损失等请求的，应当向其释明，告知其一并主张相应请求。

同一诉讼程序中，原告基于对股权转让行为效力的不同判断，提出两个或者两个以上存在矛盾的诉讼请求，如原告在提起股权转让行为无效之诉的同时，又基于股权转让行为发生效力提出选择性诉讼请求，对此问题处理实务中存在分歧。考虑到上述预备合并之诉往往存在预备诉或本诉被告非同一对象的情形，容易导致当事人诉讼地位、诉讼请求、争议焦点、审理范围等发生较大变化，不利于审理工作顺畅进行，倾向于采取分步的方式处理。如果当事人提出的诉讼请求不适当，由法官在诉讼过程中通过行使释明权方式予以解决。

（三）诉讼标的审查

股权转让纠纷立案时应当注意涉股权转让目标公司的存续状况，如果已被注销，原告方应当主动变更诉讼请求，否则法院亦有可能行使释明权，告知其原告变更诉讼请求。

---

① 参见张应杰主编：《公司股权纠纷类案裁判思维》，人民法院出版社2023年版，第28页。

(四)股权转让纠纷相关的诉讼时效、除斥期间及权利行使期限

诉讼时效不适用于全部民事请求权。根据《诉讼时效规定》第1条及《民法典》第196条的规定,诉讼时效的客体为债权请求权,主要适用于给付之诉,且并非所有实体请求权都可以适用诉讼时效的规定。是否适用诉讼时效制度关键并非纠纷类型,而是诉讼请求。

股权转让纠纷诉讼请求一般包括:要求确认股权转让合同无效、撤销股权转让合同、解除股权转让合同、支付股权转让价款、支付违约金或损害赔偿等。所以对于股权转让纠纷可能涉及的主要请求所应适用的诉讼时效、除斥期间、权利行使期限等规则,实务中一般会作如下分类:

1.一般债权请求权适用诉讼时效制度的规定

对于股权转让人或者受让人主张对方合同违约而提出的相对方支付违约金、赔偿违约损失等诉讼请求,均属于行使债权请求权,应当适用诉讼时效制度的一般规定,具体诉讼时效根据《民法典》第188条的规定确定。

2.诉请确认股权转让合同无效不适用诉讼时效制度

确认合同无效的诉讼请求不适用诉讼时效制度是我国司法实务界的共识。但针对股权转让合同无效情形下,当事人在确认合同无效的基础上又主张返还财产、赔偿损失等请求权的诉讼时效的起算时点,司法实践中存在两种不同观点:观点一认为自判决确认合同无效之日起算,这也是司法实务界的主流观点。观点二认为应自合同约定的履行期限届满之日起算。

裁判观点:鉴于当事人并不享有确认合同无效的法定权力,合同只有在被法定裁判机关确认为无效之后,才产生不当得利的财产返还请求权及该请求权的诉讼时效问题。

【典型案例】北生集团与威豪公司等土地使用权转让合同纠纷案。[①] 最高人民法院认为,鉴于当事人并不享有确认合同无效的法定权力,合同只有在被法定裁判机关确认为无效之后,才产生不当得利的财产返还请求权及该请求权的诉讼时效问题。因此,威豪公司与北生集团签订的《土地合作开发协议书》被法院宣告无效后,威豪公司才享有财产返还请求权。如北生集团不予返还,威豪公司在知道或应当知道该权利受到侵害时,诉讼时效才开始起算。以合同被宣告无效为无效合同诉讼时效的起点,威豪公司、北海公司的起诉没有超过法定诉讼时效期间。北生集团提出以合同被宣告无效为诉讼时效的起算点,可能会导致以无效合同为基础的民事关系长期处于不稳定状态,但诉讼时效原则体现的是国家公权力对私权的合理干预,以及在公共利益与私人利益产生冲突时,立法对公共利益的倾斜与保护。

3.诉请撤销股权转让合同的除斥期间

根据《民法典》第152条第1项之规定,当事人应当自知道或者应当知道撤销事由之日起1年内、重大误解的当事人自知道或者应当知道撤销事由之日起90日内行使撤销权。如转让瑕疵出资股权引发的纠纷,善意的股权受让人应当自知道撤销事由,即转让股权存在瑕疵之日起1年内行使撤销权,过了规定的除斥期间,权利消灭。

4.诉请解除股权转让合同的除斥期间

根据《民法典》第564条第2款的规定,对于没有法定或约定的解除权行使期限的,自解

---

① 参见最高人民法院民事判决书,(2005)民一终字第104号。

除权人知道或者应当知道解除事由之日起 1 年内不行使,或者经对方催告后在合理期限内不行使的,解除权归于消灭。1 年期间为不变期间,不适用中止、中断或延长的规定。

解除权除斥期间的起算点,从解除权人知道或者应当知道解除事由之日起算。此处所谓"事由",是债权人解除权成立的各项事由的简称。比如,一方当事人迟延履行合同债务致使合同目的不能实现的,即以当事人迟延履行合同债务发生之日作为解除权产生之日。

5. 诉请行使股东优先购买权的期限

在转让股东损害其他股东优先购买权的情况下,《公司法解释(四)》第 21 条规定,其他股东应当自知道或者应当知道行使优先购买权的同等条件之日起 30 日内,且不超过股权变更登记之日起 1 年内,主张行使优先购买权。

上述规定的目的在于督促其他股东及时行使权利,避免法律关系长期处于不稳定状态。根据该规定,股东行使优先购买权的期限需要满足两个条件:其一,其他股东需知晓"同等条件"起 30 日内主张行使优先购买权;其二,此时股权变更登记尚未超过 1 年。该规定中所指的"三十日"和"一年",属于不变期间,不适用中止、中断和延长的规定。

五、股权转让纠纷中常见的被告抗辩思路

(一)程序抗辩思路

1. 不符合诉讼要件抗辩

(1)有关法院的诉讼要件,即受理法院须有管辖权,被告常见的抗辩要点:其一,是否存在仲裁条款约定;其二,是否违反地域、级别管辖。

(2)有关当事人的诉讼要件,被告常见的抗辩要点:其一,当事人是否具有相应民事行为能力;其二,原告、被告是否适格等。

(3)有关诉讼标的的诉讼要件,被告常见的抗辩要点:其一,相同当事人之间就同一事件有无其他诉讼,是否违反一事不再理原则;其二,是否存在既判力裁判。

2. 诉讼时效抗辩或除斥期间抗辩

诉讼时效属于民事法律事实中的事件,适用于权利人不行使权利的事实连续存在的情形下,产生原告胜诉权消灭的法律后果。实务中应该注意的是:

(1)应区别于以当事人取得民事权利为后果的取得时效[①]和消灭实体权利为法律后果的除斥期间。除斥期间是权利的存续期间,在该期限内权利才能存在。除斥期间的适用对象主要为形成权,因为行使形成权会根据一方的意志而产生法律关系发生、变更和消灭的效果。如撤销权和解除权,撤销权是当事人请求撤销民事法律行为的权利,解除权是当事人主张解除民事法律关系的权利。从性质上看,这两种权利都是形成权。

(2)诉讼时效届满只是使义务人产生相应的抗辩权,义务人可自主选择,法院不得依职权进行审查。而除斥期间届满后,权利人的权利即消灭,权利人不得再行使该权利,故法院有权

---

① 取得时效是指自主、和平、公然地占有他人的动产、不动产或其他财产的事实状态经过一定的期限以后,将取得该动产的所有权或者其他财产权。我国暂无取得时效。

依职权进行审查。

对于部分被告的诉讼时效抗辩是否及于全部被告,实务中存在争议,主流观点认为按照《诉讼时效规定》第 2 条的规定,当事人未提出诉讼时效抗辩,法院不应对诉讼时效问题进行释明。如果有一方被告没有提出诉讼时效抗辩,则法院不能主动适用诉讼时效。

实务中,普遍认为被告应当在庭审结束前提出诉讼时效抗辩,被告在一审庭审结束前没有提出诉讼时效抗辩,在庭审结束后通过提交代理词方式提出诉讼时效抗辩的,不予采纳。[①]

3. 先履行抗辩

针对有履行顺序的股权转让合同,被告一般会以其系后履行义务一方,抗辩主张原告未履行债务或者履行债务不符合约定而拒绝履行。但应注意先履行抗辩权的行使条件:

(1)原告、被告双方互负对价给付债务;

(2)合同约定了履行顺序,且原告债务已届清偿期;

(3)应当先履行的原告没有履行合同债务或者没有正确履行债务;

(4)应当先履行的对价给付是具有履行可能的义务。

4. 同时履行抗辩

在没有规定履行顺序的股权转让合同中,被告一般会以原告未对等给付而拒绝先为给付。同时履行抗辩的适用条件:

(1)双方互负义务均已届清偿期,且没有先后履行顺序;

(2)原告未履行债务或未提出履行债务,或者履行不适当;

(3)原告、被告双方的给付义务是具有履行可能义务,如果被告所负债务已经没有履行可能,则不能适用同时履行抗辩。但可以依照法律规定反诉解除合同。

5. 不安抗辩

不安抗辩,是指原告、被告互负债务,合同约定被告应当先履行债务,在被告有确切证据证明原告有丧失或者可能丧失履行债务能力的情况下,则可以中止履行其债务。

6. 先诉抗辩

先诉抗辩常见于担保的股权转让合同纠纷中:

(1)一般保证先诉抗辩,指在主合同纠纷未经审判或仲裁,并就债务人财产依法强制执行用于清偿债务前,对债权人可拒绝承担保证责任。

(2)混合担保先诉抗辩,被担保的债权既有物的担保又有人的担保的,债务人不履行到期债务或者发生当事人约定的实现担保物权的情形,债权人应当按照约定实现债权。没有约定或者约定不明确,债务人自己提供物的担保的,债权人应当先就该物的担保实现债权。第三人提供物的担保的,债权人可以就物的担保实现债权,也可以请求保证人承担保证责任。提供担保的第三人承担担保责任后,有权向债务人追偿。

(二)实体抗辩思路

在股权转让纠纷中被告方提出的主要实体抗辩思路如下:

---

① 参见张应杰主编:《公司股权纠纷类案裁判思维》,人民法院出版社 2023 年版,第 31 页。

(1)妨碍性抗辩,如股权转让合同未成立、生效条件没有成就、无效被撤销、已解除等情形。

(2)消灭性抗辩,如股权转让款已经支付、已被抵销、已经以物抵债等情形。

(3)阻却性抗辩,如转让方还未履行约定在先的股权变更登记义务、股权转让款的支付条件还没成就、股权价值存在瑕疵等情形。

(4)法律关系主张错误抗辩,如双方间为资产转让而非股权转让,为股权让与担保而非股权转让等抗辩。

六、股权转让纠纷诉讼常见证据

(一)证明股权转让合同成立(行为发生)的证据

(1)当事人签订的股权转让合同、补充协议、公司章程等。

(2)股东同意转让股权的证据。

(二)证明股权转让合同履行情况的证据

(1)资产评估报告、验资报告等。

(2)出让或接收股权(出资)的证据,如给付、接收转让股款,公司出具的出资证明书、股东名册,以及转让方将公司的管理权转移给受让方的证据等。

(3)工商部门办理股权变更登记的资料。

(三)证明股权转让合同生效的证据

股权转让合同原则上成立时即生效。但特定类型的股份(股权)转让须经审批才能生效,以及当事人存在合同附条件、附期限生效约定的,条件成就或期限届满后,合同才生效。

(四)证明股权变动效力的证据

股权转让变更登记并非合同生效要件,证明发生股权变动效力的证据主要包括股东名册和工商登记,核心是股东名册,但工商登记可对抗第三人。

(五)证明股权转让合同效力的证据

(1)证明股东瑕疵出资的证据。股东出资瑕疵的股权可以转让,但有可能构成可撤销的情形,如果受让方明知股权存在瑕疵仍愿意受让,法院一般认定转让行为有效,否则受让方有撤销权,股权转让合同是可撤销的。对于股东是否履行出资义务的举证问题,《公司法解释(三)》第2条规定,当事人之间对是否已履行出资义务发生争议,原告提供对股东履行出资义务产生合理怀疑证据的,被告股东应当就其已履行出资义务承担举证责任。

(2)证明股权转让主体行为能力和意思表示状态的证据。

(六)证明股权转让法定受限情形的证据

(1)发起人转让持有的本公司股份受限情况的证据。

(2)董事、监事、高级管理人员转让所持本公司股份受限情况的证据。但因司法强制执行、继承、遗赠、依法分割财产等导致股份变动的,不受上述限制。

◆ 第七章 公司决议纠纷

第一节 公司决议纠纷概述

一、公司决议的定义

在公司法理论中,公司以所有权与经营权相分离为其特征,公司的投资人通过放弃对投入财产的所有权为代价换取股东权利。在所有权向股东权嬗变过程中,自然衍生出来的股东权利主要体现为享受公司盈利分配和控制公司经营的权利。[1] 在资本多数决原则下,依据法律或公司章程规定的表决程序,由公司机关作出的决议即为公司决议,包括股东会、董事会和监事会的决议。[2] 公司决议作为一种社团决议,属于一种集体意思形成的行为,即使成员间存在相反的意思表示,只要同意的人数符合法律及章程规定,决议即可成立,与契约须全体当事人意思一致并不相同。[3] 公司决议还是一种集体决策,公司决议本身并不规范决议表决权人相互之间的权利义务关系,决议的目的乃是形成表决权人全体的共同权力范畴或者公司本身的权力范畴[4]。

二、公司决议与公司章程的区别

根据《公司法》第5条的规定,设立公司应当依法制定公司章程。公司章程对公司、股东、董事、监事、高级管理人员具有约束力;第45条规定,股东共同制定公司章程;第46条第2款规定,股东应当在公司章程上签名、盖章。据此,我们可以得出公司章程的特点:(1)由设立公司的股东共同制定;(2)对公司、股东、董事、监事、高级管理人员均有约束力。与公司决议相比较,我们可进一步得出二者区别:

(1)制定主体和时间不同。章程系公司成立时发起人共同制定,公司决议是公司成立后由相关表决权人共同制定,同时不同决议由不同主体作出。

(2)内容不同。《公司法》章程内容应当包括:公司名称和住所;公司经营范围;公司注册资本;股东的姓名或者名称;股东的出资额、出资方式和出资日期;公司的机构及其产生办法、职权、议事规则;公司法定代表人的产生、变更办法等,但《公司法》对公司决议内容无要求。

(3)地位不同。章程是公司中地位最高的内部管理自治规范,任何公司决议的作出不得违反章程规定。

(4)监管不同。公司章程是公司申请设立的必备文件,且应向公司登记机关报送,公司决议无此要求。

---

[1] 参见栗鹏飞:《股东会决议瑕疵法律问题探析——公司决议中冒名(伪造签名)案件的实证分析》,载《中国政法大学学报》2019年第1期。

[2] 参见张应杰主编:《公司股东纠纷类案裁判思维》,人民法院出版社2023年版,第385页。

[3] 参见叶林:《股东会会议决议形成制度》,载《法学杂志》2011年第10期。

[4] 参见[德]卡尔·拉伦茨:《德国民法通论》,王晓晔等译,法律出版社2003年版,第433页。

三、公司决议与会议记录区别

会议记录是对会议过程的记录，反映的是整个会议过程全部情况，其应当真实且完整。二者的区别如下：

(1)制作要求不同。根据《公司法》第 64 条第 2 款、第 73 条第 4 款的规定，股东会、董事会应当对所议事项的决定做成会议记录，其反映的是会议过程。而现实中会议并不必然形成决议，形成决议也不必然制作决议文件。

(2)效力不同。公司决议是公司的意思表示，对公司内部具有约束力，而会议记录是会议过程的记录文件，准确的会议记录有助于理解公司决议。

四、公司决议之股东会决议与股东协议的区别

股东协议的性质是合同，是一种民事法律行为。二者区别如下：

(1)主体不同。股东会决议需要符合法律、章程规定的表决权数或者人数参加，股东协议只需协议当事方参加即可。

(2)程序要求不同。股东会决议应当遵循法律法规及公司章程规定的程序，股东协议只需要当事股东协商一致即可。

(3)构造不同。股东会决议具有双阶构造，普遍存在与会股东意见与决议意见不一致的情形，股东协议成立的前提是协议各方达成一致意见。

(4)约束范围不同。公司决议对于公司、股东、高级管理人员均具有约束力，股东协议一般仅对协议当事人有约束力。

五、股东协议等同于公司决议、公司章程的特别情形

全体股东就公司治理相关事宜协商一致所达成的协议，其效力可能等同于股东会决议或公司章程。

【典型案例一】上海产联电气科技有限公司与曾某决议撤销纠纷案。[1]二审法院认为，公司为资合与人合的统一体，其实质为各股东间达成的一种合作意向和合作模式，仅为通过公司这个平台得以反映并得到规范的指引和运作。故无论是股东协议抑或章程均应属于各股东的合意表示，只要股东间的协议体现了各股东的真实意思表示，且不违反法律、法规以及与公司章程相冲突，即应当与公司章程具备同样的法律效力。

【典型案例二】中证万融公司、曹某君公司决议纠纷案。[2]最高人民法院认为，关于 320 决议内容是否违反公司章程规定的问题。2009 年 9 月 28 日，舒某平、杨某、中证万融公司与世纪盛康公司共同签订的《增资扩股协议书》中的规定由全体股东一致同意，并经世纪盛康公司签署。因此，该文件虽名为协议，但在主体上包括公司和全体股东、内容上属于公司章程的法

---

[1] 参见上海市第二中级人民法院民事判决书，(2013)沪二中民四(商)终字第 851 号。
[2] 参见最高人民法院民事判决书，(2017)最高法民再 172 号。

定记载事项、效力上具有仅次于章程的最高效力，其法律性质应属世纪盛康公司对公司章程相关内容的具体解释。违反该约定应为决议的可撤销事由。

根据以上案例，我们可以得出，等同于章程的股东协议应具备以下条件：(1)系全体股东参与并达成的一致意见；(2)各股东的意思表示真实；(3)协议内容不违反法律、法规且与公司章程不相冲突。只有同时满足前述三个条件的股东协议，才能与公司章程具有同样的法律效力。

六、公司决议纠纷诉讼的裁判原则

在实务中，法院处理公司决议纠纷诉讼一般遵循以下原则：①

(1)尊重公司自治原则。具体表现在竭尽公司内部救济、不对公司决议的内容加以变更、原则上不予调解三个方面。

(2)合法性审查原则。法院一般只就公司决议的召集、通知、表决等会议程序以及决议内容的合法性进行审查，不审查合理性。只有存在股东滥用权利损害他人利益的情形时，法院方可能对决议的合理性进行适当审查，但亦会在尊重商业判断的基础上进行审查，这也是实务中合理性审查的例外情形。

(3)利益均衡原则。法院公平合理地平衡参与公司治理主张方的合法利益，特别是妥善处理大股东与中小股东、股东与公司、公司与交易相对方之间的利益关系。②避免对某一利益的过度保护。

(4)内外有别原则。主要表现为《公司法》第28条第2款规定，股东会、董事会会议决议被法院宣告无效、撤销或者确认不成立的，公司根据该决议与善意相对人形成的民事法律关系不受影响。公司决议本质上属于公司内部关系，如果违反法律、行政法规和公司章程的规定，应当依法认定该决议无效或撤销该决议，但是依据该决议与其他市场主体之间形成的民事法律关系则通常不能认定为无效或者可撤销。反之，认定公司决议效力时，也只能把外部交易作为考量的因素之一，而不能迁就于外部交易。

第二节　司法实践中公司决议纠纷的关注要点问题

一、公司决议瑕疵的类型及法律后果

(一)类型及相关类型的区别

1. 公司决议无效

《公司法》第25条规定，内容违反法律、行政法规的公司决议无效。但因该条并未规定如何确定公司决议内容违反法律和行政法规，理论界和实务界对此亦无统一标准。司法实践中，常见的可能导致公司决议无效的事由包括：(1)侵犯股东的优先认缴权；(2)侵犯股东的分红权；(3)违法解除股东资格；(4)非法变更股东出资额和持股比例；(5)侵犯公司利益；(6)侵

---

① 参见张应杰主编：《公司股东纠纷类案裁判思维》，人民法院出版社2023年版，第395~397页。
② 参见杜万华：《谈谈〈公司法司法解释(四)〉的若干理念》，载《中国审判》2017年第26期。

犯公司债权人利益;(7)不具有股东(董事)资格的主体作出的决议;(8)决议内容的合同基础不存在;(9)选举的董事、监事、高级管理人员不具有任职资格;(10)违反禁售期的规定转让股权;(11)未经财务核算配置公司资产;(12)侵犯股东的经营管理权。① 上述司法实践部分源于"二分法"时期的裁判意见,部分属于决议不成立的事实。需要注意的是,《公司法》第25条中的"法律、行政法规"与《民法典》第153条"违反法律、行政法规的强制性规定的民事法律行为无效"中的"法律、行政法规"不完全等同。

2. 公司决议可以撤销

根据《公司法》第26条的规定,可撤销的公司决议有公司股东会、董事会的会议召集程序、表决方式违反法律、行政法规或者公司章程所形成的决议,以及内容违反公司章程的决议。

(1)召集程序违法,主要指违反《公司法》第64条、第114条的规定。在实务中的一般表现形式:①公告或通知中对召集权人记载有瑕疵;②公司未进行召集股东会的通知或公告;③开会的通知或公告未遵守法定期间;④通知形式违法,对记名股东采取公告;⑤对部分股东遗漏通知;⑥召集通知或公告记载违法;⑦不适当的开会时间或开会地点;⑧无记名股票的股东未将股票交存公司即出席股东会;⑨没有出具委托书即由代理人出席股东会;⑩董事会未依法准备各项表册;⑪股东会或董事会召集通知中未载明召集事由、议题和议案概要;⑫决定召集股东会的董事会出席人数不足等。②

(2)表决方式违法,主要是违反《公司法》第64~66条、第72条、第73条、第114~116条、第123条、第124条。在实务中一般表现形式:①由于股东会或董事会现场对参会者或代理人身份检查不严,非股东或非董事参与了表决;②公司决议未达到法定或公司章程所规定的表决权比例;③主持人限制适格的代理人行使表决权;④董事或监事对股东的质询拒绝说明或说明不充分;⑤股东会或董事会主席无权限制股东的发言或表决;⑥违反法律或章程的人担任主持人;⑦会场大声喧哗、骚乱无序,在股东未充分讨论和协商的情况下强行作出决议;⑧根据公司法或公司章程的规定依法应当回避的股东或董事没有进行回避等。③

(3)公司决议内容违反章程,是指公司决议内容未直接违反法律、行政法规,仅违反公司章程的情形。需要注意的是,如果决议内容违反章程与违反法律、行政法规相竞合,此时如发生争议,则应提起公司决议无效确认之诉,而非公司决议撤销之诉。因为公司决议内容违反法律、行政法规的,属于损害国家和社会公共利益的行为,应给予更为严厉的否定性评价。④

对于上述决议,股东有权自决议作出之日起60日内,请求法院撤销。值得注意的是,根据新《公司法》第26条第2款的规定,未被通知参加股东会会议的股东自知道或者应当知道股东会决议作出之日起60日内,可以请求法院撤销;自决议作出之日起1年内没有行使撤销权的,撤销权消灭。这样能有效平衡股东与公司双方之间的利益关系:既防止公司组织机构随意

---

① 参见唐青林、李舒主编:《公司法25个案由裁判综述及办案指南》,中国法制出版社2018年版,第408~415页。
② 参见唐青林、李舒主编:《公司控制权争夺战》,中国法制出版社2020年版,第367页。
③ 参见刘俊海:《新公司法的制度创新:立法争点和解释难点》,法律出版社2006年版,第237页。
④ 参见唐青林、李舒主编:《公司控制权争夺战》,中国法制出版社2020年版,第367页。

行使权力,以集体意志(决议)的名义侵害股东合法权益,又防止股东滥用撤销权而影响公司决策与经营的效率。①

同时还需要注意,根据《公司法》第 26 条第 1 款的规定,股东会、董事会的会议召集程序或者表决方式仅有轻微瑕疵,对决议未产生实质影响的,不会被撤销。

3. 公司决议不成立

根据《公司法》②的相关规定,公司股东会、董事会的决议不成立的情形有:(1)未召开股东会、董事会会议作出决议;(2)股东会、董事会会议未对决议事项进行表决;(3)出席会议的人数或者所持表决权数未达到本法或者公司章程规定的人数或者所持表决权数;(4)同意决议事项的人数或者所持表决权数未达到本法或者公司章程规定的人数或者所持表决权数。

4. 决议不成立与决议可撤销之间的区别

股东会或者董事会决议不成立的原因是决议欠缺成立要件,即程序上存在瑕疵。公司决议撤销的原因在很大程度上也包含程序上的瑕疵。二者的区别如下:

(1)根本区别是二者的制度价值不同。法律行为成立与否属于事实判断问题,而其效力属于法律价值判断问题,决议成立是效力评价的前提;

(2)瑕疵程度不同,可撤销决议的程序瑕疵严重程度弱于不成立的决议;

(3)瑕疵原因存在差异,决议可撤销事由除程序瑕疵外,还包括内容违反公司章程,决议不成立的事由仅限于程序瑕疵。③

(二)法律后果

1. 公司决议被确认为无效、被撤销或被确认为不成立的法律后果

新《公司法》第 28 条规定:"公司股东会、董事会决议被人民法院宣告无效、撤销或者确认不成立的,公司应当向公司登记机关申请撤销根据该决议已办理的登记。股东会、董事会决议被人民法院宣告无效、撤销或者确认不成立的,公司根据该决议与善意相对人形成的民事法律关系不受影响。"相较于原《公司法》第 22 条第 4 款的规定,新《公司法》在原《公司法》规定的基础上吸收了《公司法解释(四)》第 6 条规定的内容,从《公司法》层面确立了股东会、董事会决议被法院宣告无效、撤销或者确认不成立后,对公司根据该决议与善意相对人形成的民事法律关系的效力认定原则,即区分了公司决议瑕疵法律后果的内外情形。对内,股东会、董事会决议被法院宣告无效、撤销或者确认不成立后,应使法律关系恢复到决议作出之前的状态。但对外,应当保护善意第三人的权利,承认其对善意第三人的法律效力,以维护交易的安全。对此,除新《公司法》前述规定外,《民法典》第 85 条也对此作出了相应规定,即营利法人的权力机构、执行机构作出决议的会议召集程序、表决方式违反法律、行政法规、法人章程,或者决

---

① 参见宋晓明、刘俊海主编:《人民法院公司法指导案例裁判要旨通纂》,北京大学出版社 2014 年版,第 162 页。
② 新《公司法》颁行前,《公司法解释(四)》第 5 条亦对此作出相应规定,不过《公司法解释(四)》第 5 条相较于《公司法》前述规定的四种情形,还增加了一项规定兜底条款,即"导致决议不成立的其他情形"。新《公司法》修订时删除了该条款内容。
③ 参见李建伟:《公司决议效力瑕疵类型及其救济体系再构建》,载王保树主编:《商事法论集》总第 15 卷,法律出版社 2009 年版。

议内容违反法人章程的,营利法人的出资人可以请求法院撤销该决议。但是,营利法人依据该决议与善意相对人形成的民事法律关系不受影响。

民商事法律关系中,公司作为行为主体实施法律行为的过程可以划分为两个层次:一是公司内部的意志形成阶段,通常表现为股东会决议或董事会决议;二是公司对外作出意思表示的阶段,通常表现为公司对外签订合同。在该层次中,公司对外签订的合同,应适用合同法一般原则及相关法律规定认定其效力。出于保护善意第三人和维护交易安全的考虑,在公司内部意思形成过程存在瑕疵的情况下,只要对外的表示行为不存在无效的情形,公司就应受其表示行为的约束。即使嗣后相关公司决议被课以否定性评价,也只是在公司内部发生效力,对公司与善意第三人业已形成的民事法律关系没有溯及效力、公司依据该决议与善意相对人形成的民事法律关系不受影响。

【典型案例一】 某材料公司与农行某县支行、三门峡某公司、辽宁某集团公司保证合同纠纷案。① 最高人民法院认为,公司法人依据法定和公司章程规定的程序作出的决策,如无相反证据证明,应属于其真实意思表示,依法应当自行承担由此带来的投资收益与风险,不得对抗善意第三人。当事人依公司章程形成董事会决议并出具担保函,在无其他证据证明其违反意思自治原则的情况下,应认为属于公司真实意思表示,不能因此影响担保合同的效力。

【典型案例二】 广东城协公司与广东中顺公司、成都中顺公司、王某邱、周某建、兰某、严某华增资纠纷案。② 法院认为,根据本案查明事实,广东城协公司已经就广东中顺公司关于兰某增资的股东会和董事会决议提起诉讼请求撤销,广东中顺公司关于兰某增资的股东会决议和董事会决议已经被法院生效判决予以撤销。依照《民法通则》第59条第2款③关于"被撤销的民事行为从行为开始起无效"的规定,广东中顺公司关于兰某增资的股东会和董事会决议自作出时即为无效。因此,广东中顺公司关于兰某增资的股东会和新董事会决议无效的溯及力一般应当及于广东中顺公司依据该内部决议所作出的内部行为,包括案涉其股东决定和增资协议,除非增资协议相对人为善意第三人。公司在其股东会和董事会决议被撤销或确认无效后,如果已经依据被撤销或确认无效的内部决议作出外部行为,理应采取补救措施或主动纠正其外部行为。

在行政法律关系中,可能会对公司与公司登记机关的登记行为产生影响。需要注意的是,《公司法》第28条第1款只是规定了公司在相关决议被宣告无效或被撤销之后负有向公司登记机关申请撤销此前已经依据该相关决议办理的公司变更登记手续的义务,并没有规定公司登记机关负有依公司的申请撤销相应的变更登记的义务;此外,因公司相关决议被法院宣告无效或被法院撤销的情况没有涉及法院的协助执行程序,在公司未提出撤销变更登记申请的情况下,根据《行政许可法》第69条的规定,公司登记机关没有义务,也不能依职权主动撤销变

---

① 参见最高人民法院民事判决书,(2012)民二终字第35号。
② 参见四川省高级人民法院民事裁定书,(2012)川民初字第30号,该裁定最后被最高人民法院(2014)民二终字第15号维持。
③ 参见《民法典》第59条。

更登记。这跟公司登记机关根据《公司法》第 250 条的规定主动采取撤销公司登记的行政处罚是不同的。因此，对于公司基于《公司法》第 28 条第 1 款规定的义务所提出的撤销变更登记的申请，公司登记机关可以依法准予变更登记，也可以依法基于特定的理由和原因不予变更登记。

【典型案例】 上海某高新公司与上海市工商局某分局工商变更登记纠纷案。[①] 法院认为，本案中，原告虽向被告提交了撤销变更登记的申请书及法院的裁判文书，但原告申请撤销的 9 次工商变更登记并非包含该公司最后一次变更登记在内的 9 次连续变更登记，为保护公司登记的连续性和稳定性，在后手变更登记未依法定程序撤销的情况下，仅提交撤销前手变更登记的申请书和相应的裁判文书，不符合《公司法》《公司登记管理条例》关于撤销变更登记的相关规定及其立法本意。被告在综合考虑原告的历次变更登记以及生效民事判决所确认的该公司内外部法律关系后，以原告"存续期间内外法律关系的建立均依赖公司登记的社会公信力，撤销变更登记可能对不确定的善意第三人、善意取得股权的其他股东以及债权人的利益造成损害，影响社会经济秩序的稳定，进而对公共利益造成损害为由，作出不予撤销变更登记的决定，亦属合理"。法院以此判决驳回上海某高新公司的诉讼请求。

2. 公司决议被确认为无效、被撤销或被确认为不成立之前的效力的问题

裁判观点： 股份有限公司股东大会作出决议后，在被确认无效前该决议的效力不因股东是否认可而受到影响。股东大会决议的内容是否已实际履行，并不影响该决议的效力。

【典型案例】 神骏公司与民百公司侵权纠纷案。[②] 针对神骏公司提出的"股东大会决议必须不违背法律、行政法规才有效。涉及本案的股东大会决议必须在 3000 万元权益性资产无偿赠送真实合法时才合法有效"的上诉主张，最高人民法院认为，民百公司《股权分置改革方案》经该公司股东大会决议通过后，该方案的效力不因神骏公司是否认可而受到影响。在此基础上，《最高人民法院公报》2010 年第 2 期在刊载该案时的"裁判摘要"中更进一步提出："股份公司股东大会作出决议后，在被确认无效前该决议的效力不因股东是否认可而受到影响。股东大会决议的内容是否已实际履行，并不影响该决议的效力。"

3. 相对人善意的认定。

对此，司法实践中存在不同观点。有观点认为，决议对公司内部人有约束力而不能约束外部人，只有当外部法律行为构成法定的无效行为时，才应认定无效。亦有观点认为，相对人的善意是由法律推定的，相对人无须举证自己的善意，如果公司主张相对人的恶意，应负举证责任。还有观点认为，如果公司决议存在瑕疵，则相对人应自证其善意否则推定为恶意。观点四认为，相对人的审查标准随交易情境的不同而不同，应具体案件具体分析。

实务中一般建议参照《九民纪要》第 18 条规定的公司为他人提供担保情形下相对人善意的认定标准，以及第 19 条无须机关决议的例外情况进行认定，也就是说按照外部交易行为给公司所设义务的轻重及是否带来利益，相应地减轻或加重相对人的善意标准，但最高注意义务

[①] 参见上海市第一中级人民法院民事判决书，(2013)沪一中行终字第 46 号，该判决得到了二审法院的维持。
[②] 参见最高人民法院民事判决书，(2009)民二终字第 75 号。

亦限于对股东会决议或董事会决议的形式审查。

二、公司决议不成立的认定

决议行为虽亦为一种民事法律行为,但非《民法典》第134条第1款规定的单方或双方民事法律行为,一般而言,无须参与决议的各方主体意见一致,只需要符合《公司法》《章程》规定的多数人意见一致即可成立,且对少数意见成员也具有拘束力,即常言的"多数决"。对于"多数决"正当性的认定,程序正义是其核心,即决议必须依据确定的程序作出,这一程序包括法定程序和章定程序。根据《公司法》第27条的规定,股东会、董事会决议不成立的情形有以下两种情况：

(一)决议不成立的两种情形

1. 公司未召开会议

这里需要注意的是,依据《公司法》第59条第3款或者公司章程规定可以不召开股东会而直接作出决定,并由全体股东在决定文件上签名、盖章的除外。

【典型案例一】刘某与天容公司决议效力确认纠纷案。[①] 法院认为,公司决议作为民事法律行为的一种,需满足民事法律行为的成立要件。首先,决议须为股东会、股东大会或者董事会作出。其次,股东会、股东大会或者董事会决议须以发生一定的法律效果为目的而作出。最后,股东会、股东大会或董事会决议需形成意思表示方能成立。现天容公司就2018年3月20日董事会会议的召开和通知方式未能提供证据证明,且2018年3月20日董事会决议上刘某的签名不真实,刘某对该董事会决议不予认可并不予追认代签名的效力,故涉案2018年3月20日董事会是否召开法院无法认定,2018年3月20日董事会决议构成决议不成立的情形。

【典型案例二】绿源公司、绿云公司决议效力确认纠纷案。[②] 二审法院认为,有限责任公司的股东会会议,应当由符合法律规定的召集人依照法律或公司章程规定的程序,召集全体股东出席,并由符合法律规定的主持人主持会议。股东会会议需要对相关事项作出决议时,应由股东依照法律、公司章程规定的议事方式和表决程序进行决议,达到法律、公司章程规定的表决权比例时方可形成股东会决议。有限责任公司通过股东会对变更公司章程内容、决定股权转让等事项作出决议,其实质是公司股东通过参加股东会会议行使股东权利、决定变更其自身与公司的民事法律关系的过程,因此公司股东实际参与股东会会议并作出真实意思表示是股东会会议及其决议有效的必要条件。本案中,虽然原审第三人杨某享有被告绿云公司绝对多数的表决权,但并不意味着杨某个人利用控制公司的便利作出的个人决策过程就等同于召开了公司股东会会议,也不意味着杨某个人的意志即可代替股东会决议的效力。根据天禹司法鉴定中心所作的鉴定意见书,鉴定意见为：涉案股东会决议落款处"曲靖绿源农产品开发有限公司"印文与送检的曲靖绿源农产品开发有限公司印章不是同一枚印章所盖印,股东会决议落款处签名"包某"及签名上的指印,签名字迹不是同一人所写,指印不是同一人所留。据此,不能

---

① 参见北京市第四中级人民法院民事判决书,(2018)京04民初229号。
② 参见云南省曲靖市中级人民法院民事判决书,(2019)云03民终1755号。

认定 2016 年 1 月 4 日绿云公司实际召开了股东大会，更不能认定就该次会议形成了真实有效的股东大会决议。绿云公司据以决定办理公司变更登记、股权转让等事项的所谓"股东会决议"，实际上并不存在，股权决议当然不能产生法律效力。

【典型案例三】董某等与京麟公司决议效力确认纠纷案。① 二审法院认为，本案现争议焦点为涉案股东会决议是否不成立。根据法律规定，股东会决议应当在召开股东会时作出，例外情形是有限责任公司的股东一致同意，可以不召开股东会会议而直接作出决定，并由全体股东签名或盖章。根据本案查明的事实，董某并未参加 2016 年 8 月 25 日的股东会会议，亦无证据证明其授权他人参加会议或代为签署决议，且涉案两份股东会决议上的签名并非董某本人签署。董某与董某伦之间虽系母子关系，但现有证据并不足以证明董某对涉案两份决议的签署存在授权或追认，故京麟公司于 2016 年 8 月 25 日作出的两份股东会决议并不符合以上法律规定的未召开股东会会议但决议成立的例外情形，应属不成立。

2. 公司召开了会议，但会议未对决议事项进行表决

【典型案例一】建富承翰公司、华邦盛世公司与承翰投资公司、蒋某、王某君公司决议纠纷案。② 二审法院认为，双方当事人对落款时间为 2018 年 7 月 25 日的《股东会决议》第 2 页上的签名、盖章的真实性不持异议，且均确认 2018 年 7 月 18 日曾在一酒店咖啡厅召开过股东会。承翰投资公司、蒋某、王某君主张当时有召开股东会但无形成书面文件，《股东会决议》首页与次页没有加盖骑缝章，建富承翰公司、华邦盛世公司没有证据证明《股东会决议》的次页与首页之间存在关联性，且《章程修正案》亦无各股东的签字或盖章，建富承翰公司、华邦盛世公司又未能提交其他证据予以佐证，又因承翰投资公司、蒋某、王某君通过起诉的方式表达其对决议内容的异议，法院亦认为涉案《股东会决议》并非承翰投资公司、蒋某、王某君的真实意思表示，涉案《股东会决议》因各股东未对决议事项进行表决而不成立。

【典型案例二】杰旭公司与杰成公司决议效力确认纠纷案。③ 二审法院认为，结合双方当事人所陈述的案涉董事会召开的目的，全体董事在单独打印的签字页中签字的行为，应当认定为一致同意若会后整理的决议内容各董事通过补充表决一致通过，则将决议内容附在签字页前，从而形成完整的决议文本。并且，董事对董事会相关议题进行的表决，应当是对决议内容作出同意或不同意的积极行为，消极行为不能视为对决议内容同意或不同意的意思表示。根据证人提供的证据，当章某将整理好的决议文本发送到各董事所在的微信群中，各董事均未作出同意或不同意的意思表示。故无法认定全体董事对决议内容进行了事后表决，从而补足相关决议程序。综上，法院认定在董事会召开当天，各董事并未就决议事项进行表决，形式上的签字行为并未产生同意决议内容的法律效果。事后，各方也未就整理后的决议内容进行补充表决，该次董事会决议未成立。

---

① 参见北京市第三中级人民法院民事判决书，(2020)京 03 民终 7886 号。
② 参见广东省深圳市中级人民法院民事判决书，(2019)粤 03 民终 21780 号。
③ 参见江苏省苏州市中级人民法院民事判决书，(2020)苏 05 民终 11669 号。

(二)未形成有效决议的两种情形

1. 出席会议的人数或者股东所持表决权不符合《公司法》或者公司章程规定

【典型案例一】法派香港公司与四川法派公司决议撤销纠纷案。[①] 法院认为,涉案两份董事会决议均载明董事路某禅、路某妮均未出席,即出席人数不满四川法派公司章程规定的至少4名董事,且涉案两份董事会决议仅有3名董事表决、签名,即表决结果也未满足公司章程规定的至少2/3的决议通过比例,故涉案两份董事会决议存在"出席会议的人数不符合公司章程规定"以及"会议的表决结果未达到公司章程规定的通过比例"的情形而不成立。

【典型案例二】王某杰、杨某韬等与光大公司决议纠纷案。[②] 法院认为,公司股东会或者股东大会、董事会的决议内容违反法律、行政法规的无效。股东会决议存在出席会议的人数或者股东所持表决权不符合公司法或者公司章程规定的情形,当事人主张决议不成立的,法院应当予以支持。本案中,王某杰、杨某韬系光大公司股东,两人并未出席光大公司于2016年9月18日和2016年10月17日召开的股东会,该两份股东会决议上的其他二人签名经鉴定均非本人所签,股东会决议出席会议的人数不符合公司章程约定,因此该股份有限公司决议形式不符合公司章程的要求。王某杰、杨某韬要求确认该两份股东会决议不成立,法院予以支持。

2. 会议的表决结果未达到《公司法》或者公司章程规定的通过比例

【典型案例一】南安市电力公司与南安市成功公司决议效力确认纠纷案。[③] 二审法院认为,本案争议的董事会决议未经二上诉人指派的董事同意通过,未达到公司章程第29条规定的决议由全体董事通过之表决比例,符合《公司法解释(四)》第5条[④]规定的董事会决议不能成立的情形,故二上诉人主张案涉董事会决议不能成立的诉讼请求,应予支持。

【典型案例二】彭某、科鲁兹与新瑞公司决议效力确认纠纷案。[⑤] 法院认为,涉案董事会会议表决程序不符合章程规定,导致涉案决议不成立。根据新瑞公司章程第24条的规定,需要在董事会会议上批准或通过任何决议的事项均可以不开会而通过书面决议的方式通过,但条件是该决议内容应发送给董事会及全体董事由全体董事签署通过。虽然新瑞公司已通过电子邮件方式向所有董事发送了《临时会议通知》,但本案新瑞公司董事会5位董事中彭某、克鲁兹明确表示不同意该议题,涉案决议仅获得李某若、周某成、周某3人的同意,故涉案决议表决程序并未满足章程第24条要求"全体董事签署通过"这一要求,表决结果未达到公司章程规定的通过比例,符合《公司法解释(四)》第5条第4项的规定,涉案决议应为不成立。

【典型案例三】青岛发展公司与朗讯公司决议纠纷案。[⑥] 二审法院认为,在朗讯公司章程中,对于任何不在年度计划内的超过10万美元的合营公司财产的处置都约定属于重大事项,而本案所涉《成本优化方案》虽未明确列明属于重大事项,但涉及朗讯公司200多名员工的裁

---

① 参见四川省成都市中级人民法院民事裁定书,(2018)川01民初3173号。
② 参见山东省青岛市市北区人民法院民事判决书,(2019)鲁0203民初6013号。
③ 参见福建省福州市中级人民法院民事判决书,(2018)闽01民终1320号。
④ 参见新《公司法》第27条。
⑤ 参见江苏省无锡市中级人民法院民事判决书,(2019)苏02民初59号。
⑥ 参见山东省青岛市中级人民法院民事判决书,(2016)鲁02民终2137号。

减,亦可能涉及高达690万欧元的补偿,在双方对此有争议的情况下,上诉人以为该成本优化方案应属于简单多数决事项,以董事会7名董事投赞成票为由主张董事会决议已成立并生效与朗讯公司章程约定的议事规则不符,为朗讯公司各股东的利益及公司正常的经营发展,在双方对于成本优化方案的性质有争议,且合营合同及章程对此确无明确约定的情况下,原审法院判决该董事会决议不成立的法律后果系一始没有法律效力,结果并无不当。

虽然目前司法实践中对于符合上述规定情形的决议裁判结果较为统一,绝大多数认定为不成立,但实践中仍然还存在个别案例将表决结果未达到公司法或者公司章程要求的决议认定为无效或者可撤销决议。

【典型案例一】郭某明、远捷公司决议纠纷案。① 二审法院认为,陈某玉仅持有远捷公司72%的股权,涉案的股东会决议也未达到章程规定的增资必须经代表90%以上表决权的股东通过,故该决议因违反了上述相关的法律规定应认定为无效。一审法院仅以郭某明实际参加了远捷公司的经营活动就推定郭某明事后以默认的方式追认了上述王某超的无权代理行为,进而认定该决议合法有效,系认定事实不清,适用法律错误,依法应予纠正。

【典型案例二】港龙实业等诉摩尔物流公司决议撤销纠纷案。② 法院认为,2017年5月31日摩尔物流公司召开临时股东会会议的到场股东为四川建设发展股份有限公司、王某辉,其余股东未到场。该决议的表决人数未达到章程规定的决议人数,该决议未获全体股东同意。另原告港龙实业于2017年7月27日向法院提起诉讼,未超过60日法定期限。综上,法院对原告要求撤销此次决议的请求予以支持。

在实务中需要注意的是,相较于《公司法解释(四)》第5条规定的公司股东会、董事会决议不成立的五种情形,新《公司法》第27条规定删除了"导致决议不成立的其他情形"的兜底情形,即限缩了《公司法解释(四)》第5条规定的公司股东会、董事会决议不成立的情形,进而限制了法院在认定决议不成立时的自由裁量权,即决议不成立的理由仅限于前述《公司法》规定的四种情形,无其他情形。

(三)公司决议不成立的事实认定

若股东会没有召开或虽然召开但并没有形成决议,而行为人伪造其他股东签名以形成决议的书面文件,或者股东会召开后形成决议所需的多数系因伪造他人意思表示而导致,此时股东会决议因欠缺成立的形式要件而不成立。③

【典型案例一】某国际商务公司与达某公司、宁波某投资公司决议纠纷案。④ 二审法院认为,涉案股东会决议的形成未召开股东会,形成该决议时施行的达某公司的公司章程也没有规定任免董事可以不召开股东会而直接作出决定,达某公司的股东亦未以书面形式一致表示同意可以不召开股东会会议而直接作出决定并由全体股东在决定文件上签名、盖章。故该股东

---

① 参见山东省临沂市中级人民法院民事判决书,(2020)鲁13民终6799号。
② 参见四川省成都市武侯区人民法院民事判决书,(2017)川0107民初7557号。
③ 参见孙政等:《公司决议纠纷7问7答》,载微信公众号"最高人民法院司法案例研究院"2022年4月22日,https://mp.weixin.qq.com/s/zZbWcRT-mArlyVGFe8EtRQ。
④ 参见广东省深圳市中级人民法院民事判决书,(2018)粤03民终23175号。

会决议作出程序不符合法律规定。该股东会决议上加盖的某国际商务公司印章,已由某国际商务公司在《南方都市报》刊登声明停止使用并作废,决议上某国际商务公司代表人"a"的签字非其本人所写,亦无证据表明是授权w代为签字,故该股东会决议上加盖的某国际商务公司印章及"a"签字均不能视为某国际商务公司的意思表示,不具有法律效力。故应认定该股东会决议不成立,达某公司依据该股东会决议进行的工商变更登记事项,应由该公司向工商部门办理撤销登记。

【典型案例二】王某与阳某钢结构公司、孙某公司决议效力确认纠纷案。① 二审法院认为,关于阳某钢结构公司于2016年12月9日、2017年4月1日分别作出的《关于变更法定代表人、执行董事的决议》效力问题,王某主张该两份股东会决议中"王某"的签名均非其本人书写,经一审法院委托鉴定机构进行笔迹鉴定,倾向性认为该两份股东会决议中"王某"签名字迹不是其本人书写。因此,即便阳某钢结构公司召开了股东会,但股东王某的签名系他人伪造,此种情况下,虚构的决议不是公司股东意思表示的结果,仅反映了个别虚构者的内心意愿,实际上是以个人意思代替公司意思,不能产生法律约束力,故根据《公司法解释(四)》第5条的规定,认定该两份股东会决议不成立。

【典型案例三】李某碧、王某与邓某军、合呈恒公司决议纠纷案。② 二审法院认为,上诉人李某碧、王某、合呈恒公司认为案涉股东会决议为邓某军个人伪造,邓某军亦陈述该股东会决议系其书写,"李某碧、王某"的签名亦是邓某军所签,该股东会并未实际召开,故一审法院认定该股东会决议不成立符合法律规定,二审法院予以确认。

司法实践中还存在一种观点,即存在伪造签名的决议应认定为可撤销。

【典型案例】陆某西等与永和公司决议纠纷案。③ 二审法院认为,永和公司在2009年6月25日之前适用的系512章程,该章程规定修改公司章程需经全体股东一致同意通过。在前述2009年6月25日修改股东会表决方式的决定中,股东陆某西、朱某玉的签名并非本人所签,该两人亦不予认可,故该次股东大会决定并未经全体股东一致同意,表决方式违反了永和公司的512章程,根据《公司法》(2013年)第22条第2款④的规定,股东可以请求法院撤销,但该决议并不当然无效。

(四)司法实践中与公司决议不成立相关的其他裁判观点及典型案例

裁判观点一:股东会决议成立与否应以会议的召集、议事方式、表决程序是否符合公司章程规定,以及决议内容是否符合法律规定为判断依据,股东成员签名是否完备不影响决议的成立。

【典型案例】赵某菊与孙某芬公司决议纠纷案。⑤ 二审法院认为,本案二审的争议焦点为涉案《广州新创博文具有限公司股东会决议》是否成立。首先,按照《公司法》(2013年)第41

---

① 参见江苏省徐州市中级人民法院民事判决书,(2019)苏03民终4892号。
② 参见重庆市第五中级人民法院民事判决书,(2020)渝05民终986号。
③ 参见江苏省南京市中级人民法院民事判决书,(2017)苏01民终1189号。
④ 参见新《公司法》第26条第1款。
⑤ 参见广东省广州市中级人民法院民事判决书,(2015)穗中法民二终字第138号。

条①、第42条②的规定,公司召开股东会会议后,应形成股东会会议决议及会议记录。其中,会议记录是对股东会所议事项的决定的一种记录,可以理解为一种文书和载体,是一种形式;而股东会决议,是股东会对所议事项通过的一项决定,是一种实质性的内容。会议记录是对股东讨论过程的记录,可能包括不同的观点;股东会决议则是对股东会讨论议题最后结果的记录。本案中,《广州新创博文具有限公司股东会决议》明确记载了股东会决议的内容,应属于股东会决议。原审法院适用《公司法》(2013年)第41条关于会议记录的规定,认为《广州新创博文具有限公司股东会决议》应由出席股东签名才成立,明显不当。其次,《公司法》(2013年)第43条③规定,股东大会的议事方式和表决程序,除本法有规定的外,由公司章程规定。股东大会会议作出修改公司章程、增加或者减少注册资本的决议,以及公司合并、分立、解散或者变更公司形式的决议,必须经代表2/3以上表决权的股东通过。涉案股东大会决议的事项并非有关公司资本或合并等重大事项的决议,而是关于人事调整及财务审计的事项。根据《广州新创博文具有限公司章程》的规定,涉案决议事项应由股东按照出资比例行使表决权。根据原审查明事实可知,孙某芬占新创博公司70%的股份,且孙某芬已经在涉案股东会决议上签名同意该决议结果。按照资本多数决的表决原则,《广州新创博文具有限公司股东会决议》已经成立。股东大会决议作为一种特殊的民事法律行为,应按照《公司法》关于成立的规定予以调整。原审法院根据《民法通则》第55条④的规定,认定涉案决议并非股东的真实意思表示,没有成立,显属不当。可见,从性质上看,公司决议为公司的意思表示,股东大会的行为都被拟制为公司的行为。当然,公司的意思表示不能机械地理解为全体股东的一致意思表示,更非完全一致的共同行为。为照顾多数表决者的意思表示,并兼顾公司决策的效率,股东会决议不能遵循一致决议的原则。根据原审查明的事实,赵某菊已于2014年9月17日出席了股东大会,并对有关决议事项作出表态,在股东会内容及程序均符合《公司法》规定的情形下,二审法院依法确认《广州新创博文具有限公司股东会决议》成立。原审法院认定《广州新创博文具有限公司股东会决议》不成立,明显不当,二审法院依法予以纠正。

裁判观点二:除公司章程或者全体股东另有约定以外,公司通过定向减资导致的股权结构变化,须经全体股东一致同意,否则构成《公司法解释(四)》规定的决议不成立的情形。

【**典型案例**】华某伟诉圣甲虫公司决议纠纷案。⑤二审法院认为,《公司法》(2013年)第43条⑥规定,股东大会会议作出修改公司章程、增加或者减少注册资本的决议,以及公司合并、分立、解散或者变更公司形式的决议,必须经代表全体股东2/3以上表决权的股东通过。圣甲虫公司章程第11条也作出同样的约定。此处的"减少注册资本"应当仅指公司注册资本的减少,而并非涵盖减资后股权在各股东之间的分配。股权是股东享受公司权益、承担义务的基础,由

---

① 参见新《公司法》第64条,下同。
② 参见新《公司法》第65条。
③ 参见新《公司法》第66条。
④ 参见《民法典》第143条。
⑤ 参见上海市第一中级人民法院民事判决书,(2018)沪01民终11780号。
⑥ 参见新《公司法》第66条。

于减资存在同比减资和不同比减资两种情况,不同比减资会直接突破公司设立时的股权分配情况,只需经2/3以上表决权的股东通过即可做出不同比减资决议,实际上是以多数决形式改变公司设立时经发起人一致表决所形成的股权架构,故对于不同比减资,在全体股东或者公司章程另有约定除外,应当由全体股东一致同意。本案中,涉案股东会决议的第1、3、4项均涉及减资后股权比例的重新分配以及变更登记,在未经华某伟同意的情形下,视为各股东对股权比例的架构未达成一致意见,该股东会决议第1、3、4项符合《公司法解释(四)》第5条第5项规定的"导致决议不成立的其他情形"。上诉人华某伟主张涉案股东会决议的第1、3、4项不成立的诉讼请求于法有据,应予支持。

这里需要注意的是,根据新《公司法》第224条第3款的规定,公司法规定的减资一般是指同比减资,除非法律另有规定、有限责任公司全体股东另有约定或者股份有限公司章程另有规定的除外,即有限公司的非同比减资在无法律特别规定的情形下必须是全体股东一致同意的结果,不能多数决。

裁判观点三:对公司享有实际控制权的股东个人利用控制公司的便利作出的个人决策不能代替股东会审议,由此形成的股东大会决议不成立。

【典型案例】张某娟诉江苏万华工贸公司、万某、吴某亮、毛某伟股东权纠纷案。[1] 法院认为,有限责任公司通过股东会对变更公司章程内容、决定股权转让等事项作出决议,其实质是公司股东通过参加股东会会议行使股东权利、决定变更其自身与公司的民事法律关系的过程,因此公司股东实际参与股东会会议并作出真实意思表示,是股东会会议及其决议有效的必要条件。本案中,虽然被告万某享有被告万华工贸公司的绝对多数的表决权,但并不意味着万某个人利用控制公司的便利作出的个人决策过程就等同于召开了公司股东会会议,也不意味着万某个人的意志即可代替股东会决议的效力。根据本案事实,不能认定2004年4月6日万华工贸公司实际召开了股东大会,更不能认定就该次会议形成了真实有效的股东会决议。万华工贸公司据以决定办理公司变更登记、股权转让等事项的所谓"股东会决议",是当时该公司的控制人万某所虚构,实际上并不存在,因而当然不能产生法律效力。

裁判观点四:公司发出股东大会会议召集通知,但会议未实际召开,由此形成的股东大会决议不成立。

【典型案例】张某与海天公司决议效力确认纠纷案。[2] 法院认为,关于股东大会决议是否成立。虽然被告在全国股份转让系统指定信息披露平台上披露了召开案涉股东大会会议的通知,但根据李某的陈述及李某与被告董事会秘书张某的通话录音,能够证明案涉股东大会亦未实际开会,仅由各股东在股东大会会议记录及会议决议签字页上签名。根据被告公司章程的规定,股东如需委托他人代为参加股东大会并表决,除在授权委托书上载明代理人姓名外,还应载明对各议案是否具有表决权及对各议案的表决指示等,但被告提供的原告对李某的授权

---

[1] 参见张某娟诉江苏万华工贸发展有限公司、万某、吴某亮、毛某伟股东纠纷案,载《最高人民法院公报》2007年第9期。
[2] 参见江苏省扬中市人民法院民事判决书,(2020)苏1182民初1876号。

委托书并不符合上述公司章程的规定,且被告在审理中亦未提供其他证据证明原告对案涉股东大会相关议案出具的具体表决意见,故被告依据案涉授权委托书通知李某代原告签署股东大会会议记录及会议决议签字页,并按被告自己的意思记录原告的表决意见,该行为侵害了原告行使股东表决权的权利。再者,被告明知原告出具的授权委托书不符合公司章程的规定,但仍然利用该授权委托书的有效期,要求李某代原告在股东大会会议记录、会议决议签字页上签字,被告有滥用原告授权委托书的嫌疑。综上,被告在未实际召开股东大会,且在原告的授权委托书授权范围不符合公司章程及公司法的规定的情况下,由他人代原告在股东大会决议签名的行为,同样符合《公司法解释(四)》第5条第1项、第5项规定的情形,即公司未召开会议等导致股东大会决议不成立的情形,故原告要求确认案涉股东大会决议不成立的诉讼请求,法院依法予以支持。

三、公司决议可撤销的认定

(一)公司决议可撤销的法定事由

根据新《公司法》第26条的规定,在之后的实务中,需要注意以下问题:一是相较于原《公司法》第22条的规定,新《公司法》增加了"未被通知参加股东会会议的股东自知道或者应当知道股东会决议作出之日起六十日内,可以请求人民法院撤销;自决议作出之日起一年内没有行使撤销权的,撤销权消灭"的内容。二是前述规定仅限于股东对股东会决议的撤销请求时限,不包括董事对董事会决议请求撤销的期限。三是将《公司法解释(四)》第4条关于股东会、董事会"会议召集程序或者表决方式仅有轻微瑕疵,且对决议未产生实质影响"的相应决议不予以撤销的规定,即裁量驳回制度吸收到第26条中。综上所述公司决议可撤销的法定事由主要有以下三种。

1. 公司决议会议召集程序违反法律、行政法规或公司章程

对于新《公司法》第63条、第64条、第72条的规定,需要特别注意第63条、第72条规定中的"由过半数的董事共同推举一名董事召集和主持"的内容表述,而原《公司法》第43条、第47条对应规定的表述是"由半数以上董事共同推举一名董事主持",这表明原《公司法》规定的推举董事主持董事会的条件包含"半数"本数,而新《公司法》规定的条件则不包含"半数"本数,必须超过半数。

实务中通知程序违法的一般表现形式:(1)公告或通知中对召集权人记载有瑕疵;(2)未发布召集股东会的通知或公告;(3)会议通知或公告未遵守法定期间;(4)对部分股东遗漏通知;(5)通知形式违法、对记名股东采取公告;(6)召集通知或公告记载违法;(7)不合适的开会时间或开会地点等。

司法实践中与通知程序相关的裁判观点及典型案例如下。

裁判观点一:仅在公司公告栏通知召开股东会,属召集程序违法。

【**典型案例**】刘某兰等与恒大公司有关的纠纷案。[①] 二审法院认为,从《公司法》的精神来

---

① 参见江苏省徐州市中级人民法院民事判决书,(2007)徐民二终字第504号。

看,设计股东会会议通知制度的目的在于成功地向股东通知开会事宜,股东会会议通知是股东得以参加股东会并行使其干预权的前提,尤其是在经营者和控股股东合二为一的情况下,股东大会已成为少数股东要求大股东解决其政策并提出反对意见的唯一场所。无论采用何种通知形式,成功地通知股东始终是通知制度应实现的第一位目标,而提高通知效率、节约通知成本只能作为第二位的附属目标。恒大公司召开股东会,仅是在其单位的公告栏内张贴公告,并未通过多种途径通知股东,不能使所有权利人都得到通知,因此,刘某兰等股东获得通知的权利事实上被剥夺。因其通知的方式存在瑕疵,从而导致股东会会议召集程序违法,故恒大公司股东大会作出的决议应予撤销。

裁判观点二:邮寄送达《股东会召集通知》,即使进行了公证,但是并未在邮件说明中注明是股东会通知,股东拒收邮件后并没有看到《股东会召集通知》所记载的内容,该通知并未到达股东。

【**典型案例**】刘某与某自动化公司决议撤销纠纷案。① 二审法院认为,股东会会议通知有效送达股东是股东得以参加股东会并行使其表决权的前提。依照《公司法》(2018年)第41条② 第1款之规定和某自动化公司公司章程之规定,某自动化公司召开股东会,应在股东会召开15日前通知全体股东。某自动化公司虽然向刘某邮寄了《股东会召集通知》,并进行了公证,但是并未在邮件说明中注明是股东会通知,刘某拒收邮件后并没有看到《股东会召集通知》所记载的内容,因此,即使《股东会召集通知》是真实、客观的,某自动化公司也不能证明刘某实际收到了股东会召开的通知,该通知并未到达刘某。某自动化公司称其已通过电话询问能否参加2011年6月15日股东会,某自动化公司无法证明该电话通知是否在股东会召开15日前,也无法证明其通过电话向刘某通知了股东会召开的具体时间、地点等内容,故即便电话通知的事实存在,也不符合《股东会召集通知》的一般形式要件。一审法院认为,某自动化公司并没有证据证明其在股东会召开15日前有效通知了股东刘某,因此,某自动化公司2011年6月15日召开的股东大会的召集程序违反了《公司法》和某自动化公司章程的规定。刘某起诉要求撤销某自动化公司于2011年6月15日作出的股东大会决议,符合法律规定,应予支持。

裁判观点三:有限公司会议通知仅列议题,未列审议事项等具体议案内容,不构成程序瑕疵。

【**典型案例**】华城地产公司与华城置业公司决议撤销纠纷案。③ 二审法院认为,对于华城地产公司主张的华城置业公司未提供具体议案内容的撤销事由。股东会决议作为公司决议的一种,一经作出并付诸实施就会产生一系列的法律后果,非有法定事由并依法定程序不得撤销,否则不利于公司的稳定发展。我国法律并未对有限责任公司股东会会议通知的具体内容进行明确规定,华城置业公司章程也未对股东会会议的通知内容作出特别约定。涉讼通知仅记载议题,未附具体议案内容,并未违反法律、行政法规或者公司章程。华城地产公司主张华城置

---

① 参见张应杰主编:《公司股东纠纷类案裁判思维》,人民法院出版社2023年版,第458页。
② 参见新《公司法》第64条。
③ 参见浙江省宁波市中级人民法院民事判决书,(2014)浙甬商终字第1130号。

业公司未提供具体议案内容违反程序正当性，继而违反法律及公司章程，不予采信。同时华城地产公司主张，其在股东会会议之前书面请求华城置业公司提供相关议案内容。但华城置业公司予以否认华城地产公司有过请求行为，华城地产公司亦未提供证据予以证明，不予采信。故华城地产公司上述主张不能构成涉讼股东会决议撤销的事由。

裁判观点四：董事会不能履行或者不履行召集股东会会议职责的，应由监事召集和主持会议，股东自行召集会议属于召集人不适格，决议应认定为可撤销。

【典型案例】 宏量公司与鑫昊公司决议撤销纠纷案。① 二审法院认为，作为鑫昊公司股东的梁某未通知时任公司监事即自行召集临时股东会，违反了《公司法》的前置性程序规定，所形成的股东会决议应予撤销。根据《公司法》（2018年）第40条② 和鑫昊公司章程第12条的规定，在董事会不能履行或者不履行召集股东大会会议职责时，应由监事召集和主持，监事不召集和主持的，代表1/10以上表决权的股东方可自行召集和主持。梁某作为代表鑫昊公司1/10以上表决权的股东，在其行使召集权时，必须穷尽其他救济原则，但其在董事会不能履行召集股东会会议职责时，并未通知时任监事冯某，要求冯某召集和主持临时股东会，而是自行召集临时股东会，属滥用股东权利，违反了《公司法》对临时股东大会召集顺序这一前置性程序规定，侵犯了其余股东的程序性权利，无论其行为对案涉临时股东会决议有无产生实质性影响，临时股东会决议均应予撤销。

裁判观点五：未按照法律规定的期限发送召集通知的，导致相应人员未能参会的，决议应认定为可撤销。

【典型案例】 鱼渊管理中心、三际公司决议撤销纠纷案。③ 二审法院认为，关于《股东会临时会议纪要》是否应当撤销。《公司法解释（四）》第4条规定：股东请求撤销股东会或者股东大会、董事会决议，符合《民法典》第85条、《公司法》（2018年）第22条第2款④ 规定的，法院应当予以支持，但会议召集程序或者表决方式仅有轻微瑕疵，且对决议未产生实质影响的，法院不予支持。《公司法》（2018年）第41条第1款⑤ 规定：召开股东会会议，应当于会议召开15日前通知全体股东；但是，公司章程另有规定或者全体股东另有约定的除外。上述规定提前15日的通知时间旨在给股东充分的准备时间，了解会议情况以决定是否出席会议、作出何种投票的意思表示。本案中，三际公司虽于2020年2月7日向鱼渊管理中心邮寄《关于召开股东大会的函》，但因疫情影响，鱼渊管理中心于2020年2月29日才收到，邮件签收当日即召开股东会，且鱼渊管理中心住所地在外地，未给鱼渊管理中心合理准备时间，导致其无法参会，该次股东会召集程序不符合法律规定，故鱼渊管理中心请求撤销该股东会决议的理由成立，法院予以支持。

---

① 参见江苏省南通市中级人民法院民事判决书，(2020)苏06民终112号。
② 参见新《公司法》第63条。
③ 参见山东省济南市中级人民法院民事判决书，(2021)鲁01民终10898号。
④ 参见新《公司法》第26条第1款。
⑤ 参见新《公司法》第64条第1款。

裁判观点六：未按照章程规定的方式发送会议召集通知的，决议应认定为可撤销。

【典型案例】陈某芬与名颂公司决议撤销纠纷案。① 法院认为，股东会或者股东大会、董事会的会议召集程序、表决方式违反法律、行政法规或公司章程，或者决议内容违反公司章程的，股东可以自决议作出之日起60日内，请求法院撤销。根据被告名颂公司章程规定，临时股东大会应当于会议召开15日前以专人、传真或邮件的方式通知各股东。原告作为被告名颂公司的股东，有权参加被告名颂公司的股东大会。但被告名颂公司在召开2017年12月25日股东大会前仅在全国中小企业股份转让系统中发布公告，并未按照公司章程规定的方式通知股东参加股东大会，明显存在程序违法，侵犯了原告作为股东参与公司重大决策的权利。原告主张撤销2017年12月25日形成的股东大会决议，合法有据，法院予以支持。被告辩称，名颂公司系在全国中小企业股份转让系统中挂牌的股份有限公司，仅需在该系统中公布股东大会召开信息即可，无须另行通知股东。法院认为，被告名颂公司章程中关于股东大会的程序性规定并不违反法律规定，该规定对公司、股东、董事等均具有约束力。被告名颂公司按照相关规定在全国中小企业股份转让系统中公布股东大会召开的信息，并不能就此免除其按照公司章程规定履行向股东以专人、专递或邮件方式发送通知义务。故对被告名颂公司的上述抗辩意见，法院不予采信。

裁判观点七：未对表决事项进行提前通知的，相关人员提出明确反对的，属于表决事项存在瑕疵，应认定为决议可撤销。

【典型案例】创欣公司与丽璞公司决议撤销纠纷案。② 二审法院认为，在向创欣公司发送的股东会会议通知中，并未载明涉案股东会决议第5项至第8项内容，且创欣公司代理人在会议上明确提出上述事项不应纳入审议范围。因此，涉案股东会决议中的第5项至第8项内容应属于表决事项存在瑕疵，违反了公司章程的规定，且不属于轻微瑕疵，依法应予以撤销。一审法院关于决议第5项至第8项内容的表决程序亦属于轻微瑕疵的认定应属不当，二审法院予以纠正。

裁判观点八：会议主持人不符合公司法强制性规定的，形成的股东大会决议应予撤销。

【典型案例】陈某娟与国成公司决议撤销纠纷案。③ 法院认为，第三人向某才作为该次会议主持人，其并无证据表明董事长杜某兵不能履行职务或者不履行职务。按照公司法规定，即使董事长杜某兵不能履行职务或者不履行职务，则应由半数以上董事共同推举1名董事主持。在本案中，第三人向某才作为临时股东会会议主持人，其并无证据证明其主持人资格是经半数以上董事共同推举的，因此，其作为临时股东会会议主持人不符合《公司法》(2013年)第40条规定。④ 综上，国成公司董事向某才等人于2015年12月24日主持召开的临时股东会在召集过程中存在程序上的瑕疵，即会议的召集程序和主持人资格选任违反了公司法强制性规定，形成的股东大会决议应予以撤销。

---

① 参见上海市嘉定区人民法院民事判决书，(2018)沪0114民初3772号。
② 参见上海市第一中级人民法院民事判决书，(2019)沪01民终12104号。
③ 参见重庆市丰都县人民法院民事判决书，(2016)渝0230民初799号。
④ 参见新《公司法》第63条。

2. 决议的表决方式违反法律、行政法规或公司章程

根据新《公司法》第 65 条、第 66 条的规定，相较于原《公司法》的相关内容，在今后实务中需要注意关于公司股东会的一般决议的表决方式，必须代表过半数表决权的股东通过，原《公司法》对此并未作出过规定，一般均是由《章程》加以规定，新《公司法》的这一规定就明确了股东大会决议通过的下限是"过半数表决权的股东"同意。这里有两点值得关注：一是这里的"过半数"不包含"半数"这个本数；二是股东会一般决议的表决方式在遵循"过半数表决权的股东"同意的前提下，具体可由《章程》规定。

实务中，可能导致公司决议被撤销的表决方式瑕疵通常包括：(1) 无表决权人参与相关决议的表决；(2) 会议的主持人无主持权；(3) 表决事项瑕疵；(4) 表决权计算错误，如公司章程规定决议通过所需的比例为"过半数以上赞成票通过"，而在统计时将弃权票直接计入赞成票等。

司法实践中与决议的表决方式违反法律、行政法规或公司章程相关的裁判观点及典型案例如下。

裁判观点一：瑕疵出资股东行使表决权不构成程序瑕疵。

【典型案例】张某甲、张某乙、李某与某航空公司股东会决议撤销纠纷案。① 二审法院认为，本案中，虽然某航空公司的股东之间就出资问题存在纠纷，但我国《公司法》及某航空公司章程均没有规定股东应按照实缴出资比例行使表决权。并且，按照我国《公司法》的有关规定，股东未按规定缴纳出资依法应承担的责任是向其他按期足额出资的股东承担违约责任，因此，一审法院判决以股东之间存在出资纠纷问题为由认定股东的表决权比例无法确定，从而认定该股东会决议表决方式违法，没有法律依据，不能成立。

裁判观点二：拟被除名股东要遵守表决权回避制度，而且其所拥有的表决权数也不应计入特定多数的总表决权之内。

【典型案例】黄某与上审公司决议撤销纠纷案。② 二审法院认为，对于公司除名决议来说，被除名股东不但要遵守表决权回避制度，而且其所拥有的表决权数也不应该计入为计算特定多数的总表决权之内，即公司章程规定的表决比例是以除被除名股东以外的其他股东所持的股份数作为基数的。由于胡某与涉案股东会决议存在利害关系，故应当排除其表决权。公司其余股东所持有的 80% 的股份应当折算成 100% 进行表决。本案所涉两份股东大会决议的同意比例已经达到其余股东所持股权比例的 75%，符合公司章程中确定的表决比例，故表决程序并无不当。黄某认为系争两份股东会决议排除胡某表决权以及表决程序不当的主张缺乏事实和法律依据，法院不予采信。

笔者认为，新《公司法》颁行后，董事会对股东失权决议的表决亦应当如此。

裁判观点三：参与表决的主体不具备表决资格的，决议应认定为可撤销。

【典型案例一】丁某福、龙某公司决议撤销纠纷案。③ 二审法院认为，关于 2018 年 5 月 30

---

① 参见张应杰主编：《公司股东纠纷类案裁判思维》，人民法院出版社 2023 年版，第 457 页。
② 参见上海市第一中级人民法院民事判决书，(2013) 沪一中民四(商)终字第 926 号。
③ 参见四川省绵阳市中级人民法院民事判决书，(2019) 川 07 民终 3338 号。

日股东大会的表决方式是否符合升晨公司章程规定的问题。2018年5月30日股东大会实到股东178人,但里面包含70名尚未足额缴纳章程所规定出资1万元的新进"股东"。该70名"股东"因未足额按照章程规定出资,且无证据证实新增股东经股东会决议,故在2018年5月30日股东大会召开时不能认定为具有表决权的股东。该部分尚不具备表决权的新进"股东"参与了表决。因此,该次股东大会的表决方式亦不符合升晨公司章程规定。上诉人丁某福等的上诉理由成立,对其相应上诉请求予以支持。

【典型案例二】弘盛公司与俞某、下某益公司决议撤销纠纷案。① 二审法院认为,弘盛公司提交的7项股东会决议均有吴某勇参加表决,但其并非公司股东,对应的股东应为胡某,但弘盛公司并未提交胡某委托吴某勇参加股东会会议的证据,应认定吴某勇无权参与表决。此外,弘盛公司明确表示股东大会议程二,即关于吸纳郭某冬、居某名等人为公司新股东的提案并没有形成决议,故应认定郭某冬、居某名等人并不具备股东资格,无权参加表决。可见,涉案股东会决议存在多人无表决权却参加表决的情形,反映了公司治理的不规范,且有对决议产生实质影响的现实可能,故相关决议应予撤销。

裁判观点四:关于表决人是否回避表决,违反法律、公司章程规定的,决议应认定为可撤销。

【典型案例】上海宝银公司、上海兆赢公司决议撤销纠纷案。② 二审法院认为,关于上海宝银公司、上海兆赢公司与非公开发行股票的议案是否存在关联关系,是否应回避相关议案表决的问题。首先,《上市公司非公开发行股票实施细则》(2011年)第17条第2款③规定"《管理办法》所称应当回避表决的'特定的股东及其关联人',是指董事会决议已确定为本次发行对象的股东及其关联人"④。银川新华百货2016年第一次临时股东大会议案1中,将银川新华百货董事会第十三次会议审议通过的《关于公司2015年非公开发行A股股票方案的议案》的发行对象由物美控股集团有限公司以及上海宝银公司、上海兆赢公司调整为物美控股集团有限公司,所以上海宝银公司、上海兆赢公司并非银川新华百货董事会决议已确定为本次发行对象的股东及其关联人,与议案1~4、7不存在关联关系,不属于应当回避表决的"特定的股东及其关联人"。《上市公司股东大会规则》第31条⑤系针对股东大会回避规则的一般规定,而《上市公司证券发行管理办法》《上市公司非公开发行股票实施细则》针对证券发行事项表决中关联关系的认定作出了特别规定,根据特别规定优先于一般规定的原则,应当优先适用《上市公司证券发行管理办法》《上市公司非公开发行股票实施细则》。故银川新华百货依据《上市公司股东大会规则》第31条认为上海宝银公司、上海兆赢公司与待审议事项存在规定的应当回避的关联关系的主张不能成立。其次,因上海宝银公司、上海兆赢公司2016年2月5日向银川新华百货董事会发送的《关于新华百货2016年第一次临时股东大会回避表决问题的函》中

---

① 参见江苏省扬州市中级人民法院民事判决书,(2018)苏10民终1058号。
② 参见最高人民法院民事判决书,(2016)最高法民终582号。
③ 此细则已失效;此条参见2025年《上市公司证券发行注册管理办法》第20条第1款。
④ 即2008年《上市公司证券发行管理办法》第44条第1款,此办法已失效;此条参见2025年《上市公司证券发行注册管理办法》第20条第1款。
⑤ 此规定已失效;此条参见2025年《上市公司股东大会规则》第32条第1款。

认可其与议案5存在关联关系,因此上海宝银公司、上海兆赢公司应回避对议案5的表决。再次,在上海宝银公司、上海兆赢公司对银川新华百货2016年第一次临时股东大会议案1~4、6、7均提出异议时,应根据章程第79条第2款"是否回避发生争议时,应当由出席股东大会的股东(包括)股东代理人所持表决权的二分之一以上通过"的规定,就上海宝银公司、上海兆赢公司是否构成关联关系、是否应回避表决进行决议,并根据章程第83条"除累积投票制外,股东大会将对所有提案进行逐项表决,对同一事项有不同提案的,将按提案提出的时间顺序进行表决"的规定,对上海宝银公司、上海兆赢公司是否构成关联关系的议案6进行表决。但在议案6表决通过前,银川新华百货即要求上海宝银公司、上海兆赢公司对所有议案回避表决,违反了章程的规定,损害了上海宝银公司、上海兆赢公司作为银川新华百货股东固有的表决权利。最后,法院庭审中银川新华百货以及上海宝银公司、上海兆赢公司一致认可,宁夏证监局已于临时股东大会召开前答复上海宝银公司、上海兆赢公司可以参与表决。因此,上海宝银公司被责令改正的事实与上海宝银公司、上海兆赢公司是否回避表决没有因果关系。综上,原审法院认定上海宝银公司、上海兆赢公司对银川新华百货2016年第一次临时股东大会议案1~4以及议案7构成关联关系、应当回避表决,认定事实、适用法律均有错误。银川新华百货2016年第一次临时股东大会决议通过的第1~4项以及第7项决议,应予撤销。

3. 公司决议内容违反公司章程

与决议内容违法的情形不同,决议内容违反公司章程属于对公司股东之间合意的违背。基于此,考虑到公司章程作为规范公司内部关系的自治性规则的性质,处理时需尊重公司自治和股东自治。因此,在决议内容仅违反公司章程的情况下,公司法的处理原则是赋予股东撤销权,由股东自行选择是否要求否定公司决议的效力。

司法实践中与公司决议内容违反公司章程相关的裁判观点及典型案例如下。

裁判观点一:内容违反公司章程的,决议应认定为可撤销。

【典型案例一】武汉恒基公司等诉黄某公司决议撤销纠纷案。[1]二审法院认为,关于是否应撤销免去黄某副董事长、董事的决议的问题。《公司法》(2013年)第41条第1款[2]规定,召开股东会会议,应当于会议召开15日前通知全体股东,但公司章程另有规定或者全体股东另有约定的除外。武汉恒基公司章程第18条则明确约定,股东会会议通知应将会议时间、地点、内容通知全体股东。因此会议通知中的会议拟表决议案内容应尽可能描述得明确、具体,最大限度尊重股东的表决权。因该项决议事关黄某的个人直接利益,且牵涉公司章程第19条关于小股东对副董事长的提名权问题,但此次股东会会议通知中"公司董事人事任免"的表述过于简略,内容模糊,不利于各股东充分行使表决权,从表决结果上看,此项决议全体股东也仅是占有70%公司股权的股东珠海恒基公司明确投票赞同该项决议,而占6%公司股权的股东闫某、8%公司股权的股东汤某国、4%公司股权的股东许某兵均投弃权票,故原审认定该项决议内容违反公司章程规定的召集程序,应予撤销,并无不当,二审法院依法予以维持。

---

[1] 参见湖北省武汉市中级人民法院民事判决书,(2016)鄂01民终8335号。
[2] 参见新《公司法》第64条第1款。

【典型案例二】 中国酒店公司与东方快捷酒店公司决议撤销纠纷案。① 法院认为,关于本案所涉董事会决议内容是否违反公司章程规定。根据东方快捷酒店的《经修订并重述的章程》第42条、第43条和第64条的规定,董事长应从中国酒店公司委派的3名董事中选任,并且撤销委派和选任必须均以书面通知的形式作出,至于拥有选任权利的主体,东方快捷酒店以及两股东均认可系公司股东中国酒店公司的权利而非董事会的权利,2011年12月16日的委派函即说明以往董事长的选任也是按此操作的。但是本案中,没有证据表明存在相应的中国酒店公司撤销或更换原董事长并选任新董事长的书面通知或函件,且从章程第48条、第49条规定的内容来看,选任董事长亦不是必须由董事会决定的事项,故应认定案涉董事会决议内容第1项撤销原董事长、选任新董事长违反了章程规定。同样,根据章程第76条的规定,公司总经理和财务总监应由公司的两个股东分别提名,且各方当事人均认可章程第49条第3项董事会可以任免的公司高级管理人员不包括总经理和财务总监,而在本案没有证据表明两个股东已就此提名的情况下,案涉董事会决议第2项至第5项直接免除原总经理和财务总监并任命新的人选的决议内容,显然亦违反了章程规定。根据《公司法解释(四)》第4条股东请求撤销股东会或者股东大会、董事会决议,符合《公司法》(2018年)第22条第2款②规定的,法院应当予以支持之规定,法院对中国酒店公司提出的撤销案涉董事会决议中相关内容的诉讼请求,予以支持。

【典型案例三】 张某、腾药股份有限公司公司决议撤销纠纷案。③ 二审法院认为,董事会决议的部分内容违反公司章程,该部分内容应予撤销。其一,二审中各方当事人均认可董事会办公室负责人及其他人员不属于公司的高级管理人员,根据公司章程的规定,应由总经理聘用或解聘,董事会直接任命违反了公司章程,该部分内容应予撤销。其余部分内容法律并无明确规定,公司章程也未明确不应撤销。其二,《关于任命董事会办公室负责人的议案》的内容为:"同意任命张某先生为董事会办公室主任,刘某芳先生、李某先生、邢某女士、陈某安先生为副主任。董事会办公室实行主任负责制,由主任主持日常工作。"张某、刘某芳、李某、邢某、陈某安作为董事长办公室的相关人员,不属于公司的高级管理人员,根据公司章程的规定,应由总经理提名或聘任,董事会直接任命违反了公司章程,该部分内容应予撤销,其余内容不违反法律及公司章程,不应被撤销。其三,《关于聘任董事会秘书和证券事务代表的方案》的内容为:"同意任命张某先生为董事会秘书,陈某安先生为证券事务代表,任期同本届董事会,连聘可以连任。"公司章程赋予董事会聘任董事会秘书的权利,法律法规对股份有限公司董事会秘书的任职条件并无强制性规定,但腾药股份有限公司公司章程第130条对董事会秘书的任职资格有明确要求。虽然张某系腾药股份有限公司控股股东北京中证万融医药投资集团有限公司副总裁,又是北京中证万融医药投资集团有限公司控股的山东沃华医药科技股份有限公司的董事及内部审计负责人,但腾药股份有限公司至今未上市,张某担任董事会秘书并不违反法律、

---

① 参见北京市第四中级人民法院民事判决书,(2018)京04民初285号。
② 参见新《公司法》第26条第1款。
③ 参见云南省保山市中级人民法院民事判决书,(2020)云05民终539号。

行政法规的强制性规定,也未违反公司章程确认的任职资格,故董事会决议任命张某为董事会秘书合法有效。但董事会直接任命陈某安为证券事务代表,违反了公司章程的规定,故该决议中"陈某安先生为证券事务代表"部分的内容应予撤销。

裁判观点二:股东会决议表决形式上未达到公司章程规定比例,但实质上章程修改涉及的本质问题或核心权利的表决通过,不构成对公司章程的实质违反。

【典型案例】 顺达公司与鑫基公司股东会决议撤销纠纷案。[①] 二审法院认为,关于股东会决议通过的比例标准问题。公司经营期限是否延续,关系到公司经营实体是否存在,以及出资者是否愿意继续以股东身份行使权利及承担义务。顺达公司目前处于解散清算程序中,其对鑫基公司章程修改的意见表达,目的是退出公司。即使不发生鑫基公司经营期限到期情形,其仍然会主张退出鑫基公司。是否修改公司章程,不是顺达公司提起诉讼主张权利的目的所系,修改公司章程本身也不是顺达公司的利益关切所在。公司法中涉及修改公司章程的事项很多,但不是所有事项都必须全体股东一致同意。鑫基公司的继续存在不必然影响顺达公司权利的实现,顺达公司可以与鑫基公司达成股权收购,与股东协商将股权转让或对第三人转让,若无法与鑫基公司达成股权收购事宜等,也可采取法律途径解决。鑫基公司目前尚正常经营,若经营期限无法正常延续,必将影响鑫基公司债权人的合法利益,造成稳定社会关系的破坏。最终二审法院驳回了顺达公司请求撤销股东会决议的诉讼请求。

(二)可撤销决议裁量驳回制度

1. 裁量驳回制度的法定要件

如前所述,新《公司法》第26条吸收了《公司法解释(四)》第4条规定的可撤销之诉的酌情判决驳回撤销决议诉讼请求的制度,即公司法学上的裁量驳回制度,具体规定为:"公司股东会、董事会的会议召集程序、表决方式违反法律、行政法规或者公司章程,或者决议内容违反公司章程的,股东自决议作出之日起六十日内,可以请求人民法院撤销。但是,股东会、董事会的会议召集程序或者表决方式仅有轻微瑕疵,对决议未产生实质影响的除外。"该制度通过赋予法院一定范围内的自由裁量权,对于存在某些非实质性程序的决议,继续维持其效力。根据该规定,裁量驳回的法定要件有三:

(1)仅针对会议召集程序或者表决方式方面的程序瑕疵;

(2)上述程序瑕疵必须轻微;

(3)上述程序瑕疵未对决议产生实质性影响,即该程序瑕疵的存在不改变公司决议的原定结果的可能性。

在这里需要注意的是,上述条件(2)(3)须同时具备,即使程序上的瑕疵完全不影响决议的结果,但只要程序瑕疵属于对股东程序权利的重大损害,法院也不得驳回原告的诉讼请求。

2."轻微瑕疵"的认定

涉及公司决议的程序瑕疵:一是导致决议不成立的"严重瑕疵",见《公司法》第27条;

---

① 参见安徽省安庆市中级人民法院民事判决书,(2019)皖08民终271号。

二是导致决议可撤销的"一般瑕疵",见《公司法》第 26 条的但书规定;三是不影响决议效力的"轻微瑕疵",见《公司法》第 26 条的但书规定。从体系上看,裁量驳回制度是用于平衡轻微瑕疵与决议稳定之间的利益冲突,是瑕疵决议撤销制度中的例外规定,对其适用应遵循审慎原则。[1]

司法实践中,以不实质损害股东表决权和知情权作为认定"轻微瑕疵"时的判断标准,即以轻微瑕疵是否会导致公司各股东无法公平参与多数意思的形成以及获取对此所需的信息为判定标准。[2] 在司法实践中,轻微瑕疵涉及的召集程序瑕疵常表现为通知时间、通知内容、召集主体及召集对象瑕疵;表决方式瑕疵常表现为签字瑕疵。"轻微瑕疵"认定标准应衡平公平价值和效率价值的冲突,在实务判断中,不能出于对效率的追求,而轻易地将有损股东权益的瑕疵归属于"轻微瑕疵"范畴,只有未实质损害中小股东的权益瑕疵才属于"轻微瑕疵"。应当特别注意的是,"仅有轻微瑕疵"与"对决议未产生实质影响"两项要件属于叠加条件,应当同时具备。也就是说,程序上的瑕疵即便完全不影响决议的结果,但只要这项程序瑕疵属于对股东程序权利的重大损害,法院也不得驳回原告的诉讼请求,这一点亦是域外司法实践的通识。[3]

(三)公司瑕疵决议的撤回和治愈

1. 公司瑕疵决议的撤回

我国现行法律未对瑕疵决议的撤回作出规定,因为公司瑕疵决议存在无效、不成立和可撤销三种情形,而无效决议和决议不成立为自始就不发生效力,不存在撤回的问题,因而公司瑕疵决议的撤回只可能适用于可撤销决议的范围之内。一般认为,公司瑕疵决议的撤回应当符合以下条件:一是撤回的时间点应当在未以决议为基础发生任何法律关系之前;二是撤回决议的方式应该通过相同方式的决议对瑕疵决议进行撤回,即对于存在瑕疵的普通决议的撤回须通过普通决议予以撤回,对于存在瑕疵的特别决议的撤回须通过特别决议予以撤回。瑕疵决议被撤回后即丧失法律效力。如果公司已经基于该决议与股东、第三人发生法律关系,则公司就不能单方撤回该瑕疵决议,因为公司此时对决议的撤回已不能使法律关系恢复到原始状态,如果公司仍拥有自由确认撤销权是否存在的权利,依然会危及交易安全。[4]

2. 公司瑕疵决议治愈

司法实践中对于公司瑕疵决议治愈,常见如下情形:

(1)瑕疵决议的追认[5]

追认指股东会作出新的决议,承认此前的可撤销决议有效,以此除去此前决议的效力瑕疵。瑕疵决议的追认应具备的条件:一是原股东会决议具有可撤销事由,但尚未被撤销;二是

---

[1] 参见中国应用法学研究所:《股东会议召开程序轻微标准的界定》,载最高人民法院中国应用法学研究所编:《人民法院案例选》2020 年第 7 辑(总第 149 辑),人民法院出版社 2020 年版。
[2] 参见丁勇:《公司决议瑕疵诉讼制度若干问题反思及立法完善》,载黄红元、徐明主编:《证券法苑》第 11 卷,法律出版社 2014 年版。
[3] 参见张凝:《日本股东大会制度的立法、理论与实践》,法律出版社 2009 年版,第 50 页。
[4] 参见杨心忠等:《公司纠纷裁判精要与规则适用》,北京大学出版社 2014 年版,第 133 页。
[5] 参见张应杰主编:《公司股东纠纷类案裁判思维》,人民法院出版社 2023 年版,第 427 页。

追认由股东会作出;三是追认以决议的方式进行,即股东会作出一个新决议,承认原决议有效;四是新决议是有效决议,如果新决议是不成立、无效或被撤销的瑕疵决议,则不能补正原决议的效力。追认决议一旦作出后,原决议自始发生效力。一般理论认为,股东会不能对不成立、无效的决议进行追认,理由是不成立的决议欠缺成立要件,无法通过新决议补正,而无效决议的合法性受到法律强制否定评价,不属于公司自治的范畴。

司法实践中与瑕疵决议的追认相关的裁判观点及典型案例如下。

裁判观点一:未于会议召开15日前通知全体股东,但股东接到通知后协商变更了会议时间,并且参加了会议,会议通知时间上存在的瑕疵已得到治愈。

【典型案例】喻某、科普诺公司与刘某撤销股东会决议纠纷案。[①] 二审法院认为,科普诺公司章程对股东大会通知时间没有作例外约定。公司将通知期限规定为提前15日,是为了保障股东有足够的时间对股东会审议的事项进行相应准备,确保股东有效行使权利。违反提前15日通知的时限,是否影响股东会决议的效力,还需根据实质情况加以衡量和判断。倘若虽未提前15日通知,但通知时间得到股东认可,或者股东在会议召开前通过其他渠道已经知道通知会议事宜,并且没有对此提出异议,或者股东知道会议时间后,通过其他方式对会议时间予以变通,则通知时间上的瑕疵即得到救济。

裁判观点二:针对股东异议重新召开股东会对瑕疵决议进行纠正并作出新决议,属于公司自治行为。

【典型案例】虞某皆与鹏景公司等公司决议撤销案。[②] 二审法院认为,鹏景公司针对股东异议重新召开股东会对瑕疵决议进行纠正并作出新决议,属于公司自治行为。虽然此次股东会发生在虞某皆与鹏景公司诉讼过程中,但并未违反法律、行政法规禁止性规定,鹏景公司的章程中也未对诉讼过程中召开股东会的情形进行禁止。此次股东大会审议事项属于鹏景公司自治范围。虞某皆主张撤销该次股东大会决议的理由均不成立,法院不予支持。

裁判观点三:股东可对签字不真实的股东会决议进行追认。

【典型案例】葛某萍与翟某声、赛都广告公司等公司决议纠纷案。[③] 二审法院认为,虽然赛都广告公司2008年9月1日《第一届第三次股东会决议》及同日《章程修正案》中"葛某萍"签名经笔迹鉴定,意见为与样本签名不是同一人所写,但是根据笔迹鉴定意见,赛都广告公司2010年7月19日《第一届第四次股东会议决议》中"葛某萍"签名笔迹与样本签名是同一人所写。赛都广告公司原章程规定的经营期限已于2008年届满,但葛某萍仍于2010年7月19日签署《第一届第四次股东会议决议》,此时其应当知晓公司仍在经营,但其并未提出异议,仍签署该次股东会决议,同意变更公司住所地继续经营,且在长达9年的时间内一直未提出异议,其间还针对赛都广告公司提起多起与公司有关的诉讼。葛某萍的上述行为应视为对2008年9月1日《第一届第三次股东会决议》及同日《章程修正案》进行了追认。

---

① 参见北京市第一中级人民法院民事判决书,(2009)一中民终字第929号。
② 参见广西壮族自治区南宁市中级人民法院民事判决书,(2014)南市民二终字第155号。
③ 参见北京市第二中级人民法院民事判决书,(2021)京02民终3541号。

(2)伪造签名决议的效力瑕疵可能因为某些特殊原因而消失或补正

如超过法定期间提起撤销;会议记录、签到表、会议录像、其他参会人员证言等证据证明该股东在决议形成过程中进行了表决,且表决内容与股东会决议记载内容一致;该股东事后履行股东会决议内容等。

【典型案例一】李某会与张某达、苏某民等损害股东利益责任纠纷案。① 二审法院认为,李某会主张涉案万典商务公司股东会决议及公司章程上李某会的签名并非其本人签写,损害了其利益,应予以撤销。原审中,万典商务公司、苏某民等人对决议上李某会签名不真实的事实亦予以确认。可见,涉案股东决议实际上并未得到全体股东的一致同意,该股东会决议召集程序及表决均有瑕疵。但根据《公司法》(2013年)第22条②的规定,李某会可以在股东会决议作出之日的60日内请求撤销,即应在2015年9月28日起的60日内提出。但李某会于2016年1月22日方提起撤销涉案股东会决议及章程的诉请,超出了公司法限定的时间,故原审认为李某会丧失了实体法上的撤销权,驳回李某会的起诉并无不妥,二审法院予以维持。

【典型案例二】浙江天电通公司与陈某海、陈某彬等损害公司利益责任纠纷案。③ 最高人民法院认为,陈某海再审申请主张2012年7月29日没有召开会议,其作为股东及公司董事长陈某均对开会事项不知情,公司没有股东会会议记录,《股东会议决议》文件是虚假及伪造的等。因该会议涉及事项的相关情况已为生效的(2014)浙湖商初14号民事判决认定,且持该公司70%股权的股东均确认会议真实性,在陈某海未能提交证据足以推翻上述证据真实性的情况下,二审法院未采纳陈某海的观点并无不妥,其主张《股东会议决议》是伪造的观点不成立。陈某海再审主张其对开会事项不知情,但其在此前向公司其他股东发送邮件涉及了相关内容,其参与了涉及事项的往来汇款等,其陈述对会议涉及内容完全不知情的主张不合理。其关于公司没有股东会会议记录及董事长未主持参加会议等属于召集股东会的程序事项,依法可以在决议作出之日起60日内请求撤销决议。由于陈某海起诉时已经超过《公司法》规定的起诉期间,故二审法院以超过起诉期间为由未支持其关于撤销决议的主张,适用法律正确。

(四)可撤销案中司法介入与公司自治的界限

实务中,法院在审理公司决议撤销案件时,通常会衡量司法介入与公司自治的界限,且一般会秉持谦抑性原则。

<u>裁判观点:公司在法律规定及章程规定的范围内,对涉及公司治理等事项享有决策权,如无法定撤销情形应当予以尊重。</u>

【典型案例】海航创新公司与平湖九龙山公司及公司决议撤销纠纷案。④ 二审法院认为,公

---

① 参见广东省广州市中级人民法院民事裁定书,(2017)粤01民终522号。
② 参见新《公司法》第26条。
③ 参见最高人民法院民事裁定书,(2015)民申字第2724号。
④ 参见上海市第二中级人民法院民事判决书,(2016)沪02民终5408号。

司在法律规定及章程规定的范围内，对涉及公司治理等事项享有决策权，如无法定撤销情形应当予以尊重。本案争议的焦点为海航创新公司第6届第27次董事会关于修改公司章程的决议是否存在法定的可撤销理由。海航创新公司认为该次董事会决议修改公司章程系紧急情况，董事会有权就此进行决议。平湖九龙山度假公司则认为，修改公司章程并非情况紧急，召集程序违反公司章程，应予撤销。对此，需要明确两个方面的问题，一是应如何把握司法相关介入与公司自治的尺度，即在海航创新公司章程规定"情况紧急"时董事会有权召开临时会议的前提下，对于该"情况紧急"的判断应由法院予以界定，还是交由公司在商业判断的基础上自行认定。二是因紧急情况召开临时董事会应遵循何种召集方式与程序。

针对如何把握司法介入与公司自治尺度的问题，法院认为，该问题的关键在于，在海航创新公司章程规定"情况紧急"时董事会有权召开临时会议的前提下，对于该"情况紧急"的判断应由法院予以界定，还是交由公司在商业判断的基础上自行认定？首先，就法律适用而言《公司法》及其司法解释对于涉及公司内部治理时何为"情况紧急"并未进行相应规定。但是《公司法》在尊重公司意思自治的基础上，赋予作为市场主体的公司，可以通过制定章程等方式进行自治管理，此亦《公司法》尊重公司内部治理的体现。其次，海航创新公司章程规定了董事会可以在情况紧急情形下召开临时会议，但综观海航创新公司章程及董事会议事规则，并未就"情况紧急"进行任何定义或者列举。根据海航创新公司提供的2005年5月、9月以及2006年3月因紧急情况召开临时董事会的情况来看，海航创新公司在以往操作中，分别因修改公司名称、变更公司经营范围、修改公司章程、任命副总经理等事项召开过临时股东会。由此可见，对于海航创新公司而言，"情况紧急"并非一般生活意义上所理解的诸如生命安全、财产安全等紧急状况，而是海航创新公司基于自身市场经营以及商业管理状况进行的商业判断，属于公司自治的范畴，修改公司章程是否属于"情况紧急"应由海航创新公司作出判断为宜，对此，法院应当予以尊重。最后，庭审中，双方当事人已确认，第6届第27次董事会临时会议的起因系之前董事会对于公司重组等处置事项，因关联董事回避表决，导致对于该等事项存在争议。基于此，海航创新公司拟通过修改公司章程，增加独立董事席位的方式解决争议问题。法院认为，董事会在公司从事商业运营过程中具有举足轻重的地位，如无法对相关事项形成有效决议。将会导致董事会决议陷入僵局，在章程规定董事会有权提出章程修正案的情况下，董事会通过修改公司章程、增加董事席位等方式解决争议问题，并无不妥。因此，修改公司章程、增加独立董事等事项属于公司内部治理事项，法院仅宜在法律规定范围内就有无法定撤销情形进行审理，不宜对涉公司自治事项进行过度干预与介入。

四、公司决议无效的认定

（一）公司决议无效的认定基础

根据《公司法》第25条的规定，内容违反法律、行政法规的公司股东会、董事会的决议无效，即认定公司决议是否有效的标准就是决议内容是否违反了法律和行政法规的规定。这里需要注意是，按照一般的民商法理，只有那些违反了法律和行政法规禁止性规定的民事行为才可能被认定无效,但在这里,只要决议内容违反了法律和行政法规,即存在被认定为无效的风险。

实务中究竟如何确认公司决议内容违反法律和行政法规而无效,当前没有明确规定,但一般认为可以参照 2016 年 4 月公布的《公司法解释(四)(征求意见稿)》第 6 条的规定:"股东会或者股东大会、董事会决议存在下列情形之一的,应当认定无效:(一)股东滥用股东权利通过决议损害公司或者其他股东的利益;(二)决议过度分配利润、进行重大不当关联交易等导致公司债权人的利益受损;(三)决议内容违反法律行政法规强制性规定的其他情形。"

(二)可能引发公司决议无效的法律规定

在张应杰主编的《公司股东纠纷类案裁判思维》[1]中,总结了司法实践中常见的认定公司决议无效所援引的具体法律规定及情形:

1. 关于损害公司或股东利益的公司决议可能无效的法律规定

(1)关于滥用股东权利损害公司、其他股东利益的公司决议可能被认定无效的法律依据

《公司法》第 21 条第 1 款规定:"公司股东应当遵守法律、行政法规和公司章程,依法行使股东权利,不得滥用股东权利损害公司或者其他股东的利益。"实务操作中,在这里需要注意的是,相较于原《公司法》第 20 条第 1 款的规定内容,新《公司法》第 21 条中删除了原规定中的公司股东"不得滥用公司法人独立地位和股东有限责任损害公司债权人的利益"的内容,在第 23 条第 1 款中继续保留了原《公司法》第 20 条第 3 款"公司股东滥用公司法人独立地位和股东有限责任,逃避债务,严重损害公司债权人利益的,应当对公司债务承担连带责任。"的内容。据此我们是否可以得出,滥用公司法人独立地位和股东有限责任损害公司债权人的利益的股东大会决议并不能当然地认定为无效,因为该债权可以通过过错股东对公司债务承担连带责任的方式得到补救。

司法实践中与滥用股东权利损害公司、其他股东利益的股东会决议效力认定相关的裁判观点及典型案例如下:

裁判观点一:公司通过多数决所形成的提前小股东出资期限的股东会决议内容无效。

【**典型案例一**】潮旅公司与倪某言公司决议效力确认纠纷案。[2] 针对潮旅公司通过多数决所形成的提前小股东出资期限的股东会决议内容效力的问题,二审法院认为,首先,股东出资的内容涵括出资金额、出资方式、出资时间等,股东依据公司章程约定的出资时间享有相应的期限利益。其次,涉案变更股东出资期限的决议内容系仅针对小股东倪某言,依据查明事实,王某焕与王某瑞系一致行动人,在案证据无法证明其已实缴出资,即王某焕与王某瑞利用股东会多数决原则通过仅针对倪某言、剥夺倪某言一人出资期限利益的决议,构成股东滥用权利损害其他股东的利益,违反了公司法的强制性规定,应属无效。

【**典型案例二**】葛某炯与上海佳兆业公司决议效力确认纠纷案。[3] 针对上海佳兆业公司董

---

[1] 参见张应杰主编:《公司股东纠纷类案裁判思维》,人民法院出版社 2023 年版,第 407~409 页。
[2] 参见上海市第二中级人民法院民事判决书,(2021)沪 02 民终 8430 号。
[3] 参见上海市第一中级人民法院民事判决书,(2019)沪 01 民终 6865 号。

事召集临时股东会,在葛某炯、B公司未出席的情况下,控股股东Z公司及Y公司、彭某经2/3以上表决权通过系争股东会决议,修改公司章程,单独将葛某炯的出资时间提前的行为。二审法院认为,该股东会决议对公司章程的修改,并非全体股东的合意变更,而是对小股东葛某炯自益权的非善意处分,违背了葛某炯的真实意志,该决议事项实质上已超越了股东会的职权范围,损害了葛某炯作为小股东的合法利益,构成《公司法》(2018年)第20条①规定的公司股东滥用权利,应当认定为无效。

【典型案例三】胡某梅与晨浩公司决议效力确认案。②二审法院认为,涉案《2014年11月10日股东会决议》就新增的注册资本450万元,同意新股东以认缴增资方式入股,并同时确定了新增加的450万元注册资本由5个股东中的3人张某平、干某宁、周某与新股东认缴的份额,决议内容还确认公司原股东均无异议(未涉及的原股东放弃优先认购权),但一方面晨浩公司未提交证据证明全体股东存在关于不按照出资比例优先认缴出资的约定,另一方面胡某梅因未由晨浩公司通知参加股东会而无法行使优先认缴出资的权利的事实客观存在,胡某梅亦未表示过放弃该次增资的优先认缴权,直至本案二审期间,胡某梅仍表示要求行使该次增资的优先认缴权。股东优先认缴公司新增资本的权利属于形成权,股东按其出资比例认缴增资是法定的、固有的权利,晨浩公司2014年11月10日股东会因未履行法定的通知程序致使胡某梅未能参加股东会而剥夺了其对新增资本的优先认缴权。综上,《2014年11月10日股东会决议》的内容因违反公司法的强制性规定应认定无效,胡某梅关于确认晨浩公司2014年11月10日增加股东、实收资本变更和认缴注册资本变更的股东会决议无效的上诉请求于法有据法院予以支持。

裁判观点二:公司股东滥用控股地位,以多数表决方式通过修改出资期限决议,损害其他股东期限权益,其他股东请求确认该项决议无效的,法院应予支持。

【典型案例】姚某城与鸿大公司、章某等公司决议纠纷案。③二审法院认为,根据公司法相关规定,修改公司章程须经代表全体股东2/3以上表决权的股东通过。本案临时股东会决议第2项系通过修改公司章程将股东出资时间从2037年7月1日修改为2018年12月1日,其实质系将公司股东的出资期限提前。而修改股东出资期限,涉及公司各股东的出资期限利益,并非一般的修改公司章程事项,不能适用资本多数决规则。理由如下:

首先,我国实行公司资本认缴制,除法律另有规定外,《公司法》(2018年)第28条④规定,"股东应当按期足额缴纳公司章程中规定的各自所认缴的出资额",即法律赋予公司股东出资期限利益,允许公司各股东按照章程规定的出资期限缴纳出资。股东的出资期限利益,是公司资本认缴制的核心要义,系公司各股东的法定权利,如允许公司股东会以多数决定方式决议修改出资期限,则占资本多数的股东可随时随意修改出资期限,从而剥夺其他中小股

---

① 参见新《公司法》第21条。
② 参见广东省深圳市中级人民法院民事判决书,(2015)深中法商终字第2714号。
③ 参见上海市第二中级人民法院民事判决书,(2019)沪02民终8024号。
④ 参见新《公司法》第49条第1款。

东的合法权益。

其次,修改股东出资期限直接影响各股东的根本权利,其性质不同于公司增资、减资、解散等事项。后者决议事项一般与公司直接相关,但并不直接影响公司股东之固有权利。如增资过程中,不同意增资的股东,其已认缴或已实缴部分的权益并未改变,仅可能因增资而被稀释股份比例。而修改股东出资期限直接关系到公司各股东的切身利益。如允许适用资本多数制,不同意提前出资的股东将可能因未提前出资而被剥夺或限制股东权益,直接影响股东根本利益。因此,修改股东出资期限不能简单等同于公司增资、减资、解散等事项,亦不能简单地适用资本多数决规则。

最后,股东出资期限系公司设立或股东加入公司成为股东时,公司各股东之间形成的一致合意,股东按期出资虽系各股东对公司的义务,但本质上属于各股东之间的一致约定,而非公司经营管理事项。法律允许公司自治,但需以不侵犯他人合法权益为前提。公司经营过程中,如有法律规定的情形需要各股东提前出资或加速到期,系源于法律规定,而不能以资本多数决定方式,以多数股东意志变更各股东之间形成的一致意思表示。故此,本议案修改股东出资期限不应适用资本多数决规则。

裁判观点三:公司未举证证明其存在经营严重困难,若不加速出资公司经营已难以为继的情形,其通过的股东会决议中关于股东加速出资的内容系占股多数的股东滥用多数表决权的行为,应属无效。

【**典型案例**】科津公司与李某公司决议效力确认纠纷案。[①] 二审法院认为,关于科津公司于2019年5月28日股东大会中作出将李某除名的决议是否有效的问题,一审法院认为,科津公司作出将李某除名的股东会决议的依据为科津公司于2019年5月24日作出的股东会决议中规定"各股东应在2019年5月27日之前出资到位50%,如股东未按期出资的,股东会有权在无须经过未足额出资股东同意的情况下将其股东资格除名",故在确认科津公司2019年5月28日股东会决议是否有效前,应当对科津公司2019年5月24日股东会决议中关于股东加速出资的内容是否有效进行审查。对此,一审法院结合在案证据及当事人陈述,分析如下:

首先,股东的出资权及出资期限系股东的基本权利。在资本认缴制背景下,有限责任公司的股东对于认缴资本存在期限利益,该期限利益是股东进入公司所能预期的基本权利,非因公司解散、公司破产、公司无财产可供执行及其他公司急需资金的情况下,不应被公司通过股东会、股东大会、董事会决议的方式侵犯。

其次,《合作协议》作为设立科津公司的意向性协议,其效力不应高于公司章程。科津公司要求股东加速出资的理由为各股东在《合作协议》中约定第一期出资应在公司注册1个月内到位,科津公司于2019年4月9日成立,故各股东应于2019年5月8日前出资到位,但各股东签订《合作协议》的时间在科津公司设立之前,在科津公司设立时的公司章程中明确规定了股东出资时间为2024年3月29日,应当视为各股东在设立科津公司时对于出资期限的一

[①] 参见江苏省南京市中级人民法院民事判决书,(2020)苏01民终5188号。

致意思表示为 2024 年 3 月 29 日，故《合作协议》的约定不应作为科津公司加速股东出资的依据，其效力不应高于公司章程规定。

最后，科津公司主张股东出资加速到期缺乏依据。本案中，科津公司并未举证证明其存在经营严重困难，若不加速出资公司经营已难以为继的情形，其通过股东会决议加速股东出资到期的行为缺乏相应依据，侵犯了李某的出资期限权益。

综上所述，科津公司 2019 年 5 月 24 日股东会决议中关于股东加速出资的内容系占股多数的股东滥用多数表决权的行为，侵害了李某的基本股东利益，应属无效。因 2019 年 5 月 24 日股东会决议中关于股东加速出资的内容无效，且科津公司并未提供证据证明其已向李某履行催告出资义务，科津公司于 2019 年 5 月 28 日作出的将李某股东资格除名的股东会决议当然无效。如前所述，因科津公司作出的除名股东大会决议无效，一审法院对于李某是否具有协助办理除名登记的相关义务问题不再赘述。据此，科津公司的诉讼请求无事实和法律依据，一审法院不予支持。二审法院认为，一审判决认定事实清楚，适用法律及实体处理结果正确，予以维持。

裁判观点四：股东于公司预备解散清算阶段补足全部出资，公司按照股东补足前的实缴出资比例对股东剩余财产分配请求权进行限制具有合理性，股东大会作出的公司剩余财产分配决议合法有效。

【典型案例】戴某某诉捷仁公司决议效力确认纠纷案。[1] 针对戴某某提出的其在收到捷仁公司发给各股东要求补足认缴出资款的通知后及时予以了补足，故即便公司在几日后便予以清算，其仍应享受以全额认缴出资比例的分配标准来分配公司剩余财产的主张，二审法院认为，戴某某如在 2002 年 3 月认缴出资后的合理期限内便及时补足出资与其在公司已预备清算阶段的 2011 年 12 月再行补缴的性质差异及后果不言而喻。事实上，捷仁公司早在 2011 年 8 月 5 日的股东大会决议中已将"审议通过股东大会提交的关于捷仁公司提前解散、终止经营的初步规划"提上议事日程，且在戴某某补缴出资款后几日便作出了公司提前解散、成立清算小组的股东会决议。至于捷仁公司在公司预备清算阶段发函要求各出资不到位的股东补足认缴出资的做法亦体现了我国《公司法》（2005 年）第 28 条[2] 中关于股东应当按期缴纳公司章程中规定的各自所认缴的出资额，否则应当向已按期足额缴纳出资的股东承担违约责任这一规定的内容，并无不妥。戴某某作为捷仁公司的股东虽然已按要求补足了认缴出资，但因其补缴的出资款项并未实际应用于公司的运作以及为公司产生利润等，其仍无权获得以认缴出资比例分配公司剩余财产的权利。基于此，涉案 2012 年 8 月 17 日的捷仁公司股东会决议内容合法有效，戴某某主张判令其中部分内容无效的请求不应获得支持。

裁判观点五：差额减资决议非经全体股东一致通过，决议无效。

【典型案例】陈某和与联通公司决议效力确认纠纷案。[3] 二审法院认为，本案中，联通公司

---

[1] 参见上海市第二中级人民法院民事判决书，(2013) 沪二中民四（商）终字第 1009 号。
[2] 参见新《公司法》第 49 条。
[3] 参见江苏省无锡市中级人民法院民事判决书，(2017) 苏 02 民终 1313 号。

未通知陈某和参加股东会,而直接作出关于减资的股东会决议,从形式上看仅仅是召集程序存在瑕疵,但从决议的内容看,联通公司股东会作出的关于减资的决议已经违反法律,陈某和可以请求确认该股东会决议无效。理由如下:(1)公司法规定,股东大会会议作出减少注册资本的决议,必须经代表2/3以上表决权的股东通过。该规定中"减少注册资本"仅指公司减少注册资本,而并非涵括减资在股东之间的分配。由于减资存在同比减资和不同比减资两种情况,不同比减资会直接突破公司设立时的股权分配情况,如果只要经2/3以上表决权的股东通过就可以作出不同比减资的决议,实际上是以多数决的形式改变公司设立时经发起人一致决所形成的股权架构,故对于不同比减资,应由全体股东一致同意,除非全体股东另有约定。(2)联通公司对部分股东进行减资,而未对陈某和进行减资的情况下,不同比减资导致陈某和持有的联通公司股权从3%增加至9.375%,而从联通公司提供的资产负债表、损益表看,联通公司的经营显示为亏损状态,故陈某和持股比例的增加在实质上增加了陈某和作为股东所承担的风险,损害了陈某和的股东利益。(3)股东应当遵守法律、行政法规和公司章程,依法行使股东权利,不得滥用股东权利损害公司或者其他股东的利益。而联通公司召开的4次股东会均未通知陈某和参加,并且利用大股东的优势地位,以多数决的形式通过了不同比减资的决议,直接剥夺了陈某和作为小股东的知情权、参与重大决策权等程序权利,也在一定程度上损害了陈某和作为股东的实质利益。综上,联通公司的上诉请求不能成立,应予驳回;一审判决认定事实清楚,适用法律正确,应予维持。

对此,新《公司法》第224条第3款明确规定了股东间不同比减资,有限责任公司必须有全体股东的一致约定,股份有限公司则必须有章程规定。

裁判观点六:公司章程在赋予股东会对股东处以罚款职权时,应明确规定罚款的标准、幅度,股东会在没有明确标准、幅度的情况下处罚股东,属于法定依据不足,相应决议无效。

【典型案例】安盛公司与祝某股东会决议效力确认纠纷案。[①]法院认为,安盛公司的股东会依照《公司法》(2005年)第38条第1款第11项[②]之规定,享有对违反公司章程的股东处以罚款的职权。安盛公司章程第36条第2款所规定的"罚款"是一种纯惩罚性的制裁措施,虽与行政法等公法意义上的罚款不能完全等同,但在罚款的预见性及防止权力滥用上具有可比性。而根据我国《行政处罚法》的规定,对违法行为给予行政处罚的规定必须公布,未经公布的,不得作为行政处罚的依据,否则该行政处罚无效。本案中,安盛公司在修订公司章程时,虽规定了股东在出现第36条第1款的8种情形时,股东会有权对股东处以罚款,但却未在公司章程中明确记载罚款的标准及幅度,使祝某对违反公司章程行为的后果无法作出事先预料,况且,安盛公司实行"股东身份必须首先是员工身份"的原则,而《安盛员工手册》的"奖惩条例"第7条规定的5种处罚种类中,最高的罚款数额仅为2000元,而安盛公司股东大会对祝某处以5万元的罚款已明显超出了祝某的可预见范围。故安盛公司临时股东大会所作出对祝某罚款的决议明显属法定依据不足,应认定为无效。

---

① 参见南京安盛财务顾问有限公司诉祝某股东会决议罚款纠纷案,载《最高人民法院公报》2012年第10期。
② 参见新《公司法》第59条第1款第9项。

裁判观点七：股东大会在小股东已就股权转让争议提起诉讼且小股东均未参与的情况下召开，公司并无证据证实该增资扩股系股东的真实意思且小股东已就该增资扩股放弃优先权利，应认定决议无效。

【典型案例】鑫德亿公司与焦某莉等公司决议效力确认纠纷案。① 最高人民法院认为，案涉鑫德亿公司2013年11月5日的股东会决议及2013年11月22日的股东会补充决议主要涉及的是鑫德亿公司增资扩股事宜。本案二审判决已查明，李某等四人增资的7600万元在汇入鑫德亿公司的第二日即已从鑫德亿公司转回至汇入账户。而且，该两次股东会是在金某立、金某砖已就股权转让争议提起诉讼之后且金某立、金某砖均未参与的情况下召开。在鑫德亿公司并无证据证明该增资扩股系潘某及李某等四人真实意思且金某立、金某砖已就该增资扩股放弃优先权利的情形下，二审判决认定该两次股东大会决议无效，并无不当。

裁判观点八：公司大股东如果为了追求自己的利益，形成的股东会决议影响小股东的个人利益，为小股东增设义务或限制权利，应得到小股东的同意，否则应为无效。

【典型案例】周某生与裕昌公司、吕某涛、吕某玉、张某、刘某华、刘某、李某华、天恒置业公司及信诚传统公司决议效力确认纠纷案。② 法院认为，裕昌公司关于注册资本增加的6次股东大会决议，虽然具有股东会召开的外观存在，满足2/3股东多数决，形成股东会决议，具备股东会决议成立的构成要件，但资本多数决定利用应符合有利于公司发展的整体利益，具有正当的商业目的。《公司法》(2013年)第20条第1款③规定："公司股东应当遵守法律、行政法规和公司章程，依法行使股东权利，不得滥用股东权利损害公司或者其他股东的利益。"因此，公司大股东如果为了追求自己的利益，形成的股东会决议影响小股东的个人利益，为小股东增设义务或限制权利，应得到小股东的同意。因本案6次股东大会决议是在股东周某生未参加会议，由他人伪造周某生签字做出的，事后周某生亦不予认可，故该6次决议并非周某生真实意思表示，侵犯了周某生的姓名权，干涉了周某生依照自己的真实意思对公司事项进行表决的权利，进而侵害了周某生的增资优先认缴权，属于违反法律规定的侵权行为。根据《公司法》(2013年)第22条第1款④的规定，"公司股东会或者股东大会、董事会的决议内容违反法律、行政法规的无效"，因本案6次股东大会决议违反了法律强制性规定，故应认定为无效。

裁判观点九：对于通过类似于限定股东资格身份、现有股东如何退出等内容的决议时，必须经现有股东一致通过方可有效。

【典型案例】李某荣、史某智、温某娟、徐某与金牧公司决议效力确认纠纷案。⑤ 二审法院认为，合伙企业是完全的人合性，企业经营的所有决定必须经全体合伙人一致通过才有效。股份有限公司是完全的资合性，只要公司决议达到了公司章程规定的多数通过，决议就有效。而有限责任公司不同于两者之处就是既有资合性也有人合性，人合性为其本质属性，资合性为其

---

① 参见最高人民法院民事裁定书，(2021)最高法民申38号。
② 参见山东省高级人民法院民事判决书，(2014)鲁商初字第23号。
③ 参见新《公司法》第21条第1款。
④ 参见新《公司法》第25条。
⑤ 参见北京市第二中级人民法院民事判决书，(2018)京02民终1332号。

外在表现形式。在决定公司经营策略、收购、合并、分立、清算或者变更公司形式等具体经营上更多体现的是有限责任公司的资合性，只要按照公司章程规定，完成了召集通知、表决等公司法规定的程序，决议内容多数通过就生效。在这种情况下，异议股东可以通过行使股东知情权了解公司运营情况，或者依照《公司法》(2013年)第71条的规定①转让股份，从而来表达自己的意见，维护自己的权益，自由行使自己的股东权利。而在通过类似于限定股东资格身份、现有股东如何退出等内容的决议时，法院认为应该更多地体现有限责任公司的人合性，类似于合伙企业，必须经现有股东一致通过方可有效，不然就会出现有限责任公司控股股东恶意操纵股东大会，随意修改公司章程，强制驱逐不同意见的小股东的行为。但如果相关内容条款是在有限责任公司设立之初就已经在公司章程约定的，那么就可以认定此内容得到所有股东的一致同意，对所有的股东都有约束力。

通过前述案件我们可以得出，在涉及为其他股东增设义务、限制或剥夺其他股东权利的决议时，不能简单地利用多数决，还需要充分尊重因该决议致使股东权利受损害的股东意见。

裁判观点十：即使大股东滥用股东权利给小股东造成损失，也只能提起损害赔偿之诉，不能诉请确认股东大会决议内容无效。

【典型案例】国瑞公司与西部航空公司决议效力认定纠纷案。②关于国瑞公司认为股东会决议存在大股东滥用股东权利，损害小股东利益行为的效力问题，二审法院认为，首先，即使国瑞公司能够证明公司股东滥用股东权利给其造成损失，根据《公司法》(2013年)第20条第2款③的规定："公司股东滥用股东权利给公司或者其他股东造成损失的，应当依法承担赔偿责任"，国瑞公司也只能提起损害赔偿之诉，而不能依据该条规定确认股东会决议内容无效；其次，股东会决议施行多数决机制，即少数服从多数，此种机制是保证公司治理正常进行和保证公司利益最大化的前提，投反对票的少数股东必然认为决议不符合其利益需求，如果法院都将此类情形判定决议无效，一是将致公司无法正常经营，二是与公司多数决定治理机制不符，三是存在司法干预公司自主经营权的问题，因此，不能以损害小股东利益为理由确认股东会决议无效；股东会决议是否无效只涉及决议内容是否违法的问题，不涉及商业判断，法院应尊重股东作出的选择。因此，国瑞公司的该项上诉理由不成立。

裁判观点十一：控股股东利用优势地位通过关于向股东借款的议案，损害其他股东的权益，决议无效。

【典型案例】华尔德公司、郡华公司决议撤销纠纷案。④二审法院认为，议案一即《郡华公司关于要求公司股东按2019年9月23日共同签署的《联合办学协议》履行足额出资义务的议案》和议案二即《郡华公司关于郡华学校后期建设投资计划的议案》，虽然名为"出资义务"，要求股东按股权比例向公司投入资金，但根据议案内容，结合《联合办学协议》的相关垫

---

① 参见新《公司法》第84条。
② 参见重庆市第一中级人民法院民事判决书，(2015)渝一中法民终字第00865号。
③ 参见新《公司法》第21条第1款。
④ 参见湖南省岳阳市中级人民法院民事判决书，(2021)湘06民终2164号。

资约定,并非系公司法意义上的股东出资义务,更不具备增资性质,而属于股东为公司提供借款的性质。股东是否为公司提供借款,并不属于股东法定义务,而系属于股东与公司之间平等的民事合同法律关系,应取得股东的同意。郡华公司以股东会决议的形式审议通过上述议案一、议案二,超越股东会职权为股东设定法定义务以外的义务,且该出借义务性质为约定义务,华尔德公司作为义务承担人,对该议案一、议案二持反对意见,即议案一、议案二未取得华尔德公司的同意,在此情形下,郡华公司大股东利用股权多数的优势通过关于向股东借款的议案一、议案二,违背华尔德公司借款自愿的原则,损害其股东权益,故该部分决议内容应为无效,对华尔德公司不具有约束力。

裁判观点十二:章程规定不出席股东会会议的股东视为同意任何决议的,损害了股东的表决权,决议无效。

【**典型案例**】华尔德公司、郡华公司决议撤销纠纷案。① 二审法院认为,《民法总则》第 140 条② 规定:"行为人可以明示或者默示作出意思表示。沉默只有在有法律规定、当事人约定或者符合当事人之间的交易习惯时,才可以视为意思表示。"郡华公司通过的议案四中对公司章程作出修订,其中规定不出席股东会会议的股东应被视为其同意在公司股东会会议上通过的任何决议,即郡华公司对不出席股东会决议的股东采取默示同意的方式,而参加股东会行使表决权系股东的基本法定权利,非经股东的明示同意,无权予以剥夺。公司法并未规定默示原则在股东大会决议中的效力,华尔德公司对此不予认可,且该原则亦不符合公司法规定的相关议事规则及表决程序,有损股东合法权益,故华尔德公司称该议案"默示同意"的内容违法的上诉理由成立。

裁判观点十三:导致公司丧失法人财产权及法人独立地位的股东大会决议应认定为无效。

【**典型案例**】陈某诉泰康公司决议无效纠纷案。③ 法院认为,法人财产权应当包括公司对物的财产的所有权和对其他财产享有的财产权,对于物的财产,公司应当享有物权,并有权在强制性法律规范和公序良俗容忍的范围内,自由地占有、使用、处分公司财产,并从中受益,这种对公司财产的直接支配权只能由公司享有,可以排除包括股东、债权人和经营者在内的第三人的干涉妨碍和限制。公司的股东在其将财产出资给公司之后,不再对这些财产享有任何直接的支配权,即不再享有物权,而只作为股东享有股权。虽然股东可以通过行使股权达到从内部控制公司的目的,但是,股东行使股权时应当以符合法律规定为前提,不得滥用股东权利损害公司或者其他股东的利益,也不得滥用公司法人独立地位和股东有限责任损害公司债权人的利益。本案中,坤爱公司作为泰康公司持股 99% 的控股股东,通过召开股东会会议,在陈某明确表示反对的情况下,以其占绝对优势的表决权通过《2017 年决议》,该决议第 2 项规定泰康公司的所有文件、资料及印鉴交由坤爱公司统一管理,泰康公司的财务由坤爱公司统一进行调整、分配及管理,其收入亦由客户直接汇入坤爱公司账户,秦康公司的产品、服务及公关、

---

① 参见湖南省岳阳市中级人民法院民事判决书,(2021)湘 06 民终 2164 号。
② 参见《民法典》第 140 条。
③ 参见北京市朝阳区人民法院民事判决书,(2018)京 0105 民初 11232 号。

策划等亦由坤爱公司统一进行管理。因此导致的后果是坤爱公司实际控制并支配泰康公司的所有重要文件、印章和证照，并且混同了泰康公司与坤爱公司的财产，干涉泰康公司的日常经营，使泰康公司丧失法人财产权和独立的法人人格，同时损害了陈某和债权人的合法权益。由此可见，《2017年决议》第2项的内容违反了《公司法》(2013年)第3条第1款和第20条第1款[1]的规定，应属无效。泰康公司辩称该决议所列举的行为应当属于合法的托管，但法院认为，公司托管应当在不违反法律规定的前提下进行，被托管的公司亦应当有最基本的独立财务核算，而《2017年决议》第2项所规定的"托管"形式显然与此不符，故泰康公司的答辩意见缺乏事实依据，法院不予采信。

（2）关于侵害股东知情权被认定无效的法律依据

《公司法》第57条规定："股东有权查阅、复制公司章程、股东名册、股东会会议记录、董事会会议决议、监事会会议决议和财务会计报告。股东可以要求查阅公司会计账簿、会计凭证……"

（3）关于侵害股东分红权、公司增资优先认缴权被认定无效的法律规定

《公司法》第210条第4款规定："有限责任公司按照股东实缴的出资比例分配利润，全体股东约定不按照出资比例分配利润的除外；股份有限公司按照股东所持有的股份比例分配利润，公司章程另有规定的除外。"

司法实践中与公司增资优先认缴权相关决议效力认定的裁判观点及典型案例如下。

裁判观点一：违反"股东有权优先按照实缴的出资比例认缴出资"规定的公司决议无效。

【**典型案例**】夏某中与黔西交通公司、何某阳、潘某华公司决议效力确认纠纷案。[2]最高人民法院认为，股东大会作出的关于增加注册资本以及修改公司章程的股东会决议内容，没有经过当时仍持有公司93.33%股权的夏某中的同意，也没有证据证明夏某中就公司的该次增资已知悉并明确放弃了优先认缴权，故上述决议内容违反了《公司法》关于股东有权优先按照实缴的出资比例认缴出资的规定，侵犯了夏某中认缴增资的合法权益，应认定无效。

裁判观点二：侵害股东优先购买权的公司决议有效。

【**典型案例**】徐某诉北京某水泥有限公司公司决议效力确认纠纷案。[3]二审法院认为，侵害股东优先认缴权的公司增资决议的效力认定，应当从股东优先认缴权和公司决议的性质两个层面进行法律评价，决议内容未违反法律、行政法规的强制性规定，且公司增资具有正当目的，决议已经履行、恢复原状成本较高的，对股东确认增资决议无效的诉讼请求，应当不予支持。

对于前述两个案例，由于第一个案例并未明确《公司法》关于股东享有公司增资优先认缴权的规定是否为强制性规定，故不能因此得出两份判决相矛盾的结论，考虑到两案原告所持股份比例、决议履行等具体情况的不同，结论不同更有可能是利益衡量的结果。

---

[1] 分别参见新《公司法》第3条、第21条。
[2] 参见最高人民法院民事裁定书，(2016)最高法民申334号。
[3] 参见北京市第二中级人民法院民事判决书，(2019)京02民终3289号。

2. 关于所选监事违反任职资格被认定无效的法律规定

根据新《公司法》第 76 条第 2 款的规定,监事会成员应当包括股东代表和适当比例的公司职工代表,其中职工代表由公司职工通过职工代表大会、职工大会或者其他形式民主选举产生,且职工代表的人数不得低于监事会成员人数的 1/3。

裁判观点:公司股东大会作出任命职工代表监事的决议,如果该被任命监事并非本公司职工,或该被任命监事的产生程序、代表比例违反《公司法》的规定,该部分决议内容应属无效。

【**典型案例**】江阳公司、魏某礼与保翔公司、长翔公司决议效力确认纠纷案。[①] 二审法院认为,与公司签订劳动合同或者存在事实劳动关系是成为职工代表监事的必要条件,魏某礼并不具备担任长翔公司职工代表监事的资格,理由如下:第一,职工代表大会是协调劳动关系的重要制度,职工代表须与公司存在劳动关系。我国《公司法》未明确担任职工代表的条件,宜通过相关行政规章的规定对职工代表资格进行解释。《企业民主管理规定》第 23 条规定:"与企业签订劳动合同建立劳动关系以及与企业存在事实劳动关系的职工,有选举和被选举为职工代表大会代表的权利。依法终止或者解除劳动关系的职工代表,其代表资格自行终止。"本案中魏某礼于系争股东会决议作出时已不再担任长翔公司执行董事,且未在长翔公司领取薪水,即与长翔公司不存在劳动关系,故魏某礼不具备作为职工代表的资格。第二,职工代表监事应通过职工代表大会、职工大会等形式,从职工代表中民主选举产生。《公司法》(2013 年)第 51 条第 2 款[②]规定了监事会应包括公司职工代表,说明职工代表资格是成为职工代表监事的前提,本案中魏某礼并非职工代表,因此不具备担任长翔公司职工代表监事的资格。另《公司法》(2013 年)第 51 条第 2 款亦规定职工代表的比例不得低于 1/3,该比例系《公司法》上效力性强制性规定,本案中魏某礼不具备职工代表资格,另外两名监事系股东代表,职工代表比例为零,违反前款规定,故一审法院认定系争股东会决议中任命魏某礼为长翔公司职工代表监事的条款无效,并无不当,予以支持。

3. 关于侵害股东对股权基本处分权被认定无效的法律规定

根据《公司法》第 84 条第 1 款的规定,有限责任公司的股东之间可以相互转让其全部或者部分股权。不得剥夺股东对股权的基本处分权。

裁判观点:公司章程限制股东对外转让股权的同时,未规定任何救济途径、严重损害了股东对其股份对应财产权的基本处分权,该限制条款无效。

【**典型案例**】赵某、仟龙公司决议效力确认纠纷案。[③] 二审法院认为,《公司法》(2013 年)第 71 条[④] 第 4 款虽然规定有限责任公司章程对股权转让另有规定的从其规定,但章程规定不能违反法律规定,损害股东的合法权利。股权就其性质而言具备股东财产权性质,因此股权对应的财产权利依法应当保护。《公司法》虽然基于有限责任公司人合性的因素赋予了公司章程对股

---

① 参见上海市第二中级人民法院民事判决书,(2017)沪 02 民终 891 号。
② 参见新《公司法》第 76 条第 2 款。
③ 参见云南省昆明市中级人民法院民事判决书,(2017)云 01 民终 2233 号。
④ 参见《公司法》第 84 条。

权转让可以作出特殊规定,但章程规定违反法律规定侵害到股东合法权益的应当无效。仟龙公司 2011 年 10 月 28 日股东会对公司章程第 21 条修订内容仅规定了,除非公司 100% 股东同意,否则禁止公司股东对外转让股权。对于无法达到 100% 股东同意的条件下,禁止股东对外转让股权的同时,并未规定任何救济途径,严重损害了股东对其股份对应财产权的基本处分权;况且在形成该项内容时,本案上诉人赵某并未参加股东会表决,事后也未进行追认。因此,该条款因违反法律规定,损害股东合法权利而无效。

4. 关于违法解除股东资格/失权被认定无效的法律规定

根据《公司法》第 52 条第 1 款的规定,股东未按照公司章程规定的出资日期缴纳出资,由公司依照前条第 1 款规定发出书面催缴书催缴出资的,可以载明缴纳出资的宽限期;宽限期自公司发出催缴书之日起,不得少于 60 日。宽限期届满,股东仍未履行出资义务的,公司经董事会决议可以向该股东发出授权通知,通知应当以书面形式发出。自通知发出之日起,该股东丧失其未缴纳出资的股权。

裁判观点:非法剥夺股东资格的决议应当认定为无效。

【**典型案例**】李某等与金辇公司决议效力确认纠纷案。[1] 二审法院认为,《公司法》(2018 年)第 4 条[2] 规定:"公司股东依法享有资产收益、参与重大决策和选择管理者等权利。"胡某华、李某作为金辇公司登记的股东,已经履行完毕出资义务,依法享有资产收益。涉案股东会决议剥夺了胡某华、李某依法享有的股东资格,构成决议内容违反法律规定的情形。《公司法》(2018 年)第 22 条第 1 款[3] 规定:"公司股东会或者股东大会、董事会的决议内容违反法律、行政法规的无效。"根据上述法律规定,涉案股东会决议应认定无效。

5. 关于违反禁售期规定转让股权被认定无效的法律规定

违反《公司法》第 160 条的规定转让股权,可能被认定为无效。

6. 关于违法分配公司利润被认定无效的法律规定

《公司法》涉及违法分配公司利润的规定主要有第 210 条、第 211 条。

司法实践中关于违法分配公司利润之公司决议效力认定的裁判观点及典型案例如下。

裁判观点一:变相分配公司利益的决议无效。

【**典型案例**】谢某、刘某祥与兴达公司决议效力确认纠纷案。[4] 二审法院认为,本案的焦点问题系利润分配决议的效力问题。首先,关于决议内容所涉款项的来源,兴达公司认为分发的款项源于兴达公司账面余额,但无法明确系利润还是资产。《公司法》(2013 年)第 167 条[5] 规定,公司分配当年税后利润时,应当提取利润的 10% 列入公司法定公积金;公司的法定公积金不足以弥补以前年度亏损的,在依照前款规定提取法定公积金之前,应当先用当年利润弥补亏损。由此可见,我国公司法采取的是法定公积金分配准则,即公司在未补亏以及未留存相应比

---

[1] 参见北京市第二中级人民法院民事判决书,(2020)京 02 民终 9428 号。
[2] 参见新《公司法》第 4 条第 2 款。
[3] 参见新《公司法》第 25 条。
[4] 参见安徽省合肥市中级人民法院民事判决书,(2014)合民二终字第 00036 号。
[5] 参见新《公司法》第 210 条。

例公积金的情形下，所获利润不得用于分配。兴达公司有责任提供证据证明兴达公司是否按照法律规定弥补亏损并提取了法定公积金，但兴达公司未提交证据证明。其次，关于款项的性质，兴达公司辩称分发款项系福利性质。根据通常理解，"福利"指员工的间接报酬，一般包括健康保险、带薪假期、过节礼物或退休金等形式。从发放对象看，"福利"的发放对象为员工，而本案中，决议内容明确载明发放对象系每位股东；从发放内容看，决议内容为公司向每位股东发放40万元，发放款项数额巨大，不符合常理。因此，兴达公司关于发放款项为福利的辩称没有事实和法律依据，法院不予采信。若兴达公司向每位股东分配公司弥补亏损和提取公积金后所余税后利润，则应当遵守《公司法》(2013年)第35条①的规定分配，即股东按照实缴的出资比例分取红利，但是，全体股东约定不按照出资比例分取红利或者不按照出资比例优先认缴出资的除外。本议案中，在全体股东未达成约定的情况下，不按照出资比例分配而是对每位股东平均分配的决议内容违反了上述规定。最后，本案所涉股东会决议无论是以向股东支付股息或红利的形式，还是以股息或红利形式之外的、以减少公司资产或加大公司负债的形式分发款项，均是为股东谋取利益，变相分配公司利益的行为，该行为贬损了公司的资产，使公司资产不正当地流失，损害了部分股东的利益，更有可能影响债权人的利益。综上，二审法院认为，本案所涉股东会决议是公司股东滥用股东权利形成，决议内容损害公司、公司其他股东等人的利益，违反了《公司法》的强制性规定，应为无效。

裁判观点二：在税费未缴清、法定公积金未提取情况下，对公司利润进行分配的决议，因损害公司债权人利益，应认定无效。

【**典型案例**】陈某鸣诉长旭商贸公司股东大会决议效力确认纠纷案。②法院认为，本案被告股东大会在未缴清税费、未提取法定公积金的前提下，决议对公司股东"补发价值7500元的电脑一台"。虽然被告公司股东和职工身份混同，但该决议的内容明确是针对"股东"作出的，并非针对职工，因此实质为股东分配利润。该决议损害了公司债权人的利益，违反了法律规定，应属无效，原告的诉讼请求应予支持。

7. 其他法律规定

《民法典》第153条规定："违反法律、行政法规的强制性规定的民事法律行为无效。但是，该强制性规定不导致该民事法律行为无效的除外。违背公序良俗的民事法律行为无效。"

司法实践中其他有关决议效力认定的裁判观点及典型案例如下。

裁判观点一：先进行项目建设、后完善相关手续的决议应认定为无效。

【**典型案例**】中兴公司与中建公司、林某五、陈某彬、陈某斌公司决议效力确认纠纷案。③二审法院认为，经审查，中建公司股东会于2018年3月20日通过的股东会决议第2项决定："中建项目中的集体用地地块先建设4~5层商铺，以后再尽量争取完善相关手续"，该项决议内容实际上是决定先进行项目建设，再完善手续。根据《建筑法》第7条第1款"建筑工程开

---

① 参见新《公司法》第53条。
② 参见重庆市南岸区人民法院民事判决书，(2008)南法民初字第290号。
③ 参见广东省潮州市中级人民法院民事判决书，(2019)粤51民终522号。

工前,建设单位应当按照国家有关规定向工程所在地县级以上人民政府建设行政主管部门申请领取施工许可证;但是,国务院建设行政主管部门确定的限额以下的小型工程除外"的规定,中建公司的案涉建设项目属于应当申请领取施工许可证的情形而中建公司在未领取施工许可证的情况下,决定先进行建设,且中建公司在本案二审审理期间也明确尚未领取施工许可证,故中建公司的前述决议违反了法律的强制性规定。在中建公司未领取施工许可证的情况下,中建公司于2018年3月20日作出的股东会决议第3项同意修改中建项目设计方案。2018年5月8日作出的股东会决议同意中建项目修改后的设计方案、基建建设方案、工程招标实施方案。上述决议内容均违反了《建筑法》第7条第1款的强制性规定。根据《公司法》(2018年)第22条第1款①"公司股东会或者股东大会、董事会的决议内容违反法律、行政法规的无效"的规定,应确认中建公司于2018年3月20日作出的股东会决议第2项、第3项及2018年5月8日作出的股东会决议无效。

裁判观点二: 任命无行为能力人、限制行为能力人担任公司法定代表人的决议无效。

【**典型案例**】王某七、鑫达公司等公司决议纠纷案。② 二审法院认为,根据国务院批准的由原国家工商行政管理局发布的《企业法人法定代表人登记管理规定》第4条第1项③的规定,无民事行为能力或者限制民事行为能力的,不得担任法定代表人,企业登记机关不予核准登记。2021年4月14日国务院第131次常务会议通过的《市场主体登记管理条例》第12条也规定:有下列情形之一的,不得担任公司、非公司企业法人的法定代表人(1)无民事行为能力或者限制民事行为能力……王某七为限制民事行为能力人依法不得担任鑫达公司法定代表人。鑫达公司于2015年5月20日形成的选举王某七为公司执行董事、法定代表人的决议事项因违反法律、法规和强制性规定而无效。

裁判观点三: 任命所负数额较大的债务到期未清偿的董事、监事或者聘任高级管理人员的决议应认定为无效。

【**典型案例**】刘某、金汇公司决议效力确认纠纷案。④ 二审法院认为,根据《公司法》(2018年)第22条第1款⑤的规定:"公司股东会或者股东大会、董事会的决议内容违反法律、行政法规的无效。"该法又规定了公司违反规定选举、委派个人所负数额较大的债务到期未清偿的董事、监事或者聘任高级管理人员的,该选举、委派或者聘任无效。从本案已查明的事实来看,李某3、李某1负有较大数额的债务,且到期未清偿,故依法不能担任公司的董事、监事或者高级管理人员。上诉人刘某要求确认案涉股东会决议作出的由李某1为公司执行董事、法定代表人,公司监事不作变动的决议无效的上诉请求成立,法院予以支持。

需要注意的是,并非违反上述法律规定的公司决议一概无效。法院在处理此类案件中,一般会去识别决议限制和剥夺的权利类型,还会关注该种限制和剥夺是否属于"滥用"资本多数

---

① 参见新《公司法》第25条。
② 参见安徽省马鞍山市中级人民法院民事判决书,(2021)皖05民终2486号。
③ 参见《市场主体登记管理条例》第12条第12页。
④ 参见山西省晋城市中级人民法院民事判决书,(2021)晋05民终1027号。
⑤ 参见新《公司法》第25条。

决原则的情形,然后再综合判定决议的效力。

对于公司决议效力认定,目前学界和司法界都没有统一的操作模式,一般会参照行政法上的比例原则对个案所涉及的各方利益进行衡量,只有当决议本身有失公允,确认决议无效可以保护更高利益,且此种更高利益无法通过对决议课以否定评价之外的其他方式予以保护,或者虽有其他保护方式但成本过高的情况下,才考虑确认公司决议无效。对此,司法实践中有如下观点。

裁判观点一: 公司依法对债务人、损害公司利益的高级管理人员提起诉讼后,与涉诉案件有利害关系的股东提议召开股东会并利用控制人地位,在无正当理由撤诉的情况下通过撤诉决议,并要求代表公司起诉的法定代表人承担赔偿责任的,该决议因损害公司合法利益而无效。

【典型案例】 张某与外贸新创公司决议撤销纠纷案。[①] 法院认为,依据《公司法》(2013年)第22条第1款[②]的规定,股东会或者股东大会、董事会的决议内容违反法律、行政法规无效。本议案中,外贸新创公司2016年4月5日的股东大会决议,该决议内容有3项。第1项和第2项决议内容为要求外贸新创公司撤销对德信合丰公司、马某等诉讼;授权公司董事会和监事会具体负责撤诉事宜。法院认为,首先,外贸新创公司基于解决纠纷的需要,已就不同的纠纷分别起诉德信合丰公司和马某,德信合丰公司、马某是否损害外贸新创公司利益,是否应对外贸新创公司承担法律责任,应当由法院审理确定。在不能及时、有效解决纠纷的情形下,公司股东会决议撤回对股东马某和马某独资控股的德信合丰公司的诉讼,损害外贸新创公司的诉讼利益。其次,外贸新创公司诉德信合丰公司借款合同纠纷案诉讼中,外贸新创公司已经提起财产保全,法院已经对德信合丰公司采取保全措施。现马某一方股东以召开股东会并形成股东会决议的方式,由外贸新创公司撤回诉讼。外贸新创公司撤诉将导致解除对德信合丰公司的财产的保全。故该决议存在损害公司、股东、公司债权人的权利的可能性,并使外贸新创公司面临因为提起保全而致被诉讼之风险,也直接侵害了外贸新创公司作为民事主体的利益。最后,表决同意通过该次股东会的股东为马某一方股东,决议内容涉及马某及马某独资控股的德信合丰公司,在外贸新创公司与马某和德信合丰公司存在纠纷的情形,马某一方股东未说明和证明其作出的决议具有正当、合理的理由,且如果股东会决议的实施,将阻止了外贸新创公司通过合法方式维护公司利益。综上,马某一方股东作出的与马某本人及其独资控股的德信合丰公司相关的股东大会决议,可能会损害外贸新创公司的利益。根据《公司法》(2013年)第21条第1款[③]的规定,公司的控股股东、实际控制人、董事、监事、高级管理人员不得利用关联关系损害公司利益,马某一方股东作出的决议应属无效。对于决议的第3项内容,外贸新创公司提起对德信合丰公司、马某的诉讼系公司行为,即使该行为由公司法定代表人王某玉主导,亦代表公司意志。在未征得王某玉的同意或有其他合法依据的情形,股东会决议要求王某玉个人承担损失,于法无据,应属无效。

[①] 参见北京市朝阳区人民法院民事判决书,(2016)京0105民初22774号。
[②] 参见新《公司法》第25条。
[③] 参见新《公司法》第22条第1款。

裁判观点二：股东大会决议将绝大部分流动资金以免息借款的形式出借给股东,该决议属于滥用股东权利损害公司利益的情形,应认定无效。

【**典型案例**】北大双极公司与杨某昌股东会或者股东大会、董事会决议效力确认纠纷案。①二审法院认为,本案中,根据北大双极公司 2005 年 6 月 20 日《临时股东大会决议》,北大双极公司将其当时绝大部分流动资金以免息借款的形式出借给现金出资股东,现金出资股东根据其出资比例确定借款数额,现金出资股东将该 2100 万元借走后,北大双极公司基本没有其他流动资金,其实行最小化经营。北大双极公司的全体股东出席了该次股东大会,所有现金出资股东同意该决议,杨某昌则"持保留意见",由此可见,北大双极公司的现金出资股东在作出 2005 年 6 月 20 日《临时股东大会决议》时显然属于滥用股东权利,损害了北大双极公司及杨某昌的利益,该决议亦因其内容违反法律规定而无效。

(三)可能影响公司决议生效的其他情形

1. 个别股东行使表决权意思表示被撤销情形对股东(大)会决议效力认定的影响

股东(大)会决议是在股东行使表决权意思表示的基础上,按照议事规则和表决程序,以多数表决原则确定的团体意思决定。②一般认为,个别股东意思表示瑕疵并不必然影响股东大会决议的效力,除非该瑕疵动摇了多数决基础,致使决议行为效力存疑。换言之,在决议中,个别股东意思表示瑕疵只能借助"多数决规则"这一转介机制才能阻却决议之效力。③

个别股东行使表决权的意思表示被撤销时,对该部分瑕疵表决应予扣除。如其所持表决权数对多数决造成了影响,则该决议不成立;如其所持表决权数在被扣除后,表决权数仍能达到决议所需的必要多数,则该决议为有效决议。④例如,股东会通过一项决议的表决数为出席会议股东所持表决数的 1/2,决议当时经 3/4 支持表决权通过,会后持有出席会议 1/5 表决数的股东以受欺诈为由主张撤销表决,扣除该部分表决数后,计算出支持表决数为出席会议表决数的 11/20,达到决议所需的 1/2,故该股东会决议为有效决议。⑤

在这里需要特别注意的是,有时股东意思表示瑕疵会与程序瑕疵、内容瑕疵等多种瑕疵相牵连、并存。此时应先依据各瑕疵的严重程度,对瑕疵事项进行排序分类,严重瑕疵的违法性将吸收轻微瑕疵的违法性,对决议效力的认定应以严重瑕疵为准;再综合考量效果同质性及司法效率,根据导致相同法律后果的瑕疵事项,从中选择更便捷方式认定决议效力,而无须再适用意思表示瑕疵规则扣减表决权数进行判断。⑥

2. 表决行为是否为股东真实意思表示对公司决议效力的影响

司法实务中,公司决议纠纷的审理应遵循公司决议行为双层构造原理,所以一般不适用民

---

① 参见北京市第二中级人民法院民事判决书,(2014)二中民(商)终字第 11391 号。
② 参见袁碧华:《伪造股东签名之公司决议行为效力的区分认定》,载《国家检察官学院学报》2022 年第 2 期。
③ 参见吴飞飞:《伪造股东签名决议效力之判别——兼论意思表示瑕规则与公司决议瑕疵规则的适用对接》,载《南大法学》2020 年第 3 期。
④ 参见杨心忠等:《公司纠纷裁判精要与规则适用》,北京大学出版社 2014 年版,第 132 页。
⑤ 参见赵心泽:《股东会决议效力的判断标准与判断原则》,载《政法论坛》2016 年第 1 期。
⑥ 参见吴飞飞:《伪造股东签名决议效力之判别——兼论意思表示瑕规则与公司决议瑕疵规则的适用对接》,载《南大法学》2020 年第 3 期。

法一般规则对表决权人意思作单独评价,除非表决权人个体意思表示瑕疵导致决议存在召集程序、表决方式等严重违法情形,致使决议行为合法性存疑。在公司决议瑕疵诉讼中,股东意思表示是否真实的争议一般存在于伪造签名决议和代签名决议两种情形之中。

3. 伪造签名对决议效力的影响

《公司法解释(四)(征求意见稿)》曾将决议上的部分签名系伪造规定为决议不成立的情形,但正式发布时删除了此规定。对于伪造签名决议的法律效力,司法实践理解不一,主要有无效说、可撤销说、不成立说三种观点。事实上,从公司决议的特性可知,股东、董事个人意志不等同于公司意志,股东、董事个人意志上升为公司意志需满足诸多条件和程序,因此在伪造的签名决议中,被伪造签名的表决权和个人意思表示瑕疵,不必然导致公司决议瑕疵。对于伪造签名决议的效力应区分不同情形进行讨论:

若股东大会实际召开并且形成决议,且构成该决议的多数意见并非伪造,被伪造的股东意思对决议的结果不产生影响,则该决议行为应是成立的。但若参会股东对伪造签名一事明知且放任甚至希望,存在侵权的共同意思,伪造签名行为和其他股东的表决行为相互联系,参会股东的行为构成共同侵权,则股东会决议应属无效。[①] 理由在于,即使剔除被伪造签名的股东表决权数,决议仍然满足最低通过规定比例,此时伪造签名的行为对于公司以及被伪造签名的成员均未产生实际加害后果,如果仅因伪造签名的行为而否定决议效力则过度夸大了单个股东意思表示对公司决议的影响,否定公司决议行为双层构造原理,将公司决议行为等同于民事法律行为。

司法实践中关于伪造签名的决议效力认定的裁判观点及典型案例如下。

裁判观点一:存在伪造情形的决议应认定为无效。

【典型案例一】 神州公司与刘某等公司决议效力确认纠纷案。[②] 二审法院认为,依据《民法通则》第55条和第58条第5项[③] 的规定,结合本案事实,即神州公司第七届第一次股东大会决议上刘某、卢某亭的签名均不是本人所签,根据当事人的陈述,该股东会决议以及卢某亭将股权转让给卢某的出资转让协议书形成于卢某亭死亡之后,故该股东会决议所表决的事项即卢某亭愿意将股权转让给卢某并不是事实。该股东会决议既不是刘某的真实意思表示,也不是卢某亭的真实意思表示,应属无效。

【典型案例二】 蔡某与四川省江源新村贸易有限公司等决议效力确认纠纷案。[④] 再审法院认为,2007年11月23日的《股东会决议》以及《股权转让协议书》上"蔡某"的签字不是蔡某本人所写,即上述决议不是蔡某的真实意思表示。会后,蔡某对此表决亦未予以追认。依据《民法通则》第55条[⑤] 的相关规定,合法有效的民事法律行为必须具备的条件之一是意思表示

---

① 参见《公司决议纠纷7问7答》,载微信公众号"最高人民法院司法案例研究院"2022年4月22日,https://mp.weixin.qq.com/s/zZbWcRT-mZrliyVuFe8FtRQ。
② 参见北京市第三中级人民法院民事判决书,(2014)三中民终字第2996号。
③ 分别参见《民法典》第143条、第148条、第150条。
④ 参见四川省高级人民法院民事判决书,(2014)川民提字第304号。
⑤ 参见《民法典》第143条。

真实。四川省江源新村贸易有限公司2007年11月23日作出的《股东大会决议》违反了上述法律规定，应确认为无效。

裁判观点二：剔除被伪造签名的股东表决权数，决议仍然满足最低通过规定比例，决议有效。

【典型案例一】 刘某华与德某特电力公司公司决议纠纷案。① 二审法院认为，2018年6月20日《A公司股东会决议》载明德某特电力公司成立清算组，上述协议内容属公司内部的自治行为，刘某华上诉主张协议中"刘某华"签名并非其本人所签，并据此主张该份协议存在恶意串通、损害他人合法权益的情形。对此，虽然该份决议上"刘某华"的签名并非其本人签署，但该份决议的内容不存在违法之处，且刘某华在德某特电力公司持股9.6%，德某特电力公司其他股东均同意决议事项，故决议事项的表决通过比例亦不违反《公司法》的规定，刘某华签字的形式问题亦不构成恶意串通、损害他人合法权益的情形，故案涉决议中"刘某华"签字并非本人所签不足以否认该份股东会决议的效力，法院对刘某华的该项上诉主张不予采信。

【典型案例二】 朱某诉远融公司决议效力确认纠纷案。② 二审法院认为，朱某主张远融公司提交工商部门备案的该次股东会决议上"朱某"的签名非其本人所签，故该次股东会决议无效。但该次股东大会作出的决议符合远融公司章程约定的表决权数，该次股东会决议在股东表决后即已产生相应的法律效力。朱某是否在股东会决议上签名，不影响该股东会决议的法律效力。他人在提交备案的股东会决议上代签朱某姓名，不视为朱某的意思表示，同时不影响其他股东的意思表示和表决结果，即不会导致该次股东会决议归于无效。

【典型案例三】 兰亭风公司等诉文交所公司决议效力确认纠纷案。③ 二审法院认为，文交所公司章程规定，董事会决议须半数以上董事通过。2013年8月10日文交所公司通过的股东会决议中，决定免去韩某岩董事长职务，选举高某娟为副董事长，故文交所公司董事据此变更为周某、梁某强、郭某庆、杨某亭、高某娟。同日的董事会决议中，虽然郭某庆、梁某强的签字并非其本人书写，但其他3名董事签字表决同意，同意股东数已超过半数，故该董事会决议已经通过。另涉董事会决议系对股东会决议中部分内容的确认，即董事长及副董事长职务的任免，该内容亦不违反法律、行政法规的规定，应为有效。

五、表决行为是否为股东真实意思表示的认定

（一）伪造签名决议效力的认定

关于伪造签名决议效力的认定，前面已阐述，在此不再赘述。

（二）代签名决议效力的认定

首先应明确代签行为本身的效力。如果代签是表决权人事先授权、明知代签而默认或事后追认，则该代签名为表决权人的真实意思表示，表决权人事后以代签为由提出异议，法院不

---

① 参见北京市第三中级人民法院民事判决书，(2019)京03民终11528号。
② 参见上海市第一中级人民法院民事判决书，(2016)沪01民终12149号。
③ 参见江苏省南京市中级人民法院民事判决书，(2016)苏01民终7142号。

应予以支持。如果代签是表决权人不知情的情况下作出,表决权人事后不予追认,则与前述伪造签名决议一样,根据不同情形对其效力作出相应的评价。

(三)股东失权决议

新《公司法》第 51 条第 1 款、第 52 条规定,有效的失权决议应满足以下条件:一是作出主体,不限于有限责任公司。二是失权对象限于未按照公司章程规定的出资日期缴纳出资的股东。三是前置程序,经公司书面催告并给予宽限期,在宽限期(最短不得低于 60 天)内仍未履行出资义务。四是决议由董事会作出。在这里值得注意的是,新《公司法》第 52 条的规定相较于《公司法解释(三)》第 17 条第 1 款的规定,存在的不同点:一是除名对象不同,原规定为"未履行出资义务及抽逃全部出资"的股东,新《公司法》规定为"未按期足额缴纳公司章程规定的出资的"股东,不包括抽逃出资的股东;二是决议作出的主体不同,原规定为由股东会作出股东会决议,新《公司法》规定为由董事会作出董事会决议;三是对催告后股东的补缴期限的规定不同,原规定为合理期限,新《公司法》规定为最短不低于 60 天的宽限期。

如前所述,该条款中规定的失权对象限于未按期足额缴纳公司章程规定的出资,经催告后在宽限期内仍未缴纳的股东。那么,对抽逃出资的股东还能不能作出失权决定,如果要作出失权决定,该决议主体应当是股东会还是董事会,新《公司法》均未明确,有待进一步明确。

【典型案例】尹某庆、王某等与日某泰公司股东资格确认纠纷案。[①] 最高人民法院认为,尹某庆抽逃增资款事实存在,在公司催讨后并未补足,公司股东会可以解除其相应股权,故公司股东会决议的效力应予认可。现尹某庆没有证据证明涉案股东会程序以及决议内容存在法律法规禁止性规定的情形,故其相应主张法院亦不予支持。

六、司法实践中涉及公司债权人利益的决议效力认定

裁判观点一:在公司处于严重亏损的情形下未弥补亏损,通过减资程序向股东返还投资款,将导致公司净资产减少,损害公司股东和其他债权人利益,应认定为无效。

【典型案例】上华宏伟诉圣甲虫公司决议纠纷案。[②]二审法院认为,《公司法》(2018 年)第 22 条[③]规定:公司股东会或者股东大会、董事会的决议内容违反法律、行政法规的无效。由于公司是企业法人,具有独立的法人财产。股东向公司投入资金,成为公司的股东并由此享有权利和承担义务。股东将投资款注入公司之后,其出资已经转化成为公司的资产,必须通过股权方式来行使权利而不能直接请求将投资款予以返还。随着股东投入公司的资金用于公司经营行为,股东持有的公司股权对应的价值将会发生变化,因此在股东减资时不能直接主张减资部分股权对应的原始投资款归自己所有。根据公司资本维持原则的要求,公司在存续过程中,应维持与其资本额相当的实有资产,为使公司的资本与公司资产基本相当,切实维护交易安全和保护债权人利益,公司成立后,股东不得随意抽回出资。尤其在公司亏损的情况下,如果允许

[①] 参见最高人民法院民事裁定书,(2016)最高法民申 237 号。
[②] 参见上海市第一中级人民法院民事判决书,(2018)沪 01 民终 11780 号。
[③] 参见新《公司法》第 25 条。

公司向股东返还减资部分股权对应的原始投资款,实际是未经清算程序通过定向减资的方式变相向个别股东分配公司剩余资产,不仅有损公司其他股东的利益和公司的财产权,还严重损害公司债权人的利益,应属无效。

裁判观点二:瑕疵减资损害了对公司减资前的注册资本产生合理信赖利益的债权人权益,但并未损害所有债权人的合法利益,并不当然导致减资无效。

【**典型案例**】北京趣游公司与天下众创公司等与破产有关的纠纷案。① 二审法院认为,本案的争议焦点为股东大会作出的涉案减资决议是否无效。根据《民法典》第134条,《公司法》(2018年)第22条、第177条② 的规定可知,首先,决议是公司形成意思表示的法律行为。减资本质上属于公司内部行为,属于公司意思自治的范畴。一般情况下,减资行为按照法律规定和公司章程规定的程序作出即可成立有效。我国相关法律法规并未规定减资中未通知债权人构成减资无效。其次,减资中未通知债权人构成瑕疵减资。瑕疵减资损害了对公司减资前的注册资本产生合理信赖利益的债权人权益,并未损害所有债权人的合法利益,并不当然导致减资无效。若瑕疵减资导致减资当然无效,难免影响公司的经营稳定和交易安全,也干涉了公司根据自己的经营需要做出调整注册资本的自治权利。再次,北京趣游公司上诉主张根据破产法原理,先减资、后破产足以证明涉案决议系为逃避公司债务,但其并未提供相关证据加以证明,故其仅以减资、破产发生的时间顺序主张涉案决议系以逃避债务为目的,依据不足,法院不予采纳。最后,根据法律规定和减资公司及相关人员减资时出具的债务清偿声明,权益受损的债权人可以要求减资股东和相关人员对其债权承担清偿责任,其合法权益并非不可救济。故北京趣游公司以瑕疵减资、逃避债务为由要求确认减资决议无效,法院不予支持。一审法院判决驳回北京趣游公司的诉讼请求正确,二审法院予以维持。

七、与公司章程有关的股东会决议效力认定的相关问题

根据《公司法》第87条等规定,因公司的名称、住所、法定代表人、股东等形式记载事项需要变更而引发的章程记载事项的变更,无须作为章程修改变更。

【**典型案例一**】豪骏公司、张某升与实业公司、房地产公司决议撤销纠纷案。③ 再审法院认为,我国公司法虽然规定股东会会议作出修改公司章程、增加或者减少注册资本的决议,以及公司合并、分立、解散或者变更公司形式的决议,必须经代表2/3以上表决权的股东通过。但对于法定代表人变更事项的决议,并无明确规定,而房地产公司的章程对此也未作出特别约定。从立法本意来说,只有对公司经营造成特别重大影响的事项才需要经代表2/3以上表决权的股东通过。公司法定代表人一项虽属公司章程中载明的事项,但对法定代表人名称的变更在章程中体现出的仅是一种记载方面的修改,形式多于实质,且变更法定代表人时是否需修改章程是工商管理机关基于行政管理目的决定的,而公司内部治理中由谁担任法定代表人应

---

① 参见北京市第三中级人民法院民事判决书,(2021)京03民终9223号。
② 分别参见新《公司法》第25条、第224条。
③ 参见新疆维吾尔自治区高级人民法院民事判决书,(2014)新民再终字第1号。

由股东会决定,只要不违背法律法规的禁止性规定就应认定有效。此外,从公司治理的效率原则出发,倘若对于公司章程制定时记载的诸多事项的修改、变更均需代表 2/3 以上表决权的股东通过,则反而是大股东权利被小股东限制,若无特别约定,是有悖确立的资本多数决原则的。若更换法定代表人必须经代表 2/3 以上表决权的股东通过,那么张某升、豪骏公司只要不同意就永远无法更换法定代表人,这既不公平合理,也容易造成公司僵局。因此,公司股东大会按照股东出资比例行使表决权所形成的决议。理应得到尊重。公司更换法定代表人,只要股东大会的召集程序、表决方式不违反法律法规的禁止性规定和公司章程的规定,即可多数表决。张某升及豪骏公司申请再审认为房地产公司法定代表人的变更须经代表 2/3 以上表决权的股东签署通过的理由不能成立。

【典型案例二】梁某顺、郝某群与徐某、气门厂公司决议效力确认纠纷案。① 针对气门厂变更法定代表人是否须修改公司章程,且经表决权 2/3 以上股东同意的问题,再审法院认为,本案的特殊性在于,气门厂的法定代表人姓名已载入章程之内,相关事项的变更是否属于章程变更事项,双方当事人对此存有争议。公司章程虽无明确定义,按照通常理解,其系公司全体股东共同一致的意思表示,是规定公司组织及活动的基本规则的书面文件,目的是规范公司的组织与行为。因此,可以据此对公司章程的记载事项进行分类,足以影响公司运营活动的事项应属实质记载事项,其变更属于章程的修改行为。而公司的名称、住所、法定代表人、股东等事项属于章程中的形式记载事项,相应的变更满足变更要件即可,由此引发公司章程记载事项的变更,无须作为章程修改再次表决。如公司股东的变更满足变更要件后,应相应修改公司章程和股东名册中有关股东及其出资额的记载,对公司章程的该项修改不需再由股东会表决。

八、与公司决议效力相关的问题

(一)董事会决议的认定

《公司法》意义上的董事会决议,其内容应当反映董事会的商业判断和独立意志,否则就不应认定为《公司法》意义上的董事会决议,亦不能从决议纠纷角度来判断其效力。

【典型案例一】许某宏与泉州南明公司林某哲与公司有关的纠纷案。② 针对许某宏系以 2000 年 8 月 9 日《泉州南明娱乐有限公司董事会决议》违法解除其董事职务为由请求确认该董事会决议无效的主张,二审法院认为,案涉董事会决议中虽然包含了许某宏不再担任董事职务的内容,但其依据是股东系香港南明公司关于免除许某宏董事职务的通知,所体现的只是合营企业股东意志,并非泉州南明公司董事会的意志。因此,该部分内容仅系泉州南明公司董事会对既有法律事实的记载。根据公司法的规定,董事会作为公司经营决策机构,可以根据法律或者公司章程规定的权限和表决程序,就其审议事项经表决后形成董事会决议,但该决议应当反映董事会的商业判断和独立意志。由此《公司法解释(四)》第 1 条规定可以由公司股东、董事、监事等请求确认无效的决议,并不包括本案所涉不体现董事会意志的记录性文件。故案涉

---

① 参见上海市第二中级人民法院民事判决书,(2014)沪二中民四(商)再终字第 3 号。
② 参见最高人民法院民事裁定书,(2017)最高法民终 18 号。

上述文件中涉及许某宏不再担任泉州南明公司董事职务的部分,虽然有董事会决议之名,但其并不能构成公司法意义上的董事会决议。

【典型案例二】 中国证监会对慧球科技公司、鲜某、董某亮等7名责任人员行政处罚案。[①] 在中国证监会作出的行政处罚决定书中,针对慧球科技公司在2017年1月3日召开的第八届董事会第三十九次会议审议通过《关于公司坚决拥护共产党领导的议案》《关于坚持钓鱼岛主权属于中华人民共和国的议案》等1001项议案的行为,中国证监会认为,慧球科技公司董事会审议部分议案的行为,违背了《公司法》关于公司守法义务及董事会职权的相关规定。中国共产党的领导地位是《宪法》的明确规定。钓鱼岛自古以来就是我国领土不可分割的一部分,维护祖国统一是《宪法》明确规定的公民义务。遵守包括《宪法》在内的所有法律是《公司法》明确规定的公司义务,不是公司董事会可以超越法定权限自由决策的事项。慧球科技公司董事会严重超越法定职权,对审议《宪法》作出明确限定的事项的行为,违反了《公司法》第5条[②]、第46条[③]、第108条第4款[④]的相关规定。

(二)未依法召集全体股东参加会议的决议效力认定的实务观点

裁判观点一: 未依法向全体股东发出会议召集通知的,股东会决议不成立。

【典型案例】 康浦公司与福集公司决议效力确认纠纷案。[⑤] 二审法院认为,第一,现有证据不足以证明康浦公司曾向福集公司发出将于2018年8月3日召开股东会会议的通知,即康浦公司上述股东会会议未召集全体股东,存在召集对象上的瑕疵。第二,根据《公司法》第22条[⑥]和《公司法解释(四)》第5条的规定,股东会会议召集及表决中的程序瑕疵依其严重程度的不同可能导致股东会决议可撤销或不成立的法律后果。召集对象上的瑕疵属于严重的程序瑕疵,对股东会决议的成立有根本性影响,理由有三:首先,股东会决议的成立需经正当程序,召集对象上的瑕疵直接导致会议无法形成有约束力的决议。决议行为与单方或多方民事法律行为不同,决议行为一般不需要所有当事人意思表示一致才能成立,而是多数人意思表示一致就可以成立。这种"多数决"的正当性就在于程序正义,即决议必须依一定的程序作出。《民法总则》第134条第2款[⑦]即规定,法人、非法人组织依照法律或者章程规定的议事方式和表决程序作出决议的,该决议行为成立。其中,股东会召集程序体现了股东会会议发起的正当性和合法性,提供了使股东意思归属于公司的前提基础。不存在召集就不存在股东的集会和表决,也就不存在决议行为。召集对象上的瑕疵直接导致部分或者全部股东无法获知股东会会议的召开信息,对该部分股东而言既不存在股东会会议的召集,故而也不可能形成能够约束全体股东的股东会决议。其次,未通知股东参会的行为与诸如提前通知不足法定期间、表决方式

---

① 参见中国证监会行政处罚决定书,〔2017〕48号。
② 参见新《公司法》第19~20条、第3条。
③ 参见新《公司法》第67条。
④ 新《公司法》删去了相关规定。
⑤ 参见上海市第一中级人民法院民事判决书,(2019)沪01民终10925号。
⑥ 参见新《公司法》第25~28条。
⑦ 参见《民法典》第134条第2款。

未按章程约定等股东会召集、表决过程中的一般程序瑕疵明显不同,其后果并非影响股东表决权的行使,而是从根本上剥夺了股东行使表决权的机会和可能。特别对于小股东而言,虽然其所持表决权占比低,不足以实质性改变股东会决议结果,但其依然可能通过在股东会会议上的陈述等影响其他股东的表决行为,不能因为其表决权占比低就忽视其行使表决权的权利。最后,未通知股东也使相关股东因不知晓股东会决议的存在而无法及时主张权利救济。在未向全体股东发出股东会会议的召开通知时,如认为股东会决议依然成立,则未获通知的股东只能基于《公司法》第22条第2款的规定,自决议作出之日起60日内,请求法院撤销该决议。但上述60日的期间并无中止或中断之可能,且既然有股东未获股东会会议召开的通知,则其很可能亦无渠道及时获知已有股东会决议作出,难以苛求其能够在60日内提起相应诉讼。故而,如此时仍认为股东会决议成立会不合理地限制未获通知的股东寻求救济的权利。综上所述,2018年8月3日康浦公司的股东会会议因存在召集程序上的严重瑕疵,系争股东会决议不成立。

裁判观点二:未依法通知部分股东参加股东会会议,剥夺其对重大事项表达意见、参与决议等重大权利的决议无效。

【典型案例】长达顺公司、奥康德公司决议效力确认纠纷案。[①] 二审法院认为,股东会是股东行使权利的场所,公司通过股东会对相关事项作出决议,其实质是股东通过参加股东会行使股东权利、决定公司重大事项的过程。法律之所以规定召开股东大会必须通知全体股东,主要就是为了切实保障所有股东平等参与公司决策,充分行使表决权等各项股东权利。因此,公司股东实际参与股东会会议并作出真实意思表示,是股东会会议及其决议有效的必要条件。本案中,无论是深圳联合产权交易所出具的奥康德公司股东名册,还是多份已生效的裁判文书确定的事实,均已确认长达顺公司系奥康德公司的合法股东。奥康德公司仍违反生效判决,不尊重司法,在未依法通知长达顺公司且长达顺公司亦未参加股东会的情况下召开会议并对修改公司章程、改选董事会及监事会等多项议题作出决议,主观上存在明显的故意,剥夺了长达顺公司就奥康德公司重大事项表达意见、参与决议等重大权利,奥康德公司的行为违反了《公司法》有关保护股东权利的规定。长达顺公司据此认为2016年12月11日股东大会决议内容无效,符合法律规定,法院予以支持。

裁判观点三:未依法通知部分股东参加股东会会议,属于程序瑕疵,当事人可主张决议可撤销。

【典型案例】美芝灵集团、张某靖公司决议纠纷案。[②] 二审法院认为,即使张某靖认为美芝灵集团的股东之一已经由广东华灵集团有限公司变更为广州从化美芝灵工程有限公司,而美芝灵集团没有通过董事会召集的方式召开股东会会议及以书面通知的方式通知广州从化美芝灵工程有限公司而存在程序瑕疵,主要损害的是股东的利益,根据《公司法》(2018年)第22

---

① 参见广东省深圳市中级人民法院民事判决书,(2018)粤03民终1727号。
② 参见广东省广州市中级人民法院民事判决书,(2019)粤01民终2973号。

条①第2款"股东会或者股东大会、董事会的会议召集程序、表决方式违反法律、行政法规或者公司章程,或者决议内容违反公司章程的,股东可以自决议作出之日起六十日内,请求人民法院撤销"的规定,股东也享有相应的救济权利,亦应由股东行使该权利,不论是广东华灵集团有限公司还是广州从化美芝灵工程有限公司,现没有证据证实提起了相关撤销股东会决议的诉讼。

九、公司决议部分有效、部分无效的实务处理

裁判观点:公司决议可部分有效、部分无效,如实质上可拆分,应分别判断效力。

【**典型案例**】科创公司、固生公司、陈木高与红日公司、蒋洋股东会决议效力及公司增资纠纷案。② 最高人民法院认为,科创公司2003年12月16日股东会会议通过的由陈某高出资800万元认购科创公司新增615.38万股股份的决议内容中,涉及新增股份中14.22%和5.81%的部分因分别侵犯了蒋某和红日公司的优先认缴权而归于无效,涉及新增股份中79.97%的部分因其他股东以同意或弃权的方式放弃行使优先认缴权而发生法律效力。四川省绵阳市中级人民法院(2006)绵民初2号民事判决认定决议全部有效不妥,应予纠正。该股东大会将吸纳陈某高为新股东列为一项议题,但该议题中实际包含增资800万元和由陈某高认缴新增出资两方面的内容,其中由陈某高认缴新增出资的决议内容部分无效不影响增资决议的效力,科创公司认为上述两方面的内容不可分割缺乏依据,法院不予支持。

十、与公司决议不成立、无效、可撤销的界限和转化有关争议的实务处理

在股东会或者董事会超出权限范围作出决议的情形下,决议已经存在,故此时该决议只有无效或可撤销的讨论余地。对于决议内容超过法律规定的股东会或董事会权限范围的,因法律关于股东会或者董事会权限范围的规定属于强制性规定,故超出法定权限作出的决议属于无效决议。对于决议内容超出章程规定的权限范围的,因公司章程属于规范公司内部法律关系的文件,故超出章程规定权限范围的决议并非无效,属于可撤销的范围。

裁判观点一:超出法律规定的股东会、股东大会或者董事会权限范围的决议应认定为无效。

【**典型案例一**】宇硕公司、新宇公司等与公司有关的纠纷案。③ 二审法院认为,新宇公司董事会超越法律规定范围行使职权,根据《公司法》(2005年)第22条第1款④"公司股东会或者股东大会、董事会的决议内容违反法律、行政法规的无效"的规定,该公司董事会作出的将土地入股变为现金入股的决议无效。

【**典型案例二**】唐某云诉花木公司决议效力确认纠纷案。⑤ 法院认为,对被告名下南京西路

---

① 参见新《公司法》第25~28条。
② 参见最高人民法院民事判决书,(2010)民提字第48号。
③ 参见河北省高级人民法院民事判决书,(2021)冀民终388号。
④ 参见新《公司法》第25条。
⑤ 参见上海市黄浦区人民法院民事判决书,(2016)沪0101民初25094号。

房产以及被告所获取土地收益的处理实质系变更被告资产的归属。公司法及被告公司章程均明确了公司股东会、董事会、总经理的职权范围，公司资产的归属与公司的经营、运作无关，不属于股东会的职权范围，更不属于董事会、总经理的职权范围。因此，被告股东会无权以资本多数决定方式变更被告资产的归属，董事会、总经理亦无权进行变更。法院进而以临时股东会决议内容均超越股东会职权而认定无效。

裁判观点二：超出章程规定的股东会或者董事会权限范围的决议应认定为可撤销。

【典型案例一】袁某与沃特奇公司决议撤销纠纷案。[1] 法院认为，关于两项决议是否属于董事会权限的问题，法院认为公司对外投资的清理转让属于涉及公司股东权益的重大事项，在公司章程无特别规定的情况下，应当由股东大会作出相关决议，董事会应在股东大会就相关事项制定方针或计划的前提下，或在股东大会的授权下制定具体方案。被告公司章程亦规定对外投资、收购出售资产等必须经过股东大会授权，但涉诉决议中关于清算注销子公司及转让子公司股权的事项并未经过股东大会决议，股东大会亦未就相关事项授权董事会。即便如被告所述，上述事项是因公司亏损而采取的弥补亏损的行为，但被告章程亦规定董事会拟定的弥补亏损方案必须经过股东大会审议批准，并不属于董事会决定权限范围。因此，涉案决议第2项、第3项因违反公司章程规定，应予撤销。

【典型案例二】方泱公司与添跃公司决议撤销纠纷案。[2] 法院认为，根据添跃公司章程的规定，修改公司章程是股东大会的职权范围，修改公司章程的决议必须经全体股东一致同意。因此，10项决议中，除了解聘汤某沁总经理职务外的其余决议事项均构成对添跃公司章程有关规定的实质性变更，依法应予撤销。添跃公司根据系争决议已办理变更登记的，应向公司登记机关申请撤销变更登记。

十一、轻微瑕疵能否对决议产生实质影响的认定

（一）司法实践中，瑕疵轻微，对决议产生实质影响情形的认定

裁判观点：未通知股东参加股东会会议，不属于程序轻微瑕疵。

【典型案例一】胡某兵、鹏程公司决议撤销纠纷民事案。[3] 二审法院认为，《公司法》（2018年）第4条[4]规定："公司股东依法享有资产收益、参与重大决策和选择管理者等权利。"本案中，鹏程公司2021年4月22日的股东会会议，并未通知胡某兵参会，剥夺了胡某兵作为鹏程公司股东的参会权、议事权和表决权，属于程序重大瑕疵，一审法院对此认定为程序轻微瑕疵不当。

【典型案例二】永安馨公司与登尚富公司决议撤销纠纷案。[5] 二审法院认为，未通知股东参加股东会进行决议，损害的为股东参与公司治理的表决权，对股东权利造成实质损害，不属于

---

[1] 参见上海市杨浦区人民法院民事判决书，(2020) 沪0110民初19679号。
[2] 参见上海市宝山区人民法院民事裁决书，(2018) 沪0113民初13040号。
[3] 参见四川省成都市中级人民法院民事判决书，(2021) 川01民终19820号。
[4] 参见新《公司法》第4条第2款。
[5] 参见北京市第二中级人民法院民事判决书，(2021) 京02民终11622号。

对决议未产生实质影响的"轻微瑕疵",故一审法院判决撤销涉案股东会决议并无不当。

【典型案例三】康浦公司与福集公司决议效力确认纠纷案。① 认为根据《公司法》(2018年)第22条②和《公司法解释(四)》第5条的规定,股东会会议召集及表决中的程序瑕疵依其严重程度的不同可能导致股东会决议可撤销或不成立的法律后果。召集对象上的瑕疵属于严重的程序瑕疵,对股东会决议的成立有根本性影响。

(二)司法实践中,瑕疵轻微,对决议未产生实质影响情形的认定

裁判观点一:未提前15日通知股东参加股东会会议,属于轻微瑕疵,且未对决议产生实际影响。

【典型案例一】摩之玛公司与东方悦途公司决议撤销纠纷案。③ 二审法院认为,虽然涉案股东会的召集程序存在没有提前15日通知全体股东等瑕疵,但摩之玛公司收到了会议通知,已得知开会时间、会议议题、会议形式等且没有提出反对,仅提议将会议时间改为当日14时,故涉案股东会的召集程序存在的瑕疵仅属于轻微瑕疵。且在本案审理过程中,摩之玛公司没有提交证据证明该等瑕疵对决议产生了实际影响,故一审法院判决驳回摩之玛公司的诉讼请求并无不当。

【典型案例二】鑫基公司与顺达公司决议撤销纠纷案。④ 二审法院认为,关于会议召集程序问题。鑫基公司虽没有依法于会议召开15日前通知股东顺达公司,但顺达公司派出代表按时参加了临时股东会,并进行了表决。故应认定系全体股东共同约定于2017年12月14日召开会议。且顺达公司亦未于参会之前就会议召开时间提出异议,也不具有因召开时间不符合公司法规定而影响其正常表达股东意见的正当理由。

【典型案例三】高某久、何某友公司决议撤销纠纷案。⑤ 二审法院认为,根据《公司法解释(四)》第4条的规定,认定公司决议是否属于轻微瑕疵的实质要件在于该瑕疵是否实质性地剥夺了股东的参与表决权。尽管召开此次股东会会议的通知时间少于《公司法》(2013年)第41条⑥规定的15日,通知的方式采用张贴公告和打电话的方式,但并未实质性地剥夺上诉人邓某木、高某久、何某友在公司治理中的参与表决权。召开本次股东会会议的通知时间及通知方式的瑕疵应认定为轻微瑕疵。

裁判观点二:通知时限违反公司法的规定,但相关股东按时出席并参加了股东会决议全过程,未影响其股东权利实际行使的,属于轻微瑕疵,不影响股东会决议的效力。

【典型案例】咸源美公司、李某常等损害公司利益责任纠纷案。⑦ 二审法院认为,通知时限确与公司法的规定有所不符,但李某常按时出席并参加了股东会决议全过程,未影响其股东权

---

① 参见上海市第一中级人民法院民事判决书,(2019)沪01民终10925号。
② 参见新《公司法》第26条,下同。
③ 参见北京市第二中级人民法院民事判决书,(2021)京02民终13417号。
④ 参见安徽省安庆市中级人民法院民事判决书,(2019)皖08民终271号。
⑤ 参见贵州省高级人民法院民事判决书,(2017)黔民终510号。
⑥ 参见新《公司法》第64条。
⑦ 参见福建省厦门市中级人民法院民事判决书,(2021)闽02民终6872号。

利的实际行使,且威源美公司旧厂房已被厦门汪新江环保科技有限公司承租,一审法院据此认定案涉股东会会议召集程序或者表决方式虽有轻微瑕疵,但对决议未产生实质影响,该《股东会议决议》有效并对全体股东具有约束力,故对李某常的撤销主张不予支持,并无不当,法院予以维持。

裁判观点三:股东会决议中股东成员签名是否完备,不必然影响公司决定效力。

【典型案例】赵某菊与孙某芬、新创博公司决议纠纷案。① 二审法院认为,本案中,《新创博公司股东会决议》明确记载了股东会决议的内容,应属于股东会决议。原审法院适用《公司法》(2013年)第41条②关于会议记录的规定,认为《新创博公司股东会决议》应由出席股东签名才成立,明显不当。

裁判观点四:会议召集人存在瑕疵,但并未阻碍股东获得所需信息、行使表决权,应属轻微瑕疵,不影响股东会决议的效力。

【典型案例一】张某、纪某建、天建公司等公司决议纠纷案。③ 二审法院认为,关于轻微瑕疵的具体情形,公司法及有关司法解释未明确规定,但在司法实践中,应以程序瑕疵能否导致各股东公平地参与、多数意思的形成以及获取对此所需的信息为判定标准。本案中原生效判决认定2019年1月25日天建公司股东会在召集程序上虽然存在主持人方面的瑕疵,但并未阻碍股东获得所需信息、行使表决权,应属轻微瑕疵,不影响股东会决议的效力并驳回申请人的诉讼请求,属认定事实清楚,适用法律正确。

【典型案例二】白某生与艾凌公司决议纠纷案。④ 二审法院认为,考量股东会召集程序虽违反公司章程规定,但应适用公司法"裁量驳回"的,要考虑如下要件,即召集程序瑕疵是否轻微,以及对决议是否产生实质影响。本案中,艾凌公司章程虽规定临时股东会由董事会召集,但该公司董事会成员为王某东、白某生和应某玲。由于王某东、应某玲对案涉股东大会召开不持异议,白某生接到通知后到会并实质性发表了意见,故即便该次股东大会未以董事会名义召集,也属于轻微瑕疵。另外,由于案涉股东会决议投赞成票的比例已超过2/3多数,故召集程序的瑕疵,对决议未产生实质影响。另外,白某生上诉意见中关于王某松生病是否属实、是否应作为监事主持会议,亦均对决议不产生实质性影响。据此,白某生上诉中主张案涉股东会召集程序的瑕疵并不构成可撤销情形。

裁判观点五:通知方式存在瑕疵,但未实质性剥夺股东参与会议及表决权的,属于瑕疵轻微,不影响股东会决议的效力。

【典型案例一】高某久、何某友公司决议撤销纠纷案。⑤ 二审法院认为,根据《公司法解释(四)》第4条的规定,认定公司决议是否属于轻微瑕疵的实质要件在于该瑕疵是否实质性剥夺了股东的参与表决权。尽管召开此次股东会会议的通知时间少于《公司法》(2013年)第41

---

① 参见广东省广州市中级人民法院民事判决书,(2015)穗中法民二终字第138号。
② 参见新《公司法》第64条。
③ 参见山东省高级人民法院民事裁定书,(2020)鲁民申5448号。
④ 参见江苏省南京市中级人民法院民事判决书,(2020)苏01民终916号。
⑤ 参见贵州省高级人民法院民事判决书,(2017)黔民终510号。

条①规定的15日,通知的方式采用张贴公告和打电话的方式,但并未实质性剥夺上诉人邓某木、高某久、何某友在公司治理中的参与表决权。召开本次股东会会议的通知时间及通知方式的瑕疵应认定为轻微瑕疵。

【典型案例二】 马某等与华汽公司决议撤销纠纷案。② 再审法院认为,本案中,根据华汽公司的章程规定,召开临时股东会应提前15日通知全体股东,而经查《关于召开临时股东会的通知》的快递提前14日到达马某的住处,确实存在瑕疵,但该瑕疵应属轻微瑕疵。根据马某的自述,马某也曾收到华汽公司的电话通知,通知其参加临时股东会,其没有参会的原因是本人没在北京。马某持有的股份为30%,此次临时股东会决议经代表70%表决权的股东思度公司同意,故马某未参会对决议未产生实质影响。华汽公司召开临时股东会修改股东出席时间并经代表2/3以上表决权的股东思度公司同意,且内容上并未违反法律的规定,也未超出股东大会的职权。

裁判观点六:<u>会议通知虽未载明议案的具体内容,但当事人能够通过通知知晓会议议题的,决议应认定为有效。</u>

【典型案例】 王某、周某其公司决议撤销纠纷案。③ 二审法院认为,首先,《成都龙泉洪安液化气销售有限公司2020年第一次临时股东会会议通知》已明确会议召开时间、地点、会议议题、参会人员等内容,通知事项齐全。虽然该通知并未告知议案的具体内容,但王某等股东通过该通知内容能够清楚知晓会议议题,且法律及洪安液化气公司章程未规定会议通知需要告知议题的具体内容。其次,虽然《成都龙泉洪安液化气销售有限公司2020年第一次临时股东会会议通知》未载明《授权隋某建负责具体办理公司变更登记等相关事宜》的议案。但授权相关人员办理公司变更登记属于股东会决议的执行问题,并非需股东会审议的事项。因此,《成都龙泉洪安液化气销售有限公司2020年第一次临时股东会会议决议》不存在决议表决的事项超过了通知所载明的议案的情形。最后,虽然该股东会会议记录上载明的主持人系"雷某",雷某既不是洪安液化气公司的监事亦不是公司股东,由雷某主持股东会会议存在一定的程序瑕疵,但根据《公司法解释(四)》第4条的规定,股东会召集程序仅存在轻微瑕疵且对决议不产生实质影响的,该股东会决议不可撤销本议案中,虽然洪安液化气公司2020年第1次临时股东会会议在主持主体上存在瑕疵,但该瑕疵并未影响王某等股东公平地参与股东会会议并行使股东表决权,因此该瑕疵仅为轻微瑕疵,并未对决议产生实质性影响。故王某主张撤销《成都龙泉洪安液化气销售有限公司2020年第一次临时股东大会会议决议》,于法无据,法院不予支持。

裁判观点七:<u>会议主持人存在瑕疵,但履行了会议主持人职责,未对召开结果产生影响的,属于轻微瑕疵,决议应认定为有效。</u>

【典型案例】 鼎驰融达公司诉至生联发公司决议纠纷案。④ 法院认为,对于主持人不符合公

---

① 参见新《公司法》第64条。
② 参见北京市高级人民法院民事裁定书,(2019)京民申1402号。
③ 参见四川省成都市中级人民法院民事判决书,(2021)川01民终253号。
④ 参见北京市朝阳区人民法院民事判决书,(2018)京0105民初73522号。

司章程规定一事,会议主持人的主要职能在于保障股东大会有序召开,能够按照会议议程作出决议以及承担应当履行的其他职能,本案中,虽然致生联发公司称卜某岸因身体原因不能担任主持人,但致生联发公司的董事唐某军担任了主持人,其余董事出席会议并未对唐某军担任主持人表示异议,且其已经履行会议主持人的职责,股东大会并未因唐某军担任主持人而无法进行或对召开结果产生影响,因此该瑕疵应属轻微瑕疵,且对决议未产生实质影响。

裁判观点八:章程约定采取"现场会议"方式,公司采用电话会议、视频会议的方式开会符合常理,决议有效。

【典型案例】银隆新能源公司、银隆投资公司等公司决议撤销纠纷案。① 针对案涉股东大会是否存在召集程序、表决方式违反公司章程规定的情形以及是否存在重大瑕疵的问题,二审法院认为,一则,随着时代的发展,会议的召开形式亦从原来单一的现场会议发展为多元化的电视会议、电话会议、微信视频会议等,银隆新能源公司主张案涉股东大会采用现场会议及电话会议是基于方便股东参会的主张,与时代发展相吻合,亦符合常理,而案涉银隆新能源公司的章程没有明确规定股东大会仅能采取现场会议的方式,也没有禁止电话会议或视频会议。虽然银隆投资公司对现场会议与电话会议相结合的会议形式提出异议,但是并无证据显示此种会议形式实质性损害了银隆投资公司的利益。二则,会议的计票模式与会议形式密切相关,在案涉股东大会采取的是现场与电话相结合会议模式的前提下,会议采取现场投票及网络投票、微信群监票,是与会议召开模式相配套的方式。仅以会议采取现场投票与网络投票结合的方式而质疑投票真实性、有效性理据不足。并且,在采取现场与电话相结合的会议模式下,公司章程规定的会议当场公布表决结果,不能机械地理解为会议现场公布表决结果,也正因如此,在现场会议结束后统计票数并于微信群公布的做法不属于重大程序瑕疵。三则,从查明的事实可知,在现场投票时案涉几项决议已经过半数通过,即便没有网络投票,案涉5项决议按照公司章程决议也已经过半数通过,银隆投资公司亦称其对表决结果并无异议,在现场表决结果已经符合章程过半数通过规定的情形下,即便案涉股东大会存在"在提案进行表决前,会议主持人没有当场指定两名股东代表参加计票和监票以及说明股东代表担任的监票员的持股数"等召集程序或表决方式的瑕疵,也并未对决议的结果产生实质性的影响。

裁判观点九:会议虽无会议记录,但能够证明会议真实召开的,属于瑕疵轻微,决议应认定为有效。

【典型案例】刘某卫、王某娟、亿丰瑞公司等公司决议纠纷案。② 二审法院认为,关于股东大会会议记录的问题。《公司法》(2018年)第41条③ 及亿丰瑞公司章程第28条规定,股东大会应当对所议事项的决定作出会议记录,出席会议的股东应当在会议记录上签名。会议记录是全面客观地反映股东会会议的召开过程,是股东对决议事项的讨论表决过程的记录,但是股东会的最终结果仍然应该由股东会决议予以体现。虽然《公司法》规定"股东会应当对所议事

---

① 参见广东省珠海市中级人民法院民事判决书,(2019)粤04民终2943号。
② 参见四川省攀枝花市中级人民法院民事判决书,(2021)川04民终266号。
③ 参见新《公司法》第64条。

项的决定作成会议记录",但上述规定应为管理性强制性规定,即使未形成会议记录,也不能影响合法形成的股东会决议的效力,且本次股东会会议真实召开,其真实性有视频录像予以佐证,故该次股东会虽然没有形成正式的会议记录存在瑕疵,但会议真实召开且已形成了书面决议,此决议对整个股东大会召开过程及决议作出过程均有所反映,并不属于应当予以撤销的情形,故对上诉人刘某卫、王某娟的该上诉理由法院依法不予支持。

第三节 公司决议纠纷的相关程序问题

一、公司决议纠纷的案由问题

《民事案件案由规定》中,公司决议纠纷为第三级案由,同时在该三级案由下又分为公司决议效力确认纠纷与公司决议撤销纠纷两个第四级案由。

实务中,作为原告一方,在提起公司决议诉讼之前,首先,要判断即将提起诉讼的"公司决议"是否是公司依据法律或公司章程规定的表决程序作出的决议;其次,要考虑是否存在败诉风险。反之,这亦作为被告抗辩时首先应当考虑的问题。

二、主管与管辖

(一)公司决议纠纷的主管问题

属于法院民事诉讼的主管范围。依据为《民事诉讼法》第3条的规定:"人民法院受理公民之间、法人之间、其他组织之间以及他们相互之间因财产关系和人身关系提起的民事诉讼,适用本法的规定。"

此类案件常见的问题是主管争议,即是否可以约定仲裁。通常情况是公司在章程中约定仲裁条款,如"凡因执行本章程所发生的或与本章程有关的一切争议,各方应通过友好协商解决。若无法协商解决,则任何一方有权将该争议提交某仲裁委员会仲裁解决",在此情形下能否由仲裁机构主管。实践中,此种情形下若相关利益方就公司决议效力发生纠纷,一般认为依照《民事诉讼法》第127条第2款的规定应由仲裁机构主管。

(二)管辖问题

1.地域管辖

依据为《民事诉讼法》第27条、《民事诉讼法司法解释》第22条的规定,公司决议纠纷的管辖法院为公司住所地法院。同时根据《民事诉讼法司法解释》第3条的规定,公司住所地指公司主要办事机构所在地,公司主要办事机构所在地不明确的,由其注册地法院管辖。

2.级别管辖

事实上公司决议纠纷案件也会涉及级别管辖的问题。具体要结合《最高人民法院关于调整高级人民法院和中级人民法院管辖第一审民事案件标准的通知》(法发〔2019〕14号)及《最高人民法院关于调整中级人民法院管辖第一审民事案件标准的通知》(法发〔2021〕27号)进行确定。

【典型案例】华晖公司、宁国公司等公司决议效力纠纷案。① 二审法院认为,法院应依据案件的影响、案件的性质、案件的复杂程度、诉讼标的金额的大小等确定案件的级别管辖。江苏省高级人民法院可管辖诉讼标的额在1亿元以上且当事人一方住所地不在本辖区的第一审民商事案件。本案系公司决议效力纠纷,各方当事人对该决议涉及的增资数额为2亿元并无异议,故本案确认之诉的诉讼标的额为2亿元,A公司、B公司住所地不在江苏省高级人民法院辖区,且本案不属于法发〔2008〕10号文件规定:一般应由基层人民法院管辖的婚姻、继承、家庭、物业服务、人身损害赔偿交通事故、劳动争议等案件以及群体性纠纷案件。故本案的确认之诉部分应由江苏省高级人民法院作为第一审民商事案件审理。

同时,根据《民事诉讼法》第19条的规定,公司决议纠纷也可能出现除因标的以外的其他因素而被提级至中院管辖的情况。

三、诉讼主体问题

(一) 原告主体

1. 提起确认公司决议效力之诉以及确认公司决议不成立之诉的原告主体

根据《公司法解释(四)》第1条的规定,提起确认公司决议效力之诉以及确认公司决议不成立之诉的原告主体包括公司股东、董事、监事。同时,由于决议无效和不成立之诉的目的不在于权利义务的实现,而在于使诉争决议效力状态得以确认,性质上属于确认之诉,因此,只要存在诉讼利益,任何人都可以提起,故此类诉讼的原告主体还应当包括和股东会、董事会决议内容有直接利害关系的其他人。如决议内容本身即为剥夺股东资格,被剥夺资格的股东对该决议提出瑕疵诉讼,应当认定该被剥夺资格的股东对决议有诉的利益,具有确认决议无效或者不成立之诉的诉权。

【典型案例】上海高金合伙企业与许某荣、谢某楠损害公司利益责任纠纷案。② 二审法院认为,上诉人上海高金合伙企业向一审法院起诉时依据增资协议和有关工商登记,证明其具有华东有色公司股东资格,因此,一审法院受理本案并无不当。在案件审理过程中,华东有色公司股东会根据增资协议约定,在上诉人上海高金合伙企业未按增资协议约定缴纳第三期增资款,经过两次函告仍未缴纳的情况下,于2014年5月28日召开股东会年度会议并作出决议,以减少注册资本的形式解除了上海高金合伙企业的股东资格。根据《公司法》及相关司法解释规定,有限责任公司的股东会有权以股东会决议形式解除股东资格。华东有色公司股东会年度会议关于解除上诉人股东资格的决议已经生效。《公司法》(2013年)第22条③规定,股东认为"股东会或者股东大会、董事会的会议召集程序、表决方式违反法律、行政法规或者公司章程,或者决议内容违反公司章程的,股东可以自决议作出之日起六十日内,请求人民法院撤销"或者认为"公司股东会或者股东大会、董事会的决议内容违反法律、行政法规的",股东可以提起

---

① 参见最高人民法院民事裁定书,(2012)民二终字第125号。
② 参见最高人民法院民事裁定书,(2014)民一终字第295号。
③ 参见新《公司法》第25条、第26条。

确认股东会决议无效之诉。上诉人认为华东有色公司股东会决议解除其股东资格无效,可以另行向有管辖权的法院提起申请确认股东会决议无效之诉。

实务中,与股东会、董事会决议内容有直接利害关系的其他人主要是指公司高级管理人员、职工和债权人。因为这三类人员与公司之间存在劳动合同关系或债权债务等合同关系。而这三类人员能否成为决议效力纠纷的适格原告,核心判断标准为是否"直接利害关系",实务中常见的"直接利害关系":一是公司决议为公司与第三人之间法律关系的成立或生效要件;二是公司对股东过度分配利润导致债权事实上无法清偿;三是银行依据与公司的贷款协议对公司的重大资本变动决议事项有否决权等。

【典型案例】许某宏与南明公司、林某哲与公司有关的纠纷案。[①] 二审法院认为,《公司法解释(四)》第1条规定,公司股东、董事、监事等请求确认股东会或者股东大会、董事会决议无效或者不成立的,法院应当依法予以受理。该规定将确认公司决议无效之诉的原告明确列举为公司股东、董事、监事等,同时要求法院应当依法予以受理。根据《民事诉讼法》(2017年)第119条第1项[②]和《民事诉讼法司法解释》第208第3款之规定,提起诉讼的原告必须是与本案有直接利害关系的公民、法人和其他组织,法院在立案后发现原告的起诉不符合起诉条件的,应当裁定驳回起诉。据此,对于公司股东、董事、监事等提起的公司决议无效之诉,法院既要适用公司法及其司法解释的规定、亦应依据民事诉讼法及其司法解释审查原告是否"与本案有直接利害关系"。

在此基础上,在《最高人民法院公报》2019年第7期中对该案的"裁判摘要"更进一步地指出,"人民法院应当根据《公司法》《公司法解释(四)》以及民事诉讼法的规定审查提起确认公司决议无效之诉的当事人是否为适格原告。对于在起诉时已经不具有公司股东资格和董事、监事职务的当事人提起的确认公司决议无效之诉,人民法院应当依据《民事诉讼法》第119条的规定审查其是否符合与案件有直接利害关系等起诉条件。"

虽然《公司法解释(四)》第1条不像第2条明确公司股东、董事、监事提起决议效力之诉时必须在起诉时具有前述身份,但在实务中,如果以股东、董事、监事身份起诉,一般情形下在起诉时必须具有前述身份。

【典型案例一】尹某珍与家乐公司梁某华确认公司决议无效及确认股东资格纠纷案。[③] 二审法院认为,本案系确认公司决议效力之诉,属于民商事案件,根据《公司法》(2013年)第22条[④]的相关规定,提起确认公司决议无效之诉讼主体应具有股东资格。据此,上诉人只能以被上诉人股东身份提起本案诉讼,否则不符合诉讼原则。故上诉人作为挂名股东请求确认涉案《原股东会决议》和《新股东会决议》无效之诉讼因无股东资格而丧失诉讼主体资格,其不具请求确认公司决议无效的诉讼权利。

【典型案例二】杨某泉、丛某日公司决议效力确认纠纷案。[⑤] 二审法院认为,本案为公司决

---

① 参见最高人民法院民事裁定书,(2017)最高法民终18号。
② 参见2023年《民事诉讼法》第122条第1项。
③ 参见广西壮族自治区桂林市中级人民法院民事判决书,(2016)桂03民终2440号。
④ 参见新《公司法》第25条、第26条。
⑤ 参见山东省威海市中级人民法院民事裁定书,(2016)鲁10民终2501号。

议效力确认之诉,根据法律规定,提起本案诉讼需以当事人具备股东资格为前提。上诉人起诉被上诉人请求公司收购股份纠纷案,历经一审、二审、再审,生效法律文书已确认上诉人在退股时领取了退股金,已丧失股东资格。且在上诉人起诉威海市工商行政管理局工商行政登记及行政赔偿一案。生效判决认定威海市工商行政管理局作出的减少被上诉人公司注册资本及变更股东登记的行政行为不违反法律规定,与收购公司股份案件认定的事实相印证,证实上诉人已丧失股东资格的事实,因此上诉人已非被上诉人股东,无权以被上诉人股东名义提起本案诉讼。原审法院据此驳回上诉人的起诉,于法有据,法院予以维持。

这就需要我们在提起决议无效之诉前,确定原告提起诉讼的身份,如果以股东、董事、监事身份起诉,则起诉时必须具有前述身份。否则只能以利害关系人依据《民事诉讼法》第119条的规定提起诉讼。

2. 提起公司决议撤销之诉的原告主体

根据《公司法解释(四)》第2条的规定,提起公司决议撤销之诉的原告主体为起诉时具备股东资格的公司股东,即只要起诉时具备股东资格即可,未规定决议作出时是否须有股东资格、是否具有表决权、持股比例等,甚至在诉讼过程中丧失股东资格,亦不影响其原告主体资格和诉讼地位,即可以继续诉讼。但是值得注意的是,据此作出的发生法律效力的判决、裁定、仲裁裁决对股权继受人具有拘束力,同时该继受人申请参加诉讼的,或者申请替代原股东承继诉讼权利义务的,因该诉讼并不存在有损国家、集体、第三人利益的情形,法院一般会予准许。

因客观原因不能提交有效证明文件证明其股东资格,或者股东资格存有争议的,则应先行提出确认股东资格之诉,待其股东资格确认后,方可援引《公司法》第26条及《公司法解释(四)》第2条之规定,作为提起公司决议撤销之诉的请求权基础。

在此需要注意的是,股东能否以公司对其他股东召集程序存在瑕疵为由提起撤销之诉。比如公司决议存在的程序瑕疵仅特定针对某一股东,如通知仅对某一股东延误,或仅未告知某一特定股东议案的相关内容,在这一情形下,其他股东能否以此为由提起决议撤销之诉?对此,实务中一般认为,虽然公司法赋予股东对公司决议提起撤销之诉的权利,系股东的共益权,其功能同样包括通过公司内部成员的司法救济维护公司正当的内部治理,矫正因决议存在瑕疵而损及公司整体利益,但相比于公司决议无效,决议可撤销更多属于法律给予受到不公平对待方的救济措施,其更多的是保护受到不公平对待方的救济措施。基于此,公司法将是否撤销的选择权交由股东。如果公司决议的瑕疵仅针对特定股东,该特定股东并未提出异议,即该特定股东认可了该公司决议所代表的团体意志,在这种情况下,如果允许其他股东以此撤销决议,则违背了决议撤销之诉的制度本意,且也不利于公司的正常运营。

3. 涉及名义股东、隐名股东的公司决议瑕疵诉讼原告主体

对此,实务中有以下三种观点。

观点一:隐名股东享有原告诉讼主体资格。理由为在处理公司法范畴的问题时要遵循"双重标准,内外有别"的原则,公司决议纠纷诉讼不涉及第三人,属于公司内部纠纷,应注重实质审查,因而认可隐名股东具有提起公司决议纠纷诉讼的原告资格,而名义股东因未实际出资,与公司决议内容没有直接利害关系,因此不能提起公司决议纠纷诉讼。

【典型案例】游某萍与开发集团股权确认纠纷案。①二审法院认为,游某萍系因国有企业改制而形成的隐名股东,是因政策而形成的,不存在恶意规避法律的动机和目的,其股东地位依法应予保护。虽然不能突破现行公司法关于有限责任公司人数限制的硬性规定认定其为显名股东,但本案系公司内部纠纷,对公司内部而言,隐名股东享有与正常股东相同的权利义务。故游某萍作为开发集团的隐名股东,可就开发集团内部与其相关的纠纷提起诉讼,依法具备本案的主体资格。

还有前文引用的尹某珍与家乐公司梁某华确认公司决议无效及确认股东资格纠纷案(第567页),桂林市中级人民法院在判决书中亦持此观点。

观点二:名义股东享有原告诉讼主体资格。名义股东为登记在册的股东,有权依据公司法行使股东权利,提起公司决议纠纷诉讼;而隐名股东在经法律程序成为显名股东之前,提起公司决议纠纷诉讼的请求,难以得到法院支持。

观点三:隐名股东与名义股东之间协议在不违背法律规定的情况下合法有效,但该协议对公司及其他股东不有效力,因此原则上应该由名义股东提起公司决议纠纷之诉,但隐名股东为实际投资人已被公司和其他股东知晓并且认可,特别是诉争的公司决议列明隐名股东身份的,隐名股东亦可以作为适格原告提起公司决议诉讼,即名义股东、隐名股东均可以提起公司决议纠纷诉讼。

实务中更倾向于观点二,认为该观点更符合公司法立法原意。理由如下:(1)《公司法》第56条第2款规定"记载于股东名册的股东,可以依股东名册主张行使股东权利",据此,登记于股东名册上的股东为公司法意义上的股东,该股东根据《公司法》第4条第2款的规定,享有资产收益、参与重大决策和选择管理者等权利,当然也就包括公司决议瑕疵诉讼的诉权;(2)根据《公司法解释(三)》第24条的规定,实际出资人直接受到法律保护的仅是投资权益,且该等权益是向名义股东而非向公司主张,"隐名股东"与"显名股东"两个概念是基于双方之间的委托代持股关系而言,主要解决的是二者之间的内部关系;(3)根据《公司法解释(三)》第25~26条的规定,善意第三人与名义股东签订的处分登记股权的合同为有效合同,公司债权人有权请求名义股东在未出资本息范围内承担补充赔偿责任;(4)对于普通公众而言并不存在"隐名股东"与"显名股东"之分,如果允许隐名股东提起公司决议瑕疵诉讼,则商事主体外观不值得信赖,商事活动的安全和效率无法得到保障。②

司法实践中与涉及名义股东、隐名股东的公司决议瑕疵诉讼原告主体相关的裁判观点及典型案例如下。

裁判观点一:隐名股东不具有提起公司决议效力诉讼的主体资格。

【典型案例一】刘某忠与红旗公司决议效力确认纠纷案。③再审法院认为,刘某忠对于红旗

---

① 参见云南省高级人民法院民事判决书,(2008)云高民二终字第197号。
② 参见张应杰主编:《公司股东纠纷类案裁判思维》,人民法院出版社2023年版,第414页。
③ 参见陕西省高级人民法院民事裁定书,(2014)陕民二申字第00082号。

公司工商登记及公司章程均未记载刘某忠为公司股东的事实并无异议,根据《公司法》(2013年)第32条第2款①的规定:"记载于股东名册的股东,可以依股东名册主张行使股东权利。"因此,刘某忠并非公司法意义上的合法股东,据此,咸阳市中级人民法院(2012)咸民终字第00058号民事判决认定刘某忠不享有参加股东会的权利,无权对公司股东会决议提出异议并无不当。因为刘某忠虽然对公司进行了实际出资,但其出资份额是由红旗公司合法股东予以代表,其仅为红旗公司的隐名出资人。所以,其无权对公司股东会决议提出异议。

【典型案例二】杨某与易谱精灵公司决议撤销纠纷案。②二审法院认为,《公司法》(2018年)第22条第2款③、《公司法解释(四)》第2条规定,在公司决议撤销纠纷案起诉时不具备股东资格的,应当驳回起诉。当事人提起公司决议撤销之诉的,应当提交工商登记、股东名册等能够证明股东身份的证明文件。在存在隐名股东和显名股东的情况下,因隐名股东与显名公司之间系委托持股关系,对公司而言,公司法意义上的股东是指显名股东,而非隐名股东,故隐名股东在显名前,不是公司法意义上的股东,不具备《公司法》(2018年)第22条第2款及《公司法解释(四)》第2条规定的原告资格,应当驳回起诉。

裁判观点二:股权归属存在争议,不足以成为否认股东提起公司决议撤销之诉的理由。

【典型案例】中智电烨电力公司、周某伦公司决议撤销纠纷案。④二审法院认为,关于被上诉人周某伦是否出资、有无主体资格的问题。根据2012年7月29日周某明、周某伦、周某、杨某某签订股东出资协议书、中智电烨电力公司公司章程以及中智电烨电力公司工商注册登记信息,无论是公司工商注册登记信息变更前还是变更后,周某明、周某伦、周某、杨某某等股东的公司占股比例没有改变,周某伦应为实名登记股东。至于周某伦是否出资、是否全额出资,属于确认之诉,不属于本案撤销之诉的审理范围。因此,中智电烨电力公司的该上诉理由不能成立,法院不予采信。

裁判观点三:员工出资属于公司福利投资行为,仅享有财产性利益,不具有提起撤销公司决议诉讼的主体资格。

【典型案例】杨某明、金凯公司决议撤销纠纷案。⑤最高人民法院认为,本案中,杨某明请求撤销金凯公司董事会及股民代表会议决议,依法应在起诉时具有金凯公司股东资格,否则不符合本案起诉条件。判断杨某明是否是金凯公司股东,应结合金凯公司章程、股东名册、工商登记信息、出资情况以及杨某明是否实际行使股东权利等情形予以综合认定。经查明,杨某明向金凯公司的出资属于公司福利投资行为,仅享有财产性利益。金凯公司虽在《入股人员名册》、股权证等文件中将杨某明列为"股东",并使用"股权""认股数""原始股"等用语,但并非公司法意义上的股东及股权。故杨某明不是金凯公司股东,不具有提起撤销公司决议诉讼的主体资格,不符合本案起诉条件。原审裁定驳回其起诉并无不当。

---

① 参见新《公司法》第56条第2款。
② 参见北京市第二中级人民法院民事裁定书,(2020)京02民终6077号。
③ 参见新《公司法》第26条,下同。
④ 参见河南省信阳市中级人民法院民事判决书,(2020)豫15民终3064号。
⑤ 参见最高人民法院民事裁定书,(2020)最高法民申1255号。

4. 对决议投赞成票的股东是否有权提起公司决议瑕疵诉讼

实务中主要观点有以下三种：

观点一认为，对于会议的程序瑕疵问题，股东并非能够在表决之时即已全部明确知晓；对于决议内容是否违反章程规定的问题，因股东并非以公司经营为常业，亦未必能够在会议表决之时作出明确判断。在现行《公司法》未就此种情形作出特别限定的情况下，作为一种共益权，应从宽把握，故对决议投赞成票的股东仍应有权提起决议撤销之诉。

观点二认为，要区分不同的情形。情形一，允许在会议当时不知道决议形成过程和内容存在瑕疵，因而客观上不能够提出异议的股东提起公司决议瑕疵诉讼。情形二，表决时明知存在影响决议效力的情形，但并未提出的股东，不可以提起公司决议瑕疵诉讼。

观点三认为，绝对禁止对决议投赞成票的股东提起公司决议瑕疵诉讼。理由为如果允许对决议投赞成票的股东事后提起公司决议瑕疵诉讼，则违背了"禁止反言"原则或者诚信原则，可能会导致交易秩序的混乱。

实务中更倾向于观点三。

5. 无表决权股东能否成为公司决议瑕疵诉讼适格原告

实务中对无表决权股东对于其享有表决权的股东会决议有权提起诉讼无争议。但对其没有表决权的股东会决议是否有权提起诉讼，存在争议。根据《公司法》及司法解释，无表决权股东应属于公司决议瑕疵诉讼的适格原告。《公司法解释（四）》对公司决议瑕疵诉讼的适格原告作出规定，提起确认公司决议效力之诉以及确认公司决议不成立之诉的主体包括公司股东、董事、监事以及与股东会、董事会决议内容有直接利害关系的其他人，提起公司决议撤销之诉的主体为股东，新《公司法》第26条也规定提起公司决议撤销之诉的主体为股东，但均未区分股东是否应当享有表决权。新《公司法》第65条规定："股东会会议由股东按照出资比例行使表决权；但是，公司章程另有规定的除外。"根据《公司法》第57条、第58条、第64条的规定，所有股东均享有知情权，也有权参与股东大会，并未区分该股东是否具有表决权。据此，在我国立法上，无表决权的股东只是不享有表决权，并不影响股东的其他权利。

当前我国现行法律法规存在以下对股东表决权的限制规定：

一是《公司法》第116条第1款规定："股东出席股东会会议，所持每一股份有一表决权，类别股股东除外。公司持有的本公司股份没有表决权。"

二是《公司法》第15条第2～3款规定："公司为公司股东或者实际控制人提供担保的，应当经股东会决议。前款规定的股东或者受前款规定的实际控制人支配的股东，不得参加前款规定事项的表决。该项表决由出席会议的其他股东所持表决权的过半数通过。"

三是《公司法解释（三）》第16条规定："股东未履行或者未全面履行出资义务或者抽逃出资，公司根据公司章程或者股东会决议对其利润分配请求权、新股优先认购权、剩余财产分配请求权等股东权利作出相应的合理限制，该股东请求认定该限制无效的，人民法院不予支持。"

四是《公司法》第66条第1款规定："股东会的议事方式和表决程序，除本法有规定的外，由公司章程规定。"据此，公司章程可对利害关系股东的表决权予以合理限制或者排除。

五是中国证券监督管理委员会《优先股试点管理办法》第10条规定,优先股股东参与公司决策管理等权利受到限制,除非修改公司章程中与优先股相关的一次或累计减少公司注册资本超过10%、发行优先股等情形,其无权参与决策。

6. 新老法定代表人争议情形中公司诉讼代表人的确定

司法实践中一般采取"内外有别,区别对待"的标准进行确定:一是公司与股东之间因法定代表人任免发生的内部争议,一般以有效的股东会决议、董事会任免决议内容进行确认。公司有效决议产生的新法定代表人有权代表公司,老法定代表人丧失法定代表权。二是公司以外的第三人因公司代表权产生的争议,一般以工商登记为准,老法定代表人仍具有代表权。公司内部决议内容不得对抗外部的善意第三人。

对于性质为内部争议的公司决议纠纷,如果原告是对任免法定代表人决议本身提起效力诉讼,或者任免法定代表人决议效力诉讼尚在另案审理中应如何确定公司诉讼代表人。

对于这一问题的原则是原告不得在诉讼中同时代表公司参加诉讼,公司应当另行确定诉讼代表人参加诉讼。实务中一般的处理方法为:

(1)要求争议方召开股东会另行选任代表参加诉讼。

(2)若公司无法推选新的诉讼代表人,则引导争议方协商确定由其中一方担任或推选公司诉讼代表人,其他方担任或推选代表作为案件第三人参与诉讼。无法协商的,由法院指定其中一方担任或推选诉讼代表人,将其他方或其他方推选的代表列为第三人。

(3)法院在裁判文书中应载明公司诉讼代表权问题的处理过程以及处理结果,同时明确:在任免法定代表人决议效力未明之前,无论由争议哪一方代表公司参加诉讼,均不代表法院确认该方为法定代表人,以体现案件处理的程序合法性以及实体公正性。

(二)被告主体

公司决议纠纷案件只有公司才是公司决议纠纷案件的适格被告,其他主体均不是适格被告。如果列其他股东、董事等公司以外的其他主体为被告,对其他主体的起诉均会被法院驳回。

裁判观点:公司决议效力案件只有公司才是适格被告,公司不具有提起公司决议效力之诉主体资格。

【**典型案例**】王某宣、付某雨第三人撤销之诉案。[①]最高人民法院认为,《公司法解释(四)》第3条第1款规定:"原告请求确认股东会或者股东大会、董事会决议不成立、无效或者撤销决议的案件,应当列公司为被告",故涉及公司决议效力的案件只有公司才是适格被告,而本案中建材公司作为原告起诉,其诉讼地位亦不符合上述司法解释的规定,故建材公司不具有提起该诉讼的主体资格,建材公司提起的公司决议效力确认之诉也不属于法院审理范围。河南省高级人民法院(2018)豫民终645号民事裁定关于建材公司提起的公司决议效力确认之诉属于法院审理范围的认定不当,最高人民法院予以纠正。

---

① 参见最高人民法院民事裁定书,(2019)最高法民再335号。

(三)第三人主体

对决议涉及的其他利害关系人,可以依法列为第三人。在一审法庭辩论终结前,利害关系人可申请加入公司决议纠纷诉讼。对于准许参与诉讼的利害关系人,应视其诉求是否与原告一致,而将其列为共同原告或第三人。

四、诉讼请求

(一)诉讼请求必须明确、具体

1. 效力请求

提起效力请求时应注意以下两点问题:一是明确请求为确认决议不成立、确认决议无效还是请求撤销决议;二是明确具体的决议。

2. 责任请求

责任请求应当具有可履行性,包括义务人可以准确无误地履行,或者法院可以顺利地强制执行。

(二)法院可否受理确认公司决议有效之诉

2016年4月12日最高人民法院公布的《公司法解释(四)(征求意见稿)》第1条明确,公司股东、董事等依据《公司法》(2013年)第22条第1款①起诉请求确认决议无效或者有效的,应当依法受理。2017年8月25日最高人民法院发布《公司法解释(四)》却删除了前述确认公司决议有效之诉的规定,导致实务界观点不一。

有观点认为,法院不应受理确认公司决议有效之诉。理由为:(1)股东有权提起确认公司决议有效之诉于法无据,我国《公司法》及其他法律法规均未对此作出规定;(2)有争议才有诉因,无人对股东会决议效力提出疑问时,决议自然有效,因此不存在诉因,进而不存在判决的必要性和实效性;(3)公司决议有效是公司管理或决策的常态,是请求履行之诉发生的前提,而不是核心。

《北京市高级人民法院关于审理公司纠纷案件若干问题的指导意见》(京高法发〔2008〕127号)第10条就规定:"股东仅请求确认股东会决议、董事会决议有效的,人民法院裁定不予受理。"

裁判观点:公司股东未违反法律、行政法规的强制性规定,按照公司章程召开股东会并形成决议,是公司自治范畴的内部事务。如果没有股东就股东大会决议提出异议之诉,法院就不应通过国家强制力直接干预公司自治范畴内的事务。要求确认股东大会决议有效的诉讼,法律尚无相应的依据,不符合法院受理案件的范围。

【**典型案例一**】符某君、李某光、曹某明、李某与相某全、柳园公司决议效力确认纠纷案。②再审法院认为,根据《公司法》(2013年)第22条③的规定,股东认为公司股东会或股东大会、

---

① 参见新《公司法》第25条第1款。
② 参见甘肃省高级人民法院民事裁定书,(2015)甘民申字第954号。
③ 参见新《公司法》第25条、第26条。

董事会决议内容或者会议召集程序、表决方式违反法律、行政法规或者公司章程的,有权提起决议无效或撤销之诉。但公司法以及其他法律法规均没有规定股东有权提起确认股东会决议有效之诉。公司法规定对公司决议效力的异议之诉,在于赋予可能受瑕疵决议损害的股东行使法定的股东救济权利,以保护其合法利益。公司股东未违反法律、行政法规的强制性规定,按照公司章程召开股东会并形成决议,是公司自治范畴的内部事务。如果没有股东就股东大会决议提出异议之诉,法院就不应通过国家强制力直接干预公司自治范畴内的事务。本案中,再审申请人要求确保股东大会决议有效的诉讼,法律上无相应的依据,不符合法院受理案件的范围。

【典型案例二】 王某宣与付某雨等第三人撤销之诉案。① 最高人民法院认为,建材公司通过股东会决议形式解除了付某雨股东资格是公司内部的自治行为,依照法律或公司章程规定的议事方式和表决程序作出的决议,自作出时生效,只有存在效力阻却事由时才能导致效力瑕疵,而依照我国现行公司法和相关司法解释的规定,该效力阻却事由包括股东、董事、监事提起"公司决议无效、不可撤销或不成立"之诉,但并未将确认公司决议有效之诉列为法院民事案件的受理范围。最后,《公司法解释(四)》第3条第1款规定:"原告请求确认股东会或者股东大会、董事会决议不成立、无效或者撤销决议的案件,应当列公司为被告",故涉及公司决议效力的案件只有公司才是适格被告,而本案中建材公司作为原告起诉,其诉讼地位亦不符合上述司法解释的规定,故建材公司不具有提起该诉讼的主体资格,建材公司提起的公司决议效力确认之诉也不属于法院审理范围。河南省高级人民法院(2018)豫民终645号民事裁定书关于建材公司提起的公司决议效力确认之诉属于法院审理范围的认定不当,再审法院予以纠正。

【典型案例三】 李某、程某钢公司决议效力确认纠纷案。② 针对李某、程某钢能否请求确认长征公司股东会决议有效的问题,二审法院认为,根据《公司法》(2013年)第22条③的规定,股东认为股东会决议违反法律法规和公司章程的,会议召集程序、表决方式违反法律法规和公司章程的,有权提起决议无效或撤销之诉。《公司法解释(四)》第1条规定,公司股东、董事、监事等请求确认股东会决议无效或者不成立的,法院应当依法予以受理。可见,《公司法》关于股东会决议效力的诉讼分为决议无效之诉和决议撤销之诉。在此基础上,《公司法解释(四)》增加了决议不成立之诉。因此《公司法》及《公司法解释(四)》所规定的股东会决议效力的诉讼均为股东会决议效力瑕疵诉讼。我国关于股东会决议效力瑕疵诉讼的立法规定,旨在赋予受股东会瑕疵决议损害的股东或其他当事人行使法定的救济权利,以维护其合法利益。但是《公司法》及其司法解释以及其他法律法规均没有规定确认股东大会决议有效之日。股东会决议是公司治理的主要方式和主要载体。公司治理在总体上属于公司自治的范围,司法介入公司治理活动应以尊重公司自治为原则,保持一定的谦抑性。法院能够受理法定的股东会决议效力瑕疵诉讼,但不宜受理立法未规定的确认股东会决议有效之诉。与股东会决议有利益关系的人,可通过法定途径提起股东会决议的无效诉讼、撤销诉讼或不成立诉讼。本案

---

① 参见最高人民法院民事裁定书,(2019)最高法民再335号。
② 参见贵州省高级人民法院民事判决书,(2017)黔民终486号。
③ 参见新《公司法》第25条、第26条。

中,一审法院受理李某、程某钢要求确认股东会决议有效之诉,法律上缺乏相应的依据,未能体现司法介入公司治理活动的谦抑性,不利于受股东会瑕疵决议损害的股东或其他当事人的权益救济。一审法院对本案进行实体处理不当,应予撤销,并应依法驳回李某、程某钢的起诉。

也有观点认为,法院可以受理确认公司决议有效之诉。理由为:(1)法律未排除确认公司决议有效之诉的受理,且其符合民事诉讼的一般特征,法院无权拒绝受理;(2)对公司决议效力异议的方式应当包括不予履行或者怠于履行决议内容;(3)请求履行之诉不能涵盖确认之诉,原告提起确认公司决议有效之诉具有诉的利益。

对于前述争议,实务中的普遍观点还是认为,是否受理确认决议有效之诉,在依据《民事诉讼法》第122条的规定判断的同时还应考虑个案中原告对于所诉内容是否具有诉的利益,有则应当受理,无则不应受理。诉讼的利益,是指当事人向法院提出的诉讼请求,具有必须通过法院审理并作出判决予以解决的必要性和时效性。其中必要性是指有无必要通过判决解决当事人之间的纠纷。如果原告的现实或将来利益,由于他人之否认或其他原因的存在处于不安状态,则有必要通过诉讼将此不安状态除去,反之则没有诉讼的必要。实效性则指通过本案判决能否使纠纷获得实质性解决。

【典型案例一】全某、周某康与梧桐会公司、苗某学公司决议效力确认纠纷案。[①] 二审法院认为,公司法上的确认公司决议无效或者不成立之诉是民事诉讼法上一般确认之诉的特别类型,其并未排除当事人在符合条件时提起民事诉讼法上的一般确认之诉,不能因《公司法》及《公司法解释(四)》仅规定了确认公司决议无效或者不成立之诉及公司决议撤销之诉就当然否定当事人提起的确认公司决议有效之诉。股东会决议属于公司自治范畴事项,通常情况下,股东会作出的决议,对全体股东均具有拘束力,其有效性无须通过司法确认加以确定。考察司法是否有必要介入公司治理,应主要考量个案中股东确认股东会决议有效的请求是否具有可诉性,是否有必要以司法裁判的形式给当事人以救济,即股东对此是否具有诉的利益。本案中,2017年2月16日形成的《梧桐会公司关于变更执行董事的股东会决议》载明:解除苗某学的梧桐会公司执行董事职务;由全某担任梧桐会公司执行董事,并根据公司章程由其担任法定代表人。因全某、周某康与苗某学对该股东会决议的效力存在争议,导致无法变更公司执行董事和法定代表人的登记,该股东会决议作出后实际未得到及时、有效履行。故认可2017年2月16日股东会决议的全某、周某康要求梧桐会公司及苗某学按照该股东会决议协助履行办理工商变更登记手续,须以请求确认该股东会决议有效为前提。鉴于此,全某、周某康对确认2017年2月16日股东会决议有效的请求具有诉的利益,其提起确认股东会决议有效之诉,属于法院受理案件范围。一审法院以全某、周某康的诉请无法律依据及不具有诉的利益为由认定本案不属于法院受理案件范围不当,二审法院予以纠正。

【典型案例二】佰真公司诉川崎公司公司决议效力确认纠纷案。[②] 二审法院认为,我国现行公司法或者民事诉讼法并未将确认股东会决议有效排除在法院的受理范围之外,由于佰真公

[①] 参见广东省深圳市中级人民法院民事裁定书,(2018)粤03民终11880号。
[②] 参见上海市第一中级人民法院民事判决书,(2014)沪一中民四(商)终字第125号。

司未能按照股东会决议的内容办理相应的工商变更登记手续,损害了川崎公司利益,川崎公司提起本案诉讼要求确认涉案股东会决议有效具有诉的利益,符合法院立案条件,故原审法院受理川崎公司提起确认股东会决议有效之诉并无不当。

【典型案例三】徐某等与李某新公司决议效力确认纠纷案。① 二审法院认为,我国现行公司法或者民事诉讼法并未将确认股东会决议有效排除在法院的受理范围之外,由于德高公司及徐某未按股东会决议履行,损害了李某新的利益,李某新提起本案诉讼要求确认涉案股东会决议有效具有诉的利益,符合法院立案条件。原审法院受理李某新提起确认股东大会决议有效之诉并无不当。

【典型案例四】威达公司与泰龙公司与公司有关的纠纷案。② 二审法院认为,《公司法》中关于公司决议无效或撤销之诉相关规定是关于公司决议确认之诉的特别类型,上述规定并不排除当事人在符合条件时提起民事诉讼法上规定的一般确认之诉,目前亦无相关法律规定将确认公司决议有效排除在法院的受理范围之外。因此,上诉人威达公司原审提起诉讼请求确认讼争公司决议有效,依法应属法院受理民事案件范围。原审法院从程序上驳回威达公司的起诉不当,法院予以更正。

【典型案例五】兴地公司与孟某海、范某、崔某、张某、李某洲及曹某之间公司决议效力确认纠纷案。③ 虽然有《北京市高级人民法院关于审理公司纠纷案件若干问题的指导意见》(京高法发〔2008〕127号)第10条"股东仅请求确认股东会决议、董事会决议有效的,人民法院裁定不予受理"的规定,但北京市第二中级人民法院在该案二审却认为,根据《公司法》(2013年)第22条④规定,股东会或股东大会、董事会决议的内容违反法律、行政法规的规定,股东会或者股东大会、董事会的决议召开程序、表决方式违反法律,行政法规或者公司章程,或者表决内容违反公司章程的,股东可以向法院提起诉讼,要求确认股东会、董事会决议无效或者撤销股东大会、董事会决议。依据前述规定,在受理公司决议效力确认之诉时,应先行对原告主体资格进行审查,即原告是否为决议效力存在争议之公司的股东。在本案中,孟某海等5人提交的兴地公司章程、投资者注册资本(注册资金、出资额)缴付情况等材料均显示该5人为兴地公司股东,但公司法在涉及公司决议问题上的规定,目的在于为合法权益可能受到瑕疵决议损害的股东提供救济的途径。我国现有公司法和民事诉讼法虽未将确认公司决议有效明确排除在法院的受理范围外,但鉴于股东会决议为公司自治范畴,一经做出,除被确认无效或撤销,其有效性无须经法院确认。因此,法院在受理此类案件时亦应对原告对于确认公司决议有效的诉讼请求是否具有诉讼的利益进行审查。在本案中,孟某海等5人请求的事项为确认股东会决议有效,其5人请求法院对此予以裁判的基础应为其与兴地公司对股东会决议有效性存有争议。在本案审理过程中,兴地公司的委托代理人虽持工商行政管理机关登记的法定代表

---

① 参见湖南省长沙市中级人民法院民事判决书,(2014)长中民四终字第05640号。
② 福建省厦门市中级人民法院民事裁定书,(2016)闽02民终4409号。
③ 北京市第二中级人民法院民事判决书,(2015)二中民(商)终字第06748号。
④ 参见新《公司法》第25条、第26条。

人的身份证明、加盖兴地公司公章的授权委托书应诉,但本案系股东与公司之间就机关决议效力产生的内部纠纷,应根据股东会等公司机关的意思表示来认定公司的真实意思表示。在5个股东均对股东会决议不持异议的情况下,股东会决议在公司内部产生变更法定代表人的法律效果,而变更后的法定代表人即为提起本案诉讼的原告之一,故从兴地公司的真实意思表示考量,兴地公司对公司决议效力并无异议。此外,兴地公司的委托代理人所提出的抗辩涉及股东向案外人支付股权转让款问题,与本案所涉争议缺乏关联性,且在庭审中其明确表示认为孟某海等5人形成的股东会决议合法有效。综上,兴地公司与孟某海等5人就公司决议效力问题并不存在争议,本案缺乏请求法院予以裁决的争议基础。

五、举证责任分配

(一)责任分配的基础

《公司法》及相关司法解释未对公司决议效力纠纷案件的举证责任作出特别规定,故应根据《民事诉讼法》第67条的规定,实行"谁主张,谁举证"的举证责任分配原则。具体为:

1. 决议的举证

原告作为否定决议效力的一方,应当对决议存在的事实承担举证责任,常见证据如决议文件、会议记录、会议视频等。

2. 瑕疵的举证

公司决议瑕疵诉讼为否定性确认之诉,其待证事实绝大部分是消极的事实,[①] 故举证责任相应地由作为被告的公司承担。例如,若原告主张公司决议因会议未召开而不成立,公司抗辩决议成立,应由公司举证证明会议实际召开或者无须召开会议的事实,常见证据如会议记录、会议视频、参会人员人证等;若原告主张有关股东提前出资的公司决议无效,公司抗辩决议有效,应由公司举证证明其要求股东提前出资具有合理性、紧迫性,常见数据如财务会计报告、交易合同等。公司决议瑕疵诉讼也存在待证事实为积极事实的情形。又如,若原告主张公司决议因伪造签名而不成立,公司对此不予认可,则原告应对伪造签名的事实承担举证责任,常见的举证方式是申请笔迹鉴定;若原告主张公司决议因违反公司章程可撤销,应先证明公司章程内容,常见证据为公司章程、股东协议等。

(二)公司决议瑕疵法律责任的认定

具体见《公司法》的下列规定:

第21条规定:"公司股东应当遵守法律、行政法规和公司章程,依法行使股东权利,不得滥用股东权利损害公司或者其他股东的利益。公司股东滥用股东权利给公司或者其他股东造成损失的,应当承担赔偿责任。"

第188条规定:"董事、监事、高级管理人员执行职务违反法律、行政法规或者公司章程的规定,给公司造成损失的,应当承担赔偿责任。"

第190条规定:"董事、高级管理人员违反法律、行政法规或者公司章程的规定,损害股东

[①] 参见陈贤贵:《论消极事实的举证证明责任——以〈民诉法解释〉第91条为中心》,载《当代法学》2017年第5期。

利益的,股东可以向人民法院提起诉讼。"

综上规定,我们可以得出:股东会、董事会决议损害公司或股东利益的,公司或受到损害的股东可以要求对决议瑕疵负有责任的股东或董事赔偿损失,协商不成的,可以向法院起诉。

值得注意的是,由于公司决议瑕疵法律责任诉讼与公司决议瑕疵诉讼的主体不同,法律关系不同,公司决议瑕疵法律责任诉讼应在公司决议瑕疵诉讼之后再行提起。

六、公司决议纠纷的诉讼保全

诉讼保全包括财产保全、证据保全和行为保全。

(一)财产保全

公司决议纠纷诉讼在性质上属于确认之诉或变更之诉,而非给付之诉,并不存在未来生效判决的执行问题。因此,此类纠纷一般不存在财产保全的问题。除非在公司决议纠纷诉讼中,原告还提出其他需要合并审理的诉讼请求,才可能需要采取财产保全措施。

(二)证据保全

根据《民事诉讼法》第84条的规定,由于公司决议瑕疵诉讼与普通民事诉讼同样存在运用证据证明案情的需要,因此符合条件的应当准许。

(三)行为保全

《民事诉讼法》第103条第1款并未将公司决议瑕疵诉讼排除在行为保全制度外,故在符合一定条件下可以适用行为保全制度。关于公司决议行为保全,曾在最高人民法院公布的《公司法解释(四)(征求意见稿)》第10条规定:"股东会或者股东大会、董事会决议存在实施后不能恢复原状或者使当事人、利害关系人的合法权益受到难以弥补的损害等情形的,可以依据原告的申请禁止实施有关决议。人民法院采取前款规定的行为保全措施,可以根据公司的申请或者依职权责令原告提供相应担保。原告提供相应担保的,应当禁止实施有关决议。人民法院经审查认为,原告的申请存在恶意干扰或拖延决议实施情形的,应当驳回申请。"虽然该规定在正式颁布时被删除,但在实务中还是有一定的借鉴意义。但由于公司是追求利润最大化的营利主体,商机稍纵即逝,不当的行为保全,如禁止新股发行、禁止交易等,可能会对公司或利害关系人造成难以挽回的损失。同时公司决议涉及的利益错综复杂。行为保全可能会被作为股东博弈的手段,脱离保护公司和股东利益的初衷。行为保全决定可能是错误的,因此而造成的损害将不可弥补,所以在实务中法院一般会持审慎态度。申请保全的要件如下:(1)申请人适格;(2)决议的实施会造成难以弥补的损害;(3)申请人存在胜诉可能性;(4)利益衡量的结果倾向于支持申请人。

七、公司决议纠纷中的诉讼时效或除斥期间

(一)公司决议撤销之诉的除斥期间

1.公司决议撤销之诉除斥期间的规定

《公司法》第26条明确规定,股东诉请撤销公司决议的,应当在决议作出之日起60日内

行使,未被通知参加股东会会议的股东自知道或者应当知道股东会决议作出之日起 60 日内行使,但最长不能自决议作出之日起超过 1 年行使。该期间不得中止、中断与延长。《最高人民法院关于适用〈中华人民共和国公司法〉若干问题的规定(一)》(以下简称《公司法解释(一)》)第 3 条规定:"原告以公司法第二十二条[①]第二款、第七十四条第二款[②]规定事由,向人民法院提起诉讼时,超过公司法规定期限的,人民法院不予受理。"相较于原《公司法》第 22 条的规定,新《公司法》的规定在一定程度上解决了大股东故意不通知小股东参加股东会,导致小股东对股东会决议的作出及内容不知情情形下其撤销请求权期间的补救问题。新《公司法》这一规定既是基于对未参会小股东撤销请求权的公平保护,也充分考虑了商法的效率原则,即不能长时间地使决议效力处于不确定状态,进而使相应的商业行为长时间处于不确定状态,影响交易效率和市场稳定。

裁判观点一:超过除斥期间的,驳回起诉。

【**典型案例**】李某会与张某达、苏某民等损害股东利益责任纠纷案。[③] 二审法院认为,涉案股东决议实际上并未得到全体股东的一致同意,该股东会决议召集程序及表决均有瑕疵。但根据《公司法》(2013 年)第 22 条[④]的规定,李某会可以在股东会决议作出之日的 60 日内请求撤销,但李某会提起撤销涉案股东会决议及章程的诉请,超出了公司法限定的时间,故原审认为李某会丧失了实体法上的撤销权,驳回李某会的起诉并无不妥。

裁判观点二:代持股东在股东会决议中作出的意思表示,应视为隐名股的授权行为,对其具有拘束力。因此,隐名股东在显名后请求撤销股东会决议的期限,亦应当自决议作出之日起 60 日内完成。

【**典型案例**】孙某高与江苏景天置业有限公司公司决议撤销纠纷案。[⑤] 法院认为,本案起诉时,股东大会决议已经作出两年时间,明显超过《公司法》规定的时效期间。同时,通常在公司实际经营过程中,实际出资人往往并不参与公司的经营及重大事项的决策,而是通过名义股东行使其权利。在本案中,孙某高系通过名义股东 a 实际出资,名义股东应当向实际出资人披露公司经营过程中的重大事项,a 在股东会决议上签字确认,表明其赞同并接受股东会决议内容,该决议对原告亦产生拘束力。故对原告以对股东会决议不知情,且侵害其合法权益的主张,法院不予采信。

2. 公司决议撤销之诉除斥期间的起算时点的实务认定

根据《公司法》第 26 条的规定,除未被通知参加股东会会议的股东自知道或者应当知道股东会决议作出之日起 60 日内行使,但最长不能自决议作出之日起超过 1 年行使外,公司决议撤销之诉的除斥期间均应以公司决议作出之日起算。

---

① 参见新《公司法》第 26 条。
② 参见新《公司法》第 89 条。
③ 参见广东省广州市中级人民法院民事裁定书,(2017)粤 01 民终 522 号。
④ 参见新《公司法》第 25 条、第 26 条。
⑤ 参见江苏省宿迁市中级人民法院民事裁定书,(2015)宿中商终字第 00368 号。

【典型案例一】华夏公司、郭某前公司决议撤销纠纷再审案。① 再审法院认为,郭某前起诉时距离股东会决议作出之日已超过60日,不属于在法定期限内提起诉讼。首先,股东诉请撤销公司决议属于形成之诉,撤销权作为形成权应当在决议作出之日起60日的除斥期间内行使,《公司法》对此有明确规定,该期间不得中止、中断与延长。其次,一审、二审判决将《公司法》(2018年)第22条② 理解为"知道或应当知道决议作出之日起六十日",超过了《公司法》相关规定的范畴。如果以"知道或应当知道决议作出之日起六十日"作为决议撤销的除斥期间,会导致公司决议效力长期处于可能受挑战的状态,与《公司法》追求的宗旨不符。最后,《公司法解释(一)》第3条明确规定"原告以公司法第二十二条第二款、第七十四条第二款规定事由,向人民法院提起诉讼时,超过公司法规定期限的,人民法院不予受理"。我国公司法对决议撤销之诉的起诉期间规定较为严格,规定"决议作出(通过)之日"为期间起点,而不允许股东以其不知道或不应当知道该决议通过为抗辩理由。华夏公司2017年5月12日召开股东会并作出决议,而郭某前于同年8月29日才向一审法院提起撤销之诉,郭某前提起诉讼时已经超过法定期限。根据前述法律规定,法院对郭某前的起诉应不予受理,一审、二审判决不当,应予纠正。

【典型案例二】王某平、兴合公司等公司决议撤销纠纷案。③ 二审法院认为,关于王某平提起本案诉讼是否超过股东提起撤销公司决议之诉的法定60日的起诉期限问题。公司决议撤销之诉是依据判决使法律关系发生变动的诉讼,这种请求法院撤销公司决议的权利,即撤销权,是形成权的一种。因公司决议的撤销,对公司正常经营影响较大,为使法律关系尽早明确,《公司法》(2018年)第22条第2款④ 规定:"股东会或者股东大会、董事会的会议召集程序、表决方式违反法律、行政法规或者公司章程,或者决议内容违反公司章程的,股东可以自决议作出之日起六十日内,请求人民法院撤销。"《公司法解释(一)》第3条规定:"原告以公司法第二十二条第二款、第七十四条第二款规定事由,向人民法院提起诉讼时,超过公司法规定期限的,人民法院不予受理。"上述规定确定了撤销权行使或存续期间,此期间为除斥期间,也是不变期间,不得展期,所以该撤销权的行使,必须自公司决议作出之日起60日内向法院起诉。

需要注意的是,根据新《公司法》第26条第2款的规定,对于请求撤销股东会决议的,如果请求股东未被通知参加股东会会议,除斥期间60日的起算时点为股东自知道或者应当知道股东会会议作出决议之日。

3. 相关决议超过前述的除斥期间的小股东的补救方式

根据实际情况,司法实务中一般可采取以下方式:一是视情况提起决议不成立诉讼。例如,股东不知道相关决议的存在,是因为会议在召集、通知时蓄意遗漏了股东。这种情况属于公司决议在程序上的重大瑕疵,可以通过决议不成立之诉的相关制度予以解决。二是根据《公

---

① 参见浙江省高级人民法院民事裁定书,(2019)浙民再50号。
② 参见新《公司法》第25条、第26条。
③ 参见河南省高级人民法院民事裁定书,(2021)豫民终1260号。
④ 参见新《公司法》第26条。

司法》第 21 条的规定提起诉讼,请求赔偿损失。例如,公司的决议已经执行完毕,股东再提起决议撤销之诉已没有意义,在此情况下,公司股东可以根据《公司法》第 21 条、第 22 条的规定提起诉讼,请求赔偿损失。

(二)公司决议无效、不成立的诉讼时效

目前我国司法实践中对于公司决议不成立之诉、公司决议无效之诉是否应适用诉讼时效制度尚未形成统一的裁判观点。但主流观点认为法律行为无效、不成立为客观事实,不因时间的经过而发生变化,如果适用诉讼时效,意味着违法行为经过一段时间便可得到法律保护,不符合立法宗旨和目的。且诉讼时效的目的在于督促权利人及时行使权利,因此仅有请求权能够适用诉讼时效的规定。公司决议无效、不成立之诉为确认之诉,当事人是就决议是否存在及其效力产生争议,对应的实体权利并非请求权。同时《公司法》及司法解释对于公司决议无效、不成立之诉并未规定相应的时效期间,故公司决议无效、不成立之诉不适用诉讼时效。

【典型案例一】 海城公司与华盈公司、后英经贸公司公司决议纠纷案。[①] 二审法院认为,从诉讼时效的功能性来说,诉讼时效制度是公权力对于相关权利人权利保护的期限,其设立目的是敦促权利人及时行使权利。诉讼时效期间届满,则义务人得以据此抗辩权利人的请求。而《公司法解释(四)》第 5 条[②] 所确立的公司决议不成立之诉是为了否决存在程序严重瑕疵的公司决议的效力。公司决议不成立、不发生法律效力是自始的、终局的,如赋予该诉权以诉讼时效制度,则意味着在诉讼时效届满后,相关决议处于未定状态,既不认定其成立,亦不能认定其不成立,有违商事交易稳定的原则。

【典型案例二】 优质北京公司、优龙国际公司等公司决议纠纷案。[③] 二审法院认为,关于优质北京公司诉请是否应当适用诉讼时效的规定,如应当适用,有无超过诉讼时效问题。本案优质北京公司的诉请是要求确认董事会决议等文件无效后变更为不成立,其提起的是确认之诉。《诉讼时效规定》第 1 条规定,当事人可以对债权请求权提出诉讼时效抗辩。故诉讼时效的客体应为债权请求权,且该请求权应具有财产权利属性。公司决议纠纷案件不具有财产权利属性,公司决议效力确认权属于形成权,即依照权利人单方意思表示就可以使已经成立的民事法律关系发生变化,决议不成立或无效均自始开始,单纯的时间经过不能改变不成立或无效决议的违法性,故优质北京公司的诉请不适用诉讼时效的规定。基于此,对优质北京公司的诉请有无超过诉讼时效,已无审查之必要。

但笔者也关注到,司法实践中亦有裁判观点认为公司决议效力之诉应当适用诉讼时效制度。

【典型案例一】 韩某海与陕西威肯纳米新材料加工有限公司公司决议效力确认纠纷案。[④]

---

① 参见辽宁省高级人民法院民事判决书,(2018)辽民终 920 号。
② 参见新《公司法》第 27 条。
③ 参见江苏省南京市中级人民法院民事判决书,(2019)苏 01 民终 470 号。
④ 参见陕西省高级人民法院民事裁定书,(2013)陕民二申字第 01051 号。

针对案件争议焦点申请人的起诉是否超过法律规定的诉讼时效，再审法院认为，《民法通则》第 135 条①规定：向法院请求保护民事权利的诉讼时效期间为 2 年，法律另有规定的除外。我国现行法律对公司决议效力纠纷的诉讼时效无另行规定。因此，本案应适用《民法通则》第 135 条诉讼时效期间为 2 年的规定。

【典型案例二】进福公司与张某云公司决议效力确认纠纷案。②二审法院认为，张某云提起本案诉讼，系基于系争股东会决议侵犯了其作为股东有权参与决定公司设立、变更及终止的权利，对该股东合法私权利的侵犯，实则为一种民事侵权责任。基于公司制度的特殊性，该民事权利的救济方式主要体现在请求司法否认决议效力程序上。针对该种权利的保护，同样落入诉讼时效的客体范围，现有法律也无特别规定此类情形不适用诉讼时效，故根据民事权利属性和诉讼时效原理。本案情形应当适用普通诉讼时效规定。赋予公司诉讼时效抗辩，在于督促股东积极关注并及时行使权利，否则，如果无限期地允许股东随时请求否认决议效力将使公司通过决议而形成的事实状态长期处于不稳定之中，损害交易安全和交易秩序，破坏公司外部法律关系稳定，这也与公司法的立法精神和原则相悖。因此，本案张某云起诉应当适用诉讼时效规定。再审法院亦支持了这一观点。

司法实践中，还有观点认为决议不成立之诉虽然不适用诉讼时效制度，但相关利害关系人应及时行权，如未在合理期限内主张权利，其诉讼请求不应得到支持。

【典型案例】李某飞与漾恩公司决议效力确认纠纷案。③二审法院认为，股东会决议不成立之诉，不涉及债权主张，不适用诉讼时效的相关规定，但从商事交易效率出发，相关利害关系人仍应及时行权。以避免因长时间才提出不成立主张，影响公司运行秩序和效率。本案中，有证据证明李某飞最迟在 2017 年 6 月已知晓增资事宜，但其直至 2018 年 10 月才提起本案诉讼，未在合理期限内主张权利，依照诚实信用和公平原则，不予支持其诉请。

在此我们还应该特别注意的问题是，决议无效纠纷不适用诉讼时效制度，但决议无效后涉及的财产返还及损失赔偿的诉讼请求适用诉讼时效制度。

【典型案例】广西北生集团与北海市威豪公司、广西进出口北海公司土地使用权转让合同纠纷案。④二审法院认为，合同当事人不享有确认合同无效的法定权利，只有仲裁机构和法院有权确认合同是否有效。合同效力的认定，实质是国家公权力对民事行为进行的干预。合同无效系自始无效，单纯的时间经过不能改变无效合同的违法性。当事人请求确认合同无效，不应受诉讼时效期间的限制，而合同经确认无效后，当事人关于返还财产及赔偿损失的请求，应当适用法律关于诉讼时效的规定。

据此，作为同为民事行为的公司决议所引发的返还财产及赔偿损失的请求，应当适用诉讼时效制度。

---

① 参见《民法典》第 188 条，下同。
② 参见上海市第二中级人民法院民事判决书，(2016)沪 02 民终 10328 号；上海市高级人民法院认为民事裁定书，(2017)沪民申 1582 号。
③ 参见上海市第二中级人民法院民事判决书，(2019)沪 02 民终 6605 号。
④ 参见最高人民法院民事判决书，(2005)民一终字第 104 号。

(三)公司决议瑕疵的诉讼转化

1. 公司决议瑕疵诉讼转化的实务处理

在公司决议瑕疵诉讼实务中,当否定决议的理由出现偏差时,一般情况下法院可能会直接驳回原告的诉讼请求,告知原告另行起诉。但有些法院也会基于节省司法资源、节省诉讼成本和提高诉讼效率出发,向原告释明,允许原告变更诉讼请求继续审理。

司法实践中有关公司决议瑕疵诉讼转化的裁判观点及典型案例如下。

裁判观点一:<u>当事人诉请决议无效,法院经审查认为决议不成立的,可以直接认定决议不成立。</u>

【**典型案例**】林某凤、林某1公司决议效力确认纠纷案。① 二审法院认为,关于案涉《股东会决定》是否产生效力的问题。《公司法解释(四)》规定了股东会决议不成立、无效或者可以撤销三种情形的法律后果,均为使股东会决议不发生相应的法律效力。本案中,林某凤、林某1、林某2、林某3虽诉请要求确认《股东会决议》无效,但从本案查明的事实,林某凤、林某1、林某2、林某3作为原告起诉的目的是案涉股东会决议不发生法律后果,结合本案的事实及相关法律规定,应确认案涉股东会决议不成立为妥。该处理方式并未违反民事诉讼关于不告不理的原则,也不存在判非所诉的情形。

裁判观点二:<u>当事人诉请决议无效,法院经审查认为决议不成立的,不能直接认定决议不成立,否则属于判非所诉。</u>

【**典型案例**】邓某、讯广货运公司决议效力确认纠纷案。② 二审法院认为,股东会决议的不成立与无效系不同的概念,探讨决议的效力是有效还是无效须以决议成立作为前提,只有决议成立后才有效力评价的必要,为此,《公司法解释(四)》第5条专门规定了股东会决议不成立的情形,将股东会决议无效与不成立作出了明确区分,该条第3项规定出席会议的人数或者股东所持表决不符合公司法或者公司章程规定的;第4项规定会议的表决结果未达到公司法或者公司章程规定的通过比例的。如果上诉人认为诉争股东会决议并未实际召开,会议的表决结果并未达到公司法或者公司章程规定的通过比例等,应当适用上述条款另行主张决议是否成立,而不属于决议无效的事由,按照《公司法》(2018年)第22条③规定只有在决议内容违反法律、行政法规时才能认定无效,诉争股东会决议内容本身并未违反法律、行政法规的规定。由于决议无效与不成立是不同的概念,法律及上述司法解释也明确区分了其适用于不同情形,上诉人在诉请确认无效的情况下,法院不能针对决议是否成立作出判决,否则会出现判非所诉的结果,违反不告不理的民事诉讼原则。

2. 在诉讼请求转换过程中应当注意的问题

(1)如果公司决议存在撤销原因,而股东请求确认决议无效或不成立,应该注意除斥期间的问题。如果在法定的除斥期间以内,则法院可能会同意变更诉讼请求为撤销决议并按撤销

---

① 参见福建省三明市中级人民法院民事判决书,(2020)闽04民终154号。
② 参见云南省昆明市中级人民法院民事判决书,(2021)云01民终3618号。
③ 参见新《公司法》第25条、第26条。

请求审理,否则就会因超过法定的除斥期间而被驳回诉讼请求。

(2)如果当事人已经就决议属于无效、撤销或不成立进行了充分的辩论,法官亦有可能会根据案件查明的事实,认定决议是否符合无效、撤销或不成立的构成要件,并作出相应的判决。

(四)合并审理的问题

1. 牵连诉求

司法实务中,在公司决议纠纷诉讼中,原告往往会出现除请求确认某特定公司决议效力请求外,还会一并提出其与该决议牵连的其他诉讼请求,要求法院合并审理的情形。常见情形有:

(1)诉求并列情形,如在请求确定一份公司决议效力的同时还请求确认另一份公司决议效力;

(2)附带诉求,这种情形一般该请求与履行公司决议相关,如股东资格确认、撤销变更登记等;

(3)预备诉求,也称备位诉求,即原告首先希望法院支持前一个诉讼请求,如果前一个诉讼请求不被支持,则希望法院支持后一个诉讼请求。

2. 合并审理的条件

原告在提起合并诉求时,应先行关注以下问题:

(1)诉讼主体、事实是否一致。合并审理一般要求各诉求的诉讼主体、事实一致。

(2)受理法院对所有诉讼请求是否均有管辖权。合并审理的前提条件是受理法院必须对所有诉讼均有管辖权。

(3)是否适用同一诉讼程序。合并审理必须适用同一诉讼程序。

(4)是否能够达到合并审理的目的。合并审理必须能够达到合并审理的目的,如果合并审理会使案件复杂化、给审理或判决造成实际困难、降低审判效益,则法院一般不会同意合并审理。

3. 实务中常见的合并审理及不予合并审理的情形

(1)原告在公司决议瑕疵诉讼中,依据为《公司法》第28条第1款规定的基于公司决议瑕疵而同时请求撤销工商变更登记。在实务中,针对这一情形,也存在不予合并审理的情形。

(2)不同诉讼主体合并审理的例外情形:不同当事人就同一个公司决议分别提起不成立、撤销或无效之诉,为避免同一决议的效力出现不同的裁判结果,法院一般会合并审理,并将各原告列为共同原告。

【典型案例】八一农场与金泥公司决议效力确认纠纷案。[1] 最高人民法院认为,根据《公司法》(2018年)第22条[2] 的规定,股东会决议存在无效因素时,股东可以请求认定股东会决议无效。八一农场作为金泥公司的股东,享有请求认定公司股东会决议无效的诉权,其起诉请求确认金泥公司股东决议无效及办理相应的变更登记,符合民事诉讼法规定的受理条件,应依法受

---

[1] 参见最高人民法院民事裁定书,(2019)最高法民再152号。
[2] 参见新《公司法》第25条、第26条。

理。根据《公司法》(2018年)第34条①关于有限责任公司股东享有优先认缴新增资本权利的规定,八一农场认为金泥公司增资时侵犯其股东权益,依法应享有诉讼权利。八一农场在提起股东会决议无效之诉的同时,又请求确认该股东会决议增资对应的股东权益归其所有,两个诉讼请求虽然是相互矛盾的,但八一农场提起的两个诉讼,诉讼要素齐全,均符合民事诉讼法规定的立案标准,当事人可以在前一个诉的请求不被支持时,退一步选择主张后一个诉的诉讼请求,对当事人的两个诉,法院均应立案受理。二审法院裁定驳回起诉,属于适用法律错误。

---

① 参见新《公司法》第227条。

◆ 第八章 公司证照返还纠纷

第一节 公司证照返还纠纷概述

一、公司证照返还纠纷的释义

公司证照返还纠纷,是指在公司经营过程中,公司法定代表人、股东、工作人员等可根据公司授权管理公司证照,若其他人员含公司外第三人,持有公司证照却拒绝返还,公司作为证照所有权人,可以提起公司证照返还之诉,请求无权占有人返还公司证照而引发的纠纷。最高人民法院《民事案件案由规定》将其作为三级案由,列于"与公司有关的纠纷"项下。

裁判观点:公司是公司证照的所有权人。

【**典型案例一**】二乘三公司与史某等公司证照返还纠纷案。① 二审法院认为,依照《公司法》(2018年)第3条②规定,公司系企业法人,具有独立的法人财产,享有法人财产权。本案中,公司公章、营业执照正副本以及银行账户资料等,均属二乘三公司所有。由于史某并非公司法定代表人,也未举证证明其根据公司章程等规定有权持有公司上述物品,故二乘三公司要求史某向其返还上述物品符合《物权法》第34条③的规定,应予支持。

【**典型案例二**】兴园顺达公司与唐某华公司证照返还纠纷案。④ 法院认为,公司是企业法人,有独立的法人财产,享有法人财产权。公司公章、证照是公司的合法财产,公司对其公章、证照的所有权受法律保护,任何单位和个人不得侵犯。当公司的公章、证照由他人无权控制、占有时,公司有权要求其返还。

【**典型案例三**】金穗公司与徐某风、方某、金某燕公司证照返还纠纷案。⑤ 二审法院认为,关于上诉人徐某风是否应当向被上诉人金穗公司返还由其保管的证照、印章及《土地租赁开发合同》原件。经审查,被上诉人金穗公司是依法成立的企业法人。上诉人徐某风保管的被上诉人金穗公司的行政公章、财务公章、法定代表人私章、企业法人营业执照原件以及《土地租赁开发合同》原件均属于被上诉人金穗公司的财产。双方当事人在二审庭审中均认可被上诉人金穗公司自成立至今并未就公司证照、印章、合同的保管事宜召开股东会,以及公司章程对于公司证照、印章、合同等保管事宜未作规定,且被上诉人金穗公司对上诉人徐某风保管上述证照、印章、合同的行为未予授权,故上诉人徐某风持有上述证照、印章、合同属于无权占有。依照《物权法》第34条⑥的规定,被上诉人金穗公司有权要求上诉人徐某风返还公司证照、印章及合同。原审法院判令由上诉人徐某风返还上述证照、印章及合同符合法律

---

① 参见广东省深圳市中级人民法院民事判决书,(2020)粤03民终21920号。
② 参见新《公司法》第3条第1款。
③ 参见《民法典》第196条、第235条。
④ 参见北京市第三中级人民法院民事判决书,(2015)三中民(商)终字第08974号。
⑤ 参见新疆维吾尔自治区昌吉回族自治州中级人民法院民事判决书,(2014)昌中民一终字第367号。
⑥ 参见《民法典》第196条、第235条。

规定,并无不当。

二、公司证照返还纠纷的性质

公司系公司证照的所有权人,公司基于对公司证照所享有的物权而提出公司证照返还请求,公司证照返还纠纷的权利基础系物权请求权。当无权占有公司证照之人占有证照之时,公司作为物权人,有权要求无权占有人返还公司证照。至于无权占有的发生原因如何、期间长短、占有人善意或恶意、有无过失,均在所不问,均无损于公司的证照返还请求权。[①]

三、公司证照的内容

(一)公司证件

公司证件通常包括营业执照、组织机构代码证、税务登记证、银行开户许可证、社保登记证等公文证件,以及商事主体经审批取得相关批准文书、特许经营执照等各类资格证书。

(二)公司印章

公司印章通常包括公司公章、合同专用章、财务专用章、发票专用章、法定代表人名章、项目专用章、部门印章等。

(三)公司其他文件及资料

公司其他文件及资料通常包括:

(1)与财务管理相关的资料。公司因日常经营而产生财务原始凭证,因财务管理而产生财务账册、会计凭证等,因银行业务、付款需要而产生支票本、银行 U 盾等。

(2)财产权证资料。因购置房产、土地等,而持有的房产证、土地使用证等物权证明资料;因注册或购买商标而取得商标注册证,因开发计算机软件而取得相应著作权登记证书,因发明专利而取得发明专利证书。

(3)公司经营管理中产生的其他资料。因员工管理而产生员工档案;因业务开展而产生业务档案、商业机密文件等。

实践中与公司其他文件及资料的范围认定相关的裁判观点及典型案例如下。

【典型案例一】二乘三公司与史某等公司证照返还纠纷案。[②]二审法院认为,公司公章、营业执照正副本以及银行账户资料等,均属二乘三公司所有。由于史某并非公司法定代表人,也未举证证明其根据公司章程等规定有权持有公司上述物品,故二乘三公司要求史某向其返还上述物品符合《物权法》第 34 条[③]的规定,应予支持。

【典型案例二】日邦公司与盛明公司证照返还纠纷案。[④]法院认为,本案诉争的日邦公司公章、财务专用章、合同专用章,2001 年至今的全部财务报表、会计账簿,企业法人营业执照正副

[①] 参见王泽鉴:《民法物权·通则·所有权》(总第 1 册),台北,三民书局 2023 年版,第 167 页、第 169 页。
[②] 参见广东省深圳市中级人民法院民事判决书,(2020)粤 03 民终 21920 号。
[③] 参见《民法典》第 196 条、第 235 条。
[④] 参见北京市朝阳区人民法院民事判决书,(2014)朝民初字第 00920 号。

本、组织机构代码证正副本、税务登记证正副本、印刷许可证、土地使用证、房屋所有权证、银行开户许可证均系日邦公司的财产,为法人履行职责、行使职权、维护公司正常运营所需,公司当然拥有上述证照等物品的所有权。对于无权占有不动产或者动产的,权利人可以请求返还原物。

【典型案例三】丁某琪与荣安善康公司公司证照返还纠纷案。[①]二审法院认为,发生法律效力的判决已经认定,丁某琪认可荣安善康公司的公章、合同章、法人章、营业执照、银行开户许可证及公司经营期间对外合同和经营资料在其处保管,丁某琪虽在本案中仅自认持有荣安善康公司公章、合同专用章、营业执照正本及副本,对其他生效判决认定的证照不予认可,但并未提供相反证据,故一审法院认定丁某琪持有荣安善康公司的公章、合同章、法人章、营业执照、银行开户许可证及公司经营期间对外合同和经营资料,本院不持异议。鉴于丁某琪已被免除经理、法定代表人职务,其保管上述证照、印章没有依据,为维护公司正常运营,丁某琪应将上述证照返还荣安善康公司。

四、公司证照返还纠纷常见类型

司法实践中,公司证照返还纠纷常见类型有:(1)公司证照管理人员发生变更而引发的公司证照返还纠纷;(2)公司股东或管理层之间出现分歧而引发的公司证照返还纠纷;(3)因公司股东或其他证照管理人员去世而引发的公司证照返还纠纷;(4)因公司与其他主体之间经济往来而引发的公司证照返还纠纷。

五、证照返还纠纷的审判原则

(一)公司自治与司法适度介入相结合原则

公司证照的管理属于公司内部管理问题。司法实践中公司证照管理的路径有二:一是公司依据公司章程规定而制定证照管理制度,作为公司证照管理的依据;二是通过股东会或董事会决议方式规范公司证照管理。

(二)商事外观主义与探求公司内部真实意思表示并重原则

公司公章与法定代表人意志出现矛盾,从而导致公司意思表征不一。对此一般采取内外区分、效力有别的原则进行处理,即公司与外部主体之间的争议涉及公司代表权时,以工商登记为准;涉及公司证照返还等公司内部争议的,以有效的公司决议文件为准,有效的公司决议代表公司真实意思表示。

(三)穿透式审判思维与当事人诉辩主张双重审查原则

公司证照返还,从表面看是所有权人要求无权占有人返还原物的权利;从公司治理及公司证照功能的角度看,公司证照返还纠纷往往牵扯公司控制权的争夺,所以法院会遵循穿透式审判思维,从公司治理的角度对公司的真实意思表示以及公司证照的权属作出司法判断。

---

① 参见北京市第二中级人民法院民事判决书,(2021)京02民终962号。

第二节　司法实践中公司证照返还纠纷的关注要点

一、公司证照返还纠纷涉及的公司决议

(一)涉及公司证照返还的公司决议

由于公司证照保管属于公司内部自治范畴,公司可以通过公司决议的方式确定公司证照的保管人和保管方式。同时,公司证照返还纠纷通常产生于公司内部控制权争夺,相关争夺导致公司法定代表人、股东、董事、监事等人员变动,而相关人员变动的途径往往是公司的有关决议。

常见的公司证照返还纠纷涉及的公司决议有以下两类:一是与原告诉讼主体资格有关的决议,该决议还是案件进行实体审理的前提;二是涉及公司证照管理权限内容的决议。

(二)涉及公司证照返还的公司决议的效力认定

由于公司证照返还纠纷其实质往往就是公司内部控制权争夺,因而在该类纠纷中经常出现对公司证照管理的公司决议效力发生争议,在这一情形下,公司决议效力的认定成为该类纠纷不可回避的问题。无论是关于原告诉讼主体资格的公司决议还是关于公司证照管理权限的公司决议,对其效力的认定均取决于当事人的举证。

如果被告未对公司决议的效力提出异议,或虽提出异议但未就其异议进行举证,法院一般仅对公司决议的效力作形式审查。

司法实践中相关的裁判观点及典型案例如下。

裁判观点一:被告未及时提起决议撤销之诉或确认决议内容无效之诉,且当前无证据推翻临时股东会决议内容的有效性,该决议具有法律效力。

【典型案例】 陈某谦与聚影动力公司公司证照返还纠纷案。① 二审法院认为,关于陈某谦上诉主张的股东会程序问题,若陈某谦认为2017年6月20日的临时股东会存在召集程序或决议内容违法等情形,也应当在法律规定的期限内及时提起决议撤销之诉或确认决议内容无效之诉,以维护自身的合法权益。但截至目前,陈某谦并未提供其已提起了相关诉讼的证据。鉴于本案审理的是证照返还诉讼,并非决议撤销或确认无效的诉讼,故临时股东会决议的程序或内容的合法性问题并不属于本案的审理范围。故在目前并无证据推翻临时股东会决议内容有效性的情况下,该决议所形成的,要求陈某谦向公司返还印章的公司意志具有法律效力。

裁判观点二:对董事会决议的效力提出异议,但因其未能举证证明该董事会决议在召集、表决等程序方面存在因违反我国香港地区法律以致无效的情形,其效力应予以确认。

【典型案例】 林某伟、嘉兴瑞嘉公司公司证照返还纠纷案。② 二审法院认为,公司印章、证照等性质上属于公司财产,任何人不得非法占有。根据嘉兴瑞嘉公司章程的规定,嘉兴瑞嘉公司董事会由三名董事组成,其中两名由香港瑞嘉公司委派。董事长亦由香港瑞嘉公司委派。

---

① 参见广东省深圳市中级人民法院民事判决书,(2020)粤03民终22466号。
② 参见上海市第一中级人民法院民事判决书,(2020)沪01民终12727号。

2019年9月20日,香港瑞嘉公司通过董事会决议,委任赵某洋、潘某丰为嘉兴瑞嘉公司董事,并委任赵某洋为嘉兴瑞嘉公司董事长兼法定代表人。该董事会决议经中国委托公证人及我国香港地区律师的公证证明,明确对香港瑞嘉公司具有法律约束力。林某虽对该董事会决议的效力提出异议,但因其未能举证证明该董事会决议在召集、表决等程序方面存在因违反我国香港地区法律以致无效的情形,故对该决议的效力本院予以确认。根据该董事会决议,林某不再担任嘉兴瑞嘉公司的董事、董事长兼法定代表人,则其再行占有公司证照显已丧失合法根据。同时,赵某洋、潘某丰、林某杰作为嘉兴瑞嘉公司的现任董事,召开董事会并作出由林某移交公司印章、营业执照、财务账簿的决议,是公司意思的表示,依法对林某具有约束力。有关林某上诉强调赵某洋系嘉兴瑞嘉公司监事,委派其担任董事违反《公司法》规定的上诉理由,法院不予采纳。

裁判观点三: 公司依据我国香港特别行政区高等法院命令作出的董事决议未有证据证明已被推翻,根据该决议,授权签署人依据公司章程签署的股东决定具有相应的法律效力。

【典型案例】 林某坤与卫心公司公司证照返还纠纷案。① 二审法院认为,卫心公司的股东香港××公司依据我国香港特别行政区高等法院的命令于2019年11月27日做出董事决议,免去江某华于卫心公司的法定代表人、执行董事和总经理职务,任命C(陈某)担任香港××公司之授权签署人,有权签署香港××公司作为卫心公司之唯一股东需签署的所有文件等。该命令系香港特别行政区高等法院依据新加坡国际仲裁中心2018年第6号的仲裁裁决申请针对我国香港××公司作出的执行措施。现林某坤并未提供香港××公司依据我国香港特别行政区高等法院命令作出的董事决议已被推翻的证据。因此,香港××公司作为卫心公司的独资法人股东,其授权签署人依据卫心公司章程签署的股东决定具有相应的法律效力。公司印章、营业执照、基本账户开户许可证等属于公司财产,对于无权占有人,公司有权要求返还。本案属于公司内部纠纷,现江某华已被免去相应职务,无权继续占有卫心公司公章、营业执照、基本账户开户许可证等公司证照,卫心公司当然有权要求江某华予以返还。林某坤未向法院举证证明江某华继续占有的法律依据,一审法院根据查明的事实进行判决,并无不当。

如果被告对公司决议提出异议且提交了实质性证据,则法院应对公司决议的效力进行实质性审查。

【典型案例一】 深惠创公司与何某公司证照返还纠纷案。② 二审法院认为,法院对案涉临时股东会的召集程序及该股东会决议的表决程序均进行了审查,最终认定该股东会召集程序不符合《公司法》的规定,表决程序亦不符合《公司法》及公司章程的规定,认定该股东会决议系公司某股东单方形成,不能代表公司真实意思,据此认定,公司无权要求何某返还公司证照。

【典型案例二】 好礼物公司与郑某淳公司证照返还纠纷案。③ 二审法院认为,虽股东代表刘某璨、庞某、葛某兵曾通过《说明》对公司印章事宜作出安排,但庞某此后于2018年6月5日

---

① 参见上海市第一中级人民法院民事判决书,(2020)沪01民终12727号。
② 参见张应杰主编:《公司股东纠纷类案裁判思维》,人民法院出版社2023年版,第553页。
③ 参见北京市第二中级人民法院民事判决书,(2020)京02民终11687号。

组织召开了临时股东会会议,会议第 3 项议题即为关于决定郑某淳将公司公章移交于庞某的议案。此次股东会会议虽仅有庞某一人出席并进行表决,但会议召开通知已提前送达各股东,决议的作出也符合公司法及章程规定的通过比例,目前尚未有相关主体主张该决议存在无效、可撤销或不成立的情形。

【典型案例三】张某雄与大益通公司公司证照返还纠纷案。① 二审法院认为,景航公司章程规定了股东是公司的最高权力行使人,有权委派和更换执行董事,公司的法定代表人由公司执行董事担任,公司章程的制定、生效、解释、变更和争议的裁决均以中国法律为依据。本案中,大益通公司于 2018 年 6 月 3 日作出的股东决议已经免去了张某雄的法定代表人、总经理、执行董事职务,该决议并不违反法律规定和公司章程规定,应为有效决议。依据该决议,张某雄已经丧失了继续担任景航公司法定代表人职务的权利,其应当依法执行股东决议,及时移交景航公司的公章、证照、账册等相关材料,并负有协助办理变更法定代表人手续的相关义务。

应当注意的是,如果当事人已另案提起公司决议效力的诉讼,且尚未作出生效裁判文书,公司证照返还纠纷应当如何处理?

对此,司法实践中做法不尽相同。针对有关公司诉讼主体资格的公司决议,如果当事人另案提起该决议的效力诉讼,法院一般不会在公司证照返还纠纷案中直接审查其效力,而会以另案审理结果为依据,实务中的通常操作方法如下:

(1)中止证照返还纠纷案的审理,待另案结果,然后恢复审理;

(2)驳回证照返还纠纷案原告的起诉,待原告诉讼主体资格确定后另行起诉。

法院为解决案件的审限问题,更多地会采取第二种方法处理,在法院采取第二种方法处理时,从诉讼技术角度出发,在平衡好当事人利益的前提下,亦可考虑撤回另案诉讼,或撤回本案诉讼,或撤回本案或另案中有关公司决议效力审查内容的诉求,待本案或另案审理结果出来后再行提起相关诉讼。

【典型案例一】汇峰达公司、何某平公司证照返还纠纷案。② 二审法院认为,上诉人汇峰达公司提起诉讼的授权委托人是 2020 年 8 月 22 日股东会决议选举的法定代表人黄某浩,但黄某浩并未在市场监督管理部门登记为汇峰达公司的法定代表人,黄某浩提交的 2020 年 8 月 22 日临时股东会决议中免除何某平执行董事、总经理、法定代表人职务,选举黄某浩为新任执行董事、法定代表人,但何某平并不认可该临时股东会决议的效力,并于 2020 年 12 月 23 日起诉要求撤销该股东会决议,该案目前尚在审理中。本案并不涉及公司以外的第三人因公司代表权而产生的外部争议,而是公司与股东之间因法定代表人任免而产生的内部争议,应以有效的股东会任免决议为准,在该事实未决的情况下,尚无法认定黄某浩的起诉行为系汇峰达公司的意思表示,一审裁定驳回汇峰达公司起诉,处理并无不当,法院予以维持。

【典型案例二】中核兴业公司与黄某海公司证照返还纠纷案。③ 二审法院认为,依照法律

---

① 参见江苏省高级人民法院民事判决书,(2019)苏民终 1736 号。
② 参见广东省深圳市中级人民法院民事裁定书,(2021)粤 03 民终 16798 号。
③ 参见广东省深圳市中级人民法院民事裁定书,(2021)粤 03 民终 1822 号。

或者法人章程的规定，代表法人从事民事活动的负责人，为法人的法定代表人。法定代表人以法人名义从事的民事活动，其法律后果由法人承受。丁某以中核兴业公司法定代表人的名义代表中核兴业公司向一审法院提起本案诉讼，但一审法院（2019）粤0305民初22706号民事判决书中已确认中核兴业公司于2019年5月7日形成的2019年第一次临时股东会决议中关于"选举丁某为公司董事、董事长、法定代表人"的内容无效，并判令中核兴业公司向公司登记机关办理撤销丁某为中核兴业公司董事、董事长、法定代表人的变更登记，且中核兴业公司于2020年3月24日召开股东会，形成了"选举万某芳为公司董事长兼法定代表人"的股东会决议，故虽然（2019）粤0305民初22706号民事判决尚未生效，但中核兴业公司于2020年3月24日形成的股东会决议已产生新的法定代表人。在无其他证据推翻中核兴业公司2020年3月24日股东会决议的前提下，应认定该股东会决议关于中核兴业公司法定代表人的变更属于中核兴业公司意志的变更。一审法院认定丁某不具有以中核兴业公司法定代表人名义代表中核兴业公司提起本案诉讼的主体资格，裁定驳回中核兴业公司的起诉，并无不当，本院依法予以维持。中核兴业公司可以以公司股东会决议新产生的法定代表人确定为公司诉讼代表人，另循法律途径主张其权利。

二、被告就公司决议效力提出反诉时的实务处理

在公司证照返还纠纷的司法实践中，程序上原告基于公司决议要求被告返还公司证照，被告对公司决议的效力提出异议，并提出反诉，请求撤销公司决议的，法院通常会受理该反诉。

【典型案例】 董某道、丁某桂等与张某萍、天翔公司公司证照返还纠纷案。[①] 二审法院认为，公司召开股东会应当提前通知参会股东，以便股东安排时间、准备相关材料，因此，通知的内容应当包含股东会召开的时间、地点、议题及议程安排等事项。本案中，上诉人虽提前通知张某萍召开股东会，但对于会议内容仅笼统地告知系修改公司章程。而依据上诉人一审陈述，针对任免公司法定代表人、监事等会议事项，系会议召开时临时决定，张某萍不知晓该议题故未亲自参会，任免公司法定代表人这一议题与张某萍有着直接的利害关系，上诉人在未向张某萍明确告知该股东会会议议题的情况下，召开股东会并作出相关决议，应认定天翔公司此次股东会的召集程序违反公司章程的规定，张某萍据此（反诉）主张撤销股东会相关决议内容，应予支持。

三、公司证照管理人及证照管理人去世后其继承人占有公司证照问题的处理

公司作为公司证照的所有权人，有权决定公司证照的管理事项，无论是公司股东还是公司其他人员，其对公司证照的管理权限均源于公司的授权，公司有权随时改变这些授权。公司证照应当根据公司章程或公司管理制度的规定持有及管理人，当公司章程及公司管理制度未明确持有及管理人时，且公司未有对证照管理作出有效决议时，一般应由法定代表人代表公司持有及管理。

[①] 参见江苏省徐州市中级人民法院民事判决书，（2020）苏03民终7573号。

【典型案例一】黄某涛、布吉文体公司公司证照返还纠纷案。①二审法院认为从所有权的角度看，公司的印章、证照属公司所有。布吉文体公司的股东即非凡理念公司已于2017年9月28日作出董事会决议、于2017年11月22日作出股东会决议，免去黄某涛的布吉文体公司执行董事及法定代表人职务，委派龙某平先生为布吉文体公司执行董事兼董事长。虽然工商登记的布吉文体公司法定代表人未由黄某涛变更为龙某平，但《公司法》(2018年)第13条②规定"公司法定代表人变更，应当办理变更登记"的意义在于向社会公示公司意志代表权的基本状态，而对于公司内部争议，则应以有效的任免决议为准，并在公司内部产生法定代表人变更的法律效果。因此，布吉文体公司原法定代表人黄某涛已无权占有公司印章、证照等，新法定代表人龙某平有权代表公司提起本案诉讼。一审判决黄某涛返还布吉文体公司营业执照正副本原件及行政章、财务专用章，并无不当。

【典型案例二】珙桐公司与贺某公司证照返还纠纷案。③二审法院认为，公司印章属于公司财产，而且由于公司公章对外代表公司意志，是公司的表征，对公司经营管理具有特殊的意义，故关于公司公章在公司内部由谁保管、持有及使用程序也就非常重要，应由公司章程加以规定或者通过公司内部相关机构予以规定或授权。本案中，章程未对公章保管制度作出规定，公司内部也没有制定关于公章保管方面的规范性文件。虽然此种情况下，《公司法》并没有具体规定是否只能由公司法定代表人或执行董事掌管公司印章，其他股东是否也可以掌管公司印章，但根据《公司法》(2013年)第44条、46条、第50条④的相关规定，董事会、执行董事为公司的日常决策机构，对内掌管公司事务，对外代表公司的经营决策。因此，法院认为在法律及公司章程、内部规范性文件都未对公章由谁保管作出规定或约定时，对公司公章的保管及持有应属董事会或执行董事的职权范围。

继承权本质上是一种财产权利，通常并不包括管理权利，对公司证照的管理权明显不属于继承权的范围。所以在此种情形下，公司作为公司证照的所有权人有权请求去世股东之继承人返还公司证照。

【典型案例】高某娟与迎福公司证照返还纠纷案。⑤二审法院认为，公司作为企业法人具有独立的法人财产，享有法人财产权。与公司经营相关的证、照、章等经营资料及物品，包括财务印章、会计账簿、银行卡等均属公司所有，并应按照公司章程或内部相关管理规定交由公司授权的人员妥善保管。根据一审查明的事实，迎福公司的公章、财务专用章、法人章、企业法人营业执照等物品现均由高某娟保管，但高某娟并非迎福公司法定代表人，也不是股东会或公司章程授权持有公司印章的人员，其持有公章等案涉物品侵犯了公司财产权，高某娟应当向迎福公司返还其持有的上述物品。高某娟上诉称其系赵某生配偶，作为赵某生继承人有权保管公司印章等案涉物品，但赵某生死亡后，其继承人并不当然成为公司股东，更无权以继承人为

---

① 参见广东省深圳市中级人民法院民事判决书，(2019)粤03民终31467号。
② 参见新《公司法》第10条、第11条。
③ 参见广东省深圳市中级人民法院民事判决书，(2018)粤03民终14533号。
④ 分别参见新《公司法》第67条、第68条、第75条。
⑤ 参见上海市第二中级人民法院民事判决书，(2020)沪02民终10232号。

由占有公司印章及财物,否则既不利于公司经营的稳定,也不利于公司股权的顺利继承。高某娟目前无权占有迎福公司案涉印章及财物,一审法院支持迎福公司要求高某娟移交案涉公司印章等物品的诉讼请求并无不当,法院予以支持。

四、关于非公司主体提起的证照返还纠纷问题

对于非公司主体,如合伙企业、个体工商户、集体所有制企业等的证照返还纠纷的处理,实务中对于法律适用,一般遵循相应法规,有相应法规的直接适用相应法规,无相应法规的参照适用《公司法》相关规定处理。

【典型案例一】易某芬与创新致远中心公司证照返还纠纷案。① 二审法院认为,本案中,关于上述企业物品由何人保管并无明确约定。吴某强作为执行事务合伙人,是合伙企业在日常管理中进行意思表示的代表者,也是经营事项的执行者。而企业的证照、公章、财务资料与企业日常经营管理息息相关,吴某强作为执行事务合伙人有权代表创新致远中心签字主张权利。在合伙协议对于企业上述物品由谁保管并无明确约定的情况下,创新致远中心要求解除易某芬委托并由其返还证照属于合法行使权利,易某芬应当对其保管的物品予以返还。易某芬虽主张其在一审中提交的合伙人联合声明及相关表决邮件能够证明由其保管证照等物品是大多数合伙人的共同选择,但其并未就此提交充分证据予以证明,故易某芬上诉主张保管证照是大多数合伙人共同选择的理由,法院不予支持。《民法总则》第102条② 规定,非法人组织不具有法人资格,但是能够依法以自己的名义从事民事活动的组织。无论发起人设立目的为何,在合伙协议或合伙人决议未予以明确约定或有相应控制权安排的情况下,均不能以发起人意思替代合伙企业意思。易某芬关于接收并保管证照完全是服从中广上洋公司的工作安排,而非创新致远中心或执行事务合伙人吴某强的授权的上诉理由,并不能成为其拒绝返还创新致远中心相关物品的合法抗辩事由,法院对其该上诉理由不予支持。

【典型案例二】褚某与好和事茶坊公司证照返还纠纷案。③ 二审法院认为,好和事茶坊系集体所有制企业,根据其章程的规定,其出资者即经营部有选择管理者的权利,因此经营部将好和事茶坊的法定代表人变更为黄某符合章程规定,亦未违反有关法律规定,故应认定黄某有权作为好和事茶坊法定代表人提起本案诉讼,一审判决确认好和事茶坊原告主体适格并无不当,不存在褚某上诉所言一审程序不合法的情况。集体企业的财产及合法权益受国家法律保护,与企业经营相关的证、照、章等经营资料及物品等均属企业所有,应按照企业章程或内部相关管理规定交由企业授权的人员妥善保管。现好和事茶坊章程并未涉及由何人、何部门保管,故好和事茶坊有权决定上述经营资料由何人保管。褚某确认持有上述系争物品,但其已不再担任好和事茶坊的法定代表人,因此其再持有好和事茶坊证照、公章等缺乏依据,理应返还好和事茶坊。

综上所述,总结得出公司证照返还纠纷的一般步骤主要包括:

---

① 参见北京市第一中级人民法院民事判决书,(2020)京01民终8056号。
② 参见《民法典》第102条。
③ 参见上海市第二中级人民法院民事判决书,(2020)沪02民终1917号。

（1）根据公司章程及《公司法》规定的法定代表人任免程序，召集股东会或董事会，作出相应公司决议，确定新的公司法定代表人。或者召开股东会会议或者董事会，作出决议确定新的证照管理人。

（2）就新的法定代表人进行工商变更登记。根据新《公司法》第35条第3款的规定："公司变更法定代表人的，变更登记申请书由变更后的法定代表人签署。"公司就法定代表人变更事项进行工商变更登记的，变更登记申请由变更后的新法定代表人签署，而非原法定代表人签署。

（3）要求返还证照。

第三节　公司证照返还纠纷的相关程序问题

一、公司证照返还纠纷的主管与管辖

(一)公司证照返还纠纷的主管

证照返还纠纷系物权所有人基于对证照的所有权请求无权占有人返还原物而引发的侵权纠纷，其权利基础为返还原物请求权，属法院的受案范围。司法实践中，争议各方一般不可能就此达成仲裁协议，所以基本不存在由仲裁委员会仲裁的情形。

(二)公司证照返还纠纷的管辖

1. 地域管辖

司法实践中，证照返还纠纷作为侵权责任纠纷，根据《民事诉讼法》第29条的规定，由侵权行为地或被告住所地法院管辖，侵权行为地包括侵权行为实施地及侵权结果发生地，公司住所地通常被认定为侵权行为地，因此公司住所地法院有管辖权。

【典型案例】黄某、陈某元等公司证照返还纠纷管辖权异议纠纷案。[1]二审法院认为，《民事诉讼法》第26条就公司诉讼管辖作出特殊地域管辖规定系适用于有关公司组织行为的诉讼。要求公司股东返还公司证照不符合公司组织诉讼的特征，应适用《民事诉讼法》地域管辖的一般规定，而非特殊地域管辖规定。因侵权行为提起的诉讼，由侵权行为地或者被告住所地法院管辖。原审被告之一邱某灿住所地位于原审法院辖区，故原审法院对本案具有管辖权。

2. 级别管辖

此类纠纷的请求标的为返还公司证照，一般不存在金钱给付，根据《民事诉讼法》第18~21条之规定，一般由基层法院管辖。

二、公司证照返还纠纷的诉讼主体

(一)原告主体

1. 公司

公司作为证照的所有权人，故证照返还纠纷的原告主体应当为公司，对于这一点均无争议。

---

[1] 参见广东省深圳市中级人民法院民事裁定书，(2021)粤03民辖终1351号。

【**典型案例一**】张某与盛华公司等公司证照返还纠纷案。① 再审法院认为,盛华公司依法对其印章、证照拥有所有权并可行使对其印章、证照的返还请求权,而本案申请人系以其个人名义提起诉讼,其无权要求被申请人向其个人返还盛华公司的印章、证照,故申请人张某不是本案适格的诉讼主体。

【**典型案例二**】孔某智与梁某某、飞航公司,第三人新景致公司公司证照返还纠纷案。② 法院认为,本案中,陈某隆要求返还的公司全部证照、印章及其他资料,隶属于仁富青山公司,其作为本案的诉讼主体不适格。而作为仁富青山公司股东的陈某隆亦不能提供其他证据证明其诉讼符合股东代表诉讼的相关要求。一审裁定认为陈某隆诉讼主体资格不适格,并无不当之处。另外,有限责任公司的法定代表人变更需符合公司章程及我国公司法的有关规定,陈某隆上诉主张其为仁富青山公司新任董事长、公司法定代表人缺乏事实依据。故陈某隆上诉请求李某英将公司全部证照、印章及其他资料等返还给自己,没有事实依据及法律依据,本院不予支持。

司法实践中争议的焦点往往是谁能代表公司进行诉讼。对此应具体根据以下情形进行认定:

(1)公司持有公章时,诉状上加盖公章,即为公司的意思表示。

(2)公司不持有公章时,法定代表人签名即可代表公司提起诉讼。因为公司法定代表人的公司代表权源于法律明文规定,如果没有充分证据否定法定代表人的公司代表权,法定代表人的公司代表权应优先于公章的公司代表权。

【**典型案例一**】高正农用公司与汪某杰公司证照返还纠纷案。③ 法院认为,《民事诉讼法》(2017年)第48条第2款④规定,法人由其法定代表人进行诉讼。据此,法定代表人具有诉讼代表权,有权直接代表本单位向法院起诉和应诉,其所进行的诉讼行为就是本单位的诉讼行为,直接对本单位发生法律效力。汪某勤系高正农用公司的法定代表人,在不与公司章程规定冲突的情况下,其有权代表高正农用公司就本案提起诉讼。

【**典型案例二**】滨州中金公司、于某河与中金公司、司某彬公司证照返还纠纷案。⑤ 二审法院认同原审法院观点,滨州中金公司于2012年8月29日召开股东会,股东会作出决议免除司某彬执行董事、法定代表人职务,选举于某河为公司执行董事,股东会作出决议后,在被确认无效前,该决议的效力不因股东是否认可而受到影响,于某河担任公司执行董事后,聘任田某国担任公司总经理、法定代表人职务,田某国作为公司法定代表人有权代表公司签署起诉书,滨州中金公司的诉讼主体适格。

【**典型案例三**】于某新与有朋公司公司证照返还纠纷案。⑥ 二审法院认为,有朋公司作为独

---

① 参见北京市高级人民法院民事裁定书,(2015)高民(商)申字第168号。
② 参见河南省新郑市人民法院民事裁定书,(2013)新民初字第738号。
③ 参见江苏省南京市六合区人民法院民事判决书,(2019)苏0116民初5495号。
④ 参见2023年《民事诉讼法》第51条第2款。
⑤ 参见山东省高级人民法院民事判决书,(2013)鲁商终字第145号。
⑥ 参见北京市第二中级人民法院民事判决书,(2016)京02民终8037号。

立民事权利主体,对公司的公章、发票专用章、营业执照副本、税务登记证副本、社保登记证副本、财务账簿及财务原始凭证依法享有保管、使用的权利,并且在上述权利受到侵害时,有权请求返还相关证照。本案中,有朋公司登记在案的法定代表人为冯某,故冯某代表公司提起本案诉讼不违反法律规定,并无不当,在公司公章缺位时,法定代表人的签字可以代表公司意志。

【**典型案例四**】盛某与日邦公司公司证照返还纠纷案。[①]二审法院认为,有关詹某晴是否有权代表日邦公司诉请盛某返还相关证照。第一,关于詹某晴身份的问题,根据现有证据,詹某晴在本判决作出之日仍是日邦公司的法定代表人。第二,关于公司意志代表权的问题,公司法定代表人有权代表公司提起诉讼。在无相反证据证明下,法定代表人以公司名义作出的行为应当视为公司的行为,詹某晴作为日邦公司法定代表人有权代表公司提起诉讼。第三,关于证照返还请求权的问题,在公司章程等文件上没有明确限制时,詹某晴作为公司法定代表人有权在公司的权利能力和行为能力范围内代表公司从事民事活动,包括基于所有权请求证照返还。故詹某晴作为日邦公司的法定代表人有权代表日邦公司诉请公司证照返还。第四,在无法作出法定代表人身份认定时,依照《民事诉讼法司法解释》第50条第1～2款,法定代表人应当以工商机关的登记为准。

【**典型案例五**】军安公司与彭某胜、陈某公司证照返还纠纷案。[②]二审法院认为,本案中,代表军安公司提起本案诉讼签署起诉状及授权委托书等相关诉讼材料的均系边某奎,根据本案现有证据,边某奎不能证明其作为军安公司法定代表人的身份得到了进一步确认,且在陈某二审提交的其他诉讼执行文书中关于军安公司的代表人亦多次出现不同的记载,现对于边某奎是否具有军安公司合法的法定代表人的身份,本案双方当事人仍存有争议,故法院目前尚无法作出边某奎是军安公司合法的法定代表人的认定,因而也无法确认由边某奎签署起诉状、授权委托书等诉讼材料而提起的本案诉讼系军安公司的真实意思表示。根据《民事诉讼法》(2012年)第48条第2款[③]"法人由其法定代表人进行诉讼"、《民事诉讼法司法解释》第50条"法人的法定代表人以依法登记的为准,但法律另有规定的除外"的规定,目前边某奎签署起诉状代表军安公司提起本案诉讼不符合法定条件。

2. 公司股东

公司股东会作出的股东会决议或公司董事会作出的董事会决议可作为公司的意思表示,可代表公司提起诉讼。需要注意的问题有:

(1)当法定代表人的意志与股东会的意志冲突,而此时法定代表人又持有公司证照,这一情形下谁有权代表公司提起诉讼的问题。一般认为,应当认定股东会作出的决议有权代表公司意志,因为股东会系公司最高权力机关和决策机构,股东会有权决定公司的经营管理等重大事项。

(2)只有一个股东的有限责任公司中非股东担任的法定代表人能否代表公司起诉要求股东

---

① 参见北京市第三中级人民法院民事判决书,(2014)三中民终字第08670号。
② 参见山东省济南市中级人民法院民事裁定书,(2016)鲁01民终5005号。
③ 参见2023年《民事诉讼法》第51条第2款。

返还公司证照的问题。针对这一问题，实务中法院一般会视公司的实际经营状况来确定，当公司实际由股东负责日常经营，法定代表人并不参与公司经营，则股东有权决定公司证照管理事宜，公司法定代表人无权代表公司提起诉讼，要求股东返还公司证照。

(3) 公司股东可以依据新《公司法》第189条的规定作为原告提起股东代表诉讼。

【典型案例一】 健康方案公司与程某求损害公司利益责任纠纷案。① 二审法院认为，股东提起派生诉讼应当具备两个前提条件，一是公司合法权益遭受侵害，二是公司本身怠于行使诉权。本案中，首先，公司的公章、经营证照及财务账册资料属公司所有的财产，公司对其合法财产享有排他的支配权，除公司及其授权机关和人员外，其他民事主体均无权持有或控制上述财产，否则即侵害了公司对该些财产的所有权权益。因此，公司在其物权权利遭受侵害的前提下，依法有权主张相对人返还财产。其次，根据我国《公司法》的规定，股东提起代表诉讼必须具备相应条件并履行一定的前置程序，包括对股东持股比例的要求及向监事会或者监事请求遭拒绝的事实前提。在本案中，公司通过召开股东会变更法定代表人或者再次指定授权机关主张权利客观上存在障碍，也不利于及时、有效地维护公司合法权益。综上，法院认为，在现有情况下，健康方案公司作为华源公司持股25%且唯一现存的股东，在公司利益受损而公司又怠于行使诉权时，其作为原告提出本案诉讼，符合我国法律规定的股东代表诉讼中的原告主体资格，其要求无权占有人向公司返还财产亦于法无悖。

【典型案例二】 正源公司与富某斌公司证照返还纠纷案。② 最高人民法院认为，股东代表诉讼需满足《公司法》(2013年)第151条③规定的前置程序，证照应返还于公司。对此需要进一步注意：(1)在公司以外的人非法占有公司证照时，股东提起股东代表诉讼，请求将证照返还公司，这没有问题。(2)在公司证照脱离章程或公司规章制度明确规定了公司证照的管理人员的控制时，股东提起股东代表诉讼，请求将证照返还公司前述的证照管理人员时，亦无问题。(3)在公司没有明确公司证照的管理人员时，一方面，公司某股东、董事、监事或高级管理人员可能被推定具有管理公司证照的权限，此时股东代表诉讼的相应诉求将被驳回。另一方面，即便认定公司某股东、董事、监事或高级管理人员没有管理证照的权限，进而判决将公司证照返还公司，实际执行时，因公司未指定管理证照的具体人员，公司证照仍可能落入某股东、董事、监事或高级管理人员的控制之中，股东代表诉讼将失去实际意义。在这一情形下，股东在提起股东代表诉讼前应当考量提起诉讼的意义。基于《公司法》(2013年)第151条规定的股东代表诉讼的前置程序，即可能引发公司董事会/执行董事、监事会/监事具有诉讼代表权问题，在此种情形下，既然符合条件的股东有权就公司证照返还纠纷依据《公司法》(2013年)第151条的规定提起股东代表诉讼，那么在前置程序中，公司董事会/执行董事、监事会/监事当然有权在条件触发时提起此类诉讼。

---

① 参见上海市第二中级人民法院民事判决书，(2014)沪二中民四(商)终字第S543号。
② 参见最高人民法院民事裁定书，(2015)民申字第2767号。
③ 参见新《公司法》第189条，下同。

3. 清算组负责人

清算组负责人可以代表公司提起诉讼。法律依据为《公司法解释（二）》第 10 条的规定。

【典型案例】徐某桦与天地禾公司公司证照返还纠纷案。① 二审法院认为，根据《公司法解释（二）》第 10 条的规定，本案中，天地禾公司因经营期限届满成立清算组，清算组组长为王某英，天地禾公司提起本案诉讼时，由王某英在诉状上签字确认，即天地禾公司清算组组长王某英代表公司起诉，符合法律规定，一审法院依法予以确认，并无不当。

（二）被告主体

公司证照返还纠纷的被告是无权但实际持有公司证照的主体。通常包括公司原法定代表人、公司已离职的证照管理人员或被取消证照管理授权的人员、公司股东或其他高级管理人员、其他利害关系人。

三、司法实践中公司证照返还纠纷被告常见的抗辩事由及实务处理

（一）原告主体不适格

司法实践中，原告主体不适格这一情形主要表现为：

已形成了变更法定代表人的相关决议，但尚未工商变更登记，被告主张相关决议确定的法定代表人无权代表公司，即新旧法定代表人冲突情形下公司代表权问题，这亦是通常所称的"人人冲突"问题。对于"人人冲突"情形下的新旧法定代表人公司代表权的认定，学界及司法实践普遍认为，主要取决于所涉纠纷的性质，若为公司与外部主体之间的纠纷，则应尊重商事登记的对外公示效力，未办理工商变更登记的法定代表人无权代表公司；若为公司内部纠纷，则应尊重公司内部意思自治，认可变更后的法定代表人之代表权。根据《民事诉讼法司法解释》第 50 条的规定，基于公司证照管理属于公司内部管理事项，如果是由于公司内部管理问题而引发公司证照返还纠纷，则公司已决议变更法定代表人虽未进行工商变更登记时，变更后的法定代表人亦可代表公司提起诉讼。

【典型案例】朱某阳、永超房地产公司公司证照返还纠纷案。② 二审法院认为，虽然朱某阳是永超房地产公司登记的法定代表人，但贾某明、冯某霞合计持有永超房地产公司的 90% 股权，可以代表公司意志。在公司意志和登记的法定代表人意志发生冲突、公司治理出现僵局的情形下，贾某明、冯某霞以公司名义提起诉讼，应认定为永超房地产公司的意思表示。股东会是有限责任公司的权力机构，是公司的最高意思决定机关。根据永超房地产公司股东会决议，永超房地产公司已经将法定代表人变更为宋某有，虽然未办理变法定代表人变更登记，但该决议在公司内部已经发生效力。朱某阳作为登记的法定代表人，保管和持有公司相关证照是其职权和职责。现永超房地产公司已经罢免朱某阳的法定代表人职务，永超房地产公司有权请求其返还相关证照。

在名义上法定代表人与实质法定代表人发生冲突时，应以实质的法定代表人作为公司的

---

① 参见江苏省南京市中级人民法院民事判决书，（2020）苏 01 民终 4030 号。
② 参见浙江省杭州市中级人民法院民事判决书，（2020）浙 01 民终 1217 号。

诉讼代表人,要求返还公司印章及证照。

【典型案例一】苏龙苗猪公司与郑某华公司证照返还纠纷案。① 二审法院认为,本案中,苏龙苗猪公司原法定代表人郑某华被罢免法定代表人职务后,无权占有公司公章,拒不配合办理公司变更登记,影响公司正常经营管理,顾某根作为股东会决议新选任的法定代表人,方是代表公司真实且最高意思表示的实质的法定代表人,其当然有权签字以公司的名义提起诉讼,即本案原告主体资格适格。据此,本案中,郑某华在苏龙苗猪公司股东会决议并通知其后,其已不再担任该公司的法定代表人,其也不再有权持有公司的证照,其继续占有公司证照属于无权占有,公司作为证照的所有权人,有权要求其立即返还。

【典型案例二】旺盛公司与张某公司证照返还纠纷案。② 法院认为,公司意志包括诉讼活动的形成,由公司机关进行决策。根据《公司法》(2013年)第38条③的规定,股东会是公司决策的权力机构,有权行使公司章程规定的职权。公司证照返还纠纷作为公司内部纠纷,应尊重公司章程和股东会的有效决议。公司法定代表人变更属于公司意志的变更与公司内部人事关系的变化,应遵从公司内部自治原则,只要公司内部形成了有效的变更决议,就应在公司内部产生法律效力,新选任的法定代表人可以代表公司的意志。公司作为商事主体,应受到商事登记制度的规范,但对法定代表人变更事项进行登记,目的是向社会公示公司代表权的基本状态,属于宣示性登记而非设权性登记,因此股东会决议变更法定代表人的,即使工商登记未变更,也不影响公司内部变更新法定代表人意志的决定。在谁有权代表公司进行诉讼的问题上,应以公司章程、股东会决议等内部有效决议文件来确定公司意志代表。

公司未作出变更法定代表人的相关决议,但根据公司章程规定的法定代表人任职条件,原法定代表人已被公司免除相关职务,从而推定原法定代表人不再符合担任公司法定代表人的条件,对新法定代表人能否代表公司引发争议,并以此抗辩。针对这一情形,在新《公司法》颁行前,原法定代表人已被公司免除相关职务,公司已就该职务作出新的任命时,可以推定原法定代表人不再符合担任公司法定代表人的条件,公司新任命的人员应推定为公司新的法定代表人,可以代表公司提起诉讼。根据新《公司法》第10条的规定,这一问题事实上已不复存在了,只要原法定代表人不再担任相应的执行董事或经理职务,即不再担任公司法定代表人时,亦无权再代表公司提起诉讼。

(二)未持有公司证照

根据"谁主张,谁举证"的原则,原告请求被告返还证照,应证明被告占有公司证照,否则承担败诉后果。同时被告通常主张自己自始不持有证照,或虽然持有,但之后已返还公司或者公司有权持有之人,并以此抗辩。这里需要注意的是被告将公司证照交付无权占有之人的,其行为亦侵犯了公司对公司证照的所有权,故亦具有返还义务。

---

① 参见江苏省宿迁市中级人民法院民事判决书,(2015)宿中商终字第00185号。
② 参见江苏省苏州市姑苏区人民法院民事判决书,(2014)姑苏商初字第0583号。
③ 参见新《公司法》第58条、第59条。

(三)有权持有公司证照

公司证照的保管系公司自治事项,即公司证照的保管机构或人员由公司通过以下形式自行确定。

1. 公司章程

公司章程确定公司证照保管的方式通常有两种:一是章程直接明确规定公司证照的保管机构或人员;二是章程授权公司执行机构制定公司证照保管规定,依据规定规范证照保管。

2. 相关决议或协议

公司章程对此无规定时,可以根据公司发起人协议、股东会决议、董事会决议、有关规章制度的相关内容确定公司证照有权持有人。如上述文件存在冲突,实践中一般遵循以下冲突规范的处理原则进行处理:(1)文件形成的先后顺序。在前述文件均合法有效的前提下,根据文件形成的先后确定管理依据,一般以最后一份文件作为最新意思表示。(2)文件效力。①股东会决议优先;②公司发起人协议及股东会决议冲突时遵循文件形成的先后顺序确定公司证照管理依据;③公司内部管理制度。对此应该注意的是,制度作出机构的权限、效力。如系有权机构作出,形成过程合法有效,则可认定,否则不可。

司法实践中相关的裁判观点及典型案例如下。

裁判观点一:公司可以通过董事会制定印章证照的管理制度,其对公司、股东均具有约束力。

【典型案例】郭某晓与兴旺公司公司证照返还纠纷案。[①] 二审法院认为,物权是指权利人依法对特定的物享有直接支配和排他的权利,包括所有权、用益物权和担保物权,无权占有不动产或者动产的,权利人可以请求返还原物。公司是企业法人,有独立的法人财产,享有法人财产权。公司公章、证照等物是公司的合法财产,公司的公章、证照为他人无权占有和控制时,公司依法有权要求其返还。公司股东依法享有资产收益、参与重大决策和选择管理者等权利。设立公司必须依法制定公司章程。公司章程对公司、股东、董事、监事、高级管理人员具有约束力。公司股东应当遵守法律、行政法规和公司章程,依法行使股东权利,不得滥用股东权利损害公司或者其他股东的利益。兴旺公司公司章程明确赋予了董事会"制定公司的基本管理制度",该公司章程对全体股东、董事会均具有约束力,兴旺公司董事会随后审议并通过了《兴旺投资有限公司印章管理办法》,因此,在《兴旺投资有限公司印章管理办法》和公司成立前的"股东协议"内容相冲突的情形下,公司章程和《兴旺投资有限公司印章管理办法》的效力明显优于"股东协议"的授权,故郭某晓的该项抗辩意见,法院难以采纳。

裁判观点二:公司可以通过股东会决议的方式确定印章证照的管理者。

【典型案例一】赛尔无线公司与付某东公司证照返还纠纷案。[②] 法院认为,判断证照持有人是否有权持有证照,主要依据为公司章程及与此有关的法律规定。根据《物权法》第34条[③]

[①] 参见北京市第三中级人民法院民事判决书,(2016)京03民终6878号。
[②] 参见北京市海淀区人民法院民事判决书,(2015)海民(商)初字第05813号。
[③] 参见《民法典》第235条。

规定,本案中,一方面,赛尔无线公司已经召开了股东会,并就"同意公司营业执照、公章、合同章由公司法定代表人保管"进行了表决,持有75%股权的天一公司通过了上述提案。已达到公司章程约定的表决标准,此提案在公司层面已发生效力。另一方面,付某东作为公司总经理,具有掌握公司营业执照、公章、合同章的前提,在本案证据中亦能证明其实际持有上述公司物品。但就增值电信业务经营许可证,赛尔无线公司并未提举证据证明系由付某东实际持有,法院对此不予认定。结合上述两方面,法院认为,赛尔无线公司就付某东返还公司营业执照、公章、合同章的诉请,具有相应事实和法律上的依据,应当予以支持。

【典型案例二】江源公司与许某春、丁星公司证照返还纠纷案。[1] 二审法院认为,上诉人许某春在担任江源公司经理期间,公司印章、证照等均系由其控制使用,至于印章、证照等由其指定的何人具体负责保管,并不改变上诉人许某春系返还印章、证照的义务主体。并且,《江源公司2014年度第一次临时股东会会议决议》明确要求许某春将公司印章印鉴、公司证照、资料等返还给公司,该决议亦经生效判决确认效力,对时任江源公司经理的许某春具有拘束力,其应当依照决议履行返还义务。

【典型案例三】万锦公司与王某、王某丽等公司证照返还纠纷案。[2] 二审法院认为,公司的相关经营管理人员,在经过公司的授权以后,可以保管相关印鉴,但其仅仅是暂时持有人和保管者,并不取得该印鉴的财产所有权。基于公司财产的独立性,任何人不得侵占公司印鉴,不论是股东、董事、经理或其他人员,在公司作出新的意思表示或法定代表人基于法定职权要求前期相关持有人返还印鉴后,相关人员应当立即返还,若持有人拒不返还,则构成民事侵权行为。本案中,万锦公司已经通过股东会决议方式作出新的公司印鉴保管方案。王某在以该股东会决议无效而提起的诉讼被生效判决所驳回后,其即应当遵照公司决议向公司交还印鉴。万锦公司虽在本案二审审理期间启用了公司新的印鉴,但不影响公司原有印鉴权属的财产属性,万锦公司对公司财产的权利并不丧失,故王某仍对万锦公司负返还责任。

司法实践中关于双方存在的其他争议是否影响公司证照返还义务及案件是否中止审理的裁判观点及典型案例如下。

裁判观点一:被告主张的股东资格确认之诉、继承纠纷等法律关系与本案无关,不影响本案审理,本案不应中止审理。

【典型案例一】季某炯、中融公司公司证照返还纠纷案。[3] 二审法院认为,季某炯上诉主张季某钢实际系中融公司名义股东,季某炯系中融公司唯一股东并参与公司实际经营,现季某炯已另案提起股东资格确认之诉,该案审理结果直接影响本案审理,故本案应当中止审理。法院认为,即便季某炯与季某钢对股东资格产生争议并提起相关诉讼,也不影响本案中中融公司法定代表人的认定以及中融公司作为独立的法人主体主张相应权利,故季某炯关于本案应中止审理的主张理据不足,法院不予支持。

---

[1] 参见福建省福州市中级人民法院民事判决书,(2016)闽01民终1669号。
[2] 参见江苏省连云港市中级人民法院民事判决书,(2016)苏07民终1472号。
[3] 参见浙江省绍兴市中级人民法院民事判决书,(2020)浙06民终3923号。

【典型案例二】王某淅与美圣公司公司证照返还纠纷案。① 二审法院认为，王某淅作为邹某1的法定代理人无权代邹某1持有公司的证照。一方面，邹某1并非美圣公司原法定代表人邹某2唯一法定继承人，其是否能够继承邹某2的股权及所继承股权的份额均尚处不能确定的状态，在此期间由公司员工占有公司印章证照显然不利于公司正常运转经营；另一方面，即使邹某1继承了邹某2美圣公司的股权，也不代表邹某1对美圣公司享有经营权，故王某淅无论是以美圣公司员工的身份还是以邹某1法定代理人的身份，其持有美圣公司印章、证照均无事实和法律依据，法院不予采信。至于王某淅向法院提出申请要求本案中止审理，待继承案件处理后再行审理本案。法院认为，该继承权纠纷尚未立案。且与本案争议焦点不具有关联性，故法院对其中止审理申请不予准许。

裁判观点二：被告主张的原告公司股东或管理人员未履行出资义务等损害公司利益的行为与本案无关，不影响本案的审理。

【典型案例】青创公司、大长江公司公司证照返还纠纷案。② 二审法院认为，印章及公司物品的保管应遵照章程约定，如章程没有约定，则提起公司证照返还之诉应以非法侵占证照、印章为前提。本案中，上诉人章程对于证照保管和占有未作约定，但被上诉人基于其与上诉人另一股东雲腾公司签订的《淮安青创基地（淮安市青年创业园）项目合作框架协议》《关于合作经营淮安青创基地项目合作协议》以及之后签订的《协议书》，取得管理经营上诉人的权利，继而获得上诉人相关印章及财务物品，被上诉人系合法占有上述印章及财务物品。上诉人主张因被上诉人管理问题导致青创公司存在劳动仲裁纠纷，亦不影响对被上诉人上述合法权利的认定，在无有权机关决议取消的情况下，上诉人主张返还无事实和法律依据。

（四）公司证照已经注销或遗失

被告确认曾经持有公司证照，但以相关证照已经注销或遗失进行抗辩。对此分两种情况予以考虑：

对被告主张已注销的，被告应提供相关部门确认注销的证据材料证明其主张。

对被告主张已遗失的，被告应举证证明遗失后采取的挂失措施，并及时向公司报告遗失情况。否则将可能不被法院采信。

司法实践中相关的裁判观点及典型案例如下。

裁判观点一：被告不能提供证据证明其持有的公司证照遗失的，其证照遗失主张不予以支持。

【典型案例一】王某淅与美圣公司公司证照返还纠纷案。③ 二审法院认为，王某淅不能以已经遗失为由拒绝向美圣公司返还营业执照正本，组织机构代码证的副本，第一，王某淅的委托诉讼代理人在(2019)苏0707民初4343号案件的庭审中认可美圣公司在本案中主张返还的公司证照印章均在王某淅处；第二，王某淅在本案一审答辩状中亦未否认持有美圣公司营业执照

---

① 参见江苏省连云港市中级人民法院民事判决书，(2019)苏07民终4850号。
② 参见江苏省淮安市中级人民法院民事判决书，(2021)苏08民终4337号。
③ 参见江苏省连云港市中级人民法院民事判决书，(2019)苏07民终4850号。

正本，组织机构代码证的副本；第三，美圣公司对于营业执照正本，组织机构代码证的副本已经遗失的说法不予认可。

【典型案例二】徐某桦与天地禾公司公司证照返还纠纷案。① 二审法院认为，营业执照、组织机构代码证、合同专用章及财务资料等属于天地禾公司经营的必需品，若丢失势必影响天地禾公司正常经营活动，但徐某桦在提交的关于清点物品不全的报告中并未提及前述物品丢失情况，也未要求金谷公司归还前述物品，其后亦未就此进行报案。且天地禾公司在其后多年内仍持续经营，故徐某桦前述主张缺乏事实根据，法院不予支持。因徐某桦已被免除天地禾公司法定代表人职务，其无权继续管理和占有前述证照、印章和财务资料，一审判决徐某桦及时返还天地禾公司，并无不当。

【典型案例三】盛约公司与李某公司证照返还纠纷案。② 法院认为，由于被告自认公章、营业执照正副本、银行U盾均由被告持有。而公司财务章、开户许可证、银行预留印鉴卡均系公司在成立、开户之时即已经产生或者必须拥有之物品，而彼时乐某忠尚未进入公司，被告亦无相关证据证明其已经交付过原告或者乐某忠，被告仅单纯否认不持有上述物品，不足以为信，在本案被告未能明确上述涉案物品已遗失的情况下，原告要求被告返还仍应予以支持。

裁判观点二：被告提交证人证言、寻物广告、微信截屏等证据能够形成证据链证实证照遗失，致使返还的诉请客观履行不能的，应予驳回。

【典型案例】徐某桦与天地禾公司公司证照返还纠纷案。③ 二审法院认为，徐某桦主张其原持有的天地禾公司公章、财务专用章、法定代表人名章已于2019年12月13日遗失，并提交证人证言、寻物广告、微信截屏等证据予以佐证，前述证据相互印证，能够形成证据链，足以使本院确信前述印章已遗失的事实具有高度可能性，应予确认。鉴于徐某桦已遗失天地禾公司公章、财务专用章、法定代表人名章，天地禾公司要求其返还的诉请已客观履行不能，依法应予驳回。

裁判观点三：被告应当返还而无法返还证照的，原告可另行主张赔偿损失。

【典型案例】满竹公司与孟某峰公司证照返还纠纷案。④ 法院认为，法院确认在清算前原告满竹公司的合同章、财务印鉴、公司公章、营业执照原件由被告孟某峰保管，现其应向原告满竹公司返还；倘若其无法返还，则权利人可向义务人另案主张赔偿。

裁判观点四：如被告确无法返还诉争公章，则被告之后也不得再以诉争公章自行办理相关手续，如因被告擅自使用原公章造成原告损失，原告可另行主张。

【典型案例】金烁工程机械公司与周某、赵某庆公司证照返还纠纷案。⑤ 法院认为，诉争的公章、证照实际均已作废，对其经济价值亦无法作司法上的考量。本案中被告辩称其不再占有原告原公章，基于此，如被告确无法返还诉争物品，则被告之后也不得再以诉争公章自行办理

---

① 参见江苏省南京市中级人民法院民事判决书，(2020)苏01民终4030号。
② 参见上海市金山区人民法院民事判决书，(2021)沪0116民初5556号。
③ 参见江苏省南京市中级人民法院民事判决书，(2020)苏01民终4030号。
④ 参见上海市浦东新区人民法院民事判决书，(2020)沪0115民初77559号。
⑤ 参见江苏省徐州市鼓楼区人民法院民事判决书，(2020)苏0302民初81号。

相关手续,如因被告擅自使用原公章造成损失,原告可另行主张。

(五)公司证照已被更新

对此,司法实践中一般认为,公司证照的重新办理,不影响公司对原证照的所有权,同时,作为公司主体资格证明的公司证照,在重新办理后,原证照不必然失效,持有人仍可凭其开展经济活动,由于交易相对方难以得知公司证照的更新情况,该交易极有可能给公司带来损失,故持有原证照的主体应及时返还原证照。

【典型案例一】满竹公司与孟某峰公司证照返还纠纷案。[1] 法院认为,被告孟某峰抗辩认为由于原告满竹公司已登报遗失公章等,故移交不符合政府规章;对此,即便原告满竹公司已登报遗失公章等并按规章重新办理刻制公章手续,登报遗失的公章等物品仅是失去了对外代表公司的效力,然作为物品其所有权仍归公司所有,公司仍有权要求无权占有人予以返还;故被告孟某峰前述抗辩理由,同样缺乏法律依据,法院不予确认。

【典型案例二】金烁工程机械公司与周某、赵某庆公司证照返还纠纷案。[2] 法院认为,本案所涉的原告公司公章、财务专用章、发票专用章等,原告虽已经刊登了遗失声明并重新刻制了公章,但对原公章、证照,原告依然有权要求占有人返还。故对原告的诉请,法院予以支持。

四、公司证照返还纠纷的举证责任

(一)举证责任的分配原则

公司证照返还纠纷举证责任的分配原则亦应遵循《民事诉讼法》第67条第1款规定的"谁主张,谁举证的"原则。而在该纠纷中,原告举证的核心是证明被告实际控制公司证照的事实,只有被告实际控制公司证照的事实客观存在,方存在探讨被告是否返还的可能性和必要性。据此,在公司证照返还纠纷的诉讼过程中,首先需要原告举证证明被告实际持有公司证照的事实,被告如果否认该事实,则负有举证证明其反驳事实客观存在的举证责任。

(二)原告的举证责任

根据《民事诉讼法司法解释》第108条的规定,民事诉讼中证明标准可适用高度盖然性的证明原则,对于原告来讲,要求相关证据能相互印证,形成完整的证据链,足以达到使法官确信待证事实真实存在的程度。

1. 关于原告诉讼主体资格的举证

对此,实践中一般根据不同情形确定不同的举证责任:

(1)原告持有公章的情形,须在相关材料中加盖公司公章以证明其诉讼主体资格。

(2)原告未持有公章的情形,首先应提交经公司法定代表人签字确认的文件材料,其次需提交公司工商登记或者经公司相关决议文件,以证明为前述文件。

(3)以公司相关决议文件作为主体资格证明的情形,因为公司证照保管属于公司内部自治范畴,公司证照具体由何人保管、如何保管,均应遵从公司的意志,公司可以通过公司决议的

---

[1] 参见上海市浦东新区人民法院民事判决书,(2020)沪0115民初77559号。
[2] 参见江苏省徐州市鼓楼区人民法院民事判决书,(2020)苏0302民初81号。

方式确定公司证照的保管人和保管方式。在这一情形下，首先需提交相关决议文件的签字盖章材料；其次需提交其他证据材料证明该决议文件系公司意志的体现，即决议合法有效。

(4)股东提起代表诉讼的情形，首先需提供证据材料证明其系符合条件的股东；其次需提交证据证明已经过前置程序，或者前置程序实际无法进行。

2.关于被告持有公司证照的举证

对此，实践中亦分以下情形分别确定举证责任：

(1)在公司章程、相关决议、相关协议、有关管理制度中明确了被告作为管理义务主体的情形下，一般可据此直接确定被告持有公司证照。

(2)在公司未对证照管理进行专门规定的情形下，如果日常经营过程中，由法定代表人或财务或行政人员管理，则可确定这些人员持有公司证照。

(3)原告有证据证明被告在另案中自认持有公司证照，或在另案中或其他行为中使用过公司证照的，可确定被告持有公司证照。

(4)公司对证照的使用进行了相应登记，登记内容反映公司证照最后流向了被告，亦可证明被告持有公司证照。

司法实践中相关的裁判观点及典型案例如下。

裁判观点一： 原告负有对其主张被告返还公司证照的诉求负有举证责任，否则应承担举证不能的法律后果，其诉讼请求不予支持。

【典型案例一】 德欣公司与付某莲证照返还纠纷案。[①] 二审法院认为，德欣公司主张付某莲曾系其财务人员，离职后仍非法占有公司公章等证照、法人财务账簿、记账凭证以及采购订单、对账单等业务资料。但在案件审理过程中，德欣公司未能提供证据证明付某莲任职财务岗位的时间、具体工作内容、上述公司证照及业务资料是否由付某莲保管且对工作中获取的有关业务信息具有保密义务等，亦未有证据证明付某莲离职后拒绝向其移交涉案凭证、资料等。据此，法院认为，现有证据不足以证明付某莲存在德欣公司主张的非法占有行为，德欣公司应当承担举证不能的法律后果，据此判决驳回德欣公司的诉讼请求。

【典型案例二】 奥斯龙公司、冯某忠等公司证照返还纠纷案。[②] 二审法院认为，奥斯龙公司上诉主张冯某忠、甄某仙返还奥斯龙公司的财务会计账簿、凭证、报表的问题。首先应当认定涉案财务资料是否由冯某忠、甄某仙掌控。奥斯龙公司主张甄某仙在担任公司会计期间负有保管涉案财务资料的职责范围，以及冯某忠在担任公司总经理期间管控着涉案财务资料，但其未能举证证明奥斯龙公司就涉案财务资料的管理使用问题作出了相应规定，且冯某忠、甄某仙均否认其工作岗位有保管公司财务资料的职责，故奥斯龙公司主张冯某忠、甄某仙在任职期间实际掌控财务资料，缺乏事实依据。奥斯龙公司又主张冯某忠、甄某仙有将财务资料藏匿、霸占的行为，但未能提供充分的证据予以证实。事实上，三方当事人于2021年5月14日约定共同保管的公司物件中并未包括涉案财务资料。在此情况下，奥斯龙公司提供的证据不足以证

---

① 参见张应杰主编：《公司股东纠纷类案裁判思维》，人民法院出版社2023年版，第542~543页。
② 参见广东省江门市中级人民法院民事判决书，(2021)粤07民终4772号。

实涉案财务资料被冯某忠、甄某仙占有或控制,故一审法院认定奥斯龙公司对此承担举证不能的法律后果,并对其该主张不予支持,并无不当,法院予以维持。

【典型案例三】天地公司与徐某照公司证照返还纠纷案。① 法院认为,天地公司起诉要求徐某照向其返还公司公章、法定代表人人名章、财务章、合同专用章、营业执照,即应举证证明徐某照持有上述物品,且系无权占有。但天地公司提交的《交接清单》载明徐某照为办理交接的见证人而非接收人,天地公司提交的照片并未显示徐某照接收并持有天地公司的公司公章、法定代表人人名章、财务章、合同专用章、营业执照。在徐某照对持有天地公司的公司公章、法定代表人人名章、财务章、合同专用章、营业执照不予认可,而天地公司又未能提交充分证据证明徐某照持有上述物品的情况下,法院不能确认徐某照持有上述物品,故对天地公司的全部诉讼请求不予支持。

裁判观点二: 原告能举证证明被告非法持有公司证照,请求返还的,应予以支持。

【典型案例一】丁某琪与荣安善康公司公司证照返还纠纷案。② 二审法院认为,本案系公司证照返还纠纷,根据公司法有关规定,依法设立的有限责任公司具有独立的法人人格,公司章证照归公司所有,由相关工作人员根据公司授权保管使用。荣安善康公司作为依法设立的有限责任公司,享有法人财产权,有权要求无权控制、占有公司公章证照的工作人员返还相关物品。根据查明的事实,发生法律效力的判决已经认定,丁某琪认可荣安善康公司的公章、合同章、法人章、营业执照、银行开户许可证及公司经营期间对外合同和经营资料在其处保管,丁某琪虽在本案中仅自认持有荣安善康公司公章、合同专用章、营业执照正本及副本,对其他生效判决认定的证照不予认可,但并未提供相反证据,故一审法院认定丁某琪持有荣安善康公司的公章、合同章、法人章、营业执照、银行开户许可证及公司经营期间对外合同和经营资料,法院不持异议。鉴于丁某琪已被免除经理、法定代表人职务,其保管上述证照、印章没有依据,为维护公司正常运营,丁某琪应将上述证照返还荣安善康公司。

【典型案例二】东望公司诉顾某某、蒋某某等公司证照返还纠纷案。③ 二审法院认为,根据本案查明的事实,北京安控科技股份有限公司因签订"对赌协议"取得原告公司70%的股权,在履行"对赌协议"的过程中,北京安控科技股份有限公司与原告公司原股东宁波梅山保税港区德皓投资管理合伙企业(有限合伙)、宁波梅山保税港区广翰投资管理合伙企业(有限合伙)产生纠纷,引发多起诉讼,被告顾某某系上述两合伙企业的执行事务合伙人,本案实际是"对赌协议"双方为争夺目标公司即原告公司的控制权而引发的诉讼。根据庭审中双方的一致陈述,在"对赌协议"履行期间,顾某某一直担任公司总经理,并作为"对赌协议"经营方的代表一直管控公司,负责公司的经营,并负责完成业绩目标。其间,公司办公地址搬迁,公司的相关资料也一并迁移,而在该办公地址工作的公司业务人员、财务人员等都接受顾某某的指派,服从顾某某的管理。根据上述事实,原告公司的所有资料在"对赌协议"履行期间实际是处于

---

① 参见北京市海淀区人民法院民事判决书,(2020)京0108民初41465号。
② 参见北京市第二中级人民法院民事判决书,(2021)京02民终962号。
③ 参见浙江省宁波市中级人民法院民事判决书,(2020)浙02民终4119号。

总经理顾某某的实际控制之下的,双方因"对赌协议"产生纠纷后,顾某某作为经营方的代表,在被投资方罢免总经理职务并被要求返还公司相关资料时,理应按照公司董事会、股东会决议将其实际控制的公司相关资料返还公司,而其并未办理任何交接手续,办公地址也人去楼空,顾某某对此应承担相应的法律责任。

3. 关于被告不具有管理公司证照权限的举证

在被告通过公司章程或有关管理制度取得管理公司证照的权限的情形下,需确定被告不再具有管理公司证照权限的,原告应举证证明:

(1)取消被告管理权限的新的公司章程或者管理制度;

(2)被告的身份已不再符合章程或管理制度规定的证照管理义务主体的身份条件;

(3)被告无管理证照权限,仅为偶发使用公司证照的事实。

(三)被告的举证责任

应根据《民事诉讼法司法解释》第108条的规定承担举证责任。

【**典型案例一之一**】盛世远景公司、付某公司证照返还纠纷案。① 法院认为,关于付某是否占有盛世远景公司所请求返还的财务资料。对于2010年度、2011年度、2012年度的财务资料。付某并非公司法定代表人,也无证据显示该期间公司由付某实际控制,故不能当然推定付某占有该期间公司的财务资料,盛世远景公司主张该期间的财务资料由付某占有,应承担相应的举证证明责任。而综合考虑前述情形,该院认为盛世远景公司提供的证据并不足以使该院确信该期间的财务资料现由付某占有,该待证事实处于真伪不明的状态,相应的不利后果应由负举证证明责任的一方即盛世远景公司承担。据此,盛世远景公司请求付某返还2010年度、2011年度、2012年度的财务资料,缺乏相应的事实依据,法院不予支持。

【**典型案例一之二**】盛世远景公司、付某公司证照返还纠纷案。② 二审法院认为,从一方面看,付某于2014年11月承包经营盛世远景公司之前,并非公司大股东、实际控制人、法定代表人,无证据证明其负有管理公司财务以及保管公司财务资料的职权;从另一方面看,刘某于上述期间内担任公司法定代表人,财务人员多次以电子邮件等方式将相关账目发送给刘某审阅,可知刘某于该期间负责管理公司财务。而且,公司财务管理以及重要财务资料的保管工作属重大经营管理事项,由公司大股东、实际控制人及其委派人员而非由公司小股东负责,符合生活常理。因此,其他公司财务人员参与协助盛世远景公司的财务会计、审计等工作,仅是接受付某推荐而直接与盛世远景公司之间产生委托等法律关系,而并非代理付某个人履行管理公司财务、保管财务资料等工作职责,相应的法律后果不应由付某承担。同时,亦无证据证明盛世远景公司或上述财务人员曾将公司所称的2010年度至2013年度的财务资料交付给付某。故盛世远景公司并无充分证据证明付某实际占有盛世远景公司2010年度至2013年度的财务资料,其关于付某应向其返还该期间财务资料的主张缺乏事实和法律依据,法院不予支持。因此维持了前述一审判决结果。

---

① 参见深圳市南山区人民法院民事判决书,(2019)粤0305民终18862号。
② 参见深圳市中级人民法院民事判决书,(2020)粤03民终6673号。

【典型案例二】泉发公司与黄某明证照返还纠纷案。① 二审法院认为，泉发公司依据与黄某明之间的微信聊天记录中的黄某明信函主张其实际控制了公司证照。法院经审理查明，泉发公司所主张的信函提到，黄某明留存的公司资料，全部交接给公司，黄某明解释信函所提到的公司资料仅指其保留的公司某时间段的财会报表复印件，并提交了该材料复印件，法院据此认定泉发公司举证不足以证明黄某明实际控制了泉发公司的证照，进而驳回了泉发公司的诉讼请求。

五、公司证照返还纠纷中被告的侵权责任及损失赔偿的范围

（一）被告的侵权责任

作为侵权责任纠纷中的公司证照返还纠纷，司法实践中，通常情况下的责任承担方式主要是返还财产和赔偿损失两种，两种方式可以单独适用，也可以合并适用。其法律依据为《民法典》第179条、第235条及第238条的规定。

1. 返还财产

公司证照作为公司的合法财产，公司作为权利人，在他人无合法依据即无权占有公司证照时，依据《民法典》第179条、第235条的规定有权请求无权占有人返还原物。

2. 赔偿损失

公司证照返还请求权系基于无权占有人的侵权行为，据此，公司证照返还请求权所衍生的赔偿损失请求权基础亦为侵权行为。根据《民法典》第238条的规定，侵害物权造成权利人损害的，权利人可以依法请求损害赔偿。

司法实践中相关的裁判观点及典型案例如下。

裁判观点一：因非法持有公司证照给公司造成损失的应予赔偿。

【典型案例一】兰某国与天行公司、中国工商银行股份有限公司益阳银城支行等公司证照返还纠纷案。② 针对兰某国拒绝返还天行公司银行U盾给天行公司造成税务滞纳金损失赔偿问题，二审法院认为，纳税是天行公司的法定义务，是公司的正常支出项目，兰某国应积极履行好自己的财务审核义务，配合天行公司做好纳税事宜。对于兰某国未履行好上述职责给公司造成的损失应予承担。

【典型案例二】刘某儿、危某亮公司证照返还纠纷案。③ 二审法院认为，达威公司提交了《代理服务协议》《遗失声明》及相应的收据、发票，而且KANATBULEGENOV于2018年5月31日、6月5日通过微信向危某亮、刘某儿发送《通知函》，要求两人交还达威公司的文件、物品及与财务有关的物件，并提供了具体的交还地址，危某亮、刘某儿提交的证据不能证明其已经按照达威公司的要求及时交接前述公司证照，实际上前述公司证照于一审庭审时才由危某亮、刘某儿交接给达威公司，由此产生的代理费、登报费、刻章备案费是因为刘某儿、危某亮的不当行为造成，故一审判决危某亮、刘某儿赔偿达威公司代理费2300元、登报费300元、刻

---

① 参见张应杰主编：《公司股东纠纷类案裁判思维》，人民法院出版社2023年版，第543页。
② 参见湖南省益阳市中级人民法院民事判决书，(2021)湘09民终109号。
③ 参见广东省广州市中级人民法院民事判决书，(2019)粤01民终24651号。

章备案费300元并无不当,法院予以维持。

裁判观点二:原告对其请求被告赔偿因非法占有公司证照造成的损失,应就其损失结果承担举证责任。

【**典型案例一**】勇慧公司、田某平公司证照返还纠纷案。[①] 二审法院认为,勇慧公司上诉主张田某平将案涉公司物件控制拒不归还的行为给勇慧公司造成损失,并要求田某平赔偿100,000元。对此,法院认为,勇慧公司要求田某平赔偿损失理应承担相应的举证责任,但勇慧公司在本案中并未提供充足的证据证明其具体损失数额,其理应承担举证不能的法律后果。

【**典型案例二**】科技大市场公司与王某公司证照返还纠纷案。[②] 二审法院认为,关于科技大市场公司主张王某赔偿损失282,246.67元。当事人对自己提出的诉讼请求所依据的事实或者反驳对方诉讼请求所依据的事实,应当提供证据加以证明,否则应当承担举证不能的法律后果。王某作为科技大市场公司经理,根据该公司章程的规定有权聘任相应负责管理人员。科技大市场公司2018年12月18日临时股东会决议将系争证照、印章交由王某保管后,视为认可王某在公司外部民事活动中加盖印章的行为。因科技大市场公司未提交充分证据证明王某的上述行为违反公司高级管理人员忠实义务,原审法院未予支持,亦并无不当。

裁判观点三:非持有证照与损害结果不具有因果关系,赔偿请求不予支持。

【**典型案例**】康慈医疗公司、张某公司证照返还纠纷案。[③] 针对康慈医疗公司主张赔偿损失的诉求,法院认为,原告已经明确广东康慈脑退化病医院一直尚未经营,且根据前述查明的证据可以证实其因欠薪而被相关政府部门介入,被法院冻结账户、股权、查封机器设备,可见,广东康慈脑退化病医院客观上停止经营与广东康慈脑退化病医院医疗机构执业许可证被张某拿走之间并不具有因果关系。据此,法院判决驳回了康慈医疗公司的诉讼请求。

(二)赔偿损失的责任范围

1. 损失范围

侵权责任中的赔偿损失责任遵循的是填平原则,即赔偿的损失与受害人所受的损失通常应当相等,包括直接损失和间接损失。

(1)直接损失。公司证照返还纠纷中,如果因为被告导致其保管的证照损毁或者灭失,此时直接损失一般包括重新办理证照的费用、因无法控制银行账户信息导致迟延支付有关费用而产生的赔偿以及证照被无权占有人或其他第三方非法使用所导致的公司承担责任方面的损失等。

(2)间接损失。通常表现为公司因失去对公司证照的控制而错过交易机会所导致的机会利益损失。

2. 损失计算

根据《民法典》第1184条的规定,侵害他人财产的,财产损失按照损失发生时的市场价格

---

① 参见广东省广州市中级人民法院民事判决书,(2020)粤01民终19726号。
② 参见吉林省长春市中级人民法院民事判决书,(2021)吉01民终701号。
③ 参见广东省广州市番禺区人民法院民事判决书,(2018)粤0113民初9309号。

或者其他合理方式计算。具体到公司证照返还纠纷中的直接损失和间接损失,存在不同的计算方法:

(1)直接损失。一是证照损毁或者灭失时,损失的计算方式应为重新办理证照的费用;二是如果导致财务账簿损毁或者灭失,损失的计算方法为重新制作的成本,如果无法重新制作,则按无法提供财务账簿而导致的其他损失来计算损失。损失应当以合理支出为原则,超出合理支出的范围,一般难以得到支持。

(2)间接损失。侵害人承担损失赔偿的前提为损失与侵权行为之间存在因果关系。对此应当关注:一是时间标准。公司拥有及可能获得的交易机会发生在公司证照被合理规范管理期间获得,若其获得交易机会之时公司证照已经处于被无权占有的状态下,则公司对交易机会的丧失应有一定预期,不能据此要求无权占有人承担法律责任。二是公司证照虽被无权占有,公司有无通过自救途径避免损失发生或扩大。若公司怠于自力救济而导致相应损失,应当减轻无权占有人的赔偿责任。三是公司证照被无权占有后,公司有无及时及积极请求返还,如果没有,且导致公司交易机会丧失,亦减轻无权占有人的赔偿责任。

六、公司证照返还纠纷的诉讼时效问题

《民法典》第196条第2项"不动产物权和登记的动产物权的权利人请求返还财产"规定的请求权,不适用诉讼时效。公司证照不仅具有动产财产权的属性,通常还是公司人格的证明,故此类纠纷不适用诉讼时效的规定。

【典型案例】徐某庆与建邺再生资源公司公司证照返还纠纷案。[①]再审法院认为,建邺再生资源公司原物返还请求权不受诉讼时效限制。建邺再生资源公司作为印章、证照的所有权人,有权要求徐某庆返还。根据《最高人民法院关于审理民事案件适用诉讼时效制度若干问题的规定》第1条的规定,当事人可以对债权请求权提出诉讼时效抗辩。因此,诉讼时效抗辩只适用于债权请求权。本案中,建邺再生资源公司提起本案诉讼是行使物权请求权,不受诉讼时效限制,建邺再生资源公司提起本案诉讼的诉讼时效期间已经届满。法院认为,上述法律是有关占有物返还请求权的规定,是以占有人为请求权主体,而建邺再生资源公司是以印章、证照的所有权人身份提起本案诉讼,因此,上述法律规定不适用于本案。

---

① 参见江苏省高级人民法院民事裁定书,(2017)苏民申3393号。

◆ 第九章　损害股东利益责任纠纷

第一节　损害股东利益责任纠纷概述

一、股东利益的概念

了解股东利益前必须了解股东权利,因为股东利益一般基于股东权利而派生,股东权利被侵害后一般就会产生股东利益损害的附随结果。股东权利包括自益权和共益权。根据《公司法》的规定,自益权包括利润分配请求权、剩余财产分配请求权、新股优先认购权、股份优先购买权、异议股东退股权、股份转让权、股票交付请求权等。共益权亦包括表决权、股东名册变更请求权、会计账簿查阅权、股东会或股东大会召集权与主持权、选举与被选举权、提案权、质询权、股东会和董事会决议无效确认请求权和撤销请求权、公司合并无效诉讼提起权、累积投票权、代表诉讼提起权、对董事和高级管理人员的直接诉权、公司解散请求权等。除此之外,亦有观点认为,股东利益应该是一个开放性的概念,法律尚未明确规定为股东权利但应由股东享有的、与股东从公司获取财产和行使经营管理权直接相关联且应当予以保护的利益,应识别为股东利益。随着经济的发展和公司运作的复杂化,司法实践中可能会出现损害股东利益的新情形,股东均可通过提起损害股东利益责任纠纷诉讼维护自身权益。[①]

二、损害股东利益责任纠纷的构成要件

损害股东利益责任纠纷属于侵权责任属性,故首先应关注是否符合侵权责任的构成要件,同时结合股东、董事、高级管理人员、实际控制人义务的性质、特点和范围,以及侵权行为所侵害的客体等因素,把握其责任构成要件中的特别之处。

损害股东利益责任作为侵权责任,正常情况下其构成要件亦应包括:(1)存在股东滥用股东权利或董事、高级管理人员违反法律、行政法规或公司章程或控股股东、实际控制人指示董事、高级管理人员从事损害公司或者股东利益指示行为等侵权行为;(2)股东、董事、高级管理人员、实际控制人存在过错;(3)发生损害股东权益的具体后果;(4)侵权行为与损害后果之间具有直接因果关系。

但在损害股东利益责任纠纷中应当特别注意的是,应当有损害后果,即原告因案涉的损害行为遭受实际损失,否则会被认定为诉讼请求缺乏事实要件难以得到法院支持。

【典型案例】顾某中诉陈某君损害股东利益责任纠纷案。[②] 法院认为,原告以被告作为保冠公司的监事侵害了其作为公司股东的利益为由,要求被告赔偿损失。诉讼中,原告陈述损失的构成为,生效判决已确认保冠公司有对外债务,而保冠公司账上无款,原告作为股东必然要承担对未出资部分补足。生效判决确已确认保冠公司负有对外债务,但责任主体是保冠公司,并

[①] 参见张应杰主编:《公司责任纠纷类案裁判思维》,人民法院出版社2023年版,第5页。
[②] 参见上海市金山区人民法院民事判决书,(2016)沪0116民初4267号。

非原告,原告是否需要对保冠公司的债务承担责任,尚无明确结论,而且原告也在庭审中陈述,现其未向案外债权人支付过欠款,即原告所述的损失至本案诉讼前并未实际发生。董事、高级管理人员违反法律、行政法规或者公司章程的规定,损害股东利益的,股东可以向法院提起诉讼。原告作为保冠公司的股东,程序上可以此为由起诉被告,要求赔偿损失,但该请求得到支持,应当符合法定的构成要件,其中原告因被告的行为而受到实际损失就是条件之一,现原告未能提供证据证明其已受到相应的实际损失,故原告的上述诉讼请求,缺乏基础的事实要件,法院不予支持。

三、损害股东利益责任纠纷的特点

(一)优先适用《公司法》的特别规定及商事侵权规则

因为该纠纷属公司领域的侵权责任纠纷,它在侵权主体、客体、侵权行为、归责原则、损害后果、责任承担方式、损失计算等方面均有其特殊性。故损害股东利益责任纠纷应在《民法典》关于侵权责任的框架下优先适用《公司法》的特别规定及商事侵权规则。

(二)以股东权益直接受损为前提

股东提起损害股东利益责任纠纷须以股东权益受到直接侵害为前提。值得注意的是,这里指的是股东直接利益受损,非间接利益受损。股东利益因公司利益受损而间接遭受损失的,一般情形下不视为股东利益受损,在这一情形下,如果股东因该间接受损结果直接提起股东利益损害责任之诉,其诉求难以得到支持。此时,应以公司为主体提起损害公司利益责任之诉或通过股东代表诉讼为公司主张权利。

(三)责任的兜底性和补充性

作为侵权责任,股东提起诉讼的诉因具有概括性,从而在实践中可能产生股东利益责任纠纷诉讼与其他股东直接诉讼的请求权基础重叠的情形。在这一情形下,又鉴于侵权责任的补偿功能,损害股东利益责任通常是在股东通过停止侵害(如公司决议之诉)或要求履行某项行为(如股东知情权之诉)等诉讼无法救济或仍不能完全填补损失的情况下才可主张。因此,损害股东利益责任具有兜底性和补充性。

(四)以损害赔偿责任为主要责任形式

损害赔偿是侵权责任最主要的救济方式,亦为实现侵权法补偿功能重要的责任方式。在损害股东利益责任中,当股东权益遭受侵害无法直接救济、损失不能恢复时,最终的救济都将以损害赔偿的形式呈现。因此,损害赔偿责任是损害股东利益责任纠纷中的主要责任形式,也是该诉讼中股东诉权的核心。

四、损害股东利益责任纠纷的类型

如前所述,损害股东利益责任纠纷可理解为公司董事、高级管理人员及其他股东(往往是大股东或控股股东,特殊情形下还包括实际控制人)违反法定义务侵害原告股东权益所引发的纠纷。据此,该类纠纷应当包括以下三种类型:

（1）公司股东滥用股东权利给其他股东造成损失，应当依法承担赔偿责任的纠纷，即《公司法》第21条第2款规定的股东损害赔偿责任纠纷。

（2）公司董事、高级管理人员违反法律、行政法规或公司章程的规定，损害股东利益，应当对股东承担责任的纠纷，即《公司法》第190条规定的董事、高级管理人员损害股东利益责任纠纷。

（3）公司的控股股东、实际控制人指示董事、高级管理人员从事损害公司或者股东利益，应与该董事、高级管理人员对股东承担连带责任的纠纷，即新《公司法》第192条规定的控股股东、实际控制人损害股东利益责任纠纷。这亦是新《公司法》基于实务中公司董事、高级管理人员损害股东利益往往是受大股东或控股股东，特殊情形下还包括实际控制人指使的结果的情形，从而在原《公司法》规定的基础上扩大了损害股东利益责任纠纷主体和范围。

第二节　司法实践中损害股东利益责任纠纷诉讼中常见问题及应对

一、股东利益直接受损或公司利益受损的实务认定

（一）股东利益直接受损的认定

股东利益是否直接受损，应从两个维度进行考虑，首先确定受损客体，究竟是公司利益还是股东利益；其次确定因果关系，即侵权行为是否直接导致股东利益受损。实务认定方法：当股东利益受损后，同样的诉讼和主张，公司能不能提？能，就是公司利益受损；不能，则是股东利益直接受损。①

1. 公司利益与股东利益的关系形态

裁判观点：法律将公司利益与股东利益、债权人利益并列，明确阐明公司不仅有独立的人格，还有独立的利益。公司利益与股东利益属于两种不同的法律利益类型，公司拥有独立的利益能够有效保护债权人利益。公司由股东创立，股东以入股财产兑换为股权之后，股东享有的便是股权派生出来的各类自益权和共益权（股东利益）。公司利益是公司对名下的财产、经营成果等（有形财产）以及商业机会、商业字号、名誉等（无形财产）拥有的独立利益。

【典型案例】四川智慧交通公司与宜宾戎宸运业公司、黄某华等损害股东利益纠纷案。② 针对宜宾戎宸运业公司、黄某华的行为是否损害了四川智慧交通公司利益的问题，一审法院认为，四川智慧交通公司主张因宜宾戎宸运业公司、黄某华滥用股东权利，将宜宾临港客运站公司的主要资产及主要经营场地用于抵偿宜宾戎宸运业公司、黄某华的债务，给四川智慧交通公司造成了巨大的损失，宜宾戎宸运业公司、黄某华应当依法承担赔偿责任。理由如下：

第一，我国公司法严格区分股东利益与公司利益。《公司法》第1条开宗明义地规定"公司法保护公司、股东、债权人的合法权益"，可见，法律将公司利益与股东利益、债权人利益并列，明确阐明公司不仅有独立的人格，还有独立的利益。公司利益与股东利益属于两种的不同法律利益类型，公司拥有独立的利益能够有效保护债权人利益。公司由股东创立，股东以入股

---

① 参见朱锦清：《公司法学》（修订本），清华大学出版社2019年版，第744页。
② 参见四川省宜宾市中级人民法院民事判决书，(2019)川15民初73号；四川省高级人民法院民事判决书，(2020)川民终1459号。

财产兑换为股权之后，股东享有的便是股权派生出来的各类自益权和共益权（股东利益）。公司利益是公司对名下的财产、经营成果等（有形财产）以及商业机会、商业字号、名誉等（无形财产）拥有的独立利益。

第二，就本案而言，对宜宾戎宸运业公司、黄某华的行为性质作如下评述。其一，针对宜宾戎宸运业公司的行为。宜宾戎宸运业公司与四川智慧交通公司均系宜宾临港客运站公司的股东，宜宾戎宸运业公司为控股股东。根据查明的事实，宜宾戎宸运业公司以宜宾临港客运站公司所有的位于四川省宜宾市××大楼国有土地使用权为宜宾戎宸运业公司借款提供最高额抵押担保，并办理了抵押登记。四川省宜宾市中级人民法院（2019）川15执恢1号《执行裁定书》裁定扣划被执行人宜宾临港客运站公司银行存款13,500,000元或查封、扣押、提取相应价值的其他财产。宜宾戎宸运业公司利用其控制股东地位，将宜宾临港客运站公司的资产为自己的债务提供担保，造成了宜宾临港客运站公司被法院强制执行的后果，且宜宾戎宸运业公司未提供宜宾临港客运站公司同意为其担保的股东会决议。宜宾戎宸运业公司的行为使宜宾临港客运站公司的有形资产减少，侵害了宜宾临港客运站公司的法人财产权益，但对四川智慧交通公司的股东利益并未造成直接损害。其二，针对黄某华的行为。黄某华系宜宾戎宸运业公司与宜宾临港客运站公司的法定代表人、董事长，但非宜宾临港客运站公司的股东。根据查明的事实，宜宾临港客运站公司为黄某华的对外借款本息承担连带责任担保，但未提供公司股东会决议。黄某华作为宜宾临港客运站公司的法定代表人、董事长，利用公司财产为自己的债务提供担保，违反了公司法对董事、高级管理人员要求的忠实义务。但因黄某华不是宜宾临港客运站公司的股东，与四川智慧交通公司在本案中主张的"公司股东滥用股东权利给其他股东造成损失的，应当依法承担赔偿责任"的请求权基础不一致，属于另一法律关系，且黄某华的行为并未对四川智慧交通公司的股东利益造成直接损害。

本案一审判决结果最后得到了二审法院的支持，二审法院亦认为，从本案事实看，宜宾临港客运站公司董事长黄某华及控股股东宜宾戎宸运业公司的行为，系直接侵害了宜宾临港客运站公司的利益，而宜宾临港客运站公司作为独立经营的有限责任公司，具有独立人格，公司利益并不能等同于股东利益，四川智慧交通公司作为公司股东，其受到的只是间接利益损失，而上述法律所规定的股东直接起诉，要求公司股东或公司高级管理人员赔偿的损失一般是指股东享有的知情权、表决权、分红权等直接权益的损失。故四川智慧交通公司以股东身份上诉要求判令宜宾临港客运站公司的董事长黄某华及控股股东宜宾戎宸运业公司赔偿其股东损失的主张不能成立，法院不予支持。

2. 股东利益直接受损的辨识

裁判观点：股东权益受损是指股东权利受到直接侵害造成直接损失，而并非指公司利益受损，公司遭受的损失也不能等同股东的直接损失。股东主张该损害赔偿首先应举证证明公司董事、高级管理人员因违反法律法规或公司章程的行为给股东造成了直接损失。

【典型案例】黄某启与谭某林、第三人峨眉山市燃气公司损害股东利益责任纠纷案。[①] 二

---

① 参见四川省乐山市中级人民法院民事判决书，(2014)乐民终字第836号。

审法院认为,损害股东利益责任纠纷是指公司董事、高级管理人员违反法律、行政法规或者公司章程的规定,损害股东利益,应当对股东承担损害责任而与股东发生的纠纷,其中所称的股东权益受损是指股东权利受到直接侵害造成直接损失,而并非指公司利益造成损失。股东主张该损害赔偿首先应举证证明公司董事、高级管理人员因违反法律法规或公司章程的行为给股东造成了直接损失。基于公司独立人格,股东出资后不再享有对公司出资金额的直接支配和收益,对公司的利益体现为股权,只能依法定程序通过行使股权来实现自身权益。公司的收益或损失并不能直接对应股东的股权价值,公司遭受的损失也不能等同股东的直接损失,股东权益的减损除与公司决策有关外还与公司分红政策、股权行使方式等因素相关。因此,上诉人黄某启主张峨眉山市燃气公司因缴纳滞纳金和罚款导致的损失,是公司利益的损失而不是黄某启本人的直接损失,也并不是谭某林直接侵害其股东权益所受损失。峨眉山市燃气公司因被四川省乐山市地方税务局稽查局处罚和处理,缴纳罚款和滞纳金系公司利益受损,未使作为股东的黄某启利益直接受损,因此谭某林没有直接损害上诉人黄某启的股东利益。

(二)司法实践中的公司利益受损情形

1. 公司对外合作或履行合同的损失

裁判观点:公司对外合作或履行合同的损失为公司利益受损,不属于损害股东利益责任纠纷的审理范围。

【典型案例】海钢集团与中冶公司及原审第三人渡假村公司损害股东利益责任纠纷案。[①] 最高人民法院认为,海钢集团诉称的"损失"产生于渡假村公司与海韵公司合作开发建设过程中,依双方约定,渡假村公司拿出部分土地给海韵公司开发建设,海韵公司则为渡假村公司建设一幢四星级酒店及职工宿舍等。海钢集团据此主张由中冶公司赔偿其相应的损失,没有事实和法律依据,理由是:(1)渡假村公司在该合作开发项目中的"损失"不属于本案审理的范围,本院在此不能作出判定;(2)即使该"损失"存在,请求该项"损失"救济的权利人应是渡假村公司,而非海钢集团;(3)如海钢集团代渡假村公司主张权利,则诉讼权利受益人仍是渡假村公司,这与本案不属于同一法律关系,亦不属于本案审理范围。

2. 公司成立、经营、管理过程中的资产损失

裁判观点:公司成立、经营、管理过程中的资产损失属于公司利益损失,非股东利益损失。

【典型案例】张矿集团与中能公司损害股东利益责任纠纷案。[②] 再审法院认为,中能公司主张的损失源于鸡鸣驿公司的成立、经营、管理过程中,即使该损失存在,亦属于鸡鸣驿公司的直接损失而不属于中能公司的直接损失,尽管中能公司的股东权益会受到影响,但请求该项损失救济的权利人应是鸡鸣驿公司。中能公司主张鸡鸣驿公司1947万元资产灭失,张矿集团应按股权比例折算赔偿中能公司的经济损失没有事实证据和法律依据。

---

① 参见最高人民法院民事判决书,(2013)民二终字第43号。
② 参见河北省高级人民法院民事判决书,(2018)冀民再77号。

3. 公司股东、董事或高级管理人员不当处分公司资产的损失

裁判观点：公司未清算的情况下，董事转让公司资产属于公司利益受损，非股东利益受损，且公司已经提出在先诉讼，原告的诉请不能得到支持。

【典型案例】谭某兴与黎某炜、黎某芬、彩星公司和刘某因董事、高级管理人员损害股东利益赔偿纠纷案。① 最高人民法院认为，公司制度的核心在于股东的财产权与公司的财产权相互分离，股东以投入公司财产为代价获得公司的股权。股东对公司财产并不享有直接权利。经纬公司是案涉资产的所有权人，谭某兴仅对其投资享有股东权益，对公司的财产并不享有直接请求权。基于此，《公司法》(2005年)第152条②和第153条③区分侵害公司权益与侵害股东权益两种情形分别作出不同的规定。《公司法》(2005年)第152条规定，在董事、监事、高级管理人员执行公司职务时违反法律、行政法规或者公司章程的规定，给公司造成损失的，符合一定条件的股东有权要求公司监事、执行董事提起诉讼；在公司怠于提起诉讼时，符合一定条件的股东才能提起公司代表诉讼。而本案中的经纬公司已经根据谭某兴的通知向彩星公司提起诉讼并形成河北省高级人民法院(2008)民二初字第21号案件，经纬公司在该诉讼中败诉。谭某兴依据《公司法》(2005年)第152条所享有的权利已经行使，在此情形下，谭某兴再提起本案诉讼，其事实依据及法律理由仍然是案涉交易造成经纬公司损失并进而侵害其股东利益，显然不能成立。侵害剩余财产分配权的形态表现为，在公司清算解散的前提下，董事、监事、高级管理人员未按照法律、行政法规或者公司章程的规定向股东分配公司剩余财产。而在公司未进入清算解散程序的情况下，执行董事根据有效的股东会决议转让公司资产的行为，不能认定为侵害股东剩余财产权的行为。即使该交易转让价格明显过低，股东也只能依据《公司法》(2005年)第152条规定的途径寻求救济。

4. 公司股东、实际控制人违法以公司财产为个人债务提供担保造成的损失

裁判观点：公司股东、实际控制人违法以公司财产为个人债务提供担保造成的损失为公司利益受损。

【典型案例】四川智慧交通公司与宜宾戎宸运业公司、黄某华、宜宾临港客运站公司损害股东利益责任纠纷案。④ 针对四川智慧交通公司上诉提出的"作为宜宾临港客运站公司董事长黄某华及控股股东宜宾戎宸运业公司滥用股东权利，将宜宾临港客运站公司的主要资产及主要经营场地用于抵偿宜宾戎宸运业公司、黄某华个人的债务，给其造成了巨大的损失，因而要求宜宾戎宸运业公司、黄某华共同承担赔偿责任"的主张，二审法院认为，从本案事实看，宜宾临港客运站公司董事长黄某华及控股股东宜宾戎宸运业公司的行为，系直接侵害了宜宾临港客运站公司的利益，而宜宾临港客运站公司作为独立经营的有限责任公司，具有独立人格，公司利益并不能等同于股东利益，四川智慧交通公司作为公司股东，其受到的只是间接利益损

---

① 参见最高人民法院民事判决书，(2013)民一终字第126号。
② 参见新《公司法》第189条，下同。
③ 参见新《公司法》第190~192条，下同。
④ 参见四川省高级人民法院民事判决书，(2020)川民终1459号。

失,而上述法律所规定的股东直接起诉,要求公司股东或公司高级管理人员赔偿的损失一般是指股东享有的知情权、表决权、分红权等直接权益的损失。故四川智慧交通公司以股东身份上诉要求判令宜宾临港客运站公司的董事长黄某华及控股股东宜宾戎宸运业公司赔偿其股东损失的主张不能成立,不予支持。

5. 关联交易导致的损失

裁判观点:公司股东、董事违法进行关联交易造成的损失为公司利益受损。

【典型案例】赵某树、符某清、原审第三人丰利医药公司损害股东利益责任纠纷案。① 针对赵某树以损害股东利益为由诉请符某清向其支付损害赔偿金的主张,二审法院认为,首先,根据《公司法》(2018年)第21条②规定,公司股东应当遵守法律、行政法规和公司章程,依法行使股东权利,不得滥用股东权利损害公司或者其他股东的利益。公司股东滥用股东权利给公司或者其他股东造成损失的,应当依法承担赔偿责任。该条规定中,公司股东滥用股东权利给其他股东造成损失的,系指公司股东滥用股东权利直接侵害其他股东权利的情形。本案中,根据赵某树的陈述,符某清系以不合理的低价受让了丰利医药公司所持有的海尔斯公司及中渊公司的股权,再以正常价格将股权转让给旭东公司,从而造成其在丰利医药公司享有的股东权益受到损害。但符某清本身即为丰利医药公司持股超过85%的股东,又系丰利医药公司的法定代表人及执行董事,其与丰利医药公司订立股权转让协议不属公司正常经营行为,本质上属于关联交易的范畴。根据《公司法》(2018年)第21条③的规定,公司的控股股东、实际控制人、董事、监事、高级管理人员不得利用其关联关系损害公司利益。违反前款规定,给公司造成损失的,应当承担赔偿责任。即便符某清的前述行为造成了损害,其也是直接损害了丰利医药公司的利益,应当向丰利医药公司承担赔偿责任。赵某树只是因为丰利医药公司的利益受到损害而导致其享有该公司的股东权益发生损害,属于间接损害,在公司利益得到弥补后该间接损害自然也不复存在。因此,在本案中,无论符某清的行为是否侵害丰利医药公司利益,赵某树作为丰利医药公司的股东都无权要求将被损害的利益直接归于自己,其本案的诉讼请求均不应予以支持。至于符某清案涉关联交易是否损害了丰利医药公司的利益,各方如有争议可另行处理。

6. 股东抽逃出资导致的损失

裁判观点:公司股东抽逃出资造成的损失为公司利益受损。

【典型案例】陈某春因与蓝某光、费尼斯公司、龙岩国资委、颜某淡、陈某荣、龙岩国投损害股东利益责任纠纷案。④ 最高人民法院认为,根据已经查明的事实,蓝某光在向金鑫公司出资188万余美元并成为实际控制该公司的股东后又抽逃了该出资。该抽逃出资行为对金鑫公司造成了损害,但并无证据证明必然导致金鑫公司经营彻底失败,亦无证据证明必然导致对陈某

---

① 参见江苏省南通市中级人民法院民事判决书,(2021)苏06民终2084号。
② 参见新《公司法》第21条。
③ 参见新《公司法》第22条。
④ 参见最高人民法院民事裁定书,(2014)民申字第762号。

春的股权及收益造成损害。而且，即使陈某春的股权可能受到损害，但在金鑫公司尚未清算的情况下，陈某春所持股权价值、是否存在损失等均无法认定。陈某春关于蓝某光的抽逃出资行为对其造成损害并以其实际出资额和预计收益计算损失数额，均缺乏事实和法律依据，一审、二审法院对其要求赔偿损失的诉讼请求未予支持并无不当。

（三）认定为公司利益受损时的处理

当股东在损害股东利益责任纠纷中主张的损失被认定为公司利益时应如何处理。针对这一情形，当前司法界的主流观点认为：首先，应当以公司为主体主张或在公司怠于行使诉权时由符合条件的股东提起股东代表诉讼。其次，不能直接将损害股东利益责任纠纷案件转为股东代表诉讼进行审理，因为损害股东利益责任纠纷与股东代表诉讼的诉讼标的不同，诉讼利益归属不同，且后者还存在前置程序，适用的诉讼程序不同，同时所主张的利益还可能存在冲突。故法院一般会基于最高人民法院在（2013）民二终字第43号案中明确股东直接起诉的诉权不应据此剥夺而驳回原告股东的诉讼请求，而非驳回起诉。最后，对于损害公司利益责任纠纷，股东需另行根据《公司法》第189条的规定处理。

司法实务中，如此这般的操作必然会给原告股东造成不必要的损失。故在诉前应正确识别受损利益的归属主体，切实避免因识别错误给当事人造成损失，提高诉讼效率。

实务中股东利益间接受损但股东可以直接主张的特殊情形主要有以下四种。

第一种：公司注销后，在公司存续期间、清算时或者注销后，原股东、董事、高级管理人员间接侵害股东利益的情形。由于公司主体资格已终止，公司原股东可以直接向上述人员提起诉讼。

【典型案例】郑某贤因与郑某宏、郑某泉、第三人肖某华损害股东利益责任纠纷案。[①] 针对二审法院以金良公司解散后租赁涉案场地的租金应作为金良公司的收益，由各股东进行分配，而金良公司转租场地的租金，在解散清算时没有结算分配，因此郑某宏仍享有25%份额的投资权益为由，支持了郑某宏的诉讼请求。最高人民法院维持了该判决结果。

第二种：公司章程或决议明确规定某项公司损失由某一主体向股东个人直接承担责任的情形。基于公司的团体性，公司章程和决议具有团体法的性质对公司内部股东具有约束力，因此，股东可以依据章程或决议中关于该个别主体责任承担的内容直接起诉。[②]

第三种：控制股东损害公司利益后又低价受让受损股东的股权，受损股东所受的全部损害无论是直接损害还是因公司利益受损导致的间接损害，都应被认定为受损股东的直接损害，受损股东可直接提起损害股东利益责任纠纷诉讼，而不应苛求其等待公司向控制股东索赔。若公司被转化为一人公司或实质一人公司，更是如此。因为股东一旦转让股权，股东所受损害再也无法借助公司请求权获得填补，控制股东、董事、高级管理人员侵占公司资产导致的前股东损害就由公司直接损害（股东间接损害）转变为股东直接损害，前股东当然有权直接

---

① 参见最高人民法院民事裁定书，（2015）民申字第2488号。
② 参见张应杰主编：《公司责任纠纷类案裁判思维》，人民法院出版社2023年版，第40页。

行使索赔权。①

第四种:特殊情况下,依据现有的法律逻辑所作出的裁判结果可能出现对股东极度不公平的情况,此时应当允许股东通过直接诉讼主张因公司利益受损而导致的间接损失。例如,在公司人格完全丧失沦为工具的情况下,股东已无法期待通过公司索赔或即使可以通过股东代表诉讼索赔成功,但基于公司完全形骸化,其后续权益无法实现。②

二、归责原则

归责原则是确定侵权人承担侵权损害赔偿责任的一般准则,它是在损害事实已经发生的情况下,为确定侵权人对自己的行为所造成的损害是否需要承担赔偿责任的原则。③损害股东利益责任纠纷一般以过错责任为归责原则。

(一)过错认定类型

损害股东利益纠纷过错责任的认定,在司法实务中根据责任主体结合法律规定、侵权方式、身份关系及职责特点,主要包括:(1)股东滥用股东权利的过错认定;(2)董事、高级管理人员违反忠实勤勉义务的过错认定;(3)控制股东(控股股东和实际控制人)滥用控制权利的过错认定;(4)司法解释规定的具体侵权行为过错认定;(5)一般侵权情形下的过错认定。

而在司法实务中最难以把握的主要是董事、高级管理人员违反忠实勤勉义务的过错认定和控制股东(控股股东和实际控制人)滥用控制权利的过错认定。

(二)司法实践中,董事、高级管理人员违反忠实勤勉义务的过错认定

<u>裁判观点:董事会的决议违反法律、行政法规或者公司章程、股东大会决议,致使公司遭受严重损失的,参与决议的董事对公司负赔偿责任。但经证明在表决时曾表明异议并记载于会议记录的,该董事可以免除责任。</u>

【典型案例】丘某良、黄某贵与福建福日电子股份有限公司、陈某股东损害公司债权人利益责任纠纷案。④二审法院认为,所谓董事的勤勉义务,这是各国公司法普遍规定的董事必须履行的一项积极义务,要求董事负有以善良管理人的注意来处理公司事务的义务。勤勉义务要求公司董事在行使职权时应当以一定的标准尽职尽责管理公司的业务,违反该义务的董事应当承担相应的法律责任。现在经济活动的复杂性,难以判断董事在经营决策时是否尽到了合理谨慎的注意义务,同时董事的勤勉义务具有主观性,所谓"合理""勤勉"的界定并不明确。经营活动具有风险性,决定了不能把所有的经营不利后果,都归结于董事未尽勤勉义务,对于勤勉义务的判断标准未作具体规定,仅在《公司法》(2013年)第112条第3款⑤规定:"董事应当对董事会的决议承担责任。董事会的决议违反法律、行政法规或者公司章程、股东大会决议,致使公司遭受严重损失的,参与决议的董事对公司负赔偿责任。但经证明在表决时曾表明

---

① 参见刘俊海:《论控制股东和实控人滥用公司控制权时对弱势股东的赔偿责任》,载《法学论坛》2022年第2期。
② 参见张应杰主编:《公司责任纠纷类案裁判思维》,人民法院出版社2023年版,第40页。
③ 参见杨立新:《侵权法论》(第5版),人民法院出版社2013年版,第163页。
④ 参见广东省深圳市中级人民法院民事判决书,(2014)深中法涉外终字第36号。
⑤ 参见《公司法》第125条第2款。

异议并记载于会议记录的,该董事可以免除责任。"第 149 条[1]规定:"董事、监事、高级管理人员执行公司职务时违反法律、行政法规或者公司章程的规定,给公司造成损失的,应当承担赔偿责任。"上述规定是对勤勉义务的具体要求。

实务中,法院对董事及高级管理人员损害股东利益行为的司法审查路径一般为:(1)是否造成股东权益损害;(2)特定主体是否负有相关义务;(3)是否通过作为或不作为的方式违反相关义务。

在这里值得关注的问题主要有以下两个。

1. 董事、高级管理人员的义务问题

实务中,除包含公司法司法解释明确规定其向股东负有的义务外,还应包括通过司法案例认定的义务及因董事未如实披露信息造成股东不公平交易损害股东财产权益、未通知部分股东参加股东会侵害股东表决权、侵害股东剩余财产权行为等情形。需要注意的是,基于公司独立人格,公司财产独立于股东财产,在公司正常经营过程中,股东不能以公司资产减少主张股东利益受损,但在公司解散清算过程中,股东享有剩余财产分配权,发生了公司利益向股东利益的转化,侵害股东剩余财产分配权的行为损害股东利益。

司法实践中有关董事、高级管理人员义务认定的裁判观点及典型案例如下。

裁判观点一:侵害剩余财产分配权的形态表现为,在公司清算解散的前提下,董事、监事、高级管理人员未按照法律、行政法规或者公司章程的规定向股东分配公司剩余财产。

【典型案例】谭某兴与黎某炜、黎某芬、彩星公司和刘某因董事、高级管理人员损害股东利益赔偿纠纷案。[2]二审法院认为,侵害剩余财产分配权的形态表现为,在公司清算解散的前提下,董事、监事、高级管理人员未按照法律、行政法规或者公司章程的规定向股东分配公司剩余财产。而在公司未进入清算解散程序的情况下,执行董事根据有效的股东会决议转让公司资产的行为,不能认定为侵害股东剩余财产权的行为。

裁判观点二:公司董事因未依法履行职责置备公司文件材料给股东造成损失应予赔偿。

【典型案例】叶某因与周某损害股东利益责任纠纷案。[3]二审法院认为,因被上诉人周某没有建立和保存 A 公司的财务会计报告、会计账簿和会计凭证,该行为导致叶某作为 A 公司的股东无法通过行使股东知情权查阅、复制前述文件材料,并致其遭受了包括难以证明公司具备可分配利润并请求公司分配利润、难以证明公司具有可分配剩余财产并请求相应分配,以及因无法组织公司清算而依法应承担赔偿责任等带来的损失。对于上述"难以证明"的损失,一审法院要求叶某担举证责任,系举证责任分配不当。法院认为,周某因其未依法履行职责,应当对 A 公司有无可分配利润或剩余财产等承担举证证明的责任。现周某未能对此予以举证证明,应承担举证不能的后果。

---

[1] 参见现《公司法》第 188 条第 2 款。
[2] 参见最高人民法院民事判决书,(2013)民一终字第 126 号。
[3] 参见上海市第一中级人民法院民事判决书,(2020)沪 01 民终 3550 号。

裁判观点三：未及时办理变更登记，有过错的董事、高级管理人员或者实际控制人应承担赔偿责任。

【**典型案例**】李某乔因与焦某忠、高某举、木全公司损害股东利益责任纠纷案。[①] 二审法院认为，焦某忠自股权被违法转让后，焦某忠提起多起诉讼，致力于恢复股东身份，在此期间，李某乔不仅未协助其进行股权变更，反而恶意转移尚在其名下的涉案股权，致使焦某忠始终未能恢复股东身份，直至本案一审法院作出对李某乔不利判决之后，李某乔未经焦某忠同意，自行将涉案股权恢复至焦某忠名下，其目的明显为逃避赔偿责任，在这种情况下，法院对于李某乔主张其已将涉案股权恢复至焦某忠名下，其不应承担赔偿责任的上诉请求不予支持。且自焦某忠股权被违法转移至今，已近7年，即便李某乔将涉案股权恢复至焦某忠名下，金泰宸公司经营状态、股权结构均发生了重大变化，公司的人合基础亦不复存在，故李某乔将涉案股权变更至焦某忠名下无法达到恢复原状的目的，且二审期间，焦某忠亦明确表示不愿接受涉案股权，坚持要求李某乔赔偿损失，故在此情况下，李某乔仍应承担赔偿责任。

裁判观点四：股东申请强制清算，法院以无法清算或者无法全面清算为由作出终结强制清算程序的，股东可以向控股股东等实际控制公司的主体主张有关权利。

【**典型案例**】姜某辉因与朱某新等损害股东利益责任纠纷案。[②] 二审法院认为，《民事诉讼证据规定》(2008年) 第75条[③] 规定："有证据证明一方当事人持有证据无正当理由拒不提供，如果对方当事人主张该证据的内容不利于证据持有人，可以推定该主张成立。"本案中永顺公司显然故意不提供完整、有效的财务资料，根据以上规定，应推定永顺公司持有的完整、有效的财务资料所反映的永顺公司财产情况，在姜某辉主张15%股权应当获得60万元赔偿（15%股权价值或按比例进行剩余资产分配）的情形下有利于姜某辉。且本案原判决姜某辉可获赔偿22.8万元、重审后原审法院一审判决姜某辉可获赔偿15万元及利息，朱某兵等均未提起上诉，亦可佐证永顺公司15%股权具有相当的实际价值。最高人民法院在《关于审理公司强制清算案件工作座谈会纪要》（以下简称《公司强制清算纪要》）中规定，对于股东申请强制清算，因重要账册、文件等不全无法强制清算的，股东可向控股股东等实际控制公司的主体主张有关权利。对该条的适用，最高人民法院民二庭负责人在就《公司强制清算纪要》答记者问过程中进一步明确。因控股股东等实际控制公司的主体的原因导致无法清算或者无法全面清算，股东因无法获得应有的剩余财产分配而向控股股东等实际控制公司的主体主张有关权利时，我们考虑可以通过举证责任倒置来解决中小股东利益的保护问题，即在控股股东控制公司的前提下该清算不清算，或者不依法提交有关财产状况说明、债务清册、债权清册、财务会计报告以及职工工资的支付情况和社保费用的缴纳情况，导致无法清算或者无法全面清算，其他股东起诉请求控股股东等实际控制公司的主体返还出资并承担损失的，除非控股股东等实际控制公司的主体能够充分证明公司已经资不抵债没有剩余财产进行分配或者不能返还出资，或者

[①] 参见北京市第一中级人民法院民事判决书，(2015)一中民（商）终字第5292号。
[②] 参见江苏省南通市中级人民法院民事判决书，(2015)通中商终字第00396号。
[③] 参见2018年《民事诉讼证据规定》第95条。

虽然公司有剩余财产可供分配但数额低于权利人主张的数额,法院应当依法支持其诉请。本案中小股东姜某辉申请对永顺公司进行强制清算,但因朱某兵等实际控制公司的主体不提供主要、完整、有效的财务资料导致无法清算,可参照采用举证责任倒置的规则,支持姜某辉的全部诉讼请求。且姜某辉主张赔偿60万元,相对于永顺公司处置的主要资产规模,并无不合理情形。原审法院根据永顺公司注册资本确定姜某辉有权获得的赔偿数额,既没有充分、完整地考虑双方纠纷本质,亦未能正确适用民事诉讼证据规则,在永顺公司实际控制主体不诚信履行清算义务的情况下保护中小股东的合法权益,应予纠正。

裁判观点五:控股股东、董事未如实披露信息,导致不公平交易损害股东利益的,应予赔偿。

【**典型案例**】堀某与杨某宙损害股东利益责任纠纷案。[①]二审法院认为,关于堀某在股权转让过程中是否存在不公平行为,赔偿金额如何确定,一审法院已经查明,股权转让过程中,D公司审稿前曾向香港F×公司提供两种评估方法,按资产基础法评估值为730.70万元,按收益法评估值为2600万元,差异明显,而堀某强烈建议评估价值应基于资产,后D公司明确指出收益法更能体现公司的真正价值,但最终D公司出具的评估咨询报告采用了资产基础法,净资产评估值为451万余元。从该过程可以看出,堀某在股权转让的评估过程中,确实故意压低了目标公司的价值,结合堀某是股权出让方SW控股公司持股70%的股东、受让方SW国际公司的唯一股东的事实,堀某在此次关联交易中损害出让方另一股东杨某宙的恶意较为明显。法院认为堀某在执行公司事务过程中确实存在不公平行为,应予以赔偿。

裁判观点六:未依法通知原告股东即注销公司,损害原告股东利益应予赔偿。

【**典型案例**】陈某1因与陈某2等损害股东利益责任纠纷案。[②]二审法院认为,陈某1作为环海公司的股东依法享有资产收益、参与重大决策和选择管理者等权利。陈某2作为环海公司的法定代表人及实际控制人,在公司解散、清算、注销的过程中未征求陈某1的意见,其间形成的股东会决议、清算报告上"陈某1"的签名亦非其本人所签,故可以认定陈某2在环海公司解散、清算、注销的过程中存在滥用股东权利的情形,其应当对陈某1所受的损失承担赔偿责任。

值得注意的是,部分清算义务人承担清算责任后一般情形下,可以向其他清算义务人追偿。

裁判观点:股东、董事和控股股东承担清算责任后,可向其余清算义务人追偿。

【**典型案例**】周某冰因与廖某强、杨某华及原审第三人培基公司损害股东利益责任纠纷案。[③]二审法院认为,已经发生法律效力的(2013)深中法商终字第265号民事判决认定某某公司股东周某冰因怠于履行公司清算义务,依照《公司法解释(二)》第18条的规定,判令周某冰对公司债务承担连带清偿责任,对于上述事实,法院予以确认。依照上述司法解释第21条的规定,周某冰在承担该民事责任后,有权主张其他股东按照过错大小分担责任。由于周某冰、

---

① 参见上海市第一中级人民法院民事判决书,(2020)沪01民终7597号。
② 参见浙江省温州市中级人民法院民事判决书,(2015)浙温商终字第331号。
③ 参见广东省深圳市中级人民法院民事判决书,(2018)粤03民终6032号。

廖某强、杨某华均系某某公司股东,且周某冰还系公司董事,廖某强系公司法定代表人、董事长,杨某华系公司总经理,按照公司法及公司章程的规定,周某冰、廖某强、杨某华对于公司经营管理和清算均负有相应职责,故一审法院根据本案情况,酌定按照该三人所持公司股权比例计算各自须承担的责任份额并无不当。

2. 董事、高级管理人员的免责情形

实务中,如果董事、高级管理人员已经尽到勤勉义务,其行为不构成对其他股东利益的侵害,亦无须承担责任。实践中,只要认为其行为系符合商业判断规则的行为,则应认定其已尽到勤勉义务。而符合商业判断规则的行为一般认为应当符合五个条件:(1)经营决策;(2)为公司利益而为;(3)行为未受特别利益及不相关事务之影响;(4)基于适当咨询而为;(5)诚信。[1]当然也有学者认为,"要求董事在知情的基础上决策,适用条件有三:(1)知情;(2)主观上认为符合公司的最佳利益;(3)不为个人私利"。[2]

裁判观点:公司法中的勤勉义务与侵权法中的注意义务相似,指董事、监事、高级管理人员必须像一个正常谨慎之人在类似处境下应有的谨慎那样履行义务,为实现公司的最大利益努力工作。据此,管理者在作出某一经营判断前,应当收集足够的信息,诚实而且有正当的理由相信该判断符合公司的最佳利益。如果做到了,则应认定为已经尽到勤勉义务,其行为不构成对其他股东利益的侵害。

【典型案例】慈溪富盛化纤有限公司、宁波全盛布艺有限公司等与施某平损害股东利益责任纠纷案。[3]针对董事是否违反勤勉义务,法院认为,《公司法》(2005年)第148条[4]规定,董事、监事、高级管理人员应当遵守法律、行政法规和公司章程,对公司负有忠实义务和勤勉义务。至于勤勉义务的含义和内容,法律并没有具体界定。一般认为,公司法中的勤勉义务与侵权法中的注意义务相似,指董事、监事、高级管理人员必须像一个正常谨慎之人在类似处境下应有的谨慎那样履行义务,为实现公司的最大利益努力工作。据此,管理者在作出某一经营判断前,应当收集足够的信息,诚实而且有正当的理由相信该判断符合公司的最佳利益。本案被告在作出赔偿行为时已尽到了勤勉义务,原因在于:首先,相关证据已经证明,被告为赔偿问题多次赴东海翔协商,说明被告为解决该问题采取了积极的行动,在多次协商的情况下,被告不可能对产品是否存在质量问题以及损失的大小没有了解。其次,2005年9月,被告与王某定、叶某方为赔偿问题一起去过东海翔公司,虽然最终未就质量问题达成一致意见,但至少王某定和叶某方对东海翔公司要求赔偿的事是知情的,股东之间必然也就质量问题商量过。再次,从被告的文化程度和从业经历来看,其业务水平显然远高于其他几位股东,被告基于其对自身业务水平的信任,认为造成质量问题的原因不经过鉴定也能够判断出来,这种自信在无相反证据的情况下应可推定为合理。最后,对于损失额的问题,由于是两原告公司提供布料,由

---

[1] 参见洪秀芬:《经营判断法则对董事责任追究之影响——从美国法与德国法之比较研究观点》,载《台湾财经法学论丛》第2卷第1期(2019年)。
[2] 朱锦清:《公司法学》(修订本),清华大学出版社2019年版,第582页。
[3] 参见浙江省慈溪市人民法院民事判决书,(2007)慈民二初字第519号。
[4] 参见新《公司法》第181~184条。

东海翔公司加工后卖给临亚公司,临亚公司再销往国外,因此一旦布料出现问题,造成的损失不但包括布料本身的价值,从 2006 年 4 月 25 日东海翔公司致被告的信函可以看出,还包括东海翔公司的库存布、重新加工费,甚至可能包括空运费用。所以,赔偿额高于合同标的额并非不可能,以此为由不能说明该赔偿数额就是不合理的。两原告在东海翔公司起诉后,未足够地行使抗辩权利(如行使撤销权等),却自愿与东海翔公司订立调解协议,并部分履行了协议,间接说明两原告已认可被告签订的协议。综上,被告的行为既未超越法律和公司章程所赋予被告的职权,也未违反法律规定的勤勉义务,对两原告的诉请,法院不予支持。

(三)控制股东(控股股东和实际控制人)滥用控制权利的过错认定

根据《公司法》第 21 条的规定,只要公司股东存在违反法律、行政法规和公司章程,违法行使股东权利,导致其他股东的利益损害后果的,该股东就存在过错,应向因此而受损的股东承担赔偿责任。

(四)控制股东对其他股东所负义务的司法认定

《公司法》第 192 条规定了公司的控股股东、实际控制人指示董事、高级管理人员从事损害公司或者股东利益的行为的,应与该董事、高级管理人员向股东承担连带责任。《公司法解释(二)》第 21 条、《公司强制清算纪要》第 29 条均规定了公司实际控制人在未依法履行清算义务的情况下应当向其他股东承担相应责任。但在此需要注意的是,新《公司法》第 232 条规定:"公司因本法第二百二十九条第一款第一项、第二项、第四项、第五项规定而解散的,应当清算。董事为公司清算义务人,应当在解散事由出现之日起十五日内组成清算组进行清算。清算组由董事组成,但是公司章程另有规定或者股东会决议另选他人的除外。清算义务人未及时履行清算义务,给公司或者债权人造成损失的,应当承担赔偿责任。"据此,新《公司法》将清算义务中由原《公司法》第 183 条规定的公司股东变更成了公司董事。因此,前述《公司法解释(二)》第 21 条、《公司强制清算纪要》第 29 条亦应作出相应修改,结合《公司法》第 192 条的规定,控制股东承担责任的前提是其有指示董事、高级管理人员从事损害公司或者股东利益的行为的情形,责任承担方式亦从直接承担责任变更为连带承担责任的方式。《公司法解释(三)》第 27 条规定了对于股权转让后未及时办理变更登记有过错的实际控制人应当对由此造成损失的受让股东承担赔偿责任,故司法解释明确了部分情况下控制股东对其他股东的义务。

除前述规定外,司法实践中,法院还通过民事判决论证了控制股东的其他义务。

裁判观点一:修改股东出资期限不应适用资本多数决规则。

【典型案例】姚某城与鸿大公司、第三人章某、蓝某球、何某松等公司决议纠纷案。[①] 针对"修改股东出资期限是否适用资本多数决规则"的问题,二审法院认为,根据公司法相关规定,修改公司章程须经代表全体股东 2/3 以上表决权的股东通过。本案临时股东会决议第 2 项系通过修改公司章程将股东出资时间从 2037 年 7 月 1 日修改为 2018 年 12 月 1 日,其实质系将

---

① 参见上海市第二中级人民法院民事判决书,(2019)沪 02 民终 8024 号。

公司股东的出资期限提前。而修改股东出资期限，涉及公司各股东的出资期限利益，并非一般的修改公司章程事项，不能适用资本多数决规则。理由如下：

首先，我国实行公司资本认缴制，除法律另有规定外，《公司法》(2018年)第28条①规定，"股东应当按期足额缴纳公司章程中规定的各自所认缴的出资额"，即法律赋予公司股东出资期限利益，允许公司各股东按照章程规定的出资期限缴纳出资。股东的出资期限利益，是公司资本认缴制的核心要义，系公司各股东的法定权利，如允许公司股东会以多数决的方式决议修改出资期限，则占资本多数的股东可随时随意修改出资期限，从而剥夺其他中小股东的合法权益。

其次，修改股东出资期限直接影响各股东的根本权利，其性质不同于公司增资、减资、解散等事项。后者决议事项一般与公司直接相关，但并不直接影响公司股东之固有权利。如增资过程中，不同意增资的股东，其已认缴或已实缴部分的权益并未改变，仅可能因增资而被稀释股份比例。而修改股东出资期限直接关系到公司各股东的切身利益。如允许适用资本多数决，不同意提前出资的股东将可能因未提前出资而被剥夺或限制股东权益，直接影响股东根本利益。因此，修改股东出资期限不能简单等同于公司增资、减资、解散等事项，亦不能简单地适用资本多数决规则。

最后，股东出资期限系公司设立或股东加入公司成为股东时，公司各股东之间形成的一致合意，股东按期出资虽系各股东对公司的义务，但本质上属于各股东之间的一致约定，而非公司经营管理事项。法律允许公司自治，但需以不侵犯他人合法权益为前提。公司经营过程中，如有法律规定的情形需要各股东提前出资或加速到期，系源于法律规定，而不能以资本多数决的方式，以多数股东意志变更各股东之间形成的一致意思表示。故此，本案修改股东出资期限不应适用资本多数决规则。

裁判观点二：股东利用控制权，在增资过程中损害其他股东股权价值的应予赔偿。

【**典型案例**】熊某与刘某军损害股东利益责任纠纷案。②法院认为，泰富公司的审计、评估报告显示，泰富公司股东会作出引进战略投资者、进行增资决定时，公司的经营状况良好，经营利润丰厚，公司净资产已达155,360,385.30元的规模。审理中，未能对公司的增资决策作出合理解释。被告致达公司系掌握泰富公司控制权的大股东，凭借其控制的多数表决权，将自己的增资意志拟制为公司的意志，对该决议的通过起到了决定性作用，且在实施股东会决议时未能客观、公正地对被告泰富公司的净资产进行必要的审计、评估，致使原告的股权价值蒙受了巨额损失。被告致达公司的行为属于滥用股东权利，违反了大股东对小股东的信义义务，故被告致达公司对原告因此所受的损失应承担赔偿责任。

在该案中，法院论证了控制股东对其他股东的信义义务。

裁判观点三：不当处分股东股权的，应当承担赔偿责任。

【**典型案例**】郁某强为与黄某、原审被告李某损害股东利益责任纠纷案。③二审法院认为，

---

① 参见新《公司法》第49条、第50条。
② 参见上海市松江区人民法院民事判决书，(2019)沪0117民初755号。
③ 参见上海市第一中级人民法院民事判决书，(2014)沪一中民四(商)终字第156号。

新广地公司设立时,公司股东(发起人)名录上记载的股东有黄某(货币出资264万元,占注册资本33%),且由盐城正源会计师事务所有限公司出具《验资报告》,确认黄某缴纳264万元,款项已打到新广地公司在中国银行建湖县支行开设的账户中。故黄某的出资已通过会计师事务所的审验,应认定其已履行出资义务,且新广地公司股东名录上亦明确记载黄某为新广地公司股东,故黄某应为新广地公司实际股东。郁某强将黄某持有的新广地公司股权转给案外人须向黄某承担赔偿责任。

裁判观点四:股东个人账外收取公司注销前货款损害其他股东剩余财产分配权。

【**典型案例**】蔡某1与蔡某2损害股东利益责任纠纷案。① 二审法院认为,就本案现有证据而言,蔡某1不能证明已经将收取到的达布尔公司货款交还给了公司,而由于达布尔公司已经注销,故蔡某1代收公司的货款应当在原股东之间分配,蔡某2的诉请于法有据,原审法院予以支持并无不当。

裁判观点五:未经股东同意增资,侵害股东优先认购权。

【**典型案例**】黄某忠与陈某庆、陈某、张某、顾某平、新宝公司、王某英、江苏恩纳期重工机械有限公司等股东资格确认纠纷案。② 二审法院认为,宏冠公司系被上诉人黄某忠与一审被告陈某庆、陈某、张某、顾某平、王某英共同出资设立,设立时原告依法持有宏冠公司20%股权。在黄某忠没有对其股权作出处分的前提下,除非宏冠公司进行了合法的增资,否则原告的持股比例不应当降低。宏冠公司的章程明确约定公司增资应由股东会作出决议。现经过笔迹鉴定,宏冠公司和新宝公司的股东会决议上均非黄某忠本人签名,不能依据书面的股东会决议来认定黄某忠知道增资的情况。出资买地与公司增资之间不具有必然的关联性。因此,在没有证据证明黄某忠明知在股东会上签名同意宏冠公司增资至1500万元的情况下,对宏冠公司设立时的股东内部而言,该增资行为无效,且对于黄某忠没有法律约束力,不应以工商变更登记后的1500万元注册资本金额来降低黄某忠在宏冠公司的持股比例,而仍旧应当依照20%的股权比例在股东内部进行股权分配。原审适用法律正确,审判程序合法,判决黄某忠自设立后至股权转让前持有宏冠公司20%的股权并无不当。

当然,如果是股东依法行使表决权,则该行为不构成对其他股东权利及利益的侵害。

裁判观点:股东依法行使表决权的行为,不构成对其他股东权利及利益的侵害。

【**典型案例**】海钢集团与中冶公司及渡假村公司损害股东利益责任纠纷案。③ 针对"中冶公司是否滥用了股东权利并由此给海钢集团造成损失的问题",最高人民法院如是论述:

2006年10月22日,渡假村公司召开股东会,讨论了该公司与海韵公司合作开发事宜,并决定于同年11月7日之前全体股东就该事项进行书面表决。此后,公司的股东按照董事会要求进行了书面表决,其结果为:包括中冶公司在内的三家股东赞成,海钢集团等两家股东反对,另有一家股东(单位)弃权。同年11月17日,渡假村公司董事会作出《三亚渡假村有限公

---

① 参见江苏省苏州市中级人民法院民事判决书,(2015)苏中商终字第01759号。
② 参见上海市第二中级人民法院民事判决书,(2023)沪二中民四(商)终字第188号。
③ 参见最高人民法院民事判决书,(2013)民二终字第43号。

股东会决议》，公布了表决结果，其称股东会以61.24%的赞成票通过了渡假村公司与海韵公司的合作开发方案。该文落款为"三亚渡假村有限公司董事会，董事长邹某"，并加盖了渡假村公司的公章。其后，渡假村公司与海韵公司相继签订了《三亚度假村合作开发协议》《补充协议》等协议，并实施了合作开发事项。本院认为，在渡假村公司股东会进行上述表决过程中，中冶公司作为该公司的股东投了赞成票，系正当行使其依法享有表决权的行为，该表决行为并不构成对其他股东权利及利益的侵害。基于全体股东的表决结果，渡假村公司董事会制定了《三亚渡假村有限公司股东会决议》，其载明："根据公司法规定：渡假村公司股东会通过渡假村公司与海韵公司合作开发方案。"此后，双方签订了合作开发协议，并将之付诸实施。这些行为及经营活动均是以"渡假村公司董事会、董事长"名义而实施，其对内为董事会行使职权，对外则代表了"渡假村公司"的法人行为，没有证据证明是中冶公司作为股东而实施的越权行为。尽管大股东中冶公司的法定代表人邹某同时担任渡假村公司董事会的董事长，但此"双重职务身份"并不为我国公司法及相关法律法规所禁止，且该董事长系由渡假村公司股东会依公司章程规定选举产生，符合我国《公司法》（2005年）第45条第3款[①]的规定。在此情形下，渡假村公司及其股东中冶公司均为人格独立的公司法人，不应仅以两公司的董事长为同一自然人，便认定两公司的人格合一，进而将渡假村公司董事会的行为认定为中冶公司的行为，这势必造成公司法人内部决策机制及与其法人单位股东在人格关系上的混乱。此外，两公司人格独立还表现为其财产状况的独立和明晰，在没有证据证明公司与其股东之间存在利益输送的情况下，此类"董事长同一"并不自然导致"法人人格否认原理"中的"人格混同"之情形，不能据此得出中冶公司的表决行为损害了渡假村公司及其股东海钢集团利益的结论。因此，原审判决依"中冶公司利用其董事长邹某同时为渡假村公司董事长的条件和掌管渡假村公司公章的权力自行制作《三亚渡假村有限公司股东会决议》"，认定中冶公司"系滥用股东权利，并由此侵犯了海钢集团的合法权益"，没有事实和法律依据。

关于本案中渡假村公司股东会的表决程序及结果的合法性与中冶公司是否滥用股东权利两者之间的关系问题。渡假村公司的《有限责任公司章程》第8条第6项"议事规则"规定"股东会一般一年召开一次，股东会的决议，修改章程必须经三分之二以上的股东表决通过"。二审期间，海钢集团、中冶公司对该条款规定的"三分之二以上的股东表决通过"是否适用本案的表决存有不同理解。即"股东会的决议"是指股东会的所有决议，还是仅指关于"修改章程"的决议。最高人民法院认为，该争议问题涉及股东会表决程序及结果是否符合公司法及公司章程的规定，无论其合法性如何认定，亦都是渡假村公司董事会行使职权的行为，其责任归于董事会，而不应作为判定中冶公司在表决中是否滥用了股东权利的依据。此外，本案"土地开发合作事宜"属于该公司一般性的经营活动，我国《公司法》（2005年）第44条[②]并未规定该决议必须经代表2/3以上表决权的股东通过，故原审认定股东会就土地开发合作事宜进行的表决未达到该条规定的表决权不当。

---

① 参见新《公司法》第67条。
② 参见新《公司法》第66条。

三、损害赔偿责任范围

(一) 赔偿范围的确定

1. 直接损失

常见情形:(1) 股东股权被不当处分情形下的价值减损;(2) 公司向股东分配的盈余或剩余财产等被不当处分或被侵占情形下的股东财产减少;(3) 其他侵权情形下导致的股东原有财产或其他经济利益的直接减少或额外支出。

2. 间接损失

常见情形:(1) 在股东知情权、表决权、身份权受到侵害的情形下,若上述权利未被限制或能够正常行使,则股东能够获得的经济利益;(2) 在侵害股东优先认购权的情形下,若股东能够优先认购新股,则能够从新股获得的经济利益;(3) 其他侵权情况下,若无该侵权行为,则股东能够获得的经济利益。

3. 纯粹经济损失

纯粹经济损失指被侵权人因他人的侵权行为遭受的经济上的损害,但该种损害不是由于受害人所遭受的法定财产权利损害而产生的经济损失。目前,实践中较为常见的纯粹经济损失情形发生在证券虚假陈述类案件中,在该类损害股东利益责任纠纷中,董事、高级管理人员提供不实信息造成的股东因不公平交易产生的经济利益损失即为纯粹经济损失。[1]

(二) 计算损失的时间节点

根据《民法典》第1184条的规定,计算损失的时间节点应当在损失发生时,损失发生前后市场价格波动的风险由各自承担。有观点认为,该条规定的基础计算方法采用的时间标准是损失发生时,很大程度上是出于机会公平的理由,如果被侵害财产的价格持续上涨或者持续下跌,机会公平的理由就不再成立,此时,需要对计算损失的时间标准进行修正,将损失发生后的价格波动考虑进来。[2] 所以实务中普遍认为,上述时间节点主要应适用于直接损失的计算,而在计算间接损失时,获利的可能性一般是在侵权事实发生后才发生,若基于受侵害股东权利的特殊性质,导致损失一直处于持续状态时,法院一般会综合相关情况确定损失计算的时间节点。

【典型案例】 徐某发因与黄某、华盛景公司损害股东利益纠纷案。[3] 二审法院认为,对于侵权损害赔偿的计算时点问题,虽然首次侵害事实自2007年即发生,徐某发的侵权行为一直处于持续状态中,黄某因其侵害行为遭受的利益损失(包括股权溢价、公司市值溢价损失)亦一直处于持续状态中,故徐某发要求以2008年5月14日作为时点来确定黄某的损失赔偿,缺乏事实和法律依据,法院不予支持。最后法院以一审法院2016年委托评估时的估值计算。

---

[1] 参见最高人民法院民法典贯彻实施工作领导小组主编:《中华人民共和国民法典侵权责任编理解与适用》,人民法院出版社2020年版,第189页。
[2] 参见李承亮:《〈民法典〉第1184条(侵害财产造成财产损失的计算)评注》,载《法学家》2021年第6期。
[3] 参见北京市第三中级人民法院民事判决书,(2017)京03民终7375号。

(三)损失的认定

1. 可以确定的财产损失

可以确定的财产损失主要指股东因侵权行为的发生而已经确定的实际财产损失或多支付的费用。①

【典型案例】梁某通、韵达公司与刘某权损害股东利益责任纠纷案。② 二审法院认为,梁某通未经刘某权等其他股东的同意在相关申请注销文件上伪造其签名,韵达公司在相应的申请注销文件上加盖印章,在未依法对递家公司进行清算的情况下注销该公司,致使法院判决刘某权等股东对递家公司的债务承担偿还责任,并且刘某权等人已经实际履行生效判决确定的相关义务。梁某通、韵达公司上诉主张刘某权等股东同意注销递家公司,并对其注销行为予以默示,刘某权等不予认可,梁某通、韵达公司亦无相关证据予以证明,故不予采信。根据《公司法》第3条③规定,梁某通、韵达公司违法注销递家公司的行为,导致刘某权以其出资之外的个人财产对递家公司的债务承担责任,给刘某权造成相应损失,梁某通、韵达公司应当承担赔偿责任。

2. 常见损失计算方式

股权价值损失或损害股东财产性权益所反映的经济利益损失在司法实践中常见的计算方式有以下6种。

(1)按股权被不当处分时的交易对价或可类比的交易价格计算

【典型案例一】解某州、鲁某成、朱某宪、长葛汇源天然气公司、五洲能源公司与马某玲等五人损害股东利益责任纠纷及清算责任纠纷案。④ 针对"马某玲等五人的损失如何计算的问题",再审法院认为,马某玲等五人起诉主张五洲能源公司收购鄢陵汇源燃气公司支付的1500万元是目标公司全部股权对价,应当以此计算其五人的损失。鄢陵汇源燃气公司、五洲能源公司、解某州等人辩称该1500万元是目标公司全部资产的对价。五洲能源公司在出具的证明中称,该公司拟以股权并购(增资并购)方式取得鄢陵汇源燃气公司的燃气特许经营权、总资产,为配合此次股权并购,委托该公司副总经理鲁某成、朱某宪作为新股东收购了包括马某玲等五人在内的40名工商登记股东的全部股权。朱某宪在再审庭审中亦陈述,其是五洲能源公司的委派股东,公司出资购买了鄢陵汇源燃气公司后,为取得实际控制资产收购和股权收购的性质,故五洲能源公司支付的1500万元并购款应当包括鄢陵汇源燃气公司的总资产和马某玲等五人在内的原股东股权价值。解某州等再审申请人称,五洲能源公司对鄢陵汇源燃气公司的收购仅是资产收购,并非股权收购,与事实不符,法院不予支持。在原审尚未查明1500万元并购款中包含多少鄢陵汇源燃气公司原股东股权对价的情况下,五洲能源公司、解某州等人明知双方就股东身份和股东权益已产生争议,且待证事实需进一步查明,仍于2014年6月12日注

---

① 参见张应杰主编:《公司责任纠纷类案裁判思维》,人民法院出版社2023年版,第48页。
② 参见江苏省徐州市中级人民法院民事判决书,(2020)苏03民终5940号。
③ 参见新《公司法》第3条。
④ 参见河南省高级人民法院民事判决书,(2019)豫民再740号。

销了鄢陵汇源燃气公司,注销清算时未通知马某玲等五人,亦未清偿其股东财产权益,对马某玲等五人的诉求造成不利影响致使其在原审中变更诉讼请求,且该不当行为也无助于法院审理查明事实。五洲能源公司、解某州等人的行为明显存在过错,对此应承担相应的法律责任。结合五洲能源公司、解某州等人再审中提交的鄢陵汇源燃气公司资产收购资金使用情况审计报告以及解某州等人自认 1500 万元收购款中大部分已用于安置鄢陵汇源燃气公司在职职工股东的事实,根据原富源公司章程规定,公司应保障股东的相应权利。故应将五洲能源公司并购款 1500 万元作为鄢陵汇源燃气公司全部股权的对价来认定马某玲等五人的经济损失,即 1500 万元 ×0.33%=49,500 元/每人。

【典型案例二】刘某与新华优力公司、吴某、梁某、郡龙优力公司侵权责任纠纷案。[①] 最高人民法院认为,关于如果构成侵权,损害赔偿数额应如何确定的问题,刘某主张郡龙优力公司已经停止经营,其股权不可能价值 343 万元。根据《侵权责任法》第 19 条"侵害他人财产的,财产损失按照损失发生时的市场价格或者其他方式计算"之规定,本案中,《股权转让协议》《股东会决议》约定的股权转让价格为 343 万元,新华优力公司主张损失的依据也是《股权转让协议》中约定的股权转让价格 343 万元,在损失发生时案涉股权价值不能依法认定的情况下,二审法院据此认定新华优力公司损失为 343 万元并无不妥。

从以上案例可以看出,在司法实务中,由于有限责任公司股权价值确实难以具体量化,在不当处分情形下,若不存在关联交易恶意压低价格致使交易价格明显低于股权价值等影响价格公允确定的因素,法院一般会将该交易对价认定为市场价格。

(2)按审计或评估价值计算

【典型案例】杨某某与堀雄某某损害股东利益责任纠纷案。[②] 二审法院认为,在被告以自己的全资公司收购公司对外投资股权的关联交易中,确定股权转让价格所依据的评估报告系根据被告提供的错误数据且采用不恰当评估方法作出,导致评估值明显低于该股权的公允市场价值,一审法院在审理过程中依法委托评估公司对被收购公司股东全部权益的公允市场价值进行评估,并最终以该评估价值与原股权交易价格的差额确定原告损失。

司法实务中,引入第三方专业机构进行审计或评估,一般具有客观、公允的优势,但受公司财务账簿等财务资料是否按规定制备且是否能够完整获取的影响,该方法在具体案件中不能一概而论,还需要具体情况具体分析。法院亦会根据案件的具体情况确定是否同意委托第三方专业机构进行审计或评估。

(3)以公司资产负债表等财务报表反映的股东权益计算

根据财务会计制度的基本原理,股权的财产价值能被资产负债表量化。财政部《企业会计准则——基本准则》(2014 年修改)第 26 条"股东权益"界定为"企业资产扣除负债后由所有者享有的剩余权益",《企业会计准则第 30 号——财务报表列报》(2014)第 27 条要求资产负债表中的股东权益类至少单独列示反映实收资本(或股本)、资本公积、盈余公积和未分配利润四大

[①] 参见最高人民法院民事裁定书,(2018)最高法民申 4805 号。
[②] 参见上海市第一中级人民法院民事判决书,(2020)沪 01 民终 7597 号。

科目。因此，资产负债表可以反映公司在特定日期的静态财产状况，核心内容是"公司资产＝负债＋股东权益"的会计恒等式，而其中的"股东权益"（采狭义说，即仅限于量化股东自益权中财产权益）科目有助于计量股东遭受财产权益的损害。① 当然，实务中，由于资产负债表属于公司财务人员自行制作，容易存在财务造假的情形，在办理案件时，应重点关注资产负债表的来源、作出时间、是否有明显瑕疵等，并结合具体案情以及其他证据予以评估确定。

【典型案例】王某涛与冯某瑛、周某损害股东利益责任纠纷案。② 针对损失金额，法院认为，因自（2017）粤0105民初4893号民事判决书生效确定冯某瑛的股东身份至公司解散之时亦有一定期间，公司存续期间亦必定有所支出，也存在亏损的可能性，但王某涛、周某均未能提供大东公司、美鎏公司的财务账册核实其经营期间的盈余状况及清算后的剩余财产，而法院向税务部门调取的财务报表等资料确实存在报表时间不连续的情况，且调取的税务资料中有关大东公司的资产负债表可以看到在2019年第二季度仍有未分配利润高达139,950.26元的情况下，第三季度出现了净利润 −166,183.59 元，而美鎏公司2017年在税务部门为零申报，但在2018年的资产负债表出现流动资产332,718.52元、流动负债493,838.4元的记载，在此情况下2019年的资产负债表又为零申报，就上述情况非经审计无法明确大东公司、美鎏公司的经营状况及清算后的剩余财产，但王某涛、周某均表示无法提交大东公司、美鎏公司的财务账册，在公司清算时又未对两公司进行审计，造成大东公司、美鎏公司的资产状况及具体清算结果无法查清的情况，由此造成的法律后果，应由王某涛、周某自行承担。诚然，在税务部门认可大东公司、美鎏公司的财务报表的情形下，法院应当认可税务部门的纳税结果，但仍应就本案的损失金额作出具体分析：首先，就大东公司清算后的资产，王某涛出具的2019年7月31日大东公司的资产负债表载明大东公司在此时的所有者权益（股东权益）为171,520.61元，而大东公司系在2019年7月17日召开股东会决议对公司进行清算，故7月31日的资产负债表足以表明此时大东公司的资产状况。至于2019年第三季度的资产负债表，鉴于该公司清算程序冯某瑛并未参与，该第三季度资产负债表在本案中不作为认定冯某瑛股权损失的依据，故冯某瑛在大东公司的股权损失应为171,520.61元×25%，即42,880.15元。至于冯某瑛表示王某涛曾自认大东公司价值30万元，该陈述并未取得公司股东周某的确认，且无相关证据予以佐证，故冯某瑛主张以该30万认定大东公司的股权价值，不予采信。其次，就美鎏公司清算的资产，王某涛出具的美鎏公司2017年12月31日的资产负债表及税务部门提供的美鎏公司在2018年12月31日的资产负债表，均显示美鎏公司的所有者权益为负数，即美鎏公司确实可能存在持续亏损的情况，但在美鎏公司亏损的情况下，王某涛与周某仍在2018年5月达成协议同意周某转让美鎏公司25%股权且股权作价10,000元，在王某涛与冯某瑛2018年5月12日的录音中，冯某瑛亦对此提出疑问，此后虽无美鎏公司盈利的相关证据，但在美鎏公司2019年资产状况无法查明的情况下，只能以美鎏公司两股东王某涛、周某自行认定的股权交易价值认定该股权价值，故冯某瑛在美鎏公司的股权损失认定为10,000元。综上，王某涛、周某应向冯某瑛赔

---

① 参见刘俊海：《论控制股东和实控人滥用公司控制权时对弱势股东的赔偿责任》，载《法学论坛》2022年第2期。
② 参见广东省广州市中级人民法院民事判决书，(2020)粤01民终17635号。

偿损失 52,880.15 元。二审法院支持了一审法院的观点。①

(4)以公司主要资产的价值计算。

【典型案例】徐某发与黄某、华盛景公司损害股东利益纠纷案。② 二审法院认为,关于黄某损失赔偿的范围问题。因华盛景公司属于有限责任公司,故其股权价值无法进行直接的量化认定,华盛景公司的资产价值包括流动性资产及固定资产两部分,流动性资产系华盛景公司因经营获得的货币财产。根据审计单位审计报告的结论,除争议待定项目的债务情况无法确认外,截至 2016 年 5 月 11 日,华盛景公司的资产审计显示华盛景公司净资产 37991755.37 元。关于固定资产,北内科研楼项目华盛景公司取得土地使用权证、施工许可证的时间均在 2008 年 5 月 14 日前,房屋现状亦系 2006 年已经形成,且徐某发、华盛景公司均未能提交证据证明房屋建筑资金系徐某发个人负债借款所建。故应当认定该房产属于华盛景公司固定资产。考虑到审计报告中关于在建工程截至 2016 年 5 月 11 日的账面金额确认为 5842.7 万元,而一审法院委托地产土地评估公司评估价值为按照建筑面积 10,001 平方米(不含人防,其中地上 9180 平方米办公用途房地产,地下 821 平方米车库用途房地产)相应分摊 4184.81 平方米办公用途国有出让土地使用权的房地产在 2016 年 5 月 11 日市场价值为 29,629.02 万元;按照建筑面积 11,386 平方米(不含人防,其中地上 9274 平方米办公用途房地产,地下 2112 平方米车库用途房地产)相应分摊 4184.81 平方米办公用途国有出让土地使用权的房地产在 2016 年 5 月 11 日的市场价值为 30,843.98 万元。而审计报告中记载的资产价值为公司自行记载的账面价值,与正常的市场估价存在巨大差额,故应当按照固定资产的正常市场估价加上审计报告中的其他净资产价值确定公司的正常市值或股权价值,经计算,在不考虑华盛景公司存在争议的固定资产面积及潜在可能发生的对外负债的情况下,公司的净资产价值也达到 270,000,000 元左右。

按照前述"公司资产 = 负债 + 股东权益"的会计规则,在不考虑负债的情况下,所有者权益所对应的股权价值与公司财产呈正相关,司法实务中,通常在无法通过公允的市场价格或第三方评估或者确定的情况下,若公司主要资产有客观的市场价格或其他可类比的交易价格等,或者能够进行评估,法院亦会以该公司主要资产价值为基准,并结合相关因素判断股东所遭受的损失。

(5)以股东出资金额计算

【典型案例一】李某与李某丽、马某民、樊某军损害股东利益责任纠纷案。③ 再审法院认为,因时间久远且被告股东已经死亡等因素无法查明股权转让价格,法院按照出资金额认定损失。

【典型案例二】李某乔与焦某忠、高某举、木全公司损害股东利益责任纠纷案。④ 二审法院认为,关于损失数额,因李某乔受让金泰宸公司股权并对公司进行经营管理,应对金泰宸公司经

---

① 参见广东省广州市中级人民法院民事判决书,(2020)粤 01 民终 17635 号。
② 参见北京市第三中级人民法院民事判决书,(2017)京 03 民终 7375 号。
③ 参见新疆维吾尔自治区高级人民法院民事判决书,(2017)新民再 115 号。
④ 参见北京市第一中级人民法院民事判决书,(2015)一中民(商)终字第 5292 号。

营及财务状况提供证据予以证明,现李某乔明确表示其无法提供金泰宸公司相关账册等财务资料,导致评估鉴定不能,双方亦均无法证明金泰宸公司成立后存在公司资本增加或减少等情形,故一审法院判决认定焦某忠股权被转让之时价值为100万元,与公司设立时相同,并无不当。

虽然如此,但普遍认为,股东按出资额获取股权,但股东出资一旦进入公司后即成为公司财产,受公司经营状况的影响,公司资产出现波动,与公司资产及负债密切相关的股权价值与股东出资金额已不存在必然关联。因此,在确定股东权益损失时,一般不一定能以出资金额认定损失,只在特殊情况下可以作为参考。

同时还需要注意的是,在实务中,上述各种计算方式均非只能单独适用,结合案件具体事实、公司财务状况、受损股东权益的性质及受损范围、股东权利行使情况等因素选择单独适用或多种方式结合适用。其选择适用的最终的标准应为计算方式的合理性。

(6)对于难以客观确定的损失酌定计算

司法实务中,常常存在因为公司财务资料无法获取或证据极其缺乏导致损失无法确定或者是股东因无法行使知情权等具有人格属性的股东权利而造成的间接损失无法确定的情形。对于这种侵权事实存在,但侵权造成的损害数额大小无法确定或者难以确定的,最高人民法院认为:在已经能够认定损害确实存在,只是具体数额尚难以确定或无法确定的情况下,法官可以结合一些间接证据和案件其他事实,遵循法官职业道德,运用逻辑推理和日常生活经验,适当确定侵权人应当承担的赔偿数额。因此,可以在具体案件审理时综合受损股东权益的种类、侵权行为的性质、持续时间、范围、后果,侵权人的主观状态,侵权人的获益情况,受害人自身行为,公司规模、经营状况及股东出资金额等各种因素予以酌情确定。①

实践中,针对董事、高级管理人员因未制备或保存公司财务资料导致股东无法行使知情权的情形比较多,而现有生效判决对损失均是酌情认定。

【典型案例一】叶某与周某损害股东利益责任纠纷案。② 二审法院认为,被告作为执行董事,没有建立和保存公司的财务资料,导致原告作为公司股东无法通过行使股东知情权查阅复制前述文件材料,并致其遭受了包括难以证明公司具备可分配利润并请求公司分配利润、难以证明公司具有可分配剩余财产并请求相应分配,以及因无法组织公司清算而依法应承担赔偿责任等带来的损失。对于上述"难以证明"的损失,应综合被告应当承担的职责,其在股东知情权诉讼中未反映上述公司文件材料被查封的情况,以及被告在知情权案件执行中未如实陈述并最终被司法拘留的客观情况,酌定被告应向原告赔偿10万元。

【典型案例二】熊某与刘某军损害股东利益责任纠纷案。③ 法院认为,关于原告的损失,原告主张按照每年20,000元的利润计算其损失,但未举证证明渝椒旺公司的盈利情况。相反,被告称渝椒旺公司不存在盈利,被告提供了其向案外人转包公司经营权、免费出借公司证照的凭证,结合各方在(2018)沪0117民初6483号案件庭审中所作的陈述,法院认为被告的意见较

---

① 参见最高人民法院民事审判第一庭编:《中国民事审判前沿》(2005年第1集),法律出版社2005年版,第158页。
② 参见上海市第一中级人民法院民事判决书,(2020)沪01民终3550号。
③ 参见上海市松江区人民法院民事判决书,(2019)沪0117民初755号。

为可信，原告所述的利润损失缺乏事实依据，法院无法采信。但考虑到被告未履行制作、保管会计账簿的法定义务使原告无法行使股东知情权，客观上影响了原告作为公司投资人的决策能力，本院综合渝椒旺公司的经营情况、原告占股比例以及被告行为的违法程度等因素，酌情判令被告赔偿原告损失10,000元。

第三节 股东利益损害的诉讼救济程序及相关问题

一、案由问题

(一) 单一法律关系下的案由确定

损害股东利益责任纠纷属于《民事案件案由规定》中二级案由"与公司有关的纠纷"项下的三级案由，且该案由项下未设四级案由。因此，公司股东依据《公司法》第21条第2款、第190条及第192条起诉其他股东、董事、高级管理人员、实际控制人要求承担侵权责任的，只要符合《民事诉讼法》第122条的规定，即可纳入该案由。

(二) 多个法律关系下的案由确定

实务中，常见在一个损害股东利益责任纠纷案件中存在多个法律关系，此时案由应该如何确定？基于该类纠纷诉讼的主要特点是损害责任，故对侵权人损害责任的请求应该是其请求核心，而原告在一个损害股东利益责任纠纷案件中往往同时提起效力请求及责任请求，实务中法院一般会基于两类诉请在法律关系、法律事实上存在同一性或牵连性，而将此案由合并审理。此时，应该注意的是如果股东单独提起无责任请求的确认之诉，不涉及侵权责任请求，例如仅请求确认某一合同无效的，对于这一情形，实务中也可能会根据原告诉请所指向的法律关系，按确认合同无效纠纷等案由处理。

二、损害股东利益责任纠纷的管辖

关于损害股东利益责任纠纷地域管辖确定问题，实务中存在争议：

有观点认为，根据《民事案件案由规定》，损害股东利益责任纠纷属于与公司有关的责任纠纷下级案由，而不属于侵权责任纠纷，因此损害股东利益责任纠纷不适用《民事诉讼法》及其司法解释关于侵权责任纠纷的管辖规定，而应当适用《民事诉讼法》第27条及《民事诉讼法司法解释》第22条的规定。

也有观点认为，损害股东利益责任纠纷诉讼中，只有涉及"公司组织行为、存在多数利害关系人、多项法律关系变动"的情况，才具备在公司所在地进行审理的必要，否则应按照《民事诉讼法》第29条规定的侵权纠纷诉讼确定管辖，即主张根据原告主张的诉讼请求及损害事实的类型确定管辖法院。

实务中针对上述分歧，更多地倾向于后者观点，具体原因如下。

第一，如果原告主张的诉讼请求及损害事实涉及公司组织行为的内容，根据《民事诉讼法》第27条及《民事诉讼法司法解释》第22条的规定，由公司住所地管辖。

【典型案例】卓某兴为与吴某柏损害股东利益纠纷管辖异议案。① 二审法院认为，根据被上诉人吴某柏起诉时的主张，其是要求获得与卓某兴共同设立的亿豪公司在新疆天山医院有限公司等16家公司中应当分得的利润，该主张是基于吴某柏作为原亿豪公司的股东和亿豪公司在新疆投资或合作开办16家公司的事实，吴某柏作为原公司股东提起的本案诉讼，是与公司有关的纠纷。一审裁定确定本案属于损害股东利益责任纠纷正确。依据《民事诉讼法》（2012年）第26条②的规定，"与公司有关的纠纷"应当由公司住所地法院管辖。尽管亿豪公司已被注销，但不影响对本案管辖权的确定。关于卓某兴上诉提出的应根据《民事诉讼法》（2012年）第21条③的规定，由其经常居住地北京市高级人民法院管辖本案的问题，上述规定是确定民事案件管辖的一般原则，在法律有特别规定的情况下，应从其特别规定。虽然上诉人卓某兴的经常居住地在北京市朝阳区，但本案是因公司利润分配而引发的纠纷，属于损害股东利益责任纠纷，不能按照上述规定由北京市高级人民法院管辖。本案诉讼标的额为6867万元，按照本院有关级别管辖规定，符合新疆维吾尔自治区高级人民法院管辖第一审民商事案件的标准，因此，原亿豪公司住所地新疆维吾尔自治区高级人民法院依法对本案享有管辖权。

第二，如果原告股东仅基于股东、董事及高级管理人员违反法律、政策法规及公司章程主张赔偿责任，不涉及上述特殊地域管辖规定范围内的诉讼请求及损害事实，实务中一般均认为不应对《民事诉讼法》第27条及《民事诉讼法司法解释》第22条作扩大解释，应由侵权行为地或被告住所地法院管辖，即根据《民事诉讼法司法解释》第24条的规定，侵权行为地包括侵权行为实施地和侵权结果发生地。侵权结果表现为原告权益受损，通常情况下，原告住所地可认定为侵权行为地。

【典型案例】李某敏与骏发公司损害股东利益责任纠纷管辖权异议案。④ 二审法院认为，《民事诉讼法》（2017年）第28条⑤规定，因侵权行为提起的诉讼，由侵权行为地或者被告住所地法院管辖。《民事诉讼法司法解释》（2017年）第24条规定，《民事诉讼法》（2017年）第28条规定的侵权行为地，包括侵权行为实施地、侵权结果发生地。本案中，骏发公司起诉认为李某敏违反双方合作成立的维信公司的公司章程，给其造成损失，且骏发公司和维信公司的住所地均在江苏省南京市，故南京市属于法律规定的侵权行为地，一审法院对本案享有管辖权。

三、股东直接诉讼之诉权的确立

最高人民法院在前述海钢集团与中冶公司及原审第三人渡假村公司损害股东利益责任纠纷案（第616页）中明确了股东直接起诉的诉权，认为原告股东以被告损害其股东利益为由提起损害赔偿之诉，属于股东直接诉讼，诉讼请求和事实理由明确、具体，涉案争议亦属于法院受理范围，符合《民事诉讼法》第122条的规定，应予受理。股东利益损害直接诉讼的类型及

---

① 参见最高人民法院民事裁定书，(2014)民二终字第177号。
② 参见2023年《民事诉讼法》第26条。
③ 参见2023年《民事诉讼法》第22条。
④ 参见江苏省高级人民法院民事裁定书，(2017)苏民辖终311号。
⑤ 参见2023年《民事诉讼法》第29条。

法律依据见表 9-3-1。

表 9-3-1　股东利益损害直接诉讼的类型及法律依据

序号	直接诉讼的类型	法律依据	被告主体
1	股东滥用股东权利给其他股东造成损失的侵权损害赔偿之诉	《公司法》第 21 条第 2 款	滥用权利的股东
2	股东会、董事会决议无效、撤销、不成立之诉	《公司法》第 25 条、第 26 条、第 27 条	公司
3	股东知情权之诉	《公司法》第 57 条、第 110 条	公司
4	异议股东回购之诉	《公司法》第 89 条	公司
5	董事、高级管理人员违反规定损害股东利益的侵权损害赔偿之诉	《公司法》第 190 条	董事、高级管理人员
6	公司解散之诉	《公司法》第 231 条	公司
7	股东身份确认之诉	《公司法解释（三）》第 24 条	名义股东
8	盈余分配之诉	《公司法解释（四）》第 14 条	公司
9	控股股东、实际控制人滥用控制权指使董事、高级管理人员损害股东利益赔偿之诉	《公司法》第 192 条	控股股东、实际控制人、董事、高级管理人员

需要注意是，表 9-3-1 中除序号 1、5、9 的类型属于本章中所讲的损害股东利益责任纠纷案由之外，其他各种纠纷均不属于本案案由，而归属于其他案由调整，笔者将在相关章节中详细阐述，在此不赘述。笔者下面将重点阐述序号 1、5、9 三种属于损害股东利益责任纠纷案由类型。

四、多个诉讼并存问题及处理

（一）与股东对公司直接诉讼并存情形下相关问题的处理

对于股东提起的损害股东利益责任纠纷诉讼与股东对公司直接诉讼请求权重叠时，一般应按以下方式处理：

当股东提起损害股东利益责任纠纷时，其权利受到的侵害可通过对公司直接诉讼救济的，先行对公司提起直接诉讼。实务处理中法院一般亦会向原告股东释明股东应先行对公司提起直接诉讼。

处理请求权重叠的基本原则为填平原则。即在股东财产性权益受损的情形下，股东若已通过对公司直接诉讼，如盈余分配诉讼、剩余利润分配之诉等直接弥补其受损的财产权益，基于该原则，股东不得重复请求赔偿损失。因为权利竞合规则是为了避免重复赔偿，是填平原则的特殊形式。[①] 事实上，即使此类案件中的请求权重叠并非权利竞合，亦不能因此对股东重复救济。

[①] 参见李锡鹤：《请求权竞合真相——权利不可冲突之逻辑结论》，载《东方法学》2013 年第 5 期。

【典型案例】陈某某与邓某1、邓某2、李某某损害股东利益纠纷案。[①] 二审法院认为,在另案已经就股东的投资收益判令公司进行利润分配的情况下股东的利润分配权已经得到实现,不能证明其存在损失;同时还认为原告关于股东会召开程序违法或未召开会议的诉求,属公司决议纠纷,应另循法律途径解决。

(二)股东同时提起损害股东利益责任纠纷和对公司直接诉讼并存问题及实务处理

因为这两种诉讼所涉法律关系的类型、主体、诉讼请求及责任承担不相同,不符合《民事诉讼法》第55条,《民事诉讼法司法解释》第221条、第232条中规定的关于可以合并审理的情形:一是诉讼标的系同一或者同种类的共同诉讼;二是基于同一事实提起的诉讼;三是本诉和反诉。所以在司法实务中一般不会合并审理,除非符合反诉受理条件。故在实践中,正常情况下法院均会要求分案审理,同时基于损害股东利益责任纠纷的兜底性,法院的审理顺序一般为先审理股东对公司的直接诉讼,然后审理股东提起的损害股东利益责任纠纷之诉。

在这里需要注意的是,"基于同一事实发生"主要指"所依据的事实或者法律关系具有一致性或者重叠性"。

【典型案例】华远公司、特亨营运公司、特亨房地产公司、秦某渝、边某梅、丁某文等与兰州银行、刘某卫、春园公司、豪威公司、瑞鑫源公司、宏达公司等金融借款合同纠纷案。[②] 最高人民法院认为,二审争议焦点是:华远公司等6人的起诉是否符合合并审理的条件,一审法院裁定驳回华远公司等6人的起诉是否正确。依据《民事诉讼法》《民事诉讼法司法解释》相关规定,可以合并审理的诉主要包含三种情况,一是系基于同一事实提起的诉讼,二是系诉讼标的同一或者同类的共同诉讼,三是系本诉和反诉。本案中,判断华远公司等六人的起诉是否符合合并审理的条件,应从华远公司等六人的起诉是否系基于同一事实以及是否构成共同诉讼两方面进行评判。分述如下:

首先,本案华远公司等六人的起诉并非基于同一事实发生。根据华远公司等六人的起诉状,本案系基于三个有关联的法律关系产生的一系列纠纷。一是基于陇东公司向兰州银行借款并由华远公司提供房产抵押产生的纠纷,基于这一法律关系,华远公司请求撤销抵押合同及抵押登记、要求刘某卫承担保证责任,即第5项和第9项诉讼请求。二是基于特亨营运公司为代陇东公司还款而与兰州银行签订的借款合同以及相关担保、反担保合同产生的纠纷,基于这一法律关系,特亨营运公司请求撤销还款行为和借款合同,特亨房地产公司、秦某渝、丁某文、边某梅请求撤销保证合同,秦某渝请求撤销相关质押合同及质押登记,秦某渝请求撤销其出具的承诺书,即第1项、第2项、第3项、第4项诉讼请求。三是基于兰州银行、春园公司、刘某卫不履行承诺行为,华远公司请求兰州银行、春园公司、刘某卫对华远公司相关利息损失、损失、项目停工损失承担赔偿责任,即第6项、第7项、第8项诉讼请求。《民事诉讼法司法解释》第221条规定:"基于同一事实发生的纠纷,当事人分别向同一人民法院起诉的,人民法院可以合并审理。"根据该规定,可以合并审理的诉讼应"基于同一事实"发生,所依据的事实或

[①] 参见深圳市中级人民法院民事判决书,(2019)粤03民终20750号。
[②] 参见最高人民法院民事裁定书,(2019)最高法民终77号。

者法律关系应具有一致性或者重叠性。本案中，华远公司等六人起诉所依据的是春园公司、陇东公司、特亨营运公司相继与兰州银行建立的三个借款法律关系，以及基于该三个借款法律关系所衍生的抵押担保法律关系、保证担保法律关系及反担保法律关系。在上述法律关系中，陇东公司向兰州银行借款，华远公司以"华远假日旅游酒店"作为抵押，为陇东公司提供担保，该抵押担保法律关系与借款关系之间存在牵连，可以合并诉讼；特亨营运公司向兰州银行借款，秦某渝、边某梅、丁某文、特亨房地产公司、豪威公司、瑞鑫源公司、宏达公司、李某、刘某年、魏某刚为特亨营运公司提供保证担保，该保证法律关系与借款关系之间存在牵连，可以合并诉讼；米某晖代表春园公司以果库、楼房向华远公司所作的书面承诺以及秦某渝以其在特亨房地产公司100%的股权质押给豪威公司、瑞鑫源公司、宏达公司，属反担保法律关系，应由权利人在处理担保法律关系之后，另行解决。由此可见，案涉三个借款法律关系之间不存在牵连，且华远公司等6人的诉讼请求各不相同，诉讼请求所依据的法律关系亦不相同，因此本案诉讼并非基于同一事实发生，不符合上述司法解释规定的合并审理的要件。

其次，华远公司等6人的起诉不构成共同诉讼。依据《民事诉讼法》（2017年）第52条[①]的规定，共同诉讼包含必要共同诉讼和普通共同诉讼。必要共同诉讼是指诉讼标的共同的诉讼，是不可分之诉，共同诉讼人必须一并参加诉讼，否则为当事人不适格。本案三个借款法律关系互相独立，构成独立的诉讼标的，且各个诉讼标的之间不存在牵连，完全可以单独起诉，不属必要共同诉讼。普通共同诉讼是诉讼标的是同一种类，法院认为可以合并审理并经当事人同意合并申请，现在二审中放弃部分诉讼请求，不影响一审法院的处理结果。华远公司等6人可就其基于同一法律关系的诉讼请求另行分别提起诉讼，符合受理条件的，法院应予依法受理。本案所涉三个借款法律关系虽属同类，但各个借款法律关系涉及的主体不同、担保法律关系不同，且华远公司等6人基于不同法律关系所提出的诉讼请求各不相同，所指向的主体也有所不同，故本案亦不属普通共同诉讼，不符合合并审理的条件。

最后，一审法院经释明后裁定驳回起诉并未侵害华远公司等6人的诉权。经法院组织询问，华远公司等6人认可一审法院曾向其释明所提诉讼请求不宜合并起诉，建议分开诉讼，其亦表示有四项诉讼请求确实不宜在本案中一并起诉将予撤回，但嗣后并未向一审法院提交相应的撤回诉讼请求的申请。法院认为，在向华远公司等6人释明告知其起诉不符合合并审理条件，而其未予撤回相应诉讼请求的情况下，一审法院以华远公司等6人的起诉不符合法律规定的起诉条件为由，裁定予以驳回，系在充分保障当事人程序选择权基础上，基于本案实际情况做出的处理，认定事实、适用法律并无不当。二审中，虽华远公司、秦某渝声明放弃第3项、第4项、第5项、第9项诉讼请求，但因其在一审法院释明后未在合理期间内提交撤回部分诉讼请求的申请，现在二审中放弃部分诉讼请求，不影响一审法院的处理结果。华远公司等6人可就其基于同一法律关系的诉讼请求另行分别提起诉讼，符合受理条件的，法院应予依法受理。

[①] 参见2023年《民事诉讼法》第55条。

(三)原告股东根据《公司法解释(四)》第12条提出的因未制作或保存公司财务账簿的赔偿诉讼请求的实务处理

实务中,一般需要先行提起股东知情权诉讼,同时需取得胜诉,然后以胜诉结果无法实际履行为前提条件。同时应当遵循同一股东权益受损的事实产生多个请求权的一般处理原则,即先通过股东对公司的直接诉讼解决,而后以损害股东利益责任纠纷作为补充。

(四)损害股东利益责任纠纷诉讼中被告对原告股东资格提出抗辩情形的问题及实务处理

对此,主要处理方式有以下两种:

方式一,基于提起损害股东利益责任纠纷之诉的股东的股东资格是解决这一纠纷的前提和基础,故法院可能会要求先行另案确定原告的股东资格,然后再行处理损害股东利益责任纠纷之诉。

方式二,基于纠纷的一次性解决原则,法院会根据被告抗辩,结合案件事实及股东诉请的事由、性质、范围等决定是否一并审查并处理。

基于以上司法实践中不同法院甚至不同法官对这一问题的处理方式的不同,在实务操作中,最好在诉前针对不同的法院甚至不同法官对此类案件处理思路和方式而采取相应诉讼策略提起诉讼,以免浪费时间和资源。

【典型案例】王某成与单某强、工业资产管理局损害股东利益责任纠纷案。[①] 再审法院认为,成临矿业公司系有限责任公司,至本案纠纷发生之前,工商行政机构登记的自然人股东二人,王某成持有该公司51%股权,单某强持有该公司49%股权。本案中,单某强主张王某成未经其同意,非法将其在成临矿业公司的49%股权捐赠给工业资产管理局,请求依法确认王某成与工业资产管理局签订的49%股权《捐赠协议书》无效。王某成抗辩主张其与单某强经过协商达成了股权转让口头协议,其以2200万元收购了单某强持有的49%股权,工商行政机构登记在单某强名下的股权实际属于王某成所有,单某强已不具备股东资格。结合双方当事人的诉辩意见,本案单某强诉讼请求确认王某成与工业资产管理局股权捐赠协议是否有效的前提是王某成抗辩主张其与单某强之间的股权转让协议是否成立并有效,双方当事人的诉讼请求及抗辩主张,分属不同法律关系,理应另行提起诉讼解决。鉴于本案经多次审理,为减少当事人诉累,一并进行审理。

(五)上市公司相关主体对证券投资者的赔偿责任(包括内幕交易和证券虚假陈述等赔偿责任)的法律适用问题

这一赔偿责任系典型的损害股东利益责任纠纷,由于该类型侵权责任已由《证券法》予以特别规定且已有单列的四级案由另行调整,根据特别法优于一般法原则,故损害上市公司股东利益的损害赔偿纠纷优先适用《证券法》相关规定。

---

① 参见辽宁省高级人民法院民事判决书,(2015)辽审一民再字第00017号。

(六)损害股东利益责任纠纷与股东代表诉讼并存的问题及处理

损害股东利益责任纠纷诉讼与股东代表诉讼理论上是不应当合并审理的,对此,司法实务一般要求分案审理。理由为,两个诉讼的诉讼标的不同,诉讼利益归属不同,且股东代表诉讼存在前置程序,适用诉讼程序不同,同时所主张的利益还可能存在冲突。

这里需要注意的是,在侵害股东身份权的情形下,若股东已无恢复身份的意愿或提起确认股东身份之诉已丧失必要性、正当性、合法性或可操作性,是否准许其直接提起损害股东利益责任纠纷之诉。

实务中,法院一般的处理原则是可以准许其直接提起损害股东利益责任纠纷之诉。

五、关于诉讼请求问题

(一)请求侵权人向股东个人赔偿损失

提出该诉求时,最为关键的是如何确定损失。故原告股东应当明确赔偿损失的范围、具体损失金额及计算方式等,使损失能够得以确定。

(二)确认某一文件或行为无效

该文件或行为应该是直接针对某一或某几个股东权益,且直接或可能导致股东权益受损,在此需要注意的是,该文件不能是公司决议,否则应通过公司决议类诉讼解决。司法实践认为,确认无效是侵权责任的承担方式之一,其兼具消除危险、停止侵害、恢复原状的责任效果。股东提起确认无效之诉,是否能获得支持的前提是股东对请求确认的事项应具有诉的利益,即该文件或行为直接指向股东权益,且导致股东权益处于不确定或已经受损的状态,需要法院的确认来消除该状态。

【典型案例】 王某成与单某强、工业资产管理局损害股东利益责任纠纷案。[①] 再审法院认为,由于原告股东在该案中仅提出了请求确认股权赠与协议无效的诉讼请求,法院最终支持其诉讼请求,同时认为该诉请应属于对股东权利的侵权行为确认之诉。

(三)其他诉讼请求

如停止侵害、消除危险、恢复原状或返还财产等内容的具体、明确的诉讼请求。

前述诉求可以部分提出,也可以同时全部提出,但应该注意各诉求之间不得矛盾或冲突。如果相互矛盾或冲突,法院一般会释明,要求原告股东在矛盾的诉求中选择某一项或多项诉讼请求,或变更诉讼请求,最终使各项诉讼请求间不矛盾和冲突。

六、关于诉讼主体的相关问题

(一)关于原告主体的相关问题

1.损害股东利益责任纠纷中的原告应为公司股东

具体包括工商登记公示的股东、股东名册记载的股东、虽未显名但已有生效法律文书确认

[①] 参见辽宁省高级人民法院民事判决书,(2015)辽审一民再字第00017号。

其股东身份的隐名股东和公司原股东。对于前三种主体，实务中无争议。对于第四种则存在争议，但主流观点认为原股东因其股东权益遭受损害而提起损害股东利益责任纠纷诉讼的，应当认定为适格原告。理由为：

首先，《民事诉讼法》第122条关于适格原告的规定是原告应"与本案有直接利害关系"，但并未规定认定该"直接利害关系"的时间节点仅仅是起诉时。而原股东起诉主张其在持股期间股东权益遭受侵害，应当认定为"与本案有直接利害关系"。因此，损害股东利益责任纠纷中的股东，应被解释为侵害发生时的受损股东，而不应仅限缩为在起诉时仍具有股东资格的股东。①

其次，《公司法》并未对原股东提起损害股东利益责任纠纷设定特殊门槛，原股东在持股期间的股东权益遭受直接侵害，即使其在起诉时已经不具备股东资格，亦不应剥夺其诉权，股东资格的丧失并不意味其在持股期间和出让股权时受损利益的索赔权消灭。

最后，从立法目的来看，损害股东利益责任纠纷就是为股东权益受损提供救济。原股东提起诉讼时虽然已丧失股东资格，但其在持股期间和出让股权时受到的损害并未同步消失，如不赋予其为自身利益起诉的权利，则其损害难以获得救济，既不符合上述立法目的，还会增加股东、董事、高级管理人员的道德风险。因此，原股东有初步证据证明其在持股期间股东权益直接受到侵害的，属于适格原告，对其起诉应予受理。②

2. 没有办理工商登记或经股东名册记载的主体不是适格原告

实务中隐名股东、未办理变更登记的股权继承人、未办理变更登记的基于离婚分割取得股权的一方等，在未办理工商登记或经股东名册记载的情形下，均非本案由下的适格原告。先行确认股东资格是其成为适格原告提起损害股东利益责任纠纷之诉的前提条件。

在这里需要特别说明以下两点：

第一，隐名股东。实务中存在公司其他股东和善意第三人事前对隐名股东的存在的事实并不知情，且隐名出资下股东身份认定涉及诸多主体及诸多层面的法律、利益关系，同时《公司法》及司法解释的规定，隐名股东显名化还须符合一定的条件和公司内部程序。故实务中法院会基于公司的组织法特征及商事外观主义原则的考虑，更侧重于保护其他股东的意愿及对商事登记外观的信赖，因而否定隐名股东适格原告的身份，认定工商登记在册的显名股东为损害股东利益责任纠纷的适格原告。隐名股东要成为适格原告，必须先行确认股东身份，即显名化后方可。

第二，未办理变更登记的股权继承人。首先，法院亦会基于商事信用原则和外观主义原则，不确认其为本纠纷的适格原告。其次，虽然《公司法》第90条规定继承人可以继承股东资格，但由于公司的人合性特征和股权兼具财产及人身双重属性等特点，根据《民法典》第1156条的规定："遗产分割应当有利于生产和生活需要，不损害遗产的效用。不宜分割的遗产，可以采取折价、适当补偿或者共有等方法处理。"法院可能会基于维护公司的生产经营，即使在确

---

① 参见刘俊海：《论控制股东和实控人滥用公司控制权时对弱势股东的赔偿责任》，载《法学论坛》2022年第2期。
② 参见张应杰主编：《公司责任纠纷类案裁判思维》，人民法院出版社2023年版，第31页。

认遗产范围、继承人范围、遗产比例后,一般都不会简单地对股权进行数量进行分割,亦不会轻易确认各继承人均继承股东资格并共同经营公司,认为这些问题不宜在损害股东利益责任纠纷内一并解决。最后,股东的持股比例关系直接影响股东利益损失的金额大小,故在继承人最终持股比例未决的情况下,由于其利益损失无法确认,因而一般不会允许其直接提起本纠纷之诉。

还要特别注意的是,作为原告的公司股东并无持股比例或持股时间的限制。

(二)被告主体的相关问题

在损害股东利益责任纠纷中,被告主要包括公司其他股东、公司的董事高级管理人员、公司的实际控制人。

1. 公司其他股东

根据《公司法》第21条第2款的规定,滥用股东权利给其他股东造成损失的公司股东,对其他股东的损失应当承担赔偿责任。

2. 董事、高级管理人员

根据《公司法》第190条的规定,对于违反法律、行政法规或者公司章程的规定损害股东利益的董事、高级管理人员,受损股东有权要求其赔偿损失。对此,实务中争议较大的是如何确定高级管理人员的范围,《公司法》第265条规定,公司高级管理人员包括公司的经理、副经理、财务负责人,上市公司董事会秘书和公司章程规定的其他人员。但在实务中,如工作人员身处管理岗位并享有管理职权,但并不具有法律或章程规定的高级管理人员身份,该人员是否应被认定为高级管理人员?事实上在司法实践中该等人员往往不被认定为高级管理人员。

当然针对实务中公司章程约定不明、公司运营不规范、公司人员职权与职务不相符等情形,特别是有如公司分支机构负责人的职权范围包含多项公司管理职责,但在公司章程未将其列为高级管理人员的情况下,实务中,法院也会结合该类人员是否有权实际影响公司的整体经营运作,与高级管理人员享有的责任和权限是否相当进行认定。总而言之,在该类纠纷的诉讼中,对于高级管理人员范围的认定,在实务中具有较大的弹性空间。简言之,是否为公司高级管理人员,除根据法律和公司章程规定外,还应结合实际委任和履行职责情况进行认定。

裁判观点:公司高级管理人员的身份应当结合形式与实质进行综合认定。

【典型案例一】加丹公司与蒋某、沸鸣公司损害公司利益责任纠纷案。[1]二审法院认为,《公司法》中高级管理人员的用语含义为,公司的经理、副经理、财务负责人,上市公司董事会秘书和公司章程规定的其他人员。据此,即便加丹公司提供的名片及邀请函显示蒋某为项目执行总监,蒋某在形式上也不满足高级管理人员的上述条件,应当从蒋某的实质职权进一步判断。劳动合同一中蒋某职位为亚洲区采购,劳动合同二中其职务为采购,现加丹公司提供的邮件所载蒋某与同事、客户的沟通内容,均未超出蒋某作为采购人员的履职范围,因此,一审法院未将蒋某认定为加丹公司的高级管理人员,并无不当,予以确认。

---

[1] 参见上海市第二中级人民法院民事判决书,(2020)沪02民终135号。

【典型案例二】博彦科技公司与魏某华、汇金智融公司损害公司利益责任纠纷案。① 法院认为，公司法规定，高级管理人员，是指公司的经理、副经理、财务负责人、上市公司董事会秘书和公司章程规定的其他人员。魏某华是否属于博彦科技公司的高级管理人员，不能仅以工商登记的信息进行认定，而应当从其在公司中享有的职权范围和实际担当工作的重要性和影响力来考量其是否实际掌握着公司经营权或重大事项的执行决定权。根据魏某华与博彦科技公司签订的劳动合同书可见，魏某华任职公司行业客户部总经理岗位，并实际负责招商银行外包服务项目。从魏某华与招商银行相关人员的电子邮件中可以看出，魏某华全权掌握着博彦科技公司与招商银行外包服务业务的具体工作，实际上符合高级管理人员的职责，属于博彦科技公司的高级管理人员。

3. 公司实际控制人、控股股东

首先，关于实际控制人，新《公司法》第192条规定："公司的控股股东、实际控制人指示董事、高级管理人员从事损害公司或者股东利益的行为的，与该董事、高级管理人员承担连带责任。"这里需要注意的：一是该规定是新《公司法》的新增规定，该规定对损害股东利益纠纷的责任主体范围进行了扩展，为实际控制人成为损害股东责任利益纠纷的被告主体提供了法律依据。二是根据新《公司法》和原《公司法》对实际控制人的定义，其中新《公司法》第265条第3项规定："是指通过投资关系、协议或者其他安排，能够实际支配公司行为的人。"而原《公司法》第216条第3项规定："实际控制人，是指虽不是公司的股东，但通过投资关系、协议或者其他安排，能够实际支配公司行为的人。"二者相比较，新《公司法》删除了原《公司法》中"虽不是公司的股东"的表述，只要"通过投资关系、协议或者其他安排，能够实际支配公司行为"，即属于实际控制人。这一定义弥补了旧《公司法》明显的立法漏洞，当股东持股比例不足50%且其持有的表决权不足以影响股东会决议，但他/她通过投资关系、协议或者其他安排能够支配公司行为，这在原《公司法》语境中不构成实际控制人，但在新《公司法》中，其构成实际控制人。三是《公司法解释（二）》第21条、《公司强制清算纪要》第29条均规定了公司实际控制人在未依法履行清算义务的情况下应当向其他股东承担相应责任，《公司法解释（三）》第27条规定了对于股权转让后未及时办理变更登记有过错的实际控制人应当对由此造成损失的受让股东承担赔偿责任。

其次，关于控股股东，应当注意的是，原《公司法》第216条第2项对控股股东持股比例的规定中的"百分之五十"包括本数，新《公司法》中的"百分之五十"则不包括本数。

4. 其他被告主体的相关问题

在案外人与上述主体构成共同侵权的情形下，或涉及相关文件或履行效力请求时，可以将共同侵权人或交易相对方列为共同被告。

【典型案例】解某州、鲁某成、朱某宪、长葛汇源天然气公司、五洲能源公司与马某玲等5人损害股东利益责任纠纷及清算责任纠纷案。② 再审法院认为，民事主体包括自然人、法人和其

---

① 参见北京市海淀区人民法院民事判决书,（2017）京0108民初32622号。
② 参见河南省高级人民法院民事判决书,（2019）豫民再740号。

他组织。民事主体从事民事活动应当合法,这是基本原则和社会生活常识,也是民事主体参与人应尽的法律义务。2010年6月,五洲能源公司增资并购鄢陵汇源燃气公司。两公司为实现并购目的,五洲能源公司委托该公司职工鲁某成、朱某宪作为新股东收购包括马某玲等5人在内的鄢陵汇源燃气公司全部股东的股权。解某州作为鄢陵汇源燃气公司法定代表人为配合完成收购,在马某玲等5人不知情且未同意的情况下,利用职务便利在股权转让协议等材料上伪造马某玲等5人的签名,将马某玲等五人的股权违法转让给鲁某成、朱某宪,并于2010年7月15日完成相应的工商变更登记,剥夺了马某玲等5人的股东权利。其间的交易过程和行为,解某州等当事人之间意思表示一致,行为契合,侵犯了马某玲等5人的股东权益,应依法承担相应的民事责任。

从以上案例可以得出,认定侵权人共同承担侵权责任的前提是有共同侵权的故意且共同实施了侵权行为。

5. 公司监事是否为适格被告

首先,新《公司法》第20条、第190条、第192条对股东利益损害责任纠纷承担责任的主体范围作出明确规定,仅包括股东,董事、高级管理人员,控股股东、实际控制人(影子董事、影子高级管理人员),并未包括监事。其次,从《公司法》规定的监事职权来看,监事在公司中行使监督权而非决策权和经营管理权,其职权性质及内容通常不对股东权益构成直接损害。《公司法》第179～186条、第188条明确规定了监事的忠实勤勉义务及其违反法律、行政法规及公司章程造成公司损失时的赔偿责任,故即使其违反忠实勤勉义务,损害的往往是公司利益,而非股东直接利益。故监事不应为本案由的适格被告。

【典型案例】范某燕与赵某阳、赵某炜、冉某之、徐某杰、孙某军、升哲公司损害股东利益责任纠纷案。[1] 法院认为,《公司法》第152条[2]规定:"董事、高级管理人员违反法律、行政法规或者公司章程的规定,损害股东利益的,股东可以向人民法院提起诉讼。"根据该规定,损害股东利益责任纠纷的侵权主体应当是公司董事和高级管理人员。关于公司高级管理人员,《公司法》(2018年)第216条第1项[3]作出明确定义,即指公司的经理、副经理、财务负责人、上市公司董事会秘书和公司章程规定的其他人员。本案中,赵某阳担任森哲公司的执行董事和经理,赵某炜担任监事,冉某之、徐某杰和孙某军则仅为森哲公司原股东,不担任任何职务;升哲公司则系赵某阳和赵某炜等人成立的其他公司,与森哲公司没有隶属关系。因此,赵某炜、冉某之、徐某杰、孙某军和升哲公司均不是损害股东利益责任纠纷中适格的侵权主体,不能作为被告,范某燕要求该5人承担赔偿责任,于法无据,法院不予支持。

(三)第三人主体相关问题

根据《民事诉讼法》第59条的规定,可将公司和相关的案外人列为损害股东利益责任纠纷诉讼中的第三人。

---

[1] 参见北京市朝阳区人民法院民事判决书,(2018)京0105民初81563号。
[2] 参见新《公司法》第190～192条。
[3] 参见新《公司法》第265条。

七、举证责任相关问题

(一)损害股东利益责任纠纷一般情形下举证责任

损害股东利益责任纠纷与其他普通民商事诉讼一致,实行"谁主张,谁举证"的基本原则。司法实践中常见损害股东利益侵权行为分类及法院关注要点见表 9-3-2。

表 9-3-2 损害股东利益侵权行为类别及法院关注要点

序号	侵权行为	责任依据	关注焦点
1	侵害股东知情权的行为	《公司法解释(四)》第 12 条	(1)董事及高级管理人员是否负有制备公司章程股东会会议记录、董事会会议决议、监事会会议决议和财务会计报告、公司会计账簿的职责; (2)董事及高级管理人员是否怠于履行依法制备公司前述文件材料的职责,导致公司未依法履行制备义务
2	侵害股东名称登记权的行为	《公司法解释(三)》第 27 条第 2 款	公司董事、高级管理人员及控股股东是否存在怠于或不正当地阻止公司为股权受让方办理变更登记的行为
3	怠于履行清算义务损害股东利益的行为	《公司法解释(二)》第 21 条*	清算义务人是否存在未及时履行清算义务的行为和事实
4	怠于履行义务致使公司无法清算损害股东剩余财产分配请求权的行为	《公司强制清算纪要》第 29 条	(1)控股股东、实际控制人是否存在拒不提交清算材料。 (2)是否存在因怠于履行义务,导致公司主要财产、账册、重要文件等灭失而无法清算的事实
5	董事、高级管理人员违反忠实勤勉义务损害股东权益的行为及违反公司章程损害股东权益的行为	《公司法》第 190 条	(1)是否存在董事、高级管理人员利用或提供不实信息造成的股东不公平交易行为。如提供虚假信息、不完整信息、怠于提供相关信息等,造成股东作出错误交易决策。 (2)是否存在董事、高级管理人员利用职务便利侵害股东表决权的行为。如董事高级管理人员未履行职责违反忠实勤勉义务,在进行增资、盈余分配、解散清算公司等影响股东直接利益的重大事项时,存在未通知中小股东参加股东会的行为。是否存在违反公司章程的行为
6	股东利用控制权及优势地位损害其他股东权益的行为	《公司法》第 21 条	(1)股东有无利用优势地位排斥其他股东参与公司治理的行为。如股东利用对公司管理的优势地位,在进行增资、盈余分配、解散清算公司等影响股东直接利益的重大事项时,不当阻止其他股东参加股东会,侵害其他股东表决的行为。 (2)股东有无滥用控制权损害少数股东合法权益的行为。如股东利用控制权在公司具有较多盈利情况下以不合理低价作出增资决议,引入其关联公司投资,稀释其他股东持股比例,减损其他股东应分配利润
7	其他损害股东权益的行为	《民法典》第 1165 条	(1)股东、董事、高级管理人员是否存在不当处分股东股权的情形,如未经股东同意,擅自对其名下股权进行转让或设定担保;仿冒股东签名、伪造股东签名的股东会决议等侵害股东权益的行为。 (2)股东、董事、高级管理人员是否存在侵占股东财产权益的行为,如冒领公司已分配盈余、剩余财产等行为。 (3)股东、董事、高级管理人员是否存在其他具有一般侵权特点的行为

* 根据新《公司法》第 232 条清算义务人除公司章程另有规定或者股东会决议另选他人,否则均是董事为清算义务人。

(二)损失的证明责任

1. 一般情形下损失证明责任

对于损失的证明,通常情况下按照《民事诉讼法》规定的一般举证规则,由受侵害股东承担举证证明其损失范围及金额的责任。

【典型案例】 张某力与张某忠、金坤公司损害股东利益责任纠纷案。① 二审法院认为,诉讼中,张某力已进一步明确,其认为上述两次股权交易行为损害其利益的主要依据在于张某忠与金坤公司隐瞒了股权交易的真实对价,基于其未实际参与金坤公司经营管理的客观情况,申请法院对相关证据予以调取。现根据二审调取的金坤公司银行账户流水及税务登记信息情况,均未反映金坤公司与大成公司及大成公司股东张某之间存在款项往来和股权转让款收益,同时,结合大成公司注册资本尚未认缴、双方签订的《股权转让协议》也未记载股权转让价款等事实,张某忠与金坤公司关于案涉两次股权交易未实际产生对价的抗辩主张具有更大的可能性和合理性。依照《民事诉讼法司法解释》第90条关于"当事人对自己提出的诉讼请求所依据的事实或者反驳对方诉讼请求所依据的事实,应当提供证据加以证明,但法律另有规定的除外。在作出判决前,当事人未能提供证据或者证据不足以证明其事实主张的,由负有举证证明责任的当事人承担不利的后果"的规定,因现有证据不足以证明金坤公司通过上述两次股权交易行为获得了收益,也无证据证明张某忠将所谓收益进行了转移,张某力要求张某忠向其赔偿违约实施体外运行项目所得收益1000万元的主张,缺乏事实和法律依据,不能成立,法院不予支持。

2. 损失证明责任的转换

实务中,在一定条件下,损失证明责任可以发生转换,具体包括以下三种情形:

(1)在受侵害股东已初步证明存在损失的情形下的举证责任转换

在这一情形下,当具体损失金额计算依赖于公司的经营信息、财务资料等文件时,根据侵权人掌握公司信息及对公司的控制情况,确定是否由侵权人对公司的经营信息、财务资料、经营状况等承担举证证明责任。

【典型案例一】 卢森堡剑桥控股集团亚洲公司与李某某、俞某等损害股东利益责任纠纷案。② 法院认为,两被告系公司股东、董事及监事,原告股东已初步举证其通过在先诉讼确定当时公司尚余可变现资产,此后公司未再经营且无任何资产。法院基于被告行为及对公司的控制程度,经数次释明,但被告均未说明公司资产状况,也未提供任何公司决议、财务、经营资料,且在庭审中陈述公司"已不存在"。因此法院推定公司现已处于不经营状态并根据原告持股比例及其行使知情权的结果认定原告损失为公司当时可变现资产的30%。

【典型案例二】 朱某兵、朱某新与姜某辉、朱某辉、朱某群、顾某萍损害股东利益责任纠纷案。③ 再审法院认为,关于赔偿数额如何确定的问题。《民事诉讼证据规定》第75条规定,在法

---

① 参见四川省高级人民法院民事判决书,(2019)川民终1137号。
② 参见北京市东城区人民法院民事判决书,(2017)京0101民初5692号。
③ 参见江苏省高级人民法院民事裁定书,(2016)苏民申1137号。

律没有具体规定,依本规定和其他司法解释无法确定举证责任承担时,法院可以根据公平原则和诚实信用原则,综合当事人举证能力等因素确定举证责任的承担。本案中,姜某辉主张赔偿的数额为60万元,该数额虽高于姜某辉持有股权所参加的出资。但从本案以及姜某辉与永顺公司、公司股东、实际控制人之间的一系列财产纠纷案件的审理情况看,朱某兵、朱某新在相关诉讼中,存在明显规避法律、损害姜某辉股东合法利益的行为,且本案无法查明永顺公司净资产状况的原因是朱某兵、朱某新等实际控制人、股东拒不提供永顺公司完整、有效的财务资料,导致无法清算,应由其承担举证不能的后果,故二审法院根据案件审理情况,支持姜某辉的赔偿请求,并无不当。

(2)因拒不提供财务资料导致公司无法清算情形下的责任转换

在这一情形下,应当由实际控制公司的侵权行为人对公司资产状况承担举证责任。

【典型案例】姜某辉与朱某新、朱某兵、朱某辉、朱某群、顾某萍损害股东利益责任纠纷案。[①]二审法院认为,关于应当赔偿的数额,永顺公司会计账册、会计报表、原始记录等严重不完整,收入支出不清,所以公司的资产状况和盈亏情况不明,姜某辉无法举证证明剩余财产分配权未能实现的损失,只能通过推定来确定责任范围。

(3)受侵害股东主张间接损失的情形

在该情形下,受侵害股东已证明依事物发生的通常情况,若无侵权行为其大概率可以获取的利益,侵权人否认,应当举证证明该所失利益可因一定事由不能实现。

[①] 参见江苏省南通市中级人民法院民事判决书,(2015)通中商终字第00396号。

◆ 第十章　损害公司利益责任纠纷

第一节　损害公司利益责任纠纷概述

一、损害公司利益责任纠纷释义

（一）损害公司利益责任纠纷的定义

损害公司利益责任纠纷，是指公司股东滥用股东权利或者董事、监事、高级管理人员违反法定义务，损害公司利益而引发的纠纷。[①] 而公司利益主要包括公司财产、公司机会、商业秘密、知识产权、品牌价值等权益。其中，公司财产包括货币、不动产（土地、建筑物及其他土地附着物）、动产（生产设备、原材料、半成品、产品、交通运输工具、船舶、航空器、印章、证照、财务会计资料等）、知识产权、证券（股票、债券、证券投资基金份额等）、股权等投资性权利、债权、数据、网络虚拟财产等。

【典型案例】黄某华与项某同、王某华公司证照返还纠纷案。[②] 二审法院认为，根据《公司法》的规定，有限责任公司作为独立法人，有独立法人财产，享有法人财产权。法人财产不仅包括公司享有的货币、固定资产债权、对外投资的股权、知识产权等，还包括公司的证照及在经营中依法建立的财务资料，公司对这些财产拥有所有权。

（二）损害公司利益责任纠纷的案由类型

根据损害公司利益责任纠纷的定义，结合司法实务，司法实践中损害公司利益责任纠纷的案由主要包括两类：

（1）公司股东滥用股东权利给公司造成损害，应当承担损害责任的纠纷；

（2）公司董事、监事、高级管理人员执行公司职务时违反法律、行政法规或者公司章程的规定，给公司造成损害而引发的纠纷。

值得注意的是，从广义来看，公司控股股东、实际控制人、董事、监事、高级管理人员利用关联关系损害公司利益及股东违反出资义务损害公司利益所引发的纠纷，这两种情形均应属于损害公司利益纠纷，但根据《民事案件案由规定》第21条"与公司有关的纠纷"的规定，"损害公司利益责任纠纷"属于二级案由"与公司有关的纠纷"项下的三级案由。对于原告仅主张被告利用关联交易形式损害公司利益的，应确定为公司关联交易损害责任纠纷。故该两类纠纷不属于损害公司利益责任纠纷这一案由的讨论范围。同时需要注意的是，第三人由于独立的侵权行为或者违约行为损害了公司利益，不属于损害公司利益责任纠纷，亦不属于"与公司有关的纠纷"。[③]

[①] 参见人民法院出版社编著：《最高人民法院民事案件案由适用要点与请求权规范指引》（第2版），人民法院出版社2020年版，第749页。

[②] 参见甘肃省天水市中级人民法院民事裁定书，(2014)天民二终字第1号。

[③] 参见人民法院出版社编著：《最高人民法院民事案件案由适用要点与请求权规范指引》（第2版），人民法院出版社2020年版，第750页。

二、损害公司利益责任纠纷的常见类型

(一)按侵权主体区分

1. 股东损害公司利益责任纠纷

主要包括:(1)因股东滥用股东权利引发的纠纷,如滥用股东知情权、表决权等,损害公司利益;(2)因股东怠于履行股东义务引发的纠纷,如拒不向公司交出营业证照、印鉴,使公司无法进行正常经营;(3)因股东违反对公司的诚信义务引发的纠纷,如挪用或侵占公司资产、篡夺公司机会、违反分配利润、股东之间达成保证固定回报协议侵害公司财产等;(4)因股东未履行法定职责引发的纠纷,如未履行配合清算义务,损害公司利益等。

2. 董事、监事、高级管理人员损害公司利益责任纠纷

主要包括:(1)因利用职权收受贿赂或者其他非法收入引发的纠纷,如利用职权收取交易方的贿赂,泄露公司秘密,损害公司利益;(2)因挪用公司资金引发的纠纷,如将公司资金用于个人消费或者无偿划给公司外部人使用、擅自改变资金用途等;(3)将公司资金以个人名义或以其他个人名义开立账户存储引发的纠纷;(4)因违规借贷或担保引发的纠纷;(5)因违规自我交易引发的纠纷;(6)因违规篡夺公司商业机会、同业竞争引发的纠纷;(7)因接受他人与公司交易的佣金归为己有引发的纠纷;(8)因擅自披露公司秘密引发的纠纷;(9)因违反勤勉义务引发的纠纷,如对股东增资未尽督促出资的勤勉义务,使注册资本未实际缴纳,造成公司损失;(10)执行职务时违反法律、行政法规或公司章程规定引发的纠纷。

(二)按具体侵权行为区分

1. 因挪用或侵占公司财产损害公司利益责任纠纷

主要包括:(1)挪用公司资金引发的纠纷,如将公司资金挪给公司外部人使用、将资金留存公司但擅自改变资金用途、虚构交易挪用公司款项、直接将公司资金用于个人购置资产和个人消费、变更资金项目抵扣股东所欠债务、控股股东直接指令公司将现金存入母公司账户等;(2)因侵占公司资产引发的纠纷,如将公司资金以其个人名义或者以其他个人名义开立账户存储、个人账户不合法收取公司款项、将他人与公司交易的佣金归为己有或以公司资产抵扣股东应付的股权转让款等;(3)因违规将公司资金借贷给他人或者违规为他人提供担保引发的纠纷。

2. 因篡夺公司商业机会损害公司利益责任纠纷

因篡夺公司商业机会引发的纠纷,主要包括:(1)因侵权人利用职务便利,在交易开始之前,获取第三人意图与公司进行买卖、合作、投资或者收购的商业信息,自己与第三人联系或者将信息告知其关联公司,以更优惠条件达成协议,直接截取公司机会;(2)因消极怠工,在交易前的准备阶段采用拒绝或消极筹备的方式,使本属于公司的商业机会因无法完成而流失,然后自己取得;(3)利用自己实际管理权、特殊身份等,暗自阻挠、实际破坏,使第三人主动终止与公司合作,继而自己与第三人达成协议。

3. 因违反竞业禁止损害公司利益责任纠纷

因违反竞业禁止产生的纠纷,主要是指侵权人自营或者为他人经营与任职公司相同或

类似的业务,不仅包括公司持续的经营业务,也包括偶发的交易或数次的交易。主要包括:(1)董事、高级管理人员自营与所任职公司同类的业务;(2)董事、高级管理人员为他人经营与所任职公司同类的业务。同类业务不仅包括公司持续的经营业务,也包括偶发的交易或数次的交易。

4. 因违规自我交易损害公司利益责任纠纷

主要包括:(1)公司与股东、实际控制人、董事、监事、高级管理人员之间直接进行交易损害公司利益;(2)公司与股东、实际控制人、董事、监事、高级管理人员的利害关系人(包括配偶、父母、子女、兄弟姐妹,配偶的父母,与董事、监事、高级管理人员有其他关联关系的人)直接进行交易;(3)公司与其他实体(包括但不限于公司)之间的交易,而股东、实际控制人、董事、高级管理人员是该实体的控制股东(如50%以上的股份持有者、合伙人、高级管理人员等)有影响力或控制、支配能力的人,或股东、实际控制人、董事、高级管理人员在该实体中有重大的财产利益。

5. 因违反勤勉义务损害公司利益责任纠纷

主要包括:(1)董事未履行法定职责引发的纠纷。如董事不履行召集、主持股东会、董事会职责,董事、监事、高级管理人员不执行股东会、董事会决议,造成公司财产流失;或在增资过程中未履行催收注册资本的义务,造成公司注册资本未实际缴纳。(2)董事、监事、高级管理人员协助股东抽逃出资等。

第二节 损害公司利益责任构成

一、损害公司利益责任构成要件

损害公司利益作为一种侵权纠纷,其责任构成与一般侵权纠纷无异,包括侵权行为、主观过错、损害结果、因果关系四个方面。

(一)侵权行为

侵权行为具有损害对象是公司且已实施损害行为两个特点。在司法实务中应关注:(1)是否存在侵权行为;(2)是否存在公司资产减少、商业机会丧失、商业秘密泄露等被侵犯的事实。

实践中,股东损害公司利益的行为主要表现为:(1)股东故意实施转移公司财产、虚构债务、进行不公平关联交易等直接侵害公司财产的行为;(2)未尽到其对公司应尽的注意义务导致公司或其他股东利益受损,且股东的行为(包括作为或不作为)违背了《公司法》等法律、法规或公司章程的规定等。

(二)主观过错

只有行为人存在故意或重大过失时,才会导致承担损害赔偿责任,若行为人无故意或重大过失,则无须承担损害赔偿责任。理由为,相较于民事侵权领域倾向于对民事权利绝对的保护而言,商事侵权制度侧重保护商事利益。二者的区别在于民事责任的等价有偿原则,商事侵权制度的目的不是通过惩罚行为人而对商事主体予以利益补偿,而是厘清商事主体的权利、义务范围，明确商事侵权行为的规制及救济途径，使商事主体得以自由、无顾虑地从事经营行为，以更高效率创造更多财富。基于此，股东滥用职权，董事、监事、高级管理人员违反忠实、勤勉义务对公司造成损害的行为仅适用过错责任原则，不适用无过错责任原则。下面分情形具体说明。

1. 股东损害公司利益的情形

股东行使股东权利，应善意行事、诚实守信，应以法律、行政法规和公司章程的规定为依据，如有违反前述规定的行为，应当认定其在主观上存在过错，原告无须再就此举证。

2. 董事、监事、高级管理人员损害公司利益的情形

除考量其是否违反法律、行政法规、公司章程的规定外，还应考虑其在处理公司事务时是否出于善意，按照公司的日常运作模式发挥了管理作用，认真执行公司决策，尽到一个普通谨慎之人在相似的地位和情况下所应尽的合理注意义务，并以公司的利益最大化为最终目的。故在司法实践中，判断董事、监事、高级管理人员过错时应当注意以下问题：

首先，判断与忠实义务相关的主观过错时，应关注董事、监事、高级管理人员在实施侵占或挪用公司财产、违反竞业禁止、自我交易、擅自披露公司秘密、篡夺公司机会、私自收取公司应收账款、违规对外借款、违规为个人或关联方进行担保等行为时是否存在主观故意或重大过失。

其次，判断与勤勉义务相关的主观过错时：(1)参照同类人标准。一般情况下，应当参照其他同等水平的董事、监事、高级管理人员，在同类公司、同类职位和近似情况中应当具备的注意义务、能力与经验，来判断行为人是否尽到勤勉义务。(2)不以经营决策的结果是否盈利为标准。一般而言，实务中只要行为人根据其掌握的信息决策，决策程序合法合规，就应当认定其已勤勉诚实地履行相关义务。

司法实践中，在董事、监事、高级管理人员能尽到以上忠实、勤勉义务的情形下，即使在决策中存在一般过失，法院一般都会本着公司自治的原则而不支持董事、监事、高级管理人员承担赔偿责任的请求。

但同样应该注意的是：其一，高级管理人员的注意义务就其管理职权而言应属于特别注意义务，因而应当高于一般人的注意义务，特别是高于普通员工的注意义务；对于公司生产经营影响重大、金额较大的事项，高级管理人员的注意义务应当更高。其二，公司监事的法定职责是检查公司财务，监督、纠正董事、高级管理人员的行为等，监事承担的是监督职能而非管理、决策职能，为了避免监事懈怠履职，强化监事履职动力，对于其主观过错的考量应以是否存在故意或过失为准。

此外，还需要特别注意的是，《公司法》上损害公司利益的责任承担方式主要有两种：一是"公司归入权"制度，即《公司法》第186条规定的"董事、监事、高级管理人员违反本法第一百八十一条至第一百八十四条规定所得的收入应当归公司所有"。二是"损害赔偿"制度。当公司或股东依据《公司法》第181~184条规定主张董事、监事、高级管理人员违反忠实义务所得收入归公司所有时，因该责任性质不属于侵权赔偿请求权，无须要求董事、监事、高级管

理人员存在主观上的过错。

（三）损害结果

公司利益包括金钱利益与非金钱利益、既得利益与可得利益等。损害公司利益责任纠纷中的损害结果，主要是公司发生财产损失、丧失商业机会、商业秘密被泄露等，包括金钱利益与非金钱利益、既得利益与可得利益。对此，对于司法实践中不同的侵权行为所造成的损害结果，应当分别关注相应重点：(1)关于公司财产的损害结果，应关注公司财产的现状，公司资金是否被挪用、资产是否被侵占，直接财产损失的范围；(2)关于公司商业机会被篡夺后的损害结果，应关注因此造成的直接经济损失及预期利益损失；(3)关于公司证照被不当占有导致的损害后果，应当关注公司无法继续经营产生的经济损失等。

（四）因果关系

侵权行为与公司利益的损害结果之间具有法律上的因果关系。

当前，我国司法实践对于损害公司利益责任纠纷的因果关系认定尚无统一标准。一方面，因果关系存在是董事等管理者对公司损失承担责任的条件；另一方面，因果关系认定往往会考虑公平性和合理性。

司法实践中与因果关系相关的裁判观点和典型案例如下。

裁判观点一：因果关系应当考虑公平性和合理性。

【**典型案例**】某农业公司与刘某损害公司利益责任纠纷案。[1] 二审法院认为，某农业公司已于2011年因其自身问题陷入经营困境，即使在此期间内存在刘某占用该公司营业执照及公章等证照的行为，这一行为与该公司不能正常经营承租土地的项目并据此获取收益或补贴不具备直接必然的因果联系，此外，公司经营困难甚至不能经营是由多种原因所致，仅凭刘某的前述行为并不足以毁损某农业公司的经营秩序，故对某农业公司诉请的因承租土地产生的收益损失，法院不予支持。

裁判观点二：对于因果关系的认定应当排除正常的商业风险因素，不应将商业风险造成的结果与损害公司利益的行为造成的后果混淆。

【**典型案例**】一勘院与刘某妨损害公司利益责任纠纷案。[2] 最高人民法院认为，一勘院已于2017年2月22日即知道金龙公司资产将被拍卖，直至2017年11月24日才向金龙公司发出《一勘院关于提议召开庄浪县金龙矿业有限公司临时股东会的函》，此时拍卖已经结束，金龙公司与新金公司的资产移交已经完毕。综上，虽然刘某妨未及时通知股东，但是一勘院已经知悉金龙公司资产即将被评估、拍卖，却并未积极采取补救措施。刘某妨履行勤勉、忠实义务存在瑕疵，并未对金龙公司资产的处理结果产生实质影响，与金龙公司资产受损之间不存在因果关系。金龙公司资产受到损失是由商业风险和其他因素共同造成的，与刘某妨履行勤勉、忠实义务存在瑕疵并无因果关系，且不能认定刘某妨与新金公司存在关联交易，刘某妨无须承担赔偿责任。

---

[1] 参见重庆市第五中级人民法院民事判决书，(2014)渝五中法民终字第02635号。
[2] 参见最高人民法院民事裁定书，(2019)最高法民申4427号。

裁判观点三：在公司注册资本认缴制下，股东未履行或未全面履行出资义务，董事、高级管理人员负有向股东催缴出资的义务。股东欠缴的出资即为公司遭受的损失，股东欠缴出资的行为与董事消极不作为共同造成损害的发生、持续，董事未履行向股东催缴出资义务的行为与公司所受损失之间存在法律上的因果关系。

【典型案例】斯曼特公司与胡某生损害公司利益责任纠纷案。[①] 最高人民法院认为，一审法院依据（2012）深中法执恢字第50号执行裁定，强制执行了斯曼特公司财产后，斯曼特公司没有其他可供执行的财产，一审法院于2012年3月21日裁定终结该次执行程序。后斯曼特公司被债权人捷普电子（苏州）有限公司申请破产清算。由此可见，股东斯曼特公司未缴清出资的行为实际损害了斯曼特公司的利益，胡某生等6名董事消极不作为放任了实际损害的持续。股东欠缴的出资即为斯曼特公司遭受的损失，斯曼特公司欠缴出资的行为与胡某生等6名董事消极不作为共同造成损害的发生、持续，胡某生等6名董事未履行向股东催缴出资义务的行为与斯曼特公司所受损失之间存在法律上的因果关系。一审、二审判决认为胡某生等6名董事消极不作为与斯曼特公司所受损失没有直接因果关系，系认定错误，应予纠正。

在损害公司利益责任纠纷案件中，因果关系的认定较为困难，所以实务中，法院更多地会借鉴"实质性影响"因素作为因果关系认定依据，以案件事实为基础，结合公平原则综合认定侵权行为与损失之间是否存在直接必然的因果关系，常见侵权行为的因果关系关注要点如表10-2-1所示。

表10-2-1　常见侵权行为的因果关系关注要点

序号	侵权行为	关注要点
1	挪用公司资金	（1）将公司资金挪给公司外部人使用是否有合法根据，与公司损失是否存在因果关系； （2）将资金留存于公司但擅自改变资金用途，是否有利于公司发展、公司利益，是否导致公司损失； （3）变更资本公积项目后是否造成公司实际资产减少等
2	侵占公司资金	（1）开立个人账户收取公司款项、个人账户收取公司佣金是否有公司内部政策规定或者有相应的合同依据； （2）收取款项的行为是否直接导致公司损失； （3）以公司资产冲抵股东应付款项是否直接导致公司资产减少等
3	谋取公司机会	（1）是否向董事会或者股东会报告，并按照公司章程的规定经董事会或者股东会决议通过； （2）根据法律、行政法规或者公司章程的规定，公司是否不能利用该商业机会； （3）如行为人不实施侵权行为，该商业机会是否归属于公司； （4）行为人实施侵权行为后是否必然导致公司丧失机会； （5）公司丧失机会后是否存在损失及该损失产生与行为之间的直接关联性等
4	违反竞业禁止	（1）董事、高级管理人员另设的公司是否与任职公司存在相同或类似的经营范围； （2）从事的业务是否与公司存在实质性竞争关系且导致公司同类型业务收入减少； （3）董事、高级管理人员违反竞业禁止规定获得的业务收入与其行为之间的因果关系等

---

① 参见最高人民法院民事判决书，（2018）最高法民再366号。

续表

序号	侵权行为	关注要点
5	违反自我交易	(1)董事、监事、高级管理人员,或者董事、监事、高级管理人员的近亲属,或者董事、监事、高级管理人员或其近亲属直接或间接控制的企业,以及与董事、监事、高级管理人员有其他关联关系的关联人,与公司订立合同或者进行交易的事实; (2)该交易行为与董事、监事、高级管理人员的近亲属,或者董事、监事、高级管理人员或者其近亲属直接或间接控制的企业,以及与董事、监事、高级管理人员有其他关联关系的关联人所获利益之间的因果关系
6	侵犯公司商业秘密	(1)董事、监事、高级管理人员利用其职权或者通过不当手段获取公司商业秘密后,违反保密义务、公司规定,披露、使用其所掌握的商业秘密; (2)前述行为与公司损失之间的因果关系
7	股东不正当行使表决权	(1)股东行使权利的行为与公司利益受损之间的因果关系; (2)承认不当清算协议导致公司被强制清算; (3)违反法律、行政法规或者公司章程规定增资或者减资对公司注册资本造成实际影响; (4)以增资或与关联公司合并等方式稀释中、小股东股权
8	怠于行使职权	(1)董事、高级管理人员不执行股东会、董事会决议导致公司损失; (2)怠于履职、未按时催收公司应收账款导致公司损失等

二、不同侵权主体类型责任构成的影响及差异

(一)董事、监事、高级管理人员损害公司利益责任构成

关于董事、监事、高级管理人员损害公司利益责任构成,首先,应证明行为人存在侵害公司利益的主观过错;其次,应关注行为人是否存在违反《公司法》第188条规定的违反法律、行政法规或公司章程规定的行为,并因该行为导致公司受损的事实。

在此需特别注意的是,对于董事违反信义义务责任的认定及免除,实务中一般可参考适用"商业判断原则",即考察董事行为是否系在获得足够信息基础上作出的合理商业判断、是否基于公司最佳利益以及与所涉交易是否存在利害关系及独立性等因素后进行综合判断。这里提到的"信义义务",起源于信托法上的受托人义务,从法理上说,忠实义务与勤勉义务属于信义义务的范畴,那么怎么来认定董事、监事、高级管理人员、股东、实际控制人违反了信义义务?需要符合以下几个条件。

第一,董事、监事、高级管理人员实施了损害公司利益的行为。具体可以分为违反忠实义务的行为和违反勤勉义务的行为两类:

其一,违反忠实义务的行为。《公司法》第181~184条列举了董事、监事、高级管理人员违反忠实义务损害公司利益行为的具体表现。要求董事、监事、高级管理人员应当遵循法律和公司章程,最大限度维护公司利益。司法实务中如果董事、监事、高级管理人员在自身利益与公司利益发生冲突时,将自身或第三人利益置于公司利益之上,就有可能被认定为违反忠实义务。这里需要注意的是,相较于原《公司法》第147条第2款、第148条的规定,最大的改变就是扩大了规制对象,即将监事纳入了规制对象范围,实行董事、监事、高级管理人员一体化规制。

其二,违反勤勉义务的行为。《公司法》第180条第2款规定:"董事、监事、高级管理人员

对公司负有勤勉义务，执行职务应当为公司的最大利益尽到管理者通常应有的合理注意。"在过去的司法实务中，一般认为判断董事、监事、高级管理人员是否违反勤勉义务，需要注意两个问题：一是同类参照标准。一般情况下，应当参照其他同类水平的董监高人员在同类公司、同类职位和近似情形中所应当具备的注意义务，以此来判断行为人是否勤勉。但亦有例外，如因为董事、监事、高级管理人员具有超出一般水平的管理能力和经验，并且其因此获得了超出其他同类人员的薪酬待遇，此时还应当关注行为人是否充分发挥自身的能力和经验。二是不以经营决策失误的结果为标准。商业活动纷繁复杂，具有很强的不确定性，实践中交易行为均具有独特性和不可复制性的特点。故不同的交易情形即便表面因素近似，但同样的决策，可能也会产生完全不同的结果。所以董事、监事、高级管理人员是否勤勉，不应以决策的最终结果来判定。判定标准应该根据其掌握的信息决策，决策程序符合公司章程等规范，亦无其他可能影响其决策正当性的因素，如行为人与决策事项存在利害关系等，则应当认定行为人勤勉诚实地履行了义务，与决策结果无关。换言之，只要董事、监事、高级管理人员遵循了正当的决策程序，只是因为自身能力、经验等因素的局限，最终出现决策失误，不构成对公司侵权，无须承担侵权责任，但不妨碍根据公司章程或其他内部制度规定承担行政管理责任，如降职、撤职等。

董事、监事、高级管理人员的侵权行为，主要包括侵占公司财产或挪用公司资金、违反竞业禁止、擅自披露公司秘密、篡夺公司机会、对增资未尽督促出资的勤勉义务、私自提供担保或垫付资金、履行职务不当导致公司损失等违反忠实义务和勤勉义务的行为。这里同样需要注意的是，原《公司法》第148条第1款第5项规定了私自对外借款亦属于违反忠实义务的情形，但新《公司法》对该项规定予以删除，故新《公司法》颁行后，该行为是否构成对董事、监事、高级管理人员忠实义务的违反，应重点关注公司章程对此是否有规定且是否违反，如果章程对此无规定或者虽然有规定，但董事、监事、高级管理人员的行为并未违反章程规定，则不应当构成对于忠实义务的违反。

第二，董事、监事、高级管理人员主观上存在过错。关于该种主观过错的认定应当基于客观事实进行综合判断，如侵权行为系基于关联交易等为董事个人牟利的利益冲突行为，或侵权行为系基于对严重股东矛盾的消极、恶意处理等情形。并且，实务中一般要求：一是对方当事人对行为人的主观过错承担相对严苛的举证或说明责任。二是对方当事人需证明行为人违反了法律、行政法规或者公司章程的规定。

值得注意的问题是，如果董事、监事、高级管理人员的行为只是违反公司内部规章制度，是否只构成公司内部行政管理责任，能否认定为其违反忠实勤勉义务并要求其承担责任？司法实践中相关裁判观点及典型案例如下。

裁判观点：以董事长及法定代表人违反《管理费及税费规定》不属于法律、行政法规和公司章程范围为由不构成损害公司利益，不予以赔偿的主张不能成立。

【典型案例】翁某雄与陈某云等损害公司利益责任纠纷案。[1]最高人民法院认为，二审判决

---

[1] 参见最高人民法院民事裁定书，(2019)最高法民申6486号。

将本案认定为损害公司利益责任纠纷,并无不当。翁某雄作为八建公司董事长及法定代表人,应当遵守公司制定的《管理费及税费规定》,维护公司利益,但其未按《管理费及税费规定》要求,积极履行职责,致使八建公司未能收取案涉工程管理费,损害了八建公司利益,二审判决判令其承担相应的赔偿责任,并无不妥。其关于《管理费及税费规定》不属于法律、行政法规和公司章程范围,二审判决据此判令其赔偿八建公司案涉工程管理费损失错误的主张,不能成立。

第三,董事、监事、高级管理人员的行为给公司造成损失。

第四,董事、监事、高级管理人员损害公司利益的行为与损害结果之间存在因果关系。

第五,董事、监事、高级管理人员损害公司利益行为责任豁免问题。在这里需要注意的是,我国《公司法》并未授权公司决议或章程可以免除董事、监事、高级管理人员损害公司利益的赔偿责任,所以从立法层面来看,不存在对其的责任豁免问题。

(二)股东损害公司利益责任构成

1.股东实施了侵权行为

侵权行为,是指一种具有法律上可归责性的行为,股东对公司的侵权行为一般是指其实施的违反法律、行政法规和公司章程的违法行为,当然,实践中不排除股东通过实施法律没有明文禁止的行为侵害公司利益。股东侵权行为通常包括作为和不作为。作为是违反法律规定的不作为义务的行为,在实务中的主要表现有:侵占公司资产或挪用公司资金,违法分配利润,通过不正当行使表决权、滥用控制权进行营业让与、不当清算、不合法增资减资、抽逃出资,利用职务之便篡夺公司商业机会,股东之间通过达成保证固定回报的协议侵害公司财产,侵犯公司商业秘密、通过虚假诉讼滥用权力损害救济权等。同时除了前述的直接加害行为,还有间接加害行为。因为股东对公司利益的侵害,常表现为股东通过不正当方式或行为取得控制权后实施的,因此前期的股权交易行为很难说就是一种对公司利益的直接侵害。不作为行为主要包括不按时履行股东会决议、怠于行使股东权利或怠于履行股东义务、拒不返还公司证照等行为。

2.股东存在主观过错

如前所述,股东滥用职权及董事、监事、高级管理人员违反忠实、勤勉义务对公司造成损害的行为,适用过错责任原则,所以股东损害公司利益责任的前提是股东存在主观过错。这里的主观过错是指股东损害公司利益所表现出来的主观上的故意或过失。同时,司法实务中判断股东对公司利益受到损害是否存在过错的基本路径是:(1)通过举证责任分配,判断股东行为是否具有可归责性。在此需要注意:股东侵权行为除故意外还存在过失情形。例如,股东兼任法定代表人代表公司对外签约,没有履行相应职权范围内的审查、注意义务,造成公司损失的,也应承担侵权责任。(2)公司利益是否受损。只有公司的合法利益因股东行为受损,股东的该等行为才具有可归责性。(3)该种损害结果应该为实际损害。在不同类型的案件中,股东损害公司利益会表现出不同的损害结果形态,股东抽逃出资、转移财产,对公司造成了直接的实际损害,但是在股东滥用控制权作出不合理决议等情形下,却往往不一定体现为发生实际损害。在此需要注意的是,股东损害公司利益纠纷的赔偿范围往往仅限于公司实际损失。由于股东在未兼任董事、监事、高级管理人员的情况下无须承担竞业禁止的义务,故在实践中,股东损害公司利益责任纠纷大多是侵害公司财产利益的案件,鲜有涉及侵害公司预期利益的案件。

3. 股东损害公司利益行为与公司受损结果有因果关系

股东的侵权行为与公司受损害事实之间存在因果关系是股东承担侵权责任的关键。在判断是否存在因果关系时,应当综合考量各个原因对损害后果的不同作用。很多损害结果往往是多个原因所致,故多数情况下,股东侵权仅是损害结果发生的原因之一,除此之外,导致损害结果发生的原因往往有公司的内部治理问题、董事、监事、高级管理人员的失职,其他第三人的共同作用等。针对这一情形,应当根据导致损害结果发生的各种原因的作用力大小在加害人内部区分各自责任份额。

需要特别注意的是,当某些股东特别是自然人股东同时担任公司董事、监事或高级管理人员职位,如果其行为损害公司利益,需进一步考察其行为是基于股东身份行使股东权利的行为,还是基于董事、监事、高级管理人员身份在公司管理过程中发生的行为。如果是前者,则涉嫌滥用股东权利;如果是后者,则可能构成董事、监事、高级管理人员损害公司利益。由于该两类纠纷行为表现相近,但法律构成差异很大,在实务操作中需仔细界定。

(三)实际控制人损害公司利益责任构成及追责方式

1. 实际控制人损害公司利益责任构成

实际控制人损害公司利益责任构成与其他形式的损害公司利益责任构成基本一致,主要区别在于侵权行为。实务中,实际控制人损害公司利益的侵权行为,既包括利用关联关系从事关联交易或关联担保行为,也包括利用控制权侵占或挪用公司资产、篡夺公司交易机会、压制中小股东、干预公司运营等行为。实践中,因实际控制人引起的民商事纠纷主要有三种:(1)以公司名义为实际控制人提供担保的担保合同效力之争;(2)公司债权人主张实际控制人不当处分公司财产的侵权诉讼;(3)股东代表诉讼要求实际控制人赔偿公司损失的纠纷。当事人提起前述诉讼的法律依据主要是《公司法》第15条第2款、第3款"为实际控制人提供担保"、第22条"实际控制人利用关联关系损害公司利益"、第180条第3款"实际执行公司事务的实际控制人的忠实勤勉义务"。具体说明如下。

(1)以公司名义为实际控制人提供担保

对此,实务中应该区分以下三种情形分别处理:

第一种,实际控制人未经授权而擅自以公司名义为其个人债务作担保情形,针对该情形,该担保一般对公司不发生法律效力,但担保合同相对方有权要求实际控制人向其履行担保义务或承担赔偿责任。

第二种,在实际控制人订立担保合同时,相对方明知或应知相关担保事项未经法定决议程序的情形,在该情形下,由于相对方对此存在一定过错,应与实际控制人各自按过错承担责任。

第三种,公司对担保行为事后追认的情形,结合《民法典》第171条关于无权代理的规定,虽然实际控制人未经公司决议流程而以公司名义为其个人提供担保,但如果公司事后予以追认,担保合同对公司发生法律效力,相对人主张由公司承担担保责任的,公司应当承担担保责任,但公司在承担担保责任后,可在其承担责任的范围内向实际控制人追偿。

(2)实际控制人实施关联交易

实务中,认定是否存在违法关联交易,核心要素为"通过关联关系"和"损害公司利益",具体关注要点如下:其一,交易主体之间是否具备关联关系;其二,是否出于操纵市场或转移财产等恶意动机;其三,交易行为是否存在明显违背商业逻辑或者常情常理的情形;其四,交易结果是否导致公司受损或紧迫风险等。若关联交易不存在违法情况、未致公司利益受损,则不涉及法律责任的承担问题。

(3)实际执行公司事务的实际控制人的忠实勤勉义务

根据《公司法》第192条的规定,对于实践中实际控制人不担任公司董事,但却实际执行公司事务的情形,其实际履行了公司董事、监事、高级管理人员的行为,亦应当承担董事、监事、高级管理人员应承担的忠实勤勉义务,即影子董事、影子高管规则。其理论依据实际就是共同侵权理论,即《民法典》第1169条第1款的规定。实际控制人和控股股东指示董事、高级管理人员侵害公司与其他股东利益,表明实际控制人和控股股东与受操纵董事、高级管理人员在具有共同意思联络的情况下实施了共同侵权行为,二者应承担连带责任。

目前,客观上对于我国对实际控制人侵害公司利益责任的法律规定并不完善。

2. 对实际控制人的追责方式

一是针对隐名股东(实际控制人)为公司的董事或高级管理人员的情形,实务中一般可以适用损害公司利益责任纠纷相关规定。

二是针对公司实际控制人并未在公司担任任何职务情形,在该情形下,对于实际控制人损害公司利益的行为,实务中一般可以根据公司章程、实际出资额、相关代持协议、是否半数以上股东认可其身份等一系列事实来综合判断其实际控制人的身份,从而将其从"幕后"引到"台前"。同时通过对公司章程的规定、公司运营痕迹,如经营决策、管理决定、对外签订的合同、管理流程中审批权限等方面的关注,从而确定其忠实勤勉义务。

第三节 司法实践中侵权行为责任构成的关注要点

一、忠实义务的实务认定

新《公司法》第180条第1款、第3款规定,明确了忠实义务的定义及应履行忠实义务的对象范围,相较于原《公司法》,将应履行忠实义务的对象范围从董事、高级管理人员扩展到了监事、实际执行公司事务的控股股东、实际控制人。所以这里所指的就是董事、监事、高级管理人员及实际执行公司事务的控股股东、实际控制人对忠实义务违反的责任构成。

司法实践中相关裁判观点及典型案例如下。

裁判观点一：董事的忠实义务，是指董事管理公司、经营业务，履行职责时，必须代表全体股东为公司最大利益努力工作，当自身利益与公司利益发生冲突时，必须以公司利益为重，不得将自身利益置于公司利益之上。

【典型案例】丘某良、黄某贵与福日公司、陈某股东损害公司债权人利益责任纠纷案。① 二审法院认为，所谓董事的忠实义务，是指董事管理公司、经营业务，履行职责时，必须代表全体股东为公司最大利益努力工作，当自身利益与公司利益发生冲突时，必须以公司利益为重，不得将自身利益置于公司利益之上。《公司法》(2013 年)第 148 条第 1 款和第 21 条② 规定是对公司董事忠实义务的要求。

裁判观点二：忠实义务是指公司高级管理人员应当忠实履行职责，其自身利益与公司利益发生冲突时，应当维护公司利益，不得利用高级管理人员的地位牺牲公司利益为自己或者第三人谋利。

【典型案例】海之杰公司、盖某损害公司利益责任纠纷案。③ 最高人民法院认为，根据《公司法》(2005 年)第 148 条第 1 款和第 149 条④ 规定，忠实义务是指公司高级管理人员应当忠实履行职责，其自身利益与公司利益发生冲突时，应当维护公司利益，不得利用高级管理人员的地位牺牲公司利益为自己或者第三人牟利。勤勉义务是指公司高级管理人员履行职责时，应当为公司的最佳利益，具有一个善良管理人的细心，尽一个普通谨慎之人的合理注意。从海之杰公司的具体诉请和依据的事实看，其并未提供证据证明盖某在履行总经理职务期间存在获利情况，故其实际上针对的是盖某违反勤勉义务而非忠实义务。

裁判观点三：董事、监事、高级管理人员忠实义务的核心在于其不得利用其特殊身份获得个人利益，其应当在法律法规与公序良俗的范围内，忠诚于公司利益，以最大限度地实现和保护公司利益作为衡量自己执行职务的标准，否则即应承担赔偿责任。

【典型案例】陈某雄、泵业公司损害公司利益责任纠纷案。⑤ 最高人民法院认为，根据原审查明的事实，陈某雄作为泵业公司原董事长，对公司负有忠实义务和勤勉义务，应以最大限度地保护公司的利益为衡量职务的标准，而不得将自身利益置于公司利益之上。泵业公司搬离原厂区后从东营市政府获得了土地补偿款 301,054,729 元，该土地补偿款关系到泵业公司新厂区的建设能否顺利完成，泵业公司的生产经营能否继续进行。但陈某雄在接受刘某毅以鹏豪公司 5% 的股份向其行贿后，在未经股东会讨论决定或授权的情况下，分两次擅自将该笔土地补偿款提前支付给鹏豪公司，导致泵业公司不仅失去相应利息，而且由于资金短缺致使新厂区建设无法开工，造成了重大损失。根据《公司法》(2018 年)第 147 条第 1 款和第 149 条⑥ 的规定，董事、监事、高级管理人员的忠实义务的核心在于董事不得利用其董事身份获得个人利益，其应当在法

---

① 参见广东省深圳市中级人民法院民事判决书,(2014)深中法涉外终字第 36 号。
② 分别参见新《公司法》第 181 条、第 22 条。
③ 参见最高人民法院民事裁定书,(2020)最高法民申 640 号。
④ 分别参见新《公司法》第 179 条、第 180 条、第 181 条。
⑤ 参见最高人民法院民事裁定书,(2020)最高法民申 4682 号。
⑥ 分别参见新《公司法》第 179 条、第 180 条。

律法规与公序良俗的范围内,忠诚于公司利益,以最大限度地实现和保护公司利益作为衡量自己执行职务的标准,否则即应承担赔偿责任。由于陈某雄违反了以上《公司法》相关规定,未尽到对公司的忠实、勤勉义务,给泵业公司造成了损失,原审法院判决其承担赔偿责任,符合法律规定。

二、违反忠实义务的常见类型及相关问题

侵占公司资产或挪用公司资金。根据《公司法》第181条的规定,董事、监事、高级管理人员不得有下列行为:(1)侵占公司财产、挪用公司资金;(2)将公司资金以其个人名义或者以其他个人名义开立账户存储;(3)将他人与公司交易的佣金归为己有。

1. 侵占公司资产

(1)侵占公司资产行为的常见情形

侵占公司资产行为的常见情形有以下六种:一是以个人名义或者以其他个人名义开立账户存储公司资金;二是个人账户不合法收取公司款项(包括接受他人与公司交易的佣金归为己有);三是以公司资产抵扣股东应付的股权转让款;四是未经股东会决议直接出售公司资产获取收益;五是利用公司资金清偿个人债务或提供无法偿还之担保;六是利用关联方向公司借款等。

司法实践中与侵占公司资产相关裁判观点及典型案例如下。

裁判观点一:公司法定代表人、控制股东将公司收入进入个人的账户,应认定为归入公司法定代表人、控制股东个人所有、侵占公司财产的行为。

【**典型案例**】王某尧与张某华损害公司利益责任纠纷案。① 二审法院认为,原、被告两人共同设立公司,该公司一直由被告实际负责经营,并在经营过程中出现公司经营与个人收支混同的情况。被告将公司的租金收入转为个人收入并以其个人账户内的款项用于家庭生活支出及公司支出,且被告作为公司的法定代表人及实际控制人,多年来不设置财务账册,导致其无法提供相应财务账册证明其个人财产独立于公司财产,被告存在将公司收入归入其个人所有、侵占公司财产的行为。

裁判观点二:股东通过另立会计账簿、个人名义开立账户存储的方式以个人账户收取公司款项的行为既违反法律禁止性规定,也侵害了公司的法人独立性,构成损害公司利益。

【**典型案例**】优一公司与魏某彬损害公司利益责任纠纷案。② 二审法院认为,根据《公司法》(2018年)第171条③的规定,公司除法定的会计账簿外,不得另立会计账簿。对公司资产,不得以任何个人名义开立账户存储。该规定是禁止性规定,魏某彬用个人账户收取公司款项违反了该规定,也侵害了公司的法人独立性,应当予以返还。

---

① 参见上海市第二中级人民法院民事判决书,(2017)沪02民终9802号。
② 参见广东省广州市中级人民法院民事判决书,(2019)粤01民终8671号。
③ 参见新《公司法》第217条。

裁判观点三：作为公司总经理，虚设职位，以虚设的职务人员名义领取工资并发放给自己及其他员工，属于侵占公司资金行为。

【典型案例】张某志、陶某斐、李某萍等与孙某华损害公司利益纠纷案。① 二审法院认为，从本案现已查明事实以及各方当事人的陈述来看，在农副产品公司实际并无"董某"员工的情况下，李某萍以"董某"的名义设立工资，并由李某萍、陶某斐、孙某华等相应领取。李某萍、陶某斐、孙某华的上述做法，损害了农副产品公司的利益，应当返还相应的钱款。

裁判观点四：被告通过隐瞒销售记录的方式，将销售分成归为己有，属于侵占原应归属于公司财产的行为。

【典型案例】李某军与夏某损害公司利益赔偿纠纷案。② 二审法院认为，根据案外人维卡公司向北京市公安局大兴分局经侦大队提交的情况说明，2008年3月至11月，龙城飞公司向维卡公司购买共计1,107,041.85元的货物。一审法院结合维卡公司塑料门窗型材价格表中载明的维卡公司给龙城飞公司相关型材的出厂价格及《龙城飞公司关于成立销售部及销售政策》中的相关规定，计算出涉案型材所产生的归属于龙城飞公司的利润金额。夏某在其担任龙城飞公司总经理职务期间，未为龙城飞公司建立真实合法的财务会计账目，且未提交证据证明龙城飞公司关于涉案型材的真实销售情况，故应当对龙城飞公司的损失承担相应的责任。

裁判观点五：未提供公司关于利润分配方案的股东会决议，亦未提供全体股东一致同意而形成的关于利润分配的书面意见，在公司未形成符合《公司法》和公司章程规定的利润分配方案，以及公司于新股东入股前是否存在利润、利润金额等均不明确的情况下，公司原股东以分得利润款为名，从公司账户转出款项的行为，不符合《公司法》的相关规定，属于侵占公司资金行为，应予返还。

【典型案例】乔某、王某损害公司利益责任纠纷案。③ 最高人民法院认为，本案系A公司起诉股东乔某、王某损害公司利益责任纠纷，审查重点是公司股东是否存在损害公司利益的行为，即乔某、王某分配A公司利润是否符合法律规定。根据《公司法》(2018年)第166条④的规定，公司在分配利润前，应当提取公积金，而法定公积金不足以弥补亏损的，还应用当年利润弥补亏损，公司在弥补亏损和提取公积金并缴纳税款后所余利润可以进行分配。本案中，乔某、王某以分得利润款的名义，多次从A公司账户转款，其中乔某实际用款3220万元，王某实际用款2755万元。而根据A公司公司章程规定，只有股东会有权审议、批准公司的利润分配方案。乔某、王某在本案诉讼过程中，未提供A公司有关利润分配方案的股东会决议，亦未提供全体股东一致同意而形成的关于利润分配的书面意见，即A公司未形成符合《公司法》及其公司章程规定的利润分配方案。在A公司于另一公司入股前是否存在利润、利润金额等均不明确的情况下，乔某、王某以分得利润款为名，从A公司账户转出款项的行为，不符合《公

---

① 参见上海市第一中级人民法院民事判决书,(2018)沪01民终8053号。
② 参见北京市第二中级人民法院民事判决书,(2016)京02民终2813号。
③ 参见最高人民法院民事裁定书,(2020)最高法民申2634号。
④ 参见新《公司法》第210条，下同。

司法》的相关规定。二审法院根据上述事实,依据《公司法》(2018年)第166条的规定,判决乔某、王某应将以分配利润的名义占有的5975万元返还给A公司,认定事实和适用法律并无不当。

(2)关于董事、监事、高级管理人员挪用或侵占公司资金行为应注意的问题

对待董事、监事、高级管理人员挪用或侵占公司资金的行为,特别是在如董事、监事、高级管理人员提出并举证证明其收取或使用公司款项有公司内部政策规定,或有相应的合同依据,或存在其他为公司利益考虑的情况,或其资金使用符合公司内部财会制度,且其本身不能控制资金去向。对此,实务中法院一般会综合全案证据认定董事、监事、高级管理人员不存在挪用或侵占公司资金、损害公司利益的行为。基于此,实务中应当注意:

第一,是行为人使用公司资金或者转移公司财产的行为是否具有正当性和合理性,即收取或者使用公司款项有合法、正当理由的,如符合公司内部政策规定、有相应的合同依据或其他为公司利益考虑的情形存在,则不应认定为损害公司利益行为。

司法实践中与之相关的裁判观点及典型案例如下。

裁判观点一:对公司高级管理人员以公司名义对外签订转让重大资产行为的合法性,就是从该高级管理人员是否取得了公司有权机关的决议、是否向公司支付公允的对价、交易对手与高级管理人员是否存在关联关系方面进行审查并综合认定。

【**典型案例**】郑某欣、漳州紫金公司与恒发电业公司、刘某萍公司高级管理人员损害公司利益赔偿纠纷案。[①] 最高人民法院认为,对公司高级管理人员以公司名义对外签订转让重大资产行为的合法性,就是从该高级管理人员是否取得了公司有权机关的决议、是否向公司支付公允的对价、交易对手与高级管理人员是否存在关联关系方面进行审查,进而认为被告利用其在原告公司有权代理法定代表人签字及担任总经理职务的便利,利用公司名义与其关联公司签订涉案股权转让协议,在未交付股权转让款的情况下安排将原告公司的股权过户给关联公司系双方联手侵占原告公司利益的行为。

裁判观点二:交易行为违反法律规定,且占用公司款项没有正当理由、不具有合理性,应认定为挪用公司资金。

【**典型案例**】王某达与吴某阳、尹某损害公司利益责任纠纷案。[②] 法院认为,吴某阳作为宝典公司的法定代表人,明知其行为已经违反《典当管理办法》的相关规定,仍然以上述方式与宝典公司进行典当交易,其行为已经损害宝典公司的利益。另外,记账凭证后附的支票存根显示领款人为吴某阳,虽然吴某阳持有当户朴某某的委托书,委托内容中包括领取款项,但吴某阳在诉讼中并未举证证明其已将领取的款项支付给朴某某。因此,王某达与吴某阳、尹某损害公司利益责任纠纷一审民事判决书认定吴某阳的上述行为为挪用宝典公司资金,吴某阳应当向宝典公司返还挪用的资金300万元。

第二,在原告主张被告违规报销费用侵占资金的纠纷中,应关注行为人的报销行为是否符

---

① 参见最高人民法院民事判决书,(2012)民二终字第66-1号。
② 参见北京市朝阳区人民法院民事判决书,(2015)朝民(商)初字第66235号。

合公司财务制度、票据是否真实合法、所报销费用是否在正常合理范围内。在司法实践中，具体处理方式如下：

首先，出于避税等考虑公司可能设有内外两套账目，客观上可能存在使用股东、实际控制人或者董事、高级管理人员个人账户收支公司资金的情况。这种情况下，实务中法院一般会根据账目之间的往来综合判断是否存在挪用或者侵占公司资金的客观事实。

其次，对于如中小规模公司本身财务管理制度与审批流程并不健全或者会计账簿、报表有瑕疵的情况。这种情况下，实务中法院一般会关注原告提供证据是否可形成完整证据链，然后适用高度盖然性证明规则判断挪用、侵占公司资金的事实是否存在。

2. 挪用公司资金

挪用公司资金行为的常见情形有以下六种：一是将公司资金挪给公司外部人使用。这里值得注意的是，相较于原《公司法》第148条的规定，新《公司法》第181条至第184条删除了之前的"违反公司章程的规定，未经股东会、股东大会或者董事会同意，将公司资金借贷给他人或者以公司财产为他人提供担保"的规定，但笔者认为，挪用公司资金的行为依然应当包括"违反公司章程的规定，未经股东会、股东大会或者董事会同意，将公司资金借贷给他人"的行为。二是将资金留存于公司但擅自改变资金用途。三是虚构交易挪用公司款项。四是直接将公司资金用于个人购置资产和个人消费。五是变更资本公积项目抵扣股东应偿还债务。六是控股股东直接指令公司将现金存入母公司账户等。

司法实践中相关裁判观点及典型案例如下。

裁判观点一：董事、高级管理人员挪用公司资金，构成对公司利益的损害，应承担赔偿责任。

【典型案例】周某与施某损害公司利益责任纠纷案。[①]二审法院认为，根据《公司法》（2013年）第147条第1款、第149条[②]的规定，周某作为房悦客公司的法定代表人（总经理）应当对该公司负有忠实义务和勤勉义务。如果周某违反忠实义务和勤勉义务，给房悦客公司造成损失，其应当向该公司承担损害赔偿责任。理由如下：第一，房悦客公司存在受到损害的事实。第二，周某执行房悦客公司职务时的行为具有违法性。第三，周某的违法行为与损害事实之间存在因果关系。第四，周某在主观上存在过错。

裁判观点二：控股股东将公司资金用于个人使用和开支属挪用公司资金行为，严重损害公司利益。

【典型案例一】陆某与邬某控股股东损害公司利益赔偿纠纷案。[③]法院认为，某公司是企业法人，有独立的法人财产，享有法人财产权，被告邬某却以"被告为某公司唯一的出资人，应由被告决定某公司的全部经营活动"为由，将公司的资金695,785元用于为被告邬某个人购置资产或用于其个人消费，被告邬某的行为侵犯了某公司的利益以及原告的股东权利，应承担向第

---

① 参见上海市第一中级人民法院民事判决书，(2016)沪01民终13372号。
② 分别参见新《公司法》第179条、第180条、第188条。
③ 参见上海市浦东新区人民法院民事判决书，(2008)浦民二（商）初字第1743号。

三人某公司返还资金的赔偿责任。

【典型案例二】 东方泽昆公司与常某平等股东损害公司利益责任纠纷案。① 法院认为，本案当中常某平具有东方科技公司的股东资格，利用股东身份及熟知公司财务印鉴使用的便利，未经公司意思机关批准，也未履行公司正当财务程序，客观上实施了将东方科技公司的银行存款转入西安秦泽公司后，又转移至自己名下的行为，损害了公司利益。

裁判观点三： 董事、高级管理人员将公司资金转入其个人账户或个人控制的公司账户，且长时间不交回的，属于挪用公司资金。

【典型案例】 云风启智公司与鹿某鹏损害公司利益责任纠纷案。② 法院认为，本案在被告担任原告公司执行董事期间，原告公司账户向被告个人账户转账支付143,920元，被告亦未到庭对该行为作出任何说明，原告主张该行为属被告利用职权擅自挪用公司资金，予以支持。

裁判观点四： 董事、高级管理人员将公司资金用于承担个人债务或个人投资，属于挪用公司资金。

【典型案例】 丰瑞公司与陈某双、孟某波损害公司利益责任纠纷案。③ 法院认为，孟某波购买陈某双股权应自行筹集资金，但孟某波作为丰瑞公司的董事长及法定代表人，用丰瑞公司回流资金购买陈某双股权，造成公司流动资金周转不畅影响公司正常经营，应属挪用公司资金，该行为明显侵害了丰瑞公司利益及其他股东利益。

裁判观点五： 董事、高级管理人员利用职务便利，违规报销，可能构成挪用公司资金。

【典型案例】 寿东公司与安藤某某实际控制人纠纷、高级管理人员损害公司利益赔偿纠纷案。④ 二审法院认为，被告安藤某某作为原告寿东公司的总经理，在其任职期间利用职务便利，违反相关规定，采用违规报销方法挪用公司资金和以个人名义存储并使用公司资金，侵占了寿东公司的财产，并造成寿东公司被处罚税务滞纳金，其应当承担返还侵占寿东公司资金和赔偿寿东公司经济损失的责任。

裁判观点六： 董事、高级管理人员代收、截留公司款项，可能构成挪用公司资金。

【典型案例一】 马某清与刘某斌、东湖渣土运公司损害公司利益责任纠纷案。⑤ 法院认为，本案系损害公司利益责任纠纷。根据《公司法》（2013年）第148条⑥的规定，被告刘某斌作为东湖渣土运公司法定代表人、执行董事兼经理，收取公司在外货款后，应当及时将货款交纳至公司，如被告刘某斌需行使其作为公司法定代表人、执行董事兼经理的职务使用公司资金，也应按照公司规定出具领条并签字后由财务人员支取，现被告刘某斌未将收取的货款交纳至公司，也未提供证据证明该款项系其合理使用，应认定刘某斌将该项款挪用，刘某斌应当将该货款返还给公司。

---

① 参见北京市朝阳区人民法院民事判决书，(2014)朝民初字第07515号。
② 参见江西省宜春市袁州区人民法院民事判决书，(2020)赣0902民初3986号。
③ 参见吉林省镇赉县人民法院民事判决书，(2018)吉0821民初2515号。
④ 参见上海市第二中级人民法院民事判决书，(2011)沪高民二(商)终字第40号。
⑤ 参见湖南省邵阳市大祥区人民法院民事判决书，(2017)湘0503民初107号。
⑥ 参见新《公司法》第181条。

【典型案例二】吴某光与褚某跃、崔某损害公司利益责任纠纷案。① 法院认为,本案原告依据《公司法》(2018年)第151条②的规定,起诉第三人新疆时星驭驾驶员培训学校有限责任公司前法定代表人被告褚某跃、财务高级管理人员崔某,要求共同退还截留收入、虚造税务账工资及代领工资304,830.23元及相应利息损失,符合《公司法》(2018年)第148条③之规定。

裁判观点七:公司高级管理人员未经股东会同意,擅自将公司资金转给第三人使用且无法证明具有合理用途时,构成损害公司利益,应与第三人连带承担还款责任。

【典型案例】林某俤与林某瑞损害公司利益责任纠纷案。④ 最高人民法院认为,关于林某俤从天威公司账户向其本人、明鹏公司、徐某燕账户转款是否损害天威公司利益,林某俤主张其从天威公司账户向其本人、明鹏公司、徐某燕账户转款均用于合理用途,分两部分:第一部分是自天威公司账户向林某俤个人账户中转款均用于代天威公司对外支付各种经营费用;第二部分是自天威公司账户向明鹏公司、徐某燕账户转款,系代天威公司完成该公司2013年4月3日《股东会议决议》所确定由该公司补贴股东黄某明1200万元的事项。关于第一部分天威公司转入林某俤账户中的款项,林某俤未能提供由其个人账户代天威公司对外支付款项的银行流水凭证等直接证据。从证据的真实性方面看,林某俤所提供的支付凭证均系由其自行记录、保存,并非来自天威公司会计账簿,且无其他证据佐证,林某瑞对该部分证据的真实性不予认可,二审法院不予认可该组证据真实性,并无不当。从证据的关联性方面看,林某俤所提供的支付凭证并未显示其所支付的款项是由林某俤个人账户中所支出,也非源于天威公司自有资金,二审法院不予认可该组证据的关联性,亦无不当。关于第二部分天威公司账户转入明鹏公司、徐某燕账户中的款项,《股东会议决议》第4条、第5条分别确定:天威公司补贴股东黄某明1200万元;黄某明应在各股东签字后30日内到公安机关办理撤诉、销案手续,逾期不办理,该股东会会议决议自动失效。林某俤、明鹏公司、徐某燕未能提供黄某明已在股东签字后30日内到公安机关办理销案手续的证据,该股东会议决议的效力状态尚无法认定。林某俤未能提供其从天威公司账户中转出的款项具有合理用途,一审、二审法院认定其从天威公司账户向其个人、明鹏公司、徐某燕账户转款的行为,损害了天威公司利益,并据此判决林某俤、明鹏公司、徐某燕返还天威公司账户转出的款项并赔偿利息损失,林某俤与明鹏公司、徐某燕连带承担还款责任,并无不当。关于明鹏公司、徐某燕是否应作为第三人参加本案诉讼并承担连带还款责任,林某俤自天威公司账户转出的款项,部分转入明鹏公司、徐某燕账户,明鹏公司、徐某燕与案件的处理结果具有法律上的利害关系,可以作为无独立请求权第三人参加本案诉讼。根据前文所述,林某俤将天威公司资金转入明鹏公司、徐某燕账户,没有合理事由,一审、二审法院判决明鹏公司、徐某燕承担还款责任,并无不当。

---

① 参见新疆维吾尔自治区乌鲁木齐市水磨沟区人民法院民事判决书,(2019)新0105民初809号。
② 参见新《公司法》第189条。
③ 参见新《公司法》第181条。
④ 参见最高人民法院民事裁定书,(2019)最高法民申1407号。

裁判观点八：股东转移公司资金至其自身账户，须符合公司内部章程、财务管理制度规定，并经有权决策机关的授权和认可，否则应视为侵犯了法人财产权，应承担返还款项的责任。

【**典型案例**】能源集团与双林农业公司损害公司利益责任纠纷案。① 最高人民法院认为，根据《公司法》第 3 条第 1 款的规定，本案能源集团要求云南矿业公司将其所有的 6200 万元存至能源集团开立的结算账户，该行为已导致云南矿业公司不能直接控制和处分自有资产，能源集团未举示相应的证据证明该上述行为系经有权决策机关的授权和认可，故该行为已侵犯了云南矿业公司的法人财产权。

3. 篡夺公司商业机会

公司机会是指与公司利益相关的商业机会。公司董事、监事、高级管理人员、虽不担任公司董事实际执行公司事务的公司控股股东及实际控制人（双控人）禁止谋取属于公司的商业机会是指禁止公司董事、监事、高级管理人员将公司拥有期待利益、财产利益或财产权利的交易机会，或就公平角度而言应属于公司的交易机会予以篡夺自用的规则，即公司机会规则。

相较于原《公司法》规定的公司机会规范的义务主体仅为公司的董事、高级管理人员不同，新《公司法》第 183 条、第 184 条将公司机会规范的义务主体扩展到了除董事、高级管理人员外的监事、双控人。新《公司法》的这一规定，迎合了"高级管理人员"的概念开放性的现实情况，尤其对于有限责任公司，因其存在较高的人合性及封闭性，规模一般也较小，常常存在管理人员身兼数职或股东虽无具体职务、但却实际管理公司的情形，对此过往实务中亦会结合具体案情认定侵权人拥有的职权是否符合高级管理人员的相应职能。董事、高级管理人员在事实上是否掌握公司的信息和业务执行权，始终存在基于职务判断争取或放弃商业机会的两种选择，这涉及对商业机会的判断，是董事、监事、高级管理人员自由裁量权的内容。如董事、监事、高级管理人员基于自身利益考虑篡夺该商业机会，使公司失去商业机会而使其从中受益，则董事、高级管理人员构成违反对公司的忠实义务。

实务中，法院在认定是否构成篡夺公司机会时，通常会关注以下问题：

（1）机会的来源

公司董事、监事、高级管理人员对公司负有受信义务，源于其在公司担任职务，由此推定，其利用职务身份便利获取的一切机会均可能被认定为公司机会，当然其基于个人身份获得的机会，则应当推定为与公司无关，据此，在实务中对"利用职务便利"的理解对认定是否谋取属于公司机会就显得极为关键。事实上，这在实务中亦存在争议。一般认为不应当仅理解为在执行职务过程中获取的机会，公司董事、监事、高级管理人员在工作之外，基于其董事、监事、高级管理人员身份获取的机会亦应当认定为公司可利用的机会。因公司董事、监事、高级管理人员职务身份与私人身份往往不能完全分开，其生活习惯、接收的信息往往与其担任的职务密切相关，所以在诉讼中，往往难以认定其获取机会是否利用了职务身份的优势。因此，一般倾向于认为诉讼中应当推定董事、监事、高级管理人员获取的机会均为基于职务获取，只有公司

---

① 参见最高人民法院民事判决书，(2016)最高法民终 646 号。

董事、监事、高级管理人员能够举证证明其获取诉争机会完全是基于个人身份、与公司职务无关,才可以认定诉争机会不构成公司机会。

司法实践中相关的裁判观点及典型案例如下。

裁判观点一:公司高级管理人员利用职务及承办经手项目便利谋取属于公司的商业机会,违反了对公司的忠实勤勉义务。

【典型案例】贵阳华业公司与北京华业公司损害公司利益责任纠纷案。① 最高人民法院认为,张某成立贵阳华业公司的名称与北京华业公司近似,足以让经贸局的工作人员误以为贵阳华业公司系北京华业公司授权;张某成立贵阳华业公司时张某尚为北京华业公司的高级管理人员,且正在磋商合作及项目投资事宜;张某在代表北京华业公司与双龙管委会签订《项目投资协议》后,在合同履行过程中成立了贵阳华业公司,之后不足一个月时间贵阳华业公司就与双龙管委会签订《项目投资协议》及相关补充协议;贵阳华业公司与双龙管委会签署的《项目投资协议》及相关补充协议,北京华业公司与双龙管委会签署的《项目投资协议》,其内容与合作模式基本一致,仅存在合作方名称等细微变更的事实。原审从张某的行为脉络分析,认为其行为违反了对北京华业公司的勤勉忠诚义务,据此认定张某利用高级管理人员职务及承办经手项目便利谋取了属于北京华业公司的商业机会不缺乏事实和法律依据。张某作为北京华业公司的高级管理人员,代表北京华业公司与双龙管委会就项目进行磋商过程中,作为持股90%的股东成立了贵阳华业公司,并以贵阳华业公司名义谋取了属于北京华业公司的商业机会,贵阳华业公司违反诚实信用原则,故贵阳华业公司与张某应对北京华业公司的损失承担连带赔偿责任,原审相关认定不缺乏事实和法律依据。

裁判观点二:认定董事利用职务便利需满足两个前提条件:一是担任公司董事并实际从事公司的经营决策等管理行为,二是没有经过股东会的同意而实施上述行为。

【典型案例】孙某才与侯某滨、联邦制药公司等损害公司利益责任纠纷案。② 二审法院认为,根据《公司法》(2013年)第148条第1款第5项③的规定,认定董事违反忠实义务,利用职务便利谋取属于所任职公司的商业机会,或者经营与所任职公司同类的业务,存在两个前提条件:一是担任公司董事并实际从事公司的经营决策等管理行为,二是没有经过股东会的同意而实施上述行为。侯某滨虽然被选举为圣鲁公司董事,但并未实际参与公司的经营管理等具体事务,且自2008年7月被取消了董事资格,而孙某才等其他股东对于侯某滨经营同类业务也是同意的,直到2014年11月仍然代为侯某滨加工药品。因此,孙某才虽然主张侯某滨的行为违反《公司法》(2013年)第148条第1款第5项的规定,应当承担董事损害公司利益的相应责任,但其所提供的证据不足以证实该主张,应当承担举证不能的不利后果。

(2)该商业机会是否本属于公司

实务中一般会考虑以下两个方面的问题:一方面,是该商业机会是否有可能被公司利用。

---

① 参见最高人民法院民事裁定书,(2020)最高法民申1025号。
② 参见山东省高级人民法院民事判决书,(2016)鲁民终1454号。
③ 参见新《公司法》第183条。

《公司法》第 183 条第 2 项规定了作为董事、监事、高级管理人员,不得利用职务便利为自己或者他人谋取属于公司的商业机会的两个例外情形之一,这一规定就明确了,商业机会是否能被公司利用的判断依据是法律、行政法规或者公司章程的规定。所以商业机会是否能被公司利用,在实务中,首先考虑该商业机会是否与公司的经营范围相关,而《公司法》第 9 条规定确定经营范围的依据就是法律、行政法规或者公司章程的规定。对是否与经营范围相关联的认定,实务中就应当关注是否在该领域有过合作、是否与公司的经营活动存在紧密关联等。因为客观上,商业机会只有属于公司经营范围或者与公司经营范围相关,才有可能被公司利用,反之一般情况难以被公司利用。在过往的实务中,还应当注意的是,对于公司经营范围的判断一般不会仅限于章程规定的经营范围,公司未来可能拓展的经营范围也常会被考虑在内,法院一般会结合所拓展经营范围的属性与现有属性是否具备一定的相关性以及公司是否对经营范围的拓展进行过相应的申请等外化行为来加以判断。其次,公司是否有相应的资质、能力获取该机会,因为客观上有些商业机会需要特殊的资质或技术要求等。另一方面,是否通过公司行为成就。包括在商业机会的形成、发展以及相关变化过程中,公司是否有相应的资源投入,包括人力、物力和财力,公司是否曾就该商业机会进行谈判,在商业机会的形成、发展以及相关变化过程中的每一阶段是否存在利用、借助公司资源的情形,而公司资源不仅仅指有形资源,还应当包括无形资源。

司法实践中相关裁判观点及典型案例如下。

裁判观点一: 商业机会不仅与公司当前经营活动相关,还与未来经营活动相关。公司的经营范围不仅包括登记的经营范围,还应包括实际经营范围。

【典型案例】 孚兰贸易公司诉陈某劳动合同纠纷案。① 二审法院认为,公司商业机会是指与公司的经营活动密切相关的各种机会。其中,不仅包括与公司目前经营活动具有密切相关性,还包括与公司未来经营活动具有密切相关性。在实践中,很多公司登记的经营范围与其实际经营的业务并不相符,而现代公司法理论对于超范围经营的行为持宽容态度,因此,在司法实践中,应当对公司的实际经营范围进行审查。同时,关于公司的经营范围,一般应当由公司举证。

裁判观点二: 不得谋取属于公司商业机会的义务主体为公司股东或者董事、监事、高级管理人员。认定公司高级管理人员是否违反公司商业机会规则,应考量涉案商业机会是否为公司机会,包括是否属于公司的经营范围,公司是否具有相应的资质、能力获取该机会等因素,以及公司高级管理人员是否实施了谋取公司商业机会的行为。

【典型案例】 全圣公司与郅某香、冯某、梁某莹、长峰公司等损害公司利益责任纠纷案。② 二审法院认为,本案系公司因其高级管理人员违反忠实义务、损害公司利益而引发的纠纷,此类纠纷主体仅限于公司股东或者董事、监事、高级管理人员,而长峰公司不具有公司高级管理人员或者股东身份,其是否因侵权行为或者违约行为损害了公司利益,不属于损害公司利益责

---

① 参见上海市第一中级人民法院民事判决书,(2014)沪一中民三(民)终字第 1218 号。
② 参见北京市第一中级人民法院民事判决书,(2015)一中民(商)终字第 435 号。

任纠纷所应审理的范围。在当事人之间并无约定,且相关法律亦无规定的情况下,长峰公司作为第三人亦不对公司高级管理人员违反忠实义务的行为承担连带赔偿责任。法院还认为,认定梁某臣行为是否构成篡夺公司商业机会,应先判断与中兴公司签订买卖合同是否为全圣公司的商业机会。本案中,长峰公司与中兴公司签订探测器买卖合同在全圣公司取得相关计算机软件著作权之前,故根据全圣公司提供的现有证据无法认定梁某臣篡夺了全圣公司的商业机会,全圣公司关于梁某臣剥夺全圣公司商业机会的上诉意见,不予支持。

裁判观点三:<u>认定公司商业机会应当考虑以下几个方面的因素:一是商业机会与公司经营活动有关联;二是第三人有给予公司该商业机会的意愿;三是公司对该商业机会有期待利益,没有拒绝或放弃。</u>

【**典型案例**】三立公司与邹某、戴某苹、士通公司、世界之窗公司、技连通公司、高桥某光损害公司利益责任纠纷案。① 二审法院认为,认定公司商业机会应当考虑以下几个方面的因素:一是商业机会与公司经营活动有关联;二是第三人有给予公司该商业机会的意愿;三是公司对该商业机会有期待利益,没有拒绝或放弃。该案件中,法院综合考量涉案证据,根据三立公司的经营范围、作为三立公司董事的邹某的职责以及提供涉案业务的技连通公司和住友公司(技连通公司与住友公司合称日本企业)与三立公司的关系,认定涉案来自日本企业的业务与三立公司的经营活动存在关联;根据三立公司股东技连通公司在入股三立公司出资经营合同中的明确承诺、技连通公司原委派到三立公司的董事高桥某光在2009年4月15日就技连通公司股权转让事宜与三立公司法定代表人陈某淮谈话确认的内容以及技连通公司在内的三立公司的股东在2011年6月15日的三立公司股东会决议中一致确认的内容,认定日本企业有给予三立公司该商业机会的明确意愿,以及是否有充分证据证明三立公司放弃了该商业机会等,最终认定案涉来自日本企业的业务系三立公司的商业机会;并且,结合邹某在担任三立公司的董事期间在三立公司董事会2005年6月8日和2006年7月26日通过的对涉案业务的运营情况进行总结的三立公司2004年度、2005年度公司运营总结报告予以签字确认以及从未对涉案业务属于三立公司提出异议等事实,进一步认定邹某在明知涉案业务属于三立公司商业机会的情况下,仍然将该业务交给其关联公司士通公司、世界之窗公司经营,拒不将涉案业务带来的收益交给三立公司,并据此认定邹某的行为构成侵权;结合士通公司、世界之窗公司是邹某与戴某苹全资控股的公司、世界之窗公司的法定代表人是邹某、士通公司的法定代表人是戴某苹、戴某苹与邹某系夫妻关系的情况,据此认定士通公司、世界之窗公司对涉案业务属于三立公司的商业机会应当是明知的,并以士通公司、世界之窗公司在此情况下仍然将三立公司的商业机会据为己有为由,认定士通公司、世界之窗公司与邹某共同实施了涉案侵权行为,最终判决邹某及共同实施侵权行为的士通公司、世界之窗公司承担赔偿责任。在后来的再审程序中,上述认定结论和判决得到了最高人民法院的支持。②

---

① 参见江苏省高级人民法院民事判决书,(2012)苏商外终字第0050号。
② 参见最高人民法院民事裁定书,(2015)民申字第1877号。

裁判观点四：认定董事、高级管理人员谋取属于公司的商业机会需要满足三个条件：一是商业机会专属于公司，二是公司为获取该商业机会做出了实质性的努力；三是董事、高级管理人员采取了剥夺或者谋取行为。

【**典型案例**】林某恩、李某山、涂某雅损害公司利益纠纷案。① 最高人民法院认为，关于李某山、涂某雅、华通公司的行为是否构成单独或者共同侵权，从而剥夺了香港新纶公司的商业机会，进而损害了香港新纶公司的合法权益。首先，取决于案涉700亩土地使用权是否应当认定专属于香港新纶公司的商业机会。根据香港新纶公司与南昌县小蓝工业园管理委员会于2003年3月11日签订的合同书，该700亩土地使用权当初确实是要给予香港新纶公司的。但是，香港新纶公司要获得这一商业机会并不是无条件的。相反，上述合同书明确约定了香港新纶公司必须满足的相关条件。本案中，无论是从香港新纶公司与南昌县小蓝工业园管理委员会约定的合同条件看，还是从南昌县国土资源局作为国有土地管理部门确定的挂牌出让方式、资质及交易条件看，案涉700亩土地使用权并非当然的专属于香港新纶公司的商业机会。其次，要审查香港新纶公司或者林某恩为获取该商业机会是否作出了实质性的努力。最后，要审查李某山、涂某雅、华通公司在本案中是否采取了剥夺或者谋取行为。本案中，要构成剥夺或者谋取香港新纶公司的商业机会，李某山、涂某雅或者华通公司应当单独或者共同采取欺骗、隐瞒或者威胁等不正当手段，使林某恩或者香港新纶公司在不知情的情况下放弃该商业机会，或者在知情的情况下不得不放弃该商业机会。

(3) 董事、监事、高级管理人员、双控人是否存在篡夺商业机会的行为

具体包括以下几种表现行为：一是利用职务便利获得了机会，在交易开始之前获取第三人意图与公司进行买卖、合作、投资或者收购的商业信息，自己与第三人联系或者将信息告知其关联公司，以更优惠条件达成协议，直接截取公司机会。二是消极怠工，在交易前的准备阶段采用拒绝或消极筹备的方式，使本属于公司的商业机会因无法完成而流失，从而为己所用。三是利用实际管理权或者董事、监事、高级管理人员的特殊身份，暗自实施阻挠、破坏等行为，使第三人主动提出终止与公司合作，继而自己与第三人达成协议等。

(4) 免责事由的认定

依据《公司法》第183条的规定，董事、监事、高级管理人员的免责事由有二：首先，董事、监事、高级管理人员履行了披露义务，且披露后按照公司章程的规定经董事会或者股东会决议通过。其次，公司不能利用该商业机会，不能利用该商业机会的依据为根据法律、行政法规或者公司章程的规定，包括公司是否具有该商业机会所需的资源、能力等因素；是否存在妨碍获取该商业机会的不利因素，如不良记录或资金短缺等；或是否存在其他与商业机会提供方无法交易的客观情形，如商业机会提供方拒绝与该公司交易。只有在该两种情形下，不构成篡夺商业机会。

---

① 参见最高人民法院民事判决书，(2012)民四终字第15号。

裁判观点：公司高级管理人员利用任职公司未完成、已放弃且不可能再取得的商业机会，对公司不具有损害性竞争，不应认定损害公司利益。

【典型案例】新华公司与徐某建等与公司有关的纠纷案。[1]法院认为，参照《公司法》（2005年）第149条第1款第5项[2]规定，认定高级管理人员是否谋取商业机会，只要证明交投公司已不愿与原告合作（原告也无相反证据证明交投公司的表示是不真实的），原告已经失去商业机会，从而认定被告徐某建自然获得了商业机会，并不是向原告夺取所谓的本属原告的商业机会，被告徐某建的行为并未损害原告的权益，不构成侵权。如果交投公司不愿与原告合作，原告又不能拥有商业机会，在此情况下仍不容许徐某建去获得和利用商业机会的话，则是对公司高级管理人员忠实义务的极端理解，会造成社会资源的浪费。当然徐某建作为原告公司的高级管理人员，在取得该商业机会后，未向原告披露，而是向原告隐瞒实情，有违公司高级管理人员的忠实义务，这种做法是不妥当的，但并未对原告造成损失，故徐某建不应承担经济赔偿责任。

还有前文介绍的孙某才与侯某滨、联邦制药公司等损害公司利益责任纠纷案（第668页），担任公司董事并实际从事公司的经营决策等管理行为且经过股东会的同意实施的相关行为，行为人可以免责。

4. 竞业禁止

（1）竞业禁止的判断认定

《公司法》第184条是对竞业禁止的规定。竞业禁止，是忠实义务的典型形态，是指竞业禁止义务主体不得将自己置于其责任和个人利益相冲突的地位，从事损害公司利益的活动。[3]实践中认定董事、监事、高级管理人员是否构成竞业禁止，法院一般会从以下几个方面来判断认定：一是董事、监事、高级管理人员的经营同类业务行为是否为公司任职期间。二是关于"同类业务"的认定。同类业务具有以下特点：①该业务是可以获得实际经济利益的业务。②其范围既包括与所任职公司完全相同的经营业务，也可以是同种或者类似的业务，并非指完全一致的业务。③不仅包括公司持续的经营业务，也包括偶发的交易或数次的交易。④该业务与原任职公司业务之间具有实质性竞争关系。对同类业务的认定，实务中一般会采取形式与实质相结合的判断标准。形式标准即对形成同业竞争关系的公司工商备案登记的经营范围进行审查，实质标准即根据其实际从事的业务是否具有实质性竞争关系进行判断。据此，实务中审查程序一般为：由原告证明董事、监事、高级管理人员所从事的业务与公司的经营范围相同或类似，如董事、监事、高级管理人员予以否认，则应证明其所从事的业务与公司不具有竞争关系。如董事、监事、高级管理人员所从事的业务与公司的经营范围不相同或不相类似，则应由原告证明董事、监事、高级管理人员所从事的业务与公司具有竞争关系。

---

[1] 参见浙江省宁波市鄞州区人民法院民事判决书,(2007)甬鄞民二初字第2号。
[2] 参见新《公司法》第183条。
[3] 参见梅慎实：《现代公司机关权力构造论：公司法人治理结构的法律学分析》，中国政法大学出版社2000年版，第224页。

司法实践中相关裁判观点及典型案例如下。

裁判观点一：公司营业执照上的经营范围是公司可能开展的业务范围，竞业禁止范围应以营业执照载明的内容为准。

【**典型案例一**】湘力公司与黄某洋、周某损害公司利益责任纠纷案。① 关于黄某洋、周某是否构成竞业禁止。二审法院认为，竞业禁止是指董事实施与其所在公司营业有竞争性质的行为。同类业务可以是完全相同的服务，也可以是同种或者类似的服务。黄某洋、周某成立的平行公司与湘力公司的经营范围存在相同或类似的项目，至于平行公司、湘力公司的营业执照分类不同，不足以证明其不能经营同类业务。斯凯孚公司分别授权平行公司、湘力公司进行相关业务，其中湘力公司与斯凯孚公司签订的《项目和许可协议》记载了状态监测的内容，故湘力公司主张斯凯孚公司授权的"电机修复中心"服务包括了斯凯孚公司授权平行公司的"状态监测产品"服务项目具有依据，予以采信。据此可认定平行公司经营了与湘力公司同类的业务。

【**典型案例二**】桐城市光息谷公司、安庆市光息谷公司损害公司利益责任纠纷案。② 二审法院认为，工商信息显示桐城市光息谷公司、安庆市光息谷公司经营范围中均包含文化活动策划、展览展示内容，与深圳市光息谷公司经营范围中的"文化活动策划、展览展示策划"相同。原审基于以上事实认定文某、国某和徐某华三人的行为构成自营与所任职公司同类业务违反竞业禁止义务，并无不当。

裁判观点二："同类的业务"不能仅以工商登记信息显示的经营范围进行认定，还需要兼顾实际经营范围。

【**典型案例一**】白熊公司、陈某波损害公司利益责任纠纷案。③ 二审法院认为，白熊公司上诉中提出两公司经营范围中均有家用电器、家居用品，两公司存在业务重合。公司登记的经营范围一般要比其实际经营范围更为宽泛，白熊公司仅以工商登记的经营范围为依据尚不足以证明两公司在实际经营中存在业务重合。因此，根据现有有效证据，尚不足以证明陈某波利用其在白熊公司的职务便利，谋取了属于白熊公司的商业机会，自营或者为他人经营与白熊公司同类的业务。

【**典型案例二**】冀翔集团公司、杨某德损害公司利益责任纠纷案。④ 最高人民法院认为，杨某德在担任温康公司副董事长、医药研发总监期间，开办六谛公司的行为是否违反高级管理人员竞业禁止规定，需要根据《公司法》（2018年）第148条⑤判断。根据原审查明的事实，温康公司的核心业务为石杉碱甲的研发，该内容属于药品领域。六谛公司实际经营范围为染发剂的研发和销售，该内容属于化妆品领域。两者在经营范围上存在明显差异，因此杨某德的行为不构成竞业禁止。

---

① 参见广东省广州市中级人民法院民事判决书，(2019)粤01民终18964号。
② 参见广东省深圳市中级人民法院民事判决书，(2019)粤03民终1041号。
③ 参见浙江省杭州市中级人民法院民事判决书，(2019)浙01民终661号。
④ 参见最高人民法院民事裁定书，(2020)最高法民申4854号。
⑤ 参见新《公司法》第181～184条。

裁判观点三：通过比对两家公司的经营范围和产品来认定是否属于同类业务。

【典型案例一】陈某联与法博洋公司股东知情权纠纷案。[①] 法院认为，根据北京市西城区科学技术委员会出具给法博洋公司的该公司2006年高新认定时的备案材料中的智能清洁机器人新技术企业项目可行性分析报告的记载，法博洋公司的主要生产和研发产品是适合用于中国建筑物中央空调系统、清洁管道的机器人系统设备。而根据上海市工商行政管理档案馆出具的证明材料记载，爱迪士公司的经营范围为，设计、生产和销售住宅和商用建筑内机械式中央通风系统、中央式管道吸尘系统、真空泵及配件、风机配件以及暖通空调系统的风口、消声器及上述同类产品的批发、进出口业务及相关配套业务。由此表明，法博洋公司与爱迪士公司的经营均涉及中央式管道的吸尘、清洁，属于同类业务。

【典型案例二】司徒某与黄某玲、润彤公司损害股东利益责任纠纷案。[②] 二审法院认为，根据查明的事实司徒某在任职高科城公司董事期间，同时出任润彤公司的股东及董事，润彤公司成立于高科城公司下设卡板厂之后，但润彤公司在经营范围、产品名称及宣传图片等方面均与高科城公司卡板厂存在类似性，属于经营同类业务的公司。

【典型案例三】天恩桥公司与张某明、炬烽公司损害公司利益责任纠纷案。[③] 法院认为，法律规定的同类业务，采取的是较为宽松的标准，其范围既包括与所任职的公司完全相同的经营业务，也可以是同种或类似的业务，并非指完全一致的产品。炬烽公司注册登记的经营范围为绝缘材料、五金加工，与天恩桥公司登记的经营范围属于同一类别，故认定两家公司从事的是同类营业。该一审判决获得了二审法院的维持。

裁判观点四：如果公司的董事、高级管理人员在与所任职公司从事同类业务的公司、企业任职，而两家公司、企业之间不存在竞争关系时，那么，公司的董事、高级管理人员在与所任职公司从事同类业务的公司、企业任职不在法律禁止范围之内，不构成对《公司法》规定的竞业禁止义务的违反。

【典型案例一】新加坡乐维公司与宗某后侵害企业出资人权益纠纷案。[④] 二审法院认为，并非董事在从事同类业务的企业中任职均构成对竞业禁止义务的违反。在取得任职公司认可并同意的情形下或两公司不具有竞争关系不会引起利益冲突时，则不在法律禁止范围之内，不构成对竞业义务的违反。原审将存在竞争关系作为判断董事是否违反竞业禁止义务的前提，并无不当。

【典型案例二】奇之康公司与由某、刘某冬、曾某、爱力公司公司关联交易损害责任纠纷案。[⑤] 一审法院认为，关于"同类的业务"的确定，以公司营业执照所载明的经营范围作为确定业务范围的标准显然不足，该标准仅为形式上的判断标准，实质的判断标准是有无冲突性利益，如属于对公司营业具有替代性或市场分割效果之营业，则董事高级管理人员之竞业行为与

[①] 参见北京市第一中级人民法院民事判决书，(2013)一中民初字第13957号。
[②] 参见广东省深圳市中级人民法院民事判决书，(2014)深中法商终字第1733号。
[③] 参见上海市青浦区人民法院民事判决书，(2013)青民二(商)初字第1173号；上海市第二中级人民法院民事判决书，(2013)沪二中民四(商)终字第1414号。
[④] 参见辽宁省高级人民法院民事判决书，(2009)辽民三终字第17号。
[⑤] 参见广东省深圳市福田区人民法院民事判决书，(2014)深福民二初字1923号。

公司之间存在冲突性利益,构成同业竞争。具体到本案。原告与爱力公司的登记经营范围均有乳制品批发(含婴幼儿配方奶粉),但原告与爱力公司除《合作协议》中的购销合同关系外,无证据显示爱力公司的实际经营业务对原告的营业具有替代性或市场分割效果,故原告关于同业竞争的主张没有依据,不予支持。该一审判决获得了二审法院的维持。[①]

裁判观点五:原告主张被告违反高级管理人员对公司的忠实义务,构成同业竞争,应审查被告是否为公司的高级管理人员,是否利用职务便利谋取公司的商业机会进行同业竞争。

【典型案例】加丹公司与沸鸣公司、蒋某损害公司利益责任纠纷案。[②] 二审法院认为,本案的争议焦点为:(1)蒋某是否为加丹公司的高级管理人员;(2)蒋某是否利用职务便利,谋取加丹公司的商业机会进行同业竞争。关于焦点一,我国《公司法》中高级管理人员的用语含义为,公司的经理、副经理、财务负责人,上市公司董事会秘书和公司章程规定的其他人员。据此,即便加丹公司提供的名片及邀请函显示蒋某为项目执行总监,蒋某在形式上也不满足高级管理人员的上述条件,应当从蒋某的实质职权进一步判断。《劳动合同一》中蒋某职位为亚洲区采购,《劳动合同二》中其职务为采购,现加丹公司提供的邮件所载蒋某与同事、客户的沟通内容,均未超出蒋某作为采购人员的履职范围,因此,一审法院未将蒋某认定为加丹公司的高级管理人员,并无不当,二审法院予以确认。虽然蒋某并非高级管理人员,但如果蒋某利用履职的便利,谋取公司商业机会进行同业竞争,亦应承担相应赔偿责任。关于焦点二,加丹公司未提供证据证明蒋某谋取公司商业机会导致客户流失,亦未提供证据证明沸鸣公司已实际开展业务,蒋某于2018年3月离职前,沸鸣公司的税务申报金额为0元,在蒋某不当行为与加丹公司损失均难以确定的情况下,一审法院驳回加丹公司的全部诉请,于法不悖,予以支持。

裁判观点六:同类业务指的是与公司形成竞争关系的相同或类似的经营活动,包括公司目前实际正在进行的营业或已着手准备开展的业务。

【典型案例】郭某轩与联达动力公司损害公司利益责任纠纷案。[③] 二审法院认为,所谓同类业务,应当是指与公司形成竞争关系的相同或类似的经营活动,包括公司目前实际正在进行的营业或已着手准备开展的业务。

(2)竞业禁止的例外情形

根据《公司法》第184条的规定,同类业务并非"绝对禁止",关键在于董事、监事、高级管理人员从事的业务是否依据公司章程经过董事会或股东会的事先许可或事后追认,即董事、监事、高级管理人员有权在获得同意批准的前提下经营同类业务。

在此需要注意的是,竞业禁止与篡夺公司机会存在一定的交叉,但仍有明显的不同,最根本的区别为:公司机会规则强调不得利用公司机会以自肥,损害公司的期待利益;而竞业禁止规则强调禁止经营公司同类业务,避免与公司产生竞争。[④]

同类业务是否构成竞业禁止,首先,要求原告明确其请求权基础,是根据《公司法》主张侵

---

① 参见广东省深圳市中级人民法院民事判决书,(2015)深中法商终字第2248号。
② 参见上海市第二中级人民法院民事判决书,(2020)沪02民终135号。
③ 参见北京市第一中级人民法院民事判决书,(2018)京01民终8475号。
④ 参见张应杰主编:《公司责任纠纷类案裁判思维》,人民法院出版社2023年版,第156页。

权责任,还是根据《劳动合同法》主张劳动合同的违约责任。如为后者,则应先履行劳动争议仲裁前置程序的要求。其次,应当关注董事、监事、高级管理人员经营同类业务的行为是否在公司任职期间。对于解任或辞职后从事的竞争营业,因董事、监事、高级管理人员不再对公司负有忠实义务,应建议原告以侵犯商业秘密或者依据劳动合同中的竞业禁止条款另寻劳动争议途径解决。最后,应当关注董事、监事、高级管理人员从事的业务是否依据章程规定经过董事会或股东会的同意。即并非"绝对禁止",董事、监事、高级管理人员有权在获得同意批准的前提下竞争营业。

司法实践中相关裁判观点及典型案例如下。

裁判观点一:公司高级管理人员违反竞业限制义务,当出现侵权责任与违约责任竞合时,法院应向原告释明并要求其明确请求权基础。请求权基础确定后,依照已确定的责任构成要件予以审查,不得与另一责任混淆。

【典型案例】 铭泰热力公司与吕某厚损害公司利益责任纠纷案。[1] 二审法院认为,公司高级管理人员损害公司利益责任纠纷,是指高级管理人员执行公司职务时违反法律、行政法规或者公司章程的规定,给公司造成损失而发生的纠纷。依照《公司法》(2013年)第147条[2] 的规定,高级管理人员应当遵守法律、行政法规和公司章程,对公司负有忠实义务和勤勉义务。忠实义务是指高级管理人员管理公司、经营业务、履行职责时应当代表全体股东为公司重大利益而工作,不得为个人利益损害公司利益。本案中,铭泰设备公司与铭泰热力公司主张吕某厚离职后成立了存在竞争关系的万博新昌公司并聘用了原铭泰设备公司的员工,造成了公司损失。诉讼中,铭泰设备公司与铭泰热力公司明确表示其起诉是基于《公司法》,吕某厚违反高级管理人员义务。因此,铭泰设备公司与铭泰热力公司在本案中的请求权基础是《公司法》关于高级管理人员履行职务存在过错的规定。公司高级管理人员损害公司利益责任有四个构成要件:(1)主体要件,即责任主体应为高级管理人员。依照《公司法》(2013年)第216条第1项[3] 的规定,高级管理人员包括公司的经理。(2)损害行为要件,即高级管理人员在执行公司职务过程中有违反法律、行政法规或者公司章程规定的行为。(3)损害事实要件,即公司遭受了直接或间接的损失。(4)因果关系要件,即高级管理人员的损害行为与公司遭受损失的事实之间具有引起与被引起的关系。本案中,吕某厚在设立万博新昌公司时已非铭泰热力公司或铭泰设备公司的高级管理人员,吕某厚注册万博新昌公司的行为亦与履行铭泰热力公司或铭泰设备公司的职务没有关联性,故铭泰热力公司与铭泰设备公司相应主张所依据的事实不符合上述构成要件中的主体要件及损害行为要件。因此,铭泰热力公司与铭泰设备公司基于《公司法》关于高级管理人员履职过错导致公司损害的规定要求吕某厚承担赔偿责任没有事实依据且不符合法律规定。另外,一审判决适用了《劳动合同法》第23条、第24条关于违反竞业限制义务的规定。二审法院认为,一方面,《劳动合同法》关于违反竞业限制义务的规定并非本

---

[1] 参见北京市第三中级人民法院民事判决书,(2017)京03民终13040号。
[2] 参见新《公司法》第179~180条。
[3] 参见新《公司法》第265条第1项。

案当事人选择的请求权基础;另一方面,违反《劳动合同法》关于竞业限制义务的约定属于劳动争议纠纷,未经仲裁前置程序,法院对此不应支持,各方当事人应另行解决。

裁判观点二:外商投资企业董事等高级管理人员对公司亦负有忠实和勤勉义务,《公司法》对董事竞业禁止的限制适用于外商投资企业。

【典型案例】法博洋公司与陈某联损害公司利益责任纠纷案。① 法院认为,陈某联是否负有竞业禁止义务。陈某联认为根据《中外合资经营企业法实施条例》② 和法博洋公司章程的规定,竞业禁止的范围仅限于公司总经理或副总经理,其否认自己在法博洋公司担任总经理一职,进而认为自己不负有竞业禁止义务,并提供了《中外合资经营合同》《中外合资企业意向书》等证据加以证明。对此,法院认为,在(2009)一中民初字第 5147 号民事判决书中,认定了法博洋公司与爱迪士上海公司的经营均涉及中央式管道的吸尘、清洁,属于同类业务,并认定根据工商档案记载,陈某联在法博洋公司担任董事长兼总经理的同时,在爱迪士上海公司也担任董事兼总经理,该判决已经发生法律效力。退一步讲,即便陈某联在法博洋公司未担任总经理一职,但在最高人民法院出具的(2012)民监字第 357 号驳回申诉通知书中亦载明:"法院经复查认为,法博洋公司章程第 33 条记载:'总裁、总经理、副总经理不得兼任其他经济组织的总裁、总经理或副总经理,不得参与其他经济组织对本合营公司的商业竞争行为',故不论你在担任该公司董事长职务时是否兼任该公司总经理职务,你都应遵守上述规定。而你在担任该公司董事长期间又担任经营同类业务的爱迪士上海公司的董事兼总经理,违反了法博洋公司章程中有关任职的禁止性规定。"同时,根据《公司法》(2013 年)第 217 条③ 的规定,外商投资的有限责任公司和股份有限公司适用本法。我国公司法中对董事、高级管理人员竞业禁止的规定,源于公司董事、高级管理人员对公司负有的忠实义务和勤勉义务,在关于"三资"企业董事的竞业禁止问题上适用公司法的规定,亦符合新法优于旧法适用的法律适用原则和董事、高级管理人员竞业禁止义务的立法目的。因此,法院认定陈某联对法博洋公司负有竞业禁止义务。

(3)竞业禁止的特别情形

①如公司形成股东会决议解散公司,在解散决议形成后、办理注销手续之前,公司董事在外另行设立公司,擅自经营原公司同类业务,给原公司造成损失,原公司是否可以主张损害赔偿?

实务中一般认为,股东会决议解散公司,该决议未违反《公司法》及章程的规定,解散决议有效。股东会虽同意解散公司,但公司主体还存在。经委任产生的公司董事,无论是在公司准备营业阶段或试营业阶段、公司正常营业阶段还是股东会决议解散公司阶段,只要属于公司主体存续期间,董事均不得违反竞业禁止的规定。公司董事未依据章程规定经董事会或者股东会同意,自营与原公司相竞争的同类业务,明显违反竞业禁止,所得收入应归原公司所有。

②董事对公司所负的忠实义务、竞业禁止义务的范围是否包括下属全资子公司或控股公司?

根据《公司法》的规定,董事、监事、高级管理人员仅对其所在公司有勤勉尽职之义务,并

---

① 参见北京市第一中级人民法院民事判决书,(2013)一中民初字第 13957 号。
② 此条例已废止。
③ 新《公司法》已删除相关规定。

无对下属全资子公司或控股公司有勤勉尽职的义务,但司法实践中,最高人民法院认为,《公司法》关于董事对公司所负的忠实义务、竞业禁止义务应不限于董事所任职的公司自身,还应包括公司的全资子公司、控股公司等,如此方能保障公司及其他股东的合法权益,真正实现《公司法》设置忠实义务、竞业禁止义务的立法本意。

【典型案例】 华佗在线公司与美谷佳公司损害公司利益责任纠纷案。① 法院认为,虽然美谷佳公司、华佗在线公司均系法人,互为独立民事主体,但在华佗在线公司、美谷佳公司所称的李某损害公司利益行为发生期间,美谷佳公司委托案外人张某斌、张某代持华佗在线公司100%股权,华佗在线公司实际系美谷佳公司全资子公司,故李某如有不当谋取华佗在线公司商业机会、损害华佗在线公司利益等行为,也必然对美谷佳公司的利益造成损害。李某作为美谷佳公司股东、法定代表人、董事长、总经理,其行为已违反对公司的忠实勤勉义务,美谷佳公司有权依法向李某主张权利,而李某则须以向华佗在线公司赔偿的方式弥补美谷佳公司因华佗在线公司利益直接受损而受到的股东损失。上述一审裁判观点,广东省高级人民法院、最高人民法院分别在(2019)粤民终1027号民事判决书、(2021)最高法民申1686号再审裁定书中均予以认可。其中,最高人民法院认为,李某对华佗在线公司亦负有忠实义务和竞业禁止义务。公司法关于董事对公司所负的忠实义务、竞业禁止义务应不限于董事所任职的公司自身,还应包括公司的全资子公司、控股公司等,如此方能保障公司及其他股东的合法权益,真正实现公司法设置忠实义务、竞业禁止义务的立法本意。本案中,美谷佳公司是华佗在线公司的全资股东,双方利益具有显见的一致性,李某对美谷佳公司所负的忠实义务和竞业禁止义务应自然延伸至美谷佳公司的子公司华佗在线公司。

③未签续聘合同情形下是否不存在忠实义务和竞业禁止义务?

裁判观点: 高级管理人员虽然在合同约定的聘用期届满后未再与公司续签聘用合同,但只要继续履行职务,在履职期间内,对公司仍依法负有忠实义务和法定竞业禁止义务。

【典型案例】 麻雀公司与汪某损害公司利益责任纠纷案。② 最高人民法院认为,本案再审审查的主要问题为:是否能够认定汪某存在麻雀公司主张的违反忠实义务和竞业禁止义务的行为。根据《公司法》(2018年)第148条③的规定,本案认定汪某是否违反忠实义务和竞业禁止义务,应先确认汪某担任麻雀公司高级管理人员的时间。根据麻雀公司与汪某签订的《麻雀聘用合同》,汪某的聘用期限为2012年1月1日起至2014年12月31日止。合同约定的聘用期满后,双方未再续签聘用合同。二审法院根据2015年1月至7月汪某曾签批多份不同工作文件的证据情况,认定汪某在2015年1月至7月实际行使总经理职权,符合客观实际,应予支持。但是,根据麻雀公司在原审和申请再审中提供的现有证据,尚不足以认定汪某在2015年8月以后仍实际行使总经理职权。麻雀公司提交的绩效文件、汪某与案外人的微信聊天记录等所称的新证据,在原审庭审结束前已客观存在,亦不属于因客观原因无法取得或在规定期限内

---

① 参见广东省深圳市中级人民法院民事判决书,(2017)粤03民初2038号。
② 参见最高人民法院民事裁定书,(2021)最高法民申6043号。
③ 参见新《公司法》第181~184条。

不能提供的证据。2012年1月至2015年7月汪某在担任麻雀公司总经理或实际行使总经理职权期间,对麻雀公司依法负有忠实义务和法定竞业禁止义务。

④公司股东发生变更后是否可对股东变更前原高级管理人员主张损害公司利益?

裁判观点:公司股东发生变更后可以对股东变更前原高级管理人员主张损害公司利益。公司财产独立于股东财产,作为公司原法定代表人,代表公司履行职务时,应当按照法律、行政法规和公司章程的规定并依据公司的意志作出相应行为。

【**典型案例**】李某真、唐华公司损害公司利益责任纠纷案。[①] 最高人民法院认为,公司财产独立于股东财产。李某真作为唐华公司原法定代表人,其在代表公司履行职务时,应当按照法律、行政法规和公司章程的规定履行,按照公司的意志行为。在上述转款期间唐华公司并非一人公司。现无证据证明上述1,870,000元转款经过唐华公司股东会授权或认可,也无证据证明上述转款的合法事由,李某真在任职期间从唐华公司账户向案外人转款1,870,000元,侵害了唐华公司的财产权益,李某真应对该转款及对应的利息承担赔偿责任。

⑤股东委派董事或高级管理人员的行为与公司利益损害的结果是否有因果关系?

裁判观点:董事或高级管理人员损害公司利益的,委派该董事或高级管理人员的公司股东不因委派行为而承担连带责任,其对董事或高级管理人员无法定监管义务。

【**典型案例**】赵某海诉王某凡、党某、海航控股公司损害公司利益纠纷案。[②] 关于原审判决第3项:"被告海航控股公司对上列被告给第三人陕西海航公司造成的损失承担连带责任"是否正确。原审判决认为:"被告王某凡、党某由被告海航控股公司委派,被告海航控股公司作为海航投资公司的控股股东应对其委派的人员负有管理责任,但在原告赵某海对被告王某凡、党某损害公司利益的行为多次向海航控股公司反映后,海航控股公司作为海航投资的控股股东应对此作出处理,海航控股对王某凡、党某的侵权行为是明知的,但海航控股公司作为实际控制人不履行职责具有主观故意,被告王某凡、党某、海航控股公司的共同侵权损害了海航投资公司的利益,故被告海航控股公司、王某凡、党某应共同承担第三人海航投资公司的财产损失。"对此,二审法院认为,依据皇城酒店公司的章程规定,皇城酒店公司的董事由股东委派,但该委派行为不能认定为股东的个人行为,公司董事与公司股东之间不存在管理与被管理的关系,公司股东没有管理公司董事的法定职责,公司董事亦没有对公司股东负责的法定义务,公司董事亦只对公司承担忠诚义务和勤勉义务,原审法院认定"被告海航控股公司作为海航投资公司的控股股东应对其委派的人员负有管理责任",没有法律依据,其据此认定海航控股公司"作为实际控制人不履行职责具有主观故意,海航控股公司、王某凡、党某应共同承担第三人海航投资公司的财产损失"的结论亦没有法律依据,应予纠正。

5. 自我交易

新《公司法》第182条对自我交易作出了规定。在新《公司法》颁行之前的司法实践中,有法院认为,自我交易仅仅是指董事、高级管理人员与公司之间发生的交易。但根据新《公司

[①] 参见最高人民法院民事判决书,(2019)最高法民再332号。
[②] 参见陕西省高级人民法院民事判决书,(2016)陕民终255号。

法》第 182 条的规定，同时结合新《公司法》第 180 条的规定，我们可以得出：一是新《公司法》将监事、实际执行公司事务的双控人扩展到了自我交易的主体范围内；二是在前述基础上还将董事、监事、高级管理人员的近亲属，董事、监事、高级管理人员或者其近亲属直接或者间接控制的企业，以及与董事、监事、高级管理人员有其他关联关系的关联人都确定为自我交易的主体，该等人员与公司交易，均受自我交易规则的规制。《公司法》第 182 条对于未经披露的董事、监事、高级管理人员自我交易采取禁止的态度，因为相比于一般交易，董事、监事、高级管理人员自我交易更容易倾向自身利益而置公司利益于不顾，该规定有利于避免公司与董事、监事、高级管理人员之间发生利益冲突。禁止自我交易的目的，最高人民法院在(2017)最高法民申 3124 号民事裁定书中，针对"违反公司章程的规定或者未经股东会、股东大会同意，与本公司订立合同或者进行交易"的规定，认为"该条款是对公司董事、高级管理人员忠实义务的规定，目的在于避免董事、高级管理人员在以个人名义与其任职公司订立合同或进行其他交易时，牺牲公司利益而使其个人获益"。

（1）自我交易类型

一是公司与实际执行公司事务的双控人、董事、监事、高级管理人员之间直接交易。二是公司与实际执行公司事务的双控人、董事、监事、高级管理人员的近亲属进行交易。三是实际执行公司事务的双控人、董事、监事、高级管理人员及其近亲属直接或间接控制企业（包括但不限于公司）之间的交易。四是公司与实际执行公司事务的双控人有其他关系的关联人进行的交易。

如前所述，在之前实务中，有法院认为自我交易的主体应仅限于董事、高级管理人员本人违反公司章程或未经股东会同意与本公司进行交易的行为，司法审判不宜扩张解释至董事、高级管理人员投资设立的其他公司与本公司进行交易的行为，具体可参见上海市高级人民法院(2016)沪民申 2233 号民事裁定书、上海市第二中级人民法院(2016)沪 02 民终 21 号民事判决书。

新《公司法》的颁行，对这一争议起到定分止争的作用。

（2）自我交易行为的认定

实践中，法院认定董事、监事、高级管理人员、实际执行公司事务的双控人是否构成自我交易的因素：

第一，认定董事、监事、高级管理人员、实际执行公司事务的双控人是否构成自我交易行为时不以是否损害公司利益为前提或要件。因为自我交易本质上是公司意思表示缺少或属于不真实的交易行为，这种情形是前述人员违反忠实义务造成的。《公司法》第 182 条未将是否损害公司利益作为责任要件，该条款是对董事、监事、高级管理人员、实际执行公司事务的双控人忠实义务的具体化，并不因该行为未损害公司利益而豁免义务。而且，法院不宜代替公司对是否损害公司利益进行商业判断。在公司以其董事、监事、高级管理人员、实际执行公司事务的双控人违反法律规定进行自我交易提起诉讼时，公司已结合市场环境、商业机会等对自身利益是否遭到侵害作出判断，法院如再次进行评价，有可能不符合公司的实际利益。

第二,公司董事、监事、高级管理人员、实际执行公司事务的双控人与公司的交易对手是否存在关联关系。《公司法》第 245 条第 4 项对关联关系进行了定义,即公司控股股东、实际控制人、董事、监事、高级管理人员与其直接或者间接控制的企业之间的关系,以及可能导致公司利益转移的其他关系。此外,也包括公司的控股股东、实际控制人、董事、监事、高级管理人员等人员间接控制的关联公司,其中的间接控制主要包括通过前述相关人员的父母、配偶、子女、兄弟姐妹等亲属间接控制,或者通过协议或者投资关系等间接控制。

第三,自我交易的对价是否公允。交易价格是否公允是判断自我交易到底合法还是不正当的关键因素,这也是上市公司监管中所考察的核心因素。而公允价格的判断可以参照上市公司对关联交易监管的相关规定,即"关联交易应当具有商业实质,价格应当公允,原则上不偏离市场独立第三方的价格或收费标准等交易条件",一般可以通过对比关联交易合同约定的对价与市场上同类交易的平均价格或者一般行情来判断是否公允,当公司或者股东提起代表诉讼时,应当提供初步证据证明交易价格的不公允。[1]

第四,自我交易是否合法合规、是否符合公司章程规定、是否向公司披露、是否经股东会同意。司法实务中认定自我交易的关注要点有以下三点:

一是要关注自我交易本身是否存在法律、行政法规禁止交易的情形,还应关注公司章程是否一律禁止自我交易。如果前述方面均未通过或其中一项无法通过,则应当认定为不正当的自我交易而予以禁止。

二是如果不存在上述禁止性规定,则需要进一步关注该自我交易是否向公司和股东会披露,同时在披露后还要核查该交易是否取得公司股东会的决议通过。尽管如此,仅仅已履行披露和股东会决议程序并不是认定自我交易合法的充分条件,根据《最高人民法院关于适用〈中华人民共和国公司法〉若干问题的规定(五)》(以下简称《公司法解释(五)》)第 1 条的规定,如果实施关联交易的相关人员"仅以该交易已经履行了信息披露、经股东会或者股东大会同意等法律、行政法规或者公司章程规定的程序为由抗辩的,人民法院不予支持"。对自我交易是否合法、正当的关注仍侧重于实质审查,也就是自我交易是否公允、是否损害公司利益。

三是关于自我交易的正当性,一般法院还会从交易目的是否正当(交易动机是否存在诸如操纵市场、转移利润或财产、编制虚假报表、逃避税收等恶意)、交易是否具有商业必要性、是否符合商业惯例等其他因素综合判定。

裁判观点:法律法规并非绝对禁止董事、监事、高级管理人员与公司进行交易。若公司章程并无相关禁止规定,在公司股东会、股东大会同意的情况下,即使交易价格明显低于市场价格,仍不应视为自我交易。

【典型案例】南湖公司、龚某祥损害公司利益责任纠纷案。[2] 二审法院认为,相关法律并不禁止董事、高级管理人员与本公司进行交易。南湖公司章程本身也没有禁止董事、高级管理人

---

[1] 参见杨光明、曾强:《损害公司利益责任纠纷案件中的实体法律要点研究》,载北京德和衡律师事务官网 2022 年 4 月 2 日,https://www.deheheng.com/yjy/lssd/28901.html。

[2] 参见湖南省岳阳市中级人民法院民事判决书,(2021)湘 06 民终 1339 号。

员与本公司订立合同或者进行交易的规定。南湖公司为一人有限公司，公司股东任命龚某祥为南湖公司房产销售的董事和高级管理人员时，出具了相应授权委托书，仅对房产整体销售均价作出了最低价格限制，并未对单个房产销售最低价格作出限制。因龚某祥任职期间房产整体销售均价符合南湖公司股东在授权委托书中的约定，彭某与南湖公司签订的相关案涉房产买卖合同应视为取得公司股东同意。在南湖公司不能举证证明存在其他合同无效事由的情况下，彭某与南湖公司签订的相关案涉房产买卖合同依法成立并生效。另外，彭某购买案涉商铺价格并不明显低于同期商铺销售均价，所购买的别墅价格虽明显低于同期均价，但因房产销售价格过低导致合同权利义务显失公平不是合同无效的事由，而是合同可撤销事由。

（3）自我交易合同的效力

实务中对于自我交易合同的效力认定，一般而言，自我交易行为并不必然因公司的否认而无效。审查合同效力应依据《民法典》的相关法律规范，如无《民法典》规定的通谋虚伪意思表示、恶意串通损害他人利益、以合法形式掩盖非法目的等情形，实务中一般不轻易否认自我交易的合同效力。

司法实践中关于自我交易合同效力认定的裁判观点及典型案例如下。

裁判观点一：违反公司章程的规定或者未经股东会同意，与本公司订立合同或者进行交易的行为应认定无效。

【典型案例一】 天丰公司与范某国专利申请权权属纠纷案。① 二审法院认为，根据《公司法》（2013年）第148条② 的规定，范某国在2013年7月21日被免去公司总经理职务后，仍担任公司副董事长及总工程师，且其提交的2013年7月25日天丰公司同意将含涉案专利在内的5个专利归还给范某国的协议，并未经公司股东会、股东大会同意，违反了法律强制性规定。同时范某国亦未提交充分证据证明，在上述归还协议及有关涉案专利的转让协议中，天丰公司的印章系代表该公司的真实意思表示。故范某国取得涉案专利申请权的行为应属无效，其上诉理由不能成立。

【典型案例二】 刘某某与丰威公司、刘某志、任某某专利申请权转让纠纷案。③ 二审法院认为，根据《公司法》（2013年）第148条第1款第4项④ 的规定，本案刘某某与丰威公司签订《申请权转让协议》，约定丰威公司将其所有的"低温取向硅钢生产全工艺"专利申请权转让给刘某某。因该协议系刘某某担任丰威公司的法定代表人期间，未经本公司股东会、股东大会同意的情况下形成，违反了上述法律规定。《合同法》第52条第1款第5项⑤ 规定，违反法律、行政法规的强制性规定的合同无效。故原审判决认定《申请权转让协议》无效正确。

【典型案例三】 恒生电讯公司与恒生智达公司其他与公司有关的纠纷案。⑥ 二审法院认为，

---

① 参见江苏省高级人民法院民事判决书，(2016)苏民终1171号。
② 参见新《公司法》第181~184条。
③ 参见四川省高级人民法院民事判决书，(2014)川知民终字第17号。
④ 参见新《公司法》第182条。
⑤ 参见《民法典》第153条。
⑥ 参见上海市第二中级人民法院民事判决书，(2012)沪二中民四(商)终字第237号。

我国《公司法》明确规定董事、高级管理人员不得违反公司章程的规定或者未经股东会、股东大会同意,与本公司订立合同或者进行交易。恒生智达公司的章程亦规定董事、总经理除章程规定的事宜或股东会同意外,不得同本公司订立合同或者进行交易。本案中,田某某在无证据证明已召开股东会并形成公司股东会决议同意的情况下,作为恒生智达公司的董事及总经理,与恒生智达公司签订借款合同,该行为违反了公司章程及公司法的强制性规定,故应认定无效,原审法院据此判令田某某返还因该合同取得的财产并无不当。

裁判观点二:虽在公司任职,但不具有董事、高级管理人员身份,可以与公司订立合同;在公司任职不影响合同的效力。

【典型案例一】李某某与益民公司破产清算组、益民公司,第三人许某某、杜某某、程某收普通破产债权确认纠纷案。① 法院认为,根据《公司法》(2013年)第216条②的规定,高级管理人员是指公司的经理、副经理、财务负责人,上市公司董事会秘书和公司章程规定的其他人员。益民公司章程未对高级管理人员作出明确规定。原告李某某虽为益民公司总经理助理,负责益民公司铺位销售工作,但公司章程对其身份并未明确规定,故其不属于公司法规定的高级管理人员,不受《公司法》(2013年)第148条第1款第4项③规定的约束。李某某与益民公司签订的《道上太阳城小吃城认购协议》不违反上述法律规定,应当按照协议约定予以结算。

【典型案例二】物源公司、刘某敏与裕润公司史某伟买卖合同纠纷案。④ 二审法院认为,被上诉人刘某某在与伟宁公司、史某某签订买卖合同时,其为公司股东并担任监事职务,但股东、监事并不属于《公司法》(2013年)第149条⑤规定的董事和高级管理人员范畴,故本案不适用本规定。据此,本案所涉买卖合同为有效合同,上诉人裕润公司的相关上诉主张于法无据,不予支持。

应该注意的是,根据新《公司法》第182条的规定,自我交易的主体亦包括监事,故自新《公司法》颁行后,监事亦受自我交易限制条款的规制。

【典型案例三】兰新公司与吴某某车辆租赁合同纠纷案。⑥ 二审法院认为,《公司法》(2013年)第148条⑦对董事、高级管理人员等公司高级职员的禁止行为作出明确规定,其第1款第4项规定"违反公司章程的规定或者未经股东会、股东大会同意,与本公司订立合同或者进行交易"。本案中,吴某某于2011年1月被聘为兰新公司生产副总经理,而吴某某与兰新公司之间的车辆租赁合同关系成立于2010年12月6日,届时吴某某的身份为兰新公司的普通职员,不是受任于兰新公司的高级管理人员,其与兰新公司之间的该项交易并非利益冲突当事人之间的交易,涉案《车辆租赁合同》具体由兰新公司法定代表人李某某与吴某某签订,合同双方对

---

① 参见陕西省铜川市中级人民法院民事判决书,(2016)陕02民初56号。
② 参见新《公司法》第265条。
③ 参见新《公司法》第182条。
④ 参见山东省枣庄市中级人民法院民事判决书,(2014)枣民四商终字第1号。
⑤ 参见新《公司法》第188条。
⑥ 参见新疆维吾尔自治区乌鲁木齐市中级人民法院民事判决书,(2014)乌中民二终字第9号。
⑦ 参见新《公司法》第181~184条。

租赁费及支付方式等主要条款的约定形成于吴某某担任兰新公司生产副总经理之前,并非吴某某代表兰新公司与自己发生交易,不构成民法上的"双方代理"。

裁判观点三:董事、高级管理人员与公司订立合同,虽未经股东会、股东大会决议,但有其他证据证明其他股东对此知情且同意的,且不损害公司及其他股东利益,不影响合同的效力。

【典型案例一】祥东公司与符某某、一审第三人李某某土地使用权转让合同纠纷案。① 二审法院认为,未经股东会或股东大会同意,作为具有公司法定代表人身份的个人是不能与本公司签订合同进行交易的。本案中,上诉人祥东公司第一任股东是符某某(占公司90%股权)及李某某(占公司10%股权),符某某作为公司法定代表人于2006年9月1日与自己签订了一份《土地使用权转让合同》,虽然公司没有正式召开股东会或股东大会作出决议,但另一股东李某某已明确表示其与符某某当时就转让涉案7亩土地给符某某一事已达成口头协议,因此,双方于2006年9月12日签订的合同并未损害公司及其他股东的利益,是双方当事人真实意思表示,也符合法律规定,应是合法有效之合同。

【典型案例二】张某某与显臣公司租赁合同纠纷案。② 二审法院认为,《公司法》如此规定的主旨是保护公司利益,因为董事、高级管理人员与本公司订立合同或者进行交易时,董事、高级管理人员个人在交易中处于与公司利益相冲突的地位。但本案中,被上诉人在与上诉人签订车辆租赁合同时,上诉人的控股股东杨某知晓并同意签订涉案合同,且进行该租赁交易不会损害上诉人及其他股东的利益,故该合同依法有效。

裁判观点四:董事、高级管理人员与公司订立的合同,如属公司纯获利益的交易行为,不影响合同的效力。

【典型案例】恒腾公司与吴某某损害公司利益责任纠纷案。③ 法院认为,该规定系为了防止公司的董事或高级管理人员利用职务形成的便利,通过与公司关联交易的方式,损害公司的利益。但公司纯获利益的交易行为,当不受此限。

裁判观点五:公司与其董事、高级管理人员的配偶订立合同,未经股东会同意,合同无效。

【典型案例】黄某某与首联公司所有权纠纷案。④ 二审法院认为,根据公司法的相关规定,公司的董事、监事、高级管理人员应当遵守法律、行政法规和公司章程,对公司负有忠实义务和勤勉义务。董事、高级管理人员不得违反公司章程的规定或者未经股东会、股东大会同意,与本公司订立合同或者进行交易。黄某某的配偶叶某某作为被上诉人的高级管理人员,保管被上诉人的公司印章,应当在管理公司期间,对公司尽到忠实义务和勤勉义务,叶某某未经同意,以被上诉人名义擅自与自己的配偶签订劳动合同,不仅非为被上诉人的真实意思表示,而且叶某某的行为违反了其对被上诉人所应承担的法定义务,上诉人作为叶某某的配偶,不属于善意第三人,上诉人所持有的劳动合同不应对被上诉人发生法律约束力。

---

① 参见广西壮族自治区北海市中级人民法院民事判决书,(2011)北民一终字第166号。
② 参见山东省青岛市中级人民法院民事判决书,(2014)青民二商终字第157号。
③ 参见湖北省宜昌市中级人民法院民事判决书,(2015)鄂宜昌中民二初字第00048号。
④ 参见上海市第二中级人民法院民事判决书,(2015)沪二中民一(民)终字第2026号。

裁判观点六：公司与其董事、高级管理人员所实际控制的其他公司订立合同，未经股东会同意，合同无效。

【**典型案例**】维格拉公司与钻树公司、安德某斯损害公司利益责任纠纷案。[①] 法院认为，安德某斯作为原告公司的董事及董事长，应当遵守法律、行政法规和公司章程，对公司负有忠实义务和勤勉义务，维护公司的利益。根据《公司法》(2005年)第148条第1款第4项[②]的规定，本案安德某斯既是原告的董事、董事长，也是钻树公司的大股东、法人代表及实际经营者，钻树公司通过与原告签订《服务协议》，提供有关咨询服务并获取报酬，安德某斯作为钻树公司的大股东及实际经营者则是该交易的主要获益人，其个人在该交易中处于与原告公司利益相冲突的地位，故该交易应该经原告公司股东会同意方可进行。但安德某斯未经上述程序直接代表原告与钻树公司签约，其行为违反了《公司法》(2005年)第148条第1款第4项的规定，构成对原告公司利益的损害。

裁判观点七：同一人分别在两家公司担任董事、高级管理人员，但非公司实际控制人的，如两家公司未经股东会同意订立合同，合同有效。

【**典型案例**】卡斯托尼公司、博览株式会社国际货物买卖合同纠纷案。[③] 二审法院认为，《公司法》(2005年)第148条第1款第4项[④]的规定是指除公司章程规定允许的或股东会认可的情况外，禁止公司的董事、经理个人作为一方，同本公司订立合同或者进行交易，这是由于董事、高级管理人员负责公司的经营决策和业务执行工作，当其以合同相对人的地位与其任职公司订立合同或进行其他交易时就难免牺牲公司利益而使其个人获益，因此，《公司法》对此作出了限制性规定。但本案中，尽管涉案《供货合同书》签订时，博览株式会社的法定代表人金某某同时担任了卡斯托尼公司的副董事长，但该合同双方是博览株式会社与卡斯托尼公司，而并非金某某个人与卡斯托尼公司之间的交易，且收货人也是卡斯托尼公司，故不属于《公司法》(2005年)第148第1款第4项规定的情形。卡斯托尼公司的该项上诉理由不能成立，不予支持。

(4) 自我交易中损失的认定

一般来说，主要是不正当自我交易价格与已查明的同类交易市场价格之间的差额。另外，《公司法》还规定董事、监事、高级管理人员违反该条规定的忠实义务，所得的收入应当归公司所有。

6. 侵犯公司商业秘密

根据《公司法》第181条的规定，董事、监事、高级管理人员不得擅自披露公司秘密。公司股东或者董事、监事、高级管理人员凭借其有利地位，通过盗窃、贿赂、欺诈、胁迫、侵入等不正当手段获取公司商业秘密，或者违反保密义务、公司规定，披露、使用其所掌握的商业秘密

[①] 参见上海市第一中级人民法院民事判决书，(2009)沪一中民五(商)初字第33号。
[②] 参见新《公司法》第182条。
[③] 参见天津市高级人民法院民事判决书，(2012)津高民四终字第149号。
[④] 参见新《公司法》第182条。

等行为,都是对公司商业秘密的侵犯,会对公司利益造成损害。侵犯商业秘密的行为不仅受到《反不正当竞争法》的规制,商业秘密作为一种知识产权的客体,公司股东或者董事、监事、高级管理人员实施的上述行为还应承担相应的侵权责任。

7. 股东不正当行使表决权

控股股东可能利用其占优势的表决权作出内容违反法律、行政法规或者公司章程规定的决议,损害公司利益,如将公司赖以生存的主要业务或者优良资产转让给关联公司、表决同意不当的清算协议、通过不合法的增加公司资本或者减少公司资本的决议、以增资或与关联公司合并等方式稀释中小股东股权等。法院审查股东不正当行使表决权关注的要点:(1)行使权利的形式是否合法;(2)股东行使该权利的主观意图是否使自己或者关联公司获益;(3)是否实际发生了公司利益受损的后果。

8. 股东怠于行使职权

《公司法》第179条、第180条规定董事、监事、高级管理人员应当遵守法律、行政法规和公司章程,对公司负有忠实义务和勤勉义务。

股东怠于行使职权的行为包括长期不召开股东会等。实践中,公司董事、监事或高级管理人员违反勤勉义务怠于行使职权的行为主要有:(1)不执行股东会、董事会决议造成公司损失;(2)不按期申报年检;(3)不履行召集、主持股东会、董事会的职责;(4)在公司增资过程中未履行催收注册资本的义务;(5)怠于履职、未按时催收公司应收账款等。

股东是否存在怠于行使职权的情形,实务一般应关注:(1)怠于行使职权的行为属于法律、行政法规或者公司章程规定的具有必要性与时效性的行为,是义务主体在一定时间内需履行的法律责任;(2)因义务主体怠于行使权力的行为,导致公司利益损害;(3)义务主体在主观上具有怠于行使的故意。

9. 法定代表人未依规履职构成损害公司利益

根据《公司法》第10条、第11条,以及《民法典》第61条、第62条的规定,我们可以得出,法定代表人必须是执行公司事务的董事或者总经理,他还是代表法人从事民事活动的负责人,存在身份重叠的情形。《公司法》虽然未对法定代表人损害公司利益的后果予以明确规定,但根据新《公司法》及《民法典》的前述规定,法定代表人损害公司利益的,应当予以赔偿。同时还可以根据其董事或高级管理人员的身份违反忠实和勤勉义务或者以股东损害公司利益为依据要求赔偿。具体可参见前述李某真、唐华公司损害公司利益责任纠纷案(第679页)。

三、违反勤勉义务的实务认定

(一)勤勉义务的定义

根据新《公司法》第180条第2款的规定,忠实勤勉义务要求董事、监事、高级管理人员及不担任公司董事但实际执行公司事务的公司的控股股东、实际控制人在执行职务时,应当为公司的最大利益尽到管理者通常应有的合理注意。

在新《公司法》颁布前,司法实践中的裁判观点及典型案例如下。

裁判观点：勤勉义务是指公司高级管理人员履行职责时，应当为公司的最佳利益，具有一个善良管理人的细心，尽一个普通谨慎之人的合理注意义务。

【**典型案例**】海之杰公司、盖某损害公司利益责任纠纷案。① 最高人民法院认为，从《公司法》(2005年)第148条第1款和第149条② 规定看，忠实义务是指公司高级管理人员应当忠实履行职责，其自身利益与公司利益发生冲突时，应当维护公司利益，不得利用高级管理人员的地位牺牲公司利益为自己或者第三人牟利。勤勉义务是指公司高级管理人员履行职责时，应当为公司的最佳利益，具有一个善良管理人的细心，尽一个普通谨慎之人的合理注意。从海之杰公司的具体诉请和依据的事实看，其并未提供证据证明盖某在履行总经理职务期间存在获利情况，故其实际上针对的是盖某违反勤勉义务而非忠实义务。

（二）违反勤勉义务的责任认定

依据新《公司法》第18条的规定，董事、监事、高级管理人员的忠实义务就是应当采取措施避免自身利益与公司利益冲突，不得利用职权牟取不正当利益，勤勉义务为董事、监事、高级管理人员执行职务应当为公司的最大利益尽到管理者通常应有的合理注意。同时明确了公司控股股东及不担任公司董事但实际执行公司事务的实际控制人，亦对公司负有忠实勤勉义务。

在此之前，关于勤勉义务具体要求的认定，法律并没有明确规定，主要通过案例裁判文书中法院推理加以理解。

在之前的司法实践中，对董事、监事、高级管理人员等违反勤勉义务认定的相关裁判观点及典型案例如下。

裁判观点一：在董事损害公司利益责任纠纷中，首先应推定董事已经尽到勤勉义务，董事违反勤勉义务的举证责任由公司承担。对于董事勤勉义务的判断应当采取主观与客观相结合的标准或称为重大过失标准。

【**典型案例**】姜堰公司与殷某损害公司利益责任纠纷案。③ 二审法院认为，我国《公司法》(2018年)第147条第1款④ 明确规定董事负有勤勉义务。所谓勤勉义务，通行的含义是指董事应当诚信履行对公司的职责，以合理的技能水准、合理的谨慎和注意程度去处理公司的事务。基于司法谦抑的理念，司法应当对属于公司内部经营决策领域的专业判断表示尊重。在董事损害公司权益纠纷中，应先推定董事已经尽到勤勉义务，董事违反勤勉义务的举证责任由公司承担。对于董事勤勉义务的判断应当采取主观与客观相结合的标准或称为重大过失标准，即只有在董事存在故意或者重大过失、公司存在损失，且董事的重大过失与公司损失之间存在因果关系的情形时，董事行为才构成违反勤勉义务。本案中，上诉人诉称殷某有收入不入账、多报支出、少报收入、挪用资金等情形所提交的证据不足以证明董事构成违反勤勉义务的要件。

---

① 参见最高人民法院民事裁定书，(2020)最高法民申640号。
② 分别参见新《公司法》第179～180条、第181～184条。
③ 参见江苏省泰州市中级人民法院民事判决书，(2019)苏12民终1011号。
④ 参见新《公司法》第179～180条。

裁判观点二：勤勉义务所要求的尽一个普通谨慎之人在类似情况下应尽到的合理注意；在不涉及公司高级管理人员个人利益与公司利益冲突等可能违反忠实义务的情形中，公司高级管理人员依照法律和公司章程履行经营管理职责的行为，应受到法律的认可和保护。

【典型案例】海之杰公司与盖某损害公司利益责任纠纷案。① 最高人民法院认为，从《公司法》(2005年)第148条第1款和第149条②的规定看，忠实义务是指公司高级管理人员应当忠实履行职责，其自身利益与公司利益发生冲突时，应当维护公司利益，不得利用高级管理人员的地位牺牲公司利益为自己或者第三人牟利。勤勉义务是指公司高级管理人员履行职责时，应当为公司的最佳利益，具有一个善良管理人的细心，尽一个普通谨慎之人的合理注意。从海之杰公司的具体诉请和依据的事实看，其并未提供证据证明盖某在履行总经理职务期间存在获利情况，故其实际上针对的是盖某违反勤勉义务而非忠实义务。此案审查的重点问题是：盖某在海之杰公司案涉交易中是否违反勤勉义务以及是否应当对海之杰公司在案涉交易中的损失承担赔偿责任。从法律规定看，《公司法》仅原则性规定了公司高级管理人员的勤勉义务，并未规定违反勤勉义务的具体情形。综观公司法实践，勤勉义务所要求的尽一个普通谨慎之人在类似情况下应尽到的合理注意，是一个经过实践而被逐渐总结出来的标准。面对市场不断变化的商事交易实践，如果要求每一个经营判断都是正确的，其结果会使公司高级管理人员过于小心谨慎，甚至裹足不前，延误交易机会，降低公司经营效率，最终不利于实现公司和股东权益。特别是在不涉及公司高级管理人员个人利益与公司利益冲突等可能违反忠实义务的情形中，公司高级管理人员依照法律和公司章程履行经营管理职责的行为，应受到法律的认可和保护。盖某作为海之杰公司的总经理，具有依照法律和公司章程主持公司生产经营管理工作的职权。从海之杰公司在原审中提交的《海之杰公司章程》的具体内容看，海之杰公司赋予了总经理组织领导公司日常生产技术和经营管理工作的广泛职权。案涉交易中，包括海之杰公司与祥辉公司签订衬衫供货合同、与金律纺织签订《产品采购合同》、在广州采购光坯布，均系盖某为开展公司日常经营而履行总经理职权的行为，并未超越海之杰公司章程规定的职责范围。原判决认定盖某未违反公司高级管理人员的忠实义务和勤勉义务，并无不当。

裁判观点三：在经营过程中决策失误是在所难免的，根据风险和收益对等原则，其后果一般也应当由公司而不是由决策者承担，但前提是决策者在履行职责时未违反法律、行政法规和公司章程的规定，否则构成对勤勉义务的违反。

【典型案例一】同创公司与民丰公司等控股股东、实际控制人、董事损害公司利益赔偿纠纷案。③ 法院认为，三被告作为德丰公司的控股股东、董事及高级管理人员，利用对公司的实际控制地位，在未召开股东会、董事会的情况下，擅自决定总投资达注册资本近十倍的热电及其配表项目、一号原料仓库及热敏纸项目，对由此造成的损失应当承担赔偿责任。德丰公司章程规定，股东会决定公司的经营方针和投资计划，董事会执行股东会的决议，决定公司的经营计

---

① 参见最高人民法院民事裁定书，(2020)最高法民申640号。
② 分别参见新《公司法》第179~180条、第181~184条。
③ 参见浙江省嘉兴市中级人民法院民事判决书，(2008)嘉民二初字第67号。

划和投资方案。《公司法》也有同样的规定。德丰公司的投资决策虽报政府相关部门批准,但该投资决策本身应当按照公司法及公司章程的规定经股东会、董事会决议,投资项目合法性并不能免除决策者在公司内部应当承担的责任,至于其是否存在损害公司及其他股东利益的主观恶意,并不影响其滥用股东权利的认定。德丰公司章程明确规定经营计划和投资方案由股东会、董事会决定和执行,总经理组织实施并负责拟订公司的基本管理制度,在公司未专门制定经营决策程序的情况下,三被告在具体操作时更应当尽到勤勉、谨慎的义务,对涉及如此重大的投资项目,应当严格按照公司法和公司章程的规定,交由股东会、董事会讨论决定三被告认为其投资决策经过股东讨论,没有提供证据证实,而在同创公司提供的股东会、董事会决议中,均未提及上述投资项目。

【典型案例二】斯曼特公司、胡某生损害公司利益责任纠纷案。[①] 最高人民法院认为,虽然《公司法》(2018年)第147条第1款[②]的规定并没有列举董事勤勉义务的具体情形,但是董事负有向未履行或未全面履行出资义务的股东催缴出资的义务,这是由董事的职能定位和公司资本的重要作用决定的。根据董事会的职能定位,董事会负责公司业务经营和事务管理,董事会由董事组成,董事是公司的业务执行者和事务管理者。股东全面履行出资是公司正常经营的基础,董事监督股东履行出资是保障公司正常经营的需要。《公司法解释(三)》第13条第4款规定的目的是赋予董事、高级管理人员对股东增资的监管、督促义务,从而保证股东全面履行出资义务、保障公司资本充实。在公司注册资本认缴制下,公司设立时认缴出资的股东负有的出资义务与公司增资时是相同的,董事、高级管理人员负有的督促股东出资的义务也不应有所差别。本案斯曼特公司是外商独资企业,实行注册资本认缴制。参照《公司法解释(三)》第13条第4款的规定,在公司注册资本认缴制下,股东未履行或未全面履行出资义务,董事、高级管理人员负有向股东催缴出资的义务。根据《公司法》(2018年)第149条[③]的规定,胡某生等6名董事未履行向股东催缴出资的勤勉义务,违反了《公司法》(2018年)第147条第1款的规定,对斯曼特公司遭受的股东出资未到位的损失,应承担相应的赔偿责任。

裁判观点四:所谓董事的勤勉义务,这是各国公司法普遍规定的董事必须履行的一项积极义务,要求董事负有以善良管理人的注意来处理公司事务的义务。勤勉义务要求公司董事在行使职权时应当以一定的标准尽职尽责管理公司的业务,违反该义务的董事应当承担相应的法律责任。

【典型案例】丘某良、黄某贵与福日公司、陈某股东损害公司债权人利益责任纠纷案。[④] 二审法院认为,所谓董事的勤勉义务,这是各国公司法普遍规定的董事必须履行的一项积极义务,要求董事负有以善良管理人的注意来处理公司事务的义务。勤勉义务要求公司董事在行使职权时应当以一定的标准尽职尽责管理公司的业务,违反该义务的董事应当承担相应的法

---

① 参见最高人民法院民事判决书,(2018)最高法民再366号。
② 参见新《公司法》第179~180条。
③ 参见新《公司法》第188条。
④ 参见广东省深圳市中级人民法院民事判决书,(2014)深中法涉外终字第36号。

律责任。现在经济活动的复杂性,难以判断董事在经营决策时是否尽到了合理谨慎的注意义务,同时董事的勤勉义务具有主观性,所谓"合理""勤勉"的界定并不明确。经营活动具有风险性,决定了不能把所有的经营不利后果都归结于董事未尽勤勉义务。

裁判观点五:作为公司的高级管理人员,应该使公司利益最大化,在明知有损公司利益的情况下仍知情不报,可以判断其主观上处于非善意的状态,违背了其应尽的勤勉义务。

【典型案例】金华公司、陈某玲损害公司利益责任纠纷案。① 二审法院认为,被告作为高级管理人员,明知客服存在做私单行为,未向公司进行汇报,违反了勤勉义务;被告作为公司的高级管理人员,应该使公司利益最大化,在明知有员工损害公司利益的情况下仍知情不报,可以判断其主观上处于非善意的状态,违背了其应尽的勤勉义务。

裁判观点六:作为公司的高级管理人员,明知其行为可能损害公司利益的情况下仍然为之,给公司造成损害的,构成违反勤勉义务。

【典型案例一】李某华与川流公司控股股东、实际控制人、董事、监事、高级管理人员损害公司利益赔偿纠纷案。② 二审法院认为,被告作为原告公司的高级管理人员,与相对方发生交易行为,却采取口头方式订立协议,且在离职时未向原告公司交接交易凭证,导致原告公司在另一案件向相对方催讨款项时被法院以证据不足为由驳回诉讼请求,造成原告公司无法向相对方主张债权的困境,法院据此认定被告构成违反勤勉义务,应对公司承担赔偿责任。

【典型案例二】耀星公司与朱某某、汉邦公司等损害公司利益责任纠纷案。③ 二审法院认为,当时耀星公司已经因经营状况不佳濒临停产,朱某良作为负责公司日常经营的管理者,明知耀星公司当时的境况,在其无权对此影响耀星公司利益的重大事项决策的情况下,既未向公司董事会汇报告知,也未经公司法定代表人同意和授权,就擅自作出决定并代表耀星公司与汉邦公司签订了有利于汉邦公司的协议,无正当的理由。本案中朱某良违背作为公司股东和高级管理人员的法定义务,给耀星公司造成损失,应当承担赔偿责任。据此,法院判决朱某良向耀星公司赔偿损失。

裁判观点七:作为董事,签订合同时未经业务部门核查市场租金情况,只能认为其决策时依据不足,不能据此认定其违反章程规定的勤勉义务。

【典型案例】大光明公司、谭某文损害公司利益责任纠纷案。④ 二审法院认为,《公司法》(2013年)第149条⑤规定是对董事、高级管理人员应承担民事赔偿责任的法定情形的规定。本案中,谭某文经大光明公司股东会表决,任大光明公司的执行董事和经理,章程里明确记载了董事的职责。出租商铺是具体经营行为,具体的决策和操作方式并未明确记载在公司章程当中,亦未制定相应的公司经营管理制度明确出租商铺前要评估或调查,或进行集体决议。通常情况下,公司董事并不负责具体经营行为,谭某文经手签订租赁合同,但具体经营工作应由

---

① 参见浙江省金华市中级人民法院民事判决书,(2018)浙07民终5602号。
② 参见上海市第一中级法院民事判决书,(2009)沪一中民三(商)终字第969号。
③ 参见浙江省杭州市中级人民法院民事判决书,(2016)浙01民终3833号。
④ 参见广东省江门市中级人民法院民事判决书,(2018)粤07民终1019号。
⑤ 参见新《公司法》第188条。

相关业务部门负责。谭某文作为董事，签订合同时未经业务部门核查市场租金情况，只能认为其决策时依据不足，不能据此认定其违反章程规定的勤勉义务。

裁判观点八：公司对高级管理人员未在公司履行高级管理人员职务并已为其他公司服务的事实认可的，不得再要求其对公司负忠实义务。

【典型案例】客贝利公司与夏某、博希尼亚公司、杨某、文某胜损害公司利益责任纠纷案。① 法院认为，从《公司法》（2013年）第148条②规定内容来看，禁止的是董事、高级管理人员违反对公司忠实义务的行为，故公司依据该条禁止其高级管理人员从事该条列明的行为应以该高级管理人员对公司负有忠实义务为前提。如果公司的高级管理人员实际未在公司履行高级管理人员职务并已在为其他公司进行服务，且公司对此予以认可的，根据公平原则，公司应不得再要求该高级管理人员对公司负忠实义务。

裁判观点九：公司提交的证据不能证明行为人违反了对公司的忠实义务和勤勉义务或有违反法律、行政法规或者公司章程的行为，且行为人给公司造成的损失源于难以预料和抗拒的政府行为，而非其本人疏忽或失职造成，法院应当认定行为人不承担责任。

【典型案例】怡和百生公司与刘某某损害公司利益责任纠纷案。③ 法院认为，本案为损害公司利益责任纠纷。根据《公司法》的规定，公司高级管理人员对公司负有忠实义务和勤勉义务，其在履职过程中，违反法律、行政法规或者公司章程的规定，给公司造成损失的，应承担赔偿责任。本案中，被告作为公司的法定代表人、执行董事，只有在执行职务时违反对公司的忠实义务和勤勉义务，违反法律、行政法规或者公司章程的规定，给公司造成损失，才承担赔偿责任。而依据双方提交的公司章程、借款单、报销单、财务欠款单等证据及当庭陈述，被告从公司借款，并以招待费、差旅费、会议费等支出冲抵借款等行为属于职务行为，相关证据未能证明被告违反了对公司的忠实义务和勤勉义务，也未能证明被告有违反法律、行政法规或者公司章程的行为，故对此项借款被告不应承担偿还责任。对于另一股东在捐赠抗震救灾物资中的损失问题，源于政府部门相关文件的变化，并非被告在执行职务时违反相关义务而给公司造成的损失，且公司并未支出该笔费用，故被告亦不应承担赔偿责任。

裁判观点十：公司高级管理人员未违反章程规定而从事的正常经营行为，不应认定为违反对公司负有的忠实和勤勉义务。

【典型案例】九州证券公司与贺某损害公司利益责任纠纷案。④ 最高人民法院认为，根据《公司法》（2013年）第149条⑤的规定，本案九州证券公司主张的利益损失是由于抚顺营业部违规操作造成的，而九州证券公司所举示的证据，不足以证实贺某指示该营业部从事违规业务及违反了对公司负有的忠实和勤勉义务，且贺某以公司名义对外借款的行为也未给公司造成利益损失。因此，九州证券公司主张贺某违反了法律、行政法规或公司章程的规定，并要求贺

---

① 参见福建省厦门市集美区人民法院民事判决书，(2013)集民初字第2992号。
② 参见新《公司法》第181条。
③ 参见北京市东城区人民法院民事判决书，(2011)东民初字第00883号。
④ 参见最高人民法院民事判决书，(2016)最高法民终265号。
⑤ 参见新《公司法》第188条。

某承担赔偿责任,缺乏事实与法律依据,理由不能成立。原审判决认定事实清楚,判决结果正确,依法应予维持。

裁判观点十一:公司控股股东以及董事在经营管理公司期间未履行维护公司财产安全的责任,导致公司重大财产损失,构成违反忠实、勤勉义务的,应当承担赔偿责任。

【典型案例】王某阳、尤某明、钱某滨、王某霞与中地公司等损害公司利益责任纠纷案。① 二审法院认为,中地公司主张王某阳、尤某明、钱某滨、王某霞因转移公司财产、损害公司利益,应当承担损失赔偿责任。根据《公司法》(2013年)第20条第2款、第21条以及第147条② 的规定,王某阳、尤某明、钱某滨、王某霞作为共计持有公司50.7043%股权的控股股东及董事,在控制、经营管理公司期间,擅自处置、转移公司财产且未使公司获得合理对价,以及作为作出出售公司财产决议并执行的公司控制股东、董事,未尽审慎管理义务,造成公司长期不能取得应收款项,严重损害公司利益,违反《公司法》规定的控制股东、实际控制人董事对公司负有的忠实义务和勤勉义务,没有维护公司财产的安全,导致公司重大财产损失应当承担损失赔偿责任。

裁判观点十二:违反忠实、勤勉义务损害公司利益的认定,要求高级管理人员主观上存在故意或重大过失。只要高级管理人员在其内心对其行为尽到了适当、合理的注意义务,按照公司的日常运作模式发挥了管理作用,根据公司决策认真执行,并善意地相信公司其他人员的行为、意见以及提供的信息是真实可信的,其据此作出的行为即应认定为符合公司利益。即使存在一定过失,法院亦不宜对公司的内部行为进行过多干预。只有结合案件的具体情况,根据主客观相结合的标准进行衡量,能够明显确认属于重大过失、故意的情况下,才能直接认定高级管理人员的行为构成违反忠实、勤勉义务。

【典型案例】魏某君与红海鸿易公司损害公司利益责任纠纷案。③ 二审法院认为,高级管理人员是否违反忠实及勤勉义务需要关注的重点在于以下两点:

第一,高级管理人员勤勉义务和忠实义务的范围。根据《公司法》(2018年)第147条、第148条④ 的规定,为了防止发生董事、监事、高级管理人员的道德风险,《公司法》规定了董事、监事、高级管理人员对公司的忠实义务和勤勉义务,并规定董事、监事、高级管理人员执行公司职务时违反法律、行政法规或者公司章程的规定,给公司造成损失的,应当承担赔偿责任。高级管理人员的忠实义务要求高级管理人员在管理公司、经营业务、履行职责时,必须代表全体股东为公司最大利益而努力工作,自身利益与公司利益发生冲突时,必须以公司利益为重,不得将自身利益置于公司利益之上,忠实义务一般体现于自我交易、关联交易、管理报酬、公司机会、同业竞争等方面。高级管理人员的勤勉义务要求行为人履行其职责时必须表现出一般审慎者处于相似位置时在类似情况下所表现出来的勤勉、注意和技能,同时,在从事公司经

---

① 参见北京市高级人民法院民事判决书,(2016)京民终210号。
② 分别参见新《公司法》第21条第2款、第22条、第179~180条。
③ 参见北京市第三中级人民法院民事判决书,(2019)京03民终1111号。
④ 参见新《公司法》第181~184条。

营管理活动时应当恪尽职守,尽到其所应具有的经营管理水平。《公司法》并未细化勤勉义务的具体内容,根据公司内部管理的需要,各公司往往在公司章程、内部规章制度及高级管理人员与公司签订的合同中进行详细规定,因而高级管理人员职责范围不同,导致不同公司不同高级管理人员的勤勉义务内容具有差异性。高级管理人员作为公司决策的执行者,其不享有公司的经营方针、投资计划、年度财务预算决算方案等的决策权。认定高级管理人员是否违反勤勉义务应当以其职责范围来判断,不能将公司的全部事项均作为高级管理人员是否尽到勤勉义务的判断标准。

第二,总经理违反忠实、勤勉义务的主观要件审查。忠实、勤勉义务的判断包括主观和客观两个方面,在主观上应当要求高级管理人员存在重大过失。只要公司高级管理人员在其内心对其行为尽到了适当的注意义务,按照公司的日常运作模式发挥了管理作用,根据公司决策认真执行,并善意地相信公司其他人员的行为、意见以及提供的信息是真实可信的,其据此作出的行为符合公司利益的,即使存在一定过失,法院亦不宜对公司的内部行为过多干涉,只有结合案件的具体情况,根据主客观相结合的标准进行衡量,在属于重大过失、过错的情形下,才能直接认定高级管理人员的行为构成违反忠实、勤勉义务。本案中,红海鸿易公司在举证证明公司因财务问题在客观上存在损失外,还应当举证证明魏某君在履职中存在重大过失或故意。

裁判观点十三:高级管理人员勤勉义务要结合其职责范围及应负的合理监督义务确定其具体内容,从而判断其是否存在过错及其应承担的责任。

【**典型案例**】东亚公司与杨某某损害公司利益责任纠纷案。[①] 二审法院认为,杨某某在东亚公司任职期间并不负有直接与员工签订《劳动合同》的职责。关于未与员工签订《劳动合同》,杨某某是否存在主观过错的问题。根据《民事诉讼证据规定》(2008年)第2条的规定,当事人对自己提出的诉讼请求所依据的事实或者反驳对方诉讼请求所依据的事实有责任提供证据加以证明;没有证据或者证据不足以证明当事人的事实主张的,由负有举证责任的当事人承担不利后果。本案中,虽然黄某文在一审开庭时陈述东亚公司的公章和法定代表人印章都由东亚公司行政部保管,如果没有杨某某批准,是不能代表公司盖章的。但东亚公司在法院一审、二审审理中均未举示证据证明:(1)东亚公司行政部与员工签订有初步《劳动合同》的事实成立;(2)东亚公司行政部已将与员工签订的初步《劳动合同》报杨某某审批的事实成立。因此,对东亚公司上诉认为,某某公司未与员工签订《劳动合同》的原因是因杨某某故意,杨某某存在主观过错的主张,不予支持。

裁判观点十四:公司高级管理人员在明知公司的管理存在漏洞之时,有义务提示公司,否则视为未尽管理职责,应承担与其过错程度相适应的赔偿责任。

【**典型案例**】沈某与润丰源公司损害公司利益责任纠纷案。[②] 再审法院认为,沈某为润丰源公司的股东及总经理,根据公司章程规定,其主持公司的生产经营管理工作。因此,沈某对

[①] 参见重庆市第一中级人民法院民事判决书,(2012)渝一中法民终字第4533号。
[②] 参见广东省高级人民法院民事裁定书,(2017)粤民申3716号。

润丰源公司签订书面劳动合同负有管理职责,其明知用人单位应当依法与劳动者签订书面的劳动合同以及用人单位不与劳动者签订劳动合同的法律后果,但其在无法代表润丰源公司与自己签订劳动合同时,未向润丰源公司进行提示,有失管理职责。根据《公司法》(2013年)第149条[①]的规定,原审法院结合案情,根据其过错程度,酌情确定沈某对该损失承担70%的责任,并无不当。

裁判观点十五:公司高级管理人员在案涉项目违反了一定的勤勉义务,但未有证据足以证明其对公司所遭受的损失具有重大过错,应酌情判决其承担公司相应的损失。

【典型案例】速必达公司与蓝某某损害公司利益责任纠纷案。[②]再审法院认为,姜某发、蓝某文作为公司的高层管理人员在经营案涉项目时违反了一定的勤勉义务,但未有证据足以证明其二人对速必达公司所遭受的损失具有重大过错,且速必达公司所遭受的损失系诈骗案罪犯的犯罪行为所致,故一审、二审法院酌情判决姜某发、蓝某文按速必达公司诉请的300万元的10%即30万元支付赔偿金并无不当。

裁判观点十六:公司高级管理人员作出有损公司利益的不当行为已通过内部决议予以修正,因过错情况得以修复而不承担责任。

【典型案例】中泰来公司与黄某皓及马某来等损害公司利益责任纠纷案。[③]二审法院认为,本案双方的争议焦点为:中泰来公司是否应向深圳建筑公司承担清偿1.58亿元款项及利息的责任。经查,黄某皓作为深圳建筑公司的股东为深圳建筑公司在本身存在债务的情况下,仍作出向中泰来公司出借款项1.78亿元且不积极主张1.58亿债权的行为,损害公司利益,故代表深圳建筑公司起诉要求中泰来公司还款1.58亿元,马某来等股东及监事承担相应的责任。据中泰来公司、深圳建筑公司提交的两份审计报告记载,从2008年11月开始,深圳建筑公司通过代中泰来公司支付投资款,中泰来公司收购深圳建筑公司下属公司等形式,双方之间形成债权债务,截至2011年8月31日,中泰来公司欠深圳建筑公司款项1.58亿元。在中泰来公司与深圳建筑公司仍存在债务,而未予清偿的情况下,深圳建筑公司于2010年10月9日形成《董事会第四次会议决议》,同意借予中泰来公司1.78亿元作为其流动资金,自2010年10月1日起借款期限一年,借款利息按银行同期利率收取。2011年6月30日深圳建筑公司又作出《关于撤销借款决议的决定》,认为中泰来公司对深圳建筑公司是欠债而非新发生的借款,决定"撤销同意借予中泰来公司1.78亿元"的决议,同时要求中泰来公司应在一年内还清欠款,该欠款自2010年10月1日起至还清之日止,按银行同期利率收取利息。因此,对深圳建筑公司借款给中泰来公司有损公司利益的不当行为深圳建筑公司已通过内部决议予以修正,该行为不存在损害公司利益的情形,故黄某皓以此理由要求中泰来公司承担责任,马某来等被告承担连带补充责任依据不足。中泰来公司上诉认为深圳建筑公司关于出借款项的董事会决议已被撤销,因此不存在损害公司利益的理由有理,予以支持。

---

① 参见新《公司法》第188条。
② 参见广东省高级人民法院民事裁定书,(2019)粤民申7740号。
③ 参见广东省高级人民法院民事判决书,(2013)粤高法民四终字第28号。

裁判观点十七：对将公司资金从注册资金账户转入股东私人账户的行为主张损害赔偿，在特殊情形下也应举证股东存在过错。

【**典型案例**】金达成公司与金建公司损害公司利益责任纠纷案。[1] 最高人民法院认为，关于对金达成公司主张金建公司、李某对转入李某账户的1100万元承担赔偿责任应否支持的问题。根据《公司法》(2013年)第20条第1款、第2款以及第21条[2] 的规定，本案金达成公司主张金建公司、李某对转入李某账户的1100万元承担侵权赔偿责任，应当对其主张的侵权行为、损失及行为与损失之间的因果关系提供证据予以证明。关于金达成公司主张的侵权行为。2011年11月23日，金达成公司股东会决议变更公司名称和法定代表人，变更后的法定代表人为李某。2011年11月28日，金达成公司使用名称变更前的公司印章将1100万元从金达成公司注册资金账户转出，转入公司股东、前法定代表人李某1的私人账户，当时金达成公司的股东只有金建公司和李某1，两股东对款项转出均未提出异议，金达成公司当时亦未提出异议，其在公司股东发生变更、原股东金建公司退出公司之后对上述转款行为的合法性不予认可，有悖常理。转款发生在李某担任金达成公司法定代表人期间，转款时李某还具有金建公司董事、总经理的身份，据此不能证明金建公司、李某滥用股东权利、未尽勤勉义务和协助转款。金达成公司主张金建公司、李某的行为构成侵权，证据不足，不予采纳。关于金达成公司的损失。金建公司作为金达成公司当时的股东，不认可1100万元转给另一股东李某1的行为给公司造成损失，金达成公司与李某1之间存在公司与股东的关系，亦不排除金达成公司与李某1之间存在其他的资金往来，金达成公司主张该1100万元属于李某1抽逃出资给其造成的损失，证据不足，不予采纳。李某1目前仍为金达成公司股东，金达成公司未向李某1主张权利，直接以金建公司、李某滥用股东权利、未尽勤勉义务、协助转款为由要求金建公司、李某对该1100万元承担侵权赔偿责任，证据和理由均不充分，一审法院对金达成公司该部分诉讼请求予以支持有误，予以纠正。

裁判观点十八：认定公司高级管理人员是否违反勤勉义务，应通过公司章程或者其他规章制度审查高级管理人员的职责范围及应负的合理监督义务，确定公司高级管理人员勤勉义务的具体内容。再根据认定的勤勉义务内容，审查该违反义务行为有无给公司造成损失，从而确定其是否应当承担相应的赔偿责任。

【**典型案例**】农银台州公司与於某国损害公司利益责任纠纷案。[3] 二审法院认为，在本案中，农银台州公司主张，於某国在签订嘉禾台州公司及其临海、黄岩、仙居营业部办公楼建设工程施工合同书后，未经嘉禾浙江公司同意，擅自与方鑫公司约定在合同外增加工程量，造成农银台州公司额外支出工程款107,190元及利息22,760.7元，而於某国则主张其为正当履职行为。故本案的争议焦点是於某国有无违反忠实、勤勉义务给农银台州公司造成损失。首先，根据农银台州公司提供的嘉禾人寿公司章程，该章程第102条规定，总经理应当根据董事会或

---

[1] 参见最高人民法院民事判决书，(2018)最高法民终664号。
[2] 参见新《公司法》第21条第1款、第2款，第22条。
[3] 参见浙江省台州市中级人民法院民事判决书，(2018)浙10民终2089号。

者监事会的要求,向董事会或者监事会报告公司重大合同的签订执行情况、资金运用和盈亏情况。但於某国作为嘉禾台州公司的负责人,其与方鑫公司签订的四份施工合同书的预算价合计259,870元,应当不属于该章程第102条规定的情形。其次,《浙江分公司中支财务预算审批授权管理规定》列明了中心支公司需上报分公司审批的具体项目,但该规定于2008年8月26日下发,晚于於某国在施工联系单上签字确认的时间。因此,农银台州公司主张於某国执行职务时违反法律、行政法规或者公司章程的规定,依据不足。最后,在建设工程施工过程中,设计文件、技术规范的改变及业主的需求变动等均会引起合同内容、范围发生变更。虽然案涉装修工程在合同外增加的工程量占比较高,但在农银台州公司未提供证据(如委托有审价资质的机构审定最终工程造价)证明合同外增加工程量不合理的情况下,法院难以认定於某国与方鑫公司约定在合同外增加工程量的行为给农银台州公司造成损失。据此,农银台州公司主张於某国违反忠实、勤勉义务给农银台州公司造成损失,缺乏事实和法律依据,不应得到支持。

以上司法实践中的裁判观点和案例虽然均发生于新《公司法》颁行以前,但有助于我们对公司董事、监事、高级管理人员及双控人的忠实勤勉义务的理解和实务运用。根据该等裁判观点及案例,结合《公司法》的相关规定,对于勤勉义务的认定,实务中应当注意:

董事、监事、高级管理人员及不担任公司董事但实际执行公司事务的公司的双控人的勤勉义务要求:一是负有遵守法律、行政法规和公司章程的义务,在守法和遵守公司章程的前提下,履行勤勉义务,不得采取非法手段为公司谋取不正当利益,不得从事违法经营活动。二是勤勉义务是对公司承担的法定义务,不是对单个或者部分股东所承担的义务。董事、监事、高级管理人员作为公司财产的监督管理者,应当为公司利益,而不是为单个或者部分股东利益经营管理公司财产、监督公司财产运营、保证公司财产安全实现公司的经济利益。

与勤勉义务要求相对应的,判断董事、监事、高级管理人员及不担任公司董事但实际执行公司事务的公司的双控人是否违反勤勉义务:一是从形式上关注其行为是否违反法律、行政法规及公司章程的规定,是否经过公司内部认可;二是结合行为人在作出行为时实际掌握的信息情况、决策能力等具体因素,判断其在作出决策或任职期间是否从有利于公司利益最大化的角度,严格履行自身工作职责,是否以适当的方式尽到合理的谨慎和注意义务。应该注意的是,董事、监事、高级管理人员及实际执行公司事务的双控人的决策失误不能当然被认为违反了勤勉义务。

第四节 损害公司利益责任纠纷诉讼程序及相关问题

一、主管与管辖

(一)主管

股东与股东之间就设立公司达成协议,后因协议履行发生的争议,首先,应当关注双方是否就损害公司利益责任等情形达成仲裁条款,如果前述协议未就协议履行过程中损害公司利益责任等情形达成仲裁条款,约定的仲裁条款不对损害公司利益责任纠纷产生管辖约束。其次,应当关注争议是否属于此前约定的提交仲裁的范围,这时还应当特别注意是关注争议的性质,以确定是否属于约定的提交仲裁的范围。

司法实践中相关裁判观点及典型案例如下。

裁判观点：原告、被告虽然是合营合同的签订主体,但并不代表双方之间的所有争议都应当通过仲裁解决,还要看双方争议的性质,以及是否属于合同约定的应当提交仲裁的争议范围。

【典型案例一】三维公司与嘉吉公司损害公司利益责任纠纷案。① 最高人民法院认为,原、被告虽然是合营合同的签订主体,但并不代表双方之间的所有争议都应当通过仲裁解决,还要看双方争议的性质,以及是否属于合同约定的应当提交仲裁的争议范围。本案中,原告以被告滥用股东权利为由提起股东代表诉讼,不属于双方当事人约定的因解释、执行合营合同发生的争议,因此,不受合营合同中仲裁条款的约束。

【典型案例二】仓市森茂公司、江阴森茂公司等损害公司利益责任纠纷案。② 最高人民法院认为,关于本案是否属于法院主管问题。申请人仓市森茂公司和被申请人江阴森茂公司虽然是《合营合同》和《修改协议》的签订主体,但并不代表双方之间的所有争议都应当通过仲裁解决,还要看双方争议的性质,以及是否属于《合营合同》和《修改协议》约定的应当提交仲裁的争议范围。在本案中,仓市森茂公司是以江阴森茂公司滥用股东权利为由,依照《公司法》第20条的规定提起的股东侵权诉讼,不属于双方当事人约定的因解释、执行《合营合同》发生的争议,因此,不受《合营合同》和《修改协议》中仲裁条款的约束。

(二)管辖

司法实践中,对于损害公司利益责任纠纷应当适用侵权责任纠纷的管辖规定,还是公司组织纠纷的特殊地域管辖规定,存在争议:

有观点认为,损害公司利益的行为是股东、实际控制人、董事、监事、高级管理人员以及第三人对公司利益的侵权行为,不属于公司组织诉讼,因此,应当按照《民事诉讼法》第29条有关侵权行为的管辖规定确定管辖,由侵权行为地或被告住所地法院管辖。

也有观点认为,《民事诉讼法》第27条及《民事诉讼法司法解释》第22条采取了列举加兜底的方式,对公司组织诉讼的管辖作了特别规定。基于损害公司利益责任纠纷属于"与公司有关的纠纷"项下的三级案由,纠纷涉及公司利益,当事人为多方,且判决效力及于公司及其利益相关方,由此应当由公司住所地法院管辖。

司法实践中相关裁判观点及典型案例如下。

裁判观点一：损害公司利益责任纠纷,虽然《民事案件案由规定》将其列为"与公司有关的纠纷",但不属于《民事诉讼法》规定的应当由公司住所地法院管辖的情形,应按照《民事诉讼法》关于侵权纠纷由侵权行为地或被告住所地法院管辖的规定确定地域管辖。

【典型案例一】谭某仁、永保水泥公司、西南水泥公司损害公司利益责任纠纷案。③ 最高人

---

① 参见最高人民法院民事裁定书,(2013)民申字第2302号。
② 参见最高人民法院民事裁定书,(2021)最高法民再293号。
③ 参见最高人民法院民事裁定书,(2019)最高法民辖终325号。

民法院认为,有关公司设立、确认股东资格、分配利润、公司解散等公司组织行为的诉讼,往往涉及与公司组织相关的多数利害关系人的多项法律关系变动,常出现就同一个公司的同一个组织法行为提起多个诉讼的情形。为避免案件管辖过于分散,影响司法效率或产生相同事实相异判决,《民事诉讼法》(2017年)第26条①就公司诉讼管辖作出特殊地域管辖规定。本案系公司以特定董事、股东损害公司利益为由提起诉讼,不符合公司组织诉讼的上述特征,应适用民事诉讼法地域管辖的一般规定而非特殊地域管辖规定,故被告之一西南水泥公司的住所地法院四川高级法院对本案有管辖权。

【典型案例二】福汉公司、中国航空技术公司、中航林业公司损害公司利益责任纠纷案。②最高人民法院认为,本案争议焦点为福汉公司是否存在转移中航林业公司4.5亿元资金,给中航林业公司造成损失的侵权行为。原审法院认定为侵权纠纷,并无不当。《民事诉讼法》(2017年)第28条③规定:"因侵权行为提起的诉讼,由侵权行为地或者被告住所地人民法院管辖。"《民事诉讼法司法解释》第24条规定:"民事诉讼法第二十九条规定的侵权行为地,包括侵权行为实施地、侵权结果发生地。"中航林业公司诉称的福汉公司转移中航林业公司4.5亿元资金,中航林业公司因此遭受损失,诉称的侵权结果发生地即中航林业公司住所地,中航林业公司住所地位于山东省烟台市开发区,本案诉讼标的额为456,663,014元,达到山东省高级人民法院受理一审民商事案件的级别管辖标准,山东省高级人民法院对本案有管辖权。福汉公司提出的管辖权异议不能成立,原审裁定驳回福汉公司提出的管辖权异议,并无不当。

裁判观点二:损害公司利益责任纠纷,应当由公司住所地法院管辖。

【典型案例一】重庆银桥科技公司与高某国等损害公司利益责任纠纷案。④最高人民法院认为,本案系损害公司利益责任纠纷管辖权异议案件。按照《民事案件案由规定》,损害公司利益责任纠纷属于与公司有关的纠纷,管辖问题应当适用《民事诉讼法》(2017年)第26条⑤的规定。该条规定:"因公司设立、确认股东资格、分配利润、解散等纠纷提起的诉讼,由公司住所地人民法院管辖。"本案中,中豫公司住所地为河南省,因此原审法院对本案有管辖权。

【典型案例二】恒富企业、利迅公司损害公司利益责任纠纷案。⑥最高人民法院认为,本案系损害公司利益责任纠纷。依照《民事案件案由规定》的相关规定,损害公司利益责任纠纷已被明确列入该规定第八部分之二十一"与公司有关的纠纷"的第256项案由,不在该规定第九部分"侵权责任纠纷"之列。因此,有关损害公司利益责任纠纷的地域管辖,不适用民事诉讼法及其司法解释关于侵权责任纠纷的规定。

---

① 参见2023年《民事诉讼法》第27条。
② 参见最高人民法院民事裁定书,(2018)最高法民辖终42号。
③ 参见2023年《民事诉讼法》第29条。
④ 参见最高人民法院民事裁定书,(2017)最高法民辖终219号。
⑤ 参见2023年《民事诉讼法》第27条。
⑥ 参见最高人民法院民事裁定书,(2017)最高法民辖终391号。

裁判观点三：若侵权行为一经实施即产生损害后果，则侵权结果发生与侵权行为实施密不可分，在同一地点，此时公司所在地与侵权行为地不一致，侵权行为地应为行为发生地，公司所在地不应当然为侵权结果发生地。

【**典型案例**】盛鼎公司与国盛公司、盛元公司、赵某损害公司利益责任纠纷案。① 最高人民法院认为，盛鼎公司诉称的国盛公司和赵某的侵权行为一经实施即产生盛元公司财产受到损害的后果，在本案中侵权结果发生和侵权行为实施密不可分，直接体现为盛元公司在大连证券徐州营业部开立的 023911 证券账户的资金减少，因此，一审裁定认定本案的侵权行为地在江苏省徐州市是正确的，盛鼎公司主张侵权结果发生地在海南省海口市的上诉理由不能成立。

实务中对此虽然存在争议，但司法实践中更多倾向于裁判观点一，可以肯定的是当前对此并无统一的观点。在这里需要特别提到的是，深圳市中级人民法院对此的观点是：《民事案件案由规定》以民法理论对民事法律关系的分类为基础，是法院将诉讼争议所包含的法律关系进行的概括。《民事案件案由规定》的二级案由"与公司有关的纠纷"共有三级案由 25 个，涉及公司设立、确认股东资格、公司解散等公司组织类纠纷，也包含股权转让等合同纠纷，还包含损害公司利益责任、股东损害公司债权人利益责任等侵权纠纷。"与公司有关的纠纷"下属三级案由，都是公司诉讼但并非当然全部适用《民事诉讼法》第 27 条规定的公司诉讼特殊管辖。公司诉讼特殊管辖规定的纠纷类型大多关涉公司组织行为，涉及多数利害关系人的多项法律关系变动，与公司的组织变更和组织行为密切相关，且作出的判决往往具有对世效力。案件适用何种管辖规定，应以其诉争的诉讼标的为判断标准，以具体案由所反映的民事法律关系的性质确定管辖。损害公司利益责任纠纷，是指公司股东滥用股东权利或董事、监事、高级管理人员违反法定义务或他人侵犯公司合法权益，损害公司利益而引发的纠纷，属于侵权责任纠纷，不属于公司组织类诉讼，应按照《民事诉讼法》第 29 条的规定，由侵权行为地或被告住所地法院管辖。②

司法实务中，确定管辖地域时应注意以下六个方面的问题：

第一，损害公司利益责任纠纷由侵权行为地或者公司住所地法院管辖。案件适用何种管辖规定，应以其诉争的诉讼标的为判断标准，并以具体案由所反映的民事法律关系性质确定管辖。

第二，公司住所地与实际经营地不一致时，以公司注册地或登记地为住所地。根据《民事诉讼法司法解释》第 3 条的规定，法人或者其他组织的住所地是指法人或者其他组织的主要办事机构所在地。法人或者其他组织的主要办事机构所在地不能确定的，法人或者其他组织的注册地或登记地为住所地。《公司法》规定了公司营业执照应当载明的事项包括了公司住所，并规定如记载事项发生变更应当依法办理变更登记，即公司住所属于依法需办理注册或登记的公司事项。公司在主要办事机构所在地发生变更后未办理变更登记的应当以其注册地或者登记地为管辖依据。

第三，侵权行为地与公司住所地不一致时，公司住所地并不必然为侵权结果发生地。一般

---

① 参见最高人民法院民事裁定书，(2014)民二终字第 234 号。
② 参见张应杰主编：《公司责任纠纷类案裁判思维》，人民法院出版社 2023 年版，第 141～142 页。

而言,损害公司利益责任纠纷的侵权行为损害的是公司利益,公司住所地即为侵权结果发生地。但若侵权行为一经实施即产生损害后果,则侵权结果发生与侵权行为密不可分,为同一地点,若公司住所地与侵权行为地不一致,公司住所地不应当然为侵权结果发生地。

第四,与清算案件有关的损害公司利益责任纠纷案件,应当由受理强制清算的法院管辖,但在清算案件受理之前,其他法院已经受理的案件应由原受理法院继续审理。根据《公司强制清算纪要》的有关规定,与清算案件有关的衍生诉讼的审理,应当由受理强制清算的法院管辖,但在清算案件受理之前,其他法院已经受理的案件应由原受理法院继续审理。

【典型案例】国际管理公司与武商集团其他合同纠纷案。① 最高人民法院认为,根据最高人民法院《公司强制清算纪要》的有关规定,与清算案件有关的衍生诉讼的审理,应当由受理强制清算的法院管辖,但在清算案件受理之前,其他法院已经受理的案件应由原受理法院继续审理。

第五,公司与第三人之间管辖权的约定对股东代表诉讼是否产生约束。

裁判观点:股东代表针对第三人提起的诉讼受公司与第三人订立的合同管辖权条款约束。

【典型案例】露露公司与万向公司公司关联交易损害责任纠纷案。② 最高人民法院认为,在股东代表诉讼案件中,由于公司怠于或者拒绝提起诉讼,而由股东代其提起诉讼。股东代表诉讼是股东为了公司的利益而以股东的名义直接提起的诉讼,胜诉后的法律后果归于公司。因此,股东代表针对第三人提起的诉讼受公司和第三人之间合同管辖权条款的约束。

第六,涉外商事纠纷案件,应适用《涉外民事法律关系适用法》关于"侵权责任,适用侵权行为地法律"的规定。

【典型案例】瓦纳特公司与吴某春等损害公司利益责任纠纷案。③ 二审法院认为,关于本案法律适用问题,鉴于本案系损害公司利益责任纠纷,属于侵权责任纠纷范畴,根据《涉外民事法律关系适用法》关于"侵权责任,适用侵权行为地法律"之规定,结合本案侵权行为发生在中国境内,故一审适用中华人民共和国法律审理本案并无不当,予以确认。

(三)股东代表诉讼中"一事不再理"的具体情形

(1)前诉股东已起诉,其他股东以相同事由起诉的,裁定不予受理。

(2)前诉股东诉请已被驳回,其他股东以相同事由再次起诉的,裁定不予受理。

(3)前诉股东已起诉,公司以相同事由起诉的,裁定不予受理。

(4)公司已起诉的,股东提起股东代表诉讼的,裁定不予受理。

二、主体及其相关问题

(一)原告主体

根据《公司法》第189条的规定,有权提起损害公司利益纠纷的原告主体包括:公司(包括董事会、监事会应股东请求起诉)和股东。这里值得注意的是根据《公司法》第189条第4款

---

① 参见最高人民法院民事裁定书,(2014)民四终字第6号。
② 参见最高人民法院民事裁定书,(2019)最高法民辖终404号。
③ 参见上海市第二中级人民法院民事判决书,(2016)沪02民终1156号。

的规定,当公司全资子公司的董事、监事、高级管理人员损害子公司利益时,符合条件的公司股东在依法履行前置程序后或具有前置程序豁免情形的,可以以自己的名义直接起诉全资子公司的董事、监事、高级管理人员。

1. 公司作为原告

当公司作为原告,代表原告参加诉讼的人员有两类:一是法定代表人或其委派的人员;二是监事会主席或监事、董事会主席或执行董事。实践中的常见问题:

董事长或执行董事、监事会主席或监事无法提供委任状等文件证明自己的身份,或者因已存在公司权力分配纠纷,导致董事长、执行董事、监事会主席、监事等人的身份确定发生争议的问题。对此,实践中的一般做法是先结合市场监管部门的登记、公司章程以及公司股东会、董事会有效决议等文件予以确定;必要时通过适当的法律程序先行确定相关人员身份后再行处理损害公司利益责任纠纷。

对于公司监事/法定代表人代表公司提起诉讼后被免除监事/法定代表人职务的,是否影响案件启动程序的合法性,是否当然阻碍案件诉讼程序的正常进行的问题。

对此,实务中的裁判观点认为,对于公司监事代表公司提起诉讼后被免除监事职务的,不影响案件启动程序的合法性,亦不当然阻碍案件诉讼程序的正常进行。

【典型案例】 兆润公司、王某林与王某斌、万杰公司损害公司利益责任纠纷案。[①] 二审法院认为,乔某有权以兆润公司监事的身份代表兆润公司提起本案诉讼。理由如下:

第一,根据《公司法》(2013 年)第 151 条[②]第 1 款、第 2 款的规定,兆润公司作为万杰公司的股东,认为万杰公司董事、高级管理人员有损害万杰公司利益行为的,在万杰公司拒绝对王某斌、王某林提起诉讼的情况下,有权以自己的名义提起损害赔偿之诉。根据《公司法》(2013 年)第 53 条第 6 项[③]的规定,乔某作为兆润公司监事,认为兆润公司利益受到损害,有权代表兆润公司提起损害赔偿之诉。本案中,乔某作为兆润公司股东,与本案具有诉的利益,但无法通过正常的表决程序推动,由王某斌代表兆润公司提起《公司法》(2013 年)第 151 条规定的诉讼以维护万杰公司利益,结合本案具体情况及 568 号案件审理情况,认定乔某有权以监事的身份代表兆润公司,以兆润公司的名义对损害万杰公司利益的行为提起股东代表诉讼。

第二,对董某丰代表兆润公司提出撤回本案起诉的申请不应准许。首先,《公司法》(2013 年)第 53 条第 6 项及《公司法解释(四)》第 23 条规定的功能,在于赋予监事会或者不设监事会的有限责任公司的监事发动监事代表诉讼的权利。本案中,在乔某业已根据前述规定发动了本案诉讼的情况下,兆润公司免除乔某的监事职务,并不影响本案启动程序的合法性,亦不当然阻碍本案诉讼程序的正常进行。其次,不设监事会的公司的监事是公司的法定监督机关,公司设置监事之目的在于防止董事、高级管理人员滥用职权损害公司及小股东的利益。在持股达一定比例的大股东担任公司董事、高级管理人员的情况下,监事对公司董事、高级管理人

---

① 参见江苏省南京市中级人民法院民事判决书,(2017)苏 01 民终 7525 号。
② 参见新《公司法》第 189 条。
③ 参见新《公司法》第 78 条第 6 项。

员进行监督,实系对大股东的监督。股东会免除正在履行监督职责的监事职务,实系大股东利用优势地位规避监督,属于权利滥用行为,该行为将导致监事职责落空,有悖公司法立法旨趣。本案中,兆润公司在本案诉讼期间通过内部决议程序免去乔某监事身份并任命董某丰为监事后,由董某丰代表兆润公司向法院提交撤回起诉申请,意在阻击本案诉讼,对此申请,法院不予准许。

对于法定代表人与公司之间出现诉讼代表人冲突情况的问题,一般情况下,公司的法定代表人有权对外代表公司处理公司事务,但在担任法定代表人的股东或董事与公司发生纠纷时,如允许股东、董事继续以法定代表人身份代表公司诉讼,将可能导致股东、董事个人利益与公司利益发生冲突。这时:首先,为确保案件审理的正常进行,法院会明确告知股东或董事在诉讼中不得同时代表公司参加诉讼,并要求公司另行确定诉讼代表人。其次,公司无法确定诉讼代表人的,实务中,一般会按照以下顺序确定公司的诉讼代表人:(1)公司章程有规定的,按照章程规定;(2)公司章程没有规定的,建议公司召开临时股东会或以股东协商的方式选定;(3)股东会或协商方式不能确定的,对于设有董事会的公司,由副董事长参加诉讼,对于未设董事会的公司,通知其他董事参加诉讼,其他董事有两人以上的,可协商确定其中之一,协商不成,由法院指定;(4)公司董事无合适人选的,由法院指定监事会主席或监事作为公司诉讼代表人;(5)以上均不能确定的,由法院指定没有明显利害关系的其他股东作为公司诉讼代表人。

对于公司意思代表否定的问题,即在未经法定代表人或股东会同意诉讼或股东请求公司机关提起诉讼的情况下,"公司"凭借加盖公章的起诉状和授权委托书提起诉讼,实务中一般不能认定为公司的意思表示。股东会决议或经章程授权的董事会决议确定的法定代表人与工商登记的法定代表人不一致时,实务中一般认为工商登记的法定代表人提起损害公司利益责任纠纷诉讼不能视为公司的真实意思表示。

当董事、高级管理人员违反《公司法》第188条而对公司无法正当代表时,监事、执行监事能否直接起诉。对监事会的法定职权,可见《公司法》第78条、第79条、第80条。我国《公司法》规定董事会、经理对公司日常事务享有的广泛管理权,对外代表公司。监事会与董事会平行,虽然享有监督、建议和要求纠正的权力但无法对董事形成直接的制约,不存在独立的诉权。[①]在《公司法》的规定中,监事会监督董事会的权力主要是"提出罢免的建议"。实务中,《上海市高级人民法院2005年上海法院民商事审判问答(之四)——关于审理股东请求对公司行使知情权纠纷若干问题的问答》第七部分对"公司监事能否以其知情权受到侵害为由对公司提起知情权诉讼"进行了回答:"有限责任公司的监事会或不设监事会的公司监事,是依照法律规定和章程规定,代表公司股东和职工对公司董事会、执行董事和经理依法履行职务情况进行监督的机关。监事会或监事依照公司法修正案第五十四条[②]的规定,有权检查公司财务等情况,并在发现公司经营异常时,可依据公司法第五十五条[③]的规定进行调查;必要时可聘请会计师事

---

① 参见杜万华主编,最高人民法院民事审判第二庭编著:《最高人民法院公司法司法解释(四)理解与适用》,人民法院出版社2017年版,第524页。

② 参见新《公司法》第79条。

③ 参见新《公司法》第81条。

务所等协助其工作。但监事会或监事履行相关职权属于公司内部治理的范畴,该权利的行使与否并不涉及其民事权益,且公司法并未对监事会或监事行使权利受阻规定相应的司法救济程序。因此,监事会或监事以其知情权受到侵害为由提起的诉讼,不具有可诉性,人民法院不予受理。已经受理的,应当裁定驳回起诉。如果不设监事会的公司监事,同时具备公司股东身份的,法院应当向其释明,若其同意以股东身份提起股东知情权纠纷诉讼的,法院可准许其变更诉请。"监事会或者监事不能直接起诉,而需依赖符合条件的股东启动程序,代表公司提起诉讼。

2. 公司股东提起股东代表诉讼

根据《公司法》第189条的规定,在特定情形下,公司股东可以直接以自己的名义对损害公司利益及损害全资子公司利益的相对方提起损害公司利益纠纷的股东代表诉讼。司法实践中,股东以自己名义提起损害公司利益纠纷的股东代表诉讼中的常见问题有以下三种:

(1)股东身份获得和持续时间对诉讼提起的影响

在《九民纪要》发布之前的股东代表诉讼司法实务中,被告常主张,原告并非公司利益损害行为发生时的股东,其股东资格系在此之后取得,因而非适格原告。对此,《九民纪要》第24条已予明确,即股东提起股东代表诉讼不受取得股东资格的时间影响,只要在起诉时具备股东资格即可。但反推上述规定,亦可得出,如若提起诉讼时不具备股东资格,则无权以股东代表诉讼的方式提起损害公司利益责任纠纷诉讼。进而亦可得出,在股东代表诉讼中,提起诉讼时需要具备股东资格,诉讼过程中也需要持续具备股东资格,这亦为股东代表诉讼的基础。

(2)诉讼中股东身份被取消的实务处理

原告提起代表诉讼时具有股东身份,但在诉讼过程中被公司股东会决议取消股东身份(亦存在原告股东身份被非法取消的问题)。由于以股东代表诉讼提起损害公司利益责任纠纷诉讼的审理范围不包括股东资格争议,且经公司股东会决议取消股东身份还涉及决议效力的判断,故无论案由、诉讼参加主体还是案件的审理范围等,都与损害公司利益责任纠纷不同,因此,面对此种情形,在司法实践中法院一般会要求待股东资格确定后再行处理。

裁判观点一:<u>股东身份是提起股东代表诉讼的前提,股东代表诉讼须以股东经书面请求监事会或监事、董事会或执行董事提起诉讼,而监事、执行董事等拒绝或者怠于提起诉讼为前置程序。在符合前述条件的情况下,股东即具备提起损害公司利益责任纠纷案件的诉权,至于是否存在损害事实,应由法院进入实体审理后查明。</u>

【典型案例】徐某辉、徐某与李某悦、范某铭等损害公司利益责任纠纷案。[①] 最高人民法院认为,关于徐某辉、徐某是否是本案适格的原告的问题。徐某辉、徐某持有牧羊集团39.79%的股权,其作为投资成立牧羊公司的牧羊集团股东,主张以李某悦、范某铭、刘某斌、刘某道、奚某龙等牧羊集团董事、高级管理人员恶意串通华茂公司、国富公司、禄源公司,由华茂公司、国富公司、禄源公司对牧羊公司增资入股,损害了牧羊集团的利益,因而提起本案诉讼。在牧羊集团怠于行使诉权的前提下,向法院起诉认为申请人等恶意串通,损害其利益,符合公司股东代表诉讼的法定条件,应当赋予其相应诉权。申请人认为徐某辉、徐某不能请求否定董事、监

[①] 参见最高人民法院民事裁定书,(2015)民申字第514号。

事、高级管理人员执行职务的法律效力,更不能请求牧羊公司的增资股东华茂公司、国富公司和禄源公司退回增资,在本案中不具备原告主体资格,于法无据,不予支持。至于牧羊集团投资牧羊公司是否构成对牧羊集团利益的损害,有待于实体审理进行查明。关于徐某辉、徐某起诉本案被告中的奚某龙及牧羊公司是否履行了《公司法》(2013年)第151条①有关履行股东代表诉讼的前置程序问题。被申请人徐某、徐某辉起诉时提供了2013年7月9日向牧羊集团监事会发出的《要求监事会起诉的函》,该函内容主要为徐某、徐某辉要求牧羊集团监事会就包括本案增资行为在内的一系列损害牧羊集团利益的行为对相关董事及第三人提起诉讼,应当认定徐某、徐某辉履行了股东代表诉讼前置程序。

裁判观点二:在诉讼过程中,提起股东代表诉讼的股东丧失了股东资格,因其不能再行使股东的相关权利,故其不再具有诉讼主体资格。

【典型案例一】 牟某昌与韩某民损害公司利益责任纠纷案。②最高人民法院认为,根据《公司法》(2018年)第151条③关于股东代表诉讼的规定,有限责任公司的股东、股份有限公司连续180日以上单独或者合计持有公司1%以上股份的股东,在公司利益受到难以弥补的损害的情形下,有权为了公司的利益以自己的名义直接向法院提起诉讼。故股东代表诉讼的诉因系为维护公司的权利,行使诉权的原告主体系公司现有股东,其胜诉利益归属于公司。本案中,牟某昌于2013年4月8日通过签订案涉3份协议受让大兴公司股权,并办理股权变更登记成为大兴公司股东后,其于2016年6月29日提起本案诉讼时具有股东资格,可以提起股东代表诉讼。但在本案诉讼中,牟某昌又于2018年1月将其持有大兴公司的全部股权转让给了案外人张某某,并已办理股权变更登记。在此情形下,牟某昌已在诉讼中失去大兴公司的股东身份,已不再是大兴公司的股东,不能再行使股东的相关权利,故其不再具有诉讼主体资格。

【典型案例二】 东驰公司与春兰公司、春兰销售公司及徐工汽车公司股东滥用股东权利赔偿纠纷案。④最高人民法院认为,根据《公司法》(2005年)第152条⑤的规定,具备公司股东身份是有限责任公司股东提起股东代表诉讼的身份要件。本案中,虽然东驰公司提起诉讼时持有徐工汽车公司40%的股份,具备徐工汽车公司股东的身份,符合法律关于股东代表诉讼原告资格的要求,但是,在二审法院审理过程中,东驰公司将其所持股份全部转让给徐工机械公司,并办理了工商变更登记,由此,东驰公司已丧失了徐工汽车公司股东的身份,不符合股东代表诉讼的主体资格要求,丧失了在本案中继续以徐工汽车公司股东身份进行股东代表诉讼的资格。因此,二审法院认定东驰公司在丧失徐工汽车公司股东身份时,相应地丧失了股东代表诉讼的诉讼主体资格,有事实和法律依据。

【典型案例三】 上海高金合伙企业与许某荣、谢某楠、江某、范某山、江某学、刘某衡、田某斌、刘某冬、邵某、张某宁、卢某轩、周某斌、刘某妍、江苏省有色金属华东地质勘查局、华东有

---

① 参见新《公司法》第189条。
② 参见最高人民法院民事裁定书,(2019)最高法民申4358号。
③ 参见新《公司法》第189条。
④ 参见最高人民法院民事裁定书,(2013)民申字第645号。
⑤ 参见新《公司法》第189条。

色公司损害公司利益责任纠纷案。①最高人民法院认为,上诉人上海高金合伙企业向一审法院起诉时依据增资协议和有关工商登记,证明其具有华东有色公司股东资格,因此,一审法院受理本案并无不当。在案件审理过程中,华东有色公司股东会作出决议,以减少注册资本的形式解除了上海高金合伙企业的股东资格。根据《公司法》及相关司法解释规定,有限责任公司的股东会有权以股东会决议形式解除股东资格。华东有色公司股东会年度会议关于解除上诉人股东资格的决议已经生效。《公司法》(2013年)第22条②规定,股东认为"股东会或者股东大会、董事会的会议召集程序、表决方式违反法律、行政法规或者公司章程,或者决议内容违反公司章程的,股东可以自决议作出之日起六十日内,请求人民法院撤销";或者认为"公司股东会或者股东大会、董事会的决议内容违反法律、行政法规的",股东可以提起确认股东会决议无效之诉。然而,截至一审裁定作出时,上诉人并没有依法提起申请撤销股东会决议诉讼或申请确认股东会决议无效诉讼。因此,一审裁定以上诉人在本案中丧失了股东资格,无权提起股东代表诉讼为由,裁定驳回起诉,并无不当。

裁判观点三: 股东在诉讼过程中将股权全部转让,但新股东亦明确要求原股东继续在案件坚持诉讼请求且结果不损害第三方利益的情形下,并不必然导致驳回起诉的法律后果。

【典型案例】 九龙山国际与海航资管损害公司利益责任纠纷案。③最高人民法院认为,关于二审法院未驳回海航资管的起诉是否存在错误的问题,股东代表公司提起诉讼系为了维护公司的利益,虽然海航资管在二审中转让股权而不再是海航创新的股东,但是其提起本案诉讼时为海航创新的股东,案外人海航旅游亦明确要求海航资管继续在本案中坚持诉讼请求,且二审判决结果为将短线交易收益归还海航创新,并未损害九龙山国旅的实体权利。九龙山国旅主张二审法院未驳回海航资管的起诉程序错误,并据此主张本案应予再审,理由不能成立。

(3)公司成立不满180日时持股时间限制问题

实务中对公司自成立到起诉尚不满180日的公司,股东提起股东代表诉讼时,一般认为不应受180日持股时间的限制。

3. 隐名股东是否为适格原告

提起股东代表诉讼的前提是具备合法股东资格,隐名股东既不是工商登记股东,也不是股东名册上记载的显名股东,同时,其隐名股东的资格认定还会受到其与显名股东之间的股权代持关系是否存在纠纷的影响。实践中法院通常基于股东资格争议非损害公司利益责任纠纷审理范围的原则,驳回隐名股东的起诉,即在生效判决确认其股东资格之前,隐名股东无权提起代表诉讼。

4. 公司股东的股东是否为损害公司利益责任纠纷的适格主体

新《公司法》第189条第4款规定,"公司全资子公司的董事、监事、高级管理人员有前条规定情形,或者他人侵犯公司全资子公司合法权益造成损失的,有限责任公司的股东、股份有

---

① 参见最高人民法院民事裁定书,(2014)民一终字第295号。
② 参见新《公司法》第25~27条。
③ 参见最高人民法院民事裁定书,(2019)最高法民申2862号。

限公司连续一百八十日以上单独或者合计持有公司百分之一以上股份的股东,可以依照前三款规定书面请求全资子公司的监事会、董事会向人民法院提起诉讼或者以自己的名义直接向人民法院提起诉讼"。这是在原《公司法》第151条基础上的新增条款,即公司股东对全资子公司的董事、监事、高级管理人员损害公司利益时,符合条件的公司股东在依法履行前置程序后或具有前置程序豁免情形的,可以以自己的名义直接起诉全资子公司的董事、监事、高级管理人员,即母公司符合条件的股东可以就全资子公司的董事、监事、高级管理人员损害公司利益的行为提起股东代表诉讼。

在新《公司法》颁行前,司法实务中对此问题存有争议相关裁判观点及典型案例如下。

裁判观点一:公司股东的股东不是损害公司利益责任纠纷的适格主体。

【典型案例一】 任某明与杜某轩、郑某燕、景天公司利益责任纠纷案。① 最高人民法院认为,根据《公司法》(2018年)第151条、第152条②的规定,任某明以损害股东利益责任纠纷或者损害公司利益纠纷提起本案诉讼,均应具有景天公司的股东身份。原审经审理查明,本案中,景天公司的股东系景夷达公司,并非任某明。任某明系景夷达公司的股东,其主张以景天公司的实际投资人、实际股东,行使景天公司股东权利,没有法律依据。因此,任某明提起本案诉讼主体不适格。

【典型案例二】 广东南博公司与LEI Lie Ying Limited、劳瑞德公司损害公司利益责任纠纷案。③ 最高人民法院认为,本案系广东南博公司主张猎鹰实业公司全资举办的涉外经济学院的权益,受到LEI Lie Ying Limited及其关联公司劳瑞德公司的侵害而提起的诉讼。首先,根据《民事诉讼法》(2017年)第119条④的规定,原告必须是与本案有直接利害关系的公民、法人和其他组织。本案中,涉外经济学院由猎鹰实业公司全资举办,广东南博公司作为猎鹰实业公司的股东,虽然涉外经济学院的利益受损可能间接影响其利益,但并不构成法律上的直接利害关系。其次,根据《公司法》(2018年)第151条⑤的规定,提起股东代表诉讼的适格主体应为公司股东。涉外经济学院系民办非企业单位,如参照适用《公司法》及相关司法解释的规定,以涉外经济学院利益受损为由提起股东代表诉讼的适格主体应为其举办者,即猎鹰实业公司。而本案中,广东南博公司与LEI Lie Ying Limited均为猎鹰实业公司的股东,而非涉外经济学院的举办者,故广东南博公司无权依据《公司法》(2018年)第151条的规定代表涉外经济学院提起股东代表诉讼。因此,一审法院以广东南博公司作为本案原告的主体身份不适格为由,裁定驳回其起诉,并无不当。

【典型案例三】 乔某与王某斌、广厦万杰公司损害公司利益责任纠纷案。⑥ 二审法院认为,《公司法》(2013年)第151条⑦仅规定股东可为维护自己直接出资的公司利益提起股东代表诉

---

① 参见最高人民法院民事裁定书,(2021)最高法民申6233号。
② 分别参见新《公司法》第189条、第190条。
③ 参见最高人民法院民事裁定书,(2019)最高法民终521号。
④ 参见2023年《民事诉讼法》第122条。
⑤ 参见新《公司法》第189条。
⑥ 参见江苏省高级人民法院民事裁定书,(2016)苏民终568号。
⑦ 参见新《公司法》第189条。

讼,而本案中,乔某仅系兆润公司的股东,并非广厦万杰公司的股东。如兆润公司的合法权益可能受到他人侵害,在兆润公司拒绝提起诉讼的情况下,从维护兆润公司利益角度出发,乔某有权依法以兆润公司股东身份提起股东代表诉讼。但不能当然据此认定在广厦万杰公司权益可能受损,而其股东兆润公司拒绝行使诉讼权利的情形下,乔某亦有权以兆润公司股东身份、为维护广厦万杰公司利益而提起股东代表诉讼。因乔某不具备广厦万杰公司股东身份,其提起本案诉讼,应认定其诉讼主体不适格。

裁判观点二:在母公司对子公司形成绝对资本控制的情形下,母公司控股股东损害子公司合法权益,在子公司怠于向母公司控股股东主张权利时,母公司其他股东为了子公司的利益,在履行了相关前置程序后,有权为了子公司的利益以自己的名义直接向法院提起诉讼。

【典型案例】海航控股公司与赵某某、海航投资公司、皇城酒店公司损害公司利益责任纠纷案。① 关于本案赵某某作为原告提起诉讼主体资格是否适格,二审法院认为,依照《公司法》(2013年)第151条②的规定,公司董事、高级管理人员执行公司职务时违反法律、行政法规或者公司章程的规定,给公司造成损失的,其他人侵犯公司合法权益,给公司造成损失的,有限责任公司的股东,在履行了相关前置程序后,有权为了公司的利益以自己的名义直接向法院提起诉讼。在公司对子公司形成绝对资本控制的情形下,母公司的股东为了子公司的利益以自己的名义直接向法院提起诉讼,亦不违反《公司法》规定。在本案中,海航投资公司系皇城酒店公司的唯一股东,海航投资公司是母公司、皇城酒店公司是子公司,海航投资公司与皇城酒店公司之间形成了绝对的资本控制关系。海航投资公司内部,海航控股公司持有其60%股权,赵某某系持有其40%股权股东。赵某某于2014年1月24日致函海航投资公司监事会并主席(召集人)王某,请求海航投资公司监事会诉请侵害公司利益的股东即海航控股公司承担损失赔偿责任,但海航投资公司监事会在收到该请求后30日内并未作为皇城酒店公司股东向海航控股公司提起该诉讼,此时否定赵某某作为海航投资公司股东提起本案诉讼的原告主体资格,则无法保护皇城酒店公司的利益,进而导致海航投资公司利益受损,亦与《公司法》(2013年)第151条的立法本意相悖。故赵某某作为原告提起本案损害公司利益责任纠纷诉讼主体适格。

新《公司法》的颁行,对这一争议起到了定分止争的作用。

5. 股东代表诉讼中,对股东、公司被反诉恶意起诉能否受理的问题

根据《九民纪要》第26条的规定,股东提起股东代表诉讼后,被告以原告股东恶意起诉侵犯其合法权益为由提起反诉的,法院应予受理;被告以公司在案涉纠纷中应当承担侵权或者违约等责任为由对公司提起的反诉,因不符合反诉的要件,应裁定不予受理。

6. 股东提起诉讼后,其他符合条件的股东是否可列为共同原告、是否亦要求履行前置程序的问题

根据《公司法解释(四)》第24条第2款的规定,在一审法庭辩论终结前,符合《公司法》

---

① 参见陕西省高级人民法院民事判决书,(2016)陕民终228号。
② 参见新《公司法》第189条。

第151条第1款①规定条件的其他股东,以相同的诉讼请求申请参加诉讼的,应当列为共同原告。多个股东共同作为原告的股东代表诉讼,既不同于《民事诉讼法》第55条规定的必要共同诉讼,也不同于普通共同诉讼。因原告提起诉讼时,法院已就前置程序及持股条件进行了审查,故其他股东可受惠于已起诉的股东,无须另行审查是否已履行前置程序,但仍应符合相应的持股条件。

7. 股东提起诉讼后死亡、离婚分割股权,法人主体被吸收或合并的处理

股东代表诉讼中,如果出现作为原告的自然人股东死亡,其股权由他人继承;或者因离婚与配偶分割股权;或者作为原告的法人股东被吸收、合并等情形的,司法实践中,一般应按照《民事诉讼法》关于诉讼中止、终结的规定,变更诉讼主体或者终结诉讼。

8. 作为法定代表人的股东是否可提起股东代表诉讼

一般而言,股东本身是公司的法定代表人,一般情形下不得提起股东代表诉讼,其可以提起股东代表诉讼的例外情形是:法定代表人不掌握公司公章,或难以证明自身的公司法定代表人身份,以公司名义提起诉讼在实践中确有困难,如不允许其选择股东代表诉讼,将使其丧失救济自身权利的合理途径。但应当履行股东代表诉讼的履行前置程序。

司法实践中相关的裁判观点及典型案例如下。

裁判观点一:当股东能够通过自身起诉的途径获得救济时,则不应提起代表诉讼,否则将有悖股东代表诉讼制度的设置意图。

【典型案例】韩国木园控股与福生公司、张小宝公司、福生绿色公司股东出资纠纷案。②最高人民法院认为,股东代表诉讼制度的设置基础在于股东本没有诉权而公司又怠于行使诉权或者因情况紧急可能损害公司利益时,赋予股东代表公司提起诉讼的权利;当股东能够通过自身起诉的途径获得救济时,则不应提起代表诉讼,否则将有悖股东代表诉讼制度的设置意图。

裁判观点二:法律允许股东个人提起诉讼,但要符合《公司法》规定的股东代表诉讼的前置程序。

【典型案例】周某文诉添水县人民政府、添水县工商行政管理局行政登记案。③最高人民法院认为,法律允许股东个人提起诉讼,但要符合《公司法》(2013年)第151条④规定的前置程序。之所以设置这些前置程序,是因为从公司自身角度讲,公司具有独立的法律人格,股东虽然是公司的创设者,但在法律上与公司属于不同的主体,公司的独立人格应该受到尊重。股东意志应当尽可能地通过公司自身的一系列制度形成公司意志并以公司的名义对外表达。

(二)被告主体

根据《公司法》第21条、第22条、第180~184条、第192条的规定,损害公司利益责任纠纷诉讼中被告范围包括公司的董事,监事,高级管理人员,滥用股东权利的公司股东、实际控

---

① 参见新《公司法》第189条第1款。
② 参见最高人民法院民事裁定书,(2014)民提字第170号。
③ 参见最高人民法院行政裁定书,(2017)最高法行申3597号。
④ 参见新《公司法》第189条。

制人,不担任公司董事但实际执行公司事务的公司的控股股东、实际控制人,指示董事、高级管理人员从事损害公司或者股东利益的行为的公司的控股股东、实际控制人,侵犯公司合法权益且给公司造成损失的"他人"。

1. 董事、监事、高级管理人员

董事、监事的身份的认定。董事、监事由股东会或职工大会选举产生,所以实务中董事、监事的身份一般参照公司工商登记信息、公司章程的规定以及股东会决议予以认定。但在司法实践中值得特别注意的是:监事出任高级管理人员的问题。《公司法》第 76 条第 4 款规定,董事、高级管理人员不得兼任监事。实务中常见的有经公司章程确认并经工商登记公示的监事,但公司内部临时决策由其担任公司领导、全面负责公司日常经营,对该行为法律效力的认定,实务中存在争议。

有观点认为,董事、高级管理人员与监事在公司治理结构中承担不同的职责,董事、高级管理人员在公司中的主要作用是管理和经营公司业务,负责具体实施股东会的决议,与其执行机构的权利角色相一致;而监事会作为监督机构,监事的主要作用是制衡和约束董事会的权利并对其加以监督,防止因公司管理层的道德风险而侵害股东尤其是小股东的利益。监事与董事、高级管理人员是监督与被监督的关系,二者职责冲突,如果让董事、高级管理人员兼任监事,则无法履行监事监督与约束的职能,无法维护股东和职工的合法权益,监事一职将形同虚设。由于《公司法》第 76 条第 4 款属于法律的强制性规定,因此应当认为高级管理人员与监事互相兼任的行为无效,如果此两种职务是同时任命的,两项任命均无效;如果此两种职务是先后任命的,后一项任命无效。

也有观点认为,董事和高级管理人员的职责是执行公司决策,负责公司日常经营,监事的职责是监督并纠正董事、高级管理人员的行为,两者的职责存在冲突。但其效力问题,应分不同情形区分处理。

一种情形是,对于股东人数众多且分散的股份有限公司,或者大股东兼任高级管理人员、小股东利益难以得到保障的公司,内部监督不可或缺,如监事和高级管理人员互相兼任,则应认定该行为无效,如果两种职务是同时任命的,则两项任命均无效;如果两种职务有先后任命次序,则后一项任命无效。①

另一种情形是,对于股东人数少、管理层规模小的有限责任公司,应基于保护公司利益促进经济发展的出发点,通过考察公司临时决策的意思表示,有条件地认可瑕疵决议的效力,避免公司出现经营僵局。从具体股东会决议分析,看监事出任高级管理人员是否属于职务的转任,如可以认定该意思表示,则其身份转换不违反《公司法》第 51 条第 4 款的强制性规定,可认定其为公司的高级管理人员。

实践中更倾向于后一种观点,在《人民司法·案例》刊载的案例中,亦持该观点,认为公司高级管理人员与监事互相兼任的认定应当综合形式与实质两个要件,具有高度人合性的小公

---

① 参见沈竹莺:《公司监事兼任高管的法律后果及其勤勉义务》,载《人民司法》2011 年第 2 期。

司在决策过程中时常发生形式要件瑕疵的情形,司法应从《公司法》保护公司利益,促进经济发展的立法原则出发,考察股东的真实合意,有条件地认可瑕疵决议的效力,避免因决议无效导致公司陷入经营僵局。对公司高级管理人员勤勉义务的认定应当以客观标准为一般标准,同时兼顾个案正义,结合具体案情在一般判断标准允许的范围内作出更为妥当和准确的判定。对人合性较高的有限责任公司监事代行总经理职务的,两类职责出现交叉,后果是其作为监事的任职无效,应当认定为高级管理人员。

裁判观点: 公司高级管理人员与监事互相兼任实施的行为是否构成违反勤勉义务,应当综合形式与实质两个要件进行判断。如果出现相互兼职的情况,其后果仅为:该高级管理人员作为监事的任职应当无效,所作出的监督结果的报告也为无效。

【典型案例】 川流机电公司与李某某损害公司利益赔偿纠纷案。[①] 法院认为,关于被告在公司身份的认定,根据现有的证据以及被告在第一次庭审中的陈述,可以确认在罗某患病离开后,被告依据公司的决定全面负责原告工作,被告作为原告高级管理人员的身份毋庸置疑。至于被告的其为公司监事,根据章程的约定不得担任高级管理人员,故其不是公司高级管理人员的抗辩理由。法律对董事、高级管理人员不得兼任监事也有相同的规定,主要原因为:有限责任公司的监事会成员或者监事,其主要职责是监督公司董事、经理等经营决策机构和业务执行机构的人员的活动,纠正他们的违法行为和损害公司利益的行为。因此,这两类职责不得交叉,担任这两类职责的人员不得兼职,否则无法形成监督制约的机制。如果出现相互兼职的情况,其后果为:该高级管理人员作为监事的任职应当无效,所作出的监督结果的报告也为无效。本案中,被告担任公司高级管理人员的情况只是影响其监事职权的效力,与本案争议焦点无涉。

2. 高级管理人身份的认定

对于高级管理人员的范围,《公司法》第265条作出了规定,即公司的经理、副经理、财务负责人,上市公司董事会秘书和公司章程规定的其他人员。但是,实务中客观上经常出现拥有实际经营管理权限但又不在《公司法》规定人员范围内的管理人员的情形。因此,实务中,在认定高级管理人员身份时,除应考虑其担任的工作岗位名称外,还应重点考虑其职务的形成、职权的范围、是否实际掌握公司整体经营权等核心性事务的执行决定权等。故在实务操作中,我们应重点关注:(1)公司章程,实务中一般会以公司章程规定的高级管理人员为原则,关注点为公司章程是否有规定公司经理、副经理、财务负责人等。(2)工商登记中的高级管理人员名单。(3)相关任职任免文件或公告,即公司是否有决定聘任公司高级管理人员的董事会决议、任免手续、任命或免除被告高级管理人员身份的公告等。高级管理人员通常由董事会或者执行董事决定聘任和解聘,只要公司的聘任或者解聘手续完备,则可推定高级管理人员聘任或者解聘的事实成立。(4)当前述三方面文件都无法确定被告的高级管理人员身份时,还可关注劳动合同的约定或者公司内部系统的职位和职责权限等,即公司管理人员签订的劳动合同是否存在关于高级管理人员职权范围的约定,或者通过公司内部系统的职位和职责权限以确定其

[①] 参见上海市闵行区人民法院民事判决书,(2009)闵民二(商)初字第1724号。

在公司管理中的权力地位,如股东在公司中享有相应的经营管理权,可以认定其符合高级管理人员的任职要求。实际经营管理权限的判断,有赖于其对外意思表示内容、对内职权的汇报层级、签署重要文件情况等具体事实进行综合判断。(5)其他间接证明被告高级管理人员身份的材料。

司法实践中相关裁判观点及典型案例如下。

裁判观点一:法院可以结合公司提供的与客户签订的合同契约书、基本住房公积金基数调整汇总表、用工协议书后面的"特别约定或续签变更"、与其他职工签订的劳动合同及附在劳动用工合同后面的"特别约定或续签变更"上的签名,认定当事人高级管理人员的身份。

【典型案例一】上海日伸公司与李某某损害公司利益赔偿纠纷案。① 二审法院认为,公司章程规定聘用总经理需经董事会决定,但公司在诉讼中未提供董事会决议证明,也未提供工商机关备案登记的相关资料及聘任书等证据。在不能确认当事人为公司总经理的情况下,法院结合公司提供的与客户签订的合同契约书、基本住房公积金基数调整汇总表、用工协议书后面的"特别约定或续签变更"、与其他职工签订的劳动合同及附在劳动用工合同后面的"特别约定或续签变更"上的签名,认定当事人的身份是高级管理人员。

【典型案例二】贵阳华业公司、北京华业公司损害公司利益责任纠纷案。② 最高人民法院认为,北京华业公司提供了张某社会保险个人权益记录、工资发放记录、补发张某工资的事实,原审据此认定张某与北京华业公司之间在2017年9月底前存在劳动关系不缺乏证据证明。北京华业公司任命张某为公司副总经理,再结合张某代表北京华业公司在"授权签字人"处签字与深圳平安公司签订合作协议、与双龙管委会签订《项目投资协议》等相关事实,原审据此认定张某系北京华业公司的高级管理人员亦不缺乏证据证明。

【典型案例三】新月公司诉马某辉损害公司利益责任纠纷案。③ 二审法院认为,《公司法》(2013年)第216条④规定,"高级管理人员"是指公司的经理、副经理、财务负责人,上市公司董事会秘书和公司章程规定的其他人员。综合本案查明的事实,马某辉既非新月公司章程确定的股东、董事、监事,同时也不具有公司法或新月公司章程规定的高级管理人员职位或职权,依法不能界定其为新月公司的高级管理人员。

裁判观点二:《公司法》意义上的"高级管理人员",是指法律或者章程规定的由董事会聘任、对内执行公司业务、对外代表公司的人员。作为公司高级管理人员的"经理"应当享有《公司法》规定的经理享有的法定概括授权。原告并未提交充分证据证明被告在原告处担任实际掌握公司整体经营权或整体事务执行决定权的职务,故被告并非《公司法》意义上的"经理"或高级管理人员。

【典型案例】联泰集群公司与赵某某、中科泰坦公司损害公司利益责任纠纷案。⑤ 二审法院

---

① 参见上海市第一中级人民法院民事判决书,(2010)沪一中民四(商)终字第615号。
② 参见最高人民法院民事裁定书,(2020)最高法民申1025号。
③ 参见上海市第一中级人民法院民事判决书,(2017)沪01民终12579号。
④ 参见新《公司法》第265条。
⑤ 参见北京市第一中级人民法院民事裁定书,(2021)京01民终7044号。

认为,《公司法》(2018年)第六章①所涉"高级管理人员",是指法律或者章程规定的由董事会聘任、对内执行公司业务、对外代表公司的人员。作为公司高级管理人员的"经理",享有《公司法》(2018年)第49条②规定的法定概括授权。原告并未提交充分证据证明被告在原告处担任实际掌握公司整体经营权或整体事务执行决定权的职务,故被告并非《公司法》意义上的"经理"或高级管理人员。至于《劳动合同书》约定的被告相关义务与《公司法》(2018年)第148条③规定的内容一致,并不能说明其对原告负有公司高级管理人员之法定义务,根据原告起诉的事实和理由,一审法院认定该案争议内容属劳动争议范畴并因原告未经劳动仲裁前置程序径行提起诉讼,存在程序不当,进而裁定驳回原告的起诉,该处理结果并无不当。

裁判观点三:未正式离职前的公司高级管理人员,仍应承担相应忠实和勤勉义务。

【典型案例】托马斯公司与陈某荣损害公司利益责任纠纷案。④法院认为,从《公司法》对高级管理人员应负的忠实和勤勉义务法定要求来看,陈某荣未正式离职即仍为托马斯公司高级管理人员,仍应承担相应忠实和勤勉义务,故陈某荣在离职前夕参与设立英思伯瑞公司的行为仍应定性为违反了高级管理人员的忠实和勤勉义务。二审判决对一审观点予以维持。

裁判观点四:股东会或经章程授权的董事会决议确定的法定代表人和工商登记的法定代表人不一致时,工商登记的法定代表人提起损害公司利益责任纠纷诉讼不能视为公司的真实意思表示。

【典型案例】真功夫公司、双种子公司、潘某海与蔡某标、蔡某红、王某斌及润海资本公司、联动创业公司损害公司利益责任纠纷案。⑤最高人民法院认为,本案为损害公司利益责任纠纷。二审争议的焦点问题为潘某海能否作为真功夫公司法定代表人提起本案诉讼。根据《民事诉讼法》(2017年)第48条第2款⑥、《公司法》(2018年)第13条⑦以及《民事诉讼法司法解释》第50条的规定,公司法定代表人依法登记具有对外公示效力,但不具有确定公司在法定代表人问题上真实意思表示的效力。因此,在对内效力方面,公司法定代表人应当以章程体现出来的股东意志表示为准。本案中,虽然工商登记资料中载明真功夫公司的法定代表人仍是潘某海,但其被推选为董事长的真功夫公司董事会决议已被生效民事判决撤销。因此一审判决不认可潘某海为真功夫公司法定代表人,认定事实有证据支持。潘某海关于一审裁定认定其并非真功夫公司合法的法定代表人错误的上诉理由不能成立。本案起诉状除潘某海签字外,还加盖了真功夫公司公章。但根据已经查明的事实,蔡某标被羁押至今,真功夫公司实为潘某海控制,公司公章亦为潘某海掌管。直至二审期间,真功夫公司也没有证据证明该公司又召开新的董事会,并形成提起本案诉讼或明确授权潘某海提起本案诉讼的决议。故仅根据起

---

① 参见新《公司法》第八章。
② 参见新《公司法》第74条。
③ 参见新《公司法》第181~184条。
④ 参见北京市海淀区人民法院民事判决书,(2019)京0108民初45957号;北京市第一中级人民法院,(2020)京01民终6780号。
⑤ 参见最高人民法院民事裁定书,(2021)最高法民终2号。
⑥ 参见2023年《民事诉讼法》第51条第2款。
⑦ 参见新《公司法》第10~11条。

诉状加盖真功夫公司公章的事实，不足以认定本案诉讼为真功夫公司的真实意思表示。

综上所述，不难发现，司法实践中，法院对公司高级管理人员身份进行审查认定时，关注更多的是高级管理人员是否实际掌握公司的整体事务经营权、管理权和整体事务的执行决定权，从实质性要件关注、审查并确定其身份属性，对责任主体资格进行实质性判断，具体有以下内容：

股东、实际控制人虽持有或间接持有公司股权，但并无直接参与公司经营管理的权限，相反，如其在公司实际经营中享有实际管控与决策权，应视为实质上行使了公司高级管理人员的职权，符合高级管理人员的身份。

在家族企业中，某些家族成员在公司未显名任职也不领取薪酬，但实际行使公司经理职权或作为公司财务负责人，亦应认定其属于高级管理人员。

如果实际职权所对应的职位在该公司中并未设立，也能从反面印证实质标准的合理性，如公司虽未设置财务总监或相应职位，但实际全面负责公司的财务决策和监管即可印证其财务负责人的地位。

3. 股东

根据《公司法》第 21 条、第 180 条以及第 192 条的规定，在公司股东滥用股东权利，或者在特定情形下违反忠实勤勉义务，或者指示董事、高级管理人员从事损害公司或者股东利益的行为，给公司造成损失的情况下，可以股东为被告提起诉讼。值得注意的是，将股东作为被告，实务中应当关注当事人所主张的持股情况是否与工商登记情况一致。实践中，在滥用股东权利损害公司利益纠纷中，争议最大的是股东权利滥用的判断标准。

司法实践中相关裁判观点及典型案例如下。

裁判观点一：公司利益既包括实体性利益，也包括程序性利益。如果因为公司股东的原因使得公司程序性权利无法启动，进而导致公司的实体利益无法律途径进行救济，可以认定是滥用股东权利损害公司利益的行为；作为公司的股东，同时也是利益方的关联企业，不同意由公司对利益方提起诉讼或仲裁，从而导致公司对利益方的诉讼或仲裁无法启动的，可能基于多种因素考虑，不构成对公司利益的损害。

【典型案例】 南华公司与佛燃公司损害公司利益责任纠纷案。[①] 最高人民法院认为，针对"佛燃公司在《会议纪要》中的表决意见是否属于滥用控股股东地位损害港华公司利益的行为"，根据《公司法》（2013 年）第 20 条[②] 第 1 款和第 2 款的规定，通常来说公司利益既包括实体性利益，也包括程序性利益。如果因为公司股东的原因使得公司程序性权利无法启动，进而导致公司的实体利益无法律途径进行救济，可以认定是滥用股东权利损害公司利益的行为。佛燃公司在《会议纪要》中表示不同意以港华公司的名义对高网公司提起诉讼，故南华公司认为佛燃公司的表决意见损害了港华公司的利益。首先，严格地说，佛燃公司在《会议纪要》中投出反对票所针对的是"关于要求高网公司即时恢复供应一万吨一期大鹏气并补足之前停供

---

① 参见最高人民法院民事裁定书，(2018)最高法民申 3884 号。
② 参见新《公司法》第 21 条。

量的议案",并非针对南华公司是否应当对高网公司提起诉讼的议案。而且,佛燃公司仅表示不同意以港华公司的名义提起诉讼,并未明确反对以港华公司的名义提起仲裁。其次,即使采用类推的方式认定佛燃公司必然也不会同意关于港华公司对高网公司提起仲裁的议案。也不能就此直接认定佛燃公司滥用股东权利损害港华公司的利益。股东代表诉讼制度是公司自治机制失灵时允许司法适当介入和干预,以保障公司和中小股东的合法权益的制度。本案中,佛燃公司既是港华公司的股东,也是高网公司的关联企业,佛燃公司可能基于多种因素考虑不同意由港华公司对高网公司提起诉讼或仲裁,由此导致港华公司对高网公司的诉讼或仲裁无法启动。根据《公司法》(2013年)第151条①的规定,此时可以引入股东代表诉讼制度来保障港华公司的程序性利益得以实现。根据原审查明的事实看,虽然南华公司曾通过股东代表诉讼的方式对高网公司提起诉讼,但佛山市中级人民法院以港华公司和高网公司订立的仲裁条款对南华公司同样具有约束力为由,裁定驳回南华公司的起诉。在南华公司提起的股东代表诉讼被裁定驳回后,本案没有证据证明南华公司曾代表港华公司对高网公司提起过仲裁,也没有证据证明仲裁机构对南华公司的仲裁请求不予受理。因此,南华公司不能证明因为佛燃公司的表决意见导致港华公司完全丧失了法律救济的途径,由此就不能认定佛燃公司滥用控股股东地位损害港华公司的利益。既然本案不能认定佛燃公司损害了港华公司的利益,原审据此驳回南华公司要求判令佛燃公司立即停止损害港华公司的利益并赔偿损失的诉讼请求,并无不妥。

裁判观点二:股东依规行权不构成公司利益损害——在公司具有合同解除权的情况下,主张股东单方以公司名义解除合同构成对公司利益的损害没有事实依据。

【典型案例】 国际公司与武商集团损害公司利益责任纠纷案。② 最高人民法院认为,根据我国《公司法》的规定,股东代表诉讼是在公司董事、监事、高级管理人员违反对公司的忠实和勤勉义务,以及包括大股东等在内的他人侵犯公司合法权益,给公司利益造成损害,而公司又不追究其责任时,赋予股东代表公司提起诉讼的权利,以维护公司合法权益。公司经解散清算并注销后,并非没有权利义务的继受人,在公司已经注销的情况下,符合法定条件的股东对提起股东代表诉讼仍具有诉的利益。故武广公司虽已注销,但国际公司提起的本案股东代表诉讼应继续审理。本案股东代表诉讼是在武广公司经审批的营业期限短于武广公司与武商集团签订的《租赁合同》,而武广公司的两方股东武商集团和国际公司又未能就延长合资公司的经营期限达成一致意见的情况下,由国际公司主张武商集团单方解除《租赁合同》的行为侵害了武广公司的利益。故武商集团是否有权解除《租赁合同》即为本案之关键所在。公司虽系民商事权利义务关系的主体,但其设立本身亦系当事人即股东意思自治的体现,公司之存续亦然。《中外合资经营企业法》第13条即规定,合资公司延长经营期限,需要各方一致同意;《武广公司章程》亦有类似约定。据此,武广公司经营期限届满时,在合资双方未能就延长期限达成一致的情况下,其应当进入解散清算程序,而不受武广公司与包括武商集团在内的其他主体所签

---

① 参见新《公司法》第189条。
② 参见最高人民法院民事判决书,(2019)最高法民终594号。

订合同的履行期限的限制。公司解散并不意味着公司法人资格立即消灭,公司于清算期间仍然维持法人地位,但公司从事经营活动的行为能力受到限制,其职能只限定在清算目的范围内。《公司法》(2018年)第186条①就此明确规定,清算期间公司不得开展与清算无关的经营活动。故在武广公司因经营期限届满而进入解散清算程序的情况下,其不得再从事商业经营。因武广公司不具有承租案涉房产从事商业经营之行为能力,《租赁合同》目的无法实现,武商集团有权依据《合同法》第94条②之规定解除《租赁合同》。在武商集团具有合同解除权的情况下,国际公司主张武商集团解除《租赁合同》给武广公司造成营业损失,并要求其按照武广公司的月度平均收入等因素折算的数额进行赔偿,没有事实依据,原判决未予支持并无不当,予以维持。

4. 实际控制人

(1)实际控制人的认定

控制权是指对一个公司的经营管理或方针政策具有决定性的影响力,对公司的经营计划、方针、财务、人事等事务的决定权。③其通常表现为:首先,控制权的核心内容是控制权人对公司所有重大事项的单方面决定权或重大影响能力。公司股东会作为公司的最高权力机构,需要按照资本多数决的原则对公司的所有重大事项进行表决,由此,控制权在某种程度上通过表决权加以体现。其次,控制权的法律基础是控制权人对于公司直接、间接持有或控制的股份数额。④所以,无论是以股权为基础的控制(直接控股、金字塔形持股结构、交叉持股等)还是非以股权为基础的控制(委托投票、征集投票权、股权托管等),归根结底其基础都源于授权人所持有的股权。故而,在司法实践中,对于控制权的审查、判断,一般均会以公司的股权关系结构作为最基本的出发点。

根据《公司法》第265条第3项的规定,实际控制人即为能够实际支配公司行为的人。何为"实际支配公司行为",《公司法》未作更明确的规定和解释。实践中,会参照证监会、证券交易所的相关规定进行理解。中国证券监督管理委员会发布的《上市公司收购管理办法》第84条规定:"有下列情形之一的,为拥有上市公司控制权:(一)投资者为上市公司持股50%以上的控股股东;(二)投资者可以实际支配上市公司股份表决权超过30%;(三)投资者通过实际支配上市公司股份表决权能够决定公司董事会半数以上成员选任;(四)投资者依其可实际支配的上市公司股份表决权足以对公司股东大会的决议产生重大影响;(五)中国证监会认定的其他情形。"此外,《上海证券交易所股票上市规则》及《深圳证券交易所股票上市规则》也对"控制"作了大致相同的界定。基于以上规定可以看出,对于实际控制人的判断和认定,现行监管立法采取了以表决权为基本,同时根据实质重于形式的监管原则,以支配性影响力的有无作为兜底的判断和认定的原则。

---

① 参见新《公司法》第236条。
② 参见《民法典》第563条。
③ 参见彭冰:《中国证券法学》,高等教育出版社2005年版,第307页。
④ 参见周伦军:《上市公司实际控制人案件若干问题研究》,载《人民司法》2008年第11期。

以支配性的影响力作为实际控制人的判断基准,重点是考察实际控制人对于公司机关的组成、议事程序和决策步骤是否具有绝对性的影响力,以表决权的审查为基本依据。①

(2)实际控制人认定路径

如前所述,公司的股权关系结构是对于公司控制权的审查、判断的最基本的出发点,对于实际控制人控制的表决权的判断也应当以此为出发点。在实际操作中,具体可以通过审查表决权的实际持有和控制情况,逐步追溯表决权背后的实际控制人。具体步骤如下:

第一,追溯、分析公司股权关系。通过对股权关系的层层向上追溯、确定公司最终的股东,即终极控制人,然后对终极控制人的实际控制能力进行计算,以计算结果来确定实际控制人。最早提出并要求以控制关系方框图形式披露股权结构关系的是《关于上市公司重大购买、出售、置换资产若干问题的通知》(已失效)。当时该通知规定,上市公司在发生重大购买、出售、置换资产等行为时,必须将相关情况报请审核,并要求以方框图或者其他有效形式,全面披露与交易对方相关的股权及控制关系,包括交易对方的直接持有人、各层之间的股权关系结构图,以及与上市公司之间的股权关系结构图,直至披露到出现自然人或国有资产管理部门为止,并以文字简要介绍交易对方的主要股东及其他关联人的基本情况,以及其他控制关系(包括人员控制)。但值得注意的是,实务中虽然以股权结构图来描述股权控制关系能够较为直观地呈现公司的实际控制结构,但也仅是审查认定实际控制人的一个基本证据,同时还应当结合其他相关证据进行分析认定。

第二,审查公司董事会的构成。公司董事会成员由股东选举产生,与股东表决权密切相关。不管通过什么样的方式行使表决权,一旦确定了半数以上的公司董事就实现了对公司的实际控制。所以通过对公司董事会构成的审查,可以确认实际控制人的实际支配影响能力。

第三,举证责任。涉实际控制人的案件中,当事人的举证难是一个突出且普遍的问题。但实务中如何合理分配举证责任,尚未达成统一看法。在"谁主张,谁举证"的一般举证责任分配的原则下,主张者应该:一是证明被告为实际控制人;二是证明被告行使了滥用控制权的行为导致公司损失。但实践中,主张者往往是小股东,甚至非公司股东,他们仅能获取关于公司的公开信息,此时是否可以考虑当事人之间对于证据占有和取得能力的实际情况,引入举证责任倒置的举证规则,这取决于法官的自由裁量。

(3)实际控制人损害公司利益责任的认定

新《公司法》涉及实际控制人的条文有:

① 第265条第3项规定。与原《公司法》第216条第3项规定相比较,我们不难发现,新《公司法》删除了原《公司法》中"虽不是公司的股东"的表述,只要"通过投资关系、协议或者其他安排,能够实际支配公司行为",即属于实际控制人。这一定义弥补了原《公司法》明显的立法漏洞,当股东持股比例不足50%且其持有的表决权不足以影响股东会决议,但他/她通过投资关系、协议或者其他安排能够支配公司行为,这在原《公司法》不构成实际控制人,但

---

① 参见周伦军:《上市公司实际控制人案件若干问题研究》,载《人民司法》2008年第11期。

在新《公司法》中，其构成实际控制人。这一观点其实在之前证券实务中已经出现，如深圳证券交易所《股票上市规则》(2023年修订)即规定，实际控制人，指通过投资关系、协议或者其他安排，能够实际支配公司行为的自然人、法人或者其他组织。并未将具有股东身份的人排除在外。

② 第15条第2款、第3款，第22条，第180条，第192条等规定。在这里，需要特别关注的是新《公司法》第180条规定的特定情形下实际控制人的忠实勤勉义务及第192条规定的存在实际控制人指示董事、高级管理人员从事损害公司或者股东利益的行为的，应当对董事、高级管理人员的赔偿义务承担连带责任。根据前述规定，公司根据对实际控制人以担保、关联交易、特定情形下的忠实勤勉义务，指示董事、高级管理人员从事损害公司的行为主张赔偿的问题，新《公司法》作出了明确规定。而对于公司根据《公司法》第21条、第188条规定主张实际控制人损害公司利益的，实际控制人是否为适格责任主体，应否承担赔偿责任，存在不同观点：

有观点认为，新《公司法》第21条、第188条并未明确将实际控制人纳入损害公司利益赔偿责任的主体范围，故其所规定的权利滥用规则、违法违规赔偿责任不能直接适用于实际控制人。而且，公司实际控制人的常见身份为隐名股东，通过委托他人持股，对公司施以控制。《公司法解释(三)》虽对隐名股东相关法律适用问题作了相关规定，一定程度上缓解了司法中存在的法律适用不统一问题，但其规定比较简单。实践中，对于损害公司利益的相关责任难以认定。一般而言，损害公司利益责任纠纷的当事人应当是法律明确规定的主体，隐名股东并非公司的登记股东或出现在公司章程或记载于公司的股东名册，如果直接认定隐名股东为此类纠纷的适格被告，存在不妥：一是对隐名股东身份的确定与损害公司利益责任的诉讼并非同一法律关系；二是隐名股东的股东资格确认的发起人往往是隐名股东自身，在公司作为原告起诉隐名股东时，隐名股东身份的确定往往陷入僵局。因此，如果隐名股东为公司的董事或高级管理人员，可以适用董事损害公司利益责任纠纷相关认定；如果公司实际控制人并未在公司担任任何职务，依据《公司法》第21条的规定，实际控制人仅有不得利用关联关系损害公司利益的义务，因此公司的实际控制人不宜作为损害公司利益责任纠纷的被告，而应采取其他救济途径解决。

也有观点认为，实践中，实际控制人侵害公司的方式多样，既包括关联担保，关联交易，特定情形下的忠实勤勉义务，支配和影响董事、高级管理人员从事损害公司等侵权行为，也包括挪用公司资金、侵占公司资产、篡夺公司机会、侵犯公司秘密、压制中小股东、干预公司运营等行为。其相对于公司而言，实际控制人并非普通侵权人，故实际控制人应作为损害公司利益的责任主体，应纳入公司法的相关规范中。由于实际控制人责任的复杂性，有学者将实际控制人的责任类型化为实际参与决策的情形和施加决定性影响的情形，进而主张前者适用董事责任，后者适用控制股东责任。①

在新《公司法》颁行之前的司法实践中更倾向于后一种观点，这亦与新《公司法》第180

---

① 参见叶敏、周俊鹏：《公司实际控制人的法律地位、义务与责任》，载《广东行政学院学报》2007年第6期。

条、第192条的规定相吻合。

裁判观点：被告系公司的首席科学家、顾问和隐名股东，公司不能援引《公司法》关于公司控股股东、实际控制人及高级管理人员的责任规定要求被告承担相应的赔偿责任。

【**典型案例**】天星公司与陈某东、兆宝公司等损害公司利益责任纠纷案。① 二审法院认为，针对"天星公司主张陈某东系天星公司的股东及员工，对公司负有忠实义务与竞业禁止义务，但陈某东设立了兆宝公司与皋祥公司，明显违反了忠实义务与竞业禁止义务，故陈某东应当依据公司法、劳动合同法与侵权责任法的相关规定承担侵权责任"的观点，陈某东系天星公司的首席科学家、顾问及隐名股东，并非系公司法所规定的控股股东、实际控制人及高级管理人员，故天星公司以陈某东违反公司法关于公司控股股东、实际控制人及高级管理人员的义务为由主张陈某东应当承担相应的赔偿责任缺乏事实与法律依据。

根据《公司法》第22条的规定，公司的实际控制人不得利用其关联关系损害公司利益；违反前述规定，给公司造成损失的，应当承担赔偿责任。该条系对实际控制人禁止关联交易的相关规定，属公司关联交易损害责任纠纷所依据的法律规范。对于未以关联交易形式而以其他形式损害公司利益的实际控制人，鉴于其相对于公司而言并非普通侵权人，而是可以对公司施加影响，控制公司股东会的决策权、董事会的经营管理权，并能够支配公司行为的特殊主体，故实际控制人应当为适格的被告，应纳入《公司法》的相关规范中。

5. 关于上述主体以外的共同侵权人即"他人"

（1）多名股东、实际控制人、董事、监事或高级管理人员共同实施损害公司利益的侵权行为，造成公司利益受损的，根据《民法典》第1168条的规定，应当作为共同被告承担连带责任。

（2）常见情形，公司董事、高级管理人员和"他人"都实施了损害公司利益的行为时，将董事、高级管理人员和"他人"列为共同被告提起诉讼。主张董事、高级管理人员和"他人"是作为共同侵权的人员承担连带责任。但应该如何确定《公司法》第189条第3款所规定的"他人"的范围。对此，从共同侵权的角度来说，"他人"，一般应当是与公司董事、高级管理人员、滥用股东权利的股东这三类人员有关联关系且共同实施损害公司利益行为的主体，应当包括公司内部人员（不属于董事、高级管理人员范畴的人员）、公司外部人员（常见于亲属、朋友等），以及前述三类人员另行设立的其他竞争性企业等。

（3）对于股东、实际控制人、董事、监事或高级管理人员与《公司法》第180条、第265条所列主体之外的人员主观合谋或行动上配合一致，损害公司利益的，应根据侵害方式的不同区别对待：一是公司股东、实际控制人、董事、监事或高级管理人员违背公司利益、利用职权之便直接侵害公司利益，该行为本质上属于故意侵权，与一般侵权行为无异，其与其他人员进行合谋或在行动上配合一致，可以构成《民法典》第1168条规定的共同侵权行为；二是董事、监事或高级管理人员因执行公司职务客观引发了公司利益受损，对于参与合谋或协助的其他人员，例如，公司的其他一般职员或公司外第三人等，其既不享有公司决策性职权，也不受勤勉义务的

---

① 参见江苏省高级人民法院民事判决书，(2019)苏民终313号。

规制或督促，未获得法律基于勤勉义务专门为董事、监事或高级管理人员提供的责任豁免，同样也不应与董事、监事或高级管理人员共同承担违反勤勉义务的责任。但就其行为可另行评价，法院一般会依其过错及因果关系等要件判断是否让其承担一般侵权责任。

（三）第三人主体

股东作为原告提起诉讼的，根据《公司法解释（四）》第24条第1款、第25条的规定，应当将公司列为第三人参加诉讼，且诉讼利益归于公司所有。

（四）股东代表诉讼的前置程序

1. 股东在履行前置程序时应当注意的问题

根据《公司法》第189条、《九民纪要》第25条的规定，股东提起代表诉讼的前置程序之一是，股东必须先书面请求公司有关机关向法院提起诉讼。

司法实践中相关裁判观点及典型案例如下。

裁判观点一：法律允许股东个人提起诉讼，但要符合《公司法》规定的股东代表诉讼的前置程序。

【典型案例】参见前文的周某文诉添水县人民政府、添水县工商行政管理局行政登记案（第708页）。

裁判观点二：提起股东代表诉讼应"竭尽公司内部救济"的前置程序。

【典型案例】陈某与何某强、罗某兴、罗某秋、何某珍及天奥公司损害公司利益责任纠纷案。[1]最高人民法院认为，《公司法》（2013年）第151条[2]在赋予股东为了公司的利益以自己的名义直接向法院提起诉讼即股东代表诉讼之权利的同时，规定提起股东代表诉讼须以股东经书面请求监事会或监事、董事会或执行董事提起诉讼而监事、执行董事等拒绝或者怠于提起诉讼为条件，亦即"竭尽公司内部救济"的前置程序。设定该前置程序的主要目的和意义在于促使公司内部治理结构充分发挥作用，以维护公司的独立人格、尊重公司的自主意志以及防止股东滥用诉权、节约诉讼成本。

相应地，股东没有履行该前置程序的，法院会驳回起诉。换言之，一般情况下，应当严格遵循前述《公司法》第189条规定的前置程序，否则存在被法院驳回起诉的风险。

【典型案例一】百嘉欣公司、徐某明、大洲公司、山河集团等损害公司利益责任纠纷案。[3]最高人民法院认为，本案中，百嘉欣公司并未在诉前向新地标公司监事提出书面请求，其二审上诉主张本案存在可以自行提起诉讼的例外情形，但未能提供充分证据予以证明，故其以自己的名义提起本案股东代表诉讼不符合上述法律规定的前置条件和例外情形，原审判决据此驳回百嘉欣公司的起诉，处理结果并无不当。

【典型案例二】正源公司与富某斌公司证照返还纠纷案。[4]最高人民法院认为，《公司法》

---

[1] 参见最高人民法院民事裁定书，(2015)民提字第230号。
[2] 参见新《公司法》第189条。
[3] 参见最高人民法院民事裁定书，(2019)最高法民申1162号。
[4] 参见最高人民法院民事裁定书，(2015)民申字第2767号。

(2013年)第151条①规定了股东代表诉讼制度,公司董事、监事、高级管理人员以及他人侵害公司合法权益的,公司股东有权向法院提起诉讼,但要遵循前置程序的要求,即股东应书面请求监事会或者不设监事会的有限公司的监事、董事会或执行董事提起诉讼;监事会、监事或者董事会、执行董事收到书面请求后拒绝提起诉讼,或者自收到请求之日起30日内未提起诉讼,或者情况紧急、不立即提起诉讼将会使公司利益受到难以弥补的损害,股东有权为了公司的利益以自己的名义直接向法院提起诉讼。该前置程序是一项法定的强制性义务,除非存在情况紧急不立即诉讼公司将会受到不可弥补的损害的情形,才可免除前置程序。本案中,正源公司代表正源市政请求原执行董事返还证照,但未履行股东代表诉讼的法定前置程序,其无充分证据证明本案存在免除前置程序的例外情形,原裁定据此驳回其起诉并无不当。

但是,该项前置程序针对的是公司治理的一般情况,即在股东向公司有关机关提出书面申请之时,存在公司有关机关提起诉讼的可能性。如果查明的相关事实表明,根本不存在该种可能性,法院不应当以原告未履行前置程序为由驳回起诉。所以股东在提起股东代表诉讼时应当注意以下五点:

第一,触发情形:(1)公司董事、监事、高级管理人员、不担任公司董事但实际执行公司事务的双控人等人员存在违反《公司法》第181~184条规定的情形;(2)他人侵犯公司合法权益,给公司造成损失的情形;(3)股东违反《公司法》第21条、实际控制人违反《公司法》第22条规定的情形。

在这里需要注意的是,《公司法》第189条第3款规定的"他人侵犯公司合法权益",是否排除了合同之诉。从条文文义上看,笔者认为该规定并未排除合同之诉,不能从字面意义上当然得出股东代表诉讼的诉因仅限于侵权之诉的结论。从股东代表诉讼制度的设立目的看,是解决对董事、监事、高级管理人员、不担任公司董事但实际执行公司事务的公司的双控人等的监督和制约问题,而非处理合同纠纷或侵权责任。因此,在股东因公司拒绝或者怠于行使诉权而向法院起诉时,基于股东代表诉讼制度设立的目的,无论是合同、侵权或其他行为,只要是他人侵犯公司合法权益给公司造成损失的,股东都可以提起股东代表诉讼,对于公司而言,股东、实际控制人均属于公司"外部人员",其损害公司利益,造成公司损失的,亦属于"他人"侵犯公司合法权益,其他股东应当均可以行使股东代表诉讼的权利。

裁判观点:股东代表诉讼制度的设立目的是解决对董事、高级管理人员的监督和制约问题,而非处理合同纠纷或侵权纠纷,其诉因不局限于侵权之诉还包括合同之诉。

【典型案例】陈某勇与万达集团损害公司利益责任纠纷案。②最高人民法院认为,关于股东代表诉讼的诉因范围问题,从条文文义看,上述规定并未排除合同之诉,不能当然认为股东代表诉讼的诉因仅限于侵权之诉。从股东代表诉讼制度的设立目的看,是为了解决对董事、高级管理人员的监督和制约问题,而非处理合同纠纷或侵权责任。同时,股东代表诉讼本就是在公司不起诉的情况下,股东代表公司主张权利,诉讼结果归于公司的诉讼方式,因此原审裁定以

---

① 参见新《公司法》第189条。
② 参见最高人民法院民事裁定书,(2019)最高法民终597号。

公司法人人格独立理论来否认股东代表诉讼,亦有不当。综上,原审裁定适用法律确有错误,予以纠正。

如前所述,在股东因公司拒绝或者怠于行使诉权而向法院起诉时,基于股东代表诉讼制度设立的目的,无论是合同、侵权或是其他行为,只要是他人侵犯公司合法权益给公司造成损失的,股东都可以提起股东代表诉讼,不局限于侵权之诉还包括合同之诉。那么股东代表诉讼诉权是否应当受案由规定及诉讼类型的限制。对此,实务观点同样认为,股东代表诉讼适用范围为只要公司享有诉权并怠于行使诉权,股东符合相关条件的,就可以提起代表诉讼,不受案由规定及诉讼类型的限制。

裁判观点:股东代表诉讼的诉权属于公司。只要公司享有诉权并怠于行使诉权,股东符合相关条件的,就可以提起代表诉讼,不受案由规定及诉讼类型的限制。

【**典型案例**】郭某龙、郭某海与儋州市政府土地行政登记行政诉讼案。[1] 二审法院认为,郭某龙于2003年将其持有的某祥公司的90%股份全部转让给王某绩,并辞去公司的法定代表人职务后,其与某祥公司已无法律上的关系。根据《公司法》第4条的规定,公司股东依法享有资产收益、参与重大决策和选择管理者等权利。郭某海作为某祥公司的股东之一,其有权参与公司的重大资产处理。但本案中,王某绩作为公司的法定代表人,在既未通知郭某海,也未召开股东会进行表决的情况下,以某祥公司名义将公司名下土地转让给了某港公司,明显侵害了郭某海的权益。儋州市政府向某港公司颁发儋国用〔2009〕第300号国有土地使用证的主要依据是《土地转让协议》,现该协议已被儋州市人民法院(2010)儋民行初字第1084号民事判决确认为无效合同。儋州市政府依据该协议向第三人某港公司颁发的儋国用〔2009〕第300号国有土地使用证,已侵害了某祥公司及其股东的合法权益。郭某海作为公司的股东之一,在某祥公司不以公司名义诉请撤销儋国用〔2009〕第300号国有土地使用证的情形下,为维护股东的合法权益,以个人名义提起行政诉讼并无不妥,应予支持。

第二,股东资格。详见前述原告主体(公司股东)相关内容。

第三,请求对象。(1)起诉董事、高级管理人员、不担任公司董事但实际执行公司事务的公司的双控人的,应请求监事会提起诉讼。需要注意的是,基于新《公司法》第83条"规模较小或者股东人数较少的有限责任公司,可以不设监事会,设一名监事,行使本法规定的监事会的职权;经全体股东一致同意,也可以不设监事"的规定,即删除了原《公司法》中监事的规定,相应新《公司法》第189条第1款规定的作为公司直接代表诉讼亦只有监事会,不再存在监事这一主体。(2)起诉监事或他人的,应请求董事会或不设董事会的有限责任公司的董事提起诉讼。这里需要注意的是《公司法》第189条第3款没有对他人侵权(通常是指除董事、高级管理人员、监事、不担任公司董事但实际执行公司事务的公司的双控人以外的其他人,包括公司其他股东在内的其他人)情况下股东请求提起诉讼的对象进行规定。对此种情况,应向董事会提起,理由如下:首先,基于《公司法》第189条第1款对董事会作为公司直接代表诉讼的规定

---

[1] 参见海南省第二中级人民法院行政裁定书,(2012)海南二中行终字第13号。

可作为本条规定情形下的公司直接诉讼代表机关的参考。其次,我国《公司法》对公司对外意思表示代表权的分配规范与公司治理中的公司权力安排规范,可以确定董事会基于公司管理权而享有对外代表公司的能力,对他人造成公司损失的求偿应当属于董事会的职权范围。因此,由于公司存在独立于股东的利益、地位和权力,当出现本条规定的情形时,股东应请求董事会提起诉讼。同样值得注意的是,新《公司法》第75条规定:"规模较小或者股东人数较少的有限责任公司,可以不设董事会,设一名董事,行使本法规定的董事会的职权。该董事可以兼任公司经理。"即删除了原《公司法》执行董事的规定,相应的新《公司法》第189条第1款规定的作为公司直接代表诉讼的亦只有董事会,不再存在执行董事这一主体。(3)公司依法进行清算的,根据《公司法解释(二)》第10条第2款的规定,公司处于清算阶段时已成立清算组的,应向清算组负责人提出请求;未成立清算组的,应向原法定代表人提出请求。

第四,请求方式。股东应以书面方式发起请求。

第五,提起诉讼的条件(符合下列一种情况即可):(1)前述公司机关拒绝提起诉讼;(2)前述公司机关在30日内未提起诉讼;(3)情况紧急、不立即提起诉讼会使公司利益受到难以弥补的损害,符合资格的股东可以不经向董事会、监事会等书面请求程序,有权为了公司的利益以自己的名义直接提起诉讼,即前置程序豁免。

2. 股东代表诉讼前置程序豁免

新《公司法》第189条依然沿用原《公司法》第151条的规定,仍旧未就该"紧急情形"作出明确的规定。对此,我们应当关注当前司法实践中对豁免情形的实务认定。

第一,情况紧急的情形。何为情况紧急?司法实践中认为,如发生以下情况,可认定为情况紧急:(1)针对公司的侵权行为正在进行,经过前置的内部救济程序将对公司产生难以弥补的损害结果;(2)等待答复将使公司的权利期间届满,如诉讼时效期间届满或保证期间届满;(3)侵害人正在转移公司财产或者公司财产可能发生灭失或者有关财产即将被强制执行。

司法实践中相关裁判观点及典型案例如下。

裁判观点一:"情况紧急情形"根据案件实际情况予以认定。

【典型案例】国际公司与武商集团、武广公司损害公司利益责任纠纷案。① 法院认为,对于国际公司是否具有提起股东代表诉讼的资格问题。首先,合资双方对合资公司是否继续经营存在严重分歧。其次,合资双方对合资公司是否继续存续的问题坚持各自的意见,无法协商解决延期经营的分歧。最后,鉴于合资公司面临清算,董事会已陷入僵局且无法达成有效决议,国际公司要求武广公司董事会或监事会提起代表诉讼已无实际可能性。同时,面对出租方武商集团提出的解除租赁协议的请求,有可能损害到武广公司的合法利益,而武广公司作为承租方,对于出租方的解除协议不提出异议,故本案属于《公司法》(2013年)第151条② 第2款的情形,国际公司有权提起股东代表诉讼。上述判决得到了最高人民法院(2019)最高法民终594号二审判决书的确认。

---

① 参见湖北省高级人民法院民事判决书,(2014)鄂民四初字第00001号。

② 参见新《公司法》第189条。

裁判观点二：股东提起股东代表诉讼的，不能证明存在股东代表诉讼前置豁免情形的，驳回起诉。

【典型案例一】 百嘉欣公司、徐某明等损害公司利益责任纠纷案。① 最高人民法院认为，本案中，百嘉欣公司并未在诉前向新地标公司监事提出书面请求，其二审上诉主张本案存在可以自行提起诉讼的例外情形，但未能提供充分证据予以证明，故其以自己的名义提起本案股东代表诉讼不符合上述法律规定的前置条件和例外情形，原审判决据此驳回百嘉欣公司的起诉，处理结果并无不当。

【典型案例二】 鲍某波、重庆市沙坪坝区人民政府、晨光集团占有保护纠纷案。② 最高人民法院认为，由于鲍某波未提供证据证明本案存在"情况紧急、不立即提起诉讼将会使公司利益受到难以弥补的损害的情形"，因此，鲍某波以《公司法》(2005年)第152条③第2款规定的股东提起代表诉讼的例外情形为由，认为无须履行前述法定程序即可直接向法院提起股东代表诉讼的上诉理由，缺乏事实依据，不予支持。

【典型案例三】 正源公司与富某斌公司证照返还纠纷案。④ 最高人民法院认为，《公司法》(2013年)第151条⑤规定了股东代表诉讼制度，公司董事、监事、高级管理人员以及他人侵害公司合法权益的，公司股东有权向法院提起诉讼，但要遵循前置程序的要求，该前置程序是一项法定的强制性义务，除非存在情况紧急不立即诉讼公司将会受到不可弥补的损害的情形，才可免除前置程序。本案中，正源公司代表正源市政请求原执行董事返还证照，但未履行股东代表诉讼的法定前置程序，其无充分证据证明本案存在免除前置程序的例外情形，原裁定据此驳回其起诉并无不当。正源公司关于本案不适用前置程序的主张缺乏事实和法律依据，不予支持。

第二，公司有关机构不存在提起诉讼的可能性。例如，在股东向有关机构提出书面申请之时，公司有关机构不存在或公司已陷入经营僵局，相应的公司机构或者有关人员已不在其位或不司其职，股东无从提起请求；或者股东准备起诉的被告与请求的公司有关机构同属控股股东或实际控制人控制，公司有关机构不存在起诉控股股东的可能性；再者，公司有关机构与被告身份重合，与案涉纠纷有利害关系，不可能起诉自己等，在上述情况下应当豁免股东代表诉讼的前置程序。

司法实践中相关裁判观点及典型案例如下。

裁判观点一：如果公司具备提起直接诉讼的条件，应通过直接诉讼的方式进行，不应提起股东代表诉讼。股东代表诉讼能够得以提起的前提是公司怠于行使自己的诉权。如果公司事实上能够行使诉权，或者说提起诉讼的原股东事实上能够代表公司提起直接诉讼，则不应当提起股东代表诉讼。

【典型案例】 利高公司与辛某、华建公司股东代表诉讼纠纷案。⑥ 最高人民法院认为，本案

---
① 参见最高人民法院民事裁定书，(2019)最高法民申1162号。
② 参见最高人民法院民事裁定书，(2012)民四终字第21号。
③ 参见新《公司法》第189条。
④ 参见最高人民法院民事裁定书，(2015)民申字第2767号。
⑤ 参见新《公司法》第189条。
⑥ 参见最高人民法院民事裁定书，(2013)民字第2361号。

应当依据《公司法》(2005年)第152条①之规定确定申请人提起的股东代表诉讼是否符合法定的条件。根据申请人提交的再审申请材料,申请人于2005年1月15日出具了"紧急提议"函,且在函中明确要求华建公司董事会对侵占华建公司巨额资金的相关人员采取包括法律手段在内的一切措施,但并无证据证明该"紧急提议"函送达到了华建公司。申请人提起的系追讨承包费用的诉讼,追偿数额并非特别巨大,并无证据证明属于"情况紧急,不立即提起诉讼将会使公司利益受到难以弥补的损害"的情形。故二审裁定认定申请人并未提交能够证明符合股东代表公司提起诉讼的法定情形的相关证据,符合法律规定。鉴于申请人的法定代表人与华建公司的法定代表人系同一人,华建公司向法院出具的授权委托书加盖了公司印章且李某胜作为华建公司的法定代表人在该授权委托书上签字确认,本案并无证据证明华建公司以自身名义提起诉讼在法律和事实上存在任何障碍。

裁判观点二:在能够证明依法有权代表公司提起诉讼的公司机构基本不存在提起诉讼的可能性时应豁免股东代表诉讼前置程序。

【典型案例一】 陈某平与范某飞、廖某损害公司利益责任纠纷案。② 二审法院认为,关于范某飞、廖某提起本案股东代表诉讼是否违反前置程序问题,根据《公司法》(2018年)第151条③的相关规定,该项前置程序针对的是公司治理的一般情况,即在股东向公司有关机构提起书面申请时,存在公司有关机构提起诉讼的可能性。本案中,公司董事会和监事会的组成人员绝大多数均为控股股东中苋生态公司派遣,其成员与陈某平及中苋生态公司具有利害关系,基本不存在对陈某平及中苋生态公司提起诉讼的可能性。故陈某平主张范某飞、廖某两名股东提起股东代表诉讼的前置程序已无必要,不予支持。

【典型案例二】 周某春、庄士公司损害公司利益责任纠纷案。④ 最高人民法院认为,股东先书面请求公司有关机关向法院提起诉讼,是股东提起代表诉讼的前置程序。一般情况下,股东没有履行前置程序的,应当驳回起诉。但是,该项前置程序针对的是公司治理的一般情况,即在股东向公司有关机构提出书面申请之时,存在公司有关机构提起诉讼的可能性。如果不存在这种可能性,则不应当以原告未履行前置程序为由驳回起诉。

第三,公司特定机构或人员同意股东书面请求并提起诉讼后又撤诉的,股东无须再履行前置程序。实践中,在公司股东向公司特定机构或人员履行前置程序后,公司特定机构或人员代表公司提起了诉讼,但又基于某些原因撤回起诉,应视为没有提起诉讼,或发生与未起诉相同的效果。此时股东不需要再履行前置程序,有权直接提起股东代表诉讼。

第四,股东兼监事可以直接提起股东代表诉讼。董事损害公司利益造成公司损失的,若公司股东具有监事身份,且公司未设监事会的,股东无须先履行书面请求自己提起诉讼的前置程序,可直接提起股东代表诉讼。

---

① 参见新《公司法》第189条。
② 参见河南省南阳市中级人民法院民事判决书,(2020)豫13民终7111号。
③ 参见新《公司法》第189条。
④ 参见最高人民法院民事裁定书,(2019)最高法民终1679号。

第五,公司议事机构不健全导致履行前置程序不可能时,股东代表诉讼前置程序豁免。

裁判观点三: 公司没有设立监事机构,且公司董事会成员与股东身份重合,可以认定履行股东代表诉讼的前置程序已无必要。

【**典型案例**】周某春与庄士中国公司、李某慰、彭某傑及湖南汉业公司损害公司利益责任纠纷案。① 最高人民法院认为,本案中,其一,李某慰、彭某傑为湖南汉业公司董事,周某春以李某慰、彭某傑为被告提起股东代表诉讼,应当先书面请求湖南汉业公司监事会或者监事提起诉讼。但是,本案证据无法证明湖南汉业公司设立了监事会或监事,周某春对该公司董事李某慰、彭某傑提起股东代表诉讼的前置程序客观上无法完成。其二,根据《公司法》(2018年)第151条第3款②的规定,庄士中国公司不属于湖南汉业公司董事、监事或者高级管理人员,因湖南汉业公司未设监事会或者监事,周某春针对庄士中国公司提起代表诉讼的前置程序应当向湖南汉业公司董事会提出,但是,根据查明的事实,湖南汉业公司董事会由李某慰(董事长)、彭某傑、庄某农、李某心、周某春组成。除周某春以外,湖南汉业公司其他四名董事会成员均为庄士中国公司董事或高层管理人员,与庄士中国公司具有利害关系,基本不存在湖南汉业公司董事会对庄士中国公司提起诉讼的可能性,再要求周某春完成对庄士中国公司提起股东代表诉讼的前置程序已无必要。本案系湖南汉业公司股东周某春以庄士中国公司和李某慰、彭某傑为被告代表公司提起的损害公司利益责任纠纷诉讼,诉请三原审被告承担共同赔偿责任。综合以上情况,周某春主张可以不经股东代表诉讼前置程序直接提起本案诉讼的上诉理由成立。

第六,董事会陷入僵局无法达成协议时可豁免股东代表诉讼前置程序。

裁判观点: 因股东之间存在重大分歧导致公司面临清算,董事会已陷入僵局且无法达成有效决议,有权代表公司提起诉讼的公司机构基本不存在提起诉讼的可能性,股东履行股东代表诉讼的前置程序已无必要。

【**典型案例**】参见前文国际公司与武商集团、武广公司损害公司利益责任纠纷案(第722页)。

第七,公司未设监事的情形。根据《公司法》第83条的规定,在公司不设监事会或监事的情形下,公司符合条件的股东面对董事、高级管理人员、不担任公司董事但实际执行公司事务的公司的双控人损害公司利益时,在公司怠于起诉时,可以直接提起股东代表诉讼。

第八,公司清算期间股东代表诉讼前置程序履行规则。公司依法进行清算的,根据《公司法解释(二)》第10条第2款的规定,公司处于清算阶段时已成立清算组的,应向清算组负责人提出请求;未成立清算组的,应向原法定代表人提出请求。

裁判观点: 在公司进入清算程序但未办理注销登记时,股东仍有权提起代表诉讼且应当履行前置程序,即书面请求清算组负责人或原法定代表人提起诉讼。

【**典型案例**】星源公司、同基公司与东江公司、东江建筑公司、天一公司合资、合作开发房

---

① 参见最高人民法院民事裁定书,(2019)最高法民终1679号。
② 参见新《公司法》第189条第2款。

地产合同纠纷案。[1]最高人民法院认为,《公司法》第151条(2013年)规定的股东代表诉讼制度并未对公司状态作出限定。故星源公司申请再审称,该条规定是指公司在正常运营情况下的股东代表诉讼制度,于法无据。同时根据《公司法解释(二)》第23条的规定,本案同基公司就天一公司与星源公司合作开发东郊庄园项目的事宜提交天一公司清算组讨论并要求天一公司提起诉讼未果,天一公司清算组自成立至今已逾5年,清算组成员经多次商议,仍无法就是否对星源公司提起诉讼达成一致意见或形成多数意见,已竭尽公司内部救济。二审法院确认同基公司有权向星源公司提起股东代表诉讼,适用法律并无不当。

三、责任形态

(一)承担责任的方式及其责任范围

《民法典》第179条规定:"承担民事责任的方式主要有:(一)停止侵害;(二)排除妨碍;(三)消除危险;(四)返还财产;(五)恢复原状;(六)修理、重作、更换;(七)继续履行;(八)赔偿损失;(九)支付违约金;(十)消除影响、恢复名誉;(十一)赔礼道歉。法律规定惩罚性赔偿的依照其规定……"本条规定的承担民事责任的方式,可以单独适用,也可以合并适用。根据《公司法》第21条、第181~184条、第188条的规定,并结合司法实践,损害公司利益责任的承担方式主要包括以下几个方面。

1. 停止侵害

适用情形为具有持续性特征的侵害行为。停止侵害的前提是侵害行为正在进行,若侵害行为已经过去,则只能请求侵权人承担其他责任。从原则上讲,股东、董事、监事或高级管理人员违反义务的行为都可能侵害公司权益。因此,当侵权人的侵害行为在持续进行时,均应当立即停止侵害,且停止侵害并不影响对其他责任的主张。

2. 返还财产

主要适用情形为以下四种:(1)侵权人侵占公司财产;(2)侵权人与公司进行不当自我交易从而不当获得公司财产;(3)侵权人利用公司机会获得本应由公司获得的财产;(4)侵权人因违法要求公司提供担保或借款而获得的财产。

《公司法》第3条规定,公司有独立的法人财产,享有法人财产权。公司的财产权益包括货币、债权、不动产、动产等资产,也包括证照(营业执照许可证等)、印鉴(公章、合同章、财务章等)、账册(各类财务账簿等)等非金钱权益。他人非法侵犯公司财产的,公司可要求返还财产。在该责任承担方式下,责任范围仅限于返还公司被侵占或挪用的资金物品等。

(1)返还公司资金

股东、董事、监事、高级管理人员侵占公司财产的应当归还公司财产;挪用公司资金或者未经股东会、股东大会或董事会同意将公司资金借贷给他人的,应当退还公司资金;股东会或董事会违反《公司法》规定,在公司弥补亏损和提取法定公积金之前向股东分配利润的,股东必

---

[1] 参见最高人民法院民事裁定书,(2016)最高法民申字663号。

须将违反规定分配的利润退还公司；协助抽逃出资的董事、监事、高级管理人员，应连带返还公司出资。

在此，应该引起注意的是将资本公积金用于扩大公司生产经营或者转为增加公司资本之外的用途情形的处理。实务观点认为，对于违法在公司弥补亏损和提取法定公积金之前向股东分配利润的，股东应将违反规定分配的利润返还公司。前述行为构成抽逃出资的，协助抽逃出资的董事、监事、高级管理人员，构成损害公司利益，应对返还出资承担连带责任。资本公积金用途法定，只能是用于扩大公司生产经营或者转为增加公司资本；在任意公积金和法定公积金不足以弥补公司亏损的特定情形下，资本公积金可以用于弥补公司亏损。

司法实践中相关裁判观点及典型案例如下。

裁判观点一：股东会、股东大会或董事会违反《公司法》规定，在公司弥补亏损和提取法定公积金之前向股东分配利润的，股东应将违反规定分配的利润退还公司。

【**典型案例**】乔某、王某栋损害公司利益责任纠纷案。[①] 最高人民法院认为，本案系 A 公司起诉股东乔某、王某栋损害公司利益责任纠纷，审查重点是公司股东是否存在损害公司利益的行为，即乔某、王某栋分配 A 公司利润是否符合法律规定。根据《公司法》(2018 年)第166 条[②] 规定，公司在分配利润前，应当提取公积金，而法定公积金不足以弥补亏损的，还应用当年利润弥补亏损，在公司弥补亏损和提取公积金并缴纳税款后所余的利润公司可以进行分配。本案中，乔某、王某以分得利润款的名义，多次从 A 公司账户转款，其中乔某实际用款3220 万元，王某栋实际用款 2755 万元。而根据 A 公司《公司章程》规定，只有股东会有权审议、批准公司的利润分配方案。乔某、王某栋在本案诉讼过程中，未提供 A 公司有关利润分配方案的股东会决议，亦未提供全体股东一致同意而形成的关于利润分配的书面意见，即 A 公司未形成符合《公司法》及其公司章程规定的利润分配方案。在 A 公司于另一公司入股前是否存在利润、利润金额等均不明确的情况下，乔某、王某栋以分得利润款为名，从 A 公司账户转出款项的行为，不符合《公司法》的相关规定。二审法院根据上述事实，依据《公司法》(2018 年)第 166 条关于"股东会、股东大会或者董事会违反前款规定，在公司弥补亏损和提取法定公积金之前向股东分配利润的，股东必须将违反规定分配的利润退还公司"的规定，判决乔某、王某栋应将以分配利润的名义占有的 5975 万元返还给 A 公司，认定事实和适用法律并无不当。

裁判观点二：协助抽逃出资的董事、监事、高级管理人员，构成损害公司利益，应对返还出资承担连带责任。

【**典型案例**】锦龙公司与中网公司损害公司利益责任纠纷案。[③] 最高人民法院认为，陈某晖作为中网公司和中网锦龙公司的法定代表人，使用其个人账户参与协助 2600 万元出资的转出，根据《公司法解释(三)》第 14 条的规定，陈某晖应当对该 2600 万元承担连带责任。

---

① 参见最高人民法院民事裁定书，(2020)最高法民申 2634 号。
② 参见新《公司法》第 210～211 条。
③ 参见最高人民法院民事判决书，(2020)最高法民终 87 号。

裁判观点三：资本公积金不得用于扩大公司生产经营或者转为增加公司资本之外的其他用途，否则违反《公司法》关于资本公积金用途的强制性规定，司法应予以介入更正。

【典型案例】红富士公司与董某龙、苏某损害公司利益责任纠纷案。[①] 再审法院认为，资本公积金的用途仅限于扩大公司生产经营或者转为增加公司资本，资本公积是企业收到的投资者超出其对企业注册资本所占份额部分的资金，以及直接计入所有者权益的利润和损失等。资本公积与企业收益无关而与资本相关，本案控股股东、高级管理人员利用其对公司的控制权，将涉案款项从资本公积调出后并非用于扩大公司生产经营，也未用于增加公司注册资本，而是增加公司负债、减少所有者权益，违反《公司法》关于资本公积金用途的强制性规定，司法予以介入，将公司相关会计核算予以更正，恢复该款项金额至公司资本公积科目。

在这里需要特别注意的是，原《公司法》明确规定资本公积金不得用于扩大公司生产经营或者转为增加公司资本之外的其他用途，新《公司法》第214条第2款规定"公积金弥补公司亏损，应当先使用任意公积金和法定公积金；仍不能弥补的，可以按照规定使用资本公积金"，即在任意公积金和法定公积金不足以弥补公司亏损的特定情形下，资本公积金可以用于弥补公司亏损。

（2）返还公司物品

对于股东、董事、监事、高级管理人员非法控制公司的公章，非法占有公司的营业执照、财务账册等行为，公司可以诉请要求返还。

3. 所得收入归公司所有

（1）公司行使归入权的要件

《公司法》第186条、第180条第3款规定，董事、监事、高级管理人员、不担任公司董事但实际执行公司事务的公司的双控人等违反《公司法》第181~184条规定所得的收入应当归公司所有。也就是说，董事、监事、高级管理人员、不担任公司董事但实际执行公司事务的公司的双控人等违反忠实义务的，所得收入归公司所有。换言之，在侵权人违反忠实义务时，公司享有对其收益的返还请求权，实质在公司与侵权人之间形成返还之债，这即为归入权。

裁判观点：所谓归入权，是指公司可以要求董事、高级管理人员把其为个人利益或为他人利益而获得的竞业收入、报酬归于公司，把董事、高级管理人员竞业的交易，视为公司的交易。

【典型案例】东方管道公司与李某滨、东方泰威公司损害公司利益责任纠纷案。[②] 二审法院认为，所谓归入权，是指公司可以要求董事、高级管理人员把其为个人利益或为他人利益而获得的竞业收入、报酬归于公司，把董事、高级管理人员竞业的交易，视为公司的交易。法律之所以赋予公司归入权，主要是因为董事、高级管理人员的竞业行为给公司造成的损失往往是潜在的，公司很难证明自己的实际损失，便通过归入权的行使对违反竞业禁止义务的董事、高级管理人员予以惩戒，并补偿自己可能的损失。

---

① 参见上海市高级人民法院民事判决书，(2020)沪民再1号。
② 参见山东省高级人民法院民事判决书，(2015)鲁商终字第532号。

这一责任形态主要适用于董事、监事、高级管理人员、不担任公司董事但实际执行公司事务的公司的双控人等违反对公司的忠实义务，进行自我交易、篡夺公司商业机会、竞业竞争等情形。应当注意的是，归入权不同于损害赔偿请求权，公司归入权的行使应当符合两个实质要件：一是侵权人事实上有违反忠实义务的行为；二是侵权人因违反忠实义务的行为获得了收入。同时不以侵权人的行为给公司造成损害或损失为前提。

司法实践中相关裁判观点及典型案例如下。

裁判观点一：没有证据证明侵权人实际获得收入，归入权请求不予以支持。

【**典型案例一**】李某峰与李某平、大华公司等损害公司利益责任纠纷案。[①] 二审法院认为，公司行使归入权应满足以下要件：一是行使对象为公司董事、高级管理人员。二是行为人存在违反法定义务的特定行为。三是行为人获得了收入。四是行为与收入之间存在因果关系。本案李某峰未尽证明责任，理由如下：第一，在不考虑联大公司兼任公司高级管理人员的三名股东也在其他公司经营与联大公司同类业务的情形下，在联大公司与康顺公司合作经营期间，联大公司执行董事李某平与其配偶胡某俪于 2011 年 7 月 13 日设立大华公司，大华公司经营范围为与联大公司同类的业务，李某平从事竞业禁止的行为是对公司董事、高级管理人员忠实义务的违反，但是，李某平在大华公司任职时间仅至同年 9 月 22 日，约两个月，在此期间，李某峰无证据证明大华公司有实际经营行为或李某平将原属于联大公司的业务转移至大华公司。第二，根据鉴定意见，联大公司收入中仅有 41.49% 与康顺公司有关，而 2011 年 8 月联大公司在李某平离开后即歇业，该歇业事实本身不能证明是李某平将原联大公司业务全部转至大华公司所致。第三，李某平在大华公司任职及持股的期间，李某峰未就李某平已实际获得收入举证证实。李某峰未尽证明责任，应承担举证不力的后果，对李某峰的诉讼请求应予以驳回。

【**典型案例二**】图尔克公司与马某祥、德明福公司损害公司利益责任纠纷案。[②] 二审法院认为，马某祥在 2010 年 10 月 19 日至 2011 年 1 月 4 日担任图尔克公司高级管理人员期间，投资成立了与图尔克公司经营范围部分相同的德明福公司，并担任该公司的法定代表人。马某祥的行为违反了《公司法》(2013 年)第 147 条、第 148 条[③]关于公司的董事、监事、高级管理人员对公司忠实义务和勤勉义务的规定，应依法承担相应的法律责任。但是，由于"在两审审理过程中，图尔克公司均没能提供证据证明在其诉讼主张的期间内，马某祥在德明福公司存在工资收入。虽然其提供的德明福公司的财务报表显示德明福公司 2010 年度未分配利润为 67.72 元，但该收入是否为德明福公司开展同业竞争业务所得，图尔克公司亦不能提供证据予以证明，故图尔克公司对上述主张应承担举证不能的法律后果"，因此，维持了一审法院驳回图尔克公司诉讼请求的判决。

---

① 参见湖北省高级人民法院民事判决书，(2017)鄂民终 3078 号。
② 参见天津市高级人民法院民事判决书，(2014)津高民二终字第 0043 号。
③ 分别参见新《公司法》第 179 条、第 180 条、第 181～184 条。

裁判观点二：公司行使归入权，并不以董事、高级管理人员的行为给公司造成损害或损失为前提，只要董事、高级管理人员的交易行为违反公司章程的规定或者未经股东会、股东大会同意，其与公司进行交易获得收入即应归公司所有。

【典型案例】乐辉公司与谢某、信好实业损害公司利益责任纠纷案。① 再审法院认为，根据《公司法》(2013年)第147条第1款和第148条②的规定，公司行使归入权，并不以董事、高级管理人员的交易行为获得溢出利益，或者其行为给公司造成损害或损失为前提。只要董事、高级管理人员的交易行为违反公司章程的规定或者未经股东会、股东大会同意，其与公司进行交易获得收入即应归公司所有。

(2)收入的范围

对于收入的范围，实务中主要有以下四种观点：①"收入"应当是本人直接获取的报酬，而非利润。②"收入"除本人所得的报酬外，还应当包括所得利润(包括既得利润与可得利润)。③"收入"除报酬及可分配利润外，还应当包括其他所得物品、其他可得利益以及既得或可得商业利益，即"收入"并非仅指金钱收入。④"收入"应以实际利益为计算标准，不包括期待利益、可得利益。在计算期间上，应自违反忠实义务行为发生时起至法庭辩论终结止。

司法实践中的相关裁判观点及典型案例如下。

裁判观点一：董事、高级管理人员谋取公司商业机会的，归入权的范围应当根据董事、高级管理人员获得的收入和公司预期利益、实际损失等因素综合认定。

【典型案例一】新月公司与马某辉等损害公司利益责任纠纷案。③ 二审法院认为，"归入权"就其基础性质而言，属于侵权损害赔偿。尽管最高人民法院在(2015)民申字第1518号民事裁定书中认为某集团公司还存在利用其便利与新月公司的前雇员联络的行为，但认为北京市高级人民法院的判决并无不当。新月公司在与某集团公司和陈某以及上海某公司的诉讼和仲裁过程中，已经通过诉讼和仲裁获得了相应的赔偿，且在新月公司诉某集团公司和陈某侵害其商业秘密的案件中，北京市高级人民法院在二审文书中对于损失的金额特意进行了调减，并进行了充分的论证，认为新月公司的损失已经完全可以得到弥补，在此不再赘述。现上述案件已经执行完毕，款项全部执行到位。如果新月公司主张对于本案系争的1450万元行使归入权，将会导致其获得远远超过因合同履行而获得的预期利益。因此，新月公司主张行使归入权也不具有合理性。

【典型案例二】李某与华佗在线公司、美谷佳公司等损害公司利益责任纠纷案。④ 最高人民法院认为，关于李某对华佗在线公司损失承担的赔偿责任问题。本案中，李某将其任职高级管理人员的美谷佳公司全资子公司华佗在线公司的业务交由其实际控制的友德医公司经营，谋取了属于华佗在线公司的商业机会，损害了华佗在线公司的利益，违反了对华佗在线公司所负

---

① 参见江苏省高级人民法院民事判决书，(2016)苏民再296号。
② 分别参见新《公司法》第179条、第180条、第181~184条。
③ 参见上海市第一中级人民法院民事判决书，(2017)沪01民终12579号。
④ 参见最高人民法院民事裁定书，(2021)最高法民申1686号。

忠实义务和竞业禁止义务。根据《公司法》(2018年)第148条第2款、第149条①的规定，李某由此获得的收入归华佗在线公司所有，以弥补华佗在线公司的实际损失。但在华佗在线公司损失标的系商业机会难以准确认定数额且李某的个人获益及美谷佳公司及其股东的实际损失亦无法认定的情况下，原判决综合考虑友德医公司的运营成本、网络医院项目的发展前景和技术团队、资本团队对网络医院项目的投入、贡献情况，酌定李某向华佗在线公司赔偿2916万元以弥补华佗在线公司和美谷佳公司及其背后投资人的实际损失及合理期待利益，亦无不当。

裁判观点二：董事、高级管理人员违反竞业禁止义务的，归入权的范围包括董事、高级管理人员违规所得的工资收入、股权转让溢价款。

【**典型案例**】国心公司与安某等损害公司利益责任纠纷案。② 二审法院认为，本案中，安某在履行国心公司董事职务期间，未经国心公司股东会同意，作为发起人股东设立北京原点公司，并任该公司的董事、副总、技术总监，自营或为他人经营北京原点公司。根据国心公司与北京原点公司登记的经营范围，两公司均包含"技术开发、计算机系统服务、软件开发、数据处理"等项目，属于经营同类业务的公司。一审法院认定安某的上述行为违反了其对国心公司所负有的忠实义务，判决安某将367,020元所得收入支付给国心公司，符合法律规定，一审判决第1项，予以维持。

裁判观点三：董事、高级管理人员违规同业经营的，归入权的范围包括董事、高级管理人员投资同类业务公司的股权及持股期间取得红利及孳息。公司应当向董事、高级管理人员返还其持股的成本。如果董事、高级管理人员将其持股转让，则相关收益按实际取得的金额具体计算。

【**典型案例**】明州投资公司与洪某损害公司利益责任纠纷案。③ 关于洪某应归入明州投资公司的金额。一审法院认为，洪某的投资收益分为两部分，即入股贝因美婴童公司的投资收益和入股贝因美集团公司的投资收益。若洪某目前仍持有上述两家公司的股份，则需将股份无偿转让给明州投资公司，并向明州投资公司支付其持股期间取得的红利及孳息，同时，明州投资公司在受让股份及红利的同时，应向洪某返还其持股的成本，但洪某目前已经将其持有的上述两家公司的股票(股份)转让，故相关收益按实际取得的金额具体计算。关于明州投资公司主张要求洪某赔偿因恶意低价转让贝因美集团公司股权造成的损失11,978,880元。法院认为，洪某的股权转让行为构成恶意低价转让，损害明州投资公司的合法权益。案件中，若洪某未将贝因美集团公司的股权转让则洪某需将其持有的734,000股股权转让给明州投资公司，明州投资公司可获得实际收益为股权价值扣除转让过程中应缴纳的所得税及印花税，故明州投资公司主张的11,978,880元应扣除20%的所得税2,395,776元和万分之五的印花税5,989.44元，洪某实际应向明州投资公司赔偿损失9,577,114.56元。二审法院对一审判决予以维持。

---

① 分别参见新《公司法》第186条、第181~184条。
② 参见北京市第二中级人民法院民事判决书，(2021)京02民终7705号。
③ 参见浙江省宁波市鄞州区人民法院民事判决书，(2015)甬鄞商初字第544号；浙江省宁波市中级人民法院民事判决书，(2016)浙02民终3822号。

裁判观点四：董事、高级管理人员挪用公司资金，归入权的范围包括董事、高级管理人员挪用公司资金及利息。

【典型案例】云风公司与鹿某鹏损害公司利益责任纠纷案。① 法院认为，本案被告在担任原告公司执行董事期间，原告公司账户向被告个人账户转账支付143,920元，被告亦未到庭对该行为作出任何说明，原告主张该行为属被告利用职权擅自挪用公司资金，予以支持，原告诉请要求被告向其归还143,920元并支付自2020年5月14日起按年利率3.85%计算至实际还清之日止的利息，理由充分，予以支持。

裁判观点五：董事、高级管理人员违规将公司资金以个人名义开立账户存储的，扣除合理开支后的公司资金应当归入公司。

【典型案例】王某尧与张某华损害公司利益责任纠纷案。② 二审法院认为，王某尧违反了公司法及公司章程规定的董事、高级管理人员不得将公司资金以其个人名义或者以其他个人名义开立账户存储的规定。王某尧因上述行为所得收入在扣除其为振国公司所支付的合理开支后，应当归于振国公司所有。张某华诉请合法有据，予以支持。

裁判观点六：董事、高级管理人员违规自我交易的，归入权的范围包括董事、高级管理人员因违规自我交易所获得的净利润。

【典型案例一】有住公司、朱某滨损害公司利益责任纠纷案。③ 二审法院认为，朱某滨作为有住公司的高级管理人员，对有住公司负有忠实义务。朱某滨具有我国《公司法》(2018年)第148条第1款第4项④的行为，有住公司有权要求朱某滨因此所得的收入归于有住公司。依照朱某滨的自认，涉案工程的利润率为10%，扣除税收3.5%后，净利润率为6.5%，即致信公司自该装饰工程中获得的净利润为57,976.22元(891,941.83元×6.5%)，有住公司对此并无异议，予以确认。上述利润依法应归于有住公司。有住公司的其余诉讼请求，缺乏事实依据，不予支持。

【典型案例二】普旭公司与陈某损害公司利益责任纠纷案。⑤ 二审法院认为，陈某担任总经理的普旭公司与某公司签署的《汽车租赁合同》中所涉租赁车辆的所有权人为陈某的岳母，陈某对此应属明知，但却未依照公司章程的规定和法律的规定向普旭公司事先充分告知，明显违反了公司法相关法律规定和普旭公司的章程，其行为构成自我交易，故其利益方岳母从案涉租赁合同中的获利应由陈某承担返还之责。普旭公司上诉行使归入权，具备法律依据，法院予以支持。具体归入金额，结合《汽车租赁合同》的履行情况、陈某的过错程度、普旭公司遭受的损害后果、陈某对于其岳母租赁收入的举证情况、汽车长租市场行情等因素，综合考量后酌定为98,000元。普旭公司的其余上诉请求，不具备法律依据，不予支持。

---

① 参见江西省宜春市袁州区人民法院民事判决书,(2020)赣0902民初3986号。
② 参见上海市第二中级人民法院民事判决书,(2017)沪02民终9802号。
③ 参见浙江省嘉兴市中级人民法院民事判决书,(2020)浙04民终2200号。
④ 参见新《公司法》第182条。
⑤ 参见上海市第一中级人民法院民事判决书,(2020)沪01民终4296号。

(3) 收入计算的标准

我国现有法律及司法解释并未规定收入的计算方法。实践中的一般做法是，当收入无法确定时，赔偿责任并不因公司对具体数额的举证不能而免除，公司可根据损害行为所侵害的商业机会造成的实际损失及可期待收益等内容提出初步的数额。收入的计算通常包括以下方法：方法一，通过账户往来金额测算个人因违反忠实义务所得的实际收入，该方法适用于账户直接进行结算的情形，但无法适用于直接现金往来（除非当事人自认）。方法二，计算自营业务（或为他人经营同类业务）的利润，具体包括两种类型：一种是根据业务收入扣除相应成本进行测算，另一种是收入无法测算的情况下，按照行业普遍利润率酌定。

司法实践中相关的裁判观点及典型案例如下。

裁判观点一：董事、高级管理人员应将违反忠实义务的收入、报酬归于公司，在无法确定其具体收入的情况下，可参照当地同行业就业人员年平均工资计算收入。

【典型案例】湘力公司与黄某洋、周某损害公司利益责任纠纷案。[①] 二审法院认为，关于黄某洋、周某赔偿金额的认定。本案中，黄某洋、周某均否认在平行公司有收入，该主张明显与其成立平行公司的目的不符，而平行公司一直持续经营，故法院对于黄某洋、周某的主张不予采信。对于黄某洋、周某在平行公司的收入，湘力公司客观上无法举证，其原审中提出参照广州市城镇私营单位就业人员年平均工资情况计算无明显不合理之处，黄某洋、周某也未提交可以反驳的证据。至于周某二审提交的证据不属于新证据，且不足以证明其主张，法院不予采信。原审法院根据双方举证情况，采纳湘力公司的意见，认定黄某洋、周某在平行公司2015年2月4日至2019年4月15日的收入各为243,344元可行，予以认可。湘力公司在二审诉讼中明确其原审第3项诉讼请求是要求黄某洋、周某分别对其收入承担赔偿责任，故法院对于原审判决第1项予以调整，黄某洋、周某应各向湘力公司赔偿经济损失243,344元。对于黄某洋、周某上诉要求免除其责任的请求，予以驳回。

裁判观点二：法院确认归入权金额时，应参照公司的规模、经营范围、获利金额等情况，并在此基础上根据实际情况予以酌定。

【典型案例】法博洋公司与陈某联损害公司利益责任纠纷案。[②] 法院认为，在陈某联因从事竞业禁止活动所获取的收入范围上，根据北京市第一中级人民法院(2009)一中民初字第5147号民事判决书，已认定法博洋公司与爱迪士上海公司的经营均涉及中央式管道的洗尘、清洁，属于同类业务。而爱迪士上海公司的经营范围包括设计、生产和销售住宅和商用建筑内机械式中央通风系统、中央式管道洗尘系统、真空泵及配件、风机配件以及暖通空调系统的风口、消声器及上述同类产品的批发、进出口业务及相关配套业务。因此，陈某联任职爱迪士上海公司所获取收入只有涉及中央式管道的洗尘、清洁部分收入方属于法博洋公司可请求纳入公司归入权范畴的数额。对此收入的具体数额，法博洋公司、陈某联均未举证证明，北京高级人民法院调取的证据显示，在2007年7月1日至2009年1月，陈某联在爱迪士上海公司申报工资

[①] 参见广东省广州市中级人民法院民事判决书，(2019)粤01民终18964号。
[②] 参见北京市第一中级人民法院民事判决书，(2013)一中民初字第13957号。

额为 1,799,877.22 元。鉴于法博洋公司 2007 年开业以来直至 2008 年均处于亏损状态且 2009 年未年检的事实状态，两公司规模不一样，重合的范围仅有一种，故法院酌定法博洋公司涉及中央式管道的吸尘、清洁部分的业务收入为 20 万元。综上，针对法博洋公司的第 1 项诉讼请求，合理部分，予以支持；超出部分，不予支持。

(4) 实务中关于"归入权"的争议

①如果获利数额特别巨大，如将获利完全归入公司，是否存在公司获取"意外利润"的问题？

一般认为归入权的制度初衷是通过"利润剥夺"实现惩罚与威慑，并非救济或全面补偿公司，故"意外利润"的获得并未超越目的解释的范畴，应予支持。

②如果侵权人的获利包含个人付出的成本，是否应在返还公司的数额中扣除成本？

对此问题，实务中有两种观点：观点一认为，返还获利应指向行为人的净利润，而非全部所得，否则有将"获利""收入"泛化之嫌，但侵权人对此应承担举证责任。观点二认为，根据制度设计初衷，董事、监事、高级管理人员、不担任公司董事但实际执行公司事务的公司双控人所得收入与公司在正常情况下能否获得及获得多少并无直接联系，故不应考虑董事、监事、高级管理人员、不担任公司董事但实际执行公司事务的公司双控人对其收入所付出的成本。

③董事、监事、高级管理人员在外另设公司，所得收入属于该另设公司所有，公司是否能主张该另设公司的收入？

实务中，一般认为，虽然另设公司的收入不等于该等人员本人的收入（涉及该另设公司其他股东的利益），但是可以结合另设公司的收入、经营项目的市场盈利情况及董事、高级管理人员在该另设公司的股权比例认定其所得收入并收归公司所有。故在此种情形下，由于高级职员经营的竞业业务系以其他企业为载体，而归入权的范围及具体金额的确定须查清上述企业经营同类业务取得的营业收入及董事、监事、高级管理人员的个人收入；又由于公司经营管理的内部性，所以，司法实务中的一般做法是：

首先，对董事、监事、高级管理人员经营同类业务所得收入的举证责任根据个案实际情况进行分配。其次，在查明董事、监事、高级管理人员存在开办关联企业经营同类业务损害公司利益行为，且有初步证据证明该关联企业有营业收入的情况下，董事、监事、高级管理人员需提交反驳证据证明关联企业营业收入并非来自同类业务以及其未从关联企业获得收入。再次，企业的营业收入可通过审计核算。最后，对于因企业经营不规范，无法提供审计所需的财务账册、原始凭证，董事、监事、高级管理人员无正当理由拒不提供证据或其证据的证明力不足等情形导致营业收入难以查明，无法准确判定董事、监事、高级管理人员违反忠实义务所得收入的归入范围及其具体金额的问题，法院一般会综合个案案情及证据，参考同行业一般盈利水平，以及董事、监事、高级管理人员在关联企业的持股比例、担任职务、过错程度等情况，根据诚信原则，酌定董事、监事、高级管理人员的归入金额。

司法实践中相关裁判观点及典型案例如下。

裁判观点一：关于归入权的金额，法院可参照同行业一般盈利情况及被告在另设公司的股权比例综合确定侵权人所获利益。

【典型案例】鑫波公司与宋某涛损害公司利益责任纠纷案。①二审法院认为，虽然鑫波公司对其主张的宋某涛在申根公司取得20万元收入缺乏明确的证据印证，但并不意味着宋某涛即可免除赔偿责任。首先，在宋某涛本人拒绝提供其在申根公司的收入证明的情况下，鑫波公司确实无法通过合理途径进行取证。其次，二审中经法院要求，宋某涛仍拒绝提供申根公司的资产负债表及其销售香肠类制品的统计数据，导致法院无从核实申根公司的具体经营项目、销售盈亏状况以及职员工资收入等情况。再次，宋某涛亦未提供证据证实申根公司于网店中销售的香肠类制品系通过正常的商业途径从鑫波公司处取得，并有权进行转售。最后，宋某涛对于鑫波公司提供的有关申根公司20余万元的网店销售记录，仅以截图未经公证、真实性无法确认、时间不明等为由粗略质证，而未提供其自行统计的销售记录、销售成本、盈利数据等加以反证，应承担不利后果。基于上述分析，法院结合查明的事实及现有证据，并参考香肠类制品的一般盈利情况以及宋某涛在申根公司30%的持股比例，酌情判令宋某涛赔偿鑫波公司80,000元。原审法院作出驳回鑫波公司全部诉请的判决不当，予以改判。

裁判观点二：违反忠实义务的赔偿责任主体仅为侵权的董事、高级管理人员，并不包括其所就任的公司。

【典型案例】东方管道公司与李某滨、东方泰威公司损害公司利益责任纠纷案。②二审法院认为，根据《公司法》（2013年）第148条第2款③的规定，董事、高级管理人员违反前款规定所得的收入应当归公司所有。据此，违反忠实义务的赔偿责任主体仅为侵权的董事、高级管理人员，并不包括其所就任的公司。

如前所述，根据新《公司法》第180条第3款、第186条的规定，违反忠实义务的赔偿责任主体除上述判决确认的董事、高级管理人员，还应当包括监事和不担任公司董事但实际执行公司事务的公司的双控人。同时还应当包括新《公司法》第192条规定的控股股东、实际控制人。

裁判观点三：公司归入权适用于中外合作经营企业董事、高级管理人员且公司工商登记经营范围均为上述人员的竞业禁止范围，无论公司是否实际经营相关业务。

【典型案例】南华公司与辛某某、汪某某等损害公司利益纠纷案。④二审法院认为，我国《公司法》中规定的公司归入权源于其董事、高级管理人员等对公司的忠实义务，因其在管理公司过程中能够知悉商业机会、使用公司资源，故《公司法》要求上述主体不得以牺牲公司利益为代价追求自己或第三人的私利。虽然《中外合作经营企业法》⑤对竞业禁止义务没有作出明确规定，但中外合作经营企业负有管理职责的人也受《公司法》调整，应负有竞业禁止义务。

---

① 参见上海市第二中级人民法院民事判决书，(2015)沪二中民四(商)终字第793号。
② 参见山东省高级人民法院民事判决书，(2015)鲁商终字第532号。
③ 参见新《公司法》第186条。
④ 参见江苏省高级人民法院民事判决书，(2015)苏商终字第00680号。
⑤ 《中外合作经营企业法》已因《外商投资法》施行而废止。

辛某某、汪某某、张某等称中外合作经营企业的董事由合作双方委派，代表股东利益，故不负有竞业禁止义务。但从合作合同和南华公司章程来看，董事均负有部分管理公司事务的职责，其受合作方委派，对公司仍然负有忠实义务，不得从事竞争业务，损害公司利益。竞业禁止的业务范围应以营业执照载明为准。辛某某、汪某某、张某等主张竞业禁止的范围应限于实际经营范围。南华公司的经营范围仅为系统集成产品的开发、生产和销售等，本案诉争的软件业不应纳入竞业禁止的范围。对此，应从诚信角度来理解《公司法》规定的董事的忠实义务。公司营业执照上的经营范围是公司可能开展的业务范围，如果仅将竞业禁止范围限缩于实际经营范围，负有竞业禁止义务的主体就有机会利用公司资源为私利开展业务，剥夺公司开展其他业务的机会，使得公司不能开展经营范围内的其他业务，这与公司法设立董事、高级管理人员等人的忠实义务的制度目的相违背，故竞业禁止的业务范围应以营业执照载明的内容为准。

④归入权和损害赔偿请求权是否只能择一主张？

当董事、监事、高级管理人员、不担任公司董事但实际执行公司事务的公司的双控人违反忠实义务造成公司损失，且董事、监事、高级管理人员、不担任公司董事但实际执行公司事务的公司的双控人从中有所获益时，公司是否可以同时主张董事、监事、高级管理人员、不担任公司董事但实际执行公司事务的公司的双控人的收入归公司所有并要求其赔偿公司损失。

由于公司归入权与损害赔偿请求权相互独立又相互渗透，实践中常出现归入权与损害赔偿权竞合的情形。对此竞合问题的处理方式主要有"择一""重叠""单一"三种模式。一般认为，应从两种行为的性质和目的进行分析认定。归入权主要是一种对违反忠实义务的董事、监事、高级管理人员、不担任公司董事但实际执行公司事务的公司的双控人的惩罚性措施，而损害赔偿请求权主要是为了弥补、"填平"因前述人员违反忠实义务给公司造成的损失，两者的立法目的不同，且我国《公司法》对该两项请求权规定两个上下相连的条文，并未明确禁止两项权利同时行使。所以"重叠"模式更符合《公司法》保护公司利益、促进经济发展的立法本意。司法实践中原告可以同时主张两项权利，在行使归入权后如还有损失，可以要求行为人赔偿损失，且赔偿的数额应不包含权利人行使归入权所取得的收入。采用这种"重叠"模式，可以最大限度地保护公司的合法权益，起到恢复最初状态的作用。①

司法实践中相关裁判观点及典型案例如下。

裁判观点：<u>公司可以先行使归入权，当行使归入权后仍不能弥补公司所遭受的损失时，对超出归入权的损失部分，公司还可以主张赔偿。</u>

【**典型案例一**】托马斯公司与陈某某损害公司利益责任纠纷案。② 二审法院认为，公司高级管理人员违反忠实义务，公司可以以该高级管理人员为被告，主张其取得的收入归公司所有，如果公司因此受到的损失大于高级管理人员取得的收入，可以要求其赔偿损失。

【**典型案例二**】甲公司与罗某某等损害公司利益责任纠纷案。③ 二审法院认为，如果公司发现其董事、高级管理人员从事了违反竞业限制业务的经营行为，那么公司便对董事、高级管理

---

① 参见张应杰主编：《公司责任纠纷类案裁判思维》，人民法院出版社2023年版，第165页。
② 参见北京市第一中级人民法院民事判决书，(2020)京01民终6780号。
③ 参见上海市第一中级人民法院民事判决书，(2011)沪一中民四(商)终字第889号。

人员享有诉权，具体表现在两个方面：首先是行使归入权，要求确认董事、高级管理人员从事竞业经营所得的收入归公司所有。一方面是对公司利益的恢复，另一方面也是对违反竞业限制义务的处罚。其次是要求赔偿损失，如果公司还因为董事、高级管理人员的竞业经营遭受损失，可以要求赔偿。

随之而来的问题是，在诉讼过程中如何判断公司利益是否受损以及受损范围，这是确定损害赔偿责任的关键。对此，司法实践中的裁判观点和典型案例如下。

裁判观点一：对于公司主张因侵权行为受到金钱损失的，应根据当事人的举证判断市场公允价值，赔偿数额以法律的规定并结合侵权人的收入或公司实际损失为准，不宜使裁量空间、裁判尺度过大。

【典型案例】 瀚宏公司等与创智信公司损害公司利益责任纠纷案。① 二审法院认为，本案系汇超公司股东创智信公司代表汇超公司提起的损害公司利益责任纠纷的侵权之诉，汇超公司出借给瀚宏公司的款项系从东方北办融资而来，当然发生融资成本。如瀚宏公司不支付借款利息，则该部分款项对应的资金成本必然由汇超公司负担。故瀚宏公司无偿使用公司融资款项的行为损害了汇超公司及其他股东权益，应当向汇超公司支付使用融资资金期间的利息。一审判决认定瀚宏公司应承担汇超公司将款项出借给瀚宏公司而产生的融资资金利息损失的结论正确，予以确认。一审判决结合资金来源及瀚宏公司与汇超公司其他借款利息的计息标准，酌定利息为年利率12%并无不当，予以确认。关于瀚宏公司支付3000万元借款的违约金是否过高问题。瀚宏公司未依约按期偿还汇超公司借款3000万元，已经构成违约。创智信公司主张瀚宏公司应当按照年利率12.2%支付期内利息，自逾期之日起按每日万分之六支付违约金，符合合同约定。根据《民间借贷解释》第32条第1款的规定，本案一审立案时间为2018年11月15日，最高人民法院前述司法解释于2020年8月20日起施行，故本案审理应当适用最高人民法院修订前的司法解释规定。涉案3000万元《借款合同》约定按照日万分之六计算的违约金，年化利率为21.6%，未超过修订前《民间借贷解释》第30条规定的年利率24%，不属于违约金过高应予调减的情形，且违约金兼具惩罚性和补偿性双重属性，故瀚宏公司的该项上诉请求没有事实和法律依据，不予支持。

裁判观点二：即使法院认定被告确属公司董事、高级管理人员，其行为亦违反法定义务，原告要求被告赔偿损失的主张也不必然得到支持。所以，因侵权行为对公司产生实质性影响的举证显得尤为必要。

【典型案例】 托马斯公司与陈某荣损害公司利益责任纠纷案。② 二审法院认为，公司高级管理人员违反忠实义务，公司可以以该高级管理人员为被告，主张其取得的收入归公司所有，如果公司因此受到的损失大于高级管理人员取得的收入，可以要求其赔偿损失。本案中，关于托马斯公司所主张的赔偿责任，其并未举证证明所主张的培养员工投入情况，也未能举证证明员工离职与陈某荣的竞业行为存在直接因果关系，其以培养员工投入为参考计算实际损失，亦

---

① 参见北京市高级人民法院民事判决书，(2020)京民终332号。
② 参见北京市第一中级人民法院民事判决书，(2020)京01民终6780号。

缺乏法律依据。鉴于托马斯公司未提交充分证据证明陈某荣违反忠实义务对其造成了实际损失，一审法院对托马斯公司主张的损失不予支持，并无不当，予以确认。

裁判观点三：交易双方在实际操作中，存在各自的利益需求和权衡因素，譬如货品规格、库存、运输、账款周期等，交易价格应该是以上各种因素叠加形成的最终结果。因此，不能简单以挂牌价与交易价存在价差，就认定存在损失。关于损失的关联性，即使前述的差价客观存在，如差价控制在一定合理范围内，也应当属于卖方盈利的合理范围。

【典型案例】元阳公司与际奇公司、张某恭等损害公司利益责任纠纷案。[①] 二审法院认为，元阳公司要求张某恭承担损害赔偿责任的前提是元阳公司必须证明损害的实际发生及具体金额。对此，张某恭确实利用其职务便利，为其妻子、妻妹持股的钜有公司、际奇公司提供交易机会，且未完全如实向公司告知这一关联关系，存在过错，但元阳公司目前提供的证据尚不能达到其要求张某恭承担损害赔偿责任的证明目的：首先，元阳公司要求以其超出市场公允价格向钜有公司、际奇公司支付的货款差价作为损害金额，但元阳公司主张以上海钢联的网站价格作为市场公允价格，二审法院难以认同。上海钢联是中国钢铁工业协会会员单位，其采集的钢铁价格确实具有一定参考意义，但该网站的钢铁价格，系针对裸钢，且在不同区域范围内钢材价格亦随时间变化而变化。本案中，元阳公司向钜有公司、际奇公司采购钢材，除钢材本身的价格之外，还包括部分加工费、仓储费、运输费等，钜有公司、际奇公司也需要合理利润，因此订单价格高于裸钢价格系情理之中，为此，际奇公司也进行了相应举证，而元阳公司并未提供证据证明钢材价格的构成，仅以网站价格、上海期货交易所《钢材基础知识与市场概况》以及国家统计局发布的中国统计年鉴并不能推翻际奇公司主张的涉案钢材价格；元阳公司2006年至2019年审计报告中的利润率，即使与张某恭任职时间具有重合特征，也不能形成其二者具有直接因果关系的判断。其次，由上述分析可见，由于不能以上海钢联网站价格与元阳公司实际购买价格的差价作为计算标准，因此元阳公司不能证明损害实际发生，也不能证明具体的损害金额，则元阳公司要求张某恭承担赔偿责任缺乏依据。在现有证据不能达到证明标准的情况下，一审法院对元阳公司要求张某恭承担赔偿责任的诉请不予支持，并无不当。

4. 赔偿损失

适用于侵权人对公司承担责任时，前述一种或数种责任的执行无法弥补公司的损失，则侵权人需就公司的损失承担赔偿责任。实务中，这一责任形态常常涉及如下问题：

我国《公司法》第188条仅规定董事、监事、高级管理人员执行公司职务时违反法律、行政法规或者公司章程的规定给公司造成损失的，应承担赔偿责任，但未对赔偿责任范围进一步规定。审判实践中一般适用《民法典》第1184条的规定，财产损失按照损失发生时的市场价格或者其他合理方式计算。

侵权损害赔偿遵循矫正主义与填平原则，即损失赔偿额应与被侵权人受到的损害相当。实践中责任范围的界定：（1）根据侵权人给公司造成的实际损失认定赔偿数额（该损失应包

---

① 参见上海市高级人民法院民事判决书，(2020)沪民终249号。

括无形损失)。(2)参照市场动态或违反忠实和勤勉义务签订的协议等确定赔偿责任范围。(3)如当事人之间有明确约定的从约定。(4)涉及公司商业机会被篡夺、商业秘密被擅自披露的,综合考虑公司可能失去的预期利益损失,在预期利益损失无法认定的情况下,依据商业项目运营成本、发展前景等情况酌定赔偿数额。

司法实践中相关裁判观点及典型案例如下。

裁判观点一: 高级管理人员利用职务便利为他人谋取原属于公司的商业机会,构成损害公司利益,应对公司的损失承担赔偿责任。

【典型案例一】 杨某军与大陆桥公司等损害公司利益责任纠纷案。① 最高人民法院认为,根据一审查明,大陆桥公司为天博公司的控股股东,中铁物流公司、中铁外服公司与大陆桥公司之间存在关联关系。天博公司作为博钢铁路专用线的产权人,其有权决定是否允许他人在该专用线上从事货运代理,并且其自身有资格、有能力在该专用线上从事国内货物运输代理业务,但控股股东大陆桥公司滥用控股股东地位,将该业务交由与其具有关联关系的公司经营,并且对此不能做出合理的解释,篡夺属于公司的商业机会,违反同业禁止的义务,损害了天博公司的利益。根据《公司法》(2018年)第21条②的规定,大陆桥公司在此范围内应当对天博公司在博钢铁路专用线上损失的代理费承担赔偿责任。此外,根据《侵权责任法》③第8条的规定,大陆桥公司的相关关联公司与大陆桥公司构成共同侵权,应当对天博公司的损失承担连带赔偿责任。

【典型案例二】 黄某玲诉司徒某、众杰公司董事损害公司利益责任纠纷案。④ 一审法院认为,虽然《公司法》没有明确规定董事违反法定竞业禁止义务应承担损害赔偿责任,但《公司法》(2005年)第151条⑤规定董事、高级管理人员执行公司职务时违反法律、行政法规或者公司章程的规定,给公司造成损失的,应当承担赔偿责任,根据"举轻以明重"的释法原理,既然因执行公司职务违反规定给公司造成损失都要予以赔偿,那么从事公司法所明确禁止的行为给公司造成损害的,无疑更应该承担赔偿责任,故本案司徒某因违反竞业禁止义务应对高科城公司承担赔偿责任。二审法院对一审判决予以维持。

裁判观点二: 公司董事、监事、高级管理人员执行公司职务过程中设立"小金库"、偷逃企业应缴税款等违法行为已被法院认定构成犯罪,并被判处罚金刑,由此产生的额外支出即为公司损失,其有权向责任人追偿。

【典型案例】 维扬公司与曲某某、程某某损害公司权益纠纷案。⑥ 二审法院认为,《公司法》(2005年)第150条⑦规定,并未就有关人员违反"法律"范围作出特别限制,对此应作通常理

---

① 参见最高人民法院民事裁定书,(2019)最高法民终350号。
② 参见新《公司法》第22条。
③ 参见《民法典》第1168条。
④ 参见广东省深圳市盐田区人民法院民事判决书,(2011)深盐法民二初字第252号;深圳市中级人民法院民事判决书,(2014)深中法商终字第1733号。
⑤ 参见新《公司法》第188条。
⑥ 参见江苏省高级人民法院民事判决书,(2008)苏民终字第260号。
⑦ 参见新《公司法》第188条。

解。《刑法》为国家基本法律，属于上述规定的法律之一，而在执行职务过程中遵守法律、行政法规系公司董事、监事、高级管理人员的首要义务，故公司董事、监事、高级管理人员执行公司职务时违反《刑法》给公司造成损失的，应向公司承担赔偿责任。本案中，两被告作为公司董事、高级管理人员，在执行职务过程中私自设立"小金库"、偷逃企业应缴税款等违法行为已被生效刑事判决确认，原告因上述行为已被法院认定构成偷税罪，并被判处罚金，由此产生的额外支出即为公司损失，其有权向责任人追偿。《企业所得税法》第10条第4项明确规定，在计算应纳税所得额时，罚金、罚款和被没收财物的损失支出不得扣除。据此，企业依法缴纳的罚金不能作为企业成本支出在其应纳税所得额中扣除，即企业应以其税后利润缴纳罚金，如企业当年没有利润，应以企业往年积累或其他自有资金缴纳罚金，企业并不因缴纳罚金而被多征企业所得税。本案中，原告虽缴纳罚金但其并未因此多交企业所得税，故两被告无须赔偿企业所得税损失。两被告应连带赔偿原告罚金损失。

裁判观点三：董事未履行向股东催缴出资的勤勉义务，对公司遭受的股东出资未到位的损失，承担连带赔偿责任。

【**典型案例**】深圳斯曼特公司、胡某生等损害公司利益责任纠纷案。① 最高人民法院认为，本案系损害公司利益责任纠纷。根据深圳斯曼特公司的再审申请理由以及史某文、贺某明、王某波的答辩意见，本案争议焦点是胡某生等六名董事是否应对深圳斯曼特公司股东所欠出资承担赔偿责任。《公司法》（2018年）第147条② 第1款规定，并没有列举董事勤勉义务的具体情形，但是董事负有向未履行或未全面履行出资义务的股东催缴出资的义务，这是由董事的职能定位和公司资本的重要作用决定的。根据董事会的职能定位，董事会负责公司业务经营和事务管理，董事会由董事组成，董事是公司的业务执行者和事务管理者。股东全面履行出资是公司正常经营的基础，董事监督股东履行出资是保障公司正常经营的需要。《公司法解释（三）》第13条第4款规定的目的是赋予董事、高级管理人员对股东增资的监管、督促义务，从而保证股东全面履行出资义务、保障公司资本充实。在公司注册资本认缴制下，公司设立时认缴出资的股东负有的出资义务与公司增资时是相同的，董事、高级管理人员负有的督促股东出资的义务也不应有所差别。本案深圳斯曼特公司是外商独资企业，实行注册资本认缴制。参照《公司法解释（三）》第13条第4款的规定，在公司注册资本认缴制下，股东未履行或未全面履行出资义务，董事、高级管理人员负有向股东催缴出资的义务。根据《公司法》（2018年）第149条③ 的规定，以及一审、二审判决查明的事实，深圳斯曼特公司股东开曼斯曼特公司应在2006年3月16日前缴清全部认缴出资额，其于2005年3月16日至11月3日分多次出资后，欠缴出资5,000,020美元。一审法院（2010）深中法民四初字第54号民事裁定书裁定追加开曼斯曼特公司为被执行人，经强制执行，深圳斯曼特公司股东开曼斯曼特公司仍欠缴出资4,912,376.06美元。2005年1月11日至2006年12月29日，胡某生、薄某明、史某文担任深

---

① 参见最高人民法院民事判决书，（2018）最高法民再366号。
② 参见新《公司法》第179~180条。
③ 参见新《公司法》第188条。

圳斯曼特公司中方董事；2006年12月30日起，贺某明、王某波、李某滨担任深圳斯曼特公司中方董事，本案胡某生等六名董事在股东开曼斯曼特公司认缴出资额期限届满即2006年3月16日之后均担任过深圳斯曼特公司董事。胡某生等六名董事作为深圳斯曼特公司的董事，同时又是股东开曼斯曼特公司的董事，对股东开曼斯曼特公司的资产情况、公司运营状况均应了解，具备监督股东开曼斯曼特公司履行出资义务的便利条件。胡某生等六名董事未能提交证据证明其在股东出资期限届满即2006年3月16日之后向股东履行催缴出资的义务，以消极不作为的方式构成了对董事勤勉义务的违反。一审法院依据（2012）深中法执恢字第50号执行裁定，强制执行了开曼斯曼特公司财产后，开曼斯曼特公司没有其他可供执行的财产，一审法院于2012年3月21日裁定终结该次执行程序。后深圳斯曼特公司被债权人捷普公司申请破产清算。由此可见，股东开曼斯曼特公司未缴清出资的行为实际损害了深圳斯曼特公司的利益，胡某生等六名董事消极不作为放任了实际损害的持续。股东开曼斯曼特公司欠缴的出资即为深圳斯曼特公司遭受的损失，开曼斯曼特公司欠缴出资的行为与胡某生等六名董事消极不作为共同造成损害的发生、持续，胡某生等六名董事未履行向股东催缴出资义务的行为与深圳斯曼特公司所受损失之间存在法律上的因果关系。一审、二审判决认为胡某生等6名董事消极不作为与深圳斯曼特公司所受损失没有直接因果关系，系认定错误，应予纠正。综上，胡某生等6名董事未履行向股东催缴出资的勤勉义务，违反了《公司法》第147条第1款的规定，对深圳斯曼特公司遭受的股东出资未到位的损失，应承担相应的赔偿责任。

在损害公司利益责任纠纷案中，损失赔偿责任分为一次性损失及持续性损失。一次性损失一般为侵权行为造成的损失数额加上利息；持续性损失为被侵害方采取了适当措施后所有损失之和。例如，在海航控股公司与赵某某、海航投资公司、皇城酒店公司损害公司利益责任纠纷案[1]中，原告与被告是公司股东，原告称公司5年间闲置多层楼层与客房，原告多次致函公司提出闲置问题，并提交了损失统计表，主张损失数额为4000万元，但均未得到回复。法院认为，酒店是通过出售客房及综合服务向客人提供服务从而获得经济收益的组织，被告向公司委派的董事长对原告提出的异议未提交董事会讨论，违反公司章程规定，损害了公司利益。法院依据酒店经营规模、经营成本费用、酒店所在位置、客房闲置期间、酒店客房入住率以及目前该公司标准间客房房价等因素，酌情确定了闲置5年的总损失共计700余万元。

（二）赔偿责任的免除与限制

对此，实务中一般适用《民法典》第1173～1178条关于法定侵权责任免除或者减轻规则的规定，主要是针对勤勉义务而非忠实义务，因为忠实义务以个人道德品质及职务准则为重要基础，而勤勉义务与个人的能力、专业素养息息相关，个人的品德要求高于对能力的要求。考虑到商业风险的变幻莫测，董事、高级管理人员即使尽到谨慎注意义务也难免会作出导致公司损失的错误决策，故应允许董事、高级管理人员在尽到善良管理人的高度注意义务、以公司利益最大化为出发点时，免除或减轻其承担的责任。

---

[1] 参见陕西省高级人民法院民事判决书，（2016）陕民终228号。

（三）赔偿责任的举证

根据"谁主张,谁举证"的举证规则,公司或股东代表之诉的股东在举证证明董事、高级管理人员其行为违反法定义务的同时,还应该证明董事、高级管理人员前述行为对公司造成了实质性的影响。

裁判观点一：实践中,即使法院认定被告确属公司董事、高级管理人员且其行为违反法定义务,原告要求被告赔偿损失的主张也不必然得到支持。所以,因侵权行为对公司产生实质性影响的举证显得尤为必要。

【**典型案例**】参见前文托马斯公司与陈某荣损害公司利益责任纠纷案（第737页）。

裁判观点二：在损害公司利益责任纠纷中,公司或股东代表之诉的股东需提供足够的证据证明董事、高级管理人员违反法定义务的行为给公司带来经济损失,且该损失已实际发生、金额明确,二者之间有因果关系,否则原告（公司或股东代表之诉的股东）要求董事、高级管理人员承担赔偿责任的主张有可能不会得到法院支持。

【**典型案例**】合生绿洲公司与郑某群损害公司利益责任纠纷案。[①] 二审法院认为,本案中,根据查明事实,郑某群在担任合生绿洲公司董事长及法定代表人期间,未经董事会同意即以合生绿洲公司名义为谭某提供担保,违反法律规定,应对合生绿洲公司由此产生的损失承担赔偿责任。郑某群抗辩主张合生绿洲公司为谭某提供担保系自愿且出于自身利益的考量,依据不足,不予采信。合生绿洲公司认为郑某群除赔偿其100万元及利息外,亦应当就2820万元及利息、律师费、财产保全及担保费用等予以赔偿。对此,合生绿洲公司因承担保证责任被法院扣划的2820万元,可以向债务人谭某进行追偿,其行使追偿权仍不能获得清偿部分才是实际损失,一审法院综合查明事实认定合生绿洲公司在尚未向谭某追偿的情况下,相关损失无法确定,故未支持合生绿洲公司要求郑某群赔偿2820万元及其利息的请求并无不当,法院不持异议。合生绿洲公司要求郑某群赔偿律师服务费、担保费等与本案有关的一切费用,亦无事实及法律依据,故合生绿洲公司的上诉主张缺乏依据,不予支持。

（四）共同侵权人之间的责任承担规则

对于股东、实际控制人、董事、监事及高级管理人员实施损害公司利益行为后的责任承担主要有以下三种方式：一是连带责任,即行为人对于造成的损失均负有赔偿责任；二是比例责任,即根据行为人之间的过错程度来决定每个行为人责任的承担；三是主要负责人责任,即指仅对作出决定的负责人追究责任。

前述各主体责任承担方式在损害公司利益责任纠纷中的适用规则如下：一是股东、董事和监事的责任不适用主要负责人责任方式,理由为公司股东会、董事会和监事会决议方式是合议制；二是董事、监事不适用比例责任方式,理由为除股东会外,董事会决议或监事会决议经董事或者监事表决形成；三是如果决策仅由某一特定高级管理人员作出,该高级管理人员应当承担主要负责人责任,由同意决议的其他董事或者监事对决议行为所导致的损失承担连带责任；

[①] 参见北京市第三中级人民法院民事判决书,(2021)京03民终10251号。

四是基于损害公司利益责任纠纷的侵权行为的多样性,在有多个共同侵权人的情况下,各行为人之间依据《民法典》第1168条的规定承担连带责任,即不考虑共同侵权人之间是否具有共同意思联络,只要系多个侵权人共同故意或者共同过失实施的行为相结合造成公司利益损害的结果且损害具有不可分割性,各行为人就应当对公司承担连带赔偿责任。

（五）责任豁免的特殊规定

此处责任豁免的范围仅包括董事、监事、高级管理人员、实际执行公司事务的双控人。当前各国对董事责任豁免有三种方式：公司决议豁免、公司章程豁免及司法豁免。我国《公司法》未授权公司决议或章程免除董事损害公司利益赔偿责任。虽然如此,但在实务中仍然存在责任豁免的情形：

商业判断原则,适用于董事违反勤勉义务责任的认定及免除,具体应关注以下三个方面：

一是商业判断原则的核心要求董事被豁免的行为系在其勤勉地对交易背景、相关事实进行了合理尽调,进而获得足够信息的基础上,基于公司最佳利益的考虑而作出的合理商业判断。反之,董事在未对交易背景、相关事实进行尽调,未获得足够信息的基础上,轻率作出决策的,视为对勤勉义务的违反,对因此造成的损失应予以赔偿。

二是董事的行为是否基于公司最佳利益的考量。其核心是董事行为对公司最佳利益的认知和指向。实践中,因代表的股东阵营利益可能不一致,导致对公司最佳利益的认知和指向产生出现差异。但从公司法角度出发,所有董事均由股东会任命,按多数决原则产生,是各方共同决策的结果。故从理论上讲,从董事职务本身来看,其不直接对任何股东负责,只对公司负责。董事会决议及董事行为作为公司集体决策的一部分,应指向公司整体利益之最佳利益。

何为公司利益,我国《公司法》并未明确,实务中一般认为,不能将公司利益等同于股东利益或将公司财产视为公司利益,而应该是董事应同时兼顾公司的股东、职工及其他利益相关者的利益并以这些利益的持续增加也即公司整体价值的持续增加为目标。

三是尊重公司自治原则。司法实践遵循的原则一般是司法不轻易主动否定非因故意或重大过失严重损害公司或第三人利益、公共利益、公司参与方利益的董事行为。

关于公司章程许可,根据《公司法》第182条的规定,公司章程规定允许股东、董事、监事或高级管理人员及董事、监事、高级管理人员的近亲属,董事、监事、高级管理人员或者其近亲属直接或者间接控制的企业,以及与董事、监事、高级管理人员有其他关联关系的关联人与公司订立合同或者进行交易的,应视为股东、董事、监事或高级管理人员的自我交易行为已事先获得公司许可,股东、董事、监事或高级管理人员可获得相应的责任豁免。

股东会同意或依照公司章程规定,经股东会或董事会同意,根据《公司法》第182条的规定,对于经过股东会同意的自我交易行为、谋取公司商业机会、同业竞争行为,应视为公司许可的行为,不构成对公司利益的侵犯,股东、董事、监事、高级管理人员可获得相应的责任豁免；对于依照公司章程的规定,经股东会或董事会同意的对外借贷及对外担保的行为,应视为公司许可的行为,不构成对公司利益的侵犯,股东、董事、监事、高级管理人员亦可获得相应的责任豁免。

在过往的司法实践中,董事、高级管理人员在损害公司利益责任纠纷案件中,多数抗辩其相关行为系执行股东会决议、董事会决议。该问题本质就是董事、高级管理人员的义务冲突。一方面,《公司法》第 67 条、第 74 条、第 120 条、第 126 条对董事会、高级管理人员的职权作了规定,其中有执行股东会、董事会的决议的义务,其执行行为给公司造成损害的,决策者应承担责任而非执行者,基于此,作为执行者的董事、高级管理人员应当可以免责。另一方面,董事、高级管理人员对公司负有勤勉义务,应以公司利益最大化行事,对于违反该义务给公司造成的损失,亦应承担赔偿责任。这就产生了董事、高级管理人员的执行义务与勤勉义务的矛盾和冲突。

实务处理中,首先,应以股东会决议、董事会决议合法有效为前提。其次,董事、高级管理人员应证明其已履行审查股东会决议、董事会决议的义务。董事、高级管理人员履行勤勉义务维护公司利益是其根本义务,其应依据商业规则判断,从维护公司利益的根本要求出发,审查决议效力并对是否以及如何执行作出自己的职业判断,而非机械、无条件地服从。《公司法解释(四)》第 1 条对董事请求确认股东会或者股东大会、董事会决议无效或者不成立的诉权进行了确认和规定,以此肯定了董事享有审查无效、不成立的股东会决议的权利。同时需要注意的是,如果董事、高级管理人员基于其当时所能获得的信息及其合理的职业判断仍不能发现决议无效的事实,即使决议事后被判定为无效并造成了公司损失,董事、高级管理人员也无须承担责任。从救济渠道上来讲,董事、高级管理人员如存在违反法定忠实义务的行为,包括《公司法》第 181 条所列举的挪用公司资金、将公司资金以其个人名义或者以其他个人名义开立账户存储、接受他人与公司交易的佣金归为己有、擅自披露公司秘密等,且因上述违反法定忠实义务的行为获得了收益,包括为个人利益经营而获得的竞业收入,或为他人利益而获得的竞业报酬,公司可就董事、高级管理人员的收益主张归入权。

董事、高级管理人员在执行公司职务时违反法律、行政法规或者公司章程的规定,例如,侵占或挪用公司财产、违反竞业禁止、擅自披露公司秘密、对增资未尽督促出资的勤勉义务、私自对外借款、私自提供担保或垫付资金等,给公司造成损失的,如公司财产产生损失或者被侵占、公司错失年检时间而被行政机关处罚、公司因商业机会被篡夺而产生信赖利益损失及预期利益损失等,董事、高级管理人员应当承担赔偿责任。

四、举证责任

(一)举证分配原则

损害公司利益责任纠纷适用一般民事诉讼的基本举证原则,即"谁主张,谁举证"的举证责任分配原则。但在实务中,考虑到中小股东与公司实际经营管理者、控股股东相比,对公司的控制能力及信息获取能力较弱,法院可能会因此行使自由裁量权分配举证责任,使举证责任更趋合理。

(二)原被告双方的举证责任

1. 违反忠实义务的相关举证责任

原告举证范围:一是负有忠实义务的人实施的违反忠实义务的行为;二是行为人违反忠实

义务侵害了公司利益;三是行为人获益;四是行为人获益与公司利益受损之间存在因果关系;五是如果原告同时主张损害赔偿,还应举证证明公司因此遭受的损失。针对违反忠实义务各具体行为原告的举证责任见表 10-4-1。

表 10-4-1 针对违反忠实义务各具体行为原告的举证责任

序号	行为	应提供的证据
1	挪用资金或侵占公司资产	公司账户的银行交易流水; 不动产登记权证、股权登记权证等财产证明文件; 证明款项支出的相关凭据交易合同、应收账款证明; 公司章程、公司财务制度规定; 会计账簿及会计凭证、财务报表,审计报告; 股东会决议、董事会决议等
2	篡夺商业机会	公司经营范围(不仅限于登记范围); 该机会系董事、高级管理人员基于职务获取(具体职务、业务范围及工作内容、工作记录等); 该机会属于公司(与公司经营范围相关,公司为此已实际投入资源和精力,如聘请员工、购买项目相关设施、商业活动的前期筹备等)、篡夺行为的实施(如截取商业信息给第三方或关联公司、消极怠工或者暗中破坏导致公司丧失机会); 公司发生的损失且损失与行为之间存在因果关系等
3	竞业禁止	公司经营范围、经营地点; 董事、高级管理人员的劳动合同(如合同中约定了竞业禁止条款); 董事、高级管理人员的任职期间,公司章程; 行为人是否实际从事了与公司经营范围相同或类似业务,如同类业务的交易合同(该业务可以是一段时间内的持续交易,也可以是偶发性的一次或数次交易); 同类业务公司成立的工商登记资料等
4	自我交易	董事、高级管理人员与公司的交易对手存在关联关系(直接参股、通过其利害关系人间接参股或者为实际控制人、同时担任交易公司的董事、监事、高级管理人员); 交易合同; 交易相关凭证如银行流水、对账单、送货单、验收单等; 交易对价是否公允(交易价格与一般市场价格存在差价的证明); 公司章程等
5	滥用股东权利	股东会决议(证明不正当行使表决权); 不当处分公司财产的实施(如折价或低价出售公司资产); 不当增资或减资行为的实施,公司章程,处分财产的后果; 公司的实际损失等
6	违规对外担保、借款	借款(担保)合同; 款项支付凭证; 公司章程; 股东会决议等
7	侵犯商业秘密	相关信息属商业秘密; 董事、高级管理人员通过贿赂、欺诈、电子侵入等不正当手段获取了公司商业秘密; 董事、高级管理人员违反保密义务、公司规定,披露、使用其所掌握的商业秘密; 公司因此遭受损失等
8	怠于行使职权	公司章程; 股东未按时召开股东会的事实; 股东会、董事会决议; 公司未按期申报年检; 董事、监事、高级管理人员未及时催收增资、未按时催收公司应收账款等

被告举证范围:被诉行为,如处分公司财产、保管公司证照、利用公司机会等存在合理性,或事先已向公司披露、经公司股东会或者董事会合法批准、商业机会已被公司明示放弃等。

2. 违反勤勉义务的相关举证责任

原告的举证范围:(1)被告的职责范围以及勤勉义务的具体内容;(2)被告的行为并非出于善意;(3)被告在商业判断过程中没有合理地进行信息收集和调查分析即参与决策或者放任其他人的行为,其行为构成重大过失;(4)站在一个通常谨慎的董事、监事或高级管理人员立场上,在当时情形下经营判断的内容存在明显不合理。

五、诉讼时效

《公司法》及其司法解释对损害公司利益责任纠纷的诉讼时效无特别规定,适用《民法典》关于侵权类案件诉讼时效的一般规定。

《民法典》第188条规定,诉讼时效期间自权利人知道或者应当知道权利受到损害以及义务人之日起计算,一般情况下,向法院请求保护民事权利的诉讼时效期间为3年。同时,应当审查是否存在《民法典》第194条及第195条关于诉讼时效中止或中断的情形。

下文对损害公司利益责任纠纷的诉讼时效问题应当关注的当前司法实践中的重要观点予以说明。

(一)股东代表诉讼的时效问题

裁判观点:股东代表诉讼请求权的诉讼时效期间原则上仍应依法从权利人即公司知道或者应当知道权利受到损害以及义务人之日起计算。但公司法定代表人等高级管理人员长期管理公司形成权利人被义务人或者其他人控制而不能行使请求权的障碍,构成诉讼时效中止情形,应当适用关于诉讼时效中止的法律规定。

【**典型案例**】张某峰、王某晔、朱某伟、宝矾公司、陆拾分钟公司与若来公司侵害计算机软件著作权纠纷案。[①]最高人民法院认为,根据《公司法》(2018年)第151条[②]关于股东代表诉讼的规定,股东享有提起代表诉讼的权利,在董事、高级管理人员违反忠实和勤勉义务,给公司利益造成损害,而公司又不追究其责任时,股东可以代表公司提起诉讼,维护公司的合法权益。股东代表诉讼所行使的实体请求权在性质上并非股东个人的请求权,而仍属于公司对损害公司利益的董事、高级管理人员及其他人的赔偿请求权,该请求权的诉讼时效期间原则上仍应依法从权利人即公司知道或者应当知道权利受到损害之日起计算;如果公司法定代表人等高级管理人员曾经损害公司利益,公司当时虽然知道权利受损害,但公司法定代表人等高级管理人员长期管理公司形成权利人被义务人或者其他人控制而不能行使请求权的障碍,构成诉讼时效中止情形,应当适用关于诉讼时效中止的法律规定。

(二)竞业禁止行为诉讼时效计算问题

裁判观点一:董事、高级管理人员违反规定经营与公司同类业务的行为处于持续状态,诉

[①] 参见最高人民法院民事判决书,(2021)最高法知民终1334号。
[②] 参见新《公司法》第189条。

讼时效应从侵权行为终了时起算。

【典型案例一】宝乐公司、庞某冬、捷朗公司、汇宝公司、星宝公司、宝捷星公司损害公司利益责任纠纷案。①关于庞某冬提出的诉讼时效抗辩，二审法院认为，因其违反规定经营与宝乐公司同类业务的行为持续至2016年3月，本案诉讼时效应从其行为终了时起算，鉴于该抗辩不影响本案的实体处理，故不再审查。

【典型案例二】德盾公司与邓某军、王某宏损害公司利益责任纠纷案。②法院认为，原告于2015年4月取得电脑后，对于二被告在外设立公司并转移资质的相关行为应该知晓，并应当知道权利受到侵害。然而，关于侵权行为的诉讼时效，不仅应考虑权利人知道或应当知道权利受到损害的时间。根据侵权行为的性质，若为持续侵权行为，还应考虑侵权行为的结束时间。本案中，董事、高级管理人员损害公司利益设立同业竞争企业的侵权行为并非一次性行为，而是持续性、连续性行为。由于申盾公司和德盾公司目前仍持续经营，王某宏仍为第三人的大股东，因此侵权行为持续至今。王某曾于2018年6月7日以原告的股东名义向法院提起派生诉讼，法院驳回了王某起诉。但从王某作为原告的法定代表来看，原告也一直在主张权利。因此，二被告的侵权行为持续至今，原告提起本案诉讼，并未超过诉讼时效。

【典型案例三】东方管道公司与东方泰威公司等损害公司利益责任纠纷案。③法院认为，李某滨违反竞业禁止的法律规定，构成了侵权，而该侵权系持续的侵权，至东方管道公司提起诉讼之时，侵权并未终止，故东方管道公司提起的诉讼并未超过诉讼时效。

<u>裁判观点二：董事、高级管理人员违反规定经营与公司同类业务的行为，诉讼时效自权利人知道或应当知道权利受到侵害之日起算。权利人知道或应当知道权利受到侵害的时间，可以通过工商登记信息等予以确定。</u>

【典型案例】张某民、金某芯损害公司利益责任纠纷案。④二审法院认为，中世纵横公司的股东、法定代表人、主要成员、经营范围等工商登记信息为公示信息，其经营范围于2010年4月20日变更为工业设计等，故法院认定陈某强应自2010年4月20日起知道或应当知道张某民在与传人工业公司存在同类业务的中世纵横公司投资、任职，传人工业公司的权利受到侵害。陈某强于2013年12月31日提起本案诉讼。因此，陈某强关于张某民2010年4月20日至2011年12月31日在中世纵横公司的收入归传人工业公司所有的诉请，已超过诉讼时效，不予支持。

<u>裁判观点三：董事、高级管理人员违反规定经营与公司同类业务的行为，诉讼时效自权利人知道或应当知道权利受到侵害之日起算，权利人知道或应当知道权利受到侵害的时间，不以工商登记信息为唯一标准。</u>

【典型案例一】思达公司、王某勇损害公司利益责任纠纷案。⑤法院认为，关于思达公司的

---

① 参见广东省深圳市中级人民法院民事判决书，(2020)粤03民终16101号。
② 参见上海市闵行区人民法院民事判决书，(2019)沪0112民初19312号。
③ 参见山东省济宁市中级人民法院民事裁定书，(2015)济商初字第38号。
④ 参见广东省深圳市中级人民法院民事判决书，(2017)粤03民终9491号。
⑤ 参见广东省高级人民法院民事判决书，(2020)粤民终2741号。

起诉是否已过诉讼时效问题。思达公司根据银河公司上市披露的情况，主张王某勇、丁某民等人在思达公司担任董事、高级管理人员期间未经公司股东会同意从事同业经营，损害了思达公司的利益，应当赔偿思达公司损失。银河公司工商登记信息显示，王某勇于2011年1月10日才登记为银河公司法定代表人、董事长、总经理，2011年6月20日才登记为银河公司股东，而在此之前的2010年9月28日王某勇、丁某民即向思达公司出具《承诺函》，而丁某民当时系银河公司董事、总经理，可以判断出王某勇、丁某民系因为经营银河公司而与思达公司存在聘用对方人员、业务竞争等纠纷而出具《承诺函》，该单方承诺函应是根据思达公司的要求而出具——因王某勇、丁某民不可能在离职思达公司至少8个月后主动出具，由此可以认定思达公司对王某勇以他人代持方式投资创办银河公司至少在2010年9月是知情的。另，丁某民提交了其与曾任思达公司副总经理王某太的微信聊天记录，其中有王某太转发的《大股东与公司骨干人员座谈会会议记录》，且韩某、杨某二人均出庭作证，亦可以证明思达公司管理层在2010年9月已知晓王某勇等人以他人代持股权方式投资创办银河公司的事实，当时并未主张王某勇等人赔偿思达公司损失，且王某勇、丁某民单方作出《承诺函》两年期满时间为2012年9月28日，如王某勇、丁某民违反该承诺，思达公司至迟应在2014年9月28日前提起诉讼，主张王某勇等人侵权或违约，其于2017年5月22日向深圳市南山区人民法院第一次提起诉讼，又于2018年10月10日向一审法院第二次提起诉讼，均已过诉讼时效。上述判决得到了广东省高级人民法院的支持。

【典型案例二】明州投资公司与洪某损害公司利益责任纠纷案。[①]关于案件争议焦点一，即明州投资公司之诉是否超过诉讼时效期间，法院认为，因诉讼时效期间从知道或应当知道权利被侵害时起算，虽然洪某的投资行为发生较早，但该投资行为一直处于持续状态，洪某未能举证证明明州投资公司在其投资贝因美婴童公司、贝因美集团公司时已经知情，故诉讼时效期间不应自投资行为发生时起算。现洪某在2012年5月29日向明州投资公司法定代表人项某秋发函，明州投资公司在2012年6月5日第一次召开讨论处置洪某对外投资行为的股东大会并作出相关决议，双方此后就股东会决议是否可撤销，是否有效的问题提起了诉讼。故本案明州投资公司并未超过诉讼时效期间。

[①] 参见浙江省宁波市鄞州区人民法院民事判决书，(2015)甬鄞商初字第544号。

◆ 第十一章　损害公司债权人利益责任纠纷

第一节　损害公司债权人利益责任纠纷概述

（一）根据损害公司债权人利益的责任主体划分

2020年12月29日最高人民法院修改《民事案件案由规定》，将第二级案由"二十一、与公司有关的纠纷"项下原"257.股东损害公司债权人利益责任纠纷"修改为"277.损害公司债权人利益责任纠纷"，并下设"股东损害公司债权人利益责任纠纷"和"实际控制人损害公司债权人利益责任纠纷"，意味着修改后的《民事案件案由规定》将实际控制人与股东并列为损害公司债权人利益责任主体，所以根据损害公司债权人利益的责任主体划分为以下2个方面：

一是股东损害公司债权人利益责任纠纷。其含义是公司股东因滥用公司法人独立地位和股东有限责任，逃避债务，严重损害公司债权人利益，对公司债务承担责任的民事纠纷。[①]

二是实际控制人损害公司债权人利益责任纠纷。其含义，除主体不同外，其他可参照上述股东损害公司债权人利益责任纠纷含义进行理解。

（二）根据损害公司债权人利益责任纠纷引发原因划分

1. 因股东瑕疵出资引发的纠纷

实务中常见的股东违反出资义务的两种情形：一是未履行出资义务和未完全履行出资义务；二是股东抽逃出资或实际控制人协助抽逃出资。股东出资责任与公司法人人格否认之诉中的股东连带责任完全不同。股东出资责任是股东对公司的出资义务，仍在股东有限责任的范畴之内；而公司法人人格否认之诉中的股东责任是股东在出资义务之外的责任，是股东有限责任的例外。

2. 因公司人格否认引发的纠纷

公司债权人可以基于股东滥用公司法人独立地位和股东有限责任行为而提起债权人利益损害责任纠纷诉讼。公司是否具有独立意思和独立财产是公司人格与股东人格混同最根本的判断标准。通过否认公司人格，然后由侵权股东对公司债务承担连带责任，是股东承担有限责任的例外情形。

需要注意的是，公司独立人格并不因为个案的公司人格否认而被全面、彻底、永久地否定，即非该个案当事人，不当然受该否认公司人格个案裁判的既判力约束，该个案否认公司人格的裁判的既判力仅约束该案当事人，但生效判决认定的事实可以作为其他相关案件的依据。例如在连某麟与骆某、刘某新、林某镇股东损害公司债权人利益责任纠纷案[②]中，二审法院认为，本案是损害公司债权人利益责任纠纷，连某麟提起上诉时，又依据《公司法》第20条[③]之规定，

[①] 参见人民法院出版社编著：《最高人民法院民事案件案由适用要点与请求权规范指引》（第2版），人民法院出版社2020年版，第752页。

[②] 参见广东省深圳市中级人民法院民事判决书，(2020)粤03民终16053号。

[③] 参见新《公司法》第21条，第23条第1款。

主张股东骆某、刘某新、林某镇与文诚胜公司人格混同,应当对公司的债务承担连带责任。连某麟上诉所主张的(2014)深龙法布民初字第602号、第603号案件中,案涉股东和公司存在人格混同情况,属于在具体案件中依据特定的法律事实、法律关系,突破股东对公司债务不承担责任这一一般规则,例外地判令其承担连带责任,并非全面、彻底、永久地否认公司的法人资格。(2014)深龙法布民初字第602号、第603号案件否认公司人格的判决的既判力仅约束该案各方当事人,不能当然适用于涉及文诚胜公司与其他人纠纷产生的诉讼,故连某麟在本案中仍应举证证明文诚胜公司在与其货款纠纷案件即(2014)深龙法布民初字第460号案件中存在股东与公司人格混同的事实,而连某麟未提交相关的证据,仅以另案判决主张骆某、刘某新、林某镇与文诚胜公司存在人格混同,证据不足,不能成立。

(三)损害公司债权人利益的责任构成

由于债权人与股东之间不存在合同关系,即无合同权利义务的约定,但因为股东违反了《公司法》义务,损害了公司对外偿债能力,损害了债权人对公司债务求偿权的实现,故债权人基于《公司法》规定,享有对侵权股东及相关责任人的侵权损害赔偿请求权,所以损害公司债权人利益责任系侵权责任。故在此类案件中,应当按侵权责任的构成要件,即主体要件、主观要件、行为要件、结果要件和因果关系要件等承担赔偿责任。

第二节 实际控制人损害公司债权人利益责任纠纷应关注的问题

一、实际控制人的定义

实际控制人对公司的实际控制权是游离于公司法律配置之外而客观存在的现象。[1] 在此应注意新《公司法》第265条第3项和原《公司法》第216条第3项关于实际控制人定义的规定的差别,从这两个条款的内容来看,原《公司法》规定的实际控制人应具备三个要素:第一,不是公司股东;第二,能够实际支配公司行为;第三,通过投资关系、协议或者其他安排实现对公司的控制与支配。而从新《公司法》的规定来看,实际控制人只需具备两个要素:第一,能够实际支配公司行为;第二,通过投资关系、协议或者其他安排实现对公司的控制与支配。新旧《公司法》对实际控制人的规定的不同点在于,原规定的实际控制人不包括股东,而新规定中只要"通过投资关系、协议或者其他安排,能够实际支配公司行为"即属于实际控制人,不排除股东为实际控制人。新规定实质是弥补了原规定对实际控制人规定的漏洞,因为按照原规定,当股东持股比例不足50%且其持有的表决权不足以影响股东会决议时,尽管其通过投资关系、协议或者其他安排能够支配公司行为,这类股东也不构成实际控制人。新《公司法》这一规定表明"事实控制"是界定实际控制人的关键,也是确定实际控制人的充分条件。这亦与证券实务中的观点相一致,如深圳证券交易所《股票上市规则》(2023年修订)第15章"释义"第15.1条中规定,实际控制人是指通过投资关系、协议或者其他安排,能够实际支配公司行为的自然

---

[1] 参见陈洁:《实际控制人公司法规制的体系性思考》,载《北京理工大学学报(社会科学版)》2022年第5期。

人、法人或者其他组织。

何为"能够实际支配公司行为"。对此，《公司法》并未有明确解释，但实务中普遍认为实际控制人能够对公司的经营管理、决策、人事，甚至财产具有支配性影响力，其中的"支配性"具体表现为对公司所有重大事项具有单方面的决定权或重大影响能力。现代公司多数采取一股一权和资本多数决的制度设计，控制权在公司法意义上应该通过股东的表决权予以体现。因而，究其控制权的来源，可将对公司的控制形式分为直接以股权为基础的控制和非直接以股权为基础的控制，前者对应控股股东的概念，后者即为实际控制人概念。

司法实践中与"能够实际支配公司行为"相关的裁判观点及典型案例如下。

裁判观点一：根据《公司法》的规定，在判断被告是否为公司实际控制人时，在方式上应考虑被告与公司之间是否存在投资关系、有协议或者其他安排，在结果上应考察被告是否具备以个人意志实际支配公司行为的能力。

【典型案例】 李某亭与储某建、卢沟鸿森公司实际控制人损害公司债权人利益责任纠纷案。[①] 二审法院认为，储某建承担责任的前提是其确系卢沟鸿森公司的实际控制人。依据《公司法》(2018年)第216条[②]的规定，在方式上应考察储某建与卢沟鸿森公司间是否存在投资关系、有协议或者其他安排，在结果上应考察储某建是否具备以个人意志实际支配公司行为的能力。另外，李某亭作为请求储某建作为公司实际控制人承担责任的一方，应承担对其身份的证明责任。本案中，储某建虽然是公司法定代表人、执行董事，在民事案件执行中代表公司与法院沟通，并在刑事案件中被认定为直接负责的主管人员被判决承担刑事责任，但是未见其与公司之间存在投资关系、有协议或者其他安排，且上述事实仅可证实储某建具有高级管理人员之身份，尚不能证明其已经具备支配公司行为之能力。且卢沟鸿森公司的控股股东是广东鸿森公司，李某亭和储某建均认可储某建是由广东鸿森公司委派至卢沟鸿森公司担任法定代表人等职务。故广东鸿森公司具有对储某建的任免权限，储某建须接受广东鸿森公司的指令，更难证实储某建可凭个人意志决定公司行为。总而言之，李某亭未能举证证明储某建系卢沟鸿森公司的实际控制人，对于其上诉理由，二审法院不予采纳。

裁判观点二：根据《民事诉讼法司法解释》第108条第1款规定的高度可能性原则认定实际控制人。

【典型案例一】 国发节能公司、国发后勤公司、郭某成与国电光伏公司、国发华企公司股东损害公司债权人利益责任纠纷案。[③] 二审法院认为，《民事诉讼法司法解释》第108条第1款规定，对负有举证责任的当事人提供的证据，法院经审查并结合相关事实，确信待证事实的存在具有高度可能性的，应当认定该事实存在。根据一审查明的事实，郭某成持有国发后勤公司97.83%的股权，为国发后勤公司控股股东、法定代表人；国发后勤公司持有国发节能公司99.69%的股权，为国发节能公司控股股东；国发节能公司持有国发华企公司93.75%的股权，

[①] 参见北京市第二中级人民法院民事判决书，(2022)京02民终3613号。
[②] 参见新《公司法》第265条。
[③] 参见江苏省高级人民法院民事判决书，(2019)苏民终1528号。

为国发华企公司控股股东。因郭某成是国发后勤公司控股股东及法定代表人，通过国发后勤公司投资、控股国发节能公司，而国发节能公司又投资、控股国发华企公司故其能够实际控制、支配国发节能公司、国发华企公司，且同时为两公司个人股东并任公司高级管理人员，故郭某成系三公司的实际控制人存在高度可能性。国发节能公司、国发后勤公司、郭某成上诉否认郭某成的实际控制人身份，但未提供相应的反驳证据，应承担不利后果。郭某成作为三公司的实际控制人，对公司过度支配与控制，滥用控制权使三公司财产边界不清、财务混同，丧失人格独立性，导致国发华企公司欠付国电光伏公司大额债务无法清偿，严重损害公司债权人利益，应对公司债务承担连带责任。

【典型案例二】 梁某荣、梁某娜与丰亿公司、力天公司及泰裕公司、杨某买卖合同纠纷案。[①]
最高人民法院认为，关于梁某荣的责任认定，力天公司的法定代表人孙某、监事杨某和泰裕公司法定代表人张某平的当庭指认和证言显示，力天公司的实际出资人和发起人为安某、梁某荣及梁某娜，孙某、杨某受力天公司实际控制人梁某荣和梁某娜的指示担任公司法定代表人、监事，力天公司的经营收入已由梁某荣和梁某娜转入由其控制的关联公司泰裕公司；张某平受泰裕公司实际控制人梁某荣和梁某娜指示代持股份并担任公司法定代表人，未参与公司经营和管理，该公司全部业务均由梁某荣和梁某娜负责处理。宁夏回族自治区石嘴山市惠农区人民法院于2020年8月7日作出的(2020)宁0205执635号限制消费令认定，梁某荣为泰裕公司实际控制人。梁某荣在一审中虽对与梁某娜、张某平、杨某之间的亲属关系予以否认，但在二审中认可其系梁某娜之父、杨某和张某平之舅。丰亿公司预付力天公司的案涉部分货款4200万元由泰裕公司收取，泰裕公司未能提供充分证据证明其收取力天公司款项存在正当合理理由。力天公司现已不再实际经营，无力偿还多笔到期债务。一审、二审法院综合全案事实和证据，认定梁某荣利用其实际控制人地位，转移力天公司财产，致使力天公司无力偿还丰亿公司债务，严重损害了债权人丰亿公司的合法权益，判令梁某荣对力天公司案涉债务承担连带赔偿责任，结果并无不当。关于梁某娜的责任认定。力天公司于2019年6月1日与丰亿公司签订案涉年度买卖合同时，其注册资本为3000万元。2019年7月15日，力天公司减资1500万元，其中股东梁某娜减资735万元，但力天公司未依法编制资产负债表及财产清单，亦未依法通知丰亿公司，致使丰亿公司未能要求力天公司清偿债务或提供相应担保。一审、二审判决认定力天公司的减资程序违法，损害了债权人丰亿公司的合法权益，判令梁某娜在其减资735万元范围内对力天公司案涉债务承担补充赔偿责任，并无不当。梁某娜提供的2019年7月8日的股东会决议、7月10日的股东转让协议虽显示其将735万元的股权转让给了孙某，但该转让直至2019年7月15日才办理工商变更登记，力天公司减资时梁某娜仍然具有该公司股东身份，应当对债务人承担法定注意义务，其以未参与公司经营管理且股权已转让为由进行抗辩，不能成立。

二、实际控制人的法律规制

除《公司法》第265条对实际控制人的概念予以明确外，还有以下规定：

[①] 参见最高人民法院民事裁定书，(2021)最高法民申4488号。

(1)《公司法》第 15 条第 2~3 款、第 22 条第 1 款规定：这两个规定分别从关联担保的回避表决和禁止不当利用关联关系两方面对实际控制人予以了规制，但依然没有体现关于实际控制人最核心的在公司管理层面滥用控制权的问题。

(2)《公司法解释（二）》第 18 条、第 19 条、第 20 条规定：这三个规定对实际控制人在公司清算过程中作为清算义务人的勤勉义务及其违反勤勉义务的责任作出了规定。但应该注意的是，依据《公司法》第 232 条的规定，公司自行清算的清算义务人为董事，清算组成员即清算人在公司章程及股东会未另行决议任用其他人时，亦为公司董事；同时依据《公司法》第 238 条的规定，清算人对公司及债权人负有忠实、勤勉义务。根据《公司法》的这些规定，公司的实际控制人不再为法定的清算义务人，故不再承担清算义务人依法应该承担的清算责任。但是笔者认为，如果有证据证明实际控制人通过影响清算义务人的董事导致公司债权人及公司损失的，根据民法中的共同侵权理论，依然可以请求追究实际控制人的共同侵权责任。

(3)《九民纪要》第 11 条规定：该条规定针对实际控制人对公司的过度支配与控制作出了规定，是对实际控制人滥用控制权导致关联公司丧失人格独立性时如何对债权人承担责任的意见。其作为司法指导性意见，与《公司法》第 23 条第 1~2 款的规定相呼应。

三、实际控制人对公司债权人侵权责任的认定

公司法规制实际控制人的核心就是追究实际控制人公司法上的法律责任，即追究实际控制人违反诚信义务，滥用控制权损害公司、股东及债权人利益的责任。其中对债权人责任方面，主要针对的是实际控制人滥用目标公司控制权以逃避债务、严重损害债权人利益的现象。[①] 由此引发的问题是：实际控制人滥用控制权破坏公司法人人格，导致公司债权人利益受损，能否适用公司法人人格否认制度？

对此，实务中一般分两种情况：第一种是实际控制人本身就是公司股东的情况，如果实际控制人与公司存在人格混同，可以依据《公司法》第 23 条适用法人人格否认制度。第二种是实际控制人并不是公司股东的情况，针对这一情况，实务中有观点认为：首先，非公司股东与公司股东控制公司损害债权人利益的行为在性质上并无区别，具有同质性，可以产生相同的法律后果；其次，从《公司法》第 23 条规定的立法目的来看，也应涵盖公司实际控制人滥用公司法人人格的情况，刻意将股东与实际控制人作为不同的主体加以区分并无意义；最后，法人人格否认规则的本质是否认公司的独立责任能力，要求滥用公司人格的主体对公司债务承担连带清偿责任，对实际控制人适用法人人格否认制度并无障碍。综合上述分析，可以考虑对实际控制人参照适用《公司法》第 23 条关于股东滥用公司法人独立地位和股东有限责任的规定。另外，在《公司法》及其司法解释未将实际控制人纳入法人人格否认制度适用范围的情况下，也可依一般民事侵权的处理规则，适用《民法典》侵权责任编的有关规定。[②]

[①] 参见张应杰主编：《公司责任纠纷类案裁判思维》，人民法院出版社 2023 年版，第 270 页。
[②] 参见张应杰主编：《公司责任纠纷类案裁判思维》，人民法院出版社 2023 年版，第 270 页。

裁判观点：非公司股东，但与公司存在关联或控制关系的主体通过操作或控制公司损害公司债权人利益，可类推适用公司人格否认制度予以规制。

【典型案例】柳某金、马某兰与肥矿光大公司、山能贵州公司采矿权转让合同纠纷案。[①] 最高人民法院认为，柳某金、马某兰主张山能贵州公司与肥矿光大公司人格混同，应对肥矿光大公司的债务承担连带责任。《公司法》(2018年)第20条第3款[②]规定确立的公司人格否认制度主要适用于公司及公司股东之间，对于非公司股东但与公司存在关联或控制关系的主体是否适用未予明确。公司人格否认制度旨在纠正有限责任制度在特定情形下对债权人利益保护的失衡。非公司股东但与公司存在关联或控制关系的其他主体通过操作或控制公司而损害公司债权人利益，与公司股东滥用公司人格损害债权人利益具有同质性。对此应基于公平及诚信原则，类推适用《公司法》(2018年)第20条第3款的规定予以规制，以实现实质公正。本案中，肥矿光大公司的控股股东肥矿能源公司是山能贵州公司的全资子公司，山能贵州公司与肥矿光大公司存在关联关系，应根据公司人格否认制度的法律规定判断山能贵州公司应否对肥矿光大公司的债务承担连带责任。

此外，还需要特别注意的是，新《公司法》第23条的规定吸收了《九民纪要》第11条第2款规定的相关内容，新增加此条中的横向法人人格否认制度，即从《公司法》层面将损害公司债权人利益的责任主体从公司股东、实际控制人扩展到了股东控制的其他公司。

司法实践中的相关裁判观点及典型案例如下。

裁判观点一：关联公司的人员、业务、财务等方面交叉或混同，导致各自财产无法区分，丧失独立人格的，构成人格混同；关联公司人格混同，严重损害债权人利益的，关联公司相互之间对外部债务承担连带责任。

【典型案例一】瑞路公司、川交机械公司与川交工贸公司等买卖合同纠纷案。[③] 最高人民法院认为，虽然川交工贸公司与川交机械公司、瑞路公司这三家公司在工商登记部门登记为彼此独立的企业法人，但实际上，这三家公司相互之间界限模糊、人格混同，具体表现在：一是三家公司人员混同。三家公司的经理、财务负责人、出纳会计、工商手续经办人均相同，其他管理人员亦存在交叉任职的情形，川交工贸公司的人事任免存在由川交机械公司决定的情形。二是三家公司业务混同。三家公司实际经营中均涉及工程机械相关业务，经销过程中存在共用销售手册、经销协议的情形；对外进行宣传时信息混同。三是三家公司财务混同。三家公司使用共同账户，以王某礼的签字作为具体用款依据，对其中的资金及支配无法证明已作区分；三家公司与徐工机械公司之间的债权债务、业绩、账务及返利均计算在川交工贸公司名下。因此，三家公司之间表征人格的因素(人员、业务、财务等)高度混同导致各自财产无法区分，已丧失独立人格，构成人格混同。其中的川交工贸公司承担所有关联公司的债务却无力清偿，又使其他关联公司逃避巨额债务，严重损害了债权人的利益。上述行为违背了法人制度设立的

---

① 参见最高人民法院民事判决书，(2020)最高法民终185号。
② 参见新《公司法》第23条第1款。
③ 参见江苏省高级人民法院民事判决书，(2011)苏商终字第0107号。

宗旨,违背了诚实信用原则,其行为本质和危害结果与《公司法》(2005年)第20条第3款① 规定的情形相当。故法院判令川交机械公司、瑞路公司对川交工贸公司的债务承担连带清偿责任。

【**典型案例二**】邵某与昆通公司、通达公司民间借贷纠纷案。② 最高人民法院认为,第一,2009年6月10日在玉溪市中级人民法院的主持下所形成的《涉及通海昆通工贸公司债权人会议纪要》的内容显示,由于昆通公司被法院查封难以继续经营,为使债权人债权得到清偿,由华盛源公司与昆通公司合作,昆通公司资产交由华盛源公司代为管理,对外债务由华盛源公司汇入法院账户协助执行。虽然华盛源公司与昆通公司之后未按照上述会议纪要的内容合作,但是,该会议纪要能够证明昆通公司由于被法院强制执行而陷入不能经营的状态这一事实。第二,从工商登记资料及身份证明上看,昆通公司的法定代表人自2007年11月18日变更为岳某甲,岳某甲系该公司两股东岳某宽与张某芬之子。岳某乙系昆通公司监事,杨某华系昆通公司工作人员,孔某菠系昆通公司财务人员。而兴通达公司的工商登记资料显示,兴通达公司于2009年8月27日申请设立登记。岳某乙同时为兴通达公司的股东,杨某华担任兴通达公司的监事,孔某菠也担任兴通达公司的财务人员。上述证据说明,兴通达公司在财务人员等主要工作人员以及股东的构成上,存在相互交叉或者相互重合的情形。第三,昆通公司实际上是通过岳某乙持有兴通达公司股权的。第四,虽然双方系通过租赁合同的形式由兴通达公司承租昆通公司的办公用房及货场和料场,但从其租金约定的数额畸低这一事实来看,双方实际上存在办公地点、经营设备、生产场地混同的情形。第五,昆通公司由于被法院查封和被国税部门扣留税控机无法继续经营,在与华盛源公司未实际履行上述会议纪要的前提下,又通过岳某乙和罗某东代持股权的方式与陈某明设立兴通达公司,兴通达公司设立的目的是恢复昆通公司的生产经营。第六,邵某与兴通达公司于2011年3月29日签订了两份《借款协议》,数额分别为2920万元和1716万元。两份《借款协议》上除陈某明作为借款方兴通达公司法定代表人签字之外,还有昆通公司法定代表人岳某甲和岳某丙(系岳某甲之弟)的签名。2011年4月18日兴通达公司向邵某出具的数额为490.5万元的收据上,除了陈某明签名之外,岳某甲也在该收据上签名。2011年10月10日,兴通达公司向邵某出具的数额为1889.5万元的收款收据上,除了陈某明签名之外,岳某甲也在该收据上签名。上述签名的法律含义可以解释为一审法院所认定的岳某甲系作为见证人签名。另外一种则是结合前述昆通公司与兴通达公司在股东持股、财务人员、办公场所等方面存在高度混同的事实,将该签名的法律含义解释为,兴通达公司与邵某签订借款协议时,均明知兴通达公司的设立目的是通过兴通达公司实现昆通公司的经营,所出借的款项实际用途也都是用于昆通公司的恢复生产及经营。因此,岳某甲在上述借款凭证签名的行为实际上是代表昆通公司确认借款关系的行为。法院认为,将岳某甲签名的法律意义认定为是见证行为,无其他证据辅佐,也与前述一系列证据所证明的事实形成冲突。岳某甲在前述借款凭证上签名的行为也从另外一个侧面说明,昆通公司与兴通达公

---

① 参见新《公司法》第23条第1款。
② 参见最高人民法院民事判决书,(2015)民一终字第260号。

司存在高度混同的现象。综合上述多个证据,可以认定,兴通达公司的设立目的是通过兴通达公司恢复昆通公司的生产经营,昆通公司通过岳某乙、罗某东等持股的方式成为兴通达公司的股东,两公司在财务人员、工作人员、经营场所、生产经营等方面存在高度混同的现象。昆通公司通过此种方式设立兴通达公司并利用了兴通达公司的法人独立地位和股东有限责任,损害了邵某作为债权人的利益。根据《公司法》(2013年)第20条第3款[①]的规定,昆通公司应当对以兴通达公司的名义向邵某的借款债务承担连带责任。邵某的上诉主张部分成立,予以支持。

裁判观点二: 存在股权关系交叉、均为同一法人出资设立、由同一自然人担任各个公司法定代表人的关联公司,如果该法定代表人利用其对上述多个公司的控制权,无视各公司的独立人格,随意处置、混淆各个公司的财产及债权债务关系,造成各个公司的人员、财产等无法区分的,该多个公司法人表面上虽然彼此独立,但实质上构成人格混同。因此损害债权人合法权益的该多个公司法人应承担连带清偿责任。

【典型案例】 装饰公司、房屋公司、娱乐公司与信达成都办借款担保合同纠纷案。[②] 最高人民法院认为,关于装饰公司、房屋公司、娱乐公司是否存在人格混同的问题。根据原审查明的本案事实,装饰公司、房屋公司、娱乐公司股权关系交叉,均为关联公司,实际均为沈氏公司出资设立,沈某源作为公司的董事长,同时身兼三公司的法定代表人,其利用对三公司的控制权,将装饰公司贷款大量投入娱乐公司中国酒城项目;在未办理工商变更登记的情况下,将娱乐公司对装饰公司欠款7392万元和对房屋公司欠款1086万元转为两公司对娱乐公司的投资款,且2003年以后装饰公司对娱乐公司的投资只有2795万元,装饰公司的3597万元投资款去向不明;并将中国酒城项目的经营收益用于支付所谓泰来集团名下所有公司的房租、水电费、员工工资;将沈氏公司对房屋公司的投资用于支付中国酒城项目设计费;装饰公司、房屋公司、娱乐公司还共同为装饰公司贷款还本付息,装饰公司、房屋公司、娱乐公司均认为对"流金岁月"及"茵梦湖"项目的资产享有处分权,以并不存在的泰来集团名义向贷款人出具函件,致使贷款人也无法区分三者间的人员及财产。装饰公司、房屋公司、娱乐公司还存在同一地址办公、联系电话相同、财务管理人员在一段时期内相同的情况。上述事实表明,装饰公司、房屋公司、娱乐公司表面上是彼此独立的公司,但各公司之间已实际构成了人格混同。其行为,违背了法人制度设立的宗旨,违反了诚实信用和公平原则,损害了债权人利益。因此,原审法院判令装饰公司的债务应由娱乐公司和房屋公司承担连带清偿责任并无不当,予以维持。

第三节 股东瑕疵出资损害公司债权人利益责任纠纷应关注的问题

一、股东瑕疵出资的内部责任和外部责任

(一)针对股东未履行出资义务和未完全履行出资义务的情形

根据《公司法解释(三)》第13条的规定,这一情形下,内部责任包括:(1)其他股东或公司

---

① 参见新《公司法》第23条第1款。
② 参见最高人民法院民事判决书,(2008)民二终字第55号。

有权请求未出资股东补缴出资;(2)股东在公司设立时未履行或者未全面履行出资义务,其他股东或公司还有权请求公司的发起人与被告股东承担连带责任;(3)董高违反忠实勤勉义务的应承担相应责任。外部责任包括:(1)公司债权人有权请求违反出资义务的股东在未出资本息范围内承担补充责任;(2)股东在公司设立时未履行或者未全面履行出资义务,债权人还有权请求公司的发起人与被告股东承担连带责任;(3)董高违反忠实勤勉义务的应承担相应责任。

对此,应该注意的是,针对这一情形,根据新《公司法》第49条第3款、第50条以及第51条的规定,股东违反出资义务时只有内部责任:(1)违反出资义务的股东向公司补缴出资并赔偿公司损失;(2)设立时的其他股东与该股东在出资不足的范围内承担连带责任;(3)董事违反忠实勤勉义务时向公司就损失承担赔偿责任。新《公司法》并未规定股东瑕疵出资及对此有过错的董事的外部责任,即违反出资义务的股东及相关人员只对公司承担责任,而没有规定对债权人承担责任,目的是在新《公司法》强调的入库规则情况下避免个别清偿而引发的不公平。

由此可能引发以下2个问题:(1)公司债权人能否直接请求违反出资义务的股东承担出资责任及相关人员对公司承担相应责任;(2)能否通过代位诉讼的方式直接请求违反出资义务的股东及相关人员对债权人承担责任。对于问题一,笔者认为应该可以参照新《公司法》第54条"公司不能清偿到期债务的,公司或者已到期债权的债权人有权要求已认缴出资但未届出资期限的股东提前缴纳出资"的规定,有权直接请求违反出资义务的股东承担出资责任及相关人员对公司承担相应责任。对于问题二,笔者认为已届期的出资义务系公司对出资股东的到期且合法债权,既然是合法债权,当公司怠于追索时,债权人应有权依据《民法典》合同编有关代位权诉讼的相关规定提起诉讼。

(二)针对股东抽逃出资或者实际控制人协助抽逃出资的情形

根据《公司法解释(三)》第14条的规定,这一情形的内部责任是公司或者其他股东有权请求抽逃出资的股东向公司返还出资本息,同时请求协助抽逃出资的其他股东、董事、高级管理人员或者实际控制人对此承担连带责任;外部责任是债权人有权请求抽逃出资的股东在抽逃出资本息范围内对公司债务不能清偿的部分承担补充赔偿责任,协助抽逃出资的其他股东、董事、高级管理人员或者实际控制人对此承担连带责任。

这里应注意的是,针对这一情形,新《公司法》第53条、第54条的规定明确了抽逃出资的法律后果,即内部责任:一是违反出资义务的股东返还抽逃的出资并赔偿损失;二是负有责任的董事、监事、高级管理人员与该股东承担连带赔偿责任。亦未明确外部责任即对债权人承担责任。但参照前述新《公司法》第54条的规定,债权人亦应有权要求抽逃出资的股东向公司返还出资,为避免个别清偿,根据入库规则公司债权人不能直接请求该股东向其承担责任,但在抽逃事实清楚的情形下,亦应该可以通过代位权诉讼追究抽逃出资股东的责任。

因此,新《公司法》颁行后,《公司法解释(三)》第13条、第14条的规定在司法实践中是否还会继续适用,如何适用,我们拭目以待。同时需要说明的是,如果继续适用《公司法解释(三)》第13条、第14条的规定,对于公司债权人而言,则需要考虑股东瑕疵出资侵权责任的构成，否则无须考虑。

二、股东瑕疵出资侵权责任的构成要件

（一）主体要件

被侵权人应为公司的债权人，而非股东自己对公司主张法人人格否认；侵权人为公司的滥用公司独立法人地位和股东有限责任的股东或实际控制人，而不应是其他无辜股东。① 在这里应该注意的是，实务中这一情形下的冒名股东及借名股东的身份认定及责任承担。

司法实践中相关的裁判观点及典型案例如下。

裁判观点一：被冒名登记的股东无须对公司债务承担责任。

【典型案例】张某旭与王某安、桃海公司及王某杰、亨源会计公司股东损害公司债权人利益责任纠纷案。② 最高人民法院认为，根据《公司法解释（三）》第28条的规定，以及一审、二审查明的事实，在最终形成的《出资协议》、公司章程、《公司名称预先核准申请书》、《股东会选举执行董事、监事的决定》等公司设立的重要文件中出现的"王某安"签名均非王某安本人所签，王某杰冒用王某安的名义出资并将王某安作为股东在公司登记机关进行登记，张某旭并无充分证据证明王某安授权王某杰签名或事后予以追认。故张某旭请求王某安承担补充赔偿责任的主张不应予以支持。

裁判观点二：被告自愿将身份证件、银行卡交与他人使用，视为对他人进行无限授权，被告据此主张其属于冒名股东，不予采信。

【典型案例】程某贵与马某东、胡某容、李某、夏某、江某英股东损害公司债权人利益责任纠纷案。③ 二审法院认为，马某东主张其为被冒名股东，公司设立登记资料中没有其亲笔签名，其不应当承担赔偿责任。马某东主张鼎融信公司登记资料中的签名并非其所签，但其未能举证证明。马某东自称其将身份证、银行U盾、银行卡交予周某德，周某德假冒其名办理的公司申请手续，马某东将上述材料交予周某德的行为，应当视为其对周某德使用上述资料的无限授权，马某东应当承担相应的法律后果。且马某东在得知周某德涉嫌诈骗后，将该股权转让给其丈夫的母亲，可认定马某东对其为鼎融信公司的股东是知晓的，现其主张其为被冒名的股东，有违诚实信用原则，其上诉理由不能成立，不予采纳。

（二）主观要件

股东等责任主体具有未依法履行到期出资义务或抽逃出资的故意。对此，《公司法》有明确的强制性和禁止性规定，股东违反该等规定损害债权人利益的即应认定其主观上存在过错。

（三）行为要件

股东应当依据公司章程按期足额缴纳各自认缴的出资额。货币出资的，应将其足额存入有限责任公司在银行开设的账户；非货币财产出资的，应依法办理其财产权的转移手续。根据

---

① 参见《广西壮族自治区高级人民法院民二庭关于审理公司纠纷案件若干问题的裁判指引》。
② 参见最高人民法院民事裁定书，(2017)最高法民申2602号。
③ 参见广东省深圳市中级人民法院民事判决书，(2021)粤03民终12405号。

新《公司法》第 48 条的规定,股东出资的财产形态除之前公司法规定的货币、实物、知识产权、土地使用权之外,还增加了股权和债权。

据此,司法实践中,判断是否足额出资应当关注:(1)以货币出资的股东,是否已将货币足额存入有限责任公司在银行开设的账户;(2)以实物出资的股东,是否将实物交付有限责任公司;(3)以需要办理财产权转移手续的实物出资的,是否已将该实物的财产权过户至有限责任公司名下;(4)以知识产权出资的股东,是否已将知识产权登记在有限责任公司名下或交付公司使用;(5)以股权、债权作为出资的,是否将股权和债权转移至公司名下。这里要特别注意的是,以法律、行政法规规定不得作为出资财产出资的股东,属于未出资。

(四)损害结果及因果关系

损害结果,核心结果是债权人向公司提出的债权求偿权无法实现。对此,司法实务中对于损害结果应当关注:(1)债权人主张的债权能否确认;(2)公司财产是否足以清偿债务;(3)债权人对公司的债权是否已经强制执行但仍未能得到完全清偿;(4)股东承担责任的范围。其中前3项是股东承担补充赔偿责任的条件,第4项是确定股东承担赔偿责任的范围,即股东仅在未出资、抽逃出资本息范围内或者给公司财产造成损失的范围内,对债权人的债权不能清偿的部分承担赔偿责任。从因果关系要件来看,股东瑕疵出资行为与债权人利益受损之间具有因果关系。

三、股东瑕疵出资的表现形式

(一)公司股东未按期足额缴纳出资

按期足额出资是股东的义务,也是股东依法享有的期限利益,股东在认缴期限届满前可拒绝出资,除非发生股东出资加速到期的情形。按照《九民纪要》的意见,在注册资本认缴制下,股东依法享有期限利益。债权人不得以公司不能清偿到期债务为由,请求未届出资期限的股东在未出资范围内对公司不能清偿的债务承担补充赔偿责任,除非发生以下两种法定情形:第一,公司作为被执行人的案件,法院穷尽执行措施无财产可供执行,已具备破产原因,但不申请破产的;第二,在公司债务产生后,公司股东会决议或以其他方式延长股东出资期限的。对此,新《公司法》第54条规定:"公司不能清偿到期债务的,公司或者已到期债权的债权人有权要求已认缴出资但未届出资期限的股东提前缴纳出资。"相较于《九民纪要》对于股东出资加速到期的规定,新《公司法》的规定出现以下变化:(1)将加速到期的条件简单限定为"公司不能清偿到期债务",比《九民纪要》的规定更为宽松,无须执行程序的前置。(2)与破产标准接轨,避免了与破产程序债权人平等受偿的组织法要求相违背。[1] 新《公司法》规定的是入库规则,即无论公司债权人还是公司自身请求该股东加速出资,该股东出资均是交付给公司,而非个别债权人,其效果是增加公司的责任财产,增强公司清偿债务能力。(3)删去了上述第二种情形。(4)扩大了请求主体,《九民纪要》仅限于公司债权人,新《公司法》规定的请求主体不

---

[1] 参见丁勇:《股东出资期限对抗的矫正与规制》,载《北京大学学报(哲学社会科学版)》2023年第6期。

仅为已到期债权的公司债权人,还包括公司,公司可以主动请求自己的股东加速到期。

还需要注意的是,新《公司法》第 47 条第 1 款规定"全体股东认缴的出资额由股东按照公司章程的规定自公司成立之日起五年内缴足"。据此,有限责任公司股东出资的认缴期限由原来最长无限期变更成了最长 5 年期限。当然该条第 2 款同时规定"法律、行政法规以及国务院决定对有限责任公司注册资本实缴、注册资本最低限额、股东出资期限另有规定的,从其规定"。即新《公司法》在规定 5 年最长出资期限的情况下,授权国务院在特定情形下另行规定有限责任公司股东的出资期限。

司法实践中未按期足额缴纳出资认定的裁判观点及典型案例如下。

裁判观点一:公司章程约定的出资时间是股东对公司作出的出资承诺,也是对公司债权人作出的承诺,这种承诺对公司债权人会产生一定的预期作用,在超出公司偿还债务能力的情形下,修订公司章程延迟缴纳出资时间,损害债权人利益,应视为股东出资期限未延长。

【典型案例】华宇公司与周某高、钱某明等股东损害公司债权人利益责任纠纷案。[①] 法院认为,华宇公司与星天公司的建设工程设计关系发生在 2013 年 7 月上旬,而当时星天公司章程约定的第二期出资于 2015 年 7 月 14 日前缴纳,这是星天公司股东对星天公司所作的认缴出资的承诺,也是对公司债权人作出的承诺,这种承诺对公司债权人会产生一定的预期作用。星天公司股东在案涉(2014)杭滨民初字第 146 号民事判决作出后,通过修订章程延迟缴纳出资时间,且上述判决的执行因星天公司没有可供执行的财产而程序终结,星天公司股东延长认缴期限的行为违反了《公司法》(2013 年)第 5 条[②] 规定的"诚实守信原则",损害债权人利益,该认缴出资的期限因公司偿债能力的变化,应当视为到期。

裁判观点二:股东对于未到期的注册资本享有期限利益,非经法定程序或在没有法律明确规定的情况下不可剥夺,不得要求该股东提前进行出资。

【典型案例】柏恒公司诉付某文等股东损害公司债权人利益责任纠纷案。[③] 法院认为,柏恒公司主张付某文、王某、朱某彬应在其未出资本息范围内对艺联公司不能清偿的债务承担补充赔偿责任,对此不予支持。理由如下:第一,艺联公司对于注册资本的缴纳采用认缴制,付某文、王某、朱某彬认缴出资额的期限均未到期。第二,艺联公司的章程对其采用认缴制、各股东的认缴出资数额及期限等事项均进行了明确规定,且向工商部门进行备案登记,具有对外公示效力,相对方均可通过公示平台在对艺联公司进行了解的基础上选择是否与其发生业务往来。第三,《公司法》将有限责任公司的出资方式由实缴制修改为认缴制,股东可以根据公司状况、自己的经济能力等因素选择相应的认缴期限,一经向工商部门备案登记对外公示即产生对外的法律效力,股东应当按照认缴期限足额缴纳注册资本,同时股东对于未到期的注册资本亦享有期限利益,非经法定程序或在没有法律明确规定的情况下不可剥夺,也即不得要求该股东提前进行出资。

---

① 参见浙江省杭州市西湖区人民法院民事判决书,(2015)杭西商初字第 2939 号。
② 参见新《公司法》第 19 条。
③ 参见江苏省江阴市人民法院民事判决书,(2018)苏 0281 民初 3105 号。

裁判观点三：发起人承担连带责任的条件是股东未履行或者未全面履行出资义务的时间是在公司设立之时，而出资分期缴纳时，首期已到位，在第二期缴纳期限尚未截止时转让股权的，不应承担责任。

【典型案例】华宇公司与周某高、钱某明等股东损害公司债权人利益责任纠纷案。① 法院认为，《公司法解释（三）》第13条第3款②规定，股东在公司设立时未履行或者未全面履行出资义务，依照本条第1款或者第2款提起诉讼的原告，请求公司的发起人与被告股东承担连带责任的，法院应予支持。由于该条款规定的发起人承担责任的条件是股东未履行或者未全面履行出资义务的时间是在公司设立之时，而星天公司的股东在公司设立时承诺出资分期缴纳，首期已到位，第二期缴纳时间在2年后，而竺某仙作为公司发起人转让股权的时间也在其最初承诺的第二期出资时间届满之前，故华宇公司要求竺某仙就星天公司不能清偿部分承担责任的诉请，缺乏法律依据，不予支持。

需要注意的是，这是有限公司发起人的资本充实担保责任，对比原《公司法》第30条、《公司法解释（三）》第13条第3款和新《公司法》第50条的规定：首先，《公司法解释（三）》第13条第3款、新《公司法》第50条均明确了公司其他股东对未履行或者未全面履行出资义务的股东的出资义务承担连带责任的时间点为"有限公司设立时"，而原《公司法》规定的是"有限公司成立后"，依据前者两个条款的规定，资本充实担保责任仅适用于公司成立之时这一瞬间，而非适用于成立后的所有时间。其次，新《公司法》明确了连带责任的范围为"在出资不足的范围内"。最后，相较于原《公司法》规定的连带责任，针对仅为非货币财产出资的情形而言，新《公司法》规定的是"实际缴纳出资"，即不仅包括非货币出资情形，还包括货币出资情形。

此外，对比新《公司法》第99条的规定，我们可以得出有限公司与股份有限公司的发起人出资连带责任实现了规则同质化。

裁判观点四：瑕疵股权受让人受让股权时未充分查证股权对应的出资义务是否履行，应当认定不符合善意受让人的条件。

【典型案例】朱某刚诉倪某苓等股东损害公司债权人利益责任纠纷案。③ 二审法院认为，倪某苓在抽逃全部增资款后分别向罗某、蒋某媛转让其持有的19.42%、80%的佳力亿公司股份，即倪某苓向罗某、蒋某媛转让的股权系瑕疵出资股权。关于罗某、蒋某媛以及李某宗在受让股权时是否知道或者应当知道倪某苓转让的股权存在瑕疵出资的问题：第一，罗某、蒋某媛作为理性的商事主体，在受让股权时应当查证该股权所对应的出资义务是否履行，具有较公司其他股东更高的注意义务。佳力亿公司注册资本由58万元增加至2000万元，股东倪某苓认缴全部增资款1942万元系佳力亿公司经营中的重大事项，而罗某、蒋某媛只需对佳力亿公司银行验资账户的资金流转情况或公司财务账册等资料进行简单查询即可了解倪某苓在验资完成的短期内即已抽逃全部增资款。同理，罗某在受让股权后又将该股权全部转让给李某宗时，李某

---

① 参见浙江省杭州市西湖区人民法院民事判决书，(2015)杭西商初字第2939号。
② 参见新《公司法》第50条规定，下同。
③ 参见江苏省无锡市中级人民法院民事判决书，(2018)苏02民终2726号。

宗亦应查证该股权所对应的出资义务是否履行。第二，倪某苓与罗某、蒋某媛以及罗某与李某宗均是通过签订股权转让协议的方式转让股权，协议中明确约定转让股权的份额及对应的股权转让价格，而罗某、蒋某媛以及李某宗受让相应股权时均未按协议约定支付任何对价，即实际是无偿受让股权，明显有违常理。罗某、蒋某媛、李某宗虽辩称其受让佳力亿公司股权均是受他人委托，但均未举证证明，对罗某、蒋某媛、李某宗的上述抗辩意见，不予采纳。

需要注意的是，上述案例中，在股东倪某苓抽逃增资后，将其持有股权转让予罗某、蒋某媛后，罗某在受让股权后又将该股权全部转让给李某宗，因罗某、蒋某媛、李某宗均是非善意受让人，按照当时的规定均需与抽逃增资股东倪某苓共同对公司债务承担连带责任。

裁判观点五：认缴期限届满前尚未履行出资义务的股东转让股权的，在未经已有债权人同意或未对已有债权落实清偿方案的情况下不能免除其原来的信用承担义务。

【典型案例】殷某翔与爱尔森公司、邓某芳等股东损害公司债权人利益责任纠纷案。[1] 二审法院认为，资本认缴制下的出资义务加速到期对已转让股权的原股东在特定情形下仍然适用。《公司法》(2018年)第3条第2款[2]规定"有限责任公司的股东以其认缴的出资额为限对公司承担责任"，股东出资义务是法定的股东对公司的强制性责任，资本认缴制下仅仅是允许股东依法享有期限利益，其认缴出资义务含有对未来的信用承担义务，经工商登记公示后具有公信力，也将成为债权人评估交易风险的考量，包括出资金额、出资主体、出资期限等。因此，认缴期限届满前尚未履行出资义务的股东转让股权的，在未经已有债权人同意或未对已有债权落实清偿方案的情况下不能免除其原来的信用承担义务。本案中，殷某翔向邓某芳转让英利驰公司股权时，爱尔森公司是英利驰公司的已有债权人，殷某翔将出资义务转让也包含了将对债权人的未来信用担保义务进行转让，但未得到爱尔森公司同意或为爱尔森公司落实其他担保，故爱尔森公司仍有权要求原股东殷某翔承担出资责任。

新《公司法》第88条第1款规定："股东转让已认缴出资但未届出资期限的股权的，由受让人承担缴纳该出资的义务；受让人未按期足额缴纳出资的，转让人对受让人未按期缴纳的出资承担补充责任。"该条作出了更为宽泛的回应，即在此种情形下，转让人应无条件地对受让人未按期足额缴纳的出资承担补充责任，从而有效地避免受让人受欺诈或胁迫、转让人与受让人恶意串通而损害公司利益进而损害债权人利益的情形。其受益主体不仅包括股权转让的债权人，还包括股权转让后的债权人。

裁判观点六：股东未履行或未全面履行出资义务，即便将股权转让，其补足出资的义务也不因股东身份丧失而免除。

【典型案例】常某英与广建公司、路桥公司、窦某军、华中国电公司、北京国电公司、山水公司、霍某玲、窦某民、李某斌建设工程施工合同纠纷案。[3] 最高人民法院认为，关于常某英在本案中的责任，涉及已转让股权但未全面履行出资义务的股东是否应就公司债务对公司债权

---

[1] 参见江苏省无锡市中级人民法院民事判决书，(2020)苏02民终2487号。
[2] 参见新《公司法》第4条。
[3] 参见最高人民法院民事裁定书，(2017)最高法民申1433号。

人承担相应赔偿责任的认定问题。根据《公司法》(2013年)第28条第1款①规定,股东出资义务是法律赋予股东享有有限责任制度保护的前提条件,既是股东的契约义务,同时更是股东必须履行的法定义务。股东不履行或不适当履行出资义务,不仅会对公司和其他股东的利益造成损害,而且会对公司债权人等利益主体造成损害,因此股东需对自己违反出资义务的行为承担相应的民事责任。即便未尽出资义务的股东将股权转让,其补足出资的义务也不因股东身份丧失而免除。鉴于此,常某英作为路桥公司设立时的原始股东,虽将股权转让,但其出资义务并不因股东身份的丧失而免除,公司债权人仍有权请求转让股东履行出资义务。至于窦某军实施的虚假增资的犯罪行为,并不对常某英补足出资构成障碍,因此本案不存在常某英申请再审主张的窦某军的犯罪行为剥夺了其补足出资机会的情形。按照《公司法解释(三)》第13条第2款的规定,常某英应当在未出资本息范围内对路桥公司债务不能清偿的部分承担补充赔偿责任。

新《公司法》第88条第1款的规定吸收了《公司法解释(三)》第13条第2款的相关内容,但与之不同的是,新《公司法》遵循入库规则,为避免个别清偿造成的不公平,新《公司法》的前述条款并未规定公司债权人可以直接请求受让股东与转让股东对其债权在转让股东未履行或者未全面履行出资义务或者出资不实的范围内承担连带责任。

(二)出资不实

出资不实,是指股东的非货币出资额的价值明显低于出资协议、公司章程所定的价额。新《公司法》第48条对公司出资方式以概括和列举并用的方式进行了规范,包括货币出资和非货币出资。其中,对于非货币出资应具备三个条件,即可以货币估值、可依法转让、非禁止作为出资的财产。实务中常见的非货币出资包括动产、房产等不动产、国有土地使用权、集体建设用地使用权、②农村土地经营权、③知识产权、股权/股份、债权等。

要特别说明的是,新《公司法》第48条明确规定了股权和债权均可以作为非货币出资形式,从而以立法的形式解决了实务界关于股权和债权是否可以作为非货币出资问题的长期争论。当然,新《公司法》依然未解决实务中对此的全部争议,有些财产或财产性权利能否用于股东出资,在实务中依然存在不同程度的争议,如知识产权许可使用权、动产或不动产使用权(非用益物权)等。在实践中,不得用于出资的财产包括划拨用地使用权、信用、自然人姓名、商誉、特许经营权、设定了担保的财产、劳务等。

出资不实的表现形式包括:(1)用于出资的有形资产(房屋、机器设备、原材料、工具、零部件等)作价不实;(2)用于出资的有形资产权属存在瑕疵;(3)用于出资的无形资产(包括知识产权、土地使用权、土地承包经营权、采矿权、探矿权、企业承包经营权、企业租赁权、股权、债权等)作价不实;(4)用于出资的无形资产权属存在瑕疵;(5)用于出资的形式不合法(包括以劳务、信用、自然人姓名、商誉、特许经营权或者设定担保的财产出资等)。

---

① 参见新《公司法》第49条。
② 参见《土地管理法》第60条。
③ 参见《农村土地承包法》第53条。

(三)虚假出资

虚假出资的法律规范,有《公司法》第 48 条、第 49 条、第 50 条、第 97 条、第 98 条、第 99 条以及《公司法解释(三)》第 6 条、第 8 条、第 10 条、第 11 条的规定。

虚假出资和抽逃出资均属于瑕疵出资,虚假出资是指股东表面上出资而实际未出资或未足额出资,本质特征是股东未支付相应对价或未足额支付相应对价而取得公司股权;抽逃出资则是指股东在公司成立后将所缴出资全部或部分暗中撤回。

抽逃出资与虚假出资主要区别有:(1)责任依据不同。虚假出资的法律后果往往是导致公司不成立,即公司自始未形成独立人格,由此产生的纠纷往往是合伙纠纷;而抽逃出资严重侵害公司财产权,债权人依据法人人格否认追究股东责任。(2)违反义务的方式不同。虚假出资的股东自始至终没有足额履行出资义务;而抽逃出资的股东先足额履行了出资义务,而后又违反出资义务将出资抽回。(3)发生的时间不同。虚假出资发生在公司成立之前或者成立之后;而抽逃出资发生在公司成立后。

虚假出资的具体表现形式包括:(1)以无实际资金流转的虚假的银行进账单、对账单骗取验资报告,从而获得公司登记;(2)以虚假的实物投资手段骗取验资报告,从而获得公司登记;(3)以实物、知识产权、土地使用权出资,但未办理财产权转移手续等。实践中最常见的是借款出资,通常以所谓"过桥借款"的形式,从第三人处取得借款,将出借人资金交付公司并取得公司股权后,再将公司资金直接或间接地归还给出借人,用以抵销股东对出借人的欠款。其本质是有出资资金转移占有的行为,但无永久和真实地转移资金所有权的真实意思,这种行为构成虚假出资。另外,还存在一种"凝固出资",即股东名义上完成出资,但股东仍实际保留对出资财产的占有、使用和收益,公司仅保留名义上的处置权但不处置,构成凝固出资。该"出资"并未成为公司实际可用资产的一部分,这种情形亦属虚假出资行为。

(四)出资不足

出资义务是股东的法定义务。股东要取得股东资格、行使股东权利,应及时履行出资义务。相较于原《公司法》第 30 条,新《公司法》第 49 条第 1 款和第 50 条规定,公司成立时其他股东对股东出资不足部分承担连带责任不仅是非货币出资,还包括货币出资。同时根据新《公司法》第 51 条的规定,对股东出资不足的情形,增加了公司董事会的核查义务及其责任,虽然新《公司法》没有明确负有核查义务的董事因未履行该义务需对公司债权人承担责任,但笔者认为,如果由于该行为与债权人的损害结果有直接的因果关系,董事亦应当承担相应责任。从这一意义上讲,实际上新《公司法》扩大了股东出资不足情形下的责任主体范围,将负有核查义务的董事也纳入其中。

股东以非货币财产出资的,出资后财产出现贬值,出资人是否承担补足义务?一般认为,按照《公司法解释(三)》第 15 条的规定,如果出资人在出资时已对非货币财产评估作价,且价格与章程所规定的出资额相同,则后期因市场或者其他客观因素导致出资财产减值,属于公司应承担的正常商业风险。若出资人无过错,除非当事人另有约定,则该风险不可归责于出资人。但若减值在出资时即可预料且可避免,或减值是出资人故意造成的,则此时出资人应承担补足出资的责任。

另外,存在出资不足、抽逃出资、虚假出资或出资不实等瑕疵出资的股东对外转让股权的,受让方是否承担补足义务?对此,新《公司法》第88条吸纳了《公司法解释(三)》第18条规定的内容,区分为两种情形处理:第一种是转让时未届章程约定的出资期限的情形,该情形下法定的出资义务人为受让股东,但受让股东受让后未按章程约定足额缴纳出资的,转让股东对受让股东应缴纳出资而未缴纳的出资的部分承担连带责任。第二种是转让时存在转让股东未按公司章程规定的出资日期缴纳出资或者作为出资的非货币财产的实际价额显著低于所认缴的出资额而造成出资不足的情形,对不足部分受让人与转让人均要承担连带责任,只有在受让人不知道且不应当知道该情形存在的情况下,由转让人承担责任。

这里还需要注意的是,缴纳注册资本严格遵循法定的出资程序,司法实践中有公司股东经常仅以其与公司之间的资金往来为由主张其已完成了缴纳出资的义务,一般难以得到支持。

【典型案例】刘某文与安信公司及广州经略公司、润元公司、卢某辉、广东经略公司股东损害公司债权人利益责任纠纷案。[1] 法院认为,首先,本案润元公司于2005年5月25日通过其名下账户向广东经略公司"公司注册资本入资专用存款账户"转入500万元,完成了广东经略公司注册资本的缴纳,广东经略公司在次日(2005年5月26日)又将该"公司注册资本入资专用存款账户"中的500万元转回给了润元公司,且当事人无法说明该款项转回的依据。根据《公司法解释(三)》第12条的规定,上述广东经略公司股东的出资应当认定为抽逃出资(虚假出资)。其次,公司资本制是公司制度的基石。公司资本制原则包括:资本确定(充实)原则、资本维持原则、资本不变原则。上述资本三原则并不旨在保证注册资本等同于公司实际资产或公司清偿能力,其更强调的是规范出资人缴付出资、规范公司法人运营或调整自身资产,使公司具备和彰显独立财产、独立利益以及独立人格,以使得债权人能够与一个足够独立的民事主体进行交易。因此,公司股东出资应当遵循法定出资程序,不得虚假出资或抽逃出资。本案中,刘某文、广州经略公司与广东经略公司之间的资金往来并未经过注册资本验资等法律规定的出资程序,即便属实也不能当然地直接地被视为刘某文、广州经略公司的出资,而应当属于股东与公司之间的投资或其他法律关系。最后,《注册会计师执行商定程序的报告》系广东经略公司自行委托制作,依据的是广东经略公司自行制作的2009年1月至2013年12月的现金、银行日记账中摘要描述显示的"收股东出资""收刘某文股本现金投入"等的汇总统计,并不能充分证实刘某文、广州经略公司所主张的其与广东经略公司的全部资金往来关系。且如前所述,缴纳注册资本应当经过注册资本验资等法律规定的出资程序,刘某文仅仅以其与广东经略公司之间的资金往来为由主张其已完成了缴纳出资的义务依据不足,一审法院不予支持并无不当。刘某文二审提交的相关证据及审计申请不影响本案处理,不予接纳。综上,一审法院认定刘某文未履行出资300万元的义务并无不当。在此基础上,一审法院判令刘某文承担相应的补充赔偿责任及连带赔偿责任亦无不当。

---

[1] 参见广东省广州市中级人民法院民事判决书,(2021)粤01民终19377号。

(五)公司股东抽逃出资或协助抽逃出资

根据《公司法解释(三)》第12条的规定,认定股东存在抽逃出资行为,应同时符合该条法律所规定的形式要件和实质要件。该规定列举了股东抽逃出资的四种情形:(1)制作虚假财务会计报表虚增利润进行分配。司法实务中,公司财务会计报表是否存在虚假,因涉及财务会计专业内容,所以认定该事实一般需要由专业机构进行审计或已经生效裁判确认。(2)通过虚构债权债务关系将其出资转出。在这里需要注意的是原被告的举证责任。实务中,一般需要原告就其主张提供初步证据。被告股东则应就债权人主张的事实及初步证据,提供相应的反证,以证明债权债务的真实性。被告股东所提供的证据证明要点应该是债权债务产生的基础法律关系、交易基本流程、标的物的实际交付等。第三种情形是利用关联交易将出资转出。此处需要注意,并非所有的关联交易均属于抽逃出资,此处的关联交易特指以将出资转出为目的的关联交易。若股东通过关联交易损害公司利益,给公司造成损失,同时也相应降低了公司清偿债务的能力,间接损害了债权人利益,亦应对债权人承担相应的补充赔偿责任,但该情形已不属于抽逃出资的情况。第四种情形是其他未经法定程序将出资抽回的行为。该规定是对上述三种情形的兜底,包括了其他以非法抽回出资为目的的行为,主要是为了应对实践中可能出现的抽逃出资情形。

司法实践中关于抽逃出资行为认定的裁判观点及典型案例如下。

裁判观点一:公司股东通过虚构债权债务关系,将其出资转出的,应当认定股东存在抽逃出资行为。

【典型案例一】 牛某午、白某梅与华成峰公司、金某祥、昕网格公司股东损害债权人利益责任纠纷案。[①] 二审法院认为,昕网格公司验资报告显示,2005年6月27日金某祥、牛某午分别向昕网格公司临时验资账户存入510万元、490万元。据此,昕网格公司的股东金某祥、牛某午已经足额履行了出资义务,昕网格公司已经具备了独立的法人人格。但2005年6月30日该临时验资账户转为正式账户,昕网格公司通过其正式账户向案外人当今投资公司即转出1000万元,资金用途显示为还款。牛某午上诉主张昕网格公司在验资后第3天将注册资金1000万元转入当今投资公司属于股东借款,因其不能举证证明该资金转账的行为经过了公司内部的决议程序,或者昕网格公司系基于与当今投资公司的正常业务往来关系形成的该笔资金的流转,应认定属于《公司法解释(三)》第12条第2项规定的"通过虚构债权债务关系将其出资转出"及第4项规定的"其他未经法定程序将出资抽回的行为"的情形,一审法院认定金某祥、牛某午作为昕网格公司的股东构成抽逃出资于法有据,予以确认。

【典型案例二】 仲圣控股与鲁能仲盛、慧谷公司、海信公司与公司有关的纠纷案。[②] 最高人民法院认为,公司资本是公司的血液,资本是否充实关系着与公司相关众多主体的利益能否实现。股东抽逃出资破坏了公司资本"确定、维持、不变"的基本原则,损害了公司、其他股东和相关债权人的利益。因此我国公司法明确规定公司成立后股东不得抽逃出资。而在现实中,

---

① 参见广东省深圳市中级人民法院民事判决书,(2019)粤03民终21740号。
② 参见最高人民法院民事裁定书,(2017)最高法民申3185号。

公司股东抽逃出资在主观上具有故意,且往往具有很强的隐蔽性,即以所谓合法合规的形式虚构有关事实从而达到抽回出资的非法目的,如制作虚假财务会计报表虚增利润进行分配、虚构债权债务关系将出资转出、利用关联交易将出资转出以及未经法定程序将出资抽回等情形。本案中,仲圣控股和慧谷公司在《合资经营合同》中约定由仲圣控股出资2450万元人民币、慧谷公司出资2550万元人民币成立中外合资公司鲁能仲盛。此后,仲圣控股在出资金额到位且合资公司成立后,以涉案项目境外销售费用为由要求鲁能仲盛支付人民币2500万元。鲁能仲盛据此以前期工作费用的名义向仲圣控股支付了2500万元人民币。上述事实仲圣控股和鲁能仲盛均予认可。但是根据原审查明,仲圣控股在本案诉讼过程中自始至终未提交前期工作费用或其所称境外销售费用的支付凭证,因此,在仲圣控股无法证明前期工作费用真实存在的情况下,其从鲁能仲盛取得2500万元人民币缺乏确凿事实基础。同时,鉴于本案《合作协议书》第3条关于仲圣控股可以取回注册资本金296万美元的约定,反映了仲圣控股在主观上取回注册资本金的意思表示明确;而仲圣控股实际取回2500万元人民币未经鲁能仲盛董事会决议的事实,在客观上亦违反了本案《合资经营合同》《章程》中关于公司注册资本减少或增加须经董事会半数以上同意并履行相关审批及变更登记手续的规定。原审法院在综合分析上述事实的基础上,认定仲圣控股在出资到位后以"前期工作费用"("境外销售费用")名义从鲁能仲盛处取回2500万元人民币构成抽逃出资,事实和法律依据充分,并无不当。

【典型案例三】 赵某臣与沈某、盛德公司追加被执行人执行异议之诉案。[①] 最高人民法院认为,所谓抽逃出资,是指在公司成立后,股东未经法定程序而将其已缴纳出资抽回的行为。第一,2012年12月10日,赵某臣、汪某分别向盛德公司的基本账户转入780万元和220万元资金作为股东投资款即公司的注册资金,但次日该1000万元注册资金便分两笔转至赵某臣的账户。可见,赵某臣确有抽回注册资本的行为。第二,因此,现有证据并不足以证明赵某臣转出的注册资金系用于盛德公司的经营业务。第三,赵某臣也自认盛德公司注册登记时因股东资金紧张,经全体股东协商决定以借款的方式筹措资金以满足验资要求,待完成验资后再还给出借人。可见,赵某臣缴纳出资仅系为了完成验资,之后又将该出资归还出借人,其并没有将该出资用于盛德公司经营活动的意思。第四,盛德公司的股东会决议是在一审判决作出之后才形成,其有关赵某臣的垫款冲抵投资款的内容,仅具有内部效力,不能对抗盛德公司股东以外的第三人,不能作为赵某臣已补足出资的证据。综上,依据《公司法解释(三)》第12条的规定,赵某臣未经法定程序抽回其在盛德公司的780万元注册资本,构成抽逃出资。

裁判观点二:公司股东利用关联交易将出资转出的,应认定为抽逃出资行为。

【典型案例】 大地物业公司与张某薇、范某芸、鹭海龙公司损害公司债权人利益责任纠纷案。[②] 二审法院认为,股东在公司的经营过程中,将公司的财产转移,造成公司资产的不当减少,降低了公司的偿债能力,使债权人的债权风险增加,理应在抽逃出资本息范围内对公司债务不能清偿的部分承担赔偿责任。本案中大地物业公司已经就鹭海龙公司的股东张某薇、范

---

① 参见最高人民法院民事判决书,(2018)最高法民终865号。
② 参见福建省厦门市中级人民法院民事判决书,(2018)闽02民终1576号。

某芸减少公司资本的行为进行举证,鹭海龙公司公示的《2011年度公司年检报告书》显示公司资本合计350万元转至案外人鹭海龙公司、鹭海龙宾馆、鹭海龙温泉娱乐公司名下,且上述案外人的原法定代表人均为张某薇,监事均为范某芸,可以认定股东张某薇、范某芸利用关联交易将其对鹭海龙公司的出资转出。(最后法院认定为抽逃出资。)

裁判观点三:股东抽逃出资后,主张其已补足出资,仅能提供转账凭证的,不足以证明已补足到位。

【典型案例】林某彬与美特公司及杨某震、科普仕公司股东损害公司债权人利益责任纠纷案。① 二审法院认为,根据一审法院判决查明,科普仕公司设立时的50万元注册资金在公司设立后的不到半个月时间内就被全部一次性转给了案外人卓越珠宝首饰公司;而科普仕公司增资时的200万元增资款更是在增资当天就被全部一次性转给了案外人南昌市东湖区益达五金建材经营部。就此,一审法院判决根据证据优势原则认定"科普仕公司设立时的50万元注册资金以及增资时的200万元增资款均被抽逃"适用法律正确。林某彬上诉称未参与科普仕公司实际经营,因此对于注册资金的后续使用情况并不知情,但是林某彬在一审代理词中称其为科普仕公司监事,其作为监事应当履行相关的职责,一审判决判令其在抽逃出资的范围内承担连带清偿责任适用法律正确。至于林某彬称其实际投入资金远远大于应缴注册资本的上诉理由,不予支持。理由如下:首先林某彬未举证证明其投入资金的数额。其次林某彬向科普仕公司投入运营资金属于流动资金,就投入流动资金而言,林某彬与科普仕公司之间存在的系债权债务关系,林某彬获得的对价为相应的债权;而林某彬应当缴纳的注册资金是其作为股东承诺的出资,就注册资金而言,林某彬与科普仕公司之间存在投资与被投资的关系,林某彬获得的对价为股东权益。两者不是同一个法律关系,也不能相互替代。

裁判观点四:原股东无偿对外划转股权致公司偿债能力降低,该行为与债权人债权无法实现存在直接因果关系,受让该股权的股东仍需对公司债权人承担责任。

【典型案例】中小企业担保公司、长城资产吉林分公司侵权责任纠纷案。② 最高人民法院认为,华星公司将案涉股权划转至中小企业担保公司后即进入破产程序。吉林省高新技术产业开发区人民法院(2011)吉高新民破字第1~4号裁定查明,2011年8月23日,根据破产管理人的清核,华星公司的破产财产仅包括4台车辆、3台电脑和现金322.12万元,总计371.86万元,尚不足以清偿第一顺位劳动报酬债权。案涉股权的无偿划转与接收客观上导致华星公司偿债能力降低,与案涉担保债权不能实现具有直接因果关系,长城资产吉林分公司通过不良资产转让形式继受取得的担保债权无法依据担保法、合同法等合同之债途径突破合同相对性向合同当事人以外的第三人,即无偿接收财产的中小企业担保公司,主张权利。据此,根据本案实际情况,适用侵权责任法作为保护财产权益的补充手段,是必要的;否则,享有合法财产权益的债权人,难以通过法定路径予以救济,有违公平正义。综上,因中小企业担保公司配合华星公司划转案涉股权的行为具有过错,其无偿接收案涉股权侵害了长城资产吉林分公司的合

---

① 参见广东省深圳市中级人民法院民事判决书,(2021)粤03民终1398号。
② 参见最高人民法院民事判决书,(2017)最高法民终181号。

法财产权益,依据《民法通则》第106条①规定,中小企业担保公司应当承担民事责任。

这里需要延伸注意的问题是,公司作为法人以其全部法人财产对外承担责任,任何侵害公司法人财产的行为,都影响公司向债权人清偿债务的能力。股东或实际控制人在经营管理公司过程中,如果实施了侵害公司财产的行为,导致公司不能清偿债权人债权,则同样属于损害公司债权人利益的行为。比如违反《公司法》规定,将应归入公司财产的公积金作为利润进行分配,或通过关联交易等其他行为,损害公司利益,该等侵害公司财产的行为,若损害债权人利益,亦应在造成公司财产减损的范围内,对债权人承担补充赔偿责任。

裁判观点五:开办单位无过错的不应承担连带责任。

【典型案例】 美国矿产公司与厦门联发公司债务纠纷案。② 最高人民法院认为,美国矿产公司提起本案诉讼的债权产生于其与联发贸易公司之间的购销合同,该合同纠纷已经经过仲裁裁决。美国矿产公司与厦门联发公司之间并没有直接的合同关系(债权债务关系),美国矿产公司提起本案诉讼的主要理由是厦门联发公司违法设立了联发贸易公司。根据《民法通则》第36条第1款③、《公司法》(2004年)第3条第2款④的规定,美国矿产公司提起本案诉讼的实质是要否认联发贸易公司的公司人格。股东滥用公司人格、利用有限责任的面纱侵犯公司及其债权人利益的实质,包括转移财产、逃避债务并以其财产成立新公司,或者新公司成立后抽逃资本,或者将公司财产与股东财产混同,或者股东任意干预公司的事务使公司的经营自主权名存实亡,等等。在对公司登记的管理体制上,中国主要是通过工商行政管理部门的企业登记来确定有限责任的适用范围。凡登记为法人的企业,其设立者或者投资人只对企业的债务负有限责任。从公司管理角度看,工商行政管理部门在进行企业法人登记时,无法对所有被申请设立的企业是否具备法人条件进行实质的、严格的审查。防止有限责任被滥用,仅凭形式要件是不够的,还需要具备实质要件。从本案的实际情况看,联发贸易公司的设立过程以及注册资本的变更均经过了政府主管部门的批准,美国矿产公司并没有证据证明厦门联发公司转移财产恶意逃债的事实存在,也没有证据证明厦门联发公司有抽逃资本的事实存在。况且,美国矿产公司是在联发贸易公司成立6年后与其进行了贸易行为。因此,否认联发贸易公司的公司人格缺乏事实依据。关于最高人民法院《关于企业开办的其他企业被撤销或者歇业后民事责任承担问题的批复》⑤的问题。该批复第1条第2项规定,"企业开办的其他企业已经领取了企业法人营业执照,其实际投入的自有资金虽与注册资金不符,但达到了《中华人民共和国企业法人登记管理条例实施细则》第十五条第(七)项或者其他有关法规规定的数额,并且具备了企业法人其他条件的,应当认定其具备法人资格,以其财产独立承担民事责任。但如果该企业被撤销或者歇业后,其财产不足以清偿债务的,开办企业应当在该企业实际投入的自有资金与注册资金差额范围内承担民事责任";第1条第3项规定,"企业开办的其他企业虽然领取了

---

① 参见《民法典》第1165条。
② 参见最高人民法院民事判决书,(2004)民四终字第4号。
③ 参见《民法典》第57条。
④ 参见新《公司法》第4条。
⑤ 此批复已废止。

企业法人营业执照,但实际没有投入自有资金,或者投入的自有资金达不到《中华人民共和国企业法人登记管理条例实施细则》第十五条第(七)项或其他有关法规规定的数额,或者不具备企业法人其他条件的,应当认定其不具备法人资格,其民事责任由开办该企业的企业法人承担"。究其实质,只有在开办该企业的企业法人注资不足或没有注资时,开办该企业的企业法人才在注资不足的范围内承担民事责任或承担全部民事责任。而本案并不符合上述规定的情形。关于美国矿产公司请求对联发贸易公司进行财务审计的问题。美国矿产公司依据其主观推测要求对并非本案纠纷当事人的联发贸易公司进行财务审计没有事实和法律依据,不予支持。综上,虽然联发贸易公司在设立过程中存在某些瑕疵,但美国矿产公司并不能提供足够的证据否认联发贸易公司的公司人格。美国矿产公司关于厦门联发公司应对联发贸易公司的债务承担连带赔偿责任的诉讼请求缺乏事实和法律依据,不予支持。

裁判观点六:投资方转出资金并未使目标公司资产减少的,不视为抽逃出资。

【**典型案例**】中航信托公司与毛某吉、菊隆高科公司、谢某鸿、蓝某红股东损害公司债权人利益责任纠纷案,[①] 最高人民法院认为,关于中航信托公司是否存在抽逃出资行为、是否应对菊隆高科公司所欠毛某吉的债务本息不能清偿部分承担补充赔偿责任。本案中,菊隆高科公司虽向中航信托公司转款1.2亿元,但不能因此认为中航信托公司存在抽逃出资行为,中航信托公司无须承担补充赔偿责任。理由如下:(1)根据赣华综审〔2014〕第52号专项审计报告,截至2013年2月28日,菊隆高科公司欠谢某鸿个人借款237,168,062.01元。菊隆高科公司是谢某鸿控制的家族企业,双方之间存在债权债务关系,谢某鸿通过菊隆高科公司偿还其个人所欠股权转让款,同时抵偿菊隆高科公司所欠谢某鸿个人债务,符合家族企业的特征,菊隆高科公司资产不会受到影响。根据菊隆高科公司2015年8月16日修订的公司章程,菊隆高科公司重组后的股东为38人,注册资本总额为2.2亿元,且均为货币和实物出资。可见,菊隆高科公司的注册资本并未因其向中航信托公司转款1.2亿元受到影响,毛某吉的债权并未受到侵害。毛某吉要求中航信托公司承担补充赔偿责任,缺乏事实依据。(2)根据《增资扩股协议》《股权收购协议》的约定,中航信托公司虽通过增资扩股方式成为菊隆高科公司股东,但其目的并不在于参与或者控制菊隆高科公司经营管理,而是为了获取固定投资回报,中航信托公司并未实际参与菊隆高科公司的经营管理。菊隆高科公司虽向中航信托公司转款1.2亿元,但并没有证据证明该转款行为是中航信托公司控制菊隆高科公司实施的,亦没有证据证明中航信托公司参与菊隆高科公司的转款行为,不能仅以中航信托公司从菊隆高科公司获得款项即认为构成抽逃行为。中航信托公司关于其不存在抽逃出资、不应承担补充赔偿责任的上诉主张,予以支持。

裁判观点七:股东增资尚未办理工商变更登记,股东要求返还增资款,不构成抽逃出资。

【**典型案例**】韩某丰、邬某远、宝咸企业与真金公司、占空比公司、毅智集团公司及张某公司增资纠纷案。[②] 最高人民法院认为,再审审查过程中各方当事人均确认真金公司增资占空比公司的2000万元尚未在工商行政管理部门进行增资变更登记。公司法规定股东不得抽逃出

[①] 参见最高人民法院民事判决书,(2015)民二终字第435号。
[②] 参见最高人民法院民事裁定书,(2019)最高法民申1738号。

资，以及公司减少注册资本应当履行相应的法定程序并依法向公司登记机关办理变更登记，主要目的之一在于保护公司债权人的利益。案涉2000万元增资款尚未在工商登记部门办理变更登记，该增资款对公司债权人尚未产生公示效力，公司债权人尚无需要保护的信赖利益，真金公司依约定条件解除案涉《增资协议》并请求返还投资款，并不涉及因抽逃出资或不按法定程序减资损害公司债权人利益的问题。

在这里需要特别提出并应特别关注的是，资本维持是公司资本的三大原则之一，其实质是为了避免公司实际财产的不当减少，防止公司资本没有实际财产相对应而被虚化。如果股东在减资程序中未依法履行通知义务，实际是股东违背对公司债权人作出的承诺，打破了债权人对公司偿债能力的预期，在司法实务中普遍认为该减资行为违反了资本维持原则，公司股东对此应承担责任。但在新《公司法》颁行前，我国立法并未明确规定违法减资的法律效力及相应的法律后果，当然也有部分地方法院对此作出了规定，如《山东省高级人民法院关于审理公司纠纷案件若干问题的意见（试行）》中明确，"公司债权人可以要求股东在各自收回出资的范围内对减资前的公司债务连带承担补充赔偿责任"。随着新《公司法》颁行，新《公司法》第226条明确规定了违法减资的法律后果，即"违反本法规定减少注册资本的，股东应当退还其收到的资金，减免股东出资的应当恢复原状；给公司造成损失的，股东及负有责任的董事、监事、高级管理人员应当承担赔偿责任"。从该条规定来看，新《公司法》将违法减资的后果分为两种情形：第一种情形是已经实缴且已获得出资返还的股东，"退还其收到的资金"，实为不当得利返还；第二种情形是已经认缴但未实缴的股东，被减免的出资义务恢复原状。对此，有学者认为，这实际上明确了违法减资决议无效，股东保有因减资而获取的财产构成不当得利，故而退还所得的资金及其利息，被减免出资义务的股东继续承担原有的认缴义务。总之，立法目标是在减资决议无效后，使公司注册资本恢复到减资前的状态。新《公司法》通过这一规定，避免了以往实践中非法减资股东仅对异议债权人承担责任可能造成的不公平后果，进而避免了因非法减资仅导致股东在减资范围内承担责任，而不会造成减资无效，从而导致逆向激励股东和公司在减资过程中逃避履行通知债权人的情形发生。

裁判观点八：<u>公司未按法定减资程序通知债权人，不当减资的减资股东违反了公司资本维持原则，对于公司债务应当在其减资范围内承担补充赔偿责任。</u>

【典型案例一】中成公司与董某珍、江某中等建设工程施工合同纠纷案。[①]最高人民法院认为，注册资本是公司法人财产，有限责任公司的注册资本为在公司登记机关登记的全体股东认缴的出资额，股东应按其认缴的数额履行足额出资义务，股东认缴的出资未经法定程序不得抽回、减少。博海公司并未履行通知已知债权人中成公司的法定程序，致使中成公司未能及时行使要求博海公司清偿债务或者提供担保的权利，从而影响其债权的实现。原审判决认定董某珍等人作为减资股东，其不当减资行为违反了公司资本维持原则，对于公司债务应当在其减资范围内承担补充赔偿责任，并无明显不当。

---

① 参见最高人民法院民事裁定书，(2016)最高法民申1112号。

【典型案例二】中储国际控股公司与曲阳煤炭物流公司减资纠纷案。[①] 本案系因公司减资而引起的纠纷，最高人民法院认为，由于公司减资减少了以公司资产承担责任的能力，直接影响到公司债权人的利益，因此我国公司法对于公司减资比增资规定了更为严格的法律程序，其目的就是有效保护债权人的利益。根据《公司法》(2013年)第177条[②]的规定，公司减资时应当采取及时有效的方式通知债权人，以确保债权人有机会在公司责任财产减少之前作出相应的权衡并作出利益选择，公司则根据债权人的要求进行清偿或者提供担保。上述行为既是公司减资前对债权人应当履行的义务，同时也是股东对公司减资部分免责的前提。根据本案查明的事实，中储国投实业公司对欠付曲阳煤炭物流公司案涉债务应属明知。在此情况下，该公司仅在报纸上刊登减资公告，未就减资事项采取及时、有效的方式告知曲阳煤炭物流公司，未向工商登记部门如实报告其负有大额债务未清偿的事实就办理了工商变更登记，其刊登公告的行为不能构成对已知债权人曲阳煤炭物流公司的通知，其并未完成法定的履行通知的义务，其行为不符合公司减少注册资本的法定程序，故中储国际控股公司提出曲阳煤炭物流公司不是已知债权人，上海昊阁公司减资程序合法的上诉理由不能成立，不予支持。在减资时，中储国投实业公司未履行通知已知债权人曲阳煤炭物流公司的义务，使曲阳煤炭物流公司丧失了要求减资公司清偿债务或提供相应担保的权利。后虽经曲阳煤炭物流公司对中储国投实业公司申请强制执行，但变更后的上海昊阁公司无财产可供执行，不能够完全清偿欠付债务，债权人曲阳煤炭物流公司的债权无法实现。《公司法》规定有限责任公司的股东应按其认缴的出资额履行足额出资义务，股东认缴的出资未经法定程序不得抽回、减少。本案中，中储国投实业公司在未向曲阳煤炭物流公司履行通知义务的情况下，其股东中储国际控股公司经公司股东会决议减资退股，违反了公司资本不变和资本维持的原则，与股东未履行出资义务及抽逃出资对于债权人利益的侵害在本质上并无不同，一审法院依照《公司法解释(三)》第13条第2款的规定，判决中储国际控股公司应在减资范围内对上海昊阁公司欠付曲阳煤炭物流公司的债务承担补充赔偿责任，具有相应的事实和法律依据，并无不当。对于中储国际控股公司上诉提出上海昊阁公司在减资后又将注册资本增至37,000万元，未影响上海昊阁公司偿债能力的问题。在公司注册资本实缴制的情况下，公司减资后又增资，确实没有导致公司清偿能力和责任财产的减损。但在公司注册资本认缴制的情况下，交易相对人对公司清偿能力和注册资本的信赖只能基于对股东的信赖，公司减资后又增资，导致公司股东发生了变化，对股东的信赖也就丧失了基础。本案系债权人以债务人违反法定程序减资导致债权实现受损为由主张的侵权赔偿之诉，根据上海市崇明县人民法院(2016)沪0230执1124号执行裁定和该院向一审法院发送的(2016)沪0230执1124号函，可以认定，上海昊阁公司名下无财产可供执行，且案涉多项担保均未得到实际履行，曲阳煤炭物流公司的债权未因上海昊阁公司的增资和多个担保人提供担保而得到清偿，上海昊阁公司的增资行为未对曲阳煤炭物流公司的债权实现产生影响，债权不能实现的损害结果已实际发生。故中储国际控股公司提出上海昊阁公司已将注册资本

---

① 参见最高人民法院民事判决书,(2017)最高法民终422号。
② 参见新《公司法》第224条规定。

增至37,000万元,未影响公司偿债能力的上诉理由缺乏事实依据,不能成立,不予支持。作为减资股东,中储国际控股公司的不当减资行为违反了公司资本维持原则,导致上海昊阁公司不能全面清偿其减资前所负债务,损害了债权人曲阳煤炭物流公司的利益。中储国际控股公司主张其减资行为与曲阳煤炭物流公司债权受损没有因果关系的上诉理由亦不能成立,不予支持。

【典型案例三】纪某兴与美通公司股东损害公司债权人利益责任纠纷案。① 二审法院认为,根据《公司法》(2018年)第177条② 规定,本案上诉人纪某兴减资时,被上诉人美通公司的债权已经存在,但北航公司在办理减资手续时仅在相关报纸发布了减资公告,未就减资事项直接通知被上诉人美通公司,该通知方式不符合法定程序,北航公司的减资程序存在瑕疵,上诉人纪某兴作为减资股东应当对未经法定程序的减资行为而给被上诉人美通公司的债权造成的损失承担赔偿责任。

需要注意的是,这一裁判观点及相应案例均系新《公司法》颁行前,如前所述,随着新《公司法》颁行后第226条规定的适用,之前司法实践中违法减资股东直接对异议债权人的债权承担责任的裁判观点将会被彻底改变,将由减资决议无效后的恢复原状,即根据不同情形,股东向公司返还减资款或恢复出资义务的法律后果所替代。

四、股东是否已履行出资义务的常见问题及实务认定

(一)股东以货币出资

对股东以货币出资的审查,实务中一般应关注以下两点:一是股东主张的出资事实对应的出资凭证,以确定有无出资;二是完整的公司账户交易明细,确定是否存在通过"过桥"资金虚假出资。下文对司法实践中有关股东货币出资的常见问题及实务认定进行说明。

1. 出资人仅提供第三方机构出具的验资报告能否认定已足额出资

根据《最高人民法院关于验资单位对多个案件债权人损失应如何承担责任的批复》(法释〔1997〕10号,已失效)和《公司法》第257条第2款的规定,可以看出:其一,实务中存在金融机构、会计师事务所为公司出具不实的验资报告或者虚假的资金证明的事实;其二,验资报告及资金证明对债权人产生信赖利益;其三,反向印证了验资报告或资金证明具有证明出资人完成出资的证明效力。所以关于股东提供的验资报告,是股东履行出资义务的证据之一,实务中法院通常不会仅以验资报告作为认定股东履行出资义务的标准,在关注验资报告的同时还会结合股东的出资方式,全面关注股东的出资事实。当然,公司在设立时,提供的验资报告对股东出资方式、数额有明确记载的,可以作为认定股东已完成出资的依据。债权人认为股东未完成出资义务的,则应提供反证予以证实。

2. 验资报告未在登记机关进行登记备案,是否影响内容真实性的认定

根据《公司法》第49条第1~2款的规定,股东只需将货币出资缴付至公司银行账户,将

---

① 参见广东省深圳市中级人民法院民事判决书,(2021)粤03民终22046号。
② 参见新《公司法》第224条。

非货币财产出资交付及办理权利转移手续，即完成了出资义务。验资报告的登记备案并非股东履行出资义务的条件，验资报告属于证明股东履行出资义务的证据，只要其本身真实，则不应以其未登记备案为由否认其内容。

3. 股东出资资金来源是否影响出资认定

根据《公司法解释（三）》第 7 条、《民法典》第 311 条的规定，基于货币系种类物的属性，货币占有人应当推定为货币所有人，货币出资投入公司后，公司作为善意相对人依据协议约定获得股东出资，即对该笔货币出资享有所有权，出资相应转化为公司的独立财产。因而出资资金来源非法并不影响出资行为的有效性，也不影响出资人据此取得股东资格。

4. 股东向公司交付资金时未注明款项性质，能否以账册记载或付款凭证主张已履行了出资义务

实务中认为，股东单纯通过制作账册对自己往来资金的性质进行认定，系股东自行确定自己的义务已经履行，而对于证明履行出资义务来说理由不充分。因为，股东向公司缴纳的出资具有明确的用途，由此也要求股东在履行出资义务时应明确所交付款项或交付财产的性质。仅以股东向公司支付过相应款项的事实，不足以认定股东已履行了出资义务。首先，不能排除股东与公司之间存在其他法律关系的可能；其次，缴纳出资是股东对公司的义务，在认定具体的款项是否为出资的问题上，与股东存在明显的利害关系，故公司自行制作的财务账册即使出现"收到股东出资"等表述，也不能充分证实股东与公司之间的全部资金往来关系。故在实务中，法院对于股东缴纳注册资本事实的认定，通常会严格审查其是否符合相应的出资程序，股东除提供付款凭证外还应提交相关款项属于履行出资义务的其他证据佐证，如付款时间、资金流向等，如此才能够形成较为完整的证据链条证明款项性质。

5. 股东仅能提供转账凭证，无其他证据佐证款项性质为股东出资且工商登记未予记载的，能否认定股东已履行出资义务

裁判观点：股东出资为要式行为，股东仅能提供转账凭证，无其他证据佐证款项性质为股东出资且工商登记未予记载的，不足以证明股东已履行出资义务。

【典型案例】刘某某与郑某某、贡某某、胡某某、李某股东损害公司债权人利益责任纠纷案。[①]再审法院认为，本案的争议焦点为二被告的出资问题。对被告 A 出资问题，被告 A 提交了证据以证明其已于 2013 年分三次将 70 万元投资款支付到 C 公司，该证据上有一笔摘要为"借款"，被告 A 未能证明该款为出资款；另外两笔虽然摘要为"投资款"，但股东出资为要式行为，被告 A 未合理说明该两笔款项的具体性质，而工商登记资料亦未对此变更事项予以载明，故本院对被告 A 的主张不予支持。对被告 B 的出资问题，被告 B 提交的证据仅有复印件，且该证据上虽然显示被告 B 分两次付款给 C 公司财务的银行账户，但未注明用途，故被告 B 提交的证据不符合法定的证据形式，其未对该两笔款项汇给公司财务个人账户的必要性予以说明，而工商登记资料亦未对此变更事项予以载明，因此，法院对被告 B 的主张亦不予支持。

[①] 参见张应杰主编：《公司责任纠纷类案裁判思维》，人民法院出版社 2023 年版，第 305 页。

6. 部分股东以其"人脉""经验"等无形资产或带领的工作团队作为出资约定的效力认定

根据《公司法》第 48 条第 1 款的规定，明确了可以用于公司出资的财产范围，且应当具备"可以用货币估价""可以依法转让"等条件。而股东的"人脉""经验"或带领的工作团队等，均不具备上述条件，故不能作为股东的出资，该部分股东仍应按公司章程确定的出资数额依法履行出资义务。实务中，公司内部纠纷中部分股东以此约定，主张相应股东未履行出资义务或者主张约定无效，实务中可能会区别对待处理。

7. 出资人可否基于增资协议解除要求将已按照增资协议交付的出资退还

实务中通常会视不同情形而采用不同的处理方式。

(1) 增资尚未办理变更登记时，出资人可要求退还出资款。在增资协议合法有效的前提下，如果协议中约定了合同解除条件，可依据《民法典》第 562 条、第 563 条的规定解除。解除后依据《民法典》第 566 条第 1 款的规定进行后续处理。事实上，合同当事人在增资协议解除后，虽可以要求恢复原状，返还出资款，但仍要根据合同性质，依照法律的具体规定进行处理，而非一概而论地予以返还。

【典型案例】韩某丰、邬某远、宝威企业与真金公司、占空比公司、毅智集团公司及张某公司增资纠纷案。[①] 最高人民法院认为，案涉 2000 万元增资款尚未在工商登记部门办理变更登记，该增资款对公司债权人尚未产生公示效力，公司债权人尚无需要保护的信赖利益，真金公司依约定条件解除案涉《增资协议》并请求返还投资款，并不涉及因抽逃出资或不按法定程序减资损害公司债权人利益的问题。综上，二审判决真金公司依据《增资协议》第 5.3 条可以行使解除权，并判令韩某丰、邬某远、宝威企业对占空比公司返还真金公司的增资款、利息及违约金承担连带责任不属于事实认定不清和适用法律错误。

(2) 增资已办理变更登记，出资人未经法定减资或股东退出程序不得要求退还出资款。增资协议的内容通常是合同当事人作为目标公司的股东向公司缴纳出资，该内容属于公司章程和公司登记公示的范围，在经过公司章程修改及变更登记后，协议中出资人的股东身份、出资数额、股权比例及公司注册资本已对外公示，其出资已转化为公司资本，成为公司的财产，此时出资人因增资协议解除而要求返还出资，本质是基于其股东身份的退出。而公司股东退出注册资本的减少应当适用《公司法》关于减资的特别规定。未通过合法的减资程序退还股东的，可能构成抽逃出资。

基于此，增资协议的解除并不当然发生股东退出、公司资本变更、股东出资返还的效果，故增资协议中约定的出资人以增资协议已解除为由直接要求公司返还出资实际属于抽回出资，损害了公司债权人的利益，实务中其诉讼请求难以得到法院支持。

8. 债权人能否要求出资期限尚未届满的股东承担未出资范围内补充赔偿责任

新《公司法》颁行前，公司股东的出资期限，单纯由公司章程进行规定，完全属于公司自治范围，股东可以约定较长的出资期限，还可通过修改公司章程对出资期限再进行延长。关于

---

① 参见最高人民法院民事裁定书，(2019)最高法民申 1738 号。

出资期限的加速到期，《企业破产法》第 35 条和《九民纪要》第 6 条作出了相应规定。新《公司法》颁行后，虽然新《公司法》第 47 条将股东出资期限从单纯由公司章程规定，变更为除法律、行政法规以及国务院决定另有规定外，最长出资期限为 5 年，即对公司股东的出资期限进行了适当限制，但股东在该期限内依然有依据章程享有相应的期限利益，同时新《公司法》第 54 条对有限责任公司股东出资的加速到期作出了新的规定，即"公司不能清偿到期债务的，公司或者已到期债权的债权人有权要求已认缴出资但未届出资期限的股东提前缴纳出资。"对此，实务中在适用新《公司法》第 54 条的规定时，应当注意该条规定与《九民纪要》规定的不同点：

一是将加速到期的条件简单限定为"公司不能清偿到期债务"，比《九民纪要》的规定更为宽松，无须执行程序的前置。二是与破产标准接轨，避免了与破产程序债权人平等受偿的组织法要求相违背。[①] 新《公司法》规定的是入库规则，即无论公司债权人还是公司自身请求该股东加速出资，该股东出资均是交付给公司，而非个别债权人。三是删去了《九民纪要》前述规定中第二种情形。四是扩大了请求主体，《九民纪要》仅限于公司债权人，新《公司法》规定的请求主体不仅为已到期债权的公司债权人，还包括公司，公司可以主动请求自己的股东加速到期。据此，即使在加速到期的情形下，债权人亦不能直接要求出资期限尚未届满的股东承担未出资范围内补充赔偿责任，只能请求该股东向公司加速出资。

新《公司法》颁行前，司法实践中的相关裁判观点及典型案例如下。

裁判观点一：股东在认缴出资期限届满前转让股权，不属于未履行或者未全面履行出资义务。

【典型案例】边某萍与高某、国信润能中心、国信鼎富公司、北京正润能源公司、河北正润能源公司、绿成财富中心申请执行人执行异议之诉案。[②] 最高人民法院认为，根据《公司法解释（三）》第 13 条第 2 款和第 18 条第 1 款的规定，股东在认缴出资期限届满前转让股权，不属于未履行或者未全面履行出资义务。本案中，高某将其 500 万元出资转让给国信智玺中心时，该出资的认缴期限尚未届满，亦无证据表明该转让行为存在恶意串通或违反法律、行政法规的强制性规定的情形，该转让行为不属于未履行或者未全面履行出资义务即转让股权；边某萍对北京正润能源公司享有的担保债权发生在高某转让出资之后，即公司债权在股权转让时并不存在；高某与国信智玺中心签订的《出资转让协议书》中约定由受让人国信智玺中心继受出资人的权利和义务，北京正润能源公司将转让相关的《股东会决议》《出资转让协议书》在工商部门进行了登记备案。并办理了工商变更登记，边某萍在接受北京正润能源公司提供担保时应当知晓高某已不是股东，其与北京正润能源公司之间发生担保法律关系与高某无关，其对高某不存在期待利益或信赖利益。因此，二审判决认定高某在认缴出资期限届满前转让股权，其出资义务一并转移，不属于未履行或未全面履行出资义务，并无不当。

---

① 参见丁勇：《股东出资期限对抗的矫正与规制》，载《北京大学学报（哲学社会科学版）》2023 年第 6 期。
② 参见最高人民法院民事裁定书，(2020)最高法民申 5769 号。

裁判观点二：公司作为被执行人的案件，法院穷尽执行措施无财产可供执行，已具备破产原因，但不申请破产的，未届出资期限的股东应当对公司债务不能清偿的部分承担补充赔偿责任。

【**典型案例**】明辉公司与林某玲、李某、唐某娥、芯畅联公司股东损害公司债权人利益责任纠纷案。① 二审法院认为，在注册资本认缴制下，股东依法对出资享有期限利益。一般而言，债权人不能以公司无法清偿到期债务为由，请求未届出资期限的股东在未出资范围内对公司不能清偿的债务承担补偿赔偿责任。但根据本案查明的事实，芯畅联公司已经生效判决确认应向明辉公司支付加工费312,228.9万元及利息，芯畅联公司未主动履行生效判决，经一审法院强制执行，穷尽执行措施亦未发现可供执行的财产。本案中，芯畅联公司及股东林某玲、李某、唐某娥均未到庭对芯畅联公司财产情况提出抗辩。故依据《企业破产法》第2条，《最高人民法院关于适用〈中华人民共和国企业破产法〉若干问题的规定（一）》第2条、第4条的规定，芯畅联公司不能清偿到期债务且明显缺乏清偿能力，已具备破产原因。但芯畅联公司在已具备破产原因的情况下未申请破产，故其股东的出资应加速到期。根据《公司法解释（三）》第13条第2款的规定，林某玲、李某、唐某娥在本案中没有到庭对其实缴出资情况予以举证证实，故三人应分别在未出资范围内对芯畅联公司不能清偿的债务向明辉公司承担补充赔偿责任。

针对这一裁判观点，根据新《公司法》第54条的规定，首先，未届出资期限的股东出资加速到期已无须执行程序的前置，只要公司不能清偿到期债务即可；其次，不直接对异议债权人承担责任，只需对公司承担加速出资责任。

9. 公司使用股东个人账户对外进行资金转入转出，是否构成人格混同

公司在实际经营活动中，通常会使用股东个人账户收支公司款项，这样就会使第三方有可能对股东与公司财产混同产生合理怀疑。

裁判观点一：股东以个人账户收支公司款项仅是偶然、个别行为，该情形下资金性质及往来较为清晰，不足以认定股东个人与公司财产混同。但是该行为客观上转移并减少了公司资产，也降低了公司的偿债能力，根据"举重以明轻"的原则并参照《公司法解释（三）》第14条关于股东抽逃出资情况下的责任形态之规定，要求公司股东对公司债务不能清偿的部分在转移资金的金额及相应利息范围内承担补充赔偿责任。

【**典型案例**】凯利公司、张某男与碧桂园公司、梁某、圣方公司及建行三亚分行确认合同效力纠纷案。② 最高人民法院认为，公司股东仅存在单笔转移公司资金的行为，尚不足以否认公司独立人格的，不应依据《公司法》（2018年）第20条第3款③规定判决公司股东对公司的债务承担连带责任。但该行为客观上转移并减少了公司资产，降低了公司的偿债能力，根据"举重以明轻"的原则并参照《公司法解释（三）》第14条关于股东抽逃出资情况下的责任形态之

---

① 参见广东省广州市中级人民法院民事判决书，(2021)粤01民终29808号。
② 参见最高人民法院民事判决书，(2019)最高法民终960号。
③ 参见新《公司法》第23条第1款。

规定,可判决公司股东对公司债务不能清偿的部分在其转移资金的金额及相应利息范围内承担补充赔偿责任。作为凯利公司股东的张某男在未能证明其与凯利公司之间存在交易关系或者借贷关系等合法依据的情况下,接收凯利公司向其转账2951.8384万元,虽然不足以否定凯利公司的独立人格,但该行为在客观上转移并减少了凯利公司资产,降低了凯利公司的偿债能力,张某男应当承担相应的责任。该笔转款2951.8384万元超出了张某男向凯利公司认缴的出资数额,根据"举重以明轻"的原则并参照《公司法解释(三)》第14条关于股东抽逃出资情况下的责任形态的规定,张某男应对凯利公司的3.2亿元及其违约金债务不能清偿的部分在2951.8384万元及其利息范围内承担补充赔偿责任。

值得注意的是,新《公司法》颁行后,在这一情形下的这些裁判观点应该会发生相应变化,即根据入库规则,从公司账户流向股东个人账户的资金的本息,股东应当返还公司,而非异议债权人。下文的裁判观点三亦应当与此相当。

裁判观点二:公司账户与股东的个人账户之间存在大量、频繁的资金往来,且资金用途复杂,导致公司财产与股东财产无法进行区分的情况下,可以认定公司与股东之间构成财产混同。此时公司已经失去了独立承担责任的基础,严重损害了公司债权人的利益,符合《公司法》关于公司法人人格否认的规定,则股东应当对公司债务承担连带责任。

【**典型案例**】协同教育公司、田某凤、宋某平、肖某娟与李某民间借贷纠纷案。[1] 最高人民法院认为,我国实行银行账户实名制,原则上账户名义人即是账户资金的权利人。同时,根据《会计法》《税收征收管理法》《企业会计基本准则》等相关规定,公司应当使用单位账户对外开展经营行为,公司账户与管理人员、股东账户之间不得进行非法的资金往来,以保证公司财产的独立性和正常的经济秩序。根据本案认定的事实,李某出借的款项均汇入协同教育公司股东肖某娟账户(大部分款项又汇入宋某平账户,小部分款项汇入协同教育公司账户),协同教育公司亦通过肖某娟、宋某平等股东账户向李某偿还借款。同时,协同教育公司的账户与肖某娟、宋某平等股东的账户之间存在大量、频繁的资金往来,且资金用途复杂,导致公司财产与股东财产无法进行区分。协同教育公司、宋某平、肖某娟申请再审称协同教育公司实际控制肖某娟、宋某平等股东账户,股东账户的资金属于公司资金,但未提供充足的证据。因此,原判决认定因协同教育公司与股东之间构成财产混同,公司已经失去了独立承担债务的基础,有事实和法律依据。

裁判观点三:公司在经营过程中虽使用股东个人账户收支公司款项,若无证据证明股东与公司之间存在资产不分、账目不清,或者人事交叉、业务相同导致与其交易的第三人无法分清是与股东还是与公司进行交易等情形,则并未达到法人人格混同可能性的合理怀疑程度,此时不应适用公司法人人格否认制度。但经核算,若股东使用个人账户占有公司款项,仍可要求股东在涉案款项金额本息范围内,对债务不能清偿部分对债权人承担补充赔偿责任。

【**典型案例**】武汉大通公司、吴某谦与甘肃福明公司、林某明承揽合同纠纷案。[2] 最高人民

---

[1] 参见最高人民法院民事裁定书,(2017)最高法民申2646号。
[2] 参见最高人民法院民事判决书,(2016)最高法民再306号。

法院认为,根据《公司法》(2013年)第20条第2款的规定,①甘肃福明公司主张吴某谦与武汉大通公司人格混同,则应举出盖然性的证据证明股东存在滥用公司法人独立地位和股东有限责任的行为以及由此产生了损害的结果。本案中,甘肃福明公司所提交的证据仅能证明武汉大通公司在转入和转出案涉合同价款时都曾经使用了时任其法定代表人、控股股东吴某谦的账户,但是并无证据证明吴某谦与武汉大通公司之间存在资产不分、账簿合一、账目不清,或者人事交叉、业务相同导致与其交易的第三人无法分清是与股东还是与公司进行交易等情形。吴某谦曾是武汉大通公司的控股股东,但武汉大通公司账户内资金的增减与吴某谦是否滥用公司法人独立地位并无直接的关系。因此,甘肃福明公司提交的证据并未达到对法人人格混同可能性的合理怀疑程度。原判决认定吴某谦与武汉大通公司人格混同、财产混同证据不足,应予纠正。吴某谦关于其不应承担连带责任的主张,予以支持。虽然如此,但经核算,若股东使用个人账户占有公司款项,仍可要求股东在涉案款项金额本息范围内,对债务不能清偿部分对债权人承担补充赔偿责任。

10. 只有一个股东的公司,股东证明公司财产独立于股东自己财产的认定标准

根据《公司法》第23条第3款的规定,只有一个股东的有限责任公司的人格否认实行举证责任倒置,即股东应当证明公司财产独立于其个人财产,否则股东应当对公司债务承担连带责任。

【**典型案例**】南海能顺公司、杜某甲、杜某乙、何某棠与中石化江西分公司、南海能盛公司、肇庆市能源公司、肇庆西江发电厂(B厂)公司、肇庆西江发电厂公司、隆泰能源公司买卖合同纠纷案。②最高人民法院认为,《公司法》(2018年)第63条③规定:一人有限责任公司的股东不能证明公司财产独立于股东自己的财产的,应当对公司债务承担连带责任。据此,我国公司法对一人有限责任公司的股东应否对公司的债务承担连带责任采取举证责任倒置原则,即一人有限责任公司的股东应当举证证明其个人财产与公司财产独立,否则其就应当对公司债务承担连带责任。

那么,股东如何证明公司财产与其个人财产独立?对此,司法实务中关于只有一个股东的公司,其股东证明公司财产与股东财产独立的证明标准问题,至今尚未有统一明确的意见。

第一,实践中股东通常会提供公司的《审计报告》证明公司财产与其个人财产独立。如股东提供的《年度审计报告》形式上符合《公司法》第208条的规定,只有一个股东的公司的股东就已初步完成证明责任。

【**典型案例一**】嘉美德公司、陈某美与应某峰其他合同纠纷案。④二审法院认为,根据《公司法》(2013年)第63条⑤规定,一人有限责任公司的股东应将公司财产与个人财务严格分离,且股东应就其个人财产是否与公司财产相分离负举证责任。本案中,陈某美提供了上诉人嘉

---

① 参见新《公司法》第21条。
② 参见最高人民法院民事判决书,(2019)最高法民终30号。
③ 参见新《公司法》第23条第3款。
④ 参见上海市第一中级人民法院民事判决书,(2014)沪一中民四(商)终字第S1267号。
⑤ 参见新《公司法》第23条第3款。

美德公司的相关审计报告,可以反映嘉美德公司有独立完整的财务制度,相关财务报表亦符合会计准则及国家外汇管理的规定,且未见有公司财产与股东个人财产混同的迹象,可以基本反映嘉美德公司财产与陈某美个人财产相分离的事实。应某峰认为,上述证据不足以证明嘉美德公司财产与陈某美个人财产没有混同,并提出如下异议:审计报告未反映本案诉讼情况;嘉美德公司一审中提供的银行收支报告反映出应某峰投资后仅一周,嘉美德公司就向均岱公司转移了包括发放均岱公司员工工资等的96万余元。我国《公司法》(2013年)第63条的规定意在限制一人有限责任公司股东采用将公司财产与个人财产混同等手段,逃避债务,损害公司债权人的利益,因此股东对公司债务承担连带清偿责任的前提是该股东的个人财产与公司财产出现了混同。然而从本案目前的证据材料可以看出,嘉美德公司收到应某峰的投资款后,虽有部分用于支付均岱公司的员工工资及货款等费用,但是,根据双方投资合同的约定,应某峰投资后,均岱公司的业务将全部转入嘉美德公司,因此均岱公司的业务支出与应某峰的投资项目直接有关;这些费用的支出均用于均岱公司的业务支出,并无款项转入陈某美个人账户的记录,而审计报告中是否记载本案诉讼的情况也与财产混同问题无涉。因此,应某峰提出的异议并不能反映嘉美德公司财产与陈某美个人财产有混同的迹象,不足以否定上诉人的举证。陈某美的上诉理由成立,一审判令陈某美对嘉美德公司的债务承担连带清偿责任不当,应依法予以纠正。

【**典型案例二**】特变电工公司与湖北宜化公司、宜昌嘉英公司执行异议之诉案。① 最高人民法院认为,经查,湖北宜化公司向一审法院提交2011年至2016年的年度报告共6本、宜昌嘉英公司2010年至2016年的年度财务审计报告共7本、湖北大地会计师事务所出具的宜昌嘉英公司财务报告说明、湖北宜化公司与宜昌嘉英公司的工商电子档案信息、营业执照、开户许可以及中国工商银行信汇凭证等。宜昌嘉英公司亦向一审法院提交了其分别与特变电工公司、新疆宜化公司签订的买卖合同及其公司财务规章制度,湖北宜化公司与宜昌嘉英公司均认可对方所提交的证据,特变电工公司未向一审法院提交证据。湖北宜化公司提交的证据表明,宜昌嘉英公司有独立完整的财务制度,相关财务报表符合会计准则的规定并经会计师事务所审计,审计报告未显示宜昌嘉英公司的财产与股东湖北宜化公司财产存在混同的迹象。原判决认定湖北宜化公司能证明宜昌嘉英公司的财产独立于自己的财产,没有错误。依据《公司法》(2013年)第63条②的规定,本案中,宜昌嘉英公司为一人公司,湖北宜化公司作为宜昌嘉英公司的股东,所提交的证据能够证明宜昌嘉英公司的财产独立于自己的财产,即完成了相应的举证义务,湖北宜化公司不应当对宜昌嘉英公司的债务承担连带责任。

【**典型案例三**】苏宁环球公司、中炬置地公司与中炬石化公司等借款合同纠纷案。③ 二审法院认为,根据《公司法》(2013年)第62条、第63条④的规定,中炬石化公司是中炬置地公司

---

① 参见最高人民法院民事裁定书,(2018)最高法民申3219号。
② 参见新《公司法》第23条第3款。
③ 参见江苏省高级人民法院民事判决书,(2016)苏民终1237号。
④ 分别参见新《公司法》第23条第3款、第208条第1款。

的唯一股东,中炬石化公司如不能证明其财产独立于中炬置地公司的财产,即应对中炬置地公司的对外债务承担连带责任。中炬石化公司要证明其资产独立须依据该规定提交相关年度所编制的经审计的财务会计报告。二审中,经法院释明,中炬石化公司未能提交年度财务会计报告。其虽提交了公司组织机构代码证、营业执照、2004年6月24日成品油批准证书等,但上述证据仅证明该公司与中炬置地公司业务范围不同,尚不足以证明两公司间财产相互独立,故苏宁环球公司主张中炬石化公司对中炬置地公司的债务承担连带清偿责任符合法律规定。

虽然如此,只有一个股东的有限责任公司是否只要提供了年度审计报告就足以证明该公司的财产独立于其股东自己的财产。实务中,结果并不必然,事实上如果存在以下情况,法院通常会对《审计报告》的内容进一步予以核实,必要时会责令股东进行专项审计:一是根据审理查明的事实,可以确认《审计报告》内容存在明显遗漏。如已公开查询到的负债没有编入相应的资产负债表、已发现的经营支出未在报告中体现等,上述情况说明审计结论不足以完全采信。二是债权人提供了相反证据,足以证明一人有限责任公司的《年度审计报告》明显与实际财务情况不符或者存在重大疏漏。如果股东不能作出合理解释,或者无法提供证据反驳债权人的主张则难以被采信。

【典型案例】聚源公司与凤凰建材公司、谢某牛、曹某英追偿权纠纷案。[①] 二审法院认为,本案中,谢某牛提供了凤凰建材公司的纳税申报表、资产负债表、利润表等财务报表以及《审计报告》等证据证明凤凰建材公司的财产独立于股东谢某牛个人财产。首先,凤凰建材公司提供的纳税申报表、资产负债表、利润表等财务报表,仅反映公司在生产经营活动中某一特定日期财务状况、经营成果、资金筹集、运用和收益分配的情况,并不能证明公司的资产独立于股东资产。其次,从《审计报告》的内容看,2012年度报告的附表中载明无未决诉讼。但2012年8月8日,四川省梓潼县人民法院对凤凰建材公司以及谢某牛、曹某英的财产进行了查封。谢某牛对案件的管辖权提出异议后,四川省梓潼县人民法院于2012年11月22日作出裁定,将案件移送四川省绵阳市中级人民法院审理。该事实说明,凤凰建材公司明知公司在2012年有未决诉讼,而不予披露。同时,《审计报告》仅对凤凰建材公司的资产负债表、利润表、股东权益变动表、现金流量表以及财务报表附注进行审计,其内容并不能证明凤凰建材公司的财产独立于股东谢某牛个人财产。谢某牛作为凤凰建材公司的股东,应当提供公司经营中的相关原始凭证,来进一步证明其个人财产与公司财产系分别列支列收、单独核算,利润分别分配和保管,风险分别承担。但在二审中,凤凰建材公司、谢某牛均未出庭应诉。综上,谢某牛作为一人公司凤凰建材公司的股东,其提供的现有证据并不能证明凤凰建材公司财产与股东个人财产相互独立,故应当由谢某牛承担举证不利的法律后果,其应当对凤凰建材公司的债务承担连带责任。

第二,《专项审计报告》与《年度审计报告》内容吻合,可认定股东已完成相应的举证责任。

【典型案例】瓮福国际、新力公司、泛北公司与北部湾港股份有限公司委托合同及股东损

[①] 参见四川省高级人民法院民事判决书,(2013)川民终字第715号。

害债权人利益责任纠纷案。[①]最高人民法院认为,从一人有限责任公司股东法人人格否认的构成要件看,新力公司为一人有限责任公司,北部湾港股份有限公司系其唯一股东。本案一审中,北部湾港股份有限公司已提交《专项审计报告》证明其与新力公司财产相互独立,不存在混同,且该证据与新力公司年度审计报告等在案证据相互吻合,北部湾港股份有限公司已完成相应举证责任。本案在案证据足以认定相关事实,无须进行鉴定,故对瓮福国际提交的鉴定申请不予支持。

第三,独资股东已举证证明公司财产与其个人财产独立。

【典型案例一】弈成科技公司、湘电风能公司、南通东泰公司与湘潭电机公司债权人代位权纠纷案。[②]最高人民法院认为,经审查,湘电风能公司和湘潭电机公司为证明财产相互独立提供了以下证据:湘电风能公司注册资金变化及出资情况、湘电风能公司的财务制度汇总、湘电风能公司与湘潭电机公司的三年财务审计报告、湘电风能公司与湘潭电机公司的营业执照及内部章程。如一人有限责任公司股东和公司能举证证明,股东财产与公司财产分别列支列收,单独核算,利润分别分配和保管,风险分别承担,应认定公司和股东财产的分离。本案中,股东和公司承担了股东财产和公司财产独立的初步证明责任,而弈成科技公司和南通东泰公司并未提出湘电风能公司和湘潭电机公司构成财产混同的任何证据,亦未指出审计报告中存在哪些可能构成财产混同的问题。一审判决认为,湘电风能公司和湘潭电机公司不构成财产混同,对湘潭电机公司承担连带责任的主张不予支持,并无不当,予以维持。

【典型案例二】飞利浦公司、天玺泰普公司、光通亮公司、澳雷朗公司与黄某明买卖合同纠纷案。[③]二审法院认为,依照《公司法》(2013年)第63条[④]的规定,对于一人公司法人人格否认的举证责任承担方面,采用法人人格滥用推定的态度,适用举证责任倒置原则,由股东承担举证责任;若股东不能证明其财产与公司财产分离,则股东应当承担不利的事实后果。本案系争债务发生在澳雷朗公司为一人公司期间,股东为黄某明。现飞利浦公司主张澳雷朗公司与黄某明的财产存在混同,对此,黄某明应当对澳雷朗公司财产独立于股东财产承担举证责任。现澳雷朗公司的账上反映在一人公司期间,黄某明、黄某明之妻与澳雷朗公司之间有大量的资金往来。虽然法律并不禁止一人公司的股东与公司之间有资金往来,黄某明提供的证据亦显示澳雷朗公司账上对此有所记载,但黄某明对于这些资金往来未提供全部原始记账凭证,对这些资金往来是否系澳雷朗公司经营所需等合理性未能进行充分举证,其又不同意对此进行司法审计,故本院认为黄某明现提供的证据不足以证明澳雷朗公司与黄某明之间的财产系相互独立,黄某明依法应对澳雷朗公司对飞利浦公司的债务承担连带责任。

11. 有限责任公司的股东仅为夫妻二人时,能否参照适用只有一个股东的公司举证责任倒置

有限责任公司中仅有两名股东,且该两名股东为夫妻二人,通常称为"夫妻型公司",其特

[①] 参见最高人民法院民事判决书,(2017)最高法民终569号。
[②] 参见最高人民法院民事判决书,(2020)最高法民终479号。
[③] 参见上海市高级人民法院民事判决书,(2017)沪民终21号。
[④] 参见新《公司法》第23条第3款。

殊性在于夫妻之间的财产关系受婚姻法律规范调整。根据《民法典》的规定,夫妻在婚姻关系存续期间生产、经营、投资所得收益归夫妻共同所有。基于夫妻双方共同财产制,对于"夫妻型公司"是否应视为一人有限责任公司,存在不同观点:

否定观点认为,"夫妻型公司"虽有其特殊性,但财产共有制不能等同于人格统一性。夫妻双方均是人格独立的个体,即使在婚姻关系中,夫妻也可以约定婚姻关系存续期间所得的财产归各自所有。因此没有理由将"夫妻型公司"等同于一人有限责任公司。

【典型案例一之一】王某、任某芹与杨某庆、刘某华执行异议之诉案。[1] 法院认为,原告任某芹、王某系夫妻关系,王某、任某芹在其夫妻关系存续期间于2005年10月14日成立了增盛公司,该公司注册资金50万元,王某出资24.5万元,任某芹出资25.5万元。增盛公司赔偿杨某庆、刘某华生效法律文书确定的各项损失679,055.4元后再无其他财产可供清偿,在公司股东王某、任某芹未能提供证据证明公司财产独立于夫妻共同财产的情况下,杨某庆、刘某华申请追加任某芹、王某为被执行人并无不当。原告任某芹、王某主张增盛公司不属于一人有限公司,不应适用《执行中变更、追加当事人规定》中第20条关于一人有限公司的规定追加二原告为被执行人。因原告任某芹、王某成立增盛公司系用夫妻共同财产出资,虽然名义上增盛公司有两名自然人股东,但因该两名自然人股东为夫妻关系,其出资应视为夫妻二人一体用共同家庭财产出资,因此,增盛公司实际出资情形符合一人有限公司的股东出资特点及性质,应适用《执行中变更、追加当事人规定》中第20条的规定。原告任某琴、王某主张增盛公司财产与二原告财产互相独立,不存在混同情况,就这一事实,需要原告举证证实,原告提供的企业信息公示报告系企业信息的对外公布、验资报告是对股东出资时予以足额出资的证明,该两份证据均不能证明二原告财产与增盛公司财产相互独立,因此,二原告主张公司财产与股东个人财产相互独立不存在混同的主张缺少证据支持,不予支持。综上,原告任某芹、王某用夫妻共同财产出资成立的增盛公司应视为实质的一人有限公司。

针对上述判决,最高人民法院的再审裁定否定了原审法院有关"任某琴、王某用夫妻共同财产出资成立的增盛公司属于一人有限公司"的观点。

【典型案例一之二】王某、任某芹与杨某庆、刘某华执行异议之诉案。[2] 最高人民法院认为,原审法院以增盛公司实际出资情形符合一人有限责任公司的股东出资特点及性质为由,认定杨某庆、刘某华申请追加王某、任某芹为被执行人符合《执行中变更、追加当事人规定》第20条规定的情形,判决驳回王某、任某芹的诉讼请求,在认定事实和适用法律上均存在错误。增盛公司不是一人有限责任公司,不符合《执行中变更、追加当事人规定》第20条规定的追加股东为被执行人的情形。王某、任某芹的再审申请符合《民事诉讼法》第200条第2项、第6项规定的情形。

【典型案例二】袜业园公司与马某然、于某、恺浪公司追偿权纠纷案。[3] 再审法院认为,根

---

[1] 参见河北省唐山市中级人民法院民事判决书,(2017)冀02民初261号。
[2] 参见最高人民法院民事裁定书,(2019)最高法民申105号。
[3] 参见吉林省高级人民法院民事裁定书,(2019)吉民申1246号。

据《公司法》(2018年)第57条、第63条①的规定,本案中恺浪公司的股东为于某、马某然两个自然人,二人虽为夫妻,但不能视为一个自然人,不能认定该公司为一人有限责任公司。

肯定观点认为,公司的注册资本来源于夫妻共同财产,公司股权实质源于同一财产权,并为一个所有权共同享有和支配,股权主体具有利益的一致性和实质的单一性,公司系实质意义上的一人有限责任公司。因此,在夫妻双方不能证明公司财产独立于夫妻共同财产的情况下,应对公司债务承担连带责任。

【典型案例一】熊某平、沈某霞与猫人公司、青曼瑞公司申请执行人执行异议之诉案。②二审法院认为,针对熊某平、沈某霞夫妻出资设立的青曼瑞公司是否属于一人有限责任公司问题,首先,根据《公司法》(2018年)第57条第2款、第60条③以及《婚姻法》第17条的规定,青曼瑞公司股东登记一直为熊某平、沈某霞,股东人数为复数。但熊某平、沈某霞为夫妻,且青曼瑞公司设立于双方婚姻存续期间。熊某平、沈某霞经本院限期举证仍未提交证据证明双方对其婚前财产或婚后所得财产归属进行了约定,而青曼瑞公司设立于双方结婚后,故应认定青曼瑞公司的注册资本源于熊某平、沈某霞的夫妻共同财产。虽然家庭成员发起设立有限责任公司时,无须强制提交财产分割证明或协议的规定已被废止,但法律并不禁止夫妻发起设立有限责任公司时自愿备案财产分割证明或协议。一审法院调取的青曼瑞公司工商登记备案资料中并无熊某平、沈某霞财产分割的协议或证明,熊某平、沈某霞二审中亦未补充提交,因此熊某平、沈某霞以共同财产出资将股权分别登记在各自名下,不构成对夫妻共同财产分割的约定。故应认定青曼瑞公司的全部股权为熊某平、沈某霞婚后取得的财产,应归其双方共同共有。猫人公司二审中所举证据虽不能证明熊某平、沈某霞的财产与青曼瑞公司财产混同,但从一定程度上印证了熊某平、沈某霞均实际参与了青曼瑞公司的管理经营,青曼瑞公司实际由夫妻双方共同控制。上述全部事实表明,青曼瑞公司的全部股权实质源于同一财产权,并为一个所有权共同享有和支配,该股权具有利益的一致性和实质的单一性。据此应认定青曼瑞公司系实质意义上的"一人公司"。其次,从公司财产混同角度分析,准许一人设立有限责任公司的出发点在于节约创业成本,繁荣市场经济。但该种便利性亦具有天然的风险性。《公司法》规定的"一人公司"财产独立性举证责任倒置规则就是对该种风险予以规制的措施之一。青曼瑞公司在为同一所有权实际控制的情况下,难以避免公司财产与夫妻其他共同财产混同,在此情况下,有必要参照《公司法》一人公司举证责任倒置规则,将公司财产独立于股东自身财产的举证责任分配给熊某平、沈某霞。在本院就此事项要求熊某平、沈某霞限期举证的情况下,熊某平、沈某霞未举证证明其自身财产独立于青曼瑞公司财产,应承担举证不力的法律后果。熊某平、沈某霞应对青曼瑞公司案涉债务承担连带清偿责任。猫人公司申请追加熊某平、沈某霞为被执行人具有事实和法律依据。最后,从法律效果和社会效果分析,夫妻公司对债权人的利益保护存在天然缺陷,导致债权人与夫妻公司发生纠纷时,得不到法律的有力保护,此

---

① 新《公司法》中已无对应规定。
② 参见湖北省高级人民法院民事判决书,(2018)鄂民终1270号。
③ 新《公司法》中已无对应规定。

情况尚待立法及法律适用的完善。但依照我国婚姻法确立的夫妻财产共同共有原则，夫妻股东持有的全部股权应构成不可分割的整体，而公司实质充任了夫妻股东实施民事行为的代理人，若依法人有限责任制度认定夫妻股东设立的公司承担有限责任的同时，不对夫妻股东其他义务予以强化和规制，则有违民法的公平原则，也不利于对交易相对方利益的平等保护。故对猫人公司追加熊某平、沈某霞为被执行人的申请，予以支持。

【典型案例二】 熊某平、沈某霞与猫人公司、青曼瑞公司申请执行人执行异议之诉案。[1] 最高人民法院认为，一人有限责任公司区别于普通有限责任公司的特别规定在于《公司法》第63条[2]，该条规定一人有限责任公司的法人人格否认适用举证责任倒置规则。之所以如此规定，是因为一人有限责任公司只有一个股东，缺乏社团性和相应的公司机关，没有分权制衡的内部治理结构，缺乏内部监督。股东既是所有者，又是管理者，个人财产和公司财产极易混同，极易损害公司债权人利益。故通过举证责任倒置，强化一人有限责任公司的财产独立性，从而加强对债权人的保护。本案青曼瑞公司由熊某平、沈某霞夫妻二人在婚姻关系存续期间设立，公司资产归熊某平、沈某霞共同共有，双方利益具有高度一致性，亦难以形成有效的内部监督。熊某平、沈某霞均实际参与公司的管理经营，夫妻其他共同财产与青曼瑞公司财产亦容易混同，从而损害债权人利益。在此情况下，应参照《公司法》（2018年）第63条的规定，将公司财产独立于股东自身财产的举证责任分配给股东熊某平、沈某霞。综上，青曼瑞公司与一人有限责任公司在主体构成和规范适用上具有高度相似性，二审法院认定青曼瑞公司系实质意义上的一人有限责任公司并无不当。关于猫人公司申请追加熊某平、沈某霞为被执行人应否支持的问题。如前文分析，青曼瑞公司系实质意义上的一人有限责任公司，适用《公司法》（2018年）第63条的规定，而《执行中变更、追加当事人规定》第20条的实体法基础亦在《公司法》（2018年）第63条中有所规定。据此，熊某平、沈某霞应对青曼瑞公司财产独立于双方其他共有财产承担举证责任，在二审法院就此事项要求熊某平、沈某霞限期举证的情况下，熊某平、沈某霞未举证证明其自身财产独立于青曼瑞公司财产，应承担举证不力的法律后果。二审法院支持猫人公司追加熊某平、沈某霞为被执行人的申请，并无不当。

分析前述两种观点，实务中普遍认为第二种观点更符合相关立法规定内容和精神。如果公司设立于夫妻双方婚姻关系存续期间，依《民法典》的规定，除约定财产外，夫妻在婚姻关系存续期间所得的财产为夫妻共同所有，在夫妻不能证明双方对婚后财产有约定的情况下，且在公司登记资料中，如果也没有夫妻双方自愿备案的财产分割证明或协议，则夫妻以共同财产出资将股权登记在各自名下也不构成对夫妻共同财产分割的约定。公司的注册资本源于夫妻共同财产，而公司的全部股权属于夫妻二人婚后所取得的财产，也为双方共同所有。而股东为夫妻关系，双方利益高度一致，亦难以形成有效的内部监督，夫妻其他共同财产与公司财产亦容易混同，从而损害债权人利益。在此情况下，应参照《公司法》只有一个股东的有限责任公司举证责任倒置的规则，加强对债权人的保护。

---

[1] 参见最高人民法院民事判决书，(2019)最高法民再372号。
[2] 参见新《公司法》第23条第3款。

12. 家庭成员共同出资设立有限责任公司能否参照适用只有一个股东的公司举证责任倒置

<u>裁判观点：家庭成员共同出资设立有限责任公司，必须以各自的财产作为注册资本，并各自承担相应的责任，登记时需要提供资产分割的书面证明或者协议。否则应认定为只有一个股东的有限责任公司。</u>

【典型案例一】略阳县信用社与李念公司、李某某、李某柏等借款合同纠纷案。① 法院认为，根据《公司登记管理若干问题的规定》② 第 23 条和《公司法》（2013 年）第 63 条③ 的规定，被告李某柏与李某某系父子关系，在设立李念公司时，未向工商部门提交分割财产的证明。该公司出资人的财产为家庭成员共同财产，其出资主体是单一的，实质为一人公司。因此，原告略阳县信用社要求被告李某某、李某柏承担连带还款责任的诉讼请求，符合法律规定，予以支持。

【典型案例二】王某某与大隆公司、肖某某承揽合同纠纷案。④ 法院认为，第一，虽然大隆公司登记股东为肖某某和肖某发二人，但庭审中肖某某自认肖某发是其侄儿，肖某发既没有投资也没有参与经营，大隆公司实际由其一人经营。故大隆公司实为一人有限责任公司。第二，从本案承揽合同实际履行过程中，既有大隆公司给王某某出具的债权凭证，也有肖某某个人给王某某出具的债权凭证的事实可以看出，大隆公司和肖某某个人在履行合同过程中相互混同。第三，肖某某亦未提供证据证明大隆公司的财产独立于其个人财产。综上所述，根据《公司法》（2013 年）第 63 条⑤ 的规定，大隆公司和肖某某对本案债务依法应当承担连带责任。

13. 未依法调整资本公积金并以资本公积金转增公司资本能否认定已履行增资义务

<u>裁判观点：公司在未出现法定重估或产权变动的情况下，将公司资产重估后的增值全部调账计入资本公积金，再将资本公积金转增公司资本，不得认定该股东已履行其出资义务。</u>

【典型案例】爱建信托公司与方大公司、富达公司、泛域公司、恒昌公司、中联会计师事务所股东损害公司债权人利益责任纠纷案。⑥ 二审法院认为，关于爱建信托公司主张的惠能公司股东不存在未履行增资义务问题，根据《公司法》（2005 年）第 169 条⑦ 规定，惠能公司以资本公积金转增公司资本符合我国公司法规定。但本案的焦点问题是惠能公司将公司资产进行重新评估，得出净资产评估值增值 228,105,369.18 元的评估结果后，将该增值全部调账计入原本为零的资本公积金，再以该资本公积金作为各股东的出资。爱建信托公司认为其以前述方式出资即已履行相应的出资义务，未按照《公司法》（2005 年）第 164 条⑧ 在提取公积金时应当严格按照相关法律、法规、规章的规定进行。根据财政部财会二字〔1995〕25 号《关于股份有限公司进行资产评估增值处理的复函》、财政部财会字〔1998〕16 号《关于股份有限公司有关会计问题解答》的规定，只有在法定重估和企业产权变动的情况下，才允许公司将资产评估增值

---

① 参见陕西省略阳县人民法院民事判决书，(2016) 陕 0727 民初 684 号。
② 此规定已废止。
③ 参见新《公司法》第 23 条第 3 款。
④ 参见湖北省十堰市郧阳区人民法院民事判决书，(2015) 鄂郧阳民再字第 00005 号。
⑤ 参见新《公司法》第 23 条第 3 款。
⑥ 参见北京市高级人民法院民事判决书，(2017) 京民终 601 号。
⑦ 参见新《公司法》第 214 条。
⑧ 参见新《公司法》第 207 条。

部分入账,进而才有将其转增注册资本的可能性;且评估后的增值部分财产,还要转入"资本公积－其他资本公积转入"科目方能按相关程序转增公司资本。惠能公司在本次增资时发生的股权转让系公司内部的股权结构变动,不属于因兼并、收购其他企业全部股权而导致被购买企业或购买企业产权发生变动的情形。惠能公司在未出现法定重估或产权变动的情形下,将公司资产重估后的增值全部调账计入资本公积金,且未转入相应会计科目,使资本公积金从0径行达至228,105,369.18元,进而转增公司资本,使股东达到履行增资义务。爱建信托公司以前述方式缴纳出资,不符合《公司法》(2005年)第28条①所确立的股东应当按期足额缴纳认缴出资的基本原则以及资本公积金转增资本相关的公司会计、财务规章的规定,不能认定履行了增资义务。虽然惠能公司作为中外合资企业实行资本认缴制,但富达公司、泛域公司不仅认缴了相应的增资比例,且已按照实收资本计入;爱建信托公司虽未直接认缴增资,但其自泛域公司受让的34.145%股权所对应的9560.65万元出资中,以重估财产作为资本公积金转增资本的8690万元已作为其实缴资本记载在公司章程及工商登记材料中,而爱建信托公司依前所述并未履行增资义务,故一审判决认定爱建信托公司未足额缴纳增资正确,予以支持。

(二)股东以非货币方式出资

实务中应关注的问题是非货币财产的权利变更手续和出资财产的价值是否明显低于股东应缴的出资额或者出资财产是否存在权利负担等,具体有:(1)以房屋、土地使用权、其他公司股权或者需要办理权属登记的知识产权等财产出资的,是否已办理权属变更手续;(2)以划拨的土地使用权出资,或者以设定权利负担的财产出资的,是否已解除权利负担;(3)股东以未依法评估作价的财产出资,应要求其委托具有合法资格的评估机构对该财产评估作价,进而审查评估确定的价格是否明显低于公司章程所规定的出资数额;(4)以债权出资的,债权主体、金额是否明确。

五、股东与公司资本相关的行为和债权人损害结果因果关系的实务认定

损害结果的核心是债权人向公司提出的债权求偿权无法实现。对此,司法实务中对损害结果的关注焦点包括:(1)债权人主张的债权能否确认;(2)公司财产是否足以清偿债务;(3)债权人对公司的债权是否已经强制执行但仍未能得到完全清偿;(4)股东承担责任的范围。

从因果关系要件来看,股东瑕疵出资行为与债权人利益受损之间具有因果关系。

如《最高人民法院执行工作办公室关于股东因公司设立后的增资瑕疵应否对公司债权人承担责任问题的复函》(〔2003〕执他字第33号)提出了明确意见:"公司增加注册资金是扩张经营规模、增强责任能力的行为,原股东约定按照原出资比例承担增资责任,与公司设立时的初始出资是没有区别的。公司股东若有增资瑕疵,应承担与公司设立时的出资瑕疵相同的责任。但是,公司设立后增资与公司设立时出资的不同之处在于,股东履行交付资产的时间不同。正因为这种时间上的差异,导致交易人(公司债权人)对于公司责任能力的预期是不同的。

---

① 参见新《公司法》第49条。

股东按照其承诺履行出资或增资的义务是相对于社会的一种法定的资本充实义务,股东出资或增资的责任应与公司债权人基于公司的注册资金对其责任能力产生的判断相对应。本案中,南通开发区富马物资公司(以下简称富马公司)与深圳龙岗电影城实业有限公司(以下简称龙岗电影城)的交易发生在龙岗电影城变更注册资金之前,富马公司对于龙岗电影城责任能力的判断应以其当时的注册资金500万元为依据,而龙岗电影城能否偿还富马公司的债务与此后龙岗电影城股东深圳长城(惠华)实业企业集团(以下简称惠华集团)增加注册资金是否到位并无直接的因果关系。惠华集团的增资瑕疵行为仅对龙岗电影城增资注册之后的交易人(公司债权人)承担相应的责任,富马公司在龙岗电影城增资前与之交易所产生的债权,不能要求此后增资行为瑕疵的惠华集团承担责任。"

司法实践中的裁判观点及典型案例如下。

裁判观点一:低价转让股权并非必然构成滥用法人人格,应着重审查是否损害债权人利益。

【**典型案例**】亿达信公司与现代钢铁公司、红嘴集团、某某飞买卖合同纠纷案。[①]对于红嘴集团、某某飞低价转让现代钢铁公司股权是否属于滥用法人人格逃避债务,损害债权人利益的情形,最高人民法院认为,根据《公司法》(2013年)第20条第3款[②]的规定,人格独立与股东有限责任作为公司制度得以确立的基石,表现为公司具有独立财产、独立承担民事责任以及股东仅以出资额为限对公司债务承担责任两个方面,但股东与公司债务的分离常导致股东利用其优势地位从事滥用法人人格损害债权人利益的行为。为实现公平正义的法律价值,《公司法》第20条第3款规定特定情形下公司债权人可直接请求股东偿还公司债务,股东不再受有限责任的保护。本案中,红嘴集团分别以零元及1元的价格将其持有的现代钢铁公司共计99.852%的股权转让给某某飞,某某飞又将其持有的该公司29.916%的股权和19%的股权分别以1元价格转让给刘某和高某华,上述股权转让行为是否属于滥用公司法人人格、损害债权人利益的行为,应从公司人格与股东人格是否混同、股权转让行为是否造成公司责任财产的不当减少从而降低公司对外偿债能力等方面进行分析判断。首先,公司法人人格独立是建立在财产独立的基础之上,是否贯彻财产、利益、业务、组织机构等方面的分离,是判断是否构成人格混同的标准。本案中现代钢铁公司具有独立于控股股东红嘴集团的独立财产,不能认定现代钢铁公司与其控股股东红嘴集团之间存在人格混同的情形。其次,股权与公司财产相分离,股东转让股权是股东对自有权利的处分,影响的是股东自身权益,对公司财产并不产生直接影响。本案并无证据证明红嘴集团、某某飞通过低价转让股权的方式处分了现代钢铁公司的财产,导致该公司偿债能力降低,损害了亿达信公司的利益。因此,红嘴集团、某某飞低价转让股权的行为不属于《公司法》(2013年)第20条第3款规定的情形,亿达信公司依据该规定上诉主张红嘴集团、某某飞应对现代钢铁公司的欠债承担连带责任,理据不足,不予支持。

---

① 参见最高人民法院民事判决书,(2017)最高法民终87号。
② 参见新《公司法》第23条第1款。

裁判观点二：公司减资后又增资，公司股东发生了变化，且债权人的债权未得到清偿，股东的不当减资行为与债权人利益受损之间存在因果关系。

【典型案例】 中储国际控股公司与曲阳公司减资纠纷案。[①] 最高人民法院认为，对于中储国际控股公司上诉提出上海昊阁公司在减资后又将注册资本增至37,000万元，未影响上海昊阁公司偿债能力的问题。在公司注册资本实缴制的情况下，公司减资后又增资，确实没有导致公司清偿能力和责任财产的减损。但在公司注册资本认缴制的情况下，交易相对人对公司清偿能力和注册资本的信赖只能基于对股东的信赖，公司减资后又增资，导致公司股东发生了变化，对股东的信赖也就丧失了基础。本案系债权人以债务人违反法定程序减资导致债权实现受损为由主张的侵权赔偿之诉，根据上海市崇明县人民法院(2016)沪0230执1124号执行裁定和该院向一审法院发来的(2016)沪0230执1124号函，可以认定，上海昊阁公司名下无财产可供执行，且案涉多项担保均未得到实际履行，曲阳公司的债权未因上海昊阁公司的增资和多个担保人提供担保而得到清偿，上海昊阁公司的增资行为未对曲阳公司的债权实现产生影响，债权不能实现的损害结果已实际发生。故中储国际控股公司提出上海昊阁公司已将注册资本增至37,000万元，未影响公司偿债能力的上诉理由缺乏事实依据，不能成立，不予支持。作为减资股东，中储国际控股公司的不当减资行为违反了公司资本维持原则，导致上海昊阁公司不能全面清偿其减资前所负债务，损害了债权人曲阳公司的利益。中储国际控股公司主张其减资行为与曲阳公司债权受损没有因果关系的上诉理由不能成立，亦不予支持。

第四节　公司人格否认损害公司债权人利益责任纠纷应关注的问题

一、公司人格否认的表现形式

人格否认具体包括人格混同、过度支配与控制以及资本显著不足。

（一）人格混同

人格混同，是指公司与股东、公司与股东控制的其他公司、公司与实际控制人控制的其他公司之间，公司失去独立存在的价值，应否定其人格，由股东对公司债务承担连带责任，或者公司股东控制的其他公司、实际控制人控制的其他公司与公司对对方债务相互承担连带责任。公司是否具有独立意思和独立财产是公司人格与股东人格混同最根本的判断标准，公司的财产与股东的财产是否混同且无法区分又是其最主要的表现。

在认定是否构成人格混同时，《九民纪要》第10条规定应综合考虑以下因素：(1)股东无偿使用公司资金或者财产，不作财务记载的；(2)股东用公司的资金偿还股东的债务，或者将公司的资金供关联公司无偿使用，不作财务记载的；(3)公司账簿与股东账簿不分，致使公司财产与股东财产无法区分的；(4)股东自身收益与公司盈利不加区分，致使双方利益不清的；(5)公司的财产记载于股东名下，由股东占有、使用的；(6)人格混同的其他情形。

[①] 参见最高人民法院民事判决书，(2017)最高法民终422号。

在出现人格混同的情况下，往往同时出现以下混同：(1)公司业务和股东业务混同；(2)公司员工与股东员工混同，特别是财务人员混同；(3)公司住所与股东住所混同。法院在审理此类案件时，一般会重点关注是否构成人格混同，而不要求同时具备其他方面的混同，其他方面的混同往往只是人格混同的补强。

人格混同包括纵向人格混同与横向人格混同。纵向人格混同，是指公司与股东财产混同且无法区分，丧失独立意思和独立财产。横向人格混同，是指控制股东或实际控制人控制多个子公司或关联公司，其滥用控制权使多个子公司或关联公司财产边界不清、财务混同，丧失人格独立性。在这里值得注意的是，原《公司法》第20条第2款仅规定了纵向人格混同，但并未对横向人格混同作出规定，而新《公司法》第23条在对纵向人格混同作出规定的同时，还对横向人格混同作出了明确规定，即公司股东滥用公司法人独立地位和股东有限责任，逃避债务，严重损害公司债权人利益的，应当对公司债务承担连带责任。股东利用其控制的两个以上公司实施前款规定行为的，各公司应当对任一公司的债务承担连带责任。针对这一规定，在实务中还需要特别注意的是，在横向人格混同中使用的是"控制"而非"控股"，从而扩大了横向人格混同中的关联企业范围，包括但不限于姐妹公司、叔侄公司、爷孙公司等，只要股东能实际控制即可。同时还应注意《九民纪要》第11条第2款的规定，即无论是股东控制的公司还是实际控制人控制的公司，仍存在被认定为横向人格混同并承担责任的可能。

司法实践中相关的裁判观点及典型案例如下。

裁判观点一：股东无偿使用公司资金或者财产，不作财务记载的，可认定公司与股东之间存在人格混同情形。

【**典型案例**】龙翔投资中心等与文盛公司案外人执行异议案。[①] 二审法院认为，自2008年2月22日起，龙翔投资中心成为峪口服装公司的唯一股东。龙翔投资中心、峪口服装公司2008年以后的银行交易明细，存在大量未显示对手信息的交易，法院无法核实交易的具体情况；2008年龙翔投资中心对峪口服装公司的三笔转账交易，未在龙翔投资中心提交的明细账中做财务记载；龙翔投资中心仅提交了部分明细账，峪口服装公司无法提供会计账簿供法院核查，二公司亦未提供经审计的财务报告，本院无法通过会计账簿及财务记载核实二公司财产是否相互区分。现有证据不足以证明龙翔投资中心财产独立于峪口服装公司财产，龙翔投资中心作为峪口服装公司的唯一股东，应对峪口服装公司的债务承担连带清偿责任。

裁判观点二：仅有独立账册，不足以证明公司与股东之间无财产混同情形，公司与股东之间的财务往来应符合公司财务管理制度。

【**典型案例**】科莱特公司诉股东张某损害公司债权人利益责任纠纷案。[②] 二审法院认为，公司的独立人格和股东的有限责任是现代法人制度的核心和基石。本案审理中，科莱特公司申请就圣恒源公司与股东张某之间的资金往来情况进行专项审计。方正事务所接受委托并经审计后客观公正出具了审计报告及回函，报告中载明，综合审计报告的其他内容及本案其他证

---

① 参见北京市第三中级人民法院民事判决书，(2022)京03民终3166号。
② 参见江苏省无锡市中级人民法院民事判决书，(2018)苏02民终156号。

据,可以看出:(1)圣恒源公司有独立的公司账簿,但是张某的个人账户和圣恒源公司账户有频繁的往来;(2)股东张某利用其股东及公司财务人员的双重身份,可将圣恒源公司的资产进行随意调用;(3)在本案启动审计程序即确定审计基准日之后,圣恒源公司仍对公司财务账面进行大量的调整;(4)圣恒源公司的现金收入中有16笔共计1,509,240元均无入账依据,对资金来源的真实性无法核实;(5)张某不同意科莱特公司追加的审计申请,该申请事项涉及圣恒源公司资金到张某个人账户的流动情况。张某在本案中提供的证据尚不足以否定上述审计报告的意见,亦不能作出合理的解释。综上,张某个人财产与圣恒源公司财产混同、圣恒源公司已丧失独立性,张某存在侵吞挪用、隐匿或者转移公司财产等滥用公司法人独立地位和股东有限责任的行为,且该行为已影响了公司对外承担清偿债务的物质基础,张某应当对公司债务承担连带责任。

裁判观点三:公司将本属于公司的收益、财产直接记载于股东名下的行为,并不符合财务制度,不属于公司与股东人格混同情形。

【典型案例一】 名邦公司与扬帆公司追加被执行人异议之诉案。[1] 二审法院认为,从查明的事实来看,在扬帆公司与名邦公司履行《中央空调工程安装合同》过程中,原应由扬帆公司收取的名邦公司工程款,被许某隆个人收取了416,200元现金,名邦公司用于抵偿工程款的四套房产亦直接变更至许某隆名下。虽然许某隆称该两笔款项系扬帆公司差欠其业务提成,但所举证据并不足以证明该主张。且即便扬帆公司需向许某隆支付业务提成,扬帆公司将本属于公司的收益直接记载于股东许某隆名下的行为,并不符合财务制度,存在股东自身收益与公司盈利不加区分,致使双方利益不清、公司的财产记载于股东名下,由股东占有、使用的情形。因此,一审认定扬帆公司的人格与作为股东的许某隆人格存在混同,裁定追加许某隆为(2016)黔0302执1419号案件被执行人,对扬帆公司的债务承担连带责任并无不当。

【典型案例二】 库铂公司与新永良公司等买卖合同纠纷案。[2] 二审法院认为,廖某强作为新永良公司的股东,亦是本案《设备购销合同》中新永良公司的代表人,其在处理公司事务时,将应由公司收取的货款收入自己及其他个人的账户内。此行为将导致公司的财产减少,损害债权人的利益。按照《九民纪要》第10条关于人格混同的意见,"公司账簿与股东账簿不分,致使公司财产与股东财产无法区分的""公司的财产记载于股东名下,由股东占有、使用的"均属于人格混同,股东应对公司债务承担连带责任。廖某强收取应由公司收取的款项,必然导致该款项到底属于公司还是个人难以区分,同时也符合将公司财产记载于股东名下由股东占有、使用的情形。其使用自己个人账户收款,将本属于公司的收入纳入个人名下,属于滥用公司独立地位及股东有限责任的情形。廖某强与公司之间构成财产混同,公司失去独立承担债务的基础,股东与公司之间存在人格混同,因此廖某强作为股东应对本案债务承担连带清偿责任。

---

[1] 参见贵州省遵义市中级人民法院民事判决书,(2021)黔03民终7082号。
[2] 参见江苏省常州市中级人民法院民事判决书,(2021)苏04民终5389号。

裁判观点四：债务产生时股东与公司财产混同的，即使股东已经将股权转让，仍应对公司债务承担连带责任。

【典型案例】骐通公司等与诚欣公司股东损害公司债权人利益责任纠纷案。[1] 二审法院认为，天九公司被依法吊销营业执照后崔某宇未对天九公司进行清算。同时，崔某宇也是天九公司的唯一股东，应当举证证明其财产与天九公司没有混同的现象。诚欣公司与天九公司的债权债务关系发生在骐通公司作为天九公司的股东期间，故骐通公司应当举证证明该期间其财产与天九公司的财产没有发生混同。但崔某宇、骐通公司均未举证证明，应当承担不利后果，对天九公司在(2011)昌民初字第10474号民事判决书中应承担的债务承担连带清偿责任。骐通公司主张(2011)昌民初字第10474号判决生效时，其已不具备天九公司股东身份。该意见混淆了债务的实际形成时间与判决生效时间。债务实际形成时间，应基于当事人特定的法律行为来确定，并不必然等同于判决生效之日。骐通公司对天九公司的债务承担连带责任的原因，系基于其在债权债务关系发生时，作为天九公司的唯一股东且无法证明其与天九公司财产相互独立的事实。

裁判观点五：公司账户与股东账户之间存在大量、频繁的资金往来，导致公司财产与股东财产无法区分，可认定公司财产与股东财产存在混同，股东应对公司债务承担连带清偿责任。

【典型案例一】协同教育公司、田某风、宋某平、肖某娟与李某民间借贷纠纷案。[2] 最高人民法院认为，关于判决田某风、肖某娟、宋某平对涉案借款承担连带清偿责任是否正确的问题。我国实行银行账户实名制，原则上账户名义人即是账户资金的权利人。同时，根据《会计法》《税收征收管理法》《企业会计准则——基本准则》等相关规定，公司应当使用单位账户对外开展经营行为，公司账户与管理人员、股东账户之间不得进行非法的资金往来，以保证公司财产的独立性和正常的经济秩序。根据本案认定的事实，李某出借的款项均汇入了协同教育公司股东肖某娟账户（大部分款项又汇入宋某平账户，小部分款项汇入协同教育公司账户），协同教育公司亦通过肖某娟、宋某平等股东账户向李某偿还借款。同时，协同教育公司的账户与肖某娟、宋某平等股东的账户之间存在大量、频繁的资金往来，且资金用途复杂，导致公司财产与股东财产无法进行区分。协同教育公司、宋某平、肖某娟申请再审，称协同教育公司实际控制肖某娟、宋某平等股东账户，股东账户的资金属于公司资金，但未提供充足的证据。因此，原判决认定因协同教育公司与股东之间构成财产混同，公司已经失去了独立承担债务的基础，有事实和法律依据。同时，肖某娟、宋某平在本案诉讼期间退出协同教育公司，致使公司变为一人有限公司（田某风一人股东）。以上情形严重损害了公司债权人的利益，根据《公司法》(2013年)第20条[3] 的规定，公司股东滥用公司法人独立地位和股东有限责任，逃避债务，严重损害公司债权人利益的，应当对公司债务承担连带责任。

---

[1] 参见北京市第三中级人民法院民事判决书，(2018)京03民终443号。
[2] 参见最高人民法院民事裁定书，(2017)最高法民申2646号。
[3] 参见新《公司法》第21条。

【典型案例二】叶某阳与晟钢公司股东损害公司债权人利益责任纠纷申诉案。① 再审法院认为,本案为股东损害公司债权人利益责任纠纷,争议的焦点是叶某阳是否应当对涉案债务承担连带责任。经查,叶某阳系川晓公司法定代表人,并持股60%。叶某阳在经营川晓公司期间,通过个人账户代收川晓公司的款项再转交给川晓公司,且从川晓公司多个账户一定时期内的交易流水中得知,叶某阳与川晓公司多个账户之间持续发生数额巨大的资金往来,叶某阳也自认,其常以个人账户为川晓公司代收代付货款及其他费用。根据《公司法》(2013年)第20条第1款、第3款② 规定,公司财产是公司债权人的债权得以清偿的保障,叶某阳违反了上述规定,对川晓公司的资金存在过度控制,导致其个人财产与川晓公司的财产界限模糊,存在财产混同的事实,叶某阳也未能在判决作出前提供股东会决议、财务账册、司法审计报告等证据,其在二审提供的账户信息、银行流水,均不足以证明其所主张的与川晓公司账目资产界限明晰。叶某阳对此应当承担举证不能的不利后果。因此,一审、二审判令叶某阳应当对涉案债务承担连带清偿责任,并无不当。叶某阳的再审申请理由不成立,不予以支持。

【典型案例三】廖某某、洗某某与桂族公司合同纠纷案。③ 二审法院认为,根据《公司法》(2013年)第20条④ 的规定,本案廖某某、洪某某作为金顺公司的股东,是否存在滥用公司法人独立地位和股东有限责任损害债权人桂族公司利益的情形,能否适用公司人格否认法理,要求其二人对金顺公司的债务承担连带清偿责任,应从以下几个方面予以考察:其一,主体要件,公司人格否认法理适用的主体是实施了滥用公司人格和股东有限责任行为的控制股东,即实际参与公司经营管理,并能对公司的主要决策活动施加影响的股东。本案中,廖某某、洪某某作为金顺公司唯一的两名股东,实际参与了金顺公司的日常管理和经营决策,是金顺公司的实际控制股东,故廖某某、洪某某具备作为适用公司人格否认法理的责任主体。其二,行为要件,是指控制股东实施了滥用公司法人人格的行为,主要表现为公司的人格混同,即公司与股东不分或者合一,指股东与公司之间资产不分、人事交叉、业务相同,与其交易的第三人无法分清是与股东还是公司进行交易。本案中,廖某某、洪某某作为金顺公司各持股50%的自然人股东,其股东财产与公司财产是否存在混同,致使金顺公司缺乏独立的财产和作为独立人格存在的基础是认定廖某某、洪某某是否实施滥用公司法人人格行为的重要判断标准。从本案查明的事实来看:首先,金顺公司的经营场所是股东廖某某名下的个人房产;其次,从本案贷款行为发生起,金顺公司账户与股东廖某某的账户之间出现多次转款,金顺公司和股东廖某某均向出借人桂族公司多次还款,由此可见,金顺公司违反公司财产与股东财产分离原则,故可以证实金顺公司的财产与股东廖某某的个人财产存在混同。其三,结果要件,是指滥用公司人格的行为使债权人利益或者社会公共利益遭受严重损害。本案中,从2013年3月18日起,在无合法依据的情形下,廖某某从金顺公司账户转出款项至其个人账户共计885万元,占金顺公司

---

① 参见广东省高级人民法院民事裁定书,(2017)粤民申7587号。
② 分别参见新《公司法》第21条第1款、第23条第1款。
③ 参见云南省高级人民法院民事判决书,(2015)云高民二终字第84号。
④ 参见新《公司法》第21条、第23条。

1088万元注册资金的80%以上,其挪用公司财产的行为已构成对债权人桂族公司利益的严重损害。综上,结合公司人格否认的具体适用条件,金顺公司的实际控制股东廖某某的个人财产与公司财产混同,并严重损害了本案债权人桂族公司的利益,应对金顺公司尚欠桂族公司的债务承担连带清偿责任。

裁判观点六:公司仅单笔向股东账户转移资金,股东对公司债务不能清偿的部分在其转移资金的金额本息范围内承担补充赔偿责任。

【**典型案例**】凯利公司、张某男与碧桂园公司、梁某、圣方公司及建行三亚分行确认合同效力纠纷案。① 最高人民法院认为,认定公司与股东人格混同,需要综合多方面因素判断公司是否具有独立意思、公司与股东的财产是否混同且无法区分、是否存在其他混同情形等。本案中,凯利公司该单笔转账行为尚不足以证明凯利公司和张某男构成人格混同。作为凯利公司股东的张某男在未能证明其与凯利公司之间存在交易关系或者借贷关系等合法依据的情况下,接收凯利公司向其转账2951.8384万元,虽然不足以否定凯利公司的独立人格,但该行为在客观上转移并减少了凯利公司资产,降低了凯利公司的偿债能力,张某男应当承担相应的责任。该笔转款2951.8384万元超出了张某男向凯利公司认缴的出资数额,根据举重以明轻的原则并参照《公司法解释(三)》第14条关于股东抽逃出资情况下的责任形态的规定,张某男应对凯利公司的3.2亿元及其违约金债务不能清偿的部分在2951.8384万元及其利息范围内承担补充赔偿责任。

裁判观点七:审计报告不足以认定公司财产与股东财产区分。

【**典型案例**】启东建筑公司与南通银洲公司、西欧公司及金地公司股东损害公司债权人利益责任纠纷案。② 再审法院认为,关于南通银洲公司和金地公司之间是否构成人格混同,前者应否对后者债务承担连带清偿责任。《公司法》(2018年)第20条第3款③ 规定确立了法人人格否认制度。认定公司人格与股东人格是否存在混同,最根本的判断标准是公司是否具有独立意思和独立财产,最主要的表现是公司的财产与股东的财产是否混同且无法区分。根据本案现有证据,可以认定南通银洲公司和金地公司之间构成人格混同,南通银洲公司应对金地公司的债务承担连带清偿责任。

首先,一审法院单独对金地公司的股东南通银洲公司的账册进行审计,并根据正华会计师事务所出具的审计报告认定南通银洲公司和金地公司不构成人格混同。一则本案如果审计,也应对金地公司和南通银洲公司的账册均进行审计,或者就金地公司的账册进行审计,再由南通银洲公司就争议款项提供证据予以解释说明,而不应仅审计南通银洲公司的账册。在金地公司的账册无法提供的情况下,应根据举证责任,确定是原股东的责任还是新股东的责任,并在此基础上依法裁判。二则根据审计人员在本院再审审查阶段出庭时的陈述可见,审计的账册系南通银洲公司自行挑选出的其认为与金地公司有关的账册,故该部分账册能否真实完整地反映南通银洲公司和金地公司的往来情况值得商榷。

---

① 参见最高人民法院民事判决书,(2019)最高法民终960号。
② 参见江苏省高级人民法院民事判决书,(2021)苏民再403号。
③ 参见新《公司法》第23条第1款。

其次，南通银洲公司应承担举证不能的不利后果。《民事诉讼证据规定》第95条规定，"一方当事人控制证据无正当理由拒不提交，对待证事实负有举证责任的当事人主张该证据的内容不利于控制人的，人民法院可以认定该主张成立"。金地公司在一审中明确陈述"在2013年6月26日《股转协议》签订之前，其由股东南通银洲公司实际控制并经营管理，包括人员、财产、人事、日常开支等，虽独立建账，但系南通银洲公司聘请人员做账，南通银洲公司实际是以金地公司的名义对外进行经营管理，金地公司的账册及公章等均在南通银洲公司处"。据此，在南通银洲公司未能提供证据证明其在2013年6月26日《股转协议》签订之后向新股东施某珍移交金地公司账册及公章的证据的情况下，应推定该证据对其不利，其系拒不提供，故本案可根据上述规定，推定金地公司以及启东建筑公司的主张成立。

再次，根据本案现有证据，也可以认定金地公司不具备独立意思和独立的财产权，与其股东南通银洲公司构成人格混同。从审计报告记载的款项往来情况，可以印证南通银洲公司可以随意调配金地公司的财产，致使金地公司不具有独立的财产支配权，其和南通银洲公司存在财产混同。至于是否存在人员混同，根据审计报告附表五"银洲公司收取金地公司代扣工作人员个人承担部分医保及住房公积金明细表"也可予认定。

最后，南通银洲公司一直回避关于为何将股权无偿转让给施某珍的问题，且在认可金地公司开发的房产已经销售完毕的事实的情况下，又回避其在无偿转让股权时是否就其对金地公司的投入以及房产销售收入进行结算或者分配的问题。法院通过案涉证据认定南通银洲公司在无偿转让股权时应已经收回其投资。南通银洲公司作为金地公司的控股股东，不及时清理债权债务，亦不配合查清事实，导致公司债权人的利益无法保障，应承担相应后果。

裁判观点八：控股公司对子公司的一体化管理并不必然构成人格混同，合并报表仅表明母公司对子公司的控制，并不能以合并报表为由简单得出子公司丧失独立法人人格的结论。

【典型案例】 华融公司与青海水泥公司、盐湖新域公司、盐湖股份有限公司金融借款合同纠纷案。[①] 最高人民法院认为，关于一体化管理是否表明青海水泥公司丧失独立人格。本案中，盐湖股份有限公司是盐湖新域公司的控股股东，盐湖新域公司是青海水泥公司的控股股东，盐湖股份有限公司通过盐湖新域公司间接控股青海水泥公司，对青海水泥公司等企业的统一管理，可以是基于股权法律关系，通过行使股权来实现，因此，不能简单认为控股公司对子公司的一体化管理必然会导致子公司丧失独立法人人格。华融公司以盐湖股份有限公司对青海水泥公司实行一体化管理为由认为二者存在人格混同，缺乏事实依据。华融公司在缺乏合理理由的情况下，要求对青海水泥公司、盐湖新域公司、盐湖股份有限公司的财务进行审计，缺乏法律依据，不予支持。关于合并报表是否表明青海水泥公司丧失独立人格。根据财政部制定的《企业合并报表会计准则——合并财务报表》，合并财务报表，是指反映母公司及其全部子公司形成的企业集团整体财务状况、经营成果和现金流量的财务报表；母公司，是指控制一个或一个以上主体（含企业、被投资单位中可分割的部分，以及企业所控制的结构化主体等）的

[①] 参见最高人民法院民事判决书，(2015)民二终字第244号。

主体；控制，是指投资方拥有对被投资方的权力，通过参与被投资方的相关活动而享有可变回报，并且有能力运用对被投资方的权力影响其回报金额。可见，合并报表仅表明母公司对子公司的控制，并不能以合并报表为由简单得出子公司丧失独立法人人格的结论。因此，在华融公司未提交其他证据证明青海水泥公司、盐湖新域公司、盐湖股份有限公司在业务、人员、财产等存在混同的情况下，仅以合并报表为由要求盐湖股份有限公司、盐湖新域公司承担连带责任，缺乏事实和法律依据，不予支持。

裁判观点九：关联公司的人员、业务、财务等方面交叉或混同，导致各自财产无法区分，丧失独立人格的，构成人格混同。不符合上述标准的，不足以认定构成人格混同。

【**典型案例一**】泰隆公司与大洋公司、华威公司、杜某敏买卖合同纠纷案。① 最高人民法院认为，根据《公司法》第3条的规定，公司是企业法人，有独立的法人财产，享有法人财产权。公司以其全部财产对公司的债务承担责任。公司独立财产是独立承担责任的基础，审查公司之间人格混同的重要标准是审查是否存在人员混同、经营混同及财产混同，其中核心是财产混同。如两公司之间财产混同，无法区分，失去独立人格，则构成人格混同，对外债务应当承担连带责任。反之，如两公司之间财产相互独立，不存在混同，则对外不应承担连带责任。

【**典型案例二**】冀星公司与京域公司、康永公司、永荣国际公司、高威公司、辉达公司、光远公司、新耀公司、澄天公司、敏辉控股公司、伟福公司借款合同纠纷案。② 最高人民法院认为，关于法人人格混同的认定目前没有法定标准，一般应当从公司与股东或者关联公司财产、业务范围、组织机构等方面综合认定。根据《公司法》第3条之规定，公司具有独立人格的前提是公司具有独立财产。所以，认定公司是否有独立的财产是判断公司与股东或者关联公司是否构成人格混同的首要标准。另外，要从公司注册地址、人员组织、利益分配等方面综合判断。本案中存在一些证据证明京域公司与康永公司等九公司均由何某华实际控制，但仅此不能直接得出诸公司之间构成人格混同的结论。京域公司也存在为康永公司等九公司支付资金等情况，但在日常的贸易投资活动中，公司之间垫付资金的情况很常见。对此也不能直接推断出公司人格混同的结论。本案中，冀星公司并未提出康永公司等九公司关于公司资产、财务不独立或与京域公司财产混同的相关证据。至于康永公司等九公司和京域公司注册地址相同的问题。康永公司等九公司系在英属维尔京群岛登记设立，其与京域公司注册地址相同，是注册地法律所允许的。康永公司等九公司和京域公司拥有相同的注册办公地址，并不影响各家公司各自的独立法人地位。因此，本案中京域公司和康永公司等九公司并不构成法人人格混同。

【**典型案例三**】河北中电与上海博恩、江苏博恩买卖合同纠纷案。③ 最高人民法院认为，法人人格否认最根本要件在于公司法人独立意志的丧失从而导致公司对外不能完全独立地承担民事责任，该制度的目的在于防止大股东将其投资的企业作为工具，使其丧失独立性，并且利

---

① 参见最高人民法院民事裁定书，(2016)最高法民申2011号。
② 参见最高人民法院民事裁定书，(2011)民申字第289号。
③ 参见最高人民法院民事裁定书，(2014)民申字第2149号。

用之获得利益。本案现有证据不能证明上海博恩利用大股东地位使江苏博恩失去独立意志从而获得不正当利益。上海博恩对江苏博恩虽然具有控股关系，但并没有证据表明江苏博恩丧失独立意志表示能力。上海博恩与江苏博恩的董事、监事交叉任职及财务人员双重任职，并非为法律所禁止，其亦不足以构成认定二者法人人格混同的根据。江苏博恩与上海博恩分别有独立的账户和财务，不存在财务交叉、随意调走资金的情形。根据原审查明的事实，河北中电提及的上海博恩与江苏博恩之间签订的699万元技术服务合同，其实并未实际履行；其提出的江苏博恩曾与上海博恩的大股东购买设备2870万元价格不合理、上海博恩通过其股东为江苏博恩向中电四公司以《工业气体供气合同》名义支付100万元设备款等行为，并不能证明关联公司之间是通过不合理价格转移财产，逃避债务或者不具有各自独立账目和债权债务关系。因此亦不能以此证明上海博恩与江苏博恩之间财产、财务及业务混同。江苏博恩自合法成立后，虽未进入生产经营阶段，但不能因此否定其法人人格。

【典型案例四】煤业公司与重型集团、冶金厂买卖合同纠纷案。[①] 最高人民法院认为，针对再审审查争议焦点"重型集团与冶金厂是否存在滥用公司法人独立地位和股东有限责任，逃避债务，严重损害煤业公司利益的情形，冶金厂应否对重型集团的债务承担连带责任"，首先，煤业公司未能证明冶金厂与重型集团之间存在资产混同。本案中重型集团系国有独资公司，其股东为唐山市国资委，仅是重型集团增加的注册资本系唐山市国资委委托冶金厂支付，不能以此认定二企业具有投资关系，亦不能认定二者资产混同。其次，煤业公司未能证明冶金厂与重型集团之间存在人员混同。二企业的法定代表人虽然均是同一人，但不能以此认定二者人格混同，煤业公司也没有提供其他证据证明二企业存在人员、机构混同的情形。煤业公司未能证明冶金厂和重型集团存在业务混同以及滥用公司法人独立地位和股东有限责任，逃避债务，严重损害债权人利益的情形。煤业公司虽然提供了《曹妃甸数字化煤炭储配基地项目皮带式输送机采购合同》以及相关函件，但冶金厂与重型集团对《通知函》、《关于曹妃甸数字化煤炭基地项目皮带机交货的函》和《回复函》的真实性未予确认，即使是真实的，冶金厂也提供了《工业品买卖合同》，证明冶金厂与重型集团之间为分包关系，煤业公司提交的该组证据无法达到其证明目的。煤业公司提交的《关于阳煤二矿西斜井皮带机项目委托付款协议书》，仅能证明冶金厂与煤业公司之间存在债权债务关系，不能证明重型集团存在向冶金厂转移资产逃避债务，损害债权人利益的情形。最后，煤业公司提供的招标文件和重型集团在网上发布的广告以及冶金厂发布的放假通知，均不能证明冶金厂与重型集团之间存在人格混同的情形。由于招标文件上没有冶金厂的印章，冶金厂不予认可；报价单仅能证明煤业公司的报价行为，不能以此为由认定冶金厂与重型集团存在人格混同；广告系重型集团的单方行为，冶金厂对此不予认可；《关于唐冶、唐重集中放假的通知》亦未否认冶金厂、重型集团为相互独立的两个企业。故上述证据均不能达到否定冶金厂和重型集团独立法人人格的程度。综上，煤业公司既不能证明重型集团和冶金厂存在人格混同的情形，也不能证明二者存在滥用公司法人独立地位和股

---

① 参见最高人民法院民事裁定书，(2016)最高法民申430号。

东有限责任,逃避债务,严重损害煤业公司利益的行为,煤业公司应当承担举证不能的不利后果。

【典型案例五】邦兆公司与吉泰公司及祥泰公司股东损害公司债权人利益责任纠纷案。[①] 最高人民法院认为,指导案例15号的裁判要点为,关联公司的人员、业务、财务等方面交叉或混同,导致各自财产无法区分,丧失独立人格的,构成人格混同;关联公司人格混同,严重损害债权人利益的,关联公司相互之间对外部债务承担连带责任。邦兆公司以吉泰公司与祥泰公司作为关联公司构成人格混同为由提起本案诉讼。首先,在人员方面,吉泰公司与祥泰公司提供的《企业信用信息公示报告》显示,两公司之间股东并不一致,公司董事、监事、高级管理人员也未出现严重交叉任职情形,财务、出纳工作人员也不一致,也无法证明两者存在相互持股或均被同一主体实际控制的情形。其次,吉泰公司与祥泰公司的经营范围中均有项目投资,但两公司的经营地址分属两地,故在业务受众上可作区分,邦兆公司提供的证据尚不足以证明两公司在经营过程中已经达到了彼此不分的程度。最后,在财务或者财产方面,吉泰公司与祥泰公司的债权转让行为先于邦兆公司受让取得本案债权,且经两公司的股东会决议通过并足额支付了约定对价,转账凭证中两公司的账号也属于各自独立的账户,并不存在两公司账簿、账户混同或财产混同的现象。综合考虑上述因素,参照指导案例15号的裁判要点,原审法院关于邦兆公司提交的证据不足以证明两公司存在人格混同的认定并无不当。

【典型案例六】盛强公司与嘉隆公司、融投担保公司、融投控股集团、国控公司、省国资委民间借贷纠纷案。[②] 二审法院认为,我国公司法所指的财产混同表现为公司在经营场所、主要办公生产设备以及财务等方面的混同,严重影响公司对外清偿债务的物质基础。组织机构混同表现为公司的股东、董事、负责人与其他公司的同类人员相混同,导致公司不能形成独立的完全基于本公司利益而产生的意志,公司独立承担责任的基础丧失。本案中,融投控股集团与融投担保公司虽然是关联公司,但从两公司形成的协议来看,融投控股集团为融投担保公司提供管理服务与指导。融投控股集团的《资金结算管理办法》明确集团资金管理原则为"资金权属不变、保持相对独立。各级子公司业务收入全部打入该公司收入账户,收入账户资金原则上只能定向上存到结算中心主账户,结算中心定期向支出账户划拨资金,日常经营性支出从支出账户对外支付"。从前述文件及在案结算凭证、对账函等证据来看,融投控股集团对集团总部及各子公司之间资金进行管理,是在资金权属独立的基础上进行的财务统一管理行为,与公司法上的财产混同存在区别。融投控股集团成立时间晚于融投担保公司,两公司系集团总公司与子公司的关系,从高级管理人员任职期间的比对情况来看,高级管理人员在两公司的任职期间不同,且融投控股集团在2011年聘任相关人员时已明确其原在融投担保公司的职务自然免除。即使在过渡时期存在少数人员任职交叉、部分员工同属集团工会的情况,亦尚不足以达到公司法规定的人格混同的严重程度。

[①] 参见最高人民法院民事裁定书,(2021)最高法民申7224号。
[②] 参见江苏省高级人民法院民事判决书,(2019)苏民终1285号。

裁判观点十：不能仅因为自然人股东代收法人账款即刺破公司面纱，判令公司股东承担连带责任。

【典型案例一】 赵某与嘉登公司、谦娜公司合同纠纷案。① 最高人民法院认为，《公司法》确定之公司法人财产制和股东有限责任制，是公司法人制度的精髓和公司法的基本原则。《公司法》鼓励投资者以有限财产、承担有限责任的方式参与市场行为。对于法人独立财产制和股东有限责任制之公司法基本原则的例外规定，"刺破公司面纱"，判令公司股东承担连带责任应当掌握较为严格的认定标准。依据《公司法》的规定与基本精神，其标准应当包括：(1)公司股东存在滥用公司法人独立地位的行为，具体表现为人员、业务、财务的混同导致已经无法区分法人的独立人格；(2)上述行为已经严重损害公司债权人利益。就本案而言，在诉争房地产开发的项目合作过程中，谦娜公司是以自己的名义销售房屋，而非以赵某的名义销售房屋，不存在谦娜公司与赵某的业务混同；虽然赵某以个人名义收取房款，违反了公司的财务制度，但并不会导致账目混同。如仅因为自然人股东代收法人账款即刺破公司面纱，判令公司股东承担连带责任，在整个公司法的视角下，有违其基本精神和规则。

【典型案例二】 武汉大通公司、吴某谦与甘肃福明公司、林某明承揽合同纠纷案。② 最高人民法院认为，根据《公司法》(2013年)第20条第3款③规定，甘肃福明公司主张吴某谦与武汉大通公司人格混同，则应举出盖然性的证据证明股东存在滥用公司法人独立地位和股东有限责任的行为以及由此产生了损害的结果。本案中，甘肃福明公司所提交的证据仅能证明武汉大通公司在转入和转出案涉合同价款时都曾经使用了时任其法定代表人、控股股东吴某谦的账号，但是并无证据证明吴某谦与武汉大通公司之间存在资产不分、账簿合一、账目不清，或者人事交叉、业务相同导致与其交易的第三人无法分清是与股东还是与公司进行交易等情形。吴某谦曾是武汉大通公司的控股股东，但武汉大通公司账户内资金的增减与吴某谦是否滥用公司法人独立地位并无直接的关系。因此，甘肃福明公司提交的证据并未达到对法人人格混同可能性的合理怀疑程度。

(二)过度支配与控制

过度支配与控制，指公司控制股东对公司过度支配与控制，操纵公司的决策过程，使公司完全丧失独立性，沦为控制股东的工具或躯壳，严重损害公司债权人利益，应当否认公司人格，由滥用控制权的股东对公司债务承担连带责任。《九民纪要》第11条归纳出了实践中的常见情形：(1)母子公司之间或者子公司之间进行利益输送的；(2)母子公司或者子公司之间进行交易，收益归一方，损失却由另一方承担的；(3)先从原公司抽走资金，然后再成立经营目的相同或者类似的公司，逃避原公司债务的；(4)先解散公司，再以原公司场所、设备、人员及相同或者相似的经营目的另设公司，逃避原公司债务的；(5)过度支配与控制的其他情形。控制股东或实际控制人控制多个子公司或者关联公司，滥用控制权使多个子公司或者关联公司财产边

---

① 参见最高人民法院民事裁定书，(2015)民申字第2083号。
② 参见最高人民法院民事判决书，(2016)最高法民再306号。
③ 参见新《公司法》第23条第1款。

界不清、财务混同,利益相互输送,丧失人格独立性,沦为控制股东逃避债务、非法经营,甚至违法犯罪工具的,实务中,法院一般会综合案件事实,否认子公司或者关联公司法人人格,判令承担连带责任。

司法实践中相关的裁判观点及典型案例如下。

裁判观点一:公司股东利用关联公司进行利益输送,且收益由一方承担,损失由另一方承担的,公司股东应对公司债务承担连带清偿责任。

【典型案例】恒生公司、泰隆德公司等股东损害公司债权人利益责任纠纷案。[1] 二审法院认为,泰隆德公司主张其是基于基础法律关系,为天泰公司代收代支。虽然天泰公司与泰隆德公司在股权结构、业务种类、注册地点等方面没有关联性,但两公司股东之间存在亲属关系,本案的收付款呈现收益归泰隆德公司、损失归天泰公司的情形,上诉人已经完成了泰隆德公司与天泰公司存在财产边界不清,利益输送的初步举证责任。按照我国公司法的规定,有限责任公司应当建立完善的财务制度。从涉案债务的其他案件审理情况可知,泰隆德公司也具备提供款项用途的能力。但本案中泰隆德公司并未对此给出合理解释,依法应承担举证不能的不利法律后果。现恒生公司对天泰公司的涉案债务经法院强制执行仍未能执行,泰隆德公司对此应当承担连带责任。

裁判观点二:当被执行人为逃避法院强制执行而设立新公司,并将原公司财产转移至新公司,利用公司法人独立人格制度规避法律义务时,法院可以应债权人的申请,裁定公司股东或其他相关公司作为被执行人。

【典型案例】兴达公司与中鑫公司股东损害公司债权人利益责任纠纷执行案。[2] 法院认为,被执行人中鑫公司在注销前未对其债务清偿完毕的情况下,将公司资产由其股东张某祥以实物出资方式注册成立鸿森公司,证据证明中鑫公司在注销前以零租金将租赁物出租给鸿森公司,根据《最高人民法院关于适用〈中华人民共和国民事诉讼法〉若干问题的意见》第271条[3]的规定,鸿森公司应当对中鑫公司的债务承担清偿责任。

裁判观点三:公司客户资源是公司重要资产,未经公司独立决策,公司股东将客户资源转让给关联公司,使公司丧失自我意志和自我决策能力,且公司偿债能力下降,侵害了债权人合法权益。

【典型案例】德州锦城公司与斯普乐公司股东损害公司债权人利益责任纠纷案。[4] 二审法院认为,德州锦城公司在成为天津日拓公司一人股东的短短几个月内,尤其是在天津日拓公司与斯普乐公司买卖合同纠纷诉讼期间,将福田公司的供应商由天津日拓公司变更为德州锦城公司,上述重要客户资源转让的决定,并无天津日拓公司的股东书面决议或其他形式能证明系天津日拓公司独立决策的文件。德州锦城公司将自己的意志强加于天津日拓公司之上,使天

---

[1] 参见山东省淄博市中级人民法院民事判决书,(2021)鲁03民终3183号。
[2] 参见宁夏回族自治区高级人民法院民事裁定书,(2010)宁执复字第6号。
[3] 此意见已失效;此条参见2022年《民事诉讼法司法解释》第470条。
[4] 参见北京市第三中级人民法院民事判决书,(2019)京03民终2577号。

津日拓公司丧失了自我意志和自我决策能力。德州锦城公司对此明确表示没有对价,且对天津日拓公司是否已经陷入违约危机的事实并未提交充分证据证明。德州锦城公司及其关联公司的文件表明,天津日拓公司的客户资源可以增加生产规模和利润。德州锦城公司对天津日拓公司实施不正当支配和控制的行为,难以认定具有正当目的,且使天津日拓公司利益受损,符合过度控制的构成要件。德州锦城公司的行为属于滥用公司法人独立地位和股东有限责任,大大降低了天津日拓公司的偿债能力,使天津日拓公司债权人斯普乐公司经生效判决确认的债权至今未能清偿,严重损害了公司债权人的利益。一审法院判决德州锦城公司对天津日拓公司的债务承担连带清偿并无不当。

裁判观点四:母子公司之间进行利益输送的,可认定构成过度支配与控制。

【**典型案例**】中农集团公司与嘉丰农资公司、中农沈阳公司借款合同纠纷案。[1] 最高人民法院认为,原审查明,中农集团公司系中农沈阳公司的出资人,二者均属集体所有制企业。2004年改制后,中农沈阳公司取消独立核算制改为报账制,即中农沈阳公司向中农集团公司报送支出需求,中农集团公司根据需求进行拨款;中农沈阳公司不经营具体业务,不享有资产处置权,财务来源于中农集团公司拨款,中农沈阳公司的员工工资及一切福利待遇由中农集团公司发放,中农沈阳公司事实上已不具备自主经营、自负盈亏的条件。中农集团公司于2012年通过查封实际控制了中农沈阳公司名下的主要资产,但一直未申请对上述资产进行拍卖,同时又将中农沈阳公司的楼房销售款、房屋动迁款、房屋出租租金等全部资产收益转移至中农集团公司账户,导致中农沈阳公司丧失独立的偿债能力,损害了中农沈阳公司债权人的利益。原审判决根据《民法总则》第83条第2款[2]规定认定中农集团公司的行为构成滥用法人独立地位和出资人有限责任,应当对中农沈阳公司对嘉丰农资公司的债务承担连带责任,并无不当。

裁判观点五:股东先从原公司抽走资金,然后再成立经营目的相同或者类似的公司,逃避原公司债务的,可认定构成过度支配与控制。

【**典型案例**】爱德龙公司与宋某强、余某灵及鸿发行公司,股东损害公司债权人利益责任纠纷案。[3] 二审法院认为,鸿发行公司原经营地址为深圳市龙岗区龙城街道中心城碧湖花园C栋6号,系租赁的他人物业。宋某强、余某灵在一审中亦答辩称自两人成为鸿发行公司股东后,该公司一直保持着良好的运营状态。如该公司持续亏损,难以经营下去,一般情况下应是歇业清算或申请破产,而事实上鸿发行公司在陆佰鸿发公司设立前一直在租赁该房产经营。如鸿发行公司的经营难以为继,余某强、余某灵应不会与他人在原址上再成立经营同类业务的公司,且字号也不会再使用"鸿发"二字,以与鸿发行公司相切割。从(2016)粤03民终20244号民事判决可知,鸿发行公司从爱德龙公司采购有润滑油,可见其并非仅仅经营洗车业务。现鸿发行公司虽然登记有住所地,但一审法院到该地址亦无法送达法律文书,公司仅因销售润滑油与鸿发行公司偶有业务往来,对鸿发行公司、陆佰鸿发行公司资产状况难以了解,难以承担

---

[1] 参见最高人民法院民事裁定书,(2020)最高法民申2302号。
[2] 参见《民法典》第83条第2款。
[3] 参见广东省深圳市中级人民法院民事判决书,(2019)粤03民终10846号。

关于鸿发行公司资产转移至陆佰鸿发公司的举证责任。现因鸿发行公司下落不明，爱德龙公司起诉主张宋某强、余某灵将鸿发行公司资产转移至陆佰鸿发公司用于经营，而宋某强、余某灵实际参与鸿发行公司、陆佰鸿发公司的经营，则有能力、有条件证明鸿发行公司另在他处开展经营业务或资产另存他处，或陆佰鸿发公司的资产均为重新购置。宋某强、余某灵未能提交上述证据进行抗辩，应承担举证不能的不利后果，二审法院采信爱德龙公司关于宋某强、余某灵将鸿发行公司的财产转移至陆佰鸿发公司继续经营的主张。在（2016）粤03民终20244号案二审判决生效后，宋某强、余某灵以1元的价格转让鸿发行公司的股权，再成立经营业务相同的公司，且字号亦有相同文字，应认定其目的是逃避原公司债务。被上诉人宋某强、余某灵对鸿发行公司过度支配与控制，使其完全丧失独立性，沦为控制股东的躯壳，严重损害债权人利益，应当否认其公司人格，由滥用控制权的宋某强、余某灵对鸿发行公司债务承担连带责任。

裁判观点六：公司合并涉及公司组织结构的变更，影响债权人等相关利害关系人的利益，应当严格遵守公司法的规定。合并过程中相关行为构成侵权的，侵权人应当承担相应的赔偿责任。

【**典型案例**】致达科技公司与十三冶公司股东损害公司债权人利益责任纠纷案。[①]二审法院认为，致达科技公司作为五洲纸业公司、新大纸业公司的股东，在明确要终止五洲纸业公司、新大纸业公司的情况下，不按照公司法的规定对各公司分别解散、清算或者申请破产，在无证据证明相关公司均符合破产条件且破产清偿率相同的情况下，特意安排先合并，然后直接申请合并后公司破产的途径，实质打破了参与合并的公司之间的独立财产界限，构成对五洲纸业公司债权人十三冶公司的侵权，属于《公司法》（2013年）第20条规定的公司股东滥用公司法人独立地位和股东有限责任，逃避债务，严重损害公司债权人利益的行为，应当对公司债务承担连带责任。

二审法院得出上述结论的主要理由是公司合并涉及公司组织结构的变更，影响债权人等相关利害关系人的利益，应当严格遵守公司法的规定。合并过程中相关行为构成侵权的，侵权人应当承担相应的赔偿责任。本案中，致达科技公司将五洲纸业公司无偿并入新大纸业公司的行为，违反了公司合并制度的立法目的，侵害了五洲纸业公司债权人十三冶公司的合法权利，造成了十三冶公司的损失，构成侵权，应当承担相应的损失赔偿责任。具体分析如下：

第一，五洲纸业公司与新大纸业公司之间的合并构成对五洲纸业公司的债权人十三冶公司的侵权。

（1）五洲纸业公司和新大纸业公司之间的所谓合并，系以终止所有参与合并的公司为目的，违背公司合并制度的立法目的。公司合并是指两个以上的公司签订合并协议并依照法定程序归并为一个公司的法律行为。对于所有参与合并的公司整体而言，公司合并制度的立法目的在于促进这个整体得到更好的发展，终止所有参与合并的公司不是建立合并制度的立法目的。对于依法合并后的公司，无论是吸收合并中存续的公司，还是新设合并中新设的公司，

[①] 参见江苏省高级人民法院民事判决书，（2016）苏民终187号。

合并各方主观上均希望其继续存在、正常经营、发展壮大。也正因如此，合并前公司债权人的权益虽在实现时间或者方式上可能受到一定影响，但同时也会相应增强对合并后公司发展的预期，例如预期合并后的公司可能更有活力，具备更强的偿债能力等。而本案中，合并后的新大纸业公司并无实际经营的意愿，这个通过合并而产生的新公司，其产生的直接目的是通过破产程序终止其法人资格。换言之，五洲纸业公司和新大纸业公司之间的所谓合并虽然具备了公司法上合并的形式，但其目的是通过先合并，然后直接破产的途径，终止所有参与合并的公司，属于特意安排的终止公司系列行为中的一个步骤，与合并制度的立法目的相违背。具体体现如下：第一，虽然五洲纸业公司、新大纸业公司在签订的《合并协议》中共同声明，合并目的是扩大公司规模，提高竞争力。但是，致达科技公司在本案一审答辩时明确表示，合并的原因是该公司拟申请五洲纸业公司、新大纸业公司、欣欣用纸公司三家公司破产，为节约资源，采取先合并，然后直接破产的方式，即将五洲纸业公司、欣欣用纸公司并入新大纸业公司，然后以新大纸业公司为平台进行破产。第二，案涉《合并协议》签订于2013年7月25日，五洲纸业公司注销、并入新大纸业公司的时间为2013年9月16日。2013年10月11日，即合并后的第24天，合并后的新大纸业公司就向新沂市人民法院申请破产。新沂市人民法院受理破产申请的民事裁定亦查明，新大纸业公司从2007年即开始经营困难，于2011年已全面停产。综上，无论是合并前的五洲纸业公司、新大纸业公司，还是合并后的新大纸业公司，合并的目的是一致的，即终止所有参与合并的公司。

（2）五洲纸业公司和新大纸业公司之间的所谓合并直接导致五洲纸业公司违法越过清算环节而终止。公司终止制度对债权人的保护意义重大，公司法、破产法均对此进行了规制，核心内容就是资产清点、债权债务清理、剩余财产分配等。缺乏这一程序，公司原则上不能终止。但是，公司法对合并情形下的公司终止进行了特殊规定，即基于合并而消灭的公司无须经过清算程序。该规定的法理依据在于，合并后存续或者新设的公司对原公司的人格进行了承继。如果合并的目的是终止所有参与合并的公司，则违背上述法理，此种情形属于违法越过清算环节，不应当适用基于合并而消灭的公司无须经过清算程序的规定。本案中，五洲纸业公司、新大纸业公司共同的唯一股东致达科技公司在合并目的明确为终止所有参与合并的公司的情形下，不按照公司法的规定对各公司分别解散清算或者申请破产，而是将五洲纸业公司在不编制资产负债表、财产清单的情况下无偿并入新大纸业公司，然后直接申请合并后的新大纸业公司破产，该行为的直接后果是五洲纸业公司的终止违法越过清算环节。

（3）五洲纸业公司和新大纸业公司先合并，然后直接破产的公司终止方式侵害了五洲纸业公司债权人十三冶公司的利益。在以终止所有参与合并的公司为直接目的，合并后的公司不再经营而是直接破产的情况下，合并前公司的债权人对合并后的公司不存在任何积极预期。这种先合并，然后直接破产的公司终止方式，打破了原本各自独立的公司法人财产的界限，将本应分别清算的公司法人财产融合，一并作为合并后公司的破产财产，将所有参与合并的公司各自的债权人一律作为合并后公司的债权人参与分配。这种方式是否会损害合并前公司债权人的利益，取决于合并前公司各自的资产状况，比如是否均已符合破产条件，如果均已符合破产条件,各自的破产清偿率是否一致等。若将不符合破产条件的公司并入已资不抵债、符合破产条件的公司,然后直接进行破产,必将损害前者债权人的利益。本案中,致达科技公司认为先合并,然后直接破产的方式不损害十三冶公司的利益,应承担证明参与合并的公司均已符合破产条件且破产清偿率相同的举证责任。目前,尚无证据证明五洲纸业公司在合并时符合破产条件。相反,工商资料中五洲纸业公司合并前一年度即2012年度的年检报告所附的资产负债表显示,该公司2012年12月31日的所有者权益数额为93,880,876.30元。合并后的新大纸业公司在进入破产程序后,破产管理人根据现有资料进行资产梳理后所形成的所属时期为2013年11月的五洲纸业公司资产负债表载明的所有者权益数额为76,388,918.36元。据此,致达科技公司未完成前述举证责任,应承担举证不能的不利后果。在无证据证明参与合并的公司均已符合破产条件且破产清偿率相同的情况下,本案应认定五洲纸业公司和新大纸业公司先合并,然后直接破产的公司终止方式损害五洲纸业公司债权人十三冶公司的利益。

第二,侵权人应认定为致达科技公司而非五洲纸业公司。

公司合并的程序包括内部程序与外部程序。就内部程序而言,根据《公司法》(2013年)第37条、第46条[①]的规定,制订公司合并方案是董事会的法定职权,对公司合并作出决议是股东会的法定职权。就外部程序而言,公司须以自己的名义签订合并协议、进行公告等。两者之间的逻辑关系在于,内部程序是启动外部程序的前置条件,而在内部程序中合并与否的决定权属于股东会,至于外部程序中公司以自己名义签订协议等行为,只是对股东会决议的执行。本案中,虽然签订《合并协议》等外部程序的系列行为由五洲纸业公司以自己名义作出,但是就内部程序而言,该合并的决定系由五洲纸业公司当时的唯一股东致达科技公司作出,且根据已查明事实,致达科技公司在作出该决定时清楚案涉合并的模式、最终目的,且主动追求该结果。因此,侵权行为的核心行为是该合并决定的作出,相应的侵权人应当认定为作出合并决定的公司唯一股东致达科技公司。致达科技公司关于合并行为存在侵权,侵权人是五洲纸业公司的主张,割裂了合并的内外两种程序,回避了合并决定由股东作出的核心事实,本院不予支持。而且,五洲纸业公司和新大纸业公司之间的所谓合并直接导致五洲纸业公司违法越过清算环节而终止,对由此造成的五洲纸业公司的债权人的损失,亦应当由侵权人即五洲纸业公司的清算义务人致达科技公司承担。

第三,对于十三冶公司要求致达科技公司赔偿损失14,274,625.29元的主张应予支持。

十三冶公司在本案中主张致达科技公司承担侵权赔偿责任,对主张的损失金额应承担相应的举证责任。十三冶公司因致达科技公司侵权行为所产生的损失赔偿额,应当为合并前可以受偿的金额与合并后破产程序中可以受偿金额的差额部分,故十三冶公司应针对前述两项金额分别进行举证。关于合并前可以受偿的金额,十三冶公司提交了工商登记备案的五洲纸业公司2012年年检报告,用以证明该公司2012年12月31日的资产负债表载明的所有者权益为9,388,0876.30元,进而证明案涉债权在2013年7月合并前本应得到全部清偿,致达科技

---

① 分别参见新《公司法》第59条、第67条第2款。

公司则认为五洲纸业公司在合并时实际已无资产,工商登记资料不能证明五洲纸业公司有实际偿债能力,且案涉债权通过强制执行程序尚未执行到位可以佐证该事实。本院认为,关于合并前可以受偿的金额,应当参考五洲纸业公司2013年7月合并时的资产状况来判断。十三冶公司作为外部债权人,对于五洲纸业公司的资产状况通常只能通过公示信息进行了解,十三冶公司将公示的工商登记资料作为主要证据,具备合理性。而且,虽然五洲纸业公司2012年年检报告所附的资产负债表对应的基准日为2012年12月31日,但相应的审计报告出具时间为2013年4月22日,五洲纸业公司向工商部门提交该年检报告的时间为2013年7月8日,早于签订《合并协议》前17天。五洲纸业公司已于2013年9月16日办理注销,且在合并、注销过程中,没有其他可以反映该公司资产状况的资料在工商部门备案。在公示信息中,五洲纸业公司2012年年检报告系与合并时间最接近的资料。此外,合并后的新大纸业公司破产管理人向法院提交的注明所属时期为2013年11月的五洲纸业公司资产负债表以及破产管理人在接受调查时的陈述表明,破产管理人根据现有资料进行的资产梳理结果是,五洲纸业公司在合并时的账面所有者权益为76,388,918.36元,该金额虽与2012年12月31日资产负债表所载金额93,880,876.30元不一致,但对比两方当事人不同的观点,十三冶公司的主张更具合理性。因此,关于五洲纸业公司合并时的资产状况、偿债能力问题,应认定十三冶公司已完成了初步举证责任。致达科技公司反驳五洲纸业公司在合并时实际已无资产,应提交相应的证据,且其作为五洲纸业公司当时的唯一股东,理应了解五洲纸业公司的资产状况,具备更强的举证能力。但是,致达科技公司未提供反驳证据,不能推翻前述工商登记资料等所载事实,应承担举证不能的后果。且本案中目前已无非法对合并之时五洲纸业公司的资产再行清点或者核对的原因,在于案涉合并未按照公司法的规定编制资产负债表和财产清单,故相应的不利后果应由侵权责任人致达科技公司承担。此外,在致达科技公司无证据推翻前述事实的情况下,仅凭强制执行过程中案涉债权尚未全部执行到位,即认为五洲纸业公司无清偿能力的主张,缺乏依据。因此,本案根据各方当事人的举证责任及举证情况,应当推定如五洲纸业公司不进行合并,十三冶公司的债权可以得到全部清偿。关于合并后破产程序中实际受偿金额,破产管理人已明确表示根据合并后的新大纸业公司的资产负债情况,普通债权人的清偿率为零,故十三冶公司能够从合并后破产程序中实际受偿的金额应认定为零。据此,十三冶公司因致达科技公司侵权行为所产生的损失赔偿额应当为案涉债权总额。由于十三冶公司在本案中明确表示只主张14,274,625.29元,对其他损失不再主张,故本案中应由致达科技公司赔偿十三冶公司的损失金额为14,274,625.29元。

裁判观点七:股东与公司之间财产边界清晰,股东未对公司事务进行过度干预,不构成滥用控制权。

【**典型案例**】杨某光与德柏金中心、上投中心、胡某、富维公司股东损害公司债权人利益责任纠纷案。[①]二审法院认为,过度支配和控制,是指股东通过对公司的控制而实施不当影响,

---

[①] 参见北京市第一中级人民法院民事判决书,(2021)京01民终7130号。

使公司丧失独立意志和利益,成为为股东谋取利益的工具,控制股东将自己的意志强加于公司之上,将公司视为实现自己目的的工具,其独立意志完全被股东个人意志所取代,致使公司丧失自我意志和自我决策能力。应当注意的是,股东滥用控制权往往表现为对公司事务的过度干预,从而引起股东与公司的人格混同。就本案而言,第一,贷款发生之时,虽然德柏金中心持股比例达到51%,但尚不足以认定德柏金中心系有实质控制权的股东,亦不能认定系由于德柏金中心滥用控制权,操纵富维公司形成贷款7000万元的相关决策。第二,富维公司向上投中心支付700万元系基于双方签订的《财务顾问服务协议》约定,具有合同依据,并非基于德柏金中心滥用公司控制权的结果。第三,关于富维公司提前还贷,在案证据尚不足以认定德柏金中心滥用股东权利导致富维公司提前还款。第四,关于富维公司上调500万元资金至德柏金中心账户,德柏金中心对款项转账原因及用途作出了解释说明,且转账记录显示,其中2,413,385元用于富维公司日常经营,并且德柏金中心和富维公司均有独立账册,对于款项的流转均有相应记载,财产边界清晰。综合上述,二审法院认为,虽然德柏金中心系富维公司的控股股东,也系上投中心的执行事务合伙人,但杨某光在本案中主张德柏金中心存在过度支配与控制的表现所展现出来的深度、广度及跨度明显不足,亦不足以认定德柏金中心与富维公司之间构成财务混同,故杨某光的诉请依据不足,一审法院判决驳回其诉讼请求并无不当,予以维持。

(三)资本显著不足

资本显著不足,是指公司设立后在经营过程中,股东实际投入公司的资本数额与公司经营所隐含的风险相比明显不匹配,没有从事公司经营的诚意,系滥用公司法人独立地位和股东有限责任,把投资风险转嫁给债权人,逃避债务。

司法实践中相关的裁判观点及典型案例如下。

裁判观点一:股东实际投入公司的资本数额与公司经营所隐含的风险相比明显不匹配,没有从事公司经营的诚意,系滥用公司法人独立地位和股东有限责任,把投资风险转嫁给债权人,逃避债务,应当对公司债务承担连带责任。

【典型案例一】刘某升、唐某智等特许经营合同纠纷案。[①]二审法院认为,辣伴鲜公司作为从事商业特许经营活动的特许人,其注册资本为其进行特许经营的重要考量因素。股东实际投入公司的资本数额与公司经营所隐含的风险相比明显不匹配,没有从事公司经营的诚意,系滥用公司法人独立地位和股东有限责任,把投资风险转嫁给债权人,逃避债务,严重损害了被特许人的合法利益。并且,一审判决辣伴鲜公司向唐某智返还合同款56,000元及支付违约金13,800元,上述数额远高于辣伴鲜公司减资后的注册资本,该事实亦佐证了刘某升等股东逃避债务,严重损害公司债权人利益的情况。所以,一审判决刘某升等股东对辣伴鲜公司返还合同款及支付违约金承担连带责任并无不当。

【典型案例二】福佩克公司、赛宝公司、茂昌公司与张某、李某如、三角洲公司买卖合同纠

[①] 参见山东省高级人民法院民事判决书,(2021)鲁民终913号。

纷案。① 最高人民法院认为，关于张某、李某如应否对茂昌公司的前述债务承担补充赔偿责任问题。本案中，尽管茂昌公司的注册资本为2000万元，但股东的认缴出资期限则为2038年10月25日，到二审庭审之时其实缴出资仍为零元。而其从事的经营行为，仅与本案有关的合同纠纷标的额就高达1亿多元。茂昌公司在设立后的经营过程中，其股东实际投入公司的资本数额与公司经营所隐含的风险相比明显不匹配。股东利用较少资本从事力所不能及的经营，表明其没有从事公司经营的诚意。不仅如此，在股东没有任何实际出资，而茂昌公司的股东张某又在缺乏合法原因的情况下，擅自转走茂昌公司的账内资金408.3万元，势必导致茂昌公司缺乏清偿能力，从而严重损害公司债权人的利益，其实质是滥用公司独立人格和股东有限责任把投资风险转嫁给债权人。根据《公司法》(2018年)第20条第3款②之规定，张某应当在其转走的408.3万元范围内与茂昌公司承担连带责任。就此而言，原审适用法律错误，予以纠正。

【典型案例三】 时代命之运公司、杨某然与赵某秀及于某霞合同纠纷、股东损害公司债权人利益责任纠纷案。③ 二审法院认为，时代命之运公司与案外多人以与本案美容院合作协议相同的模式合作经营，收取的投资款数额极大地超过了股东投入到公司的资金，导致公司设立后在经营过程中，股东实际投入公司的资金数额与公司经营所隐含的风险相比明显不匹配。公司经营过程中存在资本显著不足，经营模式不符合商事行为的基本原则，公司资产明显不足以偿还公司债务，严重损害了公司债权人赵某秀的利益。于某霞、杨某然在时代命之运公司的资产不足以偿还债权人赵某秀的债权时，应当承担连带清偿责任。赵某秀主张股东杨某然对时代命之运公司的债务承担连带清偿责任，有事实及法律依据，应予支持。

裁判观点二：债权人仅凭股东在庭审中主张其向公司出借款项而认为公司存在资本显著不足的，法院不予支持。

【典型案例】 创见公司与王某、晶奈公司股东损害公司债权人利益责任纠纷案。④ 二审法院认为，资本显著不足指的是，公司设立后在经营过程中，股东实际投入公司的资本数额与公司经营所隐含的风险相比明显不匹配。例如，股东利用较少资本从事力所不能及的经营。本案中，晶奈公司注册资本为400万元，且实际缴纳，并不存在资本数额与公司经营风险不匹配的情况。创见公司仅凭王某在庭审中主张股东向公司出借款项即认为公司存在资本显著不足，缺乏相应法律依据，法院难以支持。

裁判观点三：公司已申请破产，且债权人申报破产债权远高于公司注册资本，但系企业正常经营的结果的，不属于资本显著不足。

【典型案例】 昌浩公司与中铝公司、北京意科公司股东损害公司债权人利益责任纠纷案。⑤ 二审法院认为，资本显著不足指的是，公司设立后在经营过程中，股东实际投入公司的资本数

---

① 参见最高人民法院民事判决书，(2019)最高法民终1069号。
② 参见新《公司法》第23条第1款。
③ 参见新疆维吾尔自治区乌鲁木齐市中级人民法院民事判决书，(2019)新01民终3909号。
④ 参见上海市第一中级人民法院民事判决书，(2020)沪01民终12108号。
⑤ 参见北京市第一中级人民法院民事判决书，(2020)京01民终3005号。

额与公司经营所隐含的风险相比明显不匹配。股东利用较少资本从事力所不及的经营,表明其没有从事公司经营的诚意,实质是恶意利用公司独立人格和股东有限责任把投资风险转嫁给债权人。本案中,北京意科公司成立于2001年,2008年中铝公司成为北京意科公司的股东,后北京意科公司的实缴注册资本陆续增至6900万元。虽然北京意科公司已申请破产,且债权人申报破产债权远高于公司注册资本,但此结果系企业正常经营问题,并无证据显示此结果与其资本显著不足存在关联关系。

二、公司人格否认侵权责任的构成要件

(一)主体要件

此类纠纷中,被侵权人应为公司的债权人,而非股东自己对公司主张法人人格否认;侵权人为公司的滥用公司独立法人地位和股东有限责任的股东或实际控制人,而不应是其他无辜股东。[①]

司法实践中相关裁判观点及典型案例如下。

裁判观点一:债权人对公司的债权已经过生效裁判确认的,原股东系损害公司债权人利益责任纠纷的适格被告,目标公司并非必须参加诉讼的当事人。

【典型案例】 胡某路与刘某明股东损害公司债权人利益责任纠纷案。[②] 二审法院认为,本案是刘某明以胡某路作为六合成公司股东与公司人格混同为由,提起的股东损害公司债权人利益责任纠纷,案涉刘某明与六合成公司的债权债务关系发生于胡某路任六合成公司法定代表人、股东期间,因此刘某明以胡某路为被告,符合法律规定。胡某路主张变更后的股东孟某生吸收胡某路的在先行为,没有法律依据,不予支持。同时,作为股东损害公司债权人利益责任纠纷,六合成公司系目标公司,并非必须参加诉讼的当事人,因此胡某路主张一审遗漏六合成公司作为第三人,没有事实及法律依据,亦不予支持。

裁判观点二:被告抗辩称其已将股权转让,但无证据显示被告已办理股权过户手续,被告作为名义股东仍要对债权人承担责任。

【典型案例】 投控公司与华融深圳分公司股东损害公司债权人利益责任纠纷案。[③] 二审法院认为,本案为股东损害公司债权人利益责任纠纷,华融深圳分公司依据生效的法律文书享有(1997)深中法经一初字第194号民事判决中对外经公司的债权,为合法债权人。投资公司系外经公司的工商登记的股东,2004年经深圳市政府批准在投资公司与另两家公司基础上合并组建投控公司,投控公司继受投资公司的权利义务。投资公司获得主管部门的批准将外经公司72.72%的股权转让给欣倍公司,双方于1998年2月26日签订《国有股权转让合同书》,但没有证据显示已经完成股权过户手续。根据《公司法》(2013年)第32条第3款[④] 规定,在2004年

[①] 参见《广西壮族自治区高级人民法院民二庭关于审理公司纠纷案件若干问题的裁判指引》。
[②] 参见北京市第一中级人民法院民事判决书,(2022)京01民终925号。
[③] 参见广东省高级人民法院民事裁定书,(2017)粤民申7962号。
[④] 参见新《公司法》第34条。

外经公司被吊销营业执照前,外经公司工商登记资料中的控股股东仍为投资公司,并未进行变更登记,华融深圳分公司有理由相信投资公司仍在行使外经公司的股东权利。一审、二审法院据此认定投资公司仍是外经公司的控股股东以及清算义务人,并无不当。投资公司作为外经公司的控股股东,在外经公司吊销营业执照后未对外经公司进行清算,导致公司主要财产、账册、重要文件等灭失,无法进行清算,应对公司债务承担连带责任。因投控公司继受投资公司的权利义务,一审、二审法院认定投控公司对外经公司的债务承担连带清偿责任,亦无不当。

(二)主观要件

股东具有逃避公司债务故意。但在司法实务中,一般不会过分强调主观故意,只有当股东的行为达到"滥用"公司法人独立地位和股东有限责任的程度才会否定公司人格,否则,不轻易否定公司人格。

(三)行为要件

行为要件是股东实施了人格混同、过度支配与控制、资本显著不足等滥用公司法人独立地位和股东有限责任的行为,且该行为严重损害了公司债权人利益。需要注意的是,只有实施了前述行为的股东,才对公司债务承担连带责任。

(四)结果要件

从原告债权人来看,因股东实施的"滥用"公司法人独立地位和股东有限责任的行为所受到的损害必须达到"严重"程度。一般认为:首先,需要达到公司无力清偿其对债权人所负的到期债务的情形;其次,债权人利益无法通过其他法律依据得到保护。司法实践中,只有在同时符合该两个条件时,法院才会考虑否定公司人格,由股东对公司债务承担连带责任。否则,否定公司人格的诉求难以得到支持。换言之,即使公司股东具有滥用公司法人独立地位和股东有限责任的行为,只要公司能够清偿其到期债务或者通过债的担保、保全等途径对外清偿债务,公司债权人提起的公司法人人格否认之诉就难以得到支持。实务中以此防止公司法人人格否认制度的滥用。

(五)因果关系

实务中,在认定公司法人人格否认之诉的构成要件时,往往着重于分析滥用法人人格独立的行为,而对于公司是否已无力清偿债务,以及股东滥用行为与公司无力清偿债务之间是否存在因果关系等未予具体说明。但实务中一般要求,虽然债权人受到严重损害,如果不是股东滥用行为造成,而是其他原因,如市场变化、交易风险、公司经营管理不善等,那么就不应突破公司的法人人格独立。[①]

三、实务中公司人格否认的诉讼阻却事由

(一)公司未丧失清偿能力

实务中,股东虽然存在滥用公司法人独立地位和股东有限责任的行为,但公司并未丧失清

---

① 参见《广西壮族自治区高级人民法院民二庭关于审理公司纠纷案件若干问题的裁判指引》。

偿债务的能力,这种情形下一般不会认定产生严重损害债权人利益的结果。

(二)通过债的担保、保全等途径可维护公司债权人利益

一种情形是,如果债权人的债权之上已经设定了保证、质押等债的担保,债权人的债权基本上能够通过债的担保获得救济,实务中一般不会适用法人人格否认制度。另一种情形是,如果作为债务人的公司对外还有未获清偿的债权,公司债权人可以通过行使代位权或撤销权的方式使自己的债权得到清偿,一般也不会适用法人人格否认制度。

四、几种特殊结构的公司法人人格否认

一些公司由于具有独特的股东结构或者公司之间的特殊关系,比较容易出现公司人格被控制股东滥用的情况,典型的主要有一人公司、母子公司、关联公司等。对于这些公司,公司法人人格否认的标准亦不相同。

(一)一人公司

根据《公司法》第 23 条第 3 款的规定,一人公司的人格否认实行举证责任倒置,即股东不能证明公司财产独立于其个人财产的,应当对公司债务承担连带责任,这与一人有限责任公司人格容易被股东滥用的情况相适应。与此相关的情况主要有以下两种:

一是股东为夫妻二人的有限责任公司,是否可以作为一人有限责任公司的一种特殊形态对待。这一问题在前面有限责任公司的股东仅为夫妻二人能否参照适用只有一个股东的公司举证责任倒置问题中已详细阐述,在此不再赘述。

二是一人公司股东配偶在公司任职,且不能证明夫妻关系存续期间二人财产与公司财产独立的,非股东配偶是否对公司债务承担连带责任。

裁判观点:<u>一人公司股东配偶在公司任职的,应视为夫妻二人共同经营公司;同时未证明夫妻关系存续期间二人财产与公司财产独立的,应对公司债务承担连带责任。</u>

【典型案例】白某春与王某某、杨某某股东损害公司债权人利益责任纠纷案。[①] 法院认为,根据《公司法》(2013 年)第 63 条[②] 的规定,王某某作为一人有限责任公司的股东,未证明公司财产独立于自己的财产,应对公司债务承担连带责任。根据《最高人民法院关于审理涉及夫妻债务纠纷案件适用法律有关问题的解释》第 3 条[③] 的规定,杨某某作为公司监事,监督公司经营管理,故应视为夫妻二人共同生产经营经管公司,杨某某亦未证明夫妻关系存续期间二人财产与公司财产独立,故应对公司债务承担连带责任。

(二)关联公司

1. 关联公司的定义

关联公司指由同一股东控制的数个公司。关联公司包括通过纵向投资关系建立的关联公司和通过横向投资关系建立的关联公司。通过纵向投资关系建立的关联公司常为单向控制,

---

[①] 参见北京市顺义区人民法院民事判决书,(2018)京 0113 民初 761 号。
[②] 参见新《公司法》第 23 条第 3 款。
[③] 此解释已失效;此条参见《民法典》第 1064 条。

如母子公司关系、公司与控股公司关系等。通过横向投资关系建立的关联公司,公司之间的控制不一定是单向的控制与从属关系,有可能是彼此互为控制,如相互投资交叉持股或共同受控于同一投资人等。关联公司中的各公司虽然表面上彼此独立,但由于各公司的经营决策权力掌握在同一个股东手中,容易导致各公司在财产、盈利分配等方面形成一致,从而在各个关联公司之间、公司与该控制股东之间发生人格混同。关联公司的控制一般体现在人事控制、财务控制及业务经营控制等方式,如控制公司任命从属公司的董事、经理等高级管理人员,统一主管财务,安排利润转移,统一安排调度业务经营,使从属公司进行不符合常规的业务或经营等。

2. 关联公司人格否认的司法历程

最早是最高人民法院 2013 年的第 15 号指导案例确立了该情形下法人人格否定的先例。此后《九民纪要》第 11 条第 2 款关于过度支配与控制的规定,填补了关联公司法人人格否定裁判规则的空白。新《公司法》第 23 条规定,则从公司法层面确立了关联公司人格否认制度。

3. 关联公司一体责任

(1)在合同关系中引起的一体责任

关联公司各成员往往参与了合同的签订、履行,或者实际享受了合同利益。如一个公司并非合同签订主体,但实际上积极参与了合同的履行,享有合同的权利而未支付合理对价,或者隐藏在合同背后,仅享有合同的权利而不愿承担合同义务,签约公司为表面上的合同当事人,将合同权利无偿让渡给隐藏在背后的公司。在此,有两种情形应该排除适用:情形一是合同表面当事人和隐藏在合同背后的公司之间不构成关联公司,不能依据关联公司制度确认其承担一体责任。当然,不依据关联公司关系认定责任的承担,并不排除适用其他法律制度要求两公司对债务承担连带责任。情形二是隐藏在合同背后的公司支付了合理对价,存在正当交易。虽然存在关联公司关系,但彼此保持相对独立人格,其经营符合公司法律对公司独立人格、独立意志的要求,应排除适用关联公司制度。

(2)在侵权关系中引起的一体责任。

首先应满足侵权责任的一般构成要件,即在侵权要件确定存在且侵权主体应当承担责任的前提下,再考虑关联公司是否要承担一体责任。关联公司承担侵权民事责任应当考虑的是侵权行为环节,着重考虑在侵权行为上关联公司的参与度。关联公司承担侵权一体责任的特点,在外观上看往往是侵权公司的行为,但在这个侵权公司内部的某个生产或销售管理环节,关联公司直接参与了,关联公司在侵权公司内部的活动内容对侵权行为发挥了一定的作用,因此关联公司与侵权公司应对侵权行为承担共同侵权责任。

五、反向"刺破公司面纱"

(一)相关规定

《企业改制规定》规定,企业以其优质财产与他人组建新公司,而将债务留在原企业,债权人以新设公司和原企业作为共同被告提起诉讼主张债权的,新设公司应当在所接收的财产范围内与原企业共同承担连带责任。

《最高人民法院对〈商务部关于请确认《关于审理与企业改制相关的民事纠纷案件若干问题的规定》是否适用于外商投资的函〉的复函》(〔2003〕民二外复第13号)明确指出,中国企业与外国企业合资、合作的行为,以及外资企业在中国的投资行为,虽然涉及企业主体、企业资产及股东的变化,但它们不属于国有企业改制范畴,且有专门的法律、法规调整,因此,外商投资行为不受上述司法解释的调整。

关于《企业改制规定》的适用条件,在中国工商银行股份有限公司抚顺分行与抚顺铝业有限公司、折顺铝厂、抚顺新抚钢有限责任公司借款合同纠纷上诉案的民事判决书中,最高人民法院指出,"这一条规定的新设公司与原企业承担连带责任的法律基础是当事人恶意逃债。只有存在充分证据证明当事人是借企业公司制改造逃废债务时,才适用该项条款",该条规定"并不限制企业正常投资。企业投资入股后,原企业的资产价值并不减少,资本金也不发生变化,只是企业部分财产改变了原有的形态,以企业在新设公司中的股权形式表现出来。企业在新设公司中的股权,作为企业的责任财产,与企业的其他财产一样,均可以用于对外偿债。因此,企业投资入股后,如出资人发生偿债问题时,诉讼中不能根据《企业改制规定》第7条,将新设公司与出资企业列为共同被告承担连带责任"。具体来说,"其适用条件是:第一,不是正常的出资行为,而是一种掏空企业的行为,将使原企业丧失进行正常生产经营活动的能力。第二,不是真正的企业公司制改造,在转移企业财产的同时,基本不带走债务。财产与负债不成比例,属于一种将债务与资产剥离的行为。第三,债务人企业存在着逃废债务的主观故意"。[①]

(二)司法实务中相关的典型裁判观点及典型案例

裁判观点一:企业投资入股后,原企业的资产价值并不减少,资本金也不发生变化,只是企业部分财产改变了原有的形态,以企业在新设公司中的股权形式表现出来。企业在新设公司中的股权,作为企业的责任财产,与企业的其他财产一样,均可以用于对外偿债。因此,企业投资入股后,如出资人发生偿债问题时,诉讼中不能根据《企业改制规定》第7条,将新设公司与出资企业列为共同被告承担连带责任。

【典型案例】国家开发银行与洛阳LYC公司、洛阳轴承集团、洛铜集团公司借款合同纠纷案。[②]法院认为,针对国家开发银行以《企业改制规定》第7条的规定作为主要法律依据,提出洛阳LYC公司应在接收洛阳轴承集团出资范围内承担连带责任的主张,该案不应适用上述规定,其理由如下:首先,上述规定是针对在国有企业公司制改造过程中发生的民事纠纷而作出的规定,而国有企业公司制改造,是指根据有关公司法律的规定,对国有企业采取由法人、其他组织或者自然人投资入股,将企业改造成有限责任公司或者股份有限公司的行为。洛阳轴承集团是于1997年成立的有限责任公司,不是国有企业公司制改造的主体。其次,上述规定

[①] 潘勇锋:《〈最高人民法院关于审理与企业改制相关的民事纠纷案件若干问题的规定〉第七条的适用与反向揭开公司面纱制度——中国工商银行股份有限公司抚顺分行与抚顺铝业有限公司、抚顺铝厂、抚顺新抚钢有限责任公司借款合同纠纷上诉案》,载最高人民法院民事审判第二庭编:《民商事审判指导》(2008年第2辑·总第14辑),人民法院出版社2008年版。

[②] 参见北京市高级人民法院民事判决书,(2006)高民初字第8号;最高人民法院民事判决书,(2006)民二终字第247号。

指向的行为是企业在公司制改造过程中,以其优质财产与他人组建新公司,而将债务留在原企业的行为,该行为的后果直接导致企业资产总额以及所有者权益的减少,是企业恶意转移、抽逃企业财产,与企业法人财产原则相悖。但在本案中,洛阳轴承集团系按照法律规定向洛阳LYC公司进行投资,虽然作为实物出资的价值1.5亿元的财产在所有权上发生变更,但对洛阳轴承集团而言,仅是将其资产从原有的实物形态变更为股权形态,并不会导致洛阳轴承集团资产总额的减少,洛阳轴承集团作为洛阳LYC公司股东,有权按照法律、公司章程的规定行使股东权利,且洛阳轴承集团亦可以其持有的洛阳LYC公司股权对外承担责任。故本案不应适用《企业改制规定》第7条的规定。上述法院意见,最高人民法院在二审中予以支持。

裁判观点二: 由于存在股东与公司间人格混同,股东须对公司债务承担责任,自不待言,而公司须为股东债务承担责任,也应是《公司法》有关法人人格否认规定的应有之义。

【典型案例】惠天公司与市二建公司、新东方公司债务纠纷案。[①]二审法院认为,惠天公司持有新东方公司51%的股份,在本案纠纷中,二者在人员、业务管理、资金方面存在人格混同情形,具体表现在:新东方公司董事长杨某生同时又是惠天公司的董事,就涉诉工程对外发包时无论是在新东方公司成立之前或成立之后,惠天公司代理人文某均在合同发包合同方署名,表明在人员、业务管理方面,惠天公司与新东方公司已无法区分;在合同履行方面,无论新东方公司成立前或成立后,惠天公司均存在支付工程款的事实(自惠天公司与市二建公司订立合同最初时间2003年7月至惠天公司最后一笔付款时间2008年1月,前后长达4年多),而且对于市二建公司以惠天公司为付款人所开具的发票及收据,惠天公司照收不误,未提出任何异议。上述事实表明惠天公司与新东方公司较长时间内在经营与资金方面难分彼此。公司法人独立地位和有限责任是现代公司两大基石,若存在股东滥用法人人格和股东有限责任,导致股东与公司人格混同,则令滥用独立人格的股东对公司债务承担民事责任,此为《公司法》(2005年)第20条[②]所明确规定。由于存在股东与公司间人格混同,股东须对公司债务承担责任,自不待言,而公司须为股东债务承担责任,也应是《公司法》(2005年)第20条有关法人人格否认规定的应有之义。另外,新东方公司通过询证函形式已确认上述所欠债务。结合本案事实,新东方公司应对其股东惠天公司的债务承担连带责任。

第五节 损害公司债权人利益纠纷相关程序问题

一、案由确定的相关问题

司法实践中的常见情形是,债权人主张公司债务时,一并主张股东或实际控制人损害公司债权人利益情形下案由确定的相关问题。对此,实务中一般会根据侵权的不同情形及股东所承担责任方式的不同分别处理:一种情形是,股东需要承担连带责任的情况下,根据《九民纪要》第13条关于"债权人对债务人公司享有的债权提起诉讼的同时,一并提起公司人格否认

---

① 参见辽宁省沈阳市中级人民法院民事判决书,(2010)沈民二终字第264号。
② 参见新《公司法》第21条。

诉讼,请求股东对公司债务承担连带责任的,列公司和股东为共同被告"的规定,在股东需要承担连带责任的情况下,债权人对债务人公司主张权利的同时,可一并向损害其利益的股东要求赔偿。此时,债权人所提起的诉讼中既包含了债权人与公司之间的债权债务法律关系,也包含了股东损害公司债权人利益责任两种不同的法律关系。当一个诉讼中同时存在两种法律关系时,应依据不同法律关系的性质确定并列的两个案由。在新《公司法》颁行之前,还有一种情形是股东承担补充赔偿责任的,如在股东未履行或者未完全履行出资义务、抽逃出资等情况下对公司债务承担补充赔偿责任,因补充赔偿责任是以公司不能清偿债务为前提,在未有证据证明债务人公司资产不足以清偿债务情况下,尚不足以证明承担赔偿责任的条件已成就。在这种情况下,该两类纠纷不宜合并审理。针对这一情况,实务中一般会按是否有生效法律文书确认公司资产不足以清偿债务区别处理:有生效法律文书(如其他关联案件终审裁决)确认的,可合并起诉;否则,只能先起诉公司确认基础债权,经执行确无财产可供执行,再行起诉股东承担补充责任。但随着新《公司法》的颁行,为避免个别清偿造成不公平的清偿结果,股东不再因瑕疵出资而直接向异议公司债权人承担补偿清偿责任,而是依《公司法》及公司章程规定向公司承担瑕疵出资的责任,此时由于债权人与公司的债权债务关系与股东的瑕疵出资的受益主体不同,笔者认为应当分开起诉,不应合并审理。当然对于未来实践中的具体做法,仍有待进一步观察。

二、主体确定及相关问题

(一)相关当事人的诉讼地位

实务中一致认为损害公司债权人利益纠纷属于侵权责任纠纷,因此被告主体应当是实施侵权行为的股东或实际控制人及相关责任主体(如共同侵权人)。同时,债务人公司除属于《九民纪要》第13条规定的共同被告情形外,应作为第三人参加诉讼。因为侵权人在该诉讼中的主张是以其对公司的债权受到损害为前提,而该债权的清偿情况与公司存在利害关系。此外,原告提起损害公司债权人利益纠纷时,还应注意原告是否直接享有对公司的债权,以及该债权是否受到损害,即是否存在不能清偿的事实。

(二)共同债权人的问题

要注意是否存在多名债权人共同享有同一案件被侵害的公司债权的情形,因为这一情形下,即使部分债权人提起诉讼,法院亦会通知其他债权人作为共同原告参加诉讼。针对此种情形,应在诉前考虑共同债权人的关系协调问题,以提高诉讼效率。

(三)关于股东身份的确定标准问题

根据《公司法》第56条第2款、第32条、第34条以及《公司法解释(三)》第24条、第25条、第26条的规定,实际出资人仅凭其出资事实主张股东权利,登记股东以其未实际出资为由主张免除责任,均不应支持。由此看出,依据目前法律和司法解释,在认定股东身份时仍应以公司登记机关登记的股东为准。另外,如果非股东的公司实际控制人构成损害公司债权人利益,则与股东损害公司债权人利益责任纠纷性质上相同,只是侵权主体不同,相应的案由应确定为"实际控制人损害公司债权人利益责任纠纷",但具体的处理原则及依据可参照股东损害公司债权人利益责任纠纷。如果存在实际出资人与名义股东相互配合,共同实施损害公司债权人利益行为,根据《民法典》第1168条关于共同侵权的规定,构成共同侵权人的,可以作为共同被告。

(四)关于公司的诉讼地位问题

债权人要求股东承担损害公司债权人利益责任的,在司法实务中公司的诉讼地位区分为以下两种情形:一是债权人对公司的债权已经过生效裁判确认的情形,公司可作为第三人;二是债权人对公司的债权尚未经生效裁判确认的情形,法院一般会向债权人释明,告知其追加公司为共同被告,如果债权人拒绝追加,则会被裁定驳回起诉。

(五)一人公司责任主体确定的相关问题

第一,非一人有限公司因发生股权转让等事由变更为一人公司之后,对于原非一人公司时期的公司债务,公司债权人是否可以依据《公司法》第23条第3款的规定要求现一人公司的唯一股东承担连带清偿责任?

裁判观点:作为公司的现任唯一股东,其亦无法证明公司财产与自身财产相互独立,故同样应对公司的债务承担连带责任。

【**典型案例一**】洪某梨、林某妹与郑某、羽韵公司教育培训合同纠纷案。① 二审法院认为,羽韵公司系自然人独资公司,洪某梨在本案纠纷发生时仍为羽韵公司的唯一股东,其无法证明自身财产独立于羽韵公司财产,故应当对羽韵公司的债务承担连带责任。之后,羽韵公司股东变更为林某妹,林某妹作为羽韵公司的现任唯一股东,其亦无法证明羽韵公司财产与自身财产相互独立,故同样应对本案中羽韵公司的债务承担连带责任。

【**典型案例二**】洛维化工与赵某舞、虹源公司、朱某述买卖合同纠纷案。② 一审法院认为,根据《公司法》(2013年)第63条③的规定,赵某舞、朱某述作为虹源公司的现股东与原股东,均未举证证明其个人财产与虹源公司的财产相互独立,故洛维化工要求赵某舞、朱某述对虹源公司的债务承担连带责任,予以支持。二审判决对上述观点予以维持。

第二,一人公司因股权转让导致唯一股东发生变更之后,对于发生于一人公司原股东时期的公司债务,公司债权人是否可以依据《公司法》第23条第3款的规定要求一人公司的现股东对公司的这些债务承担连带清偿责任?

裁判观点:在一人公司因股权转让导致唯一股东发生变更之后,对于发生于一人公司原股东时期的公司债务,公司债权人是可以依据《公司法》的规定要求一人公司的原股东对公司的这些债务承担连带清偿责任的。

【**典型案例一**】王某与金源公司、桓生矿业、桓生工贸买卖合同纠纷案。④ 最高人民法院认

---

① 参见浙江省杭州市中级人民法院民事判决书,(2017)浙01民终8402号。
② 参见江苏省仪征市人民法院民事判决书,(2015)仪商初字第0001号;扬州市中级人民法院民事判决书,(2015)扬商终字第00163号。
③ 参见新《公司法》第23条第3款。
④ 参见最高人民法院民事判决书,(2017)最高法民终868号。

为,金源公司起诉时王某为桓生矿业的一人股东,依据《公司法》(2013 年)第 63 条①的规定,王某作为桓生矿业一人股东,有义务证明其个人财产和公司财产独立,其在一审、二审期间均不能提供证据证明其个人财产独立于桓生矿业财产,依法应当对桓生矿业涉案债务承担连带责任。另依据《民事诉讼法司法解释》第 249 条第 1 款的规定,王某在二审上诉理由中放弃追加张某为当事人,其虽然在一审中称向张某转让桓生矿业全部股权,但并不影响王某的诉讼主体资格和诉讼地位,王某仍应对桓生矿业涉案债务承担连带清偿责任。

【典型案例二】 严某与帅帅公司、世高公司买卖合同及股东损害公司债权人利益责任纠纷案。② 再审法院认为,严某虽已在 2012 年 1 月 18 日将其所持有的世高公司的股权转让给案外人冯某平,但并不能据此否定严某自世高公司成立直至股权转让期间其作为世高公司唯一股东的事实,而本案涉及的是严某在股东身份存续期间发生的世高公司对外所欠债务如何承担的问题,由于严某未能充分证明在此期间世高公司财产独立于其个人财产,因此,一审、二审判决其对世高公司的债务承担连带清偿责任,并无不当。

【典型案例三】 刘某林与帕尼公司、陈某特许经营合同纠纷案。③ 再审法院认为,从帕尼公司的成立及股东变更情况看,刘某林与该公司签订产品代理合同、合同的履行期均主要在陈某担任公司股东期间。特别是 2011 年 8 月至起诉之日,帕尼公司登记为一人有限责任公司,股东为陈某一人。我国公司法规定,一人有限责任公司的股东不能证明公司财产独立于股东自己的财产的,应当对公司债务承担连带责任。在案件审理中,陈某始终未能提供证据证明帕尼公司的财产独立于其个人财产,故应当对帕尼公司对刘某林所负债务承担连带清偿责任。公司股东所承担的连带责任是其所应承担的债务清偿责任,而非基于公司股东身份代替公司清偿,因此该连带责任并不因为股权的转让而消灭。在本案诉讼过程中,陈某将一人公司的股权转让给了严某某,但陈某连带清偿责任的债务不因股权转让而消灭,其仍然应当对帕尼公司对刘某林的债务承担连带清偿责任。

第三,在一人公司因发生股权转让、增资等事由变更为非一人有限公司之后,对于发生于原一人公司时期的公司债务,公司债权人是否可以依据《公司法》第 23 条第 3 款的规定要求原一人公司的唯一股东对公司的这些债务承担连带清偿责任?

裁判观点:在一人公司因发生股权转让、增资等事由变更为非一人有限公司之后,对于发生于原一人公司时期的公司债务公司债权人也可以依据《公司法》关于一人有限公司法人人格否认的规定要求原一人公司的唯一股东对公司的这些债务承担连带清偿责任。

【典型案例】 刘某冬与光阳华兴公司、李某阳买卖合同纠纷案。④ 二审法院认为,《公司法》(2005 年)第 64 条⑤是法律为保护一人有限公司的股东和公司债权人的利益,对一人有限公司法人人格否认问题作出的举证责任倒置的特别规定,即由一人有限公司的股东承担举证证明

---

① 参见新《公司法》第 23 条第 3 款。
② 参见江苏省高级人民法院民事裁定书,(2014)苏审二商申字第 0166 号。
③ 参见上海市第二中级人民法院民事判决书,(2014)沪二中民五(知)再终字第 1 号。
④ 参见广东省深圳市中级人民法院民事判决书,(2012)深中法商终字第 18 号。
⑤ 参见新《公司法》第 23 条第 3 款。

的责任,证明公司财产独立于股东个人财产,否则股东应对公司债务承担连带责任。本案中光阳华兴公司虽于2011年5月23日变更为一般有限责任公司,但在此之前光阳华兴公司与刘某冬发生本案交易期间,光阳华兴公司为一人有限责任公司,李某阳是其唯一股东,认定这期间光阳华兴公司的公司财产是否独立于股东李某阳的个人财产,公司财产与股东财产是否存在混同,应适用上述规定按照举证责任倒置的原则,由光阳华兴公司、李某阳举证证明未出现财产混同的情况。在未能举证证明个人财产独立于公司财产的情况下,李某阳应对光阳华兴公司的债务承担连带清偿责任。

三、诉讼时效

损害公司债权人利益责任纠纷包含债权人与公司之间的债权债务基础法律关系,以及股东、实际控制人的侵权行为对债权人利益造成损害而产生的损害赔偿法律关系等两个不同方面的法律关系。根据《九民纪要》第16条第1款和《公司法解释(三)》第19条第2款的规定,对于损害公司债权人利益责任纠纷的诉讼时效问题,应当注意债权人以损害其对公司的债权为由,要求股东、实际控制人对公司债务承担责任的,应当在其对公司享有债权的诉讼时效期间内主张。同时,根据《诉讼时效规定》,股东对其未履行或者未全面履行出资义务、抽逃出资的行为,不享有诉讼时效的抗辩权利。

但是,这里需要重点注意的是,如果此时股东不是针对其出资行为提出诉讼时效抗辩,而是提出债权人早已知晓其未履行或未全面履行出资义务,或者抽逃出资,却未在诉讼时效期间内要求其对公司债务承担责任,即债权人明知其出资瑕疵行为损害债权人利益,却未及时向股东主张损害赔偿责任,则该时效抗辩明显不同于法律规定的"基于投资关系而产生的出资请求权"时效抗辩,法院通常会对此进行审查并根据实际情况作出支持与否的认定。

裁判观点:诉讼时效应当从债权人知道或者应当知道权利被侵害时起算。

【典型案例】圣势公司与刘某、何某霖股东损害公司债权人利益责任纠纷案。[①] 法院认为,本案系股东损害公司债权人利益责任纠纷,本质上为侵权之诉,诉讼时效应当从债权人知道或者应当知道权利被侵害时起算。刘某、何某霖主张自2018年3月27日执行终本裁定出具后才开始起算诉讼时效,一审法院认为刘某、何某霖在2018年3月27日首次得知无财产可供执行,终结本次执行程序,故刘某、何某霖得知权利被侵害的时间应该在此之后,一审法院首次收到起诉状在2021年3月2日,故一审法院认为未过诉讼时效。该案二审即(2021)京02民终14972号支持了这一观点。

四、管辖

结合司法实务,关于损害公司债权人利益纠纷的管辖,应当注意以下问题。

---

① 参见北京市东城区人民法院民事判决书,(2021)京0101民初7322号。

(一)一般管辖问题

实务中,损害公司债权人利益纠纷属于侵权纠纷,在未分设"实际控制人损害公司债权人利益责任纠纷"子案由前,参照"股东损害公司债权人利益责任纠纷"案件确定管辖权,在分设"实际控制人损害公司债权人利益责任纠纷"子案由后,也将按照股东损害公司债权人利益责任纠纷以《民事诉讼法》规定的关于地域管辖的一般原则为基础,并结合《民事诉讼法》第27条的规定综合考虑确定管辖法院。

裁判观点:损害公司债权人利益责任之诉不适用专属管辖,应当按照侵权之诉的管辖规定确定地域管辖。

【**典型案例一**】储某建等与李某亭实际控制人损害公司债权人利益责任纠纷案。① 二审法院认为,李某亭以储某建利用实际控制人身份损害公司债权人利益为理由,以实际控制人损害公司债权人利益责任纠纷为案由提起本案诉讼,要求判令储某建向李某亭支付3,302,509元及利息等,故本案属于侵权之诉,应当按照法律有关侵权行为的特殊地域管辖规定确定管辖。

【**典型案例二**】陈某旗等与至朋公司股东损害公司债权人利益责任纠纷管辖权案。② 二审法院认为,至朋公司系以股东损害公司债权人利益责任纠纷提起本案诉讼,并请求陈某旗、古某在未出资范围内承担斯卡拉公司欠付的服务费及逾期付款违约金等,原审认定本案属于侵权之诉,应以《民事诉讼法》关于侵权之诉的管辖规定确定本案管辖,并无不当。

【**典型案例三**】金润公司与王某宝、叶某股东损害公司债权人利益责任纠纷管辖权案,③ 最高人民法院在该案中认为,本案系原告金润公司因被告王某宝、叶某未依法履行清算义务,导致公司无法清算、原告的债权无法实现,主张两被告对公司债务承担连带赔偿责任,故本案应为股东损害公司债权人利益责任纠纷,性质上属侵权责任纠纷。

(二)侵权结果发生地的认定问题

关于损害公司债权人利益纠纷,债权人住所地究竟能否认定为侵权结果发生地,实务中存在不同观点。其中最高人民法院认为,债权人住所地可以认定为侵权结果发生地。

裁判观点一:不能直接以债权人住所地作为侵权结果发生地。

【**典型案例**】间某庆与温某华等股东损害公司债权人利益责任纠纷案。④ 二审法院认为,间某庆以股东损害公司债权人利益责任纠纷起诉,法院认为除法律、司法解释明确规定的名誉权纠纷、信息网络侵权纠纷等特殊案件外,侵权行为实施地和侵权结果发生地一般应视为在同一地点,在股东损害债权人利益责任纠纷案件中债权人起诉股东承担赔偿责任的,不能直接以原告住所地作为侵权结果发生地。因此一审法院对本案无管辖权。

裁判观点二:债权人住所地为侵权结果发生地。

【**典型案例一**】登峰伟业公司与华某红、祁某升股东损害公司债权人利益责任纠纷管辖权

---

① 参见北京市第二中级人民法院民事裁定书,(2021)京02民辖终550号。
② 参见北京市第一中级人民法院民事裁定书,(2021)京01民辖终83号。
③ 参见最高人民法院民事裁定书,(2021)最高法民辖33号。
④ 参见北京市第二中级人民法院民事裁定书,(2019)京02民终4029号。

案。①最高人民法院认为，登峰伟业公司虽在诉讼理由中提出华某红、祁某升作为相约今晚公司股东，在公司出现解散事由后逾期多年未对公司进行清算，但其诉讼请求是以相约今晚公司股东华某红、祁某升损害债权人的利益为由，要求股东承担侵权赔偿责任，故本案案由为股东损害公司债权人利益责任纠纷。登峰伟业公司作为被侵权人，其住地北京市应当属于侵权结果发生地，故北京市房山区人民法院对本案有管辖权。

【典型案例二】科伦比亚公司与朱某东、李某元股东损害公司债权人利益责任纠纷管辖权案。②最高人民法院认为，科伦比亚公司以朱某东、李某元为被告提起诉讼，属于股东损害公司债权人利益责任之诉。本案侵权结果发生地即科伦比亚公司住所地，和两名被告朱某东、李某元住所地，均可以作为确定案件管辖法院的联结点。

【典型案例三】恒创利公司与郑某伟等及东莞瑞利公司股东损害公司债权人利益责任纠纷案。③二审法院认为，为了确定公司诉讼的管辖问题，避免管辖争议，便于法院审理案件及查明事实，《民事诉讼法》（2017年）第26条④对公司诉讼案件作出了特殊地域管辖的规定。然而，并非所有与公司有关的诉讼都属于公司诉讼，也并非所有与公司有关的诉讼都适用由公司住所地管辖的规则。因公司股东未履行或者未全面履行出资义务，或者公司股东未履行清算责任给公司债权人造成损失的，债权人起诉股东对公司债务承担相应赔偿责任的股东损害公司债权人利益责任纠纷，不应适用民事诉讼法特殊地域管辖规定由公司住所地法院管辖。本案并非公司诉讼，而是债权人与公司股东之间因债务问题产生的纠纷，属侵权之诉。依据法律规定，因侵权行为提起的诉讼，由侵权行为地或者被告住所地法院管辖。侵权行为地包括侵权行为实施地、侵权结果发生地。本案中，恒创利公司系被侵权人，其住所地系直接侵权结果发生地，应认定为侵权行为地。恒创利公司住所地位于宝安区人民法院辖区，故宝安区人民法院对本案具有管辖权。

（三）基础债权债务关系诉讼与损害公司债权人利益责任纠纷合并诉讼时管辖地的确认原则

裁判观点：基础债权债务关系诉讼与损害公司债权人利益责任纠纷合并诉讼时的地域管辖以基础债权债务关系为准。

【典型案例】坤正达公司、新润天和公司企业借贷纠纷案。⑤最高人民法院认为，坤正达公司与西部能源公司在《还款协议》中约定，坤正达公司对西部能源公司提起诉讼的同时，以西部能源公司的股东新润天和公司抽逃出资为由，一并要求新润天和公司对西部能源公司的债务承担出资不实的补充赔偿责任，坤正达公司对新润天和公司的诉讼请求建立在要求西部能源公司偿还借款本息基础之上，坤正达公司要求新润天和公司承担补充赔偿责任，属于对坤正达公司与西部能源公司之间合同之债的责任主体确定问题，两项诉讼请求合并审理并不违反

---

① 参见最高人民法院民事裁定书，(2018)最高法民辖80号。
② 参见最高人民法院民事裁定书，(2018)最高法民辖162号。
③ 参见广东省深圳市中级人民法院民事裁定书，(2020)粤03民终1301号。
④ 参见2023年《民事诉讼法》第27条。
⑤ 参见最高人民法院民事裁定书，(2020)最高法民再343号。

法律的强制性规定。本案当事人诉争的基础法律关系为坤正达公司与西部能源公司之间的借款关系，应以该法律关系确定对本案具有管辖权的法院，即新疆生产建设兵团第八师中级人民法院对本案具有管辖权。

五、执行程序中是否适用公司法人人格否认制度

裁判观点：执行程序中不能适用公司法人人格否认制度，债权人如认为被执行人与其他公司存在财产混同、法人人格混同情形，可以另案提起诉讼，请求否认相关公司法人人格并承担原本由被执行人承担的债务。

【典型案例】深圳长城公司、青龙县燕山矿业公司、青龙县矿源公司等三公司不服河北省高级人民法院(2015)冀执复字第12号执行裁定申诉案。① 最高人民法院认为，实践中，追加案外人为被执行人应严格依照法律、司法解释的规定进行，唯有符合法定适用情形的，执行法院才能裁定追加被执行人并对其采取强制执行措施。本案所涉企业法人财产混同不属于司法解释明确的可以追加为被执行人的法定情形，唐山市中级人民法院、河北高院以此为由，援引非司法解释(法〔2011〕195号)文件为裁判依据，追加深圳长城公司、青龙县燕山矿业公司、青龙县矿源公司为本案被执行人不当，应予纠正。执行程序中追加案外人为被执行人有严格的法定条件限制，无论本案情形是否属财产混同或者法人人格混同，均不是追加被执行人的法定事由。债权人如认为被执行人与其他公司存在财产混同、法人人格混同的情形，可以另案提起诉讼，请求否定相关公司法人人格并承担原本由被执行人承担的债务。又因本案纠纷属民间借贷，债权人也可依照《民间借贷案件解释》，诉请使用借款的企业承担相应责任。唐山市中级人民法院应继续做好案涉财产保全查封工作，确保执行与诉讼程序的有效协调与衔接。

六、涉嫌冒名、借名登记的鉴定问题

实践中，当事人为证明自己系被冒名或借名登记的问题，往往会向法院申请对相关工商登记文件中的签名进行鉴定，欲通过相关文件上的签名非本人所签的事实来达到自己系被冒名或借名登记的待证目的。但针对这一情形，法院一般会以伪造签名的情形在冒名登记和借名登记中均可能存在，签名真伪并非认定"冒名"的唯一标准为由，认为就相关签名真伪情况申请鉴定对证明待证事实和认定结果无意义，故而不予准许。

裁判观点：伪造签名的情形在冒名登记和借名登记中均可能存在，签名真伪并非认定"冒名"的唯一标准。被告就相关签名真伪情况申请鉴定，对证明待证事实和认定结果无意义，不予准许。

【典型案例】叶某诉江苏某工程有限公司、第三人纪某等股东资格确认纠纷案。② 二审法院认为，由于公司在设立时并不严格要求投资人必须到场，代签可以在被代签者明知或者默认的情形下发生，故被"代签名"并不等同于被"盗用"或"盗用身份"签名，因此，仅凭工商登记材

---

① 参见最高人民法院民事裁定书，(2015)执申字第90号。
② 参见江苏省无锡市中级人民法院民事判决书，(2020)苏02民终4197号。

料中的签字并非登记股东亲自签署,并不能得出其系冒名股东的结论。也就是说,不能仅凭工商登记材料中的签名情况作为唯一判定标准,而应综合考量冒名者持有其身份材料是否有合理解释、其与冒名者之间是否存在利益牵连等因素,综合作出认定。

七、损害公司债权人利益责任纠纷中举证责任问题

损害公司债权人利益责任纠纷作为一种侵权责任纠纷,举证责任亦应遵循民事案件中"谁主张,谁举证"的基本原则,在此前提下,再由法院根据承担责任的不同方式及原因,确定相应的举证责任。

(一)公司法人人格否认的举证责任

在实务中,主张否认公司法人人格的债权人在客观上通常难以或无法提供关键证据,如若严格遵循"谁主张,谁举证"的一般原则,将会造成当事人之间的举证责任分担的严重失衡。所以在司法实务中,针对此类纠纷,法院一般认为,债权人提供的证据只需证明被告股东存在可能导致公司法人人格否认的初步证据,达到合理怀疑程度即可,而被告股东则应对相应的疑点作出合理解释,并应举证证明公司人格独立、不存在人格否认情形。

司法实践中相关裁判观点及典型案例如下。

裁判观点一:就公司人格否认的主张,因公司内部账目、财务、业务流程私密性较强,外人难窥其明细,若固守举证责任分配的一般规则,会导致当事人之间举证责任负担的不均衡,此时应根据当事人对证据的接近程度和取得证据的难易等因素确定举证责任的承担方,采用举证责任倒置的方式。

【典型案例】 嘉丰公司诉某银行上海分行储蓄存款合同纠纷案。[①] 二审法院认为,在人员方面,上诉人嘉丰公司与B公司、C公司、政珂公司的高级管理人员、财务负责人、出纳会计、工商手续经办人、对外联系代表交叉任职,其实际控制人均为郑某某、汤某某夫妇;在经营业务方面,嘉丰公司、B公司、C公司、政珂公司、昆宁公司均经营钢材、金属材料等业务,对外宣传时信息混同;在办公地点方面,嘉丰公司、B公司、C公司、政珂公司的实际办公地址均在同一个地址;在财务方面,上述各公司的资金支配无法区分,资金往来无须债务抵消,均受郑某某、汤某某夫妇控制。上述公司人员混同、业务混同、财产混同,办公地点相同,对外代表均为郑某某或汤某某,实属公司人格混同,不具有独立人格。就公司人格否认的主张,因公司内部账目、财务、业务流程私密性较强,外人难窥其明细,若固守举证责任分配的一般规则,会导致当事人之间举证责任负担的不均衡,此时应根据当事人对证据的接近程度和取得证据的难易等因素确定举证责任的承担方,采用举证责任倒置的方式。本案中,被上诉人在原审中已提交了证明上诉人人格不独立的初步证据,此时举证责任转移到上诉人一方,上诉人在原审和二审中都未能提供任何证据证明自己人格独立,上诉人未能举证证明自己具有独立人格,公司财产独立于股东财产或其他关联公司财产,则根据上述评判认定上诉人不具有独立人格。故嘉丰公

[①] 参见上海市第一中级人民法院民事判决书,(2016)沪01民终11043号。

司、B公司、C公司、政珂公司虽在工商登记部门登记为彼此独立的企业法人，但实际上互相之间界限模糊，人格混同，财务不独立，其公司财产均受郑某某、汤某某夫妇控制，公司财产亦无法独立于郑某某、汤某某夫妇的个人财产。本案中郑某某、汤某某夫妇是昆宁公司向被上诉人借款的连带保证人，现涉案贷款到期，根据《最高额保证协议》的约定，郑某某、汤某某夫妇有义务归还贷款，而上诉人的财产无法独立于其实际控制人汤某某的财产。郑某某、汤某某利用实际控制的公司，逃避银行债务，严重损害债权人利益，其行为背离了法人制度设立的初衷，违反了诚实信用原则，公司实际上沦为股东非法逃债、谋取私利的工具，应当参照《公司法》(2013年)第20条第3款①的规定，刺破公司面纱，保护债权人的合法权益。故被上诉人自上诉人账户内将资金划转至昆宁公司的账户用于偿还到期贷款是维护自身债权的合法行为，有据可循，予以支持；上诉人认为被上诉人未履行保障储户存款安全义务的上诉理由，不予支持。

裁判观点二：公司债权人已经提供初步证据证明股东存在滥用公司法人独立地位的行为，是公司法人人格否认举证责任倒置的前提。

【**典型案例**】嘉宸公司与海马公司股东损害公司债权人利益责任纠纷案。② 最高人民法院关于海马公司是否滥用通海公司法人独立地位和股东有限责任，是否应适用举证责任倒置原则分配举证责任，海马公司是否应当对通海公司债务承担连带责任。最高人民法院认为，根据《民事诉讼证据规定》第7条的规定，在审理法人人格否认案件时，考虑到债权人处于信息劣势而举证困难等因素，法院通常会根据上述规定合理分配举证责任，在债权人用以证明股东滥用公司法人独立地位和股东有限责任的证据令人产生合理怀疑的情形下，将没有滥用的举证责任分配给被诉股东。但上述举证责任调整的前提，应是作为原告方的债权人已举出盖然性的证据证明股东存在滥用公司法人独立地位和股东有限责任的行为以及由此产生了损害的结果，而不是当然的举证责任倒置。

裁判观点三：原告主张被告为隐名股东或实际控制人，应对此承担举证责任。

【**典型案例**】顺威公司与联鑫公司、马某某与公司有关的纠纷案。③ 关于被告马某某是否应对联鑫公司的债务承担连带责任。二审法院认为，原告主张被告马某某承担连带责任的法律依据是《公司法》(2018年)第20条第3款④的规定，根据该规定，滥用公司法人独立地位和股东有限责任并对公司债务承担连带责任的主体限定为公司股东。原告主张被告马某某系联鑫公司的隐名股东，但是未有任何证据加以证明，法院对其主张不予采信。被告马某某作为联鑫公司的高级管理人员，原告诉请其承担《公司法》(2018年)第20条第3款规定的连带责任，缺乏法律依据。另外，原告主张被告马某某与联鑫公司构成人格混同，虽然被告马某某与联鑫公司之间存在频繁的转账，但不足以据此认定被告马某某可以任意支配联鑫公司的资金，以致联鑫公司丧失独立的法人人格。至于被告马某某在原告对账单上签字，被告马某某系联鑫公

---

① 参见新《公司法》第23条第1款。
② 参见最高人民法院民事判决书，(2015)民二终字第85号。
③ 参见张应杰主编：《公司责任纠纷类案裁判思维》，人民法院出版社2023年版，第320页。
④ 参见新《公司法》第23条第1款。

司高级管理人员,其在对账单上签字属于职务范围内的工作,不能据此认为被告马某某完全控制了联鑫公司。原告主张被告马某某与联鑫公司之间构成人格混同缺乏事实依据。

(二)一人公司的举证责任的特殊规定

根据《公司法》第 23 条第 3 款的规定,一人公司专门设置举证责任倒置规则,即一人公司的股东应当举证证明股东财产独立于公司财产,否则可以推定一人公司股东的财产与公司财产混同,对公司债务应承担连带责任。虽然如此,但司法实践中认为,这并不意味着完全免除主张公司人格混同的当事人的基本的举证责任,即提出该主张的一方应当提供初步证据证明只有一个股东的有限责任公司股东与公司财产存在混同的可能,且此类公司亦只有在股东滥用公司法人独立地位和股东有限责任,逃避债务,严重损害公司债权人利益的情况下,才应当对公司债务承担连带责任。

司法实践中相关裁判观点及典型案例如下。

裁判观点一:一人有限责任公司证明股东财产与公司财产之间相互独立须提交符合《公司法》规定形式的财务报告,否则应当承担举证不能的法律后果。

【典型案例一】 宋某臣与于某静股东损害公司债权人利益责任纠纷案。[①] 二审法院认为,根据《公司法》(2018 年)第 63 条、第 62 条[②]的规定,本案美联美家公司因房屋租赁合同关系欠付于某静之款项已经生效判决确认,该房屋租赁合同履行期间,宋某臣系美联美家公司唯一股东,且本案现有证据证明宋某臣曾收取于某静合同款。故宋某臣有义务证明其作为美联美家公司股东期间,公司财产独立于其个人财产。二审期间,宋某臣虽提交自制公司账户明细,但不符合《公司法》规定的财务报告形式。本案现有证据仍无法证明美联美家公司财产独立于宋某臣个人财产,宋某臣应承担举证不能的法律后果。

【典型案例二】 中科文旅公司与刘某良、华某、中科产投公司、中科科创公司、江苏创业公司股东损害公司债权人利益责任纠纷案。[③] 二审法院认为,本案二审的争议焦点为中科文旅公司是否应对江苏创业公司的案涉债务承担连带清偿责任。一人有限责任公司应当在每一会计年度终了时编制财务会计报告,并经会计师事务所审计。一人有限责任公司的股东不能证明公司财产独立于股东自己的财产的,应当对公司债务承担连带责任。当事人对自己提出的诉讼请求所依据的事实或者反驳对方诉讼请求所依据的事实,应当提供证据加以证明,但法律另有规定的除外。在作出判决前,当事人未能提供证据或者证据不足以证明其事实主张的,由负有举证证明责任的当事人承担不利的后果。本案中,中科文旅公司作为江苏创业公司股东,应当对其自身财产与公司财产相互独立承担举证证明责任,但其提交的资产负债表、利润表、资产清单等证据并不足以证明江苏创业公司财产与其财产相互独立、不存在混同,一审法院根据查明事实及在案证据综合认定中科文旅公司对江苏创业公司的案涉债务承担连带责任并无不当。中科文旅公司申请对江苏创业公司进行专项审计以证明其财产独立于江苏创业公司,应

[①] 参见北京市第三中级人民法院民事判决书,(2021)京 03 民终 17987 号。
[②] 分别参见新《公司法》第 23 条第 3 款、第 208 条第 1 款。
[③] 参见北京市第三中级人民法院民事判决书,(2021)京 03 民终 19960 号。

系其自行举证范畴,二审法院对其申请不予准许。中科文旅公司上诉主张其与江苏创业公司财产相互独立,但并未提供充分有效证据予以佐证,二审法院对其主张不予采纳。

裁判观点二：一人有限公司股东虽然提交了年度审计报告,但原告提交了反证证明该审计报告存在明显问题的,一人股东提交的审计报告不足以证明公司财产独立于股东财产。

【**典型案例一**】格林伟迪公司与鹏博士公司、长城宽带公司合同纠纷及股东损害公司债权人利益责任纠纷案。① 二审法院认为,本案中,在案涉《结算协议》项下债务发生时,长城宽带公司的唯一股东是鹏博士公司,根据上述法律规定,鹏博士公司如不能证明长城宽带公司的财产与其财产相互独立,应对长城宽带公司的债务承担连带责任。鹏博士公司、长城宽带公司虽然在一审、二审中提供了2013年至2020年的审计报告,但年度审计报告仅能反映鹏博士公司及长城宽带公司的年度财务状况、经营成果和现金流量,无法证明鹏博士公司与长城宽带公司财产是否相互独立,不能达到鹏博士公司的证明目的。同时,格林伟迪公司二审提交的《财务咨询意见书》也指出,长城宽带公司与鹏博士公司债务债权金额无法对应,账务核算不清晰;长城宽带公司2014~2019年报告"关联方应收应付款项余额表"显示,长城宽带公司对鹏博士公司"其他应付款金额"与鹏博士公司2014~2019年报告"母公司财务报表主要项目注释""期末余额前五名的其他应收款单位"无法对应;鹏博士公司报告中应付账款披露与格林伟迪公司提供的数据不一致。鹏博士公司对此解释称因二公司披露范围不同,导致数据不一致,但该解释并无证据佐证。因此鹏博士公司及长城宽带公司提交的年度审计报告存在明显问题,二公司亦未作出合理解释。格林伟迪公司据此主张上述审计报告不能证明长城宽带公司财产独立于其股东鹏博士公司的财产,有事实依据。二审审理期间,格林伟迪公司申请对鹏博士公司和长城宽带公司自2013年11月21日至2020年9月23日是否存在财产混同进行鉴定,本院予以准许。但因长城宽带公司明确拒绝提供专项审计所需的相关财务资料,致审计工作无法进行。如前所述,鹏博士公司有义务证明长城宽带公司的财产与其相互独立,但鹏博士公司在一审诉讼期间,将长城宽带公司的全部股权转让,其应当承担因长城宽带公司不配合专项审计,导致其举证不能的不利后果。因此,在鹏博士公司未能提供充分证据证明其与长城宽带公司财产相互独立的情况下,其应当对长城宽带公司的债务承担连带责任。

【**典型案例二**】聚源公司与凤凰建材公司、谢某牛、曹某英追偿权纠纷案。② 二审法院认为,针对凤凰建材公司的唯一股东谢某牛是否应当对凤凰建材公司的债务承担连带清偿责任的问题,谢某牛作为一人有限责任公司的股东,是否应当对公司债务承担连带责任,取决于其能否证明公司财产与个人财产是相互独立的。本案中,谢某牛提供了凤凰建材公司的纳税申报表、资产负债表、利润表等财务报表以及《审计报告》等证据证明凤凰建材公司的财产独立于股东谢某牛个人财产。首先,凤凰建材公司提供的纳税申报表、资产负债表、利润表等财务报表,仅反映公司在生产经营活动中某一特定日期财务状况、经营成果、资金筹集、运用和收益分配的情况,并不能证明公司的资产独立于股东资产。其次,从《审计报告》的内容看,2012年度

---

① 参见北京市高级人民法院民事判决书,(2021)京民终652号。
② 参见四川省高级人民法院民事判决书,(2013)川民终字第715号。

报告的附表中载明无未决诉讼。但 2012 年 8 月 8 日,四川省梓潼县人民法院对凤凰建材公司以及谢某牛、曹某英的财产进行了查封。谢某牛对案件的管辖权提出异议后,四川省梓潼县人民法院于 2012 年 11 月 22 日作出裁定,将案件移送四川省绵阳市中级人民法院审理。该事实说明,凤凰建材公司明知公司在 2012 年有未决诉讼,而不予披露。同时,《审计报告》仅对凤凰建材公司的资产负债表、利润表、股东权益变动表、现金流量表以及财务报表附注进行审计,其内容并不能证明凤凰建材公司的财产独立于股东谢某牛个人财产。谢某牛作为凤凰建材公司的股东,应当提供公司经营中的相关原始凭证,来进一步证明其个人财产与公司财产系分别列支列收、单独核算,利润分别分配和保管,风险分别承担。但在二审中,凤凰建材公司、谢某牛均未出庭应诉。综上,谢某牛作为一人公司凤凰建材公司的股东,其提供的现有证据并不能证明凤凰建材公司财产与股东个人财产相互独立,故应当由谢某牛承担举证不利的法律后果,其应当对凤凰建材公司的债务承担连带责任。

裁判观点三:一人有限责任公司的股东只有一人,对于是否构成股东与公司财产混同,法律对股东规定更为严格的举证要求,但并不意味着完全免除主张公司人格混同的当事人的基本的举证责任,即提出该主张的一方应当提供初步证据证明一人有限责任公司股东与公司财产存在混同的可能。

【**典型案例**】徐某祥与花都公司、聚诚公司、彭某越、苏泽汇公司房屋租赁合同纠纷案。① 再审法院认为,根据《公司法》(2013 年)第 20 条第 3 款、第 63 条② 的规定,公司股东滥用法人独立地位、逃避债务严重损害公司债权人利益是其对公司债务承担连带责任的实质要件。一人有限责任公司的股东只有一人,对于是否构成股东与公司财产混同,法律规定了股东更为严格的举证要求,但并不意味着完全免除主张公司人格混同的当事人的基本的举证责任,即提出该主张的一方应当提供初步证据证明一人有限责任公司股东与公司财产存在混同的可能。

裁判观点四:夫妻公司参照《公司法》一人有限公司法人人格否认的规定适用举证责任倒置。

【**典型案例**】熊某平、沈某霞与猫人公司、青曼瑞公司申请执行人执行异议之诉案。③ 最高人民法院认为,关于青曼瑞公司是否属于一人有限责任公司问题。本案中,青曼瑞公司虽系熊某平、沈某霞两人出资成立,但熊某平、沈某霞为夫妻,青曼瑞公司设立于双方婚姻存续期间,且青曼瑞公司工商登记备案资料中没有熊某平、沈某霞财产分割的书面证明或协议,熊某平、沈某霞亦未补充提交。《婚姻法》第 17 条④ 规定,除该法第 18 条规定的财产及第 19 条规定的约定财产之外,夫妻在婚姻存续期间所得财产归夫妻共同共有。据此可以认定,青曼瑞公司的注册资本来源于熊某平、沈某霞的夫妻共同财产,青曼瑞公司的全部股权属于熊某平、沈某霞婚后取得的财产,应归双方共同共有。青曼瑞公司的全部股权实质来源于同一财产权,并为一

---

① 参见江苏省高级人民法院民事裁定书,(2018)苏民申 1864 号。
② 分别参见新《公司法》第 21 条第 2 款、第 23 条第 3 款。
③ 参见最高人民法院民事判决书,(2019)最高法民再 372 号。
④ 参见《民法典》第 1062 条。

个所有权共同享有和支配,该股权主体具有利益的一致性和实质的单一性。另外,一人有限责任公司区别于普通有限责任公司的特别规定在于《公司法》(2018年)第63条①的规定,即一人有限责任公司的法人人格否认适用举证责任倒置规则。之所以如此规定,是因为一人有限责任公司只有一个股东,缺乏社团性和相应的公司机关,没有分权制衡的内部治理结构,缺乏内部监督。股东既是所有者,又是管理者,个人财产和公司财产极易混同,极易损害公司债权人利益。故通过举证责任倒置,强化一人有限责任公司的财产独立性,从而加强对债权人的保护。本案青曼瑞公司由熊某平、沈某霞夫妻二人在婚姻关系存续期间设立,公司资产归熊某平、沈某霞共同共有,双方利益具有高度一致性,亦难以形成有效的内部监督。熊某平、沈某霞均实际参与公司的管理经营,夫妻其他共同财产与青曼瑞公司财产亦容易混同,从而损害债权人利益。在此情况下,应参照《公司法》(2018年)第63条的规定,将公司财产独立于股东自身财产的举证责任分配给股东熊某平、沈某霞。综上,青曼瑞公司与一人有限责任公司在主体构成和规范适用上具有高度相似性,二审法院认定青曼瑞公司系实质意义上的一人有限责任公司并无不当。

裁判观点五:只有一个股东的有限责任公司的股东,负有证明公司财产独立于股东自己财产的举证义务前提是该股东存在滥用股东权利给债权利益造成损害的行为和事实。

【典型案例一】顾某、利安公司装饰装修合同纠纷案。②二审法院认为,《公司法》(2018年)第20条第3款③规定作为总则部分的规定,适用于一切公司,包括一人有限责任公司。《公司法》(2018年)第63条④可以理解为对于第20条适用于一人有限责任公司情况下举证责任的规定。一人有限责任公司的股东负有证明公司财产独立于股东自己的财产的举证义务,否则应当对公司债务承担连带责任。

【典型案例二】小贷公司与长城公司、凯陆捷公司、范某武小额借款合同纠纷案。⑤再审法院认为,虽然法律规定一人公司股东对个人财产与公司财产混同承担举证证明责任,但一人公司股东是否应当对公司债务承担连带责任的判断依据为《公司法》(2013年)第20条⑥的规定,即只有在股东滥用公司法人独立地位和股东有限责任,逃避债务,严重损害公司债权人利益的情况下,才应当对公司债务承担连带责任。

(三)股东是否履行出资义务的举证责任

《公司法解释(三)》第20条规定是关于股东瑕疵出资举证责任的分配。依该规定,只要债权人提供了对股东未履行出资义务产生合理怀疑的证据,股东就要对其已履行出资义务承担举证责任。⑦这一规定的理由在于债权人并不参与公司经营,也无法接触公司财务账册,除公司

---

① 参见新《公司法》第23条第3款。
② 参见广东省高级人民法院民事判决书,(2018)粤民终2199号。
③ 参见新《公司法》第21条第1款。
④ 参见新《公司法》第23条第3款。
⑤ 参见吉林省高级人民法院民事裁定书,(2016)吉民申1453号。
⑥ 参见新《公司法》第21条第1款。
⑦ 参见魏大勇编著:《最高人民法院执行异议之诉裁判规则与典型案例》,中国法制出版社2019年版,第388页。

高级管理人员外,公司债权人甚至是公司其他股东可能都无法知晓某股东是否切实履行了出资义务,如果在诉讼中要求公司债权人必须提交完备证据证明公司股东未履行出资义务,不利于保障公司债权人的利益,也同样不利于督促股东保障公司资本充实。

司法实务中相关裁判观点及典型案例如下。

裁判观点一:债权人已提供初步证据证明公司股东存在抽逃出资行为的,股东应就其未抽逃出资承担举证责任,否则应承担不利法律后果。

【典型案例一】 王某江、沈某斌与京港公司、亚建公司损害公司债权人利益责任纠纷案。[1] 二审法院认为,沈某斌、王某江应当足额履行增资义务。但亚建公司银行流水显示,增资款在进入公司账户并经验资后于当日全额转出。根据《公司法解释(三)》第20条的规定,在京港公司提供了对沈某斌、王某江抽逃出资合理怀疑的证明后,应当由沈某斌、王某江提供相应的证据反驳京港公司的主张,但沈某斌、王某江未予举证,其主张款项用于公司经营,亦未能提供证据证明,在这种情况下,应当作出对其不利的判断,即支持京港公司的主张,认定沈某斌、王某江构成抽逃出资。

【典型案例二】 亨得利公司与肖某某、李某1、何某某、丁某、李某2、史某某、孙某某股东损害公司债权人利益责任纠纷案。[2] 二审法院认为,本案为股东损害债权人利益责任纠纷,本案的争议焦点为被告是否存在抽逃出资的情形。根据《公司法解释(三)》第12条的规定,未经法定程序将出资抽回的行为属于抽逃出资。本案中,被告于2005年4月26日缴纳出资后,亨得利公司于2005年4月30日将出资款100万元一次性全部转出,并以收款人信息有误被退回后再次转至另一案外人账户中。从款项的金额及转出时间、频次看,原告怀疑被告存在将出资抽回的行为具有一定的合理性。根据《公司法解释(三)》第20条的规定,被告应对其主张的上述款项转出系亨得利公司的正常经营行为加以举证证实。被告作为亨得利公司的发起人和原始股东,完全有能力就该笔款项的去向及支付依据提交相应的证据,但其仅以款项的支付系公司行为与其无关为由进行抗辩不足以对抗原告对其抽回出资的合理怀疑,应承担举证不能的不利后果。

裁判观点二:就股东是否抽逃出资的举证责任分配,须在原告提供了对被告股东抽逃出资产生合理怀疑的证据后,才将举证责任转移至被告股东。

【典型案例】 徐某文、孙某卓、喻某晖与华天安公司股东损害公司债权人利益责任纠纷案。[3] 二审法院认为,关于华天安公司主张的徐某文、孙某卓、喻某晖抽逃出资的问题。首先,《公司法解释(三)》第12条规定:"公司成立后,公司、股东或者公司债权人以相关股东的行为符合下列情形之一且损害公司权益为由,请求认定该股东抽逃出资的,人民法院应予支持:(一)制作虚假财务会计报表虚增利润进行分配;(二)通过虚构债权债务关系将其出资转出;(三)利用关联交易将出资转出;(四)其他未经法定程序将出资抽回的行为。"华天安公司并

---

[1] 参见江苏省淮安市中级人民法院民事判决书,(2021)苏08民终4924号。
[2] 参见张应杰主编:《公司责任纠纷类案裁判思维》,人民法院出版社2023年版,第321页。
[3] 参见广东省深圳市中级人民法院民事判决书,(2019)粤03民终21664号。

未说明及初步证明徐某文、孙某卓、喻某晖存在该规定所列举的抽逃出资行为。其次,从徐某文一审提交的对账单看,在徐某文、孙某卓、喻某晖缴纳所认缴出资后,恒瑞丰公司确有频繁对外转账行为,但收款方均非徐某文、孙某卓、喻某晖,且款项系非等额支出,备注用途也符合公司使用资金开展经营活动的商业惯例。孙某卓在二审中亦补充证据进一步说明恒瑞丰公司的购车事实。华天安公司主张徐某文、孙某卓、喻某晖应提供证据证明其没有抽逃出资,但根据《公司法解释(三)》第20条的规定,就股东是否抽逃出资的举证责任分配,须在原告提供了对被告股东抽逃出资产生合理怀疑的证据后,才将举证责任转移至被告股东。华天安公司并未提供对徐某文、孙某卓、喻某晖抽逃出资产生合理怀疑的证据,故举证责任不应转移。因此,华天安公司关于徐某文、孙某卓、喻某晖抽逃出资的主张,缺乏事实依据,亦不予采信。

裁判观点三:原告已提供初步证据证明股东与公司存在人格混同可能性,或者公司控制股东对公司过度支配与控制等,原告申请调取公司财务账册和银行流水,以进一步证明股东与公司财务混同,可予以准许。

【典型案例】国发节能公司、国发后勤公司、郭某成与国电光伏公司、国发华企公司股东损害公司债权人利益责任纠纷案。[①] 二审法院认为,根据《民事诉讼证据规定》第2条、第17条第2款的规定,当事人对自己的诉讼主张或反驳对方主张所依据的事实均应举证证明。当事人确因客观原因不能自行收集的证据可以申请法院收集。本案国电光伏公司主张国发华企公司3股东国发节能公司、国发后勤公司、郭某成对公司债务承担连带责任,应对公司股东存在滥用公司法人独立地位和股东有限责任、逃避债务,严重损害公司债权人利益的情形承担举证责任,包括证明公司存在人格混同、公司控制股东对公司过度支配与控制等滥用情形。国电光伏公司一审中提供的3公司企业公示信息及招聘信息等证据,已证明3公司住所地、联系方式、高级管理人员、业务范围等存在混同或交叉的情形。3公司股权结构反映郭某成系3公司股东及高级管理人员,已构成其为3公司控制股东的较高盖然性。在此情况下,国电光伏公司申请一审法院调取3公司自2010年12月至2019年1月共同存续期间的全部财务账册及银行流水以进一步证明3公司存在财务混同具有一定的合理性,故一审法院依职权调取了国发华企公司5个银行账户往来明细,该取证行为并不违反法律规定。

裁判观点四:在法院释明有必要启动审计的情况下,公司及其股东作为财务账册的持有人,有责任和义务配合提供财务账册,否则应承担相应的不利后果。

【典型案例】国发节能公司、国发后勤公司、郭某成与国电光伏公司、国发华企公司股东损害公司债权人利益责任纠纷案。[②] 二审法院认为,认定公司人格与股东人格是否存在混同,最根本的判断标准是公司是否具有独立意思和独立财产,最主要的表现是公司的财产与股东的财产是否混同且无法区分。从一审法院调取的国发华企公司5个银行账户往来明细来看,3公司之间资金往来非常频繁,其中国发华企公司有多笔大额款项流向国发节能公司、国发后勤公

[①] 参见江苏省高级人民法院民事判决书,(2019)苏民终1528号。
[②] 参见江苏省高级人民法院民事判决书,(2019)苏民终1528号。

司,鉴于国发华企公司一审庭审中表示不清楚多笔资金转账原因,故对3公司的财务账册(尤其是独立性)进行审计有利于查明3公司资金往来性质,进而判断国发华企公司与其3股东是否存在财产混同且无法区分。在此情形下,一审法院根据国电光伏公司的申请,拟启动司法审计具有合理性及必要性。国发华企公司及其3股东作为财务账册的持有人有责任和义务配合提供,一审法院对该举证责任的分配,并无不当。国发华企公司及其股东在一审法院明确释明法律后果的情况下,仍不同意财务审计并配合提供财务账册,一审法院依据《民事诉讼证据规定》第75条以及《民事诉讼法司法解释》第112条之规定,认定由国发华企公司及其股东自行承担不利后果,符合法律规定。

八、责任的承担方式

(一)连带清偿责任

《公司法》第21条第2款规定引入的法人人格否定制度,是对股东有限责任在特定情形下的限制。股东实施侵害公司独立财产(包括公司与股东的人格混同、对公司的过度控制、资本显著不足等)行为,就属于该条规定的明显滥用公司法人独立地位和股东有限责任,逃避公司债务,严重损害公司债权人利益的范畴,在此情形下,股东应当直接对公司债务承担连带清偿责任。

(二)补偿清偿责任

《公司法解释(三)》第13条、第14条规定了股东未履行或未全面履行出资义务、抽逃出资,债权人可以请求股东在未出资和抽逃出资本息范围内承担补充赔偿责任。

补偿清偿责任与连带清偿责任的主要区别在于赔偿顺序,债权人所享有的债权是对公司的债权,公司是第一顺位的清偿义务人,责任股东、实际控制人是第二顺位的清偿义务人。只有当公司不能清偿债务时,才由股东、实际控制人承担赔偿责任。而"不能清偿",通常系债权人已就相应债权通过法院对公司财产进行强制执行,在穷尽执行措施后,债权人的债权仍未得到全额清偿的情况下,才能认定公司已"不能清偿"债务。而连带责任就不存在清偿顺位的问题。

新《公司法》颁行后,由于入库规则的适用,《公司法解释(三)》第13条、第14条规定的这一责任形式是否继续适用,还有待进一步明确。

(三)第三人承担责任的情形

在股东未履行或者未全面履行出资义务、抽逃出资的情况下,除股东外还存在由第三方与股东一并承担责任的情形:(1)股东在公司设立时未履行或者未全面履行出资义务,公司的发起人与被告股东承担连带责任;(2)股东在公司增资时未履行或者未全面履行出资义务,未尽《公司法》第179条、第180条规定义务而使出资未缴足的董事、高级管理人员承担相应责任;(3)股东抽逃出资的,协助抽逃出资的其他股东、董事、高级管理人员或者实际控制人与被告股东承担连带责任。

裁判观点：违反出资义务(增资或公司设立时)的股东对公司债权人承担补充赔偿责任，但对公司设立时发起人之间的出资瑕疵应适用连带责任是法定责任，只有法律明确规定时才能适用，故连带责任并不适用于股东增资瑕疵的情形。对于增资瑕疵问题，股东仅需对债权人承担补充赔偿责任，其他股东、董事、高级管理人员或实际控制人对此有协助情形的，应当承担连带责任。

【典型案例】卓信成公司与浪潮集团、福海公司股东损害公司债权人利益责任纠纷案。[①]卓信成公司根据《公司法》(2013年)第178条第1款[②]和《最高人民法院执行工作办公室关于股东因公司设立后的增资瑕疵应否对公司债权人承担责任问题的复函》的规定，认为在增资不实时，各股东均应承担连带责任。二审法院认为，《公司法》(2013年)第178条第1款是关于增资过程中，出资瑕疵股东的责任，并没有涉及股东之间的责任；最高人民法院执行工作办公室的复函，是关于个案的批复，不能扩大适用，更不能扩张解释为在增资时与设立时其他股东的连带责任相同。因此，上述法律及复函均不能支持卓信成公司的诉讼请求。《公司法解释(三)》第13条对于股东未履行或未全面履行出资义务，各权利主体可以请求履行义务的主体、条件等做了明确规定，并且各款之间具有相对独立性。该条第3款对于股东在公司设立时未履行或未全面履行出资义务的情形予以规定，在这种情形下，公司的发起人与被告股东应当承担连带责任。该条第4款对于股东公司增资时未履行或者未全面履行出资义务的情形予以规定，在这种情形下，可以请求出资未缴足的董事、高级管理人员或者实际控制人承担连带责任。从该条第3款、第4款的文义看，第3款限于公司设立时情形，对该款的解释不能扩张解释适用于公司增资；第4款是关于增资瑕疵的规定，限于对董事、高级管理人员或实际控制人提出诉讼请求，对该款的解释不能扩张适用于股东。因此，卓信成公司关于依据该条第3款判令浪潮集团承担连带责任的主张不能成立，不予支持。

这里需特别注意的是，该连带责任系针对被告股东所应承担的责任范围而言，而非针对债权人的全部债权。

（四）未变更登记的公司原股东承担责任的情形

根据《公司法》第34条的规定，公司登记事项具有公示公信力，债权人对此具有信赖利益。因此，当股东基于股权转让或其他法律关系，丧失股东身份的，应及时办理变更登记，未办理变更的，仍需对善意第三人承担责任。在实务中，债权人根据公司登记的公信力，有理由相信该原股东依然享有股东权利，此时未变更登记的公司原股东，仍然要对外承担赔偿责任。至于登记事项应当变更的基础法律关系，是登记股东与他人之间的法律关系，不能对抗债权人。

（五）责任承担范围

股东承担连带责任，是基于股东滥用公司法人独立地位和股东有限责任造成无法确定公司独立财产的范围，故实务中均推定公司的实际财产不足以清偿债权人的债权。因此，股东承

---

① 参见山东省高级人民法院民事判决书，(2014)鲁民四终字第155号。

② 参见新《公司法》第228条第1款。

担连带清偿责任的,其责任范围是债权人未获清偿的全部债权。

股东承担补充赔偿责任,是基于股东未履行或者未全面履行出资义务或抽逃出资及其他侵害公司财产的行为,造成公司在特定范围内财产减少,因该情形下所造成公司财产减少的数额是确定的,因此股东只需在未出资、抽逃出资等造成公司财产减损部分的本息范围内承担赔偿责任。该赔偿责任为补充责任,还应同时根据债权人债权实现的情况,在债权人债权未受到清偿范围内承担责任。

裁判观点:抽逃出资的股东应当在抽逃出资本息范围内对公司债务不能清偿的部分承担补充赔偿责任。

【**典型案例**】投资公司与陵城农商行、孟某泉、孟某军、刘某华、张某国、张某洁股东损害公司债权人利益责任纠纷案。[①] 二审法院认为,投资公司向一审法院起诉时主张,孟某泉、孟某军应当在出资范围内对富通公司(原德鑫源公司)的涉案债务承担连带清偿责任。根据《公司法解释(三)》第14条第2款的规定,投资公司请求孟某泉、孟某军在抽逃出资范围内承担责任的主张成立,但是要求孟某泉、孟某军承担连带清偿责任的主张缺乏法律依据。因此,本案中,孟某泉、孟某军应当在抽逃出资范围内对富通公司涉案债务不能清偿的部分承担补充赔偿责任。

九、债权人要求股东承担损害公司债权人利益责任纠纷在破产程序中的特别规定

债务人公司一旦进入破产程序,则其财产的处置应依照《企业破产法》规定的特殊规则进行。股东向公司缴纳的出资或抽逃的出资等,其实质为公司的财产,应纳入公司破产财产。因此,不应允许债权人通过提起股东损害公司债权人利益责任诉讼,实现对其债权的个别清偿。对此,《企业破产法解释(二)》第21条规定,债权人主张债务人公司的出资人、发起人和负有监督股东履行出资义务的董事、高级管理人员,或者协助抽逃出资的其他股东、董事、高级管理人员、实际控制人等直接向其承担出资不实或者抽逃出资责任的诉讼,以及以债务人公司的股东与债务人法人人格严重混同,主张债务人的股东直接向其偿还债务人对其所负债务的诉讼均应中止审理。在破产申请受理后,债权人提起的上述诉讼,法院不予受理。债务人公司破产宣告后,根据《企业破产法》第44条的规定,应判决驳回债权人上述诉讼请求。同理被告股东以其享有对公司的债权为由,主张与其出资义务进行抵销的,其实质也是要求公司对其个人的债权予以个别清偿,也不应准许。

需要说明的是,在公司进入破产程序后,判决驳回债权人上述诉讼请求,并非免除股东或其他责任人因损害公司债权人利益而应承担的责任,因为涉及的相关财产属于公司的破产财产,应由破产程序中的管理人统一主张。在《企业破产法解释(二)》第20条明确了管理人相应权利。

---

① 参见山东省高级人民法院民事判决书,(2016)鲁民终1392号。

◆ 第十二章　公司关联交易损害责任纠纷

第一节　公司关联交易损害责任纠纷概述

一、关联交易的释义

关联交易,是指公司与其关联方之间转移资源或者义务的交易,如公司董事、监事、高级管理人员与公司进行的交易。关联交易实际上是一种中性的行为,并不绝对损害公司利益。因此,法律规制的重点是如何识别可能损害公司利益的关联交易并明确对应的责任规则。新《公司法》在原有法律的基础上丰富了对关联交易的规定,构建了以第22条、第182条、第185条、第186条为中心的关联交易规则,扩大了关联人的范围,增加了一般性的关联交易报告义务和回避表决规则,明确了识别不公允关联交易的程序规则。

公司的关联交易,一般是指具有投资关系或合同关系的不同主体之间所进行的交易,又称关联方交易。《公司法》并未规定关联交易的概念,但是该法第265条规定了关联关系的概念,即关联关系是指公司控股股东、实际控制人、董事、监事、高级管理人员与其直接或者间接控制的企业之间的关系,以及可能导致公司利益转移的其他关系。但是,国家控股的企业之间不仅因为同受国家控股而具有关联关系。公司与具有关联关系的主体之间进行的交易,即关联交易。需要特别说明的是,对于"关联交易"中的"交易",应作功能性或经济性的广义理解,其外延不限于资产使用转让、货物买卖合同等法律行为,还应涵盖其他基于意志的会对公司资金、资产和收益等产生影响的措施。[①]"交易"既可以有偿,也可以无偿,既包括商业上的合同、交易、安排,还包括诸如撤销、单方解除合同、抵销、行使期权等行为。

二、过错责任的认定

公司关联交易责任纠纷系侵权责任纠纷作为司法实务界已取得的共识,而过错是一般侵权责任构成要件之一(该过错应当包括故意与过失),所以在此类纠纷的处理过程中,过错责任的认定是一个必须解决的问题。

法律明文禁止利用关联关系损害公司利益,即不得利用关联关系损害公司利益是当事人应当知道的,在当事人应当知道这一禁止性规定还为之的,则明显存在过错。这一过错在实务中的具体表现为当事人知道或应当知道该关联交易未经合法程序或实质损害公司利益还为之。比如:控股股东明知公司为其提供担保须经公司股东会决议,但其通过控制公司不经决议即为自己提供担保;公司董事、高级管理人员对公司负有勤勉、忠实义务,其未如实披露关联交易信息,即使其主观上没有隐瞒的故意,亦至少存在过失;存在关联关系的董事知道或应当知道关联交易价格不公,但仍控制公司进行关联交易,则显然存在过错。实务判例亦

---

① 参见何建编著:《公司法条文对照与适用要点》,法律出版社2024年版,第38页。

持前述观点。

裁判观点：控股股东利用关联关系损害公司利益，应当承担赔偿责任。

【典型案例】金居公司、东晟公司损害公司利益责任纠纷案。[①] 最高人民法院认为，根据原审查明的事实，金居公司持有东晟公司78.2%股权，为东晟公司控股股东。2006年至2016年，金居公司将东晟公司4700余万元资金转入金居公司账户，前后共持续十年时间不归还。这些款项支付未经过东晟公司股东会或董事会的决议同意，却是由金居公司法定代表人、董事长、总经理范某涛等人签字审批。而范某涛非东晟公司董事、经理，无权决定东晟公司的相关事项，具体转款手续也是由金居公司员工刘某红经办的，均非东晟公司的自主行为。东晟公司作为企业法人，依法具有独立法人人格，享有独立的法人财产权。金居公司作为东晟公司的控股股东，实施的上述行为损害了东晟公司的法人财产权。根据《公司法》(2018年)第20条第1款、第21条[②]的规定，原审判决认定金居公司的行为构成侵权，判令其返还占用的东晟公司资金本金及利息损失，具有事实依据。

三、损失结果的认定

（一）损失结果及范围的实务认定

损失赔偿的前提是损失结果的客观存在，无损失结果，就无所谓损失赔偿。所以损失结果的认定在此类纠纷中尤为关键。首先应当明确是直接金钱损失还是特定物损失。

司法实践中与公司关联交易损害公司利益损失范围认定的相关裁判观点及典型案例如下。

裁判观点一：占用公司资金本金及利息损失应予以返还。

【典型案例一】金居公司、东晟公司损害公司利益责任纠纷案。[③] 最高人民法院认为，2006年至2016年，金居公司将东晟公司4700余万元资金转入金居公司账户，前后共持续十年时间不归还。这些款项支付未经过东晟公司股东会或董事会的决议同意，却是由金居公司法定代表人、董事长、总经理范某涛等人签字审批。根据《公司法》(2018年)第20条第1款、第21条[④]的规定，原审判决认定金居公司的行为构成侵权，判令其返还占用的东晟公司资金本金及利息损失，具有事实依据。

【典型案例二】创联公司与创智利德公司公司关联交易损害责任纠纷案。[⑤] 二审法院认为，《公司法》(2018年)第21条[⑥]规定的"利用其关联关系"和"损害公司利益"是判定赔偿责任的两个根本标准。具体到本案中，则需要判断创联公司与创智利德公司是否形成关联关系以及交易行为是否损害创智利德公司的利益。一方控制、共同控制另一方或对另一方施加重大影响，以及两方或两方以上同受一方控制、共同控制或重大影响的，构成关联方。本案中，创

---

① 参见最高人民法院民事裁定书，(2019)最高法民申6534号。
② 分别参见新《公司法》第21条第1款、第22条。
③ 参见最高人民法院民事裁定书，(2019)最高法民申6534号。
④ 分别参见新《公司法》第21条第1款、第22条。
⑤ 参见北京市第一中级人民法院民事判决书，(2021)京01民终9900号。
⑥ 参见新《公司法》第22条。

联公司控股子公司新华科技持有创智利德公司97.8245%的股权,创智利德公司系创联公司间接控制的企业。因此,创联公司与创智利德公司构成关联关系。一审法院认定创智利德公司有权要求创联公司赔偿本金损失300万元及相应利息,于法有据,二审法院予以确认。

裁判观点二: 关联方以低值高估财产抵偿其对公司的债务,抵债财产评估价值与债权金额的差额属于公司损失。

【典型案例】南长区公司、浦东公司诉恒通公司侵权纠纷案。① 法院认为,恒通公司、新江南公司、物华公司于1998年8月20日签订的债权债务处理协议书,除其中约定恒通公司以房产作价抵偿给新江南公司属控股公司恒通公司对被控股公司新江南公司实施控制行为且损害公司利益,违背公平、诚实信用原则而应认定无效外,其余条款未违反国家禁止性法规,应认定合法有效。恒通公司虽将部分约定抵债房产实际价值11,197,400元过户给新江南公司,但该抵债行为已给新江南公司造成14,608,680元损失;加之作价1390.392万元房产已被海南省高级人民法院强制执行给他人,恒通公司实际给新江南公司造成损失2581.26万元,故恒通公司明知自己控股地位而为谋取本公司利益对被控制公司新江南公司施以物低值高估抵债行为应认为系对新江南公司及该公司非控股股东构成侵权。恒通公司应赔偿因其侵权行为给新江南公司造成损失2581.26万元并支付同期银行逾期贷款利息。最终判令:恒通公司应于本判决生效之日起立即给付新江南公司2851.26万元并支付同期银行逾期贷款利息5,637,796元。

(二)损失金额的举证问题

损失金额的认定应当兼顾涉及的法律事实与因果关系。关于损失金额的举证问题:

首先,应当遵循"谁主张,谁举证"的一般原则,即原告应当对其主张的损失数额承担举证证明责任。

其次,如果原告能够举证证明损失存在,即公司因关联交易遭受损失这一事实具有高度盖然性,即便原告提供的证据不足以证明其所主张的具体损失数额,实务中法院一方面会综合全案情况坚持公平原则运用自由裁量权对损失数额予以酌定,另一方面也可能因原告提供的证据不足以证明其所主张的具体损失数额而驳回其关于损失赔偿的诉讼请求。

再次,基于被告作为对公司具有控制能力、能够操纵关联交易的一方,涉及关联交易事实的相关证据往往由其掌握。对于能够确定由被告控制的证据,若原告要求法院责令被告提交,而被告拒不提交,根据《民事诉讼证据规定》第95条关于"一方当事人控制证据无正当理由拒不提交,对待证事实负有举证责任的当事人主张该证据的内容不利于控制人的,人民法院可以认定该主张成立"之规定,可以推定原告的主张成立。

司法实践中与损失金额举证相关的裁判观点及典型案例如下。

裁判观点一: 原告已提供初步证据证明其损失数额,被告作为控制证据方,无正当理由拒不提交相应证据,可以采信原告主张。

【典型案例】陕鼓汽轮机公司、高某华等公司关联交易损害责任纠纷案。② 最高人民法院认

---

① 参见江苏省无锡市中级人民法院民事判决书,(2000)锡经初字第140号。
② 参见最高人民法院民事判决书,(2021)最高法民再181号。

为,根据《民事诉讼证据规定》第 95 条的规定,高某华、程某作为钱塘公司合计控股 60% 的股东以及清算组成员,拒不提供钱塘公司财务报告等证据,未能提供足以反驳的证据。结合陕鼓汽轮机公司提交的第四组证据,陕鼓汽轮机公司认为因钱塘公司遭受损失数额为 7,064,480.35 元的主张,最高人民法院予以采信。故高某华、程某应连带赔偿陕鼓汽轮机公司损失共计 7,064,480.35 元。

裁判观点二:作为主导公司生产经营的控股股东和公司管理人员,应就关联交易价格公平合理以及交易正当性承担举证证明责任。

【典型案例】青海金三角公司与刘某峰、白某杰等损害公司利益责任纠纷案。[①] 二审法院认为,作为主导公司生产经营的控股股东和公司管理人员,应就案涉原粮交易价格公平合理与公司关联交易的正当性承担证明责任和义务。而刘某峰、白某杰等提供的证据均不足以证明各直属库与中储粮金三角公司进行原粮采购买卖时履行了以上审批和竞价程序,不能证明交易价格公平合理。

最后,在以董事、高级管理人员为被告的诉讼中,原告可能在主张损失赔偿的同时主张收入归入,虽法律不禁止二者同时适用,但因损失赔偿责任的主要功能在于损失填平,如公司基于归入责任的主张,其损失已能够获得一定填补,则在确定损失数额时,应当对已获填补部分相应予以扣减。

四、因果关系的认定

因果关系,是指关联交易行为与损害结果间的因果关系。对此应当关注以下两个方面的问题:其一,是否存在关联交易,且关联交易是否存在正当性,即必要性和合法性。其二,行为人对交易决策及交易实施的影响程度。

司法实践中与关联交易行为与损害结果间的因果关系认定相关的裁判观点及典型案例如下。

裁判观点一:关联交易的发生及变化与行为人任职期间及职务变化存在同步性,可以认定关联交易行为与损害结果之间有因果关系。

【典型案例】陕鼓汽轮机公司、高某华等公司关联交易损害责任纠纷案。[②] 最高人民法院认为,公司章程中明确约定了总经理职责为主持生产经营工作,陕鼓汽轮机公司亦提交了审批单等证据证明高某华实际履行了总经理的职权。而程某作为董事,并兼任其他公司职务,参与并影响陕鼓汽轮机公司的运营。在高某华任总经理主持生产经营工作期间,关联交易额所占陕鼓汽轮机公司采购总额的比例大幅上升,并在高某华、程某被解除相应职务后,关联交易急速减少并消失。关联交易的发生及变化与高某华、程某任职期间及职务变化存在同步性。根据《公司法》(2018 年)第 21 条[③] 的规定,高某华、程某共同实施的关联交易行为,损害了陕鼓汽

[①] 参见青海省高级人民法院民事判决书,(2019)青民终 91 号。
[②] 参见最高人民法院民事判决书,(2021)最高法民再 181 号。
[③] 参见新《公司法》第 22 条。

轮机公司利益。

裁判观点二：公司高级管理人员未披露关联交易，且怠于收回关联交易应收账款可认定该关联交易造成公司损失。

【典型案例】执行案外人、白某升再审案。① 最高人民法院认为，关于未办理过户登记是否非因神泽公司自身原因导致的问题。根据《最高人民法院关于人民法院办理执行异议和复议案件若干问题的规定》第28条的规定，神泽公司2013年8月30日与立元公司签订案涉房屋《商品房买卖合同》，最早于2016年6月1日占有案涉房屋，但直至2017年2月21日才向立元公司支付了购房款。案涉房屋土地使用权于2016年6月29日被法院查封，神泽公司未能提交充分的证据证明其采取了有效措施就案涉房屋的过户登记主张权利，其在申请再审书中亦提及"办理过户登记就显得不是那么迫切"。二审判决据此认定本案现有证据不足以证明案涉房屋未办理过户非因神泽公司自身原因造成，并无不当。

五、法定归入责任问题

根据新《公司法》第182条的规定，需要特别注意的有三点：一是该规定相较于原《公司法》第148条的规定，将该类交易主体从董事、高级管理人员扩张到了其近亲属，以及这些人员的关联方，也就是说，将法定归入责任承担主体在原有基础上进行了扩张。同时根据新《公司法》第180条第3款的规定，自我交易的责任主体范围还应当包括不担任公司董事但实际执行公司事务的公司的控股股东、实际控制人及其近亲属、近亲属直接或者间接控制的企业、有其他关联关系的关联人。二是法定归入责任应当区别于损害赔偿责任，不以公司是否实际遭受损失作为构成要件，而取决于交易人是否因此获得收入，其实质具有一定的惩罚及警示功能。三是归入范围限于因该交易取得的收入，如行为人未因此获得收入，则不产生法定归入责任。

六、对关联交易的效力否定

关联交易作为一种民事法律行为，往往是以合同方式予以呈现，对该类行为的法律效力的认定，实际上就是对关联交易合同效力的认定。根据《公司法解释（五）》第2条的规定可知，在公司关联交易损害利益责任纠纷中的股东代表诉讼中，可以就关联合同的效力、可撤销或者对公司不发生效力的情形提起诉讼。于是在该类案件的实务中，当事人主张关联交易合同的无效情形变得非常常见。值得注意的是，在此类纠纷中，在对合同效力请求或责任请求的处理中，亦可能存在对相关公司决议效力的评价。但由于在公司关联交易损害责任纠纷案件中，原告不可以将否定公司决议效力作为一项诉讼请求提出（因请求确认决议效力或撤销决议，应列公司为被告，而公司关联交易损害责任诉的是高级管理人员。诉讼中，公司应当为原告或第三人，确认决议效力或撤销决议的诉讼请求客观上无法合并在公司关联交易损害责任诉讼中），所以对关联交易效力的认定，法院一般会从公司法结合合同法的视角进行审查认定。

---

① 参见最高人民法院民事裁定书，(2019)最高法民申2728号。

（一）关联交易合同是否对公司发生效力

《公司法解释（五）》第2条在2020年年底修订时新增了"对公司不发生效力"的情形。实践中，关联交易合同对公司不发生效力的情形主要有以下几种：

根据《民法典》第171条，代理或代表公司进行交易的关联人构成越权代表或越权代理，公司未确认相对人也非善意情形下，相关代理行为对被代理或被代表的公司不发生效力。

根据《民法典》第168条，也有观点认为，对于双方代理形成的关联交易合同，在公司未同意或追认的情形下，该法律行为亦属于对公司不发生效力的情形。①

根据《民法典》第504条，亦可推论得出公司的法定代表人越权代表公司且合同相对人知道或者应当知道其越权的情形下形成的关联交易合同，如果不被公司同意或者追认，对公司亦不发生效力。

上述情形中的公司同意或追认，应当以公司决议或公司章程特别规定的批准形式体现，需要结合公司的内部行为效力进行认定。涉及相关公司决议的审查时，应根据《民法典》、《公司法》及相关司法解释对公司决议效力进行认定、判断公司内部是否成立合法有效的决议行为。②

根据《民法典》的相关规定，行为人越权代表或越权代理公司对外实施的行为，按照一般合同效力的判断标准，还需要审查合同相对人是否构成善意。该相对人有理由相信行为人有代表或代理权的，该行为有效。但在关联交易合同中，合同相对方是否构成善意，就应当充分考虑关联关系的影响。

【典型案例】安连公司诉安聚公司、魏某生公司关联交易损害责任纠纷案。③法院认为，安聚公司作为安连公司的控股股东，且通过委派至安连公司担任董事长的魏某生能够直接控制安连公司，未按公司章程规定经董事会决议，由被告魏某生以法定代表人身份，代表安连公司进行交易，受让安连公司域名及商标，并约定交易价格为零元，致使安连公司丧失无形资产所有权及收益权。因此，该转让行为系损害安连公司利益的关联交易行为，应当认定无效。据此，判决安聚公司与安连公司实施的域名和商标转让行为系关联交易，转让合同无效，应恢复原状，系争域名和商标为安连公司所有，同时判决被告魏某生、安聚公司赔偿原告实际损失35,905.70元，可得利益损失20万元。

（二）关联交易合同本身是否有效

关联交易合同作为一种民事法律行为，其本身的效力应当依据《民法典》第143条、第153条、第154条的规定进行认定。

裁判观点：构成双方代理并转移企业资产，直接损害了被告公司、股东及债权人的利益，关联交易合同应属无效。

【典型案例】知信实业公司与碧信广告公司关联交易纠纷案。④法院认为，林某世代理被告

---

① 参见张应杰主编：《公司责任纠纷类案裁判思维》，人民法院出版社2023年版，第366页。
② 参见张应杰主编：《公司责任纠纷类案裁判思维》，人民法院出版社2023年版，第366页。
③ 参见上海市长宁区人民法院民事判决书，(2010)长民二(商)初字第1742号。
④ 参见上海市卢湾区人民法院民事判决书，(2008)卢民二(商)初字第855号。

向原告作出承诺,然后林某世又代表原告予以接受,承诺书所形成的交易是在林某世一手安排下完成的,这无疑使林某世的行为构成双方代理。另外,原告利用与被告的关联关系,通过承诺书规定被告支付10%的营业款,已不是简单的利润给付,更是一种企业资产的转移,明显超出正常的商业规则,直接损害了被告公司、股东及债权人的利益,故双方关联交易所产生的系争承诺书应属无效。

(三)是否存在可撤销情形

《民法典》中可撤销情形的相关规定可参见第147～151条。

在可撤销的民事法律行为的处理中,应当特别注意的是,《民法典》第152条对撤销权行使除斥期间的规定,同时还需要注意的是撤销权除斥期间属于不变期间,不适用有关诉讼时效中止、中断和延长的规定。

七、法院针对公司关联交易损害责任纠纷的审理原则

关联交易分为正当与非正当两类,《公司法》并不排除正当的关联交易。司法实务中,判断关联交易是否正当,法院一般会从交易程序是否合法、信息披露是否充分、交易价格是否公允等维度进行考量,其中核心为交易价格的公允性,即是否实质损害公司利益。根据《公司法》第22条的规定,关联交易损害责任纠纷的核心为损害赔偿,相应地,诉讼请求多为赔偿请求,而该请求支持与否的要件仍为该条规定的五类人员利用关联关系是否给公司造成损害结果。在该类诉讼中损害结果是关注的焦点。但如果涉及效力请求,即使损害结果不存在,也需单独关注效力问题。实务中,法院在审理此类案件时一般会遵循以下原则:

1. 实质审查原则

交易是否损害公司利益,核心在于交易价格是否公允。

2. 兼顾交易程序审查原则

交易程序是否合法、信息披露是否充分。这涉及董事、监事、高级管理人员及其执行公司事务的双控人的忠实义务,控股股东、实际控制人的诚信义务,以及双方代理(代表)的禁止义务。但在实务中,如果关联交易未实质损害公司利益,即使程序存在瑕疵,也可能不会认定为不正当关联交易。

裁判观点:关联交易未经披露且损害公司利益,应当认定为不正当关联交易。

【典型案例】中欧公司与鱼果公司、郭某损害公司利益责任纠纷案。[①] 二审法院认为,《广告设计合同》发生在中欧公司与鱼果公司之间,签订合同时,中欧公司的印章由郭某保管,郭某又系鱼果公司占股比例99%的控股股东,郭某与鱼果公司之间存在密切的关联关系,双方之间的交易行为属于关联交易,且郭某对中欧公司具有控制力和重大影响力。郭某在作出重大决定前既未召开股东会进行协商,也未征求其他股东的意见,本案所涉合同违背了公司真实意思表示,该合同亦未对中欧公司产生利益。郭某经手将中欧公司款项划至鱼果公司的行为直

---

① 参见江苏省无锡市中级人民法院民事判决书,(2016)苏02民终1863号。

接损害了中欧公司的利益。《广告设计合同》因违背了中欧公司的真实意思表示,且损害公司利益,应当认定为不当关联交易,一审判决认定该合同无效并无不当。

3. 交易维持原则

因为关联交易涉及的利益相关者众多,法律所持立场未必是非此即彼的简单态度,损害赔偿与效力维持可能共存于同一交易评价。① 故实务中一般应综合考虑各方利益的平衡、董事等高级职员履职积极性的维护、外部交易秩序的稳定及交易安全。

4. 防止诉权滥用原则

司法实践中与诉权滥用原则相关的裁判观点和典型案例如下。

裁判观点一: 关联交易是否正当主要从程序公平和实质公平两个标准进行衡量。程序公平标准主要指根据法律和公司章程的规定,关联交易需经股东会、股东大会同意,并且履行了信息披露义务。实质公平标准是指交易内容公平合理,公司所得与公司所失相等,公司愿意以同等条件与第三人进行交易。实践中,需由被控关联交易的董事、高级管理人员承担举证责任,证明关联交易符合双重公平标准,若举证不能,该关联交易应认定为不具有正当性。

【典型案例】 韩某某与孙某某损害公司利益责任纠纷案。② 二审法院认为,关联交易是指公司与其关联人之间发生的可能导致转移资源或者义务的行为。正常的关联交易可以稳定公司业务、分散交易风险,有利于公司发展。但其危险在于,公司在交易中可能会得到不公平的对待。实践中,公司的控股股东、实际控制人、董事、监事、高级管理人员等,利用与公司的关联关系,使公司与自己或者其他关联方从事不利的交易,直接或间接损害公司的利益。法律有必要对这种不正当的关联交易予以特别规制,予以矫正控股股东、实际控制人、董事、监事、高级管理人员与公司之间因关联交易导致的利益失衡。根据我国《公司法》(2018年)第148条第1款第4项③和《公司法解释(五)》第1条的规定可知,董事、高级管理人员实施的关联交易需满足"公平标准",而"公平标准"具体又包含:(1)程序公平标准;(2)实质公平标准。程序公平标准主要指根据法律和公司章程的规定,关联交易需经股东会、股东大会同意,并且履行了信息披露义务。在此前提下,关联交易还需满足实质公平标准,是指公司所得与公司所失相等,公司是否愿意以同等条件与第三人进行交易。对上述要求,主要应由董事、高级管理人员承担举证责任,否则其要承担举证不能的法律后果,关联交易便不具有正当性。本案中,韩某某与大风行公司之间的股权转让系韩某某与大风行公司之间的关联交易。韩某某需举证证明该关联交易的公平性。韩某某承认交易未经过股东会决议,也未举证证明曾就该交易履行了信息披露义务。其主张曾跟公司股东进行了沟通,但并未提交相关证据予以证明,不符合《公司法》以及司法解释规定的程序性公平标准,二审法院不予采信。因此,该关联交易不符合实质性公平标准,损害了大风行公司的合法利益。根据《公司法》(2018年)第148条第2款④"董事、高级管理人员违反前款规定所得的收入应当归公司所有"的规定,韩某某基于上述

---

① 参见钟凯:《公司法实施中的关联交易法律问题研究》,中国政法大学出版社2015年版,第325页。
② 参见北京市第三中级人民法院民事判决书,(2020)京03民终7060号。
③ 参见新《公司法》第182条。
④ 参见新《公司法》第186条。

不公平的关联交易所得的收入应该归大风行公司所有。一审判决韩某某归还大风行公司股权转让款并无不当。

裁判观点二： 关联交易是指公司与其关联人之间发生的可能导致转移资源或者义务的行为。正常的关联交易可以稳定公司业务、分散交易风险，有利于公司发展。因此法律仅对不正当的关联交易予以规制，以矫正控股股东、实际控制人、董事、监事、高级管理人员与公司之间因关联交易导致的利益失衡。

【典型案例】人民商场公司与康成公司损害公司利益责任纠纷案。[①] 二审法院认为，关于康成公司对共同采购和配送业务的转移是否构成侵权，以及应否承担责任的问题，根据原判决查明的事实，2014年10月之前人民大润发公司除经营其自有的历下店、历城店之外，还为康成公司参股或控股的大润发华北区域40家门店实施共同采购和配送业务，该共同采购和配送业务构成人民大润发公司的主要利润来源。人民商场公司以康成公司将该共同采购和配送业务转移至历下大润发公司构成侵权为由，主张康成公司等六方损害了合作公司即人民大润发公司的利益。就此二审法院认为，关于康成公司就各共同采购店解除与人民大润发公司之间的委托关系是否构成侵权并应当承担责任。本案中，各共同采购店可自行决定是否与人民大润发公司建立委托合同关系，也可依据该合同决定是否解除双方间的委托关系。康成公司作为各共同采购店的参股或控股股东，虽能够对各门店选择共同采购和配送商这一交易对象的商业决策产生影响，但此仅系康成公司作为各门店的股东行使重大决策权的体现。在康成公司并无法定或约定的义务将该共同采购和配送业务授权给人民大润发公司的情况下，即使各门店系根据其股东康成公司的意志，解除与人民大润发公司的委托合同，亦认为康成公司侵害了人民大润发公司的利益并应就此承担责任。否则，如认为康成公司在同时具备委托合同双方股东身份的情况下，任何一方解除合同，对方即可追究股东的责任，则无异于限制了合同主体的交易自由。作为委托合同当事人，人民大润发公司可在该合同项下向各共同采购店主张自己的权利。综上，康成公司就各共同采购店解除与人民大润发公司之间的委托关系，不构成侵权，无须承担法律责任。综上所述，康成公司并无法定或约定的义务将共同采购和配送业务授权给人民大润发公司，案涉共同采购和配送业务的转移亦不构成康成公司的侵权行为，康成公司上诉请求成立。人民商场公司上诉请求和理由不能成立，应予驳回。原判决认定事实基本正确，适用法律不当，应予纠正。

第二节　司法实务中公司关联交易损害责任纠纷的相关要点问题

一、关联关系的实务认定

（一）关联关系的定义

公司关联交易损害责任纠纷诉讼发生的前提是存在关联交易损害公司利益的事实，且关

[①] 参见最高人民法院民事判决书，(2019)最高法民终991号。

联交易的对象与公司存在关联关系。

根据《公司法》第 265 条第 4 项、《企业会计准则第 36 号——关联方披露》第 3 条的规定，我们可以得出，认定关联关系的核心在于一方对另一方的控制或者重大影响，尤其是对其财务或经营决策能够形成实质性控制或者重大影响。所以，在实务中，对关联关系的认定，需要结合交易双方是否存在股权交叉（包括直接的股权交叉或多层次间接的股权交叉），是否共同由一人控制，以及交易所涉的相关自然人之间是否存在直系血亲、姻亲、共同投资、产业联盟关系等可能导致利益转移的其他关系等因素综合进行认定。

（二）关联方的认定

1.司法实务中关联方认定的参考依据

关联关系本质是关联方之间的关系。财政部制定的《企业会计准则第 36 号——关联方披露》、证券交易所制定的股票上市规则对关联方的定义及类型均有详细规定，这些都是司法实务中界定关联关系的重要参考依据。其中：

《企业会计准则第 36 号——关联方披露》第 3 条规定，一方控制、共同控制另一方或对另一方施加重大影响，以及两方或两方以上同受一方控制、共同控制或重大影响的，构成关联方。控制，是指有权决定一个企业的财务和经营政策，并能据以从该企业的经营活动中获取利益。共同控制，是指按照合同约定对某项经济活动所共有的控制，仅在与该项经济活动相关的重要财务和经营决策需要分享控制权的投资方一致同意时存在。重大影响，是指对一个企业的财务和经营政策有参与决策的权力，但并不能够控制或者与其他方一起共同控制这些政策的制定。

《企业会计准则第 36 号——关联方披露》第 4 条列举的关联方包括：（1）该企业的母公司。（2）该企业的子公司。（3）与该企业受同一母公司控制的其他企业。（4）对该企业实施共同控制的投资方。（5）对该企业施加重大影响的投资方。（6）该企业的合营企业。（7）该企业的联营企业。（8）该企业的主要投资者个人及与其关系密切的家庭成员。主要投资者个人，是指能够控制、共同控制一个企业或者对一个企业施加重大影响的个人投资者。（9）该企业或其母公司的关键管理人员及与其关系密切的家庭成员。关键管理人员，是指有权力并负责计划、指挥和控制企业活动的人员。与主要投资者个人或关键管理人员关系密切的家庭成员，是指在处理与企业的交易时可能影响该个人或受该个人影响的家庭成员。（10）该企业主要投资者个人、关键管理人员或与其关系密切的家庭成员控制、共同控制或施加重大影响的其他企业。该准则第 5 条规定，仅与企业存在下列关系的各方，不构成企业的关联方：（1）与该企业发生日常往来的资金提供者、公用事业部门、政府部门和机构。（2）与该企业发生大量交易而存在经济依存关系的单个客户、供应商、特许商、经销商或代理商。（3）与该企业共同控制合营企业的合营者。除此之外，其他关于关联方或关联人的定义，则主要见诸与上市公司、证券交易等相关的规范性文件中。

《深圳证券交易所股票上市规则》（2024 年修订）第 6.3.3 条将上市公司的关联人分为关联法人（或者其他组织）和关联自然人，其中列举的上市公司的关联法人（或者其他组织）包括：

(1)直接或者间接地控制上市公司的法人(或者其他组织);(2)由前项所述法人(或者其他组织)直接或者间接控制的除上市公司及其控股子公司以外的法人(或者其他组织);(3)持有上市公司5%以上股份的法人(或者其他组织)及其一致行动人;(4)由上市公司关联自然人直接或者间接控制的,或者担任董事(不含同为双方的独立董事)、高级管理人员的,除上市公司及其控股子公司以外的法人(或其他组织)。关联自然人包括:(1)直接或者间接持有上市公司5%以上股份的自然人;(2)上市公司董事、监事及高级管理人员;(3)直接或者间接地控制上市公司的法人(或者其他组织)的董事、监事及高级管理人员;(4)上述第1项、第2项所述人士的关系密切的家庭成员。在过去12个月内或者根据相关协议安排在未来12个月内,存在第2款、第3款所述情形之一的法人(或者其他组织)、自然人,为上市公司的关联人。中国证监会、深圳证券交易所或者上市公司根据实质重于形式的原则,认定其他与上市公司有特殊关系、可能或者已经造成上市公司对其利益倾斜的自然人、法人(或者其他组织),为上市公司的关联人。

2. 司法实务中关联方认定的基本观点

实务中关于关联方的认定,主要分歧在于关联方是仅指公司外部关联人,还是也包括公司控股股东、实际控制人、董事、监事、高级管理人员这五类公司内部人。

最高人民法院认为,虽然《公司法》对该概念无明确界定,但如从《企业会计准则第36号——关联方披露》第3条的规定考量,则应当认为"关联方"包括公司内部人。[①] 在司法实践中,通常将关联方理解为既包括控股股东、实际控制人、董事、监事、高级管理人员这些公司内部人,又包括与这些人员存在控制、重大影响关系的公司外部人。相应地,"关联关系"也应当理解为既包括公司内部人与公司之间的关系,也包括外部关联方与公司之间的关系。

在这里需要注意对于使用"关联交易"表述的两个司法解释中的"关联交易"的理解:

一是《公司法解释(三)》第12条的规定,关于这一规定中的"关联交易",有观点认为结合该条就抽逃出资形式所列举的几种情形,可以将该条第3项规定的"关联交易"作狭义理解,即仅指公司与公司外部关联人交易,理由为股东自己与公司交易的情形已涵盖在其他几项所列抽逃出资的情形中。

二是《公司法解释(五)》第1条、第2条规定的"关联交易"是否包括自我交易。最高人民法院在就《公司法解释(五)》所涉关联交易相关规定制定背景进行介绍时指出,"但实践中发现,一些公司大股东、实际控制人和管理层,利用与公司的关联关系和控制地位,迫使公司与自己或者其他关联方从事不利的交易,以达到挪用公司资金、转移利润的目的,严重损害公司、少数股东和债权人利益",[②] 由此可知,此处的"关联交易"应当包含自我交易,即此处应作广义解释。

[①] 参见最高人民法院民事审判第二庭编:《民商事审判指导》2005年第2辑(总第8辑),人民法院出版社2006年版,第78页。其中认为,按《公司法》第21条(参见新《公司法》第22条)的规定,可将关联交易人界定为公司控股股东、实际控制人、董事、监事、高级管理人员等自然人和其直接控制或者间接控制的企业法人。

[②] 参见最高人民法院:《最高人民法院民二庭相关负责人就〈关于适用〈中华人民共和国公司法〉若干问题的规定(五)〉答记者问》,载微信公众号"最高人民法院"2019年4月28日,https://mp.weixin.qq.com/s/nx97ILc6PII1PyGIIifylw。

3. 关联关系的判断标准

判断关联关系存在的基本标准是，在企业财务和经营决策中，如果自然人或法人有能力直接或间接控制、共同控制企业或对企业施加重大影响，即认为具有关联关系。关联关系往往存在于控制或被控制、共同控制或被共同控制、施加重大影响或被施加重大影响的各方之间，即建立控制、共同控制和施加重大影响是关联方存在的主要特征。[①]最高人民法院发布的第68号指导案例认为，从《公司法》对关联关系定义的规定可见，公司法所称的关联公司，既包括公司股东的相互交叉，也包括公司共同由第三人直接或者间接控制，或者股东之间、公司的实际控制人之间存在直系血亲、姻亲共同投资等可能导致利益转移的其他关系。结合企业会计准则等规范可见，关联关系的特征在于"控制"以及"可能导致公司利益转移"。其中，"控制"主要表现为对财务或经营决策的实质性控制或重大影响。直接控制的表现为行为人为关联方的控股股东、实际控制人、董事、监事、高级管理人员。间接控制则多表现为交易双方股东间的相互交叉，交易双方的控股股东、实际控制人、董事、监事、高级管理人员之间存在近亲属关系等。对此，新《公司法》第182条规定，董事、监事、高级管理人员直接或者间接与本公司订立合同或者进行交易，应当就与订立合同或者进行交易有关的事项向董事会或者股东会报告，并按照公司章程的规定经董事会或者股东会决议通过。董事、监事、高级管理人员的近亲属，董事、监事、高级管理人员或者其近亲属直接或者间接控制的企业，以及与董事、监事、高级管理人员有其他关联关系的关联人，与公司订立合同或者进行交易，适用前款规定。据此，实际上新《公司法》已明确了关联交易的主体除股东、实际控制人、董事、监事、高级管理人员、执行公司事务的双控人、前述人员直接或者间接控制的企业，还包括董事、监事、高级管理人员的近亲属及其近亲属直接或者间接控制的企业，与董事、监事、高级管理人员有其他关联关系的关联人。需要注意的是，上述法律同时规定国家控股的企业之间，不能仅因为其同受国家控股而具有关联关系。

司法实践中有关关联关系认定的裁判观点及典型案例如下。

裁判观点一：公司实际控制人、股东间存在亲属关系、共同投资关系时可以认定公司存在关联关系。

【**典型案例一**】欧宝公司诉特莱维公司企业借贷纠纷案。[②]最高人民法院认为，欧宝公司与特莱维公司是否存在关联关系的问题。根据《公司法》(2013年)第217条[③]的规定，本案中，曲某丽为欧宝公司的控股股东，王某新是特莱维公司的原法定代表人，也是案涉合同签订时特莱维公司的控股股东翰皇公司的控股股东和法定代表人，王某新与曲某丽系夫妻关系，说明欧宝公司与特莱维公司由夫妻二人控制。欧宝公司称两人已经离婚，却未提供民政部门的离婚登记或者法院的生效法律文书。虽然辽宁省高级人民法院受理本案诉讼后，特莱维公司的法定代表人由王某新变更为姜某琪，但王某新仍是特莱维公司的实际控制人。同时，欧宝公司股

---

① 参见唐德华、高圣平主编：《公司法及配套规定新释新解》(下)，人民法院出版社2005年版，第1757页。
② 参见最高人民法院民事判决书，(2015)民二终字第324号。
③ 参见新《公司法》第265条。

东兼法定代表人宗某光、王某等人,与特莱维公司的实际控制人王某新、法定代表人姜某琪、目前的控股股东王某共同投资设立了上海特莱维,说明欧宝公司的股东与特莱维公司的控股股东、实际控制人存在其他的共同利益关系。另外,沈阳特莱维是欧宝公司控股的公司,沙琪公司的股东是王某新的父亲和母亲。可见,欧宝公司与特莱维公司之间、前述两公司与沙琪公司、上海特莱维、沈阳特莱维之间均存在关联关系。欧宝公司与特莱维公司及其他关联公司之间还存在人员混同的问题。首先,高级管理人员之间存在混同。姜某琪既是欧宝公司的股东和董事,又是特莱维公司的法定代表人,同时还参与翰皇公司的清算;宗某光既是欧宝公司的法定代表人,又是翰皇公司的工作人员;王某新是特莱维公司原法定代表人、实际控制人,还曾先后代表欧宝公司、翰皇公司与案外第三人签订连锁加盟(特许)合同。其次,普通员工也存在混同。霍某是欧宝公司的工作人员,在本案中作为欧宝公司原一审诉讼的代理人;刘某君是欧宝公司的工作人员,在本案原一审和执行程序中作为欧宝公司的代理人;刘某以特莱维公司员工名义代理本案诉讼,又受王某新的指派代理上海特莱维的相关诉讼。上述事实充分说明,欧宝公司、特莱维公司以及其他关联公司的人员之间并未严格区分,上述人员实际上服从王某新一人的指挥,根据不同的工作任务,随时转换为不同关联公司的工作人员。欧宝公司的辩解,不足为信。原审法院关于欧宝公司和特莱维公司系由王某新、曲某丽夫妇控制之关联公司的认定,依据充分。

【典型案例二】瑞嘉吉公司与福建金石公司、中纺粮油公司、汇丰源公司买卖合同纠纷案。① 针对福建金石公司、田源公司两公司之间的关联关系的认定,二审法院认为,福建金石公司、田源公司在签订和履行《国有土地使用权及资产买卖合同》的过程中,其实际控制人之间系亲属关系,且柳某、王某琪夫妇分别作为两公司的法定代表人在合同上签署。因此,可以认定在签署以及履行转让福建金石公司国有土地使用权、房屋、设备的合同过程中,田源公司对福建金石公司的状况是非常清楚的,对包括福建金石公司在内的金石集团因"红豆事件"被仲裁裁决确认对瑞嘉吉公司形成1337万美元债务的事实是清楚的。

裁判观点二:间接控股企业之间,构成关联关系。

【典型案例】创联公司与创智利德公司公司关联交易损害责任纠纷案。② 二审法院认为,根据《公司法》(2018年)第216条③的规定,一方控制、共同控制另一方或对另一方施加重大影响,以及两方或两方以上同受一方控制、共同控制或重大影响的,构成关联方。本案中,创联公司控股子公司新华科技持有创智利德公司97.8245%的股权,创智利德公司系创联公司间接控制的企业。因此,创联公司与创智利德公司构成关联关系。

裁判观点三:公司间客观上存在控制与被控制关系的,构成公司法上的关联关系。

【典型案例】上海知信公司与上海碧信公司关联交易损害责任纠纷案。④ 法院认为,从工商

---

① 参见最高人民法院民事判决书,(2012)民四终字第1号。
② 参见北京市第一中级人民法院民事判决书,(2021)京01民终9900号。
③ 参见新《公司法》第265条。
④ 参见上海市卢湾区人民法院民事判决书,(2008)卢民二(商)初字第855号;上海市第一中级人民法院民事裁定书,(2008)沪一中民四(商)终字第1228号。

部门公示的信息来看，原告与被告系相互独立的企业法人，原告尚不能构成对被告股权控制或资本投资关系。然而，被告一经成立，原告即委派其法定代表人林某世任总经理职务，全面负责被告的经营及管理，且掌管被告各项印章，同时林某世可随意将资金划入其个人账户及向关联方作出转移公司利润的承诺，因此，原告与被告之间客观上已形成控制与被控制关系，两者构成公司法上的关联关系，由此产生的交易当属关联交易。二审法院维持了原审判决。

裁判观点四：虽未明确担任公司高级管理人员职务，但实际行使了高级管理人员的职权的，其关联方与公司间的交易行为属于关联交易。

【**典型案例**】周某与甘肃中集华骏关联交易损害责任纠纷案。[①] 关于周某在甘肃中集华骏任职期间，甘肃中集华骏与青海同海达公司2008年2月29日至2009年7月31日签订的承揽合同是否属于关联交易的问题。二审法院认为，判断公司相关人员是否为高级管理人员，应从该人员是否担任《公司法》规定的职务，或者公司的章程是否将担任其他职务的人员规定为公司的高级管理人员进行分析。本案中，周某作为甘肃中集华骏营销部经理，全面负责销售工作，在此期间甘肃中集华骏并没有设立副总经理，周某对选择交易对象以及是否签订合同具有决策权，对以什么方式进行资金回收亦有决定权，周某实际上行使的是公司高级管理人员的职权。其妻子高某某和亲戚成立青海同海达公司及转让公司股权的行为，与周某任营销部经理及离任具有同步性，事实上就是为了和甘肃中集华骏进行交易，周某亦未如实向公司报告该事项，在和青海同海达公司交易之后周某利用其职权，不及时回收资金，唯独与青海同海达公司的交易给甘肃中集华骏造成了巨大的损失。且周某在青海同海达公司未向甘肃中集华骏支付货款的情况下，利用职权继续与青海同海达公司签订合同并供货，周某的行为客观上给甘肃中集华骏造成了经济损失，应当承担赔偿责任。一审法院认定周某在甘肃中集华骏任职期间，甘肃中集华骏与青海同海达公司2008年2月29日至2009年7月31日签订的承揽合同属于关联交易并无不当，周某的该上诉理由不能成立。最高人民法院再审维持了二审法院的前述观点。

裁判观点五：不享有公司经营管理决策权的副总经理，也未实际实施职权行为，不承担关联交易损害赔偿责任。

【**典型案例**】青海金三角公司与刘某峰、白某杰等损害公司利益责任纠纷案。[②] 二审法院认为，根据中储粮金三角公司第一届董事会第一次会议决议，仲某春作为公司三名副总经理之一只是分管公司财务部工作，虽具有董事和高级管理人员身份，但公司章程中仅规定副总经理和财务负责人协助总经理工作，并未规定副总经理和财务负责人享有公司经营管理决策权，本案亦无证据证明其存在违反公司章程、规章制度和法律法规的侵权行为，青海金三角公司主张其承担赔偿责任，事实依据不足，不予支持。

[①] 参见甘肃省高级人民法院民事判决书，(2018)甘民终590号；最高人民法院民事裁定书，(2019)最高法民申2728号。

[②] 参见青海省高级人民法院民事判决书，(2019)青民终91号。

二、关联交易行为的相关问题

《公司法》第22条规定的利用关联关系的行为,通常为利用关联关系进行交易的行为,即关联交易。关联交易行为最主要的表现形式为合同行为,也包括非合同形式的其他转移资源或义务的事项。实务中对关联交易的判断应当关注以下方面:

(1)合同订立情况、合同约定内容(包括合同当事人、约定标的物价款、履行期限等)、缔约代表权问题等。

(2)合同履行情况。包括:①涉及金钱给付的,有无实际给付、已给付的具体时间、金额、支付方式等。②涉及其他有形物交易的,动产有无实际交付、特殊动产有无进行登记公示、不动产有无办理登记以及现物的情况(如由谁实际占有控制、是否存在毁损、灭失等)。③涉及知识产权交易的,要明确交易性质属于所有权转让还是许可使用,有无进行登记公示以及实际使用情况等。

(3)其他交易行为。如未订立合同,需判断是否存在其他转移资源或义务的交易行为,例如单方免除债务、单方代偿债务,或放弃其他权利(如放弃优先购买权、优先认缴出资权利等)。

(4)间接交易行为。实践中存在关联方为规避关联交易而有意通过"中间方"进行间接交易的情形。此时,需结合具体案件情况审查判断其是否实质属于关联交易。

【典型案例】武穴迅达医化公司与湖北迅达药业公司、李某公司关联交易损害责任纠纷案。[①]关于湖北迅达药业公司与武穴迅达医化公司在涉案期间的关联交易是否损害了武穴迅达医化公司的合法利益的问题。法院认为,第一,李某系湖北迅达药业公司董事长李某健之子,在担任湖北迅达药业公司董事长助理、总经理期间(李某健系公司大股东,李某自2011年2月28日成为公司股东)同时负责武穴迅达医化公司销售工作,且李某系武穴迅达医化公司章程载明的股东,李某同时代表武穴迅达医化公司、湖北迅达药业公司与南京威斯康公司协商交易情况,且在公安机关的讯问笔录中已承认两家公司是关联公司,为了避免直接进行交易才决定找一家中间人。故湖北迅达药业公司与武穴迅达医化公司涉案期间构成关联关系,其交易构成关联交易。武穴迅达医化公司并非必须通过南京威斯康公司、湖北迅达药业公司才能销售INT,南京威斯康公司、湖北迅达药业公司亦没有对INT进行深加工,使产品增加价值,仅仅进行转手交易即获得巨额利润,而上述利益,完全可以由武穴迅达医化公司通过自行对外出售而获得。故关联交易损害了武穴迅达医化公司的合法利益。第二,根据《公司法》(2013年)第21条[②]的规定,无论武穴迅达医化公司是否参与,实际控制人均不能实施利用其关联交易损害公司利益的行为,武穴迅达医化公司虽然参与了上述交易行为,但该公司当时的销售工作是由李某负责,李某的上述行为没有股东会的授权,其个人的行为损害了公司的利益。综上,李某在担任武穴迅达医化公司董事、监事、高级管理人员并实际控制武穴迅达医化公司销售工作期

---

① 参见湖北省黄冈市中级人民法院民事判决书,(2014)鄂黄冈中民二初字第00033号。
② 参见新《公司法》第22条。

间,与南京威斯康公司恶意串通,通过虚假交易的方式,由南京威斯康公司低价购买武穴迅达医化公司 INT,按比例收取费用后,出卖给由李某担任高级管理人员并占有股份的湖北迅达药业公司,由湖北迅达药业公司高价对外出售,使湖北迅达药业公司从中取得巨额利润,其行为违反了法律规定。法律并不禁止所有的关联交易行为,但禁止不公平的、损害公司利益的关联交易。湖北迅达药业公司与武穴迅达医化公司在涉案期间的关联交易行为因违反法律规定而无效,湖北迅达药业公司对其利用关联交易给武穴迅达医化公司造成损失而取得的利益应当承担返还责任,武穴迅达医化公司主张湖北迅达药业公司应返还武穴迅达医化公司销售货款的诉讼请求符合法律规定,法院依法予以支持。

三、关联交易程序的相关问题

司法实务中,法院对关联交易是否具有正当性的关注点通常为交易决策程序是否合法、信息披露是否充分、交易价格是否公允。所以在公司关联交易损害责任纠纷中关注的交易程序应当包括交易决策程序和信息披露。

(一)交易决策程序

正当的关联交易决策程序不仅应当符合法律及公司章程规定的程序,若缺乏二者则构成"未经程序"。虽已履行该程序,但履行存在瑕疵,如股东会的通知时间未严格按照章程的规定但不影响会议进行,或已经披露主要交易内容但对部分非主要内容未全面披露等,构成程序瑕疵。

裁判观点:不当关联交易则是指关联方利用其"控制力"或"重大影响力"与公司进行的实质上违背了公司真实意思表示、权利义务不对等且损害了公司利益的交易。关联交易的相关文件和过程细节必须及时披露,并通过相关机构的审查和监管,不得损害公司各股东、债权人和投资人的权益。

【典型案例一】中欧公司与鱼果公司、郭某损害公司利益责任纠纷案。[①] 二审法院认为,判断本案所涉《广告设计合同》是否有效,关键在于识别该关联交易是否为法律禁止的不当关联交易。本案中,《广告设计合同》因违背了中欧公司的真实意思表示,且损害公司利益,应当认定为不当关联交易,一审判决认定该合同无效并无不当。具体理由分析如下:从交易主体上看,《广告设计合同》发生在中欧公司与鱼果公司之间,签订合同时,中欧公司的印章由郭某保管,郭某又系鱼果公司占股比例 99% 的控股股东,郭某与鱼果公司之间存在密切的关联关系,双方之间的交易行为属于关联交易,且郭某对中欧公司具有控制力和重大影响力。从交易程序上看,郭某作为中欧公司的执行董事,虽然在中欧公司成立之前,各股东曾提及由郭某进行中欧公司广告设计的内容,但并未确定广告设计的具体项目、价格等内容,因此郭某仍然负有及时向各股东披露合同内容的义务,并经过协商同意的程序要件,郭某称签订合同当时,中欧公司的法定代表人费某一在场,该陈述与录音证据中费某一对订约事实不知情的情况明显不

---

① 参见江苏省无锡市中级人民法院民事判决书,(2016)苏 02 民终 1863 号。

符,法院对郭某该陈述不予采信。从整个交易流程看,可以认定郭某在作出重大决定前既未召开股东会进行协商,也未征求其他股东的意见,本案所涉合同违背了公司真实意思表示,该合同亦未对中欧公司产生利益。郭某经手将中欧公司款项划至鱼果公司的行为直接损害了中欧公司的利益。

【典型案例二】 中首智慧公司与中海租赁公司等公司关联交易损害责任纠纷案。① 法院认为,关联关系,是指公司控股股东、实际控制人、董事、监事、高级管理人员与其直接或者间接控制的企业之间的关系,以及可能导致公司利益转移的其他关系。公司的控股股东、实际控制人、董事、监事、高级管理人员不得利用其关联关系损害公司利益。违反前款规定,给公司造成损失的,应当承担赔偿责任。董事、监事、高级管理人员执行公司职务时违反法律、行政法规或者公司章程的规定,给公司造成损失的,应当承担赔偿责任。当事人对自己提出的诉讼请求所依据的事实或者反驳对方诉讼请求所依据的事实有责任提供证据加以证明。没有证据或者证据不足以证明当事人的事实主张的,由负有举证责任的当事人承担不利后果。本案中,原告中首智慧公司的公司章程第41条载明:董事会行使下列职权(第12项),任何单笔未超过300万元且累计未超过1000万元的关联交易;需要经全体董事中的2/3以上审议通过。2017年2月27日的《通用审批单》载明:审批详情,申请支付中海重工公司往来款项总计金额300万元整,望领导批示;审批人,侯某斌已同意。诉讼中,被告中海租赁公司与被告侯某斌均未能证明,涉案300万元款项的审批履行了原告中首智慧公司的公司董事会审议程序。被告中海租赁公司占用原告中首智慧公司的资金,原告中首智慧公司主张返还,被告中海租赁公司理应返还;被告侯某斌作为原告中首智慧公司高级管理人员违反了公司章程,对给公司造成的损失应承担赔偿责任。该案二审法院对一审判决予以维持。

【典型案例三】 陕鼓汽轮机公司、高某华等公司关联交易损害责任纠纷案。② 最高人民法院认为,高某华、程某是否履行了披露义务。披露关联交易有赖于董事、高级管理人员积极履行忠诚及勤勉义务,将其所进行的关联交易情况向公司进行披露及报告。根据陕鼓汽轮机公司公司章程第36条关于"董事及公司经营层人员不得自营或者为他人经营与本公司同类的业务或者从事损害本公司利益的活动。从事上述业务或者活动的,所有收入应当归公司所有。董事及公司经营层人员除公司章程规定或者股东会同意外,不得同本公司订立合同或者进行交易。董事及公司经营层人员执行公司职务时违反法律、行政法规或者公司章程的规定,给公司造成损害的,应当依法承担赔偿责任"的规定,本案高某华、程某作为董事及高级管理人员,未履行披露义务,违反了董事、高级管理人员的忠诚义务。根据《公司法》(2018年)第21条③关于"公司的控股股东、实际控制人、董事、监事、高级管理人员不得利用其关联关系损害公司利益"的规定,高某华、程某的行为不仅违反陕鼓汽轮机公司《公司章程》的约定,亦违反上述法

---

① 参见北京市石景山区人民法院民事判决书,(2020)京0107民初7341号;北京市第一中级人民法院民事判决书,(2021)京01民终1688号。
② 参见最高人民法院民事判决书,(2021)最高法民再181号。
③ 参见新《公司法》第22条。

律规定。

相关法律规范参见：《公司法》第15条、第21~23条、第139~141条、第179~185条、第188条；《民法典》第84条、第85条、第168条、第171条、第504条。

（二）对公司章程的关注要点

公司章程的规定情况，即公司章程对于关联交易的决策或批准程序是否有特别规定。如有，应按公司章程规定的程序进行。

交易的决策情况，即是否经过决策程序，决策程序是否符合公司章程或法律规定。

程序弥补情况，未经决策程序的交易，是否可以经决策机构事后追认，追认程序是否符合章程规定和法律规定。

（三）决策程序对关联交易效力的影响

对于决策程序对关联交易效力的影响，实务中存在两种观点：

观点一认为，合法有效的关联交易需要同时满足程序及实质公正要件。从有效要件构成的角度分析，合法有效的关联交易应当同时满足以下条件：交易信息披露充分、交易程序合法、交易对价公允。类似观点中，也有将程序要件作为关联交易合同生效要件的，认为我国《公司法》虽缺乏对关联交易批准程序等详细、明确的规定，但我国两交易所股票上市规则规定了上市公司关联交易应当遵循的规则，即在取得有关机关（尤其是股东会）的批准同意后，关联交易才能对公司产生法律效力。以此理解，通过股东会决议系关联交易生效的重要程序要件。[①]

观点二认为，从鼓励交易、维护公司利益的角度，应对否定关联交易效力持谨慎态度。有学者认为，不应将未经程序或程序瑕疵与交易效力直接挂钩，否则会大大挫败商业实践中通过关联交易实现公司发展的积极性，反而促使公司在关联交易中通过各种方式满足程序要求而隐藏交易实质。[②] 另言之，关联交易的正当性评价属于价值判断，对其效力判定则属于私法上的法律判断，从各国立法来看，被认定不具有正当性的关联交易一般可认定为无效行为，但基于对公司及其利益相关人员的特别保护，并非所有不正当关联交易都是无效或可撤销的。[③]

从司法实践来看，决策程序对关联交易的影响不能一概而论，一般会综合考虑以下因素：

首先应当考虑公司章程或法律对此类交易程序以及缺乏交易程序的后果有无明确规定。如果法律对交易后果有明确规定，则依法律规定作出认定。例如：

根据《公司法》第15条的规定，公司为其他企业、股东、实际控制人提供担保，应该经过相应程序，如果未能经过相应程序，或程序不符合法律规定且交易相对人非善意的情形下，则可根据《民法典》第171条第1款的规定直接得出该担保合同对公司不发生效力的结论。同时根据《民法典》第504条之规定，公司的法定代表人越权订立的合同，在相对人知道或者应当知道其超越权限时，该交易合同对公司亦不发生效力。

[①] 参见江必新、何东宁等：《最高人民法院指导性案例裁判规则理解与适用·公司卷》，中国法制出版社2012年版，第181~182页。

[②] 参见朱岩、冯琴：《论关联交易程序审查与实体审查的效力及关联——以〈公司法司法解释五〉第1条第1款为中心》，载《判解研究》2019年第2期。

[③] 参见钟凯：《公司法实施中的关联交易法律问题研究》，中国政法大学出版社2015年版，第193~194页。

根据《公司法》第 182 条关于自我交易的规定,并未规定有缺乏程序的法律后果,同时在《公司法》第 186 条规定了行为人违反规定所得收入归公司所有,理论上讲自我交易并非当然无效。新《公司法》亦将违反章程规定的自我交易行为从董事、监事、高级管理人员的禁止性行为中移出独立成条,同时不再将其表述为董事、监事、高级管理人员不得从事的行为,笔者认为是支持了上述观点。

值得注意的是,在之前的司法实践中,仍存在众多生效判决认为董事、高级管理人员违反公司章程的规定或者未经股东(大)会同意,与本公司订立合同无效,即自我交易合同通常情况下还是被认定为无效。

【典型案例一】封某某、罗某等与封某某、鸿翔公司损害公司利益责任纠纷案。[①]鸿翔公司由麻园村委会(后改为麻园社区居委会)出资 80%、封某某出资 20%,封某某于 1998 年至 2006 年担任公司董事长兼经理。鸿翔公司章程中没有关于"允许董事同本公司订立合同或者进行交易"的规定。自 1998 年起,鸿翔公司与鑫盛公司共同开发麻园商场。1998 年 8 月,鸿翔公司作出《集资决议》,决定属于公司的营业用房、住房由公司内部职工集资,并规定集资价。但该决议上仅载有鸿翔公司的公章,并无公司股东麻园村委会或封某某的签章。在集资过程中,鸿翔公司共出具 88.8 万元集资收条给封某某,商场修建完毕后,鸿翔公司与鑫盛公司明确了各自的财产范围。2004 年 5 月 18 日,封某某与鸿翔公司签订《分割协议》,明确:根据《集资决议》,该商场一楼 652.68 平方米属封某某集资,分割给封某某。同日,封某某办理了房产登记手续,将 652.68 平方米房屋分别登记在封某某及其妻罗某名下。后麻园社区居委会、鸿翔公司提起诉讼,请求确认关于鸿翔公司麻园商场一楼营业用房产权属封某某所有的内容无效,封某某退回该营业用房。毕节市中级人民法院、贵州省高级人民法院均支持了原告的诉讼请求。封某某、罗某不服,向最高人民法院申请再审,最高人民法院维持了原判。

最高人民法院认为,《分割协议》中关于一楼商场产权属于封某某所有的内容是否无效?案涉集资行为实质上是集资人同鸿翔公司之间的交易。封某某作为鸿翔公司前董事、董事长、经理,是公司的高级管理人员,在与鸿翔公司进行集资交易时,理应受到公司法的约束。封某某、罗某关于一审、二审法院在本案中适用公司法属于适用法律错误的主张不能成立。由于鸿翔公司章程中没有允许董事、经理同本公司订立合同或者进行交易的规定,且封某某与鸿翔公司进行集资交易、签订《分割协议》时均未得到股东会这一公司权力机构以股东会名义作出的同意,同时,尽管《集资决议》允许公司内部职工集资,但《集资决议》上仅载有鸿翔公司的公章,并无公司股东麻园社区居委会或封某某的签章,即亦不能就此推断封某某与鸿翔公司进行集资交易、签订《分割协议》的交易行为得到了股东会成员的同意。

最高人民法院之所以在本案中对"公司章程规定或者股东会同意"进行强调,一是因为当时的公司法对此有明确强制性规定,二是因为封某某与鸿翔公司进行交易时,是公司的董事、法定代表人,又是公司仅有的两个股东中的一个股东本人和另一个股东的主要负责人,且另一

[①] 参见最高人民法院民事判决书,(2014)民提字第 59 号。

个股东作为群众性自治组织,对涉及全体居/村民重大利益的问题作出表意行为时,还须提请居/村民会议讨论决定。因此,封某某、罗某关于麻园社区居委会从始至终均主导并知悉封某某集资行为的主张,不能补正封某某作为公司董事、经理,又兼具上述特殊身份而必须要有公司章程规定或者股东会同意作为依据,方能与鸿翔公司进行集资交易、签订《分割协议》缺乏公司章程规定或者股东会同意作为依据的重大瑕疵。

【典型案例二】 天丰公司与范某国专利申请权权属纠纷案。① 二审法院认为,范某某取得涉案专利申请权的行为应属无效,其上诉理由不能成立。范某某在2013年7月21日被免去公司总经理职务后,仍担任公司副董事长及总工程师。但其提交的2013年7月25日天丰公司同意将含涉案专利在内的5个专利归还给范某某的协议,并未经公司股东会、股东大会同意,违反了法律强制性规定。同时,范某某亦未提交充分证据证明,在上述归还协议及有关涉案专利的转让协议中,天丰公司的印章系代表着该公司的真实意思表示。

【典型案例三】 麦金利公司与孙某某申请撤销仲裁裁决案。② 法院认为,公司法上述规定属于禁止性规定。作为麦金利公司的股东、执行董事、法定代表人,孙某某与麦金利公司签订《解除及返还股权协议》并进行股权交易未经股东会、股东大会或者董事会同意,违反了公司法上述规定,该协议包括仲裁条款不能视为麦金利公司的真实意思表示,对麦金利公司不具有法律效力,即孙某某与麦金利公司就涉案纠纷不存在合法有效的仲裁协议。

以上案例均为之前的判决,为审慎起见,我们在处理此类案件的司法实务中还是应当关注管辖法院最近的相关判例,再行考虑诉讼策略。

同时,与前述观点相对应的,在此类纠纷中,还应当注意司法实务中对前述原告的交易无效主张的有效抗辩情形。

裁判观点一: 在公司任职不影响合同的效力。虽在公司任职,但不具有董事、高级管理人员身份,与公司订立合同合法有效。

【典型案例一】 李某某与益民公司破产清算组、铜川公司、第三人许某某、杜某某、程某收普通破产债权确认纠纷案。③ 法院认为,《公司法》(2013年)第216条④规定,高级管理人员,是指公司的经理、副经理、财务负责人,上市公司董事会秘书和公司章程规定的其他人员。益民公司章程未对高级管理人员作出明确规定。原告李某某虽为益民公司总经理助理,负责益民公司铺位销售工作,但公司章程对其身份并未明确规定,故其不属于公司法规定的高级管理人员。不受《公司法》(2013年)第148条第1款第4项⑤规定的约束。李某某与益民公司签订的《青岛上太阳城小吃城认购协议》不违反上述法律规定,应当按照协议约定予以结算。

【典型案例二】 兰新公司与吴某某车辆租赁合同纠纷案。⑥ 二审法院认为,本案中,吴某某

---

① 参见江苏省高级人民法院民事判决书,(2016)苏民终1171号。
② 参见广东省深圳市中级人民法院民事裁定书,(2015)深中法涉外仲字第149号。
③ 参见陕西省铜川市中级人民法院民事判决书,(2016)陕02民初56号。
④ 参见新《公司法》第265条。
⑤ 参见新《公司法》第182条。
⑥ 参见新疆维吾尔自治区乌鲁木齐市中级人民法院民事判决书,(2014)乌中民二终字第9号。

于2011年1月被聘为兰新公司生产副总经理,而吴某某与新公司之间的车辆租赁合同关系成立于2010年12月6日,届时吴某某的身份为兰新公司的普通职员,不是受任于兰新公司的高级管理人员,其与兰新公司之间的该项交易并非利益冲突当事人之间的交易,涉案《车辆租赁合同》具体由兰新公司法定代表人李某某与吴某某签订,合同双方对租赁费及支付方式等主要条款的约定形成于吴某某担任兰新公司生产副总经理之前,并非吴某某代表兰新公司与自己发生交易,不构成民法上的"双方代理",因此,兰新公司依据《公司法》(2013年)第148条①的规定对吴某某所主张的车辆租赁费行使归入权的上诉请求不能成立,二审法院不予支持。

裁判观点二:董事、高级管理人员与公司订立合同,虽未经股东会、股东大会决议,但有其他证据证明其他股东对此知情且同意的,不影响合同的效力。

【典型案例一】祥东公司与符某某、一审第三人李某某土地使用权转让合同纠纷案。② 二审法院认为,未经股东会或股东大会同意,作为具有公司法定代表人身份的个人是不能与本公司签订合同进行交易的。本案中,上诉人祥东公司第一任股东是符某某(占公司90%股权)及李某某(占公司10%股权),符某某作为公司法定代表人于2006年9月12日与自己签订了一份《土地使用权转让合同》,虽然公司没有正式召开股东会或股东大会作出决议,但另一股东李某某明确表示其与栋某某当时就转让涉案7亩土地给符某某一事已达成口头协议。因此,双方于2006年9月12日签订的合同并没有损害公司及其他股东的利益,是双方当事人真实意思表示,也符合法律规定,应是合法有效之合同。

【典型案例二】张某某与昱臣公司租赁合同纠纷案。③ 二审法院认为,本案中,被上诉人在与上诉人签订车辆租赁合同时,上诉人的控股股东杨某知晓并同意签订涉案合同,且进行该租赁交易不会损害上诉人及其股东的利益,故该合同依法有效。此外需要考虑的是关联交易后果是否实质损害公司利益,如果损害,则受损害人公司利益是否有必要通过交易效力否定方式予以救济。实务中常见的认定关联交易合同有效的情形有:关联交易后果未使公司利益受损,公司甚至因此获利。对于公司纯粹获利的关联交易、未给公司造成实质利益损害及无证据证明给公司造成实质利益损害的关联交易,法院一般不轻易否定其效力。

裁判观点三:董事、高级管理人员与公司订立的合同,如属公司纯获利益的交易行为,不影响合同的效力。董事、高级管理人员向公司出借资金,并约定合理利息的,不影响合同的效力。

【典型案例一】恒腾公司与吴某某损害公司利益责任纠纷案。④ 法院认为,该规定系为了防止公司的董事或高级管理人员利用职务形成的便利,通过与公司关联交易的方式,损害公司的利益。但公司纯获利益的交易行为,当不受此限。

【典型案例二】刘某某与佳禾公司借款合同纠纷案。⑤ 二审法院认为,关于佳禾公司称40

---

① 参见新《公司法》第181~184条。
② 参见广西壮族自治区北海市中级人民法院民事判决书,(2011)北民一终字第166号。
③ 参见山东省青岛市中级人民法院民事判决书,(2014)青民二商终字第157号。
④ 参见湖北省宜昌市中级人民法院民事判决书,(2015)鄂宜昌中民二初字第00048号。
⑤ 参见湖北省荆州市中级人民法院民事判决书,(2016)鄂10民终307号。

万元系自我交易不应受法律保护的问题。《公司法》(2013年)第148条第1款第4项①规定的立法目的是防止董事、高级管理人员在经营、掌控公司期间,利用自身职务的便利与本公司进行经营交易,以谋取自身利益,而损害了公司利益、股东权益。结合本案来看,刘某某向佳禾公司出借借款,并不涉及佳禾公司主营业务,不仅未与佳禾公司的利益发生冲突,未损害该公司及股东的权益,反而为佳禾公司的经营发展提供了资金上的支持,其约定的月利率1.5%亦在我国法律允许的限额内,而且该40万元借款已转入佳禾公司账上,佳禾公司对此出具了借据并在借款账目明细上盖章予以认可,二审法院认为该借款不属于我国公司法禁止的自我交易行为,而属于合法有效的借贷行为,应予保护。

【典型案例三】戴某与芜湖融汇公司借款合同纠纷案。② 二审法院认为,芜湖融汇公司上诉认为案涉《借款协议》的签订未经芜湖融汇公司股东会或董事会同意,违反了《公司法》(2013年)第148条第1款第4项③关于限制高级管理人员自我交易行为的效力性强制性规定,也违反了周某与芜湖融汇公司签订的《企业员工廉政及保密协议书》的约定,故协议无效。案涉《借款协议》没有损害芜湖融汇公司的利益反而使芜湖融汇公司因获取经营发展资金而受益,周某个人也并未因此获得不当收益,故不属于该条款所规制的行为。而周某与芜湖融汇公司签订的《企业员工廉政及保密协议书》属公司内部管理方面当事人之间的协议,不能作为认定案涉《借款协议》效力的依据。故芜湖融汇公司此上诉理由不能成立,二审法院不予采纳。

应该注意的是,前述典型案例二、典型案例三中的观点在实务中存在争议,因为法律明确规定不得"违反公司章程的规定未经股东会、股东大会同意,与本公司订立合同或者进行交易",因此只要交易就违反规定,除非是纯粹公司受益的行为方可以认定合法有效。而在这里公司纯粹受益应该理解为免息,否则公司高级管理人员以任何利率借款给公司均应通过股东会决议。

<u>裁判观点四:(1)涉关联交易的公司决议效力,须依法判断其是否系股东滥用股东权利,以及是否损害公司或其他股东利益,而不能仅因涉及关联交易,就认定决议当然无效;(2)参与表决人员与决议事项虽有关联关系但法律并未对其行使表决权作出限制,并不能因此认定其行为构成滥用股东权利。</u>

【典型案例】东圣公司与充矿能化公司关联交易损害责任纠纷案。④ 二审法院认为,本案审查的重点是,东圣公司《第一届第二次董事会决议》第3项、第6项及《临时股东会议决议》内容是否存在违反法律、行政法规的情形。东圣公司董事会、股东会作出关于收购海隆公司并授权××组织收购工作的决议,参与表决的董事及股东代表与决议事项有关联关系,确属于公司关联交易。但涉及关联交易的决议无效,还需要违反《公司法》(2013年)第20条第1款⑤"公司股东应当遵守法律、行政法规和公司章程,依法行使股东权利,不得滥用股东权利损

---

① 参见新《公司法》第182条。
② 参见安徽省高级人民法院民事判决书,(2015)皖民二终字第00382号。
③ 参见新《公司法》第182条。
④ 参见最高人民法院民事判决书,(2017)最高法民终416号。
⑤ 参见新《公司法》第21条第1款。

害公司或者其他股东的利益"和第21条第1款①"公司的控股股东、实际控制人、董事、监事、高级管理人员不得利用其关联关系损害公司利益"的规定判定,也即须判定公司决议是否系股东滥用股东权利,以及是否损害公司或其他股东利益,而不能仅因涉及关联交易,而认定股东会、董事会决议当然无效。本案中,东圣公司董事会及股东会决议作出时,各方董事及股东代表均参加会议并一致同意表决通过,对决议内容未提出异议。参与表决的董事及股东代表与决议事项虽具有关联关系,但法律并未对其行使表决权作出限制,并不能因此认定其行为构成滥用股东权利。至于董事会或股东会的召开是否违反公司章程关于会议召集程序的相关规定,应为董事会或股东会决议撤销的事由,不属于对相关决议效力认定的依据。另就案涉决议内容而言,其中关于收购海隆公司并授权××组织收购工作的内容并未涉及具体的交易条件等事项,现有证据不能证明该决议内容损害了公司或其他股东的利益。至于东圣公司基于董事会及股东会决议,与金最公司、东陶公司和海隆公司签订《股权转让协议》是否构成恶意串通、抽逃出资的问题,属于股权转让合同应否以及能否继续履行的问题,不构成案涉董事会及股东会决议对公司或其他股东利益的损害,不影响本案对东圣公司董事会及股东会决议效力的认定。故案涉董事会及股东会决议并不具备违反法律、行政法规的情形,一审判决关于东圣公司董事及股东恶意串通,利用关联交易损害公司及股东利益,违反法律规定的认定不当,二审法院予以纠正。

裁判观点五:关联交易经股东会、董事会批准并形成决议,信息披露充分,原告未能举证证明关联交易损害公司利益,不应认定关联交易合同无效。

【**典型案例**】能化公司与永峰煤焦公司关联交易损害责任纠纷案。② 二审法院认为,关于股权转让协议的效力问题。首先,东圣公司签订股权转让协议对海隆公司股权进行收购,事先经召开该公司董事会和临时股东会审议批准并形成决议,公司全体董事代表及股东代表均参加了决议过程并签字。根据本院(2017)最高法民终416号民事判决确认的事实,上述董事会决议和临时股东会决议的内容并不违反法律、行政法规的规定,应属有效。能化公司在本案中又主张召开董事会和临时股东会的程序不合法,但未提交证据证明其依照《公司法》(2018年)第22条③之规定向法院申请撤销案涉董事会决议及临时股东会决议,该主张不能成立。其次,东圣公司在签订股权转让协议前,已委托相关机构对海隆公司及晴隆公司进行尽职调查和资产审计,对海隆公司及晴隆公司的资产股权状况进行披露。能化公司主张案涉标的资产未进行审计评估,与事实不符。能化公司还主张协议附件内容存在矛盾,但是,能化公司的派出董事颜某华以东圣公司总经理身份签订股权转让协议时,对协议附件内容应系知悉,并未提出异议,应视为东圣公司对协议附件内容的认可,能化公司的上述主张不能否定股权转让协议的效力。最后,从合同的履行过程看,东圣公司支付8000万元定金系经该公司财务做账确认,总经理颜某华亦在支付8000万元的用款联签单上签字确认,用款联签单上明确载明8000万元"付

---

① 参见新《公司法》第22条。
② 参见最高人民法院民事判决书,(2020)最高法民终55号。
③ 参见新《公司法》第25~27条。

款事项"为"定金"。能化公司主张案涉股权交易系抽逃出资行为,与上述事实不符。因此,东圣公司签订股权转让协议系其真实意思表示,该协议内容未违反法律、行政法规的强制性规定,合法有效。能化公司对股权转让协议的效力提出异议,但未能提交有效证据证明该协议存在恶意串通或以合法形式掩盖非法目的的情形,故能化公司该项主张不能成立,二审本院不予支持。

如前所述,在关联交易当中,是否实质损害公司利益是认定交易行为效力的关键因素,故在司法实务中究竟如何判断关联交易是否损害公司利益,应当是我们重点关注的问题。对此,司法实践中存在以下裁判观点及典型案例。

裁判观点一:关联交易合同订立过程中关联股东充分履行信息披露义务,且交易符合行业惯例,关联交易不能被认定为损害公司利益。

【**典型案例**】高某与刘某龙、贝海餐饮公司损害公司利益责任纠纷案。[①] 二审法院认为,现有证据不足以证明《租赁合同》损害贝海商贸公司的利益。第一,刘某龙代表贝海商贸公司与贝海餐饮公司签订《租赁合同》约定的租金为每年110万元,并未超出报告确定的租金范围,未损害贝海商贸公司的利益。第二,高某主张《租赁合同》对贝海商贸公司造成了经济损失,应对其主张加以举证证明,否则应承担举证不能的不利后果。高某主张损失成立的核心证据是评估报告,但是,《租赁合同》除了租金条款之外,还对双方当事人的其他权利义务进行了约定,评估报告仅对租金予以评估,无法全面反映出该《租赁合同》的签订和履行是否损害了贝海商贸公司的利益以及损失的大小,依据评估报告认定损失证据不充分。综上,就现有证据而言,尚不足以证明刘某龙代表贝海商贸公司与贝海餐饮公司签订《租赁合同》的行为对贝海商贸公司造成了实际损失以及损失的大小,故高某的起诉事实依据不充分,二审法院不予支持。

裁判观点二:交易对价合理,费用未明显高于市场价格,且公司可从交易中获利的,不应认定关联交易损害公司利益。

【**典型案例**】宏通公司与东方公司公司关联交易损害责任纠纷案。[②] 再审法院认为,本案中,千叶公司与东方公司签订《委托管理书》,约定由东方公司作为千叶公司的咨询顾问,对酒店提供管理业务。从本案查明的事实看,东方公司确实为千叶公司提供了管理服务,委派了高级管理人员,所涉管理费并未明显高于市场价格,且千叶公司在东方公司的管理下获得了一定的经营业绩,没有证据显示千叶公司因该关联交易而遭受不合理的损失,因此,原审判决认定宏通公司主张的损害赔偿责任不能成立并无不当。

裁判观点三:满足交易信息披露充分、交易程序合法、交易对价公允三个条件的关联交易合法有效。

【**典型案例**】真功夫餐饮公司与蔡某标、李某义公司关联交易损害责任纠纷案。[③] 二审法

---

① 参见四川省成都市中级人民法院民事判决书,(2013)成民终字第4283号。
② 参见广东省高级人民法院民事裁定书,(2017)粤民申9354号。
③ 参见广东省东莞市中级人民法院民事判决书,(2015)东中法民二终字第1921号。

院认为,我国《公司法》并不禁止关联交易,《公司法》仅对"利用关联关系损害公司利益"的行为进行规范。合法有效的关联交易应当同时满足以下三个条件:一是交易信息披露充分、交易程序合法、交易对价公允。二是关联交易合同已履行完毕且不可恢复或者无恢复必要。三是公司因此存在损失或行为人因此获利,可通过损失赔偿制度、法定归入制度对公司进行救济。

裁判观点四: 关联交易并不必然无效,但其不得损害公司利益。关联交易经过内部批准程序但实质损害公司利益的,行为人应承担赔偿责任。

【典型案例】中煦科技公司与钟某等损害公司利益责任纠纷案。① 法院认为,综合全案证据,钟某收取该 136,000 元 "借款利息",属于不当关联交易行为。钟某作为中煦科技公司股东,且担任执行董事兼总经理期间,其与公司发生借款关系,并收取利息,属于关联交易,应依法受到规制。该关联交易并不必然无效,但不得违反勤勉忠实义务,损害公司利益。根据钟某与中煦科技公司民间借贷纠纷案(2020)川 0193 民初 1258 号、(2020)川 01 民终 11247 号案审理查明的事实和结果,并无钟某向中煦科技公司出借资金 100 万元的事实,且该案钟某主张的年利率为 6%,实际出借资金的期间也不完全符合"自 2018 年 12 月 21 日开始共计 8 个月"的期间。钟某主张其通过母亲代某向案外人借款 100 万元,但并无证据证明该资金出借给了中煦科技公司。因此,缺乏证据证明中煦科技公司具有负担该 100 万元借款利息的理由。钟某利用股东、执行董事的身份向公司报支该"利息"费用,使公司基于错误的认识通过内部审批程序向其支付不应由公司负担的该费用,构成损害公司利益的行为。最后该判决判令钟某在其应承担的范围内承担赔偿责任。

二审法院认为,钟某亦未提交证据证明存在除上述借款纠纷案中已认定的借款金额外其另行向中煦科技公司出借 100 万元资金的事实,故钟某并无收取其所陈述的"100 万元借款"利息的合法依据,其以此为由收取该 136,000 元构成损害公司利益的情形,应当承担赔偿责任。钟某上诉主张"100 万元借款"的事实真实存在以及所收取的 136,000 元为该借款的资金利息的理由不能成立,二审法院不予支持。

上述案例中,四川自由贸易试验区人民法院、四川省成都市中级人民法院两级法院均未直接否定关联交易的效力,同时在不否定关联交易效力的基础上通过赔偿制度对公司损失进行赔偿。

在此需要注意的是,在关联交易程序不合法的情形下,如果合同尚未履行完毕,公司未实际产生损失,但公司需要通过效力否定来摆脱合同约束,以对抗相对方的履行请求。此时,便需要综合考虑公司是否具有交易的真实意思,继续履行合同是否可能损害其利益等因素,即结合《公司法》《民法典》的相关规定来综合认定关联交易合同效力。

对于上市公司等特殊主体,因相关监管制度对其关联交易程序,包括披露及决策程序有着严格规定,对此类缺乏程序要件的关联交易效力应该严格把握。即使相关程序性规定属于管

---

① 参见四川自由贸易试验区人民法院民事判决书,(2021)川 0193 民初 2998 号;四川省成都市中级人民法院民事判决书,(2021)川 01 民终 24460 号。

理性规定,也应当从缺乏程序或程序瑕疵的交易行为是否能够体现公司真实意思、是否影响金融市场秩序等方面考虑是否构成无真实意思表示的法律行为不成立、违背公序良俗的法律行为无效等效力否定情形。

四、关联交易价格的相关问题

关联交易价格是否公允,是认定关联交易是否损害公司利益的核心。而判断交易价格是否公允,应参见《民法典》第1184条"侵害他人财产的,财产损失按照损失发生时的市场价格或者其他合理方式计算"的规定,其实质就是交易价格是否存在明显不合理低价或高价或是否偏离市场价格。

(一)明显不合理低价或高价的判断标准

1. 参照债权人撤销权制度判断明显不合理低价或高价

对于明显不合理低价或高价认定,实务中一般会参照债权人撤销权制度的相关规定。同时《全国法院贯彻实施民法典工作会议纪要》第9条更为明确及更具有可操作性地规定:"对于民法典第五百三十九条规定的明显不合理的低价或者高价,人民法院应当以交易当地一般经营者的判断,并参考交易当时交易地的物价部门指导价或者市场交易价,结合其他相关因素综合考虑予以认定。转让价格达不到交易时交易地的指导价或者市场交易价百分之七十的,一般可以视为明显不合理的低价;对转让价格高于当地指导价或者市场交易价百分之三十的,一般可以视为明显不合理的高价。当事人对于其所主张的交易时交易地的指导价或者市场交易价承担举证责任。"

2. 司法实践中对明显不合理低价或高价的关联交易合同的处理方式

实践中主要有两种处理方式:一是如果存在关联交易相对方在订立合同时对公司具有控制力或较大影响力(如控股股东自己与公司进行交易)情形,则公司或股东代表以明显不合理低价或高价属于显失公平为由,根据《民法典》第151条的规定,请求撤销该关联交易合同。二是以本案由向利用关联关系的行为人直接主张损失赔偿。

3. 参照《上市公司治理准则》第76条的规定判断价格公允性[①]

该条规定关联交易应当具有商业实质,价格应当公允,原则上不偏离市场独立第三方的价格或者收费标准等交易条件。对于公司而言,即使该交易价格在市场价上下30%区间内,并未达到足以撤销合同的"过高"或"过低"的标准,但只要该交易价格偏离市场价格,则公司仍可能存在损失。因此,认定关联交易价格是否公允,不能仅以"明显不合理的低价或高价"作为判断标准,《上市公司治理准则》第76条的规定也是重要的参考因素之一。同时也需要注意考虑,如果关联交易的直接交易价格偏离市场价格,但在其他交易成本(如居间费)等方面可能存在节省,或者虽关联交易价格与市场价格存在差异,但差异较小,并非明显偏离市场价格,则应当结合案件具体情形,判断该差价是否属于公司损失。

[①] 参见陆卫民主编:《类案裁判方法精要》(第2辑),人民法院出版社2022年版,第268页。

司法实践中与之相关的裁判观点及案例如下。

裁判观点一：公司本可以通过市场采购的方式购买相关产品，却通过关联交易进行采购增加购买成本，应当认定关联交易价格不公。

【**典型案例**】陕鼓汽轮机公司、高某华等公司关联交易损害责任纠纷案。① 最高人民法院认为，案涉关联交易价格是否符合市场公允价格。公司法保护合法有效的关联交易，并未禁止关联交易，合法有效关联交易的实质要件是交易对价公允。陕鼓汽轮机公司关于高某华、程某将本可以通过市场采购的方式购买相关产品转由向钱塘公司进行采购而增加购买成本，陕鼓汽轮机公司所多付出的成本，损害了陕鼓汽轮机公司权益的主张，有事实和法律依据。陕鼓汽轮机公司关于案涉交易对价高于市场价且不具备公允性的上诉主张，最高人民法院予以采信。

裁判观点二：合同约定的交易对价合理，在无相反证据的情况下，可认定交易价格公允。

【**典型案例**】真功夫餐饮公司与蔡某标、李某义公司关联交易损害责任纠纷案。② 二审法院认为，案涉《真功夫采购框架合同》约定，科普达公司保证其供货价格在同等条件下不高于市场通行价格，否则，科普达公司需要支付前3个月采购金额计算之差价3倍的违约金，同时真功夫公司及其下属子公司有权终止合同。因此在无相反证据的情况下，可以认定通过该方式达成的交易其对价是公允的。

(二) 实务中认定交易价格应当关注的问题

1. 合同价款的约定情况

包括金额及计算方式；如果是特定交易物，则应关注特定交易物定价依据，如是否经第三方评估等。

2. 其他对价考量

是否还存在其他对价，如果存在则应整体综合考虑价格的公允性，而非就单一合同来进行判断。

3. 价款支付情况

包括是否实际支付，未实际支付的是否存在合理解释甚至之后是否存在支付可能。

第三节 公司关联交易损害责任纠纷程序相关问题

一、司法实践中关联交易损害责任纠纷的常见诉讼形态 ③

从原告对请求权基础及相应被告的选择来看，司法实践中公司关联交易损害责任纠纷中常见诉讼形态有以下四种：

一是当关联交易合同相对方为外部关联方时，以控股股东、实际控制人、董事、监事、高级管理人员为被告主张侵权责任，同时还可以合同相对方为共同被告，依据共同侵权原理及规定

---

① 参见最高人民法院民事判决书，(2021)最高法民再181号。
② 参见广东省东莞市中级人民法院民事判决书，(2015)东中法民二终字第1921号。
③ 参见张应杰主编：《公司责任纠纷类案裁判思维》，人民法院出版社2023年版，第347～348页。

请求其对前述五类人的侵权责任后果连带承担责任。

二是当关联交易合同相对方为内部关联方即前述五类人时,以合同相对方为被告,主张否定合同效力的同时,基于效力否定后果请求返还原物、赔偿损失等责任。实践中,当关联交易合同相对方为外部关联方且原告仅起诉合同相对方时,当事人一般多以"合同纠纷"为由进行主张。

三是无论关联交易的合同相对方为外部关联方还是内部关联方,在向关联方主张侵权责任的同时,以参与协助交易的非关联方为共同被告,依据共同侵权原理及规定请求其对关联方的侵权责任后果连带承担责任。

四是在关联交易属于董事、监事、高级管理人员,执行公司事务的双控人,董事、监事、高级管理人员的近亲属,董事、监事、高级管理人员或者其近亲属直接或者间接控制的企业,以及与董事、监事、高级管理人员有其他关联关系的关联人与公司间的自我交易时,基于法律对收入归入的特别规定,以董事、监事、高级管理人员、执行公司事务的双控人为被告,主张收入归入责任。在其收入不足以弥补因此造成公司的损失时,还可同时主张董事,监事,高级管理人员,执行公司事务的双控人,董事、监事、高级管理人员的近亲属,董事、监事、高级管理人员或者其近亲属直接或者间接控制的企业,以及与董事、监事、高级管理人员有其他关联关系的关联人承担赔偿责任。

在此需要注意的是,由关联交易引发的诉讼还涉及因关联交易合同提起的合同诉讼、为否定关联交易决议而提起的公司决议诉讼、为追究关联交易中作为非关联方的高级职员职务失职责任而提起的损害公司利益责任诉讼等,因为这些诉讼一般会以合同纠纷、确认合同无效纠纷、公司决议效力确认纠纷、公司决议撤销纠纷、损害公司利益责任纠纷为案由,其在诉讼主体与诉请依据的事由上与公司关联交易损害责任纠纷存在区别,从而不将其纳入公司关联交易损害责任纠纷案由项下。

二、公司关联交易损害责任纠纷诉讼主体问题

(一)关于原告主体的相关问题

1. 原告主体的范围

一是公司直接诉讼,具体包括法定代表人代表公司诉讼、监事代表公司诉讼、董事代表公司诉讼。二是股东代表诉讼。

2. 股东代表诉讼应当注意的问题

(1)股东身份条件问题

首先,提起股东代表诉讼的股东应当符合《公司法》第189条第1款规定的有限责任公司的股东、股份有限公司连续180日以上单独或者合计持有公司1%以上股份的股东的身份条件。其次,股东资格的取得时间,根据《九民纪要》第24条的规定,并不影响其原告资格。最后,诉讼过程中,股东应持续保持符合提起股东代表诉讼的起诉条件,如果期间原告丧失股东身份,或代表股份有限公司起诉的原告因转让股份而导致其剩余股份达不到上述规定比例时,因原告股东丧失其代表性,其原告资格随之丧失,会导致股东代表诉讼被驳回的结果。

(2)共同原告问题

《公司法解释(四)》第 24 条第 2 款规定:"一审法庭辩论终结前,有符合《公司法》第一百五十一条第一款①规定条件的其他股东,以相同的诉讼请求申请参加诉讼的,应当列为共同原告。"

(3)前置程序中的"情况紧急"情形的适用

具体见损害公司利益责任纠纷中的股东代表诉讼,在此不再赘述,仅以清帛公司、垚宸公司确认合同无效纠纷案②的二审判决进行简要说明:法院认为,关于陈某君是否有权直接提起本案诉讼的争议。因清帛公司已进入清算程序,可以视作《公司法》第 151 条第 2 款③规定的"情况紧急",陈某君可以直接提起本案诉讼。

(4)股东代表诉讼应当区别于公司诉讼

股东代表诉讼中原告为股东,如果股东仅通过控制公章等方式,以公司的名义提起诉讼,但未获得有权代表(依法有权代表公司的法定代表人、监事、董事)的认可,不应当视为公司诉讼的意思表示,对此,如果该股东符合《公司法》第 189 条规定的股东条件,可以自己的名义按规定提起股东代表诉讼。

(5)不得与公司诉讼重复

股东代表诉讼本是对公司怠于起诉的补充救济制度,如果公司已就此提起诉讼(包括有权代表公司提起诉讼),即使符合《公司法》第 189 条规定条件的股东亦不得就同一诉讼请求和事实另行提起诉讼。

【典型案例一】长白公司、乐金公司公司关联交易损害责任纠纷案。④最高人民法院认为,根据《公司法》(2018 年)第 151 条⑤的规定,可知诉权原本归属于公司,在公司经股东督促后公司已经行使诉权的情况下,股东不得另行提起股东代表诉讼。

【典型案例二】应某虎与马某坚合同纠纷案。⑥法院认为,第一,应某虎作为原告提起本案诉讼,所提出的诉讼请求系要求被告马某坚向应某虎作为股东与法定代表人的第三人恒盛公司支付相应款项,其实质为股东代表诉讼,而根据《公司法》(2013 年)第 151 条⑦之规定,他人侵犯公司合法权益给公司造成损失的,股东首先应当履行相关前置程序方可向法院提起代表诉讼,而本案中应某虎未提供有效证据证明其已履行法定前置程序,故应某虎并非本案适格主体。第二,根据已生效的法院民事判决书,⑧已确认截至 2010 年 12 月 31 日恒盛公司尚欠马某坚 8,206,070.05 元的事实并判决责令恒盛公司向马某坚支付该部分款项,而本案当事人所争议

---

① 参见新《公司法》第 189 条第 1 款。
② 参见浙江省杭州市中级人民法院民事判决书,(2019)浙 01 民终 8616 号。
③ 参见新《公司法》第 189 条第 2 款。
④ 参见最高人民法院民事裁定书,(2020)最高法民申 4732 号。
⑤ 参见新《公司法》第 189 条。
⑥ 参见浙江省杭州市余杭区人民法院民事裁定书,(2014)杭余商初字第 2409 号。
⑦ 参见新《公司法》第 189 条。
⑧ 参见浙江省杭州市中级人民法院民事判决书,(2013)浙杭商终字第 57 号;浙江省杭州市余杭区人民法院民事判决书,(2012)杭余商初字第 405 号。

的内容亦为 2010 年 12 月 31 日之前马某坚与恒盛公司之间的债权债务问题,本案原告虽为应某虎,但诉讼标的的实际担当人为马某坚与恒盛公司,故本案与(2012)杭余商初字第 405 号案件的当事人相同、争议的标的相同,应某虎在本案中提出的诉讼请求实质上是否定(2012)杭余商初字第 405 号案件的裁判结果,依照《民事诉讼法司法解释》第 247 条之规定,本案已构成重复起诉,故本院对应某虎在诉讼过程中提出的关于要求对恒盛公司的财务账目进行审计的申请不予准许。

(二)关于被告主体的相关问题

公司关联交易损害责任纠纷的被告包括控股股东、实际控制人、董事、监事、高级管理人员、其他关联交易合同相对方、其他共同侵权人等。在此需要特别注意的是,对控股股东、实际控制人、董事、监事、高级管理人员身份的认定。对此,实务中一般需要结合公司章程规定、股东名册、登记机关登记备案信息、公司相关决议、劳动合同或委派合同、实际履职情况等进行综合认定。

裁判观点:控股股东明知关联交易损害公司利益而从中提供帮助,应就公司损失承担连带赔偿责任。

【**典型案例**】联建中国公司、胜华公司等公司关联交易损害责任纠纷案。① 法院认为,联建香港公司是联建中国公司的控股股东,在涉案交易发生时,联建中国公司与胜华公司的法定代表人及董事长均是黄某雄一人,联建中国公司的董事会构成及总经理人选均由胜华公司直接或间接确定,在不同涉案年度,根据联建中国公司当时的公司章程,其董事会和股东分别是公司的最高权力机关,决定着联建中国公司的经营方针和投资计划。尽管联建香港公司并未具体实施涉案关联销售交易,但该关联销售交易作为联建中国公司的主要收入来源属于其董事会及股东的决策事项范畴,这说明联建香港公司知晓并同意联建中国公司与胜华公司从事关联销售交易,胜华公司借联建香港公司之手完成了转移联建中国公司利润的行为,联建香港公司在此过程中起到了帮助者的作用,违反了控股股东的诚信义务,应当与胜华公司承担连带责任。二审法院认为,胜华公司通过间接持有联建香港公司 100% 股权的投资关系实际支配联建中国公司,胜华公司的支配系通过联建香港公司实现,联建香港公司与胜华公司构成共同侵权,该公司应当承担连带责任。

(三)关于其他诉讼参加人的问题

根据《民事诉讼法》第 59 条、《公司法解释(四)》第 24 条第 1 款的规定,股东代表诉讼中公司应当为第三人。

三、公司关联交易损害责任纠纷诉讼案由的相关问题

(一)损害方式特定为关联交易

利用关联关系行为的具体表现为关联交易。需要明确的是非关联关系行为损害公司利益

---

① 参见江苏省苏州市工业园区人民法院民事判决书,(2016)苏 0591 民初 2340 号;江苏省苏州市中级人民法院民事判决书,(2017)苏 05 民终 9743 号。

的,不应属于此案由。

(二)受害人即损害对象系公司

关联交易损害公司利益纠纷中的受害人只能是公司。故该类诉讼的诉讼利益均归属于公司,遑论以公司为原告提起的诉讼还是股东代表诉讼。如股东以关联交易损害股东利益为由,主张行为人向股东承担赔偿责任的,则应为损害股东利益责任纠纷,而非此案由。

(三)原告的范围仅限于公司或符合条件的股东代表,且被告不得为公司

如前所述,在此案由下损害对象只能是公司,即只能为公司利益而诉,而根据《公司法》的规定,能为公司利益而诉的主体亦只能是公司本身及符合条件的股东代表。

在此案由下,因为公司作为诉讼利益的获取者,所以公司不能成为被告。实务中常见问题是,关联交易多数涉及相关公司决议的效力争议,从而引发公司决议纠纷。然而,根据《公司法解释(四)》第3条第1款的规定可知,公司在公司决议诉讼及公司关联交易损害责任诉讼中,诉讼利益及诉讼地位完全不同,甚至冲突。因而该两类诉讼不能合并审理。所以在实务中,在公司关联交易损害责任纠纷中如果涉及公司决议效力的问题,作为原告不可以在同一诉讼中单就公司决议提出效力否定性诉讼请求。

(四)存在多个法律关系时的案由确定

实务中,在公司关联交易损害责任纠纷诉讼中同时存在效力请求及责任请求,且由于法律事实上存在同一性或牵连性,法院一般会将其纳入此案由合并审理。但因为此案由的核心在于损害责任,故诉求中如果不存在责任请求,则不应确定为此案由。由于关联交易引发的诉讼中可能既存在基于关联合同关系向合同相对方提出的效力请求,又存在基于侵权行为向非合同相对方提出的责任请求。此时需要考虑原告诉讼请求指向的诉争法律关系,以确定是否属于此案由。例如,原告仅提出效力请求,请求确认合同无效、对公司不发生效力、撤销合同,而不涉及责任请求时,则一般属于确认合同无效纠纷、确认合同效力纠纷、某某合同纠纷等案由。

(五)请求权竞合时的案由确定

实务中常见的情形是,关联交易合同相对方同时也是利用关联交易损害公司利益的行为人,这样就可能存在请求权竞合的问题。进而出现作为原告的当事人既可以选择基于合同法律关系主张合同无效,并根据无效后果请求返还财产、赔偿损失,又可以选择基于侵权法律关系,主张行为人存在通过关联交易合同损害公司利益的侵权行为,并根据侵权责任的承担方式请求返还财产、赔偿损失的情形。此时案由的确定取决于原告选择行使的请求权所涉及的诉争的法律关系性质,即原告可以选择不同的法律依据,并据此选择起诉的对象。如原告将行为人违法订立关联交易合同的行为作为侵权行为主张,或明确其主张侵权责任,则属于公司关联交易损害责任纠纷;但如原告主要以关联交易涉及的合同关系起诉,则根据诉争的法律关系性质确定为某某合同纠纷、确认合同效力纠纷或其下级案由。[①] 在此观点下,如果基于同一关联交

[①] 参见人民法院出版社编著:《最高人民法院民事案件案由适用要点与请求权规范指引》(第2版),人民法院出版社2020年版,第201页。其中认为,只有在当事人单就合同效力提出确认请求时,才能将相关纠纷确定为确认合同效力纠纷及其下级案由(包括确认合同无效纠纷)。

易合同无效,公司在前案起诉合同相对方主张返还财产、赔偿损失,又在后案起诉内部关联人主张赔偿损失的,是否构成重复诉讼?

裁判观点:基于同一关联交易合同无效,公司在前案起诉合同相对方主张返还财产、赔偿损失,又在后案起诉内部关联人主张赔偿损失的,因两案被告主体、依据的事实理由及诉讼请求不同,不构成重复诉讼。

【**典型案例**】西园公司与朱某洪、王某峰、方某书、久大置业公司等公司关联交易损害责任纠纷案。[①] 二审法院认为,关于本案是否违背"一事不再理"原则。根据《民事诉讼法司法解释》第247条的规定,当事人在前诉过程中或者判决生效后又提起诉讼,后诉的诉讼主体、诉讼标的和诉讼请求均与前诉相同的,违反一事不再理原则,构成重复起诉。根据查明的事实,黄山市中级人民法院作出的(2013)黄中法民二再初字第00001号民事判决,系西园公司在关联交易协议被确认无效后基于无效协议本身起诉新街公司返还非法财产所得及赔偿损失一案的判决。但本案中,西园公司提起的是公司关联交易损害赔偿责任之诉,主张公司时任董事长、董事、监事因实施关联交易行为给公司造成损失而应承担的损害赔偿责任,本案诉讼的被告主体、依据的事实理由及诉讼请求与前一案件均有不同,故一审判决认定西园公司的起诉不违背"一事不再理"原则,不构成重复起诉,并无不当。

再审法院认为,本案与前诉为两个独立的法律关系,两诉被告不同,具体诉讼请求也不同,故提起前诉并不排斥同时提出本诉。本诉为给付之诉,具体请求的赔偿数额能否得到法院支持,应由法院就事实进行审理后认定,而非西园公司主张的,因其不能通过直接起诉朱某洪等人就可以得出西园公司与新街公司之间的交易给西园公司造成的损失是多少,故要等待前诉确定其与新街公司之间的交易到底有没有损失、有多少损失,确定新街公司是否基于与西园公司的《合作协议》从西园公司取得财产、取得了西园公司多少财产后才能起诉。即西园公司对因关联交易造成损害的计算并不必然要求以依据合同无效起诉返还财产赔偿之诉确定具体损害数额为前提,西园公司可以以其自行计算因关联交易的损失数额提出诉讼请求。

四、原告常见主张及对应举证责任

公司关联交易中原告常用主张及举证责任见表12-3-1。

表12-3-1　公司关联交易中原告常用主张及举证责任

主张	证明目标	常见证据
关联关系	关联关系存在	工商登记备案公示信息、公司章程、公司任命决议等
交易行为	交易行为存在(至少要提供初步证据证明关联交易行为存在,且法院能够通过原告举证或根据日常生活经验法则推定相关关联交易证据由被告控制)	合同、产权变动信息(如不动产或特殊动产知识产权、股权等权利人变更的登记公示信息)、支付凭证(如银行流水、转账回单、财务记账凭证)等

---

① 参见安徽省高级人民法院民事判决书,(2015)皖民二终字第00560号;最高人民法院民事裁定书,(2017)最高法民申2810号。

续表

主张	证明目标	常见证据
交易程序	对方违反公司章程规定的交易程序	公司章程、全体股东间的协议等
价格公允	价格不公允	实际交易价格的证据,如合同、付款凭证等;证明一般市场价格的证据,如专门机构意见、评估报告、鉴定报告等
损失结果	损害结果客观存在:损失性质、损失数额	同上
董事、监事、高级管理人员收入	该收入存在及具体的收入数额	财务记账信息、支付凭证等
执行公司事务所双控人	双控人执行公司事务	公司管理文件、决议等签名

五、诉讼时效的相关问题

公司关联交易损害责任纠纷作为侵权案件,应当按照《民法典》第188条、第192条、第194条、第195条、第196条,《最高人民法院关于适用〈中华人民共和国民法典〉总则编若干问题的解释》第35条、第38条的规定处理。但需要特别注意是:当被告提出诉讼时效抗辩时,应当关注原告的诉讼请求是否属于不适用诉讼时效的情形,例如,《民法典》第196条第3项规定的请求返还不动产或登记的动产,则不适用诉讼时效的规定。又如,诉讼时效规制的客体为债权请求权,主要适用于给付之诉,不适用于确认之诉,请求确认合同无效(或不成立)就不适用诉讼时效的规定,但据此提出的赔偿损失等给付请求适用诉讼时效的规定。

◆ 第十三章 公司解散纠纷

第一节 公司解散纠纷概述

一、公司司法解散的定义

公司解散可分为自愿解散和非自愿解散,非自愿解散又包括行政解散和司法解散。司法解散,是指在公司出现僵局或其他严重问题时,经相关当事人申请,由司法机关依据适格主体的请求依法裁决解散公司的一种程序。司法解散有广义、狭义之分,广义的司法解散包括命令解散和判决解散;狭义的司法解散特指判决解散。[1] 本章中若无特别说明,均指狭义的司法解散。

二、公司司法解散的特征

公司司法解散具有以下五个特征:(1)被动性。由利害关系股东启动,司法机关"不告不理"。(2)法定性。司法解散申请事由具有严格法定性。除具备法定事由外,不能肆意解散公司。(3)终局性。经过审查,法院认定公司符合法定解散事由并依法作出解散公司裁决,公司将丧失独立的法人人格,主体将归于消灭。(4)穷尽性。只有在穷尽其他一切救济途径无果的情况下,才能解散公司。因此在作出解散公司裁判前,应尽量寻找替代性救济方式。

三、公司司法解散纠纷的主要类型

根据引发原因,公司司法解散主要分为以下类型。

（一）公司僵局

公司僵局指的是股东或董事之间出现意见分歧,各方均不妥协,严重影响公司决策,对公司持续经营造成阻碍。[2]《公司法解释（二）》将公司司法解散的主要适用范围限定在公司僵局,第1条前3项所列情形均明确指向因股东内部冲突导致公司权力机构或执行机构无法正常运作而影响公司经营的"公司僵局"形态。

（二）股东压迫

大股东、实际控制人滥用优势地位,掌控公司股东大会、董事会和高级管理人员,通过股东会决议等形式压制其他小股东,完全排除小股东的股东权利。

（三）公司资产被明显不当滥用、掠夺和浪费

当公司的业务经营或其财产被明显不当滥用、掠夺和浪费时,股东可以向法院请求解散公司。

---

[1] 参见最高人民法院民事审判第二庭编著:《最高人民法院关于公司法司法解释（一）、（二）理解与适用》,人民法院出版社2015年版,第137页。
[2] 参见孙宏义:《公司司法解散制度研究》,载《法制与社会》2019年第32期。

（四）公司实施违法行为而危害公共利益

公司实施违法行为而危害公共利益是指大股东、实际控制人、董事等利用其对公司的控制权，借用公司的名义从事非法活动，有充分证据证明公司实质经营活动违反法律、公共秩序和善良风俗，导致公司彻底沦为非法活动的工具。《公司法》及其司法解释对此类情形没有具体规定，但在司法实务中，有法院在裁判案例中持此观点，如许某某与乐万宝公司公司解散纠纷案。①

四、公司司法解散的构成要件

根据《公司法》第231条及《公司法解释（二）》第1条的规定，公司司法解散的实质构成要件包括以下内容。

（一）公司经营管理严重困难

实践中具体表现为公司的运行机制完全失灵，股东会、董事会包括监事会等权力机构和管理机构无法正常运行、对公司的事项均无法作出有效决议，公司因而陷入瘫痪状态。此状态的持续将会使股东利益耗竭，但公司自身又无法形成解散决议自行解散。

（二）继续存续会使股东利益受到重大损失

实践中具体表现为经营管理严重困难导致公司继续存续会使股东利益受到重大损失。必须是"经营管理严重困难"和"股东利益受到重大损失"同时具备方可解散。这里需要注意的是：一是公司僵局长时间持续；二是股东利益重大损失包括已经损失的和有充分证据证明的将会损失的股东利益。

（三）通过其他途径不能解决

只有当异议股东穷尽其他替代性救济措施均不能解决时，法院作为公权力才能介入公司解散纠纷。

五、裁判原则及其适用

司法实践中法院在处理公司司法解散纠纷时，一般会遵循以下原则：审慎适用原则、注重调解原则、公司维持原则、利益平衡原则。

（一）实务中，司法解散纠纷案件的裁判思路

司法实践中，结合公司司法解散的构成要件及法院处理此类纠纷应遵循的原则，处理此类案件的思路一般见图13-1-1。

---

① 参见北京市昌平区人民法院民事判决书，(2008)昌民初字第8488号。

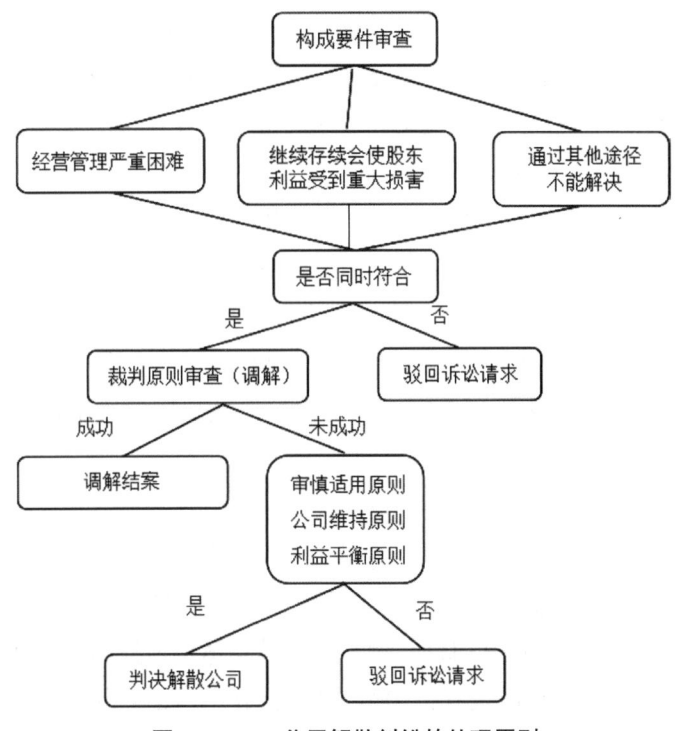

图 13-1-1 公司解散纠纷的处理原则

(二)裁判原则的适用

1. 调解原则的适用

根据《公司法解释(二)》第5条第1款的规定,法院在处理公司解散纠纷案时,调解程序是必经程序,且全程注重调解,如果未对股东就司法解散明确规定的内容进行调解不得判决解散公司。调解解决的方式包括必要方式和一般方式两种。

(1)必要方式

①其他股东收购

股东提起公司解散之诉的实质原因在很大程度上是股东之间的信赖丧失,此时让一方股东或一些股东退出公司,可有效缓解矛盾,进而让公司恢复正常经营而正常存续。实务中常见做法是经法院调解由继续经营的股东收购不愿意继续经营的股东的股份使公司存续,但股份转让不得违反法律、行政法规的强制性规定。

②公司回购

公司回购是公司解散案调解过程中公司股东不愿意收购其他股东股份时的另外一种有效解决途径。但回购时应当注意防止因公司收购原告股东股份,造成公司责任财产不当减少,损害公司债权人利益,特别注意防止公司或者股东利用上述规定抽逃资本、损害债权人利益。因此,在调解过程中,应当遵守《公司法》第162条规定。

③定向减资

在公司解散纠纷中,如有股东不同意解散,股东与公司亦不愿收购异议股东股权,亦可通过对异议股东定向减资的方式让异议股东离开公司以解决纠纷。但应该严格遵守法定的减资程序。

根据新《公司法》第224条和其他有关规定,公司减资的条件和程序如下:

第一,股东会作出减资决议并相应地对章程进行修改。在这里需要特别注意的是,由于定向减资,即不同比减资,新《公司法》第224条第3款规定,有限公司作出减资决议,除法律另有规定,否则必经100%表决权的股东通过,而非2/3以上表决权的股东通过。对于股份有限公司,在公司章程对不同比减资决议表决方式没有特别规定的情形下,一般情形下减资决议需参加股东会的股东代表所持表决权2/3以上通过。但是,公司章程对不同比减资决议表决方式有特别规定时,应以章程规定的表决方式通过,且章程规定的表决权最低限额不得低于法定限额即股东会的股东代表所持表决权2/3以上。同时,公司减资后的注册资本不得低于法定的最低限额。

第二,公司必须编制资产负债表及财产清单。

第三,债务清偿或担保。公司应自作出减少注册资本决议之日起10日内通知债权人,并于30日内在报纸或者国家企业信用信息公示系统公告。债权人自接到通知书之日起30日内,未接到通知书的自公告之日起45日内,有权要求公司清偿债务或者提供相应的担保。

第四,向公司登记机关办理减资登记手续。公司因减资收购原股东所持有的本公司股份的,应自收购之日起10日内注销。另外,减资违反法定程序或者损害债权人利益的,公司股东可以提起停止减资,或者确认减资行为无效,或者撤销公司减资决议等诉讼。

(2)一般方式

①协调当事人通过召开股东会、股东大会、董事会对利润分配等事项作出决议等内部自治方式解决纠纷;

②协调当事人通过召开股东会、股东大会、董事会方式改选董事、经理、财务负责人等高级管理人员解决纠纷;

③协调当事人通过实现知情权方式解决纠纷。

2.公司维持原则的适用

法院判决公司解散,一般会衡量对公司股东、员工、债权人的负面影响程度,其考虑维度一般包括:

(1)公司在所在行业中的地位、规模、业务情况及公司提供就业岗位数量等情况,预判公司解散后对社会就业率、经济发展的消极影响。

(2)公司对外债务、对外提供担保等财务情况,预判公司解散后对社会财产关系稳定性的不良影响。

(3)公司是否尚欠税款、员工工资等履行社会责任情况,预判公司解散后增加社会负担的负面影响。

3.利益平衡原则的适用

公司解散纠纷中,法院一般会平衡考虑以下各主体之间的利益:

(1)大股东与中小股东之间的公司所有者内部利益平衡;

(2)公司与公司债权人等外部主体之间的利益平衡;

(3)公司、股东、公司员工等内部主体之间的利益平衡。

第二节 司法实务中公司解散纠纷的关注要点

一、公司解散要件的认定

如前所述,公司司法解散必须符合《公司法》第231条规定的三个要件,即"经营管理严重困难""继续存续会使股东利益受到重大损失""通过其他途径不能解决",故三个构成要件的认定成为公司解散纠纷的核心。

(一)经营管理严重困难

1."经营管理严重困难"的具体内涵

(1)部分地方法院对"经营管理严重困难"具体内涵的理解

《山东省高级人民法院民二庭关于审理公司纠纷案件若干问题的解答》第13条规定:"公司经营管理发生严重困难,可以分为公司外部的经营困难和公司内部的管理困难。经营困难,即公司的生产经营状况发生严重亏损的情形;管理困难,则是指公司的股东会、董事会等公司机关处于僵持状态,有关经营决策无法作出,公司日常运作陷入停顿与瘫痪状态。判断公司的经营管理是否出现严重困难,应当从公司的股东会、董事会或执行董事及监事会或监事的运行现状进行综合分析认定,公司是否处于盈利状况并非判断公司经营管理发生严重困难的必要条件。公司经营管理发生严重困难的侧重点在于公司管理方面存有严重内部障碍,如股东会机制失灵、无法就公司的经营管理进行决策等,不应片面理解为公司资金缺乏、严重亏损等经营性困难。"

《广西壮族自治区高级人民法院民二庭关于审理公司纠纷案件若干问题的裁判指引》第16条【在公司解散纠纷中如何判断公司经营管理发生严重困难】规定,股东请求解散公司的,在认定"公司经营管理发生严重困难"这一要件时,应注意从两个维度判断:①从公司的股东会、董事会或执行董事等机构的运行现状进行综合分析,侧重点在于股东会或董事会是否因矛盾激化而处于僵持状态,造成公司管理层无法有效开展经营管理。②注意排除一种特殊情形:即使股东会或董事会发生运行困难,但执行董事或经理层等仍然能够正常作出经营管理指示,使公司日常经营实际上也能够正常运行。公司应当同时存在公司内部机关(股东会或董事会)僵局以及日常经营完全瘫痪,方符合"经营管理发生严重困难"的要件。

(2)司法实践中关于"经营管理严重困难"具体内涵的裁判观点及典型案例

<u>裁判观点:公司股东的长期冲突不能有效解决,股东会机制已失灵,内部管理存在严重障碍,可认定为陷入僵局状态,经营管理发生严重困难。</u>

【典型案例】林某某诉常熟市凯莱公司、戴某某公司解散纠纷案。[①]二审法院认为,判断公

[①] 参见江苏省高级人民法院民事判决书,(2010)苏商终字第0043号。

司的经营管理是否出现严重困难,应当从公司的股东会、董事会或执行董事及监事会或监事的运行现状进行综合分析。"公司经营管理发生严重困难"的侧重点在于公司管理方面存有严重内部障碍,如股东会机制失灵、无法就公司的经营管理进行决策等,不应片面理解为公司资金缺乏、严重亏损等经营性困难。

实务中一般参照最高人民法院第8号指导案例的裁判要旨来理解"经营管理严重困难"的立法原意,即判断"公司经营管理是否发生严重困难",应从公司组织机构的运行状态进行综合分析。公司虽处于盈利状态,但其股东会机制长期失灵,内部管理有严重障碍,已陷入僵局状态,可以认定为公司经营管理发生严重困难。如果还符合《公司法》及相关司法解释规定的其他条件,法院可以依法判决公司解散。具体可以从以下方面进行理解:

认定公司经营管理严重困难,公司应当同时具备两个条件:一是股东之间的严重矛盾导致公司内部管理困难;二是因内部管理严重障碍导致经营困境。对于该观点,最高人民法院除在第8号指导案例持肯定态度外,还在马某与王某某、鑫四海纯净水公司公司解散纠纷申请再审案[1]中再次明确:"认定是否构成经营管理困难时不仅需要公司内部运行机制失灵,还要求达到公司商业经营困难的程度,两要素皆存在时才达到公司经营管理发生严重困难的标准。暂时的经营管理困难不足以支持股东解散公司请求权的正当性,因此需要两个维度并存以达到利益衡量的妥当性。"

公司经营管理发生严重困难应当从公司的股东会、董事会或执行董事及监事会或监事的运行现状进行综合分析,侧重点在于公司管理方面存有严重内部障碍。最高人民法院第8号指导案例的裁判要点中确认了从公司的股东会、董事会或执行董事及监事会或监事的运行现状进行综合分析判断公司的经营管理是否出现严重困难的规则,如股东会机制失灵、无法就公司的经营管理进行决策等。

单纯的公司经营困难,如仅是公司资金缺乏、严重亏损等,并非认定公司经营管理严重困难的法定理由。[2]因股东之间的严重矛盾导致的经营困境与一般经营困难或经营亏损不同,前者特指因股东之间的深层矛盾而造成其无法实现通过公司经营获取利润的基本目的,从而导致股东设立公司或投资公司的基本目标彻底落空。该观点也符合《公司法解释(二)》第1条第2款规定的精神。

(3)司法实践中有关公司经营困难是否属于法定解散事由的裁判观点及典型案例

裁判观点一:公司经营亏损不属于法定解散事由,不应据此支持公司解散。

【典型案例】华城公司、刘某公司解散纠纷案。[3]最高人民法院认为,刘某主张华城公司经营亏损,继续经营会严重损害股东利益。根据《公司法》(2013年)第182条[4]和《公司法解释(二)》第1条的规定,公司经营亏损不属于法定解散事由,法院不予支持。

---

[1] 参见最高人民法院民事裁定书,(2014)民申字第1023号。
[2] 参见最高人民法院案例指导工作办公室:《指导案例8号〈林方清诉常熟市凯莱实业有限公司、戴小明公司解散纠纷案〉的理解与参照》,载《人民司法》2012年第15期。
[3] 参见最高人民法院民事判决书,(2017)最高法民再373号。
[4] 参见新《公司法》第231条。

裁判观点二：如公司仅业务经营发生严重困难，不存在权力运行严重困难，不符合法定的解散公司条件。

【典型案例】仕丰公司与富钧公司、第三人永利集团公司解散纠纷案。① 最高人民法院认为，公司经营管理严重困难包括两种情况：(1)公司权力运行发生严重困难，股东会、董事会等权力机构和管理机构无法正常运行，无法对公司的任何事项作出任何决议，即公司僵局情形；(2)公司的业务经营发生严重困难，公司经营不善、严重亏损。如公司仅业务经营发生严重困难，不存在权力运行严重困难，根据《公司法解释（二）》第1条第2款的规定，不符合《公司法》(2005年)第183条② 的解散公司条件。本案中，富钧公司董事会不仅长期处于无法召开的状态，而且在永利集团和仕丰公司各自律师的协调下召开的唯一一次临时董事会中，也因为双方股东存在重大分歧而无法按照章程规定的表决权比例要求形成董事会决议。富钧公司权力决策机制长期失灵，无法运行长达7年时间，属于《公司法解释（二）》第1条第1项、第2项规定的经营管理严重困难的公司僵局情形。

2."经营管理严重困难"的具体情形

根据《公司法解释（二）》第1条的规定，公司存在管理严重困难具体情形有以下三种：

(1)公司持续两年以上无法召开股东会，公司经营管理发生严重困难

无法召开股东会是指应当召开而不能召开，主要表现为"无人召集"或者"召集之后没有一个股东出席会议"两种情形。③ 无人召集，是指公司董事会或执行董事不依法召集主持股东会或股东大会，这种"无法召开"的状态要持续"两年以上"。关于是否应当召开股东会，应根据《公司法》第62条、第113条的规定认定。

司法实践中相关的裁判观点及典型案例如下。

裁判观点一：公司未召开股东会的客观事实状态并不等于股东会无法召开，股东未曾提议召开股东会，股东要求解散公司的理由和依据均不充足。

【典型案例】王某某、姿慧公司公司解散纠纷案。④ 二审法院认为，关于姿慧公司是否持续两年以上无法召开股东会且经营管理发生严重困难的问题，资料显示至王某某起诉时止，确已超过法律规定两年未曾召开过股东会的时限。但是，未召开股东会的客观事实状态并不等于股东会无法召开，也不等于据此可以直接支持其解散公司的请求。王某某应当首先遵循法律途径通过提议召开股东会的方式解决矛盾和公司经营问题，维护自身的合法权益，而非径直提起诉讼解散姿慧公司；只有在寻求正常的法律途径无法解决、公司确实陷入僵局时，才能说明姿慧公司确实出现了严重经营困难，但王某某已明确未曾提议过召开股东会，也未提供该方面的证据，故其要求解散姿慧公司的理由和依据均不充足，法院不予采纳。

---

① 参见最高人民法院民事判决书，(2011)民四终字第29号。
② 参见新《公司法》第231条。
③ 参见最高人民法院民事审判第二庭编著：《最高人民法院关于公司法司法解释（一）、（二）理解与适用》，人民法院出版社2015年版，第121页。
④ 参见广东省深圳市中级人民法院民事判决书，(2019)粤03民终32377号。

裁判观点二:"公司持续两年以上无法召开股东(大)会"其中的"无法召开"指的是应当召开而不能召开,客观上长期没有召开过会议不能当然认为"无法召开",未召开股东会会议不当然构成经营管理发生严重困难。公司的法人性质及多数决的权力行使模式决定公司经营管理和发展方向必然不能遵循所有投资人的意志,会议制度的存在为所有参与者提供表达意见的机会,但是最终的结果仍应由多数决作出,除非有例外约定。

【**典型案例**】华城公司、刘某公司解散纠纷案。[①] 针对华城公司是否符合法定解散条件应予解散的问题,再审法院认为,公司解散属于公司的生死存亡问题,关涉公司股东、债权人及员工等多方利益主体,关涉市场经济秩序的稳定和安宁。因此,法院对公司解散应慎重处理,应综合考虑公司的设立目的能否实现、公司运行障碍能否消除等因素。只有公司经营管理出现严重困难,严重损害股东利益,且穷尽其他途径不能解决的,才能判决解散公司。就本案而言,首先,华城公司尚不存在公司经营管理发生严重困难的情形。判断"公司经营管理是否发生严重困难",应从公司组织机构的运行状态进行综合分析,如股东会、董事会以及监事会等公司权力机构和管理机构是否无法正常运行,是否对公司事项无法作出有效决议,公司的一切事务是否处于瘫痪状态等。本案中,虽然华城公司自2009年召开股东会后未再召开股东会,也未召开董事会,但是根据合计持股60.12%的股东(温某某17.97%、韦某某22.2%、李某某19.95%)明确表示不同意解散公司的事实可知,即便持股18.67%的股东刘某不参加股东会,华城公司仍可以召开股东会并形成有效决议。这一推断也被华城公司2017年3月23日召开临时股东会并制定有效公司章程的事实所印证。刘某称其与黄某某的股权合计已经超过华城公司股份总额的1/3,但刘某并无证据证明黄某某同意解散公司。至诉讼时,黄某某虽未出庭并陈述意见,但其已经签收本案相关法律文书,无法认定其是否反对股东会作出的决议。未召开股东会并不等于无法召开股东会,更不等于股东会会议机制失灵,刘某提出公司机制失灵的理由不成立。刘某主张其股东权利无法行使,投资设立公司的目的无法实现。法院认为,公司的法人性质及多数决的权力行使模式决定公司经营管理和发展方向必然不能遵循所有投资人的意志,会议制度的存在为所有参与者提供表达意见的机会,但是最终的结果仍应由多数决作出,除非有例外约定。刘某作为持股比例较低的股东,在会议机制仍能运转的前提下,若认为其意见不被采纳进而损害自己的利益,可采取退出公司等方式维护自己的权益,据此主张公司应当解散的理由不成立。刘某主张华城公司目前处于歇业状态,但其提交的证据不能予以证明。《企业信用信息公示报告》中显示华城公司的登记状态是存续,《开发资质查询结果》《建设工程规划许可查询结果》《预售许可情况查询结果》也不能证明华城公司处于歇业状态。刘某还主张华城公司是房地产开发公司,仅开发大地华城公司一个项目,该项目已经建设销售完毕,华城公司无存续必要。但在再审庭审中对于法院"公司现在经营情况怎样"的询问,华城公司回应称"部分公司车位未销售完毕,现在正在正常经营。主因原来的项目未销售完毕,现在无新的项目开发",对此刘某并未提出充分的证据予以反驳。因此,华城公司并未陷入公司

[①] 参见最高人民法院民事判决书,(2017)最高法民再373号。

经营管理失灵无法正常运转的局面,公司经营管理并未发生严重困难。

裁判观点三:执行董事可通过召开股东会,对公司经营事项作出有效决议,不属于"董事僵局"的情形。

【典型案例】杜某萍、凯购公司公司解散纠纷案。① 最高人民法院认为,虽然凯购公司从2017年2月6日至杜某萍起诉要求解散公司时未按公司章程要求召开股东会,但公司未召开股东会与无法召开股东会不能等同,在无其他有效证据相佐证的情况下,即便凯购公司在2017年2月6日以后未召开股东会并形成股东会决议,也不必然意味着该公司经营管理出现混乱和股东会机制已失灵。本案现有证据尚不足以证明凯购公司的经营管理已发生足以达到使其解散程度的严重困难。

(2)股东表决时无法达到法定或者公司章程规定的比例,持续两年以上不能作出有效的股东会决议,公司经营管理发生严重困难

"不能作出有效的股东会决议",实践中主要表现为持股比例各占50%的两派股东意见相左,或者股东之间意见分散,无法形成多数决,特殊表决事项无法得到代表2/3以上表决权股东通过等。同时需要注意的是,最高人民法院在司法实践中还认为,未召开股东会持续时间不足两年并非阻碍判定公司解散的绝对条件,应当根据《公司法》第231条的规定综合判断。

裁判观点:未召开股东会持续时间不足两年并非阻碍判定公司解散的绝对条件。

【典型案例】龙润公司、博烨公司公司解散案。② 最高人民法院认为,判断公司的经营管理是否发生严重困难,应当从公司组织机构的运行状况进行综合分析,着重考察公司管理方面是否存有严重内部障碍,如股东会机制失灵、无法就公司的经营管理进行决策等。未召开股东会持续时间不足两年并非阻碍判定公司解散的绝对条件。如前所述,判定公司能否解散应根据《公司法》(2013年)第182条③的规定予以综合判断。故即使2016年1月15日龙润公司召开股东会且作出了股东会决议,亦不能得出龙润公司尚未陷入公司僵局的结论。

(3)公司董事长期冲突,且无法通过股东会解决,公司经营管理发生严重困难

实务中,对该种情形主要从两个方面进行考虑:一是发生董事长期冲突,主要表现为董事会无法召开以及无法作出有效决议两种情形;二是前述状况无法通过股东会解决。关于是否应当召开董事会,应根据《公司法》第123条的规定认定。

裁判观点:因董事冲突所造成的公司治理上的董事僵局。

【典型案例】荟冠公司及第三人东证公司与东北亚公司、第三人董某某公司解散纠纷案。④ 最高人民法院认为,东北亚公司长达两年没有召开股东会,无法形成有效决议,更不能通过股东会解决董事间激烈的矛盾,股东会机制失灵。关于监事会方面,东北亚公司成立至今从未召开过监事会,监事亦没有依照公司法及公司章程行使监督职权。综上,客观上东北亚公司董事

---

① 参见最高人民法院民事裁定书,(2020)最高法民申7067号。
② 参见最高人民法院民事裁定书,(2018)最高法民申280号。
③ 参见新《公司法》第231条。
④ 参见最高人民法院民事裁定书,(2017)最高法民申2148号。

会已由董某某控制,荟冠公司无法正常行使股东权利,无法通过委派董事加入董事会参与经营管理。东北亚公司的内部机构已不能正常运转,公司经营管理陷入僵局。

3.原告主张"经营管理严重困难"时应关注的问题

(1)公司各股东的持股情况、持有表决权情况。

(2)公司章程关于股东会、董事会、监事会职权、表决方式等规定。

(3)公司股东之间是否存在严重分歧、公司权力机构股东会的运作情况。如是否连续两年以上应召开而无法召开股东会,或者股东表决时无法达到法定或者公司章程规定的比例,持续两年以上不能作出任何一项有效的股东会决议,股东会无法召开或无法作出决议的原因等。这里需要注意的是,如果在两年内召开过股东会并作出过有效决议,则会导致期间中断,实务中其或将成为法院认定公司僵局的障碍。

司法实践中相关的裁判观点及典型案例如下。

裁判观点一:两年内召开过股东会导致期间中断;但股东表决时无法达到法定或者公司章程规定的比例,持续两年以上不能作出有效的股东会或者股东大会决议,构成"公司经营管理出现严重困难"。

【典型案例】 何某某、泰兴公司公司解散纠纷案。[①] 最高人民法院认为,泰兴公司最后一次召开股东会距本案起诉不足1年,不存在持续两年未召开股东会的情形,但除了作为公司最高权力机构的股东会会议长期未能召开以外,泰兴公司股东之间的对立已然形成,何某某作为持股达57%的执行董事,在股东对立未能消除的情况下,其权力的行使极有可能处于失控状态。因此,法院认定泰兴公司的权力运行机制发生严重困难。

裁判观点二:因股东之间的严重矛盾导致公司在经营方面陷入无法缓解的困境,可认定为公司经营管理发生严重困难。

【典型案例】 弘正公司、玮琪公司与弘健公司、生健公司公司解散纠纷案。[②] 二审法院认为,公司经营管理严重困难的主要表现形式除公司治理结构无法正常运转之外,还应包括因股东之间的严重矛盾导致公司在经营方面陷入无法缓解的困境等情形。这种因股东之间的严重矛盾导致的经营困境与一般经营困难或经营亏损不同,因股东之间的深刻矛盾而根本无法实现通过公司经营获取盈利的基本目的,从而导致股东设立公司或投资公司的基本目的彻底落空,故法律应为陷入该困境的股东提供救济渠道。因此,在此情形下,若同时满足公司继续存续会使股东利益受到重大损失的条件,应当适用司法解散制度为股东提供救济。此案中,弘健公司成立后,弘正公司、玮琪公司与生健公司就其向弘健公司的补充投资问题及其债权、股权等方面产生了矛盾并持续进行了多次协商,但始终未能达成一致意见。在此情况下,弘正公司和玮琪公司作为弘健公司的股东,基于投资所享有的知情权、投资权等经营管理权利均无法正常行使,其意图根据《组建合资公司协议书》投资弘健公司的目的已无法实现,股东之间矛盾长期持续存在亦导致弘健公司无法按照该公司设立之初的预期目的良性运行,可以认定弘健公司

---

① 参见最高人民法院民事裁定书,(2017)最高法民申4437号。
② 参见江苏省高级人民法院民事判决书,(2015)苏商终字第00161号。

经营管理出现了严重困难。

同时需要注意的是,最高人民法院在司法实践中还认为,未召开股东会持续时间不足两年并非阻碍判定公司解散的绝对条件,应当根据《公司法》第231条的规定综合判断。

裁判观点三:未召开股东会持续时间不足两年并非阻碍判定公司解散的绝对条件。

【**典型案例**】龙润公司与博烨公司、王某某及陈某公司解散纠纷案。① 最高人民法院认为,未召开股东会持续时间不足两年并非阻碍判定公司解散的绝对条件。判定公司能否解散应根据《公司法》第182条②的规定予以综合判断。

(4) 公司董事之间是否存在冲突、公司执行机构董事会是否正常运作,包括是否长期连续无法召开董事会或者长期不能作出有效的董事会决议、公司董事长期冲突,且无法通过股东会或者股东大会解决,以及董事会无法作出决议的原因等。如果可以通过股东会解决,一般不会认定为陷入公司僵局。但是如果董事长期冲突,且无法通过股东会或者股东大会解决,同时股东会、董事会无法正常运作影响公司经营,可能被认定为构成公司经营管理出现严重困难。

司法实践中相关的裁判观点及典型案例如下。

裁判观点:董事长期冲突,且无法通过股东会或者股东大会解决,构成"公司经营管理出现严重困难"。

【**典型案例**】荟冠公司及第三人东证公司与东北亚公司、第三人董某某公司解散纠纷案。③ 最高人民法院认为,东北亚公司已有两年未召开董事会,董事会早已不能良性运转。东北亚公司长达两年没有召开股东会,无法形成有效决议,更不能通过股东会解决董事间激烈的矛盾,股东会机制失灵。综上,客观上东北亚公司董事会已由董某某方控制,荟冠公司无法正常行使股东权利,无法通过委派董事加入董事会参与经营管理,东北亚公司的内部机构已不能正常运转,公司经营管理陷入僵局。

(5) 公司业务经营情况。包括是否正常经营主营业务、是否具备应有员工、生产资料、主要经营场所等。

(6) 公司盈利或亏损情况、盈余分配情况,股东利益是否因上述问题而受到损失。④

司法实践中相关的裁判观点及典型案例如下。

裁判观点:判断公司的经营管理是否出现严重困难,应当从公司组织机构的运行状态进行综合分析,公司是否处于盈利状态并非判断公司经营管理发生严重困难的必要条件。

【**典型案例一**】荟冠公司及第三人东证公司与东北亚公司、第三人董某某公司解散纠纷案。⑤ 最高人民法院认为,判断公司的经营管理是否出现严重困难,应当从公司组织机构的运行状态进行综合分析,公司是否处于盈利状态并非判断公司经营管理发生严重困难的必要条件。其侧重点在于公司经营管理是否存在严重的内部障碍,股东会或董事会是否因矛盾激化而处

---

① 参见最高人民法院民事裁定书,(2018)最高法民申280号。
② 参见新《公司法》第231条。
③ 参见最高人民法院民事裁定书,(2017)最高法民申2148号。
④ 参见张应杰主编:《公司股东纠纷类案裁判思维》,人民法院出版社2023年版,第596页。
⑤ 参见最高人民法院民事裁定书,(2017)最高法民申2148号。

于僵持状态,一方股东无法有效参与公司经营管理。就本案而言,客观上东北亚公司董事会已由董某某控制,荟冠公司无法正常行使股东权利,无法通过委派董事加入董事会参与经营管理。东北亚公司的内部机构已不能正常运转,公司经营管理陷入僵局。

【典型案例二】何某某、泰兴公司公司解散纠纷案。① 最高人民法院认为,公司本身处于盈利状态并非认定公司经营管理发生严重困难的充分阻却事由。公司经营管理发生严重困难侧重于对公司股东会等内部治理机构运行状态的考察,是否处于亏损状况并非判断公司经营管理发生严重困难的必要条件。泰兴公司当前虽处于盈利状态,但其股东会机制长期失灵,内部管理有严重障碍,已陷入僵局状态,可以认定为公司经营管理发生严重困难。

4. 认定"经营管理严重困难"应当注意的问题

(1)对于公司持续两年以上无法召开股东会、持续两年以上不能作出有效的股东会决议,公司经营管理发生严重困难的,关注核心应该是无法召开股东会会议和不能作出有效的股东会决议。如果是会议召集义务人主观上未履行义务所致会议未召开,更有甚者为自己制造公司解散理由的,不能因其自身的违约行为而取得因此产生的相应权益,不能据此认定公司"经营管理严重困难"。

裁判观点:公司大股东在占有董事会多数席位的情况下,主张无法召开股东会,应提供证据证明其曾经召集过股东会,因其他股东拒绝参加,而导致公司无法召开股东会。否则公司大股东以无法召开股东会为由主张公司经营管理困难申请解散公司的,其诉讼请求不予支持。

【典型案例】昆仑能源辽宁公司、能源(鞍山)公司公司解散纠纷案。② 最高人民法院认为,本案中,从一审、二审法院查明的事实来看,作为持有昆仑能源鞍山公司60%股权的股东,昆仑能源辽宁公司未提供证据证明,昆仑能源鞍山公司曾经召集过股东会,因厚德公司拒绝参加,而导致昆仑能源鞍山公司无法召开股东会,昆仑能源辽宁公司作为昆仑能源鞍山公司的大股东,在占有董事会多数席位的情况下,不主动召集股东会,反而以无法召开股东会为由主张公司经营管理困难申请解散公司,缺乏事实和法律依据。此外,昆仑能源辽宁公司申请再审亦未提供证据证明昆仑能源鞍山公司经营管理发生其他严重困难,且一审中,厚德公司明确表示愿意配合昆仑能源辽宁公司开展工作、继续经营昆仑能源鞍山公司。故昆仑能源辽宁公司主张的股东之间失去合作基础、公司亏损等事由,均不符合公司解散的法定条件,一审、二审法院判决不予解散昆仑能源鞍山公司并无不当。

(2)对公司僵局产生有过错的股东是否有权提起公司解散之诉。

裁判观点:对公司僵局产生存在过错的股东有权提起公司解散之诉,过错方起诉不应等同于恶意诉讼。

【典型案例一】仕丰公司与富钧公司、永利集团公司解散纠纷案。③ 针对富钧公司"仕丰公司委派的董事张某某擅自离职,不参加董事会会议,人为制造公司僵局,损害富钧公司利益,

---

① 参见最高人民法院民事裁定书,(2017)最高法民申4437号。
② 参见最高人民法院民事裁定书,(2020)最高法民申2318号。
③ 参见最高人民法院民事判决书,(2011)民四终字第29号。

法院不应支持仕丰公司具有恶意目的的诉讼"的上诉理由,最高人民法院认为,公司能否解散取决于公司是否存在僵局以及是否符合《公司法》(2005年)第183条①规定的实质条件,而不取决于公司僵局产生的原因和责任。《公司法》(2005年)第183条没有限制过错方股东解散公司,因此即使一方股东对公司僵局的产生具有过错,其仍然有权依据该条规定,请求解散公司。本案中仕丰公司提出解散富钧公司的背景情况为,富钧公司已陷入公司僵局并由永利公司单方经营管理长达7年,仕丰公司持有60%的股份,其行使请求司法解散公司的诉权,符合《公司法》(2005年)第183条的规定,不属于滥用权利、恶意诉讼的情形。

【典型案例二】奶奇乐公司与罗某某、皮某、菊乐公司解散纠纷案。②再审法院认为,公司能否解散取决于公司是否存在僵局以及是否符合《公司法》(2013年)第182条③规定的实质条件,而不取决于公司僵局产生的原因和责任。公司法没有限制过错方股东解散公司,因此即使一方股东对公司僵局的产生具有过错,其仍然有权依据该条规定,请求解散公司。对奶奇乐公司的僵局是何方过错造成的,法院不予审查。

5. 以"经营管理发生其他严重困难"为由请求司法解散公司的实务处理

《公司法解释(二)》第1条除规定了前述公司僵局的三种具体情形外,还规定了经营管理发生其他严重困难,继续存续会使股东利益受到重大损失的情形,这是一个兜底条款,即除公司僵局三种具体情形外,不排除当事人以其他事由请求解散公司。从公司法理论研究、外国立法例与审判实践来看,上述"其他事由"应当包括"股东压迫"等允许公司解散的事由。④具体如下:

(1)股东压迫

股东压迫,是指在公司治理机构中大股东和实际控制人滥用优势地位掌握公司股东大会、董事会和高级管理人员,在形式上通过股东会决议来压制其他小股东,完全排除了小股东的股东权利,本质上属于对小股东的压迫。

股东压迫是否属于《公司法解释(二)》第1条规定的"经营管理发生其他严重困难"且因此导致公司继续存续会严重侵害中小股东利益,通过其他途径不能解决的,可以判决解散公司的情形。学术界和实务界均持肯定观点。在学术界,不少学者呼吁将股东压迫明确列为公司司法解散的法定事由。⑤在实务界,亦有法院尝试将股东压迫认定为《公司法解释(二)》第1条中规定的"经营管理发生其他严重困难"情形,承认股东压迫为公司解散事由。

【典型案例一】正浩实业公司与重庆国能公司、正浩机电公司公司解散纠纷案。⑥最高人民

---

① 参见新《公司法》第231条。
② 参见四川省高级人民法院民事判决书,(2016)川民终318号。
③ 参见新《公司法》第231条。
④ 参见最高人民法院民事审判第二庭编著:《最高人民法院关于公司法司法解释(一)、(二)理解与适用》,人民法院出版社2015年版,第124页。
⑤ 参见李建伟:《司法解散公司事由的实证研究》,载《法学研究》2017年第4期;张学文:《有限责任公司股东压制问题研究》,法律出版社2011年版,第98页;彭冰:《理解有限公司中的股东压迫问题——最高人民法院指导案例10号评析》,载《北大法律评论》2014年第15卷第1辑。
⑥ 参见最高人民法院民事判决书,(2007)民二终字第31号。

法院认为，正浩实业公司（第三人，占51%股权）利用大股东的控制地位，违反公司章程规定，使小股东重庆国能公司（原告，占49%股权）始终不能行使决策经营权、不能享有知情权，且小股东在股东会决议上对大股东作出的相关报告始终表示反对，对正浩实业公司通过转嫁投资、交易及利用公司资产为自己贷款抵押等行为提出严重异议，根据大股东在诉讼前及诉讼中的相关表现，认定公司若继续存续，会使小股东的权利受到重大损失，故判决解散公司。

【典型案例二】世纪天泰公司与山东绿杰公司解散纠纷案。① 二审法院认为，"公司经营管理出现严重困难"的一个重要情形就是公司的股东会和董事会等公司机构的运行状态出现严重困难，因为公司作为一个法律拟制的法人机构，其实际管理和经营主要依靠股东会、董事会等意思机构和执行机构的有效运行，而股东会或董事会因股东或董事之间的相互对抗，无法有效召集或形成有效决议，必然导致公司经营的无法运行，这被称为"公司僵局"。世纪天泰公司曾多次向山东绿杰公司董事、董事会和监事提出书面申请召开股东会议，查阅公司的经营状况和账目信息，均遭到了山东绿杰公司的拒绝。其间，根据双方提交的证据以及当庭陈述，山东绿杰公司根本无法正常召开股东会会议，无法作出有效的董事会、股东会决议，双方亦无法达成一致意见，公司经营管理陷入严重困难，已经形成"公司僵局"，符合《公司法解释（二）》第1条第1款所规定的法定情形。

【典型案例三】荣邦公司与鑫银公司、鸥宇公司等公司解散纠纷案。② 二审法院认为，"股东压迫"通常指闭锁性公司中的控股股东限制、排除少数股东参与公司经营管理或获取资产收益而实施的各种排挤、欺压、压制类的策略性行为。本案中存在鸥宇公司联合昊邦公司压迫荣邦公司的情形：(1)鸥宇公司的代表王某某与荣邦公司的代表尉某某之间已不具备人合性，且王某某在明知其担任鑫银公司法人有悖公司法的情形下，排除尉某某的监事职务；(2)鑫银公司在昊邦公司将其出资转回后，至今未向昊邦公司主张归还，也未反映有利息收入，有悖常理；且昊邦公司明知王某某担任执行董事与法定代表人有悖公司法，仍选择其继续担任法人，说明其有联合压迫的利益动因；(3)鑫银公司的三股东均未按章程约定出资，表明三股东事实上已不再打算出资。

【典型案例四】陆林公司与李某某公司解散纠纷案。③ 二审法院认为，判断公司的经营管理是否出现严重困难，应当从公司组织机构的运行状态进行综合分析，公司是否处于盈利状态并非判断公司经营管理发生严重困难的必要条件，其侧重点在于公司经营管理是否存在严重的内部障碍，股东会或董事会是否因矛盾激化而处于僵持状态。就本案而言，陆林公司不设董事会，仅有执行董事王某某。因王某某拒绝李某某参与陆林公司工作，陆林公司的经营事务均掌握在王某某手中。陆林公司在长达5年的时间未召开股东会，无法形成有效决议，可以证实陆林公司股东会机制已经失灵。庭审中，王某某陈述近年来陆林公司重大的经营事项为环保设备投资、项目改造，其未告知李某某，亦认为王某某占陆林公司75%股权，可不经过股东会由

---

① 参见山东省济南市中级人民法院民事判决书，(2017)鲁01民终8498号。
② 参见浙江省绍兴市中级人民法院民事判决书，(2020)浙06民终281号。
③ 参见新疆维吾尔自治区克拉玛依市中级人民法院民事判决书，(2021)新02民终21号。

其自行决定,可以证实王某某利用其大股东优势地位,架空股东会。纵观上述事实,客观上陆林公司已由王某某单方控制,李某某无法正常行使股东权利,无法参与经营管理,陆林公司的内部机制已不能正常运转,公司经营管理陷入僵局。陆林公司试图在一审诉讼中召开股东会,并向李某某送达股东会会议通知,但其召开股东会的目的是审议修改陆林公司的经营期限,即否认本案公司解散的目的,李某某完全否认股东会召集程序的合法性,且股东双方已经对簿公堂,证明股东之间的矛盾已经激化至无法调和,股东会机制已经不能正常运行和发挥作用。在此情形下,继续维持公司的存续,只会产生大股东利用其优势地位单方决策,压迫损害小股东利益的后果。

当然,对于持股比例较低的股东,在公司权力机关能够运行、股东会或董事会尚能形成有效决议的情况下,不能仅因为其意见不被采纳,就认定公司治理结构存在严重障碍,亦不能因此认定公司经营管理构成严重困难,这一情形不是"股东压迫"的构成要件。此时小股东可以寻求其他救济,例如,《公司法》第57条规定的股东知情权。《公司法》第89条第1款第1项规定,公司连续5年不向股东分配利润,而公司该5年连续盈利,并且符合本法规定的分配利润条件的,对股东会该项决议投反对票的股东可以请求公司按照合理的价格收购其股权,股东可以据此要求公司回购股权实现其股权价值。

司法实践中与股东压迫相关的裁判观点及典型案例如下。

裁判观点:仅存在股权优势地位,不足以构成解散公司的法定事由,应结合其他因素综合认定公司是否达到解散条件。

【典型案例】陈某某与凯凌公司公司解散纠纷案。[①] 二审法院认为,从陈某某所陈述的股东间纠纷情形看,其核心是董某某利用其大股东地位剥夺其参与公司管理的权利,进而损害其利益。这种情形法学理论上属于"股东压迫"。同时认为,即使本案构成股东压迫的情形,仍不能判决解散公司。理由如下:其一,解散对于公司而言,是最严厉、最具破坏性的后果,若非万不得已,就不宜选择解散公司的办法来解决股东之间的矛盾。公司的法人性质及多数决的权力行使模式决定了公司经营管理和发展方向必然不能遵循所有投资人的意志,但是最终的结果仍应由多数决作出,如果少数股东动辄请求解散公司,公司解散制度将沦为小股东制衡甚至打击大股东的工具。故不能因为公司具有股东压迫情形就直接解散公司。应当结合公司组织机构是否运行正常、公司经营管理是否正常进行综合认定。其二,公司解散涉及多种利益,不仅涉及股东利益,还涉及公司债权人、公司员工等多方利益主体,关涉市场经济秩序的稳定和安宁。司法对股东压迫情形下的公司解散更应采取审慎态度。本案中,凯凌公司作为房地产开发企业,开发项目尚未结束,如果解散公司,合同不能继续履行,不仅购房人利益无法得到保障,还会导致公司承担巨额违约责任,最终损害公司利益及股东利益,这也与公司司法解散制度目的不符。其三,作为持股比例较低的股东,在公司权力机关能够运行的情况下,若认为其意见不被采纳进而损害自己的利益,《公司法》为其规定了多种救济途径,如撤销股东会决

---

① 参见湖北省高级人民法院民事判决书,(2018)鄂民终5号。

议诉讼、股东知情权诉讼、分红请求权诉讼、股权退出机制等。本案中，陈某某仅采取了该法规定的部分救济措施，如撤销股东会决议诉讼，且其向公安机关举报董某某侵占公司财产案公安机关也未处理完毕。可见，陈某某并非不能通过其他途径对其权利进行救济，也并非已经穷尽了其他救济手段，在此情况下不宜采用最为严厉的公司解散措施。

需要特别注意的是，根据新《公司法》第89条第3款的规定，公司小股东在受到股东压迫的情形下，有权请求公司收购股权。在新《公司法》颁行后，小股东不能依据股东压迫直接起诉解散公司，应当先行请求公司回购股权，只有在请求回购股权不能的情形下方可采取公司解散方式予以救济。

（2）公司实施危害公共利益的违法行为

根据《公司法》第19条、第20条的规定，若大股东、实际控制人、董事等利用公司控制权，借公司名义从事非法活动，致使公司经营违反法律、公共秩序和善良风俗，沦为违法工具，公司存续已失去合法性，应当允许股东请求司法解散公司。对于中小股东有充分证据证明公司实质经营活动违反法律、公共秩序和善良风俗，但又无法通过股东会或股东大会、监事会或监事以及高级管理人员等公司内部治理机构采取措施并制止的，实务中有观点认为该情形属于《公司法解释（二）》第1条第1款第4项规定的"经营管理发生其他严重困难，公司继续存续会使股东利益受到重大损失的情形"，中小股东起诉请求法院判决解散公司，符合《公司法》及相关司法解释规定的其他条件的，可以支持解散公司。

（二）继续存续会使股东利益受到重大损失

股东利益是否受到重大损失，应当从事件发生的原因、持续时间、对公司未来的影响、是否有机会改变等因素综合考虑。实务中，法院会重点考察以下三个方面：

1. 从公司管理方面考察

（1）有限责任公司人合性的基本要素是否已不存在，具体为公司的股东之间是否已无最起码的信任，相互合作的基础是否已经完全破裂。

（2）公司的内部管理是否处于事实上的瘫痪状态，即公司自治的公司治理机构是否处于失灵状态，且该状态的继续存续是否会对公司、股东造成实质性的损害。

以上如果均是肯定答案，可以认定股东利益受到重大损失。

司法实践中从公司管理方面考察认定股东利益受到重大损失的裁判观点及典型案例如下：

裁判观点一：公司已丧失人合性，不能进行正常的营业活动，继续存续将使股东利益进一步受损。

【典型案例】励某某诉华盈公司、第三人沈某某、李某某公司解散纠纷案。[①] 再审法院认为，华盈公司与其他公司之间相互关联，股东之间利益交叉，华盈公司与相关公司、股东之间讼争不断，已丧失基本信任。华盈公司不能进行任何正常经营活动，也无法召开股东会等解决问题，根据华盈公司企业现状，公司续存反而会使股东利益受到重大损失。在原审审理期间，原审法院也曾通过除华盈公司解散外的其他途径就华盈公司续存问题多次组织各股东进行协

---

① 参见浙江省宁波市中级人民法院民事判决书，（2012）浙甬商终字第155号。

商,但均未能提出有效解决方案。并不能形成如华盈公司所称通过股权转让方式解决矛盾使公司续存的一致意见。原审法院判决华盈公司解散,并无不当。

裁判观点二:"股东利益受到重大损失"是指公司的人合基础已完全丧失,且公司的财产已经处于不断消耗与流失状态,公司未分红与公司继续存续会使股东利益受到重大损失之间没有必然联系。

【**典型案例**】林某某、建设房地产公司公司解散纠纷案。[①] 二审法院认为,"股东利益受到重大损失"是指公司的人合基础已完全丧失,且公司的财产已经处于不断消耗与流失状态。但现有证据没有证实这一状态,林某某认为公司多年未分红、其无法了解公司财务状况等,但公司多年未分红与公司继续存续会使股东利益受到重大损失没有必然联系;其所称的股东知情权、利润分配权等受损害,可以通过其他诉讼求得救济,不必诉诸解散之诉。

裁判观点三:股东之间的矛盾不是公司解散的法定事由。

【**典型案例一**】王某某、陈某某公司解散纠纷案。[②] 最高人民法院认为,股东之间的矛盾首先是公司内部的管理问题,为维护商业经营的稳定和安全,不能仅因公司股东之间存在矛盾就将公司解散,更不能因为一个股东与其他股东之间存在矛盾而解散公司,只有达到公司经营管理发生严重困难,符合公司解散的法定条件方可解散,否则会对社会经济尤其是公司经营所涉及的其他社会关系造成损害和不稳定。二审判决认为按照持股比例,陈某某、程某某、翁某可以形成有效决议,骄龙公司股东会机制未失灵,依然可以通过股东会决议的方式管理公司并无不当。

【**典型案例二**】华城公司与刘某公司解散纠纷案。[③] 针对华城公司是否符合法定解散条件应予解散的问题,最高人民法院认为,从本案诉讼来看,刘某与其他股东之间的矛盾的确难以调和,但股东之间的矛盾并非解散公司的法定事由,股东纠纷可采取内部解决方式(如知情权、分红请求权、股权退出机制)来解决。公司解散对于公司而言,是最严厉、最具破坏性的结果,若非万不得已,就不宜选择解散公司的办法来解决股东之间的矛盾,以维护社会关系的稳定,保障债权人的利益。华城公司各股东之间应本着诚信原则和公平原则,化干戈为玉帛,求同存异,妥善处理好股东之间的矛盾。

2. 从公司经营方面考察

主要考察公司能否进行正常经营活动,能否通过召开股东会等形式解决经营相关问题,根据公司企业性质判断公司停产停业有无恢复正常的可能,以及公司继续存续是否必然损耗公司净资产。如果上述情况的答案均为否定,亦可认定股东利益遭受重大损失。实务中主要是对股东权利方面的考察。

根据《公司法》第 4 条第 2 款的规定,股权包括股东基于其股东身份和地位而享有参与公司经营管理的权利及从公司获取经济利益的权利。所以,股东利益的损害需要从以下两方面予以考虑:一是公司的权力机构运行机制是否失灵,致使股东参与公司管理的权利难以得到保

[①] 参见浙江省高级人民法院民事判决书,(2018)浙民终 1202 号。
[②] 参见最高人民法院民事裁定书,(2017)最高法民申 987 号。
[③] 参见最高人民法院民事判决书,(2017)最高法民再 373 号。

障。股东参与公司经营管理的权利包括重大决策和选择管理者等两项权利，但在公司形成僵局后，非实际控制和管理公司的股东难以实现这两项权利。二是公司经营管理困难是否给公司的存续和发展带来不利影响，进而影响股东的收益权及公司剩余财产的分配权。①

司法实践中从股利方面考察认定股东利益受到重大损失的裁判观点及典型案例如下。

裁判观点一：公司虽处于盈利状态，但是长期不向股东分红，权力机构运行机制失灵，股东权益难以保障，可认定为"公司继续存续对股东权益造成重大损害"。

【典型案例一】 兴华公司与金濠公司公司解散纠纷案。② 最高人民法院认为，关于金濠公司继续存续是否会使股东利益遭受重大损失，金濠公司确认目前处于盈利状态，但就长期不向股东分配红利没有作出合理解释。在此情况下，兴华公司、侨康公司关于因金濠公司权力机构运行机制失灵导致其对金濠公司在管理、收益等方面的股东权益难以保障，并将因金濠公司继续存续遭受重大损失的主张，具有合理性。

【典型案例二】 林某某与凯莱公司、戴某某公司解散纠纷案。③ 二审法院认为，由于凯莱公司的内部运营机制早已失灵，林某某的股东权、监事权长期处于无法行使的状态，其投资凯莱公司的目的无法实现，利益受到重大损失，且凯莱公司的僵局通过其他途径长期无法解决。

裁判观点二：公司僵局形成后，公司持续亏损，股东权益大幅减损，业务经营也处于严重困难状态，可认定为"公司继续存续对股东权益造成重大损害"。

【典型案例】 仕丰公司与富钧公司、第三人永利公司解散纠纷案。④ 最高人民法院认为，关于富钧公司继续存续是否会使股东利益受到重大损失。从富钧公司经营情况看，富钧公司的公司僵局形成后，公司经营即陷入非常态模式，在永利公司单方经营管理期间，富钧公司业务虽然没有停顿，但持续亏损，没有盈利年度，公司经营能力和偿债责任能力显著减弱，股东权益已大幅减损至不足实收资本的1/2。富钧公司关于其生产经营正常，亏损额正在减少，有望扭亏转盈的上诉理由没有充分证据证明，法院不予采信。另从富钧公司注册资本到位情况看，仕丰公司和永利公司至今均未足额出资，在双方股东不愿意共同经营富钧公司、冲突对立无法调和的情况下，富钧公司注册资本难以充实，无法实现预期的经营目的。综合上述情况，富钧公司不仅丧失了人合基础，权力运行严重困难，同时业务经营也处于严重困难状态，继续存续将使股东利益受到重大损失。

裁判观点三："公司继续存续会使股东利益受到重大损失"主要是指一种预期的利益损失，公司当前的盈利状态对此并不构成充分的阻却事由。公司股东会长期处于僵局状态，经营业务已不能正常开展，开发新项目的希望十分渺茫，继续存续会产生更多经营成本、摊薄股东利润甚至加重公司负债风险，应当认定公司继续存续会使股东利益遭受重大损失。

【典型案例】 何某某与泰兴公司公司解散纠纷案。⑤ 最高人民法院认为，公司僵局的继续

---

① 参见马士鹏：《公司司法解散的要件》，载《人民司法》2022年第11期。
② 参见最高人民法院民事判决书，(2019)最高法民终1504号。
③ 参见江苏省高级人民法院民事判决书，(2010)苏商终字第0043号。
④ 参见最高人民法院民事判决书，(2011)民四字第29号。
⑤ 参见最高人民法院民事裁定书，(2017)最高法民申4437号。

存续会导致股东利益受到重大损失是解散公司的必要条件,但法律对此并无明确、客观的判断标准。公司当前是否处于亏损状态固然是判断公司继续存在会否导致股东重大损失的重要依据,但就立法用语的文义来看,"继续存续"是对未来的预期,而"会使"也属于对未来的预测,"公司继续存续会使股东利益受到重大损失"主要是指一种预期的利益损失,公司当前的盈利状态对此并不构成充分的阻却事由。泰兴公司成立以来,仅运作实施了广信花园小区项目,公司股东会长期处于僵局状态,经营业务已不能正常开展,开发新项目的希望十分渺茫,继续存续会产生更多经营成本、摊薄股东利润甚至加重公司负债风险。因此,在当前公司僵局无法破除的状态下,原判决认定泰兴公司继续存续会使股东利益遭受重大损失并无不当。

裁判观点四:公司继续存续是否会使"股东利益受到重大损失"可结合是否有其他途径对股东的利益予以救济进行综合考量。

【**典型案例**】华城公司与刘某公司解散纠纷案。[①] 针对华城公司是否符合法定解散条件应予解散的问题,最高人民法院认为,华城公司继续存续并不会使股东利益受到重大损失。华城公司并不存在经营管理发生严重困难情形,在此前提下,公司继续存续是否会使"股东利益受到重大损失"应结合股东利益的救济方式进行综合分析。如果有其他途径对股东的利益予以救济,则不宜通过解散公司的方式进行。刘某主要因要求华城公司分红未果以及公司财务不公开等事项而与华城公司及其他股东产生矛盾,属于股东分红请求权、知情权纠纷。依照《公司法》的规定,股东认为上述权利受到侵害的,可以诉请要求分配利润或提供账册查询,性质上不属于公司解散诉讼的受理事由。刘某主张华城公司仅对其提起返还借款诉讼属于差别对待,一审法院作出(2013)南市民二终字第122号民事判决,支持华城公司的诉讼请求,令刘某返还借款。华城公司主张债权的行为属于合法行为,刘某主张差别对待,严重损害其利益的理由不成立。在刘某尚未采取其他法律措施维护自己权利的情况下,就本案现有证据而言,尚不足以证实华城公司继续存续会使股东利益受到重大损失。

裁判观点五:公司继续存续不仅无法使各股东设立公司的期待利益得到满足,反而使股东的合法权利及利益均受到损害,公司若持续维持现状,必然会造成股东利益受到重大损失。

【**典型案例**】弘正公司、玮琪公司与弘健公司、生健公司公司解散纠纷案。[②] 二审法院认为,公司继续存续会使公司股东权益受到重大损失。一方面从弘健公司的经营状况来看,股东的投资长期未能获得回报。依照弘健公司和生健公司的自认,弘健公司自成立开始至今一直处于亏损状态,弘正公司、玮琪公司作为股东不仅从未享受到盈利,甚至对弘健公司的借款债权都需通过诉讼及司法拍卖弘健公司核心资产方可实现债权,已经造成股东经济利益的重大损失。另一方面由于双方股东的冲突始终不能得到解决,弘健公司一直都处于生健公司委派董事沈某的单方管理之下,作为弘健公司股东的弘正公司、玮琪公司却不能基于其投资享有适当的公司经营决策、管理和监督的股东权利,甚至连基本的股东知情权都无法保障,自始至终未能查阅到弘健公司的财务账簿,了解弘健公司财务状况的唯一途径是在股东会或董事会会议

---

① 参见最高人民法院民事判决书,(2017)最高法民再373号。
② 参见江苏省高级人民法院民事判决书,(2015)苏商终字第00161号。

上听取弘健公司或生健公司的通报。综上，可以认定弘健公司继续存续会使公司股东权益受到重大损失。

关于"股东利益受到重大损失"是指股东个人利益受损还是全体股东受损的问题，原告的证明路径应当区分公司停业、亏损、盈利等不同状态：(1)公司处于停业或亏损状态，原告需证明在持续停业状态下无法止损，或亏损在持续扩大，以此证明自己的利益受损。(2)公司仍在营业甚至盈利状态下，参照最高人民法院第8号指导案例，原告举证证明公司治理处于僵局状态或者自己长期无法参与经营管理，自身的管理控制利益遭受重大损害。① 前面笔者已经论及，司法实践中一般认为公司本身是否处于盈利状况并非判断公司经营管理是否发生严重困难的必要条件，具体可以参考前文的荟冠公司及第三人东证公司与东北亚公司、第三人董某某公司解散纠纷案(第873页)，何某某、泰兴公司公司解散纠纷案(第874页)。

关于"股东利益受到重大损失"中的"股东利益"是指当前利益，还是预期利益的问题。司法实践认为，"股东利益受到重大损失"主要是一种预期利益损失，公司当前的盈利状态对此并不构成充分的阻却事由。

裁判观点六："公司继续存续会使股东利益受到重大损失"主要是指一种预期的利益损失，公司当前的盈利状态对此并不构成充分的阻却事由。

【**典型案例一**】何某某、泰兴公司公司解散纠纷案。② 最高人民法院认为，公司僵局的继续存续会导致股东利益受到重大损失是解散公司的必要条件，但法律对此并无明确、客观的判断标准。公司当前是否处于亏损状态固然是判断公司继续存在会否导致股东重大损失的重要依据，但就立法用语的文义来看，"继续存续"是对未来的预期，而"会使"也属于对未来的预测，"公司继续存续会使股东利益受到重大损失"主要是指一种预期的利益损失，公司当前的盈利状态对此并不构成充分的阻却事由。

【**典型案例二**】仕丰公司与富钧公司、永利公司公司解散纠纷案。③ 针对案涉公司继续存续是否会使股东利益受到重大损失的问题，最高人民法院在该案认为，从富钧公司经营情况看，富钧公司的公司僵局形成后公司经营即陷入非常态模式，在永利公司单方经营管理期间，富钧公司业务虽然没有停顿，但持续亏损，没有盈利年度，公司经营能力和偿债责任能力显著减弱，股东权益已大幅减损至不足实收资本的1/2。富钧公司关于其生产经营正常，亏损额正在减少，有望扭亏转盈的上诉理由没有充分证据证明，法院不予采信。另从富钧公司注册资本到位情况看，仕丰公司和永利公司至今均未足额出资，在双方股东不愿意共同经营富钧公司、冲突对立无法调和的情况下，富钧公司注册资本难以充实，无法实现预期的经营目的。综合上述情况，富钧公司不仅丧失了人合基础，权力运行严重困难，同时业务经营也处于严重困难状态，继续存续将使股东利益受到重大损失。

---

① 最高人民法院第8号指导典型案例中，原告股东称被告公司的内部运营机制早已失灵，自己的股东权、监事权长期处于无法行使的状态，其投资被告公司的目的无法实现，利益受到重大损失。
② 参见最高人民法院民事裁定书，(2017)最高法民申4437号。
③ 参见最高人民法院民事判决书，(2011)民四终字第29号。

3. 司法实践中应关注的具体问题

(1)股东是否可以行使知情权、表决权等经营管理权利,享有分配收益等股东权益。

(2)股东主张其利益受损发生的原因、持续时间及其对公司发展前景、公司净资产等财务状况的影响。

(3)公司控股股东、实际控制人、董事、监事、公司高级管理人员等是否通过关联交易等侵犯其他股东利益。

(4)公司控股股东、实际控制人、董事、监事、公司高级管理人员等是否长期控制公司损害公司利益。[①]

(三)通过其他途径不能解决

1. 其他能够解决的途径

"通过其他途径不能解决"即无替代性救济措施,争议焦点往往为是否存在替代性救济措施。在考虑救济措施替代的可能性时,一般应考虑救济措施实施的可能性、成本付出、该救济措施是否能产生救济效果等因素。如果存在以下情形,实务中一般可认定为有其他能够解决的途径:

(1)有限公司的股东可依据《公司法》第63条第2款的规定,代表1/10以上表决权的股东提议召集并主持股东会;股份有限公司的股东可依据《公司法》第113条、第114条的规定召开临时股东会会议时,公司长期不召开股东会的问题即视为可解决。

(2)股东可依据《公司法》第123条第2款的规定,代表1/10以上表决权的股东、1/3以上董事或者监事会采取提议召开董事会临时会议,公司长期不召开董事会的问题即视为可解决。

(3)股东可依据《公司法》第57条、第110条的规定行使知情权,若大股东长期控制公司而损害中小股东的知情权,该问题即视为可解决。

(4)股份有限公司股东可以依据《公司法》第113条第2款的规定,由单独或者合计持有公司1%以上股份的股东在股东大会召开10日前提出临时提案并书面提交董事会,提议召开股东会讨论人事任免、转让股权或请求公司回购股权以退出公司,即可视为对于重大人事任免、重大事项的争议得以解决。

(5)提出调解和协商要求及建议,可通过公司回购部分股东股份、其他股东受让部分股东股份、他人受让部分股东股份、公司减资、公司分立等方式解决争议。

司法实践中有关其他解决途径的司法裁判观点及典型案例如下。

裁判观点一: 穷尽司法解散之外的其他途径仍无法解决问题的情形下方可判决解散公司。

【**典型案例一**】林某某与凯菜公司、戴某某公司解散纠纷案。[②]最高人民法院认为,将调解等其他救济途径设置为司法解散公司的前置程序是因为,司法解散将导致公司主体资格的消灭,且具有不可恢复性,处理不当可能导致社会资源浪费。但是,立法对此所抱的谨慎态度并不等同于前置程序可以久拖不决。对于那些已经陷入严重经营管理困难的公司,在通过其他

---

① 参见张应杰主编:《公司股东纠纷类案裁判思维》,人民法院出版社2023年版,第597页。
② 参见江苏省高级人民法院民事判决书,(2010)苏商终字第0043号。

多种方法仍无法化解纠纷时,只能通过司法解散公司这一股东退出机制来打破僵局。因此,在强调司法解散公司前置程序的同时,《公司法解释(二)》第5条明确规定"当事人不能协商一致使公司存续的,人民法院应当及时判决",否则,过于冗长的前置程序可能使公司司法解散机制形同虚设。林某某在提起公司解散诉讼之前,已通过其他途径试图化解与戴某某之间的矛盾。进入诉讼程序之后,服装城管委会作为管理部门曾组织各方当事人调解,并提出了对凯莱公司进行审计、修改章程、聘请职业经理人进行管理等建议性方案。对此,各方当事人仍未能达成一致意见。一审、二审法院也从慎用司法手段强制解散公司的角度出发,给予各方当事人充分的时间进行调解,并组织当事人探寻化解僵局的办法,但均无成效。据此,法院认为,凯莱公司的股东已穷尽了其他救济途径,仍无法打破公司僵局,符合通过司法程序解散公司的条件。在此情况下,如果再要求林某某继续通过其他途径解决矛盾,不符合《公司法解释(二)》第5条的规定,也有违公司司法解散前置程序的立法本意。

后来,凯莱公司、戴某某向最高人民法院申请再审。[1] 最高人民法院认为,凯莱公司、戴某某关于二审判决认定事实不清以及二审判决对公司僵局的认定不符合《公司法》和《公司法解释(二)》的规定精神等申请理由,缺乏事实和法律依据,法院不予支持;凯莱公司、戴某某关于二审判决解散公司不符合《公司法》规定的前置条件的申请理由,与事实和法律规定不符,法院亦不予支持。

【典型案例二】仕丰公司与富钧公司、第三人永利公司公司解散纠纷案。[2] 最高人民法院认为,公司僵局并不必然导致公司解散,司法应审慎介入公司事务,凡有其他途径能够维持公司存续的,不应轻易解散公司。然而本案经过一审、二审法院多轮的调解,永利公司和仕丰公司始终不能就转让股权、公司回购或减资等维系富钧公司存续的解决方案达成合意。尤其是在二审调解过程中,仕丰公司愿意受让永利公司股权,使富钧公司存续,其与永利公司就股权转让价格亦基本达成一致,但由于富钧公司不愿意全面公开在永利公司单方经营期间的经营状况和对外债务,故最终未能达成调解协议。《公司法》没有确立解决公司僵局的其他替代性救济措施,现富钧公司的持续性僵局已经穷尽其他途径仍未能化解,如果维系富钧公司,股东权益只会在僵持中逐渐耗竭。相较而言,解散富钧公司能为双方股东提供退出机制,避免股东利益受到不可挽回的重大损失。

【典型案例三】金融控股公司与金融资产管理公司、宏运公司公司解散纠纷案。[3] 最高人民法院认为,关于公司困境是否能够通过其他途径解决问题,金融控股公司与宏运集团公司因资金外借出现矛盾后,双方自2015年起即开始协调解决,但直至本案成讼仍未妥善解决,股东间的信任与合作基础逐步丧失。其间,双方也多次沟通股权结构调整事宜,但始终未能就股权转让事宜达成一致。在本案诉讼期间,一审法院于近十个月的期间内,多次组织双方进行调解,试图通过股权转让、公司增资、公司控制权转移等多种途径解决纠纷,但股东双方均对对方提

---

[1] 参见最高人民法院民事裁定书,(2012)民申字第336号。
[2] 参见最高人民法院民事判决书,(2011)民四终字第29号。
[3] 参见最高人民法院民事裁定书,(2019)最高法民申1474号。

出的调解方案不予认可,最终未能达成调解协议。在司法解散之外的其他途径已经穷尽仍无法解决问题的情形下,一审、二审法院判决解散金融管理公司,于法于理均无不当。

【典型案例四】司某某与乾龙建友公司公司解散纠纷案。[1]再审法院认为,关于乾龙建友公司是否符合公司解散法定条件的问题,需从《公司法》关于公司解散纠纷的立法目的分析。公司解散纠纷系股东在公司经营出现僵局时提起解散公司申请而引发,其设定目的在于弱势股东穷尽公司内部的救济手段后,运用司法手段调整失衡的利益关系。由此可见,《公司法》的立法本意是希望公司通过公司自治等方式解决股东之间的僵局状态,"通过其他途径不能解决"是股东请求解散公司的必要前置性条件,只有在穷尽一切可能的救济手段仍不能化解公司僵局时,才赋予股东通过司法程序强制解散公司的权利。本案中,司某某虽称黄某某和杜某侵占公司财产、公司董事长期冲突,但其提供的证据并不能证明其与其他股东之间存在重大矛盾。乾龙建友公司解散并非解决问题的唯一途径,司某某作为乾龙建友公司的大股东,可以通过要求公司或者其他股东收购股份,也可以向股东以外的其他人转让股权的方式退出公司,彻底解决股东之间长期存在的分歧和冲突。司某某在参与公司经营决策及享有资产收益等股东权利无法实现时,可以且应当通过其他合法途径予以救济,而不能以此为由请求法院判决解散公司。

【典型案例五】兴华公司等与金濠公司公司解散纠纷案。[2]最高人民法院认为,金濠公司经营管理的严重困难是否通过其他途径无法解决。四名股东在受让金濠公司股权后长期处于矛盾冲突状态,并历经多次诉讼、相关职能部门协调后仍然不可调和,且在本案诉讼中亦组织多次调解未果。可见,无法找到替代司法强制解散公司的其他途径来有效解决金濠公司经营管理存在的严重困难。

裁判观点二:适格股东未穷尽其他救济手段即诉请法院解散公司,不符合公司司法解散的法定条件。

【典型案例一】华城公司与刘某公司解散纠纷案。[3]最高人民法院认为,刘某与其他股东之间的矛盾的确难以调和,但股东之间的矛盾并非解散公司的法定事由,股东纠纷可采取内部解决方式(如知情权、分红请求权、股权退出机制)来解决。公司解散对于公司而言,是最严厉、最具破坏性的结果,若非万不得已,就不宜选择解散公司的办法来解决股东之间的矛盾,以维护社会关系的稳定,保障债权人的利益。华城公司各股东之间应本着诚信原则和公平原则,化干戈为玉帛,求同存异,妥善处理好股东之间的矛盾。

【典型案例二】林某某与建设公司公司解散纠纷案。[4]二审法院认为,"通过其他途径不能解决"实际上是诉前前置程序。《公司法解释(二)》第5条第1款列举了诸多替代性救济措施。现有证据不能反映林某某曾通过其他途径解决建设公司存在的问题。鉴于解散公司在结果上的终局性、不可逆转性及谦抑性适用司法解散的审理理念,强制解散公司是公司纠纷的司法救济最终途径,司法应采取审慎态度,能通过其他诉讼解决的,不宜轻易启动解散公司,以

---

[1] 参见新疆维吾尔自治区高级人民法院民事裁定书,(2017)新民申1278号。
[2] 参见最高人民法院民事判决书,(2019)最高法民终1504号。
[3] 参见最高人民法院民事判决书,(2017)最高法民再373号。
[4] 参见浙江省高级人民法院民事判决书,(2018)浙民终1202号。

维护市场主体的稳定性,林某某应当优先穷尽公司内部救济手段或通过提起股东知情权诉讼等方式主张权利。故林某某的上诉请求不能得到支持。

2. 有限公司的原告股东持有表决权比例超过 2/3,不必然认定有法定途径解决矛盾

根据《公司法》第 66 条的规定,当原告股东持有表决权比例超过 2/3 时,应当根据章程规定区分处理:

(1)当章程无规定或者规定公司解散决议仅需要有 2/3 以上表决权的股东通过且原告股东持有表决权比例超过 2/3,此种情形下,原告股东可以自行决议解散公司,无须司法解散。

(2)当章程规定公司解散决议须有高于 2/3 以上表决权的股东通过而原告股东的表决权虽然超过 2/3 但仍不足以符合章程规定的表决权数时,原告股东不可自行决议解散,仍可以请求司法解散。

司法实务中相关的裁判观点及典型案例如下。

裁判观点:在股东持有公司的份额已超过公司章程规定的 2/3 以上表决权的情况下,可以通过公司权力机构股东会行使职权来解决公司经营管理问题,并不存在股东会无法有效召集或无法通过有效决议的情形。

【**典型案例**】林某某与汤始公司公司解散纠纷案。[①] 二审法院认为,曾某某与林某某分别持有汤始公司 88% 和 12% 的股权份额。汤始公司公司章程规定:"股东会议由股东按照出资比例行使表决权,每 10000 元人民币为一个表决权;股东会会议应对所议事项作出决议,决议应由代表 1/2 以上表决权的股东表决通过,但股东会对公司增加或者决议减少注册资本、公司合并、分立、变更公司形式,解散和清算等事项、修改公司章程所作出的决议,必须经代表 2/3 以上表决权的股东表决通过。"在曾某某持有公司 88% 股权份额已超过公司章程规定的 2/3 以上表决权的情况下,汤始公司可以通过公司权力机构股东会行使职权解决公司经营管理问题,并不存在股东会无法有效召集或无法通过有效决议的情形。公司章程是股东自治的产物,司法介入只是对公司自治机制的补充和救济。公司经营管理发生严重困难,主要是股东会机制失灵,无法就公司的经营管理进行决策。股东与股东之间是否存在矛盾冲突、股东会会议的召集及通知方式是否符合法律或公司章程的规定,均非公司必须解散的理由。本案汤始公司双方股东及公司因公司经营管理、公司重大资产归属等问题产生争议,可循法律途径解决,但并不因此否定公司权力机构继续行使职权。公司股东均应遵循公司章程的规定行使自己的权利,在股东会可以有效召集并达到公司章程规定的表决多数时,不能判定股东会机制已经失灵,亦不能判定公司无法通过股东会行使职权解决公司经营管理中存在的问题。

二、公司解散纠纷其他相关问题及实务处理

(一)公司在诉讼过程中被吊销营业执照问题及处理

1. 股东提起公司解散之诉时公司营业执照被吊销问题及处理

根据《公司法解释(二)》第 1 条第 2 款的规定,股东提起公司解散之诉时公司营业执照被

[①] 参见广东省高级人民法院民事判决书,(2012)粤高法民二终字第 43 号。

吊销,法院会直接裁定不予以受理。

2. 诉讼过程中被吊销营业执照问题及处理

《公司法》第229条第1款第4项、第5项规定,公司被吊销营业执照属于依法强制解散情形,不属于司法解散公司的情形。诉讼过程中如出现此情形,说明股东所主张的解散公司的事实发生了重大变化,法院将会裁定驳回起诉。

【典型案例】嘉友公司与大同医药公司及香港浩晖公司公司解散纠纷案。[①] 二审法院认为,大同医药公司申请解散嘉友公司系依据《公司法》(2013年)第182条[②]"公司经营管理发生严重困难,继续存续会使股东利益受到重大损失,通过其他途径不能解决的,持有公司全部股东表决权百分之十以上的股东,可以请求人民法院解散公司"之规定,而在大同医药公司提起本案诉讼前,嘉友公司已被吊销营业执照。依照《公司法》(2013年)第180条、第183条[③]的规定,嘉友公司被吊销营业执照属于公司解散的法定事由,嘉友公司应当在被吊销营业执照之日起十五日内成立清算组开始清算。如未能自行成立清算组进行清算,债权人和公司股东可以依照《公司法解释(二)》第7条之规定,申请法院指定清算组进行清算。因嘉友公司已被吊销营业执照,属于被行政机关强制解散的情形,其依照法律规定已不得再开展经营活动,自亦丧失了依据《公司法》(2013年)第182条之规定由法院审查该公司经营管理是否陷入僵局及是否应予解散之基础。在此情形下,大同医药公司已不享有依照《公司法》(2013年)第182条规定诉请解散嘉友公司的权利,故一审法院受理本案并作出实体判决不当,应依法予以纠正。

(二)社会责任在解散公司涉及社会公众利益时的考量

根据《公司法》第1条、第20条的规定,股东权利的行使应当受到公司及股东应承担的社会义务的约束。

关于这一问题,学术界有观点认为,解散公司应当考虑社会责任因素,即必须对公司的社会责任能否承担等因素综合考虑后方能决定是否解散公司。

司法实践中,亦有法院认为判断公司应否解散,不仅要考虑股东的利益,还要充分考虑社会公众利益,即公司承担的社会责任,在股东个人利益与社会公众利益冲突时,应优先保护社会公众利益而不解散该公司。

【典型案例一】李某某与杰盛公司、薛某某公司解散纠纷案。[④] 针对"杰盛公司应否解散"的案件争议焦点,再审法院认为,杰盛公司因李某某与薛某某两名股东之间的矛盾持续两年以上无法召开股东会,无法形成有效的股东会决议,根据《公司法解释(二)》第1条的规定,可以认定杰盛公司的经营管理发生严重困难。李某某主张本案与最高人民法院公布的第8号指导案例案情相似,应予以参照适用。对此,法院认为,两案相同之处在于公司均因股东之间存有分歧、互不配合而持续两年以上无法召开股东会,公司经营管理发生严重困难,对股东的利益都造成一定损害。但本案又存在一定特殊性,杰盛公司经营的房地产项目相比凯莱公司经

---

① 参见黑龙江省高级人民法院民事裁定书,(2014)黑涉港商终字第5号。
② 参见新《公司法》第231条。
③ 分别参见新《公司法》第229条、第232条。
④ 参见山东省高级人民法院民事判决书,(2015)鲁民再字第5号。

营的普通产品而言承担着更大的社会责任。在判断公司应否解散时,不仅要考虑股东利益还要考虑到社会公众利益。《公司法》及《公司法解释(二)》虽然赋予了股东在法定情形下的解散公司的权利,但是股东权利的行使应当受到公司及股东应承担的社会义务的约束。《公司法》第1条规定了公司法既规范公司的组织和行为,保护公司、股东的权益,还保护债权人的合法权益,维护社会经济秩序。《公司法》(2013年)第5条①亦明确规定公司从事经营活动,应诚实守信,接受政府和社会公众的监督,承担社会责任。法院认为,本案中李某某虽因股东之间的矛盾未能参与公司的经营管理,但其股东个人权利的行使应当受到公司承担的社会责任的约束。李某某要求中途解散杰盛公司,违背公司当初向政府作出的承诺,亦有悖诚实守信原则;而且目前杰盛公司经营的房地产项目预售许可证均已办理完毕,现已对外销售,处于投资收益回收阶段,杰盛公司的存续不会给李某某造成重大经济损失。原审判决驳回其诉讼请求并无不当,应予维持。

【典型案例二】仇某某与博润公司公司解散纠纷案。② 二审法院认为,《公司法》及《公司法解释(二)》虽然赋予了股东在法定情形下解散公司的权利,但是股东权利的行使应当受到公司及股东应承担的社会义务的约束。《公司法》第1条规定了公司法既规范公司的组织和行为,保护公司、股东的权益,还保护债权人的合法权益,维护社会经济秩序。《公司法》(2018年)第5条③亦明确规定,公司从事经营活动,应诚实守信,接受政府和社会公众的监督,承担社会责任。博润公司自成立以来主要经营开发莱西旧城改造长平祥和园项目,该项目具有其特殊性,属于旧城拆迁改造项目。现项目正处于施工收尾阶段,博润公司已经办理了房屋预售许可证,项目房屋已具备对外销售条件,尽管因资金困难导致项目有段时间处于停滞状态,但现在青岛市人民政府已经对该项目投入大量资金、予以接管,项目房屋正在进行对外销售,公司正处于投资收益回收阶段。博润公司所经营的最终产品为住宅房屋,不同于一般公司经营生产的动产产品,且本案所涉房地产项目与一般房地产项目相比又有其特殊性,如果博润公司解散必然会导致博润公司经营的房地产项目无法对外销售,房屋产权手续无法办理,进而影响到大量被拆迁居民的顺利回迁和外部购房者合法利益的顺利实现及社会秩序的稳定。且仇某某也没有举证证明博润公司经营的房地产项目继续进行会对其利益造成重大损害。因此,从《公司法》(2018年)第183条④规定的立法目的和博润公司承担的对众多回迁户及购房户的义务角度出发,博润公司目前不宜解散。

【典型案例三】魏某、蓝天公司公司解散纠纷案。⑤ 二审法院认为,《公司法》(2018年)第5条第1款⑥规定:公司从事经营活动,必须遵守法律、行政法规,遵守社会公德、商业道德,诚实守信,接受政府和社会公众的监督,承担社会责任。本案中,蓝天产业园公司对外出售了许多

---

① 参见新《公司法》第1条、第19~20条。
② 参见山东省高级人民法院民事判决书,(2019)鲁民终79号。
③ 参见新《公司法》第19~20条。
④ 参见新《公司法》第232~233条。
⑤ 参见河南省安阳市中级人民法院民事判决书,(2019)豫05民终1040号。
⑥ 参见新《公司法》第19~20条。

厂房,并承诺为购房者办理房产证,但目前这一问题并未妥善处理,解散公司将影响其义务的履行和购房者合法利益的实现,引起社会问题。最后不判决解散公司。

(三)公司解散纠纷案件的财产保全问题

根据《公司法解释(二)》第3条的规定,在解散公司之诉中可以申请财产保全。但在实务中,对待该类保全,法院一般会综合考虑公司的生产经营状况,在不影响执行效果且确保实现保全目的的情况下,公司有多项财产可供保全的,法院一般会考虑对其生产经营影响较小的财产进行保全,以减小保全的负面影响。因此,在此类案件中,被告公司亦可就此向法院提出相关意见,以减小保全对公司正常经营的负面影响。

司法实践与公司解散纠纷案件中财产保全相关的裁判观点及典型案例如下。

裁判观点一:股东提起解散公司诉讼时申请财产保全,符合法律规定的,法院可依法作出财产保全裁定。

【**典型案例**】曦汇盛公司解散纠纷执行案。[①] 法院认为,根据《公司法解释(二)》第3条的规定,股东提起解散公司诉讼时,向法院申请财产保全或证据保全的,在股东提供担保且不影响公司正常经营的情形下,法院可予以保全。

裁判观点二:股东提起公司解散之诉时申请财产保全,在其提供担保后,还需审查该保全申请是否影响公司的正常经营。

【**典型案例**】周某宝、洪军公司解散纠纷案。[②] 法院认为,《公司法解释(二)》第3条规定:"股东提起解散公司诉讼时,向人民法院申请财产保全或者证据保全的,在股东提供担保且不影响公司正常经营的情形下,人民法院可予以保全。"首先,依照该规定,对于该类案件中的诉讼保全申请,法院不是必须采取保全措施。其次,本案的被申请人是一家房地产开发企业,无论是对其在建工程采取保全措施,禁止其办理预售许可进行出售,还是冻结其银行存款及房产,必将对被申请人的正常经营产生重大不利影响。据此,最后裁定不予保全。

(四)股东请求解散公司之诉判决的效力

1. 效力范围

解散公司的判决和驳回原告解散公司诉讼请求的判决,均对该案的当事人,包括提起诉讼的股东、公司、作为第三人的股东,以及其他未参与诉讼的股东,甚至包括公司的董事、监事、高级管理人、公司职工等发生法律约束力。[③]

2. 公司被判决解散的法律后果

(1)公司必须依法进行清算。

(2)其权利能力和行为能力受限,在清算期间,公司只能处理清算必需的未了事务,不得继续经营,超出清算范围的民事行为均无效。

(3)公司原管理机关丧失权利,清算组取代公司原有的法定代表人和业务执行机关行使

---

① 参见广东省韶关市中级人民法院执行裁定书,(2020)粤02执复53号。
② 参见江西省南昌市中级人民法院民事裁定书,(2018)赣01民初303号之一。
③ 参见刘敏:《关于股东请求解散公司之诉若干问题的思考》,载《法律适用》2006年第10期。

职权。

(4)公司解散判决不产生对抗第三人的效力,公司解散不影响公司与第三人的合同效力,公司仍应承担合同责任。

(五)与解散清算程序的衔接问题

公司解散清算,是指公司非因破产原因解散,依照《公司法》规定的程序而进行的清算,包括:一是自愿清算,指公司在解散后依法自行组织清算机构按照法定程序进行的清算;二是强制清算,指公司解散后逾期不能组成清算组进行清算,或者成立清算组开始清算后故意拖延清算,或者有其他违法清算、可能严重损害公司债权人或股东利益的情形时,由公司股东或债权人向法院申请启动的清算程序,整个清算程序从启动到具体清算行为的实施,均在法院的主持下进行。

1. 公司司法解散纠纷与解散清算程序的关系

前者是后者的前提和原因,但申请强制清算公司仅为公司司法解散后产生的后续程序之一。因为公司被判决司法解散后,公司清算义务人可以自行清算。而股东向法院申请强制清算的前提是公司逾期不成立清算组进行清算,或者成立清算组开始清算后故意拖延清算,或者有其他违法清算、可能严重损害公司债权人或股东利益的情形。

2. 原告坚持一并提起强制清算公司的处理

股东请求解散公司之诉与强制清算公司案件属于不同的案件类型,适用不同的程序、分处不同的阶段、具有不同的功能,故股东请求解散公司诉讼和申请强制清算公司不能合并审理,必须分别处理。

3. 公司股东可否请求法院确认公司的营业期限是否已经届满

裁判观点:股东可以提起由清算纠纷衍生的股东请求法院确认公司的营业期限是否已经届满的诉讼。

【典型案例】香山公司与金南华公司公司解散纠纷案。[①] 针对"香山公司请求确认金南华公司经营期限已届满是否属于法院受理民事案件范围"的问题,最高人民法院认为,香山公司于本案中请求确认金南华公司经营期限已届满系基于前案释明,针对其关于金南华公司解散事由已发生的主张而提起的单独诉讼,性质应理解为前案申请公司清算纠纷诉讼的衍生诉讼,香山公司具有诉的利益,起诉主体适格。原裁定认定本案公司及股东之外的人对香山公司经营期限届满提出主张,不属于法院受理民事案件的范围,适用法律不当,法院予以纠正。

4. 营业执照载明的营业期限届满是否为法定的公司解散事由

根据《公司法》第229条第1款的规定,营业执照载明的营业期限届满不是法定的公司解散事由。

【典型案例】香山公司与金南华公司公司解散纠纷案。[②] 最高人民法院认为,首先,香山公司请求确认金南华公司经营期限已于2003年4月8日届满。但根据原审查明事实,金南华公

[①] 参见最高人民法院民事裁定书,(2018)最高法民申274号。
[②] 参见最高人民法院民事裁定书,(2018)最高法民申274号。

司被吊销营业执照后补发的营业执照登记的营业期限为2005年4月7日。香山公司主张金南华公司营业期限已于2003年4月8日届满与事实不符。其次,《公司法》(2013年)第180条第1项[①]规定的解散事由指的是公司章程规定的营业期限届满。而本案所涉金南华公司的公司章程并无营业期限的规定。且香山公司申请再审提交的金南华公司工商公示信息显示：登记状态"存续"；核准日期2013年11月27日。在未能进一步提供有效证据予以证明的情形下香山公司申请再审主张直接适用《公司法》(2013年)第180条第1项的规定认定金南华公司解散事由出现,事实依据不足。本案现有证据尚不能得出金南华公司营业期限已届满且构成公司解散事由的结论。香山公司此项申请再审主张不能成立。

第三节 公司司法解散纠纷的相关程序问题

一、公司解散纠纷的主管和管辖

（一）公司解散纠纷由法院主管

此类纠纷只能由法院主管,仲裁委无权受理并裁决。对此《最高人民法院关于撤销中国国际经济贸易仲裁委员会(2009)CIETACBJ裁决(0355)号裁决案的请示的复函》中最高人民法院明确表示："根据《中华人民共和国公司法》第一百八十一条[②]的规定,仲裁机构裁决解散公司没有法律依据,属于无权仲裁的情形。"

裁判观点：公司解散纠纷不属于可仲裁事项,公司股东之间约定的仲裁协议对于公司解散纠纷不应适用。

【典型案例】中海石油公司与阳坡泉煤矿公司、华鹿热电公司公司解散纠纷案。[③]最高人民法院认为,根据《公司法》(2013年)第182条、第180条[④]第5项的规定,在公司陷入僵局、公司自治已无法实现的情况下,符合条件的股东可以请求法院解散公司。现行法律并未赋予仲裁机构解散公司的裁决权。因仲裁机构裁决解散公司没有法律依据,即便阳坡泉煤矿公司的公司章程规定了公司解散事宜,且约定因执行本章程所发生的或与本章程有关的任何争议均可提请中国国际经济贸易仲裁委员会进行仲裁,其有关公司解散的仲裁协议亦不能发生相应的法律效力。华鹿热电公司有关本案应提交仲裁解决,法院不应受理的主张不能成立。

（二）公司解散纠纷涉及仲裁的特别情形

在公司股东提出涉及终止股东之间的合资或合作以及解散公司的仲裁请求情形下,依据前述观点,虽然仲裁机构无权裁决解散公司,但是,仲裁机构可以在其依法作出的仲裁裁决中如是处理,即"股东之间的合资或合作终止之后公司应当解散并进入清算程序"。

在《最高人民法院关于宁波永信汽车部件制造有限公司申请撤销宁波仲裁委员会甬仲裁字〔2007〕第44号裁决一案的请示报告的复函》中,针对该案中"株式会社韩国CENTRAL根

---

① 参见新《公司法》第229条第1款第1项。
② 参见新《公司法》第229条。
③ 参见最高人民法院民事裁定书,(2016)最高法民再202号。
④ 分别参见新《公司法》第231条、第229条。

据合资合同中约定的仲裁条款将合资合同纠纷交付仲裁解决,其仲裁请求包括裁定终止合资合同并解散合资企业进行清算"以及仲裁裁决包含的"合资成立的宁波森特汽车部件有限公司解散,并依法组织清算"的内容,最高人民法院指出"严格讲,仲裁庭仅应就是否终止双方当事人之间的合资合同作出裁决",同时还提出:"由于中外合资经营企业合同终止所带来的必然的法律后果就是双方当事人依据合资合同成立的合资企业解散并进入清算程序,仲裁裁决终止合资合同的同时指出合资企业解散并清算,是对终止合资合同的法律后果的进一步阐释,况且,仲裁裁决合资企业解散并依法组织清算,也并不意味着是要由仲裁庭去组织合资企业的清算事宜,该部分仲裁内容仅是指出在合资合同终止后合资企业应当解散并进入清算程序,合资企业的具体清算问题,还要依照相关法律法规的规定办理",因此,最高人民法院认为,不宜认定本案所涉仲裁裁决中"合资成立的森特公司解散,并依法组织清算"的内容属于仲裁庭无权仲裁的情形或者超出仲裁协议范围的情形。

(三)管辖

根据《民事诉讼法》第 27 条的规定,公司解散纠纷诉讼,由公司住所地法院管辖。公司住所地是指公司主要办事机构所在地。公司主要办事机构所在地不明确的,由其注册地人民法院管辖。

此处常见问题是公司住所地存在争议。对于根据在案证据无法明确认定公司的主要办事机构所在地的,司法实践中的一般做法是,将其视为公司主要办事机构所在地不明确。根据《民事诉讼法》第 27 条、《公司法解释(二)》第 24 条的规定,由其注册地法院管辖。其中,基层法院管辖县、县级市或者区的公司登记机关核准登记公司的解散诉讼案件和公司清算案件;中级法院管辖地区地级市以上的公司登记机关核准登记公司的解散诉讼案件和公司清算案件。

裁判观点:(1)公司解散纠纷案件由公司住所地法院管辖,对公司住所地存在争议的,由公司注册地法院管辖。(2)公司解散纠纷案件不以争议标的额确定级别管辖。

【典型案例】 中海石油公司与阳坡泉煤矿公司、华鹿热电公司公司解散纠纷案。[1] 最高人民法院认为,《民事诉讼法》(2012 年)第 26 条[2] 规定:"因公司设立、确认股东资格、分配利润、解散等纠纷提起的诉讼,由公司住所地人民法院管辖。"《公司法解释(二)》第 24 条规定:"解散公司诉讼案件和公司清算案件由公司住所地人民法院管辖。公司住所地是指公司主要办事机构所在地。公司办事机构所在地不明确的,由其注册地人民法院管辖。基层人民法院管辖县、县级市或者区的公司登记机关核准登记公司的解散诉讼案件和公司清算案件;中级人民法院管辖地区、地级市以上的公司登记机关核准登记公司的解散诉讼案件和公司清算案件。"阳坡泉煤矿公司的住所地为山西省河曲县鹿固乡阳坡泉村,核准登记的公司登记机关为山西省工商行政管理局,故本案应由山西省忻州市中级人民法院管辖。鉴于公司解散纠纷的管辖应当适用上述特殊规则,华鹿热电公司有关阳坡泉煤矿公司的资产评估数额达 17.06 亿元、本案应由山西省高级人民法院审理的主张,依法不能成立。

---

[1] 参见最高人民法院民事裁定书,(2016)最高法民再 202 号。
[2] 参见 2023 年《民事诉讼法》第 27 条。

二、公司解散纠纷中的诉讼主体

(一)原告主体资格

根据《公司法》第231条和《公司法解释(二)》第1条的规定,公司股东是提起公司解散纠纷的唯一适格原告,且起诉时需单独或者合计持有公司全部股东表决权10%以上。据此,在确定原告主体资格时,应当注意以下方面。

1. 原告基本信息

需确认原告是否具有股东资格,是否单独或者合计持有公司10%以上的股东表决权。这里有两个要特别注意的问题:一是公司章程关于股东表决权的计算方式;二是诉讼过程中原告持有的股东表决权比例的变化。如果发生变化,包括原告丧失股东资格或实际享有的表决权不足公司全部股东表决权10%,原告的起诉将被驳回。对此,《山东省高级人民法院关于审理公司纠纷案件若干问题的意见(试行)》第89条规定:"代表公司百分之十以上表决权的股东,可以请求人民法院解散公司。股东的该项诉权不受出资瑕疵的影响。诉讼中,原告丧失股东资格或实际享有的表决权达不到百分之十的,人民法院应裁定驳回起诉。"

司法实践中与原告主体资格相关的裁判观点及典型案例如下。

裁判观点一:持有公司全部股东表决权10%以上的股东,可以请求法院解散公司。

【典型案例】 恒茂公司、雷某某等公司解散纠纷案。[①] 最高人民法院认为,《公司法》(2018年)第182条[②] 规定:"公司经营管理发生严重困难,继续存续会使股东利益受到重大损失,通过其他途径不能解决的,持有公司全部股东表决权百分之十以上的股东,可以请求人民法院解散公司。"根据原审查明的事实,恒茂公司注册登记的信息显示:恒茂公司注册资本为100万元、吴某某投资70万元、喻某某投资30万元;2006年6月6日,恒茂公司向喻某某出具《股东出资证明书》;已生效的(2017)黔民终67号民事判决确认喻某某持有恒茂公司30%的股权;喻某某向一审法院起诉时,其仍为持有恒茂公司30%股权的股东。恒茂公司主张喻某某以借款为由抽逃注册资金,但其提供的是2005年8月8日的《借款合同》,此借款发生在恒茂公司向喻某某出具《股东出资证明书》之前,且生效判决已认定喻某某系持有恒茂公司30%股权的股东,恒茂公司注册登记信息仍然显示喻某某系公司股东。故二审判决认定喻某某具有诉讼主体资格,并无不当。

裁判观点二:在解散公司诉讼的一审判决作出之后,如果发生上诉的情形,相关主体在二审程序中也应当持续满足"单独或者合计持有公司全部股东表决权10%以上"的条件。

【典型案例】 东驰公司与春兰自动车公司、春兰销售公司及徐工汽车公司股东滥用股东权利赔偿纠纷案。[③] 最高人民法院认为,根据《公司法》(2005年)第152条[④] 的规定,具备公司股东身份是有限责任公司股东提起股东代表诉讼的身份要件。本案中,虽然东驰公司提起诉讼时持

---

① 参见最高人民法院民事裁定书,(2021)最高法民申2688号。
② 参见新《公司法》第231条。
③ 参见最高人民法院民事裁定书,(2013)民申字第645号。
④ 参见新《公司法》第189条。

有徐工汽车公司40%的股份,具备徐工汽车公司股东的身份,符合法律关于股东代表诉讼原告资格的要求,但是,在二审法院审理过程中,东驰公司将其所持股份全部转让给徐工机械公司,并办理了工商变更登记,由此,东驰公司已丧失了徐工汽车公司股东的身份,不符合股东代表诉讼的主体资格要求,丧失了在本案中继续以徐工汽车公司股东身份进行股东代表诉讼的资格。因此,二审法院认定东驰公司在丧失徐工汽车公司股东身份时,相应地丧失了股东代表诉讼的诉讼主体资格,有事实和法律依据;本案中,东驰公司在二审诉讼过程中已丧失了徐工汽车公司股东的身份,不符合股东代表诉讼原告的要求,相应地丧失了股东代表诉讼的诉讼主体资格。因此,二审判决认为,东驰公司在丧失徐工汽车公司股东身份之后,再以自己的名义要求春兰自动车公司、春兰销售公司向徐工汽车公司进行赔偿无相应的法律依据,并无不当。二审法院在东驰公司已不再具备诉讼主体资格的情形下,依据《公司法》第152条及《民事诉讼法》(2007年)第108条、第153条第1款第3项①的规定,裁定驳回东驰公司的起诉,适用法律并无不当。

2. 确认原告主体时应注意的问题

未登记于股东名册的隐名股东能否作为原告主体?司法实践中一般认为,隐名股东不是公司解散之诉适格原告主体。根据《公司法解释(三)》第25条的规定,对于实际出资人而言,法律保护的是其"投资权益",而非"股东权益"。同时,结合《公司法》第4条第2款规定可以得出"投资权益"并不等同于"股东权益"。按照物权公示公信原则和商法外观主义原则,隐名股东不能直接提起公司解散之诉。

司法实践中关于未登记于股东名册的隐名股东能否作为原告主体的相关裁判观点与典型案例如下。

裁判观点: 未登记于股东名册的隐名股东不能提起公司解散之诉。

【**典型案例一**】佟某、王某某公司与运丰公司解散纠纷案。②二审法院认为,根据《公司法解释(三)》第25条第3款,《公司法》第32条第2款、第3款③的规定可知,实际出资人须经过公司其他股东半数以上同意请求公司变更股东并向登记机关办理变更登记,方能变更为股东行使股东权利,未经登记或者变更登记的,不得对抗第三人。虽运丰公司已于庭审中确认王某某系佟某的股权代持人,但佟某并未经公司其他股东半数以上同意请求公司变更股东,其不具有运丰公司股东身份,非本案适格原告。

【**典型案例二**】陈某云与陈某、某某松、松庆公司解散纠纷案。④法院认为,即使隐名股东得到公司全体股东的认可,但是其股东资格未经过公示不能对抗第三人,而公司解散纠纷之诉的最终结果还密切关系到公司债权人,不能随意扩大隐名股东的权利。若是隐名股东与实名股东具有同等的权利,则不符合公司法要求股东身份公示登记的原则。隐名股东可以提起"股东资格纠纷"之诉,通过裁判结果将"隐名"变为"显名",方可提起公司解散纠纷之诉。故隐

---

① 参见2023年《民事诉讼法》第122条,第177条第1款第2、3项。
② 参见广东省深圳市中级人民法院民事判决书,(2019)粤03民终765号。
③ 分别参见新《公司法》第32条、第34条、第56条第2款。
④ 参见广西壮族自治区昭平县人民法院民事裁定书,(2018)桂1121民初929号。

名股东并不是公司解散纠纷适格的主体。

3. 瑕疵出资股东能否作为原告主体

股东出资到位与否并不必然影响其股东资格及其表决权的行使,这取决于以下两个方面:其一,公司章程是否明确规定股东表决权以实际出资额计算。如果公司章程未明确规定股东表决权以实际出资额计算,则登记的股权比例推定为公司全部表决权比例,只要其表决权超过10%,就具有发起公司解散之诉的资格,股东出资瑕疵不能否定其起诉的主体资格,否则反之。其二,是否因瑕疵出资被公司除权,如果被有效除权,该股东享有被除权部分的股权的表决权。

【典型案例】杨某某与豫新公司、陈某某、谢某某公司解散纠纷案。① 二审法院认为,股东有未履行或者未全面履行出资义务或者抽逃出资的行为时,并不影响其股东资格的取得和享有,除非有限责任公司的股东会决议解除未履行出资义务或者抽逃全部出资的股东资格。杨某某是豫新公司的发起人,目前并没有证据证明豫新公司以杨某某未履行出资义务或者抽逃全部出资为由通过股东会决议形式解除了杨某某的股东资格,豫新公司提供的证据也并不能证明杨某某已经因将其持有的豫新公司全部股权转让给他人而失去豫新公司股东资格的事实,因此,杨某某目前仍然是持有豫新公司 30% 股权的股东,属于《公司法》(2013 年)第 182 条② 所称的"持有公司全部股东表决权百分之十以上的股东"。杨某某是否已经按照法律规定和约定履行了出资义务的问题不属于本案的审理范围。

4. 原告股东解散公司的理由

原告股东起诉的理由必须符合《公司法》第 231 条规定的事由及《公司法解释(二)》第 1 条第 1 款的情形。上述两项规定共同构成法院审查受理股东请求解散公司诉讼的法律依据,二者缺一不可。若提出解散的理由并不属于公司法规定的股东提起解散公司之诉的范围,比如股东以公司的资产负债表、年度审计报告等为依据主张公司经营严重亏损请求解散公司,因公司亏损仅仅是公司经营状况恶化的表现,而非公司因股东之间的僵局导致公司无法正常经营,使公司处于瘫痪状态。因此,该诉请并不满足公司法规定的股东提起解散公司之诉的实质条件,在立案程序中应直接裁定不予受理。③

(二) 被告主体资格

根据《公司法解释(二)》第 4 条第 1 款、第 2 款的规定,股东提起解散公司诉讼的被告为公司。在诉讼中如果原告坚持列股东为被告,其对股东的起诉将会被驳回。

这里需要注意的是外商投资企业司法解散是否需经审批机构批准的问题。

裁判观点:外商投资企业可以适用《公司法》规定由法院直接判决解散,不需要经过审批机构的批准。

【典型案例一】马某某与宇创公司公司解散纠纷案。④ 二审法院认为,中外合资经营企业

---

① 参见新疆维吾尔自治区高级人民法院民事裁定书,(2014)新民二终字第 158 号。
② 参见新《公司法》第 231 条。
③ 参见刘敏:《关于股东请求解散公司之诉若干问题的思考》,载《法律适用》2006 年第 10 期。
④ 参见浙江省宁波市中级人民法院民事判决书,(2015)甬仑商外终字第 45 号。

解散纠纷，应适用中国法律审理本案。本案各方二审争议焦点为宇创公司是否符合法定解散的条件。对此，法院认为，首先，根据宇创公司董事周某某的建议，宇创公司三位董事通过网络在线形式召开了董事会，并形成了一致决议，董事会会议记录亦通过电子邮件形式经过了马某某的确认，表明宇创公司董事会机制并未失灵。马某某上诉认为董事会召开形式不符合公司章程关于召开董事会及会议笔录的要求，还认为董事会决议内容并未真正实施、部分内容违法，但一方面，通过网络在线形式召开董事会，及会议笔录通过电子邮件形式确认不违背公司章程关于召开董事会的程序要求；另一方面，与本案相关的问题并非董事会决议内容实施与否及决议是否有效问题，而是确定董事会能否正常召开的问题，故马某某以董事会决议未实施、决议部分内容违法为由来否定董事会正常召开的抗辩理由不成立。其次，从诚汇会计师事务所公司对宇创公司的尽职调查报告可分析得出，宇创公司现仍处于正常经营中，而马某某亦未提供充足证据证明宇创公司的中方董事存在侵吞宇创公司财产行为，故宇创公司的继续经营应不会使马某某的合法权益受到重大损失。最后，宇创公司中方董事与外方董事及其所派代表之间虽产生了矛盾，但尚不足以表明董事之间存在长期冲突且无法通过董事会解决，公司经营管理发生严重困难。故马某某上诉请求解散宇创公司的证据不足，理由不充分，法院难以支持。

【典型案例二】 深圳路安特公司与山西路安特公司公司解散纠纷案。① 法院认为，关于本案的法律适用，第三人 N 某系英国维尔京群岛注册法人，本案属涉外民商事纠纷，应当比照涉外民商事案件处理。《涉外民事关系法律适用法》第 14 条规定："法人及其分支机构的民事权利能力、民事行为能力、组织机构、股东权利义务等事项，适用登记地法律"，本案被告山西路安特公司作为中外合资经营企业登记地在内地，故应确定内地法律作为本案纠纷的准据法。《公司法》(2018 年)第 217 条② 规定："外商投资的有限责任公司和股份有限公司适用本法，有关外商投资的法律另有规定的，适用其规定"，而《外商投资法》《外商投资法实施条例》并未对公司解散作出特别规定，因此本案原告作为中外合资企业的股东可依据《公司法》及其司法解释相关规定提起公司解散的相关诉讼。

从以上两个典型案例我们可以看出，在公司解散纠纷中，对于外商投资企业的企业性质根本不予以考虑，直接适用《公司法》的相关规定判决是否解散。

(三) 第三人主体资格

根据《公司法解释(二)》第 4 条第 2~3 款的规定，解散公司纠纷案件中，案件处理结果同公司其他股东有法律上的利害关系，公司其他股东应当作为案件的第三人参加诉讼。

实践中可能引发的问题是公司债权人是否为公司解散诉讼中必须参加诉讼的当事人。对此，司法实践中一般认为，公司解散之诉的法律性质系变更之诉，属于有关公司组织方面的诉讼，审理的对象是公司与股东之间的内部法律关系，而非公司的外部法律关系，而债权人与公司之间的关系属于公司外部法律关系，故其并非公司解散之诉中必须参加的当事人。这亦符

---

① 参见山西省太原市中级人民法院民事判决书，(2019)晋 01 民初 989 号。
② 新《公司法》已无对应规定。

合《公司法解释（二）》第 4 条"股东提起解散公司诉讼应当以公司为被告……其他股东或者有关利害关系人申请以共同原告或者第三人身份参加诉讼的，人民法院应予准许"的规定。

三、诉讼标的

公司解散诉讼中，诉讼标的是指原告股东起诉要求解散公司的法律关系。因此，需要注意涉案公司的存续状况，已被注销的公司不能作为诉讼标的，否则该诉讼会被裁定不予受理或驳回起诉。

四、公司解散纠纷的诉讼时效的适用问题

通常认为，根据《诉讼时效规定》第 1 条的规定，诉讼时效的客体为债权请求权，因而公司解散纠纷不适用诉讼时效制度。在司法实践中，对此存在不同观点。

裁判观点一：公司解散纠纷不适用诉讼时效。

【典型案例】冯某某与茂源公司公司解散纠纷案。[①] 再审法院对该案一审、二审法院提出的公司解散纠纷不适用诉讼时效的观点不持异议。

裁判观点二：股东之间长期冲突、公司经营长期停滞的事实处于存续的状态，股东提起公司解散之诉并未超过诉讼时效。

【典型案例一】杨某与圣琪公司公司解散纠纷案。[②] 法院认为，股东之间长期冲突、公司经营长期停滞的事实处于一直存续的状态，故杨某提起公司解散之诉并未超过诉讼时效。

【典型案例二】岳某某与同和公司公司解散纠纷案。[③] 法院认为，被告自认同和公司从 2011 年开始不再营业，各位股东之间长期冲突，且无法通过股东会解决，三位股东之间的诉讼纠纷一直持续至今，根据法律规定，在公司穷尽包括诉讼在内的各种途径均不能解决经营管理困难的情形下，才可以提起公司解散之诉，故原告起诉解散公司并未超过诉讼时效，对第三人的此项抗辩理由，法院不予支持。

五、公司解散纠纷的诉讼费用

公司解散纠纷诉讼属于非财产案件，不按财产标的额计收受理费。

【典型案例】华城公司、刘某公司解散纠纷案。[④] 最高人民法院认为，因解散公司诉讼系非财产案件，原审法院按照财产标的额计收案件受理费不当，法院亦依法予以纠正。一审案件受理费 100 元，财产保全费 5000 元，合计 5100 元，由刘某负担；二审案件受理费 100 元，由刘某负担。

[①] 参见陕西省高级人民法院民事裁定书，(2012)陕民二申字第 00351 号。
[②] 参见北京市昌平区人民法院民事判决书，(2020)京 0114 民初 196 号。
[③] 参见河南省获嘉县人民法院民事判决书，(2017)豫 0724 民初 257 号。
[④] 参见最高人民法院民事判决书，(2017)最高法民再 373 号。

◆ 第十四章　清算责任纠纷

第一节　清算责任纠纷概述

一、清算责任纠纷的类型

（一）清算义务人清算责任纠纷

清算义务人，是指法人解散后依法负有启动清算程序的主体，其义务在于根据法律规定及时启动相应的清算程序以终止法人资格。[①]

司法实践中清算义务人清算责任纠纷的类型主要包括以下几种。

第一种，债权人主张清算义务人未在法定期限内成立清算组开展清算工作导致公司财产损失，请求清算义务人承担赔偿责任。法律依据包括《民法典》第70条第3款、新《公司法》第232条第1款"公司因本法第二百二十九条第一款第一项、第二项、第四项、第五项规定而解散的，应当清算。董事为公司清算义务人，应当在解散事由出现之日起十五日内组成清算组进行清算。"第3款"清算义务人未及时履行清算义务，给公司或者债权人造成损失的，应当承担赔偿责任。"在这里需要说明的是，新《公司法》颁行前，《公司法解释（二）》第18条第1款规定："有限责任公司的股东、股份有限公司的董事和控股股东未在法定期限内成立清算组开始清算，导致公司财产贬值、流失、毁损或者灭失，债权人主张其在造成损失范围内对公司债务承担赔偿责任的，人民法院应依法予以支持。"根据该司法解释规定，有限公司的股东、股份有限公司的董事和控股股东为清算义务人，但新《公司法》规定公司清算义务主体仅为董事，所以在新《公司法》颁行后，债权人主张清算义务人未在法定期限内成立清算组开始清算导致公司财产损失的，请求对象只能是董事而非股东，故该司法解释亦应作出相应调整。

第二种，债权人主张清算义务人怠于履行清算义务导致公司无法清算，请求清算义务人对公司债务承担连带清偿责任。法律依据包括《公司法》第23条第1款，《公司法解释（二）》第18条第2款、第3款的规定。

第三种，清算义务人恶意处置公司财产给债权人造成损失，清算义务人未经依法清算，以虚假清算报告骗取注销，债权人有权请求清算义务人承担赔偿责任。法律依据为《公司法解释（二）》第19条的规定。

第四种，债权人主张清算义务人未经清算即办理注销登记，导致公司无法清算，请求清算义务人对公司债务承担清偿责任。法律依据包括新《公司法》第232条、《公司法解释（二）》第20条的规定。在这里需要说明的是，根据新《公司法》规定，无论是有限责任公司还是股份有限公司，清算义务人均为董事而非其他人，故随着新《公司法》的颁行，前述《公司法解释（二）》规定的股份有限公司董事、控股股东及实际控制人等股份有限公司清算义务的相关责

[①] 参见最高人民法院民事审判第二庭编著：《〈全国法院民商事审判工作会议纪要〉理解与适用》，人民法院出版社2019年版，第163页。

任,将不复存在。

(二)清算人清算责任纠纷

清算人,是接受委托执行具体清算事务的主体,其义务在于依照法律规定执行各项清算事务。司法实践中清算人清算责任纠纷的类型主要包括以下几种。

第一种,债权人主张清算组未依法履行通知和公告义务,导致债权人未及时申报债权而未获清偿,请求清算组成员承担赔偿责任。法律依据包括新《公司法》第235条、第238条,《公司法解释(二)》第11条的规定。这里需要注意的是,根据新《公司法》的规定,公告媒介既可以是全国或省级报纸,也可以是国家企业信用信息公示系统。

第二种,债权人主张清算组成员有其他违反法律、行政法规或者公司章程的行为,给其造成损失,请求清算组成员承担赔偿责任。法律依据包括新《公司法》第238条、《公司法解释(二)》第23条第1款的规定。

第三种,公司主张清算组成员违反法律、行政法规或者公司章程给其造成损失,请求清算组成员承担赔偿责任。在此类纠纷中,司法实践中常由股东代表诉讼方式,由符合规定的股东代表公司行使权利。法律依据包括新《公司法》第238条、《公司法解释(二)》第23条的规定。

二、承担清算责任的方式和范围

(一)承担清算责任的方式

根据《公司法解释(二)》第11条、第18~20条、第23条的规定,清算责任的承担方式包括赔偿责任、连带清偿责任和清偿责任。

1. 赔偿责任

承担赔偿责任的情形包括:一是清算组未履行通知、公告义务,导致债权人未及时申报债权而未获清偿;二是清算组成员违反法律、行政法规或者公司章程给公司或者债权人造成损失;三是清算义务人未在法定期限内成立清算组开始清算,导致公司财产贬值、流失、毁损或者灭失;四是清算义务人恶意处置公司财产给债权人造成损失;五是清算义务人未经依法清算,以虚假清算报告骗取注销。

2. 连带清偿责任

承担连带清偿责任的情形为清算义务人怠于履行清算义务,导致公司无法进行清算。

3. 清偿责任

承担清偿责任的情形为清算义务人未经清算即办理公司注销登记,导致公司无法清算。清算义务人的连带清偿责任属于法定的连带责任。在公司已注销的情况下,由于公司的主体资格已消灭,债权人无法再向公司主张权利,故由清算义务人直接承担清偿责任。

(二)责任范围

1. 赔偿责任

侵权损害赔偿应遵循"填平原则",即损失赔偿额应与被侵权人受到的损害相当。在清算责任纠纷中,确认赔偿范围的基本原则如下:

（1）清算义务人骗取注销以及清算组未依法履行通知、公告义务的，可将债权人债权未获清偿部分确定为损失赔偿范围。

（2）清算组成员其他违反法律、行政法规或者公司章程规定给公司或债权人造成损失的，以所造成的财产损失为限。

（3）清算义务人未组织清算导致公司财产损失以及恶意处置公司财产的，以其造成公司财产损失导致债权人债权未获清偿的部分为限。如清算义务人能举证证明其所造成的公司财产损失或流失范围小于债权人未获清偿部分，则清算义务人赔偿损失的数额应以造成公司财产损失或流失的数额为限。这里需要注意的是，前述情形均为债权人的债权因公司财产减损而不能得到清偿，所以，该赔偿责任系补充赔偿责任。正因如此，此种情形下债权人向清算义务人主张赔偿的前提是，债权人已向公司提出主张，且经强制执行公司财产仍不能获得清偿，此时，未获清偿的部分才可认定为债权人的损失，债权人方可就此部分损失要求清算义务人赔偿。

2. 连带责任和清偿责任

清算义务人怠于履行义务导致公司无法清算，应当对公司的债务承担连带清偿责任；清算义务人未经清算即注销公司导致公司无法清算，应当对公司的债务承担清偿责任。清算义务人承担清偿责任的前提是公司无法清算，此时债权人的债权无法通过清算程序获得清偿，因此清算义务人承担清偿责任的范围以债权人债权未获清偿部分为限。同时由于清算责任为侵权责任，所以清算义务人的责任范围应以其造成的损失为限，不应超过公司解散时尚存的财产数额。但是清算义务人的原因导致无法清算，即无法确定公司解散时尚存的财产数额，此时实践中就会推定解散时尚存的财产足以清偿债权人的债权。

（三）清算义务人之间的责任承担方式

根据新《公司法》第232条的规定，公司的清算义务人为公司董事，对于设立董事会的公司，就涉及各董事之间的责任承担方式问题。对此，一般以对外、对内区分处理。

对于公司的外部债权人，由于公司全体董事均对公司负有依法组织清算的义务，清算义务是每位董事应当履行的法定义务，在董事违反该项义务造成债权人损失时，应认定其构成共同侵权。根据《民法典》第1168条的规定，二人以上共同实施侵权行为，造成他人损害的，应当承担连带责任。即使公司董事之间或者公司章程对此有约定，该等约定对外部债权人均不具有约束力。

对于清算义务人内部的责任承担，清算义务人中其中一人或者数人依法承担民事责任后，可向其他人员主张按照各自的过错大小分担责任。

司法实践中对于清算义务人内部的责任承担的相关裁判观点及典型案例如下。

裁判观点一： 共同清算义务人之一对公司的对外债务承担连带清偿责任后，有权就超出其应承担份额的部分向其他清算义务人追偿，各清算义务人内部应当按照各自过错程度来划分责任承担。

【典型案例】 王某某、韩某某损害股东利益责任纠纷案。[①] 二审法院认为，根据《公司法解

[①] 参见山东省青岛市中级人民法院民事判决书，(2021)鲁02民终7220号。

释(二)》第 21 条的规定,王某某作为共同清算义务人之一对公司的对外债务承担连带清偿责任后,有权就超出其应承担份额的部分向其他清算义务人追偿,各清算义务人内部应当按照各自过错程度来划分责任承担。由于各清算义务人承担连带清偿责任的基础系未在法定期间内成立清算组、怠于履行清算义务,则确定各个清算义务人的过错程度应当考虑其是否怠于履行清算义务以及相应的过错大小。本案中,在海联泰富公司被吊销营业执照后,海联泰富公司的股东韩某某、王某某均未按照公司法之规定履行前述义务。依据《会计法》第 4 条、第 50 条第 1 款的规定,作为公司法定代表人、经理的韩某某应负责会计资料的完整性,本案中其不能提交完整的会计资料,此已造成无法组织公司清算而对外承担责任,故韩某某应当承担主要责任。根据公司的章程,监事的职责之一为检查公司财务,王某某作为监事对于会计资料的不完整也应承担相应的责任。综上,综合考量双方各持 50% 的持股比例以及双方的职务和职责,以及韩某某 2019 年 7 月才向法院申请清算的事实,法院认为,按照过错大小分担责任,韩某某应当对公司不能及时清算承担较大的过错责任,双方责任比例以 7∶3 为宜。

裁判观点二: 部分清算义务人承担清算责任后,可根据内部约定向其他清算义务人追偿。

【典型案例】 城建长城公司与景旺公司股东损害公司债权人利益责任纠纷案。[①] 二审法院认为,股东之间关于出资比例的规定属于其内部协商一致的约定,对外部债权人不具有约束力。清算义务是每位股东应当履行的法定义务,不存在按比例分担的问题,各股东对外承担的是连带责任,其他股东不履行清算义务,亦不能成为免除城建长城公司清算责任的事由,一旦构成怠于履行清算义务,任一股东均应对因此给债权人造成的全部损失承担赔偿责任。故景旺公司作为债权人有权选择向任一清算义务人主张权利,法院对城建长城公司的该项上诉意见不予采信。城建长城公司承担民事责任后,可依据城建德信公司或者股东内部约定向其他股东、实际控制人进行追偿。

(四)清算组成员之间的责任承担方式

根据《公司法》第 232 条第 2 款的规定,清算组的组成人员包括董事及章程、股东会决议确定的其他人。在债权人请求清算组成员承担赔偿责任时,就会引发清算组成员之间的责任承担方式的问题。对此,实践中区分以下两种情形处理。

1. 对于清算组未履行通知、公告义务的情形

清算组成员对债权人因未及时申报债权而未获清偿的损失应承担连带赔偿责任。对此,最高人民法院认为:首先,清算组成员是作为一个共同体而一同管理公司清算事务,每一个成员都应该依法履行清算组职责,自然也应"权利共享,风险共担";其次,清算组成员未依法履行通知或者公告义务的行为构成了共同侵权,根据行为人对共同侵权造成的损失承担连带责任的原理,债权人既可以向其中一个清算组成员主张全部的赔偿,也可以向全体清算组成员分别主张部分的赔偿;最后,部分清算组成员对债权人承担赔偿责任后,可以向有过错的成员追偿。在清算组内部分工的情况下,债权人的损失可能是个别或部分成员的不当行为导致的。

---

① 参见北京市第一中级人民法院民事判决书,(2019)京 01 民终 3225 号。

因而,已向债权人实施赔偿的清算组成员可以要求其他成员按照过错大小予以分担。[①]

2. 对于清算组成员其他违反法律、行政法规或者章程规定应承担赔偿责任的情形

对此,最高人民法院认为应当根据清算组成员过错行为违反的义务性质而确定。如果清算组成员的过错行为违反的是法律涉及清算组成员个体的义务,如不得侵占公司财产的义务,则仅有过错的清算组成员承担赔偿责任,其他无过错的清算组成员不承担赔偿责任。如果清算组成员的过错行为违反的是法律课以清算组整体的义务,如适当公告的义务,则所有的清算组成员应当承担连带责任,无论其是否具有过错,因为清算组成员之间的内部因素不得对抗外部第三人。当然,无过错的清算组成员承担赔偿责任后,可以向有过错的清算组成员进行追偿。[②]

三、无法破产清算的责任承担

(一)无法破产清算的责任主体

根据《最高人民法院关于债权人对人员下落不明或者财产状况不清的债务人申请破产清算案件如何处理的批复》及《九民纪要》第 118 条的规定,无法破产清算的责任主体包括破产程序中的配合清算义务人以及发生解散清算转为破产清算时负有清算责任的人。

(二)无法破产清算的相关责任主体责任承担

1. 配合清算义务人的责任承担

根据《企业破产法》第 15 条的规定,破产程序中的配合清算义务人包括法定代表人、财务管理人员和其他经营管理人员。配合清算义务人违反《企业破产法》第 15 条规定的配合清算义务,未妥善保管、移交公司财产、财务账册等,导致债务人财产状况不明,管理人无法执行清算职务,给债权人利益造成损害的,应承担损害赔偿责任。

2. 发生解散清算转为破产清算时负有清算责任人的责任承担

《企业破产法》第 7 条第 3 款、《公司法》第 237 条第 1 款的规定明确了解散清算与破产清算的程序衔接,同时根据后者的规定,前者中的"负有清算责任的人"指的就是公司解散后的清算组。倘若清算组在清算过程中发现公司财产不足清偿债务,未及时履行破产申请义务,导致债务人主要财产、账册、重要文件等灭失,致使管理人无法执行清算职务,给债权人利益造成损害的,管理人可请求上述主体承担相应损害赔偿责任,并将因此获得的赔偿归入债务人财产。

【典型案例】蔡某某、王某某股东损害公司债权人利益责任纠纷案。[③]利美源公司依据《公司法解释(二)》第 18 条第 2 款的规定,主张蔡某某、王某某作为深华龙公司的股东怠于履行清算义务,导致深华龙公司主要财产、账册、重要文件等灭失,无法进行全面清算,侵犯了作

---

① 参见最高人民法院民事审判第二庭编著:《最高人民法院关于公司法司法解释(一)、(二)理解与适用》,人民法院出版社 2015 年版,第 293 页。

② 参见最高人民法院民事审判第二庭编著:《最高人民法院关于公司法司法解释(一)、(二)理解与适用》,人民法院出版社 2015 年版,第 505 页。

③ 参见广东省深圳市中级人民法院民事判决书,(2019)粤 03 民终 12365 号。

为债权人利美源公司的利益,请求蔡某某、王某某对深华龙公司于(2012)深宝法民二初字第3857号民事判决书中,对利美源公司负有的债务剩余部分承担连带清偿责任。二审法院认为,公司清算是指解散事由出现后,公司依照法定程序了结事务,清理债权、债务,分配剩余财产,终止公司的活动。清算分为解散清算和破产清算。通常在公司能够清偿全部债务的情况下,解散之后由其自行清算,或者在其不自行清算时由法院组织强制清算。如果公司发生破产原因,不能清偿到期债务,或在清算过程中发现公司资不抵债时,则应进入破产程序。由于公司解散清算与破产清算有着不同的制度目标和适用条件,相应地,审理这两类案件时的法律适用依据也是不同的,解散清算的主要法律依据是《公司法》和《公司法解释(二)》,破产清算则应依《企业破产法》进行。2005年修订的《公司法》第181条、第184条①明确规定公司因被吊销营业执照而应予解散的,公司股东应在解散事由出现之日起15日内组成清算组进行清算。在此基础上,2008年5月施行的《公司法解释(二)》第18条进一步明确规定了公司股东怠于履行清算义务给公司债权人造成损失应承担的民事责任。二审法院认为,上述规定均是针对公司解散清算的规定,不适用于破产清算的案件。利美源公司提起本案诉讼前深华龙公司已被宣告破产且破产程序已终结,利美源公司依据《公司法解释(二)》第18条第2款的规定要求蔡某某、王某某对深华龙公司的债务承担连带清偿责任,适用法律错误,法院不予支持。对于进入破产清算的企业,相关权利人可依据《企业破产法》的相关规定寻求救济。

第二节　司法实务中清算纠纷的关注要点

一、清算责任纠纷中的侵权责任

(一)清算义务人清算责任

司法实践中,清算义务人的清算责任包括作为和不作为情形下所引发的责任。

1. 不作为的情形

通常包括:(1)未在法定期限内成立清算组开始清算给公司财产造成损失;(2)怠于履行清算义务导致公司无法清算;(3)未经清算即办理注销登记导致公司无法清算等。

2. 作为的情形

通常包括:(1)恶意处置公司财产给债权人造成损失;(2)以虚假的清算报告骗取公司登记机关办理法人注销登记等。

此种情形下原告的举证责任为初步举证责任,即只需举证证明以下事实即可:(1)解散事由发生后,未在法定期限内组织清算;(2)没有经过清算就将公司注销;(3)没有经合法清算程序,清算义务人私分或处置公司财产。

此时,被告的举证责任是证明其已采取积极措施推动清算程序及其处分公司财产的合理性等,具体包括:(1)公司是否已经发生了应当解散清算的事由;(2)清算义务人是否已经在

---

① 分别参见新《公司法》第229条、第232条。

法定期限内自行成立清算组进行清算；(3)清算义务人是否存在拖延、拒绝履行清算义务的事实；(4)清算义务人是否履行清理公司主要财产、管理好公司账册、重要文件等义务；(5)清算义务人为确保清算顺利进行是否已采取积极措施；(6)清算义务人是否存在侵占、私分公司财产的行为，是否以明显不合理低价出售公司财产；(7)公司是否已经办理注销登记；(8)公司注销前是否经过清算，注销材料中有无清算报告，清算报告是否真实合法（是否虚构债权债务已清结）。

（二）清算人（在诉讼中体现为清算组成员）清算责任

1. 清算人损害公司或债权人利益的侵权行为的主要表现

(1)未依法履行通知和公告义务，导致债权人未能及时申报债权。应当注意的是，此时的举证责任，由于该行为属于消极事实，所以只要原告（债权人）未及时申报债权的事实存在，即视为原告已完成初步举证责任，就此实现举证责任转移，即应由被告举证证明其已依法履行通知和公告义务。

(2)其他行为违反法律、行政法规或者公司章程给债权人造成损失。

(3)违反法律、行政法规或者公司章程给公司造成损失。

2. 清算人违反法律、行政法规或者公司章程的侵权行为的主要表现

(1)因故意或者重大过失造成清算中公司财产贬值、流失、毁损或者灭失。

(2)恶意处置、违法分配公司财产等。

清算人的以上行为一方面导致公司本身的财产损失，从而损害公司利益；另一方面也导致公司有效资产减少而使债权人债权无法获得清偿，同样损害债权人利益。

3. 清算人清算责任认定应当关注的问题

(1)原告是否为已知债权人。

(2)清算组是否通知全体已知债权人。

(3)清算组是否履行公告义务，公告的载体是否符合规定。这里需要特别注意的是，根据新《公司法》的规定，公告媒介既可以是报纸，也可以是国家企业信用信息公示系统。而《公司法解释（二）》第11条规定的仅是全国或省级报纸。

(4)通知、公告的内容是否恰当。司法实践中，通知、公告的内容一般应当包括公司进入解散清算的申明以及债权申报的期限、地点、方法、需要提交的材料等能够促使债权人有效申报债权的相关信息内容。

(5)清算组有无其他违反法律、行政法规或者公司章程的行为。比如：因为保管不当而使公司财产毁损、恶意处置公司财产、没有依法先行清偿债务就向股东分配公司财产等。

（三）清算责任纠纷中主观过错的认定

清算责任纠纷中主观过错的认定，司法实践中一般会针对不同情形而区分认定。

第一种情形，清算义务人未在法定期限内成立清算组开始清算。在新《公司法》第232条第1款、第3款中已明确规定了成立清算组开始对公司进行清算期限，这是法定期限，视清算义务人对此明知且应当遵守。只要存在公司发生解散事由后，清算义务人未在前述规定的期

限内组织清算,即视为其存在过错,应依法承担责任。

第二种情形,清算义务人怠于履行清算义务。《公司法解释(二)》第18条第2款规定的"怠于履行义务"主要是指没有按要求启动清算程序,成立清算组;至于清算组成立后,则是指怠于履行清理公司主要财产以及管理好公司账册、重要文件等义务。[①]《九民纪要》第14条规定:"公司法司法解释(二)第18条第2款规定的'怠于履行义务',是指有限责任公司的股东在法定清算事由出现后,在能够履行清算义务的情况下,故意拖延、拒绝履行清算义务,或者因过失导致无法进行清算的消极行为。股东举证证明其已经为履行清算义务采取了积极措施,或者小股东举证证明其既不是公司董事会或者监事会成员,也没有选派人员担任该机关成员,且从未参与公司经营管理,以不构成'怠于履行义务'为由,主张其不应当对公司债务承担连带清偿责任的,人民法院依法予以支持。"据此,"怠于履行义务"包含根本未履行清算义务的情形。

司法实践中要注意的是,关于《公司法解释(二)》第18条规定的适用亦应当区分两种情形:(1)根本未成立清算组且导致公司财产损失后果的情形,此时,应适用该条第1款的规定。(2)未成立清算组或虽已成立清算组但怠于履行义务,导致无法清算后果的情形,则适用该条第2款的规定。

前述两种情形区别的核心为是否发生了公司无法清算的后果。

怠于履行义务的主观过错包括故意和过失。故意,是指清算义务人在法定清算事由出现后,有意不履行清算启动程序、成立清算组进行清算、清理公司主要财产以及管理好公司账册、重要文件等义务;在其他股东请求其履行清算义务的情况下,拒绝履行。过失,是指公司在法定清算事由出现的情况下,清算义务人基于法律知识的欠缺,不知道要履行清算义务启动清算程序,成立清算组、清理公司主要财产以及管理好公司账册、重要文件等义务。[②] 实务中对"怠于履行义务"的过错认定的路径通常为,清算义务人是否为确保清算顺利进行采取了积极措施。积极措施是指董事为确保清算顺利进行已经采取的必要行为,包括采取积极措施推动清算开展、排除清算障碍,若有这些行为,则不能认定其存在怠于履行义务的主观过错,反之则认定存在过错。

【典型案例】中视公司与中关村发展公司股东损害公司债权人利益责任纠纷案。[③] 再审法院认为,中视公司成立于2006年,中关村发展公司并非中视公司发起人。中关村发展公司在2010年成为中视公司股东时,虽然委派了一名董事和一名监事参与公司管理,但是根据《增资协议》的约定,中关村发展公司除按《增资协议》、中视公司章程、《暂行办法》及其他政府公布施行的规章、条例、办法行使股东权利,以及通过中关村发展公司自身或其委派的董事、监事,按本协议的约定及按中视公司章程规定行使重大决策事项外,中关村发展公司不参与或干预

[①] 参见最高人民法院民事审判第二庭编著:《〈全国法院民商事审判工作会议纪要〉理解与适用》,人民法院出版社2019年版,第166页。

[②] 参见最高人民法院民事审判第二庭编著:《〈全国法院民商事审判工作会议纪要〉理解与适用》,人民法院出版社2019年版,第166页。

[③] 参见北京市高级人民法院民事裁定书,(2021)京民申2857号。

中视公司的日常经营决策。本案中,现有证据不能证明中关村发展公司有权且实际控制了中视公司的主要财产、账册及重要文件。同时,贾某某及东方海利公司是中视公司中持股比例超过2/3的股东,在无法联系贾某某及东方海利公司参会的情况下,光电研究院提议于2018年2月5日召开的股东会无法形成有效的股东会决议。而在缺乏有效的股东会决议的情况下,中关村发展公司和光电研究院无法据此成立清算组进行清算。故中关村发展公司在中视公司未能在法定期限内成立清算组的问题上不存在过错。

第三种情形,清算义务人恶意处置公司财产。此处的恶意是指清算义务人在作出损害公司财产的行为时存在故意或者重大过失,即知道或者应当知道其行为会造成公司财产损害并导致债权人的利益受到损害而作出该行为。[1] 司法实践中,这种主观故意或重大过失的主要表现形式通常是清算义务人未经合法清算程序,即侵占、私分公司财产,或者以明显不合理低价处分公司财产等。

第四种情形,清算义务人以虚假的清算报告骗取公司注销登记。对此,原告仅需证明办理公司注销登记的清算报告有虚假内容(主要是虚构债权债务已清结的事实),即可证明清算义务人在主观上存在骗取注销登记的故意。

第五种情形,清算义务人未经清算即办理注销登记。根据《公司法》第239条的规定,清算是公司注销的前提条件,只要未经清算即注销公司登记,即可认定清算义务人存在过错。

第六种情形,清算组未依法履行通知、公告义务。只要未依法通知、公告,即可认定清算组存在过错。

第七种情形,清算组成员其他违反法律、行政法规或者公司章程损害公司、债权人利益。实践中,对此情形又需要分两种情形予以考虑:一是清算组成员违反法律、行政法规或者公司章程的明确规定的情形,此时只要该行为客观存在,即可认定有过错;二是违反其他忠实、勤勉义务的,则需结合具体案情综合判断其是否具有过错和过错程度。实践中一般需要关注以下情况:(1)有限责任公司股东的持股、任职及参与公司经营管理情况等;(2)谁掌控公司主要财产、账册、重要文件等;(3)有限责任公司是否存在股东压制、小股东无法行使权利的情形;(4)清算义务人履行清算义务、清算组依法执行清算事务的情况。

二、清算责任纠纷中损害结果的认定

(一)损害结果的认定

清算责任纠纷中的损害结果,主要指债权人的债权无法得到清偿或者清算中公司发生财产损失。在清算责任纠纷的司法实践中,针对损害结果的认定,应当关注以下内容:(1)公司主要财产的现状,是发生公司财产贬值、流失、毁损、灭失的情形,或者被侵占、私分被低价处分的情形,以及财产损失范围;(2)公司账册、重要文件的现状,是否发生公司账册、重要文件等灭失的情形,以及灭失程度;(3)债权人是否已申请法院对公司强制清算,公司清算情况,以

---

[1] 参见最高人民法院民事审判第二庭编著:《最高人民法院关于公司法司法解释(一)、(二)理解与适用》,人民法院出版社2015年版,第421页。

及法院是否已裁定终结清算程序;(4)债权人未申请强制清算的,根据查明的事实能否认定公司已无法清算;(5)公司是否已办理注销登记;(6)原告(债权人)所主张的债权是否真实有效;(7)该项债权是否已超过诉讼时效期间(被告提出时效抗辩时);(8)公司对于该项债权的其他抗辩事由是否成立;(9)债权人是否已就其债权向公司提出主张,有无生效法律文书确定公司对该债权人负有债务及执行情况;(10)债权人是否向清算组申报债权;(11)债权人债权的清偿情况。

(二)损害结果认定中的相关问题

主要是对导致公司财产贬值、流失、毁损或者灭失的认定问题。公司财产损失主要从以下两个方面来体现:一是公司有效资产的直接减损;二是公司债务的增加。所以在"导致公司财产贬值、流失、毁损或者灭失"的实务认定中,应重点关注公司有效资产是否直接减损及公司债务是否增加。

(三)导致公司无法清算的认定

公司无法进行清算,是指由于公司报以进行清算的财产、账册、重要文件等灭失,无法按照法律规定的程序对公司的债权债务进行正常的清理,造成公司的财产和负债范围无法确定,债权人的债权无法得以清偿。[①]因此导致公司债权人无法实现通过清算后财产清偿其债权。在此需要注意的是,司法实践中,强制清算并非认定公司是否"无法清算"的前置程序,我国亦无法律规定债权人提起清算责任纠纷应当以申请强制清算为前置程序。当双方当事人对于无法清算不存在争议,或者清算义务人虽有异议但未能提交反驳证据的,可直接认定公司已无法进行清算;双方当事人对于是否能够清算产生争议,且清算义务人对此提出初步证据,即根据现有证据不足以认定"无法进行清算"的,应认定债权人关于"无法进行清算"的主张欠缺事实依据,并引导其先行申请强制清算。

司法实践中,公司无法清算的认定路径如下:

公司已经进入强制清算程序的,可以依据法院因无法清算或无法全面清算而作出的终结强制清算程序裁定,直接认定公司无法进行清算。

公司未经强制清算的,可根据以下情况认定公司无法进行清算:(1)在公司注册地、主要营业地查找不到公司机构或清算义务人下落不明;(2)公司据以进行清算的主要财产因保管不善而贬值、流失、毁损、灭失,或者公司登记资产下落不明;(3)公司账册、重要文件下落不明,或者发生重大毁损灭失,导致无法查明公司的资产负债情况等。

三、清算责任纠纷中因果关系的认定

司法实践中,针对清算责任纠纷中因果关系的认定,需根据不同情形区分认定。

(一)清算义务人未在法定期限内成立清算组开始清算

这一情形下可能产生以下结果:一是清算义务人未在法定期限内成立清算组开始清算,将

[①] 最高人民法院民事审判第二庭编著:《最高人民法院关于公司法司法解释(一)、(二)理解与适用》,人民法院出版社2015年版,第419页。

使公司财产无法通过清算程序得到有效的管理和维护,导致公司财产毁损、流失;二是清算义务人不组织清算,不及时清理公司债权债务关系,使公司无法及时清理债权债务,导致公司债权因诉讼时效期间错过而得不到有效清偿等。

针对这一情形,应当关注:(1)公司财产损失是否因为未组织清算所致;(2)债权人的债权未获得清偿是否因为公司财产贬值、流失、毁损或者灭失所导致;(3)财产毁损、流失的事实发生的时间点在解散事由之前还是之后。

【典型案例】勃格公司与山东金曼克公司、深圳金曼克公司股东损害公司债权人利益责任纠纷案。[①]二审法院认为,山东金曼克公司在本案中不构成怠于履行清算义务,具体理由如下:

第一,理论上看,公司作为独立的民事主体,应对自己的行为独立承担责任,公司的股东以其认缴的出资额或认购的股份为限对公司承担责任,这是公司制度的根本所在,是现代公司制度的基石,其他因股东不履行或不适当履行公司清算义务或其他义务,造成公司相对人权益受损或债权人利益受损,而在有限责任之外承担的清算赔偿责任或连带清偿责任,只能作为公司股东有限责任制度的例外和补充,因此,有着严格的适用条件。法人人格否认制度只是公司股东有限责任原则的例外和补充,有其严格的适用要件,在实践中主要适用于公司资本显著不足(股东出资不实或抽逃出资)、利用公司人格回避合同和侵权债务(股东享有权益,公司承担风险)、利用公司人格回避法律义务(如纳税义务)以及公司人格形骸化(股东与公司人格混同)的情况。同理,涉及有限责任公司股东因怠于履行清算义务的清算赔偿责任及公司债务连带清偿责任的适用,也应根据前述法律和司法解释的具体规定及侵权的一般原理,结合具体案件的事实,综合考虑公司股东的主观过错的性质、影响公司债权人及公司的程度、导致公司未能依法清算的情形、公司财产损失的范围等因素加以认定,而非"一刀切"地机械适用。

第二,从本案债务形成历史上看,勃格公司、深圳金曼克公司、山东金曼克公司从20世纪90年代初成立之后,多次进行了股权转让,伴随股东变更,相应各公司董事和法定代表人也频繁变动,各公司及公司股东之间交叉持股,存在密切的关联关系。近20年来,各公司之间、公司股东之间、公司与公司股东之间、公司与高级管理人员之间,围绕着股权、控制权、关联债权债务、劳资等发生了数十起纠纷,仲裁和诉讼此起彼伏、不绝于缕。本案债务虽经审计(审计意见仅对送审资料得出的,这些送审资料基本上是曾经保存在勃格公司并由正与山东金曼克公司进行诉讼的赵某某提供的),但是全部发生在勃格公司与深圳金曼克公司高度关联和密切合作期间,并无证据充分证明山东金曼克公司之前或其后转移了深圳金曼克公司的主要财产或获取了不当利益。

法院认为,2010年的"工商年检报告书"数据实际上是根据深圳金曼克公司2005年资产负债表对外应收账款及应付款得出,而2005年恰恰是赵某某等控制深圳金曼克公司时期,与勃格公司存在高度关联,此时对外应收账款即使存在,其财务资料也被赵某某等掌握或之后被抢,山东金曼克公司无从追讨。因此,账面资产即使灭失也非山东金曼克公司怠于履行清算义

---

① 参见广东省深圳市中级人民法院民事判决书,(2017)粤03民终14490号。

务造成。相反,在山东金曼克公司与太平洋公司及赵某某进行仲裁和诉讼之时,山东金曼克公司实际控制深圳金曼克公司后,很快起诉前总经理张某某及财务经理姚某的情形下,深圳金曼克公司匆忙声明转让房产给勃格公司、出函确认勃格公司的大额债权、转让公司对外债权给勃格公司的行为,无论出于什么动机,也无论最终是否落实,上述行为很难让人信服出于善意。

(二)清算义务人怠于履行义务导致公司无法进行清算

根据《九民纪要》第15条的规定,在清算义务人怠于履行义务导致公司无法进行清算的情形下,清算义务人承担责任的前提条件是以下三点。

1. 怠于履行清算义务与公司主要财产、账册、重要文件等灭失之间存在因果关系

对此,原告需要举证初步证明:(1)清算义务人怠于履行清算义务的事实客观存在;(2)存在公司主要财产、账册、重要文件等灭失的结果。清算义务人针对这一情形,需要举证证明:(1)公司的财务账册、重要文件毁损、灭失的事实是否发生于解散事由之前;(2)公司的主要财产、账册、重要文件均由大股东或者其所委派人员掌控,其"怠于履行义务"与灭失结果无关。如存在该两种情形,实务中一般可认定怠于履行清算义务与公司主要财产、账册、重要文件等灭失之间不存在因果联系。

【典型案例】勃格公司与山东金曼克公司、深圳金曼克公司股东损害公司债权人利益责任纠纷案。[①] 二审法院认为,本案不能认定深圳金曼克公司的会计账册遗失是山东金曼克公司怠于履行清算义务所致。深圳金曼克公司的绝大多数财务账册及凭证、会计账册的遗失发生在公司营业期届满之前,即发生清算事由之前,与山东金曼克公司是否怠于履行义务没有因果关系。不仅如此,即使太平洋公司是山东金曼克公司的股东,赵某某任职山东金曼克公司的董事,但是,正如前所述,此时太平洋公司与山东金曼克公司及其其他股东正因为股权纠纷发生多起仲裁和诉讼,赵某某本人在给公安机关的函件中也明确承认自己与山东金曼克公司存在矛盾,基于维护自身利益的需要保存深圳金曼克公司的财务资料,因此,其此时以深圳金曼克公司进行的行为并不能代表股东山东金曼克公司的意志。相反,基于赵某某在2006年至2009年同时也担任勃格公司董事、张某某兼任勃格公司的董事和总经理的事实,此时勃格公司与太平洋公司及赵某某等之间的关系,远较太平洋公司与山东金曼克公司关系以及与更换了实际控制人的深圳金曼克公司之间的关系更为紧密。综上,一审仅仅依据太平洋公司亦曾委派赵某某在上述期间担任山东金曼克公司董事,其提交、收回深圳金曼克公司会计账簿等相关资料均系以太平洋公司董事的身份作出,而太平洋公司是山东金曼克公司股东,进而推定赵某某持有深圳金曼克公司的会计账簿等相关材料是代山东金曼克公司所持有,与本案实际不符,法院予以纠正。案件证据显示,尽管不能排除山东金曼克公司及其当时控制的深圳金曼克公司经理任某某等人参与2008年7月7日深圳金曼克公司财务账册盗抢案的可能,但在公安机关未最终得出侦破结论之前,法院不能认定山东金曼克公司对上述财务账册遗失存在过错。

---

① 参见广东省深圳市中级人民法院民事判决书,(2017)粤03民终14490号。

2. 公司主要财产、账册、重要文件等灭失与公司无法进行清算之间存在因果关系

对此,原告需要举证初步证明:(1)公司主要财产、账册、重要文件等灭失的事实;(2)公司实际未进行清算或清算程序因清算不能而终结的事实;(3)前者是后者发生的原因。

清算义务人针对这一情形,需要举证证明公司仍然具备清算条件。例如,能够证明仅是部分缺失公司财产、账册、文件等,可以通过其他方式追回或者补齐,尚未达到"无法清算"的程度,实务中一般可认定为二者不存在因果关系。

【典型案例】勃格公司与山东金曼克公司、深圳金曼克公司股东损害公司债权人利益责任纠纷案。[1] 针对山东金曼克公司是否怠于履行清算义务,二审法院认为,虽然深圳金曼克公司于2012年1月2日经营期限届满后,山东金曼克公司作为控股股东,未按照《公司法》的相关规定,在法定期限内成立清算组开始清算,而是迟至2014年12月19日,才备案成立清算组着手清算工作。但是,在此之前,山东金曼克公司及深圳金曼克公司通过向公安机关报案、提起诉讼等方式,一直在向实际保管掌握深圳金曼克公司财务账册的赵某某等人追讨。在清算组成立之后,履行了公告债权申报、备案等法定程序,继续采用报警等方式追讨深圳金曼克公司财务账册,上述行为可以视为其迟延成立清算组对深圳金曼克公司进行清算的补救措施。综上所述,深圳金曼克公司因为财务账册遗失,导致实际无法清算,并非山东金曼克公司怠于履行义务所导致,勃格公司请求其对深圳金曼克公司的涉案债务承担连带清偿责任,事实和法律依据不足。

3. 公司无法清算与债权人权益受损之间存在因果关系

对此,原告需要举证初步证明:(1)存在公司无法清算的情形;(2)其债权未能清偿的后果。清算义务人针对这一情形,需要举证证明公司出现清算事由时已无财产。理由是,公司出现清算事由时能够全部或部分清偿债务,是清算义务人在此种情形下承担责任的前提。倘若公司出现清算事由时已无财产,无论清算义务人履行清算义务与否,债权人的债权均无法得到清偿,故可认定二者不存在因果关系。

在清算责任纠纷的司法实践中,被告通常以公司在解散事由发生前已经法院在执行程序中以无可供执行财产为由裁定终结本次执行程序作为因果关系抗辩事由。针对这一抗辩,实务中的基本观点是,公司在解散事由发生前已经法院以无可供执行财产为由裁定终结本次执行程序、并不当然意味着公司实际上已经没有财产可供清偿债务。但前提是原告应提供证据初步证明公司在发生解散事由时仍有财产存在的事实,否则可认定抗辩理由成立。

【典型案例】马某红等与佩可芬公司清算责任纠纷案。[2] 二审法院认为,首先,根据《公司法解释(二)》第7条的规定,当出现公司被依法吊销营业执照的情形而解散的,应当在解散事由出现之日起15日内成立清算组开始清算。同时,该规定的第18条第1款规定,有限责任公司的股东、股份有限公司的董事和控股股东未在法定期限内成立清算组开始清算,导致公司财产贬值、流失、毁损或者灭失,债权人主张其在造成损失范围内对公司债务承担赔偿责任的,法院应依法予以支持;而第18条第2款规定,有限责任公司的股东、股份有限公司的董事和控

---

[1] 参见广东省深圳市中级人民法院民事判决书,(2017)粤03民终14490号。
[2] 参见上海市第二中级人民法院民事判决书,(2022)沪02民终1075号。

股股东因怠于履行义务,导致公司主要财产、账册、重要文件等灭失无法进行清算,债权人主张其对公司债权承担连带责任的,法院应予支持。一审法院引用了该解释第 18 条第 1 款,因此雅荟轩公司的股东马某红、马某明如果应当承担责任,也应当承担的是赔偿责任,而非连带责任。其次,雅荟轩公司未在被吊销营业执照之后的 15 日内进行清算,但其不清算的行为没有造成佩可芬公司实质性的损失。因为在此之前,雅荟轩公司已经经过法院的强制执行,雅荟轩公司名下的财产除已执行的部分外,未发现有其他可供执行的财产,故法院裁定终结了本次执行。因此在马某红、马某明对雅荟轩公司清算之前,雅荟轩公司已无财产用于清偿其债务。第三,虽然法院终结对雅荟轩公司的执行,但这不意味着雅荟轩公司当然没有财产,这需要佩可芬公司对此提供相应的初步证据。

第三节　清算责任纠纷的相关程序问题

一、清算责任纠纷案件的主管

清算责任纠纷属于法院受理的民事案件。只要符合《民事诉讼法》第 122 条规定的条件,即可起诉。但需要注意的是,如果就此类纠纷提起股东代表诉讼,还需符合《公司法》第 189 条规定的股东代表诉讼的起诉条件。

二、清算责任纠纷案件的管辖

清算责任纠纷本质上属于侵权责任纠纷,故应依据《民事诉讼法》第 29 条及《民事诉讼法司法解释》第 24 条等规定确定管辖法院。同时应当注意的是,清算责任纠纷中的侵权行为通常表现为违反清算义务或与清算相关的忠实、勤勉义务,其侵权结果通常表现为公司财产损失或者公司无法清算导致债权无法清偿。据此,在此类纠纷中,公司所在地既是侵权行为实施地,又是侵权结果发生地。换言之,公司所在地即为此类纠纷的侵权行为地。

三、诉讼主体

(一)原告主体

从理论上讲,清算责任纠纷的原告主体应当包括公司债权人、公司及股东代表诉讼中的有限责任公司股东或符合持股条件的股份有限公司股东。而在司法实践中,最多的原告主体是公司债权人。

实务中,针对债权人提起的清算责任纠纷案件,在确认原告主体时,应当注意以下情形:

一是原告的债权已经生效法律文书确认的情形。此时,债权人作为此类纠纷的原告主体不存在争议。

二是法院基于诉讼便利原则决定对债权人与公司之间的基础法律关系及其与清算义务人或清算组成员之间的清算责任纠纷合并审理的,即债权人同时起诉公司及清算义务人或清算组成员的情形。此时,法院会对原告是否享有对公司的合法债权及被告应否承担清算责任一并查明处理。

三是债权人的债权未经生效法律文书确认，且债权人仅起诉清算义务人或清算组成员的情形。此时应当分三种情况进行处理：第一种情况是原被告双方对于债权人的债权无争议，法院会以此为前提继续审理，且原告无须就债权再行举证；第二种情况是原被告双方对债权存在争议，法院须对债权的合法性进行认定，如有必要，可追加公司为当事人；第三种情况是债权人与公司之间的债权债务关系已在另案处理，则应待另案处理结果出来后再行处理，此时的常见处理方式为建议撤诉、驳回起诉、中止审理。

（二）被告主体

清算责任纠纷主要涉及清算人（在诉讼中体现为清算组成员）及清算义务人。根据《公司法》第238条的规定，清算人对公司及债权人负有忠实、勤勉义务。同时，根据《公司法》第232条的规定，公司因《公司法》第229条第1款第1项、第2项、第4项、第5项规定而解散的，应当清算。董事为公司清算义务人，应当在解散事由出现之日起15日内组成清算组进行清算。清算组由董事组成，但是公司章程另有规定或者股东会决议另选他人的除外。清算义务人未及时履行清算义务，给公司或者债权人造成损失的，应当承担赔偿责任。可见，公司董事作为清算义务人对公司负有清算义务。清算责任纠纷案件处理的是上述主体违反相关义务时应承担的责任。司法实践中，还存在配合清算义务人，即在公司清算程序中负有配合和协助清算工作的主体，其义务在于配合协助清算组的清算工作。如果其有法定或约定配合义务而拒绝配合，亦应承担相应责任。所以在此类纠纷处理过程中，法院一般会区分上述三种不同的法律主体，以准确认定各自的义务和责任。

在司法实践中，需要根据不同的纠纷类型来确定纠纷的被告主体。在清算义务人清算责任纠纷中，被告为清算义务人，根据《公司法》第232条的规定，有限责任公司及股份有限公司的清算义务人均为公司董事，所以在此类纠纷中被告主体为公司董事。在清算人清算责任纠纷中，被告为清算组成员及配合清算义务人。

（三）第三人主体

公司作为第三人的情形。对于清算组成员损害公司利益的情况，在股东提起的股东代表诉讼中，应当将公司列为第三人，诉讼结果归于公司所有，在清算中一并处理。[①]

其他股东为第三人的情形。当公司已经注销时，参照《公司法解释（二）》第23条第3款的规定，在公司已经清算完毕注销后，股东因清算组成员从事清算义务时违反法律、行政法规、公司章程给公司造成损失的，股东为此直接以清算组成员为被告、其他股东为第三人向法院提起股东代表诉讼，法院应予受理。此时应当将其他股东列为第三人。

四、案由的确定

根据《民事案件案由规定》的规定，"清算责任纠纷"属于二级案由"与公司有关纠纷"项

[①] 参见最高人民法院民事审判第二庭编著：《最高人民法院关于公司法司法解释（一）、（二）理解与适用》，人民法院出版社2015年版，第93页。

下的三级案由。此规定下的清算责任纠纷的定义,最高人民法院在《最高人民法院民事案件案由适用要点与请求权规范指引》(第2版)[1]表述:"清算组成员在清算期间,因故意或者重大过失给公司、债权人造成损失,应当承担赔偿责任的纠纷。"据此:

公司及其债权人依据《公司法》第238条、《公司法解释(二)》第11条、第23条的规定,请求清算组成员赔偿损失而引发的纠纷,当属前述规定的清算责任纠纷,这一点在司法实践中不存在争议。

因清算义务人未履行或者未全面履行清算义务、履行行为违反法律、公司章程规定而引发的清算义务人清算责任纠纷,是否属于该案由,司法实践中尚存争议。但更多观点认为,清算义务人违反清算义务所应承担的法律责任,在性质上应属于清算责任纠纷。不过在司法实践中,对清算义务人的此种行为损害债权人利益,由债权人提起的诉讼,有法院认为属于损害债权人利益纠纷。

【典型案例】勃格公司与山东金曼克公司、深圳金曼克公司股东损害公司债权人利益责任纠纷案。[2]二审法院认为,勃格公司依据《公司法解释(二)》第18条第2款的规定,主张山东金曼克公司作为股东怠于履行清算义务,导致深圳金曼克公司主要财产、账册、重要文件等灭失,无法进行清算,侵犯了作为债权人的勃格公司的利益,请求其对深圳金曼克公司的债务承担连带清偿责任,故本案是股东损害公司债权人利益责任纠纷。

所以,实务中在处理此类案件时,对案由的确定应根据各地法院不同观点予以确定,然后依据确定的案由分别确定案件处理过程中的侧重点。

五、诉讼时效

(一)被告可以债权人对公司的债权超过诉讼时效期间为由提出抗辩

根据《九民纪要》第16条的规定,公司债权人请求股东对公司债务承担连带清偿责任,股东以公司债权人对公司的债权已经超过诉讼时效期间为由抗辩,经查证属实的,法院依法予以支持。

据此,在公司债权人请求清算义务人承担连带清偿责任时,被告可以债权人对公司的债权超过诉讼时效期间为由提出抗辩。其权利基础源于清算义务人对已注销公司的债务人身份的承继,在承继义务的同时亦承继其权利。

由此延伸出一个问题:对于债权人提出赔偿请求时,清算义务人或者清算组成员能否以公司债权人对公司的债权已经超过诉讼时效期间为由提出抗辩?对此,一般认为此时债权人的损失表现为债权未获清偿。换言之就是本来可以得到的清偿,由于清算义务人或者清算组成员的侵权行为而未获清偿,这种"本来能获得的清偿"本身就受诉讼时效的约束,所以在这种情形下,清算义务人或者清算组成员亦可就债权人对公司债权本身提出诉讼时效抗辩。

---

[1] 人民法院出版社编著:《最高人民法院民事案件案由适用要点与请求权规范指引》(第2版),人民法院出版社2020年版,第770页。
[2] 参见广东省深圳市中级人民法院民事判决书,(2017)粤03民终14490号。

(二)债权人请求清算义务人、清算组成员承担清算责任的诉讼时效期间起算点的认定

根据《九民纪要》第16条的规定,公司债权人以《公司法解释(二)》第18条第2款[①]为依据,请求有限责任公司的股东对公司债务承担连带清偿责任的诉讼时效期间,自公司债权人知道或者应当知道公司无法进行清算之日起算。据此应分两种情形考虑:

一是公司债权人如已申请强制清算的情形,法院以无法清算为由裁定终结清算程序的,实务中一般以裁定送达之日为债权人知晓公司无法清算的时间,但被告有相反证据证明原告(债权人)在此前已经知道或者应当知道公司无法清算的除外。

二是债权人直接提起清算义务人清算责任纠纷之诉的情形,因公司是否无法清算尚未确定,清算义务人此时提出时效抗辩的,则其应举证证明债权人知道或者应当知道公司无法清算的时间,否则一般会认定债权人通过该次诉讼才能确定公司无法清算。

其他情形下诉讼时效期间起算点的认定适用现行法律关于诉讼时效的一般规定,即《民法典》第188条的规定:"诉讼时效期间自权利人知道或者应当知道权利受到损害以及义务人之日起计算。"

【典型案例】勃格公司与山东金曼克公司、深圳金曼克公司股东损害公司债权人利益责任纠纷案。[②]二审法院认为,作为侵权纠纷,诉讼时效应从当事人知道或者应当知道权利被侵犯之日起计算。本案勃格公司就(2011)深福法民二初字第5307号生效民事判决申请强制执行,因未发现被执行人深圳金曼克公司有可供执行的财产,原审法院于2013年10月裁定终结本次执行,勃格公司遂于2014年10月22日提起本案诉讼,并未超过当时规定的2年的诉讼时效。

六、解散清算与破产清算程序的衔接

解散清算,是指公司非因破产原因解散,依照《公司法》规定的程序而进行的清算,包括自行清算与强制清算。破产清算是指公司不能清偿到期债务而被依法宣告破产,依照破产程序而进行的清算。二者发生的原因、制度目的、清算程序、债权人的地位和权利等方面均不相同。

(一)解散清算与破产清算的法律适用

《公司法解释(二)》第18条系针对解散清算作出的规定,不适用于破产清算,破产清算适用《企业破产法》。具体而言,《公司法解释(二)》第18条第1款规定适用于清算义务人未在法定期限内成立清算组开始清算的情形,针对的是公司解散清算。《企业破产法》采取的是破产申请主义,并未规定债务人符合破产原因时,债务人相关主体一律负有申请破产清算的义务,以及未及时申请破产而应向债权人承担的责任,仅在第7条第3款规定了债务人企业解散后发现有破产原因的,必转入破产清算程序。[③]据此,公司已进入破产清算程序的,已经不存在清算义务人未在法定期限内成立清算组开始清算的适用前提,当事人依据《公司法解释(二)》

[①] 新《公司法》第232条第1款规定,有限责任公司、股份有限公司的清算义务人均为董事。
[②] 参见广东省深圳市中级人民法院民事判决书,(2017)粤03民终14490号。
[③] 参见最高人民法院民事审判第二庭编著:《〈全国法院民商事审判工作会议纪要〉理解与适用》,人民法院出版社2019年版,第594~595页。

第 18 条第 1 款规定请求清算义务人对公司债务承担赔偿责任的,法院不予支持。

(二)"无法解散清算"与"无法破产清算"的区分

公司无法进行解散清算适用《公司法解释(二)》第 18 条第 2 款"无法清算"的规定。公司进入破产清算程序后发生无法清算或者无法全面清算的,根据《九民纪要》第 118 条的规定,在判定债务人相关人员承担责任时,应当依照《企业破产法》的相关规定来确定相关主体的义务内容和责任范围,不得根据《公司法解释(二)》第 18 条第 2 款的规定来认定相关主体的责任。故公司进入破产清算程序后无法清算或者无法全面清算的,债权人依据《公司法解释(二)》第 18 条第 2 款的规定,以清算义务人怠于履行清算义务导致无法清算为由请求其对公司债务承担连带清偿责任的,法院不予支持。